KB184531

제7판

물권법

THE CIVIL CODE THE CIVIL CODE

송덕수 저

박영사

제 7 판 머리말

이 책의 제 6 판이 나온 지 2년 만에 제 7 판을 펴내게 되었다. 저자가 낱권 교과서의 이상적인 개정 주기라고 믿는 바로 그 2년이 된 때에 개정하게 된 것이다. 저자는 이번에 낱권 교과서로는 이 책과 함께 「채권법각론」의 개정판도 낸다. 그 책도 제 7 판이다. 이 책과 「채권법각론」의 제 7 판이 나오면 저자의 낱권 교과서 시리즈 5권은 전체가 제 7 판으로 바뀐다. 낱권 교과서는 출간하는 것 자체부터 무척 고단하고 힘든 일인데, 출간 후 어느새 6번을 고쳐 펴내게 되니 뿌듯한 마음 그지없다. 그것은 무엇보다도 독자들의 사랑 덕택에 가능했다.

이 책에서 특히 많이 달라진 점은 다음과 같다.

(1) 2024년에 부동산등기법이 개정되었다. 그 법을 포함하여 법령의 개정사항을 반영하였다.

(2) 제 6 판 출간 후 물권법에 관하여 중요한 대법원판례가 많이 나타났다. 그 판례들을 빠짐없이 조사하고 철저하게 분석한 뒤 적절한 곳에서 충실하게 설명하였다. 그런가 하면 과거의 판례 중 의미 있는 것들이 발견되어 새로 추가하기도 했다.

(3) 몇몇 곳에서 논리적이고 이해가 쉽도록 소제목을 붙이고, 단락을 나누고, 설명을 추가하였다. 그리고 일부에서는 이론 설명 부분과 직접 인용된 판례의 위치를 더 적절한 곳으로 옮겼다. 또한 정확성을 위해 표현을 수정한 경우들도 있다.

(4) 저자는 김병선 교수와 공저로 2024년 5월에 「민법 핵심판례240선」(박영사)을 펴냈다. 이 책에서는 일부 판례에 대하여 참고하라고 그 책의 면수를 찾아 적었다.

(5) 저자는 2024년 7월에 「신민법사례연습」 제 7 판(박영사)을 펴냈다. 저자

의「물권법」책에는 때로 그 책을 인용하고 있는데, 그 경우 그 책의 면수를 새로 나온 책에 맞추어 적었다.

(6) 물권법과 관련된 채무자회생법의 내용을 보완하였다.

이 책이 나오는 데에는 여러 분의 도움이 있었다. 우선 이화여대 법전원의 권태상 교수는 이 책의 문제점을 사소한 것까지 알려 주셨다. 박영사에서는 안종만 회장님과 안상준 대표가 이 책의 개정을 독려하고 격려해 주셨다. 그리고 박영사 편집부의 김선민 이사는 짧은 시간에 책을 훌륭하게 만들어주셨고, 조성호 출판기획이사는 책이 제때 출간될 수 있도록 열심히 도와주셨다. 이분들을 비롯하여 도와주신 모든 분께 깊이 감사드린다.

2025년 1월

송 덕 수

초판 머리말

작년(2011년) 이맘 때 바쁘고 힘든 중에도 민법총칙 책을 펴내고 기뻐했던 일이 생각난다. 그런데 마냥 기쁘지만은 않았다. 오히려 이제 곧바로 물권법을 내야 한다는 생각이 압박감으로 다가왔다. 희망이 어느새 의무로 변해버린 것이다.

그래서 저자는 물권법 책을 써야 하는 2011년에는 시간적으로 여유가 좀 더 생기기만을 바랬었다. 그러나 적어도 그 면에서는 2010년보다 사정이 더 나빴다. 여전히 학장 · 원장으로서의 업무에다가 법무부 민법개정 연구 작업까지도 해야 했기 때문이다.

그렇지만 저녁시간을 이용해서 조금씩이라도 해 가기로 하였다. 집중적으로 작업을 하는 성격인 저자로서는 마음에 들지 않았지만 다른 도리가 없었다. 그리하여 퇴근 후 집에 와서 버틸 수 있는 한에서 거북이처럼 집필하였다. 이렇게 조각 시간을 모아 만들어낸 성과물이 이 책이다. 시간이 충분치 않다보니 아쉬움도 적지 않다. 그런 점은 시간을 두고 보완해 가려고 한다.

이 물권법 책도 민법총칙 책과 같은 방향과 방식으로 집필하였다. 특히 물권법에는 매우 어려운 문제가 많아서 체계적인 법률이론을 쉽게 이해하게 하려고 노력하였다. 집필을 함에 있어서는 작년에 부동산등기법이 근본적으로 개정되어서 고생을 많이 했다. 법은 대폭 개정되었는데, 참고할 문헌은 전혀 없었기 때문이다.

물권법은 존경하는 은사님인 곽윤직 선생님께서 눈부신 업적을 많이 쌓으신 분야이다. 부족한 저자는 이 책을 쓰면서 선생님의 치밀하고 탁월한 이론에 다시금 놀랐으며, 선생님의 주옥같은 이론에 흠이 생기지 않도록 부단히 노력하였다.

이 책이 어려운 중에도 이렇게 빨리 나올 수 있었던 것은 무엇보다도 박영사

안종만 회장의 독촉과 격려 덕분이다. 안회장은 저자가 조금이라도 나태해질라치면 어김없이 한눈팔지 못하도록 몰아세웠다. 그런가 하면 휴식을 갖도록 진심어린 격려도 잊지 않았다.

이 책이 나오기까지는 제자들의 도움도 많았다. 김지원 이화여대 법학전문대학원 연구교수, 김병진 이화여대 법대 강사, 최성경 단국대 법대 조교수, 김병선 이화여대 법학전문대학원 조교수, 독일 쾰른 대학에 박사학위논문을 제출하여 심사를 받고 있는 홍윤선 선생, 한은주 법제처 연구원, 이번에 사법시험에 합격하여 사법연수원 입소를 앞두고 있는 이돈영 법학석사, 법무부 이선미 연구위원이 그렇다. 그리고 박영사에서도 김선민 부장, 조성호 부장을 비롯한 많은 분들이 도와 주셨다. 이 모든 분들에게 깊이 감사드린다.

2012년 1월

송 덕 수

차　　례

제 1 장　서　　론

제 2 장 물권의 변동

제 3 장 점유권과 소유권

제 4 장 용익물권

주요 참고문헌

(괄호 안은 인용약어임)

姜台星, 物權法, 제 3 판, 大明出版社, 2009 (강태성)

高翔龍, 物權法, 法文社, 2002 (고상룡)

郭潤直, 物權法, 第 7 版, 博英社, 2003 (곽윤직)

郭潤直, 物權法, 新訂版, 博英社, 1992 (곽윤직(신정판))

金基善, 韓國物權法, 全訂版, 博英社, 1985 (김기선)

김상용, 물권법, 화산미디어, 2009 (김상용)

金容漢, 物權法論, 再全訂版, 博英社, 1996 (김용한)

金俊鎬, 物權法, 全訂版, 法文社, 2009 (김준호)

金曾漢 著 · 金學東 增補, 物權法, 第 9 版, 博英社, 1998 (김학동)

民法注解[Ⅳ]~[Ⅶ], 博英社, 1992 (주해(4)~(7)(집필자 성명))

송덕수, 민법총칙, 박영사, 제 7 판, 2024 (민법총칙)

송덕수, 신민법강의, 제18판, 박영사, 2025 (신민법강의)

송덕수, 신민법사례연습, 제 7 판, 박영사, 2024 (송덕수, 신사례)

송덕수, 채권법각론, 제 7 판, 박영사, 2025 (채권법각론)

송덕수, 채권법총론, 제 7 판, 박영사, 2024 (채권법총론)

송덕수 · 김병선, 민법 핵심판례240선, 박영사, 2024 (핵심판례)

梁彰洙, 民法研究 第 1 卷~第 9 卷, 博英社, 1991~2007 (양창수, 민법연구(1)~(9))

오시영, 物權法, 학현사, 2009 (오시영)

尹眞秀, 民法論攷 Ⅰ~Ⅳ, 博英社, 2007~2010 (윤진수, 민법논고(1)~(4))

尹喆洪, 物權法講義, 博英社, 1998 (윤철홍)

李德煥, 物權法, 율곡미디어, 2011 (이덕환)

李相泰, 物權法, 七訂版, 法元社, 2011 (이상태)

李英俊, 物權法, 全訂新版, 博英社, 2009 (이영준)

李銀榮, 物權法, 第 4 版, 博英社, 2006 (이은영)

張庚鶴, 物權法, 法文社, 1988 (장경학)

註釋民法, 物權(1)~(4), 제 3 판, 韓國司法行政學會, 2001~2002 (주석 물권(1)~(4)(집필자 성명))

池元林, 民法講義, 第 8 版, 弘文社, 2010 (지원림)

洪性載, 物權法, 大永文化社, 2006 (홍성재)

Schwab, Sachenrecht, 22. Aufl., 1989 (Schwab)

Wieling, Sachenrecht, 2. Aufl., 1994 (Wieling)

일러두기

독자들로 하여금 이 책을 효율적으로 읽게 하기 위하여 이 책의 특징을 소개하기로 한다.

- 이 책은 독서의 편의를 위하여 각주를 두지 않고, 각주에 둘 사항은 괄호 안에 두 줄의 작은 글씨로 처리하였다.
- 주요 관련사항은 본문에 두되, 글자의 크기를 줄여서 구별되게 하였다.
- 판례는 최근의 것까지 모두 조사하여 정리 · 인용하였다. 판례는 판례공보(2024. 9. 15.자까지)에 수록된 것을 중심으로 검토하였으나, 다른 자료에 나타난 판례라도 중요한 것은 반영하였다. 그런데 이 책은 교과서이기 때문에 독서의 편의를 위하여 — 전거를 찾기가 어려운 특별한 사정이 없는 한 — 전거나 자료의 표시는 생략하였다.
- 판례 가운데 특히 중요한 것은 판결이유 중 요지부분을 직접 인용하여 실었다. 그러한 판례는 충분히 익혀야 한다.
- 독자들의 편의를 위하여 교과서(특히 현재 실효성이 있는 것)를 중심으로 하여 학설을 모두 조사하여 정리해 두었다. 그럼에 있어서 교과서 이외의 문헌도 가치가 큰 것은 조사하여 정리해 두었다.
- 이 책에는 관련부분을 찾아보는 데 편리하게 하기 위하여 본문의 옆에 일련번호, 즉 옆번호를 붙였다. 그리고 참조할 곳을 지시할 때는 이 옆번호를 사용하였다. 색인의 경우에도 마찬가지이다.
- 이 책에 인용된 법령 가운데 민법규정은 민법이라고 표시하지 않고 조문으로만 인용하였다. 그리고 나머지의 법령은 해당 법령의 명칭을 써서 인용하되, 몇 가지 법령은 약칭을 사용하였다(전부 또는 일부에서). 그러한 법령 중 중요한 것들의 본래의 명칭은 다음과 같다.

  가담법(또는 가등기담보법): 「가등기담보 등에 관한 법률」
  민소: 민사소송법
  부동산실명법: 「부동산 실권리자 명의 등기에 관한 법률」
  부등법: 부동산등기법
  부등규칙: 부동산등기규칙
  부등특조법: 「부동산등기 특별조치법」
  입목법: 「입목에 관한 법률」
  주임법: 주택임대차보호법
  집합건물법: 「집합건물의 소유 및 관리에 관한 법률」
  채무자회생법: 「채무자회생 및 파산에 관한 법률」
  공간정보구축법: 「공간정보의 구축 및 관리 등에 관한 법률」

- 판결 인용은 양을 줄이기 위하여 다음과 같은 방식으로 하였다.

  (예) 대법원 1971. 4. 10. 선고 71다399 판결 → 대판 1971. 4. 10, 71다399

제 1 장 서　론

제 1 절 물권법 일반론

I. 물권법의 의의 [1]

물권법은 민법의 일부분이다. 따라서 물권법의 의의도, 민법 전체의 의의에 있어서와 마찬가지로(민법총칙 [1] 이하 참조), 실질적으로 정의될 수도 있고 형식적으로 정의될 수도 있다. 앞의 것을 실질적 물권법이라고 하고, 뒤의 것을 형식적 물권법이라고 한다.

1. 실질적 물권법

물권법을 실질적으로 파악하면 실질적 민법 가운데 물권에 관한 법이다. 이것을 달리 표현하면 「물건 기타의 객체에 대한 지배관계, 즉 물권관계를 규율하는 일반사법」이라고 할 수 있다.

문헌들은 흔히 물권법(실질적 의미)을 「사람의 물건에 대한 지배관계를 규율하는 사법」이라고 한다. 그런데 그러한 정의에 의하면 ① 물건 이외의 객체(가령 권리)에 대한 지배관계(예: 권리질권, 지상권 · 전세권 위에 성립하는 저당권)를 규율하는 법이 물권법에서 제외되고, ② 법인의 지배관계도 물권법이 아니라고 하게 되며, ③ 특히 특별사법상의 지배관계(예: 상사유치권 · 상사질권)도 물권법에 포함되는 문제가 생긴다.

2. 형식적 물권법

형식적 의미의 물권법은 「민법」이라는 이름의 법률 가운데 「제 2 편 물권」(185조 내지 372조)을 가리킨다.

3. 두 물권법 사이의 관계

실질적 물권법과 형식적 물권법은 일치하지 않는다. 후자가 전자의 뼈대를 이루고 있어 두 법은 중요부분에서 서로 겹치나, 형식적 물권법 가운데에는 실질적 물권법에 속하지 않는 것도 있으며(가령 201조 2항 · 202조 · 203조 · 261조 등은 채권법적 규정이다), 민법전의 「제 2 편 물권」 이외의 규정 가운데 물권법적인 것도 있고(704조 · 1006조 등), 또 부동산등기법 · 「부동산 실권리자 명의 등기에 관한 법률」 · 「가등기담보 등에 관한 법률」 등과 같은 특별법에도 물권법적 규정이 많이 있다. 뿐만 아니라 관습법과 판례(법원이라고 볼 경우) 중에도 실질적 물권법이 있다.

4. 물권법학의 대상: 실질적 물권법

민법학의 일부인 물권법학의 대상이 되는 물권법은 실질적 물권법이다. 그런데 실질적 물권법의 주요 부분을 이루고 있는 것이 형식적 물권법이기 때문에 후자를 중심으로 하여 기술하게 된다. 그럼에 있어서 내용상의 누락을 방지하기 위하여 실질적 물권법이 아닌 물권편의 규정도 함께 다룰 것이다.

[2] Ⅱ. 물권법의 기능

권리능력자 특히 사람은 물건과 같은 재화를 지배하지 않고서는 살 수 없다. 그런데 재화의 양은 한정되어 있고, 그것을 향한 사람의 욕망은 거의 끝이 없기 때문에, 재화에 대한 지배관계를 적절하게 규율하지 않으면 질서가 유지될 수 없다. 이러한 재화, 그 가운데에서도 특히 물건에 대한 지배관계에 관하여 질서를 유지해 주는 법이 바로 물권법이다.

이러한 의미의 물권법은 고대에서부터 있어 왔으며, 채권법의 역사보다 빠르다. 그리고 그 모습은 사회의 변천에 따라 여러 단계를 거쳐 변하여 왔다. 그런데 우리가 다루는 물권법은 근대에 형성된 근대적인 물권법이다.

물권법은 질서유지의 방법으로 물건을 지배하는 자에게 절대적인 지배를 인정하여 타인 또는 국가가 이를 침해할 수 없도록 하기도 하고, 물권자 사이의 다툼을 방지하기 위하여 권능의 내용을 조절하기도 한다. 소유권 · 지상권에 관한 규정은 전자의 예이고, 상린관계에 관한 규정은 후자의 예이다. 그런가 하면 동일한 물건 위에 — 병존할 수 있는 — 여러 개의 물권이 성립하는 경우에 그들 사이의 관계를 합리적으로 규율하기도 한다. 가령 동일한 부동산 위에 전세권과 여러 개의 저당권이 존재하는 경우에 그렇다. 그리고 물권의 내용과 귀속을 널리 일반에게 알리도록 하여(이른바 공시(公示)) 물권을 취득하려는 자가 예측하지 못한 손해를 입지 않도록 한다.

Ⅲ. 물권법의 법원(法源) [3]

1. 서 설

민법의 법원에 관한 설명(민법총칙 [7] 이하 참조)은 물권법의 법원에 관하여도 원칙적으로 타당하다. 그러므로 여기서는 특별히 언급하여야 할 사항만 적기로 한다.

물권법의 법원에도 성문법과 불문법이 있다.

2. 성 문 법

(1) 민법 제 2 편 물권(185조 내지 372조)

가장 중요한 물권법의 법원이다.

(2) 특 별 법

특별법 가운데 물권법의 법원이 되는 것이 많이 있다. 그 주요한 것을 문헌들이 일반적으로 하는 방식으로 정리하면 다음과 같다. 다만, 상사유치권 · 상사질권에 관한 상법 규정은 특별사법이어서 민법이 아니기 때문에 물권법의 법원에서 제외하여야 한다(통설은 반대임).

1) 물권 일반 및 용익물권에 관한 것

㈎ 부동산등기법, 부동산등기특별조치법, 「공간정보의 구축 및 관리 등에 관한 법률」(구 지적법이 포함됨), 「부동산 실권리자 명의 등기에 관한 법률」, 「축사의 부동산등기에 관한 특례법」

㈏ 「집합건물의 소유 및 관리에 관한 법률」

㈐ 「입목에 관한 법률」

㈑ 유실물법, 「수상에서의 수색 · 구조 등에 관한 법률」

㈒ 주택임대차보호법, 「상가건물 임대차보호법」

㈓ 농지법

㈔ 「공익사업을 위한 토지 등의 취득 및 보상에 관한 법률」

2) 담보물권에 관한 것

(가)「가등기담보 등에 관한 법률」

(나)「동산 · 채권 등의 담보에 관한 법률」

(다)「공장 및 광업재단 저당법」

(라)「자동차 등 특정동산 저당법」

(마)「자산유동화에 관한 법률」

3) 일반 물권법과 밀접한 관계가 있는 것

(가) 광업법

(나) 수산업법

(다)「산림자원의 조성 및 관리에 관한 법률」

(라) 초지법

(마)「야생생물 보호 및 관리에 관한 법률」

(바) 하천법, 도로법, 사도법(私道法)

(사) 수도법, 하수도법

(아) 귀속재산처리법

(자) 건축법,「국토의 계획 및 이용에 관한 법률」, 도시철도법

(차) 신탁법, 담보부사채신탁법, 공익신탁법

(카) 국세징수법, 지방세법

(타)「공인중개사법」

(파)「부동산 거래신고 등에 관한 법률」

4) 지식재산권에 관한 것

(가) 특허법, 실용신안법, 디자인보호법

(나) 상표법

(다) 저작권법

3. 불 문 법

(1) 관 습 법

관습법도 물권법의 중요한 법원이다. 이 점은 민법 제 1 조가「민사에 관하여 법률에 규정이 없으면 관습법에 의하고 …」라고 규정한 것에 비추어 볼 때 명

백하다. 그리고 이때도 관습법은 성문법을 보충하는 효력이 있다(민법총칙 [13] 참조). 그런데 물권의 종류나 내용에 관하여(물권법정주의) 관습법이 성문법과 어떤 관계에 있는지는 물권법정주의의 규정 때문에(185조) 별도의 설명이 필요하다([10] 참조). 민법 제 1 조와 달리 제185조가 「물권은 법률 또는 관습법에 의하는 외에는 임의로 창설하지 못한다」고 하여 법률과 관습법을 대등하게 「또는」으로 연결시키고 있기 때문이다. 한편 물권법에서는 법률 자체에서 관습법을 성문법에 우선하도록 하는 명문규정이 두어져 있는 때도 있다(224조 · 229조 · 234조 · 237조 · 290조 · 302조 등). 그때에는 당연히 법률이 규정하는 바에 따라 관습법이 성문법에 우선하게 된다.

(2) 판　　례

판례는 물권법의 법원은 아니지만(이설 있음) 실제에 있어서는 「살아 있는 법」으로서 기능하고 있다. 그리고 그러한 판례가 물권법 분야에는 대단히 많이 축적되어 있다.

Ⅳ. 민법전 「제 2 편 물권」의 내용과 이 책의 기술순서 [4]

1. 민법전 「제 2 편 물권」의 내용

형식적 물권법인 민법전 「제 2 편 물권」(185조-372조)은 총칙, 점유권, 소유권, 지상권, 지역권, 전세권, 유치권, 질권, 저당권의 9장으로 이루어져 있다. 이 가운데 「제 1 장 총칙」을 제외하고 「제 2 장 점유권」부터 「제 9 장 저당권」의 8장은 민법이 인정하는 8가지의 물권의 내용을 규정하고 있다.

(1) 「제 1 장 총칙」(185조-191조)에서는 물권법정주의(185조), 물권의 변동(186조 내지 190조), 물권의 소멸원인 중 혼동(191조)에 관하여 규정하고 있다. 이 가운데 물권의 변동은 법률규정 자체는 간단하지만 이론상으로뿐만 아니라 실제에 있어서도 대단히 중요하다. 특히 부동산 물권변동은 등기와 관련하여 매우 어려운 해석문제가 생기기도 한다.

(2) 「제 2 장 점유권」(192조-210조)은 점유권, 즉 물건을 사실상 지배하고 있는 경우에 인정되는 물권에 대하여 규정하고 있다. 구체적으로는 점유권의 취득 · 소멸, 그 밖에 점유의 경우에 부여되는 여러 가지 효과를 규정하고 있다.

(3) 「제 3 장 소유권」(211조-278조)은 소유권, 즉 물건을 전면적으로 지배할 수 있는

권리에 대하여 규정한다. 이 장은 「제 1 절 소유권의 한계」(211조-244조. 소유권의 범위와 상린관계), 「제 2 절 소유권의 취득」(245조-261조), 「제 3 절 공동소유」(262조-278조)로 나뉘어 있다.

(4) 「제 4 장 지상권」(279조-290조)은 용익물권(물건이 가지는 사용가치의 지배를 목적으로 하는 물권)의 한 가지인 지상권에 관하여 규정하고 있다. 지상권은 「타인의 토지에서 건물 기타 공작물이나 수목을 소유하기 위하여 그 토지를 사용하는 물권」이다(279조).

(5) 「제 5 장 지역권(地役權)」(291조-302조)은 용익물권 중 하나인 지역권에 관하여 규정하고 있다. 지역권은 「설정행위에서 정한 일정한 목적을 위하여 타인의 토지를 자기의 토지의 편익(便益)에 이용하는 물권」이다(291조).

(6) 「제 6 장 전세권」(303조-328조)은 용익물권이면서 부수적으로 담보물권(물건이 가지는 교환가치의 지배를 목적으로 하는 물권)의 성질도 가지고 있는 전세권에 대하여 규정하고 있다. 전세권은 「전세금을 지급하고 타인의 부동산을 점유하여 그 부동산의 용도에 좇아 사용·수익하고, 전세권이 소멸하면 목적부동산으로부터 우선변제를 받을 수 있는 물권」이다(303조 1항).

(7) 「제 7 장 유치권」(320조-328조)은 담보물권 중 하나인 유치권에 대하여 규정하고 있다. 유치권은 「타인의 물건 또는 유가증권을 점유한 자가 그 물건이나 유가증권에 관하여 생긴 채권이 변제기에 있는 경우에 그 채권의 변제를 받을 때까지 그 물건 또는 유가증권을 유치(留置)할 수 있는 물권」이다(320조 1항).

(8) 「제 8 장 질권」(329조-355조)은 담보물권 중 하나인 질권에 대하여 규정하고 있다. 질권은 「채권자가 담보로서 채무자 또는 제 3 자가 제공한 동산 또는 재산권을 유치하고, 채무의 변제가 없는 때에는 그 목적물로부터 우선변제를 받는 물권」이다(329조·345조). 질권은 그것의 목적물에 따라 동산질권과 권리질권으로 나누어진다. 그리하여 「제 8 장 질권」도 「제 1 절 동산질권」(329조-344조)과 「제 2 절 권리질권」(345조-355조)으로 구성되어 있다.

(9) 「제 9 장 저당권」(356조-372조)은 역시 담보물권에 해당하는 저당권에 대하여 규정하고 있다. 저당권은 「채무자 또는 제 3 자가 채무의 담보로 제공한 부동산 기타의 목적물을 인도받지 않고 단지 관념상으로만 지배하다가 채무의 변제가 없는 경우에 그 목적물로부터 우선변제를 받는 물권」이다(356조).

2. 이 책의 기술순서

이 책에서는 물권에 관하여 체계적으로 이해시키기 위하여 전체를 모두 5장으로 나누고, 필요한 경우에 그 아래에 다시 절을 두어 기술하려고 한다. 그리고 본장인 제 1 장 서론에서는 물권법 및 물권에 관한 일반적인 내용을 적고, 제 2 장에서는 물권의 변동에 관하여 논의할 것이다. 거기의 중심은 부동산 물권변동과 동산 물권변동이다. 제 3 장은 점유권과 소유권이고, 제 4 장은 용익물권이며, 제 5 장은 담보물권이다. 한편 제 5 장 말미에서는 비전형적인 담보제도도 다룰 것이다.

V. 물권법의 본질 [5]

1. 물권법의 법적 성격

(1) 일반사법의 일부

물권법은 민법의 일부로서 당연히 사법에 속한다. 오늘날 물건 가운데 특히 부동산에 관하여는 공법적인 규제가 대단히 많이 가해지고 있기도 하다. 그러나 그러한 공법적인 규제는 물권법이 아니다.

그리고 사법 가운데 상법 등의 특별사법도 물권법이 될 수 없다.

(2) 재 산 법

일반사법(민법)은 크게 재산법과 가족법으로 나누어지는데, 그 경우에 물권법은 채권법 · 상속법과 함께 재산법에 속한다. 물권법은 무엇보다도 채권법과 더불어 재산법의 2대분야를 이루고 있다.

물권법은 재산법 가운데 소유권을 중심으로 하는 법이다. 물권법이 규율하는 물권에는 소유권뿐만 아니라 여러 가지의 제한물권도 있으나, 중심적인 지위에 있는 것은 어디까지나 소유권이기 때문이다. 그에 비하여 채권법은 재화의 지배인 소유권이 아니고, 재화의 교환 즉 계약을 중심으로 하는 재산법이다.

물권법과 채권법은 별개의 법체계로 되어 있으나 그것은 법전 구성상의 필요에 의한 것이다. 실제에 있어서 두 법은 매우 밀접하게 관련을 맺고 있다. 매매계약을 체결한 후 대금을 지급하고 물건의 소유권을 취득하는 경우, 금전을 빌리고서 그 채무를 담보하기 위하여 채무자의 부동산에 저당권을 설정하는 경우가 그 대표적인 예이다.

(3) 실 체 법

물권법은 절차법이 아니고, 권리의무관계를 직접 규율하는 실체법이다.

2. 물권법의 특질

물권법은 공법, 특별사법, 가족법과는 분명하게 구별된다. 따라서 여기서는 같은 재산법으로서 가장 가까운 법인 채권법에 비하여 어떠한 특별한 성질이 있는지를 살펴보기로 한다.

(1) 강행규정성

채권법은 채권 내지 채권관계를 규율한다. 그런데 채권은 상대권이어서 제3자에게 원칙적으로 영향을 미치지 않는다. 따라서 채권법에서는 사적 자치가 널리 인정되며, 그 규정들은 대체로 임의규정이다. 그에 비하여 물권법은 배타성을 가지는 물권을 규율하기 때문에, 물권의 종류나 내용을 당사자로 하여금 자유롭게 정하게 하면 제3자에게 예측하지 못한 손해를 발생시킬 수가 있다. 그리하여 물권법에서는 사적 자치를 특수한 방법으로 제한적인 범위에서만 인정하며(한정된 종류의 물권 가운데 선택만 할 수 있도록 함), 그 규정들은 대부분 강행규정이다.

(2) 고 유 성

재화의 교환을 규율하는 채권법 특히 매매법은 세계적으로 보편화·균질화하는 경향이 있다. 그에 비하여 물권법은 각국의 관습과 전통의 영향이 현저하게 반영되어 있다. 그러나 우리의 물권법은 전세권제도를 제외하고는 외국법 특히 독일의 물권법을 계수하였다. 그러다보니 우리의 고유성보다는 독일물권법의 특성을 그대로 보여 주고 있다. 즉 우리 물권법에는 독일법처럼 로마법적인 요소와 게르만법적인 요소가 섞여 있다. 다만, 독일법보다 로마법적 요소가 다소 강하기는 하다. 우리 물권법상의 로마법적 요소와 게르만법적 요소를 들어보면 다음과 같다(곽윤직(신정판), 10면-12면도 참조).

1) 로마법적 요소

㈎ 소유권과 점유의 대립 우리 물권법은, 근대 물권법과 마찬가지로, 물건을 사실상 지배하는 것인 「점유」와 물건을 사실상 지배할 수 있는 권리인 「소

유권이나 그 밖의 물권인 본권」을 분리하여 서로 대립시키고 있다. 이는 로마법의 태도와 같은 것이다. 로마법과 달리 게르만법에서는 점유와 구별되는 관념적인 권리를 구별하지 못하고, 그 둘을 일체로 파악하였으며, 그것을 외형적으로 표현해주는 개념이 바로 게베레(Gewere)이다. 그러므로 이 게베레는 점유와 본권(물권)이 결합되어 있는 것이라고 할 수 있다. 게르만법상 부동산의 경우에는 사용·수익이 있는 곳에, 동산의 경우에는 소지(所持)가 있는 곳에 게베레(그리하여 물권)가 있는 것으로 인정되었다.

(나) **개인주의적 소유권 개념**(전면적·포괄적인 완전한 지배권으로서의 소유권) 우리 물권법상 소유권은 물건을 전면적으로 지배할 수 있는 권리이고, 모든 권능의 원천이 되는 포괄적인 권리이며, 탄력성(일시적인 제한이 소멸하면 원래의 모습으로 되돌아오는 성질)과 항구성을 가지고 있는 권리이다. 이러한 소유권 개념은 로마법과 같은 태도이다. 이와 달리 게르만법에서는 소유권이 아무런 제한이 없는 지배권이 아니고 각종의 부담과 제한을 받고 있었으며 신분적인 예속관계도 수반하는 것이었다(곽윤직(신정판), 11면). 그리하여 동일한 물건 위에 여러 개의 소유권(게베레)이 중첩적으로 성립할 수도 있었다. 하나의 토지 위에 영주의 (상급)소유권과 농노의 (하급)소유권이 병존한 것이 그 예이다.

(다) **소유권과 제한물권의 엄격한 구별** 우리 물권법은 물건이 가지는 가치를 전면적·무제한적으로 지배할 수 있는 물권인 소유권을 기본적인 물권으로 상정하고, 다른 물권(즉 물건이 가지는 가치의 일부분만 지배할 수 있는 물권)은 소유권을 일시적으로 제한하면서 성립하는 것으로 구성하고 있다. 완전물권인 소유권과 제한물권을 엄격히 구별하고 있는 것이다. 이러한 태도는 로마법에서와 같다. 그에 비하여 소유권 자체가 이미 제한을 받고 있었던 게르만법에서는 소유권과 제한물권이 개념적으로 엄격하게 나누어져 있지 않았다.

2) 게르만법적 요소

(가) **부동산과 동산의 구별** 우리 물권법은 부동산과 동산을 구별하고, 여러 곳에서 부동산물권과 동산물권을 다르게 규율하고 있다. 이는 게르만법과 같은 태도이다. 게르만법에서는 오래 전부터 부동산·동산을 구별하고, 실제에서도 중요한 부동산을 법적으로도 신중하게 다루어 서로 원리를 달리하는 부동산물권법과 동산물권법이 발전되었다. 그에 비하여 로마법은 부동산·동산을 차이를 두지

않고 같은 원리로 규율하였다.

(나) **부동산등기제도** 부동산물권을 장부의 기재에 의하여 공시하는 부동산등기제도는 게르만법에 바탕을 두고 있는 것이며, 로마법에서는 그러한 제도가 없다.

(다) **동산의 선의취득제도** 민법은 제249조에서 무권리자로부터 선의로 동산을 양수한 자를 보호하는 선의취득제도를 규정하고 있다. 이러한 제도는 게르만법에서 유래한 것이다. 권리자의 권리보호를 중시하는 로마법에서는 제 3 자 보호는 고려되지 않았다.

제 2 절 물권의 본질

[6] Ⅰ. 물권의 의의

물권은 물건 기타의 객체를 직접 지배해서 이익을 얻는 배타적인 권리이다. 이러한 물권은 내용 면에서는 재산권이고, 효력(작용) 면에서는 지배권이며, 의무자의 범위를 표준으로 하여 본다면 절대권이다.

[7] Ⅱ. 물권의 성질

위에서 본 물권의 의의를 바탕으로 하여 물권의 구체적인 성질을 살펴보기로 한다.

1. 물권의 객체

(1) 물권의 객체는 원칙적으로 「특정 · 독립의 물건」이다. 물건의 의의 · 종류에 관하여는 민법총칙에서 자세히 설명하였다(민법총칙 [380] 이하 참조).

1) 물권의 객체는 원칙적으로 물건이어야 한다(192조 · 211조 · 279조 · 291조 · 303조 · 329조 · 356조 등 참조). 그러나 민법은 예외적으로 일정한 경우에는 채권 기타의 권리 위에 물권이 성립할 수 있도록 하고 있다. 재산권의 준점유(210조), 유가증권을 목적으로 하는 유치권(320조),

재산권을 목적으로 하는 질권 즉 권리질권(345조), 지상권이나 전세권을 목적으로 하는 저당권(371조)이 그것이다. 이러한 경우에도 물권이라고 하여야 하는가에 대하여 의문을 제기하는 견해도 있으나(김용한, 15면), 객체에 대한 배타적인 지배가 가능한 만큼 물권이라고 보아도 무방할 것이다(통설도 같음).

2) 물권의 객체는 특정되어 있어야 한다. 물권은 물건에 대한 배타적인 지배를 내용으로 하기 때문에 불특정물 위에는 물권이 성립할 수 없다(가령 특정되어 있지 않은 쌀 10포대). 그리고 같은 이유로 물권의 객체는 현존하여야 한다. 다만, 공장재단이나 광업재단에 대한 저당권에 있어서는 구성부분에 변경이 있어도 특정성을 잃지 않는다.

3) 물권의 객체는 독립한 물건이어야 한다. 따라서 하나의 물건의 일부나 구성부분은 하나의 물권의 객체로 되지 못한다. 그러나 용익물권은 예외적으로 1필의 토지의 일부나 1동의 건물의 일부 위에도 설정될 수 있다(부등법 69조 · 70조 · 72조 참조). 이때에도 공시는 하여야 하는데, 그것은 그 부분을 표시한 도면(정보)을 첨부하는 방법으로 한다(부등법 69조 6호 · 70조 5호 · 72조 1항 6호).

(2) 일물일권주의

1) 의　　의　　하나의 물건 위에는 내용상 병존(양립)할 수 없는 물권은 하나만 성립할 수 있다는 원칙을 일물일권주의라고 한다. 이는 바꾸어 말하면 하나의 물권의 객체는 하나의 독립한 물건이어야 한다는 것이 된다. 일물일권주의는 물권의 배타적 지배를 가능하게 하는 전제이다.

일물일권주의의 원칙상 물건의 일부 또는 다수의 물건 위에 하나의 물권이 성립할 수 없다.

일물일권주의의 인정근거는 ① 물건의 일부나 집단 위에 하나의 물권을 인정하여야 할 필요가 없다는 것과, ② 물건의 일부나 집단 위에 하나의 물권을 인정한다면 그 공시가 곤란하거나 혼란될 것이라는 데 있다. 따라서 물건의 일부나 집단 위에 하나의 물권을 인정할 필요가 있고 또 어느 정도 공시가 가능하거나 공시와 관계가 없는 때에는 예외가 인정되기도 한다.

2) 물건의 일부에 물권이 성립하는 예외적인 경우

(가) 1필의 토지의 일부는 분필절차를 밟기 전에는 양도하거나 제한물권을 설정할 수 없다(통설 · 판례는 점유 취득시효에 관하여도 마찬가지로 새기나, 사견은 다르다. [118] 참조). 우리 물권법상 토지에 관하여 물권변동이 일어나려면 등기가 있어야 하는데, 등기는 1필의 토지에 관하여 행하여지

고 1필의 토지의 일부에 관하여는 행하여지지 않기 때문이다. 다만, 용익물권은 분필절차를 밟지 않아도 1필의 토지의 일부 위에 설정될 수 있다(부등법 69조 · 70조 · 72조 참조).

〈판 례〉

「1필지의 토지의 특정된 일부에 대하여 소유권이전등기 절차의 이행을 명하는 판결을 받은 등기권자는 그 판결에 따로 토지의 분할을 명하는 주문 기재가 없더라도 그 판결에 기하여 등기의무자를 대위하여 그 특정된 일부에 대한 분필등기절차를 마친 후 소유권이전등기를 할 수 있으므로, 토지의 분할을 명함이 없이 1필지의 토지의 일부에 관하여 소유권이전등기절차의 이행을 명한 판결을 집행불능의 판결이라고 할 수 없」다(대판 1994. 9. 27, 94다25032. 같은 취지: 대판 1987. 10. 13, 87다카1093(소유권이전등기의 말소를 명하는 판결을 받은 경우)).

1필의 토지는 지표면만을 가리키는 것이 아니고 정당한 이익이 있는 범위 내에서 상 · 하를 포함하는 것이다. 따라서 토지 속의 흙 · 돌 · 암석은 모두 토지의 구성부분일 뿐 독립성이 없어서 그 위에 독립한 물권이 성립하지 않는다. 그러나 지중에 부존되어 있는 광물은 토지의 일부분이 아니며, 토지로부터 독립된 국가 소유의 물건이라고 보아야 한다(민법총칙 [385] 참조). 그리고 국가는 그 광물에 대하여 채굴 · 취득하는 권리(광업권 중 채굴권)를 부여할 수 있다(광업법 2조).

(나) 1동의 건물의 일부는 독립하여 소유권의 객체로 될 수 있다. 이는 제215조와 「집합건물의 소유 및 관리에 관한 법률」이 인정하고 있다. 그것이 건물의 구분소유이다. 그런데 집합건물법에 의하면, 건물의 구분소유권이 인정되려면 1동의 건물의 각 부분이 구조상 · 이용상 독립성을 가져야 하고, 또 소유자의 구분행위가 있어야 한다(같은 법 2조 1호. 아래 [107] 참조). 소유자의 구분행위는 처분권자의 구분의사가 객관적으로 외부에 표시되면 인정되고, 집합건축물대장에 구분건물로 등록되거나 구분건물로서 등기부에 등기되어 있을 필요는 없다(대판(전원) 2013. 1. 17, 2010다71578. 그러나 김상용, 24면은 구분소유권의 등기까지 필요하다고 한다). 한편 등기부상 1동의 건물로 등기되어 있는 것의 일부는 구분 또는 분할의 등기를 하지 않는 한 처분하지 못한다(대판 2000. 10. 27, 2000다39582는 건물의 일부분만에 관한 소유권보존등기 또는 그 말소를 허용하지 않는다). 1동의 건물의 일부에 관하여는 등기가 행하여질 수 없기 때문이다. 다만, 1동의 건물의 일부에 대하여 전세권은 설정될 수 있다(부등법 72조 1항 참조)(대판 1962. 3. 22, 4294민상1297은 건물의 1층 부분에 국한하여 전세권설정등기를 할 수 있다고 한다).

(다) 수목은 본래 토지의 정착물로서 토지의 일부에 지나지 않는다. 그러나 「입목에 관한 법률」에 따라 소유권보존등기를 받은 수목의 집단(이를 입목(立木)이라 한다)은 토

지와는 별개로 양도하거나 저당권의 목적으로 할 수 있다(같은 법 3조 2항). 또 판례에 의하면 명인방법을 갖춘 수목의 집단은 독립한 부동산으로서 거래의 객체가 된다. 그런데 후자의 경우에는 소유권만 성립할 수 있고 저당권은 성립할 수 없다고 하여야 한다. 명인방법이라는 공시방법은 매우 불완전하기 때문이다.

㈑ 판례에 의하면, 미분리의 과실도 명인방법을 갖추면 독립한 물건으로서 거래의 객체로 된다. 그리고 판례는, 농작물은 타인의 토지에서 위법하게 경작·재배된 경우에도 토지와는 별개의 물건으로 다루어진다고 한다. 농작물에 관한 이러한 판례가 부당함은 민법총칙에서 설명하였다(민법총칙 [388] 참조).

3) 물건의 집단에 물권이 성립하는 예외적인 경우

㈎ 「입목에 관한 법률」에 의하여 소유권보존등기를 받은 수목의 집단 즉 입목은 한편으로는 물건(토지)의 일부에 물권이 성립하는 경우이기도 하지만, 다른 한편으로는 물건의 집단(즉 다수의 수목들) 위에 하나의 물권이 성립하는 경우이기도 하다.

㈏ 「동산·채권 등의 담보에 관한 법률」은 여러 개의 동산(같은 법 3조 2항)·채권(같은 법 34조 2항)·지식재산권(같은 법 58조 1항) 위에 하나의 담보권이 성립할 수 있음을 규정하고 있다. 이때 담보권의 목적이 되는 동산 등은 특정할 수 있어야 한다([248] 참조). 그리고 판례는 특정할 수 있는 동산(원자재·의류·뱀장어·돼지 등)이 집합물로서 양도담보의 목적물이 될 수 있다고 한다([265] 참조).

「공장 및 광업재단 저당법」에서는 다수의 기업재산을 하나의 부동산으로 보고 그 위에 하나의 저당권(공장재단저당권이나 광업재단저당권)이 설정될 수 있도록 하고 있다([246] 참조).

2. 객체에 대한 직접적인 지배권

물권은 객체를 직접 지배하는 권리이다. 여기서 직접 지배한다는 것은 권리의 실현을 위하여 타인의 행위를 기다릴 필요가 없다는 것이다. 물권은 이 점에서, 권리가 실현되기 위하여서는 타인의 행위(협력)가 필요한 채권과 다르다. 예컨대 타인의 토지에 지상권(물권)을 가지고 있는 자는 지상권설정자(토지소유자)의 협력이 없이도 목적토지를 소유자처럼 이용할 수 있는 데 비하여, 토지의 임차권자(채권자)는 임대인(채무자)에 대하여 토지이용의 허용만을 청구할 수 있고, 따라서 그는 임대인의 토지이용의 허용행위가 있어야만 비로소 토지를 이용할 수 있다. 그 결과 임대인이 그 토지를 제3자에게 양도하면 임차인은 토지를 이용할 수 없게 되나, 지상권자는 설정자가 토지를 타인에게 양도하여도 토지이용권이 없어지지 않으며, 그는 그의 지상권을 토지양수인에게 주장할 수 있다.

물권이 지배권이라고 하지만, 그것은 현재 지배하고 있는 권리가 아니고 지배할 수 있는 권리이다(이것이 물권의 관념성이다. 그러나 점유권 · 유치권 · 질권은 예외이다). 따라서 물권자가 객체를 법률상 또는 사실상 지배할 수 없는 경우에도 물권은 소멸하지 않으며 물권자의 직접적인 지배도 남아 있는 것으로 인정된다. 예컨대 부동산의 소유자가 타인에게 그 부동산을 임대한 때에는 소유자는 물건을 간접점유의 방법으로 여전히 지배하고 있으며, 부동산이 타인에 의하여 불법으로 점거된 때에도 소유자는 물권적 청구권을 행사할 수 있으므로 이때에도 역시 그의 직접적인 지배는 회복가능성으로 남아 있다고 할 것이다.

[8] 3. 물권자가 얻는 이익

물권자가 얻는 이익에는 두 가지가 있다. 하나는 물건(이하에서는 물권의 객체 중 물건을 중심으로 기술한다)의 사용가치이고 다른 하나는 교환가치이다. 그런데 모든 물권이 이 두 이익을 모두 얻는 것은 아니다. 소유권은 두 가지를 전면적으로 지배할 수 있으나, 지상권 · 지역권 · 전세권 등의 용익물권은 사용가치의 전부 또는 일부를 지배할 수 있을 뿐이고, 유치권 · 질권 · 저당권 등의 담보물권은 교환가치의 전부 또는 일부를 지배할 수 있을 뿐이다.

4. 객체에 대한 배타적(독점적) 지배권

권리의 배타성이란 서로 병존(양립)할 수 없는 내용의 권리가 동시에 둘 이상 성립할 수 없는 성질을 말한다. 그런데 물권에는 배타성이 있다. 물권은 물건에 대한 직접적인 지배를 내용으로 하는 권리이므로 당연히 독점적인 이용이 가능할 수 있도록 배타성이 인정되어야 하는 것이다. 그리하여 하나의 물건 위에는 병존할 수 없는 내용의 물권이 두 개 이상 성립할 수 없다. 예컨대 하나의 물건 위에 두 개의 소유권이나 두 개의 보통의 지상권이 성립할 수 없다(공유는 하나의 소유권이 공유자들에게 나뉘어 귀속된 것이다). 그러나 소유권과 제한물권, 소유권과 점유권은 내용상 병존할 수 있는 것들이다. 한편 동일한 부동산 위에 여러 개의 저당권이 성립할 수 있으나, 그것은 배타성에 어긋나는 것이 아니다. 저당권은 교환가치만을 지배하며, 후순위 저당권자는 선순위 저당권자가 경매대가로부터 변제받은 나머지로부터만 변제받을 수 있기 때문이다.

이러한 물권과 달리 채권은 채무자의 일정한 행위를 청구할 수 있는 권리이므로 배타성이 없다(그러나 예외가 있다. 부동산임차권을 등기한 경우(621조)가 그 예이다). 따라서 가령 A가 동일한 시계를 B에게 팔기로 매매계약을 체결한 뒤에 다시 C에게 팔기로 한 경우에는(이른바 2중매매), B와 C의 시계의 소유권이전청구권은 실질적으로 병존할 수 없지만, 채권에는 배타성이 없어서 병존할 뿐만 아니라 효력상 차이도 없으며(채권자 평등의 원칙), 만약 A가 C에게 이행을 하면 B는 A에 대하여 채무불이행으로 인한 손해배상만을 청구할 수 있다.

물권은 배타성이 있어서 제 3 자에게 미치는 영향이 크다. 무엇보다도 점유를 수반하지 않아 관념성이 강한 소유권이나 저당권을 취득하려는 자는 자칫 예측하지 못한 손해를 입게 될 가능성이 크다. 예컨대 A가 부동산의 소유자인 줄 알고 B가 그로부터 부동산을 매수하였는데 실제로는 A가 소유자가 아닌 경우, C의 부동산 위에 선순위 저당권이 없는 줄 알고 D가 C에게 부동산 시가만큼 금전을 빌려주고 그 부동산에 저당권을 설정받았는데 이미 시가 이상의 금전채권을 피담보채권으로 하는 선순위 저당권이 설정되어 있었던 경우에 그렇다. 이와 같은 때에 B나 D가 예측하지 못한 손해를 입지 않으려면 물권의 귀속과 내용을 외부에서 알 수 있어야 한다. 물권을 등기 · 인도(점유) · 등록 · 명인방법과 같은 공시방법에 의하여 공시하게 한 이유가 여기에 있다.

5. 절 대 권

물권은 절대권이다. 따라서 특정한 상대방이 없고 모든 자에 대하여 효력이 인정된다. 그 결과 어떤 자가 물권을 침해하면 물권자는 당연히 불법행위를 이유로 손해배상을 청구할 수 있고 또 물권적 청구권을 가진다. 그에 비하여 상대권인 채권에 있어서는 특정인인 채무자만이 의무자이어서 원칙적으로 그에 의해서만 침해될 수 있으며(채무불이행), 제 3 자에 의한 침해는 당연히 불법행위로 되는 것이 아니다(자세한 사항은 채권법총론에서 논의한다. 채권법총론 [18] 이하 참조).

〈물권의 양도성〉

양도성이 물권의 특질인가에 관하여는 i) 긍정설(곽윤직, 9면; 이영준, 7면)과 ii) 부정설(이상태, 11면)이 대립하고 있다. 긍정설은 채권은 양도할 수 없는 것으로 약정할 수 있는 데 비하여(449조), 물권은 약정에 의하여 양도성을 배제할 수 없다는 점을 든다. 그리고 부정설은 채권도 원칙적으로 양도성이 있으며, 물권에도 예외가 있다는 점을 든다(292조 2항·306조 등). 생각건대 물권의 경우에 양도성이 제한되는 예외가 있기는 하나, 약정에 의하여 양도성을 배제할 수 없다는 점에 비추어 볼 때 채권에 비하여 양도성이 강한 것은 사실이다. 그렇지만 채권도 원칙적으로 양도성이 있는 만큼 양도성을 물권만의 특질로 설명할 필요는 없을 것이다.

제 3 절 물권의 종류

[9] I. 물권법정주의

1. 서 설

(1) 의 의

물권법정주의란 물권의 종류와 내용은 법률이 정하는 것에 한하여 인정되며, 당사자가 그 밖의 물권을 자유로이 창설하는 것을 금지하는 법원칙을 말한다. 이러한 물권법정주의는 모든 근대물권법에서 인정되고 있다. 그 방식을 보면 대부분의 국가의 경우 명문규정은 없이 당연한 원칙으로 인정하고 있으나(독일·스위스 등), 명문으로 규정하고 있는 나라도 있다(일본 등). 물권법정주의가 채용되면 물권의 유형과 내용은 확정되고, 그 결과 물권법의 규정은 강행규정으로 된다. 그리고 물권법의 규정은 이 점에서 계약의 유형이 예시적이고 그 규정내용과도 다르게 약정될 수 있는 계약법의 규정과 크게 다르다.

우리 민법은 제185조에서 「물권은 법률 또는 관습법에 의하는 외에는 임의로 창설하지 못한다」고 하여 물권법정주의를 명문으로 규정하고 있다. 그런데 이에 의하면 법률 외에 관습법에 의하여서도 물권이 창설될 수 있도록 하고 있는 점에서 본래의 물권법정주의와 차이가 있다(같은 취지: 곽윤직, 14면. 반대: 김학동, 18면; 이영준, 17면). 이와 같은 민법의 태도에 관하여 학설은 모두 긍정적이다(곽윤직, 15면 등 통설. 김학동, 18면은 당연한 것을 선언한 것이라고 한다). 생각건대 우리의 물권법은 서양의 법을 오랜 관찰 없이 단기간에 계수하여 만들어졌다. 그 결과 당연히 우리의 가치 있는 고유한 물권이 미처 조사, 수용될 여유가 없었다. 그런데 과거부터 관습에 의하여 인정되던 물권은 현행법상으로도 인정할 필요가 있다. 뿐만 아니라 장차 관습법상 새로운 종류의 물권이 형성된다면 그것도 보충적으로 인정하는 것이 유익할 것이다. 이러한 점에 비추어 볼 때 관습법에 의한 물권의 성립을 인정하고 있는 민법의 태도는 타당하다고 하겠다.

(2) 이 유

근대법이 물권법정주의를 원칙으로 채용한 이유는 두 가지이다. 첫째로 봉건시대에 있어서의 부동산 특히 토지에 대한 복잡한 지배관계를 정리하여 토지에 관한 권리관계를 단순화하고 자유로운 소유권(아무런 제한과 부담이 없는 소유권)을 확립하기 위하여서이다. 둘째로 물권공시를 실효성 있게 하기 위하여서이다. 물권은 배타적인 지배권이어서 제 3 자에게 미치는 영향이 크고, 따라서 물권에 관하여는 제 3 자가 그 존재를 명백하게 인식할 수 있는 방법(공시방법)을 마련하여야 한다. 그런데 그 방법으로서 점유는 모든 물권을 공시할 수 없으며, 등기는 어떤 물권이라도 공시할 수는 있으나 너무 복잡하면 이제는 그 내용을 알 수 없어서 공시의 목적을 달성할 수 없게 된다. 여기서 물권의 유형을 미리 한정하여 두고 당사자는 그 가운데 선택만을 하게 하는 것이 물권의 공시를 실효성 있게 하는 데 가장 적합함을 알 수 있다. 이러한 이유 가운데 첫째의 이유는 역사적 · 연혁적인 것에 지나지 않으나, 둘째의 이유는 오늘날 우리 법에서도 여전히 의미를 가지고 있는 중요한 것이다.

2. 제185조의 내용 [10]

(1) 제185조의 「법률」

제185조의 법률은 헌법상의 의미의 법률만을 가리키며, 명령이나 규칙 등은 포함되지 않는다(이설 없음).

(2) 관습법의 효력

앞서 본 바와 같이, 민법상 관습법에 의한 물권의 성립도 인정된다. 그런데 이때 관습법과 법률이 어떤 관계에 있는지 문제된다.

1) 학 설

i) 보충적 효력설 제 1 조에 있어서나 제185조에 있어서나 관습법은 보충적인 효력만 있다는 견해이다(곽윤직, 16면; 김상용, 31면; 주해(4), 121면(김황식)). 이 견해는 대등적 효력설 · 변경적 효력설은 물권법정주의에 위배되고 물권법의 강행법규성에도 모순된다고 한다.

ii) 대등적 효력설 관습법은 법률과 대등한 효력이 있다는 견해이다(김학동, 17면; 윤철홍, 18면; 이상태, 18면; 이영준, 18면; 이은영, 32면). 이 견해를 취하는 문헌 가운데에는 제 1 조에 관하여는 관습법에 변경적 효력을 인정하는 경우도 있고, 보충적 효력을 인정하는 경우도 있다. 한편 대등적 효력설을 주장하면서 그것이 변경적 효력설과 다르지 않다고 하는 문헌도 있다(김학동, 17면; 이영준, 18면; 지원림, 434면). 대등적 효력설은 제185조의 문언을 주된 근거로 삼고 있다.

iii) 변경적 효력설 관습법에 대하여 변경적 효력을 인정하는 견해이다(김용한, 36면. 1조에 관하여도 같음). 이 견해는 대등적 효력 인정은 결과적으로 변경적 효력을 인정하는 것이 된다고 한다. 그리고 보충적 효력설이 대등적 효력설에 대하여 비판하는 이유인 물권법의 강행법규성에 반한다는 것은 옳지 않다고 한다. 왜냐하면 제185조가 관습법상의 물권을 인정한 것 자체가 이미 강행법규성에 유연성을 부여하는 것이기 때문이라고 한다.

iv) 개별적 판단설 관습법과 법률의 관계를 일률적으로 설명하는 것은 타당하지 않으며, 관습법상의 물권의 종류에 따라 양자의 관계를 판단해야 할 것이라는 견해이다(고상룡, 16면).

2) 검토 및 사견 학설들 가운데 개별적 판단설은 실질적인 타당성은 기할 수 있을지 모르나 규범적인 판단기준을 제시해 주지 않는 점에서 바람직하지 않다. 다음에 나머지 견해들에 관하여는 타당성을 검토하기 전에 먼저 실제에 있어서 그것들이 어떠한 차이를 보이는지 살펴보기로 한다.

보충적 효력설, 대등적 효력설, 변경적 효력설은 「법률에 규정이 있는 물권과 종류는 같은데 내용은 다른 물권(가령 저당권자가 목적부동산을 사용 · 수익할 수 있는 물권)이 관습법상 성립할 수 있는가」와 관련하여 차이를 보인다. i)설은 그때에는 법률상의 물권만 인정할 것이고, iii)설은 관습법상의 물권만 인정할 것이나, ii)설은 두 물권이 병존할 수 있다고 하게 될 것이다. 다만, ii)설을 취하면서 대등적 효력설이 변경적 효력설과 다르지 않다고 하는 견해에 따른 결론은 불분명하다. 이러한 결과를 두고 볼 때, 제185조에 관습법을 추가시킨 것이 과연 ii)설, iii)설의 결과를 원해서일지는 의문이다. 오히려 그 주된 목적은 서구의 제도를 받아들이면서 미처 규정하지 못한 것을 보충적으로 인정하겠다는 것으로 보아야 한다. 본래 관습법이 물권법정주의에서 배제됨을 생각할 때 그렇다. 그러고 보면 i)설의 결과만이 인정되어야 한다. 그 결과 법률에 없는 유형(종류)의 물권만이 관습법상 성립할 수 있다. 보충적 효력설을 취하는 문헌은 법률에 규정이 없는 「내용」의 물권도 성립할 수 있다고 하나, 그 내용이 종류를 달리할 정도의 본질적인 것이 아닌 한 규정에 반하는 내용만이 무효로 될 것이므로, 그러한 설명은 옳지 않다.

(3) 관습법상의 물권의 성립요건

예외적으로 관습법상 물권의 성립이 인정되는 경우에도 물권법정주의의 채용 이유에 비추어 다음의 두 요건을 갖추어야 한다. 즉 ① 자유로운 소유권에 역행하는 봉건적인 물권관계가 아니어야 하고, ② 공시방법을 갖추어야 한다(다만 그것은 유연하게 인정하여야 한다).

(4) 「임의로 창설하지 못한다」의 의미와 위반시 효과

물권을 임의로 창설하지 못한다는 것은 ① 법률 또는 관습법이 인정하지 않는 새로운 「유형(종류)」의 물권(예: 타인의 특정재산에 대한 전면적 수익권)을 만들지 못한다는 것(유형강제)과 ② 법률 또는 관습법이 인정하는 물권에 다른 「내용」(예: 양도성 없는 지상권의 설정, 유치권의 목적물과 견련관계가 인정되지 않는 채권을 피담보채권으로 하는 유치권의 인정(대판 2023. 4. 27, 2022다273018))을 부여하지 못한다는 것(내용확정 내지 내용강제)을 가리킨다(같은 취지: 대판 2021. 12. 30, 2018다40235 · 40242; 대판 2023. 4. 27, 2022다273018).

이를 규정하고 있는 제185조는 강행규정이며, 이에 위반하는 법률행위는 무효이다. 그런데 그 무효의 범위는 유형강제 위반과 내용강제 위반에 있어서 다르다(본질적 내용 위반은 유형강제 위반에 해당함을 유의하여야 한다). 전자의 경우에는 법률행위의 전부가 무효이나, 후자의 경우에는 위반 부분은 무효로 되고 나머지에 대하여는 일부무효의 법리가 적용된다(같은 취지: 이영준, 21면).

물권법정주의에 위반하여 법률행위(물권행위)가 무효인 때에 채권적 효력도 없는가가 문제된다. 여기에 관하여 판례는 없고, 학설은 i) 채권계약도 언제나 무효라는 견해(윤철홍, 16면; 이영준, 22면), ii) 채권적 효력은 인정된다거나 또는 인정될 수 있다는 견해(곽윤직, 16면; 김상용, 32면; 김용한, 35면; 주해(4), 122면(김황식)은 채권적 효력이 인정될 수 있다고 하고, 김학동, 17면은 당사자 사이에서는 효력을 가진다고 하며, 고상룡, 16면; 이은영, 29면은 채권행위(채권계약)가 유효하다고 한다),

iii) 유형강제(종류강제)에 위반하는 채권행위는 무효이나 내용강제에 위반하는 채권행위는 당사자 사이에서 유효할 수 있다고 하는 견해(이상태, 20면)로 나뉘어 있다. 생각건대 문헌들이 말하는 채권행위가 물권행위가 있기 전에 행하여진 것의 의미인지 분명치는 않으나, 만약 그러한 것이라면 그 행위는 물권법정주의에 위반하는 범위에서 무효로 될 수밖에 없다. 새로운 유형의 물권의 창설 또는 물권에의 새로운 내용의 부여는 원시적 불능이기 때문이다(이영준, 22면은 사회질서 위반이라고 하나, 언제나 그런 것은 아니어서 옳지 않다). 다만, 그 경우에 때에 따라서는 당사자 사이에 계약이 실현되지 못하게 되면 손해배상책임을 진다는 내용의 부수적인 약정이 인정될 수 있고, 그때에는 그 약정의 효력으로 책임이 발생할 수는 있다. 문헌들이 흔히 들고 있는 예인, 양도성 없는 지상권을 설정하였는데 지상권자가 그 지상권을 양도한 경우는 부수적인 책임 발생의 약정이 인정될 가능성이 있는 경우라고 할 수 있다. 결과적으로 우리의 모든 견해는 옳지 않거나 완전하지 않다고 하겠다.

〈판 례〉

「민법 제185조는, "물권은 법률 또는 관습법에 의하는 외에는 임의로 창설하지 못한다"고 규정하여 이른바 물권법정주의를 선언하고 있고, 물권법의 강행규정성은 이를 중핵으로 하고 있으므로, 법률(성문법과 관습법)이 인정하지 않는 새로운 종류의 물권을 창설하는 것은 허용되지 아니한다 할 것인바, 원심이 인정한 관습상의 통행권은 성문법과 관습법 어디에서도 근거가 없으므로(기록상 위 지역에 그와 같은 관습법이 존재한다고 볼 자료도 전혀 없다), 원심이 원고들에게 관습상의 통행권이 있다고 판단하여 원고들의 통행권 확인청구를 인용한 것은 물권법정주의에 관한 법리를 오해하여 판결 결과에 영향을 미친 위법을 저지른 것이라 하겠다.」(대판 2002. 2. 26, 2001다64165)

[11] Ⅱ. 물권의 종류

우리 민법상 물권은 법률과 관습법에 의하여 성립할 수 있다. 그리고 그 법률은 크게 민법전과 특별법으로 나눌 수 있다. 각각의 법에 의한 물권을 보기로 한다.

1. 민법상의 물권

민법전은 점유권 · 소유권 · 지상권 · 지역권 · 전세권 · 유치권 · 질권 · 저당권의 8가지의 물권을 규정하고 있다. 그것들은 다음과 같이 분류될 수 있다.

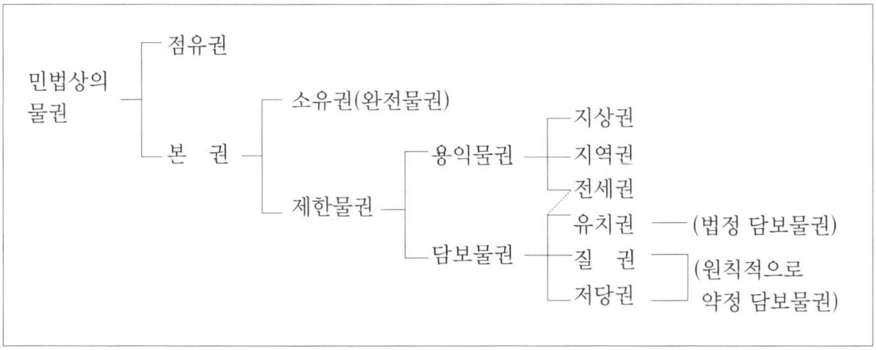

(1) 본권과 점유권

민법상의 물권은 먼저 본권과 점유권으로 나누어진다. 점유권은 물건을 사실상 지배하고 있는 경우에 인정되는 물권이고(물건을 지배할 수 있는 권원의 유무는 묻지 않음), 본권은 물건을 지배할 수 있는 권리이다(사실상의 지배 유무는 묻지 않음).

(2) 소유권과 제한물권

본권에는 소유권과 제한물권이 있다. 소유권은 물건을 전면적으로 지배할 수 있는 권리이고(완전물권), 그 밖의 물권(소유권 · 점유권 이외의 물권)은 물건의 가치를 일부만 지배할 수 있는 권리이다. 후자는 소유권에 대한 제한 위에서 성립하고 그 내용도 제한되어 있다는 점에서 제한물권이라고 한다. 제한물권은 다른 사람의 물건 위에 성립한다는 의미에서 「타물권」(他物權)이라고도 하나, 소유자가 자기의 소유물 위에 제한물권을 가지는 경우도 있으므로(예: 191조 단서의 경우), 그러한 명칭은 적절하지 않다.

(3) 용익물권과 담보물권

제한물권은 다시 용익물권과 담보물권으로 나누어진다. 용익물권은 물건이 가지는 사용가치의 지배를 목적으로 하는 것이고, 담보물권은 교환가치의 지배를 목적으로 하는 것이다. 용익물권에는 지상권 · 지역권 · 전세권이 있고, 담보물권에는 유치권 · 질권 · 저당권이 있다. 다만, 전세권은 본질적으로는 용익물권이나, 담보물권의 성질도 가지고 있다.

(4) 부동산물권과 동산물권

8가지 물권 가운데 점유권 · 소유권 · 지상권 · 지역권 · 전세권 · 유치권 · 저당권은 부동산 위에 성립할 수 있는 부동산물권이고, 점유권 · 소유권 · 유치권 · 질권은 동산물권이다(권리 위의 물권은 별개의 문제임을 유의할 것). 우리 물권법은 물권변동에 관하여 부동산물권과 동산물권을 원리를 달리하여 규율하지는 않으나(모두 성립요건주의를 취하고 있음. [26] 참조), 두 물권의 공시방법을 다르게 정하고 있고(부동산물권의 경우에는 등기, 동산물권의 경우에는 점유 내지 점유의 이전 즉 인도), 그 밖에도 여러 가지 점에서 차이를 두고 있다.

2. 특별법상의 물권

특별법상의 물권으로는 공장저당권(「공장 및 광업재단 저당법」 3조 이하), 공장재단저당권(「공장 및 광업재단 저당법」 10조 이하), 광업재단저당권(「공장 및 광업재단 저당법」 52조 이하), 입목저당권(「입목에 관한 법률」 3조), 농지저당권(농지법 13조), 소형선박저당권(「자동차 등 특정동산 저당법」 3조), 자동차저당권(「자동차 등 특정동산 저당법」 3조), 항공기저당권(「자동차 등 특정동산 저당법」 3조), 건설기계저당권(「자동차 등 특정동산 저당법」 3조), 가등기담보권 · 양도담보권 · 매도담보권(「가등기담보 등에 관한 법률」) 등이 있다. 그런가 하면 광업권(탐사권 · 채굴권. 광업법 3조 3호 · 10조) · 조광권(광업법 3조 4호 · 47조) · 어업권(수산업법 2조 9호 · 16조) 등은 특별법상 물권이라고 규정되어 있는 특수한 물권적 권리이다.

특별사법인 상법상의 물권으로 상사유치권 · 상사질권 · 주식질권 · 선박저당권 · 선박채권자의 우선특권 등이 있으나, 이는 실질적 물권법에 의한 것이 아니다.

3. 관습법상의 물권

앞에서 살펴본 바와 같이, 제185조에 따라 우리 법상 법률 외에 관습법에 의하여서도 물권이 성립할 수 있다. 이러한 관습법상의 물권은 이론적으로는 관습법의 성립요건을 갖추면 성립한다고 할 것이나, 그 시기는 — 관습법이나 마찬가지로 — 법원의 판단을 통하여 확인될 수 있을 뿐이다. 우리 대법원이 관습법상의 물권이 존재하는지 또는 관습법상의 물권인지를 판단한 적이 여러 번 있다. 아래에서 판례에 의하여 관습법상의 물권으로 확인되어 있는 것과 관습법상의 물권의 존재가 부인된 예를 보기로 한다.

(1) 판례에 의하여 확인되어 있는 것

관습법상의 물권으로서 판례에 의하여 확인되어 있는 것으로 대표적인 것은 다음의 두 가지이다.

1) **분묘기지권** 분묘기지권은 타인의 토지에서 분묘를 소유하기 위하여 분묘기지 부분의 타인 토지를 사용할 수 있는 지상권 유사의 물권이다. 그에 관하여는 지상권을 다루면서 자세히 설명하기로 한다([153]·[154] 참조).

2) **관습법상의 법정지상권** 관습법상의 법정지상권은 동일인에게 속하였던 토지 및 건물이 매매 기타의 원인으로 소유자를 달리하게 된 때에 그 건물을 철거한다는 특약이 없으면 건물소유자가 당연히 취득하게 되는 법정지상권이다. 이것도 역시 지상권 부분에서 자세히 살펴보기로 한다([155]·[156] 참조).

〈양도담보 문제〉

견해에 따라서는, 가등기담보법의 적용을 받지 않는 양도담보 특히 동산 양도담보도 관습법상의 물권이라고 한다(김상용, 38면; 이은영, 35면). 이는 근본적으로 가등기담보법의 적용을 받지 않는 양도담보도 일종의 담보물권이라고 보는 입장에 서 있다. 생각건대 가등기담보법의 적용을 받는 양도담보는 마땅히 일종의 담보물권(즉 법률에 의한 물권)이라고 이해하여야 한다. 그러나 동산 양도담보처럼 가등기담보법의 적용을 받지 않는 양도담보는 소유권이전의 형식에 의한 변칙적인 담보이며, 담보물권이 아니다(신탁적 소유권이전설. [264] 참조). 그리고 그것은 판례에 의하여 인정된 것으로 보아야 한다(같은 취지: 곽윤직(총칙), 19면). 결국 동산 양도담보는 물권이 아니어서 관습법상의 물권일 수 없다.

(2) 판례에 의하여 부인된 사례

대법원은 온천에 관한 권리는 관습법상의 물권이 아니고(대판 1970. 5. 26, 69다1239), 근린공원을 자유롭게 이용할 수 있다고 하여 공원 이용권이라는 배타적인 권리를 취득하였다고는 할 수 없으며(대결 1995. 5. 23, 94마2218), 미등기 무허가건물의 양수인에게 소유권에 준하는 관습상의 물권이 있다고 할 수 없고(대판 1996. 6. 14, 94다53006; 대판 1999. 3. 23, 98다59118; 대판 2006. 10. 27, 2006다49000), 사인의 토지에 대한 관습상의 통행권은 인정될 수 없다고 한다(대판 2002. 2. 26, 2001다64165).

〈판 례〉

「미등기 무허가건물의 양수인이라도 그 소유권이전등기를 경료받지 않는 한 그 건물에 대한 소유권을 취득할 수 없고, 소유권에 준하는 관습상의 물권이 있다고도 할 수 없으며(대법원 1996. 6. 14. 선고 94다53006 판결 등 참조), 현행법상 사실상의 소유권이라고 하는 어떤 포괄적인 권리 또는 법률상의 지위를 인정하기도 어렵다.」(대판 2006. 10. 27, 2006다49000; 대판 2014. 2. 13, 2011다64782. 앞부분에 관하여 같은 취지: 대판 2016. 7. 29, 2016다214483)

제4절 물권의 효력

[12] Ⅰ. 개 관

물권의 효력이란 물권의 내용을 실현하게 하기 위하여 물권에 대하여 법이 인정하는 힘이라고 할 수 있다(채권의 효력의 의의에 관하여는 채권법총론 [10]; 주해(9), 4면(송덕수) 참조). 배타적 지배권인 물권에는 여러 가지의 효력이 인정되는데, 그것들은 크게 대내적 효력과 대외적 효력으로 나누어진다. 대내적 효력은 물건에 대한 직접적인 지배력이고, 대외적 효력은 권리불가침적 효력이다. 그 가운데 대내적 효력의 구체적인 내용은 각종의 물권에 따라 크게 차이가 있으며, 공통적인 것으로는 — 지배력의 결과로 나타나는 — 다른 물권이나 채권에 우선하는 효력 즉 우선적 효력이 있는 정도이다. 그에 비하여 대외적 효력은 타인이 물권을 침해한 경우에 그것은 당해 물권자에 대한 불법행위로 되어 물권자가 손해배상청구권을 가지게 되고(때에 따라서는 불법행위로 되지 않은 경우에 부당이득 반환청구를 할 수도 있다) 또 그것과 별도로 물권자는 침해를 배제하거나 그 예방을 청구할 수 있다는 것(물권적 청구권)으로서, 이들은 모든 물권에 공통한 효력이다. 그러고 보면 물권의 효력 중에는 우선적 효력 · 불법행위의 성립 · 물권적 청구권이 모든 물권에 공통하는 효력인 셈이다. 그리고 이들이 여기에서 물권의 효력으로 논의되어야 할 문제이다. 그런데 문헌들은 한결같이 우선적 효력과 물권적 청구권만을 물권의 일반적인 효력으로 기술하고 있다. 생각건대 물권은 채권과 달리 그 침해가 당연히 불법행위가 되므로, 불법행위 성립의 문제는 불법행위에 관한 설명에 맡겨도 무방할 것이다. 그 점에서 볼 때 문헌들의 태도는 수긍할 수 있다. 그리하여 여기서도 나머지 두 가지에 관하여만 살펴보기로 한다.

[13] Ⅱ. 우선적 효력

우선적 효력은 어떤 권리가 다른 권리에 우선하는 효력을 말한다. 물권의 우선적 효력에는 다른 물권에 대한 우선적 효력과 채권에 대한 우선적 효력이 있다.

1. 물권 상호간의 우선적 효력(다른 물권에 대한 우선적 효력)

(1) 물권은 배타적인 지배권이다. 따라서 동일한 물건 위에 같은 내용(성질·범위·순위)의 물권이 동시에 둘 이상 성립할 수는 없다. 예컨대 하나의 토지에 두 개의 소유권이나 두 개의 보통의 지상권이 성립하지는 못한다. 그러나 내용이 다른 물권은 병존할 수 있다. 예컨대 동일한 토지 위에 소유권과 제한물권, 지상권과 저당권, 저당권과 저당권이 성립할 수 있다. 이들 가운데 동일한 토지 위에 소유권과 제한물권이 병존하는 때에는, 본래 제한물권이 소유권에 대하여 일시적으로 제한하면서 성립하는 것이기 때문에, 제한물권이 존재하는 동안에는 당연히 소유권이 제한을 받게 된다(Wieling, S. 8도 같은 취지임). 그러나 물권들이 동일한 물건 위에 병존하는 그 밖의 경우에는, 그들 사이에서는 시간적으로 먼저 성립한 물권이 후에 성립한 물권에 우선하게 된다. 즉 시간에 있어서 앞서면 권리에 있어서 강하다(「prior tempore, potior iure」). 이를 가리켜 물권 상호간의 우선적 효력이라고 한다. 구체적인 예를 들어보면 다음과 같다. 동일한 부동산 위에 여러 개의 저당권이 성립할 수 있는데(그러한 경우 저당권들은 성립한 시기에 따라 1번 저당권, 2번 저당권 등으로 불린다), 그때에는 먼저 성립한 저당권이 선순위가 되어 후에 성립한 저당권에 우선하게 된다(이를 물권의 배타성의 문제로 설명할 수 있음은 앞에서 기술하였다. [8] 참조). 그리고 동일한 부동산 위에 저당권과 지상권(전세권도 같음)이 성립한 경우에는 먼저 성립한 물권이 우선하게 된다. 그 결과 저당권이 성립된 뒤에 지상권이 성립한 경우에 저당권이 실행되면 지상권이 소멸하나(민사집행법 268조·91조 3항), 지상권이 성립한 뒤에 저당권이 성립한 경우에는 저당권이 실행되더라도 지상권은 소멸하지 않는다(민사집행법 268조·91조 4항).

(2) 점유권은 현재의 사실상의 지배관계에 기한 권리이기 때문에 우선적 효력이 인정될 여지가 없다. 즉 점유권은 물건에 대한 사실상의 지배가 있으면 성립하고 사실상의 지배를 잃으면 소멸하므로, 다른 물권(본권)과 대립하지 않으면서 동시에 병존할 수 있으며, 따라서 우선적 효력은 문제되지 않는다. 그런가 하면 어떤 자에게 사실상의 지배가 인정되는 때에는 다른 자에게는 사실상의 지배가 인정될 수 없으므로, 동일한 물건에 점유권(직접점유)이 동시에 성립하여 점유권 사이에 우선적 효력이 문제될 일도 없다(직접점유와 간접점유는 대립 없이 병존할 수 있으므로, 그 경우 역시 우선적 효력의 문제가 생기지 않는다).

(3) 때에 따라서는 법률이 특수한 권리를 보호하기 위하여 특별히 순위를 정하고 있는 경우가 있는데, 그때에는 시간적 순서에 의하지 않고 법률에 의하여 순위가 정해진다. 근로기준법상의 임금우선특권(같은 법 38조), 주택임대차보호법상의

소액의 보증금 · 전세금의 우선특권(같은 법 8조 · 12조), 특별사법인 상법상의 우선특권(같은 법 468조 · 782조 이하 · 788조) 등이 그 예이다.

2. 채권에 우선하는 효력

(1) 어떤 물건에 대하여 물권 · 채권이 병존하는 경우에는 물권이 우선한다. 예컨대 A가 그의 토지를 B에게 매도하거나 임대차한 뒤 그 토지를 C에게 매도하여 소유권을 이전해 준 경우에는, B는 동일한 토지에 관하여 소유권이전청구권 또는 임차권이라는 채권을 가지고 C는 소유권이라는 물권을 가지게 되는데, 이때 C의 소유권이 B의 채권에 우선하게 된다. 그 결과 B는 C에게 채권을 주장하지 못하고 A에 대하여 채무불이행책임(손해배상책임)만 물을 수 있을 뿐이다. 이처럼 물권이 채권에 우선하는 이유는 물권은 물건에 대한 직접적인 지배권인 데 비하여, 채권은 채무자의 행위를 통하여 간접적으로 물건 위에 지배를 미치는 권리에 지나지 않기 때문이다.

〈판 례〉

「소유권이전등기 청구권에 대한 압류가 있으면 그 변제금지의 효력에 의하여 제 3 채무자는 채무자에게 임의로 이전등기를 이행하여서는 아니 되는 것이나, 그와 같은 압류는 채권에 대한 것이지 등기청구권의 목적물인 부동산에 대한 것이 아니고, 채무자와 제 3 채무자에게 결정을 송달하는 외에 현행법상 등기부에 이를 공시하는 방법이 없는 것으로서 당해 채권자와 채무자 및 제 3 채무자 사이에만 효력을 가지며, 제 3 자에 대하여는 압류의 변제금지의 효력을 주장할 수 없으므로 소유권이전등기 청구권의 압류는 청구권의 목적물인 부동산 자체의 처분을 금지하는 대물적 효력은 없어서 제 3 채무자나 채무자로부터 이전등기를 경료한 제 3 자에 대하여는 취득한 등기가 원인무효라고 주장하여 말소를 청구할 수 없고, 제 3 채무자가 압류결정을 무시하고 이전등기를 이행하고 채무자가 다시 제 3 자에게 이전등기를 경료하여 준 결과 채권자에게 손해를 입힌 때에는 불법행위를 구성하고 그에 따른 배상책임을 지게 되고, 소유권이전등기 청구권을 압류한 경우 채권자가 채권을 추심하기 위하여는 우선 민사집행법 제244조(구 민사소송법 제577조)에서 정한 절차에 따라 부동산에 관하여 채무자 명의로 소유권이전등기를 경료한 다음 다시 그 부동산에 대한 강제경매를 실시하여 그 경매절차에서 배당받아야 할 것이므로, 제 3 채무자의 고의 또는 과실로 소유권이전등기 청구권이 압류된 부동산에 관하여 채무자, 제 3 자 명의의 소유권이전등기가 순차 경료됨으로써 채권자에 대한 불법행위책임이 성립하는 경우, 그로 인한 압류채권자의 손해액은 압류채권액 범위 내에서 압류채권자가 배당받을 금액이라고

보아야 한다.」(대판 2002. 10. 25, 2002다39371)

(2) 물권이 채권에 우선하는 효력에도 예외가 있다. ① 부동산 물권변동을 목적으로 하는 청구권(채권)(예: 매매에 의한 매수인의 소유권이전청구권)을 가등기한 경우(부등법 91조 참조), ② 부동산임차권이 공시방법(등기)을 갖춘 경우(621조 참조), ③ 주택임대차보호법의 보호를 받는 주택임차권(같은 법 3조 · 3조의 2 · 12조)과 「상가건물 임대차보호법」의 보호를 받는 상가임차권(같은 법 3조 · 17조) 등이 그 예이다.

(3) 이 효력은 채무자가 파산하거나 강제집행당하는 때에 크게 작용한다. 즉 그러한 때에 물권자는 채무자의 일반채권자에 우선하게 된다. 구체적으로 보면 당해 물건에 대하여 소유권을 가지는 자는 파산의 경우 환취권(還取權)(채무자회생법 407조 이하. 파산재단에 들어 있는 재산을 제 3 자가 되찾아오는 권리)을 행사할 수 있고 강제집행의 경우 제 3 자 이의의 소를 제기할 수 있으며(민사집행법 48조), 담보물권을 가지는 자는 파산시 별제권(別除權)(채무자회생법 411조 이하. 다른 채권자에 우선하여 변제받을 권리)을 행사할 수 있고 강제집행시 우선적으로 배당을 받을 수 있다(민사집행법 88조 · 145조 · 217조 · 247조 등).

Ⅲ. 물권적 청구권 [14]

1. 의 의

(1) 뜻

물권적 청구권은 물권의 내용의 실현이 어떤 사정으로 말미암아 방해당하고 있거나 방해당할 염려가 있는 경우에 물권자가 방해자에 대하여 그 방해의 제거 또는 예방에 필요한 일정한 행위(작위 또는 부작위)를 청구할 수 있는 권리이다. 민법은 물권적 청구권을 소유권과 점유권에 관하여 규정을 하고(213조 · 214조 · 204조 내지 207조), 소유권에 관한 규정을 다른 물권에 준용하고 있다(290조 · 301조 · 319조 · 370조). 다만, 질권에는 준용하는 규정이 두어져 있지 않으나(유치권에도 준용한다는 명문규정이 없기는 하나, 유치권자에게는 점유보호청구권 규정이 당연히 적용된다), 통설은 질권에도 — 점유보호청구권 외에 — 일반적인 물권적 청구권을 인정하고 있다(반대 견해 있음. 자세한 점은 [194] 참조).

(2) 근 거

물권적 청구권이 인정되는 근거에 관하여 학설은 나뉘어 있다. i) 다수설은 물권이 목적물에 대한 직접의 지배권이어서 물권의 내용의 완전한 실현이 방해되고 있는 경우에 방해의 제거를 청구할 수 없다면 물권은 유명무실하게 되기 때문이라고 한다(곽윤직, 21면; 김상용, 43면; 김학동, 24면; 이상태, 26면; 주해(4), 17면(김황식); 지원림, 444면). 그런가 하면 ii) 물권이 물건을 직접적 · 배타적으로 지배할 수 있는 절대권이기 때문이라는 견해(이영준, 44면; 이은영, 56면), iii) 물권이 사실지배와는 관계없이 권원 자체에 의하여 보호되고 더욱이 스스로를 관철할 수 있는 사회구조에 근거의 기초가 있다는 견해(김용한, 46면), iv) 물권의 지배성과 절대성 그리고 사회적 구조가 근거라는 견해(고상룡, 24면)도 있다.

생각건대 물권적 청구권의 근거에 관한 논의는 의용민법에서처럼 점유보호청구권에 관한 규정만 있을 때에는 의미가 클 것이나, 민법의 경우처럼 개별적인 물권에 관하여도 명문규정을 둔 때에는 중요하지 않다(같은 취지: 곽윤직(신정판), 41면; 주해(5), 180면(양창수). 반대: 김용한, 46면). 그럼에도 불구하고 굳이 근거를 밝히자면, i)의 다수설처럼 이해하면 될 것이다.

〈물권 이외의 권리와 물권적 청구권〉

물권이 아닌 권리에 기하여 물권적 청구권 내지 물권적 청구권에 준하는 권리가 인정되는 경우가 있다.

우선 광업권(광업법 10조 1항) · 조광권(광업법 47조 1항) · 어업권(수산업법 16조 2항)은 모두 특별법에 의하여 물권으로 인정되면서 거기에 민법이 준용되어, 법률상 물권적 청구권에 준하는 보호가 행하여진다(김상용, 45면; 이영준, 44면 · 567면; 주해(4), 17면(김황식); 지원림, 445면은 그러한 권리가 물권에 준하는 권리이어서 그러한 보호가 주어져야 한다고 하나, 이는 특별법의 존재를 무시한 기술이다). 그리고 특허권(특허법 126조) · 실용신안권(실용신안법 30조 · 특허법 126조) · 디자인권(디자인보호법 113조) · 상표권(상표법 107조) · 저작권(저작권법 104조의 8) 등의 지식재산권에 대하여는 각각의 특별법이 침해금지 또는 예방을 청구할 수 있는 권리를 명문으로 규정하고 있다.

문제는 민법이나 특별법에 명문의 규정이 없는 경우이다. 인격권이 그 예이다. 생각건대 물권적 청구권은 물권이 지배권이라는 성질에 기초하여 인정되는 것이므로, 물권과 유사한 권리에는 그와 유사한 보호가 주어지는 것이 옳다. 그런 점에서 볼 때 지배권 · 절대권인 인격권에는 물권적 청구권 규정이 유추적용되어야 한다. 판례도 인격권인 명예권에 관하여 현재 이루어지고 있는 침해행위를 배제하거나 장래에 생길 침해를 예방하기 위하여 침해행위의 금지를 구할 수도 있다고 한다(대판 1997. 10. 24, 96다17851; 대판 1996. 4. 12, 93다40614 · 40621; 대결 2005. 1. 17, 2003마1477).

한편 채권에 기하여 방해배제청구권을 행사할 수 있는지에 대하여 논란이 되고 있는데, 사견은 채권이 대항요건을 갖추어 물권화한 경우(예: 등기된 부동산임차권)에는 물권에 준하여 방해배제청구권을 인정하는 것이 타당하다는 견지에 있다(자세한 점은 채권법 총론 [21] 이하 참조).

(3) 다른 구제수단과의 관계

1) **불법행위로 인한 손해배상청구권** 물권적 청구권이 발생하려면 방해자의 방해행위가 있어야 하는데 그 방해행위는 많은 경우에 불법행위(750조 이하)가 되어 피해자인 물권자에게 손해배상청구권을 발생시킨다. 그러한 경우에 두 권리의 관계가 문제되는데, 두 권리는 요건(물권적 청구권에서는 고의·과실을 불문하나, 불법행위에서는 고의·과실이 요구된다)과 효과(물권적 청구권에서는 방해의 제거나 예방에 필요한 행위를 청구할 수 있으나, 불법행위에서는 금전으로 배상을 청구할 수 있을 뿐이다)에 있어서 크게 다르므로, 양자의 요건이 갖추어지면 병존할 수도 있다고 하여야 한다(이설 없음).

2) **계약상의 청구권** 계약관계(예: 지상권·임차권)에 기하여 타인의 물건을 점유하고 있는 경우에는 점유가 정당한 권원에 기한 것이므로 물권적 청구권은 발생하지 않는다(213조 단서). 그러나 그러한 법률관계가 종료된 때에는 그 법률관계에 기한 반환청구권과 별도로 물권적 청구권도 존재한다고 새겨야 한다(이설 없음).

3) **부당이득 반환청구권** 점유할 권리가 없는데도 타인의 물건을 점유하는 경우에는, 점유도 이득이기 때문에 물권적 청구권과 함께 부당이득 반환청구권도 발생한다. 그런데 이 두 권리의 병존을 인정할 것인가에 관하여는 어려운 해석문제가 있다(그에 관하여는 채권법각론의 부당이득 부분에서 설명한다. 채권법각론 [222] 참조).

2. 종 류 [15]

(1) 기초가 되는 물권에 의한 분류

물권적 청구권은 그 기초가 되는 물권이 무엇인가에 따라, 점유권에 기한 물권적 청구권과 본권에 기한 물권적 청구권으로 나누어진다. 뒤의 것은 물론 각 물권별로 다시 세분된다.

(2) 침해의 모습에 의한 분류

물권적 청구권은 그 전제가 되는 침해의 모습에 따라 반환청구권, 방해제거청구권, 방해예방청구권으로 나누어진다. 그런데 점유권과 소유권에 기한 물권적 청구권에는 이들 세 권리가 모두 인정되지만, 다른 물권의 경우에는 그렇지 않을 수도 있다. 예컨대 지역권과 저당권에 기하여서는 반환청구권은 인정되지 않는다(301조·370조 참조). 한편, 명문의 규정은 없지만 일종의 물권적 청구권으로 수거허용청구권을 인정할 것인가가 문제된다.

1) **물권적 반환청구권** 타인이 권원 없이 물권의 목적물을 전부 점유하

고 있는 경우에 그 반환을 청구할 수 있는 권리이다. 물권자가 점유를 잃은 이유는 묻지 않는다. 그리하여 예컨대 A의 토지를 B가 불법점거하여 그 전부 위에 건물을 짓고 살고 있는 때처럼 점유를 침탈(侵奪. 빼앗음)당한 경우뿐만 아니라, 토지의 임차인이 임대차기간이 만료된 후에도 토지를 반환하지 않고 있는 때처럼 점유자가 적법하게 점유하였으나 점유권원이 없어지게 된 경우에도 반환청구권이 발생한다.

2) **물권적 방해제거청구권**　　타인이 물권의 내용실현을 전부점유 이외의 방법으로 방해하고 있는 경우에 그 방해의 제거를 청구할 수 있는 권리이다. 이 권리가 발생하기 위한 방해의 전형적인 예는 방해자에 의한 일부점유이나, 방해자가 반드시 일부점유의 방법으로 방해하여야 하는 것은 아니다. 가령 자신의 토지의 경계를 넘어서 옆 토지의 일부에까지 건축을 한 경우처럼 일부분을 점유하는 때에도 방해제거청구권이 생기지만, 남의 토지를 통행하는 방법으로 방해할 수도 있다. 그런가 하면 실제의 권리관계와 일치하지 않는 등기(예: 무효인 소유권등기, 이미 소멸한 선순위 저당권등기)가 존재하는 것도 일종의 방해에 해당한다. 이 권리는 보통 부동산에 관하여 발생한다.

3) **물권적 방해예방청구권**　　물권의 내용실현이 현재 방해당하고 있지는 않지만 장차 방해받을 염려가 있는 경우에 그 방해의 예방에 필요한 행위를 청구할 수 있는 권리이다. 예컨대 A의 토지를 깊게 파서 인접한 B의 토지가 무너지려고 하는 경우에 이 권리가 발생한다. 이 권리도 주로 부동산에 관하여 발생한다.

4) **수거허용청구권**

(가) 근래에 일부 견해는 우리 민법상 독일과 같은 명문규정(같은 법 867조·1005조)은 없지만 위의 세 가지의 권리 외에 수거허용청구권이 인정되어야 한다고 주장한다(강태성, 71면; 이은영, 69면; 홍성재, 30면; 주해(5), 192면 이하(양창수) 등). 그 논의는 주로, 예컨대 제3자인 병이 갑의 물건을 을의 토지에 놓고 간 경우를 둘러싸고 행하여진다.

(나) 종래의 통설에 의하면, 이러한 경우에는 갑은 반환청구권을 가지고, 을은 방해제거청구권을 가진다고 한다. 그런데 수거허용청구권을 인정하는 견해는 위의 경우에는 을은 방해제거청구권을 가지나 갑은 반환청구권은 없이 수거허용청구권만 가진다고 한다. 그리고 수거허용청구권은 인용청구권이므로 비용은 그 권리자가 스스로 부담하게 된다고 한다.

㈐ 생각건대 반환청구권은 상대방이 점유를 취득한 경우에 인정되는 권리이다. 그리고 점유취득이 인정되려면 점유설정의사가 필요하다(통설). 그런데 위의 경우 토지소유자인 을은 점유설정의사가 없다고 하여야 한다. 따라서 갑은 을에 대하여 반환청구권을 가지지 못한다. 그러면 이 경우에 갑은 아무런 권리도 없다고 할 것인가? 만약 그리하면 갑은 소유권행사를 할 수 없게 된다. 그러므로 어떤 권리가 인정되어야 마땅하다. 그런데 이 경우에 관하여는 민법에 규정이 전혀 없다. 즉 법률에 틈이 있는 것이다. 그 틈은 이론에 의하여 채워져야 한다. 그 이론은 사견에 의하면 수거허용청구권을 인정하는 것이다. 그리고 그 근거는 신의칙이라고 하여야 한다. 우리의 일부 견해는 그 근거로 제216조의 인지사용청구권(隣地使用請求權)을 들기도 하나(이은영, 69면; 주해(5), 194면(양창수)), 그 권리와는 거리가 있다.

수거허용청구권은 점유자의 점유가 상실된 경우에 상대방이 점유를 시작하지 않은 때에 점유자와 소유자에게 인정되며, 이때 점유 상실의 원인은 묻지 않는다(예: 돌풍, 어린이의 행위). 상대방이 다른 자의 물건이 자기 토지에 놓여 있음을 안 것만으로는 상대방의 점유가 시작되지 않음은 물론이다. 상대방이 수거를 거절하는 것만으로도 상대방의 점유가 시작되는 것은 아니다. 점유의 시작에는 점유의 유지와 달리 보다 강력한 지배가 요구된다. 우리의 통설은 이러한 점을 간과하다 보니 위의 예와 같은 경우에 물권적 청구권의 경합을 인정하게 되고, 그 결과 어려운 논의가 이어질 수밖에 없었다.

그러면 동일한 경우에 반환청구권과 방해제거청구권이 경합하는 경우는 전혀 있을 수 없는가? 사견처럼 수거허용청구권을 인정하는 경우에도 때에 따라서는 경합이 있을 수 있다. 가령 갑이 수퍼마켓에 두고 간 모자를 주인 을이 가져다 보관하고 있는 경우에 그렇다. 이때 을의 점유를 부정할 수는 없다. 그러므로 갑은 을에 대하여 반환청구권을 가진다. 그리고 을은 그가 모자를 스스로 쓰고 다니는 경우와는 달리 모자를 갑에게 가져가도록 할 수 있어야 한다. 즉 을에게는 방해제거청구권이 인정되어야 한다(그런데 이때에도 후술하는 비용부담의 원칙은 그대로 적용되어야 한다. 다만, 이때는 을의 사무관리가 되기 때문에 그에 따른 비용상환청구권이 인정될 수 있으나, 그것은 별 문제이다).

[16] ## 3. 특 수 성

(1) 물권적 청구권의 성질

물권적 청구권의 성질에 관하여 우리의 학설은 — 표현은 다소 다르지만 실질적으로는 일치하여 — 물권의 효력으로서 발생하는 청구권이라고 한다(곽윤직, 23면; 김상용, 48면; 김용한, 48면; 이상태, 27면; 이영준, 47면). 이러한 통설은 물권적 청구권을 물권과는 독립한 권리로 파악하면서 동시에 채권과도 구별한 점에서 타당하다고 하겠다.

(2) 물권적 청구권의 특이성

1) 물권적 청구권은 특정인에 대한 청구권이라는 점에서 채권적 청구권과 같지만, 상대방인 의무자가 처음부터 특정되어 있지 않다는 점에서 그것과 다르다. 물권적 청구권이 채권과 유사하므로, 거기에는 채권에 관한 일반적 규정이 유추적용된다. 가령 이행지체에 관한 제387조 이하, 변제에 관한 제460조 이하가 그렇다(같은 취지: 곽윤직(신정판), 45면; 김상용, 48면; 이영준, 48면; 주해(4), 18면(김황식)). 그런데 이는 「물권적 청구권의 성질에 반하지 않는 한」 유추적용된다는 의미로 이해되어야 한다. 유추적용이 물권적 청구권의 성질에 반하는 경우의 예로는 이행불능에 관한 규정(390조에 포함됨)을 들 수 있다(대판(전원) 2012. 5. 17, 2010다28604).

2) 물권적 청구권은 물권에 의존하는 권리이어서 언제나 물권과 운명을 같이 하며, 물권의 이전·소멸이 있으면 그에 따라 물권적 청구권도 이전·소멸한다. 그리하여 물권과 분리하여 물권적 청구권만을 양도하지 못하며, 소유권을 양도하면서 그에 기한 물권적 청구권을 전 소유자에게 유보하여 둘 수도 없다(대판(전원) 1969. 5. 27, 68다725; 대판 1980. 9. 9, 80다7).

〈판 례〉

「원고 소송대리인의 상고이유에 대하여, 물권적 청구권 소위 물상청구권은 물권의 완전한 행사가 방해되거나 방해를 받을 우려 있는 경우에 그 물권을 가지고 있는 자가 방해배제 또는 예방을 위하여 방해자에게 일정한 행위를 하거나 행위를 하지 아니할 것을 청구하는 권능이라 할 것이며 이 물상청구권 없는 지배권으로서의 물권이란 의미가 없다 할 것이어서 물상 청구권이 특정인과의 구체적 관계에 있어 제한될 수 있음을 부정할 수 없다 하여도 소유권을 양도함에 있어 소유권에 의하여 발생되는 물상청구권을 소유권과 분리, 소유권 없는 전 소유자에게 유보하여 제3자에게 대하여 이를 행사케 한다는 것은 소유권의 절대적 권리인 점에 비추어 허용될 수 없는 것이라 할 것으로서 이는 양도인인 전 소유자가 그 목적물을 양수인에게 인도할 의무이고 그 의무 이행이 매매대금 잔액의 지급과 동시이행관계에 있다거나(원 판결이 확정한 바에 의하면 원고는 본건 부동산의 매매대금 전액을 영수하였다), 그 소유권의 양도가 소송(방해배제 등) 계속 중에 있었다고 하여 다를 리 없고 일단 소유권을 상실한 전 소유자가 제 3 자인 불법점유자에게 대하여 물권적 청구권에 의한 방해배제를 청구할 수 없으며 본건에게 원고는 본소 제기 후에 소유권을 양도한 것이라 하여도 피고에게 대하여 방해배제를 계속 청구할 아무런 권리도 인정될 수 없는 법리라 할 것이므로(본원 1961. 10. 19 선고 4293민상437 판결 참조) 이러한 견해에 입각하여 본건 토지의 전 소유자인 원고가 임대차 종료 등 채권적 권리에 의하여 그 목적물의 반환을 청구하는 것이 아니라 본건 토지의 매도자로서 본건 토지상에 있는 피고 소유 건물을 철거하여 매수자에게 인도할 의무가 있다는 이유만으로 이미 그 소유권을 상실한 원고가 피고에게 대하여 그 불법점유에 의한 방해배제를 청구하고 있음이 변론의 전 취지와 원판결 이유 설명에 의하여 명백한 본건에 있어 전 소유자인 원고의 본건 토지에 대한 소론 관계적 소유권 있음을 부정하여 본소 청구를 배척한 원판결 판단은 정당하고 거기에 아무런 위법도 있을 수 없으며 위의 견해에 저촉되는 본원 1968. 6. 25 선고 68다758 판결에 나타난 견해는 이를 폐기하기로 한다.」(대판(전원) 1969. 5. 27, 68다725)

3) 물권이 채권에 우선하기 때문에 물권적 청구권은 채권적 청구권에 우선한다. 그리하여 특정한 물건에 관하여 두 권리가 병존하는 때에는 물권적 청구권자가 우선적으로 권리를 행사할 수 있고, 파산시에는 환취권을 가진다(채무자회생법 407조).

4) 물권적 청구권의 소멸시효 물권적 청구권이 물권으로부터 독립하여 소멸시효에 걸리는지가 문제된다.

㈎ 학 설 여기에 관하여는 다음의 세 가지 견해가 대립한다.

i) 긍 정 설 물권적 청구권은 제한물권에 기한 것은 물론이고 소유권에 기한 것이라도 민법 제162조 제 2 항이 규정하는 재산권에 해당하므로 20년의 시효에 걸린다고 하는 견해이다(이영준, 53면). 실효에 의한 물권적 청구권의 소멸을 사실상 부정하고 있는 우리의 실무에 있어서 그렇게 해석하여야 당사자간의 이해관계에 부합한다고 한다.

ii) 부 정 설 물권적 청구권은 그 기초가 되는 물권과 독립하여 소멸시효에 걸리지 않는다는 견해이다(김상용, 49면; 김준호, 29면; 이상태, 35면; 이은영, 79면; 지원림, 446면; 홍성재, 26면). 이 견해는 그 이유로 ① 물권이 존재하는 데도 물권적 청구권이 소멸시효에 걸린다고 하면 물권은 실질을 상실하게 되고, ② 물권의 침해상태가 계속되고 있는 동안은 물권적 청구권이 부단히 발생하여 시효가 완성될 여지가 없으며, ③ 물권적 청구권이 소멸시효에 걸리는가를 그것이 기초하고 있는 물권에 따라 달리하는 것은 타당하지 않다는 점을 든다.

iii) 제한적 긍정설 소유권에 기한 물권적 청구권은 소멸시효에 걸리지 않으나, 제한물권에 기한 물권적 청구권은 소멸시효에 걸린다고 한다(고상룡, 35면; 곽윤직, 23면; 김용한, 50면). 이 견해는 소유권은 소멸시효에 걸리지 않지만 제한물권은 소멸시효에 걸린다는 것을 그 근거로 한다.

(나) **판 례** 판례는 제한물권에 기한 물권적 청구권에 대하여는 판단한 적이 없으나, 소유권에 기한 물권적 청구권에 관하여 소멸시효의 대상이 아니라고 한다(대판 1982. 7. 27, 80다2968: 매매계약의 합의해제에 따른 매도인의 원상회복청구권이 소유권에 기한 물권적 청구권이라고 하면서 그것은 소멸시효의 대상이 되지 않는다고 한다. 그 외에 양도담보설정자의 피담보채무 변제 후의 등기청구권을 실질적 소유권에 기한 물권적 청구권이라고 하면서 소멸시효를 부정한 적도 있다. 대판 1979. 2. 13, 78다2412; 대판 1987. 11. 10, 87다카62; 대판 1993. 12. 21, 91다41170).

(다) **검토 및 사견** 학설들의 타당성을 검토하기 전에 먼저 분명히 해 두어야 할 문제들이 있다. 첫째로 물권적 청구권의 소멸시효 문제는 그 권리가 그것을 발생하게 한 물권과는 별도로 독립하여 시효에 걸리느냐의 문제라는 점이다. 어느 견해를 취하든 물권 자체가 시효에 걸려서 소멸하면 물권적 청구권은 그에 따라서 당연히 소멸하게 된다. 둘째로 제한물권에 관하여는 그에 기한 물권적 청구권이 시효에 걸린다고 하든 걸리지 않는다고 하든 차이가 없는가? 이를 긍정하는 문헌이 있다(고상룡, 35면; 김학동, 28면; 이영준, 51면). 그러나 이는 옳지 않다. 가령 지상권의 목적 토지를 제 3 자가 전부점유하고 있는데 지상권자가 반환청구권을 20년간 행사하지 않은 경우에는, 지상권을 행사하지 않은 것으로 되어 지상권은 소멸한다. 그리고 그 결과로 지상권에 기한 반환청구권도 소멸한다. 따라서 그 반환청구권이 시효에 걸린다고 하든 걸리지 않는다고 하든 차이가 없게 된다. 그러나 방해예방청구권이나 방해제거청구권에 있어서는 다르다. 예컨대 A의 건물이 B의 지상권의 목적 토지 쪽으로 기울어져 넘어지려고 하는데 간신히 넘어지지는 않은 채로 20년이 경과한 경우에는, B는 방해예방청구권을 20년간 행사하지 않은 것이 된다. 따라서 그 권리가 시효에 걸린다는 견해에 의하면 그 권리는 소멸하게 된다. 그러나 그렇다고 하여 B가 토지를 점유·사용하고 있는 한 그의 지상권이 소멸하지는 않는다. 그가 지상권을 행사하지 않고 있는 것은 아니기 때문이다. 제 3 자가 지상권의 목적 토지의 일부에 목재를 쌓아두고 있는 경우에도 마찬가지이다. 이와 같은 경우에는 물권적 청구권의 시효에 관하여 어떤 견해를 취하느냐에 따라 결

과가 달라진다.

이제 학설들을 보기로 한다. i)설에 의하면 소유권에 기한 물권적 청구권도 소멸시효에 걸리게 되는데, 그때에는 소유권은 사실상 무의미한 권리가 되고 만다. 그러나 이는 명문규정이 없는 한 인정될 수 없다. 그것은 소유권 기타 권리의 존중이라는 민법의 근본정신에 반하기 때문이다. 소유자가 소유권을 상실하는 것은 취득시효와 같은 — 명문규정에 의한 — 취득원인이 있는 경우에 한정된다. 그리고 i)설 및 iii)설에 의하면 방금 본 예에서처럼 지상권이 존재하는데 물권적 청구권은 소멸하고 있는 때가 있게 된다. 그러나 물권이 존재하는 한, 그 내용실현은 보장되어야 한다. 따라서 물권과 별도로 물권적 청구권만이 소멸시효에 걸리지는 않는다고 하여야 한다. 결국 ii)설이 타당하다.

4. 발생요건 [17]

물권적 청구권의 발생요건은 각각의 물권적 청구권에 따라 다르나, 공통적인 것으로 다음 두 가지를 들 수 있다.

(1) 침해사실

물권을 침해하거나 침해할 염려가 있을 것이 필요하다.

(2) 침해의 위법성

물권의 내용실현을 방해하고 있더라도 그것이 정당한 권리에 의한 것일 때에는 물권적 청구권은 발생하지 않는다. 예컨대 임차인이 목적물을 점유하고 있거나 상린관계에 기하여 토지로 통행하는 경우에 그렇다.

(3) 고의 · 과실 불문

그 밖에 침해자의 고의 · 과실은 묻지 않으며 침해 또는 침해염려가 있을 것이라는 객관적인 사실로 충분하다.

5. 당 사 자

(1) 물권적 청구권자

물권적 청구권자는 현재 침해를 당하고 있거나 또는 침해당할 염려가 있는 물권자이다. 물권자이기만 하면 그가 목적물을 직접 점유하고 있을 필요는 없다.

(2) 청구권 행사의 상대방

상대방은「현재」물권을 침해하고 있거나 또는 침해당할 염려가 있는 상태를 발생시키고 있는 자이다. 따라서 과거에는 침해하였지만 현재에는 침해하고 있지 않은 자는 상대방이 아니다. 예컨대 A의 토지에 B가 무단으로 건축을 한 뒤 C에게 건물을 매도한 경우에는, B는 상대방이 아니고 C가 상대방이 된다.

[18] ## 6. 비용부담 문제

물권적 청구권을 행사하는 경우에 누가 그 비용을 부담하여야 하는지가 문제된다. 그런데 여기에 관하여 제대로 논의를 하려면 몇 가지 미리 검토하여야 할 문제가 있다. 아래에서는 그것들에 관하여 먼저 보고, 학설·판례를 정리한 뒤, 사견을 적기로 한다.

(1) 선결문제

1) 일반적으로 문헌들은 행위청구권·인용청구권과 같은 물권적 청구권의 내용 내지 본질의 문제가 곧 비용부담의 문제라고 이해한다(곽윤직, 24면; 김상용, 50면; 김용한, 52면 등). 그런데 일부 문헌은 물권적 청구권의 본질 내지 내용의 문제와 비용부담의 문제는 존재의 평면을 달리한다고 한다(고상룡, 38면; 김학동, 28면; 이영준, 49면 등).

생각건대 물권적 청구권은 일정한 요건만 갖추면 침해자의 고의·과실을 불문하고 발생한다. 그 때문에 물권적 청구권을 행위청구권이나 그 밖의 어떤 성질의 권리로 이해하여 그것을 끝까지 관철하게 되면 경우에 따라 불합리가 생길 수 있다. 그때 그러한 불합리를 피하고 싶어 권리 자체와 그것을 행사할 경우의 비용을 분리하고픈 유혹을 느낄 수 있다. 그러나 어떤 권리이든 그것의 성질 내지 내용은 곧 그 권리를 행사할 때의 비용문제를 당연히 포함하고 있다. 이러한 원칙이 물권적 청구권의 경우에만 제외되어야 할 설득력 있는 근거는 없다. 뿐만 아니라 물권적 청구권에 관하여 올바르게 이해하게 되면 불합리한 결과가 생기지도 않는다. 결국 물권적 청구권의 본질 내지 내용의 문제와 비용부담의 문제는 분리되지 않아야 한다. 주의할 것은, 비용부담이 물권적 청구권의 내용 전부가 아니라는 점이다. 문헌에 따라서는 비용부담만이 곧 물권적 청구권의 내용인 듯이 표현하고 있으나, 그것은 옳지 않다. 비용부담은 그 내용의 일부에 지나지 않는다.

2) 다음에 수거허용청구권이 인정되어야 하느냐가 문제되는데, 그에 대하여는 앞에서 설명하였다([15] 참조).

3) 나아가 우리 문헌들은 비용부담 문제에 관하여 오해에 기하여 과대한 의미를 주고 있다. 즉 문헌들은 물권적 청구권을 행사하는 경우에 생기는 모든 비용을 비용부담의 문제로 다루고 있다. 그러나 비용부담은 특히 행위내용과 관련하여서는 행위비용(반환행위 · 방해제거행위 등)과 운송비용이 구별되어야 한다. 그리하여 각각의 청구권에 대하여 이들을 따로 보아야 한다.

(2) 학 설

i) 행위청구권설 물권적 청구권은 상대방에 대하여 적극적인 행위를 청구할 수 있고, 따라서 이때의 비용은 방해자의 고의 · 과실을 불문하고 언제나 방해자가 부담한다는 견해이다(김기선, 182면; 장경학, 134면). 문헌에 따라서는 이 견해를 취하면서 다른 설명을 덧붙이기도 한다. 그 중 하나는 (a) 물권적 청구권은 순수 행위청구권이라고 하고, 비용도 상대방이 부담한다고 하면서, 다만 수거허용청구권이 인정되어야 할 것이라고 주장한다(이은영, 69면; 주해(5), 192면 이하(양창수)). 다른 하나는 (b) 물권적 청구권의 본질과 비용부담은 존재의 평면이 다르다고 하면서, 물권적 청구권은 본질상으로는 행위청구권이지만, 그 비용부담의 문제는 민법 제473조의 유추적용에 의하여 해결하여야 하며, 그 결과 원칙적으로 비용은 동조 본문에 따라 상대방의 부담으로 할 것이나, 상대방의 행위와 전혀 관계없이 물권의 침해상태가 발생한 때에는 동조 단서의 법정신에 따라 물권자의 부담으로 해야 할 것이라고 한다(이영준, 49면).

ii) 행위청구권설의 수정설 원칙적으로 행위청구권설의 입장을 취하면서 반환청구의 경우에 예외를 인정하는 견해이다. 즉 물권적 청구권은 원칙적으로 행위청구권인데, 반환청구의 경우 그 상대방인 현재의 점유자가 스스로 점유를 취득한 것이 아닌 때에는 예외적으로 상대방에 대하여 인용만을 청구할 수 있다고 한다(김상용, 53면; 김학동, 26면). 이 견해에 의하면 비용은 원칙적으로 상대방이 부담하고, 예외적인 경우에 한하여 물권자(반환청구권자)가 부담하게 된다.

iii) 책 임 설 방해상태가 상대방의 유책사유에 의하여 생긴 때에는 상대방에 대하여 적극적인 배제행위, 따라서 그 비용부담도 청구할 수 있으나, 상대방에게 책임없는 사유로 생긴 때에는 물권자 자신이 그 방해를 제거하는 것을 상대방에게 인용케 하는 데 그치고, 그 비용도 물권자가 부담한다는 견해이다(곽윤직, 24면).

iv) 비용절반설 물권적 청구권은 인용청구권이라는 일반원칙을 명백히 하고, 그 이상의 비용에 관한 문제는 책임원리에 의하여 결정한다는 해석론이 필요하다고 한 뒤, 이러한 관점에서 비용부담의 문제를 생각한다면 당사자 일방에게 유책사유가 있는 경우에는 그 당사자가 비용을 부담함으로써 적극적으로 방해를 제거할 의무가 있고, 양 당사자 모두에게 유책사유가 없는 경우에는 제거행위는 원고가 행하고 그 비용은 공평의 원리에 비추어 원고와 피고의 공동부담으로 하는 것이 타당하다는 견해이다(김용한, 54면).

v) 책임원리적용설 비용부담의 문제는 물권적 청구권의 내용의 문제가 아니고, 그것에는 책임의 원리가 적용되어야 한다고 하면서, 상대방이 책임을 부담하여야 할 경우(예: 상대방의 고의 · 과실의 경우)에는 물권적 청구권자는 상대방의 비용으로 방해제거를 청구할 수 있고, 방해가 쌍방의 유책사유에 기하지 않는 경우에는 제758조의 공작물에 대한 소유자의 무과실책임의 법리를 유추하여 물권자가 제거비용을 부담한다고 풀이하는 것이 타당하다는 견해이다(고상룡, 38면).

vi) 신의칙설 행위청구권설과 인용청구권설 가운데 어느 하나만을 취할 수는 없다고 하면서, 물권적 청구권자가 상대방에 대해 적극적인 제거행위를 청구할 것인가 아니면 소극적인 인용을 청구할 것인가는 일률적으로 말할 수는 없고, 관련 사정을 종합적으로 고려하여 신의칙에 따라 결정하여야 한다는 견해이다(이상태, 34면).

(3) 판 례

우리 판례는 얼마 전까지 비용부담에 관하여는 태도를 명백히 밝힌 바가 없었다. 그러면서 물권적 청구권이 행위청구권임은 분명히 하고 있다(대판 1962. 4. 18, 4294민상1300; 대판 1990. 5. 8, 90다684, 90다카3307; 대판 1999. 7. 9, 98다57457 · 57464; 대판 1999. 7. 27, 98다47528 등 참조). 그러한 판례에 의할 경우 상대방이 비용을 부담하게 될 것이다. 그런데 얼마 전에 대법원은 — 미간행 판결에서 — 「제214조의 규정에 의하면, 소유자는 소유권을 방해하는 자에 대하여 그 방해제거 행위를 청구할 수 있고, 소유권을 방해할 염려가 있는 행위를 하는 자에 대하여 그 방해예방 행위를 청구하거나 소유권을 방해할 염려가 있는 행위로 인하여 발생하리라고 예상되는 손해의 배상에 대한 담보를 지급할 것을 청구할 수 있으나, 소유자가 침해자에 대하여 방해제거 행위 또는 방해예방 행위를 하는 데 드는 비용을 청구할 수 있는 권리는 위 규정에 포함되어 있지 않으므로, 소유자가 민법 제214조에 기하여 방해배제 비용 또는 방해예방 비용을 청구할 수는 없다」고 하고, 이어서「향후 소유권에 대한 방해가 예상되는 경우 소유자는 방해제거나 예방을 위한 구체적인 행위를 명하는 집행권원을 받아 상대방이 이를 자발적으로 이행하지 않는 경우 이를 강제집행하고 그 집행비용을 상환받으면 되고, 물권적 청구권으로서의 소유물 방해예방청구권에 방해예방조치를 위한 비용을 본안소송으로 청구할 수 있는 권리까지 포함되는 것은 아니라는 등의」 원심의 청구기각 이유를 정당한 것으로 수긍할 수 있다고 하였다(대판 2014. 11. 27, 2014다52612). 이 판결은 물권적 청구권 행사의 경우의 비용부담에 대하여 기존의 판례와 다른 입장을 취한 것이 아니며, 단지 그 근거에 대해서만 물권적 청구권 규정이 아니고 집행비용의 문제라고 상세하게 판시한 것으로 생각된다. 즉 판례는 여전히 상대방이 비용을 부담한다는 견지에 있는 것이다.

(4) 검토 및 사견

비용부담에 관한 우리의 학설 · 판례에 대하여는 여러 가지의 문제점이 있다. 여기서는 여유가 없으므로 중대한 문제점만 지적하기로 한다. i)설 중 본래의 모습의 것과 판례는 반환청구권과 방해제거청구권이 경합하는 때에는 먼저 소를 제기한 자가 상대방에게 비용을 전가시키는 불합리가 발생하는 점에서 문제가 있다. i)설 가운데 (a)설은 뒤에 보는 것처럼 결과에서는 사견과 같다. 그러나 그 권리의 인정 근거(216조의 인지 사용청구권)의 측면에서 다르며, 그 점에서는 지지하기 어렵다. i)설 가운데 (b)설은 비용부담과 물권적 청구권의 본질을 분리하는 점에서 옳지 않고, 또 제473조의 유추적용에 따른 결과 도출에 무리가 있다. ii)설은 결과에서는 비교적 타당하나 특정한 경우에만 예외를 인정한 이유의 설명에서 불충분하다. iii)설은 물권적 청구권의 문제에 유책사유를 등장시키는 점에서 바람직하지 않고, 또 그에 의하면 동일한 경우 반환청구권과 방해제거청구권이 경합하는 때에는 먼저 소를 제기하는 자가 스스로 비용을 부담하게 되는 문제가 있다. iv)설은 iii)설처럼 유책사유를 고려하고 있어서 부적절하고, 나아가 그 견해는 당사자 쌍방에게 유책사유가 없는 경우에 비용을 반씩 부담시키고 있는바 그것은 근거도 없을뿐더러 실질적인 타당성도 없다. v)설은 비용부담이 물권적 청구권의 내용의 문제가 아니라고 하는 점에서 옳지 않고, 또 iii)설, iv)설처럼 유책사유를 고려하여 부적절하다. vi)설은 비용부담에 관한 획일적인 기준을 제시해 주지 못하고 있어서 문제이다.

위에서 본 바와 같이, 학설 · 판례가 모두 문제가 있으므로 여기서는 독자적인 입장에서 사견을 정리해 두기로 한다. 먼저 신의칙상 반환청구권의 특수한 것으로 수거허용청구권이 인정되어야 한다. 그리고 그 권리는 인용청구권이므로 그 권리가 행사될 때에는 비용은 당연히 수거자가 부담한다. 그에 비하여 나머지의 물권적 청구권은 법문에 비추어 보나 로마법 이래의 연혁으로 보나 모두 행위청구권이라고 하여야 한다. 그런데 물권적 청구권을 행사하는 경우의 비용에 대하여는 따로 논의하여야 한다. 비용에는 행위비용 외에 운송비용도 있기 때문이다. 물권적 청구권이 행위청구권이므로 물권적 청구권을 행사하는 경우의 행위비용은 점유자 즉 상대방이 부담한다. 이는 반환청구에 있어서는 보통은 별로 큰 의미가 없다. 그러나 가령 갑의 책을 을이 자기의 다른 책과 같이 큰 서재에 둔 경우에는 의미가 있다. 이 경우에 갑은 반환청구를 할 수 있는데, 그때 갑의 책은 을이 찾아주어야 하기 때문이다. 한편 물건의 운송비용은 급부장소와 관련하여 논의하여야 한다. 급부장소에 관하여 민법은 특정물채권의 경우에는 채권의 성립 당시 그 물건이 있던 장소에서 인도하도록 하고, 다른 채무의 경우에는 채권자의 주소지에서 변제하도록 한다(467조). 그런데 이 규정은 물권적 청구권에는 적절하지 않다. 급부장소는 오히려 소유자와 점유자의 관계에서 급부의무의 내용에 따라서 결정하여야 한다. 특히 제202조가 유추적용되어야 한다. 이에 의하면 점유자가 선의이면 손해는 소유자가 부담하고, 악의이면 점유자가 부담하게 된다. 그리하여 가령 반환청구의 경우, 점유자가 선의인 때에는 원칙적으로 현재 물건이 있는 장소가 급부장소이고, 악의인 때(패소자 포함)에는 그 물건이 원래 있던 장소가 급부장소이다. 따라서 뒤의 경우에는 점유자가 원래 있던 장소까지 가져가야 하고 그 운송비용은 그가 부담한다. 그리고 어느 경우든 급부장소로부터의 운송비용은 소유자가 부담한다.

제 2 장 물권의 변동

제 1 절 서 설

Ⅰ. 물권변동의 의의 및 모습 [19]

1. 물권변동의 의의

물권의 발생 · 변경 · 소멸을 통틀어서 물권의 변동이라고 한다. 이는 권리의 발생 · 변경 · 소멸을 통틀어서 권리의 변동이라고 하는 것과 같은 맥락에 있다(민법총칙 [63] 참조). 물권의 변동은, 이를 물권의 주체를 중심으로 하여 보면, 물권의 취득 · 상실 · 변경 즉 「득실변경(得失變更)」이 된다(186조 참조).

2. 물권변동의 모습

물권변동의 모습으로는 다음의 것들이 있다.

(1) 물권의 발생

물권의 발생은 주체의 입장에서 보면 물권의 취득이다. 물권의 취득에는 원시취득과 승계취득이 있다.

1) **원시취득**(절대적 발생) 원시취득은 어떤 자가 물권을 타인의 물권을 바탕으로 하지 않고서 원시적으로 취득하는 것이다. 이 경우에는 사회에 존재하지 않던 물권이 새로이 발생한다(절대적 발생). 가옥의 신축에 의한 소유권 취득, 선점(252조) · 습득(253조) · 발견(254조) · 취득시효(245조 이하) · 선의취득(249조 이하)에 의한 소유권취득이 그 예이다.

2) **승계취득**(상대적 발생) 승계취득은 어떤 자가 물권을 타인의 물권을 바탕으로 하여 취득하는 것이다. 승계취득은 다시 이전적 승계와 설정적 승계로 나누어진다.

이전적 승계는 구 물권자의 물권이 동일성을 유지하면서 신 물권자에게 이전되는 것이다. 이는 물권의 주체가 변경되는 것으로서 본래의 의미의 승계취득이다. 이전적 승계에는 특정승계와 포괄승계가 있다. 특정승계는 각각의 물권이 각각의 취득원인에 의하여 승계되는 것이고, 포괄승계는 하나의 취득원인에 의하여 여러 개의 물권이 한꺼번에 승계되는 것이다. 물건의 매매나 증여에 의한 소유권의 취득은 특정승계에 해당하고, 상속(1005조) · 포괄유증(1078조) · 회사합병(상법 235조 · 287조의 41 · 530조 2항 · 603조)에 의한 소유권취득은 포괄승계에 해당한다.

설정적 승계는 구 물권자의 물권은 그대로 있으면서 신 물권자가 그 물권 위에 제한적인 내용의 물권을 새로이 취득하는 것이다. 소유권 위에 지상권이나 저당권 등의 제한물권이 설정되는 경우가 그 예이다.

(2) 물권의 소멸(상실)

물권의 소멸은 주체의 입장에서 보면 물권을 상실하는 것이다. 권리의 소멸에는 절대적 소멸(상실)과 상대적 소멸(상실)이 있다. 절대적 소멸은 물권 자체가 사회에서 없어져 버리는 것이다. 물건의 멸실에 의한 소유권의 소멸, 지상권이 소멸시효에 걸려 소멸하는 경우, 피담보채권의 변제에 의한 저당권의 소멸, 소유권의 포기에 의한 소유권의 소멸이 그 예이다. 그에 비하여 상대적 소멸은 물권이 없어지는 것이 아니고 물권의 주체가 변경되는 것이다. 이는 다른 면에서 보면 승계취득 중 이전적 승계이다.

(3) 물권의 변경

물권의 변경은 물권이 동일성을 유지하면서 주체 · 내용 또는 작용에 있어서 변화가 있는 것이다.

주체의 변경은 다른 면에서 보면 물권의 이전적 승계취득이다.

내용의 변경은 물권의 내용이 변경되는 것이다. 소유권의 객체가 부합(256조 · 257조) · 혼화(258조) · 가공(259조)에 의하여 증가하는 것, 물건 위에 제한물권(지상권 · 질권 · 저당권 등)이 설정되거나 설정되어 있던 제한물권이 소멸하여 소유권의 내용이 감소하거나 증가하는 것이 그 예이다.

작용의 변경은 물권의 작용(효력)에 관하여 변경이 있는 것이며, 선순위 저당권의 소멸로 인한 저당권 순위의 승진이 그에 해당한다.

Ⅱ. 물권변동의 종류 [20]

물권변동은 여러 가지 표준에 의하여 종류를 나눌 수 있다. 그런데 중요한 것은 다음의 두 가지이다.

1. 부동산 물권변동과 동산 물권변동

부동산물권과 동산물권은 공시방법이 다르다. 우리 법상 부동산물권의 존재 및 물권변동은 등기에 의하여 공시하나, 동산물권의 존재와 물권변동은 각각 점유와 인도(점유의 이전)에 의하여 공시하고 있다. 따라서 물권변동의 방법도 둘은 크게 차이가 있다. 그 결과 물권변동은 변동하는 물권이 부동산물권인가 동산물권인가에 따라 부동산 물권변동과 동산 물권변동으로 나눌 수 있다. 민법도 부동산 물권변동과 동산 물권변동을 구별하여 전자에 대하여는 제186조 · 제187조에서, 그리고 후자에 대하여는 제188조 내지 제190조에서 따로 규율하고 있다.

2. 법률행위에 의한 물권변동과 법률행위에 의하지 않는 물권변동

물권변동은 법률효과이다. 따라서 그것은 그 원인이 되는 일정한 법률요건에 기하여 발생한다. 물권변동을 일으키는 법률요건에는 가장 중요한 법률행위 외에도 민법상의 것으로 취득시효(245조 이하) · 선의취득(249조) · 무주물선점(252조) · 유실물습득(253조) · 매장물발견(254조) · 부합(256조 · 257조) · 혼화(258조) · 가공(259조) · 상속(1005조) 등이 있고, 기타의 법률상의 것으로 공용징수(수용)(「공익사업을 위한 토지 등의 취득 및 보상에 관한 법률」 45조 1항) · 몰수(형법 48조 등) · 경매(민사집행법 135조 · 268조 등) 등이 있고, 그 밖에 일정한 판결(187조 참조) · 건물의 신축과 멸실 등도 있다.

이처럼 법률요건에는 여러 가지가 있으나, 그 가운데에 당사자가 원하는 대로 법률효과가 생기는 것은 오직 법률행위 하나밖에 없으며, 나머지의 경우에는 당사자의 의사와는 관계없이 법률효과가 생긴다. 그 때문에 물권변동도 법률행위에 의한 것과 나머지에 의한 것은 서로 다른 원리와 모습을 보이게 된다. 그리하여 물권변동은 법률행위에 의한 물권변동과 법률행위에 의하지 않는 물권변동으로 나눌 수 있다. 그리고 이 구별은 부동산 물권변동과 동산 물권변동 각각에 대하여 행할 수 있다. 민법이 그런 태도를 보이고 있다. 즉 민법은 제186조에서 법률행위에 의한 부동산 물권변동을, 제187조에서 법률행위에 의하지 않는 부동산 물권변동을, 제188조 내지 제190조에서 법률행위에 의한 동산 물권변동을 규정하고, 법률행위에 의하지 않는 동산 물권변동은 주로 소유권에 관한 장에서 규정하고 있으며, 그 내용도 사뭇 다르다.

법률행위에 의하지 않는 물권변동은 흔히 제187조의 문언을 참고하여 법률의 규정에 의한 물권변동이라고 하기도 한다. 그러나 법률행위에 의하지 않는 물권변동은 법률에 규정이 있는 때도 많기는 하나 그 중에는 건물의 신축·멸실에 의한 소유권의 취득·소멸과 같이 법률에 규정이 없는 경우도 있어서 후자는 정확하지 않은 개념이다. 따라서 그 개념은 편의상 사용되는 것임을 주의하여야 한다. 그리고 이러한 점에 비추어 볼 때, 법률의 규정에 의한 물권변동이라고 하는 경우에 그것은 특별한 지시가 없는 한 물권변동에 관하여 법률에 명문규정이 있는 경우를 가리키는 것이 아니고 법률행위에 의하지 않는 물권변동을 의미하는 것으로 이해하여야 한다.

[21] Ⅲ. 물권의 변동과 공시

물권에는 배타성이 있어서 동일한 물건 위에 병존할 수 없는 물권이 둘 이상 성립할 수 없다. 그리고 물권은 원칙적으로 현실적인 지배 즉 점유를 요소로 하지 않는 관념적인 권리로 되어 있다. 무엇보다도 소유권·저당권이 그렇다. 따라서 물권을 거래하는 자가 예측하지 못한 손해를 입지 않으려면, 거래 객체인 물건 위에 누가 어떤 내용의 물권을 가지고 있는지를 알 수 있어야 한다([8] 참조). 여기서 물권거래의 안전을 위하여 물권의 귀속과 내용(즉 현상(現狀))을 널리 일반에게 알리는 이른바 공시가 필요함을 알 수 있다. 그리하여 근대법은 물권의 현상을 외부에서 알 수 있도록 일정한 표지(標識)에 의하여 일반에게 공시하고 있는데, 그러한 표지를 공시방법(公示方法)이라고 한다. 우리의 법률과 판례도 다음과 같은 일정한 공시방법을 인정하고 있다.

1. 부동산물권의 공시제도

우리 법에 있어서 부동산물권은 공적 기록에 부동산에 관한 일정한 권리관계를 기록하는 「부동산등기」에 의하여 공시된다. 이 부동산등기제도는 독일에서 만들어진 것인데, 일제강점기에 일본에 의하여 우리나라에 시행되었으며, 그 후 우리 민법이 제정될 때 부동산등기법도 제정하여 그것을 정식으로 계수하였다. 우리의 부동산등기제도는 비교적 잘 정비되어 있는 편이나, 아직도 다소의 미비점을 지니고 있으며, 무엇보다도 우리 법상 뒤에 설명하는 공신의 원칙([22] 참조)이 채용되어 있지 않아서 그 기능을 충분히 다하지 못하는 아쉬움이 있다.

2. 동산물권의 공시제도

동산물권의 공시방법은 점유 내지 인도(점유의 이전)이다. 동산물권을 등기와 같은 공적 기록에의 기록에 의하여 공시하지 않는 이유는, 동산은 그 수가 매우 많을뿐더러 대부분 가치는 적고 또 쉽게 멸실되며 위치가 자주 변하기 때문에 기록에 의하여 공시하는 노력에 비하여 그로부터 얻는 이익이 현저하게 적다는 데 있다. 그리하여 동산에 관하여는 근대 이전과 마찬가지로 오늘날에도 현실적인 지배 즉 점유에 의하여 물권을 공시하도록 하는 데 그치고 있다. 그러나 동산 가운데 가치가 크고 위치의 식별도 어느 정도 용이한 몇 가지에 대하여는 예외적으로 등기 또는 등록에 의하여 공시하는 것을 인정하고 있다. 선박 · 자동차 · 항공기 · 경량항공기 · 일정한 건설기계가 그렇다([74] 참조).

3. 그 밖의 공시제도

「입목에 관한 법률」에서는 입목에 관하여 등기라는 공시방법을 인정하고 있다(같은 법 2조). 그리고 판례는 명인방법([80] 참조)을 수목의 집단과 미분리과실의 공시방법으로 삼고 있다.

〈공시방법이 공시하는 내용〉

공시방법이 공시하는 것이 물권의 변동인가, 물권 자체인가에 관하여 논의가 있다. i) 일부 견해는 물권의 변동을 공시한다고 하나(장경학, 143면), ii) 1차적으로는 물권변동을 공시하지만 그와 함께 물권의 존재도 공시하는 것으로 보아야 한다는 견해(김상용, 62면)도 있다. 생각건대 물권변동에 관하여 성립요건주의(형식주의)를 취하고 있는 우리 민법상 공시방법은 당연히 물권의 변동을 공시한다고 하여야 한다. 그러나 공시방법의 공시기능이 그것에 그치지는 않는다. 물권변동이 이루어진 후에는 현재의 물권의 존재를 공시한다고 할 것이다. 특히 공신의 원칙이 채용된 분야에 있어서 그렇다. 이와 같이 파악하는 경우에, 부동산물권에 관하여는 등기가 그 두 가지의 공시를 하게 되나, 동산물권에 관하여는 물권변동은 점유의 이전인 인도가 공시하고, 현재의 물권은 점유가 공시하게 된다.

[22] Ⅳ. 공시의 원칙과 공신의 원칙

1. 서　설

공시제도 내지 공시방법이 그 기능을 다하게 하기 위하여서는 다음과 같은 공시의 원칙과 공신의 원칙을 인정하여야 한다. 그런데 모든 국가가 이 두 원칙을 채용하고 있는 것은 아니다. 각 국가는 자기 나라의 사정과 정책에 따라 두 원칙의 채용 여부를 결정하고 있다. 독일민법은 부동산·동산 모두에 관하여 두 원칙을 인정하고 있고, 프랑스민법은 부동산에 관하여는 공시의 원칙만을 인정하고, 동산에 관하여는 공신의 원칙만을 인정하고 있으며, 일본민법은 부동산에 관하여는 공시의 원칙만을, 동산에 관하여는 두 원칙을 모두 인정하고 있다. 우리 민법은 일본민법과 마찬가지로 부동산에 관하여는 공시의 원칙만을 채용하고, 동산에 관하여는 두 원칙 모두를 채용하고 있다. 주의할 점은, 위에서 기술한 바와 같이, 두 원칙의 채용에 관하여 우리 법의 태도는 일본민법과 같으나, 공시의 원칙의 구체적인 내용이 두 법에서 차이가 있다는 점이다(그에 관하여는 아래의 「공시의 원칙」 설명을 참조).

2. 공시의 원칙

(1) 의　의

공시(公示)의 원칙은 물권의 변동은 공시방법에 의하여 공시하여야 한다는 원칙이다. 예컨대 A가 그의 토지의 소유권을 B에게 이전하려면 등기(소유권 이전등기)를 하여야 하고, C가 그의 시계의 소유권을 D에게 이전하려면 인도(점유의 이전)를 하여야 한다는 것이다. 공시의 원칙은 그 자체가 물권을 취득하려고 하는 제 3 자 내지 거래의 안전을 보호하기는 하나, 거래의 안전을 보다 확실하게 보호하는 것은 뒤에 보는 공신의 원칙이다. 그리고 그 공신의 원칙이 인정되려면 공시방법의 정확성을 위하여 그 전제로서 공시의 원칙이 필요하게 된다.

(2) 공시의 원칙을 강제하는 방법

오늘날의 법제는 한결같이 공시의 원칙을 실현하기 위하여 강제하는 방법을 사용하고 있다. 그런데 그 방법에는 두 가지가 있다.

하나는 공시방법을 갖추지 않으면 제 3 자에 대한 관계에 있어서는 물론이고 당사자 사이에서도 물권변동이 생기지 않게 하는 것이고, 다른 하나는 의사표시만 있으면 공시방법이 갖추어지지 않아도 당사자 사이에서는 물권변동이 일어나지만, 공시방법이 갖추어지지 않는 한 그 물권변동을 가지고 제 3 자에게 대항하지 못하게 하는 것이다. 앞의 것을 성립요건주의 또는 형식주의라고 하며, 뒤의 것을 대항요건주의 또는 의사주의라고 한다. 우리 민법과 독일민법 · 스위스민법은 부동산 물권변동과 동산 물권변동 모두에 관하여 성립요건주의를 취하고 있고, 프랑스민법은 부동산 물권변동에 관하여 대항요건주의를(프랑스민법은 동산 물권변동에 관하여는 공시의 원칙을 채용하지 않고 있다), 일본민법은 부동산 · 동산 물권변동 모두에 대항요건주의를 취하고 있다.

〈물권변동 이외의 분야에서의 공시의 원칙〉

우리 법상 공시의 원칙이 물권변동의 경우에만 채용되어 있는 것은 아니다. 물권이 아닌 권리의 변동이나 그 밖의 영역에서 거래의 안전이나 제 3 자 보호를 위하여 공시의 원칙을 채용하고 있는 경우도 있다. 우선 광업권(광업법 38조 · 39조) · 조광권(광업법 58조 · 59조) · 어업권(수산업법 17조) · 특허권(특허법 85조 · 87조 · 101조) · 실용신안권(실용신안법 20조 · 21조 · 28조, 특허법 101조) · 디자인권(디자인보호법 88조 · 90조 · 98조) · 상표권(상표법 80조 · 82조 · 96조) 각각의 설정 · 변경 등은 — 일정한 예외를 제외하고는 — 광업원부 · 조광원부 · 어업권원부 · 특허원부 · 실용신안등록원부 · 디자인등록원부 · 상표원부에 등록하여야 효력이 생기고, 저작권(저작권법 53조 · 54조 · 55조)의 변동은 저작권등록부에 등록하지 않으면 제 3 자에게 대항할 수 없다. 이들은 모두 공시의 원칙을 채용한 것인데, 그 가운데 전자는 성립요건주의를 취한 것이고, 후자는 대항요건주의를 취한 것이다. 다음에 지명채권의 양도는 양도인이 채무자에게 통지하거나 채무자가 승낙하지 않으면 채무자 기타 제 3 자에게 대항하지 못하는데(450조), 이것 또한 공시의 원칙 중 대항요건주의를 채용한 것이다. 그리고 혼인(812조) · 협의이혼(836조) · 인지(859조) · 입양(878조) · 협의파양(904조 · 878조)은 모두 「가족관계의 등록 등에 관한 법률」에 정한 바에 따라 신고함으로써 효력이 생긴다고 규정하는데, 이는 공시의 원칙 중 성립요건주의를 채용한 것이다. 그런가 하면 주택임차권(주택임대차보호법 3조)과 상가건물임차권(「상가건물임대차보호법」 3조)은 그 등기가 없는 경우에도 각각 주택의 인도 · 주민등록(전입신고), 건물의 인도 · 사업자등록을 신청하면 그 다음 날부터 제 3 자에 대하여 효력이 생긴다고 한다. 이는 등기보다 약한 일종의 등록을 요구하는 것으로서 공시의 원칙 중 성립요건주의를 채용한 것이라고 할 수 있다.

3. 공신의 원칙

(1) 의 의

공신(公信)의 원칙은 공시방법(등기 · 점유 등)에 의하여 공시된 내용을 믿고 거래한 자가 있는 경우에 그 공시방법이 진실한 권리관계와 일치하고 있지 않더라도 그 자의 신뢰를 보호하여야 한다는 원칙이다. 이 원칙이 인정되어 있다면, 예컨대 A의 토지에 관하여 B가 그 토지를 A로부터 매수한 것처럼 서류를 위조하여 자신의 이름으로 소유권이전등기를 한 뒤에 C에게 이를 매도한 경우에, C가 B의 소유권등기를 진실한 것으로 믿고 있었을 때에는(그 밖의 요건도 필요함), C는 그 토지의 소유권을 유효하게 취득하게 된다. 시계의 점유자로부터 그 자가 소유자인 것으로 믿고 그 시계를 매수하여 인도받은 때에도 마찬가지이다.

공시방법에 의하여 공시된 내용을 신뢰하여 거래한 자에 대하여 그가 신뢰한 대로의 효력을 발생시키는 힘을 공신력이라고 한다. 따라서 부동산거래 또는 동산거래에 공신의 원칙을 채용하는 경우에는 등기 또는 점유에 공신력이 있다고 표현한다.

공신의 원칙이 인정되어 있으면 물건의 매수인 기타 물권을 거래하는 자는 공시방법을 믿고 거래하면 설사 공시방법이 실제의 권리관계와 일치하지 않더라도 권리를 취득하게 되어, 거래의 안전이 보호된다. 그런가 하면 공시방법이 실제의 권리관계와 일치하는지를 따로 조사할 필요도 없어서 거래의 신속도 기할 수 있게 된다.

(2) 연혁 및 입법례

로마법에서는 「어느 누구도 자기가 가지는 이상의 권리를 타인에게 줄 수 없다」는 원칙이 인정되어 있었으며, 따라서 공신의 원칙은 인정될 여지가 없었다. 공신의 원칙은 게르만법에서 유래한 것이다.

근대법 가운데 독일민법과 스위스민법은 부동산거래 · 동산거래 모두에 관하여 공신의 원칙을 채용하고 있으나, 프랑스민법과 일본민법에서는 동산거래에 관하여만 이 원칙을 채용하고 있다.

(3) 우리 법에서의 공신의 원칙

우리나라는 프랑스 · 일본과 마찬가지로 공신의 원칙을 부동산거래에 관하여서는 인정하지 않고, 동산거래에 관하여서만 인정하고 있다(249조 참조).

(4) 입 법 론

공신의 원칙은 거래의 안전은 보호하지만 그 반면에 진정한 권리자의 권리를 박탈시킨다. 이를 두고 정적 안전을 희생하여 동적 안전을 보호한다고 표현한다. 공신의 원칙이 이러한 장점과 폐단이 있기 때문에 이 원칙의 채용에 관하여는 신중하여야 한다는 것이 중론이다. 그리하여 통설은 거래가 빈번하고 원활한 유통이 필요한 동산거래에 관하여는 이 원칙이 채용될 필요가 있으나, 부동산거래에 관하여는 등기제도가 미비되어 있는 현재에 있어서는(등기부의 정비 · 등기절차의 신중성 · 등기관의 실질적 심사주의 등이 요구된다고 함) 희생되는 진정한 권리자를 생각할 때 이 원칙을 채용하는 것이 적절하지 않다고 한다(대표적으로 곽윤직, 30면). 즉 장차에는 부동산거래에도 이 원칙이 인정되어야 하나, 현재로서는 아직 여건이 미비되어 있다는 것이다(이은영, 117면은 다른 이유들도 들면서 이 원칙의 채용에 명시적으로 반대한다).

생각건대 공시방법의 마련은 궁극적으로는 거래의 안전을 보호하기 위한 것이고, 그러려면 널리 일반적으로 공신의 원칙이 인정되어야 한다. 그리하여 공신의 원칙은 부동산거래에 관하여도 당연히 채용되어야 한다. 물론 그때에는 희생되는 권리자가 생기지 않도록 하는 등기제도의 정비가 선행되어야 하며, 그래도 나올 수 있는 희생되는 권리자의 보호방안(가령 국가보상책 또는 적립보험 등)도 강구되어야 한다. 그런데 이러한 주장과 논의는 30년 전에 있었던 것과 다르지 않다. 그러한 주장이 있은 후 사정은 전혀 달라지지 않고 있는 것이다. 이러한 상황을 타개하는 길은 먼저 공신의 원칙을 채용하는 민법 개정을 하는 수밖에 없다. 사실 이는 우리 민법의 선진화에 가장 필요한 것이다. 결국 민법개정을 하되 제도정비를 위하여 일정한 유예기간을 두었으면 한다. 그리고 그 기간 동안 서둘러 여러 가지 제도를 다듬거나 보완하면 될 것이다.

〈공신의 원칙과 유사한 제도〉

문헌에 따라서는, 공신의 원칙은 진실한 권리관계가 존재하는 것과 같은 외형을 신뢰하는 자를 보호하려고 하는 제도의 하나의 표현이며, 그러한 제도는 물권에 한하는 것이 아니라고 하면서, 권리관계가 추단되는 경우로서 채권의 준점유자에 대한 변제(470조) · 지시채권의 소지인에 대한 변제(518조) · 영수증소지자에 대한 변제(471조) · 표현대리(125조 · 126조 · 129조) 등이 있고, 사실관계의 존재가 추단되는 경우로서 의사표시에 있어서의 표시주의(107조 1항 · 109조 1항 등)가 있다고 한다. 그리고 동산에 관하여 민법이 인정하는 공신의 원칙에서는 도품 · 유실물에 대하여 예외가 인정되고 있으나, 금전 · 어음 · 수표 그 밖의 유가증권에 관하여는 그러한 예외를 인정하지 않고 오히려 보다 더 강한 공신력으로 보호하고 있다고 한다(곽윤직(신정판), 58면 · 59면. 김상용, 69면; 김학동, 35면도 유사하나, 앞의 문헌은 표현대리를, 뒤의 문헌은 표시주의를 언급하지 않고 있다). 그에 대하여 다른 문헌은 제107조 제 2 항 등과 표현대리는 공신의 원칙과 연관이 없다고 하고, 제107조 제 1 항 등과 채권의 준점유자에 대한 변제 등의 규정을 확대적용하지 않아야 한다고 주장한다(이영준, 16면). 생각건대 여기서 논란이 되고 있는 제도들은 모두 공신의 원칙에 해당하는 것은 아니다. 그것들은 「공시방법」을 신뢰한 경우가 아니기 때문이다. 그런데 그 중에 대다수는 외관을 신뢰한 경우에 관한 것이어서 「공신의 원칙과 유사한 제도」라고 할 수 있다. 다만, 표시주의는 우리 민법상 인정되지 않아야 하므로(민법총칙 [76] 참조), 그것은 제외되어야 한다.

Ⅴ. 물권변동의 논의순서

앞서 본 바와 같이, 물권변동은 부동산 물권변동과 동산 물권변동이 달리 규율되고 있고, 또 그 각각에 있어서 법률행위에 의한 물권변동과 법률행위에 의하지 않는 물권변동이 차이를 보인다. 따라서 물권변동은 서론적인 설명이 끝난 뒤에는 부동산 물권변동, 동산 물권변동을 차례로 살펴보아야 한다. 그리고 그 내부에서 법률행위에 의한 것과 기타에 의한 것을 나누어 다루어야 한다. 그런데 부동산과 동산의 물권변동의 어느 것에 있어서나 법률행위에 의한 물권변동에는 법률행위 즉 「물권행위」가 공통하게 된다. 따라서 각각의 물권변동에 앞서서 공통적인 사항인 물권행위를 기술하는 것이 필요하다. 그런가 하면 「부동산등기」는 그것이 「법률행위에 의한 부동산 물권변동」의 요건이기 때문에 등기의 일반적인 설명도 체계상으로는 그 물권변동의 아래에서 하는 것이 마땅하나, 그렇게 되면 물권변동에 관한 논의의 초점이 흐려질 가능성이 커서, 이해의 편의를 위하여 체계를 다소 누그러뜨려 개별적인 물권변동의 앞에서 논의하려고 한다. 그리하여 제 2 절 · 제 3 절에서 각각 물권행위와 부동산등기의 일반론에 관하여 기술하고, 그 뒤에 제 4 절 · 제 5 절에서 부동산 물권변동과 동산 물권변동을 다루고, 이어서 제 6 절 · 제 7 절에서 지상물에 관한 물권변동과 물권의 소멸에 관하여 설명하기로 한다.

제 2 절 물권행위

Ⅰ. 물권행위의 의의 [23]

1. 개 념

(1) 개념정의

물권변동을 일으키는 법률요건에는 여러 가지가 있으나, 그 가운데 법률행위가 가장 중요하다. 사적 자치를 기본원리로 하는 우리 민법상 당사자가 원하는 대로 물권변동이 일어나는 경우는 법률행위밖에 없기 때문이다. 그런데 물권변동을 일으키는 법률행위가 바로 물권행위이다.

물권행위의 개념정의에 관하여는 학설이 나뉘어 있다. i) 다수설은 직접 물권의 변동을 목적으로 하는 의사표시를 요소로 하는 법률행위라고 하나(곽윤직, 31면; 김상용, 70면; 김용한, 65면; 김학동, 46면; 이상태, 45면), ii) 물권변동을 직접 목적으로 하는 당사자간의 물권적 의사표시의 합치라는 견해(이은영, 121면), iii) 물권변동을 직접 목적으로 하는 당사자간의 물권적 의사표시(또는 그 합치)와 이에 의한 등기 · 인도를 구성요소로 하는 법률행위라는 견해(이영준, 66면. 고상룡, 62면; 지원림, 454면도 같은 취지임)도 있다. 이러한 학설 대립은 우선 물권행위와 등기 · 인도와 같은 공시방법 사이의 관계에 대한 이해의 차이에서 비롯된다. 즉 i), ii)설은 공시방법을 물권행위의 구성요소로 보지 않는 데 비하여, iii)설은 그 구성요소로 파악하고 있다. 나아가 ii)설은 모든 물권행위를 「의사표시의 합치」라고 해석하고 있는 점에서 특이하다(이은영, 127면도 참조). 생각건대 뒤에 보는 바와 같이 공시방법은 물권행위의 구성요소라고 하지 않아야 한다([27] 참조). 그러한 점에서 볼 때 iii)설은 옳지 않다. 그리고 ii)설에 의하면 소유권포기와 같은 물권적 단독행위는 물권행위가 아니거나 또는 물권적 계약(합의)이라고 하게 되어 부당하다. 따라서 i)설이 타당하다. 그러한 입장에서 표현을 다듬어 정의한다면, 물권행위는 물권변동을 목적으로 하는 의사표시(물권적 의사표시)를 요소로 하여 성립하는 법률행위라고 할 수 있다.

〈물권행위를 둘러싼 최근의 새로운 주장〉

최근에 일부 학자들은 물권행위에 관한 기존의 논의를 비판하면서 새로운 주장을 펴고 있다. 구체적으로는 물권행위의 의의에 관하여, 물권행위란 부동산의 경우에는 물권변동을 위한 등기의 신청행위이고, 동산의 경우에는 물권변동을 위한 점유이전(인도)의 합의라고 하는 견해(윤진수, 민법논고 (2), 324면 이하)가 있는가 하면, 물권행위 개념을 아예 폐기하려는 견해(명순구 등, "아듀, 물권행위," 고려대 출판부, 1면 이하)도 있다. 그리고 물권행위에 관한 논의에서 주의해야 할 점을 일깨워주는 글도 있다(서을오, "물권행위론에 관한 학설사적 연구," 세창출판사, 1면 이하).

(2) 채권행위와의 구별

물권행위는 채권행위와 대립하는 개념이다. 물권행위는 물권변동을 목적으로 하는 데 비하여, 채권행위는 채권의 발생을 목적으로 한다. 그리고 물권행위(예: 소유권 이전의 합의)가 있으면 — 그리고 법률이 요구하는 그 밖의 요건이 있을 경우 그것까지 모두 갖추는 때에는 — 물권의 변동이 일어나게 되어 이행의 문제가 남지 않으나, 채권행위(예: 매매계약)가 있으면 채권 · 채무가 발생할 뿐이므로 그에 기하여 이행하여야 하는 문제가 뒤에 남게 된다.

이처럼 물권행위와 채권행위는 서로 대립하는 개념이지만, 둘은 밀접한 관계에 있다. 일반적으로 채권행위가 있은 후에 그것의 이행으로서 물권행위가 행하여지기 때문이다. 예컨대 토지의 매매계약이라는 채권행위를 한 뒤, 그에 기하여 매도인이 부담하는 소유권이전채무를 이행하기 위하여 소유권이전의 합의라는 물권행위를 하는 것이다. 이와 같이 채권행위의 이행으로서 물권행위가 행하여지는 경우, 즉 채권행위가 물권행위의 원인(causa)이 되는 경우에, 그 채권행위를 물권행위의 원인행위라고 한다. 주의할 것은, 언제나 채권행위가 있고 그것을 전제로 하여 물권행위가 행하여지는 것은 아니라는 점이다. 거래의 실제에 있어서는 채권행위와 물권행위가 하나로 합하여져 행하여지는 때도 있으며, 채권행위가 없이 물권행위만 행하여지는 때도 있다. 동산의 현실매매는 전자의 예이고, 소유권의 포기는 후자의 예이다.

(3) 물권행위의 종류

법률행위가 단독행위 · 계약 · 합동행위로 나누어지므로(민법총칙 [83] 이하 참조), 물권행위에도 물권적 단독행위 · 물권계약 · 물권적 합동행위가 있게 된다.

물권의 포기 · 승역지(承役地) 소유자의 위기(委棄)(299조) 등은 물권적 단독행위에 해당한다. 물권적 단독행위도 상대방 있는 것과 상대방 없는 것이 있다. 제한물권의 포기는 전자의 예이고(곽윤직, 33면 등 다수설도 같은 취지임. 그러나 이영준, 65면은 상대방 없는 단독행위라고 한다), 소유권의 포기는 후자의 예이다.

물권행위의 대부분을 차지하고, 그리하여 가장 중요한 것은 물권계약이다. 물권계약은 좁은 의미의 계약인 채권계약과 구별하기 위하여 합의 즉 물권적 합의라고 하는 때가 많다(그러나 지상권·저당권설정계약 등과 같이 계약이라는 표현도 적지 않게 사용된다. 그 의미에 관하여는 [145] 참조). 소유권이전의 합의, 저당권설정의 합의가 그 예이다.

그리고 공유자의 소유권포기는 물권적 합동행위에 해당한다.

(4) 처분행위로서의 성질

물권행위는 처분행위이다(민법총칙 [86] 참조). 따라서 그것이 유효하기 위하여서는 처분자에게 처분권한이 있어야 한다. 처분권한은 물권행위를 하는 때뿐만 아니고 공시방법을 갖추는 때에도 필요하다(이설 없음). 처분권한이 없는 자가 타인의 물건을 처분하는 경우에는 그 처분행위는 무효이다. 그러나 이때 처분권자가 사후에 추인을 하면 처분행위는 소급해서 유효한 것으로 된다(이설 없음). 그 경우에는 무권대리행위의 추인에 관한 제133조를 유추적용하는 것이 바람직하기 때문이다(학설·판례 등 자세한 사항은 민법총칙 [239] 참조).

〈처분행위의 의의〉

일부 문헌은 법률행위를 의무부담행위와 처분행위로 구분한다(민법총칙 [86] 참조). 그러면서 의무부담행위는 의무를 발생시키는 법률행위이며, 채권행위가 그에 해당한다고 하고, 처분행위는 권리를 이전·변경·소멸시키는 법률행위이며, 물권행위와 준물권행위가 그에 속한다고 한다. 그런데 이는 사실적 처분행위 개념을 인정하지 않는 견지에 있다. 그러나 처분행위에는 사실적 처분행위와 법률적 처분행위가 있다(곽윤직(신정판), 61면). 이때 사실적 처분행위는 재산을 멸실·훼손하거나 또는 그 성질을 변하게 하는 사실행위이고, 법률적 처분행위는 직접 재산권을 이전·변경·소멸시키는 법률행위이다. 이와 같이 처분행위에는 사실적 처분행위도 있기 때문에, 법률행위를 의무부담행위와 처분행위로 나누는 것은 적절하지 않다. 그 대신에 처분행위의 개념과 그 특수성을 올바르게 이해하고 있으면 충분하다. 어쨌든 처분행위의 개념을 사용하는 경우에 물권행위는 — 물권변동을 일으키는 법률행위이어서 — 법률적 처분행위에 해당한다. 그 외에 준물권행위도 처분행위에 속한다. 여기서 물권행위만이 법률적 처분행위가 아님을 알 수 있다.

2. 방 식 [24]

물권행위가 일정한 방식에 따라서 하여야 하는 요식행위인가에 관하여는 학설이 대립하고 있다. i) 다수설은 불요식행위라고 하나(곽윤직, 33면; 김상용, 77면; 김용한, 77면; 김학동, 48면; 이상태, 47면; 이영준, 68면; 주해

(4), 32면(김황식); 지원림, 454면), ii) 등기 · 인도를 방식으로 하는 요식행위라는 견해(장경학, 167면)도 있다.

입법례에 따라서는 일정한 경우에 물권행위를 특별한 방식에 따라서 행할 것을 요구하기도 한다. 가령 독일민법에서의 부동산 소유권이전의 합의 즉 Auflassung은 공증인 앞에서 해야 하고, 공증인이 이를 증명하는 공정증서를 작성하여야 한다(같은 법 925조 참조). 그러나 우리 민법에는 방식을 요구하는 규정이 전혀 없다. 그리고 부동산등기특별조치법은 제 3 조에서 계약을 원인으로 소유권이전등기를 신청하는 때에는 검인계약서를 제출하도록 하나, 그것은 등기신청시에 그 서면을 제출하라는 의미이며 물권행위를 검인계약서로 하라는 것은 아니다(같은 취지: 김학동, 48면). 그리고 등기 · 인도와 같은 공시방법도 물권행위를 그에 의하여 하여야 하는 방식이 아니다([27] 참조). 그러므로 ii)설은 옳지 않다. 결국 우리 민법상 물권행위는 불요식행위라고 하는 i)설이 타당하다. 그에 의하면, 우리 민법상 물권행위는 모두 어떤 방식으로든 자유롭게 할 수 있다.

[25]

3. 적용법규

(1) 총칙편의 규정

물권행위도 법률행위이므로 민법총칙편의 법률행위에 관한 규정은 모두 물권행위에 적용된다. 권리능력 · 행위능력 · 의사표시 · 대리 · 무효와 취소 · 조건과 기한 등의 규정이 그렇다. 특기할 점은 다음과 같다.

1) 조건 · 기한규정 입법례에 따라서는 물권행위에 조건이나 기한을 붙일 수 없도록 하는 것이 있다. 가령 독일민법에서는 부동산소유권 이전의 합의(Auflassung)에는 조건과 기한을 붙이지 못한다(같은 법 925조 2항). 그러나 우리 물권법에는 그러한 제한이 없으므로, 우리 민법상 모든 물권행위에 조건과 기한을 붙일 수 있다(이설 없음). 그 결과 매수인이 대금 전부를 지급하는 것을 정지조건으로 하여 소유권을 이전하기로 하는 물권적 합의도 유효하다.

〈참 고〉

이 문제와 관련하여 일부 문헌은, i) 동산 물권변동에서와 달리 부동산 물권변동에서는 조건이 등기되어야 하는데, 부동산등기법상 해제조건(또는 종기)만을 등기할 수 있고(같은 법 43조의 2. 개정 부등법 54조: 저자 주), 정지조건(또는 시기(始期))을 등기할 수는 없어서 정지조건(또는 시기)을 붙일 수는 없다고 한다(지원림, 454면 · 460면). 그에 비하여 ii) 부동산의 경우에도 허용된다는 견해도 있다(이영준, 91면). 생각건대 부동산등기법이 해제조건 또는 종기의 등기가 가능함을 규정하고 있으나(같은 법 52조 7호 · 54조), 그것이 물권행위에 해제조건 · 종기만 붙일 수 있도록 하는 것은 아니다. 물권행위에 정지조건 · 시기도 붙일 수 있으나 그 조건이 성취되거나 시기가 도래할 때까지 등기만 할 수 없는 것이다([51] 참조). 그리고 만약 부동산등기법을 i)설과 같이 이해하면 — 통설과 달리 — 채권행위의 유효를 조건으로 하여 물권행위를 할 수 없다고 해야 한다. 결국 ii)설처럼 부동산 물권변동의 경우에도 정지조건부로 물권행위를 할 수 있다고 할 것이다.

나아가 — 위에서 언급한 바와 같이 — 원인행위인 채권행위의 유효를 조건으로 하여 물권행위를 할 수도 있다(통설도 같음). 이는 물권행위의 무인성 문제와 관련된다. 물권행위의 무인성 여부와 관련하여 우리의 무인론은 모두 — 예외적으로 일정한 경우에는 유인으로 된다고 하는 — 상대적 무인론을 취하고 있는데, 상대적 무인론에서는 채권행위의 유효를 조건으로 하여 물권행위를 할 수 있다는 전제에서 그 경우에는 물권행위가 유인으로 된다고 하고 있기 때문이다([29] 참조).

2) 대리규정 대리에 관한 규정은 물권행위에도 적용된다. 그런데 점유의 이전, 즉 인도는 법률행위가 아니고 사실행위이기 때문에, 거기에 대리규정이 적용될 여지는 없다(이설 없음). 동산양도나 질권설정을 위하여 대리인이 물권행위와 함께 동산을 인도(현실의 인도)하거나 인도받는 경우에도 인도에 관하여 대리가 허용된다고 할 것이 아니고, 대리인(물권행위의 대리인)은 단순한 점유보조자나 점유매개자에 불과하고 본인은 이들을 통하여 점유를 취득하거나 이전하는 것으로 보아야 한다(같은 취지: 곽윤직(신정판), 64면; 장경학, 158면. 이 경우에 대리가 허용된다는 반대견해: 김상용, 80면). 간이인도(188조 2항) · 점유개정(189조) · 목적물반환청구권의 양도(190조)의 경우에는 대리에 의한 점유이전이 가능한가? 여기에 관하여 i) 일부 견해(김상용, 80면; 이상태, 48면; 이영준, 91면)는 긍정하고 있다. 그런가 하면 ii) 그 경우에도 예외를 인정할 필요가 없다는 견해(민법총칙 [182] 참조)도 있다. 생각건대 간이인도 등의 경우에는 실제로 점유가 움직이지 않음에도 불구하고 법률이 점유이전의 효과를 인정하고 있는 데 지나지 않는다. 법률이 인정하는 그러한 효과(의제 등)를 놓고서 대리인에 의한 계약이 있을 때에는 대리인에 의한 인도라고 설명하는 것은 무의미하다. 결국 이들 경우에도 대리가 인정되지 않는다고 하여야 한다.

등기신청은 사법상의 법률행위가 아니므로, 거기에 대리규정이 당연히 적용되지는 않는다. 그런데 부동산등기법은 대리인에 의한 등기신청을 명문으로 인정하고 있다(같은 법 24조 1항 1호). 이 규정을 근거로 등기신청에 대리규정이 직접 적용된다고 하는 견해가 있다(지원림, 454면). 그런가 하면 등기행위가 사법상의 법률행위가 아니고 등기관에 대한 공법상의 사실행위에 불과하다는 이유로 거기에는 원칙적으로 대리규정을 유추적용할 수 없다고 하는 견해도 있다(이영준, 223면). 생각건대 대리인으로 하여금 등기신청을 허용하는 것이 대리규정의 일반적인 직접적용의 근거로 될 수는 없다. 등기신청은 법률행위가 아니기 때문에 대리규정의 결과를 인정한다고 하여도 그것은 유추적용에 의하여야 한다. 다른 한편으로 등기신청은 의사표시는 아니지만 의사행위인 점에서 의사표시와 유사하므로, 성질이 허용되는 한 대리규정을 유추적용하는 것이 바람직하다. 다만, 자기계약 · 쌍방대리의 금지규정(124조)은 적용하지 않음이 적절하다(이설 없음).

〈무권리자에 의한 물권행위와 사후의 추인〉

물권행위는 처분행위이다. 따라서 그것이 유효하려면 물권행위자에게 처분권한이 있어야 하며, 처분권한이 없는 자가 물권행위를 하였으면 그 행위는 무효로 된다. 가령 A 소유의 부동산에 관하여 B가 아무런 권한(예: 대리권) 없이 C에게 소유권을 넘겨주기로 하는 합의(소유권이전의 합의)를 하거나 저당권설정의 합의를 한 경우에는, 이들 합의는 모두 무효이다. 그런데 이 경우에 처분권한이 있는 A가 나중에 B의 처분(물권행위)을 추인(이영준, 92면은 「추인」 대신에 「권한부여」라고 표현한다)하면 그 행위가 있었을 때부터 유효하게 되는지 문제된다.

여기에 관하여 독일민법은 이를 인정하는 명문규정을 두고 있다(같은 법 185조 2항). 그러나 우리 민법에는 그러한 규정이 없다. 그럼에도 불구하고 우리의 학설 · 판례는 모두 — 근거상으로는 여럿으로 나뉘지만 결과에서는 동일하게 — 이를 인정하고 있다. 사견도 처분권자의 소급적 추인을 인정하는 것이 타당하다는 입장이다(민법총칙 [239] 참조). 구체적으로는 무권리자의 처분행위가 무권대리행위와 유사하므로 무권대리행위의 추인에 관한 제133조를 유추적용하는 것이 적절하다고 생각한다.

이 문제는 — 독일민법 제185조 제 2 항처럼 — 총칙편에 명문규정이 있었다면 총칙 규정의 물권행위에의 적용에 대한 논의가 되었을 것이나, 우리 민법에는 그러한 명문규정이 없어서 총칙 부분에서 인정된 법리가 물권행위에 적용되는지의 논의로 된 셈이다.

(2) 채권편의 규정

1) 계약성립 규정 물권행위 중 물권적 합의는 일종의 계약이다. 따라서 거기에는 민법 채권편의 계약성립에 관한 규정이 유추적용되어야 한다. 그러나 그 밖의 채권편의 규정은 원칙적으로 물권행위에는 적용되지 않는다.

〈주의할 점〉

위에서 물권행위에는 원칙적으로 채권편의 규정이 적용되지 않는다고 하였다. 그런데 이것은 물권행위에 관하여만 그러하며, 물권법상의 법률관계 모두에 관하여 그러하지 않음을 주의하여야 한다. 물권법의 경우에도 채권관계 내지 그와 유사한 관계가 생길 수 있으며, 그때에는 특별규정이나 물권법상의 관계로서의 특수성이 없는 한 채권편의 규정이 적용되어야 한다. 물권적 청구권이 발생하거나 소유자와 제한물권자 사이에 채권관계가 생긴 때(283조 · 285조 · 286조 · 309조 · 310조 · 315조 · 316조 · 324조 · 325조 등)에 그렇다(같은 취지: 곽윤직(신정판), 64면; 김상용, 80면).

2) 제 3 자를 위한 계약규정 제 3 자를 위한 물권행위가 가능한가? 이는 제 3 자를 위한 계약규정 즉 제539조가 물권행위에 적용 또는 유추적용되는지의 문제이다. 여기에 관하여 학설은 일치하여 제 3 자를 위한 물권행위가 가능하다고 한다(김상용, 81면; 김용한, 77면; 김학동, 49면; 이상태, 49면; 이영준, 94면; 주해(4), 34면(김황식); 지원림, 455면). 생각건대 우리 법상 제 3 자를 위한 계약(채권계약)은 사적 자치상 당연히 유효한 것이 아니고 제539조 제 1 항의 특별규정에 의하여 인정된다고 해야 한다. 그러고 보면 이 규정은 예외에 대한 것으로서 당해 경우 즉 채권계약의 경우에만 적용되어야 한다. 결국 제 3 자를 위한 물권계약은 무효라고 하여야 한다(자세한 사항은 주해(13), 178면(송덕수) 참조).

Ⅱ. 물권행위와 공시방법 [26]

1. 「법률행위에 의한 물권변동」에 관한 두 가지 입법례

법률행위 즉 물권행위에 의한 물권변동이 어떤 요건이 갖추어지는 때에 일어나는가에 관하여는 크게 두 가지의 입법례가 대립하고 있다. 프랑스민법과 독일민법의 태도가 그것이다.

(1) 대항요건주의(의사주의)

프랑스민법에서는 당사자의 의사표시 즉 물권행위만 있으면 공시방법을 갖추지 않아도 물권변동이 일어난다. 그런데 이러한 태도에 의하면 제 3 자에게 예측하지 못한 손해가 생길 가능성이 있기 때문에 프랑스민법은 거래의 안전을 보호하기 위하여 보완책을 강구하고 있다. 즉 동산물권에 관하여는 공신의 원칙을 인정하고(같은 법 1141조), 부동산물권에 관하여는 공시방법을 갖추어야만 물권변동을 가지고 제 3 자에게 대항할 수 있도록 한다. 프랑스민법의 이러한 태도를 대항요건주의(공시방법이 물권변동을 가지고 제 3 자에 대하여 대항할 수 있는 요건이라는 의미에서) · 의사주의(물권변동이 의사표시만으로 일어난다는 의미에서) · 불법주의라고 한다.

프랑스민법과 더불어 일본민법이 대항요건주의를 채용하고 있다(일본민법 178조). 그런데 일본민법은 동산 물권변동에 관하여도 인도를 대항요건으로 하는 점에서 프랑스민법과 다르다.

(2) 성립요건주의(형식주의)

독일민법에서는 당사자의 의사표시 즉 물권행위뿐만 아니라 등기 · 인도 등의 공시방법까지 갖추어져야만 비로소 물권변동이 일어난다. 그리하여 공시방법을 갖추지 않는 한 제 3 자에 대한 관계에서는 물론이고 당사자 사이에서도 물권변동은 일어나지 않는다. 이러한 독일법의 태도는 성립요건주의(공시방법이 물권변동의 성립요건이라는 의미에서) · 형식주의(물권변동이 일어나려면 등기 · 인도와 같은 형식을 갖추어야 한다는 의미에서) · 독법주의라고 한다.

성립요건주의는 오스트리아민법 · 스위스민법에 의하여서도 채용되고 있다.

(3) 두 입법주의의 비교

사례를 가지고 두 입법주의의 차이점을 보기로 한다.

1) 부동산매매의 경우 예컨대 A가 B에게 토지를 팔기로 하는 매매계약을 체결하고 아직 B의 명의로 등기를 하지 않았다고 하자.

이때 대항요건주의에 의하면 B는 토지의 소유권을 취득한다. B가 소유권을 취득하는 시기는 A · B가 매매계약을 체결하였을 때이다. 대항요건주의에서는 물권행위가 채권행위 속에 포함되어 있는 것으로 해석되기 때문이다. 그런데 B의 소유권 취득은 당사자 사이 즉 A · B 사이에서만 그렇다. B가 소유권취득이라는 물권변동을 가지고 제 3 자에게 대항할 수 있으려면 그의 명의로 등기를 하였어야 한다. 따라서 위의 경우에 A가 C에게 그 토지를 다시 팔고 C에게 먼저 등기를 이전해 주면 C가 확정적으로 소유권을 취득하게 되고, B는 소유권을 가지고 C에게 대항하지 못한다. 그 결과 A · B 사이에서는 B가 소유자이나, B · C 사이에서는 C가 소유자로 된다.

다음에 성립요건주의에 의하면 A · B 사이의 계약만으로는 A · B 사이에서조차 소유권의 변동은 일어나지 않는다. 그리고 B가 그의 명의로 등기를 하는 때에 그는 당사자 사이에서나 제 3 자에 대한 관계에서나 처음으로, 또한 확정적으로 소유권을 취득하게 된다.

이와 같이, 대항요건주의에서는 — 부동산물권 거래의 경우 — 법률관계가 당사자 사이의 관계와 제 3 자에 대한 관계로 분열하여 복잡한 모습을 보이게 된다. 그에 비하여 성립요건주의에서는 법률관계가 공시방법까지 갖추어졌는지 여부에 의하여 획일적으로 정하여지며, 당사자 사이의 관계와 제 3 자에 대한 관계로 나누어지지 않는다.

2) **동산매매의 경우** 예컨대 A가 그의 시계를 B에게 팔기로 하는 매매계약을 체결하고 아직 그 시계를 B에게 인도해 주지 않았다고 하자.

이때, 프랑스민법에 의하면 B는 매매계약 체결시에 시계의 소유권을 취득하게 된다. 그리고 그 소유권취득은 제 3 자에 대한 관계에서도 일어난다. 프랑스법은 동산인도는 대항요건으로 하지 않기 때문이다. 다만, 그 경우에 A가 그 시계를 사정을 모르는 C에게 다시 팔고 C에게 인도해 주었다면, 그때에는 C가 시계의 소유권을 취득하게 되고, 반사적으로 B는 소유권을 잃게 된다. 여기서 C가 소유권을 취득하게 되는 것은 공신의 원칙 때문이다. 그러나 동산의 인도도 대항요건으로 하는 일본민법에 의하면, 앞의 부동산의 경우와 마찬가지로, C가 대항요건을 먼저 갖추게 되었으므로 B는 그의 소유권취득을 가지고 C에게 대항하지 못하게 된다.

한편 성립요건주의에 의하면 위의 사례에서 B는 시계의 소유권을 취득하지 못한다. 그가 시계의 소유권을 취득하려면 시계를 인도받아야 한다. 그때 비로소 A · B 사이에서도 소유권취득이 일어나는 것이다.

3) **평 가** 대항요건주의와 성립요건주의 가운데 어느 것이 더 우수한가에 대하여는 i) 일반적으로 성립요건주의가 우수하다는 견해(김상용, 86면; 김용한, 70면; 김학동, 40면)와 ii) 부동산물권에 관하여는 성립요건주의가 우수하나, 동산물권에 관하여는 프랑스민법의 태도가 현명하다는 견해(곽윤직, 38면)가 주장되고 있다. 생각건대 프랑스민법에 의할 경우 동산의 소유권이 매매계약과 함께 매수인에게 이전되는 점에서 법의식상 거부감이 있다. 그리고 대항요건주의에 의하면 법률관계가 당사자 사이의 관계와 제 3 자에 대한 관계로 나뉘어 복잡하게 되는 점에서 바람직하지 않다. 결국 부동산물권 · 동산물권 모두에 관하여 성립요건주의가 더 우수하다고 할 것이다.

4) **주의할 점** 대항요건주의와 성립요건주의의 대립은 「법률행위에 의

한 물권변동」에 관한 것임을 주의하여야 한다. 「법률행위에 의하지 않는 물권변동」의 경우와는 관계가 없는 것이다.

〈「법률행위에 의하지 않는 물권변동」의 경우에 관한 입법례〉

「법률행위에 의하지 않는 물권변동」 가운데 동산 물권변동에 관하여는 성립요건주의를 취하는 국가든 대항요건주의를 취하는 국가든 일반적인 원칙을 두지 않고 개별적인 경우에 따로따로 규정하고 있어서 차이가 별로 없다. 그에 비하여 부동산 물권변동에 관하여는 두 입법주의 국가 사이에 차이를 보인다. 성립요건주의를 취하는 국가에서는 그 경우에는 등기가 없어도 물권변동이 일어나는 것으로 하되, 취득한 물권을 처분하려면 먼저 등기를 하도록 하는 것이 일반적이다. 그에 비하여 대항요건주의를 취하는 국가에서는 그 경우에도 등기를 대항요건으로 하는 것이 일반적이다.

2. 우리 민법의 태도

민법은 제186조 · 제188조에서 각각 부동산물권과 동산물권에 관하여 성립요건주의를 규정하고 있다. 그 결과 우리 민법에 있어서는 당사자의 의사표시 즉 물권행위뿐만 아니라 등기 · 인도라는 공시방법까지 갖추어야 비로소 당사자 사이의 관계에서도 물권변동이 일어나게 된다. 그러나 우리 민법의 성립요건주의는 공신의 원칙의 불채용으로 실효성을 크게 살리지 못하고 있으며, 또한 실무에 있어서 대항요건주의에 입각한 이론을 부분적으로 수용함으로써 상당부분 훼손되고 있다.

〈입법주의의 변경에 따른 경과규정〉

앞에서 언급한 바와 같이 과거 우리나라에 의용되던 일본민법(의용민법)은 법률행위에 의한 물권변동에 관하여 대항요건주의(의사주의)를 취하고 있었다. 그러던 것을 현행민법은 성립요건주의(형식주의)로 변경하였다. 이러한 변경과 관련하여 민법은 부칙에 경과규정을 두었다. 그에 의하면, 부동산의 경우에는 민법 시행일부터 6년(제정 당시에는 3년이라고 하였으나, 1962. 12. 31.에 5년으로 개정하여 1963. 1. 1.부터 시행하였고, 1964. 12. 31.에 다시 6년으로 개정하여 1965. 1. 1.부터 시행하였으며, 이것이 현행규정이다) 내에 등기하지 않으면 효력을 잃고(부칙 10조 1항), 동산의 경우에는 민법 시행일부터 1년 내에 인도를 받지 못하면 효력을 잃는다(부칙 10조 2항). 한편 대법원은 부칙 제10조 제 1 항은 법률행위의 당사자뿐만 아니라 제 3 자에 대한 관계에서도 적용된다고 하면서(대판 1967. 11. 28, 67다1879; 대판 2009. 4. 9, 2006다30921), 의용민법 시행 당시 피상속인이 매수한 부동산임을 이유로 상속인들이 등기명의인을 상대로 진정한 등기명의의 회복을 위한 소유권이전등기 청구를 한 사안에서, 그 부동산에 관하여 피상속인 명의의 등기가 있었음을 인정할 수 없고, 설령 민법 시행 전에 피상속인이 그 부동산을 매수하였다 하더라도 민법 시행 후 6년 내에 등기를 하지 않아 민법 부칙 제10조 제 1 항에 의하여 소유권을 상실하였으므로, 상속인들은 등기명의인을 상대로 진정한 등기명의의 회복을 위한 소유권이전등기 청구를 할 수 없다고 하였다(대판 2009. 4. 9, 2006다30921). 그리고 부동산의 경우에 민법 부칙 제10조 제 1 항에 의하여 소유권양도가 효력을 상실하였다는 것을 누가 증명하여야 하는가에 관하여 태도를 밝히고 있다. 그 판결을 아래에 인용한다.

「의용민법 시행 당시에 당사자들 사이의 의사표시만에 기하여 유효하게 행하여진 부동산소유권의 양도가 민법 부칙 제10조 제 1 항에 의하여 그 효력을 상실하여 소유권이 양도인에게 복귀되었다고 하려면, 소유권양도에 관한 등기가 행하여지지 아니하였다는 점이 입증되어야 한다. 그리고 민법 부칙 제10조 제 1 항의 문언 및 규정구조, 일반적으로 이른바 권리소멸사실에 대하여는 그 권리의 소멸에 관한 요건사실을 주장하는 측에서 입증하여야 한다는 점 및 만일 위의 점에 대한 입증을 여전히 소유권 양도가 유효함을 주장하는 측에서 하여야 한다면 최소한 50년 전 즈음에 이미 부동산을 양도하여 소유권을 상실하였던 이가 소유권을 다시 얻게 되는 뜻밖의 결과가 보다 쉽게 인정되기에 이르는 점 등에 비추어, 위의 등기가 행하여지지 아니하였다는 점에 대한 입증책임은 다른 특별한 사정이 없는 한 민법 부칙 제10조 제 1 항의 적용으로 소유권양도의 효력이 상실되었다고 주장하는 측에서 부담한다고 할 것이다(대법원 2009. 5. 28. 선고 2006다79698 판결 참조).」(대판 2010. 4. 15, 2008다79302)

3. 물권행위와 공시방법의 관계 [27]

(1) 서 설

우리 민법상 물권행위와 공시방법이 어떤 관계에 있는지가 문제된다. 구체적으로는 먼저 물권적 의사표시와 공시방법이 합하여져 물권행위를 이루는가가 문제되고, 만약 이것이 부인된다면 공시방법은 어떤 법률적 성질을 가지는 것인가가 문제된다.

(2) 학 설

학설은 크게 i) 물권적 의사표시와 공시방법이 합하여져 물권행위를 이룬다는 견해(고상룡, 63면; 이영준, 89면; 장경학, 167면; 지원림, 456면)와 ii) 물권적 의사표시만이 물권행위를 이룬다는 견해(곽윤직, 39면; 김상용, 90면; 김용한, 75면; 김학동, 47면; 윤철홍, 47면; 이상태, 52면), iii) 부동산의 경우에는 등기가 물권변동의 또 하나의 요건이나, 동산의 경우에는 인도가 물권행위를 이룬다는 견해(이은영, 132면)로 나누어진다. 그리고 i)설은 다시 (a) 등기 · 인도라는 공시방법은 물권행위의 형식이라고 하는 견해(장경학, 167면)와 (b) 등기 · 인도는 물권행위를 완성하는 요소라는 견해

(고상룡, 63면; 이영준, 89면)로 세분되며, ii)설은 (a) 공시방법은 물권행위의 효력발생요건이라는 견해(김용한, 75면; 김학동, 47면; 윤철홍, 47면), (b) 공시방법은 물권행위 이외에 법률에 의하여 요구되는 물권변동의 또 하나의 요건이라는 견해(곽윤직, 40면; 김상용, 90면; 오시영, 77면; 이덕환, 68면; 이상태, 52면; 주해(4), 50면(김황식))로 세분된다.

(3) 판 례

대법원판결 가운데에는 동산의 선의취득과 관련하여 물권행위가 인도에 의하여 완성되는 것처럼 표현한 것이 있으나(대판 1991. 3. 22, 91다70), 그 판결에서도 물권적 합의를 인도와 구분하고 있는 점에서 i)설의 태도를 취하고 있다고 보기는 어렵다.

(4) 검토 및 사견

i)(a)설은 공시방법을 물권행위의 방식이라고 하여, 결과적으로 물권행위를 요식행위라고 하는 점에서 옳지 않다. i)(b)설은 공시방법까지 갖추어야 물권변동이 일어난다는 점을 주된 이유로 든다. 그러나 법률행위의 효력발생에 필요한 요건을 모두 법률행위의 요건이라고 한다면, 법률(138조 · 139조 등)이나 문헌에서 자주 사용하는 「무효인 법률행위」라는 용어는 사용할 가능성도 필요성도 없게 될 것이다(같은 취지: Schwab, S. 52). 그리고 그 견해는 물권행위의 개념을 지나치게 확대하는 문제점이 있다. 나아가 부동산 물권변동의 경우 등기가 먼저 행하여질 수도 있는데, 그때는 어떻게 등기가 물권행위를 완성시키는지 자못 궁금하다. 한편 i)설에 의하면, 그것이 i)(a)설이든 i)(b)설이든 물권적 합의에 의사의 흠결이 존재하는 때에도 등기 또는 인도 후에 비로소 취소하게 될 것이고, 물권적 합의가 무효인 때에도 등기 또는 인도가 행하여질 때까지는 완성된 계약이 존재하지 않기 때문에 등기소는 등기를 행하여야 하고 양도인은 인도하여야 하는 문제가 생긴다. 그 밖에 i)설을 취하면, 물권행위 개념을 때로는 공시방법까지 포함하는 의미로 사용하고 때로는(예: 물권행위의 독자성 · 무인성) 공시방법을 제외하는 의미로 사용하여 혼란을 야기하게 되는 문제점도 생긴다(지원림, 457면 참조).

ii)(a)설은 제186조 · 제188조 제 1 항이 「등기하여야 그 효력이 생긴다」, 「인도하여야 효력이 생긴다」고 규정하고 있다는 점을 든다. 그러나 그 규정들은 「물권행위」가 등기 또는 인도를 하여야 효력이 생긴다고 하지 않고, 「물권변동」 또는 「양도」가 그렇다고 하고 있다. 따라서 그 견해도 옳지 않다.

다음에 iii)설은 부동산의 경우와 동산의 경우를 구별하는 근거가 충분한 설득력이 없다. 그리고 동산의 경우에는 i)설에서와 같은 문제가 생긴다.

생각건대 성립요건주의에서 공시방법을 요구하는 것은 법률행위의 보통의 효력요건과는 의미가 다르다. 그것은 법률이 정책적으로 일반인 보호 및 거래의 안전을 위하여 특별히 요구하는 물권변동의 요건이라고 보아야 한다. 그리고 그 요건은 결코 물권행위에 뒤지지 않는 가치를 가지는 것이라고 이해되며, 물권행위를 완성하는 요소나 단순한 효력요건에 머무는 것이 아니다. 그러한 점에서 ii)(b)설이 타당하다. 견해에 따라서는 ii)(b)설이 당사자의 의사를 소홀히 한다고 비판하나(김학동, 47면; 이영준, 88면), ii)(b)설의 이해가 정확한 것이며, 비판하는 견해가 오히려 공시방법을 무시하는 것이다.

Ⅲ. 물권행위의 독자성 [28]

1. 서 설

(1) 물권행위의 독자성은 뒤에 보는 물권행위의 무인성과 함께 1970년대 민법이론 가운데 가장 활발하게 논의되었던 문제이다. 그리고 그 논의의 초점은 주로 물권행위가 채권행위와 따로 행하여지는가에 모아져 있었다. 그것은 물권행위의 독립성을 전제로 한 것이다. 요즈음에도 독자성의 논의는 그러한 방향으로 행하여지는 것이 보통이다. 그런데 일부 문헌은 독립한 물권행위의 존재가 인정되어야 하는가의 관점에서 독자성을 논의하여야 할 것이라고 한다(김상용, 93면; 김학동, 44면; 이영준, 70면). 그러한 견해는 먼저 독립성 여부를 살펴본 뒤, 물권행위의 시기를 검토한다. 생각건대 종래 우리의 문헌들이 주로 물권행위의 시기를 중심으로 논쟁을 벌였던 것은 아마도 그에 의하여 물권변동의 시점이 결정되는 의용민법 하의 이론의 영향 때문이었던 것으로 보인다. 그에 비하면 성립요건주의를 채용한 현행민법에서는 물권행위의 시기가 그다지 중요하지 않다. 그렇지만, 뒤에 보는 바와 같이, 독자성의 인정은 무엇보다도 무인성의 인정을 위하여 필요한데, 물권행위가 채권행위에 포함되어 있다고 보는 한 무인성을 인정할 수 없는 만큼 물권행위의 시기의 논의는 유익하다고 하겠다. 그리고 그것은 물권행위의 독립적인 개념을 전제로 한 것으로서 한 단계 진전된 논의이기도 하다. 따라서 아래에서는 종

래의 방식에 따라 살펴보기로 한다. 참고로 말하면, 독자성을 독립성 인정 여부로 파악하는 견해는 시기도 다르다고 한다.

(2) 물권행위는 채권행위와 별개의 행위로서 채권행위와 분명히 구별된다(독립한 존재 인정). 그리고 물권행위는 보통은 채권행위의 이행으로서 행하여진다. 그런데 여기서 물권행위가 그 원인이 되는 채권행위와 별개의 행위로 행하여지는가가 문제된다. 이것이 물권행위의 독자성의 문제이다.

주의할 것은, 물권행위의 독자성을 부인한다고 하여 물권행위의 개념 자체, 채권행위를 전제로 하지 않는 물권행위의 존재, 또는 채권행위와는 별도로 물권행위가 행하여질 수 있음을 부정하는 것은 아니라는 점이다. 그리고 독자성을 인정한다고 하여 채권행위와 물권행위가 하나의 행위로 합하여져 행하여질 수 없다고 하는 것도 아니다. 물권행위의 독자성 인정 여부는 물권행위의 시기가 명백한 경우에는 문제되지 않으며, 그 시기가 불분명한 때에 한하여 문제된다. 「토지를 매각한다」는 계약을 체결한 경우가 그 예이다.

(3) 물권행위의 독자성은 물권변동에 관한 입법주의와는 논리필연적인 관계에 있지 않다. 즉 대항요건주의에서 독자성이 문제될 수도 있고(예: 일본민법), 성립요건주의에서 독자성이 부정될 수도 있다(예: 오스트리아민법).

(4) 민법은 물권행위의 독자성에 관하여 명백한 규정을 두고 있지 않다. 따라서 그에 관하여 논란이 심하다.

2. 학설 · 판례

(1) 학　설

독자성에 관하여 학설은 i) 인정설(김상용, 107면; 김용한, 85면; 김준호, 44면; 김학동, 51면; 오시영, 70면; 이덕환, 71면; 이상태, 56면; 이영준, 75면; 이은영, 140면)과 ii) 부정설(곽윤직, 45면; 지원림, 459면. 고상룡, 73면은 논의가 무의미하다고 하면서 결과적으로 부정설을 취한다)로 나뉘어 있다. 그리고 인정설은 대체로 부동산물권의 경우 등기서류를 교부한 때 물권행위가 행하여진 것으로 해석한다(김학동, 51면; 이영준, 75면. 그러나 이은영, 140면은 「등기서류 교부 및 점유이전을 한 때」라고 한다). 그에 비하여 부정설은 물권행위는 보통 채권행위 속에 포함되어서 행하여진다고 한다. 이들이 드는 이유는 각기 다르며, 주요한 것을 간추리면 다음과 같다.

인정설은 그 이유로 ① 제186조의 「법률행위」와 제188조 제 1 항의 「양도」가 물권행위라는 점, ② 거래의 실제에 있어서의 법적 의식 일반에 의할 때 인정되어야 한다는 점, ③ 물권적 기대권과 물권행위의 무인성의 인정을 위하여 필요하다는 점, ④ 목적물이 특정되어 있지 않은 경우(예: 종류채권 · 타인 소유물의 계약)에는 물권행위가 채권행위 속에 포함되어 있다고 할 수 없다는 점, ⑤ 독자성을 부정하면 채권이 발생함과 동시에 이전되는 것으로 되어 채권행위의 성질에 반한다는 점, ⑥ 제565조 제 1 항이 매매계약의 당사자의 일방이 이행에 착수할 때까지 계약을 해제할 수 있다고 하는데, 그 규정은 독자성을 인정하여야 설명이 가능하다는 점 등을 들고 있다.

그리고 부정설은 인정설의 이유를 비판하는 외에 ① 독자성을 인정하든 인정하지 않든 별로 차이가 없다는 점, ② 거래의 실제에 있어서 물권행위를 따로 의식해서 행하는 일이 없다는 점, ③ 검인계약서의 제도상 부정할 수밖에 없다는 점 등을 든다.

(2) 판 례

판례는, 계약이 해제된 경우에 변동되었던 물권이 당연히 복귀하는가가 문제된 사안에서, 우리의 법제가 물권행위의 독자성을 인정하고 있지 않다고 한다(대판 1977. 5. 24, 75다1394).

3. 검토 및 사견

우리 민법이 성립요건주의를 취하고 있기 때문에 물권행위의 독자성을 인정하든 부정하든 결과에서는 거의 차이가 없다. 다소 차이가 있다면, 그것은 물권적 기대권과 물권행위의 무인성을 인정하기 위한 전제로서 독자성의 인정이 필요하다는 정도이다. 그러나 뒤에 보는 것처럼, 우리 민법상 물권적 기대권과 물권행위의 무인성은 인정되지 않아야 한다. 그러고 보면 독자성을 인정할 필요는 없다고 하겠다. 일반인들이 물권행위 자체를 의식하지 못하면서 거래를 하기 때문에도 그렇다. 견해에 따라서는 이것은 전문가의 문제인 만큼 일반인은 생각할 필요가 없다고도 하나, 현실과 거리가 먼 논의는 가치가 클 수 없다. 요컨대 독자성의 인정은 실익이 없고 불필요하게 이론의 복잡성만 야기할 것이므로 허용하지 않아야 한다.

〈제186조의 「법률행위」와 제188조 제 1 항의 「양도」의 성질〉

제186조의 「법률행위」와 제188조 제 1 항의 「양도」의 성질에 관하여는 i) 물권행

위라는 견해(곽윤직, 44면; 김상용, 98면; 김학동, 43면), ii) 채권행위 또는 물권적 합의가 포함되어 있는 채권행위라는 견해(고상룡, 63면), iii) 전자는 채권행위이나 후자는 소유권이전이라는 물권변동을 가리킨다는 견해(이은영, 126면 · 127면)가 대립하고 있다. 생각건대 iii)설은 제186조는 「법률행위로 인한」이라고 하므로 거기의 법률행위가 원인행위라고 하나, 그것은 근거로서 매우 불충분하다. 또한 그에 의하면 소유권포기와 같이 채권행위 없이 물권행위만이 행하여진 경우에는 그 규정을 적용할 수가 없어서도 문제이다. 그리고 ii)설에 의하면 채권행위 없이 물권행위만이 행하여진 경우는 제186조, 제188조 제 1 항 모두를 적용할 수 없게 된다. 이러한 점으로 보면 제186조의 법률행위는 물권행위라고 보아야 한다. 그러나 제188조 제 1 항의 양도는 물권행위가 아니고 「물권행위에 의한 이전」으로 이해하여야 한다. 왜냐하면 그 규정은 부동산 물권변동에 관한 제186조와 대응하는 것이고, 따라서 거기의 「물권의 양도」는 제186조에서 말하는 「법률행위로 인한 물권의 득실변경」과 실질적으로 동일한 것이기 때문이다. iii)설은 특별한 근거 없이 「양도」를 법률행위 · 법률규정에 의한 소유권이전 모두를 가리킨다고 해석하는 점에서 부당하다. 그러한 해석은 무엇보다도 양도의 개념과 어울릴 수 없다. 그리고 i)설은 「양도」를 물권행위만으로 본 점에서 올바르지 않다. 양도를 i)설처럼 이해하면 인도가 양도라는 물권행위의 효력발생요건으로 되는 문제점이 생긴다.

이와 같이 제186조의 「법률행위」와 제188조 제 1 항의 「물권의 양도」가 각각 물권행위, 물권행위에 의한 물권의 이전이라고 새겨진다고 하여 그것이 물권행위가 따로 행하여져야 한다는 근거가 될 수는 없다.

[29] Ⅳ. 물권행위의 무인성

1. 의 의

물권행위는 보통 채권행위에 기하여 그 이행행위로서 행하여진다. 이와 같이 채권행위가 행하여지고 그 이행으로서 물권행위가 따로 독립해서 행하여진 경우에, 그 원인행위인 채권행위가 존재하지 않거나 무효이거나 취소 또는 해제되는 때, 그에 따라서 물권행위도 무효로 되는지가 문제된다. 이것이 물권행위의 무인성(추상성)의 문제이다. 이에 대하여 물권행위도 무효로 된다고 하는 것은 유인론(유인설)이고, 물권행위는 무효로 되지 않는다고 하는 것은 무인론(무인설)이다.

예컨대 A가 그의 토지를 B에게 팔면서, 둘 사이의 합의에 따라 먼저 A가 그 토지의 소유권을 이전하여 주고 B가 그 토지를 담보로 융자를 받아 잔금을 지급하기로 약속하였는데, B가 융자를 받은 후 잔금을 지급하지 않아 A가 채무불이행을 이유로 매매계약을 해제한 경우에, A의 해제에 의하여 A · B 사이의 매매계약은 소급하여 무효로 된다(계약해제의 효과에 관한 직접효과설의 입장). 그때 A · B 사이에 있었던 소유권이전의 합의(물권행위)의 효력은 어떻게 되는지가 문제되는데, 무인론에 의하면 소유권이전의 합의는 채권행위에 영향을 받지 않아 여전히 유효하게 되나, 유인론에 의하면 그 합의도 무효로 된다.

물권행위의 유인 · 무인의 문제는 물권행위의 독자성을 인정하는 경우에 비로소 발생한다. 독자성을 부정하는 법제(프랑스 · 오스트리아 등)나 학설에서는 물권행위가 채권행위에 포함되어 있다고 보기 때문에 양 행위의 효력이 공통하게 된다. 그러나 독자성을 인정한다고 하여 반드시 무인성까지 인정하여야 하는 것은 아니다. 나아가 유인 · 무인은 물권행위가 채권행위와 따로 독립하여 행하여진 때에만 문제된다(무인론자도 물권행위 · 채권행위가 한 데 합하여 행하여지는 것이 가능하다고 하며, 그때는 유인이라고 한다. 김용한, 96면; 김학동, 60면). 뿐만 아니라 물권행위의 유인 · 무인은 채권행위에만 실효원인(失效原因)이 존재하고 물권행위에는 아무런 흠도 없는 경우에만 문제된다. 만약 물권행위에도 흠이 있으면, 유인 · 무인과 관계없이 그 흠 때문에 물권행위가 효력을 잃게 된다.

물권행위의 무인성을 인정하느냐 여부는 등기청구권 · 계약해제 · 부당이득반환청구권 등의 해석에 크게 영향을 미친다. 그러므로 무인성의 인정 여부뿐만 아니라 그에 따른 결과에 관하여 충분히 이해하고 있어야 한다.

2. 학설 · 판례

민법은 물권행위의 유인 · 무인에 관하여 직접적인 명문규정을 두고 있지 않다(스위스민법 974조 2항 참조). 그리하여 학설은 무인론과 유인론으로 나뉘어 대립하고 있으며, 판례는 유인론의 태도를 취하고 있다(대판 1977. 5. 24, 75다1394; 대판 1982. 7. 27, 80다2968; 대판 1991. 11. 12, 91다9503; 대판 1995. 5. 12, 94다18881 · 18898 · 18904). 아래에서 판례와 두 학설을 자세히 살펴보기로 한다.

(1) 판 례

먼저 대법원은, 물건 등 여러 가지를 양도한 계약이 해제된 경우에 그 이행으로 변동된 물권이 당연히 복귀하는가가 문제된 사안에서, 우리 법제가 물권행위의 무인성을 인정하고 있지 않다고 하면서, 계약이 해제되면 변동되었던 물권은 당연히 그 계약이 없었던 원상태로 복귀한다고 하였다(대판 1977. 5. 24, 75다1394). 그 뒤, 그러한 법리는 계약을 합의해제하는 경우에도 마찬가지라고 하면서 매매계약이 합의해제되면 매수인에게 이전되었던 소유권은 매도인에게 당연히 복귀한다고 하였고(대판 1982. 7. 27, 80다2968), 또한 채무불이행으로 인하여 매매계약이 적법하게 해제된 것이라면 원고로부터 소외 회사에 넘어갔던 소유권은 당연히 복귀한다고 하였다(대판 1995. 5. 12, 94다18881 · 18898 · 18904). 그리고 채무자가 채권자의 승낙을 얻어 본래의 채무이행에 갈음하여 부동산으로 대물변제를 하였으나 본래의 채무가 존재하지 않았던 경우에는, 당사자가 특별한 의사표시를 하지 않은 한, 대물변제는 무효로서 부동산의 소유권이 이전되는 효과가 발생하지 않는다고 한다(대판 1991. 11. 12, 91다9503). 이는 전체적으로 물권행위의 무인성을 부정하는 유인론의 입장이다.

(2) 학 설

1) 무 인 론 물권행위의 무인성을 인정하는 견해이다. 무인론은 과거 다수설이었으나 이제는 소수설로 되고 있다(강태성, 148면; 김용한, 91면; 김학동, 55면; 오시영, 74면).

무인론이 드는 이유는 다음과 같다. ① 물권행위가 채권행위와 별개의 행위라면 그 효력도 별개로 정해야 마땅하다. ② 물권적 법률관계는 모든 사람에게 명료함을 요하는데, 물권행위의 효력을 당사자 사이에서만 효력을 가지는 원인행위의 유효성에 의하여 영향받게 하는 것은 법적 명료성을 위하여 바람직하지 못하다. ③ 무인론은 특히 등기의 공신력을 부여하지 않는 우리 민법의 결함을 보충함으로써 거래의 안전에 이바지할 수 있다. ④ 우리 민법이 물권법과 채권법을 나누고 있는바, 이러한 물권법의 독립화 안에는 물권행위의 효력을 채권행위의 효력으로부터 단절시키려는 의도가 담겨져 있다. ⑤ 부당이득 규정 및 이에 대한 특칙인 제201조 내지 제203조는 무인성을 전제로 한 규정이다.

우리나라의 무인론자는 모두 상대적 무인론을 취한다. 즉 원칙적으로는 무인이지만 예외적으로 일정한 경우에는 유인으로 된다고 한다(김용한, 95면; 김학동, 59면). 그런데 어떤 경우에 유인으로 되는가에 관하여는 견해가 일치하지 않는다. 채권행위의 유효를 물권행위의 조건으로 한 경우, 채권행위와 물권행위가 외형상 하나의 행위로서 행하여진 경우(예: 동산의 현실매매)에 유인으로 된다는 데에는 다툼이 없다. 그러나 의사표시상의 결함이 채권행위와 물권행위에 공통되는 경우(이러한 현상은 두 행위가 동시에 행하여진 때나 두 행위 사이에 시간적 거리가 멀지 않은 때에 주로 나타난다고 한다)에 대하여는 다투어진다.

2) 유 인 론 물권행위의 무인성을 부정하고 유인성을 인정하는 견해이

다. 유인론은 과거 소수설이었으나 현재에는 다수설로 되고 있다(고상룡, 77면; 곽윤직, 53면; 김상용, 116면; 김준호, 46면; 이덕환, 76면; 이상태, 60면; 이영준, 82면; 이은영, 151면; 홍성재, 243면; 주해(4), 48면(김황식)).

유인론이 드는 이유는 문헌에 따라 차이가 있으나 주요한 것을 추리면 다음과 같다. ① 무인론의 첫째 이유는 개인의사 자치의 도그마와 개념법학의 결합이다. ② (무인론의 둘째 이유에 대하여) 무인론에 의하여도 물권관계가 불확실한 경우가 있으며(상대적 무인론의 경우 더욱 심함), 정당한 이익 보호가 높이 평가되어야 한다. ③ (무인론의 셋째 이유에 대하여) 거래안전 보호의 범위가 그다지 넓지 않고, 상대적 무인론일 경우에는 차이가 더욱 적어질 뿐만 아니라, 무인론에 의하면 악의의 제 3 자까지도 보호하는 결과가 된다. ④ 무인성은 본래 독일에서 등기관의 실질 심사범위를 물권행위에 제한함으로써 물권거래를 간편하게 하려고 인정하였던 것이며, 그것으로 거래의 안전을 보호하는 것은 primitive한 방법이다. ⑤ 비교법적으로 보더라도 부당하다. 무인성은 독일만 인정하며 독일도 그 후에 유인성에 접근하는 개정을 하였기 때문이다. ⑥ 해석론적인 근거가 없다. ⑦ 유인론이 실제의 법의식과 일치한다. ⑧ 거래의 안전은 진정한 권리자를 보호하는 바탕 위에서 이루어져야 한다. ⑨ 무인성 인정에는 명문규정이 필요한데 그러한 규정이 없다. ⑩ 무인론은 지나치게 개념주의적이다. ⑪ 채권행위가 강행법규나 사회질서에 반하는 경우에는 물권행위도 무효라고 하여야 하며, 그렇지 않으면 규제입법의 효과를 거둘 수 없다.

3. 검토 및 사견

(1) 무인론의 가장 중요한 근거는 거래안전의 보호라고 할 수 있다. 예컨대 A가 의사무능력 상태에서 자신의 토지를 B에게 팔기로 하는 매매계약을 체결하고, 의사능력을 회복한 후에 소유권이전의 합의라는 물권행위를 하고 이어서 소유권이전등기를 해 준 경우에(이는 현실성은 없는 것이나, 본래 무인 · 유인이 문제되는 예가 이처럼 극히 희귀하다), 유인론에 의하면 A · B 사이의 물권행위도 무효로 되어 A는 B에 대하여 소유권에 기한 물권적 청구권을 행사하여 그 토지의 반환을 청구할 수 있다. 그러나 무인론에 의하면 A · B 사이의 물권행위는 유효하여 B의 소유권취득은 유효하게 된다. 다만, B의 소유권은 법률상 원인 없는 것이어서 부당이득으로 되고, 그 결과 A는 부당이득을 이유로 B에게 토지의 반환을 청구할 수 있다. 그러므로 이 경우에는 유인론에 의하든 무인론에 의하든 결과에서는 차이가 없고, 그 이론구성만 다르게 된다.

그에 비하여 위의 예에서 B가 그 토지를 C에게 팔고 등기까지 넘겨준 때에는 차이가 생긴다. 유인론에 의하면 이때에도 B의 소유권취득은 인정되지 않고, 그 결과 C도 소유권을 취득할 수 없게 된다. 그리하여 A는 C에 대하여 물권적 청구권을 행사할 수 있다. 그러나 무인론에 의하면 C의 소유권취득은 유효하게 되어 A는 그에게는 어떤 청구도 할 수 없다. A는 B에 대하여서만 부당이득 반환청구를 할 수 있을 뿐이다. 바로 이때 무인론은 거래의 안전을 보호할 수 있게 되는 것이다.

그러나 채권행위에만 흠이 있고 물권행위에는 흠이 없어서 유인 · 무인이 문제될 수 있는 경우는 극히 드물다. 또한 많은 경우에는 민법이 선의의 제 3 자 보호규정을 두고 있다(107조 2항 · 108조 2항 · 109조 2항 · 110조 3항 · 548조 1항 단서 등). 그 밖에 제한능력자의 상대방을 보호하기 위한 규정(15조 내지 17조)과 법정추인제도(145조)도 두고 있다. 그 때문에 유인론과 무인론이 차이가 생기는 경우는 매우 적어진다(반사회질서행위 · 폭리행위 · 제한능력의 경우 · 의사무능력의 경우 등). 그럼에도 불구하고 무인론을 취하게 되면 악의의 제 3 자까지 보호하게 되는 문제점이 추가될 뿐이다. 무인론을 취하는 문헌 가운데에는, 선의의 제 3 자 보호규정이 있는 때에는 무인성 여부를 불문하고 당연히 선의의 제 3 자에 대하여만 대항할 수 없다고 한다(김학동, 56면. 김용한, 92면도 참조). 그러나 그러한 해석, 즉 명문규정이 없으면 이론상 언제나 대항할 수 있으나, 규정이 있어서 제한된다는 것은 자연스럽지 못하다. 오히려 제 3 자 보호규정은 항상 대항할 수 있는 원칙에 예외를 인정하려는 취지에서 두어진 것으로 이해하는 것이 보다 자연스럽고 합리적이다. 또한 이에 의하면 선의의 제 3 자 보호규정이 없으면 악의의 제 3 자도 보호하게 되나(예: 제한능력의 경우), 선의의 제 3 자 보호규정이 있으면 선의의 제 3 자만 보호하게 되는데, 그 결과의 타당성도 의심스럽다.

유인론을 취하는 문헌 중에는 무인론에서는 선의의 제 3 자 보호규정은 무의미한 규정이라고 하는 견해도 있으나(곽윤직, 51면; 이은영, 151면), 이는 정확하지는 않다. 그러한 규정이 무인론에서는 큰 의미가 없음은 사실이나, 물권행위 자체가 흠을 가지고 있는 때에는 무인론에 의하더라도 제 3 자는 그것에 의하여서만 보호될 수 있다. 다만, 제548조 제 1 항 단서는 다르다. 계약해제의 경우에는 해제에 의하여 오직 채권계약만이 무효로 되며, 물권행위에는 흠이 있는 때가 전혀 없기 때문이다. 따라서 그 규정은 무인론에 의하면 불필요한 규정이 된다. 그러한 규정의 존재는 유인론의 중요한 근거라고 할 수 있다(김학동, 55면은 그것은 채권적 효과설의 주의적 규정이며, 더욱 이 선의의 제 3 자가 아니고 모든 제 3 자를 해할 수 없다고 한 점에서 그러하다고 한다. 그러나 해제의 경우에는 선의·악의를 따질 수 없는 것이어서 단순히 제 3 자라고 한 것일 뿐이고, 주의적 규정이라고 함은 불필요하다는 것에 다름 아니다).

무인론을 취하는 문헌 중에는 유인·무인은 입법정책의 문제라고 하면서, 무인성의 원칙은 입법정책상 적절하지 못하고, 또한 유인론과 무인론은 거의 차이가 없다고도 한다(김학동, 54면·60면·61면). 이에 의하면 무인론은 실익도 없고 타당성도 없는 견해임을 알 수 있다.

요컨대 무인론이 거래의 안전을 보호하기는 하나 유인론에 의하는 경우와 큰 차이가 없으며, 그 이론에 따르면 선의의 제 3 자 보호규정이 있을 때에도 악의의 제 3 자까지 보호하는 무시 못 할 단점이 수반된다. 그때에는 악의의 자가 보호되기 위하여 진정한 권리자가 희생됨을 유의하여야 한다. 한편 제548조 제 1 항은 유인론의 명백한 법적 근거이다. 그리고 다른 제 3 자 보호규정도 유인론에 입각한 것으로 보아야 하며, 적어도 그 취지를 제대로 살리려면 유인론을 취하여야 한다. 또 일반인의 의식으로도 채권행위의 실효는 물권행위의 무효를 가져온다고 여길 것이다. 그 밖에 무인론의 경우, 상대적 무인론에 있어서는 실제에 있어서 유인으로 되는 때의 판정이 대단히 어려워지는 — 현실적으로 매우 중대한 — 단점도 있다. 이러한 점에 비추어 볼 때 물권행위의 무인성은 부정되어야 한다(이영준, 78면은 판례에 의하여 유인주의는 우리 민법에서 움직일 수 없는 관습법이 되었다고 한다. 그러나 그것을 일반인이 법이라고까지 의식하고 있는지는 의문이다).

(2) 사견을 정리하면 다음과 같다. 채권행위와 물권행위는 특별한 사정이 없는 한 하나의 행위로 행하여지는 것이 원칙이다(독자성 부인). 따라서 제한능력·의사의 흠결이나 하자는 두 행위에 모두 영향을 미친다. 그러나 이는 유인·무인 때문이 아니고 하자가 양자에 공통하기 때문이다. 그에 비하여 채권행위와 물권행위가 따로 행하여진 경우에는 채권행위의 부존재·무효·취소·해제는 반대의 특약이 없는 한 물권행위도 무효로 만들게 된다. 이는 유인론에 의한 결과이다.

제 3 절 부동산등기 일반론

[30] ## Ⅰ. 서 설

법률행위에 의한 부동산 물권변동이 일어나려면 법률행위(물권행위) 외에 등기라는 요건을 갖추어야 한다(186조). 또한 법률행위에 의하지 않는 부동산 물권변동은 등기 없이도 일어나나, 그 물권을 처분하려면 먼저 등기를 하여야 한다(187조). 이처럼 등기, 즉 부동산등기는 모든 부동산 물권변동에 있어서 필수적인 요건이거나 처분을 위한 요건이 된다. 그런데 부동산등기는 보통의 민법 논점과는 사뭇 다른 특징들을 많이 가지고 있다. 따라서 부동산 물권변동을 다루면서 그에 관하여 설명을 하면 등기의 복잡성 때문에 물권변동의 설명이 혼란스러워질 수가 있다. 그 때문에 여기서는 부동산 물권변동을 다루기 전에 부동산등기의 일반적인 점을 미리 살펴보려고 한다.

Ⅱ. 등기의 의의

등기(부동산등기)의 의의에는 실체법상의 것과 절차법상의 것이 있다. 실체법상 등기라고 하면 등기관이라고 하는 국가기관이 법이 정한 절차에 따라서 등기부라고 하는 공적 기록에 부동산에 관한 일정한 권리관계를 기록하는 것 또는 그러한 기록 자체를 말한다. 등기신청(부등법 6조)·소유권이전등기 등과 같이 보통의 경우에는 등기가 「권리관계를 기록하는 것」을 가리키나, 등기의 경정(부등법 32조)·등기의 이기(부등법 33조)·등기의 말소(부등법 57조·58조·92조·93조·94조)·등기의 회복(부등법 59조) 등의 경우에는 등기가 「등기부의 기록 자체」를 가리킨다. 그에 비하여 절차법상의 등기는 부동산에 관한 권리관계뿐만 아니라 부동산의 표시에 관한 기록(등기기록 중 표제부의 기록)까지도 포함한다. 등기는 신청이 있었더라도 실제로 등기부에 기록되지 않으면 존재하지 않는 것으로 된다(대결 1971. 3. 24, 71마105도 참조). 등기에 관한 주요한 법령으로는 부동산등기법과 부동산등기규칙(대법원 규칙)이 있다.

〈2011년의 부등산등기법의 개정〉

2011. 4. 12. 부동산등기법이 전면적으로 개정되었다. 이는 무엇보다도 오랫동안

벌여온 부동산등기부 전산화사업이 완료되어 종이등기부를 전제로 한 종래의 규정을 정비할 필요에 따른 것이다. 그러면서 법률에 직접 규정하기에 적합하지 않은 사항을 대법원규칙에 위임하거나 삭제하여 등기절차를 탄력적으로 운용할 수 있도록 하였고, 아울러 그 동안 문제점으로 지적된 점을 반영하기도 하였다.

개정된 주요내용을 들어보면, ① 등기의 효력발생시기를 접수한 때부터로 하였고(부등법 6조 2항), ② 종이등기부를 전제로 한 용어인「등기용지 · 기재 · 날인」등을 삭제하였으며(등기용지는 등기기록으로, 기재는 기록으로 바꾸었음)(부등법 11조 2항 · 15조 등 참조), ③ 신청서 기재사항과 신청서 첨부서면으로 구성되어 있는 개정 전 부동산등기법 체계를 등기사항 위주로 개편하고, 구체적인 등기신청절차나 등기실행방법은 대법원규칙에 위임하였고(부등법 24조 2항 · 34조 · 40조 · 48조 · 69조-72조 · 74조-76조), ④ 전세금반환채권의 일부 양도에 따라 전세권 일부 이전등기를 할 때에는 양도액을 등기할 수 있도록 하였고(부등법 73조), ⑤ 공동저당 대위등기 규정을 신설하였고(부등법 80조), ⑥ 등기관이 가등기에 의한 본등기를 한 경우에 가등기상 권리를 침해하는 등기를 직권으로 말소하도록 하였고(부등법 92조), ⑦ 가처분채권자가 그 가처분채권에 따른 등기를 할 경우 가처분등기는 등기관이 직권으로 말소하고 가처분에 저촉되는 등기는 가처분채권자의 신청에 의하여 말소하도록 하였고(부등법 94조 · 95조), ⑧ 예고등기 제도(개정 전 부등법 4조 · 39조)를 폐지하였고, ⑨ 구분건물의 표시에 관한 등기관의 실질적 심사권 규정(개정 전 부등법 56조의 2)을 삭제하였다.

그리고 개정된 부등산등기법에 맞추어 부동산등기규칙도 전면 개정되었다(2011. 9. 28. 공포).

개정된 부동산등기법과 부동산등기규칙은 모두 2011. 10. 13.부터 시행되고 있다

Ⅲ. 등기사무 담당기관과 등기관 [31]

1. 등기사무 담당기관

본래 등기사무를 담당하는 국가기관은 지방법원이다(법원조직법 2조 3항 · 3조 2항). 그런데 지방법원의 사무의 일부를 처리하게 하기 위하여 법률에 의하여 지원이 설치될 수 있고, 또 대법원규칙에 의하여 등기소가 설치될 수도 있다(법원조직법 3조 2항 · 3항). 그 결과 등기사무는 부동산 소재지의 지방법원, 그 지원 또는 등기소가 처리하게 된다(부등법 7조 1항). 이들이 관할등기소이다. 그런데 부동산이 여러 등기소의 관할구역에 걸쳐 있을 때에는 대법원규칙으로 정하는 바에 따라 각 등기소를 관할하는 상급법원의 장이 관할등기소를 지정한다(부등법 7조 2항). 이에 대한 구체적인 절차에 대하여는 부동산등기규칙 제 5 조가 규정하고 있다.

2. 등 기 관

등기사무는 등기소에 근무하는 법원서기관 · 등기사무관 · 등기주사 또는 등기주사보 중에서 지방법원장이 지정한 자가 처리하며, 이들을 등기관이라고 한다(부등법 11조 1항). 등기관은 등기사무를 전산정보처리조직을 이용하여 등기부에 등기사항을 기록하는 방식으로 처리하여야 한다(부등법 11조 2항). 그리고 등기관은 접수번호의 순서에 따라 등기사무를 처리하여야 하며(부등법 11조 3항), 등기관이 등기사무를 처리한 때에는 등기사무를 처리한 등기관이 누구인지 알 수 있는 조치를 하여야 한다(부등법 11조 4항. 부등규칙 7조도 참조).

등기사무는 그 성질상 올바르게 처리되어야 하기 때문에, 부동산등기법은 등기관이 등기신청인과 일정한 친족관계(자기 · 배우자 또는 4촌 이내의 친족관계)가 있거나 있었던 경우에는, 그 등기소에서 소유권등기를 한 성년자로서 그러한 관계에 있지 않은 자 2명 이상의 참여가 없으면 등기를 할 수 없도록 하고 있다(부등법 12조 1항). 이는 등기관의 제척규정이다.

[32] Ⅳ. 등기부와 대장

1. 등 기 부

(1) 의의 및 종류

등기부는 부동산에 관한 권리관계와 부동산의 표시에 관한 사항을 적는 공적 기록이며(부등법 2조 1호는 등기부를 「전산정보처리조직에 의하여 입력 · 처리된 등기정보자료를 대법원규칙으로 정하는 바에 따라 편성한 것」이라고 정의하고 있음), 그 종류에는 토지등기부와 건물등기부의 2종이 있다(부등법 14조 1항).

〈그 밖의 등기부 또는 등록원부〉

부동산등기법의 등기부 외에 특별법에 따른 등기부나 등록원부들이 있다. 「입목에 관한 법률」에 의한 입목을 등기하는 입목등기부(같은 법 2조 1항 2호), 「공장 및 광업재단저당법」에 의한 공장재단 또는 광업재단을 등기하는 공장재단등기부(같은 법 28조) · 광업재단등기부(같은 법 54조 · 28조), 「동산 · 채권 등의 담보에 관한 법률」에 의한 동산이나 채권을 등기하는 담보등기부(동산담보등기부와 채권담보등기부)(같은 법 2조 8호) 등이 있는가 하면, 동산이지만 등기나 등록에 의하여 공시되는 선박 · 자동차 · 항공기 · 일정한 건설기계에 관한 것으로서 선박등기부(소형선박 이외의 선박 소유권 · 저당권 · 임차권의 변동은 등기를 하여야 한다(선박등기법 3조). 그런데 선박의 소유권 이전의 경우 등기는 제 3 자에 대한 대항요건이다(상법 743조) · 선박원부(모든 선박은 등록하여야 하는데, 소형선박 소유권의 득실변경은 등록을 하여야 효력이 생긴다. 선박법 8조 · 8조의 2, 「자동차 등 특정동산 저당법」 3조 2호 가목) · 어선원부(어선법 13조 · 13조의 2, 「자동차 등 특정동산 저당법」 3조 2호 나목) · 자동차등록원부(자동차관리법 7조 · 6조, 「자동차 등 특정동산 저당법」 3조 3호) · 항공기등록원부(항공안전법 11조 · 9조, 「자동차 등 특정동산 저당법」 3조 4호) · 건설기계등록원부(건설기계관리법 3조 · 7조, 「자동차 등 특정동산 저당법」 3조 1호) 등이 있다.

(2) 1부동산 1등기기록의 원칙

등기부에는 1필의 토지 또는 1개의 건물에 대하여 1개의 등기기록(과거의 등기용지에 해당함)을 둔다(부등법 15조 1항 본문). 이를 물적 편성주의 또는 1부동산 1등기기록의 원칙이라 한다.

그런데 이러한 원칙에는 예외가 있다. 즉 1동의 건물을 구분한 건물에 있어서는 1동의 건물에 속하는 전부에 대하여 1개의 등기기록을 사용한다(부등법 15조 1항 단서). 구체적으로 구분건물 등기기록에는 1동의 건물에 대한 표제부를 두고, 전유부분마다 표제부 · 갑구 · 을구를 둔다(부등규칙 14조 1항).

(3) 등기부의 구성

등기기록은 표제부 · 갑구 · 을구로 이루어져 있다(부등규칙 13조 · 14조 참조). 그런데 그것 외에 부동산 고유번호도 부여된다. 그런가 하면 각 등기기록에는 해당 부동산의 소재지가 기록되어 있다(부록의 등기기록 양식 참조).

1) 부동산 고유번호 부여 등기기록을 개설할 때에는 1필의 토지 또는 1개의 건물마다, 그리고 구분건물에 대하여는 전유부분마다 부동산 고유번호를 부여하고 그것을 등기기록에 기록하여야 한다(부등규칙 12조 1항 · 2항).

2) 표 제 부

(가) 표제부는 토지나 건물의 표시와 그 변경에 관한 사항을 기록하는 곳이다.

(나) 표제부의 모습은 그것이 토지 · 건물 · 구분건물 중 어느 것의 표제부인지에 따라 차이가 있다.

토지 등기기록의 표제부는 표시번호란, 접수란, 소재지번란, 지목란, 면적란, 등기원인 및 기타사항란으로 이루어져 있고, 건물 등기기록의 표제부는 표시번호란, 접수란, 소재지번 및 건물번호란, 건물내역란, 등기원인 및 기타사항란으로 이루어져 있다(부등규칙 13조 1항).

구분건물의 등기기록에는 표제부가 1동의 건물에 대한 것과 전유부분에 대한 것이 있는데(부등규칙 14조 1항), 1동의 건물의 표제부는 표시번호란, 접수란, 소재지번 · 건물명칭 및 번호란, 건물내역란, 등기원인 및 기타사항란으로 이루어져 있고,

전유부분의 표제부는 표시번호란, 접수란, 건물번호란, 건물내역란, 등기원인 및 기타사항란으로 이루어져 있다(부등규칙 14조 2항 본문). 다만, 구분한 각 건물 중 대지권이 있는 건물이 있는 경우에는 1동의 건물의 표제부에는 대지권의 목적인 토지의 표시를 위한 표시번호란, 소재지번란, 지목란, 면적란, 등기원인 및 기타사항란을 두고, 전유부분의 표제부에는 대지권의 표시를 위한 표시번호란, 대지권종류란, 대지권 비율란, 등기원인 및 기타사항란을 두도록 하고 있다(부등규칙 14조 2항 단서. 부등규칙 88조도 참조). 이는 집합건물법이 구분소유자의 구분소유권과 대지사용권의 분리처분을 원칙적으로 금지하는 것(같은 법 20조)을 등기부에 표시하기 위하여, 대지권(구분건물과 일체성을 갖는 대지사용권)의 목적인 토지의 표시를 「1동의 건물」의 등기기록의 표제부에 하도록 하고, 대지권은 전유부분의 등기기록의 표제부에 표시하도록 한 데 따른 것이다(부등법 40조 3항). 한편 등기관이 대지권 등기를 하였을 때에는 직권으로 대지권의 목적인 토지의 등기기록에 소유권 · 지상권 · 전세권 또는 임차권이 대지권이라는 뜻을 기록하여야 한다(부등법 40조 4항. 부등규칙 89조 · 90조도 참조).

(다) 각 등기기록의 표제부의 표시번호란에는 표제부에 등기한 순서를 적는다.

3) 갑 구 갑구는 소유권에 관한 사항을 기록하는 곳이며, 순위번호란, 등기목적란, 접수란, 등기원인란, 권리자 및 기타사항란으로 이루어져 있다(부등규칙 13조 2항). 갑구의 순위번호란에는 갑구에 등기한 순서를 적는다.

〈거래가액의 등기〉

등기관이 「부동산 거래신고 등에 관한 법률」 제 3 조 제 1 항에서 정하는 계약(즉 부동산 또는 부동산을 취득할 수 있는 권리에 관한 매매계약)을 등기원인으로 한 소유권이전등기를 하는 경우에는 대법원규칙으로 정하는 바에 따라 거래가액을 기록하여야 한다(부등법 68조). 여기의 거래가액은 위의 법에 따라 신고한 금액을 말한다(부등규칙 124조 1항). 그리고 등기관이 거래가액을 등기하는 방법은 다음과 같다. 등기신청시에 매매목록의 제공이 필요없는 경우(보통의 경우)에는 등기기록 중 갑구의 「권리자 및 기타사항란」에 거래가액을 기록하고(부등규칙 125조 1호), 매매목록이 제공된 경우 즉 거래부동산이 2개 이상인 경우 또는 거래부동산이 1개라 하더라도 여러 명의 매도인과 여러 명의 매수인 사이의 매매계약인 경우(부등규칙 124조 2항)에는 거래가액과 부동산의 표시를 기록한 매매목록을 전자적으로 작성하여 번호를 부여하고 등기기록 중 갑구의 「권리자 및 기타사항란」에 그 매매목록의 번호를 기록한다(부등규칙 125조 2호).

4) 을 구 을구는 소유권 이외의 권리에 관한 사항을 기록하는 곳이

며, 을구도 갑구와 마찬가지로 순위번호란, 등기목적란, 접수란, 등기원인란, 권리자 및 기타사항란으로 이루어져 있다(부등규칙 13조 2항). 그리고 을구의 순위번호란에는 을구에 등기한 순서를 적는다.

5) 등기기록의 양식　부동산등기규칙은 토지 · 건물 · 구분건물의 등기기록 양식을 정하고 있는데(부등규칙 13조 3항 · 14조 3항), 그에 관하여는 이 책의 부록을 참조하라.

(4) 열람 등

등기부는 부동산에 관한 권리관계를 공시하기 위한 것이므로, 일반인은 누구든지 수수료를 내고 등기기록이 기록되어 있는 사항의 전부 또는 일부의 열람과 이를 증명하는 등기사항증명서(과거의 등기부 등본 또는 초본에 해당함)의 발급을 청구할 수 있다(부등법 19조 1항 본문). 다만, 등기기록의 부속서류에 대하여는 이해관계 있는 부분만 열람을 청구할 수 있다(부등법 19조 1항 단서). 그리고 등기기록의 열람 및 등기사항증명서의 발급청구는 관할등기소가 아닌 등기소에 대하여도 할 수 있다(부등법 19조 2항).

등기사항증명서의 종류에는 ① 등기사항전부증명서(말소사항 포함), ② 등기사항전부증명서(현재 유효사항), ③ 등기사항일부증명서(특정인 지분), ④ 등기사항일부증명서(현재 소유현황), ⑤ 등기사항일부증명서(지분취득 이력), ⑥ 그 밖에 대법원예규로 정하는 증명서가 있다(부등규칙 29조 본문). 다만, 폐쇄한 등기기록에 대하여는 위 ①만으로 한정한다(부등규칙 29조 단서). 등기사항증명서를 발급할 때에는 등기사항증명서의 종류를 명시하고, 등기기록의 내용과 다름이 없음을 증명하는 내용의 증명문을 기록하며, 발급연월일과 중앙관리소 전산운영책임관의 직명을 적은 후 전자이미지 관인을 기록하여야 한다(부등규칙 30조 1항 1문). 이 경우 등기사항증명서가 여러 장으로 이루어진 경우에는 연속성을 확인할 수 있는 조치를 하여 발급하고, 그 등기기록 중 갑구 또는 을구의 기록이 없을 때에는 증명문에 그 뜻을 기록하여야 한다(부등규칙 30조 1항 2문). 그리고 구분건물에 대한 등기사항증명서의 발급에 관하여는 1동의 건물의 표제부와 해당 전유부분에 관한 등기기록을 1개의 등기기록으로 본다(부등규칙 30조 3항). 한편 등기신청이 접수된 부동산에 관하여는 등기관이 그 등기를 마칠 때까지 등기사항증명서를 발급하지 못한다(부등규칙 30조 4항 본문). 다만, 그 부동산에 등기신청사건이 접수되어 처리 중에 있다는 뜻을 등기사항증명서에 표시하여 발급할 수 있다(부등규칙 30조 4항 단서).

등기사항증명서를 발급하거나 등기기록을 열람하게 할 때에는 등기명의인의 표시에 관한 사항 중 주민등록번호 또는 부동산등기용 등록번호의 일부를 공시하지 않을 수 있으며, 그 범위와 방법 및 절차는 대법원예규로 정한다(부등규칙 32조 1항).

[33] 2. 대장(臺帳)

(1) 서 설

부동산에 대한 과세 · 징세 등을 위하여 그것의 상황을 명확하게 하는 공적 장부가 대장이다. 대장에는 토지에 관한 것으로서 토지대장과 임야대장이 있고(공간정보구축법 2조 19호 · 71조 참조), 건물에 관한 것으로서 건축물대장이 있다(건축법 38조). 그리고 건축물 대장에는 집합건축물 이외의 건축물에 관한 「일반 건축물대장」과 집합건축물에 관한 「집합 건축물대장」의 둘이 있다(「건축물대장의 기재 및 관리 등에 관한 규칙」 4조). 많은 문헌들은 건물에 관한 대장으로 가옥대장(과세대장)을 들거나(고상룡, 79면; 김용한, 108면; 김학동, 63면; 이상태, 82면; 이영준, 201면; 이은영, 182면) 또는 건축물관리대장이 있다고 한다(김상용, 129면). 그러나 이는 1995년에 건축법이 개정되고 1996년에 부동산등기법 제55조 10호 · 제56조(1996년 당시의 부등법 55조 10호는 2011년 개정 부등법에서는 29조 11호로 되었고, 1996년의 56조는 2011년에는 부등법에서는 삭제되었다)가 개정되어 건축물에 관하여 법적 근거를 가진 대장이 마련되었음을 간과한 잘못된 설명이다.

(2) 토지대장 · 임야대장

토지에 관한 대장인 토지대장 · 임야대장에는 필지별로 ① 토지의 소재, ② 지번, ③ 지목(토지의 주된 사용목적인 지목의 종류에 관하여는 공간정보구축법 67조 참조), ④ 면적, ⑤ 소유자의 성명 또는 명칭 · 주소 · 주민등록번호(국가 · 지방자치단체 · 법인 · 법인 아닌 사단이나 재단 및 외국인의 경우에는 부등법 49조에 따라 부여된 등록번호), ⑥ 그 밖에 국토교통부령으로 정하는 사항을 등록하여야 한다(공간정보구축법 71조 1항).

〈지적공부(地籍公簿)〉

(ㄱ) 공간정보구축법에 따르면, 토지대장 · 임야대장 · 공유지연명부(공유지의 경우) · 대지권등록부(토지에 대지권등기가 되어 있는 경우) · 지적도 · 임야도 · 경계점좌표등록부 등 지적측량을 통하여 조사된 토지의 표시와 해당 토지의 소유자 등을 기록한 대장 및 도면(정보처리시스템을 통하여 기록 · 저장된 것을 포함한다)을 지적공부라고 한다(공간정보구축법 2조 19호).

(ㄴ) 앞에서 기술한 바와 같이, 우리나라의 경우 토지의 대장에는 토지대장 외에 임야대장도 있다. 임야가 토지임에도 불구하고 토지에 관한 대장으로 임야대장이 있게 된 것은 다음과 같은 사정에 기인한다.

일제강점기에 일본은 우리나라를 강제로 점령한 뒤 1912. 8. 13. 토지조사령(제령 2호)을 공포하여 토지의 「조사」, 토지소유자 및 경계의 「사정(査定)」에 착수하였다(이것이 수탈을 목적으로 한 것임은 물론이다). 토지조사령에 따르면, 토지조사는 그 종류에 따라 지목(전(田) · 답(畓) · 대

(垈)등)을 정하고 지반을 측량하여 1구역마다 지번을 붙이는 방법으로 하였다(토지조사령 2조 1항. 그런데 임야는 다른 조사 및 측량지 사이에 끼어 있는 것에 한하여 조사하였다. 토지조사령 2조 2항). 이 「조사」는 토지소유자의 신고를 바탕으로 행하였으나(토지조사령 4조), 관청(임시토지조사국장)이 주도적으로 하였다(토지조사령 6조·7조·8조 참조). 그리고 이 조사를 기초로 하여 임시토지조사국장이 토지의 소유자 및 그 경계를 「사정」하도록 하였다(토지조사령 9조 1항). 이 「사정」은 토지소유자를 확정하는 행정처분으로서 절대적인 효력을 갖는 것이었다. 즉 그것은 기존의 소유권자를 단순히 확인하는 것이 아니고 소유권자를 새로이 결정하는 것이었다. 그리하여 「사정」에 의하여 어떤 자가 소유자로 정해지면, 그는 소유권을 확정적으로 원시취득하는 것이므로, 그 이전의 소유자는 소유권을 상실하였다(같은 취지: 곽윤직, 60면; 대판 1992. 12. 22, 91다27037). 한편 「사정」에 대하여 불복(不服)이 있는 자는 「사정」의 공시기간(30일) 만료 후 60일 내에 고등토지조사위원회에 「재결(裁決)」을 신청할 수 있도록 하였다(토지조사령 11조). 그 결과 토지소유자의 권리는 「사정」의 확정 또는 「재결」에 의하여 확정되었다(토지조사령 15조). 나아가 임시토지조사국으로 하여금 토지대장 및 지도를 제작하여 토지의 조사 및 측량에 대하여 「사정」으로 확정된 사항 또는 「재결」을 거친 사항을 등록하도록 하였다(토지조사령 17조). 이와 같이 하여 토지대장이 작성되었고, 그 대장을 기초로 등기부가 만들어졌다(위의 토지조사사업이 완결된 것은 1917. 12.이었다고 한다. 곽윤직, 61면).

토지조사령에 기한 토지조사가 완료된 후 일제는 1918. 5. 1. 조선임야조사령(제령 5호)을 공포하고 임야조사에 들어갔다. 앞에서 언급한 바와 같이, 토지조사에 임야가 극히 일부 포함되어 있기는 하였으나 그 주된 대상은 농지와 대지였다. 그리하여 이제 본격적으로 임야를 조사하려고 한 것이다. 임야조사의 방법(조선임야조사령 2조), 임야소유자 및 경계의 「사정」(조선임야조사령 8조), 「재결」의 신청(조선임야조사령 11조) 등의 내용은 토지조사의 경우와 유사하다. 그리고 임야대장과 임야도를 제작하여 「사정」으로 확정된 사항 또는 「재결」을 거친 사항을 등록하도록 한 점도 같다(조선임야조사령 17조). 결국 이 사업에 기초하여 임야대장이 작성되었다(임야조사사업이 완료된 것은 1935년이다).

(ㄷ) 「사정」과 관련된 주요 판결을 인용한다.

「토지조사부에 소유자로 등재되어 있는 자는 이의, 재심절차에 의하여 사정내용이 변경되지 않는 한 그 토지의 소유자로 사정받은 것으로 볼 것이고, 토지조사령에 의한 토지사정을 받은 자는 그 토지를 원시적으로 취득한다.」(대판 1984. 1. 24, 83다카1152)

「토지조사부에 토지소유자로 등재되어 있는 자는 재결에 의하여 사정내용이 변경되었다는 등의 반증이 없는 이상 토지소유자로 사정받고 그 사정이 확정된 것으로 추정할 것이다.」(대판(전원) 1986. 6. 10, 84다카1773)

「토지조사령이나 임야조사령에 의하여 사정받은 자는 그 사정토지의 소유권을 확정적으로 원시취득하는 것이므로 그에 저촉되는 종전 권리는 모두 소멸」한다(대판 1992. 12. 22, 91다27037).

지적공부(토지대장 · 임야대장 등)를 관리하는 소관청(所管廳), 즉 지적소관청은 특별자치시장 · 시장 · 군수 · 구청장이다(공간정보구축법 2조 18호). 지적공부의 소관청을 시장 등으로 정한 것은 토지에 대한 재산세가 지방세이기 때문이라고 한다(곽윤직, 61면).

지적공부를 열람하거나 그 등본을 발급받으려는 자는 해당 지적소관청에 그 열람 또는 발급을 신청하여야 하고, 정보관리시스템을 통하여 기록 · 저장된 지적공부(지적도 · 임야도 제외)를 열람하거나 그 등본을 발급받으려는 경우에는 시장 · 군수 · 구청장이나 읍 · 면 · 동의 장에게 신청할 수 있다(공간정보구축법 75조 1항, 공간정보구축법 시행규칙 74조). 이때에는 수수료를 내야 한다(공간정보구축법 106조 1항 13호).

신규등록할 토지가 있거나 등록된 사항을 변경할 필요가 있는 경우에는 토지소유자 등 신청의무자가 신청하여야 하며(공간정보구축법 77조-87조), 이들을 거짓으로 신청한 경우에는 1년 이하의 징역 또는 1천만원 이하의 벌금에 처한다(공간정보구축법 109조 10호). 이와 같이 토지소유자 등에게 등록 · 변경의 신청의무가 부과되어 있지만, 그것은 등록을 촉진하기 위한 것이며, 지적공부가 신청에 의하여서만 행하여지는 것은 아니다. 지적소관청은 신청이 있든 없든 직권으로 조사하여 등록한다(공간정보구축법 64조 · 84조 2항 · 88조 참조). 대장등록에 관하여는 신청주의가 아니고 직권주의가 원칙인 것이다(곽윤직, 121면).

〈판 례〉

(ㄱ) 「1975. 12. 31. 전부 개정된 지적법(법률 제2801호, 이하 '개정 지적법')이 시행된 이후 비로소 토지대장의 소유자에 관한 사항은 부동산등기부나 확정판결에 의하지 아니하고서는 복구등록할 수 없도록 하는 규정(지적법 시행령(1976. 5. 7. 대통령령 제81110호) 제10조, 부칙 제 6 조)이 생긴 점 등에 비추어, 위 개정 지적법이 시행되기 이전에 소관청이 아무런 법적 근거 없이 과세의 편의상 임의로 복구한 토지대장에 소유자 이름이 기재되어 있다 하더라도, 그 기재에는 권리추정력을 인정할 수 없다(대법원 1992. 1. 21. 선고 91다6399 판결 등 참조). 또한 개정 지적법 시행 이후 새로 작성된 카드화된 토지대장에 위와 같이 권리추정력이 인정되지 않는 종전 토지대장의 소유자란의 기재가 그대로 옮겨 적어졌다면, 그 새로운 토지대장의 소유자에 관한 사항에도 마찬가지로 권리추정력은 없다고 보아야 한다.」(대판 2013. 7. 11, 2013다202878. 앞부분에 관하여 같은 취지: 대판 1995. 8. 22, 95다16493; 대판 1998. 7. 10, 98다5708 · 5715; 대판 1999. 9. 3, 98다34485; 대판 2009. 5. 28, 2009다18472).

(ㄴ) 「무허가건물대장은 행정관청이 무허가건물 정비에 관한 행정상 사무처리의 편의를 위하여 직권으로 무허가건물의 현황을 조사하고 필요 사항을 기재하여 비치한 대장으로서 건물의 물권 변동을 공시하는 법률상의 등록원부가 아니며, 무허가건물대장에 건물주로 등재된다고 하여 소유권을 취득하는 것이 아닐 뿐만 아니라 권리자로 추정되는 효력도 없는 것이므로, 참칭상속인 또는 그로부터 무허가건물을 양수한

자가 무허가건물대장에 건물주로 기재되어 있다고 하여 이를 상속회복청구의 소에 있어 상속권이 참칭상속인에 의하여 침해된 때에 해당한다고 볼 수 없다.」(대판 1998. 6. 26, 97다 48937)

(3) 건축물대장

앞서 언급한 바와 같이, 건축물대장에는 집합건축물(집합건물법의 적용을 받는 건물)에 해당하는 건축물 및 대지에 관한 현황을 기재한 집합건축물대장과 일반건축물(집합건축물 외의 건축물)에 해당하는 건축물 및 대지에 관한 현황을 기재한 일반건축물대장의 두 가지가 있다(「건축물대장의 기재 및 관리 등에 관한 규칙」(아래에서는 '건축물대장규칙'이라 함) 4조).

건축물대장은 건축물 1동을 단위로 하여 각 건축물마다 작성하고, 부속건축물이 있는 경우 부속건축물은 주된 건축물대장에 포함하여 작성한다(건축물대장규칙 5조 1항). 그리고 집합건축물대장은 표제부와 전유부(專有部)로 나누어 작성한다(건축물대장규칙 5조 2항). 하나의 대지에 둘 이상의 건축물(부속건축물 제외)이 있는 경우에는 총괄표제부를 작성하여야 한다(건축물대장규칙 5조 3항). 또 건축물대장에는 건축물현황도가 포함된다(건축물대장규칙 5조 4항).

건축물대장에 기재할 사항은 서식에 규정되어 있는데, 그 내용은 각 대장별로 차이가 있다(건축물대장규칙 7조).

건축물대장을 관리하는 소관청은 특별자치시장 · 특별자치도지사 · 시장 · 군수 · 구청장이다(건축법 38조). 건축물대장의 등본 · 초본을 발급받거나 열람하려는 자는 특별자치도지사 또는 시장 · 군수 · 구청장 또는 읍 · 면 · 동장에게 신청하여야 한다(건축물대장규칙 11조 1항). 그때에는 수수료를 납부해야 한다(건축물대장규칙 11조 8항).

3. 대장과 등기부의 관계 [34]

대장과 등기부는 내용에 있어서 일치하고 있어야 제 기능을 발휘할 수 있다. 그리하여 둘을 일치시킬 수 있도록 하는 절차를 두고 있다. 즉 부동산의 물체적 상황에 관하여는 대장의 기재를 기초로 하여 등기를 하게 하고(부등법 29조 11호 참조), 권리의 변동에 관하여는 등기부의 기재를 기초로 하여 대장을 정리하도록 한다(공간정보구축법 84조, 건축물대장규칙 19조 참조). 다만, 소유권보존등기의 경우에 소유권의 확인에 관하여는 예외적으로 대장의 기재를 기초로 한다(부등법 65조 1호). 그 경우에는 그에 앞선 등기가 없기 때문이다.

구체적으로 대장과 등기부의 기재를 일치하게 하는 절차는 다음과 같다. 대장등록의 경우에는 직권주의가 적용되기 때문에, 등기부를 기초로 하는 사항에 관하여는 소관청이 등기에 맞추어 직권으로 대장을 정리한다(공간정보구축법 84조 2항·4항 참조). 그에 비하여 대장을 기초로 하는 사항에 관하여는 등기의 신청주의(부등법 22조) 때문에 대장에 맞추어 곧바로 등기를 할 수가 없어서 간접적으로 강제하는 방법을 쓰고 있다. 즉 등기부에 적힌 사항이 대장과 일치하지 않는 경우에는 등기관이 등기신청을 각하한다(부등법 29조 11호). 그리고 토지의 분할·합병이 있는 경우와 토지의 표제부의 등기사항(부등법 34조 참조)에 변경이 있는 경우(부등법 35조), 토지가 멸실된 경우(부등법 39조), 건물의 분할·구분·합병이 있는 경우와 건물 표제부의 등기사항(부등법 40조 참조)에 변경이 있는 경우(부등법 41조), 건물이 멸실된 경우(부등법 43조)에는, 각각 그 사실이 있는 때부터 1개월 이내에 그 등기를 신청하도록 하고 있으며, 건물의 경우(부등법 41조·43조)에 등기신청의무가 있는 자가 그 등기신청을 게을리한 때에는 50만원 이하의 과태료를 부과한다(부등법 112조).

〈판 례〉

(ㄱ) 「지적법과 부동산등기법의 제규정을 종합하면, 지적공부는 등기된 토지에 관한 한 토지소유자에 관한 사항을 증명하는 것은 아니라고 할 것이고, 그리하여 부동산등기부상의 소유자의 주소와 임야대장상의 소유자의 주소가 다른 경우에는 먼저 진정한 소유자의 신청에 의한 경정등기가 이루어져야 하고(부동산등기법 제31조와 제48조 제1항), 그 다음에 경정등기가 이루어진 등기필증·등기부등본 또는 초본에 의하여 임야대장상의 등록사항 정정이 이루어져야 하는 것으로서(지적법 제38조 제4항), 등기된 부동산의 경우 지적공부가 직접 경정등기의 자료로 사용되는 것이 아니어서 부동산등기에 직접적으로 영향을 미치는 것이 아니라, 오히려 등기부에 먼저 소유자에 관한 사항이 변경 또는 경정된 후에 그에 따라 후속적으로 공부의 기재사항이 변경되어야 하는 것이고, 이러한 절차를 거쳐 부동산등기부와 대장상의 소유자에 관한 사항이 일치하지 아니하면 당해 부동산에 대하여 다른 등기를 신청할 수 없는 것이다(부동산등기법 제56조 제2항).」(대판 2003. 11. 13, 2001다37910)

(ㄴ) 「신설된 부동산등기법(2006. 5. 10. 법률 제7954호로 개정된 것) 제90조의 4 제 1 항에 의하면, 지적법에 따른 토지합병절차를 마친 후 합필등기를 하기 전에 합병토지의 일부에 관하여 소유권이전등기가 된 경우라 하더라도 해당 토지의 소유자들은 등기부상 근저당권이나 가압류 등 현재 유효한 등기가 경료되어 있는 권리자인 이해관계인의 승낙서를 첨부하여 합필 후의 토지를 공유로 하는 합필등기를 공동으로 신청할 수 있다.」(토지대장상 한 필지의 토지로 합병되었으나 합병등기가 이루어지지 아니한 각 필지에 관하여 순차로 소유권이전등기가 경료된 사안에서, 해당 토지의 소유자들은 부동산등기법에 따라 이해관계인의 승낙서를 첨부하여 합필 후의 토지를 공유로 하는 합필등기를 공

동으로 신청할 수 있으므로, 위 소유자들이 종전 소유자들을 상대로 제기한 소유권 확인소송은 확인의 이익이 없다고 본 사례)(대판 2007. 5. 10, 2004다27853)

(ㄷ) 「국가를 상대로 한 토지소유권 확인청구는 그 토지가 미등기이고 토지대장이나 임야대장상에 등록명의자가 없거나 등록명의자가 누구인지 알 수 없을 때와 그 밖에 국가가 등기 또는 등록명의자인 제 3 자의 소유를 부인하면서 계속 국가소유를 주장하는 등 특별한 사정이 있는 경우에 한하여 그 확인의 이익이 있다(대법원 1994. 12. 2. 선고 93다58738 판결 등 참조). 또한, 소유권보존등기는 토지대장등본 또는 임야대장등본에 의하여 자기 또는 피상속인이 토지대장 또는 임야대장에 소유자로서 등록되어 있는 것을 증명하는 자(부동산등기법 제130조 제 1 호), 판결에 의하여 자기의 소유권을 증명하는 자(같은 법 제130조 제 2 호), 수용으로 소유권을 취득한 자(같은 법 제130조 제 3 호)가 신청할 수 있는데, 대장(토지대장, 임야대장)등본에 의하여 자기 또는 피상속인이 대장에 소유자로서 등록되어 있는 것을 증명하는 자는 대장에 최초의 소유자로 등록되어 있는 자 및 그 자를 포괄승계한 자이며, 대장상 소유권이전등록을 받았다 하더라도 물권변동에 관한 형식주의를 취하고 있는 현행 민법상 소유권을 취득했다고 할 수 없고, 따라서 대장상 소유권이전등록을 받은 자는 자기 앞으로 바로 보존등기를 신청할 수는 없으며, 대장상 최초의 소유명의인 앞으로 보존등기를 한 다음 이전등기를 하여야 한다.」(대판 2009. 10. 15, 2009다48633)

(ㄹ) 「토지의 합병 · 분할에 의하여 지적공부상의 표시가 달라지게 되었다 하더라도 합병 · 분할 전의 토지 자체가 없어지거나 그 토지에 대한 권리관계에 변동이 생기는 것이 아니므로, 토지소유자는 자기 소유 토지를 특정할 수 있는 한 지적공부상 구 지번의 경계를 복원하거나 경계확정의 소에 의한 경계확정절차를 거치지 않고서도 그 소유권을 주장하는 데에는 아무런 지장이 없다.」(대판 2002. 9. 24, 2001다20103. 같은 취지: 대판 1988. 4. 12, 87다카1810)

(ㅁ) 「건축물대장이 생성되지 않은 건물에 대해서는 소유권확인판결을 받는다고 하더라도 그 판결은 구법(2011. 4. 12. 전부 개정되기 전의 부동산등기법: 저자 주) 제131조 제 2 호에 해당하는 판결이라고 볼 수 없어 이를 근거로 건물의 소유권보존등기를 신청할 수 없다. 따라서 건축물대장이 생성되지 않은 건물에 대하여 구법 제131조 제 2 호에 따라 소유권보존등기를 마칠 목적으로 제기한 소유권확인청구의 소는 당사자의 법률상 지위의 불안 제거에 별다른 실효성이 없는 것으로서 확인의 이익이 없어 부적법하다.」(대판 2011. 11. 10, 2009다93428)

Ⅴ. 등기의 종류 [35]

1. 사실의 등기 · 권리의 등기

사실의 등기는 등기기록 중 표제부에 하는 부동산의 표시의 등기이며, 표제부의 등기라고도 한다. 그리고 권리의 등기는 등기기록 중 갑구 · 을구에 하는 부동산의 권리관계에 관한 등기이다. 부동산의 권리변동의 효력은 권리의 등기에 의하여서만 발생한다.

2. 보존등기 · 권리변동의 등기

(1) 보존등기

보존등기는 미등기의 부동산(예: 토지의 매립이나 건물의 신축의 경우)에 관하여 그 소유자의 신청으로 맨 처음 행하여지는 소유권의 등기이다. 보존등기가 신청되면 등기관은 등기기록을 새로 마련하여 표제부에 표시의 등기를 하고 갑구에 소유권자의 등기를 한다. 그리고 그 후의 그 부동산에 관한 등기는 모두 이 보존등기를 기초로 하여 행하여진다.

보존등기의 경우에는 권리변동의 등기(부등법 48조 1항 4호 참조)와 달리 등기원인과 그 연월일을 기록하지 않는다(부등법 64조). 따라서 보존등기의 명의인이 토지나 건물을 어떤 원인(예: 토지의 매립, 건물의 신축 · 수용)으로 소유권을 취득하였는지는 공시되지 않는다.

(2) 권리변동의 등기

권리변동의 등기는 보존등기를 기초로 하여 그 후에 행하여지는 권리변동(예: 소유권이전, 제한물권의 설정)에 관한 등기이다.

3. 등기의 내용에 의한 분류

(1) 기입등기

새로운 등기원인에 의하여 어떤 사항을 등기부에 새로이 기입하는 등기이며, 보통 등기라고 하면 기입등기를 의미한다. 소유권보존등기 · 소유권이전등기 · 저당권설정등기가 그 예이다.

(2) 경정등기

어떤 등기를 하였는데 그 등기에 착오 또는 빠진 부분이 있어서 「원시적으로」 등기와 실체관계가 불일치한 경우(예: 소유자 주소기재의 누락)에 이를 바로잡기 위하여 하는 등기이다(부등법 32조 1항). 만약 착오 또는 빠진 부분이 등기관의 잘못으로 인하여 생긴 때에는 직권으로 경정한다(부등법 32조 2항 본문)(전산이기가 완료된 등기기록에 관하여 유효사항의 누락, 오타 등 오류가 있는 경우에도 경정등기의 대상이 된다. 대결 2009. 2. 6, 2007마1405; 대결 2017. 1. 25, 2016마5579). 다만, 이때 등기상 이해관계 있는 제 3 자가 있는 경우에는 제 3 자의 승낙이 있어야 한다(부등법 32조 2항 단서).

〈판 례〉

(ㄱ)「기존 등기에 관하여 등기명의인의 성명이나 주소 등 표시에 착오 또는 유류(이는 유루의 오기인 듯하다: 저자 주)가 있는 경우에는 원칙적으로 등기명의인 표시의 경정등기를 하여 등기부의 표시를 경정한 다음 새로운 등기를 하여야 하는 것이므로, 기존 등기명의인의 표시에 착오가 있음에도 불구하고 등기명의인 표시의 경정등기를 하지 아니하고 곧바로 상속을 원인으로 한 이전등기를 신청하는 경우에는 등기부상의 피상속인의 표시와 첨부된 상속을 증명하는 서면상의 피상속인의 표시가 상이하므로 부동산등기법 제55조 제 6 호의 각하사유에 해당한다.」(대결 2008. 8. 28, 2008마943)

(ㄴ)「등기명의인의 경정등기는 그 명의인의 동일성이 인정되는 범위를 벗어나면 허용되지 아니한다. 그렇지만 등기명의인의 동일성 유무가 명백하지 아니하여 경정등기 신청이 받아들여진 결과 명의인의 동일성이 인정되지 않는 위법한 경정등기가 마쳐졌다 하더라도, 그것이 일단 마쳐져서 경정 후의 명의인의 권리관계를 표상하는 결과에 이르렀고 그 등기가 실체관계에도 부합하는 것이라면 그 등기는 유효하다(대법원 1996. 4. 12. 선고 95다2135 판결 등 참조). 이러한 경우에 경정등기의 효력은 소급하지 않고 경정 후 명의인의 권리취득을 공시할 뿐이므로, 경정 전의 등기 역시 원인무효의 등기가 아닌 이상 경정 전 당시의 등기명의인의 권리관계를 표상하는 등기로서 유효하고, 경정 전에 실제로 존재하였던 경정 전 등기명의인의 권리관계가 소급적으로 소멸하거나 존재하지 않았던 것으로 되지도 아니한다.」(대판(전원) 2015. 5. 21, 2012다952)

(ㄷ)「경정등기가 허용되기 위해서는 경정 전후의 등기에 동일성 내지 유사성이 있어야 하는데, 경정 전의 명의인과 경정 후의 명의인이 달라지는 권리자 경정등기는 등기명의인의 동일성이 인정되지 않으므로 허용되지 않는다. 따라서 단독소유를 공유로 또는 공유를 단독소유로 하는 경정등기 역시 소유자가 변경되는 결과로 되어 등기명의인의 동일성을 잃게 되므로 허용될 수 없다(대법원 1996. 4. 12. 선고 95다33214 판결 등 참조).」(대판 2017. 8. 18, 2016다6309)

(3) 변경등기

어떤 등기가 행하여진 후에 등기된 사항에 변경이 생겨서「후발적으로」등기와 실체관계가 불일치한 경우(예: 소유자의 주소 변경)에 그 불일치를 바로잡기 위하여 하는 등기이다.

〈판 례〉

「등기명의인 표시변경등기는 등기명의인의 동일성이 유지되는 범위 내에서 등기부상의 표시를 실제와 합치시키기 위하여 행하여지는 것에 불과할 뿐 어떠한 권리변동을 가져오는 것은 아니므로(대법원 1999. 6. 11. 선고 98다60903 판결 등 참조), 이 사건 사찰이 일단 독립한 권리 · 의무의 귀속 주체로 성립되어 이 사건 부동산을 소유하게 된 이상 그 후 그 등기명의인 표시가 어떻게 변경되더라도 이 사건 부동산의 소유권이 이 사건 사찰(현재 원고 사찰

(로서 존재한다) 자체의 소유에 속한다는 점에는 변동이 있을 수 없고, 따라서 피고들의 주장과 같이 변경된 '피고 1 사찰'이라는 등기명의인 표시가 피고 사찰명칭과 동일하게 되었다고 하더라도(변경된 '피고 1 사찰'이라는 등기명의인 표시가 피고 사찰을 지칭하는 것이 아니라는 점은 뒤에서 보는 바와 같다) 그 표시변경등기에 의하여 이 사건 부동산의 소유권이 원고 사찰에서 피고 사찰로 이전되었다고 할 수는 없다고 할 것이다. …

등기명의인 표시변경등기가 등기명의인의 동일성을 해치는 방법으로 행하여져 등기가 타인을 표상하는 결과에 이르렀다면 그 경우 원래의 등기명의인은 새로운 등기명의인을 상대로 그 변경등기의 말소를 구할 수 있을 것이나(대법원 1992. 11. 13. 선고 92다39167 판결 등 참조), 그 표시변경이 등기명의인의 동일성이 유지되는 범위 내에서 행하여진 것에 불과한 경우에는 그것이 잘못되었더라도 다시 소정의 서면을 갖추어 경정등기를 하면 되므로 소로써 그 표시변경등기의 말소를 구하는 것은 소의 이익이 없어 허용되지 아니한다.」(부동산의 등기명의인 표시를 '한국불교태고종 연암사'에서 '연암사'로 변경하는 등기명의인 표시변경등기가 경료된 후 주지와 승려가 결합하여 위 종단을 탈종하고 동일한 명칭의 '연암사'라는 별개 사찰로서의 실체를 갖춘 경우, 위 부동산의 적법한 소유자는 한국불교태고종 연암사이고 변경된 연암사라는 등기명의인 표시가 새로이 실체를 갖게 된 연암사를 지칭하는 것이 아니라는 이유로, 한국불교태고종 연암사는 위 표시변경등기의 경정등기를 하면 되고 말소등기를 구할 소의 이익이 없다고 한 사례)(대판 2000. 5. 12, 99다69983)

(4) 말소등기

기존의 등기의 전부(일부만을 바로잡는 변경등기와 다름)를 말소하는 등기이다(부등법 55조-58조 · 87조 · 93조 · 94조). 말소되어야 하는 등기는 그것이 유효하게 성립한 뒤에 부적법하게 된 것일 수도 있고(예: 변제에 의한 저당권의 소멸), 처음부터 부적법하여 무효인 것일 수도 있다(예: 매매 등의 등기원인이 무효인 경우). 등기를 말소할 때에는 말소의 등기를 한 후 해당 등기를 말소하는 표시를 하여야 한다(부등규칙 116조 1항).

(5) 회복등기

기존의 등기가 부당하게 소멸한 경우에 이를 회복하는 등기이다. 현행 부동산등기법상 회복등기로는 구 등기의 전부 또는 일부가 부적법하게 말소된 때에 행하여지는 말소회복등기가 있다(부등법 59조 참조). 이러한 말소회복등기를 신청하는 경우에 등기상 이해관계 있는 제 3 자가 있을 때에는 그 제 3 자의 승낙이 있어야 한다(부등법 59조). 그에 비하여 과거의 멸실회복등기는 현행 등기법에는 없다(부등법 17조, 부등규칙 17조 참조).

〈과거의 멸실회복등기〉

개정 전 부동산등기법에서는 회복등기로서 등기부의 전부 또는 일부가 멸실된 때에 행하여지는 멸실회복등기도 있었다(개정 전 부등법 24조 · 79조-81조). 그런데 개정된 부동산등기법 하에서의 등기부는 「전산정보처리조직에 의하여 입력 · 처리된 등기정보자료를 대법원규칙으로 정하는 바에 따라 편성한 것」을 가리키기 때문에(부등법 2조 1호), 과거의 등기부의 멸실은 현재에는 등기정보자료의 손상에 해당하게 된다. 그러한 이유에서인지 개정된 등기법은 등기부의 전부 또는 일부가 손상되거나 손상될 염려가 있을 때에는 대법원장은 대법원규칙으로 정하는 바에 따라 등기부의 복구 · 손상방지 등 필요한 처분을 명령할 수 있다고 하고(부등법 17조 1항), 대법원장은 그 권한을 법원행정처장 또는 지방법원장에게 위임할 수 있다고 규정할 뿐이다(부등법 17조 2항). 그리고 부동산등기규칙은 대법원장의 그 권한을 법원행정처장에게 위임하고 있다(부등규칙 16조 1항). 그런가 하면 그 경우의 구체적인 처리방법도 정하고 있다. 그에 따르면, 등기부의 전부 또는 일부가 손상되거나 손상될 염려가 있을 때에는 전산운영책임관은 지체없이 그 상황을 조사한 후 그 처리방법을 법원행정처장에게 보고하여야 하고(부등규칙 17조 1항), 등기부의 전부 또는 일부가 손상된 경우에 전산운영책임관은 등기부 부본자료(부등법 16조, 부등규칙 15조 참조)에 의하여 그 등기부를 복구하여야 하며(부등규칙 17조 2항), 이에 따라 등기부를 복구한 경우에 전산운영책임관은 지체없이 그 경과를 법원행정처장에게 보고하여야 한다(부등규칙 17조 3항).

이러한 현행 등기법의 규정은 회복신청절차를 두지 않은 점에서도 개정 전 등기법과 크게 다르다. 개정 전에는 등기부의 전부 또는 일부가 멸실한 경우에 대법원장이 3개월 이상의 기간을 정하여 그 기간 내에 등기회복을 신청하도록 하고 있었기 때문이다(개정 전 부등법 24조). 이는 아마도 등기기록이 전산정보로 되어 있고, 그것이 손상되면 보관되어 있는 부본자료로 복구하면 될 것이어서 신청절차가 불필요하다고 여긴 데 그 이유가 있는 듯하다. 그러나 경우에 따라서는 등기기록이 손상된 사실을 해당 등기에 관계된 사인(예: 소유권자)은 알았지만 등기관은 알지 못할 수도 있다. 그러한 경우를 생각하면 과거의 멸실회복등기의 신청에 해당하는 손상복구신청제도가 있어야 할 것이다.

(6) 멸실등기

부동산이 멸실되거나 존재하지 않는 건물에 등기가 있는 경우에 행하여지는 등기이다(부등법 39조 · 43조 · 44조). 멸실등기가 있으면 등기기록은 폐쇄된다(부등규칙 84조 1항 · 103조 1항 참조).

4. 등기의 방법 내지 형식에 의한 분류 [36]

(1) 주등기(主登記)

이는 표시번호란(표제부의 등기의 경우) 또는 순위번호란(갑구 또는 을구의 등기의 경우)에 독립한 번호를 붙여서 하는 등기이며, 독립등기라고도 한다. 등기는 대부분 주등기이다.

(2) 부기등기(附記登記)

이는 독립한 번호를 갖지 않고 기존의 어떤 등기(이를 부기등기에 대하여 주등기라고 한다. 그런데 부기등기가 다른 부기등기를 기초로 하여 이루어질 수도 있다. 근저당권에 질권의 설정등기를 한 뒤 질권을 양도하여 이전등기를 하는 경우에 그렇다. 부등규칙 2조도 참조)의 순위번호에 가지번호(예: 1-1, 1-1-1)를 붙여서 하는 등기이다(부등규칙 2조 참조). 부기등기는 기존의 등기와의 동일성을 유지하게 하거나(예: 변경등기 · 경정등기) 또는 기존의 등기의 순위를 유지하게 할 필요가 있을 때(예: 저당권의 이전등기)에 하게 한다.

〈부기등기로 하여야 하는 등기〉

개정된 부등산등기법은 부기등기로 하여야 하는 등기를 정리하여 규정하고 있다. ① 등기명의인 표시의 변경이나 경정의 등기, ② 소유권 외의 권리의 이전등기, ③ 소유권 외의 권리를 목적으로 하는 권리에 관한 등기, ④ 소유권 외의 권리에 대한 처분제한 등기, ⑤ 권리의 변경이나 경정의 등기(이 등기에 이해관계 있는 제 3 자의 승낙이 없는 경우에는 그렇지 않다), ⑥ 환매특약등기, ⑦ 권리소멸약정의 등기, ⑧ 공유물 분할금지의 약정등기, ⑨ 그 밖에 대법원규칙으로 정하는 등기가 그것이다(부등법 52조).

[37] 5. 등기의 효력에 의한 분류

(1) 종국등기

등기의 본래의 효력 즉 물권변동의 효력(다만, 592조 · 621조의 경우에는 대항력)을 발생하게 하는 등기이며, 보통의 등기는 종국등기이다. 종국등기는 가등기에 대하여 본등기라고도 한다.

(2) 예비등기

물권변동과는 관계가 없고 그에 대비하여 하는 등기이다. 예비등기에는 가등기와 — 지금은 폐지된 — 예고등기가 있다.

1) 가등기(假登記)

(가) 의 의 가등기는 부동산 물권변동을 목적으로 하는 청구권을 보전하기 위하여 인정되는 등기이다. 우리 민법처럼 채권행위만으로 물권변동이 일어나지 않는 법제 하에서는 청구권의 발생과 물권변동 사이에 시간적인 간격이 있게 된다. 여기서 그러한 청구권을 지키게 할 필요가 있게 되는데, 그러한 목적의 제도가 가등기이다. 이는 부동산 물권변동을 목적으로 하는 청구권이 이미 존재하고 있음을 등기부에 미리 기록하여 그 후에 물권을 취득하려는 자에게 알

려서 계산에 넣도록 하는 것이다.

가등기는 본래 청구권을 보전하기 위하여 행하여지나 변칙적으로 채권담보의 목적으로 행하여지는 때도 자주 있다. 후자의 가등기를 담보가등기라고 하며(등기부에는 「담보가등기」(예: 소유권이전 담보가등기)라고 적음. 그리고 그 원인은 「대물반환예약」이라고 기재함), 그에 대하여는 「가등기담보 등에 관한 법률」이 규율하고 있다.

〈판 례〉

「국세 압류등기 이전에 소유권이전청구권 보전의 가등기가 경료되고 그 후 본등기가 이루어진 경우에, 그 가등기가 매매예약에 기한 순위 보전의 가등기라면 그 이후에 경료된 압류등기는 효력을 상실하여 말소되어야 할 것이지만, 그 가등기가 채무담보를 위한 가등기 즉 담보가등기라면 그 후 본등기가 경료되더라도 가등기는 담보적 효력을 갖는 데 그치므로 압류등기는 여전히 유효하므로 말소될 수 없다고 할 것인데, 당해 가등기가 담보가등기라는 점에 관한 소명자료가 제출되어 담보가등기인지의 여부에 관하여 이해관계인 사이에 실질적으로 다투어지고 있는 경우에는 가등기에 기한 본등기권자의 태도 여하에 불구하고 형식적 심사권밖에 없는 등기공무원으로서는 당해 가등기를 순위보전의 가등기로 인정하여 국세 압류등기를 직권말소할 수 없고(대법원 1992. 3. 18.자 91마675 결정 참조), 또한 당해 가등기가 담보가등기인지 여부는 당해 가등기가 실제상 채권담보를 목적으로 한 것인지 여부에 의하여 결정되는 것이지 당해 가등기의 등기부상 원인이 매매예약으로 기재되어 있는가 아니면 대물변제예약으로 기재되어 있는가 하는 형식적 기재에 의하여 결정되는 것이 아니다.」(대결 1998. 10. 7, 98마1333)

(나) **요 건** 가등기는 ① 장차 권리변동을 발생하게 할 청구권을 보전하려 할 때(예: 부동산매매의 경우의 매수인의 소유권이전청구권), ② 그러한 청구권이 시기부(始期附) 또는 정지조건부(停止條件附)인 때(예: 채무불이행이 생기면 토지의 소유권을 이전하기로 한 경우), ③ 그 밖에 그러한 청구권이 장래에 있어서 확정될 것인 때(예: 매매예약 · 대물변제예약에 기한 예약완결권을 행사할 수 있는 경우)에 할 수 있다(부등법 88조).

〈판 례〉

(ㄱ) 「부동산등기법 제 3 조는 가등기는 같은 법 제 2 조에 게기한 권리의 설정, 이전, 변경 또는 소멸의 청구권을 보전하려 할 때에 이를 한다고 규정하고 있고 여기서 말하는 '… 청구권'이란 제 2 조에 규정된 물권 또는 부동산임차권의 변동을 목적으로 하는 청구권을 말하는 것이라 할 것이므로 부동산등기법상 가등기는 위와 같은 청구권을 보전하기 위하여서만 할 수 있는 것이고 이와 같은 청구권이 아닌 물권적 청구권을 보전하기 위하여는 이를 할 수 없다. …

매매계약이 해제되면 그 계약의 이행으로 변동이 생겼던 물권은 당연히 그 계약이 없었던 원상태로 복귀한다는 것이 당원의 판례이나 이와 같은 계약해제의 소급효는 제 3 자의 권리를 해할 수 없는 것이므로(민법 제548조 제 1 항 단서) 계약해제 이전에 계약으로 인하여 생긴 법률효과를 기초로 하여 새로운 권리를 취득한 제 3 자가 있을 때에는 그 계약해제의 소급효는 제한을 받아 그 제 3 자의 권리를 해하지 아니하는 한도에서만 생긴다고 하여야 할 것이다. …

매매계약 해제 이전에 매매목적물에 관하여 제 3 자에게 소유권이전등기가 경료된 뒤에 계약이 해제된 경우에는 계약해제의 효과로서 당연히 그 소유권이 매도인에게 복귀하지 아니하므로 매도인은 소유권에 기하여 매수인 명의의 소유권이전등기의 말소를 청구할 수 없지만 그 매매계약 당시 계약당사자 사이에 계약이 해제되면 매수인은 매도인에게 소유권이전등기를 하여 주기로 하는 약정이 있었다면 매도인은 그 약정에 기하여 매수인에 대하여 소유권이전등기 절차의 이행을 청구할 수 있다 할 것이고 이러한 경우(제 3 자에게 소유권이전등기가 된 뒤에 계약이 해제된 경우)의 매도인의 소유권이전등기 청구권은 물권변동을 목적으로 하는 청구권이라 할 것이므로 이러한 청구권은 가등기에 의하여 보전될 수 있는 것이라 할 것이다.」(대판 1982. 11. 23, 81다카1110)

(ㄴ)「저당권설정청구권 보전을 위한 가등기가처분은 저당권의 순위를 보전하자는 데 그 목적이 있는 것이므로 그 가등기 당시에 저당권에 의하여 담보되는 피담보채권이 있어야 하지 그 채권이 없다면 다른 특단의 사정이 없는 한 그 가등기는 무효한 것이라 할 것이다.」(대판 1988. 3. 22, 86다카622 · 623)

(다) **절　차** 　가등기도 일종의 등기이기 때문에 그 신청은 가등기권리자와 가등기의무자가 공동으로 하는 것이 원칙이다. 그러나 가등기의무자의 승낙이 있거나 가등기를 명하는 법원의 가처분명령이 있을 때에는 가등기권리자가 단독으로 신청할 수 있다(부등법 89조). 가등기의 말소는 가등기명의인이 단독으로 신청할 수 있으며(부등법 93조 1항), 가등기의무자 또는 가등기에 관하여 등기상 이해관계 있는 자가 가등기명의인의 승낙을 받아 단독으로 가등기의 말소를 신청할 수 있다(부등법 93조 2항).

(라) **가등기의 가등기** 　가등기에 의하여 보전된 청구권을 양도받은 경우 또는 장차 소유권을 취득하면 저당권을 설정받기로 한 경우에, 그 가등기를 기초로 하여 다시 가등기를 할 수 있는가가 문제된다. 이것이 가등기의 가등기 문제이다. 여기에 관하여 학설은 긍정하는 데 대체로 일치하고 있으며(고상룡, 143면; 곽윤직, 112면; 김상용, 124면; 이상태, 85면; 이영준, 208면; 이은영, 191면. 주해(4), 66면(김황식)은 청구권의 양도의 경우에는 인정하나, 새로운 청구권 발생의 경우에는 부정한다), 판례도 가등기에 의하여 보전된 청구권의 양도를 인정하면서 그 경우에는 가등기된 권리의 이전등기를 가등

기에 대한 부기등기의 형식으로 할 수 있다고 하여 긍정설의 입장이다(대판(전원) 1998. 11. 19, 98다24105; 대판(전원) 2015. 5. 21, 2012다952. 과거에는 부정하고 있었으나, 판례가 변경되었다. 대결 1972. 6. 2, 72마399 참조).

생각건대 이를 인정하지 않으면 가등기된 청구권을 양도할 수가 없게 되고, 또 가등기담보권의 양도도 인정하여야 할 것이므로 긍정하여야 한다(가등기된 청구권 등의 양도가 있는 경우에는 가등기의 부기등기를 하게 될 것이다. 그런데 그 부기등기도 가등기를 기점으로 하는 것이어서 가등기이다).

〈판 례〉

「가등기는 원래 순위를 확보하는 데 그 목적이 있으나, 순위 보전의 대상이 되는 물권변동의 청구권은 그 성질상 양도될 수 있는 재산권일 뿐만 아니라 가등기로 인하여 그 권리가 공시되어 결과적으로 공시방법까지 마련된 셈이므로, 이를 양도한 경우에는 양도인과 양수인의 공동신청으로 그 가등기상의 권리의 이전등기를 가등기에 대한 부기등기의 형식으로 경료할 수 있다고 보아야 할 것이다.」(대판(전원) 1998. 11. 19, 98다24105)

2) 예고등기 예고등기는 등기원인의 무효나 취소로 인한 등기의 말소 또는 회복의 소(패소한 원고가 재심의 소를 제기한 경우를 포함한다)가 제기된 경우에 이를 제 3 자에게 경고하기 위하여 소를 수리한 법원의 촉탁에 의하여 행하여지는 등기이다(개정 전 부등법 4조 · 39조).

예고등기는 부동산에 관한 기존의 등기에 대하여 어떤 소가 제기되었다는 사실을 공시함으로써 제 3 자에게 경고하는 사실상의 효과만 가진다. 따라서 예고등기가 있다고 하여 그 부동산에 관하여 처분금지의 효력이 생기지는 않는다(이설이 없으며, 판례도 같음. 대판 1966. 3. 22, 65다2616; 대판 1994. 9. 13, 94다21740). 그리고 예고등기가 있다고 하여 등기원인의 무효 또는 취소원인의 존재가 추정되지도 않는다(이설 없음).

이러한 예고등기는 본래 등기의 공신력이 인정되지 않는 우리 법제에서 제 3 자 내지 거래의 안전을 보호하기 위하여 채용된 제도이다. 그런데 실제에 있어서 예고등기가 된 부동산에 대하여 일반인이 거래를 꺼리게 되어 등기명의인이 거래상 받는 불이익이 클 뿐만 아니라, 집행을 방해할 목적으로 소를 제기하여 예고등기가 행하여지는 사례가 있는 등으로 폐해가 커서, 2011년 부동산등기법을 개정하면서 이 제도를 폐지하였다.

[38] Ⅵ. 등기사항

등기사항에는 실체법상의 것과 절차법상의 것이 있다. 실체법상의 등기사항은 등기하지 않으면 사법상의 일정한 효력(권리변동의 효력이나 추정적 효력 등)이 생기지 않는 사항 즉 등기가 필요한 사항이며, 그것은 대체로 제186조 · 제187조에 의하여 정하여진다. 그에 비하여 절차법상의 등기사항은 부동산등기법상 등기를 할 수 있는 사항이며, 이에 해당하는 사항에 대하여는 등기능력이 있다고 표현한다. 이 두 등기사항은 일치하지 않는다. 실체법상의 것은 모두 절차법상의 것이 되나, 절차법상의 것 가운데에는 실체법상의 것이 아닌 것도 있다. 피담보채권의 변제에 의한 저당권 소멸의 경우, 건물 신축의 경우가 그 예이다.

실체법상의 등기사항에 관하여는 「법률행위에 의한 부동산 물권변동」에서 보기로 하고, 여기서는 절차법상의 등기사항에 관하여만 보기로 한다. 그리고 그 중에서 특별법은 제외하고 부동산등기법상의 것만 살펴본다.

1. 등기되어야 할 물건

부동산 가운데 토지와 건물이 등기되어야 할 물건이다(부등법 15조 1항. 특별법상의 것으로 입목 · 공장재단의 재단저당 등도 있다). 그러나 토지나 건물이라도 사권의 목적이 되지 않는 것은 제외된다. 따라서 공유수면 아래의 토지(「공유수면 관리 및 매립에 관한 법률」 2조 1호), 하천을 구성하는 토지와 그 밖의 하천 시설(하천법 2조 1호-3호 · 4조 2항)은 등기의 대상이 되지 않는다. 그러나 사권의 목적이 되는 부동산은 비록 공용제한을 받고 있더라도 등기의 대상이 된다. 도로부지로 되어 있는 토지가 그 예이다. 한편 최근(2009. 10. 21. 제정, 2010. 1. 22. 시행)에는, 소(牛)의 질병을 예방하고 통기성(通氣性)을 확보할 수 있도록 둘레에 벽을 갖추지 아니하고 소를 사육하는 용도로 사용할 수 있는 건축물인 개방형 축사에 대하여(「축사의 부동산등기에 관한 특례법」 2조), 그것이 일정한 요건(토지에 견고하게 정착되어 있을 것, 소를 사육할 용도로 계속 사용할 수 있을 것, 지붕과 견고한 구조를 갖출 것, 건축물대장에 축사로 등록되어 있을 것, 연면적이 100제곱미터를 초과할 것 모두)을 갖춘 경우에는, 개방형 축사를 건물로 보고(같은 법 3조), 부동산등기법에서 정하는 절차에 따라 건물등기부에 등기할 수 있도록 하였다(같은 법 4조).

2. 등기되어야 할 권리

등기되어야 할 권리는 부동산물권 가운데 소유권 · 지상권 · 지역권 · 전세권 · 저당권이다(부등법 3조). 부동산물권이라도 부동산에 관한 점유권 · 유치권, 제302조의 특수지역권은 등기할 수 있는 권리가 아니다. 그리고 권리질권(348조, 부등법 3조) · 채권담보권(「동산 · 채권 등의 담보에 관한 법률」, 부등법 3조 7호), 부동산임차권(621조, 부등법 3조), 부동산환매권(592조, 부등법 53조)은 부동산물권은 아니지만 등기능력이 있다. 그 밖에 물권변동을 목적으로 하는 청구권에 관하여는 가등기를 할 수 있다(부등법 88조).

3. 등기되어야 할 권리변동

등기되어야 할 권리의 「보존 · 이전 · 설정 · 변경 · 처분의 제한 · 소멸」 등 모든 권리변동이 등기되어야 한다(부등법 3조).

여기서 「보존」이란 미등기의 소유권의 보존을 가리키고, 「이전」은 모든 권리의 승계를, 「설정」은 기존의 권리 위에 새로운 권리를 창설하는 것을, 「변경」은 지상권 · 전세권의 존속기간과 같은 권리내용의 변경을, 「처분의 제한」은 제268조의 공유물의 분할금지나 압류 · 가압류 · 가처분에 의한 처분행위의 금지 등을, 「소멸」은 포기 · 합의 · 혼동 · 목적물의 멸실 등에 의한 권리소멸을 뜻한다.

위와 같은 권리변동은 그 원인이 무엇이든 등기하여야 한다. 그리고 권리변동에 등기가 필요한지도 묻지 않는다. 즉 권리변동에 실체법상 등기가 필요하지 않는 경우에도 절차법상으로는 등기사항인 것이다(같은 취지: 곽윤직(신정판), 127면).

〈판 례〉

「가등기에 터잡아 본등기를 하는 것은 그 가등기에 기하여 순위보전된 권리의 취득(권리의 증대 내지 부가)이지 가등기상의 권리자체의 처분(권리의 감소 내지 소멸)이라고는 볼 수 없으므로 가등기에 기한 본등기를 금지한다는 취지의 가처분은 부동산등기법 제 2 조에 규정된 등기할 사항에 해당하지 아니하고, 그러한 본등기금지가처분이 잘못으로 기입등기되었다 하더라도 그 기재사항은 아무런 효력을 발생할 수 없는 것으로서(당원 1978. 10. 14. 자 78마282 결정 참조), 가처분권자는 이러한 무효한 가처분결정의 기입등기로서 부동산의 적법한 전득자에게 대항할 수 없는 것이다.」(대판 1992. 9. 25, 92다21258)

Ⅶ. 등기의 절차 [39]

등기는 원칙적으로 당사자의 신청 또는 관공서의 촉탁(이것은 신청의 변형이라고 할 수 있다)에 의하여서만 할 수 있고, 그 밖에는 법률의 규정이 있는 때(부동산등기법상 그러한 경우로는 등기관의 직권에 의한 경우(같은 법 32조 · 36

조·58조 등)와 법원의 명령에 의한 경우(같은 법 106조·107조 등)의 둘이 있다)에만 할 수 있다(부등법 22조 1항). 아래에서는 이들 가운데 가장 중요한 당사자의 신청에 의한 경우만을 보기로 한다.

1. 등기의 신청

(1) 공동신청의 원칙

등기의 신청은 등기권리자와 등기의무자가 공동으로 하는 것이 원칙이다(부등법 23조 1항). 이와 같은 공동신청주의를 취하는 이유는 이해관계를 달리하는 양 당사자로 하여금 등기신청을 하게 하여 등기가 올바르게 행하여지도록 하기 위하여서이다.

여기서 등기권리자·등기의무자라 함은 등기절차상의 개념인데, 전자는 신청된 등기가 행하여짐으로써 실체적 권리관계에서 권리의 취득 기타 이익을 받는 자라는 것이 등기부상 형식적으로 표시되는 자이고(가령 부동산매매의 경우 매수인, 저당권 말소의 경우 저당권설정자), 후자는 등기가 행하여짐으로써 실체적 권리관계에서 권리의 상실 기타 불이익을 받는다는 것이 등기부상 형식적으로 표시되는 자(가령 부동산매매의 경우 매도인, 저당권 말소의 경우 저당권자)이다.

> 이러한 등기절차상의 등기권리자·등기의무자는 실체법상의 등기권리자·등기의무자와는 구별된다. 실체법상 등기권리자는 후술하는 등기청구권([42] 이하 참조)을 가지는 자이고, 그 상대방이 실체법상의 등기의무자이다. 등기절차상의 등기권리자·등기의무자와 실체법상의 등기권리자·등기의무자는 대부분 일치하나 그렇지 않은 때도 많다.

(2) 단독신청이 인정되는 경우

부동산등기법은 일정한 경우에는 예외적으로 단독신청을 인정한다. 첫째로 공동신청에 의하도록 하지 않더라도 등기가 올바르게 행하여질 수 있는 경우에 그렇다. 예컨대 등기절차의 이행 또는 인수를 명하는 판결에 의한 등기는 승소한 등기권리자 또는 등기의무자가 단독으로 신청하고, 공유물을 분할하는 판결에 의한 등기는 등기권리자 또는 등기의무자가 단독으로 신청하는데(부등법 23조 4항), 이것이 그 예이다. 둘째로는 등기의 성질상 등기의무자가 있을 수 없는 경우에는 등기권리자 또는 등기명의인이 단독으로 신청할 수 있도록 한다. 그 예로는 다음의 것이 있다. 미등기 부동산의 소유권보존등기 또는 소유권보존등기의 말소등기는 등기명의인으로 될 자 또는 등기명의인이 단독으로 신청한다(부등법 23조 2항). 그리고 상속, 법인의 합병, 그 밖에 대법원규칙으로 정하는 포괄승계에 따른 등기는 등기권리자가 단독으로 신청하고(부등법 23조 3항), 부동산 표시의 변경이나 경정의 등기는 소유권의 등기명의인이 단독으로 신청한다(부등법 23조 5항). 또한 등기명의인 표시의 변경이나 경정의 등기는 해당 권리의 등기명의인이 단독으로 신청한다(부등법 23조 6항). 그런가 하면 토지나 건물이 멸실된 경우에 멸실등기는 그 소유권의 등기명의인이 단독으로 신청한다(부등법 39조 · 43조). 셋째로 등기의 목적의 특수성 등을 고려하여 단독신청을 인정하는 경우도 있다. 가등기의무자의 승낙이 있거나 가등기를 명하는 가처분명령이 있을 때에 가등기권리자가 단독으로 가등기를 신청할 수 있는 것(부등법 89조), 가등기명의인이 단독으로 가등기의 말소를 신청할 수 있는 것(부등법 93조 1항), 가등기의 무자 또는 가등기에 관하여 등기상 이해관계 있는 자가 가등기명의인의 승낙을 받아 단독으로 가등기의 말소를 신청할 수 있는 것(부등법 93조 2항)이 그에 해당한다.

(3) 등기신청이 강제되는 경우

1990년에 제정된 부동산등기특별조치법은 제 2 조에서 세금을 내지 않을 목적으로 등기를 하지 않거나 또는 등기를 하지 않은 채 부동산을 전전매각하는 것을 막기 위하여서 네 가지 경우에 등기신청을 강제하고 있다. 그 법 제 2 조 제 1 항 · 제 2 항 · 제 3 항이 규정하는 세 경우는 중간생략등기를 막기 위하여 공동신청을 강제하는 것이고, 제 5 항의 경우는 미등기 부동산을 등기 없이 거래하는 것을 방지하기 위한 단독신청의 강제이다. 이 네 가지 경우를 나누어 설명하기로 한다.

1) 부동산의 소유권이전을 내용으로 하는 계약을 체결한 자는, 계약의 당사자가 서로 대가적인 채무를 부담하는 경우(쌍무계약인 경우. 예: 매매)에는 반대급부의 이행이 완료된 날부터 60일 이내에, 그리고 계약당사자의 일방만이 채무를 부담하는 경우(편무계약인 경우. 예: 증여)에는 계약의 효력이 발생한 날부터 60일 이내에, 소유권이전등기를 신청하여야 한다(부등특조법 2조 1항). 다만, 그 계약이 취소 · 해제되거나 무효인 경우에는 신청의무가 없다(부등특조법 2조 1항 단서).

등기권리자가 상당한 사유 없이 이 등기신청을 게을리(해태)한 때에는 취득세율에서 1천분의 20을 뺀 세율을 적용하여 산출한 금액의 5배 이하에 상당하는 금액의 과태료에 처한다(부등특조법 11조 1항). 그리고 이 과태료의 금액을 정함에 있어서 해태기간 · 해태사유 · 목적부동산의 가액을 참작하여야 한다(부등특조법 11조 2항).

2) 부동산의 소유권이전을 내용으로 하는 계약을 체결한 자가, 그 계약이 쌍무계약인 경우 반대급부의 이행이 완료된 날 이후에, 그리고 그 계약이 편무계약인 경우 계약의 효력이 발생한 날 이후에, 그 부동산에 대하여 다시 제 3 자와 소유권이전을 내용으로 하는 계약이나 제 3 자에게 계약당사자의 지위를 이전하는 계약을 체결하고자 할 때에는, 그 제 3 자와 계약을 체결하기 전에 먼저 체결된 계약에 따라 소유권이전등기를 신청하여야 한다(부등특조법 2조 2항).

등기권리자가 이 신청을 게을리하면 위 1)에서와 같이 과태료에 처한다(부등특조법 11조 1항). 그뿐만 아니라 이 경우에 만약 조세부과를 면하려 하거나 다른 시점간의 가격변동에 따른 이익을 얻으려 하거나 소유권 등 권리변동을 규제하는 법령의 제한을 회피할 목적으로 신청을 게을리하면 3년 이하의 징역이나 1억원 이하의 벌금에 처한다(부등특조법 8조 1호 · 10조).

3) 부동산의 소유권을 이전받을 것을 내용으로 하는 계약을 체결한 자가, 그 계약이 쌍무계약인 경우 반대급부의 이행이 완료한 날 전에, 그리고 그 계약이 편무계약인 경우 그 계약의 효력이 발생한 날 전에, 그 부동산에 대하여 다시 제 3 자와 소유권이전을 내용으로 하는 계약을 체결한 때에는, 먼저 체결된 계약의 반대급부의 이행이 완료되거나 계약의 효력이 발생한 날부터 60일 이내에 먼저 체결된 계약에 따라 소유권이전등기를 신청하여야 한다(부등특조법 2조 3항).

이 신청을 게을리한 경우의 제재는 위 2)의 경우와 같다(부등특조법 11조 1항 · 8조 1호 · 10조 참조).

〈부동산등기특별조치법 제 2 조 제 2 항 · 제 3 항의 적용 예외〉

국가 · 지방자치단체 · 한국토지주택공사 등이 택지개발촉진법에 의한 택지개발사업 등의 시행자인 경우에, 당해 시행자와 부동산의 소유권을 이전받을 것을 내용으로 하는 계약을 최초로 체결한 자가 파산 기타 이와 유사한 사유로 소유권이전등기를 할 수 없는 때에는, 지방자치단체의 조례로 정하는 자에 대하여 부동산등기특별조치법 제 2 조 제 2 항 · 제 3 항을 적용하지 않는다(같은 법 2조 4항)(그런데 이 규정은 2000. 6. 30.까지 효력을 가짐. 부칙(1999. 3. 31) 3조).

4) 소유권보존등기가 되어 있지 않은 부동산(미등기 부동산)에 대하여 소유권이전을 내용으로 하는 계약을 체결한 자는, 부동산등기법 제65조에 따라 소유권보존등기를 신청할 수 있음에도 이를 하지 않은 채 계약을 체결한 경우에는 그 계약을 체결한 날부터 60일 이내에, 그리고 계약을 체결한 후에 부동산등기법 제65조에 따라 소유권보존등기를 신청할 수 있게 된 경우에는 소유권보존등기를 신청

할 수 있게 된 날부터 60일 이내에, 소유권보존등기를 신청하여야 한다(부등특조법 2조 5항).

이 신청을 게을리한 경우에는 위 1)에서와 같이 과태료에 처한다(부등특조법 11조).

5) 등기신청의무를 규정한 부동산등기특별조치법 제 2 조는 효력규정이 아니고 단속규정이라고 이해하여야 한다(같은 취지: 곽윤직, 67면). 따라서 신청을 게을리하여 그 기간이 지난 뒤에 등기신청을 하더라도 등기소는 그 신청의 접수를 거절하지 못하며, 기간이 지난 뒤에 등기되었더라도 그 등기는 유효하게 된다.

(4) 대위신청

등기의 공동신청시 등기신청은 등기권리자 · 등기의무자 또는 등기명의인(또는 이들의 대리인)이 하여야 하는데, 부동산등기법은 이에 대한 예외를 인정하여 민법 제404조에 따라 채권자로 하여금 채무자가 가지는 등기신청권을 대위할 수 있도록 하고 있다(같은 법 28조. 그 밖에 부등법 41조 3항 · 46조 2항의 경우도 있다). 주의할 점은, 이것은 판례 · 통설에 의하여 인정되는 등기청구권의 대위행사와는 다르다는 점이다. 즉 이것은 채무자의 상대방도 등기신청을 하는 경우에 채권자가 채무자를 대위하여 등기신청을 하는 「등기신청권」(이는 국가에 대한 권리로서 일종의 공권이다)의 대위행사이며, 채무자의 상대방이 등기신청을 하지 않는 경우에 등기신청에의 협력을 청구할 수 있는 채무자의 권리를 채권자가 대위하는 「등기청구권」의 대위행사가 아니다.

(5) 대리인에 의한 신청 [40]

등기신청은 등기권리자 · 등기의무자(또는 등기명의인)의 대리인에 의하여서도 할 수 있다(부등법 24조). 여기의 대리인은 등기신청이라는 공법상의 행위를 대리하기 때문에 사법상의 법률행위의 대리인은 아니다(그러나 등기신청을 위한 여러 가지 부수적인 행위도 하여야 하므로 사자(使者)에 가깝다고 할 것은 아니다. 반대: 이영준, 224면; 이은영, 185면). 그리고 거기에는 대리에 관한 규정이 성질이 허용되는 한 유추적용된다고 하여야 한다(반대: 이영준, 223면). 다만, 자기계약 · 쌍방대리의 금지(124조)는 적용되지 않는다(이설 없음).

(6) 등기신청의 방법

1) 등기는 다음 두 가지 중 어느 하나의 방법으로 신청한다. 하나는 방문신청으로, 신청인 또는 그 대리인이 등기소에 출석하여 신청정보 및 첨부정보를 적은 서면을 제출하는 방법이다(부등법 24조 1항 1호 본문). 다만, 대리인이 변호사(법무법인 · 법무조합을 포함한다)나 법무사(법무사법인을 포함한다)인 경우에는 대법원규칙으로 정하는 사무원을 등기소에 출석하게 하여 그 서면을 제출할 수 있다(부등법 24조 1항 1호 단서). 다른 하나는 전자신청으로, 전산정보처

리조직을 이용(이동통신 단말장치에서 사용되는 애플리케이션(Application)을 통하여 이용하는 경우를 포함함)하여 신청정보 및 첨부정보를 보내는 방법이며, 전자신청이 가능한 등기유형에 관한 사항과 전자신청의 방법은 대법원규칙으로 정한다(부등법 24조 1항 2호).

2) 등기신청인이 제공하여야 하는 신청정보 및 첨부정보는 대법원규칙 즉 부동산등기규칙이 정한다(부등법 24조 2항). 그에 따르면, 이들 두 정보의 내용은 방문신청이나 전자신청이나 동일하며, 단지 정보를 제공하는 방식에서 차이가 있을 뿐이다. 즉 방문신청의 경우에는, 신청정보는 등기신청서에 적어서 제출하고(부등규칙 56조 1항), 첨부정보는 그 정보를 담고 있는 서면을 첨부하여 제출하여야 한다(부등규칙 56조 3항). 그에 비하여 전자신청의 경우에는, 신청정보는 전자문서로 등기소에 송신하여야 하고(부등규칙 67조 2항), 첨부정보는 전자문서로 등기소에 송신하거나 대법원예규로 정하는 바에 따라 등기소에 제공하여야 한다(부등규칙 67조 3항). 아래에서 신청인이 제공하여야 하는 두 정보에 관하여 자세히 살펴본다(그 외에 부등규칙 44조도 참조).

㈎ **신청정보** 신청정보는 부동산등기규칙 제43조 및 그 밖의 법령이 정하고 있는데(부등규칙 56조 1항 · 67조 2항), 여기서는 전자가 정하고 있는 것과 그 밖의 중요한 것을 기술한다.

(a) 각 구분에 따른 부동산의 표시에 관한 사항(부등규칙 43조 1항 1호) ① 토지의 경우에는 소재와 지번, 지목(地目), 면적. ② 건물의 경우에는 소재, 지번 및 건물번호. 다만, 같은 지번 위에 1개의 건물만 있는 경우에는 건물번호는 제외한다. ③ 구분건물의 경우에는 1동의 건물의 표시로서 소재지번 · 건물명칭 및 번호 · 구조 · 종류 · 면적, 전유부분의 건물의 표시로서 건물번호 · 구조 · 면적, 대지권이 있는 경우 그 권리의 표시. 다만, 1동의 건물의 구조 · 종류 · 면적은 건물의 표시에 관한 등기나 소유권보존등기를 신청하는 경우로 한정한다.

(b) 신청인의 성명(또는 명칭), 주소(또는 사무소 소재지) 및 주민등록번호(또는 부동산등기용 등록번호)(부등규칙 43조 1항 2호)

(c) 신청인이 법인인 경우에는 그 대표자의 성명과 주소(부등규칙 43조 1항 3호)

(d) 대리인에 의하여 등기를 신청하는 경우에는 그 성명과 주소(부등규칙 43조 1항 4호)

(e) 등기원인과 그 연월일(부등규칙 43조 1항 5호). 등기원인에 대하여는 아래에서 설명한다.

(f) 등기의 목적(부등규칙 43조 1항 6호)

(g) 등기필정보. 다만, 공동신청 또는 승소한 등기의무자의 단독신청에 의하

여 권리에 관한 등기를 신청하는 경우로 한정한다(부등규칙 43조 1항 7호).

(h) 등기소의 표시(부등규칙 43조 1항 8호)

(i) 신청연월일(부등규칙 43조 1항 9호)

(나) **첨부정보** 첨부정보는 부동산등기규칙 46조 및 그 밖의 법령이 정하고 있는데(부등규칙 56조 3항 · 67조 3항), 여기서는 전자가 정하고 있는 것 중 주요한 것만 설명한다.

(a) 등기원인을 증명하는 정보(부등규칙 46조 1항 1호) 여기서 「등기원인」이라 함은 등기를 정당화하는 법률상의 원인 즉 권원(權原)을 의미한다. 무엇이 그러한 등기원인인가에 관하여는 경우를 나누어 보아야 한다.

먼저 법률행위에 의한 부동산 물권변동의 경우에 관하여 학설은 i) 물권행위가 등기원인이라는 견해(김상용, 138면), ii) 물권행위가 아니라 그 물권행위를 하게 된 원인이 되는 원인행위 또는 그의 무효 · 취소 · 해제 등이 등기원인이라는 견해(곽윤직, 68면), iii) 등기원인에는 실체법적인 것과 절차법적인 것이 있다고 하면서, 전자는 물권행위(또는 물권적 합의)이고 후자는 원인행위 즉 채권행위인데, 여기의 등기원인은 절차법적인 것이라고 하는 견해(김학동, 68면; 이상태, 89면; 이영준, 224면)로 나뉘어 있다. 그리고 판례는 ii)설과 같다(대판 1999. 2. 26, 98다50999).

〈판 례〉

「소유권이전등기에 있어 등기원인이라고 함은 등기를 하는 것 자체에 관한 합의가 아니라 등기하는 것을 정당하게 하는 실체법상의 원인을 뜻하는 것으로서, 등기를 함으로써 일어나게 될 권리변동의 원인행위나 그의 무효, 취소, 해제 등을 가리킨다.」(대판 1999. 2. 26, 98다50999)

생각건대 우선 iii)설이 등기원인의 개념을 둘로 나누는 것은 전혀 근거도 없고 또 올바르지도 않다. 그 견해는 절차법적인 등기원인은 실제의 필요와 세원포착 · 투기방지를 위한 정책적 고려에 의한 개념이라고 하나(이영준, 225면), 그러한 개념이라면 그것은 「등기원인」이 아닌 정책적인 어떤 개념일 것이다. 그 견해는 물권행위의 독자성을 인정하는 입장에서 물권행위를 등기원인으로 주장하다가, 특히 부동산등기특별조치법이 법률행위에 의한 물권변동의 주요한 경우에 등기원인을 증명하는 서면으로 검인계약서를 요구하여(같은 법 3조) 종래와 같이 설명할 수 없게 되자, 가공의 개념을 만들어 탈출구로 삼은 것이 아닌가 생각된다. 등기원인의 개념은 하나만이 존재한다고 할 것이다. 그리고 그것은 등기를 정당화하는 것이기 때문에 본래 원인행위가 아니고 물권행위라고 하여야 한다. 다만, 물권행위의 독자성을 인정하지 않으면 그것은 채권행위에 포함되어 있으므로 물권행위가 포함된 채권행위(원인행위)가 등기원인이 될 것이다(소유권포기와 같이 물권행위만 있는 때에는 그 물권행위가 등기원인이다). 나아가 물권행위의 무인성까지 부정하면 원인행위의 무효 · 취소 · 해제도 등기원인이 된다. 결국 물권행위의 독자성 · 무인성을 부정하는 사견의 입장에서 보면 등기원인은 ii)설처럼 이해하여야 한다. 부동산등기특별조치법 제 3 조 내지 제 6 조도 등기원인이 채권행위라는 견지에서 규정하고 있다.

법률행위에 의하지 않는 부동산 물권변동(187조)의 경우에는 상속 · 공용징수 · 판결 · 경매 · 취득시효 · 건물 신축 등이 등기원인이 된다는 데 다툼이 없다(이영준, 225면은 이때는 등기원인의 두 개념이 동일하다고 한다).

위에서 본 등기원인의 성립을 증명하는 정보가 「등기원인을 증명하는 정보」이다. 예컨대 매매 · 증여에 의한 소유권이전등기 신청의 경우에는 매매계약서 · 증여계약서, 저당권설정등기의 경우에는 저당권설정계약서 또는 저당권부 소비대차계약서, 판결의 경우에는 집행력 있는 확정판결정본, 상속의 경우에는 상속을 증명하는 시 · 구 · 읍 · 면의 장의 서면 또는 이를 증명할 수 있는 서면이 그에 해당한다.

다만, 부동산등기특별조치법에 의하여 「계약을 원인으로 소유권이전등기를 신청할 때」에는 일정한 사항(같은 법 3조 1항 참조)이 기재된 계약서에 검인신청인을 표시하여 부동산소재지를 관할하는 시장 · 구청장 · 군수 또는 그 권한의 위임을 받은 자의 검인(檢印)을 받아서 제출하여야 한다(같은 법 3조. 그 밖에 같은 법 3조 2항과 중간생략등기를 막기 위한 4조도 참조). 이것이 이른바 검인계약서(檢印契約書) 제도이다. 그런데 2005년에 부동산등기법이 개정되면서부터 검인계약서 제출제도에 중대한 변경이 생겼다(부등특조법은 변함 없음). 그 점은 — 규율방식과 표현은 달라도 — 현재의 부동산등기법에서도 마찬가지이다. 현행 등기법에 따르면, 앞에서 설명한 바와 같이([32] 참조), 등기관이 「부동산 거래신고 등에 관한 법률」 제 3 조 제 1 항에서 정하는 계약을 등기원인으로 한 소유권이전등기를 하는 경우에는 대법원규칙으로 정하는 바에 따라 거래가액을 기록하도록 되어 있다(부등법 68조). 그리고 부동산등기규칙에 의하면, 위의 거래가액은 「부동산 거래신고 등에 관한 법률」 제 3 조에 따라 신고한 금액을 말한다고 한다(부등규칙 124조 1항). 그러면서 거래가액의 기록을 가능하게 하기 위하여, 「부동산 거래신고 등에 관한 법률」

제 3 조 제 1 항에서 정하는 계약을 등기원인으로 하는 소유권이전등기를 신청하는 경우에는 거래가액을 신청정보의 내용으로 등기소에 제공하고, 시장 · 군수 또는 구청장으로부터 제공받은 거래계약신고필증 정보를 첨부정보로서 등기소에 제공하여야 하며, 이 경우 거래부동산이 2개 이상인 경우 또는 거래부동산이 1개라 하더라도 여러 명의 매도인과 여러 명의 매수인 사이의 매매계약인 경우에는 매매목록도 첨부정보로서 등기소에 제공하여야 한다고 규정한다(부등규칙 124조 2항). 한편 아래 〈참고〉에서 설명하는 바와 같이 신고필증을 교부받은 경우에는 부동산등기 특별조치법 제 3 조 제 1 항에 따라 검인을 받은 것으로 의제되어, 별도로 검인을 받을 필요가 없게 된다. 그 결과 현재에는 매매계약을 원인으로 소유권이전등기를 신청할 때에는 검인계약서가 아니고 부동산매매계약서가 등기원인증명정보로 된다. 그러나 매매계약 이외의 경우(예: 증여계약)에는 여전히 검인계약서가 등기원인증명정보이다.

〈참 고〉

「부동산 거래신고 등에 관한 법률」에 따르면, 거래당사자가 부동산의 매매계약 등을 체결한 경우 그 실제 거래가격 등 대통령령으로 정하는 사항을 거래계약의 체결일부터 30일 이내에 그 권리의 대상인 부동산 등의 소재지를 관할하는 시장 · 군수 또는 구청장(이하 "신고관청"이라 한다)에게 공동으로 신고하여야 한다(같은 법 3조 1항 본문). 이 규정에도 불구하고 거래당사자 중 일방이 신고를 거부하는 경우에는 국토교통부령으로 정하는 바에 따라 단독으로 신고할 수 있다(같은 법 3조 2항). 그런데 개업공인중개사가 거래계약서를 작성 · 교부한 경우에는 해당 개업공인중개사가 신고를 하여야 한다(같은 법 3조 3항 1문). 한편 신고를 받은 신고관청은 그 신고 내용을 확인한 후 신고인에게 신고필증을 지체 없이 발급하여야 하는데(같은 법 3조 5항), 부동산 등의 매수인은 신고인이 신고필증을 발급받은 때에 「부동산등기 특별조치법」 제 3 조 제 1 항에 따른 검인을 받은 것으로 본다(같은 법 3조 6항).

참고로 말하면, 거래당사자는 같은 법 제 3 조에 따라 신고한 후 해당 거래계약이 해제, 무효 또는 취소(이하 「해제 등」이라 한다)된 경우 해제 등이 확정된 날부터 30일 이내에 해당 신고관청에 공동으로 신고하여야 하며, 거래당사자 중 일방이 신고를 거부하는 경우에는 국토교통부령으로 정하는 바에 따라 단독으로 신고할 수 있다(같은 법 3조의 2 1항). 그리고 개업공인중개사가 같은 법 제 3 조 제 3 항에 따라 신고를 한 경우에는 제 1 항에도 불구하고 개업공인중개사가 같은 항에 따른 신고(공동으로 중개를 한 경우에는 해당 개업공인중개사가 공동으로 신고하는 것을 말한다)를 할 수 있으며, 개업공인중개사 중 일방이 신고를 거부한 경우에는 제 1 항 단서를 준용한다(같은 법 3조의 2 2항).

방문신청의 방법으로 등기를 신청한 경우 신청서에 첨부된 「등기원인을 증명하는 정보」를 담고 있는 서면이 법률행위의 성립을 증명하는 서면이거나 그 밖에 대법원예규로 정하는 서면일 때에는 등기관이 등기를 마친 후에 이를 신청인에게 돌려주어야 한다(부등규칙 66조 1항). 그런데 신청인이 그 서면을 등기를 마친 때부터 3개월 이내에 수령하지 않을 경우에는 이를 폐기할 수 있다(부등규칙 66조 2항).

(b) 등기원인에 대하여 제 3 자의 허가·동의 또는 승낙이 필요한 경우에는 이를 증명하는 정보(부등규칙 46조 1항 2호). 이 정보의 예로는 미성년자의 행위에 대한 법정대리인의 동의서, 학교법인의 기본재산 매매에 대한 관할청의 허가서(사립학교법 28조)를 들 수 있다.

등기원인을 증명하는 정보가 집행력 있는 판결인 경우에는 이 정보를 제공할 필요가 없다(부등규칙 46조 3항 본문). 다만, 등기원인에 대하여 행정관청의 허가, 동의 또는 승낙을 받을 것이 요구되는 때에는 그렇지 않다(부등규칙 46조 3항 단서).

(c) 등기가 이해관계 있는 제 3 자의 승낙이 필요한 경우에는 이를 증명하는 정보 또는 이에 대항할 수 있는 재판이 있음을 증명하는 정보(부등규칙 46조 1항 3호)

(d) 신청인이 법인인 경우에는 그 대표자의 자격을 증명하는 정보(부등규칙 46조 1항 4호)

(e) 대리인에 의하여 등기를 신청하는 경우에는 그 권한을 증명하는 정보(부등규칙 46조 1항 5호)

(f) 등기권리자(새로 등기명의인이 되는 경우에 한함)의 주소(또는 사무소 소재지) 및 주민등록번호(또는 부동산등기용 등록번호)를 증명하는 정보. 다만, 소유권이전등기를 신청하는 경우에는 등기의무자의 주소(또는 사무소 소재지)를 증명하는 정보도 제공하여야 한다(부등규칙 46조 1항 6호).

(g) 소유권이전등기를 신청하는 경우에는 토지대장·임야대장·건축물대장 정보나 그 밖에 부동산의 표시를 증명하는 정보(부등규칙 46조 1항 7호)

(h) 변호사나 법무사(법무법인·법무법인(유한)·법무조합 또는 법무사법인·법무사법인(유한)을 포함한다. 이하 '자격자대리인'이라 한다)가 ① 공동으로 신청하는 권리에 관한 등기 또는 ② 승소한 등기의무자가 단독으로 신청하는 권리에 관한 등기를 신청하는 경우, 자격자대리인(법인의 경우에는 담당 변호사·법무사를 의미한다)이 주민등록증·인감증명서·본인서명사실확인서 등 법령에 따라 작성된 증명서의 제출이나 제시, 그 밖에 이에 준하는 확실한 방법으로 위임인이 등기의무자인지 여부를 확인하고 자필서명한 정보(부등규칙 46조 1항 8호)

(i) 등기의무자의 등기필(登記畢)정보 등기관이 새로운 권리에 관한 등기를 마쳤을 때에는 — 일정한 경우(부등법 50조 1항 1호-3호 참조)를 제외하고는 — 등기필정보를 작성하여 통지하도록 되어 있다(부등법 50조 1항). 그런데 등기권리자와 등기의무자가 공동으로 권리에 관한 등기를 신청하는 경우에 신청인은 그 신청정보와 함께 위의 규정에 따라 통지받은 등기의무자의 등기필정보를 등기소에 제공하여야 한다(부등법 50조 2항 1문). 승소한 등기의무자가 단독으로 권리에 관한 등기를 신청하는 경우에도 또한 같다(부등법 50조 2항 2문).

등기신청을 위하여 등기의무자의 등기필정보를 등기소에 제공하여야 하는 경우에 그 등기필정보가 없을 때에는(등기필증이 멸실된 경우뿐만 아니라 분실된 경우도 포함한다. 대판 1987. 5. 26, 86도2293; 대판 2007. 11. 15, 2004다2786) 등기의무자 또는 그 법정대리인이 등기소에 출석하여 등기관으로부터 등기의무자(또는 그 법정대리인)임을 확인받아야 한다(부등법 51조 본문). 다만, 등기신청인의 대리인(변호사나 법무사만을 말한다)이 등기의무자(또는 그 법정대리인)로부터 위임받았음을 확인한 경우 또는 신청서(위임에 의한 대리인이 신청하는 경우에는 그 권한을 증명하는 서면을 말한다) 중 등기의무자(또는 그 법정대리인)의 작성부분에 관하여 공증을 받은 경우에는 등기소에 직접 출석할 필요가 없다(부등법 51조 단서). 한편 등기필정보가 없이 등기를 한 경우에는 위의 제도가 악용될 가능성에 대비하여 등기관으로 하여금 등기가 된 사실을 등기의무자에게 알리도록 하고 있다(부등법 30조, 부등규칙 53조 1항 3호).

〈판 례〉

(ㄱ) 「부동산등기법 제49조에서는 등기필증에 갈음하여 본인이 출석하거나 등기필증에 갈음하는 서면을 제출할 수 있는 제도를 두고 있으나, 이는 등기필증이 멸실된 경우에 인정되는 제도로서 분실의 경우를 포함한다고 볼 것이지만, 등기필증이 현재 다른 사람의 수중에 있기 때문에 사실상 돌려받기 어려운 경우까지를 포함하는 것은 아니다(대법원 1987. 5. 26. 선고 86도2293 판결 참조).」(대판 2007. 11. 15, 2004다2786)

(ㄴ) 「등기필증이 멸실된 경우 등기의무자 또는 그 법정대리인의 등기소 출석의무를 갈음하는 구 부동산등기법 제49조 제 1 항 단서 후단의 '공증'이란 등기의무자가 그 부동산의 등기명의인임을 확인하는 서면에 대한 공증이 아니고, 신청서 또는 위임장에 표시된 등기의무자의 작성 부분(기명날인 등)이 등기의무자 본인이 작성한 것임을 공증하는 것을 의미하고, 등기의무자의 위임을 받은 대리인이 출석하여 공증을 받을 수는 없다.」(대판 2012. 9. 13, 2012다47098)

(j) 구분건물에 대하여 대지권의 등기를 신청할 때 일정한 경우(부등규칙 46조 2항 1호-3호 참조)

에는 해당 규약이나 공정증서를 첨부정보로서 등기소에 제공하여야 한다(부등규칙 46조 2항).

(k) 인감증명 방문신청으로 등기신청을 하는 경우에는 부동산등기규칙이 정하는 일정한 자의 인감증명을 제출하여야 한다(부등규칙 60조 1항). 가령 소유권의 등기명의인이 등기의무자로서 등기를 신청하는 경우에는 등기의무자의 인감증명을(부등규칙 60조 1항 1호), 소유권에 관한 가등기명의인이 가등기의 말소등기를 신청하는 경우에는 가등기명의인의 인감증명을 제출하여야 한다(부등규칙 60조 1항 2호. 그 외에 같은 항의 3호-8호도 참조). 그런데 인감증명을 제출하여야 하는 자가 국가 또는 지방자치단체인 경우에는 인감증명을 제출할 필요가 없다(부등규칙 60조 2항).

인감증명을 제출하여야 하는 경우 해당 신청서(위임에 의한 대리인이 신청하는 경우에는 위임장을 말한다)나 첨부서면에는 그 인감을 날인하여야 한다(부등규칙 60조 1항 2문).

〈인감증명 등의 유효기간〉

등기신청서에 첨부하는 인감증명, 법인등기사항증명서, 주민등록표 등본 · 초본, 가족관계등록사항별 증명서 및 건축물대장 · 토지대장 · 임야대장 등본은 발행일부터 3개월 이내의 것이어야 한다(부등규칙 62조).

3) 등기의 신청은 1건당 1개의 부동산에 관한 신청정보를 제공하는 방법으로 하여야 한다(부등법 25조 본문). 다만, 등기목적과 등기원인이 동일하거나 그 밖에 대법원규칙으로 정하는 경우에는, 여러 개의 부동산에 관한 신청정보를 일괄하여 제공하는 방법으로 할 수 있다(부등법 25조 단서).

[41]
2. 등기신청에 대한 심사

(1) 등기는 실질관계와 일치하여야 한다. 따라서 등기신청이 있으면 등기관으로 하여금 이를 심사하게 하여야 한다. 그런데 심사를 신중하게 하면 절차가 지연되는 문제가 생긴다.

심사에 관한 입법례로는 형식적 심사주의와 실질적 심사주의가 있다. 전자는 신청에 대한 심사의 범위를 등기절차법상의 적법성 여부에 한정하는 태도이고, 후자는 그 외에 등기신청의 실질적 이유 내지 원인의 존재 여부와 효력까지도 심사하게 하는 태도이다. 전자는 신속하나 확실하지 않고, 후자는 확실하나 신속하지 않은 정반대의 장 · 단점을 가지고 있다.

(2) 부동산등기법은 심사에 관한 일반적 규정은 두지 않고, 신청을 각하하여

야 할 경우를 열거하고 있을 뿐이다(같은 법 29조). 그런데 거기에는 형식적 · 절차적 사항뿐만 아니라 실질적 · 실체법적 사항도 포함되어 있다. 등기원인을 증명하는 정보(부등법 29조 8호) 등이 그렇다. 여기서 우리 등기법이 실질적 심사주의를 취한 것으로 볼 수 있느냐가 문제된다. 그러나 그 심사는 정보(기록)에 의한 것이고 또 그 정보는 사인에 의한 것에 지나지 않으므로 등기법은 형식적 심사주의에 머물러 있다고 보아야 한다(이설 없음).

〈참 고〉

2011. 4. 12.에 부동산등기법이 개정되기 전에는 1동의 건물을 구분한 건물에 관한 등기신청을 받은 경우 등기관은 그 건물의 표시에 관한 사항을 조사할 수 있었다(개정 전 부등법 56조의 2). 이는 — 집합건물의 시행 초기에 구분건물의 판단기준의 혼선문제를 해결하려고 — 예외적으로 실질적 심사주의를 취한 것이었다. 그런데 그 후 집합건물법이 안정적으로 시행되고 있고, 또 원칙적으로 구분건물인지 여부는 건축물대장 소관청에서 판단하는 것이 타당하며, 이 제도를 유지할 경우 건축물대장에는 일반건물로 되어 있는 것이 등기부에는 구분건물로 표시될 수 있어 거래의 불안을 야기할 수 있기에 이 제도를 폐지하였다. 그 결과 현행 부동산등기법은 예외없이 형식적 심사주의를 취하는 것으로 되었다.

판례도 확고하게 등기관에게 형식적인 심사권만 있는 것으로 새긴다(대판 1987. 9. 22, 87다카1164; 대판 1989. 3. 28, 87다카2470; 대결 1990. 10. 29, 90마772; 대결 1995. 1. 20, 94마535; 대판 1995. 5. 12, 95다9471; 대결 2002. 10. 28, 2001마1235; 대판 2005. 2. 25, 2003다13048; 대판 2007. 6. 14, 2007다4295; 대결 2008. 3. 27, 2006마920). 이에 의하면, 등기관은 등기신청에 관하여 조사할 수 없고, 형식적 요건만 구비되어 있으면 실질적 등기원인에 하자가 있더라도 등기를 하여야 한다(대판 1987. 9. 22, 87다카1164; 대결 1990. 10. 29, 90마772).

(3) 심사기준시는 등기신청서류의 제출시가 아니고 등기부에 기록하려고 하는 때(등기의 실행시)이다(대결 1989. 5. 29, 87마820).

3. 등기의 실행

등기신청이 적법하다고 인정된 경우에는 등기관이 등기를 실행한다. 등기관은 접수번호의 순서에 따라 등기사무를 처리하여야 한다(부등법 11조 3항). 등기관은 등기사무를 전산정보처리조직을 이용하여 등기부에 등기사항을 기록하는 방식으로 처리하여야 한다(부등법 11조 2항). 등기관이 등기부에 기록할 등기사항은 표제부(토지의 경우 부등법 34조, 건물의 경우 부등법 40조) 또는 갑구 · 을구(부등법 48조)에 하는 등기 각각에 대하여 부동산등기법이 규정해 두고 있다. 등기관이 등기사무를 처리한 때에는 등기사무를 처리한 등기관이 누구인지 알 수 있는 조치를 하여야 한다(부등법 11조 4항).

등기관이 등기를 마쳤을 때에는 대법원규칙으로 정하는 바에 따라 신청인 등에게 그 사실을 알려야 한다(부등법 30조, 부등규칙 53조). 이것이 등기완료통지이다. 그리고, 앞에서 언급한 바와 같이, 등기관이 새로운 권리에 관하여 등기를 마쳤을 때에는 등기필정보를 작성하여 등기권리자에게 통지하여야 한다(부등법 50조 1항). 또한 부동산매매계약서 등 일정한 등기원인증서를 신청인에게 돌려주어야 한다(부등규칙 66조 1항). 그 외에 등기관이 소유권의 보존 또는 이전의 등기(가등기를 포함한다)를 하였을 때에는 대법원규칙으로 정하는 바에 따라 지체없이 그 사실을 부동산 소재지 관할 세무서장에게 통지하여야 한다(부등법 63조, 부등규칙 120조).

4. 등기관의 처분에 대한 이의

등기관의 결정 또는 처분에 이의가 있는 자는 그 결정 또는 처분을 한 등기관이 속한 지방법원(그것을 여기서는 「관할 지방법원」이라 함)에 이의신청을 할 수 있다(부등법 100조). 그 이의신청은 대법원규칙으로 정하는 바에 따라 결정 또는 처분을 한 등기관이 속한 등기소에 이의신청서를 제출하거나 전산정보처리조직을 이용하여 이의신청정보를 보내는 방법으로 한다(부등법 101조). 주의할 것은, 새로운 사실이나 새로운 증거방법을 근거로 이의신청을 할 수는 없다는 점이다(부등법 102조). 그리고 이의에는 집행정지의 효력은 없다(부등법 104조). 이의신청이 있는 경우 등기관은 이의가 이유 있다고 인정하면 그에 해당하는 처분을 하여야 하고(부등법 103조 1항), 이의가 이유 없다고 인정하면 이의신청일부터 3일 이내에 의견을 붙여 이의신청서 또는 이의신청정보를 관할 지방법원에 보내야 한다(부등법 103조 2항). 등기를 마친 후에 이의신청이 있는 경우에는 3일 이내에 의견을 붙여 이의신청서 또는 이의신청정보를 관할 지방법원에 보내고, 등기상 이해관계 있는 자에게 이의신청 사실을 알려야 한다(부등법 103조 3항). 그리고 관할 지방법원은 이의에 대하여 이유를 붙여 결정하여야 한다(부등법 105조 1항 1문). 이 경우 이의가 이유 있다고 인정하면 등기관에게 그에 해당하는 처분을 명령하고 그 뜻을 이의신청인과 등기상 이해관계 있는 자에게 알려야 한다(부등법 105조 1항 2문). 지방법원의 이 결정에 대하여는 비송사건절차법에 따라 항고할 수 있다(부등법 105조 2항). 한편 관할 지방법원은 이의신청에 대하여 결정하기 전에 등기관에게 가등기 또는 이의가 있다는 뜻의 부기등기를 명령할 수 있다(부등법 106조·107조).

등기관의 부당한 결정 또는 처분으로 손해를 입은 경우에는 이와 같은 이의와는 별도로 국가배상법에 의하여 손해배상을 청구할 수도 있다.

Ⅷ. 등기청구권 [42]

1. 의 의

(1) 개 념

등기는 원칙적으로 등기권리자와 등기의무자의 공동신청에 의하여 행하여진다. 이와 같이 등기를 당사자의 공동신청으로 하여야 하는 경우에, 당사자 일방(등기의무자)이 등기신청에 협력하지 않으면 다른 당사자(등기권리자)가 혼자서는 등기를 신청할 수 없게 된다. 여기서 등기를 원하는 당사자(등기권리자)로 하여금 상대방(등기의무자)에 대하여 등기신청에 협력할 것을 청구할 수 있도록 할 필요가 있다. 그러한 권리, 즉 등기권리자가 등기의무자에 대하여 등기신청에 협력할 것을 청구할 수 있는 권리가 등기청구권이다. 예컨대 부동산매수인은 매도인에 대하여 등기청구권을 가진다고 하여야 한다. 등기청구권은 단독으로 등기신청을 할 수 있는 경우에는 필요하지 않다.

(2) 등기수취청구권(등기인수청구권)의 문제

예컨대 A가 그의 토지를 B에게 매도하였는데 B의 명의로 소유권이전등기를 하지 않은 경우에, B의 등기신청 지연으로 인하여 A에게 세금부담 기타의 불이익이 생길 수 있다. 그때 A가 B에게 등기를 넘겨가라고 요구할 수 있는지가 문제된다. 여기에 관하여 학설은 모두 긍정하고 있다. 그런데 그 설명방법은 일치하지 않는다. i) 등기의무자에게 등기청구권이 생긴다고 하는 견해가 있는가 하면(고상룡, 122면; 곽윤직, 106면; 김상용, 183면; 김용한, 138면; 김학동, 97면. 이 중 앞의 세 문헌은 그 권리를 등기인수청구권이라고 한다), ii) 신의칙에 기하여 등기권리자에게 수취의무가 부과된다고 하는 견해(이은영, 207면), iii) 등기수취청구권은 실체법상의 권리라기보다는 등기법상의 권리라고 이해하여야 한다는 견해(이영준, 212면)도 있다. 그리고 판례는 부동산등기법 제29조(현행 부등법 23조 4항에 해당하는데, 그중에 「등기절차의 인수를 명하는 판결에 의한 등기」 부분이 근거로 됨)를 근거로 등기의 인수를 구할 수 있다고 한다(대판 2001. 2. 9, 2000다60708).

〈판 례〉

「부동산등기법은 등기는 등기권리자와 등기의무자가 공동으로 신청하여야 함을 원칙으로 하면서도(제28조), 제29조(현행 부등법 23조 4항에 해당함: 저자 주)에서 '판결에 의한 등기는 승소한 등기권리자 또는 등기의무자만으로' 신청할 수 있도록 규정하고 있는바, 위 법조에서 승소한 등기권리자 외에 등기의무자도 단독으로 등기를 신청할 수 있게 한 것은, 통상의 채권채무관계에서는 채권자가 수령을 지체하는 경우 채무자는 공탁 등에 의한 방법으로 채무부담에서 벗어날 수 있으나 등기에 관한 채권채무관계에 있어서는 이러한 방법을 사용할 수 없으므로, 등기의무자가 자기 명의로 있어서는 안 될 등기가 자기 명의로 있음으로 인하여 사회생활상 또는 법상 불이익을 입을 우려가 있는 경우에는 소의 방법으로 등기권리자를 상대로 등기를 인수받아 갈 것을 구하고 그 판결을 받아 등기를 강제로 실현할 수 있도록 한 것이다.」(대판 2001. 2. 9, 2000다60708)

이들을 검토해 본다. 우리 부동산등기법은 1991년의 개정 이후 등기의무자도 승소판결을 얻어 단독으로 등기할 수 있도록 하였다(같은 법 23조 4항). 등기법의 그 규정은 등기의무자를 등기권리자와 함께 규정하고 있다. 이는 등기의무자에게도 실체법상 등기수취청구권이 있음을 전제로 한 것이다. 이론적으로는 채권자에게 수령의무 기타 협력의무가 인정되는데 그 내용에는 등기수취의무도 포함된다고 할 것이다. 그 근거는 신의칙이 될 것이다. 결국 신의칙에 기하여 등기권리자는 등기수취의무를 부담하고 그에 대응하여 등기의무자는 등기수취청구권을 가지게 되며, 등기의무자의 그 권리는 실체법상의 권리라고 하여야 한다.

(3) 등기신청권과의 구별

등기청구권은 사인(私人)이 다른 사인에 대하여 등기신청에 협력할 것을 청구하는 권리로서 사권이다. 그에 비하여 등기신청권은 국민이 등기관이라는 국가기관에 대하여 등기를 신청하는 권리로서 일종의 공권이다. 따라서 둘은 구별되어야 한다.

[43] 2. 발생원인과 성질

등기청구권의 발생원인과 성질에 관하여는 부동산임차인의 등기청구권에 관한 제621조를 제외하고는 규정이 없다. 이러한 상황에서 학설은 모두 경우들을 나누어 이 문제를 살펴보고 있다. 학설은 둘로 나누는 것부터 여덟으로 나누는 것까지 다양한데, 보통은 넷으로 나누고 있다. 여기서는 등기청구권의 성질과 학설 대립을 고려하여 다수설과 같이 네 가지 경우로 나누어 검토해 보기로 한다.

(1) 법률행위에 의한 물권변동의 경우

법률행위에 의한 물권변동에 있어서 등기청구권의 발생원인과 성질에 관하여는 학설이 대립하고 있다. i) 제 1 설은 원인행위인 채권행위에서 발생하며, 그 성질은 채권적 청구권이라고 한다. 이 견해는 물권행위의 독자성을 부정하는 입장에서 주장되기도 하고(고상룡, 125면; 곽윤직, 105면; 주해(4), 84면(김황식); 지원림, 505면), 독자성을 인정하면서 주장되기도 한다(이은영, 210면; 장경학, 247면). ii) 제 2 설은 물권행위가 행하여진 경우에는 물권행위의 효력으로서 등기청구권이 발생하고 채권행위가 물권행위를 동반하지 않는 경우에는 채권행위의 효력으로서 등기청구권이 발생하며, 이때 등기청구권의 성질은 모두 채권적 청구권이라고 한다(김기선, 102면; 이상태, 111면). iii) 제 3 설은 등기청구권은 매매계약 기타 채권계약의 효력으로서 발생할 수도 있고, 물권적 합의와 부동산의 인도가 있는 경우에는 취득자에게 물권적 기대권이 생기고 이 물권적 기대권의 효력으로도 생기며, 등기청구권의 성질은 앞의 경우에는 채권이나 뒤의 경우에는 물권적이라고 한다(김상용, 185면; 김학동, 98면). iv) 제 4 설은 등기청구권은 물권적 합의 중에 당연히 포함되어 있는 것이며(물권적 합의에서 발생한다고 하여도 좋다고 한다), 그 성질도 물권적인 것이라고 한다(김용한, 141면). v) 제 5 설은 등기청구권은 물권적 합의로부터 나오는 것이지만 등기 전 단계로서의 물권적 합의는 물권행위로까지 완성된 것이 아니므로 여전히 등기청구권은 채권적 청구권일 수밖에 없다고 한다(이영준, 218면).

한편 판례는 등기청구권은 채권행위에서 발생하며 채권적 청구권이라고 하여, i)설과 같다(대판 1962. 5. 10, 4294민상1232; 대판 1965. 2. 16, 64다1630; 대판(전원) 1976. 11. 6, 76다148; 대판 1976. 11. 23, 76다342 등).

생각건대 i)설이 지적하는 바와 같이, 물권행위 내지 물권적 합의는 이행행위(급부행위)이므로 그로부터 급부청구권이 발생할 수는 없다. 그리고 등기는 물권행위와 동등한 가치를 가지는 물권변동에 필요한 요건이며, 따라서 이 두 요건은 어느 한 쪽이 다른 쪽을 강제하지 못한다. 이러한 점에서 볼 때 물권행위에서(또는 물권행위에서도) 등기청구권이 발생한다고 하는 ii)설 내지 v)설은 옳지 않다. iii)설은 우리 법상 물권적 기대권이 인정될 수 없다는 점에서 더욱 지지되기 어렵다. 다음에 등기청구권의 성질에 관하여 보면, 우리 법상 등기가 있기 전에는 설사 물권행위가 행하여졌더라도 물권변동은 일어나지 않는다. 따라서 등기청구권자가 물권에 기한 물권적 청구권을 가질 수는 없다. 결국 등기청구권은 채권적 청구권이라고 하여야 한다.

〈등기청구권의 소멸시효 문제〉

법률행위에 의한 물권변동의 경우, 특히 부동산매매에 있어서 매수인의 등기청구권이 소멸시효에 걸리는지가 문제된다. 학설은 대립하고 있다. ⓐ 제 1 설은 그 권리는 채권적 청구권이며, 10년의 소멸시효에 걸린다고 한다(곽윤직, 106면. 지원림, 505면도 같은 입장이나, 399면에서는 예외를 인정한다). ⓑ 제 2 설은 원칙적으로는 10년의 시효에 걸리나, 매수인이 목적물을 인도받아 점유하고 있는 경우에는 소멸시효에 걸려 소멸하지 않는다고 한다. 이 견해는 그 이유로 뒤의 경우에는 물권적 기대권에 기하여 등기청구권이 생기고 그 성질이 물권적이어서 그렇다고 하거나(김상용, 총칙, 698면; 김주수, 총칙, 544면; 김학동, 98면), 그때에는 소유권이전청구권을 행사하고 있기 때문이라고 하기도 하고(이은영, 214면), 또는 목적물을 인도받고 있으면 매도인은 매수인에 대한 등기의무의 존재를 승인한 것이어서 소멸시효가 중단되기 때문이라고 하는가 하면(고상룡, 130면; 이상태, 118면), 이 문제는 실효이론에 의하여 해결하는 것이 가장 타당하나 시효제도의 존재의의에 비추어 그때에는 소멸시효에 걸리지 않는다고 함이 타당하다고 하기도 한다(이영준, 총칙, 801면).

여기에 관하여 판례는, 형식주의를 취하고 있는 우리 법제상으로 보아 매수인의 등기청구권은 채권적 청구권에 불과하여 소멸시효제도의 일반원칙에 따르면 매매목적물을 인도받은 매수인의 등기청구권도 소멸시효에 걸린다고 할 것이지만, 부동산의 매수인으로서 그 목적물을 인도받아서 이를 사용·수익하고 있는 경우에는 그 매수인을 권리 위에 잠자고 있는 것으로 볼 수도 없고 또한 매도인 명의로 등기가 남아 있는 상태와 매수인이 인도받아 이를 사용·수익하고 있는 상태를 비교하면 매도인 명의로 잔존하고 있는 등기를 보호하기보다는 매수인의 사용·수익 상태를 더욱 보호하여야 할 것이므로, 부동산을 매수한 자가 그 목적물을 인도받은 경우에는 그 매수인의 등기청구권은 다른 채권과는 달리 소멸시효에 걸리지 않는다고 한다(대판(전원) 1976. 11. 6, 76다148. 같은 취지: 대판 1980. 1. 15, 79다1799; 대판 1990. 12. 7, 90다카25208; 대판(전원) 1999. 3. 18, 98다32175 등 다수의 판결). 학설 중 ⓑ설은 이러한 판례를 지지하고 있는 것이다. 그런데 판례는 여기서 더 나아가 「부동산의 매수인이 그 부동산을 인도받은 이상 이를 사용·수익하다가 그 부동산에 대한 보다 적극적인 권리행사의 일환으로 다른 사람에게 그 부동산을 처분하고 그 점유를 승계하여 준 경우에도 그 이전등기청구권의 행사 여부에 관하여 그가 그 부동산을 스스로 계속 사용·수익만 하고 있는 경우와 특별히 다를 바 없으므로 위 두 어느 경우에나 이전등기청구권의 소멸시효는 마찬가지로 진행되지 않는다」고 한다(대판(전원) 1999. 3. 18, 98다32175). 이는 과거에 매수인이 그 목적물의 점유를 상실하여 더 이상 사용·수익하고 있는 상태가 아니라면 그 점유상실 시점으로부터 그 이전등기청구권에 관한 소멸시효가 진행한다는 판례(대판 1996. 9. 20, 96다68; 대판 1997. 7. 8, 96다53826; 대판 1997. 7. 22, 95다17298)와 소멸시효가 진행하지 않는다는 판례(대판 1976. 11. 23, 76다546; 대판 1977. 3. 8, 76다1736; 대판 1988. 9. 27, 86다카2634)가 대립하여 엇갈려 있던 것을 전자를 폐기하고 후자로 통일한 것이다.

매수인이 점유를 상실하여도 등기청구권이 소멸시효에 걸리지 않는다는 판례에 대하여는 논의가 적으며, 판례에 찬성하는 견해가 보인다(고상룡, 130면).

생각건대 학설 중 (b)설과 판례는 실질적 타당성 면에서 고려할 가치가 없지는 않다. 그러나 등기청구권을 채권적 청구권으로 파악하여야 하는 한 그 권리는 10년의 시효에 걸린다고 하여야 할 것이다. 더욱이 매수인이 목적물을 인도받아 점유하고 있는 것이 소유권이전청구권 내지 등기청구권의 행사일 수 있다거나 또는 그 경우를 매도인의 등기의무에 대한 승인으로 보는 것도 무리이다. 그리고 소멸시효제도의 존재의의로부터 그 결론을 이끌어 낼 수도 없다. 그 밖에 물권적 기대권으로 설명하는 이론은 물권적 기대권을 인정할 수 없기 때문에 취할 수 없다. 뿐만 아니라 (b)설 및 판례처럼 해석하면 부동산매수인이 등기를 하지 않아도 보호되게 되어 성립요건주의의 취지가 몰각되게 된다. 그리고 그것은 등기부와 실제의 권리관계의 불일치를 심화시키는 문제를 일으킨다. 이러한 점에 비추어 볼 때 (a)설이 타당하다. 한편 이러한 사견의 입장에서는 부동산매수인이 점유를 상실하였는가는 아무런 영향도 없다. 매수인이 점유를 하고 있어도 등기청구권에 관한 소멸시효가 진행하기 때문이다.

한편 판례는, 부동산의 매수인이 목적물을 인도받아 계속 점유하는 경우에는 매도인에 대한 소유권이전등기 청구권은 소멸시효가 진행되지 않는다는 법리는 3자간 등기명의신탁에 의한 등기가 유효기간의 경과로 무효로 된 경우에도 마찬가지로 적용되며, 따라서 그 경우 목적 부동산을 인도받아 점유하고 있는 명의신탁자의 매도인에 대한 소유권이전등기 청구권 역시 소멸시효가 진행되지 않는다고 한다(대판 2013. 12. 12, 2013다26647). 그에 비하여 부동산실명법의 시행에 따라 그 권리를 상실하게 된 위 법 시행 이전의 명의신탁자가 그 대신에 부당이득의 법리에 따라 법률상 취득하게 된 명의신탁 부동산에 대한 부당이득 반환청구권을 가지는 경우 그에 기한 등기청구권은 명의신탁자가 그 부동산을 점유·사용하여 온 때에도 10년의 소멸시효가 진행한다고 한다(대판 2009. 7. 9, 2009다23313). 대법원은 그 이유로, 무효로 된 명의신탁 약정에 기하여 처음부터 명의신탁자가 그 부동산의 점유 및 사용 등 권리를 행사하고 있다 하여 위 부당이득 반환청구권 자체의 실질적 행사가 있다고 볼 수 없을 뿐만 아니라, 만약 명의신탁자가 그 부동산을 점유·사용하여 온 경우에는 명의신탁자의 명의수탁자에 대한 부당이득 반환청구권에 기한 등기청구권의 소멸시효가 진행되지 않는다고 보아야 한다면, 이는 명의신탁자가 부동산실명법의 유예기간 및 시효기간 경과 후 여전히 실명전환을 하지 않아 부동산실명법을 위반한 경우임에도 그 권리를 보호하여 주는 결과로 되어 부동산 거래의 실정 및 부동산실명법 등 관련 법률의 취지에도 맞지 않는다는 점을 든다.

(2) 실체관계와 등기가 일치하지 않는 경우 [44]

A의 부동산에 관하여 B가 위조서류를 이용하여 자신의 명의로 소유권보존

등기 또는 소유권이전등기를 한 때처럼 무권리자에 의하여 등기가 행하여진 경우, 매매에 기하여 소유권이전등기가 행하여졌는데 그 매매가 무효이거나 취소·해제된 경우, 법정지상권이나 법정저당권이 성립한 경우 등에는 등기청구권이 인정되어야 한다(187조에 의한 물권변동의 경우 가운데 단독신청이 가능하거나 관공서의 촉탁에 의하여 등기되는 경우는 등기청구권이 필요하지 않다). 이러한 경우의 등기청구권에 관하여 학설은 일치하여 그것은 물권의 효력으로서 발생하는 물권적 청구권이라고 한다(고상룡, 132면; 곽윤직, 106면; 김용한, 145면; 이상태, 112면; 이영준, 219면; 이은영, 218면; 주해(4), 84면(김황식); 지원림, 505면). 그리고 판례도 같은 입장에 있다(대판 1979. 2. 13, 78다2412; 대판 1982. 7. 27, 80다2968). 생각건대 등기가 실체관계와 일치하지 않는 경우에는 물권자는 물권내용의 실현을 방해당하고 있다고 할 수 있다. 따라서 그는 물권의 효력으로서 생기는 방해제거청구권을 행사하여 그 불일치를 제거할 수 있다고 하여야 한다. 그러한 점에서 볼 때 학설·판례는 타당하다.

(3) 점유 취득시효의 경우

민법은 제245조 제 1 항에서 점유 취득시효제도를 두고 있다. 이 점유 취득시효는 본래 제187조에 의한 물권변동이어서 물권취득에 등기가 필요하지 않는 것이나(만약 그렇다면 위 (2)의 경우가 된다), 위의 규정은 등기를 요구하고 있다. 여기서 점유 취득시효 완성자(등기 이외의 점유 취득시효 요건을 모두 갖춘 자)의 등기청구권에 관하여 논란이 생긴다. 학설은 i) 제245조 제 1 항의 법률규정에서 발생하고 성질은 채권적 청구권이라는 견해(고상룡, 133면; 곽윤직, 107면; 이상태, 113면; 이영준, 221면; 이은영, 217면; 주해(4), 85면(김황식); 지원림, 505면)와 ii) 물권적 기대권의 효력으로서 발생하는 물권적 청구권이라는 견해(김상용, 185면; 김용한, 144면; 김학동, 99면)가 대립하고 있다. 판례는 이 경우의 등기청구권은 채권적 청구권이라고 하며, 그 등기청구권은 점유가 계속되는 한 시효로 소멸하지 않는다고 한다(대판 1996. 3. 8, 95다34866). 사견으로는 취득시효의 요건이 갖추어진 경우에는 점유자에게 사실상 소유권이 있고 그때는 실체관계와 등기가 불일치하는 경우이어서 물권의 효력으로서 물권적 청구권인 등기청구권이 발생한다고 할 것이다(245조 1항의 문제점을 해소하기 위한 부득이한 해석이다. 자세한 점은 송덕수, 신사례, 291면·292면 참조).

(4) 부동산임차권의 경우

민법 제621조에 의하면, 부동산임차인은 당사자 사이에 반대약정이 없으면 임대인에 대하여 등기청구권을 행사할 수 있다고 한다. 이 경우의 등기청구권에 관하여 학설은 i) 제621조 제 1 항의 법률규정에서 발생하며, 그 성질은 채권적 청구권이라는 견해(고상룡, 134면; 곽윤직, 108면; 김용한, 143면; 이상태, 114면; 주해(4), 86면(김황식); 지원림, 505면)와 ii) 당사자 사이의 계약에서 발생하며, 채권적 청구권이라는 견해(김상용, 184면; 이영준, 214면)로 나뉘어 있다. 생각건대

제621조 제 1 항은 부동산임차인의 보호를 위하여 두어진 특별규정이다. 즉 그것은 반대약정이 없으면 등기청구권을 인정해주려고 하는 것이며, 그 규정은 결코 등기청구권에 관한 당사자 사이의 약정을 확인해주는 것이 아니다(이영준, 214면 주 4는 확인해주는 것으로 이해한다). 임대차계약이라는 채권계약에 등기청구권에 관한 약정이 포함되어 있다고 볼 수는 없다. 결국 i)설이 옳다.

(5) 부동산환매권의 경우

민법 제592조에 의하면, 부동산을 매매하면서 환매권의 보류를 등기한 때에는 제 3 자에 대하여 효력이 있게 된다. 이러한 환매등기에 있어서 등기청구권은 당사자 사이의 계약에서 발생하고, 그 성질은 채권적 청구권이라고 하여야 한다(이설 없음).

Ⅸ. 등기의 효력 [45]

등기의 효력은 보통의 등기인 본등기의 경우와 가등기의 경우로 나누어 보아야 한다.

1. 본등기의 효력

(1) 권리(물권)변동적 효력

물권행위 외에 유효한 등기가 있으면 부동산에 관한 물권변동의 효력이 생긴다. 이러한 물권변동적 효력은 등기의 효력 가운데 가장 중요한 것이다.

주의할 것은, 등기의 권리변동적 효력이 생기려면 등기가 신청된 것만으로는 부족하고 등기부(등기기록)에 실제로 기록되어야 한다는 점이다. 따라서 등기가 신청되고 등기관이 등기필정보를 통지하였더라도 실제로 등기부에 기록되지 않으면 권리변동적 효력은 생기지 않는다.

등기관이 등기를 마친 경우(부등법 6조 2항에서 「등기관이 등기를 마친 경우」란 부등법 11조 4항에 따라 등기사무를 처리한 등기관이 누구인지 알 수 있는 조치를 하였을 때를 말한다(부등규칙 4조))에 그 등기의 효력이 발생하는 시점은 언제인가? 여기에 관하여 개정 부동산등기법은 명문의 규정을 두고 있다. 그에 따르면, 그 등기는 「접수한 때부터」 효력을 발생한다(부등법 6조 2항). 그런데 부동산등기법상 등기신청은 대법원규칙으로 정하는 등기신청정보(이는 해당 부동산이 다른 부동산과 구별될 수 있게 하는 정보를 말한다(부등규칙 3조 1항))가 전산정보처리조직에 저장된 때에 접수된 것으로 보므로(부등법 6조 1항), 결국 등기는 등기신청정보가 전산정보처리조직에 저장된 때부터 효력이 생기게 된다. 다만, 같은 토지 위에 있는 여러 개의 구분건물에 대한 등기를 동시에 신청하는 경우에는 그 건물의 소재 및 지번에 관한 정보가 전산정보처리조직에 저장된 때 등기신청이 접수된 것으로 보므로, 등기도 그 시기에 효력이 생긴다(부등규칙 3조 2항).

(2) 대항적 효력

지상권 · 지역권 · 전세권 · 저당권 · 저당권으로 담보된 채권 위의 질권 등에 관하여 일정사항, 예컨대 존속기간 · 지료 · 지급시기 · 일정한 약정 · 채권액 · 채권의 변제기 · 이자 · 지급장소 등이 등기된 때에는(부등법 69조 · 70조 · 72조 · 75조 · 76조), 그것을 가지고 제 3 자에게 대항할 수 있다. 환매권과 부동산임차권에 관하여 일정사항(환매대금 · 환매기간 · 차임 · 존속기간 · 차임의 지급시기 · 임차보증금 등)이 등기된 때에도 같다(부등법 53조 · 74조. 환매권 · 부동산임차권은 그 자체가 등기에 의하여 대항적 효력을 가지는 것이기도 하다). 이들은 등기하지 않으면 당사자 사이에서 채권적 효력만 있게 된다(이영준, 230면은 권리변동적 효력도 그렇다고 하나, 우리 법상 등기가 없는 한 권리변동은 당사자 사이에서 채권적 효력도 생기지 않는다).

(3) 순위확정적 효력

같은 부동산에 관하여 등기한 여러 권리의 순위는 법률에 다른 규정이 없으면 등기한 순서에 따른다(부등법 4조 1항). 이것이 등기의 순위확정적 효력이다. 그리고 여기서 등기의 순서는 등기기록 중 같은 구(갑구 · 을구)에서 한 등기 상호간에는 순위번호에 따르고, 다른 구에서 한 등기 상호간에는 접수번호에 따른다(부등법 4조 2항). 다만, 부기등기의 순위는 주등기의 순위에 따르되, 같은 주등기에 관한 부기등기 상호간의 순위는 그 등기 순서에 따른다(부등법 5조).

[46] (4) 추정적 효력(추정력)

1) 의의 및 근거 등기의 추정적 효력 내지 추정력이라 함은 어떤 등기가 있으면 그에 대응하는 실체적 권리관계가 존재하는 것으로 추정하게 하는 효력을 말한다. 민법은 등기의 추정력에 관한 명문의 규정(독일민법 891조, 스위스민법 937조 참조)을 두고 있지 않으나, 이를 인정하는 데 학설 · 판례가 일치하고 있다(이에 대한 판례는 대단히 많다).

등기의 추정력을 인정하는 근거에 관하여 학설은 여럿으로 나뉘어 대립하고 있다. i) 등기는 절차에 있어서 실체적 권리관계에 의거한다는 것이 상당히 보장되며 또한 국가기관에 의하여 관리되기 때문이라는 견해(이를 개연성설이라고 하기도 한다. 곽윤직, 109면; 김상용, 192면; 김용한, 146면. 주해(4), 103면(김황식)은 그 외에 등기가 물권변동의 대항요건이라는 점도 들고 있다), ii) 제200조의 유추적용에서 근거를 찾아야 한다는 견해(고상룡, 136면; 김학동, 102면; 지원림, 508면), iii) 등기가 부동산 물권행위의 요소라는 데 근거가 있다는 견해(이영준, 232면), iv) 등기를 부동산 물권변동의 공시방법으로 삼고 있기 때문이라는 견해(이은영, 222면)가 그것이다. 생각건대 여기의 추정은 사실의 추정이 아니고 권리의 추정이어서 그 근거는 법규에서 찾아야 한다. 그런데 민법은 동산 점유에 관하여는 권리의 추정을 명문으로 규정하고 있으나(200조), 부동산등기에 관하여는 아무런 규정도 두고 있지 않다. 규율의 틈이 있는 것이다. 그 틈은 제200조의 유추적용에 의하여 채워져야 한다(같은 취지: 김학동, 102면). 그리고 그것이 등기의 추정력의 법적 근거라고 할 것이다.

2) **추정력이 미치는 범위** 등기가 있으면 그 권리가 등기명의인에게 속하는 것으로 추정된다. 그리고 그 등기에 의하여 유효한 물권변동이 있었던 것으로 추정된다(대판 1966. 1. 31, 65다186; 대판 1969. 5. 27, 69다306; 대판 1992. 10. 27, 92다30047. 지분이전등기가 경료된 경우 그 등기는 적법하게 된 것으로서 진실한 권리상태를 공시하는 것이라고 추정됨). 그런데 등기의 추정력이 등기부에 기재된 등기원인에도 미치는가가 문제된다. 여기에 관하여 학설은 i) 인정설(고상룡, 136면; 이상태, 105면; 이영준, 234면; 주해(4), 104면(김황식); 지원림, 509면), ii) 부정설(곽윤직, 110면; 김상용, 193면), iii) 법적 원인의 존재는 추정되지만 등기원인의 구체적 동일성은 추정되지 않는다는 견해(이은영, 223면), iv) 권리의 발생원인사실(예: 등기원인의 존재)은 추정되지 않으나, 사실상 추정력을 가진다는 견해(김학동, 103면)로 나뉘어 있으며, 판례는 긍정하고 있다(대판 2002. 2. 5, 2001다72029; 대판 2003. 2. 28, 2002다46256 등 다수의 판결. 그러나 대판 1964. 9. 30, 63다758은 예외이다). 생각건대 이는 사실의 추정 문제이고, 종래 실제와 다른 등기원인에 의한 등기가 적지 않게 행하여졌을 뿐만 아니라, 판례가 그러한 등기의 유효성도 인정하고 있음에 비추어 볼 때, 부정하여야 할 것이다. 한편 등기의 추정력은 등기부상의 기재사항에도 미친다. 그 결과 가령 저당권설정등기가 되어 있으면 저당권의 존재뿐만 아니라 등기된 금액의 피담보채권도 존재한다고 추정된다(그런데 근저당권설정등기가 된 경우에 피담보채권의 존재는 추정되지 않는다고 할 것이다. 근저당권의 경우에 등기되는 채권최고액은 실제의 채권액이 아니고 장차 담보할 채권의 최고한도액일 뿐이기 때문이다. 같은 취지: 대판 2009. 12. 24, 2009다72070([205]에 직접 인용함); 대판 2011. 4. 28, 2010다107408).

등기의 추정력은 권리변동의 당사자에게도 미치는가? 예컨대 매매를 원인으로 하여 A로부터 B로 소유권이전등기가 되었는데, A가 B에 대하여 매매계약의 부존재를 이유로 등기말소를 청구하는 경우에, B가 등기의 추정력을 주장할 수 있는지가 문제이다. 여기에 관하여 학설은 i) 인정설(고상룡, 137면; 김학동, 104면; 이상태, 106면; 이영준, 237면; 주해(4), 103면(김황식))과 ii) 부정설(곽윤직, 110면; 김상용, 194면; 이은영, 225면; 지원림 510면)로 나뉘어 있고, 판례는 인정설을 취한다(대판 1997. 6. 24, 97다2993; 대판 1997. 12. 12, 97다40100; 대판 2000. 3. 10, 99다65462; 대판 2004. 9. 24, 2004다27273; 대판 2013. 1. 10, 2010다75044 · 75051; 대판 2023. 7. 13, 2023다223591 · 223607 등 다수의 판결). 생각건대 등기의 추정력은 모든 자에게 인정되어야 하므로 인정설이 타당하다.

등기의 추정력은 일반적으로 등기명의인이 자신의 이익을 위하여 주장할 것이다. 그러나 등기명의인이 아닌 제 3 자도 추정력을 원용할 수 있다. 가령 소유자로서 손해배상책임을 지게 하거나(758조 참조) 조세를 부담시키기 위하여 추정력을 원용할 수 있는 것이다. 등기의 추정력이 등기명의인의 이익만을 위하여 인정되는 것은 아니기 때문이다(같은 취지: 지원림, 510면).

3) 추정의 효과 추정에는 사실상의 추정과 법률상의 추정이 있다. 전자는 일반 경험법칙을 적용하여 행하는 추정이고, 후자는 이미 법규화된 경험법칙 즉 추정규정을 적용하여 행하는 추정이다. 그리고 전자가 번복되려면 추정사실이 진실인가에 의심을 품게 할 반증이 있으면 충분하지만, 후자가 번복되려면 추정사실이 진실이 아니라는 적극적인 반대사실의 증거(본증)가 있어야 한다(이시윤, 민사소송법, 2018, 540면). 법률상의 추정은 다시 사실추정과 권리추정으로 세분된다. 등기의 추정력에서의 추정은 이 가운데 어디에 해당하는가? 우리 통설과 판례에 따르면 그 추정은 법률상의 추정이고 그 중에서도 권리추정이라고 한다. 그러므로 그 추정을 번복하려면 추정을 면하려는 자, 즉 등기와 양립할 수 없는 사실을 주장하는 자가 반대사실의 증거를 제출해야 한다.

한편 판례(사견도 같음)에 따르면, 소유권이전등기가 경료되어 있는 경우 그 등기명의자는 제 3 자에 대해서뿐만 아니라 그 전 소유자에 대하여서도 적법한 등기원인에 의하여 소유권을 취득한 것으로 추정되므로, 원고가 이를 부인하고 그 등기원인의 무효를 주장하여 소유권이전등기의 말소를 구하려면 그 무효원인이 되는 사실을 주장하고 증명할 책임이 있다(대판 1977. 6. 7, 76다3010; 대판 1982. 6. 22, 81다791; 대판 2014. 3. 13, 2009다105215; 대판 2023. 7. 13, 2023다223591 · 223607). 그런데 등기명의자 또는 제 3 자가 그에 앞선 등기명의인의 등기 관련 서류를 위조하여 소유권이전등기를 경료하였다는 점이 증명되었으면 특별한 사정이 없는 한 그 무효원인의 사실이 증명되었다고 보아야 하고, 그 등기가 실체적 권리관계에 부합한다는 사실의 증명책임은 이를 주장하는 등기명의인에게 있다(대판 2014. 3. 13, 2009다105215).

그리고 등기의 추정력의 부수적인 효과로서 ① 등기의 내용을 신뢰하는 것은 선의인 데 과실이 없었던 것으로 추정되며(대판 1982. 5. 11, 80다2881; 대판 1992. 1. 21, 91다36918), ② 부동산물권을 취득하려는 자는 등기내용을 알고 있었던 것으로, 즉 악의로 추정된다.

〈판 례〉

(ㄱ) **추정력의 의미** 「부동산에 관한 소유권이전등기는 그 자체만으로써 권리의 추정력이 있어 이를 다투는 측에서 적극적으로 그 무효사유를 주장 · 입증하지 아니하는 한, 그 등기명의자의 등기원인 사실에 관한 입증이 부족하다는 이유만으로써는 그 등기의 권리추정력을 깨뜨려 이를 무효라고 단정할 수는 없」다(대판 1979. 6. 26, 79다741).

(ㄴ) **보존등기의 추정력** 「부동산 소유권보존등기가 경료된 이상 그 보존등기 명의자에게 소유권이 있음이 추정된다 하더라도 그 보존등기 명의자가 보존등기하기 이전의 소유자로부터 양수받은 것이라는 주장이 있고, 전 소유자가 양도사실을 부인하는 경우에는 그 보존등기의 추정력은 깨어지고 그 보존등기 명의자 측에서 그 양수사실을 입증할 책임이 있다.」(대판 1982. 9. 14, 82다카707)

「신축된 건물의 소유권은 이를 건축한 사람이 원시취득하는 것이므로, 건물 소유권보존등기의 명의자가 이를 신축한 것이 아니라면 그 등기의 권리 추정력은 깨어지고, 등기명의자가 스스로 적법하게 그 소유권을 취득한 사실을 입증하여야 할 것이다.」(대판 1996. 7. 30, 95다30734)

「소유권보존등기의 추정력은 그 등기가 특별조치법에 의하여 마쳐진 것이 아닌 한 등기명의인 이외의 자가 해당 토지를 사정받은 것으로 밝혀지면 깨어지는 것이어서, 등기명의인이 구체적으로 실체관계에 부합한다거나 그 승계취득 사실을 주장 · 증명하지 못하는 한 그 등기는 원인무효이므로, 이와 같이 원인무효인 소유권보존등기를 기초로 마친 소유권이전등기는 그것이 특별조치법에 의하여 이루어진 등기라고 하더라도 원인무효이다.」(대판 2018. 1. 25, 2017다260117)

「토지조사부에 소유자로 등재되어 있는 자는 재결에 의하여 사정 내용이 변경되었다는 등의 반증이 없는 이상 토지의 소유자로 사정받아 그 사정이 확정된 것으로 추정되어 그 토지를 원시적으로 취득하게 되고, 소유권보존등기의 추정력은 그 보존등기 명의인 이외의 자가 당해 토지를 사정받은 것으로 밝혀지면 깨지는 것」이다(대판 2011. 5. 13, 2009다94384 · 94391 · 94407. 같은 취지: 대판 1997. 5. 23, 95다46654 · 46661; 대판 1998. 9. 8, 98다13686; 대판 2008. 12. 24, 2007다79718).

「부동산등기법 제130조는 미등기 부동산의 소유권보존등기를 함에 있어서 토지대장등본 또는 임야대장등본에 의하여 소유권을 증명할 수 없는 자는 판결에 의하여 소유권을 증명하여 보존등기를 할 수 있도록 하고 있고, 등기예규 제1026호는 위 법소정의 판결의 한 예로서 '당해 부동산이 보존등기 신청인의 소유임을 이유로 소유권보존등기의 말소를 명한 판결'을 규정하고 있으므로, 소유권보존등기 명의인을 상대로 한 소유권보존등기 말소청구 소송을 제기하여 승소판결을 받은 자가 그 판결에 기하여 기존의 소유권보존등기를 말소한 후 자신의 명의로 마친 소유권보존등기는 일응 적법한 절차에 따라 마쳐진 소유권보존등기라 할 것이고, 또한 그 기초가 된 판결의 내용이 '사정명의인이 따로 있음에도 불구하고 그 사정명의인이 원고 종중으로부터의 명의신탁에 의하여 사정을 받은 사실'을 인정하고 있으므로, 이러한 경우에는 다른 특별한 사정이 없는 한 원고가 이 사건 부동산의 적법한 소유자라는 점이 인정된다고 보아야 할 것이고, 위 판결이 공시송달 절차에 의하여 선고된 판결이라고 하여 달리 볼 이유는 되지 못한다.」(대판 2006. 9. 8, 2006다17485)

(ㄷ) **전 등기명의인의 처분에 제 3 자가 개입된 경우** 「전 등기명의인의 직접적인 처분행위에 의한 것이 아니라 제 3 자가 그 처분행위에 개입된 경우 현 등기명의인이 그 제 3 자가 전 등기명의인의 대리인이라고 주장하더라도 현 등기명의인의 등기가 적법히 이루어진 것으로 추정된다 할 것이므로 그 등기가 원인무효임을 이유로 말소를 청구하는 전 등기명의인으로서는 그 반대사실, 즉 그 제 3 자에게 전 등기명의인을 대리할 권한이 없었다든지, 또는 그 제 3 자가 전 등기명의인의 등기서류를 위조하였다는 등의 무효사실에 대한 입증책임을 진다.」(대판 1993. 10. 12, 93다18914. 같은 취지: 대판 1992. 4. 24, 91다26379 · 26386)

(ㄹ) **등기원인을 다르게 주장한 경우** 「부동산에 관하여 소유권이전등기가 마쳐져 있는 경우 그 등기명의자는 제 3 자에 대하여서 뿐만 아니라, 그 전 소유자에 대하여서도 적법한 등기원인에 의하여 소유권을 취득한 것으로 추정되고, 한편 부동산등기는 현재의 진실한 권리상태를 공시하면 그에 이른 과정이나 태양을 그대로 반영하지 아니하였어도 유효한 것으로서, 등기명의자가 전 소유자로부터 부동산을 취득함에 있어 등기부상 기재된 등기원인에 의하지 아니하고 다른 원인으로 적법하게 취득하였다고 하면서 등기원인행위의 태양이나 과정을 다소 다르게 주장한다고 하여 이러한 주장만 가지고 그 등기의 추정력이 깨어진다고 할 수는 없을 것이므로, 이러한 경우에도 이를 다투는 측에서 등기명의자의 소유권이전등기가 전 등기명의인의 의사에 반하여 이루어진 것으로서 무효라는 주장 · 입증을 하여야 한다.」(대판 2001. 8. 21, 2001다23195. 같은 취지: 대판 1994. 9. 13, 94다10160; 대판 2000. 3. 10, 99다65462; 대판 2023. 7. 13, 2023다223591 · 223607)

「토지에 관하여 점유 취득시효 완성에 따라 소유권이전등기가 마쳐진 경우에도 적법한 등기원인에 따라 소유권을 취득한 것으로 추정되는 것은 마찬가지이므로, 제 3 자가 등기명의자의 취득시효 기간 중 일부 기간 동안 해당 토지 일부에 관하여 직접적 · 현실적인 점유를 한 사실이 있다는 사정만으로 등기의 추정력이 깨어진다거나 위 소유권이전등기가 원인무효의 등기가 된다고 볼 수는 없다.」(대판 2023. 7. 13, 2023다223591 · 223607)

(ㅁ) **멸실회복등기의 경우** 「멸실에 의한 회복등기가 등기부에 기재되어 있다면 별다른 사정이 없는 한 이는 등기공무원에 의하여 적법하게 수리되고 처리된 것이라고 추정함이 타당하고, 전등기의 접수일자 및 번호란, 원인일자란 등이 '불명'으로 기재되어 있다는 것만으로는 위 회복등기절차에 무슨 하자가 있는 것으로 볼 수 없을 것이므로, 위와 같은 사정만으로 이 사건 회복등기의 추정력이 깨어진다고 할 수 없다.」(대판 1992. 7. 10, 92다9340. 같은 취지: 대판(전원) 1981. 11. 24, 80다3286; 대판(전원) 1996. 10. 17, 96다12511)

「수인이 공동으로 소유하는 부동산에 관한 멸실회복등기는 공유자 중 1인이 공유자 전원의 이름으로 그 회복등기신청을 할 수 있고, 등기권리자가 사망한 경우에는 상속인의 명의가 아니라 피상속인의 이름으로 회복등기를 하여야 하는 것이므로, 회복등기신청 당시 등기명의인이 이미 사망하였다고 하더라도 그 멸실회복등기의 추정력이 깨어지지 아니한다(대법원 1993. 7. 27. 선고 92다50072 판결 참조).」(대판 2003. 12. 12, 2003다44615)

(ㅂ) 가등기의 경우 「소유권이전청구권의 보전을 위한 가등기가 있다 하여 반드시 소유권이전등기할 어떤 계약관계가 있었던 것이라 단정할 수 없으므로 소유권이전등기를 청구할 어떤 법률관계가 있다고 추정이 되는 것도 아니」다(대판 1979. 5. 22, 79다239. 같은 취지: 대판 2018. 11. 29, 2018다200730(이 판결은 의용 민법, 의용 부동산등기법에 따라 마친 가등기의 추정력도 인정되지 않는다고 함)).

(ㅅ) 허무인으로부터 이어받은 등기의 경우 허무인으로부터 등기를 이어받은 소유권이전등기는 원인무효라 할 것이어서 그 등기명의자에 대한 소유권추정은 깨트려진다(대판 1985. 11. 12, 84다카2494).

(ㅇ) 사망자 명의로 신청한 등기 「사망자 명의의 신청으로 이루어진 이전등기는 원인무효의 등기로서 등기의 추정력을 인정할 여지가 없으므로 그 등기의 유효를 주장하는 자가 현재의 실체관계와 부합함을 증명할 책임이 있다(대법원 1983. 8. 23. 선고 83다카597 판결 참조).」(대판 2017. 12. 22, 2017다360 · 377. 같은 취지: 대판 2018. 11. 29, 2018다200730)

(ㅈ) 명의신탁이 된 경우 「명의신탁은 등기의 추정력을 전제로 하면서 그 등기가 명의신탁계약에 의해 성립된 사실을 주장하는 것이므로, 그 등기에 추정력이 있다고 하더라도 명의신탁자는 명의수탁자에게 대하여 등기가 명의신탁에 의한 것임을 주장할 수 있다(대법원 1998. 3. 13. 선고 97다54253 판결 등 참조).」(대판 2007. 2. 22, 2006다68506)

(ㅊ) 추정력의 복멸 「소유권이전등기의 원인으로 주장된 계약서가 진정하지 않은 것으로 증명된 이상 그 등기의 적법추정은 복멸되는 것이고 계속 다른 적법한 등기원인이 있을 것으로 추정할 수는 없는 것이다.」(대판 1998. 9. 22, 98다29568)

(ㅋ) 확정판결에 기한 등기의 추정력을 번복하기 위한 증명의 정도 「등기원인의 존부에 관하여 분쟁이 발생하여 당사자 사이에 소송이 벌어짐에 따라 법원이 위 등기원인의 존재를 인정하면서 이에 기한 등기절차의 이행을 명하는 판결을 선고하고 그 판결이 확정됨에 따라 이에 기한 소유권이전등기가 마쳐진 경우, 그 등기원인에 기한 등기청구권은 법원의 판단에 의하여 당사자 사이에서 확정된 것임이 분명하고, 법원이나 제 3 자도 위 당사자 사이에 그러한 기판력이 발생하였다는 사실 자체는 부정할 수 없는 것이므로, 위 기판력이 미치지 아니하는 타인이 위 등기원인의 부존재를 이유로 확정판결에 기한 등기의 추정력을 번복하기 위해서는 일반적으로 등기의 추정력을 번복함에 있어서 요구되는 증명의 정도를 넘는 명백한 증거나 자료를 제출하여야 하고, 법원도 그러한 정도의 증명이 없는 한 확정판결에 기한 등기가 원인무효라고 단정하여서는 아니 된다(대법원 2002. 9. 24. 선고 2002다26252 판결 참조).」(대판 2023. 7. 13, 2023다223591 · 223607)

(ㅌ) 특별조치법에 의한 등기의 경우 「임야 소유권이전등기에 관한 특별조치법(법률 제2111호) 제10조에 의하여 소유권보존등기가 경료된 임야에 관하여서는 그 임야를 사정받은 사람이 따로 있는 것으로 밝혀진 경우라도 그 등기는 실체적 권리관계에 부합하는 등기로 추정된다 할 것이다. 다시 말하자면 위 특별조치법 제10조에 의하면

미등기 임야에 관하여 임야대장 또는 토지대장 명의인으로부터 그 권리를 이어받은 등기하지 못한 취득자 또는 그 대리인은 동법 제 5 조 내지 제 7 조의 규정에 의하여 발급받은 보증서와 확인서를 첨부하여 임야대장 등의 명의를 변경 신고한 다음 그 대장등본을 첨부하여 소유권보존등기를 경료받도록 규정하고 있어 위 특별조치법에 의한 소유권보존등기는 동법 소정의 적법한 절차에 따라 마쳐진 것으로서 실체적 권리관계에 부합하는 등기로 추정된다 할 것이고 위 특별조치법에 의하여 경료된 소유권보존등기의 말소를 소구하려는 자는 그 소유권보존등기 명의자가 임야대장의 명의변경을 함에 있어 첨부한 원인증서인 위 특별조치법 제 5 조 소정의 보증서와 확인서가 허위 내지 위조되었다던가 그 밖에 다른 어떤 사유로 인하여 그 소유권보존등기가 위 특별조치법에 따라 적법하게 이루어진 것이 아니라는 주장과 입증을 하여야 할 것이다.」(대판(전원) 1987. 10. 13, 86다카2928)

「수복지구 내 소유자 미복구 토지의 복구등록과 보존등기 등에 관한 특별조치법에 의하여 소유권보존등기가 경료된 토지에 관하여 비록 그 등기명의인 이전에 다른 소유자가 있었다 하더라도 그 등기는 동법 소정의 적법한 절차에 따라 마쳐진 것으로서 실체적 권리관계에도 부합하는 등기로 추정되는 것이므로, 이와 같은 추정을 번복하기 위하여는 그 등기의 기초가 된 위 특별조치법 소정의 보증서나 확인서가 위조되었다거나 허위로 작성된 것이라든지 그 밖의 사유로 적법하게 등기된 것이 아니라는 것을 주장, 입증하여야 하며, 허위의 보증서라 함은 권리변동의 원인이 되는 실체적 기재내용이 진실이 아닌 것을 의미한다고 함은 소론과 같다.

그러나 상대방이 등기의 기초가 된 보증서의 실체적 기재내용이 허위임을 자인하거나 실체적 기재내용이 진실이 아님을 의심할 만큼 증명이 된 때에는 등기의 추정력은 번복된 것으로 보아야 하고, 보증서 등의 허위성의 입증정도가 법관이 확신할 정도가 되어야만 하는 것은 아니다.」(대판 1994. 10. 21, 93다12176)

부동산 소유권이전등기 등에 관한 특별조치법에 의하여 경료된 등기의 명의인이 스스로 임야를 매수한 것이 아니라 그 임야는 원래 자신의 피상속인 소유로서 명의신탁하였던 것인데 그 명의신탁을 해지하면서 편의상 자신이 그 임야를 매수한 것처럼 보증서를 작성하여 위 특별조치법에 의하여 소유권이전등기한 것이라고 주장하는 것은 보증서가 허위라는 상대방의 주장을 적극적으로 부인하는 것으로 볼 것이지 그 보증서가 허위임을 자백한 것으로 볼 것은 아니므로 그 소유권이전등기의 추정력이 번복되었다고 할 수 없다(대판 1997. 10. 10, 97다19571).

「특별조치법에 따라 등기를 마친 자가 보증서나 확인서에 기재된 취득원인이 사실과 다름을 인정하더라도 그가 다른 취득원인에 따라 권리를 취득하였음을 주장하는 때에는, 특별조치법의 적용을 받을 수 없는 시점의 취득원인 일자를 내세우는 경우와 같이 그 주장 자체에서 특별조치법에 따른 등기를 마칠 수 없음이 명백하거나 그 주장하는 내용이 구체성이 전혀 없다든지 그 자체로서 허구임이 명백한 경우 등 특별한 사정이 없는 한 위의 사유만으로 특별조치법에 따라 마쳐진 등기의 추정력이 깨어진다고 볼 수는 없으며, 그 밖의 자료에 의하여 새로이 주장된 취득원인 사실에 관하여도 진실이 아님을 의심할 만큼 증명되어야 그 등기의 추정력이 깨어진다고 할 것이다.」(대판(전원) 2001. 11. 22, 2000다71388 · 71395)

「구 부동산 소유권이전등기 등에 관한 특별조치법(1977. 12. 31. 법률 제3094호, 실효, 이하 '특별조치법'이라 한다)에 의하여 소유권보존등기도 실체적 권리관계에 부합하는 등기로 추정되므로 그 추정의 번복을 구하는 당사자가 그 등기의 기초가 된 특별조치법 소정의 보증서나 확인서가 허위로 작성되거나 위조되었다든지 그 밖의 사유로 적법하게 등기된 것이 아니라는 것을 주장 · 입증하여야 하고, 그 등기의 추정력을 번복하기 위한 입증의 정도는 등기의 기초가 된 보증서나 확인서의 실체적 기재내용이 진실이 아님을 의심할 만큼 증명되어야 하며, 그와 같은 입증이 없는 한 그 등기의 추정력은 번복되지 아니한다.」(대판 2004. 3. 26, 2003다60549)

「구 부동산소유권 이전등기 등에 관한 특별조치법(1977. 12. 31. 법률 제3094호로 제정된 것, 이하 '구 부동산특별조치법'이라 한다)의 규정취지에 비추어 볼 때 위 법률이 요구하는 3인의 보증인들은 위 법률에 의하여 등기를 하고자 하는 확인서 발급신청인 이외의 제 3 자를 의미하는 것이라고 해석하여야 하고, 따라서 보증인으로 위촉된 본인이 자신 또는 자신이 대표자로 있는 종중이 사실상 양수한 토지에 관하여 위 구 부동산특별조치법에 의한 등기를 경료하고자 할 경우에는 자신은 당해 토지에 관한 보증인이 될 수 없다고 봄이 상당하므로 확인서 발급신청 종중의 대표 자신이 위 구 부동산특별조치법상 보증인의 1인으로 된 보증서 및 이에 기한 확인서에 의하여 경료된 등기는 절차상 위법한 등기로서 적법성의 추정을 받을 수 없다(대법원 1994. 3. 8. 선고 93다7884 판결 등 참조).」(대판 1983. 3. 8, 82다카1168)

「특별조치법에 의한 소유권이전등기는 실체적 권리관계에 부합하는 등기로 추정되지만 그 소유권이전등기도 전 등기명의인으로부터 소유권을 승계취득하였음을 원인으로 하는 것이고 보증서 및 확인서 역시 그 승계취득 사실을 보증 내지 확인하는 것이므로 그 전 등기명의인이 무권리자이기 때문에 그로부터의 소유권이전등기가 원인무효로서 말소되어야 할 경우라면, 그 등기의 추정력은 번복되는 것이다.」(대판 2018. 6. 15, 2016다246145. 같은 취지: 대판 2018. 1. 25, 2017다260117)

4) 점유의 추정력과의 관계 점유의 추정력에 관한 제200조가 부동산에도 적용되는지가 문제된다. 여기에 관하여 학설은 등기된 부동산에 대하여는 그 규정이 적용되지 않는다는 데 일치하고 있으나, 미등기의 부동산에의 적용에 대하여는 i) 인정설(고상룡, 216면; 김상용, 273면; 김용한, 200면; 김학동, 212면; 이상태, 107면; 이은영, 353면)과 ii) 부정설(이영준, 372면; 주해(4), 111면(김황식))로 나뉘어 있다. 그리고 판례는 등기된 부동산에 관하여는 명백히 부정하고 있으며(대판 1969. 1. 21, 68다1864; 대판 1970. 7. 24, 70다729; 대판 1982. 4. 13, 81다780), 등기되지 않은 부동산에 관한 사안에서 토지대

장에 소유자로 등재된 자에 대하여 소유자 추정을 인정한 적이 있다(대판 1976. 9. 28, 76다1431). 생각건대 제200조는 동산에 한하여만 적용되고, 부동산에 관하여는 설사 그 등기가 없더라도 적용되지 않는다고 새겨야 한다. 뒤의 경우에는 추정력이 적용되지 않고 보통의 증명책임 문제만 남는다고 할 것이다(같은 취지: 주해(4), 112면(김황식)).

(5) 공신력 여부

민법은 동산거래에 관하여는 선의취득을 인정하나(249조), 부동산거래에 관하여는 그러한 제도를 두고 있지 않다. 따라서 등기에 공신력, 즉 등기에 의하여 공시된 내용을 신뢰하여 거래한 자에 대하여 그가 신뢰한 대로의 효력을 발생시키는 힘은 없다고 해석된다. 무권리자로부터의 권리취득은 특별규정이 있는 경우에만 인정되어야 하는데, 그러한 명문규정이 없기 때문이다. 학설도 일치하여 그와 같이 새기며, 판례도 같다(대판 1969. 6. 10, 68다199. 대판 1973. 10. 31, 73다628도 참조).

견해에 따라서는 민법이 부동산에 관하여 공신의 원칙을 취하지 않은 것은 부동산거래에 관하여 신뢰보호보다는 진정한 권리보호를 우선시킨 것이라고 하면서 거기에 대단히 큰 의미를 부여하기도 한다(고상룡, 140면; 이영준, 245면). 그러나 민법의 그러한 태도는 오히려 실제와 다른 등기가 행하여질 여지가 많은 점을 고려한 결과라고 보아야 한다. 그리고 공신의 원칙을 널리 인정한다고 하여 진정한 권리보호를 소홀히 하는 것으로 단정하여서도 안 된다.

[47] 2. 가등기의 효력

가등기에는 물권변동을 목적으로 하는 청구권을 보전하기 위한 가등기(청구권보전의 가등기)와 채권담보의 목적으로 행하여지는 가등기(담보가등기)가 있다. 이들 가운데 후자에 대하여는 비전형담보를 규율하는 「가등기담보 등에 관한 법률」이 특수한 효력을 인정하고 있다. 따라서 그에 관하여는 뒤에 「비전형담보」([251] 이하)에서 보기로 하고, 여기서는 본래의 가등기인 전자의 가등기에 관하여만 효력을 살펴보기로 한다.

(1) 학설 · 판례

우리의 학설과 판례는 가등기의 효력을 가등기에 기한 본등기가 있은 후의 것과 본등기가 있기 전의 것으로 나누어 설명한다.

1) **본등기 후의 효력**(본등기 순위보전의 효력) 부동산등기법에 의하면, 가등기에 기하여 후에 본등기가 행하여지면 본등기의 순위는 가등기의 순위에

따르게 되는데(같은 법 91조), 학설은 이를 본등기 순위보전의 효력이라고 한다. 그리고 가등기에 그와 같은 순위보전의 효력이 있기 때문에 가등기에 기하여 본등기를 하면 그것에 저촉하는 중간처분이 본등기를 갖추고 있더라도 무효 또는 후순위가 된다고 한다(곽윤직, 113면; 김상용, 196면; 김용한, 149면; 김학동, 106면; 이상태, 108면; 이영준, 247면; 이은영, 237면; 주해(4), 113면(김황식); 지원림, 513면). 판례도 같다(대판 1981. 5. 26, 80다3117; 대판 1982. 6. 22, 81다1298 · 1299; 대판 1992. 9. 25, 92다21258).

2) 본등기 전의 효력 가등기에 기한 본등기가 있기 전에 가등기에 어떤 효력이 있는가에 관하여는 학설이 대립하고 있다. i) 제 1 설은 가등기는 본등기가 없는 한 그 자체로서는 실체법상 아무런 효력이 없으며, 따라서 가등기가 있더라도 본등기 명의인은 그 부동산을 처분할 수 있다고 한다(김용한, 150면; 김학동, 106면; 이영준, 247면; 지원림, 514면. 고상룡, 141면 이하도 이에 해당하는 듯하다). 다만, 가등기가 불법으로 말소되면 그 회복을 청구할 수 있다고 한다(이영준, 249면은 이것이 가등기 자체의 효력이라고 하면서 청구권보전의 효력이라는 표현을 쓴다). ii) 제 2 설은 가등기는 가등기인 채로 실체법적인 효력(가등기 후에 행한 처분의 상대적 무효)을 가지며 그것은 「청구권보전의 효력」이라고 할 수 있다고 한다(곽윤직, 115면. 이상태, 109면; 주해(4), 116면(김황식)은 청구권보전의 효력을 인정하여야 하나, 그러기 위하여서는 명문규정을 둠이 타당하다고 한다. 그리고 김상용, 199면은 청구권보전의 효력은 인정하지만 그 내용은 중간처분의 상대적 무효는 아니라고 한다). iii) 제 3 설은 가등기에 의하여 일반채권인 소유권이전청구권은 대항력 있는 채권으로 된다고 하면서, 그렇지만 가등기권리자가 물건의 소유권을 취득하는 것과 같은 채권의 대항력을 누리기 위하여는 본등기의 신청과 함께 해야 한다고 주장한다(이은영, 235면).

한편 판례는, 가등기는 본등기시에 본등기의 순위를 가등기의 순위에 의하도록 하는 순위보전적 효력만이 있을 뿐이고, 가등기만으로는 아무런 실체법상 효력을 갖지 아니하고 그 본등기를 명하는 판결이 확정된 경우라도 본등기를 경료하기까지는 마찬가지이므로, 중복된 소유권보존등기가 무효이더라도 가등기권리자는 그 말소를 청구할 권리가 없다고 하여(대판 2001. 3. 23, 2000다51285), i)설과 같다.

(2) 검토 및 사견

위에서 본 바와 같이 우리의 학설은 가등기 자체의 효력에 관하여서만 다투고 있을 뿐 본등기 후의 가등기의 효력에 대하여는 다툼이 없다. 그리고 가등기 자체에 아무런 효력을 인정하지 않는 견해도 본등기가 있은 후에는 가등기된 청구권을 침해하는 중간처분은 무효 또는 후순위가 된다고 한다. 여기서 그 견해, 즉 위 i)설의 모순이 드러난다. 왜냐하면 그 견해는 가등기가 있더라도 본등기 명의인은 부동산을 처분할 수 있고 가등기 명의인은 제 3 취득자에게 대항할 수 없다고 하면서(특히 이영준, 248면), 그럼에도 불구하고 처분의 상대적 무효를 인정하고 있기 때문이다. 이에 대하여 i)설측에서는 「가등기가 청구권보전의 기능을 치르는 것은 가등기제도의 취지상 당연하다」거나(김용한, 151면), 「본등기의 청구는 가등기의 성질상 당연한 것이고 이에 따라서 가등기에 기한 본등기가 행하여지면 제 3 자의 등기는 직권으로 말소되는 것이므로 어느 것도 가등기의 본질상 당연한 것」이라고 한다(이영준, 249면). 그러나 그러한 설명은 모순 내지 논리의 비약을 스스로 인정하는 것이다. 실체법상 아무런 효력도 없는데 어떻게 본등기를 청구할 수 있으며(또 제 3 자의 등기의 직권말소의 근거는 어디에 있는지) 중간처분이 무효로 될 수 있는지 여전히 밝히지 않고, 가등기의 성질 내지 제도의 취지상 당연하다고만 하고 있기 때문이다. 그 견해가 당연하다고 하는 것이 바로 가등기 자체의 효력으로서 청구권보전의 효력이다.

가등기의 효력의 핵심은 — 통설의 이해와 달리 오히려 — 「가등기된 청구권을 보전하는 데」 있다. 그리고 그 결과로 가등기에 기하여 본등기가 행하여지면 그 본등기의 순위가 보전되는 것이다. 위 i)설과 같이 해석하면 본등기 순위보전은 불가능하다. 예컨대 A로부터 B로의 소유권이전청구권 보전의 가등기가 있은 후 A로부터 C로의 소유권이전등기 또는 D로의 저당권설정등기가 행하여진 경우, 가등기 자체에 아무런 효력도 없다고 하는 한 B는 소유권이전의 본등기를 할 수가 없고, C나 D의 본등기를 말소할 수도 없다. 그러나 사견에 의하면 가등기는 가등기된 청구권을 보전하는 효력이 있고, 그에 대하여 명문의 규정은 없지만, 그 내용은 독일민법 제883조 제 2 항이 규정하는 바와 같이 가등기된 부동산에 관한 처분은 청구권을 침해하는 한도에서 무효라고 하여야 한다(같은 취지: 곽윤직, 115면). 즉 그 처분은 가등기된 청구권자에 대하여서만, 그것도 청구권을 침해하는 범위에서만 무효이다(이영준, 247면은 가등기 자체에는 효력이 없다고 하면서, 순위보전의 효력에 의하여 상대적 무효가 된다고 한다). 이는 상대적 무효라고 할 수 있다. 이러한 사견에 의하면, 위의 예에서 C는 모든 자에 대하여서는 소유자이나 B에 대한 관계에서는 아니게 되고, D는 모든 자에 대하여 저당권자이나 B에 대한 관계에서만은 저당권을 취득하지 못한 것으로 된다(Wieling, S. 307). 그 결과 B(가등기된 청구권자)는 「처분의 상대적 무효」로 인하여 그에 대하여만 소유자로 인정되는 A에 대하여 물권적 합의를 요구할 수 있고 또한 본등기에의 협력을 청구할 수 있으며, C나 D에 대하여 소유권이전 또는 저당권설정의 본등기의 말소를 청구할 수 있다.

견해에 따라서는 가등기에 청구권보전의 효력이 있다고 하면서 그 효력은 상대적 무효가 아니라고 한다(김상용, 199면). 이 견해는 그 이유로 가등기된 부동산의 취득자가 가등기에 기한 본등기가 있기 전에는 가등기권리자에 대하여 자기의 권리를 주장할 수 있다는 점을 든다. 그리고 다른 한편으로 가등기권리자가 가등기의무자에 대하여 본등기를 청구할 수 있는 것은 가등기의 효력이 아니고 가등기의 원인이 된 실체법상의 법률행위(예: 매매예약)의 효력발생에 의하여 생기는 의무이행청구의 한 내용이라고 한다. 그러나 가등기에 기한 본등기가 있을 때까지 부동산의 취득자가 소유권을 가지기는 하나, 그것은 본등기가 없기 때문이고, 부동산소유자의 처분은 가등기 명의인에게는 무효이므로 가등기 명의인은 언제라도 본등기를 하여 자신이 소유권을 취득할 수 있다. 또한 상대적 무효의 결과 가등기 명의인은 본래의 소유자에 대하여 물권행위와 본등기에의 협력을 청구할 수 있고, 나아가 부동산취득자에게 본등기말소를 청구할 수 있게 되는 것이다. 「상대적 무효」가 인정되지 않으면, 본래의 소유자는 물권행위와 등기신청을 할 권한이 없게 되며, 부동산취득자의 등기는 더욱 말소할 수 없다.

위의 iii)설은 가등기된 권리가 대항력 있는 채권으로 된다고 하는데, 그 의미가 불분명하다. 대항력이 있다면 당연히 제 3 자에게 대항할 수 있다고 하여야 하는데, 본등기의 신청이 있어야 대항력을 누릴 수 있다고 하는 점에서도 의문이다.

요컨대 가등기된 부동산에 관한 처분은 청구권자에 대하여서는 청구권을 침해하는 한도에서 무효라고 하여야 한다. 이것이 가등기 자체의 효력으로서의 청구권보전의 효력이다. 그 효력의 법적 근거는 현재로서는 부동산등기법 제88조에서 찾아야 할 것이다. 그 규정이 가등기는 청구권을 보전하려 할 때 한다고 규정하고 있기 때문이다. 그리고 이는 등기법 제91조에 의하여 전제되어 있다고도 할 수 있다. 그러나 이 문제를 확실하게 해결하려면 여기에 관한 명문규정을 두어야 한다. 그때에는 상대적 무효에 관한 것과 함께 가등기에 기한 본등기의 방법도 실체법인 민법에서 규정하여야 한다(독일민법 883조 2항 · 888조 1항 참조).

(3) 정 리

사견을 바탕으로 하여 가등기의 효력을 정리해 본다.

1) **청구권보전의 효력** 가등기는 가등기된 청구권을 보전하는 효력이 있다. 그 결과 가등기된 부동산에 관한 처분은 청구권을 침해하는 한도에서 무효이다. 즉 청구권자에 대하여만은 청구권을 침해하는 범위에서 무효이다(상대적 무효).

그러므로 가등기 후에 제 3 자 앞으로 본등기가 행하여졌더라도 가등기 명의인은 본래의 부동산소유자를 상대로 물권행위와 본등기에의 협력을 요구할 수 있다. 또한 제 3 자의 본등기의 말소를 청구할 수 있다.

〈가등기에 기한 본등기의 절차〉

특히 A의 부동산에 관하여 B 명의의 가등기가 있은 후에 A로부터 C로의 소유권이전의 본등기가 있었고, 그 뒤에 B가 가등기에 기한 본등기를 하는 경우에 그 절차가 문제이다. 이에 관하여는 의용민법 시대에 다음의 세 학설이 있었다. (a) B가 먼저 C를 상대로 본등기말소를 청구하고 이어서 A에 대하여 본등기를 청구하여야 한다는 견해, (b) B가 먼저 A를 상대로 본등기를 한 뒤에 C에 대하여 본등기말소를 청구하여야 한다는 견해, (c) B가 A를 상대로 본등기를 청구하고 동시에 C를 상대로 본등기말소를 청구하여야 한다는 견해가 그것이다. 이 가운데 사견은 (c)의 견해를 취하고 있었다. 그런데 대법원은 B가 A를 상대로 본등기를 하여야 하고, 이 본등기가 있으면 C의 등기는 등기법 제55조 제 2 호의 「사건이 등기할 것이 아닌 때」에 해당하므로 등기관이 이를 직권으로 말소하여야 한다고 한다(대결(전원) 1962. 12. 24, 4294민재항 675; 대결 1975. 12. 27, 74마100 등). 그런 점은 C의 등기가 근저당권설정등기 및 경매신청 기입등기(대결 1975. 12. 27, 74마100), 가압류등기(대결 2010. 3. 19, 2008마1883), 국세 또는 지방세 압류등기(대결(전원) 2010. 3. 18, 2006마571; 대결 2010. 4. 15, 2007마327 참조)이어도 마찬가지라고 한다. 그런데 이런 판례는 가등기에 아무런 효력이 없다고 하면서 A에 대한 본등기청구를 인정하고 있는 문제점이 있는 외에, 등기법 제55조 제 2 호의 「사건이 등기할 것이 아닌 때」라는 것이 등기신청시를 기준으로 하여야 하기 때문에도 문제였다(곽윤직, 114면). 판례에 대하여 문제점이 지적되자, 개정 부동산등기법이 명문의 규정을 두었다(2011년). 그에 따르면, 등기관은 가등기에 의한 본등기를 하였을 때에는 대법원규칙으로 정하는 바에 따라 가등기 이후에 된 등기로서 가등기에 의하여 보전되는 권리를 침해하는 등기를 직권으로 말소하여야 하고(부등법 92조 1항), 등기관이 가등기 이후의 등기를 말소하였을 때에는 지체없이 그 사실을 말소된 권리의 등기명의인에게 통지하여야 한다(부등법 92조 2항). 이는 중간처분의 등기를 말소할 수 있는 근거를 마련한 것이다. 결과적으로 위의 예의 경우에는 먼저 B가 A를 상대로 본등기를 하고, 그러면 등기관이 부동산등기법 제92조 제 1 항을 근거로 C 명의의 본등기를 직권으로 말소하게 된다.

〈판 례〉

「가등기에 기한 소유권이전의 본등기가 됨으로써 등기공무원이 직권으로 가등기 후에 경료된 제 3 자의 소유권이전등기를 말소한 경우에 그 후에 가등기나 그 가등기에 기한 본등기가 원인무효의 등기라 하여 말소될 때에는 결국 위 제 3 자의 소유권이전등기는 말소되지 아니할 것을 말소한 결과가 되므로 이때는 등기공무원이 직권으로 그 말소등기의 회복등기를 하여야 할 것이므로(당원 1982. 1. 26. 선고 80다2329, 2330 판결 참조) 그 회복등기를 소구할 이익이 없다.」(대판 1983. 3. 8, 82다카1168. 같은 취지: 대판 1995. 5. 26, 95다6878)

2) **본등기 순위보전의 효력** 가등기에 기하여 본등기가 행하여지면 본등기의 순위는 가등기의 순위에 따른다(부등법 91조, 부등규칙 146조. 이러한 본등기가 가등기의 청구권보전의 효력 때문에 가능하게 됨은 앞에서 설명하였다). 예컨대 A의 부동산에 관하여 B 앞으로 소유권이전청구권 또는 저당권설정청구권 보전의 가등기가 있은 후에 C 명의의 소유권이전의 본등기 또는 저당권설정의 본등기가 행하여진 경우에, B가 가등기에 기하여 소유권이전의 본등기 또는 저당권설정의 본등기를 하면, B의 소유권이전등기 또는 저당권설정등기의 순위는 가등기의 순위에 따르게 되고, C의 소유권이전등기는 말소되어 B만이 소유자로 되고, 또 B의 저당권은 C의 저당권에 우선하게 된다.

가등기에는 본등기의 순위보전의 효력이 있으나 물권변동의 시기가 가등기시에 소급하는 것은 아니다(이설이 없으며, 판례도 같다. 대판 1981. 5. 26, 80다3117; 대판 1982. 6. 22, 81다1298 · 1299; 대판 1992. 9. 25, 92다21258). 가등기에는 물권변동의 효력이 없고, 성립요건주의의 원칙상 본등기가 있어야만 물권변동이 일어나기 때문이다. 따라서 가등기에 기한 본등기가 있기까지는 본등기를 한 제 3 자의 소유권은 유효한 것으로 인정된다. 그 결과 그는 임대하여 차임을 받을 수도 있다.

제 4 절 부동산물권의 변동

제 1 관 서 설

I. 부동산 물권변동의 두 종류 [48]

이제 물권변동 가운데 부동산 물권변동에 관하여 보기로 한다. 그런데 부동산 물권변동은 법률행위에 의한 것과 법률행위에 의하지 않는 것으로 나누어 살펴보아야 한다. 민법이 제186조와 제187조에서 그 둘을 따로 규율하고 있기 때문이다.

제 2 관 법률행위에 의한 부동산 물권변동

[49] ### Ⅰ. 제186조

1. 제186조의 의의

민법 제186조는 「부동산에 관한 법률행위로 인한 물권의 득실변경은 등기하여야 그 효력이 생긴다」고 규정한다. 이는 법률행위에 의한 부동산 물권변동에 관하여 성립요건주의(형식주의)를 채용한 것이다.

이 규정의 「법률행위」는 물권행위를 의미한다([28] 참조). 그리고 그 물권행위는 물권적 의사표시만으로 구성되고 등기는 포함되지 않는다고 보아야 한다([27] 참조). 등기는 물권행위 이외에 법률에 의하여 요구되는 물권변동의 또 하나의 요건인 것이다. 그러고 보면 제186조의 규정상 법률행위에 의한 부동산 물권변동은 물권행위와 등기라는 두 요건이 갖추어졌을 때 발생하게 된다. 그에 비하여 — 동산 물권변동의 경우와 달리 — 목적부동산의 인도는 부동산 물권변동의 요건이 아니다(그러나 가령 부동산 매매의 경우 매도인은 목적물인도의무를 부담한다. 그렇지만 그것은 부동산의 소유권이전을 위하여 필요한 요건은 아니다).

2. 제186조의 적용범위

제186조는 「부동산에 관한 법률행위로 인한 물권의 득실변경」에 적용된다.

(1) 우선 부동산에 관한 물권에 적용되고, 따라서 동산에 관한 물권에는 적용되지 않는다. 부동산물권 중에도 소유권 · 지상권 · 지역권 · 전세권 · 저당권이 그 적용대상이며, 점유권과 유치권은 아니다. 그리고 권리질권은 부동산물권은 아니지만 등기능력이 있다(저당권으로 담보된 채권 위의 질권)([38] 참조).

(2) 부동산에 관한 「물권의 득실변경」에 적용된다. 물권의 득실변경은 물권의 발생 · 변경 · 소멸을 물권의 주체의 측면에서 표현한 것이다. 따라서 그것은 널리 물권의 변동을 의미한다([19] 참조). 문헌(이영준, 94면)에 따라서는 제186조의 득실은 승계취득에 의한 것만을 가리킨다고 하면서 물권의 득실변경과 물권의 변동이 일치하지 않음을 강조하나, 제186조의 물권변동인가는 아래의 「법률행위」에 의한 것이냐에 의하여 판가름나기 때문에 그러한 언급은 별 의미가 없다.

(3) 법률행위에 의한 물권변동에 적용되고, 법률행위에 의하지 않는, 즉 법률

의 규정에 의한 물권변동에는 적용되지 않는다. 후자에 관하여는 제187조가 따로 규율하고 있다.

(4) 제186조가 적용되는 전형적인 예로는, 매매 · 증여 · 교환을 원인으로 하는 부동산 소유권의 양수(양도 · 양수란 당사자의 의사에 의한 권리의 이전을 가리킨다), 설정계약에 의한 전세권 · 저당권의 취득을 들 수 있다.

3. 제186조의 적용이 문제되는 경우 [50]

경우에 따라서는 물권변동에 등기가 필요한 제186조가 적용되는지, 아니면 등기가 필요하지 않은 제187조가 적용되는지가 다투어지고 있다.

(1) 원인행위의 실효에 의한 물권의 복귀

1) 물권행위의 원인행위인 채권행위(매매 · 증여 등)가 무효이거나 취소 · 해제로 인하여 실효한 경우에, 그에 기하여 발생한 물권변동이 당연히 효력을 잃게 되어 물권이 원래의 권리자에게 당연히 복귀하는가, 아니면 당연히 복귀하지 않고 원상회복을 위한 이전등기(또는 말소등기)까지 하여야 하는가가 문제된다.

이는 물권행위의 무인성을 인정하는지 여부에 따라 결론이 달라진다. i) 무인론에 의하면 원인행위가 실효하여도 물권행위는 유효하므로 물권변동은 그대로 유지된다. 따라서 변동된 물권이 복귀하려면 부당이득의 반환을 위한 새로운 물권행위와 등기가 필요하게 된다(김학동, 73면 등). 즉 물권의 복귀에 제186조가 적용되는 것이다. 그에 비하여 ii) 유인론에 의하면 채권행위가 실효하면 물권행위도 효력을 잃게 되고, 그 결과 부동산 물권변동에 필요한 두 요건(물권행위 및 등기) 가운데 하나가 없었던 것이 되어 물권변동은 처음부터 일어나지 않았던 것으로 된다. 따라서 등기를 말소하지 않더라도 물권은 당연히 복귀하게 된다(곽윤직, 77면; 김상용, 149면; 이은영, 159면). 이는 제186조 · 제187조와 관계가 없으며, 이론상 당연하다고 한다. 한편 근래에는 iii) 유인론을 취하여 ii)설처럼 설명한 뒤, 그렇지만 그것은 제187조의 물권변동이라고 설명하는 견해(이영준, 95면)도 주장되고 있다. 이 견해는 ① 제186조는 「법률관계의 발생」만을 규율하고 「법률관계의 소멸」은 제187조가 규율한다는 점, ② 형성력을 갖는 단독행위에 의한 물권변동은 제187조의 물권변동과 동일한 것으로 된다는 점을 그 이유로 들고 있다. 결국 원인행위의 취소 · 해제 · 해지라는 단독행위에 의하여 제187조의 물권변동이 생기고, 그에 따라 물권이 복귀한다는 것이다.

판례는 물권행위의 무인성을 부정하는 입장에서 계약이 해제된 경우에 물권이 당연복귀한다고 한다(대판 1977. 5. 24, 75다1394; 대판 1982. 7. 27, 80다2968(합의해제의 경우); 대판 1995. 1. 12, 94누1234(합의해제의 경우); 대판 1995. 5. 12, 94다18881 · 18898).

사견은 유인론의 견지에 있으므로 ii)설을 지지한다. 그리고 그러한 관점에서 iii)설을 검토해 보기로 한다. iii)설은 우선 무효의 경우에 대한 설명이 없다. 그리고 제186조 또는 제187조에 의한 물권변동은 「법률행위」에 의한 것인가에 의하여 구별되며, 권리의 발생 · 소멸과는 직접 관계가 없다. 가령 지상권자 A와 지상권설정자 B의 지상권 소멸의 합의와 말소등기에 의하여 지상권이 소멸하는 경우는 물권의 소멸이지만 제186조가 적용된다. 이런 점에서 원인행위의 실효를 「물권이 이전된 경우」만으로 설명하는 것도 부정확하다. 또한 그 견해에 의하면 원인행위의 무효 또는 취소 · 해제에 의하여 물권행위가 처음부터(또는 소급적으로) 무효로 되어 물권변동이 일어나지 않았던 것으로 된다. 즉 물권자는 물권을 가지고 있지 않는 것이다. 따라서 그에 대한 물권변동은 필요하지 않다(같은 취지: 이은영, 159면). 그리고 이 견해의 이유 ②도 근거가 없다.

> 주의할 것은, 위의 설명은 물권행위의 유인 · 무인이 문제되는 경우를 전제로 하고 있다는 점이다. 따라서 물권행위가 채권행위와 별도로 따로 행하여진 경우에 채권행위에만 실효원인이 존재하고 물권행위에는 흠이 없는 때의 문제이다. 그에 비하여 물권행위가 채권행위에 합하여져 행하여진 경우(유인론에 있어서 물권행위의 시기가 불분명한 경우에도 같다)에 채권행위에 실효원인이 존재하는 때에는, 무인론(상대적 무인론)에 의하더라도 물권행위 자체가 효력을 잃게 되어 「원인행위의 실효」의 문제가 생기지 않는다(유인론에 의하면 유인 · 무인 때문이 아니고 물권행위의 실효 때문에 물권이 당연 복귀한다). 채권행위와 별도로 행하여진 물권행위가 그 자체 무효이거나 취소된 때에도 같다.

2) 제 3 자 보호의 문제 위에서 본 바와 같이 유인론의 입장에 서면, 원인행위가 실효하는 경우 등기의 말소 여부와 관계없이 물권은 당연복귀하게 된다. 그 결과 원인행위의 무효를 모르고 거래한 제 3 자, 취소 · 해제가 있기 전이나 그 후에 원인행위에 기하여 거래한 제 3 자를 보호하여야 하는 문제가 생긴다. 그런데 이러한 문제는 무인론을 취하여도 생기게 된다. 즉 무인론의 입장에서도 물권행위와 채권행위가 합하여져 행하여졌거나 또는 따로 행하여졌지만 유인인 경우(상대적 무인론)에 있어서 채권행위에 흠이 있는 때, 물권행위 자체가 무효이거

나 취소된 경우에는 물권이 당연복귀하기 때문이다.

제 3 자 내지 거래의 안전을 보호하는 길은 공신의 원칙을 채용하는 것이다. 그런데 민법은 부동산에 관하여는 공신의 원칙을 채용하고 있지 않다. 다만, 일정한 경우에는 제 3 자 보호를 위한 특별규정을 두고 있다. 제107조 제 2 항, 제108조 제 2 항, 제109조 제 2 항, 제110조 제 3 항, 제548조 제 1 항 단서가 그것이다. 이들은 특히 유인론에서는 매우 중요한 규정이다(무인론에서도 의미가 없지는 않다). 유인론에서는 그것들에 의하여서만 제 3 자를 보호할 수 있기 때문이다. 그런데 이들 규정에서 제 3 자의 범위가 문제이다.

(가) **취소의 경우** 제109조 제 2 항과 제110조 제 3 항에서의 제 3 자의 범위에 관하여는 견해가 대립한다. i) 다수설은 이들 조항에서의 제 3 자는 원인행위의 취소에 의한 말소등기가 행하여지는 시기를 기준으로 하여 그 시기까지 취소의 의사표시가 있었음을 알지 못하고 새로운 이해관계를 맺은 자를 뜻한다고 해석한다(곽윤직, 78면; 김상용, 149면; 김학동, 74면(무인론); 이상태, 69면; 이은영, 161면; 주해(4), 133면(김황식)). 본래는 취소의 의사표시가 있기 전에 이해관계를 맺은 자라고 하여야 하지만, 거래의 안전 보호를 위하여 제 3 자의 범위를 확장하자는 것이다. 그에 비하여 ii) 소수설은 취소가 있기 전은 물론 그 후에 새로운 이해관계를 맺은 자를 포함하며, 말소등기 이후에 취득하여도 무방하다고 한다(이영준, 97면. 다만, 말소등기 후에는 악의인 때가 대부분일 것이라고 한다). 한편 판례는 사기를 이유로 매매계약이 취소된 후에 매수인으로부터 토지를 매수한 경우에 관하여, 제 3 자가 이해관계를 맺은 시기가 취소 전인지 후인지를 묻지 않는다(대판 1975. 12. 23, 75다533). 그러나 말소등기가 있은 후라도 무방하다고 할지는 분명하지 않다. 그러고 보면 학설 · 판례는 모두 취소 후에 이해관계를 맺은 자도 제 3 자에게 포함시키고 있으며, 단지 말소등기 후에 이해관계를 맺은 자를 제외시켜야 하는가에 관하여만 다투고 있는 셈이다.

〈판 례〉

(ᄀ) 「사기에 의한 법률행위의 의사표시를 취소하면 취소의 소급효로 인하여 그 행위의 시초부터 무효인 것으로 되는 것이요 취소한 때에 비로소 무효로 되는 것은 아니므로 취소를 주장하는 자와 양립되지 아니하는 법률관계를 가졌던 것이 취소 이전에 있었던가 이후에 있었던가는 가릴 필요 없이 대저 사기에 의한 의사표시 및 그 취소사실을 몰랐던 모든 제 3 자에 대하여는 그 의사표시의 취소를 대항하지 못한다고

보아야 할 것이고 이는 거래안전의 보호를 목적으로 하는 민법 제110조 제 3 항의 취지에도 합당한 해석이 된다.」(대판 1975. 12. 23, 75다533)

(ㄴ) 「국가가 그의 소유인 잡종재산(현재의 일반재산에 해당함: 저자 주)을 국유재산법과 동법시행령의 규정들에 의하여 매각하는 행위는 그 성질이 사법상의 매매에 지나지 않는 것이므로 그 매각행위가 국유재산법 제27조 제 1 항 소정의 사유로 인하여 취소되었다 할지라도 그 취소의 효력은 민법 제110조 제 3 항의 규정상 그 재산을 전매취득한 선의의 제 3 자에게는 미치지 않는다는 것이 당원판례의 견해」이다(대판 1970. 6. 30, 70다708. 이 판결 사안은 전매가 있은 후 취소된 경우이어서 제 3 자 범위가 확장되는 경우는 아님).

생각건대 취소의 경우에 선의의 제 3 자는 크게 취소 전에 이해관계를 맺은 자와 그 후에 이해관계를 맺은 자로 나누어진다. 둘은 「선의」의 대상이 다르기 때문이다. 전자에 있어서는 「취소할 수 있음」이 그 대상이나, 후자에 있어서는 「취소가 있었음」이 대상이다. 이처럼 선의의 의미가 크게 차이가 있기 때문에, 제109조 제 2 항과 제110조 제 3 항이 이들 중 어느 것을 선의로 규정하였는지 해석으로 결정하여야 한다. 사견으로는 앞의 것에 대한 선의를 규정한 것으로 생각된다. 왜냐하면 민법이 제정될 당시 의용민법 하의 통설 · 판례가 제110조 제 3 항의 제 3 자를 「취소가 있을 때까지 이해관계를 맺은 자」로 해석하고 있었고, 또 뒤의 것으로 규정하였다면 취소가능성에 대한 악의도 악의로 본다는 내용의 명문규정(독일민법 142조 2항이 그렇다)이 필요한데 그런 규정을 두지 않았기 때문이다. 또한 둘 모두를 규정한 것이라고 보는 것도 옳지 않다. 이질적인 선의를 한 데 규율하는 것은 방법상 바람직하지 않아서 채택될 가능성이 없기 때문이다. 결국 취소가 있기 전에 취소가능성을 모르고 이해관계를 맺은 제 3 자를 보호하기 위하여 이들 규정이 두어진 것이라고 보아야 한다.

그런데 그와 같이 해석하면 취소가 있은 후에 취소가 있었음을 모르고 이해관계를 맺은 제 3 자를 보호하지 못하여 문제이다. 제 3 자의 입장에서 볼 때 그러한 제 3 자도 보호되어야 한다. 따라서 제 3 자의 범위는 확장되어야 한다. 그런데 이 제 3 자 범위의 확장은 예외의 인정이기 때문에 타당한 범위만에 한정하여야 한다. 그리하여 부동산의 경우에는 원인행위의 실효에 기한 말소등기가 있을 때까지 이해관계를 맺은 자만을 여기의 제 3 자라고 하여야 한다. 결론적으로 제109조 제 2 항 · 제110조 제 3 항에서의 선의의 제 3 자는 「취소의 의사표시가 있기 전에 취소할 수 있는 법률행위임을 모르고 새로이 이해관계를 맺은 자」와 「취소가 있은 후에 말소등기가 있기 전까지 취소가 있었음을 모르고 새로이 이해관계를 맺은 자」를 가리킨다.

이러한 제 3 자 범위의 확장은 부동산거래와의 균형상 공신의 원칙이 채용되어 있는 동산거래의 경우에도 인정되어야 한다. 선의취득의 요건(249조 참조)과 선의의 제 3 자 보호규정에 의하여 보호받기 위한 요건이 다르기 때문이다. 그리고 물건 이외의 거래, 예컨대 지명채권의 양도의 경우에도 마찬가지이다(송덕수, 고시연구 1989. 11, 14면 이하 참조).

(나) **무효의 경우** 무효의 경우에는 특별한 행위가 필요하지 않으므로 제107조 제 2 항과 제108조 제 2 항에서의 선의의 제 3 자는 채권행위가 있은 후 말소등기가 있을 때까지 사이에 그 행위가 무효임을 모르고 새로이 이해관계를 맺은 자라고 새겨야 한다(같은 취지: 곽윤직, 79면).

(다) **해제의 경우** 계약이 이행되어 물권변동까지 있은 후에 그 계약이 해제된 경우에 물권이 당연히 복귀하는가? 이는 해제에 의하여 계약이 소급하여 무효로 된다고 하는 직접효과설을 취하는 경우에만 문제된다. 그에 비하여 해제에 의하여 계약관계가 청산관계로 변형된다고 하는 청산관계설(이은영, 채권각론, 251면 등)에서는 원인행위의 실효가 없어서 위의 문제가 생기지 않는다. 그리고 직접효과설을 취하는 경우에는 물권행위의 무인성 인정 여부에 따라 결론이 달라지며, 그것은 취소에 있어서와 마찬가지이다. 즉 무인론인 채권적 효과설에서는 물권이 당연복귀하지 않고 원상회복을 위한 채권관계가 생길 뿐이라고 하나, 유인론인 물권적 효과설에서는 물권이 당연복귀한다고 한다. 그 결과 이들 가운데 직접효과설-물권적 효과설의 경우에만은 제 3 자 보호의 문제가 발생한다. 나머지의 견해에서는 물권의 당연복귀가 없어서 제 3 자는 이론상 당연히 보호되는 것이다. 그런데 민법은 제548조 제 1 항 단서에서 해제에 의하여 제 3 자의 권리를 해하지 못한다고 규정하고 있다. 이 규정은 다른 견해에서는 불필요한 것이나(해제의 경우에는 물권행위에 흠이 있는 경우가 없다), 물권적 효과설에서는 매우 중요한 규정이다.

제548조 제 1 항 단서도 제109조 제 2 항 · 제110조 제 3 항처럼 해제가 있기 전에 이해관계를 맺은 자를 생각하여 규정한 것으로 보인다. 무엇보다도 선의 · 악의를 불문하고 규정한 점에서 그렇다. 해제의 경우에는 그 성질상 해제가 있기

전에는 제 3 자의 선의 · 악의가 있을 수 없다. 왜냐하면 해제는 채무불이행(또는 해제권 보류 약정)을 이유로 한 것인데, 채무불이행(또는 해제권 보류 약정) 여부는 계약의 흠이 아닐뿐더러 그것은 다른 자가 알 수 있는 것이 아니기 때문이다(채무자의 마음일 따름이다). 그에 비하여 해제가 있은 후에는 해제가 있었다는 것에 대한 선의 · 악의가 있을 수 있게 된다. 그러고 보면 여기의 제 3 자도 본래는 「해제가 있기 전에 해제된 계약을 기초로 새로이 이해관계를 맺은 자」이겠으나, 제 3 자 보호를 위하여 그 범위를 확장하여야 한다. 그런데 그 확장은 예외의 인정이므로 합리적으로 제한하여야 한다. 그리하여 말소등기 전까지 사이에 해제가 있었음을 모르고 이해관계를 맺은 자에 한정하여야 한다. 결국 본래의 제 3 자에 「해제가 있은 후 말소등기가 있을 때까지 해제가 있었음을 모르고 새로이 이해관계를 맺은 자」를 추가하여야 한다(동산거래 · 물건 이외의 거래에 관하여도 이러한 확장이 필요함은 물론이다).

견해(이영준(신정 2 판), 95면. 전정신판에서는 이 부분이 삭제됨)에 따라서는 무효 또는 해제된 「물권행위」가 행하여진 때 이후에 이해관계를 맺은 자가 제 3 자라고 한다. 그런데 그에 의하면 가령 매매계약 후 등기서류 교부 전에 전매계약을 맺고 등기를 한 뒤에 다시 등기를 넘겨 준 경우는 제외되는 문제가 생긴다. 물권행위의 독자성을 인정하더라도 제 3 자가 이해관계를 맺는 시기는 처음의 채권행위시부터라고 새겨야 한다. 그리고 물권행위가 해제될 수 있는지도 의문이다.

[51] (2) 재단법인의 설립에 있어서의 출연재산의 귀속

민법 제48조는 재단법인 출연재산의 귀속시기에 관하여, 생전처분으로 재단법인을 설립하는 때에는 법인이 성립하는 때에, 그리고 유언에 의하여 설립하는 때에는 유언의 효력이 발생한 때에 각각 재단법인에 귀속한다고 규정하고 있다. 여기서 출연재산이 부동산물권인 경우에도 그러한지가 문제된다.

이에 관하여 학설은 i) 제48조를 제187조의 「기타 법률의 규정」으로 보아서 등기 없이 제48조가 정하는 시기에 법인에 귀속한다는 견해(곽윤직, 80면; 김상용, 152면; 김용한, 124면; 이상태, 71면)와 ii) 제186조에 따라 등기를 갖춘 때에 법인에 귀속한다는 견해(김학동, 72면; 이영준, 99면; 이은영, 156면)로 나뉘어 있다(그 밖에 민법총칙 [337] 참조). ii)설은 출연행위가 법률행위이므로 제186조가 적용되어야 한다는 것이다. 한편 판례는 출연자와 법인 사이에서는 법인 성립시에 법인의 재산이 되나, 제 3 자에 대한 관계에 있어서는 법인의 성립 외에 등기를 필요로 한다고 한다(대판(전원) 1979. 12. 11, 78다481 · 482 등. 그 밖에 민법총칙 [337] 참조).

생각건대 판례는 대항요건주의에서나 타당한 이론이고 ii)설은 제48조를 사문화시키는 것이어서 옳지 않다. 결국 i)설을 따라야 할 것이다(그러나 그 규정은 개정되어야 한다).

(3) 소멸시효의 완성과 물권의 소멸

민법상 물권도 소유권이 아닌 것은 소멸시효에 걸린다(162조 2항). 그 결과 일정한 부동산물권도 소멸시효의 대상이 된다(실제로는 용익물권만임). 그런데 이들 물권에 관하여 소멸시효가 완성된 경우에 말소등기가 없어도 소멸하는지가 문제된다. 이는 소멸시효 완성의 효과에 관하여 어떤 견해를 취하느냐에 따라 달라진다(이영준, 99면; 지원림, 465면은 이에 반대하나, 실제로 문헌들은 소멸시효 완성의 효과에 관한 이론에 따라 달리 설명하고 있다). i) 절대적 소멸설에 의하면 시효의 완성으로 물권은 당연히 소멸한다고 하나(곽윤직, 82면; 이영준, 99면), ii) 상대적 소멸설에 의하면 권리의 소멸을 주장하여(이것을 법률행위라고 이해함) 등기의 말소를 청구하고 그에 기하여 등기가 말소된 때에 비로소 물권이 소멸한다고 한다(김상용, 154면; 김용한, 127면; 김학동, 76면; 이상태, 71면). 사견은 절대적 소멸설의 입장에 있으므로(민법총칙 [288] 참조) i)설을 따르게 된다.

(4) 지상권 · 전세권의 소멸청구의 경우

민법은 제287조 · 제311조에서 지상권설정자와 전세권설정자가 일정한 경우에 각각 지상권 또는 전세권의 소멸을 청구할 수 있다고 규정한다. 이 경우에 소멸청구의 의사표시만으로 지상권 · 전세권이 소멸하는지가 문제된다. 여기에 관하여 학설은 크게 i) 소멸청구권이 형성권이므로 소멸청구의 의사표시만으로 소멸한다는 견해(김상용, 154면; 이상태, 72면; 이영준, 100면; 이은영, 168면)와 ii) 말소등기까지 하여야 소멸한다는 견해로 나누어지고, ii)설은 다시 (a) 소멸청구권은 형성권이지만 소멸청구가 물권적 단독행위이므로 제186조에 의하여 등기하여야 소멸한다는 견해(김용한, 125면; 김학동, 378면 · 418면; 주해(4), 136면(김황식); 지원림, 464면)와 (b) 소멸청구권은 형성권이 아니고 채권적 청구권이며, 따라서 그 행사의 의사표시는 채권적 의사표시이므로, 말소등기까지 하여야만 소멸한다는 견해(곽윤직, 83면)로 세분된다. 그리고 판례는, 지상권 규정이 준용되는 관습법상의 법정지상권에 관하여 제287조에 따른 지상권 소멸청구의 의사표시에 의하여 소멸한다고 하여 i)설을 취하고 있다(대판 1993. 6. 29, 93다10781).

생각건대 여기의 소멸청구권이 형성권이라는 해석은 대항요건주의를 채용하고 있는 의용민법 하에서의 통설을 깊은 고려 없이 수용한 결과인 것으로 보인다. 청구권이라는 명칭이 쓰인 권리는 ① 그 결과의 인정이 내용상 당연하고 ② 거래의 안전 기타 제 3 자 보호의 문제가 생기지 않는 때에만 형성권이라고 새겨야 한다. 그런데 성립요건주의를 취하고 있는 우리 민법상 여기의 소멸청구권을 형성권이라고 새기게 되면, 제 3 자가 예측할 수 없는 손해를 입을 수 있게 된다. 따라서 그것은 형성권이 아니라고 할 것이다. 그 권리는 표현 그대로 청구권, 그리하여 채권적 청구권이라고 하여야 한다. 그러므로 그 권리를 행사하여 말소등기까지 하여야 물권이 소멸하게 된다. i)설에 의하면 제 3 자 내지 거래의 안전이 위협되는 문제가 생김은 물론이다(이영준, 100면은 109조 2항 · 110조 3항을 유추적용하자고 하나, 유추적용은 함부로 인정될 것이 아니다).

(5) 전세권의 소멸통고의 경우

민법 제313조는「전세권의 존속기간을 약정하지 아니한 때에는 각 당사자는 언제든지 상대방에 대하여 전세권의 소멸을 통고할 수 있고 상대방이 이 통고를 받은 날로부터 6월이 경과하면 전세권은 소멸한다」고 규정한다. 이 경우에 말소등기가 없어도 전세권이 당연히 소멸하는지가 문제된다. 여기에 관하여 학설은 i) 소멸통고도 형성권의 행사이므로 말소등기가 없어도 전세권이 소멸한다는 견해(이상태, 73면(그러나 전세금반환은 있어야 한다고 함); 이영준, 101면(548조 1항 단서를 유추적용하여 거래의 안전을 도모하자고 한다); 이은영, 168면)와 ii) 말소등기를 하여야 소멸한다는 견해로 나뉘며, ii)설은 다시 (a) 소멸통고가 물권적 단독행위이기 때문에 제186조에 의하여 등기하여야 한다는 견해(김학동, 417면), (b) 소멸통고는 등기할 길이 없으며 또한 거래의 안전을 보호하기 위해서 그렇게 새겨야 한다는 견해(곽윤직, 83면; 김용한, 125면), (c) 소멸청구와 달리 소멸통고는 불성실한 전세권자를 응징하기 위한 제도가 아니기 때문이라는 이유를 드는 견해(김상용, 155면)로 세분된다. 생각건대 제313조의 규정이 있는 한 — 해석으로는 — 그 규정은 제187조의「기타 법률의 규정」이라고 보아야 하며, 따라서 말소등기 없이 전세권이 소멸한다고 새길 수밖에 없다. 그런데 제313조는 성립요건주의와 어울리지 않는 대단히 잘못된 규정이므로 속히 개정되어야 한다.

(6) 물권의 포기의 경우

물권의 포기의 경우에 말소등기가 있어야 소멸하는가에 관하여 i) 다수설은 그것이 물권적 단독행위이므로 제186조에 따라 등기를 하여야 한다고 하나(고상룡, 171면; 곽윤직, 132면; 김상용, 230면; 김용한, 125면; 김학동, 73면; 주해(4), 136면(김황식); 지원림, 464면), ii) 소수설은 포기의 의사표시도 일종의 형성권의 행사로서 말소등기 없이 소멸한다고 한다(이영준, 102면; 이은영, 170면). 판례는, 부동산 공유자의 공유지분(통설에 따르면, 지분은 1개의 소유권의 분량적 일부분임: 저자 주)의 포기는 법률행위로서 상대방 있는 단독행위에 해당하므로, 부동산 공유자의 공유지분 포기의 의사표시가 다른 공유자에게 도달하더라도 이로써 곧바로 공유지분 포기에 따른 물권변동의 효력이 발생하는 것은 아니고, 다른 공유자는 자신에게 귀속될 공유지분에 관하여 소유권이전등기 청구권을 취득하며, 이후 제186조에 의하여 등기를 하여야 공유지분 포기에 따른 물권변동의 효력이 발생한다고 하여(대판 2016. 10. 27, 2015다52978. 그리고 부동산 공유자의 공유지분 포기에 따른 등기는 해당 지분에 관하여 다른 공유자 앞으로 소유권이전등기를 하는 형태가 되어야 한다고 함), 다수설과 같다. 생각건대 ii)설은 물권의 포기에 제187조를 적용하는 견해인데, 설득력 있는 근거가 없다. 물권의 포기는 법률행위이므로 거기에는 마땅히 제186조가 적용되어야 한다.

〈기 타〉

그 밖에 견해의 대립이 있는 것은 아니지만 설명을 할 필요가 있는 경우들에 관하여 적기로 한다.

(ㄱ) 물권행위가 취소된 경우　앞서 언급한 바와 같이([50] 참조), 물권행위 자체가 무효이거나 취소된 경우에는(해제될 수 있는 때는 없다), 물권변동의 두 요건 중 물권행위가 없었던 것이 되어서 물권변동이 일어나지 않았던 것으로 된다. 이에 관하여 현재로는 이설이 없으나, 원인행위의 실효에 관하여 제187조를 적용하는 견해([50] 참조)는 이 경우에 대하여도 같은 이론을 취할 가능성이 있다.

(ㄴ) 조건부 또는 기한부 법률행위　물권행위에는 조건이나 기한을 붙일 수 있다. 그리고 해제조건이나 종기는 등기도 할 수 있다(부등법 53조 · 54조). 이들이 등기된 경우에는 해제조건이 성취되거나 종기가 도래하면 말소등기를 하지 않더라도 물권행위는 효력을 잃는다고 하여야 한다. 그에 비하여 정지조건이나 시기(始期)는 등기할 방법이 없다. 따라서 물권행위가 정지조건부 또는 시기부(始期附)로 행하여진 경우에는 그 조건의 성취 또는 기한의 도래가 있어야 비로소 등기할 수 있다고 할 것이다(통설도 같음. 그런데 지원림, 464면은 통설과 같이 설명하나, 454면 · 460면에서는 부동산에 관한 물권행위에는 정지조건 · 시기를 아예 붙일 수 없다고 한다).

Ⅱ. 물권변동의 요건으로서의 물권행위와 등기 [52]

1. 물권행위

물권행위에 관하여는 본장 제 2 절에서 자세히 설명하였다.

2. 등　기

등기는 물권행위와 함께 법률행위에 의한 부동산 물권변동에 필요한 요건이다. 그러한 등기의 일반적인 문제(의의 · 절차 · 효력 등)에 관하여는 본장 제 3 절에서 살펴보았다. 그러므로 여기서는 등기가 물권변동을 위하여 갖추어야 하는 요건에 대하여만 보기로 한다.

등기가 물권행위와 결합하여 물권변동을 일으키려면 그것이 유효하여야 한다. 그런데 그것이 유효하기 위하여서는, ① 부동산등기법 등이 정하는 절차에 따라 적법하게 행하여져야 하고, 또 ② 물권행위와의 일치 · 등기원인의 올바른 기록 등과 같은 실체관계와의 일치가 있어야 한다. 앞의 요건을 형식적 또는 절차적 유효요건이라고 하고, 뒤의 요건을 실질적 또는 실체적 유효요건이라고 한다. ③ 그 밖에 일정한 경우에는 특별법에 의하여 등기가 무효로 되는 때도 있다. 명의신탁에 의한 등기가 그렇다. 따라서 무효로 되는 명의신탁등기가 아니어야 한다. 이들 문제에 관하여 차례로 논의하기로 한다.

(1) 등기의 형식적 유효요건

1) 등기의 존재

㈎ 등기가 유효하기 위하여서는 우선 등기가 존재하여야 한다. 그리고 등기의 존재가 인정되려면 실제로 등기부에 기록되어 있어야 하며, 신청만으로는 충분하지 않다.

〈판 례〉

「동사무소에 비치되어 있는 무허가건물 관리대장은 무허가건물에 대한 관리의 편의를 위하여 작성된 것일 뿐 그에 관한 권리관계를 공시할 목적으로 작성된 것이 아니어서 무허가건물대장에 소유자로 등재되었다는 사실만으로는 그 무허가건물에 대한 소유권 기타의 권리를 취득하거나 권리자로 추정되는 효력이 없」다(대판 1993. 1. 26, 92다36274. 같은 취지: 대판 2014. 2. 13, 2011다64782).

등기관이 등기를 마친 경우에 그 등기의 효력발생시기가 언제인지에 대하여는 앞에서 설명하였다([45] 및 부등법 6조 참조).

㈏ 등기가 일단 행하여진 뒤에 그 등기가 부적법하게 존재를 잃은 경우에 그 등기의 실체법상의 효력이 소멸하는지가 문제된다. 경우를 나누어 본다.

(a) 등기부(등기기록)가 손상된 경우 등기부의 전부 또는 일부가 손상된 경우에는 전산운영책임관은 등기부 부본자료(부등법 16조, 부등규칙 15조 참조)에 의하여 그 등기부를 복구하여야 한다(부등규칙 17조 2항). 그리고 등기부가 복구된 때에는 복구된 등기는 이전의 등기와 동일한 것이고, 따라서 손상에 의하여 영향을 받지 않는다고 하여야 한

다. 등기부가 손상된 동안 다른 등기가 될 가능성이 없기 때문에 다른 권리와의 충돌 문제도 생기지 않는다. 등기부가 복구되지 않는 때에는 어떤가? 이때에도 소유권은 소멸하지 않는다고 하여야 한다. 제한물권에 대하여는 어떻게 새겨야 할지 주저되나, 다른 자료가 존재하여 후에라도 그것이 복구될 수 있다면 — 다른 충돌하는 등기가 행해지지 않았을 것이므로 — 소멸하지 않는다고 하여야 할 것이다. 그에 비하여 복구가 아예 불가능하다면 소멸한다고 하여야 한다.

〈등기법이 개정되기 전에 있어서 등기부가 멸실된 경우〉

현행 부동산등기법에서의 등기부의 손상은 개정 전의 등기상의 등기부의 멸실에 해당한다. 그런데 개정 전 부동산등기법에 따르면, 등기부가 멸실된 경우에는 3개월 이상으로 정해진 기간 내에 멸실회복등기를 할 수 있었고, 멸실회복등기가 행하여진 때에는 등기된 권리는 본래의 순위를 가지게 되었다(개정 전 부등법 24조). 따라서 등기부가 멸실되었다고 해도 등기의 효력은 소멸하지 않는 것으로 새겨졌다.

문제는 기간 내에 멸실회복등기가 없는 경우였는데, 그에 관하여 학설은 여럿으로 나뉘어 있었다. 그리고 판례는 소유권의 경우에는 회복등기가 없어도 소멸하지 않음을 분명히 하고 있었다(대판 1968. 2. 20, 67다1797; 대판 1970. 3. 10, 70다15; 대판 1982. 8. 24, 82다카416; 대판 1993. 8. 24, 92다43975; 대판 1994. 11. 11, 94다14933; 대판 1996. 3. 12, 95다46166). 그런데 제한물권에 관하여는 개정 전 등기법 제24조의 규정상 소유권과 다르다고는 하면서도 회복등기가 없을 경우 완전히 소멸하는지에 관하여는 확언을 하고 있지 않았다(적어도 새로운 등기가 있을 때에는 소멸한다고 보는 것 같다. 대판 1968. 2. 20, 67다1797; 대판 1970. 3. 10, 70다15).

(b) 등기가 불법하게 말소된 경우 이 경우에 관하여 학설은 i) 등기는 물권변동의 효력발생요건인 동시에 그 존속요건이기도 하므로 권리자는 권리를 잃는다는 견해(곽윤직, 85면), ii) 물권은 소멸하지 않는다는 견해(고상룡, 90면; 김상용, 156면; 김학동, 77면; 이상태, 94면; 이영준, 106면; 주해(4), 140면(김황식); 지원림, 467면), iii) 말소된 권리는 당사자 사이에서 채권적 효력만 가진다는 견해(이은영, 193면)로 나뉘어 있다. 그리고 판례는 등기는 물권의 효력발생요건이고 효력존속요건은 아니므로, 등기가 원인 없이 말소된 경우에 그 물권의 효력에는 아무런 영향을 미치지 않으며, 그 말소된 등기의 회복등기를 할 수 있고(대판 1982. 9. 14, 81다카923; 대판 1982. 12. 28, 81다카870; 대판 1988. 10. 25, 87다카1232; 대판 1988. 12. 27, 87다카2431; 대판 1997. 9. 30, 95다39526; 대판 2001. 1. 16, 98다20110)(불법하게 말소된 것을 이유로 한 근저당권설정등기 회복등기청구는 그 등기말소 당시의 소유자를 상대로 하여야 한다: 대판 1969. 3. 18, 68다1617), 회복등기를 마치기 전이라도 등기명의인으로서의 권리를 그대로 보유하고 있다고 할 것이므로 그는 말소된 소유권이전등기의 최종명의인으로서 적법한 권리자로 추정된다고 한다(대판 1982. 9. 14, 81다카923; 대판 1982. 12. 28, 81다카870; 대판 1997. 9. 30, 95다39526). 그리고 등기가 말소된 후에 등기를 한 자는 이해관계 있는 제 3 자로서 회복등기

절차에 승낙할 의무가 있다고 한다(대판 1970. 2. 24, 69다2193; 대판 1971. 8. 31, 71다1285; 대판 1997. 9. 30, 95다39526)(부등법 59조 참조). 다만, 근저당권이 불법으로 말소된 후에 목적부동산이 경매된 경우에 관하여, 부동산이 경매되면 그 위의 근저당권은 당연히 소멸한다는 이유로(구 민소 608조 2항 · 728조) 말소된 근저당권은 소멸한다고 한다(대판 1998. 10. 2, 98다27197). 그러면서 근저당권설정등기가 위법하게 말소되어 아직 회복등기를 경료하지 못한 연유로 그 부동산에 대한 경매절차에서 피담보채권액에 해당하는 금액을 전혀 배당받지 못한 근저당권자로서는 위 경매절차에서 실제로 배당받은 자에 대하여 부당이득 반환청구로서 그 배당금의 한도 내에서 그 근저당권설정등기가 말소되지 아니하였더라면 배당받았을 금액의 지급을 구할 수 있을 뿐이고, 이미 소멸한 근저당권에 관한 말소등기의 회복등기를 위하여 현소유자를 상대로 그 승낙의 의사표시를 구할 수는 없다고 한다(대판 1998. 10. 2, 98다27197; 대판 2002. 10. 22, 2000다59678). 근저당권이 소멸한다고 하는 이 예외적인 판결은 근저당권과 경매의 특수성에 의한 것인 만큼, 판례는 원칙적으로는 ii)설과 같은 입장이라 하겠다(이은영, 194면은 판례가 iii)설과 같다고 하나, 이는 오해이다). 생각건대 이 경우에 권리가 소멸한다고 하면, 이 때에만 사실상 등기의 공신력을 인정하는 것과 같이 되고, 또 우리 법제상 실제와 다른 등기가 행하여질 여지가 많음을 고려할 때 진정한 권리자의 보호에 소홀하게 된다. 그리고 iii)설처럼 해석할 근거도 없다. 결국 물권은 소멸하지 않는다고 하여야 한다.

(c) 등기부에 옮겨 적으면서 누락된 경우 등기된 사항이 새로운 등기부에 옮겨 적을 때 등기관의 잘못으로 빠진 경우에 관하여는 i) 등기가 효력을 잃는다는 견해(곽윤직, 85면), ii) 등기의 효력이 유지된다는 견해(고상룡, 90면; 김상용, 157면; 김학동, 77면; 이상태, 94면; 이영준, 107면; 지원림, 467면), iii) 등기의 효력은 존속하고 등기관이 직권으로 경정(更正)할 수 있으나, 이해관계 있는 제 3 자가 생긴 경우에는 경정등기를 할 수 없어서 종전 등기의 효력이 제한될 수밖에 없다는 견해(주해(4), 141면(김황식)), iv) 채권적 효력만 있다는 견해(이은영, 194면)가 주장되고 있다. 생각건대 공신의 원칙이 채용되어 있지 않은 우리 법제에서는 일반적으로 진정한 권리자를 보호하여야 하므로, 이 경우에는 경정등기(부등법 32조)가 가능한지와 관계없이 등기는 효력을 지속한다고 하여야 한다.

2) 관할 위반의 등기 또는 등기할 수 없는 사항에 관한 등기가 아닐 것

등기가 그 등기소의 관할에 속하지 않거나(부등법 29조 1호), 등기할 수 없는 사항에 관한 것(등기될 수 없는 권리 · 물건에 관한 것이거나 법령에 위반된 것)일 때(부등법 29조 2호)에는 당연히 무효이다. 그러한 무효의 등기는 등기관이 일정한 절차에 의하여 직권으로 말소한다(부등법 58조).

3) 물권변동 대상인 부동산에 대한 등기일 것 [53]

(가) 부동산의 물권변동을 위한 등기가 유효하려면 그 등기는 당연히 목적부동산에 관한 것이어야 한다. 그리하여 ① 우선 그 부동산이 존재하여야 한다. 존재하지 않는 부동산 또는 그 지분에 관한 등기는 무효이다(대판 1990. 5. 25, 89다카14998; 대판 1992. 3. 10, 91다34929. 대판 1994. 4. 15, 93다46353 (경락의 경우)도 참조). 또한 ② 표제부의 표시란의 기록이 실제의 부동산과 동일하거나 사회관념상 그 부동산을 표시하는 것이라고 인정될 정도로 유사하여야 한다. 그렇지 않은 경우에는 표제부의 등기 및 보존등기는 무효이고(대판 1986. 7. 22, 85다카1222; 대판 1990. 3. 9, 89다카3288; 대판 1995. 9. 29, 95다22849 · 22856.), 그 부동산에 관한 권리변동의 등기도 효력이 없게 된다(대판 2001. 3. 23, 2000다51285). 목적부동산의 동일성이 없기 때문이다. 부동산의 동일성 내지 유사성 여부는 토지의 경우에는 지번과 지목 · 지적에 의하여 판단하여야 하고(대판 2001. 3. 23, 2000다51285), 건물의 경우에는 지번 · 건평 · 구조를 중심으로 하되 그 외에 건축시기 · 건물의 종류 · 등기부상 표시가 상이하게 된 연유 · 다른 건물과 혼동의 우려가 있는지의 여부 등을 종합하여 판단하여야 한다(대판 1978. 6. 27, 78다544; 대판 1986. 7. 22, 85다카1222; 대판 1989. 2. 28, 88다카4116; 대판 1990. 3. 9, 89다카3288; 대판 1996. 6. 14, 94다53006 등도 참조).

〈판 례〉

(ㄱ) 「일반적으로 부동산에 관한 등기의 소재지나 지번 등의 표시에 다소의 착오 또는 오류가 있다고 할지라도 그것이 실제의 권리관계를 표시함에 족할 정도로 동일 혹은 유사성이 있다고 인정되는 경우에는 등기가 유효하고, 만일 이 표시상의 착오 또는 오류가 중대하여 그 실질관계와 동일성 또는 유사성조차 인정할 수 없는 경우에는 그 등기는 공시의 기능을 발휘할 수 없다고 할 것이다.」(대판 1995. 9. 29, 95다22849: 등기부의 표제부의 표시가 실제의 부동산의 위치와 행정구역이 서로 다르게 기재된 경우에 관하여 등기의 효력을 부인함)

(ㄴ) 「어느 등기가 그 표제부에 표시된 부동산에 관한 권리관계를 표시하는 것으로서 유효한 것이 되기 위하여는 우선 그 표시가 실제의 부동산과 동일하거나 사회관념상 그 부동산을 표시하는 것이라고 인정될 정도로 유사하여야 하고, 그 동일성 내지 유사성 여부는 토지의 경우에는 지번과 지목, 지적에 의하여 판단하여야 한다.」(대판 2001. 3. 23, 2000다51285)

(ㄷ) 「건물이 건축허가되어 준공검사까지 마쳐져 건축물관리대장에 등재되어 있는 경우에는 무허가건물 등, 등기 당시 등기부 외에 그 건물의 지번, 구조, 면적 등을 실제와 맞게 특정할 수 있는 공부가 없는 경우와는 달리 등기부상 그 건물의 지번, 구조, 면적 등의 표시가 그 건축물관리대장의 표시와 동일하게 등기되어 있는 등기만

이 그 건물을 공시하는 유효한 등기라고 보아야 할 것임은 부동산등기법 제56조 제 1 항의 규정에 비추어 분명」하다(대판 1990. 12. 11, 90다카8630).

(나) 위에서 본 바와 같이, 토지나 건물대지의 지번은 부동산의 동일성의 판단에 있어서 중요한 기준이 된다. 그러한 지번이 등기절차상의 착오 또는 빠뜨림(유루)으로 인하여 등기부상 잘못 표시되었다면 경정등기가 허용되는가? 경정등기는 원칙적으로 기존의 등기와 동일성이 유지되는 범위 안에서만 행하여질 수 있다(같은 취지: 곽윤직, 부동산등기법(1998), 271면). 따라서 지번의 경정등기는 허용되지 않아야 할 것이다. 다만, 해당 부동산에 관하여 따로 보존등기가 존재하지 않거나 등기의 형식으로 보아 예측할 수 없는 손해를 입을 우려가 있는 이해관계인이 없는 경우에는 지번의 경정을 허용하여도 무방할 것이다. 판례가 그러한 입장이다(대판(전원) 1975. 4. 22, 74다2188; 대판 1978. 6. 27, 78다544; 대판 1980. 10. 27, 79다636 · 637; 대판 1997. 2. 25, 96다51561; 대판 2000. 3. 10, 99다40975).

〈판 례〉

(ㄱ) 「일반적으로 부동산에 관한 지번표시에 다소의 착오 또는 오류가 있다 할지라도 적어도 그것이 실질상의 권리관계를 표시함에 족한 정도로 동일 혹은 유사성이 있다고 인정되는 경우에 한하여 그 등기를 유효시하고 그 경정등기도 허용된다고 할 것이고 만일 이 표시상의 착오 또는 오류가 중대하여 그 실질관계와 동일성 혹은 유사성조차 인정할 수 없는 경우에는 그 등기는 마치 없는 것과 같은 외관을 가지므로 그 등기의 공시의 기능도 발휘할 수 없으니 이런 등기의 경정을 무제한으로 인정한다면 제 3 자에게 뜻밖의 손해를 가져올 경우도 있을 것이므로 이와 같은 경우에는 경정등기를 허용할 수 없다고 보아야 할 것이고 이런 의미에서 이와 같은 취지의 종전 판례는 정당하여 지금도 유효하다고 본다. 그러나 이런 동일성 또는 유사성을 인정할 수 없는 착오 또는 오류가 있는 경우라 할지라도 같은 부동산에 대하여 따로 보존등기가 존재하지 아니하거나 등기의 형식상으로 보아 예측할 수 없는 손해를 미칠 우려가 있는 이해관계인이 없는 경우에는 당해 오류 있는 등기의 경정을 허용하여 그 경정된 등기를 유효하다고 보는 것이 경정등기 전후에 각 그 등기가 유효하다고 믿고 등기한 권리를 보호할 수 있는 실효가 있을 뿐 아니라 일단 경정된 등기는 그 때부터는 공시의 기능도 일반 등기와 같이 발휘할 수 있는 까닭이다. 이 점에 있어서 이와 상반되는 종전의 본원 판례(예컨대 1968. 4. 2. 선고 67다443 판결, 1968. 11. 19. 선고 66다1473 판결)는 폐기한다.」(대판(전원) 1975. 4. 22, 74다2188: 지번표시를 394의 1 대신에 345로 하였다가 후에 경정등기를 한 경우에 관하여 현저한 차이는 있으나 이해관계인이 없음을 이유로 경정등기의 효력을 인정함. 대판 2007. 7. 26, 2007다19006 · 19013은 지번표시가 115-1 대신 115-6으로 잘못 기재되고 지적도 90.18m² 대신 25.02m²로 기재된 경우에 그 등기는 무효라고 함)

(ㄴ) 「토지를 표시하는 부동산등기에 있어서 소재지나 지번의 표시는 당해 토지의

동일성을 결정하는 요소라 할 것이므로 등기된 토지의 소재 또는 지번의 표시에 착오나 유루가 있다는 것을 이유로 한 경정은 그것을 허용해도 그 경정의 전후를 통하여 표시된 부동산의 동일성에 변함이 없다고 여겨질 때에 한하여 가능한 것이라고 해석해야 한다.

다시 말하면 착오 또는 유루가 있는 표시의 등기가 있을 때 이를 그대로 두어도 당해 부동산을 표상하는 것이라고 여겨질 정도로 위 착오 또는 유루의 표시가 경미하거나 극히 부분적일 때에 한하여 바른 표시로의 경정이 허용되는 것이라 할 것이다.

이와 같은 해석은 부동산 거래의 안전을 보호하기 위한 것이므로 동일 부동산을 표상하는 다른 등기용지에 이미 소유자로 기재되어 있는 자나 권리에 관한 등기가 되어 있는 경우에는 경정등기의 방법으로도 잘못된 지번표시를 고칠 수가 없게 되는 것은 당연하고 설령 잘못하여 경정등기가 이루어졌다 하더라도 그 등기는 무효인 것이다.」(대판 1989. 1. 31, 87다카2358: 지번표시를 869 대신 896으로 하였다가 경정등기한 경우에 대하여 무효라고 함)

4) 2중등기(중복등기)의 문제 우리 등기법상 하나의 부동산에 대하여는 [54]
하나의 등기기록만을 둔다(1부동산 1등기기록의 원칙. 부등법 15조). 따라서 어떤 부동산에 관하여 등기가 행하여지면 비록 그 등기가 부적법한 것일지라도 그것을 말소하지 않는 한 다시 등기를 하지 못한다. 그런데 동일한 부동산에 관하여 절차상의 잘못으로 2중으로 등기가 행하여지는 경우가 있다. 그러한 2중등기는 보존등기에서 자주 생긴다. 그 경우에 2중등기의 효력이 어떻게 되는지가 문제된다. 이것이 2중등기(중복등기)의 효력의 문제이다.

주의할 것은, 동일한 부동산에 관하여 2중등기가 있는 경우에 그 중 하나가 부동산의 표시에 있어서 실물과 너무나 현격한 차이가 있어 도저히 그 부동산의 등기라고 볼 수 없는 경우에는 부동산의 실제상황에 합치하는 등기가 효력을 갖는다는 점이다(이설이 없으며, 판례도 같음. 대판 1978. 6. 27, 77다405). 그러나 부동산의 실제와 다소 불합치하는 점이 있더라도 동일성을 인정할 수 있으면 2중등기로 된다(대판 1956. 11. 17, 4289민상472; 대판 1959. 7. 23, 4292민상281; 대판 1965. 2. 23, 64다1664).

(가) 학 설 2중등기의 효력에 관하여는 i) 절차법설, ii) 실체법설, iii) 절충설이 대립하고 있다.

i) 절차법설은 2중등기의 경우 제 2 등기(후등기)는 제 1 등기의 유효·무효를 불문하고 언제나 무효라고 한다(김기선, 106면).

ii) 실체법설은 단순히 등기의 선후만을 따져서 결정할 것이 아니고 실체관계를 따져서 실체관계에 부합하는 등기를 유효한 것으로 인정하려고 한다(고상룡, 98면; 김상용, 158면. 곽윤직, 85면은 실체법설을 취하면서 등기명의인이 동일인인 경우에는 제 2 등기를 무효라고 한다. 이영준, 116면은 스스로 실체법설에 가깝다고 한다).

iii) 절충설은 원칙적으로 절차법설을 취하면서 예외를 인정하는 견해인데, 예외를 어떤 범위에서 인정할 것인가에 따라 다시 두 가지로 세분된다. 그 중 하나는 현재의 판례와 같이, 원칙적으로는 제 2 등기가 무효이지만 제 2 등기가 실체관계에 부합하고 제 1 등기가 무권리자에 의한 등기임이 밝혀진 때에는 예외적으로 제 1 등기가 무효라고 한다(이상태, 96면). 나머지 하나는, 원칙적으로 제 2 등기가 무효이지만 제 1 등기가 유효했더라도 제 2 등기가 제 1 등기 명의인의 권리에 기하여 이루어진 경우에는 제 2 등기를 실체관계에 기한 등기로 보아 존속시키는 것이 바람직하다고 한다(주해(4), 144면(김황식)).

(나) **판 례** 판례는 처음에는 동일 명의인의 2중등기이든 명의인을 달리하는 2중등기이든 언제나 제 2 등기가 무효라고 하는 절차법설의 입장에 있었다. 그러다가 1978년의 전원합의체 판결에서 동일한 부동산에 관하여 등기명의인을 달리하여 2중의 보존등기가 된 경우에 대하여 실체법설을 취하였다(대판(전원) 1978. 12. 26, 77다2427). 그런데 그 후 절차법설을 따른 판결(대판 1979. 12. 26, 79다1555; 대판 1981. 11. 18, 81다1340 등)과 실체법설을 따른 판결(대판 1981. 2. 10, 80다2027; 대판 1987. 3. 10, 84다카2132 등)이 병존하여 일관성이 없었다. 그 뒤 1990년에 전원합의체 판결에 의하여 엇갈리던 판례가 통일되었다(그러나 1978년의 전원합의체 판결은 폐기되지 않았다). 그에 의하면, 제 2 등기가 원칙적으로 무효이지만, 예외적으로 제 1 등기가 무효이고 제 2 등기가 실체관계에 부합하는 경우에는 제 2 등기가 유효하다고 한다(대판(전원) 1990. 11. 27, 87다카2961, 87다453. 이 판결 이후 그 후속판결이 이어지고 있다. 대판 1997. 11. 28, 97다37494; 대판 1998. 9. 22, 98다23393; 대판 2002. 7. 12, 2001다16913 등). 이는 절충설을 명백히 한 것이다. 그런데 이처럼 변천한 판례는 등기명의인이 다른 경우에 관한 것이다. 등기명의인이 동일한 경우의 판례는 변한 적이 없다. 그러고 보면 현재의 판례는 다음과 같이 정리할 수 있다. 동일인 명의로 소유권보존등기가 2중으로 된 경우에는 언제나 제 2 등기가 무효이고(대판 1979. 1. 16, 78다1648), 등기명의인을 달리하여 2중의 보존등기가 된 경우에는 원칙적으로는 제 2 등기가 무효이지만 제 1 등기가 원인무효인 때에는 예외적으로 제 2 등기가 유효하다.

〈판 례〉

(ㄱ) 「동일 부동산에 관하여 등기명의인을 달리하여 중복된 소유권보존등기가 경료된 경우에는 먼저 이루어진 소유권보존등기가 원인무효가 되지 아니하는 한 뒤에 된

소유권보존등기는 비록 그 부동산의 매수인에 의하여 이루어진 경우에도 1부동산 1용지주의를 채택하고 있는 부동산등기법 아래에서는 무효라고 해석함이 상당하다(당원 1979. 12. 26. 선고 79다1555 판결 및 1981. 9. 8. 선고 81다212 판결 참조).

그런데 위 분할 전 토지에 관한 위 이○○ 명의의 소유권이전등기의 토대가 된 소유권보존등기(기록상 언제 누구 명의로 경료되어 있었는지 밝혀져 있지 않다)가 원인무효라고 볼 아무런 주장 · 입증이 없는 이 사건에 있어서는 원고가 1957. 8. 24. 위 이○○로부터 위 분할 전 토지를 매수하였다 하더라도 위 이○○ 명의의 소유권이전등기에 기하여 소유권이전등기를 경료하지 아니하고 소유권보존등기를 경료한 이상 뒤에 경료된 원고 명의의 소유권보존등기는 이중등기로서 무효라고 할 것이므로(그 결과 원고는 민법 부칙 제10조 제 1 항에 의하여 그 소유권을 상실하게 되었다), 원고는 매도인인 위 이○○의 상속인인 피고들을 상대로 이 사건 부동산에 관하여 위 매매를 원인으로 한 소유권이전등기를 소구할 이익이 있다.」(대판(전원) 1990. 11. 27, 87다카2961, 87다453)

(ㄴ) 「가. 동일 부동산에 관하여 등기명의인을 달리하여 중복된 소유권보존등기가 경료된 경우에는 먼저 된 소유권보존등기가 원인무효가 되지 아니하는 한 나중 된 소유권보존등기는 1부동산 1용지주의를 채택하고 있는 현행 부동산등기법 아래에서는 무효라고 해석함이 상당하고, 동일 부동산에 관하여 중복된 소유권보존등기에 터 잡아 등기명의인을 달리하는 각 소유권이전등기가 경료된 경우에 등기의 효력은 소유권이전등기의 선후에 의하여 판단할 것이 아니고 각 소유권이전등기의 바탕이 된 소유권보존등기의 선후를 기준으로 판단하여야 하며, 그 이전등기가 멸실회복으로 인한 이전등기라 하여 달리 볼 것은 아니고, 한편 동일 부동산에 관하여 하나의 소유권보존등기가 경료된 후 이를 바탕으로 순차로 소유권이전등기가 경료되었다가 그 등기부가 멸실된 후 등기명의인을 달리하는 소유권이전등기의 각 회복등기가 중복하여 이루어진 경우에는 중복등기의 문제는 생겨나지 않고 멸실 전 먼저 된 소유권이전등기가 잘못 회복등재된 것이므로 그 회복등기 때문에 나중 된 소유권이전등기의 회복등기가 무효로 되지 아니함은 원심이 판시한 바와 같다.

그런데 동일 부동산에 관하여 등기명의인을 달리하여 멸실회복에 의한 각 소유권이전등기가 중복등재되고 각 그 바탕이 된 소유권보존등기가 동일등기인지 중복등기인지, 중복등기라면 각 소유권보존등기가 언제 이루어졌는지가 불명인 경우에는 위 법리로는 중복등기의 해소가 불가능하므로 이러한 경우에는 적법하게 경료된 것으로 추정되는 각 회복등기 상호간에는 각 회복등기일자의 선후를 기준으로 우열을 가려야 할 것인바, 이와 달리 이와 같은 경우에 멸실 후 회복된 소유권이전등기의 각 회복등기일자의 선후로 각 회복등기의 우열을 가릴 수는 없다고 한 대법원 1996. 11. 29. 선고 94다60783 판결 및 대법원 1995. 6. 30. 선고 94다49274 판결 부분은 이를 변경하기로 한다.」(대판(전원) 2001. 2. 15, 99다66915)

(ㄷ) 「동일인 명의로 중복하여 소유권보존등기가 된 경우에 후등기는 실체적 권리관계에 부합되는 여부를 가려 볼 필요도 없이 무효의 등기로서 말소되어야 함은 원심

판시와 같지만, 전등기로부터 경료된 원고 명의의 소유권이전등기가 원인무효의 등기라면 특단의 사정이 없는 한 원고로서는 후등기 및 이에 터잡아 경료된 피고들 명의의 소유권이전등기에 대하여 그 말소를 청구할 권원이 없다고 할 것이므로 아무리 후등기가 무효라고 하여도 아무런 권원이 없는 원고의 말소등기청구를 받아들여 그 말소를 명할 수는 없는 것이다.」(대판 1990. 5. 22, 89다카19900 · 19917. 같은 취지: 대판 2007. 5. 10, 2007다3612)

(ㄹ) 「동일한 부동산에 관하여 등기명의인을 달리하여 중복된 소유권보존등기가 마쳐진 경우 선행 보존등기가 원인무효가 되지 않는 한 후행 보존등기는 실체관계에 부합하는지 여부에 관계없이 무효라는 법리는 후행 보존등기 또는 그에 기하여 이루어진 소유권이전등기의 명의인이 당해 부동산의 소유권을 원시취득한 경우에도 그대로 적용된다.

따라서 선행 보존등기가 원인무효가 아니어서 후행 보존등기가 무효인 경우 후행 보존등기에 기하여 소유권이전등기를 마친 사람이 그 부동산을 20년간 소유의 의사로 평온 · 공연하게 점유하여 점유취득시효가 완성되었더라도, 후행 보존등기나 그에 기하여 이루어진 소유권이전등기가 실체관계에 부합한다는 이유로 유효로 될 수 없고, 선행 보존등기에 기한 소유권을 주장하여 후행 보존등기에 터잡아 이루어진 등기의 말소를 구하는 것이 실체적 권리 없는 말소청구에 해당한다고 볼 수 없다(대법원 1996. 9. 20, 선고 93다20177 · 20184 판결, 대법원 2008. 2. 14, 선고 2007다63690 판결 등 참조).」(대판 2011. 7. 14, 2010다107064. 대판 2008. 2. 14, 2007다63690은 뒤에 된 소유권보존등기의 말소를 구하는 것이 신의칙 위반이나 권리남용에 해당하지 않는다고 한다)

(ㄷ) **사　　견** 　생각건대 i)설(절차법설)은 1부동산 1등기기록 원칙에 충실하고 간명하기도 하나, 제 2 등기가 실체적 유효요건을 갖추었더라도 제 2 등기를 말소한 뒤에 다시 등기를 하여야 하는 번거로움이 있다. ii)설(실체법설)은 지나치게 혼란을 가져 올 우려가 있어서 선뜻 받아들이기가 어렵다. iii)설(절충설) 중 첫째 견해는, 2중등기의 대부분이 유효한 제 1 등기(보존등기)가 있는데도 미등기인 줄로 잘못 알고 새로이 제 2 등기(보존등기)를 한 경우라는 실제의 현실에 비추어 볼 때, 실체적인 판단을 하는 예외 인정이 무의미하게 된다. 결국 절차법에 충실하면서도 예외 인정을 의미 있게 하려면 iii)설 중 둘째 견해를 취해야 한다.

그에 의하면, 등기명의인이 동일한 경우에는 절차법설에 따라 언제나 제 2 등기가 무효라고 한다. 그런데 등기명의인을 달리하여 2중의 등기가 된 경우에는 제 1 등기가 무효인 때는 물론이고, 제 1 등기가 유효했더라도 제 2 등기가 제 1 등기 명의인의 권리에 기하여 이루어진 경우에는 제 2 등기를 실체관계에 기한 등기로 보아 존속시키게 된다.

〈중복등기기록의 정리〉

부등산등기법은 중복등기기록의 정리를 위하여 다음과 같이 규정하고 있다. 즉 등기관이 같은 토지에 관하여 중복하여 마쳐진 등기기록을 발견한 경우에는, 대법원규칙으로 정하는 바에 따라(부등규칙 34조 내지 41조 참조) 중복등기기록 중 어느 하나의 등기기록을 폐쇄하여야 한다(부등법 21조 1항). 제 1 항에 따라 폐쇄된 등기기록의 소유권의 등기명의인 또는 등기상 이해관계인은 대법원규칙으로 정하는 바에 따라(부등규칙 41조 참조) 그 토지가 폐쇄된 등기기록의 소유권의 등기명의인의 소유임을 증명하여 폐쇄된 등기기록의 부활을 신청할 수 있다(부등법 21조 2항).

이는 중복등기기록이 있는 경우에 판례에 따라 그것을 정리하는 방법을 정한 것이나, 부동산등기법 제21조 제 2 항이 전제하고 있는 바와 같이, 그 방법에 따라 어느 하나의 등기기록이 폐쇄되었다고 하여 그 등기가 당연히 무효로 되는 것은 아니며, 중복등기의 효력문제는 실체적인 문제로서 별도로 논의 · 결정되어야 한다. 부동산등기규칙도 이러한 취지를 명문으로 규정하고 있다(부등규칙 33조 2항). 그러나 이는 당연한 것을 주의적으로 규정한 것이라고 할 것이다.

5) 그 밖에 중대한 절차위반이 없을 것 등기는 부동산등기법이 정하는 [55]
절차에 의하여 행하여져야 한다. 그리고 일정한 경우에는 부동산등기특별조치법에 의하여 등기신청의 방법과 시기가 규제되고 있다. 등기신청이 이들이 정하는 절차에 위반하는 때에는 신청이 각하될 것이나(부등법 29조 참조), 흠에도 불구하고 등기가 행하여졌다면 절차위반이 중대하지 않는 한 그것만을 이유로 등기를 무효라고 할 것은 아니다(문헌들은 개정 전 부등법 55조 3호(개정 부등법 29조 4호에 해당함) 이하를 위반한 등기는 당연히 무효가 되지 않는다고 한다). 그때에는 등기가 실체적 유효요건을 갖추고 있는지에 의하여 유효 · 무효를 판단하여야 한다. 그리하여 당사자에게 등기신청의 의사(등기의사)가 있고 또 등기가 실체적 유효요건을 갖추고 있으면 그 등기는 유효하다고 할 것이다(이설 없음).

〈판 례〉

(ㄱ) 위조된 서류에 의한 등기라 할지라도 그것이 진실한 권리상태에 부합하거나 적법한 물권행위가 있었을 경우에는 그 등기는 유효하다고 한다(대판 1965. 5. 25, 65다365; 대판 1982. 12. 14, 80다459)(그러나 이 경우에는 등기 신청의사가 인정되지 않아서 무효라고 하여야 한다. 다른 이유로 반대하는 김학동, 80면도 참조).

(ㄴ) 「부동산에 관한 근저당권설정 및 지상권설정등기는 그 표시하는 물권의 설정의 원인이 되는 사실이 실체적 권리관계와 부합하는 경우에는 설령 그 등기신청 대리인 아닌 자가 신청대리를 하여 이루어진 등기라 하더라도 이를 유효한 등기라 할 것」이다(대판 1971. 8. 31, 71다1163).

(ㄷ) 근저당권설정등기가 사망한 자(해당 부동산의 소유명의자임)를 등기의무자로 하여 경료되었을지

라도 그것이 사망자의 공동재산상속인의 의사에 좇아 이루어진 것이고 현재의 실체상 권리관계에 합치되는 때에는 그 등기는 유효하다고 한다(대판 1964. 11. 24, 64다685).

(ㄹ) 「가사 부동산의 소유권을 이전할 것을 목적으로 하는 계약이 있고 동 계약당사자간에 등기청구권을 실현하는 데 있어서 법률상 하등의 지장이 없고 따라서 등기의무자가 그 의무의 이행을 거절할 정당한 하등의 사유가 없는 경우에 양도인이 동 계약에 터잡고 양수인으로 하여금 사실상 그 목적부동산에 대한 전면적인 지배를 취득케 하여 그로써 양도인에 대한 관계에 있어서는 양수인은 소유권의 개념으로서 통합되어 그의 실질적인 내용을 이룩하고 있는 것으로 되어 있는 사용, 수익, 처분 등의 모든 권능을 취득하였다고 할 수 있는 상태에 이르렀다면은 특별한 사정이 없는 한 법적으로도 양도인과 양수인과의 이와 같은 실질적인 관계를 외면할 수 없는 것이라고 할 것이니 위와 같은 상태에서 양 당사자간의 관계를 상대적으로 다투는 데 있어서는 등기 전이라고 하더라도 소유권은 실질적으로 양수인에게 옮겨져 있는 것으로 해도 무방하다 할 것이며 등기가 위와 같은 양 당사자의 실질적인 관계에 상응하는 것이라면 동 등기가 등기의무자의 신청에 의하지 아니한 하자가 있다고 해서 이를 반드시 무효로 하지 않으면 안 될 이유가 있다고도 할 것이 아니므로 등기가 실체관계에 부합하여 유효하다고 할 때 위와 같은 경우까지를 이에 포함시켜 무방하다 할 것이다(등기가 양 당사자의 위와 같은 실질적인 관계에 부응하는 것이라면 그 등기는 의당 있어야 마땅한 등기라고 할 것이고 이와 같은 등기는 일반적으로 등기의무자의 의사에 터 잡고 있는 것이라고 할 수 있다. 양 당사자간의 실질적인 관계가 위와 같은 상태에 이르렀다면 그와 같은 상태에 이르게끔 한 양도인의 행위는 특별한 사정이 없는 한 일반적으로 소유권의 양도계약 등 물권변동을 위한 법률행위 당시에 잠재적이고 부동적이었던 등기의무자의 등기의사를 현실화시키고 확정적인 것으로 하려는 의사에 원유하는 것이라고 보아 무방하다 할 것이므로 위와 같은 상태 하에서의 당사자간의 그 실질관계에 부합되는 등기는 등기의무자의 등기의사를 바탕으로 하고 있다고 보아서 안 될 이유가 있는 것이 아니므로 가사 그 등기가 등기의무자의 신청에 의하지 아니하였다고 하더라도 그것을 단지 등기의무자의 의사에 기하지 아니하였다고 하고 등기의무자의 말소청구를 시인하여야 할 이유나 필요는 없다고 할 것이다).」(대판 1978. 8. 22, 76다343)

(ㅁ) 「등기가 실체적 권리관계에 부합한다고 하는 것은 그 등기절차에 어떤 하자가 있다 하더라도 진실한 권리관계와 합치되는 것을 말하는 것이며, 매매대금 전액이 지급되었다고 하더라도 소유권이전등기 청구권을 행사할 권능이 없거나 매매대금 완불 전에 그 소유권이전등기를 하기로 하는 특약이 있는 경우가 아니면 그 등기로써 결코 실체적 권리관계에 부합한다고 할 수 없기 때문이다(당원 1985. 4. 9. 선고 84다카130, 131 판결 참조).」(대판 1992. 2. 28, 91다30149. 같은 취지: 대판 1994. 6. 28, 93다55777)

(ㅂ) 「부동산등기는 그에 이른 과정이 사실과 차이가 있다 하더라도 부동산에 관한 현실의 권리관계에 부합하는 것인 한 유효한 것이므로 그 등기가 실체상의 권리관계

에 부합하지 아니하여 무효의 것이었다 하더라도 그 후에 그 등기에 대응하는 실체상의 권리관계가 존재하게 되어 부동산에 관한 현실의 권리관계와 부합하게 되면 그 때부터는 유효한 등기라 할 것이고 따라서 회복에 인한 소유권이전등기가 실체상의 권리관계에 부합하지 아니한 무효의 등기인 경우에도 그에 기초하여 경료된 뒤의 등기가 실체상의 권리관계에 부합하고 뒤의 등기를 할 때까지 그 부동산에 관하여 등기상 이해관계를 가지는 제 3 자가 없을 경우에는 뒤의 등기가 비록 무효의 회복등기에 기초하여 경료된 것이라고 하더라도 뒤의 등기는 유효한 것으로 보아야 할 것이다. 그러므로 피고들이 이 사건 토지에 관하여 그 주장과 같이 소외 3 명의의 회복등기에 기초하여 1958. 5. 8과 1954. 8. 12에 각 그 이름으로 지분소유권이전등기를 하고 그때부터 … 소유의 의사로 평온, 공연히 점유를 계속하여 20년의 취득시효기간이 경과한 것이라면 피고들은 그 취득시효기간 만료시에 각 그 점유토지들을 원시취득하였다 할 것이고 피고들이 취득시효기간 만료로 위 토지들의 소유권을 취득할 때까지 위 토지들에 관하여 등기상 이해관계를 가지는 제 3 자가 없었으므로 피고들 명의의 위 등기는 취득시효기간 만료와 동시에 실체관계에 부합하는 유효한 등기가 되었다고 볼 것이다.」(대판 1983. 8. 23, 83다카848)

(ㅅ) 「등기가 실체적 권리관계에 부합한다고 하는 것은 그 등기절차에 어떤 하자가 있다 하더라도 진실한 권리관계와 합치되는 것을 의미하는바(대법원 1994. 6. 28. 선고 93다55777 판결 등 참조), 채권자가 채무자와 사이에 근저당권설정계약을 체결하였으나 그 계약에 기한 근저당권설정등기가 채권자가 아닌 제 3 자의 명의로 경료되고 그 후 다시 채권자가 위 근저당권설정등기에 대한 부기등기의 방법으로 위 근저당권을 이전받았다면 특별한 사정이 없는 한 그때부터 위 근저당권설정등기는 실체관계에 부합하는 유효한 등기로 볼 수 있다.」(대판 2007. 1. 11, 2006다50055)

(2) 등기의 실질적 유효요건 [56]

등기가 유효하려면 절차가 적법한 것 외에 물권행위와 내용에 있어서 일치하여야 하는 등 실질적(실체적) 유효요건도 갖추어야 한다. 아래에서 실질적 유효요건의 구비 여부가 문제되는 경우들을 살펴보기로 한다.

물권행위가 존재하지 않거나 어떤 사유로 무효이거나 취소된 때, 그리고 원인행위의 실효로 인하여 물권행위도 무효로 된 때에는, 등기가 있더라도 그 등기는 무효이고(정지조건부 또는 시기부로 법률행위를 하였는데 보통의 경우처럼 등기된 때도 같다. [51] 참조), 물권변동은 일어나지 않는다. 그런데 그것은 등기가 실질적 유효요건을 갖추지 못하였기 때문이 아니고, 그 이전에 「물권행위」라는 요건을 갖추지 못하였기 때문이다. 여기서 「물권행위의 존재 및 유효」는 등기의 실질적 유효요건으로 다룰 문제가 아님을 알 수 있다(반대: 이영준, 120면 이하; 이은영, 195면 이하). 등기의 실질적 유효요건의 논의는 「법률행위에 의한 부동산 물권변동」의 제 1 의 요건인 물권행위가 존재하고 유효하다는 것을 당연한 전제로 하는 것이다.

1) **물권행위와 내용적으로 일치하지 않는 경우** 등기가 완전히 유효하려면 물권행위와 그 내용에 있어서 일치하여야 한다. 만약 양자가 내용에 있어서 일치하고 있지 않으면 합의된 대로의 물권변동이 생기지 않는다. 물권행위와 등기 사이의 내용상의 불일치에는 다음의 두 가지가 있다.

(가) **질적 불일치** 합의된 물권과 다른 종류의 권리가 등기되거나 다른 객체에 대하여 등기된 경우, 그리고 등기명의인이 다르게 된 경우 등이 질적 불일치이다. 예컨대 지상권설정의 합의를 하였는데 전세권등기를 한 경우, 채권자 앞으로 가등기와 근저당권설정등기를 하기로 하였는데 제 3 자 앞으로 소유권이전등기를 한 경우(대판 1980. 3. 11, 80다49), A의 건물(또는 토지)에 관하여 소유권을 이전하기로 약정하였으면서 B의 건물(또는 토지)에 소유권이전등기를 한 경우(대판 1962. 6. 21, 62다51), 매매를 원인으로 하여 소유권이전등기를 함에 있어서 매수인이 아닌 자의 명의로 등기를 한 경우(대판 1957. 3. 7, 4289민상498)가 그에 해당한다. 넓게 보면 뒤에 설명하는 중간생략등기와 명의신탁에 의한 등기도 질적 불일치에 해당하나, 그것들은 그 밖의 특수성도 있으므로 따로 보기로 한다.

이와 같은 질적 불일치의 경우에 관하여 학설은 i) 언제나 무효라는 견해(곽윤직, 87면; 김상용, 160면; 김용한, 128면; 김학동, 83면; 주해(4), 149면(김황식). 고상룡, 103면도 유사하다)와 ii) 원칙적으로 무효이나, 다만 저당권설정의 합의가 있었는데 근저당권설정등기가 되었거나 전세권설정계약이 있었는데 지상권등기가 된 경우에는 그 등기들은 저당권이나 지상권의 순위를 보전하는 범위 내에서는 유효하다는 견해(이영준, 125면. 이은영, 198면은 저당권의 합의 · 임대차계약이 있었는데 각각 근저당권 · 전세권등기가 된 경우를 예로 들고 있다)로 나뉘어 있다. 그리고 판례는 문제되는 경우에 관하여 모두 무효라고 하여 i)설과 같다(앞에 인용한 판결 참조. 대판 1981. 9. 8, 80다1468은 근저당권설정등기에서 채무자를 타인으로 기재한 경우에 관하여 근저당권의 부종성에 비추어 그 등기는 원인 없이 된 등기라고 한다).

생각건대 위의 각 경우의 등기는 그에 부합하는 물권행위가 없으므로 모두 무효라고 하여야 한다. 그리하여 객체가 다른 경우에는 하나는 등기가 없고 다른 하나는 물권행위가 없어 물권변동은 어느 것에 관하여도 일어나지 않는다. 그리고 ii)설은 등기명의인을 보호하려는 취지의 것이나 근거 없는 해석이다. 무효행위의 전환도 그 요건이 갖추어지지 않아서 인정될 수 없다.

한편 위의 등기가 무효인 경우에는 그 등기를 말소하고 물권행위와 일치하는 등기를 하여야 한다. 다만, 경정등기가 허용되는 때에는 그것에 의하여 바로잡을 수 있다. 그런데 갑구 · 을구의 경정등기는 표제부의 경정등기보다 더욱 제한된 범위에서 허용됨을 주의하여야 한다. 소유권이전등기를 저당권등기로 경정하는 것과 같이 등기 내지 권리의 동일성을 인정할 수 없는 때에는 설사 이해관계 있는 제 3 자의 승낙이 있더라도 허용되지 않는다(같은 취지: 곽윤직, 부동산등기법(1998), 277면). 등기의 객체를 변경하는 경우도 마찬가지이다. 그에 비하여, 등기명의인의 표시의 변경은 제 3 자의 승낙 없이도 할 수 있다(부등법 52조 1호).

(나) 양적 불일치 물권행위상의 양과 등기된 양이 일치하지 않는 때, 가령 저당권등기에서 채권액이 합의한 것과 다르게 기재된 때에 등기의 효력이 문제된다.

여기에 관하여 학설은 i) 등기된 양이 물권행위상의 양보다 큰 경우에는 물권행위의 한도 내에서 효력이 생기고, 등기된 양이 물권행위상의 양보다 작은 경우에는 제137조(일부 무효의 법리)에 의하여 판단하여야 한다는 견해(곽윤직, 88면; 김상용, 160면; 김용한, 128면; 주해(4), 149면(김황식))와, ii) 첫째의 경우에는 i)설과 같으나, 둘째의 경우에는 등기된 범위에서 유효하다는 견해(김학동, 83면; 이영준, 125면; 이은영, 198면)로 나뉘어 있다. ii)설은 제137조에 의할 경우 원칙적으로 전부무효로 되어 당사자에게 불리하다고 한다. 한편 판례는 첫째의 경우에 관하여 학설과 같은 태도를 취하고 있으며(대판 1967. 9. 5, 67다1347; 대판 1970. 9. 17, 70다1250; 대판 1972. 3. 31, 72다27), 둘째의 경우에 관한 판례는 없다.

생각건대 다투어지고 있는 둘째의 경우는 등기된 양이 적다고 하여 물권행위의 효력이 소멸하는 것은 아니고 또 등기에 제137조가 당연히 적용될 것은 아니므로 등기된 범위에서 등기의 효력이 생긴다고 하여야 한다. 그리고 물권행위에 따른 등기는 경정등기가 가능하면 그에 의하여 행하고, 경정등기가 허용되지 않는 때에는 추가로 새로운 등기를 하여야 할 것이다.

2) 중간생략등기의 문제(물권변동 과정의 누락) [57]

(가) 의 의 중간생략등기는 부동산물권이 최초의 양도인으로부터 중간취득자를 거쳐 최후의 양수인에게 전전이전되어야 할 경우에 중간취득자에의 등기를 생략해서 최초의 양도인으로부터 직접 최후의 양수인에게 등기하는 것을 말한다. 이러한 중간생략등기가 행하여지면 물권변동의 과정이 등기부에 제대로 나타나지 않게 된다. 그리고 다른 한편으로는 중간취득자가 취득세 · 양도소득세 등을 내지 않을 수 있게 된다. 그 때문에 과거에 부동산 투기의 수단으로 중간생

략등기가 널리 이용되어 왔다. 그리하여 근래에는 부동산등기특별조치법을 제정하여 계약을 원인으로 소유권이전등기를 신청할 때에는 일정한 사항이 기재된 계약서에 검인을 받아 제출하도록 하고(같은 법 3조 · 4조)(다만, 부동산매매의 경우에는 부동산거래를 신고하고 등기신청시에 신고필증을 제출하도록 하고 있다. [40] 참조), 일정한 기간 내에 등기신청을 하도록 강제할뿐더러 그것에 위반하는 경우에 제재를 가하고 있다(같은 법 2조 · 8조 1호 · 11조). 그러나 이러한 조치로 중간생략등기가 완전히 근절될지는 의문이다.

중간생략등기에 있어서는 두 가지가 문제된다. 하나는 중간생략등기가 이미 행하여진 경우에 그것이 유효한가이고, 나머지 하나는 최후의 양수인이 최초의 양도인에 대하여 등기청구권을 가지는가이다. 그런데 문헌들은 거의 대부분 이러한 구별을 하지 않고 있다. 이 둘은 반드시 일치하지는 않으므로 구별하여 살펴보아야 한다.

중간생략등기의 유효성과 관련하여서는 이를 금지하는 부동산등기특별조치법의 규정(2조 · 8조 1호 · 11조)과의 관계를 먼저 정리하여야 한다. 그 규정이 효력규정이라고 인정되면 중간생략등기는 당연히 무효라고 할 것이기 때문이다. 그러나 그 규정은 효력규정이 아니고 단속규정이라고 하여야 한다. 따라서 그에 위반하더라도 벌칙의 제재는 별도로 하고 사법상(私法上) 효력이 당연히 없어지는 것은 아니다. 그렇게 새기지 않으면 거래의 안전을 보호할 수 없기 때문이다. 통설 · 판례(대판 1993. 1. 26, 92다39112; 대판 1998. 9. 25, 98다22543)도 같으나, 효력규정이라고 하는 소수설(김상용, 167면)도 있다.

(나) 중간생략등기의 유효성 위에서 본 바와 같이 중간생략등기의 금지규정이 단속규정에 불과하기 때문에 중간생략등기의 유효 여부는 학설 · 판례에 맡겨져 있다.

(a) 학 설 학설은 크게 무효설, 조건부 유효설, 무조건 유효설의 셋으로 나누어지고, 그 내부에서 다시 세분된다. 즉 무효설에는 절대적 무효설과 상대적 무효설이 있고, 중간생략등기가 언제나 유효하다고 하는 무조건 유효설에는 물권적 기대권설, 독일민법 원용설, 기타가 있다.

i) 절대적 무효설은, 중간생략등기 금지규정을 효력규정으로 이해하면서 중간생략등기는 효력규정 위반으로 무효라고 한다(김상용, 167면). 그리고 이 견해는 성립요건주의 하에서는 중간생략등기의 이행청구권이 허용되어서는 안 된다고 한다.

ii) 상대적 무효설은 형식주의 하에서는 중간생략등기는 물권변동의 과정은 물론이고 물권의 현재 상태도 공시하지 못하므로 원칙적으로 무효라고 해야 하나, 그것이 오래 전부터 관행되고 있으므로 거래의 안전을 고려하여 제 3 자가 나타난 때에는 일반적인 제 3 자 보호의 원칙에 의하여 이 등기의 무효 주장을 배제해야 한다고 한다(장경학, 231면).

iii) 조건부 유효설은 3자 합의가 있어야 한다는 견해이다. 그런데 이 견해는, 중간생략등기는 양도인 · 양수인 · 중간자의 3자의 합의를 요하는 것이지만, 이러한 합의가 없음에도 불구하고 일단 중간생략등기가 경료되면 그 등기는 실체관계에 부합하는 것이어서 유효하다고 한다(이영준, 131면 · 135면; 주해(4), 153면(김황식). 지원림, 476면도 이에 속한다). 그리고 이 견해는 3자 합의가 없는 때에는 최종양수인은 최초양도인에 대하여 직접 소유권이전등기를 청구할 수 없다고 한다(이영준, 130면; 주해(4), 154면(김황식)).

iv) 물권적 기대권설은 갑 · 을 사이에 물권을 이전한다는 합의로 말미암아 을은 물권적 기대권을 취득하고, 을이 병에게 물권적 기대권을 양도한 경우에는 병은 갑에 대하여 직접 등기를 청구할 수 있다고 한다(김용한, 132면).

v) 독일민법 원용설은, 우리 민법에 명문규정은 없지만 독일민법 제185조 제 1 항을 원용하여 비권리자의 처분은 권리자의 동의를 얻어서 행한 것일 때에는 유효하다고 해야 하는데, 갑 · 을, 을 · 병 사이의 부동산의 전전 매매가 있었다면 갑 · 을 사이의 물권행위(채권행위에 포함됨)는 비권리자인 을이 갑의 부동산소유권을 처분하는 데 대한 동의로서의 의미를 갖는 것으로 새길 수 있다고 한다. 따라서 을 · 병 사이의 채권행위와 그에 포함된 물권행위는 유효하게 되고, 이들 갑 · 을, 을 · 병 사이의 채권행위와 물권행위에 의하여 갑 · 병 사이에 그러한 채권행위와 물권행위가 있었던 것이 되며, 거기에다가 갑으로부터 병으로의 이전등기가 있으므로 소유권은 유효하게 갑으로부터 병에게 이전한 것이 된다고 한다. 그리고 갑 · 병 사이에 채권행위가 있었던 것으로 다루어지기 때문에 병은 갑에 대하여 등기청구권을 갖는다고 한다(곽윤직, 91면).

그 밖에 vi) 법감정상 실질적 소유관념에 부합한다는 점, 절차적 경제의 측면에서의 필요성, 거래의 안전, 정의관념에 비추어 이미 경료된 중간생략등기는 유효하다고 하면서, 최종매수인의 최초매도인에 대한 중간생략등기 청구권은 원칙적으로 부정되어야 한다는 견해(이은영, 254면 · 264면-266면), vii) 중간생략등기는 궁극적으로 당사자들의 합의와 부합하고, 그것을 무효로 하면 거래의 안전이 크게 위협받으며 당사자들은 기존의 등기를 말소하고 다시 등기하는 불편을 겪게 되므로 이미 행하여진 것은 효력을 인정하여야 하지만, 아직 중간생략등기가 행해지지 않은 경우에는 비록 중간자의 동의가 있더라도 최후양수인은 최초양도인에게 이전등기를 청구할 수 없다고 해야 한다는 견해(김학동, 91면. 강태성, 215면도 유사하다), viii) 형식적 유효요건에 중대한 하자가 없는 중간생략등기는 관계 계약당사자 사이의 제186조 소정의 법률행위에 의하여 경료된 것이면 유효하며, 등기청구권도 같은 맥락에서 생각할 수 있다는 견해(고상룡, 111면·118면-120면), ix) 거래의 안전을 위하여 유효하다고 보아야 한다는 견해(이상태, 102면)도 있다. 학설들 가운데 일부(ii)설과 ix)설)는 등기청구권에 관하여는 전혀 밝히지 않고 또 그 결과를 짐작하기도 어렵다.

(b) 판　　례　　판례는, 중간생략등기는 3자 합의가 있을 때 유효함은 물론이나, 이미 중간생략등기가 이루어져버린 경우에는 3자 합의가 없더라도 합의가 없었음을 이유로 그 무효를 주장하지 못하고, 그 말소를 청구하지도 못한다고 한다(대판 1967. 5. 30, 67다588; 대판 1969. 7. 8, 69다648; 대판 1979. 7. 10, 79다847; 대판 1980. 2. 12, 79다2104; 대판 2005. 9. 29, 2003다40651). 그리고 등기청구권이 인정되려면 관계당사자 전원의 합의가 있어야 한다고 한다. 즉 중간자들의 동의 외에 최초의 자와 최종의 자의 동의도 필요하다고 한다(대판 1991. 4. 23, 91다5761; 대판 1994. 5. 24, 93다47738; 대판 1995. 8. 22, 95다15575; 대판 1997. 5. 16, 97다485. 대판 2001. 10. 9, 2000다51216도 참조). 만약 관계당사자 전원의 합의가 없으면, 최후의 양수인은 중간취득자를 대위하여 최초의 양도인에 대하여 중간취득자에게 소유권이전등기를 할 것을 청구할 수 있을 뿐이다(대판 1969. 10. 28, 69다1351). 한편 판례에 의하면, 중간취득자는 중간생략등기에 관하여 동의한 후에도 계속해서 최초의 매도인에 대한 등기청구권을 잃지 않는다고 한다(대판 1991. 12. 13, 91다18316). 그리고 구 국토이용관리법(현행 「부동산 거래신고 등에 관한 법률」)상의 토지거래허가구역 내의 토지가 중간생략등기의 합의 아래 허가 없이 전전매매된 경우에, 최후의 양수인은 최초의 양도인에게 직접 허가신청 절차의 협력을 구할 수 없다고 한다(대판 1996. 6. 28, 96다3982).

〈판 례〉

(ㄱ) 「중간생략등기 절차에 있어서 이미 중간생략등기가 이루어져버린 경우에 있어서는, 그 관계 계약당사자 사이에 적법한 원인행위가 성립되어 이행된 이상, 다만 중간생략등기에 관한 합의가 없었다는 사유만으로서는, 그 등기를 무효라고 할 수는 없」다(대판 1979. 7. 10, 79다847).

(ㄴ) 「부동산이 전전양도된 경우에 중간생략등기의 합의가 없는 한 그 최종양수인은

최초양도인에 대하여 직접 자기 명의로의 소유권이전등기를 청구할 수 없고, 부동산의 양도계약이 순차 이루어져 최종양수인이 중간생략등기의 합의를 이유로 최초양도인에게 직접 그 소유권이전등기 청구권을 행사하기 위하여는 관계당사자 전원의 의사 합치, 즉 중간생략등기에 대한 최초양도인과 중간자의 동의가 있는 외에 최초양도인과 최종양수인 사이에도 그 중간등기 생략의 합의가 있었음이 요구되므로, 비록 최종양수인이 중간자로부터 소유권이전등기 청구권을 양도받았다 하더라도 최초양도인이 그 양도에 대하여 동의하지 않고 있다면 최종양수인은 최초양도인에 대하여 채권양도를 원인으로 하여 소유권이전등기 절차이행을 청구할 수 없다고 할 것이다.」(대판 1997. 5. 16, 97다485)

「이와 같은 법리(위 판결의 법리: 저자 주)는 명의신탁자가 부동산에 관한 유효한 명의신탁약정을 해지한 후 이를 원인으로 한 소유권이전등기 청구권을 양도한 경우에도 적용된다. 따라서 비록 부동산 명의신탁자가 명의신탁약정을 해지한 다음 제 3 자에게 '명의신탁 해지를 원인으로 한 소유권이전등기 청구권'을 양도하였다고 하더라도 명의수탁자가 그 양도에 대하여 동의하거나 승낙하지 않고 있다면 그 양수인은 위와 같은 소유권이전등기 청구권을 양수하였다는 이유로 명의수탁자에 대하여 직접 소유권이전등기 청구를 할 수 없다.」(대판 2021. 6. 3, 2018다280316)

㈐ 「국토이용관리법(현행 「부동산 거래신고 등에 관한 법률」: 저자 주)상 허가구역 안에 있는 토지에 관한 매매계약을 체결하고자 하는 당사자는 공동으로 관할관청의 허가를 받아야 하는바, 원심이 적법하게 인정한 바와 같이 이 사건 토지를 그 소유자인 원고가 A에게 매도하고 이어 A가 피고에게 순차 매도하였다면 위 각 매매계약의 당사자는 위 각각의 매매계약에 관하여……토지거래허가를 받아야 하는 것이며, 위 당사자들 사이에 최초의 매도인인 원고로부터 최종매수인인 피고 앞으로 직접 소유권이전등기를 경료하기로 하는 중간생략등기의 합의가 있었다고 하더라도 이러한 중간생략등기의 합의란 부동산이 전전 매도된 경우 각 매매계약이 유효하게 성립함을 전제로 그 이행의 편의상 최초의 매도인으로부터 최종의 매수인 앞으로 소유권이전등기를 경료하기로 한다는 당사자 사이의 합의에 불과할 뿐, 그러한 합의가 있었다고 하여 최초의 매도인과 최종의 매수인 사이에 매매계약이 체결되었다는 것을 의미하는 것은 아니므로 원고와 피고 사이에 매매계약이 체결되었다고 볼 수 없고, 설사 피고가 자신과 원고를 매매당사자로 하는 토지거래허가를 받아 피고 앞으로 소유권이전등기를 경료하였더라도 그러한 피고 명의의 소유권이전등기는 적법한 토지거래허가 없이 경료된 등기로서 무효라고 할 것이다.」(대판 1997. 3. 14, 96다22464. 같은 취지: 대판 1996. 6. 28, 96다3982; 대판 1997. 11. 11, 97다33218)

㈑ 「중간생략등기의 합의란 부동산이 전전 매도된 경우 각 매매계약이 유효하게 성립함을 전제로 그 이행의 편의상 최초의 매도인으로부터 최종의 매수인 앞으로 소유권이전등기를 경료하기로 한다는 당사자 사이의 합의에 불과할 뿐이므로, 이러한 합의가 있다고 하여 최초의 매도인이 자신이 당사자가 된 매매계약상의 매수인인 중

간자에 대하여 갖고 있는 매매대금청구권의 행사가 제한되는 것은 아니라고 할 것」이다(최초매도인과 중간매수인, 중간매수인과 최종매수인 사이에 순차로 매매계약이 체결되고 이들 간에 중간생략등기의 합의가 있은 후에 최초매도인과 중간매수인 간에 매매대금을 인상하는 약정이 체결된 경우, 최초매도인은 인상된 매매대금이 지급되지 않았음을 이유로 최종매수인 명의로의 소유권이전등기 의무의 이행을 거절할 수 있다고 한 사례)(대판 2005. 4. 29, 2003다66431).

(c) 사 견 만약 우리 법에서 등기의 공신력이 인정된다면, 중간생략등기는 그에 부합하는 물권행위가 없으므로 무효라고 하여야 한다. 그런데 우리 법상 등기의 공신력이 없어서 그렇게 새길 수 없다. 그러나 거래의 안전만을 고려하여 등기청구권까지 인정하여서는 안 될 것이다. 결과적으로 판례처럼 이미 행하여진 중간생략등기는 유효하다고 하되, 등기청구권은 관계당사자 전원의 합의가 있는 경우에만 인정된다고 해석하여야 할 것이다. 이러한 해석은 이미 행하여진 등기의 유효성 설명에 어려움이 있으나, 등기의 공신력이 없는 상태에서 거래의 안전을 보호하기 위하여 불가피한 일이라고 하는 수밖에 없다.

(다) 유사한 경우 중간생략등기와 유사한 경우들이 있다. 미등기 부동산의 양수인이 보존등기를 하는 경우(본래는 양도인이 보존등기를 하고 양수인이 이전등기를 하여야 한다), 상속인이 상속재산을 양도하고서 등기는 피상속인으로부터 양수인으로 이전등기를 하는 경우(본래는 상속인이 상속에 의한 이전등기를 한 뒤, 양수인 앞으로 이전등기를 하여야 한다)가 그렇다. 이들 중 앞의 경우에 대하여는 부동산등기특별조치법이 이를 금지하는 규정을 두고 있다(같은 법 2조 5항 · 11조). 그러나 그 규정 역시 단속규정이므로 그것 때문에 그 등기가 무효로 되지는 않는다. 생각건대 위의 두 경우의 등기는 제187조 단서에 위반되는 것이어서 무효라고 하여야 하나, 그것들은 넓은 의미의 중간생략등기이므로 중간생략등기를 유효하다고 하는 이상 이들도 유효하다고 하여야 한다. 학설(곽윤직, 92면; 김상용, 166면; 이영준, 127면)과 판례(대판 1981. 1. 13, 80다1959 · 1960; 대판 1984. 1. 24, 83다카1152; 대판 1995. 12. 26, 94다44675(이들은 모두 첫째 경우에 관한 것임)와 대판 1963. 5. 30, 63다105(이는 둘째 경우에 관한 것임))도 같다.

[58] **3) 등기원인의 불일치** 앞서 본 바와 같이, 등기원인은 원인행위 또는 그것의 무효 · 취소 · 해제 등이다([40] 참조). 등기에 있어서 이러한 등기원인이 실제와 다르게 기재되는 경우가 있다. 이는 보통 그렇게 신청하기 때문이다. 예컨대 증여에 의한 소유권이전등기 대신 매매에 의한 소유권이전등기를 하는 경우(대판 1980. 7. 22, 80다791), 법률행위가 무효이거나 취소 · 해제 기타의 사유로 실효하여 물권

이 복귀하는 때에 원상회복의 방법으로 이전등기의 말소 대신 새로운 이전등기를 하는 경우(대판(전원) 1990. 11. 27, 89다카12398. 이전등기 이행청구와 관련하여 위 판결에 의하여 변경된 대판 1972. 12. 26, 72다1846 · 1847; 대판 1981. 1. 13, 78다1916도 참조)에 그렇다. 이들 중 앞의 경우에 관하여는 부동산등기특별조치법이 등기원인의 허위기재를 금지하고 있다(부동산의 소유권을 이전하는 계약의 경우임. 같은 법 6조 · 8조 2호). 그러나 이 규정 역시 단속규정이어서 그 때문에 무효로 되지는 않는다.

이 경우의 등기에 관하여 학설은 유효성을 인정하는 데 다툼이 없으며(고상룡, 103면; 곽윤직, 93면; 김상용, 168면; 김학동, 84면; 이상태, 103면; 이영준, 127면; 주해(4), 155면(김황식); 지원림, 481면), 판례도 같다(위에 인용한 판결 참조). 그리고 판례는 위의 둘째의 경우에 관하여 이전등기의 이행을 청구할 수도 있다고 하여 과거의 판결을 변경하였다.

〈판 례〉

(ㄱ) 「이미 자기 앞으로 소유권을 표상하는 등기가 되어 있었거나 법률에 의하여 소유권을 취득한 자가 진정한 등기명의를 회복하기 위한 방법으로는 현재의 등기명의인을 상대로 그 등기의 말소를 구하는 외에 '진정한 등기명의의 회복'을 원인으로 한 소유권이전등기 절차의 이행을 직접 구하는 것도 허용되어야 할 것이다.

왜냐하면 부동산등기제도가 물권변동의 과정을 그대로 표상하려고 하는 취지도 궁극적으로는 사실에 맞지 않는 등기를 배제하여 현재의 권리상태를 정당한 것으로 공시함으로써 부동산거래의 안전을 도모하려는 데 있는 것이고 한편 현재의 부진정한 등기명의인은 진정한 소유자의 공시에 협력할 의무를 진다 할 것인데 진정한 등기명의의 회복에 협력하기 위하여는 자기의 등기를 말소하는 방법에 의하거나 등기부상의 진정한 권리자에게 직접 이전등기를 이행하는 방법에 의하거나간에 그 본질적인 면에서 아무런 차이가 없을 뿐만 아니라 그 어느 방법에 의하더라도 자기의 등기를 잃는 점에 있어서는 그 이해를 달리하지 않기 때문이다.」(대판(전원) 1990. 11. 27, 89다카12398)

(ㄴ) 대법원은, 원인무효인 소유권보존등기의 명의인인 피고가 이를 시정하기 위하여 진정한 소유자에게 인감도장과 등기필증을 교부하여 경료된 갑 명의의 소유권이전등기는 실체적 권리관계에 부합하여 유효한 것이고, 그 후 피고가 그의 인감증명이 위임장 없이 발급된 것을 문제삼아 갑이 피고에게 다시 소유권이전등기를 하였다면 그 등기 역시 특별한 사정이 없는 한 유효한 것이므로, 갑의 상속인인 원고는 진정한 등기명의의 회복을 위한 소유권이전등기 절차의 이행을 구할 수 있는 소유자가 아니라고 하였다(대판 1997. 3. 11, 96다47142).

(ㄷ) 「진정한 등기명의의 회복을 위한 소유권이전등기 청구는 자기 명의로 소유권의 등기가 되어 있었거나 법률에 의하여 소유권을 취득한 진정한 소유자가 현재의 등기명의인을 상대로 그 등기의 말소를 구하는 것에 갈음하여 소유권에 기하여 진정한

등기명의의 회복을 구하는 것이므로, 자기 앞으로 소유권의 등기가 되어 있지 않았고 법률에 의하여 소유권을 취득하지도 않은 사람이 소유권자를 대위하여 현재의 등기명의인을 상대로 그 등기의 말소를 청구할 수 있을 뿐인 경우에는 진정한 등기명의의 회복을 위한 소유권이전등기 청구를 할 수 없다.」(대판 2003. 5. 13, 2002다64148. 같은 취지: 대판 2008. 11. 27, 2008다55290 · 55306)

(ㄹ) 「진정한 등기명의의 회복을 위한 소유권이전등기 청구는 이미 자기 앞으로 소유권을 표상하는 등기가 되어 있었거나 법률에 의하여 소유권을 취득한 자가 진정한 등기명의를 회복하기 위한 방법으로 현재의 등기명의인을 상대로 그 등기의 말소를 구하는 것에 갈음하여 허용되는 것인데(대법원 1990. 11. 27. 선고 89다카12398 전원합의체 판결 등 참조), 말소등기에 갈음하여 허용되는 진정명의 회복을 원인으로 한 소유권이전등기 청구권과 무효등기의 말소청구권은 어느 것이나 진정한 소유자의 등기명의를 회복하기 위한 것으로서 실질적으로 그 목적이 동일하고, 두 청구권 모두 소유권에 기한 방해배제청구권으로서 그 법적 근거와 성질이 동일하므로, 비록 전자는 이전등기, 후자는 말소등기의 형식을 취하고 있다고 하더라도 그 소송물은 실질상 동일한 것으로 보아야 하고, 따라서 소유권이전등기 말소청구 소송에서 패소 확정판결을 받았다면 그 기판력은 그 후 제기된 진정명의 회복을 원인으로 한 소유권이전등기 청구소송에도 미친다고 보아야 할 것이다.」(대판(전원) 2001. 9. 20, 99다37894)

(ㅁ) 「진정한 등기명의의 회복을 위한 소유권이전등기 청구는 이미 자기 앞으로 소유권을 표상하는 등기가 되어 있었거나 법률에 따라 소유권을 취득한 자가 진정한 등기명의를 회복하기 위한 방법으로서, 현재의 등기명의인을 상대로 하여야 하고 현재의 등기명의인이 아닌 자는 피고적격이 없다.」(대판 2017. 12. 5, 2015다240645)

생각건대 실제와 다른 등기원인에 의한 등기는 물권변동의 원인의 모습을 제대로 공시하지 않는 것이어서 바람직하지 않다. 그렇지만 거래의 안전을 보호하기 위하여 그러한 등기도 유효하다고 하여야 한다.

[59] **4) 무효등기의 유용(流用)** 어떤 등기가 행하여졌으나 그것이 실체적 권리관계에 부합하지 않아서 무효로 된 뒤에 그 등기에 부합하는 새로운 실체적 권리관계가 생긴 경우에, 그 등기를 새로운 권리관계의 공시방법으로 사용할 수 있는지가 문제된다. 이것이 무효등기의 유용의 문제이다. 여기에 관하여 학설은 주로 저당권등기의 유용에 대하여 논의하면서 일치하여 이해관계 있는 제 3 자가 나타나지 않는 한 유용할 수 있다고 한다(곽윤직, 94면; 김상용, 169면; 김학동, 86면; 이상태, 103면; 이영준, 138면; 이은영, 202면; 지원림, 481면). 판례도, 실질관계의 소멸로 무효로 된 등기의 유용은 그 등기를 유용하기로 하는 합의가 이루어지기 전에 등기상 이해관계가 있는 제 3 자가 생기지 않은 경우에

는 허용된다고 하여 학설과 같다(대판 1969. 3. 4, 67다2910; 대판 2002. 12. 6, 2001다2846 등). 생각건대 제 3 자를 해하지 않는 한 유용을 인정하여도 무방할 것이다. 따라서 통설 · 판례가 타당하다.

이제 구체적으로 무효등기의 유용이 가능하기 위한 요건을 보기로 한다. 첫째로 무효등기에 부합하는 실체적 권리관계가 생겨야 한다. 둘째로 유용의 합의가 있어야 한다(대판 1963. 10. 10, 63다583; 대판 1974. 9. 10, 74다482; 대판 1989. 10. 27, 87다카425). 그 합의는 묵시적으로 행하여질 수도 있다. 그런데 묵시적 합의 내지 추인을 인정하려면, 무효등기 사실을 알면서 장기간 이의를 제기하지 아니하고 방치한 것만으로는 부족하고, 그 등기가 무효임을 알면서도 유효함을 전제로 기대되는 행위를 하거나 용태를 보이는 등 무효등기를 유용할 의사에서 비롯되어 장기간 방치된 것이라고 볼 수 있는 특별한 사정이 있어야 한다(대판 1991. 3. 27, 90다17552; 대판 2007. 1. 11, 2006다50055). 셋째로 유용의 합의가 이루어지기 전에 이해관계가 있는 제 3 자가 생기지 않아야 한다(대판 1989. 10. 27, 87다카425; 대판 2002. 12. 6, 2001다2846 등). 그 밖에 유용하기로 한 등기는 처음부터 무효인 것일 수도 있고, 처음에는 유효했다가 무효로 된 것일 수도 있다. 예컨대 저당권으로 담보된 채권이 변제된 경우에 그렇다. 그리고 그 등기가 소유권이전등기(대판 1969. 3. 4, 67다2910; 대판(전원) 1970. 12. 24, 70다1630)이든 근저당권설정등기(대판 1961. 12. 14, 4293민상893; 대판 1963. 10. 10, 63다583; 대판 1974. 9. 10, 74다482; 대판 1986. 12. 9, 86다카716; 대판 2002. 12. 6, 2001다2846)이든 가등기(대판 1986. 12. 9, 86다카716; 대판 1989. 10. 27, 87다카425)이든 상관없다. 다른 채권자에 대한 근저당권설정등기의 유용(이때는 근저당권이전의 부기등기를 합의한다)(대판 1994. 1. 28, 93다31702; 대판 1998. 3. 24, 97다56242), 다른 자(매매예약권리자)에 대한 소유권이전청구권 보전의 가등기의 유용(이때도 가등기이전의 부기등기를 한다)도 허용된다(대판 2009. 5. 28, 2009다4787). 그러나 멸실된 건물의 등기를 새로 신축한 건물의 등기로 유용할 수는 없다(이설이 없으며, 판례도 같다. 대판 1955. 11. 24, 4288민상371; 대판 1963. 10. 10, 63다583; 대판 1980. 11. 11, 80다441(신축한 건물의 소유자가 멸실건물의 등기를 신축된 건물의 등기로 전용할 의사를 가지고 멸실된 건물등기의 표시를 신축된 건물의 내용으로 그 표시변경등기를 하였다 하여도 그 등기는 무효라고 함); 대판 1976. 10. 26, 75다2211). 이때는 사항란의 등기 외에 표제부의 등기도 유용하는 결과로 되기 때문이다.

〈판 례〉

(ㄱ)「부동산의 매매예약에 기하여 소유권이전등기 청구권의 보전을 위한 가등기가 경료된 경우에 그 매매예약완결권이 소멸하였다면 그 가등기 또한 효력을 상실하여 말소되어야 할 것이나, 그 부동산의 소유자가 제 3 자와 사이에 새로운 매매예약을 체결하고 그에 기한 소유권이전등기 청구권의 보전을 위하여 이미 효력이 상실된 가등기를 유용하기로 합의하고 실제로 그 가등기이전의 부기등기를 경료하였다면, 그 가등기이전의 부기등기를 경료받은 제 3 자로서는 언제든지 부동산의 소유자에 대하여 위 가등기 유용의 합의를 주장하여 가등기의 말소청구에 대항할 수 있고, 다만 그

가등기이전의 부기등기 이전에 등기부상 이해관계를 가지게 된 자에 대하여는 위 가등기 유용의 합의 사실을 들어 그 가등기의 유효를 주장할 수는 없다고 할 것이다.」(대판 2009. 5. 28, 2009다4787)

(ㄴ) 「신축된 건물과 멸실된 건물이 그 자료 위치 구조 기타면에 있어서 상호 같다고 하더라도 그로써 신축된 건물이 멸실된 건물과 동일한 건물이라고는 할 수 없으므로(신축된 건물 그것이 곧 멸실된 바로 그 건물이라고 할 수 없다) 기존건물이 멸실된 후 그 곳에 새로이 건축한 건물의 물권변동에 관한 등기를 멸실된 건물의 등기부에 하여도 이는 진실에 부합하지 아니하는 것이고 비록 당사자가 멸실건물의 등기로서 신축된 건물의 등기에 갈음할 의사를 가졌다 하여도 그 등기는 무효라고 아니할 수 없으며 따라서 이미 멸실된 건물에 대한 근저당권설정등기에 의하여 신축된 건물에 대한 근저당권이 설정되었다고는 할 수 없으니 그 등기에 기하여 진행된 경매에서 신축된 건물을 감정평가하여 이를 경락받았다 하더라도 그로써 이 건에 있어서 원고는 피고에 대하여 소유권취득을 내세울 수는 없다.」(대판 1976. 10. 26, 75다2211)

한편 유용의 효과는 유용의 합의가 있는 때에 생기고 소급하지 않는다(같은 취지: 이은영, 204면). 판례도, 무효인 가등기를 유효한 등기로 전용키로 한 약정은 그때부터 유효하고 그 가등기가 소급하여 유효한 등기로 전환될 수 없다고 하여 같은 입장이다(대판 1992. 5. 12, 91다26546).

[60] 5) 물권행위와 등기 사이의 시간적 불합치에서 생기는 문제

(가) 물권행위와 등기의 선후 법률행위에 의한 물권변동의 경우 보통은 물권행위가 있은 후에 등기가 행하여지나, 등기를 먼저 하여도 무방하다. 그때에는 등기는 처음에는 무효이겠으나, 후에 그에 부합하는 물권행위가 행하여지면 유효하게 되고, 물권변동이 일어난다.

(나) 물권행위와 등기 사이에 당사자가 제한능력자로 된 경우 이 경우에도 물권행위의 효력에는 영향이 없다(111조 2항). 다만, 등기신청은 그것이 공법행위이기는 하지만 그 목적은 사법상의 권리변동에 있으므로, 거기에 제10조 이하의 규정을 유추적용하여야 한다(곽윤직, 97면). 따라서 법정대리인의 동의를 얻어서 신청하거나 법정대리인이 신청을 대리하여야 할 것이나, 등기가 일단 행하여진 경우에는 실체적 권리관계에 부합하는지 여부에 의하여 등기의 유효 여부를 결정하여야 한다.

(다) 물권행위 후 등기 전에 당사자가 사망한 경우 이 경우에도 물권행위의 효력은 지속되기는 하나(111조 2항), 거래의 대상이 되는 물권은 상속인에게 귀속하므로 본래에는 상속인이 「상속에 의한 등기」를 하고 그 후에 다시 물권행위와 등기

를 하여야 한다(대판 1992. 11. 27, 92누4529; 대판 1994. 12. 9, 93누23985도 참조. 이영준, 186면 주 8은 물권행위는 불필요하다고 한다). 그런데 부동산등기법은 이때 피상속인이 신청하였을 등기를 상속인이 등기권리자 또는 등기의무자로서 신청할 수 있게 하고 있다(같은 법 27조). 이것이 「상속인에 의한 등기」이다(이는 상속으로 등기신청권을 승계한 것으로 이해된다). 그 결과 피상속인으로부터 직접 취득자에게로 이전등기를 할 수 있게 된다.

> 상속을 등기원인으로 하는 「상속에 의한 등기」, 상속 아닌 등기원인이 있을 때 피상속인에 갈음하여 등기신청을 하는 「상속인에 의한 등기」(이는 물권행위를 피상속인이 한 경우이다), 상속인이 상속에 의한 등기를 하지 않고 부동산을 양도한 후 피상속인으로부터 직접 양수인에게 이전등기를 하는 경우(이는 물권행위를 상속인이 한 경우이다)는 구별하여야 한다. 이 마지막 경우는 일종의 중간생략등기로서 그 유효성이 인정된다([57] 참조).

㈑ **물권행위와 등기 사이에 권리의 귀속에 변경이 생긴 경우** 예컨대 토지소유자 A가 B와의 사이에 지상권설정의 합의를 한 후 등기가 있기 전에 A가 그 토지를 C에게 양도한 경우에는, B와 C 사이에 지상권설정의 합의 즉 물권행위가 따로 행하여져야 한다. 처분자는 등기를 할 때까지 처분권한이 있어야 하기 때문이다.

㈒ **물권행위 후에 처분이 금지된 경우** 물권행위를 할 때에는 처분권이 있었으나 그 후에 파산하거나 목적부동산의 압류 · 가압류 · 가처분 등으로 처분이 금지 또는 제한되면, 등기를 신청할 수 없으며, 등기가 되었더라도 물권변동의 효력이 생기지 않는다.

(3) 명의신탁(名義信託)에 의한 등기 [61]

1) 명의신탁의 의의 종래 우리 대법원은 일련의 판결에 의하여 명의신탁이라는 제도를 확립하였다. 그에 의하면, 명의신탁은 「대내적 관계에서는 신탁자가 소유권을 보유하여 관리 · 수익하면서 공부상(公簿上)의 소유명의만을 수탁자로 하여 두는 것」이다.

이러한 명의신탁은 본래 일제강점기에 토지와 임야를 조사 · 사정(査定)하는 과정에서 비롯되었다. 당시에 의용되던 일본민법의 규정상 종중은 권리능력을 갖지 못하여 종중의 토지는 종중 명의로 사정을 받을 수 없었다. 그리하여 종중은 그 토지를 종중원 중 1인 또는 수인의 명의로 사정을 받아 등기를 하였다. 그 후 종중 토지의 명의인이 그 재산을 자신의 것으로 처분하여 분쟁이 생기자, 당시의 최고법원이었던 조선고등법원은 그것은 종중이 명의자에게 신탁한 것이며, 그 처분은 유효하다고 하였다(곽윤직, 94면). 이러한 조선고등법원 판례는 우리 민법이 시행된 후에도 유지되었고, 대법원은 그것을 명의신탁이라고 하였다.

대법원은 처음에는 부동산의 소유명의를 타인으로 해두는 것만 명의신탁으로 인정하였다. 그런데 그 뒤에 그 범위를 점차 늘려 소유권 외에 널리 등기 · 등록 또는 신고하여야 법률행위의 효력이 인정되는 물권 기타의 재산권에도 확대하였고, 급기야 단순한 매매계약에서의 매수인 명의신탁에도 그 이론을 적용하였다. 그리고 다른 한편으로 부동산매수인이 처음부터 매도인으로부터 제 3 자 명의로 등기하도록 하는 이른바 중간생략등기에 의한 명의신탁도 유효하다고 하였다. 이처럼 판례가 명의신탁의 유효성을 널리 인정하자 사회에서는 명의신탁이 각종 조세를 면탈하면서 투기를 하고 상속을 위장하는가 하면 재산을 은닉하는 등의 온갖 불법 또는 탈법적인 수단으로 악용되었다. 그리하여 1990년에 부동산등기특별조치법을 제정하면서 명의신탁을 규제하는 명문규정을 두었으나(같은 법 7조), 그 규정은 단속규정에 불과하여 실효를 거두지 못하였다. 그래서 다시 「부동산 실권리자 명의 등기에 관한 법률」(이하 '부동산실명법'이라 함)을 제정(1995. 3. 30. 제정, 1995. 7. 1. 시행)하여 보다 강력하게 명의신탁을 규제하게 되었다(부동산등기특별조치법 7조는 삭제됨). 이 법의 제정 · 시행으로 명의신탁에 관한 판례이론은 일정한 경우에 예외적으로만 적용되게 되었다.

〈명의신탁의 유효성에 관한 논의〉

부동산실명법이 제정되기 전에 판례는 명의신탁의 유효성을 널리 인정하고 있었다. 그에 비하여 학설은 대립하였다. i) 명의신탁은 허위표시이고, 따라서 무효라는 견해, ii) 명의신탁은 신탁행위이고 허위표시가 아니어서 유효하다는 견해, iii) 명의신탁에서의 수탁자의 표현소유(表見所有)가 허위표시는 아니지만 제108조 제 2 항의 유추적용에 의하여 제 3 자를 보호할 수 있다는 견해, iv) 명의신탁을 획일적으로 유효 · 무효로 결정할 것이 아니고, 영미 신탁법에서 발전된 수동신탁의 법리를 적용하여 구체적으로 그 유 · 무효를 판단함이 타당하다는 견해 등이 그것이다. 그리고 사견은 i)설의 입장이었다. 왜냐하면 명의신탁의 경우에는 가장된 행위의 법률효과의 발생이 의욕되지 않기 때문이다. 그러한 사견의 입장에서는 명의신탁된 재산의 취득자는 그가 선의인 경우에만 제108조 제 2 항에 의하여서 보호될 수 있다.

이러한 사견은 현재도 마찬가지이다. 그런데 새로이 제정 · 시행된 부동산실명법이 명의신탁을 원칙적으로 무효화하면서 예외를 인정하고 있어 그 예외적인 경우는 그 법상 유효하다고 할 수밖에 없게 되었다.

2) 부동산실명법의 적용범위 부동산실명법은 「부동산에 관한 소유권이나 그 밖의 물권」에 관한 명의신탁을 규율한다(같은 법 2조 1호). 따라서 소유권등기뿐만 아니라 담보목적의 가등기(대판 2000. 12. 12, 2000다49879; 대판 2002. 12. 24, 2002다50484는 채권자와 제 3 자가 불가분적 채권자의 관계에 있을 때는 예외를 인정한다), (근)저당권등기(대판 2000. 12. 12, 2000다49879; 대판(전원) 2001. 3. 15, 99다48948도 예외를 인정한다)도 동법의 규제대상이 된다. 그리고 이 법은 계약은 신탁자가 하면서 그 등기명의만을 수탁자로 하기로 하는 등기명의신탁뿐만 아니라 계약당사자 명의부터 수탁자로 하기로 하는 이른바 계약명의신탁도 명의신탁이라고 하여 규율대상으로 삼는다(같은 법 2조 1호).

그러나 ① 채무의 변제를 담보하기 위하여 채권자가 부동산에 관한 물권을 이전받거나(양도담보) 가등기하는 경우(가등기담보), ② 부동산의 위치와 면적을 특정하여 2인 이상이 구분소유하기로 하는 약정을 하고 그 구분소유자의 공유로 등기하는 경우, 즉 이른바 상호명의신탁, ③ 신탁법 또는 「자본시장과 금융투자업에 관한 법률」에 따른 신탁재산인 사실을 등기한 경우(신탁법상의 신탁)는 부동산실명법에서 말하는 명의신탁에서 제외된다(같은 법 2조 1호 가-다목). 그 결과 ①의 경우에는 「가등기담보 등에 관한 법률」이, ②의 경우에는 종래의 판례이론(상호명의신탁 이론)이, ③의 경우에는 신탁법 등이 각각 적용된다.

한편 종중 부동산(부동산물권)의 명의신탁, 배우자(사실혼의 배우자는 제외된다. 대판 1999. 5. 14, 99두35) 명의신탁, 종교단체 명의신탁(종교단체의 산하조직의 부동산을 종교단체 명의로 등기한 경우)은 조세포탈, 강제집행의 면탈 또는 법령상 제한의 회피를 목적으로 하지 않는 경우에는, 부동산실명법의 대부분의 주요 규정(같은 법 4조-7조, 12조 1항-3항)의 적용을 받지 않는다(같은 법 8조)(이러한 예외 인정도 바람직하지 않다). 그리하여 그때에는 종래의 판례이론이 적용되게 된다. 이 경우에 조세 포탈 등의 목적이 있다는 이유로 그 등기가 무효라는 점은 이를 주장하는 자가 증명하여야 한다(부부간의 명의신탁에 관하여 같은 취지: 대판 2017. 12. 5, 2015다240645). 그리고 강제집행의 면탈을 목적으로 한 명의신탁에 해당하려면 민사집행법에 따른 강제집행 또는 가압류 · 가처분의 집행을 받을 우려가 있는 객관적인 상태, 즉 채권자가 본안 또는 보전소송을 제기하거나 제기할 태세를 보이고 있는 상태에서 한쪽 배우자가 상대방 배우자에게 부동산을 명의신탁함으로써 채권자가 집행할 재산을 발견하기 곤란하게 할 목적이 있다고 인정되어야 하며, 부부간의 명의신탁 당시에 막연한 장래에 채권자가 집행할 가능성을 염두에 두었다는 것만으로 강제집행 면탈의 목적을 섣불리 인정해서는 안 된다(대판 2017. 12. 5, 2015다240645).

〈판 례〉

(ㄱ) 「부동산 실권리자 명의 등기에 관한 법률 제 8 조 제 2 호에서는 배우자 명의로 부동산에 관한 물권을 등기한 경우로서 조세포탈, 강제집행의 면탈 또는 법령상 제한의 회피를 목적으로 하지 아니하는 경우에는 그 명의신탁약정과 그 약정에 기하여 행하여진 물권변동을 무효로 보는 위 법률 제 4 조 등을 적용하지 않는다고 규정하고 있는바, 어떠한 명의신탁등기가 위 법률에 따라 무효가 되었다고 할지라도 그 후 신탁자와 수탁자가 혼인하여 그 등기의 명의자가 배우자로 된 경우에는 조세포탈, 강제집행의 면탈 또는 법령상 제한의 회피를 목적으로 하지 아니하는 한 이 경우에도 위 법률 제 8 조 제 2 호의 특례를 적용하여 그 명의신탁등기는 당사자가 혼인한 때로부터 유효하게 된다고 보아야 할 것이다.」(대판 2002. 10. 25, 2002다23840. 같은 취지: 대결 2002. 10. 28, 2001마1235)

(ㄴ) 「부동산실명법 제 8 조 제 2 호에 따라 부부간 명의신탁이 일단 유효한 것으로 인정되었다면 그 후 배우자 일방의 사망으로 부부관계가 해소되었다 하더라도 그 명의신탁약정은 사망한 배우자의 다른 상속인과의 관계에서도 여전히 유효하게 존속한다고 보아야 할 것이다.」(대판 2013. 1. 24, 2011다99498)

(ㄷ) 「명의신탁관계는 반드시 신탁자와 수탁자 사이의 명시적 계약에 의하여만 성립하는 것이 아니라 묵시적 합의에 의하여도 성립할 수 있으나(대법원 2001. 1. 5. 선고 2000다49091 판결 등 참조), 명시적인 계약이나 묵시적 합의가 인정되지 않는데도 명의신탁약정이 있었던 것으로 단정하거나 간주할 수는 없다.」(대판 2021. 7. 8, 2021다209225 · 209232)

[62] 3) 종래의 판례이론이 적용되는 경우의 법률관계

(개) 서 설 부동산실명법이 적용되지 않아 종래의 판례에 의하여 규율되는 경우는 크게 두 가지이다. 하나는 탈법목적이 없는 종중 · 배우자 · 종교단체의 명의신탁이고, 다른 하나는 상호명의신탁이다. 이들의 법률관계를 간단히 정리하기로 한다(자세한 사항은 송덕수, "명의신탁," 고시연구 1993. 1, 107면 이하 참조).

(내) **종중 · 배우자 명의신탁** 판례에 의하면, 명의신탁의 경우 신탁자와 수탁자 사이에서는 수탁자 명의로 소유권이전등기가 되었더라도 내부적으로 소유권은 신탁자가 그대로 보유하며 계속하여 신탁재산을 관리 · 수익하게 된다. 이러한 신탁관계는 당사자 일방이 사망하여도 당연히 소멸하지는 않고 상속인 사이에 그대로 존속한다. 그리고 수탁자는 신탁계약 해지시에 신탁자에게 신탁재산

을 반환할 의무가 있다. 그에 비하여 대외적인 관계에서는 수탁자에게 완전한 소유권의 이전이 있게 되고, 따라서 수탁자는 완전한 소유자로 취급된다. 이처럼 대외관계에서는 수탁자만이 소유자로 다루어지기 때문에 수탁자의 일반채권자는 신탁재산에 대하여 강제집행 내지 경매를 할 수 있다. 그리고 수탁자가 수탁재산에 대하여 한 처분행위 등은 완전히 유효하게 된다. 그리하여 취득자인 제 3 자가 선의이든 악의이든 그는 권리를 취득한다. 그 밖에 판례에 의하면, 제 3 자가 수탁자의 배임행위에 적극 가담하여 취득한 경우에는 사회질서에 반하여 무효라고 한다(2중매매의 법리와 같다). 그리고 명의신탁한 부동산을 신탁자가 매도하는 경우에 매도인은 그 부동산을 사실상 처분할 수 있을 뿐 아니라 법률상으로도 처분할 수 있는 권원에 의하여 매도한 것이므로, 이를 제569조 소정의 타인의 권리의 매매라고는 할 수 없다고 한다(대판 1996. 8. 20, 96다18656).

명의신탁에 있어서 신탁자는 특별한 사정이 없는 한 언제든지 명의신탁계약을 해지하고 신탁재산의 반환을 청구할 수 있다. 그때 소유권이전등기의 회복이 없어도 소유권이 복귀하는지가 문제되는데, 판례는 대외적인 관계에 관하여는 명의신탁이 해지되더라도 부동산의 소유권이 당연히 신탁자에게 복귀하지 않으며, 등기명의를 회복할 때까지는 소유권을 가지고 제 3 자에게 대항할 수 없다고 한다. 그에 비하여 대내적인 관계에 관하여는 신탁해지에 의하여 소유권이 당연히 복귀한다는 태도를 취하고 있다(여기에 관한 학설에 대하여는 송덕수, 신사례, 248면 · 249면 참조).

〈판 례〉

(ㄱ) 「부동산소유권의 명의신탁의 결과로 토지대장이나 건축물관리대장에 소유자로 등재되었을 뿐 아직 수탁자 명의로 소유권에 관한 등기를 취득하지 아니한 경우에는 토지대장이나 건축물관리대장의 기재가 소유권의 변동을 공시하는 것이 아니기 때문에 명의신탁이 해지되면 그 효과로 명의신탁관계가 종료되어 수탁자는 바로 그 외부관계에 있어서의 소유권도 상실하는 것이므로(대법원 1988. 11. 8. 선고 87다카2459 판결, 1993. 7. 13. 선고 93다531 판결 등 참조), 이러한 경우 신탁자가 수탁자에 대하여 명의신탁된 부동산의 소유권이전등기를 구할 여지도 없다.」(대판 1999. 6. 25, 97다52882)

(ㄴ) 「부부간의 명의신탁약정은 특별한 사정이 없는 한 유효하고(부동산 실권리자 명의 등기에 관한 법률 제 8 조 참조), 이때 명의신탁자는 명의수탁자에 대하여 신탁해지를 하고 신탁관계의 종료 그것만을 이유로 하여 소유 명의의 이전등기절차의 이행을 청구할 수 있음은 물론, 신탁해지를 원인으로 하고 소유권에 기해서도 그와 같은 청구를 할 수 있는바(대법원 2002.

5. 10. 선고 2000다 55171 판결 등 참조)…」(대판 2016. 7. 29, 2015다56086).

(다) **상호명의신탁** 여러 사람이 1필의 토지를 각 위치를 특정하여 일부씩 매수하고 당사자의 합의로 (공유)지분이전등기를 한 경우에 관하여, 판례는 당사자 내부관계에서는 각 특정부분의 소유권을 각자 취득하게 되고, 각 공유지분 등기는 각자의 특정 매수부분에 관하여 상호간에 명의신탁하고 있는 것으로 본다(대판 1973. 2. 28, 72다317; 대판(전원) 1980. 12. 9, 79다634; 대판 1990. 6. 26, 88다카14366). 그리고 최초의 명의신탁관계가 성립한 당사자 사이에서뿐만 아니라 그로부터 전전양수한 자들 사이에서도 — 상호명의신탁한 지위도 전전승계되어 — 명의신탁관계가 성립(승계가 아니고)한다고 한다(대판 1990. 6. 26, 88다카14366). 그리고 이러한 결과는, 1필의 토지 중 일부를 특정하여 매수하고 그 소유권이전등기는 그 토지 전부에 관하여 공유지분권 이전등기를 한 때와 같이 유사한 다른 경우들에도 인정된다(대판 1990. 6. 26, 88다카14366; 대판 1991. 5. 10, 90다20039; 대판 1996. 10. 25, 95다40939).

이는 본래 공유지분이 공유물 전부에 효력이 미치고, 공유자가 특정부분을 배타적으로 사용할 수 없기 때문에, 위 경우에 공유지분등기에 의하여서는 특정부분을 매수한 당사자가 목적을 달성할 수 없게 되자, 판례가 상호명의신탁을 인정하여 그 문제를 해결한 것이다. 그러나 판례의 이론에는 여러 문제가 있으며, 특히 공유자가 자신의 지분을 진정한 공유지분으로 처분한 때에는 명의신탁관계의 붕괴가 불가피하여 완전한 해결이 될 수 없다(대판 1993. 6. 8, 92다18634; 대판 2008. 2. 15, 2006다68810 · 68827 참조). 이 문제는 구분소유적 공유를 인정하는 입법으로 해결하여야 할 것이다.

〈상호명의신탁에 관한 주요 판례〉

(ㄱ) 성 립

「1필의 토지의 일부를 특정하여 양도받고 편의상 그 전체에 관하여 공유지분등기를 경료한 경우에는 상호명의신탁에 의한 수탁자의 등기로서 유효하고, 위 특정부분이 전전 양도되고 그에 따라 공유지분등기도 전전 경료되면 위와 같이 상호명의신탁한 지위도 전전 승계되어 최초의 양도인과 위 특정부분의 최후의 양수인과의 사이에 명의신탁관계가 성립한다.」(대판 1996. 10. 25, 95다40939)

「구분소유적 공유관계는 어떤 토지에 관하여 그 위치와 면적을 특정하여 여러 사람이 구분소유하기로 하는 약정이 있어야만 적법하게 성립할 수 있고, 공유자들 사이에 그 공유물을 분할하기로 약정하고 그때부터 각자의 소유로 분할된 부분을 특정하여 각자 점유 · 사용하여 온 경우에도 구분소유적 공유관계가 성립할 수 있지만, 공유자들 사이에서 특정부분을 각각의 공유자들에게 배타적으로 귀속시키려는 의사의 합치가 이루어지지 아니한 경우에는 이러한 관계가 성립할 여지가 없는 것이다.」(분할 전 임야가 3필지로 분할되어 그 중 1필지의 임야에 대하여만 분할 전 공유자들 중 한 사람의 채권자에 대한 채권을 담보하기 위하여 지상권설정등기가 경료되고, 위 지상권설정등기를 보완하기 위하여 공유지분 확인서가 작성된 경우, 공유자들 사이에서 구분소유적 공유관계를 설정하기로 하는 의사의 합치가 있었다고 볼 수 없다고 한 사례)(대판 2005. 4. 29, 2004다71409. 같은 취지: 대판 2009. 3. 26, 2008다44313)

「구분소유적 공유관계의 성립에 있어 1필지의 토지의 일부에 관한 특정 매매와 그에 대한 등기로써 공유지분이전등기를 마친 사실이 있으면 통상 각 구분소유 부분에 대한 상호명의신탁의 합의가 존재하는 것으로 볼 수 있을 것이지만, 그 경우에도 그 토지의 위치와 면적을 특정하여 매수함으로써 이를 구분소유한다고 하는 기본적 사실관계에 관해서는 서로 의사의 합치가 있어야만」 한다(대판 2009. 3. 26, 2008다44313).

「1동의 건물 중 위치 및 면적이 특정되고 구조상·이용상 독립성이 있는 일부분씩을 2인 이상이 구분소유하기로 하는 약정을 하고 등기만은 편의상 각 구분소유의 면적에 해당하는 비율로 공유지분등기를 하여 놓은 경우, 구분소유자들 사이에 공유지분등기의 상호명의신탁관계 내지 그 건물에 대한 구분소유적 공유관계가 성립하지만, 1동 건물 중 각 일부분의 위치 및 면적이 특정되지 않거나 구조상·이용상 독립성이 인정되지 아니한 경우에는 공유자들 사이에 이를 구분소유하기로 하는 취지의 약정이 있다 하더라도 일반적인 공유관계가 성립할 뿐, 공유지분등기의 상호명의신탁관계 내지 그 건물에 대한 구분소유적 공유관계가 성립한다고 할 수 없다.」(대판 2014. 2. 27, 2011다42430)

(ㄴ) 공유자의 권리

「1필지의 토지 중 일부를 특정하여 매수하고 다만 그 소유권이전등기는 그 필지 전체에 관하여 공유지분권 이전등기를 한 경우에는 그 특정부분 이외의 부분에 관한 등기는 상호 명의신탁을 하고 있는 것으로서, 그 지분권자는 내부관계에 있어서는 특정부분에 한하여 소유권을 취득하고 이를 배타적으로 사용, 수익할 수 있고, 다른 구분소유자의 방해행위에 대하여는 소유권에 터잡아 그 배제를 구할 수 있다고 하겠으나, 외부관계에 있어서는 1필지 전체에 관하여 공유관계가 성립되고 공유자로서의 권리만을 주장할 수 있는 것이므로, 제 3 자의 방해행위가 있는 경우에는 자기의 구분소유 부분뿐 아니라 전체 토지에 대하여 공유물의 보존행위로서 그 배제를 구할 수 있다.」(대판 1994. 2. 8, 93다42986)

「원고들이 이 사건 토지 전부를 구분 특정하여 소유하고 있다고 하더라도 지분소유권이전등기가 경료되어 있는 이상 특별한 사정이 없는 한 공유자들 외의 제 3 자에 대한 관계에 있어서는 그 지분의 범위 내에서만 이 사건 토지에 대한 권리를 행사할 수 있을 뿐」이다(대판 1993. 11. 23, 93다22326).

(ㄷ) 공유지분을 처분하거나 그것이 경매된 경우

「1필지의 토지의 위치와 면적을 특정하여 2인 이상이 구분소유하기로 하는 약정을 하고 그 구분소유자의 공유로 등기하는 이른바 구분소유적 공유관계에 있어서, 각 구분소유적 공유자가 자신의 권리를 타인에게 처분하는 경우 중에는 구분소유의 목적인 특정부분을 처분하면서 등기부상의 공유지분을 그 특정부분에 대한 표상으로서 이전하는 경우와 등기부의 기재대로 1필지 전체에 대한 진정한 공유지분으로서 처분하는 경우가 있을 수 있고, 이 중 전자의 경우에는 그 제 3 자에 대하여 구분소유적 공유관계가 승계될 것이나, 후자의 경우에는 제 3 자가 그 부동산 전체에 대한 공유지분을 취득하고 구분소유적 공유관계는 소멸된다고 할 것이며, 이는 경매에 있어서도 마찬가지라고 할 것인바, 전자에 해당하기 위하여는 집행법원이 공유지분이 아닌 특정 구분소유 목적물에 대한 평가를 하게 하고 그에 따라 최저 경매가격을 정한 후 경매를 실시하여야 한다고 할 것이고, 그러한 사정이 없는 경우에는 1필지에 관한 공유자의 지분에 대한 경매목적물은 원칙적으로 1필지 전체에 대한 공유지분이라고 봄이 상당하다.」(구분소유적 공유관계에 있는 토지지분에 대한 강제경매절차에서 이를 매수한 사람이 1필지 전체에 대한 공유지분을 취득하였다고 주장하는 사안에서, 그 공유지분이 토지의 특정부분에 대한 구분소유적 공유관계를 표상하는 것으로 취급되어 감정평가와 최저 경매가격 결정이 이루어지고 경매가 실시되었다는 점이 입증되지 않은 이상, 위 매수인은 1필지 전체에 대한 공유지분을 적법하게 취득하고 기존의 상호명의신탁관계는 소멸한다고 보아야 하며, 이는 매수인의 구분소유적 공유관계에 대한 인식 유무에 따라 달라지지 않는다고 한 사례)(대판 2008. 2. 15, 2006다68810 · 68827)

「1동의 건물 중 위치 및 면적이 특정되고 구조상 및 이용상 독립성이 있는 일부분씩을 2인 이상이 구분소유하기로 하는 약정을 하고 등기만은 편의상 각 구분소유의 면적에 해당하는 비율로 공유지분등기를 하여 놓은 경우 공유자들 사이에 상호명의신탁 관계에 있는 이른바 구분소유적 공유관계에 해당하고, 낙찰에 의한 소유권취득은 성질상 승계취득이어서 1동의 건물 중 특정부분에 대한 구분소유적 공유관계를 표상하는 공유지분을 목적으로 하는 근저당권이 설정된 후 그 근저당권의 실행에 의하여 위 공유지분을 취득한 낙찰자는 구분소유적 공유지분을 그대로 취득하는 것이므로(대법원 1991. 8. 27. 선고 91다3703 판결 참조) 건물에 관한 구분소유적 공유지분에 대한 입찰을 실시하는 집행법원으로서는 감정인에게 위 건물의 지분에 대한 평가가 아닌 특정 구분소유 목적물에 대한 평가를 하게 하고 그 평가액을 참작하여 최저 입찰가격을 정한 후 입찰을 실시하여야 할 것이다.」(대결 2001. 6. 15, 2000마2633)

(ㄹ) 공유자의 법정지상권

구분소유적 공유관계에 있는 공유자의 법정지상권 취득(대판 2004. 6. 11, 2004다13533: [222]에 인용).

원고와 피고가 1필지의 대지를 공동으로 매수하여 같은 평수로 사실상 분할한 다음 각자 자기의 돈으로 자기 몫의 대지 위에 건물을 신축하여 점유하여 왔다면 비록 위 대지가 등기부상으로는 원·피고 사이의 공유로 되어 있다 하더라도 그 대지의 소유관계는 처음부터 구분소유적 공유관계에 있다 할 것이고, 따라서 피고 소유의 건물과 그 대지는 원고와의 내부관계에 있어서 피고의 단독소유로 되었다 할 것이므로 피고는 그 후 이 사건 대지의 피고지분만을 경락취득한 원고에 대하여 그 소유의 위 건물을 위한 관습상의 법정지상권을 취득하였다고 할 것이다(이 사건 대지에 관하여 이미 위 경락 전에 소외 갑 앞으로 소유권이전등기가 되어 있었다 하더라도 위 경락은 가압류에 의한 강제경매에 의하여 이루어졌고 위 갑 명의의 등기는 위 가압류 후에 이루어진 것이 분명하므로 위 경락에 의하여 말소될 운명에 있는 갑의 등기를 들어 피고의 소유권을 부정할 수 없으므로 경락 당시에 대지와 그 지상건물의 소유자가 동일인이 아니라고 할 수 없다)(대판 1990. 6. 26, 89다카24094).

(ㅁ) 해소 관련

「상호명의신탁 관계 내지 구분소유적 공유관계에서 건물의 특정부분을 구분소유하는 자는 그 부분에 대하여 신탁적으로 지분등기를 가지고 있는 자를 상대로 하여 그 특정부분에 대한 명의신탁 해지를 원인으로 한 지분이전등기 절차의 이행을 구할 수 있을 뿐 그 건물 전체에 대한 공유물분할을 구할 수는 없다.」(각 층이 물리적으로 구분된 1동의 건물을 신축하여 그 중 1층은 수개의 점포로 구분하여 분양하고 지하층과 2, 3층은 각 따로 매도하면서 이를 구분등기하지 않고 수분양자 또는 매수인들에게 건물 전체 면적 중 분양면적 또는 매도면적에 해당하는 비율로 공유지분등기를 마쳐 준 사안에서, 1층 점포를 분양받은 사람들은 1층 내부만 사용하고 지하층과 2, 3층을 매수한 사람들은 각 지하층과 2, 3층만 사용하여 온 사실 등에 비추어 위 건물 각 층의 구분소유자들은 상호명의신탁 관계 내지 구분소유적 공유관계에 있으므로, 건물 전체에 대한 공유물분할을 청구할 수 없다고 한 사례)(대판 2010. 5. 27, 2006다84171)

「공유물분할청구는 공유자의 일방이 그 공유지분권에 터잡아서 하여야 하는 것이지 공유지분권을 주장하지 아니하고 목적물의 특정부분을 소유한다고 주장하면서 그 부분에 대하여 신탁적으로 지분등기를 가지고 있는 자들을 상대로 하여 그 특정부분에 대한 신탁해지를 원인으로 한 지분이전등기를 받음에 갈음하여서 할 수는 없」다(대판 1989. 9. 12, 88다카10517).

「내부적으로는 토지의 특정부분을 소유하나 등기부상으로는 공유지분을 가지는 이른바 구분소유적 공유관계에서 구분공유자 중 1인이 소유하는 부분이 후에 독립한 필지로 분할되고 그 구분공유자가 그 필지에 관하여 단독 명의로 소유권이전등기를 경료받았다면, 그 소유권이전등기는 실체관계에 부합하는 것으로서 유효하고, 그 구분공유자는 당해 토지에 대한 단독소유권을 적법하게 취득하게 되어, 결국 당해 구분공유자에 관한 한 이제 구분소유적 공유관계는 해소된다고 할 것이다. 따라서 그 구분공유자이었던 사람이 위와 같이 분할되지 아니한 나머지 토지에 관하여 여전히 등기부상 공유지분을 가진다고 하여도, 그 공유지분등기는 명의인이 아무런 권리를 가지지 아니하는 목적물에 관한 것으로서 효력이 없게 되고, 명의인은 대외적으로도 위의 나머지 토지에 대하여 공유지분권을 가진다고 할 수 없으며, 종전의 다른 구분공유자는 자신의 소유권 또는 공유지분권에 기하여 위와 같이 효력 없는 공유지분등기의 말소 기타 정정을 청구할 수 있다. 이상은 구분소유적 공유관계에서 구분공유자 중 1인이 자신이 소유하는 부분을 제 3 자에게 양도하였는데 후에 그 부분이 독립한 필지로 분할되고 위 양수인이 그 필지에 관하여 단독 명의로 소유권이전등기를 경료받은 경우에도 다를 바 없다.」(대판 2009. 12. 24, 2008다71858)

「1필지의 토지의 위치와 면적을 특정하여 2인 이상이 구분소유하기로 하는 약정을 하고 그 구분소유자의 공유로 등기하는 이른바 구분소유적 공유관계에 있어서, 1필지의 토지 중 특정부분에 대한 구분소유적 공유관계를 표상하는 공유지분을 목적으로 하는 근저당권이 설정된 후 구분소유하고 있는 특정부분별로 독립한 필지로 분할되고 나아가 구분소유자 상호간에 지분이전등기를 하는 등으로 구분소유적 공유관계가 해소되더라도 그 근저당권은 종전의 구분소유적 공유지분의 비율대로 분할된 토지들 전부의 위에 그대로 존속하는 것이고, 근저당권설정자의 단독소유로 분할된 토지에 당연히 집중되는 것은 아니다.」(대판 2014. 6. 26, 2012다25944)

토지의 각 특정부분을 구분하여 소유하면서 상호명의신탁으로 공유등기를 거친 경우에 있어서 그 토지가 분할되면 분할된 각 토지에 종전토지의 공유등기가 전사되어 상호명의신탁 관계가 그대로 존속되는 것이고, 분할된 토지 중 한쪽 토지에 공유등기 명의자 중 일부의 구분소유 부분이 포함되어 있고 그 토지가 제 3 자에게 양도됨으로써 그 토지에 관한 상호명의신탁 관계가 소멸되었다고 하여도, 특정인의 구분소유 하에 있는 나머지 분할토지에 관한 다른 공유등기 명의자 앞으로의 명의신탁관계가 당연히 소멸되는 것은 아니다(대판 1992. 5. 26, 91다27952).

「구분소유적 공유관계가 해소되는 경우 공유지분권자 상호간의 지분 이전등기의무는 그 이행상 견련관계에 있다고 봄이 공평의 관념 및 신의칙에 부합한다.

한편, 구분소유적 공유관계가 해소되는 경우 각 공유지분권자는 특별한 사정이 없는 한 제한이나 부담이 없는 완전한 지분소유권이전등기 의무를 지므로, 그 구분소유권 공유관계를 표상하는 공유지분에 근저당권설정등기 또는 압류, 가압류등기가 경료되어 있는 경우에는 그 공유지분권자로서는 그러한 각 등기도 말소하여 완전한 지분소유권이전등기를 해 주어야 하고, 따라서 구분소유적 공유관계가 해소되는 경우에 있어서 쌍방의 지분소유권이전등기 의무와 아울러 그러한 근저당권설정등기 등의 말소의무 또한 동시이행의 관계에 있다고 봄이 상당하다.

그리고 구분소유적 공유관계에 있어서 어느 일방이 그 명의신탁을 해지하고 지분 소유권이전등기를 구함에 대하여 상대방이 자기에 대한 지분소유권이전등기 절차의 이행이 동시에 이행되어야 한다고 항변하는 경우, 그 동시이행의 항변에는 특별한 사정이 없는 한 명의신탁 해지의 의사표시가 포함되어 있다고 보아야 한다.」(대판 2008. 6. 26, 2004다32992)

(ㅂ) 기 타

「상호명의신탁 등기가 되어 있는 이른바 구분소유적 공유관계에 있는 토지가 환지된 경우에는, 특별한 사정이 없는 한 환지가 제자리 환지이고 위치 및 지형이 별로 변경이 됨이 없이 종전 토지의 위치와 지형을 유지하고 있다고 하여도, 종전의 상호명의신탁 관계는 환지처분에 의하여 종료되고 종전의 토지에 상응하는 비율로 종전의 소유자들이 환지에 대하여 순수한 공유지분을 취득하게 되는 것에 불과하다고 할 것이나, 환지 후에도 공유자들이 환지 중 일부분을 각 특정 소유하여 그 부분에 대하여 상호명의신탁 관계에 있다고 할 수 있거나 공유자들 상호간에 묵시적으로 각 종전의 사용상태를 그대로 유지, 사용·수익하기로 하였다는 등의 특별한 사정이 있다면 환지 후에도 구분소유적 공유관계는 그대로 유지된다고 보아야 한다(대법원 1995. 7. 14. 선고 95다7437 판결, 1999. 1. 15. 선고 98다8950 판결 등).」(대판 2005. 3. 11, 2002다60207)

4) **부동산실명법의 적용을 받는 명의신탁의 법률관계** 부동산실명법은 「명의신탁약정」을 부동산에 관한 소유권이나 그 밖의 물권을 보유한 자 또는 사실상 취득하거나 취득하려고 하는 자(실권리자)가 타인과의 사이에서 대내적으로는 실권리자가 부동산에 관한 물권을 보유하거나 보유하기로 하고 그에 관한 등기(가등기 포함)는 그 타인의 명의로 하기로 하는 약정(위임·위탁매매의 형식에 의하거나 추인에 의한 경우 포함)이라고 정의한 뒤(같은 법 2조 1호), 누구든지 부동산물권을 명의신탁약정에 의하여 명의수탁자 명의로 등기해서는 안 된다고 한다(같은 법 3조 1항). 그리고 명의신탁약정은 무효이고(같은 법 4조 1항), 또 명의신탁약정에 따른 등기로 이루어진 부동산에 관한 물권변동은 무효로 하나, 다만 부동산에 관한 물권을 취득하기 위한 계약에서 명의수탁자가 어느 한쪽 당사자가 되고 상대방 당사자는 명의신탁약정이 있다는 사실을 알지 못한 경우에는 유효하다고 한다(같은 법 4조 2항). 나아가 명의신탁약정 및 물권변동의 무효는 제 3 자에게 대항하지 못한다고 한다(같은 법 4조 3항). 그 밖에 부동산실명법은 실권리자 명의 등기의무를 위반한 자에 대한 과징금 부과(같은 법 5조), 과징금을 부과받은 자의 실명등기의무와 위반시의 이행강제금 부과(같은 법 6조), 신탁자·수탁자에 대한 벌칙(같은 법 7조), 기존 명의신탁자의 실명등기의무와 이를 위반한 경우의 이 법 규정의 적용(같은 법 11조·12조)(같은 법에서 정한 유예기간 경과 후에 명의수탁자가 명의신탁자 앞으로 바로 경료해 준 소유권이전등기는 실체관계에 부합하는 등기로서 유효하다: 대판 2004. 6. 25, 2004다6764) 등도 규정하고 있다. 이들 규정을 바탕으로 하여 명의신탁의 법률관계를 사법관계를 중심으로 하여 살펴보기로 한다. [63]

〈판 례〉

(ㄱ) 「'부동산 실권리자 명의 등기에 관한 법률'(이하 '부동산실명법'이라 한다) 제 2 조 제 1 호 본문, 제 2 호, 제 3 호의 규정을 종합하면, 명의신탁약정이란 "부동산에 관한 소유권 기타 물권을 보유한 자 또는 사실상 취득하거나 취득하려고 하는 자(명의신탁자)가 타인(명의수탁자)과의 사이에서 대내적으로는 명의신탁자가 부동산에 관한 물권을 보유하거나 보유하기로 하고 그에 관한 등기는 명의수탁자 명의로 하기로 하는 약정(위임 · 위탁매매의 형식에 의하거나 추인에 의한 경우를 포함한다)"을 말하는바, 이에 의하면 명의신탁관계가 성립하기 위하여 명의수탁자 앞으로 새로운 소유권이전등기가 행하여지는 것이 반드시 필요한 것은 아니라 할 것이므로, 부동산소유자가 그 소유하는 부동산의 전부 또는 일부 지분에 관하여 제 3 자(명의신탁자)를 위하여 '대외적으로만' 보유하는 관계에 관한 약정(명의신탁약정)을 하는 경우에도 부동산실명법에서 정하는 명의신탁관계가 성립할 수 있다.

원심은 그 채용증거에 의하여, 망 소외 1이 자신 소유의 인천 연수구 옥련동 194-52 잡종지 41,185m²를 자신의 지인인 소외 2 등 8인에게 명의신탁한 상태에서 1983. 7. 17. 사망하자, 위 소외 1의 장남인 피고가 1985. 3. 26. 위 잡종지에 관하여 1985. 3. 20. 매매를 원인으로 하여 자신 명의로 소유권이전등기를 마친 사실, 피고는 1985. 6. 19. 위 소외 1의 처인 원고에게 위 잡종지 중 1/2 지분(이하 '이 사건 부동산 지분'이라 한다)이 원고의 소유라는 내용의 확인서(이하 '이 사건 확인서'라 한다)를 작성 · 교부한 사실을 인정하였다.

앞서 본 법리를 이러한 사실에 비추어 보면, 피고는 원고와 사이에서 이 사건 확인서의 작성에 의하여 그 소유인 이 사건 부동산 지분을 원고를 위하여 '대외적으로만' 보유하는 관계에 관한 약정을 맺음으로써 원고와 피고 사이에 이 사건 부동산 지분에 관하여 이른바 2자간 등기명의신탁관계가 성립되었다고 할 것이므로, 같은 취지의 원심의 판단은 정당」하다(대판 2010. 2. 11, 2008다16899).

(ㄴ) 「부동산 실권리자 명의 등기에 관한 법률 제11조, 제12조 제 1 항과 제 4 조의 규정에 의하면, 같은 법 시행 전에 명의신탁약정에 의하여 부동산에 관한 물권을 명의수탁자의 명의로 등기하도록 한 명의신탁자는 같은 법 제11조에서 정한 유예기간 이내에 실명등기 등을 하여야 하고, 유예기간이 경과한 날 이후부터 명의신탁약정과 그에 따라 행하여진 등기에 의한 부동산에 관한 물권변동이 무효가 되므로, 명의신탁자는 더 이상 명의신탁 해지를 원인으로 하는 소유권이전등기를 청구할 수 없다.」(대판 2007. 6. 14, 2005다5140. 같은 취지: 대판 1999. 1. 26, 98다1027)

(ㄷ) 「일반적으로 부동산의 소유자 명의만을 다른 사람에게 신탁하는 경우에 등기권리증과 같은 권리관계를 증명하는 서류는 실질적 소유자인 명의신탁자가 소지하는 것이 상례라 할 것이므로, 명의수탁자라고 지칭되는 자가 이러한 권리관계서류를 소지하고 있다면 그 소지 경위 등에 관하여 납득할 만한 설명이 없는 한 이는 명의신탁관계의 인정에 방해가 된다고 보지 않을 수 없다(대법원 1985. 1. 29. 선고 84다카1750, 1751 판결, 대법원 1990. 4. 24. 선고 89다카14530 판결 등 참조). 그리고 부동산에 관하여 그 소유자로 등기되어 있는 자는 적법한 절차와 원인에 의

하여 소유권을 취득한 것으로 추정되므로 그 등기가 명의신탁에 기한 것이라는 사실은 이를 주장하는 자에게 입증책임이 있다.」(대판 2008. 4. 24, 2007다90883)

우선 부동산실명법의 적용을 받는 명의신탁은 그 법 제 2 조 제 1 호의 명의신탁약정에 의한 명의신탁 가운데 명문으로 제외되지 않은 모든 경우이다. 견해에 따라서는 같은 법 제 4 조의 명의신탁은 투기 · 탈세 · 탈법 등을 지향하여 사회질서에 반하는 것만을 의미한다고 하나(이영준, 178면 · 180면), 그렇게 해석하여서는 그 법의 목적달성이 불가능할 뿐만 아니라 같은 법 제 8 조의 문언에 비추어 보아도 그렇게 새길 근거나 필요성은 전혀 없다. 판례도 「부동산실명법이 조세포탈이나 법령위반의 목적을 떠나 모든 명의신탁을 금지하고 그 위반자를 행정적 · 형사적 제재대상으로 삼고 있다 하더라도」 헌법에 위반되지 않는다고 하여, 같은 입장이다(대판 2007. 7. 12, 2006두4554).

부동산실명법이 규율하는 명의신탁에는 세 가지 모습이 있다. 전형적인 명의신탁, 중간생략 명의신탁, 계약명의신탁이 그것이다.

(가) **전형적인 명의신탁**(2자간 등기명의신탁) 부동산물권자로 등기된 자가 명의신탁약정에 의하여 타인 명의로 등기하는 경우이다. 이 경우 명의신탁약정과 물권변동은 무효이다(같은 법 4조 1항 · 2항). 이는 명의신탁에 따른 등기가 무효라는 의미이다. 따라서 신탁자는 명의신탁약정의 「해지」에 기한 이전등기나 말소등기는 청구할 수 없고(대결 1997. 5. 1, 97마384; 대판 1999. 1. 26, 98다1027도 참조), 소유권에 기한 방해배제청구권을 행사하여 등기말소를 청구할 수 있다. 그리고 부당이득 반환청구로 등기말소를 청구할 수 있다(이는 불법원인급여가 아니다: 대판 2003. 11. 27, 2003다41722). 이때 등기말소청구 대신 이전등기청구도 허용하여야 할 것이다(대판 2002. 9. 6, 2002다35157). 이때 과징금의 부과 · 형사처벌을 받는 것은 별개의 문제이다(같은 법 5조 · 7조). [64]

대법원은 최근에 전원합의체 판결로, 부동산실명법을 위반하여 무효인 명의신탁약정에 따라 명의수탁자 명의로 등기를 하였다는 이유만으로 그것이 당연히 불법원인급여에 해당한다고 단정할 수는 없으며(계약명의신탁의 경우에도 같다고 함), 그것은 농지법에 따른 제한을 회피하고자 명의신탁을 한 경우에도 마찬가지라고 하였다(대판(전원) 2019. 6. 20, 2013다218156. 이러한 다수의견에 대하여는 불법원인급여에 해당한다는 대법관 4인의 반대의견이 있음). 그러면서 원심이, 양자간 명의신탁의 경우에 수탁자가 사망하자 협의분할에 의한 상속을 원인으로 명의신탁 부동산에 관해

소유권이전등기를 마친 수탁자의 상속인은 신탁자의 상속인에게 그 부동산에 관해 진정명의 회복을 원인으로 한 소유권이전등기 절차를 이행할 의무가 있다고 판단한 데 대하여, 원심의 그 판단은 정당하다고 하였다.

(나) **중간생략 명의신탁**(3자간 등기명의신탁) 신탁자가 상대방과 물권을 취득하는 계약을 체결하면서 그 물권에 관한 등기는 수탁자와의 명의신탁약정에 기하여 상대방으로부터 직접 수탁자 앞으로 하게 하는 경우이다(어떤 자가 타인 명의로 허락 없이 등기한 경우는 약정이 없어서 명의신탁이 아니고 당사자 확정의 문제에 속한다). 이때도 명의신탁약정 및 그에 따른 등기(물권변동)는 무효이다(같은 법 4조 1항 · 2항). 그리고 부동산실명법 제 4 조 제 2 항 단서는 적용될 여지가 없어서 언제나 무효이다(대판 2002. 11. 22, 2002다11496). 물권변동이 무효이므로 상대방은 수탁자에 대하여 등기말소를 청구할 수 있다. 그러나 이는 매매계약의 무효로 인한 것이 아니므로, 수탁자는 매매대금의 반환시까지 등기말소에의 협력을 거절할 동시이행의 항변권은 없다. 그리고 신탁자와 상대방 사이의 매매는 여전히 유효하므로 (상대방이 악의여도) 신탁자는 상대방에 대하여 소유권이전등기 청구권을 가지고(대판 2022. 9. 29, 2022다228933), 그 반면에 매매대금 지급의무를 부담한다. 그 결과 신탁자는 자신의 상대방에 대한 등기청구권을 보전하기 위하여(404조 참조) 상대방이 수탁자에 대하여 가지고 있는 등기말소청구권을 대위행사할 수 있다(이설이 없으며, 판례도 같다. 고상룡, 417면; 이은영, 285면. 대판 1999. 9. 17, 99다21738; 대판 2002. 3. 15, 2001다61654; 대판 2002. 11. 22, 2002다11496; 대판 2008. 11. 27, 2008다55290 · 55306; 대판 2011. 9. 8, 2009다49193 · 49209; 대판 2013. 12. 12, 2013다26647; 대판 2022. 9. 29, 2022다228933). 물론 이 경우 과징금 부과 및 형사처벌은 받게 된다(같은 법 5조 · 7조). 한편 판례는, 위의 법리에 비추어 보면 중간생략 명의신탁(3자간 등기명의신탁)에 있어서 명의신탁자는 명의수탁자를 상대로 부당이득 반환을 원인으로 하여 소유권이전등기를 구할 수 없다고 한다(대판 2008. 11. 27, 2008다55290 · 55306).

〈판 례〉

(ㄱ) 「명의신탁약정이 3자간 등기명의신탁인지 아니면 계약명의신탁인지의 구별은 계약당사자가 누구인가를 확정하는 문제로 귀결되는바, 계약명의자가 명의수탁자로 되어 있다 하더라도 계약당사자를 명의신탁자로 볼 수 있다면 이는 3자간 등기명의신탁이 된다.

따라서 계약명의자인 명의수탁자가 아니라 명의신탁자에게 계약에 따른 법률효과를 직접 귀속시킬 의도로 계약을 체결한 사정이 인정된다면 명의신탁자가 계약당사자라고 할 것이므로, 이 경우의 명의신탁관계는 3자간 등기명의신탁으로 보아야 한다.」(갑이 매매계약 당사자로서 계약 상대방으로부터 토지지분을 매수하면서 그 중

1/2 지분에 관한 등기명의만을 을로 하기로 한 것으로, 그 매매계약에 따른 법률효과를 갑에게 직접 귀속시킬 의도였던 사정이 인정되므로 갑과 을의 명의신탁약정은 3자간 등기명의신탁에 해당함에도 불구하고, 매매계약 명의자가 갑 및 을이라는 이유만으로 그 명의신탁약정이 계약명의신탁에 해당한다고 판단한 원심판결을 파기한 사례)(대판 2010. 10. 28, 2010다52799. 같은 취지: 대판 2022. 4. 28, 2019다300422)

(ㄴ)「부동산실명법 소정의 유예기간 경과에 의하여 기존 명의신탁약정과 그에 의한 등기가 무효로 되면 명의신탁 부동산은 매도인 소유로 복귀하므로 매도인은 명의수탁자에게 무효인 명의수탁자 명의의 등기의 말소를 구할 수 있게 되고, 한편 부동산실명법은 매도인과 명의신탁자 사이의 매매계약의 효력을 부정하는 규정을 두고 있지 아니하여 위 유예기간 경과 후로도 매도인과 명의신탁자 사이의 매매계약은 여전히 유효하므로, 명의신탁자는 위 매매계약에 기한 매도인에 대한 소유권이전등기 청구권을 보전하기 위하여 매도인을 대위하여 명의수탁자에게 무효인 명의수탁자 명의의 등기의 말소를 구할 수 있다 할 것이다.」(대판 1999. 9. 17, 99다21738. 같은 취지: 대판 2002. 3. 15, 2001다61654; 대판 2002. 11. 22, 2002다11496)

(ㄷ)「이른바 3자간 등기명의신탁의 경우 부동산실명법에서 정한 유예기간 경과에 의하여 그 명의신탁약정과 그에 의한 등기가 무효로 되더라도 명의신탁자는 매도인에 대하여 매매계약에 기한 소유권이전등기 청구권을 보유하고 있어 그 유예기간의 경과로 그 등기 명의를 보유하지 못하는 손해를 입었다고 볼 수 없고, 또한 명의신탁 부동산의 소유권이 매도인에게 복귀된 마당에 명의신탁자가 무효의 등기명의인인 명의수탁자를 상대로 그 이전등기를 구할 수도 없다고 보아야 하므로, 결국 3자간 등기명의신탁에 있어서 명의신탁자는 명의수탁자를 상대로 부당이득 반환을 원인으로 한 소유권이전등기를 구할 수 없다고 봄이 상당하다.」(아버지가 타인으로부터 대지와 그 지상의 미등기 건물을 매수하면서 자신의 명의로 대지와 주택을 보유하고 있어서 장남과 결혼한 지 2년밖에 안 된 며느리 명의로 소유권이전등기를 한 경우에, 부동산실명법상 유예기간이 경과하여 명의신탁약정과 그에 기한 등기가 무효로 된 뒤, 원고인 며느리가 그 대지에 새로 지은 주택 1층에 함께 거주하고 있던 3남에게 인도를 구하는 소를 제기하자, 3남이 반소를 제기하여 부당이득을 이유로 명의신탁된 대지의 상속지분에 관하여 소유권이전등기를 청구한 사안)(대판 2008. 11. 27, 2008다55290 · 55306)

(ㄹ)「가. 3자간 등기명의신탁에서 명의수탁자가 제 3 자에게 부동산에 관한 소유명의를 이전하였을 때 명의신탁자가 명의수탁자에게 직접 부당이득 반환청구를 할 수 있는지 여부

3자간 등기명의신탁에서 명의수탁자의 임의처분 또는 강제수용이나 공공용지 협의취득 등을 원인으로 제 3 자 명의로 소유권이전등기가 마쳐진 경우, 특별한 사정이 없는 한 제 3 자는 유효하게 소유권을 취득한다(부동산실명법 제 4 조 제 3 항). 그 결과 매도인의 명의신탁자에 대한 소유권이전등기 의무는 이행불능이 되어 명의신탁자로서는 부동산의 소유권을 이전받을 수 없게 되는 한편, 명의수탁자는 부동산의 처분대금이나 보상금 등을

취득하게 된다. 판례는, 명의수탁자가 그러한 처분대금이나 보상금 등의 이익을 명의신탁자에게 부당이득으로 반환할 의무를 부담한다고 보고 있다(대법원 2011. 9. 8. 선고 2009다49193, 49209 판결, … 대법원 2019. 7. 25. 선고 2019다203811, 203828 판결 등 참조). 이러한 판례는 타당하므로 그대로 유지되어야 한다. …

나. 3자간 등기명의신탁에서 명의수탁자가 부동산에 관하여 근저당권을 설정하였을 때 명의신탁자가 명의수탁자에 대하여 직접 부당이득 반환청구를 할 수 있는지 여부

명의수탁자가 부동산에 관하여 제 3 자에게 근저당권을 설정하여 준 경우에도 부동산의 소유권이 제 3 자에게 이전된 경우와 마찬가지로 보아야 한다.

명의수탁자가 제 3 자에게 부동산에 관하여 근저당권을 설정하여 준 경우에 제 3 자는 부동산실명법 제 4 조 제 3 항에 따라 유효하게 근저당권을 취득한다. 이 경우 매도인의 부동산에 관한 소유권이전등기 의무가 이행불능된 것은 아니므로, 명의신탁자는 여전히 매도인을 대위하여 명의수탁자의 부동산에 관한 진정명의 회복을 원인으로 한 소유권이전등기 등을 통하여 매도인으로부터 소유권을 이전받을 수 있지만, 그 소유권은 명의수탁자가 설정한 근저당권이 유효하게 남아 있는 상태의 것이다. 명의수탁자는 제 3 자에게 근저당권을 설정하여 줌으로써 피담보채무액 상당의 이익을 얻었고, 명의신탁자는 매도인을 매개로 하더라도 피담보채무액 만큼의 교환가치가 제한된 소유권만을 취득할 수밖에 없는 손해를 입은 한편, 매도인은 명의신탁자로부터 매매대금을 수령하여 매매계약의 목적을 달성하였으면서도 근저당권이 설정된 상태의 소유권을 이전하는 것에 대하여 손해배상책임을 부담하지 않으므로 실질적인 손실을 입지 않는다.

따라서 3자간 등기명의신탁에서 명의수탁자가 부동산에 관하여 제 3 자에게 근저당권을 설정한 경우 명의수탁자는 근저당권의 피담보채무액 상당의 이익을 얻었고 그로 인하여 명의신탁자에게 그에 상응하는 손해를 입혔으므로, 명의수탁자는 명의신탁자에게 이를 부당이득으로 반환할 의무를 부담한다.」(대판(전원) 2021. 9. 9, 2018다284233. 위 '나'의 다수의견에 대하여, 부당이득 반환관계를 인정할 수 없고 명의신탁자는 매도인을 대위하는 방법 등으로 손해를 전보받아야 한다는 대법관 5인의 반대의견이 있음)

(ㅁ) 「부동산 실권리자 명의 등기에 관한 법률 제 4 조 제 3 항에 따르면 명의수탁자가 신탁부동산을 임의로 처분하거나 강제수용이나 공공용지 협의취득 등을 원인으로 제 3 취득자 명의로 이전등기가 마쳐진 경우, 특별한 사정이 없는 한 그 제 3 취득자는 유효하게 소유권을 취득한다. 그리고 이 경우 명의신탁관계는 당사자의 의사표시 등을 기다릴 필요 없이 당연히 종료되었다고 볼 것이지, 주택재개발 정비사업으로 인해 분양받게 될 대지 또는 건축시설물에 대해서도 명의신탁관계가 그대로 존속한다고 볼 수 없다.」(대판 2021. 7. 8, 2021다209225 · 209232)

(ㅂ) 명의수탁자가 신탁부동산을 임의로 매각처분한 경우, 특별한 사정이 없는 한 그 매수인은 유효하게 소유권을 취득하게 되는바, 명의신탁약정 및 이에 따라 행하여진 등기에 의한 부동산에 관한 물권변동을 무효로 하는 부동산 실권리자 명의 등

기에 관한 법률이 시행되기 이전에 매도인이 명의신탁자의 요구에 따라 명의수탁자 앞으로 등기명의를 이전하여 주었다면, 매도인에게 매매계약의 체결이나 그 이행에 관하여 어떠한 귀책사유가 있다고 보기 어려우므로, 자신의 편의를 위하여 명의수탁자 앞으로의 등기이전을 요구한 명의신탁자가 자신의 귀책사유로 같은 법에서 정한 유예기간이 지나도록 실명등기를 하지 아니한 사정에 기인하여 매도인에 대하여 매매대금의 반환을 구하거나, 명의신탁자 앞으로 재차 소유권이전등기를 경료할 것을 요구하는 것은 신의칙상 허용되지 아니하고, 따라서 매도인으로서는 명의수탁자가 신탁부동산을 타에 처분하였다고 하더라도, 명의수탁자로부터 그 소유명의를 회복하기 전까지는 명의신탁자에 대하여 신의칙 내지 민법 제536조 제 1 항 본문의 규정에 의하여 이와 동시이행의 관계에 있는 매매대금 반환채무의 이행을 거절할 수 있고, 한편 명의신탁자의 소유권이전등기청구도 허용되지 아니하므로, 결국 매도인으로서는 명의수탁자의 처분행위로 인하여 손해를 입은 바가 없다(대판 2002. 3. 15, 2001다61654).

㈐ **계약명의신탁** [65]

(a) 의 의 수탁자가 신탁자와의 계약에 의하여 자신이 계약의 일방당사자가 되고 그의 명의로 등기를 하기로 하는 경우이다. 이러한 경우 중에는 수탁자가 스스로 행위한 때도 있고, 신탁자가 수탁자의 허락을 받아 수탁자 이름을 사용하여 행위한 때도 있다. 그 중 전자는 본래 명의신탁이 아니고 허수아비행위인데(민법총칙 [144] 참조), 부동산실명법은 이것도 명의신탁이라고 하여 동일하게 규율하고 있다. 그러나 이른바 계약명의신탁은 등기명의신탁과 본질적으로 다르며, 따라서 그것은 명의신탁과는 별도로 무효라고 규정했어야 한다. 그렇지만 그 법이 명의신탁으로 규율하는 이상, 이 경우에는 수탁자가 매수행위를 한다는 위임과 등기명의는 수탁자로 한다는 명의신탁의 약정이 있는 것으로 해석할 수밖에 없다. 그리고 그때의 명의신탁약정은 부동산실명법 제 4 조 제 1 항에 의하여 무효로 되고, 위임도 일부무효의 법리에 의하여 무효로 된다고 할 것이다. 따라서 신탁자는 계약에 기하여 수탁자에게 이전등기를 청구할 수는 없다.

〈판 례〉

「명의신탁약정이 이른바 3자간 등기명의신탁인지 아니면 계약명의신탁인지의 구별은 계약당사자가 누구인가를 확정하는 문제로 귀결된다. 그런데 타인을 통하여 부동산을 매수함에 있어 매수인 명의를 그 타인 명의로 하기로 하였다면 이때의 명의신탁관계는 그들 사이의 내부적인 관계에 불과하므로, 설령 계약의 상대방인 매도인이 그 명의신탁관계를 알고 있었다고 하더라도, 계약명의자인 명의수탁자가 아니라 명의신탁자에게 계약에 따른 법률효과를 직접 귀속시킬 의도로 계약을 체결하였다는 등의 특별한 사정이 인정되지 아니하는 한, 그 명의신탁관계는 계약명의신탁에 해당한다고 보아야 함이 원칙이다.」(대결 2013. 10. 7, 2013스133. 같은 취지: 대판 2016. 7. 22, 2016다207928)(특별한 사정이 있는 경우에 관한 대판 2010. 10. 28, 2010다52799([64]의 ㈀판결); 대판 2022. 4. 28, 2019다300422도 참조)

(b) 물권변동의 유효 여부와 그 밖의 법률관계

가) 서 설 계약명의신탁의 경우에 물권변동의 유효 여부는 수탁자와 계약을 체결한 상대방(가령 매도인)이 명의신탁약정이 있다는 사실을 알았는지에 달려 있다. 즉 그 상대방이 악의인 때에는 등기 및 물권변동도 무효로 되나, 그가 선의인 때에는 등기 및 물권변동은 유효하다(같은 법 4조 2항 본문 및 단서). 계약명의신탁에 기하여 부동산매매계약을 체결한 경우에 상대방(매도인)이 알았는지를 판단하는 기준시기는 매매계약을 체결할 당시이며, 매도인이 계약 체결 이후에 명의신탁약정 사실을 알게 되었다고 하더라도 그 계약과 등기의 효력에는 영향이 없다(대판 2018. 4. 10, 2017다257715). 매도인이 계약 체결 이후 명의신탁약정 사실을 알게 되었다는 우연한 사정으로 인해서 위와 같이 유효하게 성립한 매매계약이 소급적으로 무효로 된다고 볼 근거가 없고, 또 만일 매도인이 계약 체결 이후 명의신탁약정 사실을 알게 되었다는 사정을 들어 매매계약의 효력을 다툴 수 있도록 한다면 매도인의 선택에 따라서 매매계약의 효력이 좌우되는 부당한 결과를 가져올 것이기 때문이다(대판 2018. 4. 10, 2017다257715).

나) 상대방이 선의인 경우 상대방이 선의인 때에는 수탁자는 완전히 물권을 취득하게 된다(대판 2002. 12. 26, 2000다21123; 대판 2022. 5. 12, 2019다249428)(이 경우 명의수탁자가 당사자로서 선의의 소유자와 체결한 부동산의 취득에 관한 계약은 당연히 유효하다. 대판 2015. 12. 23, 2012다202932). 이때 신탁자는 수탁자의 상대방에 대하여 아무런 청구도 하지 못한다. 법률관계가 없기 때문이다. 다만, 그는 수탁자를 상대로 부당이득의 반환청구를 할 수 있을 것이다. 그런데 신탁자가 제공한 금전만을 부당이득으로 청구할 수 있을 뿐 부동산 자체의 반환은 청구할 수 없다고 하여야 한다. 판례도 같은 입장이다(대판 2005. 1. 28, 2002다66922; 대판 2009. 3. 26, 2008다34828; 대판 2013. 9. 12, 2011다89903; 대판 2014. 8. 20, 2014다30483; 대판 2019. 6. 13, 2017다246180; 대판 2024. 6. 13, 2023다304568)(그리고 판례는, 당해 부동산의 매매대금 상당액 이외에 명의신탁자가 명의수탁자에게 지급한 취득세·등록세 등의 취득비용도 특별한 사정이 없는 한 위 계약명의신탁 약정의 무효로 인하여 명의신탁자가 입은 손해에 포함되어 명의수탁자는 이 역시 명의신탁자에게 부당이득으로 반환하여야 할 것이라고 한다. 대판 2010. 10. 14, 2007다90432). 그리고 이 경우에 신탁자와 수탁자 사이에 신탁자의 지시에 따라 부동산의 소유 명의를 이전하기로 약정하였더라도 이는 명의신탁약정이 유효함을 전제로 명의신탁 부동산 자체의 반환을 구하는 범주에 속하는 것에 해당하

여 역시 무효이다(대판 2013. 9. 12, 2011다89903; 대판 2014. 8. 20, 2014다30483). 그러나 명의수탁자가 명의수탁자의 완전한 소유권 취득을 전제로 하여 사후적으로 명의신탁자와의 사이에 매수자금 반환의무의 이행에 갈음하여 명의신탁된 부동산 자체를 양도하기로 합의하고 그에 기하여 명의신탁자 앞으로 소유권이전등기를 마쳐준 경우에는 그 소유권이전등기는 새로운 소유권 이전의 원인인 대물급부의 약정에 기한 것이므로 그 약정이 무효인 명의신탁약정을 명의신탁자를 위하여 사후에 보완하는 방책에 불과한 등의 다른 특별한 사정이 없는 한 유효하다고 할 것이고(대판 2014. 8. 20, 2014다30483; 대판 2024. 6. 13, 2023다304568), 그 대물급부의 목적물이 원래의 명의신탁부동산이라는 것만으로 그 유효성을 부인할 것은 아니다(대판 2014. 8. 20, 2014다30483).

한편 매수자금이 부당이득이라는 점은 부동산의 경매절차에서 명의신탁에 의하여 부동산을 매수한 경우에도 마찬가지이다. 즉 판례는, 부동산경매절차에서 부동산을 매수하려는 사람이 다른 사람과의 명의신탁약정 아래 그 사람의 명의로 매각허가결정을 받아 자신의 부담으로 매수대금을 완납한 경우에는, 경매목적 부동산의 소유권은 매수대금의 부담 여부와는 관계없이 그 명의인이 취득하게 되고, 매수대금을 부담한 명의신탁자와 명의를 빌려 준 명의수탁자 사이의 명의신탁약정은 부동산실명법 제 4 조 제 1 항에 의하여 무효이므로, 명의신탁자는 명의수탁자에 대하여 그 부동산 자체의 반환을 구할 수는 없고 명의수탁자에게 제공한 매수대금에 상당하는 금액의 부당이득 반환청구권을 가질 뿐이라고 한다(대판 2009. 9. 10, 2006다73102). 그리고 이 경우에 매수대금의 실질적 부담자와 명의인 사이에 매수대금의 실질적 부담자의 지시에 따라 부동산의 소유 명의를 이전하거나 그 처분대금을 반환하기로 약정하였다 하더라도, 이는 부동산실명법에 의하여 무효인 명의신탁약정을 전제로 명의신탁 부동산 자체 또는 그 처분대금의 반환을 구하는 범주에 속하는 것이어서 역시 무효라고 한다(대판 2006. 11. 9, 2006다35117).

그리고 판례는 매수자금이 부당이득이라고 한 결과를, 신탁자와 수탁자가 명의신탁약정을 맺고 그에 따라 수탁자가 당사자가 되어 명의신탁약정의 존재 사실을 알지 못하는 소유자와 부동산에 관한 매매계약을 체결한 계약명의신탁에서 신탁자와 수탁자 간의 명의신탁약정이 부동산실명법이 정한 유예기간의 경과로 무효가 된 경우에도 동일하게 인정한다(대판 2015. 9. 10, 2013다55300. 이 판결 사안은 명의신탁된 부동산의 지분이전등기청구권을 채권자대위권의 피보전채권으로 내세운 경우임).

그런가 하면 판례는, 「부동산실명법 시행 전에 명의신탁자와 명의수탁자가 이른바 계약명의신탁 약정을 맺고 명의수탁자가 당사자가 되어 명의신탁약정이 있다는 사실을 알지 못하는 소유자와 부동산에 관한 매매계약을 체결하고 그 매매계약에 따른 매매대금을 모두 지급하였으나 당해 부동산의 소유권이전등기를 명의수탁자 명의로 마치지 못한 상태에서 부동산실명법 제11조에서 정한 유예기간이 경과하였다면, 위 명의신탁약정의 무효에 불구하고 명의수탁자와 소유자 사이의 매매계약 자체는 유효한 것으로 취급되는바, 이 경우 명의수탁자는 명의신탁약정에 따라 명의신탁자가 제공한 비용으로 소유자에게 매매대금을 지급하고 당해 부동산을 매수한 매수인의 지위를 취득한 것에 불과하지 당해 부동산에 관한 소유권을 취득하는 것은 아니므로, 위 유예기간의 경과에 따른 명의신탁약정의 무효로 인하여 명의신탁자가 입게 되는 손해는 당해 부동산 자체가 아니라 명의수탁자에게 제공한 매수자금이라 할 것이고, 그 후 명의수탁자가 당해 부동산에 관한 소유권을 취득하게 되었다고 하더라도 이로 인하여 부당이득 반환의 대상이 달라진다고 할 수는 없다」고 한다(대판 2011. 5. 26, 2010다21214). 이 판례는 — 명시적으로 밝히고 있지는 않지만 — 부동산실명법 제 4 조가 그 법 시행 전에 명의신탁약정을 하고 그 법 시행 후에 그에 의한 등기를 한 경우에도 적용됨을 전제로 하여(같은 법 부칙 2조 2항 참조) 그러한 판단을 하고 있다.

그런데 판례는 부동산실명법이 시행되기 전에 계약명의신탁의 약정을 하고 그에 기하여 수탁자 명의로 소유권이전등기까지 마친 경우에 관하여는 다음과 같이 판단한다. 그러한 경우 가운데 명의신탁자가 부동산실명법 제11조에서 정한 유예기간 내에 실명등기를 할 수 있었는데 하지 않고 그 기간을 경과한 때에는, 그 유예기간이 경과하기 전까지는 명의신탁자는 언제라도 명의신탁약정을 해지하고 당해 부동산에 관한 소유권을 취득할 수 있었던 것이므로, 명의수탁자는 부동산실명법 시행에 따라 당해 부동산에 관한 완전한 소유권을 취득함으로써 당해 부동산 자체를 부당이득하였다고 보아야 할 것이고, 부동산실명법 제 3 조 및 제 4 조가 명의신탁자에게 소유권이 귀속되는 것을 막는 취지의 규정은 아니므로 명의수탁자는 명의신탁자에게 자신이 취득한 당해 부동산을 부당이득으로 반환할 의무가 있다고 한다(대판 2002. 12. 26, 2000다21123; 대판 2008. 11. 27, 2008다62687; 대판 2009. 7. 9, 2009다23313(이 부당이득 반환청구권은 10년의 시효에 걸림)). 그리고 이를, 부동산실명법 시행 전에 명의수탁자가 소유하는 부동산에 관하여 명의신탁자와 사이에 사후적으로 그 부동산을 명의신탁자를 위하여「대외적으로만」보유하는 관계에 관한 명의신탁약정이 이루어진 다음 부동산실명법 제11조에서 정한 유예기간 내에 실명등기 등을 하지 않고 그 기간을 경과함으로써 같은 법 제12조 제 1 항, 제 4 조에 의하여 위 명의신탁약정이 무효로 됨에 따라 명의수탁자가 당해 부동산에 관한 완전한 소유권을 취득하게 된 경우에도 그대로 인정하여, 그 경우에도 당해 부동산을 부당이득으로 반환할 의무가 있다고 한다(대판 2010. 2. 11, 2008다16899). 그러나 동일한 경우에 부동산실명법 제11조에서 정한 유예기간이 경과하기까지 명의신탁자가 그 명의로 당해 부동산을 등기이전하는 데 법률상 장애가 있었던 때에는, 명의신탁자는 당해 부동산의 소유권을 취득할 수 없었으므로, 명의신탁약정의 무효로 인하여 명의신탁자가 입은 손해는 당해 부동산 자체가 아니라 명의수탁자에게 제공한 매수자금이고, 따라서 명의수탁자는 당해 부동산 자체가 아니라 명의신탁자로부터 제공받은 매수자금을 부당이득하였다고 한다(대판 2008. 5. 15, 2007다74690).

다) 상대방이 악의인 경우 수탁자의 상대방이 악의인 때에는 명의신탁약정 및 물권변동은 무효로 된다. 그리고 상대방과 수탁자 사이의 계약은 원시적으로 물권변동의 목적달성이 불가능하여 무효라고 할 것이다. 그리하여 상대방은 수탁자에게 계약의 무효를 원인으로 한 원상회복으로 등기의 말소를 청구할 수 있고(이전등기도 가능함), 수탁자는 상대방에게 급부한 것의 반환청구를 할 수 있다(동시이행관계). 그리고 신탁자는 수탁자에게 이전등기청구를 할 수 없고, 특별한 사정이 없는 한 그 상대방에게도 이전등기청구를 할 수 없다(같은 취지: 대판 2013. 9. 12, 2010다95185; 대판 2022. 5. 12, 2019다249428)(그러나 이은영, 287면은 중간생략 명의신탁의 경우에서처럼 상대방을 대위하여 수탁자 명의의 등기를 말소하고 자기 명의로 등기청구를 할수 있다고 한다). 다만, 신탁자는 수탁자에게는 금전 부당이득 반환청구권을 가지므로, 이를 보전하기 위하여 수탁자를 대위하여 그 상대방에 대한 급부반환청구권을 행사할 수 있다.

라) 수탁자가 처분한 경우 판례에 따르면, 명의수탁자의 상대방인 부동산 매도인이 명의신탁자와 명의수탁자 사이의 명의신탁약정을 알면서 그 매매계약에 따라 명의수탁자 앞으로 당해 부동산의 소유권이전등기를 마친 경우에 명의수탁자가 자신의 명의로 소유권이전등기를 마친 부동산을 제 3 자에게 처분하면 그것은 매도인의 소유권 침해행위로서 불법행위가 된다고 한다(대판 2013. 9. 12, 2010다95185). 그렇지만 명의수탁자로부터 매매대금을 수령한 상태의 소유자로서는 그

부동산에 관한 소유 명의를 회복하기 전까지는 신의칙 내지 민법 제536조 제 1 항 본문의 규정에 의하여 명의수탁자에 대하여 이와 동시이행의 관계에 있는 매매대금 반환채무의 이행을 거절할 수 있는데, 이른바 계약명의신탁에서 명의수탁자의 제 3 자에 대한 처분행위가 유효하게 확정되어 소유자에 대한 소유명의 회복이 불가능한 이상, 소유자로서는 그와 동시이행관계에 있는 매매대금 반환채무를 이행할 여지가 없고, 또한 명의신탁자는 소유자와 매매계약관계가 없어 소유자에 대한 소유권이전등기청구도 허용되지 아니하므로, 결국 소유자인 매도인으로서는 특별한 사정이 없는 한 명의수탁자의 처분행위로 인하여 어떠한 손해도 입은 바가 없다고 한다(대판 2013. 9. 12, 2010다95185). 그리하여 매도인은 특별한 사정이 없는 한 명의수탁자를 상대로 불법행위를 이유로 손해배상청구를 할 수 없다고 한다(그러나 사견은 이에 반대함. 송덕수, 법학논집(이화여대 법학연구소) 19권 1호 1면 이하 참조. 아래 [66]도 참조).

(c) 벌 칙 계약명의신탁의 경우에는 수탁자의 상대방이 선의이든 악의이든 과징금은 부과되지 않고 벌칙의 제재만 받는다고 할 것이다.

〈판 례〉

(ㄱ) 「부동산실명법 제 4 조 제 1 항, 제 2 항에 의하면, 명의신탁자와 명의수탁자가 이른바 계약명의신탁 약정을 맺고 명의수탁자가 당사자가 되어 명의신탁약정이 있다는 사실을 알지 못하는 소유자와의 사이에 부동산에 관한 매매계약을 체결한 후 그 매매계약에 따라 당해 부동산의 소유권이전등기를 수탁자 명의로 마친 경우에는 명의신탁자와 명의수탁자 사이의 명의신탁약정의 무효에도 불구하고 그 명의수탁자는 당해 부동산의 완전한 소유권을 취득하게 되고, 다만 명의수탁자는 명의신탁자에 대하여 부당이득 반환의무를 부담하게 될 뿐이라 할 것인데(대법원 2002. 12. 26. 선고 2000다21123 판결 참조), 그 계약명의신탁 약정이 부동산실명법 시행 후인 경우에는 명의신탁자는 애초부터 당해 부동산의 소유권을 취득할 수 없었으므로 위 명의신탁약정의 무효로 인하여 명의신탁자가 입은 손해는 당해 부동산 자체가 아니라 명의수탁자에게 제공한 매수자금이라 할 것이고, 따라서 명의수탁자는 당해 부동산 자체가 아니라 명의신탁자로부터 제공받은 매수자금을 부당이득하였다고 할 것이다.」(대판 2005. 1. 28, 2002다66922)

(ㄴ) 「어떤 사람이 타인을 통하여 부동산을 매수함에 있어 매수인 명의 및 소유권이전등기 명의를 타인 명의로 하기로 약정하였고 매도인도 그 사실을 알고 있어서 그 약정이 부동산실명법 제 4 조의 규정에 의하여 무효로 되고 이에 따라 매매계약도 무효로 되는 경우에, 매매계약상의 매수인의 지위가 당연히 명의신탁자에게 귀속되는 것은 아니지만, 그 무효사실이 밝혀진 후에 계약상대방인 매도인이 계약명의자인 명의수탁자 대신 명의신탁자가 그 계약의 매수인으로 되는 것에 대하여 동의 내지 승

낙을 함으로써 부동산을 명의신탁자에게 양도할 의사를 표시하였다면, 명의신탁약정이 무효로 됨으로써 매수인의 지위를 상실한 명의수탁자의 의사에 관계없이 매도인과 명의신탁자 사이에는 종전의 매매계약과 같은 내용의 양도약정이 따로 체결된 것으로 봄이 상당하고, 따라서 이 경우 명의신탁자는 당초의 매수인이 아니라고 하더라도 매도인에 대하여 별도의 양도약정을 원인으로 하는 소유권이전등기 청구를 할 수 있다.」(대판 2003. 9. 5, 2001다32120)

(ㄷ) 「부동산경매절차에서 부동산을 매수하려는 사람이 매수대금을 자신이 부담하면서 다른 사람의 명의로 매각허가결정을 받기로 그 다른 사람과 약정함에 따라 매각허가가 이루어진 경우 그 경매절차에서 매수인의 지위에 서게 되는 사람은 어디까지나 그 명의인이므로 경매 목적 부동산의 소유권은 매수대금을 실질적으로 부담한 사람이 누구인가와 상관없이 그 명의인이 취득한다고 할 것이고, 이 경우 매수대금을 부담한 사람과 이름을 빌려 준 사람 사이에는 명의신탁관계가 성립한다(대법원 2002. 9. 10. 선고 2002두5351 판결, 2004. 12. 23. 선고 2004도6908 판결 등 참조).」(대판 2005. 4. 29, 2005다664: 위의 경우를 일종의 계약명의신탁이라고 파악하고 그 명의신탁약정은 부동산실명법 4조 1항에 의하여 무효라고 하는 입장임. 같은 취지: 대판 2006. 11. 9, 2006다35117; 대판 2008. 11. 27, 2008다62687)

(ㄹ) 「부동산실명법 시행 이후 부동산을 매수함에 있어 매수대금의 실질적 부담자와 명의인 간에 명의신탁관계가 성립한 경우, 그들 사이에 매수대금의 실질적 부담자의 요구에 따라 부동산의 소유 명의를 이전하기로 하는 등의 약정을 하였다고 하더라도, 이는 부동산실명법에 의하여 무효인 명의신탁약정을 전제로 명의신탁 부동산 자체 또는 그 처분대금의 반환을 구하는 범주에 속하는 것이어서 역시 무효라고 보아야 한다(대법원 2006. 11. 9. 선고 2006다35117 판결, 대법원 2013. 3. 14. 선고 2011다103472 판결 등 참조). 나아가 명의신탁자와 명의수탁자가 위와 같이 무효인 명의신탁약정을 함과 아울러 그 약정을 전제로 하여 이에 기한 명의신탁자의 명의수탁자에 대한 소유권이전등기 청구권을 확보하기 위하여 명의신탁 부동산에 명의신탁자 명의의 가등기를 마치고 향후 명의신탁자가 요구하는 경우 본등기를 마쳐 주기로 약정하였더라도, 이러한 약정 또한 부동산실명법에 의하여 무효인 명의신탁약정을 전제로 한 것이어서 무효이고, 위 약정에 의하여 마쳐진 가등기는 원인무효라 할 것이다(대법원 2009. 4. 9. 선고 2009다2576, 2583 판결 참조).

한편 설령 명의신탁자가 명의신탁약정과는 별개의 적법한 원인에 기하여 명의수탁자에 대하여 소유권이전등기 청구권을 가지게 되었다 하더라도, 이를 보전하기 위하여 자신의 명의가 아닌 제 3 자 명의로 가등기를 마친 경우 위 가등기는 명의신탁자와 그 제 3 자 사이의 명의신탁약정에 기하여 마쳐진 것으로서 그 약정의 무효로 말미암아 효력이 없다고 할 것이다(대법원 2010. 12. 23. 선고 2009다97024, 97031 판결 참조).」(대판 2015. 2. 26, 2014다63315)

(ㅁ) 「부동산경매절차에서 부동산을 매수하려는 사람이 다른 사람과의 명의신탁약정 아래 그 사람의 명의로 매각허가결정을 받아 자신의 부담으로 매수대금을 완납한 … 경우에 명의신탁자와 명의수탁자 및 제 3 자 사이의 새로운 명의신탁약정에 의하여 명의수탁자가 다시 명의신탁자가 지정하는 제 3 자 앞으로 소유권이전등기를 마

쳐 주었다면, 제 3 자 명의의 소유권이전등기는 위 법률 제 4 조 제 2 항에 의하여 무효이므로, 제 3 자는 소유권이전등기에도 불구하고 그 부동산의 소유권을 취득하거나 그 매수대금 상당의 이익을 얻었다고 할 수 없다. 또한, 제 3 자 명의로 소유권이전등기를 마치게 된 것이 제 3 자가 명의수탁자를 상대로 제기한 소유권이전등기 청구소송의 확정판결에 의한 것이더라도, 소유권이전등기 절차의 이행을 명한 확정판결의 기판력은 소송물인 이전등기청구권의 존부에만 미치고 소송물로 되어 있지 아니한 소유권의 귀속 자체에까지 미치지는 않으므로(대법원 1987. 3. 24. 선고 86다카1958 판결, 대법원 1999. 10. 12. 선고 98다32441 판결 등 참조), 명의수탁자가 여전히 그 부동산의 소유자임은 마찬가지이다.」(대판 2009. 9. 10, 2006다73102)

(ㅂ) 「명의신탁 관계는 당사자 사이의 내부관계에서는 신탁자가 소유권을 보유하되 외부관계에서는 수탁자가 완전한 소유자로서 행세하기로 약정함으로써 성립하는 것이지(대법원 1995. 5. 26. 선고 95다7666 판결 참조) 명의신탁 목적물이 반드시 신탁자의 자금으로 취득되어야만 성립하는 것은 아니라고 할 것이다.」(대판 2008. 2. 14, 2007다69148 · 69155)

(ㅅ) 「소외 1과 원고와 사이의 이 사건 제 1 토지 중 원고 지분에 관한 명의신탁약정이 무효라고 하더라도 원고 지분에 관하여 명의수탁자인 소외 1 앞으로 마쳐진 소유권이전등기에 의한 물권변동 자체는 유효한 것으로 취급되어 명의수탁자인 소외 1은 원고 지분에 관하여도 완전한 소유권을 취득하게 된다고 할 것이므로(대법원 2005. 1. 28. 선고 2002다66922 판결 등 참조) 피고가 소외 1로부터 위 토지에 대한 보상금 중 일부를 지급받았다고 하더라도 소외 1에 대하여 약정금 반환청구권과 같은 채권적인 권리만을 갖는 원고에 대한 관계에서 피고가 법률상 원인 없이 타인의 재산으로 인하여 이익을 취득하고 이로 인하여 원고에게 손해를 가하였다고 볼 수 없다.」(대판 2008. 9. 11, 2007다24817)

(ㅇ) 「아파트의 수분양자가 타인과의 사이에 대내적으로는 자신이 수분양권을 계속 보유하기로 하되 수분양자 명의만을 그 타인의 명의로 하는 내용의 명의신탁약정을 맺으면서 분양계약의 수분양자로서의 지위를 포괄적으로 이전하는 내용의 계약인수약정을 체결하고 이에 대하여 위 명의신탁약정의 존재를 모르는 분양자가 동의 내지 승낙을 한 경우, 이는 이른바 계약명의신탁 관계에서 명의수탁자가 당초 명의신탁약정의 존재를 모르는 분양자와 사이에 분양계약을 체결한 경우와 다를 바 없으므로, 위 분양계약인수약정은 유효하다.」(대판 2015. 12. 23, 2012다202932)

(ㅈ) 「부동산실명법이 시행되기 전에 명의신탁자와 명의수탁자가 명의신탁약정을 맺고 이에 따라 명의수탁자가 당사자가 되어 명의신탁약정이 있다는 사실을 알지 못하는 소유자와 부동산에 관한 매매계약을 체결한 후 그 매매계약에 기하여 당해 부동산의 소유권이전등기를 자신의 명의로 마치는 한편, 장차 위 부동산의 처분대가를 명의신탁자에게 지급하기로 하는 정산약정을 한 경우, 그러한 약정 이후에 부동산실명법이 시행되었다거나 그 부동산의 처분이 부동산실명법 시행 이후에 이루어졌다고 하더라도 그러한 사정만으로 위 정산약정까지 당연히 무효로 된다고 볼 수 없다.」(대판 2021. 7. 21, 2019다266751)

(라) 제 3 자에 대한 관계 위 (가), (나), (다)의 명의신탁에 있어서 명의신탁약정 [66]
또는 그에 기한 물권변동의 무효는 제 3 자에게 대항하지 못한다(같은 법 4조 3항).

여기의 제 3 자는 명의신탁 약정의 당사자 및 포괄승계인 이외의 자로서 명의수탁자가 물권자임을 기초로 새로운 이해관계를 맺은 자를 말한다. 이러한 제 3 자는 물권을 취득한 자에 한정되지 않는다. 제 3 자의 예로는 명의수탁자로부터 부동산을 매수하여 소유권을 취득한 자(대판 2021. 11. 11, 2019다272725), 저당권을 설정받은 자(대판 2021. 11. 11, 2019다272725), 명의수탁자로부터 부동산을 임차한 자, 매매계약만 체결하고 있는 매수인 등을 들 수 있다. 그리고 판례는 압류 또는 가압류채권자도 여기의 제 3 자에 포함된다고 한다(대판 2009. 3. 12, 2008다36022; 대판 2021. 11. 11, 2019다272725). 또 명의수탁자가 명의신탁 부동산을 재건축조합에게 신탁하고 재건축조합이 이를 바탕으로 재건축사업을 진행한 경우, 재건축조합도 여기서 말하는 새로운 이해관계인인 제 3 자에 해당한다고 한다(대판 2009. 6. 23, 2008다1132). 그에 비하여 명의수탁자의 일반 채권자는 새로이 이해관계를 맺은 자가 아니므로 여기의 제 3 자가 아니다(대판 2007. 12. 27, 2005다54104). 학교법인이 명의신탁약정에 기하여 명의수탁자로서 기본재산에 관한 등기를 마침으로써 관할청이 기본재산 처분에 관하여 허가권을 갖게 되는 경우에 관할청도 마찬가지이다(대판 2013. 8. 22, 2013다31403).

〈수탁자가 신탁자 앞으로 이전등기를 한 경우〉

신탁자는 부동산실명법 제 4 조 제 3 항의 제 3 자가 아니다. 그는 명의신탁약정의 당사자이기 때문이다. 따라서 신탁자는 위의 규정에 의하여 보호될 수 없다. 그런데 일부 문헌(양창수, 민법연구(5), 123면)은, 신탁자가 여기의 제 3 자가 아니라고 하면서도, 중간생략 명의신탁(3자간 등기명의신탁)에 있어서 신탁자가 원소유자(이는 매매계약의 상대방임)를 대위함으로써 결국 자기 앞으로 소유권이전등기를 실현할 수 있는 방도가 허용되고 있으므로, 수탁자가 신탁자 앞으로 바로 행한 소유권이전등기는 「실체관계에 부합하는 등기」로서 유효하다고 새긴다. 그러나 이와 같이 해석하면, 명의신탁약정과 그에 따른 등기(물권변동)를 무효라고 규정하여 실제의 권리자 명의로 등기하게 하려는 부동산실명법의 취지를 살릴 수가 없음은 물론, 오히려 그 법이 금지하는 결과를 달성할 수 있게 된다. 결국 수탁자가 신탁자 앞으로 소유권이전등기를 하여도 그 등기는 무효라고 하여야 한다.

제 3 자가 되기 위하여 명의수탁자와 직접 이해관계를 맺었어야 하는 것은 아니다. 따라서 명의수탁자로부터 매수한 자로부터 다시 매수한 자, 즉 전득자도 제 3 자이다. 그런데 판례는, 부동산실명법 제 4 조 제 3 항에서 「제 3 자」라고 함은 명의신탁 약정의 당사자 및 포괄승계인 이외의 자로서 명의수탁자가 물권자임을 기초로 그와의 사이에 직접 새로운 이해관계를 맺은 사람이고, 명의수탁자와 직접 이해관계를 맺은 것이 아니라 부동산실명법 제 4 조 제 3 항에 정한 제 3 자가 아닌 자와 사이에서 무효인 등기를 기초로 다시 이해관계를 맺은 데 불과한 자는 위 조항이 규정하는 제 3 자에 해당하지 않는다고 한다(대판 2005. 11. 10, 2005다34667 · 34674). 이 판결은 명의수탁자의 배임행위에 적극 가담하여 명의신탁된 토지의 소유권을 취득한 자로부터 그 토지를 증여받은 자에 대하여 제 3 자가 아니어서 그의 명의의 등기가 무효라고 한 것이다. 그러나 여기의 제 3 자가 되기 위하여 반드시 명의수탁자와 직접 이해관계를 맺었어야 할 필요가 없으며, 따라서 이 사안에서의 수증자도 제 3 자에는 해당한다고 하여야 한다(결과에서 같은 취지: 양창수, 민법연구(9), 105면 이하. 이 문헌은 그 근거로 여러 가지를 들고 있다). 다만, 그 경우에는 사회질서 위반의 행위를 한 자로부터 증여를 받았기 때문에 하자가 치유되지 않아서 제 3 자로서 보호되지 못한다고 하여야 한다. 그리고 판례는 — 전술한 대판 2005. 11. 10, 2005다34667 · 34674와 같은 논리로 — 제 3 자란 명의신탁 약정의 당사자 및 포괄승계인 이외의 사람으로서 명의수탁자가 물권자임을 기초로 그와 사이에 직접 새로운 이해관계를 맺은 사람을 말하므로, 명의신탁자는 여기의 제 3 자에 해당하지 않고, 한편 명의수탁자로부터 명의신탁된 부동산에 관한 등기를 받은 사람이 위 규정의 제 3 자에 해당하지 않으면 그는 부동산실명법 제 4 조 제 3 항의 규정을 들어 무효인 명의신탁등기에 터 잡아 마쳐진 자신의 등기의 유효를 주장할 수 없으며, 따라서 무효인 명의신탁등기에 터 잡아 명의신탁자 앞으로 마쳐진 근저당권설정등기는 무효라고 한다(대판 2015. 4. 23, 2014다53790). 생각건대 이 판결의 앞부분은 옳지 않으며, 명의신탁자는 명의신탁의 당사자이고 제 3 자가 아니어서(그리고 실질적으로 새로운 이해관계를 맺은 것도 아님) 보호되지 못한다고 하면 충분하다.

나아가 판례는, 명의신탁약정에 따라 형성된 외관을 토대로 다시 명의신탁이 이루어지는 등 연속된 명의신탁관계에서 최후의 명의수탁자가 물권자임을 기초로 그와 사이에 직접 새로운 이해관계를 맺은 사람은 제 3 자에 해당한다고 한다(대판 2021. 11. 11, 2019다272725). 구체적으로, 특정 부동산에 관하여 제1 명의신탁약정의 명의수탁자 A가 그의 채권자 B와 제1 근저당권 설정계약과 대물변제 약정을 했고, B는 자신의 아들 C와 제2 명의신탁약정을 했으며, 그 약정에 따라 C가 A로부터 소유권이전등기를 넘겨받은 뒤 D에게 제2 근저당권 설정등기를 해준 경우(제1 근저당권 설정등기는 말소됨)에, D는 여기의 제 3 자에 해당하여 제1 명의신탁약정의 명의신탁자에게 제2 근저당권 설정등기의 유효를 주장할 수 있다고 한다. 그런가 하면, 매도인이 악의인 계약명의신탁에서 명의수탁자로부터 명의신탁의 목적물인 주택을 임차하여 주택 인도와 주민등록을 마침으로써 주임법 제 3 조 제 1 항에 의한 대항요건을 갖춘 임차인은 부동산실명법 제 4 조 제 3 항의 규정에 따라 명의신탁약정 및 그에 따른 물권변동의 무효를 대항할 수 없는 제 3 자에 해당하므로 명의수탁자의 소유권이전등기가 말소됨으로써 등기명의를 회복하게 된 매도인 및 매도인으로부터 다시 소유권이전등기를 마친 명의신탁자에 대해 자신의 임차권을 대항할 수 있다고 한다(대판 2022. 3. 17, 2021다210720. 채권법각론 [149]도 참조).

한편 판례는 「명의신탁자」와 부동산에 관한 물권을 취득하기 위한 계약을 맺고 단지 등기명의만을 명의수탁자로부터 경료받은 것 같은 외관을 갖춘 자는 제 3 자에 해당하지 않는다고 한다(대판 2004. 8. 30, 2002다48771; 대판 2008. 12. 11, 2008다45187; 대판 2022. 9. 29, 2022다228933. 뒤의 두 판결은 이어서, 부동산실명법 4조 3항에 근거하여 무효인 명의신탁등기에 터 잡아 경료된 자신의 등기의 유효를 주장할 수는 없으나, 이러한 자도 자신의 등기가 실체관계에 부합하는 등기로서 유효하다는 주장은 할 수 있다고 한다). 이러한 판례는 타당하다(양창수, 민법연구(9), 111면 주 8은 판례와 같은 태도를 밝히고 있다. 그런데 그 이유는 언급하지 않는다). 부동산실명법 제 4 조 제 3 항의 제 3 자가 되려면 「명의수탁자가 물권자임을 기초로」 이해관계를 맺었어야 하는데, 신탁자로부터 계약을 맺은 자는 그에 해당하지 않기 때문이다. 그런데 문제는, 어떤 자(갑)가 신탁자와 계약을 맺고 수탁자로부터 등기를 넘겨받은 경우에, 갑 명의의 등기가 유효하고, 그리하여 갑이 물권을 취득하게 되는지이다. 여기에 관하여 일부 문헌은, 그러한 등기는 당연히 유효하고, 「실체관계에 부합하는 등기」의 법리를 논의에 끌어들일 필요가 없다고 한다(양창수, 민법연구(9), 111면 주 8). 이 견해가 어떤 이유로 그러한 등기가 「당연히 유효」하다고 하는지는 알기가 어렵다. 다만, 거기서 인용하는 다른 글에서(양창수, 민법연구(5), 100면 이하), 신탁자에게 목적물을 처분할 권리가 있고(신탁약정 안에는 처음부터 처분수권이 포함되어 있어 신탁자가 하는 처분행위의 효력은 수탁자에게 미친다고 한다), 신탁자가 그 처분수권에 기하여 자기의 이름으로 수탁자의 소유인 신탁부동산을 유효하게 처분할 수 있다고 설명하는 점에 비추어 볼 때, 신탁자에게 처분권이 있다는 점을 근거로 삼고 있는 것이 아닌가 추측된다. 검토하건대 어떤 자에게 처분권이 있어서 처분행위가 유효하다고 하여 처분권자 이외의 자로부터 양수인에게 이전된 등기가 「당연히」 유효하게 되지는 않는다. 부동산실명법상 명의신탁약정이 무효이기 때문에 더욱 그렇다(같은 법 4조 1항 참조). 이 경우는 다음과 같이 이론 구성되어야 한다. 가령 A(신탁자)가 B(상대방)로부터 토지를 매수하면서 그에 대한 등기는 A가 C(수탁자)와 사전에 맺은 명의신탁약정에 기하여 C 명의로 한 경우에, 나중에 A가 D에게 그 토지를 팔고 등기는 C로부터 D에게로 행하여졌다고 하자. 이때 D는 신탁자(A)로부터 매수한 자이어서 부동산실명법 제 4 조 제 3 항의 제 3 자에 해당하지 않는다. 그 결과 이 법에 의하여 D가 당연히 토지의 소유권을 취득하지는 못한다. 그리고 이 예에서 토지의 소유권은 여전히 최초의 매도인인 B에게 있다. 그렇게 보면, A가 D에게 그 토지를 매도한 것은 타인의 권리를 매매한 것이고, 따라서 A는 B로부터 토지소유권을 취득하여 D에게 이전하여야 한다(569조). 즉 A가 B로부터 자신의 이름으로 등기를 한 뒤 D에게 넘겨주어야 한다. 그런데 이 등기이전은, 적어도 현재의 판례에 의한다면, 반드시 위의 방법에 따라야 할 필요는 없다. 위의 방법에 따른다면 A는 B의 C·D에 대한 등기말소청구권을 행사하여 등기를 말소한 뒤, A 자신의 B에 대한 등기청구권을 행사하여 자신의 이름으로 등기하고, 이어서 D의 이름으로 등기를 하여야 한다. 그렇지만 위의 예는 A가 B로부터 매수한 뒤 그의 이름으로 등기하지 않고(사실은 수탁자인 C의 이름으로 등기한 뒤) D에게 매도하고, 등기는 A를 거치지 않고 B로부터(중간에 C의 등기가 삽입되어 있기는 함) D에게로 넘어가는 경우이므로, 그것은 넓은 의미에서 중간생략등기라고 할 수 있다. 그리하여 중간생략등기가 이미 행하여진 경우에 그 등기의 무효주장을 하지 못한다고 하는 판례([57] 참조)에 따르면, 위와 같은 때에도 그 등기는 유효하다고 하여야 한다. 혹은 D의 등기가 실체관계에 부합하여 유효하다고 할 수도 있을 것이다(대판 2008. 12. 11, 2008다45187이 그러한 입장이다). 결국 위의 예에서 D의 등기는 당연히 유효한 것이 아니며, 그것이 유효하다고 하려면 다른 근거가 제시되어야 한다. 대법원은 최근에, 이른바 3자간 등기명의신탁의 경우 매도인과 명의신탁자 사이의 매매계약은 여전히 유효하고, 명의신탁자는 매도인에 대하여 매매계약에 기한 소유권이전등기를 청구하거나 그 소유권이전등기 청구권을 보전하기 위하여 매도인을 대위하여 명의수탁자에게 무효인 그 명의 등기의 말소를 구할 수 있으므로, 이러한 지위에 있는 명의신탁자가 제 3 자와 사이에 부동산 처분에 관한 약정을 맺고 그 약정에 기하여 명의수탁자에서 제 3 자 앞으로 마쳐준 소유권이전등기는 다른 특별한 사정이 없는 한 실체관계에 부합하는 등기로서 유효하다고 하였다(대판 2022. 9. 29, 2022다228933).

그리고 제 3 자가 선의이어야 하는가에 관하여는 i) 긍정설(고상룡, 415면; 곽윤직, 96면)과, ii) 부정설(양창수, 민법연구(5), 124면; 이영준, 175면; 이은영, 279면; 주석물권법(2), 555면(권오창))이 대립되나, 선의의 자에 한정하고 있지 않으므로 악의의 자도 포함된다고 하여야 한다. 판례도 제 3 자의 선의·악의를 묻지 않는다고 하여 사견과 같은 입장이다(대판 2009. 3. 12, 2008다36022; 대판 2021. 11. 11, 2019다272725).

이와 같이 무효를 가지고 제 3 자에게 대항하지 못하므로, 수탁자가 그에게 등기명의가 있음을 이용하여 목적부동산을 타인에게 매도하고 소유권이전등기를 해 준 경우에는 그 매수인은 소유권을 취득한다(대판 2013. 2. 28, 2010다89814). 그러나 제 3 자가 명의신탁약정 및 물권변동의 무효를 인정하는 것은 무방하다(같은 취지: 주석물권법(2), 558면(권오창). 반대: 양창수, 민법연구(5), 124면; 이은영, 281면).

〈제 3 자가 있는 경우, 특히 수탁자가 처분한 경우의 법률관계〉

명의신탁약정 또는 그에 기한 물권변동의 무효를 가지고 제 3 자에게 대항하지 못하는 경우의 구체적인 법률관계를 명의신탁의 유형 각각에 대하여 살펴보기로 한다.

(ㄱ) 전형적인 명의신탁(2자간 등기명의신탁)에 있어서 수탁자가 제 3 자에게 매각 기타의 처분을 한 때에는 수탁자는 신탁자에 대하여 채무불이행책임을 지지 않는다. 그들 사이의 명의신탁약정이 무효이기 때문이다. 그러나 불법행위책임은 진다고 할 것이다(같은 취지: 주석물권법(2), 559면(권오창)). 이 명의신탁의 경우에는 물권변동이 무효이고, 따라서 소유권이 신탁자에게 있는데, 수탁자가 그의 행위로 신탁자의 소유권을 상실하게 했기 때문이다. 판례도, 명의수탁자가 양자간 명의신탁에 따라 명의신탁자로부터 소유권이전등기를 넘겨받은 부동산을 임의로 처분한 행위가 형사상 횡령죄로 처벌되지 않더라도, 위 행위는 명의신탁자의 소유권을 침해하는 행위로서 형사상 횡령죄의 성립 여부와 관계없이 민법상 불법행위에 해당하여 명의수탁자는 명의신탁자에게 손해배상책임을 부담한다고 한다(대판 2021. 6. 3, 2016다34007). 그 외에 부당이득 반환청구를 할 수 있음은 앞에서 설명하였다([64] 참조).

(ㄴ) 중간생략 명의신탁(3자간 등기명의신탁)에서 수탁자가 제 3 자에게 처분한 경우를 본다. 이 경우에는 수탁자가 제 3 자에게 처분함으로써 상대방(원소유자)은 소유권을 상실하게 되고, 그 결과 상대방의 신탁자에 대한 소유권이전채무는 이행불능으로 된다. 그리고 그 이행불능에 상대방에게는 유책사유가 없다고 하여야 한다. 상대방이 신탁자·소유자 사이에 명의신탁약정이 있었음을 알았거나 알 수 있었더라도 마찬가지이다(같은 취지: 주석물권법(2), 559면(권오창). 반대: 양창수, 민법연구(5), 126면). 명의신탁약정의 존재를 안 것이 수탁자가 처분할 것을 안 것과 동일한 것이 아니고, 또 수탁자가 처분할 것을 미리 알고 소유권이전등기를 하지 않은 한 그에게 유책사유가 있다고 하기 어렵기 때문이다. 결국 상대방은, 그에게 유책사유가 인정될 특별한 사정이 있는 경우를 제외하고는, 유

책사유가 없이 이행불능을 한 것이 된다. 그 결과 상대방이 신탁자와 쌍무계약을 맺은 때에는 위험부담의 문제가 생긴다. 그러면 신탁자는 매매대금채무를 이행하여야 하는가? 여기에 대하여 일부 견해는, 그 이행불능은 신탁자가 법률에 의하여 금지되는 명의신탁약정을 체결한 것에 그 발단이 있는 것이므로, 그에게 유책사유가 있다고 할 수밖에 없고, 그리하여 상대방은 반대채무의 이행을 청구할 수 있다고 주장한다(양창수, 민법연구(5), 126면; 주석물권법(2), 559면(권오창)). 이러한 견해는 타당하다. 다음에 상대방이 수탁자에게 불법행위를 이유로 손해배상을 청구할 수 있는지 문제된다. 긍정하여야 한다. 그런데 판례는 상대방(매도인)이 매매대금을 보유한 때에는 손해가 없다고 한다(대판 2002. 3. 15, 2001다61654). 한편 이 경우에 신탁자가 수탁자에 대하여 채무불이행책임을 묻지는 못한다(같은 취지: 양창수, 민법연구(5), 129면). 그들 사이에 체결된 명의신탁약정이 무효이기 때문이다. 그러나 신탁자는 수탁자에게 불법행위책임은 물을 수 있다. 제 3 자에 의한 채권침해가 불법행위가 되기 때문이다. 대법원도 최근에, 명의수탁자가 3자간 등기명의신탁에 따라 매도인으로부터 소유권이전등기를 넘겨받은 부동산을 자기 마음대로 처분한 행위가 형사상 횡령죄로 처벌되지 않더라도, 이는 명의신탁자의 채권인 소유권이전등기 청구권을 침해하는 행위로써 민법 제750조에 따라 불법행위에 해당하여 명의수탁자는 명의신탁자에게 손해배상책임을 질 수 있다고 하였다(대판 2022. 6. 9, 2020다208997[핵심판례 124면]. 제 3 자의 채권침해에 따른 불법행위책임이 성립할 수 있다고 함).

그 외에 신탁자는 수탁자에게 처분대금 등의 이익을 부당이득으로 반환청구할 수 있다(같은 취지: 대판 2011. 9. 8, 2009다49193 · 49209; 대판 2019. 7. 25, 2019다203811 · 203828; 대판(전원) 2021. 9. 9, 2018다284233(명의수탁자가 부동산에 관하여 근저당권을 설정하였을 때에도 같음. [64]에 직접 인용함)).

(ㄷ) 계약명의신탁에서 제 3 자가 생긴 경우는 둘로 나누어 보아야 한다.

우선 상대방이 선의이어서 물권변동이 유효한 때에는(같은 법 4조 2항 단서 참조), 수탁자가 유효하게 소유권을 취득하게 되고, 제 3 자의 소유권취득도 유효하므로, 특별한 문제가 생기지 않는다.

그에 비하여 상대방이 악의인 때에는 상대방과 수탁자 사이의 물권변동이 무효이어서(같은 법 4조 2항 본문) 수탁자는 타인(상대방)의 권리를 제 3 자에게 처분한 것이 된다. 그리하여 수탁자는 상대방에 대하여 불법행위책임을 진다. 일부 견해(주석물권법(2), 561면(권오창))는, 이 경우에 수탁자의 처분이 위법함은 의심의 여지가 없으나, 상대방(매도인)은 통상 수탁자로부터 매매대금을 미리 지급받았을 것이고 수탁자가 그 계약이 무효임을 들어 매매대금의 반환을 구하더라도 그 청구가 인용될 여지는 없기 때문에, 매도인에게 손해가 발생하였다고 볼 수 없고, 결국 매도인은 수탁자에게 불법행위로 인한 손해배상청구를 할 수 없다고 한다. 그리고 판례는 상대방(매도인)이 매매대금을 받은 때에는 예외를 인정한다(대판 2013. 9. 12, 2010다95185). 그러나 청구의 인용 여부라는 사실문제를 근거로 판단해서는 안 된다. 게다가 부동산 시가와 매매대금의 차액은 상대방(매도인)에게 귀속시켜야 한다(좀 더 자세한 내용은 송덕수, 법학논집(이화여대 법학연구소) 19권 1호 1면 이하 참조). 수탁자의 불법행위를 인정하여야 하는 것이다. 그리고 신탁자는 수탁자에 대하여 — 신탁자가 수탁자에게 제공한 매수대금에 상당하는 금액만큼을 청구할 수 있는 — 부당이득 반환청구권을 가진다([65] 참조). 그에 비하여 수탁자는 신탁자에게 불법행위책임을 지지는 않는다고 할 것이다. 이 경우에는 신탁자가 권리를 취득한 적이 없었고, 따라서 손해를 입지 않았기 때문이다(같은 취지: 주석물권법(2), 561면(권오창)). 한편 신탁자와 상대방 사이에는 아무런 법률관계도 생기지 않는다.

〈판 례〉

(ㄱ) 「법 제 4 조 제 3 항의 입법취지 등을 고려해 볼 때, 여기에서 말하는 제 3 자라 함은 명의수탁자가 물권자임을 기초로 그와의 사이에 새로운 이해관계를 맺은 사람을 말한다고 할 것이고(대법원 2001. 6. 26. 선고 2001다5371 판결 참조), 이와 달리 오로지 명의신탁자와 부동산에 관한 물권을 취득하기 위한 계약을 맺고 단지 등기명의만을 명의수탁자로부터 경료받은 것 같은 외관을 갖춘 자는 위 법률조항의 제 3 자에 해당되지 아니한다고 할 것이므로 이러한 자로서는 자신의 등기가 실체관계에 부합하여 유효라고 주장하는 것은 별론으로 하더라도 법 제 4 조 제 3 항의 규정을 들어 무효인 명의신탁등기에 터 잡아 경료된 자신의 등기의 유효를 주장할 수는 없는 것이다.」(대판 2004. 8. 30, 2002다48771)

(ㄴ) 「부동산 실권리자 명의 등기에 관한 법률(이하 '부동산실명법'이라 한다) 제 4 조 제 3 항에서 "제 3 자"라고 함은 명의신탁약정의 당사자 및 포괄승계인 이외의 자로서 명의수탁자가 물권자임을 기초로 그와의 사이에 직접 새로운 이해관계를 맺은 사람을 말한다고 할 것이므로, 명의수탁자로부터 명의신탁된 부동산의 소유명의를 이어받은 사람이 위 규정에 정한 제 3 자에 해당하지 아니한다면 그러한 자로서는 부동산실명법 제 4 조 제 3 항의 규정을 들어 무효인 명의신탁등기에 터 잡아 마쳐진 자신의 등기의 유효를 주장할 수 없고, 따라서 그 명의의 등기는 실체관계에 부합하여 유효라고 하는 등의 특별한 사정이 없는 한 무효라고 할 것이다(대법원 2003. 5. 16. 선고 2003다11714 판결, 2004. 8. 30. 선고 2002다48771 판결 등 참조).

그리고 위와 같이 등기부상 명의수탁자로부터 소유권이전등기를 이어받은 자의 등기가 무효인 이상, 부동산등기에 관하여 공신력이 인정되지 아니하는 우리 법제 아래서는 그 무효인 등기에 기초하여 새로운 법률원인으로 이해관계를 맺은 자가 다시 등기를 이어받았다면 그 명의의 등기 역시 특별한 사정이 없는 한 무효임을 면할 수 없다고 할 것이고, 이렇게 명의수탁자와 직접 이해관계를 맺은 것이 아니라 부동산실명법 제 4 조 제 3 항에 정한 제 3 자가 아닌 자와 사이에서 무효인 등기를 기초로 다시 이해관계를 맺은 데 불과한 자는 위 조항이 규정하는 제 3 자에 해당하지 않는다고 보아야 할 것이다.」(대판 2005. 11. 10, 2005다34667 · 34674: 명의신탁된 토지에 관하여 갑이 자신의 소유라고 주장하면서 명의수탁자 을을 상대로 소를 제기하여 을의 인낙을 받아 소유권을 취득한 뒤 그 토지를 병에게 증여한 경우에, 갑의 소유권취득은 을의 배임행위에 적극 가담하여 이루어진 반사회적 법률행위이며, 갑과 병은 모두 부동산실명법 4조 3항의 제 3 자가 아니라고 함)

(ㄷ) 「부동산 실권리자 명의 등기에 관한 법률 시행 전에 부동산에 관한 물권을 명의신탁한 자가 위 법 시행일로부터 1년의 기간(이하 '유예기간'이라고 한다) 이내에 실명등기를 하지 아니하거나 또는 위 법 시행 전 또는 유예기간 중에 부동산물권에 관한 쟁송이 법원

에 제기된 경우에는 당해 쟁송에 관한 확정판결(이와 동일한 효력이 있는 경우를 포함한다)이 있은 날부터 1년 이내에 실명등기를 하지 아니하는 경우, 위 법이 정하고 있는 예외 규정에 해당하는 경우를 제외하고는 유예기간이나 확정판결이 있은 날부터 1년의 기간이 경과한 날 이후부터 그 명의신탁약정 및 이에 따라 행하여진 등기에 의한 부동산의 물권변동은 무효로 되나(위 법 제 4 조 제 1 항, 제 2 항 본문, 제11조 제 1 항 본문, 제 4 항, 제12조 제 1 항), 그 무효는 제 3 자에게 대항하지 못하는 바(위 법 제 4 조 제 3 항), 여기서의 '제 3 자'라 함은, 수탁자가 물권자임을 기초로 그와의 사이에 새로운 이해관계를 맺는 자를 말하고, 여기에는 소유권이나 저당권 등 물권을 취득한 자뿐만 아니라 압류 또는 가압류채권자도 포함되며, 제 3 자의 선의·악의를 묻지 않는다(대법원 2000. 3. 28. 선고 99다56529 판결 등 참조).」(대판 2009. 3. 12, 2008다36022)

(ㄹ) 「소유자가 자신의 소유권에 기하여 실체관계에 부합하지 아니하는 등기의 명의인을 상대로 그 등기말소나 진정명의회복 등을 청구하는 경우에, 그 권리는 물권적 청구권으로서의 방해배제청구권(민법 제214조)의 성질을 가지는데, 이와 같은 등기말소청구권 등의 물권적 청구권은 그 권리자인 소유자가 소유권을 상실하면 이제 그 발생의 기반이 없게 되어 더 이상 그 존재 자체가 인정되지 아니하는 것이다(대법원 2012. 5. 17. 선고 2010다28604 전원합의체 판결 참조). 따라서 양자간 등기명의신탁에서 명의수탁자가 신탁부동산을 처분하여 제 3 취득자가 유효하게 소유권을 취득하고 이로써 명의신탁자가 신탁부동산에 대한 소유권을 상실하였다면, 명의신탁자의 소유권에 기한 물권적 청구권 즉 말소등기청구권이나 진정명의회복을 원인으로 한 이전등기청구권도 더 이상 그 존재 자체가 인정되지 않는다고 할 것이다. 그 후 명의수탁자가 우연히 신탁부동산의 소유권을 다시 취득하였다고 하더라도 명의신탁자가 신탁부동산의 소유권을 상실한 사실에는 변함이 없으므로, 여전히 물권적 청구권은 그 존재 자체가 인정되지 않는다고 할 것이다.」(대판 2013. 2. 28, 2010다89814)

[67] Ⅲ. 등기를 갖추지 않은 부동산매수인의 법적 지위

부동산매수인이 대금을 완전히 지급하고 등기서류를 교부받은 외에 목적부동산을 인도받아 사용·수익까지 하고 있으면서 아직 등기는 하지 않고 있는 경우가 있다(과거에는 등기필증을 권리증(집문서·논문서)이라고 오해하여 그러한 일이 많았으나, 등기신청이 강제되는 현재에는 그 예가 적을 것이다. 부등특조법 2조·9조·11조, 부동산실명법 10조 등 참조). 그러한 경우에 부동산매수인의 법적 지위는 어떠한 것인가?

(1) 민법이 성립요건주의를 취하고 있는 만큼 매수인은 법률상 소유권을 취득하지 못한다. 그는 실질적·경제적으로는 소유자라고 할 수 있으나, 법률적인 소유권은 여전히 매도인에게 있다. 따라서 매도인의 채권자는 그 부동산에 대하여 강제집행을 할 수 있고, 그때 매수인은 이의를 제기하지 못한다. 그리고 매도

인이 파산하면 그 부동산은 파산재단에 속하게 되고, 매수인은 환취권을 행사할 수도 없다.

〈판 례〉

(ㄱ) 「건물을 매수하여 점유하고 있는 사람은 소유자로서의 등기명의가 없다 하더라도 그 권리의 범위 내에서는 그 점유 중인 건물에 대하여 법률상 또는 사실상의 처분권을 가지고 있다(대법원 1967. 2. 28. 선고 66다2228 판결, 대법원 1996. 4. 12. 선고 95다55245 판결 등 참조).」(대판 2013. 11. 28, 2013다48364)

(ㄴ) 「강제집행에 대한 제 3 자 이의의 소는 이미 개시된 집행목적물에 대하여 소유권 기타 목적물의 양도나 인도를 저지하는 권리를 주장함으로써 그에 대한 집행의 배제를 구하는 것이니만큼 그 소의 원인이 되는 권리는 집행채권자에 대항할 수 있는 것이어야 할 것인 바, …원심이…원고는 위 손○○를 대위하여 위 김○○에 대하여 소유권이전등기청구권이 있다는 이유만으로 원고의 이 사건 강제집행에 대한 제 3 자 이의의 소에 의한 청구를 인용하였으니 이는 필경 민사소송법 제509조(현행 민사집행법 48조에 해당함: 저자 주)의 법리를 오해한 위법 있…다.」(대판 1980. 1. 29, 79다1223)

(2) 매수인이 목적부동산을 점유하고 있다면 점유자로서는 보호받을 수 있다.

(3) 그 밖에 매도인이 의무를 모두 이행하지 않았다면 매수인은 여전히 채권자로서의 지위를 가질 것이다.

(4) 만약 매도인이 자신의 법률상의 소유권을 근거로 부동산의 반환을 청구한다면 매수인은 당연히 이를 거절할 수 있다고 하여야 한다. 그런데 그 근거가 문제이다.

여기에 관하여 학설은 i) 물권적 기대권으로 보호하여야 한다는 견해(김상용, 171면; 김용한, 133면; 김학동, 92면), ii) 민법 제213조 단서에 기하여 매수인은 — 로마법에서 인정되었던 —「매각되어 인도된 물건의 항변」을 주장할 수 있다는 견해(곽윤직(신정판), 189면), iii) 위 ii)설처럼 제213조 단서에서 근거를 찾되 「매각되어 인도된 물건의 항변」을 강조하지 않는 견해(이상태, 75면; 이영준, 64면; 이은영, 100면; 지원림, 472면)로 나뉘어 있다. 그리고 판례는, 「토지의 매수인이 아직 소유권이전등기를 경료받지 아니하였다 하여도 매매계약의 이행으로 그 토지를 인도받은 때에는 매매계약의 효력으로서 이를 점유사용할 권리가 생기게 된 것으로 보아야 하고, 또 매수인으로부터 다시 위 토지를 매수한 자는 위와 같은 토지의 점유사용권을 취득한 것」이므로, 매도인은 매수인이나 그로부터 다시 매수한 자에 대하여 소유권에 기한 물권적 청구권을 행사할 수 없다고 한다(대판 1988. 4. 25, 87다카1682; 대판 1998. 6. 26, 97다42823; 대판 2001. 12. 11, 2001다45355(연립주택 신축공사의 수급인이 공사대금의 지급에 갈음하여 이전받기로 한 연립주택의 일부를 소유권이전등기를 경료받지 않은 상태에서 제 3 자에게 임대한 경우에는 소유자인 건축주는 위 제 3 자에게 소유권에 기한 명도청구나 부당이득 반환청구를 할 수 없고, 수급인이 건축주의 소유권이전등기 의무와 동시이행관계에 있는 금전지급의무를 이행하지 않고 있다 하더라도 마찬가지라고 한 사례)).

생각건대 매도인은 소유권이전의무뿐만 아니라 목적물인도의무도 부담한다. 이에 대하여 명문규정은 없으나, 제563조의 재산권이전의무 안에 목적물인도의무가 포함되어 있는 것으로 새기는 데 다툼이 없다. 그리고 매수인은 목적물의 인도채권을 가지는 채권자로서 급부를 수령 · 보유할 권한이 있다. 그 결과 매도인은 특정물채무자로서 그가 채무의 이행으로서 급부한 것은 비록 법률적인 소유권에 기하여서도 반환청구를 할 수 없다(이는 463조의 법 정신에도 합치한다). 매수인은 위의 이유로 제213조 단서에서 말하는 「점유할 권리」를 가지고 있는 것이다.

〈판 례〉

「건물철거는 그 소유권의 종국적 처분에 해당되는 사실행위이므로 원칙으로는 그 소유자(민법상 원칙적으로는 등기명의자)에게만 그 철거처분권이 있다 할 것이고, 예외적으로 건물을 전 소유자로부터 매수하여 점유하고 있는 등 그 권리의 범위 내에서 그 점유 중인 건물에 대하여 법률상 또는 사실상 처분을 할 수 있는 지위에 있는 자에게도 그 철거처분권이 있다 할 것」이다(미등기 건물에 대한 양도담보계약상의 채권자의 지위를 승계하여 건물을 관리하고 있는 자는 건물의 소유자가 아님은 물론 건물에 대하여 법률상 또는 사실상 처분권을 가지고 있는 자라고 할 수도 없다 할 것이어서 건물에 대한 철거처분권을 가지고 있는 자라고 할 수 없다고 한 사례)(대판 2003. 1. 24, 2002다61521).

〈물권적 기대권의 인정 여부〉

견해에 따라서는, 물권취득을 위한 요건 중 일부는 이미 갖추었으나 다른 일부를 갖추지 못한 경우에 물권적 기대권이라는 권리를 인정하기도 한다(김상용, 177면; 김용한, 132면; 김학동, 92면). 그런데 이를 인정하는 학설은 어떤 요건이 구비되었어야 하느냐에 관하여 다시 견해가 나뉜다. 물권행위만 갖추어지면 된다고 하는 문헌도 있고(김용한, 132면), 그 외에 점유까지도 취득하여야 한다는 문헌도 있다(김상용, 173면; 김학동, 92면). 기대권 인정설은 그 이유로 ① 물권적 합의가 있었고 등기서류를 가지고 점유하고 있는 때에는 실질적으로 소유자와 유사하다는 점, ② 물권행위 · 점유를 갖춘 부동산양수인의 보호필요성, ③ 판례도 등기청구권 등에 관하여 유사한 보호를 주고 있다는 점을 든다. 그리고 — 문헌마다 차이는 있지만 — 그 이론을 등기청구권 · 중간생략등기 · 점유 취득시효의 전부 또는 일부의 설명에 사용하고 있다.

그런가 하면 물권적 기대권의 인정에 반대하는 견해도 있다(곽윤직(신정판), 181면; 이상태, 75면; 이영준, 62면; 이은영, 103면; 지원림, 471면). 이 견해는 그 이유로 ① 기대권을 인정하지 않아도 중간생략등기와 등기청구권을 얼마든지 설명할 수 있다는 점, ② 우리 법상 부동산 취득자의 지위가 확고하지 않다는 점, ③ 기대권의 공시방법이 없다는 점, ④ 인정의 실익이 없다는 점을 든다.

생각건대 우리 민법상 부동산에 관하여 물권행위와 인도가 있었다고 하더라도 등기가 있기 전에 양도인이 처분하면 그 처분이 유효하게 되어, 양수인의 지위는 「물권적」이라고 할 만큼 확고하지 않다. 그 때문에 근래에는 인정설에서 물권의 본질적 성질인 절대성은 없다는 견해도 주장되고 있다(김학동, 96면이 그렇다). 그런데 그렇게 되면 기대권 인정의 실익은 거의 없게 된다. 뿐만 아니라 기대권 인정으로 가령 중간생략등기청구권까지 무한정 인정하는 것은 여러모로 바람직하지 않다. 이러한 점에 비추어 볼 때 우리 법상 물권적 기대권은 인정될 근거도 필요성도 없다고 하겠다.

제 3 관 법률행위에 의하지 않는 부동산 물권변동

Ⅰ. 제187조의 원칙 [68]

1. 제187조의 의의

(1) 민법 제187조는 「상속, 공용징수, 판결, 경매 기타 법률의 규정에 의한 부동산에 관한 물권의 취득은 등기를 요하지 아니한다. 그러나 등기를 하지 아니하면 이를 처분하지 못한다」고 규정한다. 여기의 「물권의 취득」은 널리 물권의 변동이라고 해석된다(이설 없음). 그러고 보면 이 규정은 법률행위에 의하지 않는 부동산 물권변동(법률규정에 의한 부동산 물권변동이라고도 한다)의 원칙을 선언하고 있는 것이다. 이에 의하면 법률행위에 의하지 않는 부동산 물권변동에는 등기가 필요하지 않게 된다.

제187조가 그렇게 규정하는 이유에 관하여는 법률관계의 공백상태를 막기 위한 것이라거나(곽윤직, 99면), 그렇게 하더라도 거래의 안전을 도모하기에 족하다거나(이영준, 185면), 법률이 취득요건과 시기를 적합하게 결정하기 때문이라거나(이은영, 93면), 또는 하나의 이유로 설명할 수 없다는 등(고상룡, 147면; 김상용, 179면; 김용한, 134면; 이상태, 76면) 설명이 구구하다. 그러나 법률행위가 아닌 법률요건은 여러 가지이고 또 성질도 다양하므로, 그에 대하여 획일적으로 규율하기보다는 각각의 경우에 개별적으로 법률로 하여금 정하도록 하거나 또는 법률요건의 성질에 기초하여 결정하는 것이 바람직하다고 판단하였기 때문이라고 보아야 한다.

제187조가 적용되는 경우에는 등기와 실체적 권리관계가 불일치하여 선의의 제 3 자에게 예측하지 못한 손해를 발생시킬 수 있다. 여기서 이를 보완하는 공신의 원칙의 채용이 요구된다. 참고로 말하면, 제187조의 모범이 된 스위스민법

(656조 2항)은 공신의 원칙을 채용하고 있다.

(2) 제187조 단서는 물권을 등기 없이 취득하였더라도 그것을 처분하려면 먼저 취득자의 명의로 등기하도록 하고 있다. 거기의 처분은 법률행위에 의한 처분만을 가리킨다. 그리고 등기 없이 처분하면 그 처분이 무효라는 의미이다. 이러한 단서에 대하여, 그러한 처분에는 제186조가 적용되므로 불필요한 내지 당연한 규정이라고 하는 견해가 있으나(이영준, 185면; 주해(4), 181면(이재홍); 대판 1994. 10. 21, 93다12176), 이는 옳지 않다. 제187조 단서가 없다면 그 규정의 적용을 받는 경우에는 물권취득자 명의로 등기하지 않고도 처분할 수 있다고 해석될 여지가 있기 때문이다. 결국 제187조 단서는 물권의 취득자 명의로 등기를 하게 하는 의미를 갖는다. 제186조의 적용은 그 다음 단계의 문제이다.

한편 판례와 학설은 제187조 단서에도 불구하고 상당히 넓은 범위에서 등기 없이 처분한 경우에 그 등기를 무효라고 하지 않고 있다. 미등기 건물을 처분하고 양수인이 보존등기를 하는 경우, 상속인이 상속재산을 처분하고 등기는 피상속인으로부터 직접 양수인에게 하는 경우 등이 그 예이다. 이는 제187조 단서의 의미를 감소시키는 일이나, 등기의 공신력이 없는 상황에서 거래의 안전을 보호하기 위한 불가피한 해석이다.

〈판 례〉

「민법 제187조 단서가 등기 없이 취득한 부동산물권은 등기를 하지 않으면 이를 처분하지 못한다고 규정하고 있는 취지는, 같은 조 본문에 의하여 부동산물권을 등기 없이 취득하였더라도 그 권리자가 이를 법률행위에 의하여 처분하려면 미리 물권의 취득을 등기하고 그 후에 그 법률행위를 원인으로 하는 등기를 경료하여야 한다는 당연한 원칙을 선언한 것에 불과하고, 따라서 부동산물권을 등기 없이 취득한 자가 자기 명의의 등기 없이 이를 처분한 경우 그 처분의 상대방은 부동산물권을 취득하지 못한다는 것일 뿐, 그 처분행위의 채권적 효력까지 부인할 수는 없다 할 것이다.」(대판 1994. 10. 21, 93다12176)

[69] 2. 제187조의 적용범위

(1) 원 칙

제187조의 원칙은 상속 · 공용징수 · 판결 · 경매 기타 법률의 규정에 의한 부동산 물권변동에 관하여 적용된다.

1) 상 속 상속인은 상속이 개시된 때 즉 피상속인이 사망한 때에(997조) 피상속인의 재산에 관한 포괄적 권리 · 의무를 승계한다(1005조). 부동산물권도 마찬가지이다. 포괄유증도 상속과 동일하게 해석하여야 한다(1078조 참조. 이설 없음). 그러나 특정유증의 경우에는 포괄유증과 달리 유증을 받은 자가 유증의 이행을 청구할 수 있는 채권만을 취득할 뿐이다(대판 2003. 5. 27, 2000다73445). 상속 · 포괄유증의 경우에는 상속인 · 수증자가 단독으로 등기를 신청한다(부등법 23조 3항).

2) 공용징수 공용징수(수용)는 공익사업을 위하여 국민의 토지의 소유권 등 특정의 재산권을 법률에 의하여 강제적으로 취득하는 것이다. 수용할 수 있음을 규정하고 있는 개별 법률은 부지기수이며(광업법 71조, 도로법 82조, 「국토의 계획 및 이용에 관한 법률」 95조, 「도시 및 주거환경정비법」 38조, 택지개발촉진법 12조, 도시개발법 22조 등이 그 예이다), 수용절차에 관한 법으로 「공익사업을 위한 토지 등의 취득 및 보상에 관한 법률」이 있다(이는 과거의 토지수용법과 「공공용지의 취득 및 손실보상에 관한 특례법」의 대체법률이다).

이 법에 의하면 사업시행자(이는 과거에는 기업자(起業者)라고 하였으며, 다른 법에서는 아직도 그렇게 표현하고 있기도 함)가 공익사업에 필요한 토지 등을 협의 또는 수용의 방법으로 취득하는 절차를 구체적으로 규정하고 있다.

그 법에서는 우선 사업시행자가 국토교통부장관의 사업인정이 있기 전에 협의에 의하여 취득하는 것(같은 법 14조-17조의 협의취득)과 사업인정이 있은 후에 수용에 의하여 취득하는 것(같은 법 19조 이하의 수용취득)을 규정하고 있다. 그 가운데 협의취득은 사적인 계약에 의하여 소유권을 취득하는 것으로서 수용에 해당하지 않는다. 그 법도 제17조에서 협의가 성립된 때에는 토지소유자 및 관계인과 계약을 체결하여야 한다고 하여 이 점을 분명히 하고 있다. 그 결과 이 경우에는 민법 제186조에 따라 소유권이전등기가 된 때에 사업시행자가 소유권을 취득하게 된다. 그리고 이것은 원시취득이 아니고 승계취득이기 때문에 그 위에 존재하는 다른 권리가 소멸하지 않는다.

다음에 그 법은 사업인정을 받은 후에는 수용에 의한 취득을 할 수 있도록 하고 있다. 그런데 그때에는 사업시행자가 먼저 토지소유자 및 관계인과의 협의의 절차를 거쳐야 한다(같은 법 26조 1항). 그리하여 사업시행자와 토지소유자 및 관계인 간에 협의가 성립된 때에는 사업시행자는 같은 법 제28조 제 1 항의 규정에 의한 재결의 신청기간 이내에 당해 토지소유자 및 관계인의 동의를 얻어 대통령령이 정하는 바에 따라 관할 토지수용위원회에 협의성립의 확인을 신청하여 확인을 받을 수 있다(같은 법 29조 1항). 그리고 이 확인은 동법에 의한 재결로 보며, 사업시행자·토지소유자 및 관계인은 그 확인된 협의의 성립이나 내용을 다툴 수 없다(같은 법 29조 4항). 이것은 협의수용이라고 부를 수 있다. 이 협의수용의 경우에 소유권 취득시기는 다음의 재결수용의 경우나 마찬가지라고 할 것이다. 그런데 주의할 것은, 사업인정고시가 있은 후에도 협의취득의 방법으로 그 사업에 필요한 토지를 취득할 수도 있다고 보아야 한다는 점이다(대판 2000. 8. 22, 98다60422; 대판 2002. 6. 14, 2001다24112 참조). 이 경우에 사업시행자가 토지소유권을 취득하기 위하여는 법률행위로 인한 부동산 물권변동의 일반원칙에 따라 소유권이전등기를 마쳐야 하고, 소유권이전등기를 마치지 아니하고도 토지소유권을 원시취득하는 것은 아니다(대판 1978. 11. 14, 78다1528; 대판 1996. 2. 13, 95다3510; 대판 1997. 7. 8, 96다53826 참조). 그리고 이때 소유권 취득시기가 소유권이전등기시임은 물론이다.

그리고 수용절차에서 협의가 성립되지 않거나 협의를 할 수 없는 때에는 사업시행자는 사업인정고시가 있은 날부터 1년 이내에 대통령령이 정하는 바에 따라 관할 토지수용위원회에 재결을 신청할 수 있다(같은 법 28조 1항). 그러면 토지수용위원회는 여러 절차를 거쳐 서면으로 재결을 하게 된다(같은 법 31조-34조). 그리고 재결이 있으면 사업시행자는 수용의 개시일에 토지나 물건의 소유권을 취득하며, 그 토지나 물건에 관한 다른 권리는 이와 동시에 소멸한다(같은 법 45조 1항). 이는 이른바 원시취득이다. 여기서 수용의 개시일이란 토지수용위원회가 재결로서 결정한 수용을 개시하는 날이다(같은 법 40조 1항 참조). 그리고 이 경우 사업시행자는 수용의 개시일까지 관할 토지수용위원회가 재결한 보상금을 지급하여야 하며(같은 법 40조 1항), 만약 사업시행자가 수용의 개시일까지 보상금을 지급 또는 공탁하지 않은 때에는 당해 토지수용위원회의 재결은 그 효력을 상실한다(같은 법 42조 1항). 수용에 의한 소유권이전등기는 등기권리자가 단독으로 신청하나, 관공서가 사업시행자인 때에는 등기를 촉탁하여야 한다(부등법 99조 1항·3항).

3) 판 결 판결에는 여러 종류가 있으나, 여기의 판결은 형성판결만을 가리키며, 이행판결·확인판결은 포함되지 않는다(이설이 없으며, 판례도 같다. 대판 1963. 4. 18, 62다223; 대판 1965. 8. 17, 64다1721; 대결 1969. 10. 8, 69그15; 대판 1998. 7. 28, 96다50025 등). 공유물 분할판결(269조 1항)·상속재산 분할판결(1013조 2항)이 그 예이다. 그리고 재판상 화해, 청구의 포기·인낙을 변론조서·변론준비기일조서에 적은 때에는 그 조서가 확정판결과 같은 효력을 가지므로, 이들 조서 가운데 형성적인 효력을 생기게 하는 것은 여기의 판결에 포함된다. 그러나 그 외의 것,

가령 소유권이전의 약정을 내용으로 하는 화해조서(대판 1965. 8. 17, 64다1721)나 이행청구에 대하여 인낙한 것(대판 1998. 7. 28, 96다50025)은 그렇지 않다. 제187조의 판결에 의하여 물권변동이 생기는 시기는 판결이 확정된 때이다(민소 498조). 판결에 의한 등기는 승소한 등기권리자 또는 등기의무자가 단독으로 신청한다(부등법 23조 4항).

〈판 례〉

「공유물분할의 소송절차 또는 조정절차에서 공유자 사이에 공유토지에 관한 현물분할의 협의가 성립하여 그 합의사항을 조서에 기재함으로써 조정이 성립하였다고 하더라도, 그와 같은 사정만으로 재판에 의한 공유물분할의 경우와 마찬가지로 그 즉시 공유관계가 소멸하고 각 공유자에게 그 협의에 따른 새로운 법률관계가 창설되는 것은 아니라고 할 것이고, 공유자들이 협의한 바에 따라 토지의 분필절차를 마친 후 각 단독소유로 하기로 한 부분에 관하여 다른 공유자의 공유지분을 이전받아 등기를 마침으로써 비로소 그 부분에 대한 대세적 권리로서의 소유권을 취득하게 된다고 보아야 할 것이다.」(대판(전원) 2013. 11. 21, 2011두1917. 이러한 다수의견에 대해, 공유물분할의 소에서 공유부동산의 특정한 일부씩을 각각의 공유자에게 귀속시키는 것으로 현물분할하는 내용의 조정이 성립하였다면, 그 조정조서는 공유물 분할판결과 동일한 효력을 가지는 것으로서 민법 제187조 소정의 '판결'에 해당하는 것이므로 조정이 성립한 때 물권변동의 효력이 발생한다고 보아야 한다는 소수의견이 있음)

4) 경 매 경매에는 사인 사이에서 행하여지는 사경매와 국가기관에 의하여 행하여지는 공경매가 있는데, 여기의 경매는 공경매만을 의미한다. 공경매에는 민사집행법에 의한 경매와 국세징수법에 의한 공매가 있고, 민사집행법상의 경매에는 일반채권자에 의한 강제경매(통상의 강제경매)(민사집행법 78조 이하)와 담보권의 실행을 위한 경매(담보권 실행경매)(민사집행법 264조 이하)가 있다.

민사집행법상의 경매의 경우에 부동산의 매각방법은 ① 호가경매(呼價競賣), ② 기일입찰(매각기일에 입찰·개찰하는 방법), ③ 기간입찰(입찰기간 내에 입찰하게 하여 매각기일에 개찰하는 방법)의 세 가지 가운데 집행법원이 정한다(민사집행법 103조·268조). 이 중에 호가경매는 제187조의 경매에 해당한다. 나머지 둘은 「기타 법률의 규정」에 해당한다고 볼 것이다.

경매의 경우에 매수인이 매각부동산의 소유권을 취득하는 때는 매각대금을 모두 낸 때이다(민사집행법 135조·268조, 국세징수법 77조).

5) 기타 법률의 규정 여기의 「법률」은 널리 법을 의미하는 것으로 해 [70]
석하여야 한다. 그래야 관습법에 의한 물권의 성립도 가능할 수 있기 때문이다

(185조 참조). 「기타 법률의 규정」에 의한 물권변동의 주요한 예로는 ① 신축 건물의 소유권 취득(대판 1985. 7. 9, 84다카2452; 대판 1997. 3. 28, 96다10638; 대판 2002. 4. 26, 2000다16350), ② 법정지상권의 취득(305조 · 366조, 가등기담보법 10조, 입목법 6조), ③ 분묘기지권의 취득, ④ 관습법상의 법정지상권의 취득(대판 1966. 9. 20, 66다1434 등), ⑤ 법정저당권의 취득(649조), ⑥ 용익물권의 존속기간 만료에 의한 소멸, ⑦ 피담보채권의 소멸에 의한 저당권의 소멸, ⑧ 법정대위에 의한 저당권의 이전(368조 · 482조), ⑨ 혼동에 의한 물권의 소멸(191조), ⑩ 귀속재산처리법에 의한 관재기관의 매각행위(그 성질은 행정처분이며, 매수인이 매수대금을 완납할 때 등기 없이 소유권을 취득함)(대판(전원) 1984. 12. 11, 84다카557) 등을 들 수 있다.

그 밖에 제186조가 적용되는지 제187조가 적용되는지가 다투어지는 경우에 대하여는 앞에서 이미 살펴보았다([50] 이하 참조).

〈판 례〉

(ㄱ) 「건축허가는 행정관청이 건축행정상 목적을 수행하기 위하여 수허가자에게 일반적으로 행정관청의 허가 없이는 건축행위를 하여서는 안 된다는 상대적 금지를 관계법규에 적합한 일정한 경우에 해제하여 줌으로써 일정한 건축행위를 하여도 좋다는 자유를 회복시켜 주는 행정처분일 뿐 수허가자에게 어떤 새로운 권리나 능력을 부여하는 것이 아니고, 건축허가서는 허가된 건물에 관한 실체적 권리의 득실변경의 공시방법이 아니며 추정력도 없으므로 건축허가서에 건축주로 기재된 자가 건물의 소유권을 취득하는 것은 아니므로(대법원 1997. 3. 28. 선고 96다10638 판결 참조), 자기 비용과 노력으로 건물을 신축한 자는 그 건축허가가 타인의 명의로 된 여부에 관계없이 그 소유권을 원시취득한다.

…건축주의 사정으로 건축공사가 중단되었던 미완성의 건물을 인도받아 나머지 공사를 마치고 완공한 경우, 그 건물이 공사가 중단된 시점에서 이미 사회통념상 독립한 건물이라고 볼 수 있는 형태와 구조를 갖추고 있었다면 원래의 건축주가 그 건물의 소유권을 원시취득하고(대법원 1993. 4. 23. 선고 93다1527 · 1534 판결, 1997. 5. 9. 선고 96다54867 판결 등 참조), 최소한의 기둥과 지붕 그리고 주벽이 이루어지면 독립한 부동산으로서의 건물의 요건을 갖춘 것이라고 보아야 할 것」이다(대판 2002. 4. 26, 2000다16350).

(ㄴ) 「건축 중인 건물의 소유자와 건축허가의 건축주가 반드시 일치되어야 하는 것도 아니다.」(대판 2009. 3. 12, 2006다28454)

(ㄷ) 「자기의 비용과 노력으로 건물을 신축한 자는 그 건축허가가 타인의 명의로 된 여부에 관계없이 그 소유권을 원시취득하게 된다(대법원 2002. 4. 26. 선고 2000다16350 판결 등 참조). 따라서 건축주의 사정으로 건축공사가 중단된 미완성의 건물을 인도받아 나머지 공사를 하게 된 경우에는 그 공사의 중단시점에 이미 사회통념상 독립한 건물이라고 볼 수 있는 정도의 형태와 구조를 갖춘 경우가 아닌 한 이를 인도받아 자기의 비용과 노력으로 완공한 자가 그 건물의 원시취득자가 될 것」이다(대판 2006. 5. 12, 2005다68783).

(ㄹ) 「집합건물의 소유 및 관리에 관한 법률 및 구 주택건설촉진법(2003. 5. 29. 법률 제6916호 주택법으로 전문 개정되기 전의 것)에 근거하여 설립된 재건축조합은 기존의 노후 건축물을 철거하고 재건축사업을 시행하는 것을 목적으로 하는 법인 아닌 사단으로서 그 사업구역 내에 있는 조합원들 소유의 토지는 재건축조합에게 현물로 출자되고 그 지상의 주택은 사업시행에 따라 철거될 것을 전제로 하는 것이어서(대법원 1997. 5. 30. 선고 96다23887 판결 참조), 재건축조합이 시공회사와 사이에서 조합원으로부터 출자받은 대지상에 집합건물을 신축하기로 하는 공사계약을 체결하고 이를 시행함에 있어 도급계약 당사사가 아니라 제 3 자에 불과한 조합원들이 그 신축자금의 일부를 제공하였다 하여 그러한 사정만 가지고 개별 조합원들이 신축된 집합건물 중 특정부분의 구분소유권을 원시취득한다고 볼 것은 아니고 재건축조합의 규약 및 공사계약서의 내용을 모두 살펴 원시취득자를 확정하여야 할 것이다.」(재건축조합규약과 공사계약서의 내용상 신축 건물의 소유권은 도급인인 재건축조합이 취득하고, 규약에 정해진 절차에 따라 분양신청을 하지 아니한 조합원은 위 건물에 대한 권리를 취득하지 못한다고 한 사례)(대판 2005. 7. 22, 2003다3072)

(ㅁ) 「주택조합은 그 소유의 자금으로 조합원의 건물을 신축·분양하는 것이 아니라 공정에 따라 조합원으로부터 각자 부담할 건축자금을 제공받아 조합원의 자금으로 이를 건축하는 것이므로, 건축절차의 편의상 조합 명의로 그 건축허가와 준공검사를 받았다고 하더라도 그 건물의 소유권은 조합원이 아닌 일반인에게 분양된 주택부분 및 복리시설 등을 제외하고는 특단의 사정이 없는 한 건축자금의 제공자인 조합원들이 원시취득한 것으로 보아야 할 것이다(대법원 1994. 6. 24. 선고 93누18839 판결 참조).」(대판 1996. 4. 12, 96다3807. 같은 취지: 대판 1995. 1. 24, 94다47797)

(2) 예 외

민법은 제245조 제 1 항에서 점유 취득시효에 의하여 부동산소유권을 취득하려면 등기를 하여야 함을 규정하고 있다. 이는 제187조에 대한 예외규정이다. 그에 관하여는 뒤에 소유권 부분에서 설명하기로 한다([117] 이하 참조).

제 5 절 동산물권의 변동

Ⅰ. 서 설 [71]

동산 물권변동도 부동산의 경우와 마찬가지로 법률행위에 의한 것과 법률행위에 의하지 않는 것으로 나눌 수 있다. 그런데 민법은 후자 가운데 중요한 것은 소유권에 관하여 규정하고 있다. 그리고 동산물권의 소멸은 부동산물권에 관한 것과 함께 뒤의 제 7 절에서 기술할 것이다. 그리하여 본절에서는 「법률행위에 의한 동산물권의 취득」만을 다루려고 한다. 그런데 법률행위에 의한 동산물권의 취득은 「권리자로부터의 취득」과 「무권리자로부터의 취득」 즉 선의취득의 두 가지를 살펴보아야 한다. 민법이 동산거래에 관하여는 공신의 원칙을 채용하고 있기 때문이다. 공신의 원칙의 채용결과인 동산의 선의취득은 소유권에 관하여 규정되어 있기는 하나, 이해의 편의를 위하여 여기서 설명하기로 한다.

[72] Ⅱ. 권리자로부터의 취득

1. 제188조 제 1 항과 제188조 제 2 항 · 제189조 · 제190조

(1) 위 규정의 의의(성립요건주의)

민법은 제188조 제 1 항에서 「동산에 관한 물권의 양도는 그 동산을 인도하여야 효력이 생긴다」고 하고, 제188조 제 2 항 · 제189조 · 제190조에서 「인도」와 관련하여 보충적인 내용을 규정하고 있다. 이는 민법이 부동산 물권변동에 있어서와 마찬가지로 동산 물권변동에 관하여도 성립요건주의(형식주의)를 채용하고 있음을 의미한다. 그 결과 법률행위에 의한 동산 물권변동은 물권행위 외에 공시방법으로서 인도까지 있어야 일어나게 된다.

(2) 위 규정의 적용범위

위의 규정 가운데 핵심적인 것은 제188조 제 1 항인데, 그 규정에서 말하는 「물권의 양도」는 「법률행위 즉 물권행위에 의한 물권의 이전」이다([28] 참조). 따라서 그 규정(및 인도 관련규정)은 법률행위에 의한 물권의 이전에 적용된다. 한편 그 규정은 「동산에 관한 물권」의 양도를 규율하고 있다. 그러나 실제로 그 적용을 받는 동산물권은 소유권에 한한다. 왜냐하면 점유권 · 유치권 · 질권 등 다른 동산물권에 관하여는 따로 특별규정을 두고 있기 때문이다(192조 · 320조 · 328조 · 330조 · 332조 참조). 그러고 보면 제188조 제 1 항 및 관련규정은 「법률행위에 의한 동산소유권의 이전」에만 적용됨을 알 수 있다.

2. 동산소유권 양도의 요건으로서의 물권행위와 인도

(1) 물권행위

동산소유권 양도에 있어서의 물권행위에도 본장 제 2 절에서 한 설명이 그대로 타당하다([23] 이하 참조).

(2) 인도(引渡)

1) 인도의 의의 인도는 점유의 이전을 가리킨다. 그리고 점유는 물건에 대한 사실상의 지배이다(192조 1항). 인도는 법률행위에 의한 동산 물권변동의 공시방법이면서 그 요건이다.

2) 인도의 종류 동산소유권 양도의 요건으로서 요구되는 인도는 현실의 인도를 원칙으로 한다(188조 1항 참조). 그런데 민법은 그 외에 간이인도에 의하여도 물권변동이 일어나는 것으로 하며, 점유개정·목적물반환청구권의 양도를 인도로 의제(간주)하고 있다. 우리 문헌들은 모두 셋을 유사한 것으로 취급하나 그것은 옳지 않다. 법률규정상으로 보나 실질적으로 보나, 간이인도는 인도이고, 나머지 둘은 인도의 대용물이다. 어쨌든 이 세 경우에는 실제로는 점유가 움직이지 않았는데도 인도의 효과가 인정된다. 이들을 문헌들은 간편한 인도방법 또는 관념적인 인도라고 부른다.

㈎ 현실의 인도

(a) 물건에 대한 사실상의 지배를 실제로 이전하는 것이다. 물건의 교부가 그 전형적인 예이다. 현실의 인도가 인정되려면 ① 사실상 지배의 이전과 ② 인도인과 인수인 사이의 점유이전의 합의가 필요하다.

사실상 지배의 이전은 인도인(이는 일반적으로 양도인이라고 하나, 본권을 양도하는 것이 아닌 한 인도인이라고 함이 타당하다)의 점유이전과 인수인(이를 양수인이라고도 한다)의 점유취득으로 완성된다. 즉 인도인이 인수인에게 점유를 넘겨주어 인도인의 점유는 종결하고 인수인이 확고하게 점유를 취득하여야 한다. 구체적인 경우에 이들 요건이 갖추어졌는가는 사회통념에 의하여 판단한다(이설이 없으며, 판례도 같음. 대판 1999. 6. 22, 99다7602; 대판 2003. 2. 11, 2000다66454). 그 결과 가령 물건을 집에 배달하거나 물건이 들어 있는 창고의 유일한 열쇠를 넘겨주는 것은 현실의 인도이다.

다음에 점유이전의 합의는 「자연적 의사의 합치」라고 하여야 한다(같은 취지: 김상용, 283면; 김용한, 192면; 김학동, 114면; 이영준, 262면; 이은영, 303면). 견해에 따라서는 그것은 「점유권이전의 합의(물권행위)」라고 한다(곽윤직, 150면; 주해(4), 116면(김황식). 이상태, 118면·162면은 사실의 면과 권리의 면을 나누어 설명한다). 이는 민법이 점유권을 인정하고 특히 제196조가 「점유권」의 양도를 규정하고 있는 데서 주장된 이론이다. 그러나 점유권은 점유가 있으면 항상 인정되는 빈껍질의 권리이고 제196조의 「점유권의 양도」는 허구의 규정이다. 따라서 그 규정은 무시하여야 한다. 민법상 인도는 점유권의 양도에 의하여서가 아니고 점유의 이전에 의하여 행하여진다. 그러므로 그것은 법률행위가 아니라 사실행위이고, 거기에서의 의사는 자연적 의사에 지나지 않는 것이다.

(b) 현실의 인도에 있어서 점유이전은 인도인이 직접 할 수도 있으나 그의 점유보조자나 직접점유자를 통하여 할 수도 있다. 그리고 인수인의 점유취득도 그가 직접 할 수도 있고 그의 점유보조자나 직접점유자를 통하여 할 수도 있다.

(c) 인수인이 실제로 물건에 대한 사실상의 지배를 취득한 것은 아니지만 지배할 가능성을 가지고 있는 경우, 예컨대 멀리 떨어진 벌채현장에 쌓아둔 목재를 인도하는 경우에는, 명문의 규정은 없지만(독일민법 854조 2항 참조) 물건에 대한 소유권이전의 합의가 있으면 현실의 인도가 있는 것으로 보아야 한다(같은 취지: 이은영, 305면; 주해(4), 220면(이인재)). 이를 장수인도(長手引渡, longa manu traditio)라고 한다. 문헌에 따라서는 간이인도라고 하거나(이영준, 263면) 「민법이 알지 못하는 인도방법」이라고 하기도 한다(김학동, 117면). 그러나 이 장수인도에 있어서는 양수인의 점유가 있지 않으므로 간이인도일 수는 없으며, 사회통념상 사실상의 지배가 이전된 것으로 볼 수 있으므로 현실의 인도라고 보아도 무방할 것이다.

제188조 제 1 항에서 말하는 「인도」의 의미에 관하여 학설은 i) 현실의 인도라는 견해(고상룡, 154면; 곽윤직, 119면; 김상용, 203면; 김용한, 155면; 김학동, 113면)와 ii) 현실의 인도에 국한할 필요가 없다는 견해(주해(4), 211면(이인재))로 나뉘어 있다. i)설은 간편한 인도방법이 따로 규정되었다는 이유를 들고 있고, ii)설은 다양한 인도방법을 민법이 망라하여 규정하고 있지 않다는 점을 든다. 생각건대 제188조 제 1 항의 인도에 현실의 인도와 간편한 인도방법 이외의 것을 포함시킬 수는 없다. 민법에 규정되어 있는 인도방법에 해당하는 것으로 인정될 수 없는 것에 인도로서의 효력을 부여할 수는 없는 것이다. 그러한 점에서 볼 때 i)설이 타당하다.

〈판 례〉

「물건의 인도가 이루어졌는지 여부는 사회관념상 목적물에 대한 양도인의 사실상 지배인 점유가 동일성을 유지하면서 양수인의 지배로 이전되었다고 평가할 수 있는지 여부에 달려있는바, 현실의 인도가 있었다고 하려면 양도인의 물건에 대한 사실상의 지배가 동일성을 유지한 채 양수인에게 완전히 이전되어 양수인은 목적물에 대한 지배를 계속적으로 확고하게 취득하여야 하고, 양도인은 물건에 대한 점유를 완전히 종결하여야」 한다(대판 2003. 2. 11, 2000다66454. 같은 취지: 대판 1999. 6. 22, 99다7602).

(나) 간이인도(簡易引渡) [73]

(a) 양수인이 이미 그 동산을 점유한 때에는 현실의 인도가 없이도 당사자의 의사표시만으로 소유권의 이전이 일어나는데(188조 2항), 이 경우에 인정되는 인도를 간이인도라고 한다. 예컨대 A의 시계를 B가 빌려 쓰고 있다가 B가 A로부터 그 시계를 매수하는 경우에는, A·B 사이의 소유권이전의 합의만 있으면 점유가 움직이지 않고도 시계의 소유권이 B에게 이전한다. 간이인도는 단수인도(短手引渡, brevi manu traditio)라고도 한다.

간이인도를 규정하고 있는 제188조 제 2 항에서 말하는 「의사표시」의 의미에 관하여 학설은 i) 소유권이전의 합의라는 견해(이은영, 306면), ii) 점유의 승계에 관한 합의라는 견해(김학동, 117면; 이상태, 124면; 주해(4), 222면(이인재). 고상룡, 155면도 이에 속하는 것으로 보인다)로 나뉘어 있다. 생각건대 제188조 제 2 항은 소유권이전에 관한 규정으로서 소유권이전의 합의가 있으면 곧바로 소유권이전이 일어난다는 취지의 규정이다. 따라서 그 규정에서의 합의는 점유의 이전 내지 승계에 관한 합의는 포함하지 않는다. 간이인도의 경우에는 점유이전의 합의 없이 물권변동이 일어나는 것이다(196조 2항을 의식해서 ii)설처럼 해석할 필요도 없다. 그 규정은 간이인도의 경우에는 더더욱 쓸모없는 규정이다). 그때는 점유 또는 점유권의 이전은 필요하지도 가능하지도 않다(Wieling, S. 90).

(b) 점유자가 점유보조자에게 소유권을 이전하는 경우에 물건의 점유를 움직일 필요가 없다는 데 대하여는 다툼이 없다. 그런데 그 성질에 관하여는 i) 현실의 인도라는 견해(김학동, 117면; 이영준, 263면)와 ii) 간이인도라는 견해(김용한, 155면)가 대립하고 있다. i)설은 위의 경우에는 점유보조자가 점유를 가지고 있지 않다거나 또는 ii)설은 제188조 제 2 항의 명문을 간과한 것이고 실제에도 부합하지 않는다고 한다. 생각건대 확실히 점유보조자는 점유를 가지고 있지는 않다. 그러나 그 경우의 법률관계는 간이인도와 실질적으로 같다. 그리고 로마법에서부터 간이인도의 출발점은 바로 점유보조자의 경우였다고 한다(Wieling, S. 89). 그러한 점에서 볼 때 위의 경우에는 제188조 제 2 항이 유추적용되어야 한다.

(다) 점유개정(占有改定)

(a) 동산에 관한 물권을 양도하는 경우에 당사자의 계약으로 양도인이 그 동산의 점유를 계속하는 때에는 양수인이 인도받은 것으로 보는데(189조), 이를 점유개정이라고 한다. 예컨대 A가 그의 시계를 B에게 팔고서 B로부터 다시 빌려 쓰는 경우에 그렇다. 이 경우에는 A와 B 사이에 시계의 대차관계가 합의되면 인도가 있었던 것으로 다루어진다.

(b) 점유개정은 실제로 점유가 움직이지 않는 점에서 간이인도와 같다. 그러나 간이인도의 경우에는 점유가 인도 전후 계속하여 양수인에게 있고, 점유개정의 경우에는 점유가 계속하여 양도인에게 있다는 점에서 둘은 서로 다르다. 점유개정의 경우에는 동산의 소유권이 이전된 후에도 권리를 이전한 소유자가 물건을 점유하고 있는 점에서 공시방법으로서는 대단히 바람직하지 않다. 그렇지만 그것에 인도의 효과를 부여하지 않는다고 해도 그러한 관계 자체가 허용되는 한 공시의 효과를 기대할 수 없으므로 이를 허용하고 있다. 점유개정에 의하여 동산의 양도담보(양도저당)가 가능하게 된다.

(c) 점유개정이 성립하려면 양도인(소유권의 양도인의 의미이다)과 양수인 사이에 양수인에게 간접점유를 취득시키는 합의, 즉 점유매개관계를 설정하는 합의가 있어야 한다. 그런데 점유매개관계는 계약에 의하는 것 외에 법률상 성립하는 것(가령 친권자가 자녀에게 물건을 증여한 뒤 자녀를 위하여 보관하는 경우)이라도 무방하다(이설 없음). 그리고 점유매개관계에서 양도인은 보통은 직접점유자일 것이나, 그가 간접점유자이면서 양수인을 상위의 간접점유자로 만들 수도 있다. 한편 양도인이 양수인의 점유보조자로 되는 경우, 가령 회사원이 그의 차로 업무를 보다가 그 차를 회사에 매도하고 회사가 허용하여 그 차로 계속 업무를 보는 경우에 관하여는 현실의 인도라는 견해(이영준, 261면; 주해(4), 220면(이인재))가 주장되나, 그 실질은 점유개정과 같으므로 거기에 제189조를 유추적용하여야 한다(Wieling, S. 90은 점유개정으로 본다).

(d) 점유매개관계가 계약에 의하여 성립하는 원칙적인 경우에는, 그러한 계약 외에 소유권이전의 합의가 있어야 소유권이 이전된다. 그런데 그 두 행위는 보통 하나로 합해져서 행하여진다.

(e) 동산의 소유자가 그 동산을 2중으로 양도하고 모두 점유개정의 방법으로 매도인이 점유를 계속하는 경우 누가 소유권을 취득하는가에 관하여는 논란이

있다.

학설은 i) 현실의 인도가 인도의 기본형이기 때문에 먼저 현실의 인도를 받은 자가 소유권을 취득한다는 견해(이영준, 266면)와 ii) 먼저 점유개정에 의하여 양수받은 자가 소유권을 취득하며, 그 후 점유개정에 의하여 양수받은 자가 소유권을 취득하는지는 선의취득의 문제로 돌아가 선의에 의하여 현실의 인도를 받아야 소유권을 취득한다는 견해(주해(4), 235면(이인재). 이은영, 309면도 유사하다)로 나뉘어 있다.

판례는 예전에는 근거를 밝히지 않은 채 먼저 현실의 인도를 받아 점유를 해 온 자가 소유권을 취득한다고 하였으나(대판 1975. 1. 28, 74다1564(2중매매의 경우); 대판 1989. 10. 24, 88다카26802(2중양도담보의 경우)), 근래에는 2중양도담보의 경우에 관하여 제1의 채권자가 소유권을 취득하고 제2의 채권자는 선의취득이 인정되지 않는 한 양도담보권을 취득할 수 없다고 한다(대판 2004. 10. 28, 2003다30463; 대판 2004. 12. 24, 2004다45943; 대판 2005. 2. 18, 2004다37430. 대판 2000. 6. 23, 99다65066도 참조).

생각건대 점유개정에 의한 소유권 양도가 인정되는 한 이 경우는 보통의 2중양도와는 다르다고 할 것이다. 이때는 제 1 양도에서도 공시방법이 갖추어져 있기 때문이다. 따라서 그 경우에는 일단 제 1 양수인이 소유자로 되며, 제 2 양수인은 무권리자로부터 양수한 것이 되어 선의취득의 요건이 갖추어지지 않는 한 소유권을 취득할 수가 없다. 그런데 뒤에 보는 바와 같이([77] 참조), 점유개정에 의한 선의취득은 인정되지 않아야 하므로, 이 경우에는 제 2 양수인은 선의로 현실의 인도를 받은 때에만 선의취득에 의하여 소유권을 취득하게 된다. 예컨대 A가 자신의 자전거를 B에게 팔고 B로부터 빌려쓰고 있는 상태에서 그 자전거를 다시 C에게 팔고 C로부터 빌려쓰기로 한 경우에는, B는 A와의 매매 · 임대차시에 자전거의 소유권을 취득하게 된다. 그리고 C는 매매 당시 A에게 소유권이 없는데도 그로부터 매수한 것이므로 매매에 의하여서는 자전거의 소유권을 취득하지 못하고, 선의취득의 요건을 갖추는 때에만 소유권을 취득할 수 있을 뿐이다. 그런데 점유개정에 의하여서는 선의취득이 인정되지 않으므로, C는 현실의 인도를 받아야 선의취득을 할 수 있는 것이다. 이는 ii)설 및 근래의 판례와 같은 태도이다.

〈판 례〉

「금전채무를 담보하기 위하여 채무자가 그 소유의 동산을 채권자에게 양도하되 점유개정의 방법으로 인도하고 채무자가 이를 계속 점유하기로 약정한 경우 특별한 사정이 없는 한 그 동산의 소유권은 신탁적으로 이전되는 것에 불과하여, 채권자와 채무자 사이의 대내적 관계에서는 채무자가 소유권을 보유하나 대외적인 관계에서의 채무자는 동산의 소유권을 이미 채권자에게 양도한 무권리자가 되는 것이어서 다시 다른 채권자와 사이에 양도담보설정계약을 체결하고 점유개정의 방법으로 인도하더라도 선의취득이 인정되지 않는 한 나중에 설정계약을 체결한 채권자로서는 양도담보권을 취득할 수 없는데, 현실의 인도가 아닌 점유개정의 방법으로는 선의취득이 인정되지 아니하므로 결국 뒤의 채권자는 적법하게 양도담보권을 취득할 수 없는 것이다.」(대판 2005. 2. 18, 2004다37430)

[74] ㈃ **목적물반환청구권의 양도**

(a) 제190조는「제 3 자가 점유하고 있는 동산에 관한 물권을 양도하는 경우에는 양도인이 그 제 3 자에 대한 반환청구권을 양수인에게 양도함으로써 동산을 인도한 것으로 본다」고 규정한다. 이에 의하면, 예컨대 A가 창고업자 B에게 맡겨놓은 쌀을 C에게 팔고 소유권을 이전하는 때에는, A가 그 쌀을 찾아서 C에게 현실의 인도를 할 필요 없이 A가 B에 대하여 가지고 있는 반환청구권을 C에게 양도하면 소유권이 이전하게 된다. 따라서 이 경우에 소유권의 이전을 위하여서는 소유권이전의 합의와 반환청구권 양도의 합의(계약)가 필요하게 되는데, 그 두 합의는 합해져서 행하여지는 것이 보통이다. 판례에 의하면, 수입화물을 운송한 운송인이 그 운송물을 자신이 지정한 보세창고에 반입하고 그 반출에 필요한 서류를 화물의 주인에게 교부한 때에는 인도를 완료한 것으로 보아야 할 것이라고 한다(대판 1986. 7. 22, 82다카1372). 그리고 운임 및 보험료 포함 조건으로 매수인을 수하인으로 하여 항공화물 운송인에게 운송물을 위탁하는 방법으로 물품을 인도하기로 하는 수출입매매계약이 체결된 경우에는, 특별한 사정이 없는 한 물품이 도착지에 도착함으로써 매수인이 운송인에 대하여 물품의 인도청구권을 취득하였을 때에 매도인으로부터 매수인에게 물품의 인도가 이루어지고 그 소유권이 매수인에게 이전된다고 한다(대판 2018. 3. 15, 2017다240496).

(b) 여기의 반환청구권이 채권적 청구권이라는 데 대하여는 다툼이 없다. 그리고 그것이 채권적 청구권이라고 파악되는 한 그 양도에는 채권양도에 관한 규정(450조 이하)이 적용되어야 한다(이설 없음). 따라서 양도인의 점유자에 대한 통지나 점유자에 의한 승낙이 필요하다고 할 것이다.

3) **인도의 원칙에 대한 예외**

㈎ 동산소유권 양도에 인도가 필요하다고 하는 원칙에는 예외가 있다.

(나) 동산 가운데에는 등기나 등록에 의하여 공시되는 것이 있다. 먼저 특별사법인 상법에 규정되어 있는 것으로 선박이 있다. 선박에 관한 권리의 이전은 등기하지 않으면 제 3 자에게 대항하지 못한다(상법 743조). 선박에 대하여는 등기를 대항요건으로 하고 있는 것이다. 그런데 등기로 공시하는 선박은 20톤 이상의 기선 및 범선, 100톤 이상의 부선에 한하며(선박등기법 2조), 20톤 미만의 기선 및 범선, 100톤 미만의 부선(이들을 선박법에서는 소형선박이라 함. 같은 법 1조의 2 2항)의 소유권의 득실변경은 선적항을 관할하는 지방해양항만청장에게 등록하여야 그 효력이 생긴다(선박법 8조 · 8조의 2). 총톤수 20톤 미만의 소형어선의 소유권의 득실변경도 — 소형선박과 유사하며 — 선적항을 관할하는 시장 · 군수 · 구청장에게 등록하여야 그 효력이 생긴다(어선법 13조 · 13조의 2). 그리고 자동차와 항공기의 소유권의 득실변경은 등록하여야 효력이 생긴다(자동차관리법 6조, 항공안전법 9조 1항)(대판 2016. 12. 15, 2016다205373은 자동차관리법이 적용되는 자동차의 소유권을 취득함에는 민법상의 공시방법인 인도에 의할 수 없다고 함). 그 밖에 일정한 건설기계는 소유자가 등록을 하여야 하나(건설기계관리법 3조), 소유권이전은 일반원칙에 의하며, 단지 소유자의 변경을 신고하면 된다(같은 법 5조). 한편 소유권은 아니지만, 소형선박 · 소형어선 · 자동차 · 항공기 · 경량항공기 · 일정한 건설기계를 목적으로 하는 저당권의 득실변경은 등록하여야 효력이 생긴다(「자동차 등 특정동산 저당법」 5조).

(다) 부동산의 종물인 동산은 주물과 운명을 같이한다(100조 2항). 따라서 그러한 동산의 양도에 관하여는 따로 인도가 요구되지 않는다. 주물인 부동산에 저당권이 설정되는 경우에도 마찬가지이다.

4) 인도의 불완전성과 그에 대한 보완책 인도는 그 자체가 공시방법으로서는 완전하지 못하다. 그것은 순간적으로 일어날 뿐만 아니라 본권의 내용을 공시해 주지 못하고, 중복공시도 불가능하기 때문이다. 거기에다가 앞에서 본 것처럼, 실제로는 점유가 움직이지 않았는데 인도의 효과가 인정되는 경우들도 세 가지나 있어서 인도는 공시를 더욱 불완전하게 하고 있다. 그 때문에 거래의 안전이 크게 위협받을 것은 물론이다. 여기서 민법은 다른 한편으로 공신의 원칙을 채용하여 점유에 공신력을 인정함으로써 거래의 안전을 도모하고 있다.

[75] ## Ⅲ. 선의취득(무권리자로부터의 취득)

1. 의 의

민법은 제249조에서 동산의 선의취득을 규정하고 있다. 이는 동산의 점유에 공신력을 인정하여 거래의 안전을 확보하기 위한 것이다(통설 · 판례도 같은 취지이다. 대판 1998. 6. 12, 98다6800). 이 제도가 있어서 동산의 경우에는 부동산에 있어서와 달리 일정한 요건 하에 무권리자로부터도 동산의 소유권을 취득할 수 있게 된다.

2. 요 건

(1) 객 체

선의취득의 객체는 동산에 한한다. 객체에 관하여 문제되는 것들을 살펴보기로 한다.

1) 금 전 금전에 관하여 제249조가 적용되는가에 관하여 학설은 i) 제250조 단서의 규정 등을 근거로 적용을 긍정하는 견해(주해(5), 435면(이인재)), ii) 금전이 가치의 상징으로서 유통되고 있는 경우에는 선의취득을 문제삼을 것도 없이 그 점유가 있는 곳에 소유권도 있다고 하여야 하고, 단순한 물건으로서 거래되는 경우에는 제249조의 적용을 받는다는 견해(고상룡 159면; 곽윤직, 122면; 김상용, 211면; 김학동, 131면; 이상태, 129면; 이영준, 276면; 이은영, 315면), iii) 금전에 대하여는 제249조 대신 상법 제65조 또는 수표법 제21조를 적용하고, 금전이 단순한 동산으로서 거래되는 경우에는 제249조가 적용된다는 견해(김용한, 286면)로 나뉘어 있다. ii)설과 iii)설은 모두 금전이 가지는 특수성을 그 주된 이유로 들고 있다.

생각건대 제250조 단서에 「금전」이 규정되어 있는 것을 보면, 같은 조 본문의 「동산」에 금전이 포함되어 있음이 분명하고, 또 제250조가 제249조의 예외규정이므로 제249조의 「동산」에도 당연히 금전이 포함되어 있을 것이다. 그러나 그것은 모든 금전이라고 해석하여서는 안 된다. 만약 그렇게 해석하면 금전의 경우에 선의취득 요건이 갖추어지지 않은 때가 생기게 되어 거래의 안전이 크게 위협을 받게 될 것이기 때문이다. 금전은 유가증권 이상으로 유통성이 확보되어야 한다. 그리고 금전은 보통의 동산과 달리 물건으로서의 특성은 없고 가치 그 자체라고 하여야 한다. 따라서 금전의 경우에는 점유가 있는 곳에 소유권이 있는 것으로 새겨야 할 것이다. 그리고 그 뒤처리는 부당이득 반환청구권으로 하여야 한다. 그러면 제250조 단서의 규정은 무엇인가? 그것은 예외적으로 금전이 물건으로서 거래된 경우를 가리키는 것으로 이해하여야 한다. 가령 금전을 봉투에 넣어 보관을 맡긴 경우 또는 진열의 목적으로 특정의 금전을 인도한 경우가 그 예이다. 그러한 때에는 금전도 선의취득의 객체로 되고 그때의 금전이 제250조 단서의 「금전」이다. 여기서 금전이 물건으로 거래되었다면 제250조의 본문을 적용하는 것이 옳지 않는가 하는 의문이 생길 수 있다. 그러나 그 경우에도 선의취득을 한 금전을 보통의 금전으로서 사용해 버릴 수 있기 때문에 도품이나 유실물일지라도 반환청구를 금지한 것이다. iii)설은 금전을 유가증권과 같이 취급하는 점에서 바람직하지 않다. 그에 의하면 취득자에게 경과실이 있을 경우 선의취득이 불가능하여 거래의 안전을 침해하기 때문이다. 결국 ii)설이 타당하다. 한마디 덧붙인다면, 여기의 금전은 현재 강제통용력을 가진 것만이라는 점이다. 과거에 강제통용력을 가졌으나 현재에는 그렇지 않은 화폐(예: 조선시대의 상평통보, 화폐개혁으로 무효화된 지폐)나 기념주화는 금전이 아니다.

2) 등기 · 등록으로 공시되는 동산 선박 · 자동차 · 항공기와 같이 등기 · 등록으로 공시되는 동산은 선의취득의 대상이 아니다(판례도 자동차에 관하여 같은 태도이다. 대판 1966. 1. 25, 65다2137; 대판 2016. 12. 15, 2016다205373(그러나 구조와 장치상 적법하게 등록할 수 없는 등의 특별한 사정이 있다면 249조의 선의취득 규정이 적용될 수 있다고 함)). 그러나 건설기계는 등록을 하기는 하지만 그것의 소유권이전이 등록에 의하여 이루어지지는 않기 때문에 선의취득의 대상이 된다고 할 것이다(같은 취지: 주해(5), 439면(이인재). 반대: 고상룡, 158면; 김상용, 211면; 김용한, 285면; 김학동, 123면; 이상태, 129면; 지원림, 520면).

〈참 고〉

일부 문헌(곽윤직, 123면; 김상용, 211면; 이상태, 129면)은 등기를 필요로 하지 않는 선박에 관하여는 선의취득이 인정된다고 한다. 그러나 이는 선박의 등기 · 등록 및 그 물권변동에 관한 현행법의 규정을 충분히 파악하지 못한 견해라고 생각된다.

선박법에 따르면 한국선박은 모두 그 선박의 소재지를 관할하는 지방해양항만청장에게 선박의 등록을 신청하여야 하며, 이 경우 선박등기법 제 2 조에 해당하는 선박(총톤수 20톤 이상의 기선과 범선 및 총톤수 100톤 이상의 부선)은 선박의 등기를 한 후에 선박의 등록을 신청하여야 한다(선박법 8조 1항). 그러면 지방해양항만청장은 이를 선박원부에 등록하게 된다(선박법 8조 2항). 그리고 등기할 수 있는 선박의 경우 그 소유권의 이전은 당사자 사이의 합의만으로 효력이 생기나, 이를 등기한 선박국적증서에 기재하지 않으면 제 3 자에게 대항하지 못한다(상법 743조). 문제는 등록할 수 있는 선박의 경우이다. 상법 제743조는 등록할 수 있는 선박에 대하여도 등기할 수 있는 선박과 똑같이 규정하고 있다. 그런데 선박법이 소형선박(선박법 1조의 2 2항은 총톤수 20톤 미만인 기선 · 범선과 총톤수 100톤 미만인 부선을 소형선박이라고 정의한다) 소유권의 득실변경은 등록을 하여야 그 효력이 생긴다고 하고 있다(같은 법 8조의 2). 이에 따라 소형선박의 소유권변동은 등록이 있어야 일어나게 된다(선박법 8조의 2는 상법 743조의 특별규정이라고 이해해야 한다). 이러한 점은 어선도 유사하다. 즉 어선은 선적항을 관할하는 시장 · 군수 · 구청장에게 어선원부에 어선의 등록을 하여야 하며, 이 경우 선박등기법 제 2 조에 해당하는 어선은 선박등기를 한 후에 어선의 등록을 하여야 한다(어선법 13조 1항). 그리고 총톤수 20톤 미만의 소형어선에 대한 소유권의 득실변경은 등록을 하여야 그 효력이 생긴다(어선법 13조의 2).

이상에서 모든 선박은 등록을 하여야 하며, 등기할 수 있는 선박의 소유권이전은 등기를 대항요건으로 하고 있고, 나머지 선박인 소형선박 · 소형어선의 소유권이전은 등록을 성립요건으로 하고 있음을 알 수 있다. 우리 법상 소형선박 · 소형어선도 동산으로 다루어지지 않는 것이다. 이렇게 등기할 수 없는 선박도 등록에 의하여 소유권변동이 일어나는 것이므로, 당연히 선의취득이 불가능하다고 하여야 한다.

3) **명인방법에 의하여 공시되는 지상물** 수목의 집단 · 입도 · 미분리과실 등은 본래 토지의 일부이거나 토지의 일부의 일부이며, 더구나 거기에는 명인방법이라는 공시방법이 인정되어 있으므로 선의취득의 객체로 되지 않는다(이은영, 314면은 입도선매의 방식으로 거래되는 농작물 · 목재에 대하여 선의취득을 인정하나, 부정하여야 한다). 그러나 수목이 벌채되거나 미분리의 과실이 원물에서 분리되면 선의취득의 객체로 된다.

4) **불융통물** 사법상 거래가 금지되는 불융통물(공용물 · 공공용물 · 금제물)(민법총칙 [383] 참조)은 선의취득의 객체가 될 수 없다고 하여야 한다.

5) **권 리** 권리는 물건이 아니고, 따라서 동산도 아니기 때문에 제 249조가 적용될 여지가 없다(판례도 같다. 대판 1980. 5. 13, 80다537(이득상환청구권); 대판 1980. 9. 9, 79다2233(연립주택의 입주권); 대판 1985. 12. 24, 84다카2428(저당권)). 그런데 지시채권 · 무기명채권에 관하여는 특별규정이 두어져 있다(514조 · 524조. 이 규정들 때문에 적용되지 않는 것이 아님을 주의하여야 한다). 그 특별규정에 따르면, 지시채권이나 무기명채권의 소지인은 그가 취득한 때에 양도인에게 권리가 없음을 알았거나(악의) 중과실로 몰랐으면 선의취득을 하지 못한다(514조 · 524조). 수표의 선의취득에 있어서도 같다(수표법 21조). 그리고 지시채권 등의 선의취득의 경우에는 도품 및 유실물에 관한 특례도 인정되지 않는다(250조 · 251조 참조).

〈판 례〉

「주권의 점유를 취득하는 방법에는 현실의 인도(교부) 외에 간이인도, 반환청구권의 양도가 있으며, 양도인이 소유자로부터 보관을 위탁받은 주권을 제 3 자에게 보관시킨 경우에 반환청구권의 양도에 의하여 주권의 선의취득에 필요한 요건인 주권의 점유를 취득하였다고 하려면, 양도인이 그 제 3 자에 대한 반환청구권을 양수인에게 양도하고 지명채권 양도의 대항요건을 갖추어야 할 것이다.

… 그런데 주권의 취득이 악의 또는 중대한 과실로 인한 때에는 선의취득이 인정되지 않는바(상법 제359조, 수표법 제21조), 여기서 악의 또는 중대한 과실의 존부는 주권 취득의 시기를 기준으로 결정하여야 하며, 중대한 과실이란 거래에서 필요로 하는 주의의무를 현저히 결여한 것을 말한다.」(양도인이 소유자로부터 보관위탁을 받아 제 3 자(주식회사)에게 보관시킨 주권을 양수인에게 양도한다는 약정을 하고 양수인이 제 3 자(주식회사)의 대표이사의 지위도 겸하고 있은 경우, 양도인이 주권 반환청구권을 양도하고 지명채권 양도의 대항요건을 갖추어 양수인에게 선의취득의 요건으로서의 주권의 점유취득은 있었으나 그 취득 당시 거래에서 필요로 하는 주의의무를 현저히 결여한 중대한 과실이 있다는 이유로 주권의 선의취득을 부정한 사례)(대판 2000. 9. 8, 99다58471)

6) 기 타 위에서 설명한 것 이외의 동산은 그것이 직접 · 간접으로 등기 · 등록에 의하여 공시되는 것이라도 선의취득의 대상이 된다. 예컨대 「입목에 관한 법률」에 의하여 등기된 입목이 벌채된 경우에는 그것에 저당권의 효력이 미치는 때에도 선의취득의 대상이 되며, 공장저당권의 효력이 미치는 「공장의 토지에 설치된 동산」(「공장 및 광업재단 저당법」 7조 단서 참조), 부동산의 종물인 동산이 그 주물인 부동산의 등기에 의하여 공시되는 경우도 마찬가지이다(예: 저당권의 효력이 미치는 저당부동산의 종물)(같은 취지: 곽윤직, 123면; 김상용, 210면; 김학동, 123면).

(2) 양도인에 관한 요건 [76]

1) 양도인이 점유하고 있을 것 선의취득은 점유에 공신력을 인정하는 제도이므로 양도인이 점유하고 있을 것이 필요하다. 양도인의 점유가 직접점유인가 간접점유인가, 자주점유인가 타주점유인가는 묻지 않는다. 그리고 점유보조자를 권리자로 믿는 경우에는 제249조를 유추적용하여야 한다(그러나 이영준, 277면; 주해(5), 440면(이인재)은 직접 적용을 인정한다)(대판 1991. 3. 22, 91다70도 점유보조자의 횡령이 250조의 도품이 아니라고 한다).

2) 양도인이 무권리자일 것 양도인이 권리자인 경우에는 권리자로부터의 권리취득이 될 것이다. 양도인이 무권리자인 경우의 전형적인 예는 그에게 소유권이 없는 것이나, 그 외에 타인의 동산을 자기 이름으로 처분할 권한이 없는 자도 포함된다. 가령 위탁매매인 · 질권자 · 집행관 등이 그의 권한으로 처분하였는데 그 재산 속에 타인의 동산이 섞여 있었던 경우가 그렇다. 그리고 대리인이

본인 소유가 아닌 동산을 처분하였는데 양수인이 본인의 소유라고 믿고 있는 때에도 선의취득이 인정된다(이설 없음). 그에 비하여 물건은 본인 소유인데 대리인이 무권대리인인 때에는 양수인이 무권대리인에게 대리권이 있다고 믿었더라도 선의취득을 하지 못한다(그러나 표현대리의 요건을 구비하면 그 제도로 보호받을 수는 있다).

〈판 례〉

집달리(현재는 집행관이라 함)가 어느 유체동산을 가압류하였다 하더라도 집달리가 종전의 점유자에게 계속하여 그 보관을 명한 경우에 있어서는 점유자의 사법상의 점유가 소멸되는 것이 아니며 그 물건을 점유하는 소유자가 이를 타인에게 매도하고 그 타인이 선의로 점유인도를 받은 경우에는 그 타인은 그 물건의 소유권을 적법하게 취득한다(대판 1966. 11. 22, 66다1545 · 1546).

취소된 법률행위에 기하여 소유권을 취득한 자가 양도한 경우에, 양수인이 취득할 당시는 취소 전이라고 하더라도 취소에 의하여 양도인은 무권리자이었던 것으로 된다고 하여야 한다. 만약 그렇게 새기지 않으면 권리자로부터의 취득이 되기 때문이다. 예를 들어 본다. A가 B로부터 시계를 매수하여 C에게 팔고 인도해 주었다. 그런데 C는 A와 매매계약을 체결할 때 B · A 사이의 계약이 착오를 이유로 취소할 수 있는 것임을 알고 있었다. 그 후 B가 A와 체결한 계약을 착오를 이유로 취소하였다. 이러한 경우에 비록 C가 시계의 소유권을 취득할 당시에는 B · A 사이의 계약이 아직 취소되기 전이어서 양도인인 A에게 시계의 소유권이 있었지만 그 계약이 취소되면 A는 무권리자이었던 것으로 다루어야 한다. 그 결과 C는 선의취득의 요건을 갖추어야만 시계의 소유권을 취득하게 된다.

(3) 동산의 양도행위

양도인과 양수인 사이에 동산물권 취득에 관하여 유효한 거래행위가 있었어야 한다(대판 1995. 6. 29, 94다22071도 같은 취지임). 제249조의 「양수」는 그러한 의미로 규정된 것이다.

그 행위는 ① 우선 동산물권에 관한 것이어야 한다. 동산물권이라고 하지만 소유권과 질권에 한한다(343조가 질권에 관하여 249조를 준용한다). 유치권은 일정한 요건이 갖추어지는 때에 법률상 당연히 성립하는 것이어서 선의취득이 인정될 여지가 없다. ② 물권취득을 위한 법률행위이어야 한다. 매매 · 증여 · 질권설정 · 대물변제가 그 예이다(민법상 무상행위여도 무방하다). 그에 비하여 상속 · 회사의 합병과 같은 포괄승계에는 선의취득이 인정되지 않는다. 경매(공경매)의 경우에도 선의취득이 인정되는가에 관하여는 긍정설만이 주장되고 있으며(이영준, 280면; 주해(5), 448면(이인재)은 각각 경매가 거래행위, 매매계약이라고 한다. 고상룡, 161면은 이유는 제시하지 않는다), 판례도 같다(대판 1997. 6. 27, 96다51332; 대판 1998. 6. 12, 98다6800; 대판 2008. 5. 8, 2007다36933 · 36940). 생각건대 공경매는 사법상의 법률행위가 아니나 실질에 있어서 매매와 같고, 또 경매의 목적물에 담보권의 효력이 미치지 않는 동산이 포함되어 있을 경우 그 매수인을 보호하여야 할 필요가 있으므로, 선의취득을 인정하여야 한다. ③ 유효한 법률행위이어야 한다. 물권취득의 법률행위가 무효이거나 취소된 때에는 선의취득은 할 수 없다. 그러나 그 행위를 한 자로부터 다시 양수받은 자는 그 양수행위가 유효하면 선의취득을 할 수 있다.

〈판 례〉

「저당권의 실행으로 부동산이 경매된 경우에 그 부동산에 부합된 물건은 그것이 부합될 당시에 누구의 소유이었는지를 가릴 것 없이 그 부동산을 낙찰받은 사람이 소유권을 취득하지만, 그 부동산의 상용에 공하여진 물건일지라도 그 물건이 부동산의 소유자가 아닌 다른 사람의 소유인 때에는 이를 종물이라고 할 수 없으므로 부동산에 대한 저당권의 효력에(여기의 '효력에'는 '효력이'의 오기로 보임: 저자 주) 미칠 수 없어 부동산의 낙찰인이 당연히 그 소유권을 취득하는 것은 아니며, 나아가 부동산의 낙찰인이 그 물건을 선의취득하였다고 할 수 있으려면 그 물건이 경매의 목적물로 되었고 낙찰인이 선의이며 과실없이 그 물건을 점유하는 등으로 선의취득의 요건을 구비하여야 한다.」(대판 2008. 5. 8, 2007다36933 · 36940)

(4) 양수인에 관한 요건 [77]

1) 평온(폭력을 쓰지 않음) · 공연(숨기지 않고 드러내 놓음)하게 양수하였을 것 평온 · 공연이 양수에 관한 것인가 점유취득에 관한 것인가는 논란의 여지가 있다. 법률상으로는 전자로 해석된다. 그러나 어떻게 보아도 큰 의미가 없는 요건이다(같은 취지: 주해(5), 449면(이인재)).

2) 선의 · 무과실 선의는 양도인이 무권리자임을 알지 못하는 것이다. 주의할 것은, 취소할 수 있는 법률행위에 기한 양수인의 경우에는 취소원인(예; 제한능력 · 착오 · 사기 · 강박)을 알고 있는 자는 악의라고 새겨야 한다는 점이다(독일민법 142조 2항과 같은 규정이 없어도 똑같이 해석하여야 한다). 그렇지 않으면 취소 전에 취소할 수 있음을 알고 양수한 자는 적어도 그 당시에는 양도인이 무권리자가 아니고 따라서 악의일 수가 없어서 소유권을 취득하게 되어 부당하다. 무과실은 양도인이 무권리자임을 모르는 데 과실이 없는 것이다.

양수인의 선의 · 무과실은 법률행위 당시뿐만 아니라 인도받을 때까지도 유지되어야 한다(같은 취지: 이영준, 286면; 이은영, 318면; 주해(5), 457면(이인재)). 판례도 같은 태도이다(대판 1991. 3. 22, 91다70은 선의 · 무과실의 기준시점은 물권행위가 완성된 때라고 하면서 물권적 합의와 동산의 인도 중 늦은 것이 있는 때라고 한다. 이러한 표현은 부적당하다).

선의 · 무과실의 증명책임은 누구에게 있는가? 제197조 제 1 항은 점유자는 선의로 점유하는 것으로 추정한다. 이 규정은 점유자의 점유상태에 관한 것이고 점유취득에 관한 것은 아니다. 그러나 여기에 유추적용하여도 무방할 것이라고 보는 데 다툼이 없다. 그 결과 양수인의 선의는 추정된다. 그에 비하여 무과실의 추정에 대하여 학설은 i) 인정설(고상룡, 161면; 곽윤직, 124면; 김용한, 287면; 김학동, 126면; 지원림, 524면)과 ii) 부정설(김상용, 214면; 이상태, 133면; 이영준, 288면; 주해(5), 462면(이인재))로 나뉘어 있다. i)설은 제200조에 의하여 점유자는 권리자로 추정되므로 그와 거래하는 자가 권리자로 믿더라도 과실이 없다고 새길 것이라고 한다. 그러나 ii)설은 제200조가 근거가 될 수 없다고 한다. 한편 판례는 부정설을 취하고 있다(대판 1960. 2. 25, 4291민상804; 대판 1962. 3. 22, 4294민상1174 · 1175). 생각건대 제200조의 권리추정은 점유상태에 대한 법률상의 추정일 뿐이어서 그것으로부터 권리가 있음을 믿은 데 과실이 없다는 것이 추론될 수는 없다. 즉 제200조로부터 무과실을 추론하는 것은 비약이다. 나아가 증명분배의 타당성 면에서도 무과실의 증명은 선의취득자에게 부과하는 것이 소유자에게 부과하는 것보다 더 낫다(같은 취지: 주해(5), 464면(이인재)). 왜냐하면 소유자는 취득자의 과실 있음을 증명하기가 곤란하지만 취득자는 그가 어떻게 해서 권리자라고 믿었는지(선의)를 증명하기가 쉽기 때문이다. 민법은 이런 취지에서도 무과실의 추정규정을 두지 않은 것으로 보아야 한다. 결국 부정설이 옳다.

3) 점유를 취득하였을 것

(가) 선의취득이 인정되려면 양수인의 점유취득이 있어야 한다. 현실의 인도와 간이인도가 그러한 점유취득에 해당한다는 데 대하여는 다툼이 없다(간이인도에 관하여는 판례도 있다. 대판 1981. 8. 20, 80다2530). 그러나 점유개정과 반환청구권의 양도에 관하여는 견해가 일치하지 않는다.

(나) 점유개정의 경우, 예컨대 양수인이 동산의 임차인을 소유자라고 잘못 생각하여 그로부터 그 동산을 매수하고 그것을 계속하여 양도인(임차인)에게 임대차하는 경우에 양수인의 점유취득이 인정되는가가 문제된다.

여기에 관하여 학설은 i) 부정설(곽윤직, 125면; 김용한, 288면; 김학동, 125면; 이상태, 134면; 이영준, 283면; 이은영, 317면; 주해(5), 452면(이인재); 지원림, 522면)과 ii) 절충설(고상룡, 163면; 김상용, 216면)이 대립하고 있다(과거에는 긍정설도 있었다). 부정설은 점유개정의 경우에는 지배상태가 불충분하므로 그때에도 선의취득을 인정하면 진정한 권리자에게 가혹하다는 이유로 이를 부정한다. 그에 비하여 절충설은 점유개정에 의하여도 선의취득은 성립하지만 그것이 아직 확정적인 것은 아니고 뒤에 현실의 인도를 받은 때 선의취득자는 비로소 확정적으로 소유권을 취득한다는 견해인데, 그래야 점유개정에 의한 2중양도의 경우에 두 양수인을 대등하게 다루게 되어 타당하다거나 또는 부정설에 의하면 실제상 양도담보를 막게 된다는 이유를 든다.

한편 판례는 부정설의 입장에 있다(대판 1964. 5. 5, 63다775; 대판 1978. 1. 17, 77다1872).

생각건대 점유개정의 경우에는 실제로 양도행위가 있었는지를 판정하기가 어렵고, 그 때문에 실제와 다르게 양도를 가장할 가능성도 있다. 따라서 점유개정에 의하여는 선의취득을 할 수 없다고 하여야 한다(긍정설은 2중양도담보의 경우에 제2양수인을 우선하게 하여 부당하다). 절충설은 현실의 인도가 있기 전에는 법률관계가 확정되지 않는 점에서 바람직하지 않다.

(다) 목적물반환청구권의 양도에 의한 점유취득을 인정할 것인가에 관하여 학설은 i) 긍정설(고상룡, 161면; 곽윤직, 124면; 김용한, 287면; 김학동, 125면; 이상태, 133면; 주해(5), 450면(이인재)), ii) 부정설(이은영, 317면), iii) 제한적 긍정설(이영준, 284면)로 나뉘어 있다. iii)설은 무권리자가 간접점유를 하는 경우에는 선의취득을 할 수 있으나, 무권리자가 간접점유를 하지 않는 경우에는 그렇지 않다고 한다.

그리고 판례는 양도인(소유권유보의 매수인)이 소유자로부터 보관을 위탁받은 동산을 제 3 자에게 보관시킨 경우에 양도인이 그 제 3 자에 대한 반환청구권을 양수인에게 양도하고 지명채권양도의 대항요건을 갖추었을 때는 동산의 선의취득에 필요한 점유의 취득요건을 충족한다고 한다(대판 1999. 1. 26, 97다48906).

생각건대 선의취득은 양도인의 점유에 공신력을 인정하는 제도이므로 목적물반환청구권의 양도에 의하여 선의취득을 하려면, 양도인이 간접점유를 하고 있어야 하고 또 당연히 목적물반환청구권이 존재하여야 한다. 그리고 그 경우에 목적물반환청구권을 양도하여 물건의 사실상의 지배가 완전히 양수인에게 이전되면 선의취득을 할 수 있다고 하여야 한다(이는 긍정설의 입장이나, i)설과 꼭 같은지는 알 수 없다. 주해(5), 451면(이인재)은 긍정설이면서 다르게 새기고 있다. iii)설도 유사한지는 정확하게 알기가 어렵다. 이영준, 284면 · 285면 참조). 그리하여 예컨대 A가 B로부터 빌린 자전거를 C에게 전대하고 인도한 뒤 그 자전거를 D에게 팔면서 자전거의 반환청구권을 양도한 경우(양도통지까지 마친 때)에는, D는 자전거를 선의취득한다. 그에 비하여 갑이 자신의 시계를 을에게 임대하고 인도해준 상태에서 병에게 팔고 반환청구권을 양도(양도통지까지 마침)

한 뒤 그 시계를 다시 정에게 팔고 반환청구권을 양도한 경우에는, 병은 시계의 소유권을 정상적으로 취득하나, 정은 소유자가 아닌 자(당시의 갑)로부터 매수한 것이어서 선의취득 여부만 문제되는바, 갑에게는 반환청구권이 존재하지 않아서 정은 선의취득을 할 수 없게 된다.

[78] ### 3. 효 과

선의취득의 요건이 갖추어지면 양수인은 그 동산에 관한 물권을 취득한다. 그런데 선의취득하는 물권은 소유권과 질권만이다(249조 · 343조 참조).

선의취득에 의한 소유권 · 질권 취득의 성질에 관하여는 학설은 i) 원시취득설(고상룡, 163면; 곽윤직, 125면; 김상용, 217면; 김용한, 290면; 김학동, 127면; 이상태, 135면; 이은영, 320면; 주해(5), 457면(이인재))과 ii) 승계취득설(이영준, 290면)로 나뉘어 대립되며, i)설이 압도적인 다수설이다. 그러나 판례의 태도는 분명치 않다. 생각건대 선의취득은 양도인이 무권리자임에도 불구하고 거래의 안전을 위하여 인정되는 것인 만큼 결코 승계취득이라고 할 수는 없다. 승계취득설에 의하면 취득되는 권리 위에 존재하던 부담이 존속할 수 있게 되나, 그것 또한 부당하다. 결국 원시취득이라고 새겨야 한다. 그 결과 권리 위의 부담도 소멸한다.

〈참 고〉

문헌에 따라서는, 선의취득자(양수인)가 양도인을 소유자로 믿는 데 과실이 없었지만, 그 물건 위에 제한물권(유치권 · 질권)이 존재하는 것을 알았거나 알 수 있었다면(가령 질권이 설정된 동산을 반환청구권 양도의 방법으로 선의취득하였는데, 양수인이 질권의 존재를 알고 있었던 경우), 제한물권의 부담이 있는 물권을 취득한다고 한다. 그러한 문헌 중에는 선의취득을 승계취득이라고 하는 것도 있고(이영준, 289면), 원시취득이라고 하는 것도 있다(이상태, 135면; 지원림, 524면). 생각건대 이러한 견해는 실질적 타당성의 관점에서 고려할 가치가 있기는 하나, 법적 근거나 균형의 면에서 받아들이기 어렵다. 우선 선의취득이 원시취득이라고 하는 한 제한물권의 존속을 인정할 수가 없다. 또한 제한물권의 존재에 관하여 악의나 과실이 있는 경우와 선의 · 무과실의 경우가 달리 다루어져야 할 법적 근거가 없다. 결국 이러한 이론은 타당하지 않다고 할 것이다.

선의취득에 의한 물권취득은 확정적이다. 따라서 선의취득자는 물권취득을 하지 않을 수 없으며(같은 취지: 대판 1998. 6. 12, 98다6800), 양도인도 양도의 무효를 주장할 수 없다.

〈판 례〉

「민법 제249조의 동산 선의취득제도는 동산을 점유하는 자의 권리외관을 중시하여 이를 신뢰한 자의 소유권취득을 인정하고 진정한 소유자의 추급을 방지함으로써 거래의 안전을 확보하기 위하여 법이 마련한 제도이므로 위 법조 소정의 요건이 구비되어 동산을 선의취득한 자는 권리를 취득하는 반면, 종전 소유자는 소유권을 상실하게 되는 법률효과가 법률의 규정에 의하여 발생되므로, 취득자가 임의로 이와 같은 선의취득 효과를 거부하고 종전 소유자에게 동산을 반환받아갈 것을 요구할 수 없다고 할 것이다.」(대판 1998. 6. 12, 98다6800)

선의취득자가 본래의 권리자에 대하여 부당이득 반환의무를 지는가? 여기에 관하여는 i) 일반적으로 부당이득 반환의무가 없다는 견해(고상룡, 163면; 곽윤직, 125면; 이상태, 136면; 주해(5), 461면(이인재))와 ii) 선의취득자가 무상으로 취득한 경우에는 부당이득 반환의무가 있다는 견해(김상용, 218면; 김용한, 290면; 이영준, 291면)가 대립하고 있다. i)설은 선의취득은 거래의 안전을 보호하기 위하여 취득자에게 이득을 보유시키는 것이지 단순히 목적물의 권리귀속의 문제를 해결하기 위한 제도가 아니라는 이유를 들고 있고, ii)설은 그렇게 해석해야 공평하다고 한다. 생각건대 선의취득에 의한 물권취득은 설사 무상행위에 의한 것이라고 할지라도 법률상 원인 없는 것이라고 할 수 없으므로, 명문규정(독일민법 816조 참조)이 없는 한, ii)설처럼 해석할 수는 없다.

4. 도품 및 유실물에 관한 특칙 [79]

민법은 선의취득의 요건이 갖추어진 경우에도 취득한 동산이 도품이나 유실물인 때에는 피해자나 유실자가 2년 동안 그 반환을 청구할 수 있도록 하고 있다(250조). 그리고 일정한 경우에는 피해자 등이 대가를 변상하도록 규정한다(251조).

(1) 특칙의 적용범위

제250조 · 제251조의 특칙이 적용되는 것은 도품과 유실물의 선의취득의 경우이다.

1) 도품은 절도 또는 강도에 의하여 점유자의 의사에 반해서 점유를 상실한 물건이고, 유실물은 점유자의 의사에 의하지 않고서 그의 점유를 이탈한 물건으로서 도품이 아닌 것이다. 따라서 점유자의 의사에 기하여 점유를 이전한 물건, 예컨대 사기 또는 횡령(대판 1991. 3. 22, 91다70)의 목적물은 도품이나 유실물이 아니다. 유실물에 대하여는 이 특칙들 외에 제253조와 유실물법이 두어져 있다. 그런데 뒤의 규정들은 유실물의 습득자가 일정한 절차에 따라 그 소유권을 취득하는 경우에 관한 것이다. 그에 비하여 제250조 · 제251조는 습득자가 그러한 절차를 밟지 않

고서 처분한 경우에 있어서의 선의취득에 관한 특례규정이다. 그때는 취득자에게 선의취득 요건이 필요할뿐더러 그 요건이 갖추어져도 반환당하는 문제가 생긴다. 한편 습득자가 소유권을 취득한 뒤에 다른 자가 그로부터 양수하였다면 그는 언제나 당연히 소유권을 취득한다. 그때에는 습득자는 권리자이기 때문이다.

금전은 도품이나 유실물일지라도 반환청구를 하지 못한다(250조 단서). 여기의 금전이 물건으로서 거래되는 것임은 앞에서 설명하였다([75] 참조).

2) 본인이 간접점유를 하고 있는 경우에는 점유이탈의사의 유무는 직접점유자를 표준으로 하여 결정하여야 한다(이설 없음). 그리고 점유보조자를 사용하는 경우에는 점유보조자를 표준으로 하여야 한다(이것이 통설이며, 판례도 같다(대판 1991. 3. 22, 91다70). 그러나 이영준, 295면은 250조를 적용할 것이라고 한다). 따라서 직접점유자 · 점유보조자가 처분한 물건은 도품 · 유실물이 아니다.

(2) 반환청구권

피해자 또는 유실자는 도난 또는 유실한 날로부터 2년 내에 그 물건의 반환을 청구할 수 있다.

1) **반환청구권자와 그 상대방** 반환청구권자는 피해자 또는 유실자이다. 이들은 보통은 본래의 소유자이겠으나, 직접점유자(임차인 · 수치인 등)도 그에 해당한다. 직접점유자가 반환청구권을 갖는 경우에 본래의 소유자도 반환청구를 할 수 있다고 해석된다(이설 없음).

반환청구권의 상대방은 도품 또는 유실물을 취득하여 현재 점유하고 있는 자이다. 취득자로부터 또 취득한 자도 그에 포함된다.

2) **반환청구기간** 이는 도난 또는 유실한 날로부터 2년간이다. 여기서 도난시기는 절취행위 성립시(예: 벌채시)가 아니고 점유를 상실한 때(예: 벌채된 나무들이 반출된 때)이다(이설 없음). 그리고 2년의 기간의 성질에 관하여는 i) 시효기간설(곽윤직, 127면; 김상용, 221면; 김용한, 293면; 김학동, 129면)과 ii) 제척기간설(이상태, 139면; 이영준, 296면; 이은영, 322면; 주해(5), 471면(이인재))이 대립하고 있다. i)설은 반환청구권이 형성권이 아니고 청구권이라는 점을 이유로 든다. 그러나 청구권이라고 하여 항상 시효에 걸리는 것은 아니고, 법률규정의 모습에 있어서 제척기간과 같으며, 중단을 허용하지 않고 법원이 직권으로 고려함이 마땅하다는 점에서 제척기간이라고 하여야 한다. 제250조가 2년의 기간 동안 선의취득을 유보하는 규정이라고 새기면 더욱 그렇다.

3) **반환청구권의 내용**(소유권의 귀속) 반환청구권이 인정되는 2년 동안

동산의 소유권이 누구에게 귀속되는가에 관하여 학설은 한결같이 선의취득자에게 속한다고 한다(다만 고상룡, 166면은 의문을 표시하고 있다). 본래의 소유자에게 속한다고 하면 선의취득자는 2년간 타인의 물건을 점유하는 것이 되고 또 소유권을 언제 취득하는지도 분명하지 않아 부당하다는 것이 그 이유이다.

그러나 이러한 통설은 이론상 문제가 많다. 통설에 의하면 반환청구권은 점유의 회수와 함께 도난 또는 유실시의 본권관계를 부활시키는 기능을 가지는 법정의 특별한 원상회복청구권이라고 한다. 그리하여 그것은 소유권의 회복도 포함하게 된다. 그러나 「반환을 청구할 수 있다」는 규정이 그러한 내용까지 담고 있는 것으로 해석하는 것은 무리이다. 간접점유의 경우에는 그 권리가 직접점유자 · 간접점유자 모두에게 인정되고, 그때에는 그들 각각의 권리가 내용을 달리하게 되는 것과도 조화되지 않는다. 그러므로 그보다는 제250조는 2년 동안은 선의취득을 보류시키는 특별규정이라고 하여야 하고, 거기의 반환청구권은 점유의 회복을 청구하는 권리라고 하여야 한다. 이렇게 해석하는 것이 이 규정의 연혁에도 부합할 것이다(게르만법). 그때 양수인의 부당이득 문제는 제251조에 비추어 부당이득 반환의무가 인정되지 않는다고 새기면 될 것이다.

(3) 대가의 변상

양수인이 도품 또는 유실물을 경매나 공개시장에서 또는 같은 종류의 물건을 판매하는 상인에게서 선의로 매수한 때에는 피해자 또는 유실자는 양수인이 지급한 대가를 변상하여야 그 물건의 반환을 청구할 수 있다(251조).

이때 매수인이 선의 외에 무과실이어야 하는가에 관하여는 다툼이 있다. i) 다수설은 제251조가 제249조 및 제250조를 전제로 하는 규정이므로 무과실이 요구된다고 하나(이상태, 140면; 이영준, 298면; 주해(5), 475면(이인재)), ii) 제251조는 소유권취득의 요건이 아니고 대가의 변상청구에 관한 것이라는 등의 이유로 무과실은 요건이 아니라는 소수설(이은영, 323면)도 있다. 그리고 판례는 i)설과 같다(대판 1991. 3. 22, 91다70). 생각건대 제251조의 취지가 양수인이 선의취득의 요건을 갖추지 못했는데도 단지 공개시장 등에서 취득하였다는 이유로 대가변상을 청구할 수 있다는 것은 아닐 것이다. 그리고 보면 그 규정은 제249조 · 제250조를 전제로 한 것이라고 보아야 하고, 따라서 양수인은 무과실이었어야 한다. 제251조의 「선의」는 강조하는 의미로 이해하여야 한다(그러나 오해의 소지가 있으므로 무과실을 추가하든지 아예 「선의」를 삭제함이 바람직하다).

제251조는 선의취득자에게 대가변상을 받을 때까지 물건의 반환청구를 거부할 수 있는 항변권만을 인정한 것이 아니고, 피해자가 그 물건의 반환을 청구하거나 어떤 원인으로 반환을 받은 경우에는 그 대가변상의 청구권이 있다는 취지의 것이다(이설이 없으며, 판례도 같다. 대판 1972. 5. 23, 72다115). 따라서 취득자가 어떤 사유로 반환한 때(예: 점유보조자가 반환한 경우, 피해자가 수사기관으로부터 반환받은 경우)에도 대가변상청구권을 행사할 수 있다.

제 6 절 지상물에 관한 물권변동

[80] ## Ⅰ. 서 설

우리 법상 토지 외에 토지의 정착물도 토지와는 별개의 부동산이 될 수 있다(99조 1항). 그런데 등기법은 부동산등기부로 토지등기부와 건물등기부만을 두어 건물 이외의 정착물은 등기법상 등기할 수가 없다. 그럼에도 불구하고 실제에 있어서는 수목의 집단이나 미분리의 과실이 그 지반과 분리하여 거래되어 왔으며, 그때 그 공시방법으로는 이른바 명인방법을 사용하였다. 그리고 판례가 이를 인정하고 있다. 그 후 수목의 집단에 관하여는 「입목에 관한 법률」(이하 '입목법'이라 함)이 제정되어 수목의 집단에 대하여는 등기를 할 수 있도록 하고 있다(그렇지만 수목의 집단에 대하여 명인방법을 사용할 수 있음은 물론이다). 아래에서 이들의 물권변동에 관하여 보기로 한다.

Ⅱ. 입목에 관한 물권변동

입목법에 따라 소유권보존등기를 받은 수목의 집단은 「입목」(立木)이 되어 토지와 분리하여 양도하거나 저당권의 목적으로 할 수 있다(입목법 2조·3조). 소유권보존등기는 1필의 토지의 일부분에 부착된 것이어도 무방하고(같은 법 15조), 또 수종의 제한도 없다(같은 법 시행령 1조). 입목에 관한 물권변동에 대하여는 입목법에 규정이 없으므로 제186조·제187조가 적용된다. 그리고 일정한 경우에는 법정지상권이 성립한다(같은 법 6조).

Ⅲ. 명인방법에 의한 물권변동(기타의 지상물의 물권변동)

판례에 의하면, 입목을 제외한 수목의 집단과 미분리의 과실(과수열매 · 입도 · 잎담배 · 뽕잎 · 인삼 등)과 같은 지상물은 명인방법이라는 관습법상의 공시방법에 의하여 토지와는 별개의 부동산으로 되고, 또 물권변동도 일어날 수 있다.

명인방법은 수목의 집단이나 미분리의 과실의 소유권이 누구에게 속하고 있는지를 제 3 자가 명백하게 인식할 수 있도록 하는 관습법상의 공시방법이다. 명인방법은 특정한 방식이 정하여져 있는 것은 아니며 위와 같은 방법을 통틀어서 일컫는 말이다. 예컨대 논 · 밭의 주위에 새끼줄을 치고 소유자의 성명을 기재한 팻말을 세운 경우, 임야 주변 여러 곳의 나무껍질을 깎아 소유자의 성명을 적어 놓은 경우에 그렇다. 판례에 의하면, 집달관(현재의 집행관에 해당함)이 임야의 입구 부근에 그 지상입목이 원고의 소유에 속한다는 공시문을 붙인 팻말을 세운 경우(대판 1989. 10. 13, 89다카9064), 임야의 여러 곳에 입목소유자로서 입산을 금지한다는 푯말을 붙여놓은 경우(대판 1967. 12. 18, 66다2382), 입인삼의 권리에 변동이 있음을 일반에게 알리는 문구를 기재한 푯말을 인삼포를 통과하는 사람이면 누구나 쉽게 볼 수 있게 설치한 경우(대판 1972. 2. 29, 71다2573)에는 명인방법으로서 충분하다고 한다. 그러나 토지 주위에 새끼줄을 치고 그 안에 정원수를 심어 가꾸어 온 경우(대판 1991. 4. 12, 90다20220), 법원의 검증 당시 재판장의 명령으로 10년 이상된 수목에 흰 페인트칠을 하고 편의상 그 위에 일련번호를 붙인 경우(대판 1990. 2. 13, 89다카23022)에는 명인방법을 갖춘 것으로 볼 수 없다고 한다. 나아가 명인방법에 의한 물권변동이 유효하려면 물권의 객체가 특정되어야 하기 때문에, 수목을 재적(세제곱미터)으로 표시한 때처럼 수목들이 특정되지 않은 경우에는 명인방법을 취하였다고 하더라도 그 효력이 생기지 않는다고 한다(대판 1972. 12. 12, 72다1351; 대판 1973. 5. 22, 72다2351; 대판 1973. 9. 25, 73다1229; 대판 1975. 11. 25, 73다1323; 대판 1977. 5. 10, 77다208). 그러나 입목의 전부에 대하여는 요소에 소유자를 게시하고 매수에서 제외된 20주의 수목에는 새끼줄을 치거나 철인으로 ○표를 한 경우에는 명인방법으로 인정할 수 있다고 한다(대판 1976. 4. 27, 76다72).

명인방법이 유효하려면 현재의 소유자가 계속하여 명인방법에 나타나야 하며, 계속되지 않은 것은 유효한 공시방법이 되지 못한다(이설 없음). 따라서 비 · 바람으로 인하여 소유자의 표시가 불분명하게 된 경우에는, 새로 명인방법을 갖추어야 한다.

명인방법은 관습법에 의한 공시방법이므로 등기로 공시하는 토지 · 건물에는 사용할 수 없다. 그리고 입목으로 등기되어 있는 것도 마찬가지이다. 수목의 집단의 경우 명인방법과 등기 사이의 우열관계에 관하여는 동등하다는 견해가 주장되고 있다(이상태, 146면). 이 견해는 관련 판례로, 수목이 매도되어 명인방법이 갖추어진 뒤에 임야의 상속인에 의하여 임야가 매도되어 그 소유권이전등기가 된 경우에 관하여 수목의 소유권은 명인방법을 갖춘 매수인에게 이미 완전히 이전되었다는 판결(대판 1974. 6. 11, 74다542)을 들고 있다. 그러나 이 판결은 엄격하게는 수목 자체에 대한 공시방법이 경합하는 경우에 관한 것이 아니고, 수목이 이미 매도된 뒤에 상속이 일어난 경우에 관한 것이다. 생각건대 수목의 집단에 관하여는 등기가 배타적으로 적용되는 것이 아니므로 위의 견해처럼 새겨도 무방할 것이다.

명인방법은 불완전한 공시방법이므로 소유권 및 그 양도(지상물의 소유권 양도 또는 지상물의 소유권의 유보 하에 토지의 양도)만을 공시할 수 있고, 저당권 기타의 제한물권의 설정은 공시하지 못한다. 그러나 양도담보는 소유권이전의 형식에 의하므로 명인방법에 의하여서도 할 수 있다.

명인방법에 의한 물권변동에도 제186조 · 제187조의 원리가 적용된다. 따라서 물권행위와 명인방법이 갖추어지면 소유권이 이전된다. 판례도 같은 취지이다(대판 1969. 11. 25, 69다1346; 대판 2021. 8. 19, 2020다266375(이는 토지와 분리하여 입목을 처분하는 경우뿐만 아니라, 입목의 소유권을 유보한 채 입목이 식재된 토지의 소유권을 이전하는 경우에도 마찬가지라고 함)). 그리고 지상물이 2중으로 매도된 경우에는 먼저 명인방법을 갖춘 자가 소유권을 취득한다(대판 1967. 2. 28, 66다2442).

제 7 절 물권의 소멸

[81] I. 서 설

물권의 소멸(절대적 소멸)원인에는 모든 물권에 공통한 것과 각각의 물권에 특유한 것이 있다. 그 중 뒤의 것은 각종의 물권에서 보기로 하고 여기서는 앞의 것만 설명하기로 한다. 모든 물권에 공통한 소멸원인으로는 목적물의 멸실 · 소멸시효 · 포기 · 혼동 · 공용징수 · 몰수 등이 있는데, 그 중에서 중요한 것만 살펴본다.

Ⅱ. 목적물의 멸실

물건이 멸실하면 물권도 소멸한다. 물건의 소실 또는 토지의 포락(浦落, 토지가 바닷물이나 적용하천에 잠기는 것)이 그 예이다. 물건의 멸실 여부는 사회통념에 의하여 결정한다. 물건이 멸실된 경우 가운데에는 ① 물건이 완전히 소멸해 버리는 때(예: 물건의 소실), ② 물건의 물질적 변형물이 남아 있는 때(예: 집이 무너져 목재가 남는 경우)가 있고, 또 ③ 물건의 가치적 변형물이 남아 있거나(예: 건물이 멸실한 경우의 보험금청구권 · 손해배상청구권), ④ 없는 때가 있다. 이들 중 ②의 경우에는 물권이 물질적 변형물에 미치고(집의 소유권이 목재의 소유권으로 존속), ③의 경우에는 담보물권만은 그 가치적 변형물에 미친다(342조 · 370조의 물상대위).

Ⅲ. 소멸시효

민법규정상 소유권 이외의 물권도 모두 20년의 시효에 걸리는 것처럼 규정되어 있으나(162조 2항), 점유권 · 유치권은 점유를 상실하면 소멸하고, 담보물권은 피담보채권으로부터 독립하여 소멸시효에 걸리지 않으며(369조 참조), 전세권은 존속기간이 10년 이하이기 때문에(312조) 20년의 시효에 걸릴 일이 없다. 따라서 소멸시효에 걸리는 물권은 지상권과 지역권에 한한다.

이러한 물권이 소멸시효에 걸리는 경우에는 말소등기 없이도 소멸한다고 새겨야 한다(견해 대립에 관하여는 [51] 참조).

Ⅳ. 물권의 포기

물권의 포기는 물권을 소멸시키는 의사표시로 성립하는 단독행위(물권적 단독행위)이다. 물권의 포기 가운데 소유권과 점유권의 포기는 상대방 없는 단독행위이고, 제한물권의 포기는 상대방 있는 단독행위이다(통설도 같음. 그러나 이영준, 301면은 모두가 상대방 없는 단독행위라고 한다).

물권의 포기는 법률행위이므로 그것에 의한 물권변동에는 제186조(부동산의 경우)와 제188조(동산의 경우)가 적용된다. 따라서 부동산물권을 포기하는 때에는 포기의 의사표시 외에 등기가 있어야 한다(통설도 같으나, 등기가 필요하지 않다는 견해도 있다. [51] 참조). 판례도 합유지분의 포기에 관하여 같은 입장에 있다(대판 1997. 9. 9, 96다16896). 한편 동산물권을 포기하는 때에는 포기의 의사표시 외에 점유의 포기도 있어야 한다. 견해에 따라서는 부동산물권이라도 점유를 수반하는 경우에는 점유를 포기해야 한다고 하나(고상룡, 171면; 곽윤직, 132면; 김상용, 230면; 이상태, 63면), 이는 근거가 없는 해석이다.

〈판 례〉

「합유지분 포기가 적법하다면 그 포기된 합유지분은 나머지 잔존 합유지분권자들에게 균분으로 귀속하게 되지만(대법원 1996. 12. 10. 선고 96다23238 판결, 1994. 2. 25. 선고 93다39225 판결 등 참조) 그와 같은 물권변동은 합유지분권의 포기라고 하는 법률행위에 의한 것이므로 등기하여야 효력이 있고(민법 제186조) 지분을 포기한 합유지분권자로부터 잔존 합유지분권자들에게 합유지분권 이전등기가 이루어지지 아니하는 한 지분을 포기한 지분권자는 제 3 자에 대하여 여전히 합유지분권자로서의 지위를 가지고 있다.」(대판 1997. 9. 9, 96다16896)

부동산물권을 포기하는 경우의 등기절차에 관하여는 명문의 규정이 없으며, 그에 관하여는 학설이 대립하고 있다. i) 다수설은 언제나 권리자가 단독으로 말소등기를 신청할 수 있다고 하나(김상용, 231면; 김용한, 100면; 김학동, 175면; 이상태, 63면; 이영준, 301면), ii) 소유권의 포기의 경우에는 단독으로 신청할 수 있지만 제한물권의 포기의 경우에는 상대방과 공동으로 신청할 것이라고 하는 소수설도 있다(곽윤직, 132면; 주해 (5), 244면(양창수)). 소유권의 포기와 같이 상대방이 없는 경우는 몰라도, 상대방이 있는 경우에는 특별규정이 없는 한 상대방과 공동으로 신청해야 한다고 새기는 것이 옳다.

물권의 포기는 원칙적으로 자유로이 할 수 있으나, 그로 인하여 타인의 이익을 해하는 때에는 인정될 수 없다. 민법은 지상권 또는 전세권이 저당권의 목적인 경우에는 저당권자의 동의가 없이는 지상권이나 전세권을 포기할 수 없다는 규정을 두고 있다(371조 2항).

[82] V. 혼동(混同)

1. 의 의

서로 대립하는 법률상의 지위 또는 자격이 동일인에게 귀속하는 사실을 혼동이라고 한다. 혼동은 채권 및 물권에 공통한 소멸원인인데, 여기서는 물권에 관하여서만 본다.

민법은 혼동의 경우에는 원칙적으로 하나의 물권이 소멸하도록 하고, 예외적으로 소멸하지 않는 것으로 규정하고 있다(191조).

2. 소유권과 제한물권의 혼동

동일한 물건에 대한 소유권과 제한물권이 동일인에게 귀속한 때에는 그 제한물권은 원칙적으로 소멸한다(191조 1항 본문). 그러나 「본인 또는 제 3 자」의 이익을 위하여 그 제한물권을 존속시킬 필요가 있다고 인정되는 경우에는 제한물권은 소멸하지 않는다(이설이 없으며, 판례도 같다. 대판 1998. 7. 10, 98다18643; 대결 2013. 11. 19, 2012마745). 제191조 제 1 항 단서는 그 제한물권이 제 3 자의 권리의 목적이 된 경우에만 제한물권이 소멸하지 않는 것으로 규정하고 있으나, 본인의 이익을 위하여 존속시킬 필요도 있기 때문에 이와 같이 해석한다. 그리하여 예컨대 A의 토지에 B가 1번저당권을 가지고 있고 C가 그 토지에 2번저당권을 가지고 있는 경우에 B가 토지의 소유권을 취득한 때에는 B의 저당권은 존속한다. 이 점은 본인이 제한물권을 취득한 뒤 타인이 목적부동산을 가압류한 때에도 마찬가지라고 할 것이다. 판례도, 부동산에 관하여 갑이 1번 근저당권을 취득한 후 을이 2번 근저당권을 취득하고, 이어서 병 · 정이 각각 그 부동산에 대한 가압류등기를 한 다음, 을이 그 부동산을 매수하여 소유권을 취득한 경우에 관하여, 을의 근저당권은 그 이후의 소유권취득에도 불구하고 혼동으로 소멸하지 않는다고 한다(대판 1998. 7. 10, 98다18643). 그리고 이 규정은 소유권과 등기된 임차권이 혼동한 경우에도 유추적용되어야 한다(대판 2001. 5. 15, 2000다12693). 그리하여 가령 부동산의 임차인이 임차권을 취득하고 대항요건까지 갖춘 후에 목적부동산에 타인의 저당권이 설정되었는데, 그 후 위의 임차인이 그 부동산의 소유권을 취득한 때에는, 제191조 제 1 항 단서를 유추적용하여 임차권은 소멸하지 않는다고 하여야 한다(대판 2001. 5. 15, 2000다12693). 주의할 것은, 예외의 적용이 있는 경우라도, 가령 채권 · 채무의 혼동으로 채권이 소멸하여 저당권이 부종성으로 말미암아 소멸하게 되는 때처럼, 다른 이유로 제한물권이 소멸할 수도 있다는 점이다.

3. 제한물권과 그 제한물권을 목적으로 하는 권리의 혼동

위의 규정(191조 1항)은 제한물권과 그 제한물권을 목적으로 하는 제한물권이 혼동하는 경우에 준용된다(191조 2항). 따라서 지상권 위의 저당권을 가진 자가 그 지상권을 취득한 때에는 저당권은 원칙적으로 소멸한다. 그러나 본인 또는 제 3 자의 이익을 위하여 필요한 때에는 예외이다.

4. 혼동에 의하여 소멸하지 않는 권리

점유권은 본권과 동일인에게 귀속하여도 소멸하지 않는다(191조 3항). 이는 당연한 것이다. 그리고 광업권은 토지소유권과는 별개의 권리이므로 혼동으로 소멸하지 않는다.

5. 혼동의 효과

혼동에 의하여 물권이 소멸하며 그 효과는 절대적이다. 따라서 혼동 전의 상태로 복귀되더라도 일단 소멸한 물권은 부활하지 않는다. 그러나 혼동을 생기게 한 원인이 존재하지 않거나 원인행위가 무효 · 취소 · 해제로 인하여 효력을 잃은 때에는 혼동은 생기지 않았던 것으로 되고, 그 결과 소멸한 물권은 부활한다(통설 · 판례도 같다. 대판 1971. 8. 31, 71다1386. 그러나 이영준, 308면은 자기 제한물권으로 잠복하고 있던 것이 모습을 드러낸 것이라고 한다).

제 3 장 점유권과 소유권

제 1 절 점 유 권

제1관 서　　설

Ⅰ. 점유제도 [83]

1. 개　　관

민법은 물건을 사실상 지배하고 있는 경우에 사실상 지배를 할 수 있느냐를 묻지 않고 여러 가지의 법률효과를 주고 있다. 예컨대 점유자가 점유를 침해당한 때에는 그 침해의 배제를 청구할 수 있고(204조-206조), 일정한 경우에는 자력(自力)으로써 그 침해에 대하여 방어할 수 있고(209조), 점유자가 점유물에 대하여 행사하는 권리는 적법하게 보유하고 있는 것으로 추정된다(200조). 이것이 점유제도이다.

2. 포세시오(possessio)와 게베레(Gewere)

점유는 권리를 고려하지 않고 사실의 측면에서만 파악할 수도 있고 권리의 표현으로 이해할 수도 있다. 로마법상의 점유인 「포세시오」는 전자에 해당하고, 게르만법상의 점유인 「게베레」는 후자에 해당한다. 즉 로마법에서의 점유(possessio)는 소유권 기타 본권의 유무와 관계없이 물건을 사실상 지배하는 것이고 그에 대하여 법적 보호가 주어졌다. 그에 비하여 게르만법에서는 점유(Gewere)는 본권을 표현해 주는 것으로서의 점유였고 그것은 곧 본권과 점유가 합하여진 것이었다. 그런데 우리 민법상의 점유는 이 「포세시오」와 「게베레」가 결합되어 있다. 점유보호청구권(204조-206조) · 과실취득권(201조) · 비용상환청구권(203조) 등은 「포세시오」에서 유래한 것이고, 권리의 적법추정(200조) · 자력구제(209조) · 선의취득(249조) · 물권의 공시(188조) 등은 「게베레」에서 유래한 것이다.

3. 점유제도의 사회적 작용(근거)

점유제도가 어떤 사회적 작용을 하는가, 즉 점유제도를 인정하는 근거가 무엇인가에 관하여는 학설이 대립하고 있다. i) 점유자 개인을 중심으로 한 현상유지를 통해서 점유자 개인의 이익을 보호하려는 데에 근거가 있다는 견해가 있는가 하면(곽윤직, 139면), ii) 사회적 평화의 유지와 동산물권의 공시방법의 작용을 한다는 견해(김학동, 185면), iii) 공시기능 · 보호기능 · 권리기능으로 설명하는 견해(이영준, 324면), iv) 신속한 법적 보호 · 거래의 안전 · 법적 안정성에 목적이 있다는 견해(이은영, 329면), v) 사회평화의 유지 · 점유자의 개인적 이익 보호 · 거래안전의 보호 · 동산물권의 공시방법이 근거라는 견해(김상용, 244면; 김용한, 170면; 이상태, 151면)도 있다.

생각건대 우리의 점유제도는 매우 이질적으로 다양한 것이 결합되어 있기 때문에 그 작용 내지 근거를 간단하게 설명하기는 어렵다. 그리고 그에 대한 논의는 노력에 비하여 얻는 것이 별로 없기도 하다. 그 근거가 개별적인 문제들의 해결에 큰 도움을 주지 못하고 있기 때문이다. 중요한 것은 개별적인 제도들의 해석인 것이다. 결국 점유제도의 작용은 논의의 실익이 거의 없다고 할 것이다.

[84] Ⅱ. 점유와 점유권

(1) 민법은 물권편 제2장의 제목을 「점유권」이라고 하고, 여러 규정에서 점유권이라는 표현을 사용하고 있다. 그런가 하면 그것과 별도로 점유 개념도 자주 사용한다. 이 점유와 점유권은 같은 것인가? 여기에 관하여는 i) 점유를 법률요건으로 하여 점유권이 발생한다고 하는 견해(곽윤직, 139면; 김상용, 245면; 김용한, 173면; 이상태, 152면; 지원림 532면), ii) 점유=점유권이라는 견해(이영준, 322면; 이은영, 328면), iii) 점유와 점유권은 같은 것의 양면(사실과 결과)이라는 견해(김학동, 187면)가 대립하고 있다.

생각건대 민법은 물건에 대한 사실상의 지배 즉 점유가 있으면 점유권을 인정한다(192조 1항). 그러나 그것은 i)설이 주장하는 것처럼 점유로부터 점유권이 발생한다는 의미로 이해되지 않아야 한다. 점유권은 단지 점유가 있으면 항상 인정되는 권리라는 포장재에 지나지 않기 때문이다. 즉 점유권은 권리로 분류되기 위한 점유의 겉모양에 지나지 않는다. 그것은 물건에 대한 사실상의 지배와 점유가 분리되는 경우, 가령 점유보조자 · 상속인 · 간접점유의 경우에도 마찬가지이다. 그

때에도 법률규정에 의하여 점유자에게 점유권이 주어지기 때문이다. 결국 점유와 점유권은 동일한 것이고, 후자는 점유에 대한 권리로서의 표현에 불과하다. 그러므로 점유제도의 논의는 점유를 중심으로 하여야 하고 점유권을 지나치게 강조하지 않아야 한다. 특히 점유권의 양도에 관한 규정(196조)은 무의미하다.

(2) 점유권도 물건을 사실상 지배하는 때에 인정되는 권리로서 일종의 물권이다. 그런데 그 권리는 다른 물권과는 성질이 크게 다르다. 즉 일반적인 물권은 물건을 지배하고 있는가를 묻지 않고 종국적으로 지배할 수 있는 권리인 데 비하여, 점유권은 물건을 지배할 수 있는가를 묻지 않고 현재 지배하고 있는 때에 인정되는 권리이다(이영준, 320면은 점유권도 지배할 수 있는 권리라고 한다).

(3) 점유권은 점유할 수 있는 권리(점유할 권리) 즉 본권과는 구별된다. 그 결과 점유할 권리와 점유권을 모두 가지고 있는 자가 있는가 하면(예: 소유자가 점유하는 경우), 점유권은 없이 점유할 권리만 있는 자도 있고(예: 도난당한 피해자), 점유권만 있고 점유할 권리는 없는 자도 있다(예: 도둑이 가지고 있는 경우).

제 2 관 점 유

I. 점유의 의의 [85]

1. 사실상의 지배

민법상 점유는 물건에 대한 사실상의 지배만 있으면 성립한다(192조 1항). 즉 사실상의 지배 외에 어떤 의사가 요구되지 않는다(객관설).

〈점유이론〉

점유가 성립하기 위하여 소지(所持), 즉 사실상의 지배 외에 어떤 의사가 필요한가에 관하여 과거 독일보통법 시대에 많은 논의가 있었다. 그에 대한 학설은 크게 둘로 나누어진다. i) 점유는 소지뿐만 아니라 점유의사가 필요하다고 하는 주관설과 ii) 사실상의 지배만 있으면 되고 그 밖에 특별한 의사가 필요하지 않다고 하는 객관설이 그것이다. 그리고 주관설에는 소유자의사설 · 지배자의사설 · 자기를 위하여 소지하는 의사설 등이 있었고, 객관설에는 소지의사설 · 순객관설이 있었다. 소유자의사설은 소유자로서 물건을 지배할 의사 즉 소유자의 의사가 필요하다는 견해(Savigny)이고, 지배자의사설은 사실상 모든 방향에서 물건을 지배할 의사가 필요하다는 견해

(Windscheid)이며, 자기를 위하여 소지하는 의사설은 소지에 의한 사실상의 이익을 자기에게 귀속시키려고 하는 의사가 있으면 된다는 견해(Dernburg)이다. 그런가 하면 소지의사설은 점유의사는 필요하지 않으나, 소지의 의사 즉 물건을 사실상 지배하려는 의사는 필요하다는 견해(Jhering)이고, 순객관설은 물건을 사실상 지배하려는 의사도 필요하지 않으며 점유는 순전히 객관적인 사실적 지배상태라고 하는 견해(Bekker)이다. 그런데 우리 민법은 객관설을 따른 것이다. 그 중에서도, 뒤에 보는 바와 같이, 소지의사설의 입장이라고 하겠다.

여기서 사실상 지배라는 것은 사회관념상 물건이 어떤 자의 지배 안에 있다고 할 수 있는 객관적 관계를 말한다. 사실상의 지배가 있는지 여부는 물건에 대한 공간적·시간적 관계, 본권관계, 타인지배의 배제가능성 등을 고려하여 사회관념에 의하여 합목적적으로 판단하여야 한다(통설·판례도 같다. 대판 1992. 6. 23, 91다38266 이래 대판 2010. 1. 28, 2009다61193; 대판 2012. 1. 27, 2011다74949; 대판 2021. 2. 4, 2019다202795·202801; 대판 2022. 2. 10, 2018다298799; 대판 2022. 4. 28, 2019다272053; 대판 2024. 2. 15, 2019다208724 등 많은 판결이 있다). 따라서 사실상의 지배는 반드시 물리적으로 실력을 미치고 있는 것과 동일하지 않을 수 있으며, 그러한 점에서 규범적인 성질을 가지고 있다고 하겠다(같은 취지: 이영준, 314면).

사실상 지배의 판단에 고려되는 요소에 관하여 부연하여 설명하기로 한다. ① 사실상 지배가 인정되려면 원칙적으로 공간적으로 밀접한 관계에 있어야 한다. 그러나 규범적인 판단에 의하여 넓은 예외가 인정될 수 있다. 가령 여행하고 있는 자는 그의 집의 가재도구를 사실상 지배하고 있다고 인정된다. ② 사실상 지배관계는 시간적으로 어느 정도 계속되어야 한다. 그런데 이 요소는 점유가 타인의 지배를 배제하게 할 정도로 확고한가를 판단하는 의미를 갖는 것이므로, 지나치게 강조될 것은 아니다(같은 취지: 주해(4), 295면(최병조)). ③ 사실상 지배를 판단함에 있어서 본권(점유할 권리)의 유무는 원칙적으로 문제가 되지 않는다. 그 결과 도둑에게도 점유가 인정될 수 있다. 그러나 많은 경우에는 본권관계를 고려하여 사실상 지배를 인정한다. 물리적인 실력행사가 계속되기 어려운 임야나 토지와 같은 부동산에 있어서 특히 그렇다. 우리 판례도 건물의 소유자가 그 건물이나 대지(부지)를 점거하고 있지 않더라도 그에게 건물대지에 대한 점유를 인정한다(대판 1981. 9. 22, 80다2718; 대판 1993. 10. 26, 93다2483; 대판 1996. 6. 14, 95다47282; 대판 1996. 12. 20, 96다34559; 대판 2003. 11. 13, 2002다57935; 대판 2017. 1. 25, 2012다72469; 대판 2022. 9. 29, 2018다243133·243140; 대판 2023. 8. 18, 2021다249810). ④ 타인지배의 배제를 허용하여야 하느냐는 중요한 요소이다. 그런데 이것은 점유의 확고성, 물건에 대하여 본권이 있는가에 크게 영향을 받을 것이다.

〈판 례〉

(ㄱ) 「물건에 대한 점유란 사회관념상 어떤 사람의 사실적 지배에 있다고 보여지는 객관적 관계를 말하는 것으로서 사실상의 지배가 있다고 하기 위하여는 반드시 물건을 물리적, 현실적으로 지배하는 것만을 의미하는 것이 아니고, 물건과 사람과의 시간적, 공간적 관계와 본권관계, 타인 지배의 배제가능성 등을 고려하여 사회관념에 따라 합목적적으로 판단하여야 할 것이며, 특히 임야에 대한 소유권을 양도하는 경우라면 그에 대한 지배권도 넘겨지는 것이 거래에 있어서 통상적인 형태라고 할 것이며, 점유의 계속은 추정되는 것이며, 임야를 매수하고 그 전부에 대한 이전등기를 마치고 인도받았다면 특별한 사정이 없는 한 그 임야 전부에 대한 인도와 점유가 있었다고 보는 것이 상당하다.」(대판 1996. 9. 10, 96다19512)

(ㄴ) 「특히 임야에 대한 점유의 이전이나 점유의 계속은 반드시 물리적이고 현실적인 지배를 요한다고 볼 것은 아니고, 관리나 이용의 이전이 있으면 인도가 있었다고 보아야 하고, 임야에 대한 소유권을 양도하는 경우라면 그에 대한 지배권도 넘겨지는 것이 거래에 있어서 통상적인 형태라고 할 것이다(대법원 1992. 6. 23. 선고 91다38266 판결 등 참조). 또한 대지의 소유자로 등기한 자는 보통의 경우 등기할 때에 그 대지를 인도받아 점유를 얻은 것으로 보아야 할 것이므로 등기사실을 인정하면서 특별한 사정의 설시 없이 점유사실을 인정할 수 없다고 판단해서는 아니 된다고 할 것이다(대법원 1978. 11. 14. 선고 78다192 판결, 대법원 2001. 1. 16. 선고 98다20110 판결 등 참조). 그러나 이는 그 임야나 대지 등이 매매 등을 원인으로 양도되고 이에 따라 소유권이전등기가 마쳐진 경우에 그렇다는 것이지, 소유권보존등기의 경우에도 마찬가지라고 볼 수는 없다. 소유권보존등기는 이전등기와 달리 해당 토지의 양도를 전제로 하는 것이 아니어서, 보존등기를 마쳤다고 하여 일반적으로 그 등기명의자가 그 무렵 다른 사람으로부터 점유를 이전받는다고 볼 수는 없기 때문이다.」(대판 2013. 7. 11, 2012다201410)

(ㄷ) 「사회통념상 건물은 그 부지를 떠나서는 존재할 수 없는 것이므로 건물의 부지가 된 토지는 그 건물의 소유자가 점유하는 것으로 볼 것이고, 건물의 소유권이 양도된 경우에는 건물의 종전의 소유자가 건물의 소유권을 상실하였음에도 불구하고 그 부지를 점유할 별도의 독립된 권원이 있는 등의 특별한 사정(예컨대 건물의 소유자가 그 부지도 함께 소유하고 있다가 건물의 소유권만을 양도함으로 인하여 그 부지에 대한 직접점유를 상실하였다고 하더라도 그 부지에 관하여 관습상의 법정지상권을 취득하게 되는 건물의 새로운 소유자를 통하여 그 부지를 간접점유하는 것으로 되는 등)이 없는 한, 그 부지에 대한 점유도 함께 상실하는 것으로 보아야 하며, 이 경우에 건물의 종전의 소유자가 그 건물에 계속 거주하고 있고 건물의 새로운 소유자는 현실적으로 건물이나 그 부지를 점거하지 않고 있더라도 결론은 마찬가지라고 할 것이다.」(대판 1993. 10. 26, 93다2483)

(ㄹ) 「미등기 건물을 양수하여 건물에 관한 사실상의 처분권을 보유하게 됨으로써 그 양수인이 건물부지 역시 아울러 점유하고 있다고 볼 수 있는 등의 다른 특별한 사정이 없는 한 건물의 소유명의자가 아닌 자로서는 실제로 그 건물을 점유하고 있다고 하더라도 그 건물의 부지를 점유하는 자로는 볼 수 없다고 할 것이고(대법원 1993. 10. 26. 선고 93

다2483 판결, 1994. 12. 9. 선고 94다27809 판결 등 참조), 건물 공유자 중 일부만이 당해 건물을 점유하고 있는 경우라도 그 건물의 부지는 건물 소유를 위하여 공유명의자 전원이 공동으로 이를 점유하고 있는 것으로 볼 것이며, 건물 공유자들이 건물부지의 공동점유로 인하여 건물부지에 대한 소유권을 시효취득하는 경우라면 그 취득시효 완성을 원인으로 한 소유권이전등기 청구권은 당해 건물의 공유지분 비율과 같은 비율로 건물 공유자들에게 귀속될 것이다(대법원 1996. 12. 20. 선고 96다34559 판결 참조).」(대판 2003. 11. 13, 2002다57935)

(ㅁ) 「사회통념상 건물은 그 부지를 떠나서는 존재할 수 없는 것이므로 건물의 부지가 된 토지는 그 건물의 소유자가 점유하는 것으로 볼 것이고, 이 경우 건물의 소유자가 현실적으로 건물이나 그 부지를 점거하고 있지 아니하고 있더라도 그 건물의 소유를 위하여 그 부지를 점유한다고 보아야 하며, 미등기 건물을 양수하여 건물에 관한 사실상의 처분권을 보유하게 된 양수인은 건물부지 역시 아울러 점유하고 있다고 볼 수 있다.」(대판 2010. 1. 28, 2009다61193)

(ㅂ) 분묘를 이장할 목적으로 전(田)을 매수하여 그 일부에 분묘를 이장한 경우, 매수인은 분묘를 이장한 때에 그 토지 전부에 대한 현실적인 지배를 인도받은 것으로 볼 수 있다고 한 사례(대판 1999. 3. 23, 98다58924).

(ㅅ) 「사인이 소유하는 어떠한 토지에 도로나 공원 등 도시계획시설을 설치하는 내용의 도시계획이 결정 · 고시되었다고 하더라도, 아직 그 도시계획에 따른 사업이 시행되지 않은 상태에서는 곧바로 국가나 지방자치단체가 이를 점유한다고 볼 수 없다. 그러나 정식의 도시계획사업이 시행되기 전이라도 국가나 지방자치단체가 해당 토지에 도시계획시설을 구성하는 여러 시설을 설치 · 관리하여 일반 공중의 이용에 제공하는 등으로 이를 사실상 지배하는 것으로 평가될 수 있는 경우에는, 그 범위 내에서 국가나 지방자치단체의 점유가 인정될 수 있다.」(대판 2018. 3. 29, 2013다2559 · 2566)

법인은 대표기관 기타의 구성원을 통하여 스스로 점유하는 것으로 되며, 그때 기관 개인의 점유는 인정되지 않는다(자세한 사항은 [87] 참조). 법인 아닌 사단도 같다(대판 1996. 1. 26, 94다45562; 대판 1997. 4. 25, 96다46484(사찰의 경우)).

[86]
2. 점유설정의사

우리 민법상 점유가 성립하기 위하여 일정한 점유의사가 필요하지는 않다. 그러나 이것이 사실상의 지배가 성립하기 위하여서도 어떤 의사가 필요하지 않다는 의미는 아니다. 사실상의 지배가 인정되기 위하여서는 어떤 의사가 필요하다고 할 수는 있는 것이다. 이에 관하여 학설은 대립하고 있다. i) 통설은 적어도 사실적 지배관계를 가지려는 의사 즉 점유설정의사는 필요하다고 하나(곽윤직, 141면; 김상용,

(250면; 김용한, 176면; 김학동, 192면; 이상태, 156면; 이영준, 317면; 주해(4), 296면(최병조)), ii) 점유설정의사가 필요하지 않다는 소수설도 주장된다(고상룡, 186면; 이은영, 338면). ii)설은 점유는 사회관념에 비추어 객관적으로 판단되면 충분하다고 한다. 그러나 그 견해에 의하여도 언제나 올바르게 판단될지는 의문이다. 유사하지만 사정이 다소 차이가 있는 경우에 관하여 정밀한 판단이 되지 않을 가능성이 크다. 그리고 의사능력이 없는 자의 점유를 인정할 가능성도 있다([87]의 점유보조자의 예 참조). 무엇보다도 지배를 가지려는 의사가 없는데도 지배를 인정하는 것은 옳지 않다. 따라서 i)설을 따라야 한다.

점유설정의사는 일반적 · 잠재적인 것으로 충분하고, 개별적 · 명시적으로 표시될 필요는 없다. 따라서 우편함에 투입된 편지는 점유자가 인식하지 못하였더라도 점유설정의사가 있는 것으로 된다. 이는 투입이 예정되어 있었기 때문이다(그러나 잘못 배달된 편지나 죽은 쥐를 넣은 경우는 아니다). 그에 비하여 남의 모자가 자기 집에 바람에 날려 들어왔거나 남의 닭이 자기 집에 와서 돌아다니는 경우에는 점유설정의사가 없다.

점유설정의사는 효과의사가 아니고 사실상 지배를 하려고 하는 자연적 의사이다(점유설정의사를 요구하는 견해는 모두 이러한 입장이다. 대판 1973. 2. 13, 72다2450 · 2451도 간접점유에서의 점유의사에 관하여 같은 취지로 판단한다). 따라서 이를 위하여 행위능력을 가질 필요는 없으며, 의사능력만 있으면 된다. 그 결과 어린이도 의사능력이 있는 한 독립하여 점유를 할 수 있다. 그런데 판례는 미성년자(10세)가 상속인인 경우에는 그 법정대리인을 통하여 그 점유를 승계받아 점유를 계속할 수가 있다고도 하고(대판 1989. 4. 11, 88다카8217), 상속인이 10세 남짓밖에 되지 않은 사안에서 그의 아버지가 점유하고 있었던 토지는 아버지의 사망으로 인하여 당연히 상속인의 점유가 되는 것이어서 상속토지에 대한 그의 점유가 자주점유가 아니라고 할 수 없다고도 한다(대판 1990. 12. 26, 90다5733).

3. 점유의 관념화(규범성)

점유가 물건에 대한 사실상의 지배가 있는 때에 성립한다고 하지만, 여기에는 법률이 예외를 인정하고 있다. 즉 물건에 물리적으로 실력을 미치고 있음에도 불구하고 점유를 인정하지 않는 때가 있는가 하면, 실제로 실력을 미치고 있지 않음에도 불구하고 점유를 인정하는 때도 있다. 점유보조자(195조)가 전자의 예이고, 간접점유(194조) · 상속인의 점유(193조)가 후자의 예이다. 이러한 경우에는 사실상의 지배와 점유가 일치하지 않는다.

그런데 이는 민법이 점유제도를 단순히 사실상의 지배자를 무조건 보호하려는 관점에서가 아니고 누구를 보호하여야 하느냐의 관점에서 규율하고 있다는 징표이다. 다시 말하면 이들 제도는 점유의 규범성이 민법상 구체화된 것이라고 할 수 있다.

[87] ## Ⅱ. 점유보조자

1. 의 의

점유보조자는 타인의 지시를 받아 물건에 대한 사실상의 지배를 하는 자이다(195조). 가정부 · 상점의 점원이 그 예이다. 이러한 점유보조자의 경우에는 그는 점유자로 되지 못하고 그에게 지시를 하는 타인이 점유자(직접 점유자)로 된다. 그 타인을 보통 점유주(占有主)라고 한다. 점유주는 점유보조자를 사용함으로써 점유의 범위를 넓힐 수 있다.

점유보조자에게 점유를 인정하지 않는 이유는 그를 점유자로서 보호하여야 할 필요성이 없을 뿐만 아니라 그를 보호할 경우에는 그가 점유주에 대하여 점유권을 행사하는 등의 문제가 생길 수 있기 때문이다. 따라서 점유보조자 또는 제 3 자의 이익을 위하여 필요한 경우에는 점유보조자를 점유자와 마찬가지로 다루어야 한다. 우리는 그러한 예를 간이인도와 선의취득에서 보았다([73] · [76] 참조).

2. 요 건

(1) 어떤 자(점유보조자)가 타인(점유주)을 위하여 물건에 대한 사실상의 지배를 하고 있어야 한다. 점유보조자에게 점유주를 위하여 지배한다는 의사가 있을 필요는 없다.

(2) 점유보조자와 점유주 사이에 점유보조자가 점유주의 지시에 따라야 할 관계 즉 점유보조관계가 있어야 한다. 제195조는 그 관계로 가사상 · 영업상의 관계를 예시하나, 그에 한정되지 않으며 널리 사회적 종속관계이면 된다. 그 관계의 기초는 계약일 수도 있고 친족법이나 공법상의 관계일 수도 있다. 그 관계가 반드시 유효할 필요는 없다.

점유보조관계가 외부로부터 인식될 수 있어야 하는가에 관하여는 i) 부정설

(곽윤직, 143면; 김상용, 253면; 이상태, 169면; 주해(4), 318면(최병조); 지원림, 536면)과 ii) 긍정설(고상룡, 189면; 이영준, 329면; 이은영, 348면)이 대립하고 있다. 생각건대 ii)설은 거래의 안전을 그 이유로 들고 있으나, 오히려 거래의 안전을 위하여 필요하다면 개별적인 경우에 점유보조자를 점유자로 다루면 될 것이다. 또한 ii)설에 의하면 점유보조자로 인정될 경우가 거의 없게 되어 사실상 그 제도를 부인하는 결과로 될 것이다(같은 취지: 이상태, 169면). 결국 i)설을 따라야 한다.

(3) 점유보조관계 여부가 문제되는 경우

1) 자기 물건에 관하여도 점유보조자로 될 수 있다. 예컨대 의사능력 없는 미성년자에게 부모가 물건을 준 때에는, 그 미성년자는 점유설정의사를 가질 수가 없어서 점유자로 될 수 없으며, 그는 점유자인 부모의 점유보조자가 된다(같은 취지: 곽윤직, 143면. 그러나 이은영, 347면은 어린이에게 점유권을 인정한다).

2) 처는 원칙적으로 남편의 점유보조자가 아니라고 하여야 한다(통설도 같음). 그러나 가령 남편의 가게에서 일을 돕고 있는 경우에는 그 범위에서 점유보조자라고 할 수 있다. 판례는, 건물을 신축하여 그 소유권을 원시취득한 자의 모(母)와 처는 소유자와 그 건물에서 동거하는 동안은 점유자인 소유자의 점유보조자에 불과하다고 하며(대판 1980. 7. 8, 79다1928. 이 판결은 이어서, 소유자가 그 건물을 매도하고 퇴거하였음에도 그 건물이 위 소유자의 소유가 아니라고 주장하면서 건물을 점유하고 있다면 이들은 위 소유자에 대한 관계에서 불법점유자라고 한다), 처가 아무런 권원 없이 토지와 건물을 주택 및 축사 등으로 계속 점유·사용하여 오고 있으면서 소유자의 명도요구를 거부하고 있다면 비록 그 시부모 및 남편과 함께 이를 점유하고 있다고 하더라도 처는 소유자에 대한 관계에서 단순한 점유보조자에 불과한 것이 아니라 공동점유자로서 이를 불법점유하고 있다고 한다(대판 1998. 6. 26, 98다16456·16463. 그리고 대판 1991. 5. 14, 91다1356은 처가 아무런 권원 없이 건물을 점유하고 있는 경우에 전 소유자이고 거주자인 남편은 그대로 둔 채 그의 처만을 상대로 가옥명도청구를 할 수 있다고 한다).

3) 법인의 점유는 언제 인정되고 그때 사실상 지배하는 자는 법인의 점유보조자인지 문제된다. 학설은 i) 법인의 기관이 점유를 취득하면 법인의 점유가 되고, 이때 법인의 기관은 점유보조자는 아니라는 견해(곽윤직, 143면; 김학동, 195면), ii) 대표기관의 점유만이 법인의 점유라는 견해(이영준, 331면; 주해(4), 301면(최병조). 이 견해는 대표기관은 점유자가 아니라고만 한다), iii) 대표기관이 점유를 취득하는 경우에 한하여 법인의 점유를 인정하여야 하며, 법인의 다른 기관이 점유하는 경우에는 법인의 점유는 아니고 법인을 점유자로 하는 점유보조자의 관계라고 하는 견해(김상용, 253면; 김용한, 189면; 이상태, 170면), iv) 대표기관뿐만 아니라 직원에 의하여서도 법인의 점유가 인정되나, 업무관련성은 있어야 한다는 견해(이은영, 347면)가 있

다. 생각건대 점유가 법률행위가 아니기는 하지만 그에 준하여 판단하여야 하므로 원칙적으로 법인의 대표기관이 권한 내에서 점유한 때에만 법인의 점유로 된다고 할 것이다. 다만, 법인의 다른 구성원이 대표기관의 지시에 따라 사실상 지배하는 때에는 예외적으로 법인의 점유로 된다. 그리고 이때 법인의 대표기관은 점유보조자가 아니나, 그 구성원은 점유보조자라고 하여야 한다.

3. 효 과

위의 요건이 갖추어지면 점유보조자는 점유자가 아니고 점유주만이 점유자로 된다(195조). 따라서 점유보조자에 대하여는, 점유자에 대한 관계에서나 제 3 자에 대한 관계에서나 점유권에 관한 효력이 인정되지 않는다. 판례도 점유보조자는 방해자에 대하여 방해배제청구(가처분신청)를 할 수 없다고 한다(대판 1976. 9. 28, 76다1588). 그러나 점유보조자도 점유주를 위하여 자력구제권(209조)은 행사할 수 있다고 하여야 한다(이설 없음).

제195조는 점유보조자가 물건에 대한 지배를 행사하는 경우에 관하여만 규정하고 있으나, 점유의 취득과 상실에도 적용되는 것으로 해석하여야 한다(이설 없음). 따라서 점유보조자가 점유를 취득(예: 가정부의 물건 구입)·상실하면 점유주도 점유를 취득·상실하는 것으로 보아야 한다.

점유보조자로서의 지위는 점유보조관계가 종료함으로써 상실된다. 그러나 그 사실은 외부에서 명백히 인식할 수 있어야 한다.

[88] Ⅲ. 간접점유

1. 의 의

간접점유는 점유매개관계에 의하여 타인(점유매개자)으로 하여금 물건을 점유하게 한 자에게 인정되는 점유이다(194조). 임대인의 점유가 그 예이다. 간접점유는 직접점유와 대립되는데, 직접점유는 직접 또는 점유보조자를 통하여 물건을 지배하는 경우에 인정되는 점유이다. 보통 점유라고 하면 직접점유를 가리킨다. 간접점유자에게는 점유권이 인정된다(194조).

간접점유자에게 점유권을 인정하는 이유는 간접점유의 경우에는 사회관념상 간접점유자가 점유매개자를 통하여 간접적으로 물건에 대하여 지배력을 미치고 있는 만큼 점유자로서 보호할 필요가 있기 때문이다.

2. 요 건

(1) 특정인 즉 점유매개자의 점유가 있어야 한다. 점유매개자의 점유는 직접점유인 것이 보통이겠으나(점유보조자에 의한 점유도 가능함), 그가 다시 점유매개관계를 설정하는 경우에는 그의 점유도 간접점유로 되고, 그의 점유매개자의 점유만이 직접점유로 된다. 점유매개자의 점유는 언제나 타주점유이다.

(2) 간접점유자와 점유매개자 사이에 점유매개관계가 있어야 한다. 제194조는 점유매개관계를 「지상권, 전세권, 질권, 사용대차, 임대차, 임치 기타의 관계」라고 규정한다. 점유매개관계는 일시적으로 타인으로 하여금 점유할 수 있는 권리 · 의무를 발생하게 하는 법률관계라고 할 수 있다. 점유매개관계는 제194조가 열거한 것 외에 다른 여러 가지 계약(물건운송계약 · 위탁매매계약 등) · 법률규정(유치권 · 친권 등) · 국가행위(파산재단의 관리 등)에 의하여서도 발생한다(대판 2010. 3. 25, 2007다22897; 대판 2018. 3. 29, 2013다2559 · 2566). 점유매개관계는 중첩적으로 존재할 수 있다. 예컨대 임대인 A가 B에게 물건을 임대하였는데 B가 다시 C에게 전대(轉貸)한 경우에는, A · B 사이뿐만 아니라 B · C 사이에도 점유매개관계가 존재하며, 따라서 A · B 모두 간접점유자가 된다. 그리고 판례에 따르면, 국가 또는 상위 지방자치단체 등 위임관청이 위임조례 등에 의하여 그 권한의 일부를 하위 지방자치단체의 장 등 수임관청에게 기관위임을 하여 수임관청이 그 사무처리를 위하여 공원 등의 부지가 된 토지를 점유하는 경우에는, 위임관청은 위임조례 등을 점유매개관계로 하여 법령상 관리청인 수임관청 또는 그가 속하는 지방자치단체가 직접점유하는 공원 등의 부지가 된 토지를 간접점유한다고 한다(대판 2010. 3. 25, 2007다22897; 대판 2018. 3. 29, 2013다2559 · 2566).

점유매개관계에 의하여 점유매개자의 점유할 권리가 간접점유자의 권리로부터 전래(傳來)되며, 따라서 전자는 후자보다 내용상 제한되어 있다. 전래되는 것은 점유할 권리이지 점유 자체가 아니다. 그리하여 가령 수임인이 위임인을 위하여 물건을 매수하여 점유를 취득하면 점유는 전래되지 않았지만 간접점유는 성립한다(같은 취지: 김용한, 185면).

점유매개관계는 반드시 유효하여야 하는 것은 아니다. 점유매개관계가 처음부터 무효이거나 처음에는 유효했지만 후에 취소되거나 소멸한 경우(예: 임대차의 존속기간이 만료된 경우)에도 점유매개관계로 인정되는 데에는 지장이 없다. 점유매개관계가 무효인 경우에는, 뒤에 보는 바와 같이, 간접점유자는 부당이득에 기하여 반환청구권을 가지며, 그러한 방법으로 물건에 대하여 간접적으로 지배력을 미치고 있는 것이다.

판례는, 간접점유를 인정하기 위해서는 간접점유자와 직접점유를 하는 자 사이에 일정한 법률관계, 즉 점유매개관계가 필요한데, 간접점유에서 점유매개관계를 이루는 임대차계약 등이 해지 등의 사유로 종료되더라도 직접점유자가 목적물을 반환하기 전까지는 간접점유자의 직접점유자에 대한 반환청구권이 소멸하지 않으며, 따라서 점유매개관계를 이루는 임대차계약 등이 종료된 이후에도 직접점유자가 목적물을 점유한 채 이를 반환하지 않고 있는 경우에는, 간접점유자의 반환청구권이 소멸한 것이 아니므로 간접점유의 점유매개관계가 단절된다고 할 수 없다고 한다(대판 2019. 8. 14, 2019다205329; 대판 2023. 8. 18, 2021다249810).

간접점유자는 점유매개자에 대하여 반드시 반환청구권을 가져야 한다. 이 반환청구권의 존재는 간접점유자가 물건에 지배력을 미치고 있다는 데 대한 최소한의 요건이라고 할 수 있다. 여기의 반환청구권의 성질에 관하여는 i) 언제나 채권적 청구권이라는 견해(곽윤직, 146면; 김용한, 185면; 이상태, 163면; 지원림, 538면)와 ii) 물권적 청구권일 수도 있다는 견해(김상용, 258면)가 대립하고 있다. ii)설은 전세권설정계약이 무효인 경우에 전세권설정자가 소유물반환청구권을 행사할 수 있다는 점을 이유로 들고 있다. 그러나 그 경우에도 전세권설정자는 부당이득을 이유로 한 반환청구권도 역시 가지고 있으며, 그것이 여기의 반환청구권이라고 하여야 한다. 결국 i)설이 옳다. 그리고 간접점유자의 반환청구권은 기한부 · 조건부이거나 항변권이 붙어 있어도 무방하며, 그러한 경우에 간접점유가 기한부 · 조건부 등으로 되는 것도 아니다(같은 취지: 이영준, 340면). 한편 간접점유자의 반환청구권은 점유매개관계가 유효한 때에는 그에 기하여(또는 부당이득과 경합하여), 그리고 그것이 무효인 때에는 부당이득을 이유로 발생한다.

3. 효 과

(1) 서 설

간접점유자는 점유권이 있다(194조). 따라서 점유에 관한 규정은 그 성질상 적용이 배제되어야 하는 것을 제외하고는 간접점유자에도 적용된다. 중요한 효과를 대내 · 외 관계로 나누어 기술하기로 한다.

(2) 대내관계(간접점유자와 직접점유자 사이)

간접점유자는 직접점유자에 대하여는 점유보호청구권이나 자력구제권을 행사할 수 없고, 단지 간접점유의 기초가 되는 법률관계(점유매개관계) 또는 물권에 기한 청구권을 행사할 수 있을 뿐이다. 그에 비하여 직접점유자는 간접점유자에 대하여 점유매개관계에 기한 청구권 외에 점유보호청구권 · 자력구제권도 행사할 수 있다.

(3) 대외관계(간접점유자와 제 3 자 사이)

직접점유자가 그의 점유를 침탈(侵奪)당하거나(즉 빼앗기거나) 방해당하고 있는 경우에는 간접점유자도 점유보호청구권을 가진다(207조 1항). 그러나 직접점유자에 의하여 간접점유가 침해된 경우, 예컨대 직접점유자가 횡령하여 처분한 경우에는 간접점유자는 점유보호청구권이 없다(같은 취지: 곽윤직, 146면; 김용한 186면. 김상용, 259면은 부동산의 경우에는 선의취득을 할 수 없으므로 점유보호청구권을 행사할 수 있다고 한다. 그러나 그때에는 소유권에 기한 반환청구를 하면 충분하며, 직접점유자에의 반환은 필요하지도 않다).

간접점유자가 반환청구권을 행사하는 경우에는 직접점유자에의 반환을 청구하여야 하며, 직접점유자가 반환받을 수 없거나 반환을 원하지 않는 때에 한하여 자기에게 반환할 것을 청구할 수 있다(207조 2항).

직접점유자에 대한 침해가 있는 경우에 간접점유자도 자력구제권이 있는가에 관하여는 i) 긍정설(고상룡, 193면; 김상용, 259면; 김용한, 186면; 이은영, 343면)과 ii) 부정설(곽윤직, 147면; 김학동, 225면; 이상태, 165면; 이영준, 410면; 주해(4), 456면(최병조); 지원림, 538면)이 대립하고 있다. 생각건대 개인의 사력(私力)을 행사하는 자력구제는 제한적으로 인정되어야 하므로, 간접점유에 관하여 이를 인정하는 명문규정이 없는 한 부정하여야 한다.

〈판 례〉

매수인이 소유권유보부 매매의 목적물을 타인의 직접점유를 통하여 간접점유하던 중 그 타인의 채권자가 그 채권의 실행으로 그 목적물을 압류한 사안에서, 매수인은 그 강제집행을 용인하여야 할 별도의 사유가 있지 아니한 한 소유권유보매수인 또는 정당한 권원 있는 간접점유자의 지위에서 민사집행법 제48조 제 1 항에 정한 '목적물의 인도를 막을 수 있는 권리'를 가진다고 한 사례(대판 2009. 4. 9, 2009다1894).

[89] Ⅳ. 점유의 모습

1. 자주점유 · 타주점유

(1) 자주점유 · 타주점유의 의의

자주점유(自主占有)는 물건을 소유자처럼 지배할 의사로써, 달리 말하면 자신을 위하여 배타적으로 지배할 의사로써 점유하는 것이다. 따라서 자주점유가 성립하기 위하여 정당한 권원이 필요하지도 않고 또 권원이 있다고 믿고 있었어야 하는 것도 아니다(그리하여 도둑도 자주점유자일 수 있다). 통설도 같은 태도이다. 그에 비하여 타주점유(他主占有)는 자주점유가 아닌 점유이다.

자주점유 · 타주점유의 구별은 취득시효(245조 이하) · 무주물선점(252조) · 점유자의 책임(202조)에서 의미가 있으며, 특히 취득시효에서 중요하다.

(2) 자주점유인지 여부의 판단

1) 판 례 우리 대법원은 자주점유 여부의 판단에 관하여 과거에 여러 가지 표현을 사용하였다. 그런데 1983년의 전원합의체 판결(대판(전원) 1983. 7. 12, 82다708 · 709, 82다카1792 · 1793)이 「취득시효에 있어서 자주점유의 요건인 소유의 의사는 객관적으로 점유취득의 원인이 된 점유권원의 성질에 의하여 그 존부를 결정하여야」 한다고 한 뒤에는, 대체로 그 내용으로 통일되었다. 그러다가 1997년의 전원합의체 판결(대판(전원) 1997. 8. 21, 95다28625)에서 「점유자의 점유가 소유의 의사 있는 자주점유인지 아니면 소유의 의사 없는 타주점유인지의 여부는 점유자의 내심의 의사에 의하여 결정되는 것이 아니라 점유취득의 원인이 된 권원의 성질이나 점유와 관계 있는 모든 사정에 의하여 외형적 · 객관적으로 결정되는 것」이라고 판시하자, 그 이후에는 많은 판결에서 거의 예외 없이 이 판결에 따라 자주점유를 판단하고 있다(대판 1997. 10. 24, 97다32901 이래 대판 2005. 4. 15, 2003다49627; 대판 2011. 7. 28, 2011다15094에 이르기까지 수많은 후속판결에서 그렇다. 다만 대판 1999. 3. 9, 98다41759만은 예외이나, 그 판결도 1997년의 판결을 참고판결로 인용하고 있다). 자주점유의 판단에 관한 한 위의 두 판결의 태도는 일치하지 않는다. 그럼에도 불구하고 후자가 전자를 폐기하지 않은 이유는 아마도 전자가 「권원의 성질만에 의하여」 판

단하라는 의미는 아니라고 이해하여서인 듯하다. 어쨌든 뒤의 판결은 판례를 사실상 변경한 것이며, 그 효과가 후속판결에서 그대로 나타나고 있다.

〈자주점유 여부에 관한 판례〉

(ㄱ) 증여의 경우 「부동산을 증여받아 그 점유를 개시하였다면 그 점유권원의 성질상 이는 자주점유라 할 것이고 설사 그 증여가 무권리자에 의한 것이어서 소유권을 적법하게 취득하지 못한다는 사정을 알았다고 하더라도 그와 같은 사유만으로 그 점유가 타주점유가 된다고 볼 수는 없는 것이다.」(대판 1994. 11. 25, 94다14612)

(ㄴ) 매매의 경우

① 매수인의 점유는 그 매매가 설사 타인 토지의 매매로서 그 소유권을 취득할 수 없다고 하여도 원칙적으로 자주점유이다(대판 1981. 11. 24, 80다3083). 그리고 나중에 매도인에게 처분권이 없었다는 등의 사유로 그 매매가 무효인 것이 밝혀졌다 하더라도 위와 같은 점유의 성질이 변하는 것은 아니다(대판 1996. 5. 28, 95다40328. 주무관청의 허가가 없는 사찰재산의 처분에 관하여 같은 취지의 판결: 대판 1997. 4. 25, 96다46484).

② 지상 건물과 함께 그 대지를 매수 취득하여 점유를 개시함에 있어서 매수인이 인접 토지와의 경계선을 정확하게 확인하여 보지 아니하여 착오로 인접 토지의 일부를 그가 매수 취득한 대지에 속하는 것으로 믿고 위 인접 토지의 일부를 현실적으로 인도받아 점유하여 왔다면 특별한 사정이 없는 한 인접 토지에 대한 점유 역시 소유의 의사가 있는 자주점유라고 보아야 할 것이다(대판 1998. 11. 10, 98다32878; 대판 1999. 6. 25, 99다5866 · 5873; 대판 2009. 12. 10, 2006다55784 · 55791). 이는 토지를 매수하여 인접 토지의 일부를 점유하는 경우도 마찬가지이고(대판 2000. 9. 29, 99다58570 · 58587), 또 그 인접 토지의 점유방법이 분묘를 설치 · 관리하는 것이라도 같다(대판 2007. 6. 14, 2006다84423).

③ 매매 대상 토지의 면적이 등기부상의 면적을 상당히 초과하는 경우에는, 매도인이 그 초과부분에 대한 소유권을 취득하여 이전하여 주기로 약정하는 등의 특별한 사정이 없는 한, 그 초과부분은 단순한 점용권의 매매로 보아야 하고, 따라서 그 점유는 권원의 성질상 타주점유에 해당한다(대판 1999. 5. 25, 98다62046; 대판 2009. 12. 10, 2006다55784 · 55791; 대판 2014. 3. 13, 2011다111459 등).

④ 무효인 법률행위로 인하여 부동산을 취득한 사람이 그 법률행위가 무효임을 알면서 부동산을 인도받아 점유하기 시작한 때에는 특별한 다른 사정이 없는 한 소유의 의사로 점유를 개시한 것으로 볼 수는 없다(대판 1993. 7. 13, 93다1039 등. 그러나 대판 1992. 10. 27, 92다30375는 매매계약에 무효사유가 있어 그 소유권을 적법히 취득하지 못한다는 사정을 인식하였다 하더라도 그 점유 자체에 소유의 의사가 없다고 볼 것은 아니라고 한다). 그리고 학교법인의 기본재산을 매수한 사람이 관할청의 허가 없이 계약이 체결된 사실을 알면서 그 목적물을 인도받아 점유를 개시하였다면 이러한 경우의 점유는 자주점유로 인정할 수 없다(대판 1992. 5. 8, 91다37751). 그러나 학교법인의 기본재산을 매수한 사람이라도 관할청의 허가 없이 계약이 체결된 사실을 알면서 점유를 개시한 것이 아니라면 그 점유가 자주점유가 아니라 할 수 없다(대판 1996. 3. 22, 95다53768).

⑤ 처분권한이 없는 자로부터 그 사실을 알면서 부동산을 취득하거나 어떠한 법률

행위가 무효임을 알면서 그 법률행위에 의하여 부동산을 취득하여 점유를 시작한 때에는 그 점유의 시작에 있어 이미 자신이 그 부동산의 진정한 소유자의 소유권을 배제하고 마치 자기의 소유물처럼 배타적 지배를 할 수 없다는 것을 알면서 점유하는 자이므로 점유 시작 당시에 소유의 의사가 있다고 할 수 없는 것이다(대판 2000. 6. 9, 99다36778(귀속재산의 처분); 대판 2000. 9. 29, 99다50705(구 농지개혁법상 미상환 분배농지의 처분)).

⑥ 국유토지상의 주택이 전전 매도되고 매수인이 그 토지가 국유임을 알고 있는 경우에는 특별한 사정이 없는 한 매수인은 그 주택의 부지에 대하여 점용권만을 매수하는 것으로 보아야 할 것이므로, 이러한 경우 그 토지 점유는 소유자를 배제하여 자기의 소유물처럼 배타적 지배를 행사하려는 것이 아니고 권원의 성질상 타인 소유임을 용인한 타주점유로 봄이 상당하다(대판 1998. 3. 13, 97다50169).

⑦ 부동산을 타인에게 매도하여 그 인도의무를 지고 있는 매도인의 점유는 특별한 사정이 없는 한 타주점유로 변경된다(대판 1997. 4. 11, 97다5824 등).

㈐ **공유자가 공유물을 전부점유한 경우** 공유토지는 공유자 1인이 그 전부를 점유하고 있다고 하여도 다른 공유자의 지분비율의 범위 내에서는 타주점유라고 볼 수밖에 없다(대판 1988. 12. 13, 87다카1418 · 1419; 대판 1996. 7. 26, 95다51861 등). 공유자인 공동상속인 1인이 상속토지 전체를 점유하는 경우에도 같다(대판 2008. 6. 26, 2007다7898).

㈑ 기 타

① 등기명의가 신탁되었다면 특별한 사정이 없는 한 명의수탁자의 부동산에 관한 점유는 그 권원의 성질상 자주점유라고 할 수 없다(대판 1987. 11. 10, 85다카1644; 대판 1996. 6. 11, 96다7403 등).

② 부동산에 설정된 저당권에 기하여 임의경매가 개시된 이래 부동산의 소유자가 경매의 실행을 저지하지 아니한 채 절차가 진행되어 그 부동산이 제 3 자에게 경락되고 대금이 납부되어 종전 소유자의 소유권이 상실되었다면, 종전 소유자가 제 3 자의 소유로 귀속된 부동산을 계속 점유하고 있다고 하더라도 그 점유는 달리 특별한 사정이 없는 한 타주점유이다(대판 1996. 11. 26, 96다29335 · 29342).

③ 자신 소유의 대지상에 건물을 건축하면서 인접 토지와의 경계선을 정확하게 확인해 보지 아니한 탓에 착오로 건물이 인접 토지의 일부를 침범하게 되었다고 하더라도 그것이 착오에 기인한 것인 이상 그것만으로 그 인접 토지의 점유를 타주점유라고 단정할 수는 없으나, 그 침범 면적이 통상 있을 수 있는 시공상의 착오 정도를 넘어 상당한 정도에까지 이르는 경우에는 당해 건물의 건축주는 자신의 건물이 인접토지를 침범하여 건축된다는 사실을 건축 당시에 알고 있었다고 보는 것이 상당하다고 할 것이고, 따라서 그 침범으로 인한 인접 토지의 점유는 자주점유라고 할 수 없다(대판 2000. 12. 8, 2000다42977 · 42984 · 42991).

④ 구분소유적 공유관계에서 어느 특정된 부분만을 소유 · 점유하고 있는 공유자가 매매 등과 같이 종전의 공유지분권과는 별도의 자주점유가 가능한 권원에 의하여 다른 공유자가 소유 · 점유하는 특정된 부분을 취득하여 점유를 개시하였다고 주장하는

경우에는, 타인 소유의 부동산을 매수·점유하였다고 주장하는 경우와 달리 볼 필요가 없으므로, 취득 권원이 인정되지 않는다고 하더라도 그 사유만으로 자주점유의 추정이 번복된다거나 점유권원의 성질상 타주점유라고 할 수 없고, 상대방에게 타주점유에 대하여 증명할 책임이 있다(대판 2013. 3. 28, 2012다68750).

2) 학 설 우리의 통설은 1983년의 판례의 태도를 따르고 있다. 그리하여 소유의 의사의 유무는 점유취득의 원인이 된 사실 즉 권원의 성질에 의하여 객관적으로 정하여진다고 한다(고상룡, 194면; 곽윤직, 147면; 김상용, 260면; 이상태, 157면; 이영준, 344면).

3) 사 견 사견으로는, 소유의 의사는 객관적으로 드러난 의사지향(意思指向)에 의하여 판단되어야 한다고 생각한다. 그런데 여기의 의사는 내심에 숨겨진 것이 아니고 객관적으로 드러나야 하는데, 그것을 판단하는 중요자료로서 점유를 취득하게 된 원인, 특히 권원(여기의 「권원」은 통설 및 구 판례의 「점유취득의 원인인 사실」이 아니고, 「점유를 취득하는 근거로서의 법률행위 기타의 법률요건」이다)이 사용될 수 있을 것이다. 즉 그것을 포함한 여러 자료에 의하여 자주점유인지를 판단하여야 한다. 다만, 우리 민법에는 자주점유 추정규정(197조 1항)이 두어져 있어서 점유는 자주점유로 추정되어야 하는 만큼, 자주점유 문제는 자주점유인지 아닌지의 판단보다는 오히려 반대증명의 문제로 돌아가게 된다.

(3) 자주점유의 추정과 번복(飜覆) [90]

점유자는 소유의 의사로 점유하는 것으로, 즉 자주점유로 추정된다(197조 1항)(이러한 추정은 지적공부 등의 관리주체인 국가나 지방자치단체가 점유하는 경우에도 적용된다. 대판 2006. 1. 26, 2005다36045; 대판 2007. 2. 8, 2006다28065; 대판 2007. 12. 27, 2007다42112; 대판 2021. 8. 12, 2021다230991; 대판 2023. 6. 29, 2020다290767 등). 따라서 점유자가 스스로 자주점유를 증명할 책임이 없고 점유자의 점유가 타주점유임을 주장하는 상대방에게 타주점유의 증명책임이 있다(통설·판례도 같음. 대판(전원) 1983. 7. 12, 82다708·709, 82다카1792·1793; 대판(전원) 1997. 8. 21, 95다28625; 대판 2002. 2. 26, 99다72743; 대판 2003. 8. 22, 2001다23225·23232 등). 이와 같이 자주점유의 권원에 관한 증명책임이 점유자에게 있지 않으므로, 점유자가 스스로 매매 또는 증여와 같은 자주점유의 권원을 주장하였으나 이것이 인정되지 않는 경우에도, 그 점유권원이 인정되지 않는다는 사유만으로 자주점유의 추정이 번복되거나 점유권원의 성질상 타주점유라고 볼 수는 없다(대판(전원) 1983. 7. 12, 82다708·709, 82다카1792·1793; 대판 2002. 2. 26, 99다72743; 대판 2007. 2. 8, 2006다28065; 대판 2014. 3. 27, 2010다94731·94748; 대판 2017. 12. 22, 2017다360·377; 대판 2021. 8. 12, 2021다230991; 대판 2023. 6. 29, 2020다290767). 한편 자주점유의 추정은 전 점유자의 타주점유를 승계한 점유자가 자기의 점유만을 주장하는 경우에도 인정된다(대판 2002. 2. 26, 99다72743).

자주점유의 추정은 반대증명에 의하여 깨어진다. 그런데 어떠한 증명이 있어야 추정을 깰 수 있는지가 문제된다. 대법원 판결 가운데에는 그에 관하여 판시한 것이 여럿 있고, 그 표현도 몇 가지로 나누어지나, 1997년의 전원합의체 판결(대판(전원) 1997. 8. 21, 95다28625)이 판례의 태도를 가장 잘 정리하고 있으며, 그 이후에는 추정번복에 관한 모든 판결이 이를 따르고 있어서 그 판결이 현재의 판례라고 할 수 있다. 그에 의하면 「점유자가 성질상 소유의 의사가 없는 것으로 보이는 권원에 바탕을 두고 점유를 취득한 사실이 증명되었거나, 점유자가 타인의 소유권을 배제하여 자기의 소유물처럼 배타적 지배를 행사하는 의사를 가지고 점유하는 것으로 볼 수 없는 객관적 사정, 즉 점유자가 진정한 소유자라면 통상 취하지 아니할 태도를 나타내거나 소유자라면 당연히 취했을 것으로 보이는 행동을 취하지 아니한 경우 등 외형적·객관적으로 보아 점유자가 타인의 소유권을 배척하고 점유할 의사를 갖고 있지 아니하였던 것으로 볼 만한 사정이 증명된 경우에도 그 추정은 깨어진다」고 한다(1997년의 판결의 후속판결도 대판 1997. 10. 24, 97다32901 이래 대단히 많다)(대판 2017. 12. 22, 2017다360·377은 열거된 경우에 '한하여' 추정이 깨진다고 함). 이 판결은 이어서 「점유자가 점유개시 당시에 소유권취득의 원인이 될 수 있는 법률행위 기타 법률요건이 없이 그와 같은 법률요건이 없다는 사실을 잘 알면서 타인 소유의 부동산을 무단점유한 것이 입증된 경우에도」 자주점유의 추정은 깨어진다고 한다(이 판결의 후속판결도 대판 1997. 9. 12, 96다26299 이래 대단히 많다). 즉 악의의 무단점유가 증명된 때에는 추정이 번복된다는 것이다. 이 판례는 이론상 옳은 것은 아니나 결과에서는 타당하다고 할 수 있다(자세한 것은 송덕수, 신사례, 274면 이하 참조).

한편 대법원은 많은 사안에서 무단점유의 경우에 자주점유의 추정이 깨어졌다고 하였다(대판 1997. 9. 12, 96다26299; 대판 2011. 1. 13, 2010다66699 등). 그러나 임야에 대하여 소유권보존등기를 경료하고 점유를 개시한 지방자치단체가 점유권원을 주장·증명하지 못하고 있는 사례(대판 2005. 4. 15, 2003다49627)와, 국가 및 지방자치단체가 토지에 관하여 공공용 재산으로서의 취득절차를 밟았음을 인정할 증거를 제출하지 못하고 있는 사례(국가 등이 점유 개시 당시 공공용 재산의 취득절차를 거쳐서 소유권을 적법하게 취득하였을 가능성을 배제할 수 없는 경우에 그렇다고 함)(대판 2007. 12. 27, 2007다42112; 대판 2010. 8. 19, 2010다33866; 대판 2010. 10. 14, 2008다92268; 대판 2011. 11. 24, 2009다99143(그런데 국가나 지방자치단체가 해당 토지의 점유·사용을 개시할 당시의 지적공부 등이 멸실된 바 없이 보존되어 있고 거기에 국가나 지방자치단체의 소유권취득을 뒷받침하는 어떠한 기재도 없는 경우까지 함부로 적법한 절차에 따른 소유권 취득의 가능성을 수긍하여서는 아니 된다고 함); 대판 2014. 3. 27, 2010다94731·94748; 대판 2019. 10. 17, 2019다236620; 대판 2021. 2. 4, 2019다297663; 대판 2021. 8. 12, 2021다230991; 대판 2023. 6. 29, 2020다290767)에서는 자주점유의 추정이 번복된다고 볼 수는 없다고 하였다. 그리고 지방자치단체가 토지구획정리사업의 시행자로서 그 사업 완료로 인하여 시행구역 안에 설치된 도로를 점유한 사례에 관하여, 비록 종전의 토지소유자에게 그에 대한 보상이 행하여지지 아니하였다고 하더라도 그 경우가 자주점유의 추정이 깨어지는 무단점유에 해당한다고 볼 수 없다고 하였다(대판 1998. 8. 21, 98다1607 · 1614).

(4) 전 환

1) **타주점유의 자주점유로의 전환** 판례에 의하면, 타주점유가 자주점유로 전환되기 위하여는 타주점유자가 새로운 권원에 기하여 소유의 의사를 가지고 점유를 시작하거나 또는 자기에게 점유를 하게 한 자(간접점유자)에 대하여 소유의 의사가 있음을 표시하여야 한다고 한다(대판 1982. 5. 25, 81다195; 대판 1998. 3. 27, 97다53823 등). 학설도 판례와 같으나(고상룡, 196면), 일부 견해는 간접점유자가 없는 경우에는 소유의 의사를 객관적으로 인식할 수 있으면 충분하다는 예외를 인정한다(곽윤직, 148면; 김상용, 261면; 김학동, 200면; 이상태, 158면; 이영준, 493면). 생각건대 우리 법상 판례 · 학설처럼 해석을 하여야 할 근거가 없다. 무엇보다도 점유자가 소유의 의사를 표시하여야 한다는 것이 그렇다. 일반적으로 자주점유의 경우 소유의 의사는 자연적 의사이어서 표시가 요구되지 않는다. 그리고 특별한 규정(가령 판례처럼 규정하는 일본민법 185조)이 없는 한 그 원칙은 전환에도 그대로 적용되어야 한다. 결국 의사변경, 즉 의사지향의 변경에 의하여 타주점유가 자주점유로 변경될 수 있다고 하여야 한다.

한편 상속은 새로운 점유취득원인이 아니며, 그 경우에는 제193조에 의하여 피상속인의 점유가 그대로 승계된다(통설 · 판례도 같음. 대판 1997. 12. 12, 97다40100 등. 같은 취지: 고상룡, 197면).

2) **자주점유의 타주점유로의 변경** 다수설은 여기에 관하여도 위 1)의 이론을 그대로 인정하고 있다. 판례는 타주점유로부터 자주점유로의 전환의 경우와 달리 자주점유로부터 타주점유로의 전환에 관하여는 아무런 원칙도 밝히고 있지 않다. 그러나 새로운 권원(본래의 의미)에 기하여 타주점유를 취득한 경우에는 이 전환을 당연히 인정한다. 가령 대법원은, 부동산을 타인에게 매도하여 그 인도의무를 지고 있는 매도인의 점유는 특별한 사정이 없는 한 타주점유로 변경된다고 한다(대판 1992. 9. 14, 92다20064; 대판 1997. 4. 11, 97다5824 등). 생각건대 자주점유의 타주점유로의 전환도 의사 내지 의사지향의 변경에 의하여 일어난다고 할 것이다.

〈판 례〉

(ㄱ) 「취득시효에 있어서 자주점유의 요건인 소유의 의사는 객관적으로 점유취득의 원인이 된 점유권원의 성질에 의하여 그 존부를 결정하여야 하는 것이나, 다만 점유권원의 성질이 분명하지 아니한 때에는 민법 제197조 제 1 항에 의하여 점유자는 소

유의 의사로 점유한 것으로 추정되므로 점유자가 스스로 그 점유권원의 성질에 의하여 자주점유임을 입증할 책임이 없고 점유자의 점유가 소유의 의사 없는 자주점유(여기의 자주점유는 타주점유의 오기로 보임: 저자 주)임을 주장하는 상대방에게 타주점유에 대한 입증책임이 있다고 할 것이다.

그러므로 점유자가 스스로 매매 또는 증여와 같은 타주점유(여기의 타주점유는 자주점유의 오기로 보임: 저자 주)의 권원을 주장하였으나 이것이 인정되지 않는 경우에도 원래 위와 같은 자주점유의 권원에 관한 입증책임이 점유자에게 있지 아니한 이상 그 점유권원이 인정되지 않는다는 사유만으로 자주점유의 추정이 번복된다거나 또는 점유권원의 성질상 타주점유라고 볼 수는 없다.」(대판(전원) 1983. 7. 12, 82다708 · 709)

(ㄴ) 「민법 제197조 제 1 항에 의하면 물건의 점유자는 소유의 의사로 점유한 것으로 추정되므로 점유자가 취득시효를 주장하는 경우에 있어서 스스로 소유의 의사를 입증할 책임은 없고, 오히려 그 점유자의 점유가 소유의 의사가 없는 점유임을 주장하여 점유자의 취득시효의 성립을 부정하는 자에게 그 입증책임이 있다 할 것이다.

그런데 점유자의 점유가 소유의 의사 있는 자주점유인지 아니면 소유의 의사 없는 타주점유인지의 여부는 점유자의 내심의 의사에 의하여 결정되는 것이 아니라 점유 취득의 원인이 된 권원의 성질이나 점유와 관계가 있는 모든 사정에 의하여 외형적 · 객관적으로 결정되어야 하는 것이기 때문에 점유자가 성질상 소유의 의사가 없는 것으로 보이는 권원에 바탕을 두고 점유를 취득한 사실이 증명되었거나, 점유자가 타인의 소유권을 배제하여 자기의 소유물처럼 배타적 지배를 행사하는 의사를 가지고 점유하는 것으로 볼 수 없는 객관적 사정, 즉 점유자가 진정한 소유자라면 통상 취하지 아니할 태도를 나타내거나 소유자라면 당연히 취했을 것으로 보이는 행동을 취하지 아니한 경우 등 외형적 · 객관적으로 보아 점유자가 타인의 소유권을 배척하고 점유할 의사를 갖고 있지 아니하였던 것이라고 볼 만한 사정이 증명된 경우에도 그 추정은 깨어진다고 보아야 할 것이다(대법원 1991. 11. 26. 선고 91다25437 판결, 1994. 11. 8. 선고 94다28680 판결, 1995. 3. 17. 선고 94다14445, 14452 판결, 1995. 11. 24. 선고 94다53341 판결 등 참조). 그러므로 점유자가 점유 개시 당시에 소유권취득의 원인이 될 수 있는 법률행위 기타 법률요건이 없이 그와 같은 법률요건이 없다는 사실을 잘 알면서 타인 소유의 부동산을 무단점유한 것임이 입증된 경우에도 특별한 사정이 없는 한 점유자는 타인의 소유권을 배척하고 점유할 의사를 갖고 있지 않다고 보아야 할 것이므로 이로써 소유의 의사가 있는 점유라는 추정은 깨어졌다고 할 것이다.」(대판(전원) 1997. 8. 21, 95다28625)

(ㄷ) 「현행 우리 민법은 법률행위로 인한 부동산물권의 득실변경에 관하여 등기라는 공시방법을 갖추어야만 비로소 그 효력이 생긴다는 형식주의를 채택하고 있음에도 불구하고 등기에 공신력이 인정되지 아니하고, 또 현행 민법의 시행 이후에도 법생활의 실태에 있어서는 상당기간 동안 의사주의를 채택한 구 민법에 따른 부동산 거래의 관행이 잔존하고 있었던 점 등에 비추어 보면, 토지의 매수인이 매매계약에 의

하여 목적 토지의 점유를 취득한 경우 설사 그것이 타인의 토지의 매매에 해당하여 그에 의하여 곧바로 소유권을 취득할 수 없다고 하더라도 그것만으로 매수인이 점유 권원의 성질상 소유의 의사가 없는 것으로 보이는 권원에 바탕을 두고 점유를 취득한 사실이 증명되었다고 단정할 수 없을 뿐만 아니라, 매도인에게 처분권한이 없다는 것을 잘 알면서 이를 매수하였다는 등의 다른 특별한 사정이 입증되지 않는 한, 그 사실만으로 바로 그 매수인의 점유가 소유의 의사가 있는 점유라는 추정이 깨어지는 것이라고 할 수 없다(대법원 1993. 10. 12. 선고 93다1886 판결, 1996. 3. 22. 선고 95다53768 판결 등 참조). 그리고 민법 제197조 제 1 항이 규정하고 있는 점유자에게 추정되는 소유의 의사는 사실상 소유할 의사가 있는 것으로 충분한 것이지 반드시 등기를 수반하여야 하는 것은 아니므로 등기를 수반하지 아니한 점유임이 밝혀졌다고 하여 이 사실만 가지고 바로 점유권원의 성질상 소유의 의사가 결여된 타주점유라고 할 수도 없을 것이다. 만일 이와 반대의 입장에 선다면 이는 등기부 취득시효제도만을 인정하고 있는 일부 외국의 법제와 달리 우리 민법이 점유 취득시효제도를 인정하고 있는 그 취지 자체를 부정하는 결과에 이르를 것이다.」(대판(전원) 2000. 3. 16, 97다37661)

(ㄹ) 「진정 소유자가 자신의 소유권을 주장하며 점유자 명의의 소유권이전등기는 원인무효의 등기라 하여 점유자를 상대로 토지에 관한 점유자 명의의 소유권이전등기의 말소등기 청구소송을 제기하여 그 소송사건이 점유자의 패소로 확정되었다면, 그 점유자는 민법 제197조 제 2 항의 규정에 의하여 그 소송의 제기시부터는 토지에 대한 악의의 점유자로 간주되고, 또 이러한 경우 토지 점유자가 소유권이전등기 말소등기 청구소송의 직접 당사자가 되어 소송을 수행하였고 결국 그 소송을 통해 대지의 정당한 소유자를 알게 되었으며, 나아가 패소판결의 확정으로 점유자로서는 토지에 관한 점유자 명의의 소유권이전등기에 관하여 정당한 소유자에 대하여 말소등기의무를 부담하게 되었음이 확정되었으므로, 단순한 악의점유의 상태와는 달리 객관적으로 그와 같은 의무를 부담하고 있는 점유자로 변한 것이어서 점유자의 토지에 대한 점유는 패소판결 확정 후부터는 타주점유로 전환되었다고 보아야 할 것이다(대법원 1996. 10. 11. 선고 96다19857 판결 참조).」(대판 2000. 12. 8, 2000다14934 · 14941)

(ㅁ) 「타인의 부동산을 점유하는 사람은 일응 소유의 의사로 점유하는 것으로 추정되고 그 추정을 번복할 만한 특별한 사정이 있는 경우에 한하여 타주점유로 인정할 수 있다 할 것인바, 토지의 점유자가 이전에 토지소유자를 상대로 그 토지에 관하여 매매를 원인으로 한 소유권이전등기 청구소송을 제기하였다가 패소하고 그 판결이 확정되었다 하더라도 그 사정만을 들어서는 토지점유자의 자주점유의 추정이 번복되어 타주점유로 전환된다고 할 수 없다(대법원 1981. 3. 24. 선고 80다2226 판결, 대법원 1997. 12. 12. 선고 97다30288 판결 등 참조).」(대판 2009. 12. 10, 2006다19177)

(ㅂ) 「국가나 지방자치단체가 자신의 부담이나 기부의 채납 등 국유재산법 또는 지방재정법 등에 정한 공공용 재산의 취득절차를 밟거나 그 소유자들의 사용승낙을 받

는 등 토지를 점유할 수 있는 일정한 권원 없이 사유토지를 점유 · 사용하였다면 특별한 사정이 없는 한 자주점유의 추정은 깨어진다고 보아야 한다. 다만 국가나 지방자치단체가 취득시효의 완성을 주장하는 토지의 취득절차에 관한 서류를 제출하지 못하고 있다 하더라도 그 점유의 경위와 용도 등을 감안할 때 국가나 지방자치단체가 점유 개시 당시 공공용 재산의 취득절차를 거쳐서 적법하게 소유권을 취득하였을 가능성을 배제할 수 없다고 보이는 경우에는 국가나 지방자치단체가 소유권 취득의 법률요건이 없이 그러한 사정을 잘 알면서 무단점유한 것임이 증명되었다고 보기 어려우므로 자주점유의 추정은 깨어지지 않는다고 보는 것이 옳다(대법원 2009. 9. 10. 선고 2009다32553 판결, 대법원 2010. 8. 19. 선고 2010다33866 판결 등 참조).」(대판 2017. 9. 7, 2017다228342)

[91] 2. 선의점유 · 악의점유

(1) 선의점유(善意占有)는 점유할 권리 즉 본권이 없음에도 불구하고 본권이 있다고 잘못 믿고서 하는 점유이고, 악의점유(惡意占有)는 본권이 없음을 알면서 또는 본권의 유무에 관하여 의심을 품으면서 하는 점유이다(통설임. 이은영, 332면은 본권에 관하여 모르는 경우는 모두 선의점유라고 한다). 통설은 선의점유의 효과가 강력하다는 이유로 의심을 품는 때도 악의점유로 새긴다.

(2) 선의점유 · 악의점유를 구별하는 실익은 취득시효(245조-248조) · 선의취득(249조) · 점유자의 과실취득(201조) · 점유자의 회복자에 대한 책임(202조) 등에서 나타난다.

(3) 점유자는 선의로 점유한 것으로 추정된다(197조 1항). 그리고 판례는, 권원 없는 점유였음이 밝혀졌다고 하여 바로 그 동안의 점유에 대한 선의의 추정이 깨어졌다고 볼 것은 아니라고 한다(대판 2000. 3. 10, 99다63350; 대판 2019. 1. 31, 2017다216028 · 216035). 한편 선의의 점유자가 본권에 관한 소에서 패소한 때에는 그 소가 제기된 때로부터 악의의 점유자였던 것으로 본다(197조 2항). 여기서 「본권에 관한 소」란 소유권에 기하여 제기된 일체의 소송을 가리킨다(같은 취지: 주해(4), 338면(양창수); 지원림, 542면). 그러한 소의 대표적인 예로는 소유물반환청구 소송이 있으나, 타인 토지에 소유권 등기가 되어 있는 자에 대하여 제기한 등기말소청구 소송도 그에 해당한다(대판 1987. 1. 20, 86다카1372 참조). 그런가 하면 부당점유자를 상대로 점유로 인한 부당이득 반환을 청구하는 소송도 포함된다(대판 2002. 11. 22, 2001다6213). 주의할 것은, 소유자가 불법점유자를 상대로 소유물반환청구 소송을 제기한 후 소유권을 상실하였거나 점유자가 소제기 당시에는 소유권이 없었지만 그 후에 소유권을 취득하여, 결국 소유자가 소유물반환청구 소송에서는 패소하였지만 부당이

득의 반환청구는 인정된 경우에는, 제197조 제 2 항에 따라 점유자는 악의로 의제되어야 한다는 점이다(같은 취지: 주해(4), 375면(양창수)). 그렇게 새기지 않으면 우연한 사정에 의하여 점유자가 지나치게 많이 보호되기 때문이다. 아래에 인용한 바와 같이, 판례도 같은 입장이다(대판 2002. 11. 22, 2001다6213). 한편 여기서 「패소한 때」란, 판례에 따르면, 종국판결에 의하여 패소로 확정된 경우를 가리킨다(대판 1974. 6. 25, 74다128). 따라서 대법원의 파기환송판결은 이에 해당하지 않는다. 그리고 「소가 제기된 때」란 소송이 계속된 때, 즉 소장 부본이 피고에게 송달된 때를 말한다(대판 2016. 12. 29, 2016다242273).

〈판 례〉

원고가 소유권에 기하여 피고를 상대로 부동산의 불법점유를 이유로 한 부동산반환청구 및 점유기간 동안의 부당이득 반환청구를 한 경우, 부당이득 반환청구에 민법 제201조 제 1 항, 제197조 제 1 항을 적용함에 있어서는 소유권에 기한 부동산반환청구가 변론종결 전에 소유권이 상실되었음을 이유로 배척된다고 하더라도, 법원으로서는 소유권 상실 이전 기간의 부당이득 반환청구와 관련하여 원고의 소유권의 존부와 피고의 점유 권원의 유무 등을 가려서 그 청구의 당부를 판단하고, 원고의 부당이득 주장이 이유 있는 것으로 판단된다면 민법 제201조 제 1 항, 제197조 제 1 항에도 불구하고 적어도 그 소제기일부터는 피고의 점유를 악의로 의제하여 피고에 대하여 부당이득의 반환을 명하여야 한다고 본 사례(대판 2002. 11. 22, 2001다6213).

3. 과실 있는 점유 · 과실 없는 점유

(1) 이는 선의점유에 있어서 본권이 있다고 잘못 믿은 데 과실이 있느냐 여부에 의한 구별이다.

(2) 과실 있는 점유 · 과실 없는 점유를 구별하는 실익은 취득시효(245조-248조) · 선의취득(249조) 등에서 나타난다.

(3) 점유자의 무과실에 관하여는 추정규정이 없으므로, 무과실을 주장하는 자가 그것을 증명하여야 한다(선의취득에서는 추정하는 견해도 있음. [77] 참조).

4. 하자(흠) 있는 점유 · 하자 없는 점유

(1) 악의 · 과실 · 강포(强暴. 평온하지 않은 것) · 은비(隱秘. 공연하지 않은 것) 또는 불계속의 점유가 하자 있는 점유이고, 선의 · 무과실 · 평온 · 공연한 점유가 하자 없는 점유이다.

(2) 하자 있는 점유 · 하자 없는 점유 중 선의 · 악의 점유, 과실 · 무과실의 점유의 구별실익에 대하여는 위에서 설명하였다. 그 나머지의 것, 즉 평온 · 강포점유, 공연 · 은비점유, 계속 · 불계속의 점유의 구별실익은 취득시효(245조-248조) · 선의취득(249조) 등에서 나타난다.

(3) 점유자의 평온 · 공연한 점유도 추정된다(197조 1항). 그리고 점유의 계속도 추정된다(198조). 즉 전후 양시에 점유한 사실이 있는 때에는 그 점유는 계속된 것으로 추정된다(198조). 그런데 이 점유계속 추정은 동일인이 전후 양 시점에 점유한 것이 증명된 때에만 적용되는 것이 아니고, 전후 양 시점의 점유자가 다른 경우에도 점유의 승계가 증명되는 한 점유계속이 추정된다(대판 1996. 9. 20, 96다24279).

5. 단독점유 · 공동점유

하나의 물건에 관하여 1인이 점유하는 것이 단독점유이고, 수인이 공동으로 점유하는 것이 공동점유이다.

제 3 관 점유권의 취득과 소멸

[92] ### Ⅰ. 점유권의 취득

점유권의 취득은 직접점유의 경우와 간접점유의 경우로 나누어 살펴볼 수 있다.

1. 직접점유의 취득

(1) 원시취득

물건에 대하여 사실상의 지배를 하게 되면 직접점유를 원시취득한다. 무주물의 선점이나 유실물의 습득이 전형적인 예이나, 타인 소유의 물건을 훔친 경우에도 점유의 원시취득은 존재한다. 물건의 사실상 지배를 위하여 점유설정의사가 필요함은 앞에서 설명하였다([86] 참조).

(2) 특정승계취득

특정승계취득은 특정물건의 점유를 타인으로부터 승계한 것을 말한다. 따라서 이 취득이 생기려면 그 물건의 인도가 있어야 한다(196조 1항은 이 취지를 규정한 것으로 이해해야 한다). 그런데 직접점유의 특정승계취득을 위한 인도는 현실의 인도만이다. 그리고 현실의 인도가 있으려면 사실상 지배의 이전 외에 점유이전의 합의가 필요하다는 점, 점유이전의 합의는 자연적 의사의 합치라는 점은 앞에서 설명한 바 그대로이다([72] 참조).

한편 사실상 지배의 이전은 사회통념상 물건에 대한 지배가 인도인으로부터 인수인에게로 넘어가는 것을 가리킨다. 그 구체적인 방법은 경우에 따라 다르겠으나, 동산에 있어서는 보통 장소의 이전이 뒤따르고, 부동산에 있어서는 관리나 이용이 옮겨지게 된다. 판례에 의하면, 건물소유자가 그 건물의 소유권을 타인에게 넘겨주었을 때에는 특별한 사정이 없는 한 그 부지에 대한 점유도 함께 넘겨주었다고 볼 것이라고 한다(대판 1981. 9. 22, 80다2718). 그리고 임야에 대한 관리나 이용의 이전이 있으면 인도가 있었다고 보아야 하고, 임야에 대한 소유권을 양도하는 경우라면 그에 대한 지배권도 넘겨지는 것이 거래에 있어서 통상적인 형태라고 한다(대판 1996. 9. 10, 96다19512; 대판 1997. 4. 25, 97다4838; 대판 1997. 8. 22, 97다2665). 나아가 대지의 소유자로 등기한 자는 보통의 경우 등기할 때에 그 대지의 인도를 받아 점유를 얻은 것으로 보아야 할 것이라고 한다(대판 2001. 1. 16, 98다20110).

우리 문헌들은 예외 없이 직접점유의 특정승계취득에 해당하는 것으로 현실의 인도에 의한 것과 간이인도에 의한 것을 들고 있다. 이는 제196조가 점유권의 양도에 관하여 현실의 인도와 함께 간편한 인도방법을 규정하고 있기 때문이다. 그러나 앞서 언급한 바와 같이([72] 참조), 그 규정은 의미가 없는 것이다. 점유권은 점유가 있는 경우에 존재하는 것이며, 타인에게 양도되는 것이 아니다(점유권의 이전은 상속에서만 의미가 있을 것이다. 그런데 그것은 양도가 아니고 193조에 명문규정이 있다). 이전되는 것은 점유이고, 점유가 이전되면 점유권이 발생하는 것이다. 그리고 특히 간이인도의 경우에는 양수인이 이미 점유 및 점유권을 가지고 있어서 점유권을 양도받을 필요도 이유도 없다.

(3) 상속에 의한 취득

상속의 경우에는 상속인이 점유를 취득한다(193조). 그리고 포괄적 수증자(수유자)도 같다(1078조 참조). 따라서 피상속인이 사망하여 상속이 개시되면 피상속인이 점유하고 있던 물건은 상속인의 점유로 된다. 상속인이 관리하고 있거나 상속개시의 사실을 알고 있을 필요도 없다.

상속인이 승계하는 점유 및 점유권의 성질은 피상속인의 그것과 동일하다.

그리고 상속은 점유의 성질을 변경시키는 새로운 점유취득원인이 아니다.

2. 간접점유의 취득

(1) 간접점유의 설정

점유매개관계를 맺은 경우에 그에 기하여 직접점유자가 점유를 개시하면 간접점유가 성립한다. 그런데 그 구체적인 방법에는 여러 가지가 있다. 현재까지의 직접점유자인 소유자가 타인에게 직접점유를 시키는 경우(예: 임대인의 임대), 점유개정의 경우(예: 매도 후 매도인이 임차하는 경우), 점유매개자가 제 3 자로부터 매수하여 점유를 취득하는 경우(예: 수임인의 물건 매수) 등이 그 예이다.

(2) 간접점유의 특정승계

간접점유자는 목적물반환청구권의 양도에 의하여 간접점유를 승계시킬 수 있다(196조 2항 참조). 그때에 양수인과의 합의가 있어야 함은 물론이다([74] 참조).

(3) 상속에 의한 취득

피상속인이 간접점유를 하고 있었던 경우에는 상속에 의하여 피상속인의 권리(본권)가 상속인에게 승계되어(1005조) 상속인은 역시 간접점유를 하게 된다(193조).

3. 점유승계의 효과

(1) 점유자의 승계인은 자기의 점유만을 주장할 수도 있고, 자기의 점유와 전 점유자의 점유를 아울러 주장할 수도 있다(199조 1항). 여기의 전 점유자는 직전의 점유자만을 가리키는 것이 아니고 현재의 점유자 전에 점유한 모든 점유자를 포함한다(이설 없음). 그리고 전 점유자가 여럿인 경우, 가령 물건을 A · B · C · D · E가 순차로 점유한 경우에, 현재의 점유자인 E는 A부터 D까지의 모든 점유를 아울러 주장할 수도 있고, C 이하의 점유만을 아울러 주장할 수도 있다. 한편 전 점유자의 점유를 아울러 주장하는 경우에는 그 하자도 승계한다(199조 2항). 그리하여 하자가 점유 전부에 존재하는 것으로 된다. 예를 들면, A가 악의로 7년을 점유하고 B가 그 점유를 승계하여 선의로 5년을 점유한 경우에는, B는 자신만의 5년의 점유를 주장할 수도 있고 A의 점유까지 합하여 12년의 점유를 주장할 수도 있으나, A의 점유까지 주장하는 때에는 12년의 점유가 모두 악의점유로 되는 것이다.

(2) 제199조가 상속의 경우에도 적용되는가에 관하여는 i) 긍정설(고상룡, 210면; 곽윤직, 152면;

(김학동, 207면)과 ii) 부정설(김상용, 270면; 이상태, 175면; 이영준, 364면; 지원림, 544면)이 대립하고 있다. ii)설은 자신만의 고유한 점유를 주장하기 위하여서는 별도의 새로운 권원이 존재하여야 한다고 주장한다. 한편 판례는 부정하는 입장이다(대판 1992. 9. 22, 92다22602 · 22619; 대판 1993. 9. 14, 93다10989; 대판 1997. 5. 30, 97다2344; 대판 1997. 12. 12, 97다40100; 대판 2004. 9. 24, 2004다27273 등). 생각건대 상속인의 점유는 피상속인의 점유를 그대로 승계한 것이므로 상속만에 의하여 그의 점유의 성질은 변할 수 없다. 그 점에서는 ii)설이 타당하다. 그러나 상속인의 점유는 그의 의사지향의 변경에 의하여 그 성질이 바뀔 수 있다. 반드시 새로운 권원이 존재하여야 하는 것은 아니다. 그 점에서는 ii)설도 옳지 않다.

〈판 례〉

「상속에 의하여 점유권을 취득한 경우에는 상속인이 새로운 권원에 의하여 자기 고유의 점유를 시작하지 않는 한 피상속인의 점유를 떠나 자기만의 점유를 주장할 수 없고, 또 선대의 점유가 타주점유인 경우 선대로부터 상속에 의하여 점유를 승계한 자의 점유도 그 성질 내지 태양을 달리하는 것이 아니어서 특단의 사정이 없는 한 그 점유가 자주점유로 될 수 없고, 그 점유가 자주점유가 되기 위하여는 점유자가 소유자에 대하여 소유의 의사가 있는 것을 표시하거나 새로운 권원에 의하여 다시 소유의 의사로써 점유를 시작하여야 하는 것이다.」(대판 1997. 12. 12, 97다40100)

Ⅱ. 점유권의 소멸 [93]

점유가 소멸하면 점유권도 소멸한다.

1. 직접점유의 소멸

(1) 직접점유는 물건에 대한 사실상 지배를 상실하면 소멸한다(192조 2항 본문). 점유자가 사실상의 지배를 상실하였는지 여부는 사회통념에 따라 결정된다.

(2) 점유자가 사실상의 지배를 상실하는 경우로는 점유자의 자유의사에 기한 것과 자유의사에 기하지 않은 것으로 나눌 수 있다. 매도인이 매매목적물을 매수인에게 인도하거나 물건의 소유자가 소유물의 점유를 포기하는 경우는 전자의 예이고, 다른 자가 점유물을 훔쳐가거나 점유자가 잃어버리거나 점유보조자가 횡령하는 경우는 후자의 예이다.

사실상의 지배가 일시적으로 지장을 받고 있는 경우에는 사실상의 지배를 상실하지 않는다고 하여야 한다. 그리하여 가령 가축이 일시적으로 우리에서 뛰쳐나간 경우에는 점유는 상실하지 않는다.

(3) 점유를 침탈당한 자가 1년 내에 점유회수의 청구에 의하여 점유를 회수하면 점유를 상실하지 않았던 것으로 된다(192조 2항 단서). 그 결과 이 경우에는 점유가 중단되었던 기간 동안에도 점유를 계속한 것으로 된다.

2. 간접점유의 상실

간접점유는 직접점유자가 점유를 상실하거나 또는 점유매개자가 점유매개자의 역할을 중단하면 소멸한다. 후자의 예로는 직접점유자가 점유물을 횡령하는 경우를 들 수 있다. 주의할 것은, 간접점유를 발생시킨 계약이 소멸하였다고 하여 당연히 점유매개자가 점유매개자의 역할을 중단한 것으로 되지는 않는다는 점이다(같은 취지: 이영준, 368면). 예컨대 임대차가 존속기간이 만료되어 소멸되었는데 임차인이 목적물을 반환하지 않고 있더라도, 임대인은 여전히 간접점유를 가진다. 그에 비하여 위에서 언급한 것처럼, 임대차가 존속하고 있는 동안에도 횡령에 의하여 간접점유를 상실할 수도 있다.

제 4 관 점유권의 효력

[94] ## Ⅰ. 개 관

민법은 점유권의 장(민법 제 2 편 물권 중 제 2 장)에서 점유권의 효력으로 ① 권리의 추정(200조), ② 선의점유자의 과실취득권(201조), ③ 선의점유자의 책임경감(202조), ④ 비용상환청구권(203조), ⑤ 점유보호청구권(204조-206조), ⑥ 자력구제권(209조) 등을 규정하고 있다. 아래에서 이들을 차례로 살펴보기로 한다. 그럼에 있어서 위의 ②·③·④는 일반적으로 문헌들에서 하는 것처럼 「점유자와 회복자의 관계」라는 제목으로 묶어서 기술하기로 한다.

〈참 고〉

문헌(이상태, 177면. 김상용, 272면도 참조)에 따라서는 점유권의 그 밖의 효력으로 본권 취득적 효력(무주물선점·취득시효), 본권의 공시적 효력(동산물권의 공시·선의취득) 등을 들기도 한다. 그런가 하면, 본권 공시적 효력으로 공시력과 공신력이 언급되기도 하지만 이는 공시방법으로서의 점유 또는 인도의 효과이고 권리로서의 「점유권」의 효력과 무관하다고 하는 견해(지원림, 546면)도 있다. 점유와 점유권을 구별하지 않는 사견의 입장에서는 점유의 효력과 점유권의 효력을 나눌 필요가 없고, 따라서 그것들도 점유권의 효력이라고 할 수 있을 것이다. 그런데 그것들에 대하여는 관련되는 곳에서 설명할 것이다.

Ⅱ. 권리의 추정

(1) 점유자가 점유물에 대하여 행사하는 권리는 적법하게 보유한 것으로 추정된다(200조). 여기서 「점유물에 대하여 행사하는 권리」는 물권뿐만 아니라 점유할 수 있는 권능을 포함하는 모든 권리를 의미한다. 그리하여 소유권 · 질권은 물론이고 임차권 · 수치인의 권리도 그에 해당한다. 한편 점유자는 소유의 의사로 점유한 것으로 추정되므로(197조 1항), 점유자는 원칙적으로 소유자로 추정된다.

권리의 추정을 받는 점유의 종류는 묻지 않는다. 따라서 하자 있는 점유라도 무방하다. 그리고 간접점유의 경우에도 권리추정이 인정된다(이설 없음).

이 점유자의 권리추정은 동산에만 인정되며, 부동산에 관하여는 그에 관하여 등기가 되어 있지 않을지라도 적용되지 않아야 한다([46] 참조).

(2) 명문규정은 없으나, 과거에 점유한 자는 그 점유기간 중 적법하게 권리를 가졌던 것으로 추정된다(통설도 같음. 그러나 이은영, 359면은 반대).

(3) 점유자는 권리추정을 모든 자에 대하여 주장할 수 있는가? 이것과 관련하여 소유자로부터 점유를 취득한 자가 소유자에 대하여 추정을 주장할 수 있는지가 문제된다. 학설은 i) 긍정설(이영준, 374면)과 ii) 부정설(곽윤직, 154면; 김상용, 274면; 김용한, 200면; 김학동, 213면; 이상태, 179면; 이은영, 358면; 주해(4), 345면(최병조))로 나뉘어 있으며, 부정설이 압도적인 다수설이다. 그리고 판례는 다수설과 같이 부정한다(대판 1964. 12. 8, 64다714). 생각건대 점유가 등기에 비하여 공시력이 약하고(소유자로서의 점유인지 용익권자로서의 점유인지 공시하지 못함) 국가에 의하여 그 절차가 보장되어 있지 않은 점에서 주저되는 바가 있으나, 제200조가 예외를 두지 않고 있고 또 등기의 추정력과의 균형을 고려할 때 긍정하는 것이 옳다.

추정은 점유자의 이익을 위하여서뿐만 아니라 그의 불이익을 위하여서도 사용될 수 있다. 따라서 소유자로서의 과세를 면하려면 점유자가 소유자 아님을 증명하여야 한다. 그리고 추정의 효과는 점유자 외에 제 3 자(예: 점유자로부터의 임차인)도 주장할 수 있다.

[95] ## Ⅲ. 점유자와 회복자의 관계

1. 서 설

타인의 물건을 소유권 기타 본권 없이 점유하는 자는 본권자가 반환청구권을 행사하면 그 물건을 본권자에게 반환하여야 한다. 그런데 이때 점유자와 본권자 즉 회복자 사이에는 물건 반환 외에 남는 문제가 있다. 점유자가 ① 점유 중에 과실을 취득할 수 있는가, ② 점유 중에 물건을 멸실 · 훼손한 경우에 어떤 범위에서 책임을 지는가, ③ 점유 중에 그 물건에 비용을 지출한 경우에 본권자에게 그 상환을 청구할 수 있는가 등이 그것이다. 민법은 이들을 점유권의 효력의 일부로 보아 제201조 내지 제203조에서 규율하고 있다. 그러나 이 규정들은 그 위치에도 불구하고 소유물반환관계를 전제로 하여 그에 뒤따르는 문제를 해결하기 위한 것으로 이해하여야 한다(같은 취지: 주해(4), 350면(양창수)). 그리하여 제201조 내지 제203조는 점유자가 권원이 없이 물건을 점유하고 있는 경우에만 적용하여야 한다. 그리고 이 규정들은 불합리한 내용도 담고 있기 때문에(무상으로 점유를 취득한 자의 과실반환을 규정하는 독일민법 988조 참조), 가능한 한 그 적용범위를 좁혀야 한다. 따라서 당사자 사이에 소유물반환관계가 있다고 하더라도 그것과 동시에 점유자에게 계약상의 반환의무(예: 임대차의 소멸)나 원상회복의무(예: 매매계약이 해제된 경우)가 존재하는 때에는 이 규정들이 적용되지 않는다고 하여야 한다(같은 취지: 주해(4), 361면(양창수). 그리고 대판 2003. 7. 25, 2001다64752; 대판 2009. 3. 26, 2008다34828은 계약관계가 있는 경우에는 그 계약관계를 규율하는 법조항이 적용되고, 203조 2항이 적용되지 않는다고 한다).

2. 과실취득

(1) 선의점유자의 과실취득권

1) 민법은 제201조 제 1 항에서 「선의의 점유자는 점유물의 과실을 취득한다」고 규정한다.

여기서 「선의」의 점유자라 함은 과실수취권을 포함하는 본권(소유권 · 지상권 · 전세권 · 임차권 등)을 가지고 있다고 잘못 믿고 있는 점유자를 가리키며, 과실수취권을 포함하지 않는 본권(질권 · 유치권 등)을 가지고 있다고 믿고 있는 자는 이에 해당하지 않는다(통설 · 판례도 같음. 대판 1969. 9. 30, 69다1234; 대판 1992. 12. 24, 92다22114; 대판 2000. 3. 10, 99다63350 등). 선의의 점유자로 보호되기 위하여서는 선의인 데 무과실이어야 하는가? 여기에 관하여 판례는 권원이 있다고 오신할 만한 근거가 있을 것을 요구한다(대판 1981. 8. 20, 80다2587; 대판 1992. 12. 24, 92다22114; 대판 2000. 3. 10, 99다63350). 그리고 학설은 i) 과실 유무는 묻지 않는다는 견해(곽윤직, 155면; 김용한, 202면; 이상태, 182면. 고상룡, 218면; 이영준, 378면은 오신할 만한 근거는 있어야 하나 과실은 불문한다고 한다)와 ii) 무과실이어야 한다는 견해(김상용, 276면; 주해(4), 384면(양창수). 김학동, 228면은 오신의 근거가 있어야 하므로, 실제로는 무과실까지 요구하는 것과 유사하다고 한다)로 나뉘어 있다. 생각건대 제201조 제 1 항이 문제점을 지니고 있기는 하나, 무과실을 요구하는 명문의 규정이 없는 한 그것은 필요하지 않다고 새겨야 할 것이다.

점유자가 선의인지를 결정하는 시기는 과실에 대하여 독립한 소유권이 성립하는 시점이다. 그리하여 — 아래에서 보는 바와 같이 여기의 과실은 천연과실이라고 새겨야 하므로 — 원물로부터 분리할 때(102조 1항)를 기준으로 한다. 사견과 달리 법정과실도 포함시키는 입장에 서 있는 경우에는 법정과실은 선의가 존속한 일수의 비율에 따라 취득한다고 하여야 한다(102 2항).

선의의 점유자라도 본권에 관한 소에서 패소한 때에는 그 소가 제기된 때부터 악의의 점유자로 의제되므로(197조 2항), 소가 제기된 후에는 선의자로 되지 않는다. 그리고 폭력 또는 은비(숨김)에 의한 점유자는 그가 비록 선의일지라도 악의의 점유자로 다루어진다(201조 3항).

2) 선의의 점유자가 취득하는 과실에는 천연과실 외에 법정과실도 포함되는가?

여기에 관하여 학설은 일치하여 긍정하고 있다. 그리고 물건을 사용하여 얻은 이익 즉 사용이익도 동일하게 다룰 것이라고 한다(고상룡, 219면; 곽윤직, 156면; 김상용, 276면; 김학동, 236면; 이상태, 182면; 이영준, 377면; 이은영, 373면; 주해(4), 390면(양창수). 사용이익에 관하여는 판례도 같다. 대판 1981. 9. 22, 81다233(토지경작으로 인한 이득); 대판 1987. 9. 22, 86다카1996 · 1997(토지사용이득); 대판 1995. 5. 12, 95다573 · 580(토지사용이득); 대판 1996. 1. 26, 95다44290(건물사용이득)).

그러나 이러한 통설 · 판례에는 찬성할 수 없다. 여기의 과실은 천연과실만을 의미한다고 하여야 하며, 물건의 사용이익도 제외하여야 한다. 그 이유는 다음과 같다. ① 제201조가 선의의 점유자에게 과실을 수취할 수 있도록 한 것은 그러한 자는 천연과실을 수취하여 소비하는 것이 보통이기 때문에 그것을 반환하게 하면 가혹하다는 데 그 취지가 있는 것으로 보이고, 그 물건을 이용한 대가까지 수취하게 하려는 것은 아니라고 생각된다. ② 제201조 제 2 항의 「소비」 · 「훼손」 · 「과실의 대가」라는 표현도 천연과실을 염두에 둔 것이다. ③ 제201조 제 1 항은 선의의 점유자에게 불합리하게 특혜를 주는 내용을 담고 있기 때문에, 그 적용범위 및 효과의 사정거리를 가능한 한 줄이고 이익조정을 합리적인 부당이득법에 맡겨야 한다. ④ 제201조 제 1 항 때문에 부당이득법의 의미가 상당부분 훼손되고 있는 만큼 그 영향범위를 줄이기 위하여서도 축소해석이 필요하다. ⑤ 법정과실을 여기에 포함시키기 때문에 사용이익도 마찬가지로 다루게 되어 더욱 부당하게 된다. ⑥ 법정과실을 그대로 둔 채 사용이익만을 제외하면 불균형이 발생하므로 법정과실도 제외함이 바람직하다. ⑦ 법정과실 문제는 제102조 제 2 항에 의하여 합리적으로 규율될 수 있다.

〈판 례〉

「민법 제201조 제 1 항에 의하면 선의의 점유자는 점유물의 과실을 취득한다고 규정하고 있고, 한편 건물을 사용함으로써 얻는 이득은 그 건물의 과실에 준하는 것이므로, 선의의 점유자는 비록 법률상 원인 없이 타인의 건물을 점유·사용하고 이로 말미암아 그에게 손해를 입혔다고 하더라도 그 점유·사용으로 인한 이득을 반환할 의무는 없다고 할 것이다.」(대판 1996. 1. 26, 95다44290)

제201조 제 1 항이 선의의 점유자에게 과실수취권을 부여한 것인지에 관하여는 논란이 있다. 학설은 i) 과실수취권을 인정한 것이라는 견해(고상룡, 219면; 김상용, 275면; 김학동, 230면; 이상태, 182면; 이영준, 378면; 주해(4), 395면(양창수); 지원림, 549면), ii) 선의점유자의 과실반환의무를 면제한 것에 불과하다는 견해(김용한, 202면; 이은영, 371면. 곽윤직, 155면도 논리적으로는 이 견해가 타당하다고 한다)로 나뉘어 있다. i)설에 의하면 수취한 과실 전부를 반환할 필요가 없게 되나, ii)설을 취하면 소비하지 않은 과실은 반환하여야 한다는 결과로 된다. 그러나 ii)설을 따르면서도 반환의무의 면제범위를 수취한 과실 전부로 새기는 견해도 있다(이은영, 371면). 생각건대 제201조 제 1 항의 법문에 비추어 보아도 그렇고, 따로 과실의 반환을 인정하는 명문규정이 없다는 점으로 보아도 과실수취권을 인정한 것으로 보아야 한다. 견해에 따라서는, 통상 수취할 수 있는 범위를 넘어서 수취한 과실은 반환하여야 한다거나(이영준, 381면; 이은영, 374면), 무상으로 점유를 취득한 점유자는 과실수취권이 없다고 하나(이영준, 381면), 명문규정이 없는 우리 민법상(독일민법 993조 1항·988조 참조) 이들은 모두 부인하여야 한다(같은 취지: 김학동, 230면; 주해(4), 390면·391면(양창수); 지원림, 550면).

선의점유자가 과실을 취득할 수 있는 범위에서 부당이득은 성립하지 않는다(이설이 없으며, 판례도 같음. 대판 1967. 11. 28, 67다2272; 대판 1976. 7. 27, 76다661; 대판 1978. 5. 23, 77다2169).

제201조 제 1 항과 불법행위로 인한 손해배상책임의 관계에 관하여 학설은 i) 둘이 경합하여 적용된다는 견해(곽윤직, 156면; 이상태, 183면. 김학동, 231면은 경합을 인정하면서도 실질적으로는 그런 경우가 없을 것이라고 한다), ii) 제201조 제 1 항만 적용하여야 한다는 견해(이영준, 386면; 주해(4), 395면(양창수))로 나뉘어 대립하고 있다.

그리고 판례는 선의의 점유자로 과실취득권이 있다 하여 불법행위로 인한 손해배상책임이 배제되는 것은 아니라고 하여 i)설과 같다(대판 1966. 7. 19, 66다994). 생각건대 위의 규정이 선의의 점유자에게 과실수취권을 부여함으로써 다른 책임을 모두 면하게 하려는 것으로 이해할 여지도 있으나, 이 규정의 적용범위를 좁히는 것이 바람직하고 또 부당이득과 불법행위의 경합 인정을 고려할 때 i)설을 따라야 한다.

(2) 악의점유자의 과실반환의무

악의의 점유자(폭력 또는 은비에 의한 점유자를 포함한다. 201조 3항)는 수취한 과실(果實)을 반환하여야 하며, 소비하였거나 과실(過失)로 인하여 훼손 또는 수취하지 못한 경우에는 그 과실의 대가를 보상하여야 한다(201조 2항). 주의할 것은, 판례는 이 규정이 제748조 제 2 항에 의한 악의의 수익자의 이자지급의무까지 배제하는 취지는 아니라고 이해한다는 점이다(대판 2003. 11. 14, 2001다61869). 그에 의하면, 제201조 제 2 항은 제748조 제 2 항의 특칙이 아니며, 따라서 악의의 수익자는 받은 이익에 이자를 붙여서 반환하여야 한다(자세한 사항은 채권법각론 [246] 참조). 한편 이 경우에도 불법행위책임이 배제되는 것은 아니다(같은 취지: 곽윤직, 157면; 김상용, 277면; 김용한, 203면; 이상태, 184면; 지원림, 552면. 판례도 같다. 대판 1961. 6. 29, 4293민상704. 반대: 이영준, 386면).

3. 점유물의 멸실 · 훼손에 대한 책임 [96]

(1) 서 설

점유물이 점유자의 책임있는 사유로 인하여 멸실 또는 훼손된 경우에는, 본권 없는 점유자는 회복자에 대하여 손해배상의무를 진다(750조 참조). 그런데 민법은 그러한 경우의 배상범위에 관하여 제202조의 특칙을 두고 있다. 그에 의하면 점유자가 선의인지 악의인지에 따라 배상범위가 달라진다.

주의할 것은, 제202조에서 「책임있는 사유」라 함은 「자기 재산에 대하여 베푸는 것과 동일한 주의」(695조 참조)를 게을리한 것이라고 해석된다는 점이다(같은 취지: 김학동, 233면; 이영준, 383면; 주해(4), 406면(양창수); 지원림, 553면). 그리고 멸실은 물건의 물리적 멸실 외에 제 3 자에게 양도하여 그 반환이 불가능하게 된 것도 포함한다(이설 없음).

제202조와 불법행위책임의 관계는 어떻게 되는가? 여기에 관하여 학설은 i) 제202조는 점유물에 대하여 발생한 손해만에 관한 것이므로 불법행위 규정의 적용을 배제하지 않는다는 견해(김용한, 204면; 장경학, 330면)와 ii) 제201조 · 제202조는 그것이 규정

하는 범위를 초과하는 점유자의 책임을 배제하는 데에 그 입법취지가 있으므로 이들에 의한 청구권과 병행하여 불법행위에 의한 손해배상청구권을 행사할 수 없다는 견해(이영준, 386면; 주해(4), 407면(양창수))로 나뉘어 있다. 그리고 의용민법 하에서의 대법원판례는 i)설과 같이 두 권리를 선택적으로 행사할 수 있다고 한다(대판 1961. 6. 29, 4293민상704). 생각건대 만약 양자의 경합을 인정하면 제202조는 그 의미를 잃게 된다. 따라서 제202조의 경우에는 불법행위를 이유로 손해배상을 청구하지는 못한다고 하여야 한다.

(2) 선의점유자의 책임

선의의 점유자는 그가 자주점유를 하고 있는 때에는 현존이익을 배상하면 된다(202조 1문). 그러나 선의의 점유자일지라도 그가 타주점유를 하고 있는 때에는 악의의 점유자와 마찬가지로 점유물의 멸실 · 훼손으로 인한 모든 손해를 배상하여야 한다(202조 2문).

(3) 악의점유자의 책임

악의의 점유자는 그가 자주점유를 하고 있었든 타주점유를 하고 있었든 언제나 손해 전부를 배상하여야 한다(202조 1문).

[97] 4. 점유자의 비용상환청구권

(1) 서 설

점유자가 점유물에 관하여 비용을 지출한 경우에 그 반환을 청구할 수 있는지가 문제된다. 이 문제는 점유자에게 본권이 있는 때에는 그 본권관계에 기하여, 점유자의 점유가 사무관리에 해당하면 사무관리 규정(734조 이하)에 의하여 결정될 것이다. 그러나 본권도 없고 사무관리도 아닌 경우에는 부당이득의 일반규정에 의할 수밖에 없게 된다. 그런데 민법은 이 경우를 위하여 제203조의 특칙을 두고 있다. 그에 의하면, 일정한 요건 하에 필요비와 유익비의 상환청구권이 인정된다.

〈점유자에게 본권이 있는 경우의 비용상환문제〉

위에서 언급한 바와 같이, 점유자에게 본권이 있는 경우에 있어서 비용상환문제는 그 본권관계에 기하여 결정된다. 그리하여 전세권자는 제310조에 따라 유익비상환청구권을, 유치권자는 제325조에 따라 필요비 · 유익비의 상환청구권을, 환매특약부매매의 매수인은 제594조 제 2 항에 따라 필요비 · 유익비 상환청구권을, 사용차주는 제

611조에 따라 통상의 필요비 이외의 비용의 상환청구권을, 임차인은 제626조에 따라 필요비 · 유익비 상환청구권을 가진다. 그리고 지상권자에 대하여는 비용상환청구권을 인정하는 규정이 없으나, 임차인의 유익비상환청구권에 관한 제626조 제 2 항을 유추하여 유익비상환청구권을 인정함이 옳다([151] 참조). 한편 이와 같이 점유자에게 본권이 있는 경우에는 제203조는 적용되지 않는다. 전술한 바와 같이([95] 참조), 제201조 내지 제203조는 점유자가 권원 없이 물권을 점유하고 있는 경우에만 적용되기 때문이다. 대법원도 임차인(대판 2003. 7. 25, 2001다64752)과 사용차주(대판 2009. 3. 26, 2008다34828)의 비용상환청구에 관하여 같은 태도를 취하였다. 이 가운데 앞의 판결을 단락을 바꾸어 자세히 살펴본다.

그 판결의 사안은 다음과 같다. 그 사건 건물은 원래 소외 A회사가 볼링장을 운영하기 위하여 지은 것인데, 그 시설자금이 부족하자 원고에게 임대하였고, 원고는 B리스로부터 리스자금을 받아 그 건물에 볼링기계 등을 설치하고 각종 내장공사를 한 뒤 영업을 시작하였다. 그 후 그 건물에 대하여 담보권 실행경매가 실시되어 피고가 그 건물을 낙찰받아 소유권이전등기를 마쳤고, 부동산인도명령 집행을 통하여 건물을 인도받았으며, 그 건물에서 볼링장을 경영하고 있었다. 그러한 상태에서 원고가 현재의 소유자인 피고에게 제203조 제 2 항에 따라 유익비상환청구를 하였다. 이에 대하여 대법원은 원고의 청구를 부정하였다. 그 판결의 주요부분을 인용한다.

「민법 제203조 제 2 항에 의한 점유자의 회복자에 대한 유익비상환청구권은 점유자가 계약관계 등 적법하게 점유할 권리를 가지지 않아 소유자의 소유물반환청구에 응하여야 할 의무가 있는 경우에 성립되는 것으로서, 이 경우 점유자는 그 비용을 지출할 당시의 소유자가 누구이었는지 관계없이 점유회복 당시의 소유자 즉 회복자에 대하여 비용상환청구권을 행사할 수 있는 것이나, 점유자가 유익비를 지출할 당시 계약관계 등 적법한 점유의 권원을 가진 경우에 그 지출비용의 상환에 관하여는 그 계약관계를 규율하는 법조항이나 법리 등이 적용되는 것이어서, 점유자는 그 계약관계 등의 상대방에 대하여 해당 법조항이나 법리에 따른 비용상환청구권을 행사할 수 있을 뿐 계약관계 등의 상대방이 아닌 점유회복 당시의 소유자에 대하여 민법 제203조 제 2 항에 따른 지출비용의 상환을 구할 수는 없는 것이다 .

이 사건에서 임차인인 원고는 임대차계약에 의하여 이 사건 건물을 적법하게 점유하고 있으면서 비용을 지출한 것이므로, 임대인인 소외 회사에 대하여 민법 제626조 제 2 항에 의한 임대차계약상의 유익비상환청구를 할 수 있을 뿐, 낙찰에 의하여 소유권을 취득한 피고에 대하여 이와는 별도로 민법 제203조 제 2 항에 의한 유익비의 상환청구를 할 수는 없다고 보아야 할 것이며(다만, 원고가 피고의 목적물인도청구에 대하여 임대인에 대한 위 유익비상환청구권에 기한 유치권으로써 대항할 수 있었을 것임은 별론으로 한다), 이러한 법리는 이 사건 시설에 관한 비용이 경매절차에서 감정평가 가격에 포함되었는지 여부와 아무런 상관이 없다.」(대판 2003. 7. 25, 2001다64752)

(2) 필요비의 상환청구권

점유자가 점유물을 반환할 때에는 회복자에 대하여 점유물을 보존하기 위하여 지출한 금액 기타 필요비의 상환을 청구할 수 있다(203조 1항 본문). 그러한 필요비에는 보존비 · 수선비(대판 1996. 7. 12, 95다41161) · 사육비 · 공조(公租) 공과(公課) 등이 포함된다.

다만, 점유자가 과실을 취득한 경우에는 필요비 가운데 통상의 필요비(대판 1966. 12. 20, 66다1857은 토지에 퇴비 · 비료를 넣고 배토를 하는 것은 통상의 필요비라고 한다)만은 상환을 청구할 수 없다(203조 1항 단서). 그런데 판례(대판 2021. 4. 29, 2018다261889)는, 여기서 「점유자가 과실을 취득한 경우」란 점유자가 선의의 점유자로서 제201조 제 1 항에 따라 과실수취권을 보유하고 있는 경우를 뜻하며, 따라서 과실수취권이 없는 악의의 점유자에 대해서는 제203조 제 1 항 단서 규정이 적용되지 않는다고 한다. 선의의 점유자는 과실을 수취하므로 물건의 용익과 밀접한 관련을 가지는 비용인 통상의 필요비를 스스로 부담하는 것이 타당하다는 이유에서이다. 그 결과 악의의 점유자에게는 통상의 필요비도 청구할 수 있게 된다. 한편 통설 · 판례는 점유자가 목적물을 이용한 경우에도 과실을 취득한 경우와 동일하게 취급한다(대판 1964. 7. 14, 63다1119). 그러나 사용이익이 과실로 다루어지지 않아야 함은 앞에서 설명하였다([95] 참조).

점유자의 필요비상환청구권은 점유자가 회복자로부터 점유물의 반환을 청구받거나 회복자에게 점유물을 반환한 때에 비로소 행사할 수 있는 상태가 되고 이행기가 도래한다(대판 1994. 9. 9, 94다4592; 대판 2011. 12. 13, 2009다5162).

(3) 유익비의 상환청구권

점유자가 점유물을 개량하기 위하여 지출한 금액 기타 유익비에 관하여는 그 가액의 증가가 현존한 경우에 한하여 회복자의 선택에 좇아 그 지출금액이나 증가액의 상환을 청구할 수 있다(203조 2항). 그 결과 유익비의 상환범위는 「점유자가 유익비로 지출한 금액」과 「현존하는 증가액」 중에서 회복자가 선택하는 것으로 정해지는데, 실제 지출금액 및 현존 증가액에 관한 증명책임은 모두 유익비의 상환을 구하는 점유자에게 있다(대판 2018. 6. 15, 2018다206707). 그리고 판례는, 점유자의 증명을 통해 실제 지출금액 및 현존 증가액이 모두 산정되지 아니한 상태에서 회복자가 「점유자가 주장하는 지출금액과 감정 결과에 나타난 현존 증가액 중 적은 금액인 현존 증가액을 선택한다」는 취지의 의사표시를 하였다고 하더라도, 특별한 사정이 없는 한 이를 곧바로 「실제 증명된 지출금액이 현존 증가액보다 적은 금액인 경우에도 현존 증가액을 선택한다」는 뜻까지 담긴 것으로 해석하여서는 안 된다고 한다(대판 2018. 6. 15, 2018다206707). 일반적으로 회복자의 의사는 실제 지출금액과 현존 증가액 중 적은 금액을 선택하겠다는 것으로 보아야 한다는 것이 그 이유이다. 한편 이 규정에서 정한 점유자의 지출금액은 점유자가 실제 지출한 금액을 의미한다(대판 2018. 3. 27, 2015다3914 · 3921 · 3938). 그리고 판례는, 비용을 지출한 것은 명백하나 유익비를 지출한 때부터 오랜 시간이 지나 자료가 없어졌다는 이유로 실제 지출한 금액에 대한 증명이 불가능하여 가치 증가에 드는 비용을 추정하는 방법으로 지출금액을 인정해야 하는 경우에는 실제 비용을 지출한 날을 기준시점으로 하여 가치 증가에 드는 금액을 산정한 다음 그 금액에 대하여 물가상승률을 반영하는 등의 방법으로 현가한 금액을 지출금액으로 인정할 것이라고 한다(대판 2018. 3. 27, 2015다3914 · 3921 · 3938).

점유자의 유익비상환청구권이 발생하고 행사할 수 있는 시기는 필요비상환청구권과 마찬가지로 점유자가 점유물의 반환을 청구받거나 점유물을 반환한 때이다(대판 1969. 7. 22, 69다726; 대판 1993. 12. 28, 93다30471 · 30488; 대판 1994. 9. 9, 94다4592; 대판 2011. 12. 13, 2009다5162). 그리고 점유자가 유익비상환청구를 하는 경우에 법원은 회복자의 청구에 의하여 상당한 상환기간을 허여할 수 있다(203조 3항).

(4) 비용상환청구권의 당사자

1) 상환청구권자 비용상환청구권을 가지게 되는 자는 점유자이다. 그런데 그는 점유물을 반환하여야 할 자이므로 본권 없이 점유하는 자이어야 한다. 따라서 소유자가 청구권을 가질 수 없음은 물론이다. 그러나 비용지출 당시에는 소유자이었더라도 후에 소유권을 소급하여 상실한 경우에는 비용상환청구권을 가지게 된다(같은 취지: 주해(4), 419면(양창수)). 가등기된 부동산에 관하여 소유권을 취득하였으나 후에 가등기에 기하여 본등기가 행하여져 소유권을 상실한 경우, 매매계약이 취소된 경우가 그 예이다. 비용이 지출된 물건에 대하여 직접점유자 · 간접점유자가 있는 경우에는 그 비용을 최종적으로 부담하게 되는 자(특별한 사정이 없는 한 간접점유자)가 청구권자가 된다고 할 것이다. 이때 1차적으로 비용을 지출한 직접점유자는 간접점유자에 대한 계약관계에 기하여 구제되는 수밖에 없다. 판례도, 유효한 도급계약에 기하여 수급인이 도급인으로부터 제 3 자 소유 물건의 점유를 이전받아 수리한 결과 그 물건의 가치가 증가한 경우에 관하여, 도급인이 그 물건을 간접점유하면서 궁극적으로 자신의 계산으로 비용지출과정을 관리한 것이므

로, 도급인만이 소유자에 대한 관계에 있어서 제203조에 의한 비용지출자라고 할 것이고, 수급인은 그러한 비용지출자에 해당하지 않는다고 하여(대판 2002. 8. 23, 99다66564 · 66571), 사견과 같은 입장이다(이는 다른 한편으로 우리 판례가 이른바 전용물소권(채권법각론 [227] 참조)을 부정하는 것이기도 하다).

여기의 점유자는 현재의 점유자이어야 한다(이설 없음). 따라서 점유를 잃은 자는 상환청구를 할 수 없다. 판례도, 점유자가 점유물 반환 이외의 원인으로 물건의 점유자 지위를 잃어 소유자가 그를 상대로 물권적 청구권을 행사할 수 없게 되었다면, 그들은 더 이상 제203조가 규율하는 점유자와 회복자의 관계에 있지 않으므로, 점유자(점유자이었던 자의 의미임: 저자 주)는 위 조항을 근거로 비용상환청구권을 행사할 수 없고, 다만 비용 지출이 사무관리에 해당할 경우 그 상환을 청구하거나, 자기가 지출한 비용으로 물건 소유자가 얻은 이득의 존재와 범위를 증명하여 반환청구권을 행사할 수 있을 뿐이라고 한다(대판 2022. 6. 30, 2020다209815). 문제는 점유가 승계된 경우에 전 점유자가 지출한 비용까지도 현 점유자가 상환청구할 수 있는지이다. 여기에 관하여 학설은 대립하고 있다. i) 점유가 승계(포괄승계 포함)된 경우에는, 채권양도가 있으면 물론이지만, 그렇지 않더라도 현 점유자가 전 점유자의 비용상환청구권을 행사할 수 있다는 견해(이영준, 391면 · 392면; 지원림, 553면), ii) 현 점유자가 전 점유자의 지위를 포괄승계한 경우에는 그러한 비용지출이 가지는 법적 의미도 당연히 승계된다고 보아 전 점유자가 지출한 비용의 상환도 아울러 청구할 수 있으나, 단지 점유할 권리의 승계행위 없이 점유승계만이 행하여졌거나 권리승계행위와 함께 점유승계가 행하여진 경우에는 전 점유자가 지출한 비용의 상환을 청구할 수 없으며, 그렇다면 전 점유자가 지출한 비용에 대하여는 그가 일반적인 사무관리나 부당이득의 법리에 기하여 그 상환을 청구할 수밖에 없다는 견해(주해(4), 421면(양창수)), iii) 전 점유자가 지출한 비용은 일반적인 사무관리나 부당이득의 법리에 기해 전 점유자 자신이 청구할 것이지 현 점유자는 청구할 수 없다는 견해(이상태, 186면; 이은영, 379면 주 1)가 그것이다. 이 중에 iii)설은 포괄승계에 대하여 언급하지는 않으나, 포괄승계의 경우에는 ii)설과 마찬가지로 전 점유자가 지출한 비용도 상환청구를 할 수 있다고 새기지 않을까 생각된다. 그러고 보면 ii)설과 iii)설은 넓게 보면 한 가지라고 할 수 있다. 한편 여기에 관한 판례는 없다. 생각건대 명문규정(가령 독일민법 999조 1항)이 없는 한 전 점유자가 지출한 비용을 현 점유자로 하여금 청구하게 할 수는 없다. 다만, 포괄승계의 경우에는 현 점유자가 전 점유자의 재산법적 지위를 그대로 승계하므로 예외이다.

결국 ii)설(iii)설도 같은 의미라면 여기에 포함된다)이 타당하다.

2) **상환청구권의 상대방**(상환의무자) 비용상환청구권의 상대방, 즉 상환의무자는 물건의 소유자이다. 점유자가 비용을 지출한 후에 소유자가 변경된 경우에는 현재의 소유자가 상대방이 된다고 새겨야 한다. 통설(이상태, 186면; 이영준, 391면; 주해(4), 422면(양창수); 지원림, 554면)과 판례(대판 1966. 6. 15, 65다598; 대판 2003. 7. 25, 2001다64752)도 같다. 한편 소유자 이외의 자, 가령 지상권자나 전세권자가 권원 없이 점유하는 자에 대하여 물건의 반환청구권을 가지는 경우(290조 1항 · 319조 · 213조 참조)에는 점유자가 그에 대하여 비용상환청구권을 행사할 수 있는지 문제된다. 여기에 관하여, 원칙적으로는 부인하여야 하지만, 지상권자나 전세권자가 소유자에 대하여 비용지출의무를 부담하는 범위 내에서는 이들에 대하여도 비용상환청구를 할 수 있다는 견해가 주장되고 있다(주해(4), 422면(양창수)). 뒤의 경우에는 원래 지상권자나 전세권자가 하여야 할 비용지출을 점유자의 출연에 의하여 면하였다고 평가할 수 있다는 이유에서이다. 그러면서 무권원 점유로 인하여 발생하는 책임문제는 소유자와의 사이에서 처리되어야 하고, 이는 점유자가 지출한 비용의 상환의무와는 무관하다고 한다. 생각건대 제203조는 본래 점유자의 소유자에 대한 비용상환청구권을 규정한 것이고, 제213조의 반환청구권 규정이 준용된다고 하여 그것을 행사하는 경우에 제203조가 당연히 준용되어야 하는 것도 아니며, 비용지출에 따른 이익은 궁극적으로 물건의 소유자에게 귀속되는 것이고 또한 가령 지상권자 · 전세권자가 처음부터 목적부동산을 인도받지도 못했는데 점유자의 필요비를 상환하여야 한다는 것은 납득하기도 어렵다. 결국 비용상환문제는, 지상권 · 전세권이 설정된 경우이고 또 지상권자나 전세권자가 비용지출의무를 부담하는 범위 내에 있더라도, 직접점유자와 소유자 사이에서 해결되어야 하며, 따라서 그러한 경우에도 소유자가 비용상환청구의 상대방이 된다고 하여야 한다.

(5) 유치권의 보호

점유자의 비용상환청구권은 필요비이든 유익비이든 제320조의 「물건에 관하여 생긴 채권」이므로 유치권([176] 이하 참조)에 의하여 보호를 받을 수 있다. 다만, 점유자가 유익비의 상환을 청구하는 경우에 회복자는 법원에 상당한 상환기간을 허락해 줄 것을 요청할 수 있는데(203조 3항), 그 유예기간이 허락되면 점유자의 유치권은 성립하지 않는다.

[98] # Ⅳ. 점유보호청구권

1. 서 설

(1) 의 의

점유보호청구권은 점유가 침해당하거나 침해당할 염려가 있는 때에 그 점유자에게 본권이 있는지를 묻지 않고 점유 그 자체를 보호하기 위하여 인정되는 일종의 물권적 청구권이다. 점유보호청구권에는 점유물반환청구권 · 점유물방해제거청구권 · 점유물방해예방청구권의 셋이 있다.

(2) 성 질

점유보호청구권은 일종의 물권적 청구권이다. 그런데 그 권리는 본권에 기한 물권적 청구권과는 크게 다르다. 즉 후자는 「있어야 할 상태」가 방해되고 있는 경우에 그 상태의 회복을 청구할 수 있는 권리인 데 비하여, 점유보호청구권은 「현재의 물적 지배상태」 그 자체를 보호하기 위한 것이다. 따라서 점유보호청구권의 경우에는 본권이 있는지를 묻지 않으며(대판 1962. 1. 25, 4294민상793; 대판 1970. 6. 30, 68다1416), 또 권리행사의 기간(204조 3항 · 205조 3항)과 상대방(204조 2항)에 대하여 제한이 가해져 있다.

민법은 점유보호청구권의 내용으로 손해배상청구권도 규정하고 있다(204조 · 205조). 그런데 이 손해배상청구권은 불법행위로 인하여 발생하는 채권인데 편의상 여기에 함께 규정한 것으로 보아야 한다(이설 없음).

2. 각종의 점유보호청구권

(1) 점유물반환청구권

1) 의 의 점유자가 점유의 침탈을 당한 경우에 그 물건의 반환 및 손해배상을 청구할 수 있는 권리이다(204조 1항). 점유제도는 본래 현재의 점유상태를 보호하는 것이기는 하나, 점유를 부당하게 침탈한 자의 점유까지 똑같이 보호하는 것은 부당하므로, 민법은 일정한 요건 하에 구 점유자의 점유물의 반환청구를 인정하고 있다.

2) 요 건 점유자가 점유의 침탈을 당하였어야 한다. 침탈이란 점유자가 그의 의사에 의하지 않고서 사실적 지배를 빼앗기는 것이다(위법한 강제집행에 의하여 목적물을 인도받은 경우에는 공권력을 빌려서 점유를 침탈한 것이다. 대판 1963. 2. 21, 62다919). 따라서 사기에 의하여 목적물을 인도한 경우는 침탈

이 아니다(대판 1992. 2. 28, 91다17443). 그리고 침탈 여부는 직접점유자를 표준으로 하여 판단하여야 한다(같은 취지: 이영준, 398면). 그 결과 직접점유자가 임의로 물건을 타인에게 인도한 경우에는 그 인도가 간접점유자의 의사에 반하더라도 점유침탈이 아니다(대판 1993. 3. 9, 92다5300). 한편 침탈당한 점유의 종류는 묻지 않는다. 그리하여 악의의 점유나 권원 없는 점유라도 무방하다(대판 1960. 2. 4, 4291민상596; 대판 1962. 1. 25, 4294민상793). 그리고 간접점유도 포함되나, 간접점유를 인정하기 위해서는 간접점유자와 직접점유를 하는 자 사이에 일정한 법률관계, 즉 점유매개관계가 필요하며, 이러한 점유매개관계는 직접점유자가 자신의 점유를 간접점유자의 반환청구권을 승인하면서 행사하는 경우에 인정된다(대판 2012. 2. 23, 2011다61424 · 61431).

점유침탈자의 고의 · 과실은 요건이 아니다. 다만, 손해배상청구에 관하여는 불법행위의 요건으로서의 고의 · 과실이 필요하다.

3) 당 사 자

(가) 청구권자는 점유를 빼앗긴 자이며, 자주점유자 · 타주점유자인가 직접점유자 · 간접점유자인가를 묻지 않는다.

(나) 반환청구의 상대방은 점유의 침탈자 및 그의 포괄승계인이다. 그에 비하여 침탈자의 특정승계인(예: 매수인 · 임차인)에 대하여는 원칙적으로 반환을 청구할 수 없다(204조 2항 본문). 다만, 특정승계인이 악의인 때에는 예외적으로 반환청구를 허용한다(204조 2항 단서). 민법이 특정승계인에 대하여 반환청구권을 인정하지 않는 이유는 특정승계의 경우에는 침탈상태가 종료한 것으로 보아야 하기 때문이다. 선의의 특정승계인으로부터 다시 악의의 특정승계인에게 점유가 이전된 때에는 그 악의의 자에 대하여도 반환을 청구하지 못한다고 하여야 한다(이설 없음). 그리고 침탈자가 목적물을 제 3 자에게 임대한 경우에는 그 제 3 자는 특정승계인이어서 그가 선의인 한 그에게 반환을 청구할 수 없으나, 간접점유를 가지고 있는 침탈자에게는 반환청구를 할 수 있다(반환청구권의 양도의 청구).

점유물반환청구권의 상대방은 당연히 현재 점유(직접점유 · 간접점유)를 하고 있어야 한다. 따라서 침탈자이지만 현재는 전혀 점유하고 있지 않는 경우에는 상대방이 될 수 없다(대판 1995. 6. 30, 95다12927).

한편 손해배상청구권의 상대방은 스스로 손해를 발생하게 한 자이다. 그리고 그의 특정승계인은 상대방이 아니다.

(다) 점유를 침탈당하여 반환청구권을 가지고 있는 자가 실력으로 점유를 탈환한 경우, 즉 상호침탈의 경우에 피탈환자에게도 반환청구권이 인정되는가? 여기에 관하여 학설은 i) 부정설(곽윤직, 161면; 김용한, 210면; 김학동, 217면; 이상태, 189면; 이은영, 366면)과 ii) 긍정설(이영준, 400면)로 나뉘어 있다. i)설은 반환청구권을 인정하여도 다시 탈환자가 반환을 청구할 수 있게 되어 소송상 불경제로 된다는 이유를 들고, ii)설은 부정설은 제209조 제 2 항과 제208조 제 2 항에 정면으로 배치되며 점유제도의 존재의의를 살리기 위하여서는 긍정할 것이라고 한다. 이것이 문제되는 것은 자력구제(209조 2항)가 허용되지 않는 탈환의 경우임은 물론이다. 그리고 판례는, 점유자(탈환자)의 점유탈환행위가 제209조 제 2 항의 자력구제에 해당하지 않는다고 하더라도 특별한 사정이 없는 한 상대방(피탈환자)은 자신의 점유가 침탈당하였음을 이유로 점유자를 상대로 제204조 제 1 항에 따른 점유의 회수를 청구할 수 없다고 하여 부정설을 취한다(대판 2023. 8. 18, 2022다269675). 상대방의 점유회수청구가 받아들여지더라도 점유자가 상대방의 점유침탈을 문제 삼아 점유회수청구권을 행사함으로써 다시 자신의 점유를 회복할 수 있다면 상대방의 점유회수청구를 인정하는 것이 무용할 수 있다는 이유에서이다. 생각건대 부정설을 취하게 되면 실력으로 되찾는 것을 조장하는 문제점이 있고, 그것은 자력구제를 원칙적으로 금지하고 있는 민법의 입장에 어긋난다. 따라서 명문규정(독일민법 861조 2항 참조)이 없는 한 이 경우에도 반환청구권을 인정하여야 한다.

4) 내 용 물건의 반환 및 손해배상을 청구하는 것이다.

목적물의 반환과 관련하여서는, 그 물건이 법원의 환가명령에 의하여 환가되어 금전으로 변한 경우에 그 환가금의 반환을 청구할 수 있는지가 문제된다. 여기에 관하여 학설은 i) 환가금은 본래 침탈한 물건에 갈음하는 것이므로 환가금의 반환을 청구할 수 있다는 견해(김상용, 286면; 김용한, 211면), ii) 반환청구의 대상은 점유물 자체이고 그 대체물은 아니라는 이유로 반환청구를 부정하는 견해(곽윤직, 162면; 김학동, 218면; 이상태, 190면; 이영준, 402면; 이은영, 367면. 지원림, 557면도 결과에서 같다), iii) 본권이 있는 자에 대하여서는 이를 긍정하여야 한다는 견해(고상룡, 227면)로 나뉘어 있다. 생각건대 점유물반환청구권은 목적물의 점유를 보호하는 것으로서 그 대상은 본래의 목적물에 한정된다고 보아야 한다. 그리고 여기에 본권의 유무를 개입시키는 것도 옳지 않다.

간접점유자가 반환청구권을 행사하는 경우에는 원칙적으로 직접점유자에게 반환할 것을 청구하여야 하며, 직접점유자가 반환을 받을 수 없거나 이를 원하지 않는 때에 한하여 자기에게 반환할 것을 청구할 수 있다(207조 2항).

손해배상은 점유를 빼앗긴 데 대한 손해의 배상이므로, 그 범위는 물건의 교환가격에 의할 것이 아니고 물건의 사용가격에 의하여 산정하여야 한다(이설 없음).

〈판 례〉

「물건 점유자를 상대로 한 물건의 인도판결이 확정되면 점유자는 인도판결 상대방에 대하여 소송에서 더 이상 물건에 대한 인도청구권의 존부를 다툴 수 없고 인도소송의 사실심 변론종결 시까지 주장할 수 있었던 정당한 점유권원을 내세워 물건의 인도를 거절할 수 없다. 그러나 의무 이행을 명하는 판결의 효력이 실체적 법률관계에 영향을 미치는 것은 아니므로, 점유자가 그 인도판결의 효력으로 판결 상대방에게 물건을 인도해야 할 실체적 의무가 생긴다거나 정당한 점유권원이 소멸하여 그때부터 그 물건에 대한 점유가 위법하게 되는 것은 아니다. 나아가 물건을 점유하는 자를 상대로 하여 물건의 인도를 명하는 판결이 확정되더라도 그 판결의 효력은 이들 물건에 대한 인도청구권의 존부에만 미치고, 인도판결의 기판력이 이들 물건에 대한 불법점유를 원인으로 한 손해배상청구 소송에 미치지 않는다.」(대판 2019. 10. 17, 2014다46778)

5) 제척기간 점유물반환청구권(손해배상청구권 포함)은 침탈을 당한 날로부터 1년 내에 행사하여야 한다(204조 3항). 이 기간은 제척기간이다. 판례는 이 제척기간을 출소기간(出訴期間)으로 해석한다(대판 2002. 4. 26, 2001다8097 · 8103; 대판 2021. 8. 19, 2021다213866 등). 그런데 제204조 제 3 항은 본권 침해로 발생한 손해배상청구권의 행사에는 적용되지 않으므로 점유를 침탈당한 자가 본권인 유치권 소멸에 따른 손해배상청구권을 행사하는 때에는 제204조 제 3 항이 적용되지 않고, 점유를 침탈당한 날부터 1년 내에 행사할 것을 요하지 않는다고 한다(대판 2021. 8. 19, 2021다213866).

(2) 점유물방해제거청구권 [99]

1) 의 의 점유자가 점유의 방해를 받은 경우에 그 방해의 제거 및 손해의 배상을 청구할 수 있는 권리이다(205조 1항).

2) 요 건 점유의 방해가 있어야 한다. 점유의 방해란 점유가 점유침탈 이외의 방법으로 침해되고 있는 것이다(대판 1987. 6. 9, 86다카2942). 즉 점유자가 완전히 점유를 잃고 있지는 않는 경우이다.

방해자의 고의 · 과실은 요건이 아니다. 다만, 손해배상청구에 관하여는 불법행위의 요건으로서의 고의 · 과실이 필요하다.

3) 당 사 자 　청구권자는 점유자이고, 그 상대방은 현재 방해를 하고 있는 자이다(대판 1955. 11. 24, 4288민상363).

4) 내 　용 　방해의 제거 및 손해배상을 청구하는 것이다. 그러나「방해의 제거 및 손해의 배상」을 청구할 수 있다고 한 제205조 제 1 항의 명문에도 불구하고 방해와 손해 중 어느 하나만 존재하고 있는 경우에는 해당하는 것만을 청구할 수 있다고 새겨야 한다. 즉 방해는 있지만 손해가 발생하지는 않은 경우에는 방해제거만을 청구할 수 있고, 손해는 있지만 방해상태는 종료한 경우에는 손해배상만을 청구할 수 있을 뿐이라고 하여야 하는 것이다(통설도 같음).

5) 제척기간 　점유물방해제거청구권(손해배상청구권 포함)은 방해가 종료한 날로부터 1년 내에 행사하여야 한다(205조 2항). 그런데 방해가 종료하면 방해제거는 청구할 필요가 없으므로 이 1년의 제척기간은 손해배상청구권만에 관한 것이라고 할 것이다. 판례는 이 1년의 제척기간은 재판 외에서 권리행사하는 것으로 족한 기간이 아니라 반드시 그 기간 내에 소를 제기하여야 하는 이른바 출소기간으로 해석하며, 기산점이 되는「방해가 종료한 날」은 방해 행위가 종료한 날을 의미한다고 한다(대판 2016. 7. 29, 2016다214483 · 214490). 공사로 인하여 점유의 방해를 받은 경우에는 공사착수 후 1년이 경과하거나 그 공사가 완성된 때에는 방해의 제거를 청구하지 못한다(205조 3항).

(3) 점유물방해예방청구권

1) 의 　의 　점유자가 점유의 방해를 받을 염려가 있는 경우에 그 방해의 예방 또는 손해배상의 담보를 청구할 수 있는 권리이다(206조 1항).

2) 요 　건 　점유의 방해를 받을 염려가 있어야 한다. 그러한 염려가 있는지 여부는 점유자의 주관에 의하여 결정할 것이 아니고, 구체적인 사정 하에서 일반 경험법칙에 따라 객관적으로 판단되어야 한다(통설 · 판례도 같다. 대판 1962. 4. 4, 4294민상1443; 대판 1987. 6. 9, 86다카2942). 그 외에 상대방의 고의 · 과실은 필요하지 않다.

3) 당 사 자 　청구권자는 점유자이고, 그 상대방은 방해의 염려가 있는 상태를 만들어내는 자이다.

4) 내 　용 　방해의 예방 또는 손해배상의 담보를 청구하는 것이다. 방해의 예방청구는 방해의 염려가 생기는 원인을 제거해서 방해를 미연에 방지하는 조치를 청구하는 것이다. 손해배상의 담보는 장래의 손해발생에 대비하여

미리 제공하는 담보이며, 금전의 공탁 · 담보물권의 설정 · 보증인의 설정 등 어느 것이라도 무방하다(같은 취지: 김상용, 288면). 손해배상의 담보를 청구하기 위하여서 상대방의 고의 · 과실이 요구되지는 않는다. 그러나 장래 손해가 현실적으로 발생한 경우에 손해배상을 청구하려면 상대방의 고의 · 과실이 있어야 한다. 한편 방해예방청구권을 행사하여 청구할 수 있는 것은 방해의 예방과 손해배상의 담보 중 하나만이며, 동시에 둘을 모두 청구하지는 못한다.

5) **제척기간** 이 권리는 방해의 염려가 있는 동안에는 언제라도 행사할 수 있으나, 공사로 인하여 점유의 방해를 받을 염려가 있는 경우에는 공사착수 후 1년이 경과하거나 그 공사가 완성된 때에는 행사할 수 없다(206조 2항 · 205조 3항).

3. 점유의 소와 본권의 소의 관계 [100]

(1) 점유의 소와 본권의 소의 의의

점유의 소는 점유보호청구권에 기한 소이고, 본권의 소는 소유권 · 지상권 · 전세권 · 임차권 등 점유할 수 있는 권리에 기한 소를 말한다. 가령 A가 자신의 시계를 손목에 차고 있었는데 B가 그 시계를 강제로 빼앗아 간 경우에, A는 B를 상대로 점유권에 기하여 반환청구의 소를 제기할 수도 있고, 소유권에 기하여 반환청구의 소를 제기할 수도 있는데, 전자가 점유의 소이고, 후자가 본권의 소이다.

(2) 양자의 관계

점유의 소와 본권의 소는 서로 영향을 미치지 않는다(208조 1항). 따라서 두 소를 동시에 제기할 수도 있고, 따로따로 제기할 수도 있다. 그리고 하나의 소에서 패소하여도 다른 소를 제기할 수 있다. 다만, 본권의 존재가 확정판결에 의하여 확인된 경우에는 점유보호청구권이 소멸한다고 하여야 한다(같은 취지: 김학동, 222면; 이영준, 407면).

점유의 소는 본권에 관한 이유로 재판하지 못한다(208조 2항). 따라서 예컨대 점유물반환청구에 대하여 점유침탈자가 점유물에 대한 본권이 있다는 이유로 반환을 거부할 수 없다(대판 1967. 6. 20, 67다479; 대판 2021. 2. 4, 2019다202795 · 202801). 그러나 점유의 소에 대하여 반소로서 본권에 기하여 반환청구소송을 제기하는 것은 허용된다고 할 것이다(판례도 같다. 대판 1957. 11. 14, 4290민상454).

〈판 례〉

「점유권을 기초로 한 본소에 대하여 본권자가 본소청구의 인용에 대비하여 본권에 기초한 장래이행의 소로서 예비적 반소를 제기하고 양 청구가 모두 이유 있는 경우, 법원은 점유권에 기초한 본소와 본권에 기초한 예비적 반소를 모두 인용해야 하고 점유권에 기초한 본소를 본권에 관한 이유로 배척할 수 없다[대법원 2021. 2. 4. 선고 2019다202795(본소), 2019다202801(반소) 판결 참조].

이러한 법리는 점유를 침탈당한 자가 점유권에 기한 점유회수의 소를 제기하고, 본권자가 그 점유회수의 소가 인용될 것에 대비하여 본권에 기초한 장래이행의 소로서 별소를 제기한 경우에도 마찬가지로 적용된다.」(대판 2021. 3. 25, 2019다208441)

V. 자력구제(自力救濟)

1. 서 설

자력구제란 점유자가 자력으로 점유를 방위하거나 침탈당한 점유물을 탈환하는 것을 말한다. 자력구제는 원칙적으로 금지된다. 이를 허용하면 질서유지가 어렵게 되기 때문이다. 그런데 민법은 예외적으로 점유자에게 일정한 요건 하에 자력구제를 허용하고 있다(209조 참조). 이러한 점유자의 자력구제권은 점유에 대한 침해가 완료되기 전에 인정되는 것이며, 침해가 완료되면 점유보호청구권의 문제로 된다.

자력구제권을 가지는 자는 원칙적으로 직접점유자이다. 그리고 점유보조자도 자력구제권을 가진다고 새겨야 한다([87] 참조). 그러나 간접점유자에게는 자력구제권이 없다고 할 것이다([88] 참조).

점유자의 자력구제권에는 자력방위권과 자력탈환권이 있다.

2. 자력방위권

점유자는 그 점유를 부정히 침탈 또는 방해하는 행위에 대하여 자력으로써 이를 방위할 수 있다(209조 1항). 방해(침탈)행위가 완료되었지만 방해상태가 계속되는 때에도 방위할 수 있는가? 여기에 관하여는 i) 긍정설(곽윤직, 165면)과 ii) 부정설(고상룡, 236면; 김상용, 291면; 김용한, 218면; 김학동, 223면; 이상태, 195면; 이영준, 412면; 지원림, 559면)이 대립하고 있다. 생각건대 방해행위가 완료되면 방위권은 인정되지 않고, 점유물방해제거청구권만 행사할 수 있다고 하여야 한다. 한편 자력방위의 요건이 구비되지 않았음에도 불구하고 구비되었다고 믿고서 방위한 자(오상 자력방위)에 대하여는 과실이 없어도 손해배상의무를 인정하는 것이 통설이다(곽윤직, 165면; 김상용, 291면; 김용한, 218면; 이영준, 412면. 반대: 이상태, 195면).

3. 자력탈환권

점유물이 침탈되었을 경우에 점유자는 일정한 요건 하에 이를 탈환할 수 있다. 즉 점유물이 부동산인 경우에는 점유자는 침탈 후 「직시(直時)」 가해자를 배제하여 이를 탈환할 수 있고, 동산인 경우에는 현장에서 또는 추적하여 가해자로부터 이를 탈환할 수 있다(209조 2항). 판례에 의하면, 여기에서 「직시」란 「객관적으로 가능한 한 신속히」 또는 「사회관념상 가해자를 배제하여 점유를 회복하는 데 필요하다고 인정되는 범위 안에서 되도록 속히」라고 해석되므로, 점유자가 침탈사실을 알고 모르고와는 관계없이 침탈을 당한 후 상당한 시간이 흘렀다면 자력탈환권을 행사할 수 없다고 한다(대판 1993. 3. 26, 91다14116). 그리고 대법원은, 위법한 강제집행에 의하여 부동산의 명도를 받는 것은 공권력을 빌려서 상대방의 점유를 침탈하는 것이 되므로, 점유자(피신청인)가 그 강제집행이 일응 종료한 후 불과 2시간 이내에 자력으로 그 점유를 탈환한 것은 민법상의 점유자의 자력구제권의 행사에 해당하는 것이라고 한다(대판 1987. 6. 9, 86다카1683). 한편 통설은 오상(誤想) 자력탈환에 있어서도 무과실의 배상책임을 인정한다.

〈본권자의 자력구제권〉

민법은 점유자의 자력구제는 인정하면서 본권자의 자력구제에 관하여는 명문의 규정을 두지 않고 있다. 그럼에도 불구하고 통설은 민법 및 형법의 정당방위 · 긴급피난의 규정을 유추하여 일정한 범위에서 본권자의 자력구제를 인정할 것이라고 한다(고상룡, 224면; 곽윤직(신정판), 272면; 김상용, 281면; 김용한, 207면; 김학동, 228면; 이상태, 196면). 이러한 견지에 서게 되면, 본권자의 자력구제가 인정되는 범위에서는 점유자는 점유보호청구권을 행사할 수 없게 된다. 그리하여 그것은 점유보호청구권의 일종의 한계를 이룬다고 할 수 있다.

제 5 관 준점유(準占有)

I. 준점유의 의의 [101]

민법은 물건에 대한 사실상의 지배를 점유라고 하여 보호하고 있다. 그런데 민법은 이러한 보호를 재산권을 사실상 행사하는 경우에도 인정하려고 한다. 즉

「재산권을 사실상 행사」하는 것을 준점유라고 하면서, 거기에 점유에 대한 규정을 준용하고 있다(210조).

Ⅱ. 준점유의 요건과 효과

1. 요 건

재산권을 사실상 행사하는 것이 그 요건이다.

(1) 우선 준점유의 객체는 「재산권」이다. 따라서 가족권에는 준점유가 인정되지 않는다. 그리고 재산권일지라도 점유를 수반하는 것(소유권 · 지상권 · 전세권 · 질권 · 임차권 등)은 점유로서 보호되므로 준점유가 성립할 수 없다. 준점유가 인정되는 권리의 예로는 채권(통설도 인정하나, 고상룡, 238면은 반대함) · 지역권 · 저당권 · 특허권 · 상표권 · 어업권 · 광업권 등을 들 수 있다. 취소권 · 해제권 등은 그것 자체가 독립하여 준점유의 객체로 되지는 않으며, 그러한 권리를 포함하는 법률적 지위(매도인 · 매수인 등)를 가지는 것으로 사실상 인정되는 경우에 준점유가 성립할 수 있다.

(2) 재산권을 「사실상 행사」하여야 한다. 이는 거래관념상 어떤 재산권이 어떤 자의 사실상의 지배 아래에 있다고 볼 수 있는 객관적 사정이 있는 경우에 인정된다. 예컨대 채권증서를 소지하거나 예금증서 · 인장을 소지하는 경우에 채권의 준점유가 성립한다.

2. 효 과

준점유에 대하여는 점유에 관한 규정이 준용된다(210조). 구체적으로 어떤 규정이 준용될 것인가는 권리의 종류에 따라 다르겠으나, 권리추정 · 과실취득 · 비용상환 · 점유보호청구권에 관한 규정은 준용될 주요규정이라고 할 수 있다. 그리고 채권의 준점유에 관하여는 변제자 보호를 위하여 제470조의 규정이 두어져 있다(물론 이는 채권의 준점유자 보호를 위한 것은 아니다).

제 2 절 소 유 권

제 1 관 서 설

Ⅰ. 소유권의 의의와 성질 [102]

1. 의 의

소유권은 물건을 전면적으로 지배할 수 있는 권리이다.

2. 법적 성질

(1) 관 념 성

소유권은 물건을 현실적으로 지배하는 권리가 아니고 지배할 수 있는 권리이다.

(2) 전 면 성

소유권은 물건이 가지는 가치, 즉 사용가치 · 교환가치를 전면적으로 지배할 수 있는 권리이다. 이 점에서 물건이 가지는 가치의 일부만을 지배할 수 있는 권리인 제한물권과 다르다.

(3) 혼일성(渾一性)

소유권은 사용 · 수익 · 처분과 같은 여러 권능이 단순히 결합되어 있는 것이 아니고 모든 권능의 원천이 되는 포괄적인 권리이다. 그 때문에 소유권과 제한물권이 동일인에게 귀속하면(이른바 혼동의 경우) 제한물권이 소멸하게 된다.

(4) 탄 력 성

소유권은 제한물권의 제한을 받으면 일시적으로 그 권능의 일부를 사용할 수 없지만, 그 제한이 소멸하면 본래의 모습으로 되돌아온다. 그리하여 가령 A의 토지에 지상권이 설정되면 지상권이 존재하는 동안 A는 그 토지를 사용하지 못하지만, 지상권이 소멸하면 A는 그 토지를 사용할 수 있게 된다.

(5) 항 구 성

소유권은 존속기간의 제한이 없이 영원히 존재하며 소멸시효에도 걸리지 않는다(162조 2항).

(6) 대물적(對物的) 지배성

소유권의 객체는 물건에 한하며, 채권과 같은 권리 위에는 소유권이 성립하지 않는다.

Ⅱ. 소유권의 내용과 제한

1. 소유권의 내용

소유자는 법률의 범위 내에서 그 소유물을 사용 · 수익 · 처분할 권리가 있다(211조).

여기서 사용 · 수익이란 물건이 가지는 사용가치를 실현하는 것으로서 물건을 물질적으로 사용하거나 그로부터 생기는 과실(천연과실 · 법정과실)을 수취하는 것이다. 그리고 처분은 물건이 가지는 교환가치를 실현하는 것인데, 처분에는 물건의 소비 · 변형 · 개조와 같은 사실적 처분과 양도 · 담보설정 등의 법률적인 처분이 있다.

소유자는 그의 권능을 무한정 행사할 수 있는 것이 아니고, 법률의 범위 내에서만 행사할 수 있다. 이는 소유권의 제한의 문제라고 할 수 있다.

〈판 례〉

(ㄱ)「소유자가 소유권의 핵심적 권능에 속하는 사용 · 수익의 권능을 대세적으로 포기하는 것은 특별한 사정이 없는 한 허용되지 않는다. 이를 허용하면 결국 처분권능만이 남는 새로운 유형의 소유권을 창출하는 것이어서 민법이 정한 물권법정주의에 반하기 때문이다(대법원 2009. 3. 26. 선고 2009다228, 235 판결 등 참조). 따라서 사유지가 일반 공중의 교통을 위한 도로로 사용되고 있는 경우, 토지소유자가 스스로 토지의 일부를 도로부지로 무상 제공하더라도 특별한 사정이 없는 한 이는 대세적으로 사용 · 수익권을 포기한 것이라기보다는 토지소유자가 도로부지로 무상 제공받은 사람들에 대한 관계에서 채권적으로 사용 · 수익권을 포기하거나 일시적으로 소유권을 행사하지 않겠다고 양해한 것이라고 보아야 한다.」(대판 2017. 6. 19, 2017다211528 · 211535)

(ㄴ)「토지소유자가 일단의 택지를 조성, 분양하면서 개설한 도로는 다른 특단의 사정이 없는 한 그 토지의 매수인을 비롯하여 그 택지를 내왕하는 모든 사람에 대하여 그 도로를 통행할 수 있는 권한을 부여한 것이라고 볼 것이어서 토지소유자는 위 토지에 대한 독점적이고 배타적인 사용수익권을 행사할 수 없다고 할 것이다(대법원 1985. 8. 13. 선고 85다카421 판결 참조).

그리고 토지의 소유자가 스스로 그 토지를 도로로 제공하여 인근 주민이나 일반 공중에게 무상으로 통행할 수 있는 권리를 부여하였거나 그 토지에 대한 독점적이고 배타적인 사용수익권을 포기한 것으로 의사해석을 함에 있어서는, 그가 당해 토지를 소유하게 된 경위나 보유기간, 나머지 토지들을 분할하여 매도한 경위와 그 규모, 도로로 사용되는 당해 토지의 위치나 성상, 인근의 다른 토지들과의 관계, 주위환경 등 여러 가지 사정과 아울러 분할 매도된 나머지 토지들의 효과적인 사용, 수익을 위하여 당해 토지가 기여하고 있는 정도 등을 종합적으로 고찰하여 판단하여야 한다(대법원 1997. 12. 12. 선고 97다27114 판결 등 참조).」(대판 2009. 6. 11, 2009다8802)

(ㄷ) 「2. 토지소유자의 독점적 · 배타적인 사용 · 수익권 행사의 제한에 관한 대법원 판례

가. 판례의 전개와 그 타당성

대법원 … 판결 등을 통하여 토지소유자 스스로 그 소유의 토지를 일반 공중을 위한 용도로 제공한 경우에 그 토지에 대한 소유자의 독점적이고 배타적인 사용 · 수익권의 행사가 제한되는 법리가 확립되었고, 대법원은 그러한 법률관계에 관하여 판시하기 위하여 '사용 · 수익권의 포기', '배타적 사용 · 수익권의 포기', '독점적 · 배타적인 사용 · 수익권의 포기', '무상으로 통행할 권한의 부여' 등의 표현을 사용하여 왔다.

이러한 법리는 대법원이 오랜 시간에 걸쳐 발전시켜 온 것으로서, 현재에도 여전히 그 타당성을 인정할 수 있다. 다만 토지소유자의 독점적이고 배타적인 사용 · 수익권 행사의 제한 여부를 판단하기 위해서는 토지소유자의 소유권 보장과 공공의 이익 사이의 비교형량을 하여야 하고, 원소유자의 독점적 · 배타적인 사용 · 수익권 행사가 제한되는 경우에도 특별한 사정이 있다면 특정승계인의 독점적 · 배타적인 사용 · 수익권 행사가 허용될 수 있다. 또한, 토지소유자의 독점적 · 배타적인 사용 · 수익권 행사가 제한되는 경우에도 일정한 요건을 갖춘 때에는 사정변경의 원칙이 적용되어 소유자가 다시 독점적 · 배타적인 사용 · 수익권을 행사할 수 있다고 보아야 한다. 구체적으로 살펴보면 다음과 같다.

나. 구체적인 내용

(1) 판단 기준과 효과

토지소유자가 그 소유의 토지를 도로, 수도시설의 매설 부지 등 일반 공중을 위한 용도로 제공한 경우에, 소유자가 토지를 소유하게 된 경위와 보유기간, 소유자가 토지를 공공의 사용에 제공한 경위와 그 규모, 토지의 제공에 따른 소유자의 이익 또는 편익의 유무, 해당 토지 부분의 위치나 형태, 인근의 다른 토지들과의 관계, 주위 환경 등 여러 사정을 종합적으로 고찰하고, 토지소유자의 소유권 보장과 공공의 이익 사이의 비교형량을 한 결과, 소유자가 그 토지에 대한 독점적 · 배타적인 사용 · 수익권을 포기한 것으로 볼 수 있다면, 타인(사인(私人)뿐만 아니라 국가, 지방자치단체도 이에 해당할 수 있다, 이하 같다)이 그 토지를 점유 · 사용하고 있다 하더라도 특별한 사정이 없는 한 그로 인해 토지소유자에게 어떤 손해가 생긴다고 볼 수 없으므로, 토지소유자는 그 타인을 상대로 부당이득 반환을

청구할 수 없고, 토지의 인도 등을 구할 수도 없다. 다만 소유권의 핵심적 권능에 속하는 사용 · 수익 권능의 대세적 · 영구적인 포기는 물권법정주의에 반하여 허용할 수 없으므로, 토지소유자의 독점적 · 배타적인 사용 · 수익권의 행사가 제한되는 것으로 보는 경우에도, 일반 공중의 무상 이용이라는 토지이용현황과 양립 또는 병존하기 어려운 토지소유자의 독점적이고 배타적인 사용 · 수익만이 제한될 뿐이고, 토지소유자는 일반 공중의 통행 등 이용을 방해하지 않는 범위 내에서는 그 토지를 처분하거나 사용 · 수익할 권능을 상실하지 않는다.

(2) 적용범위

(가) 물적 범위

위와 같은 법리는 토지소유자가 그 소유의 토지를 도로 이외의 다른 용도로 제공한 경우에도 적용된다.

또한, 토지소유자의 독점적 · 배타적인 사용 · 수익권의 행사가 제한되는 것으로 해석되는 경우 특별한 사정이 없는 한 그 지하부분에 대한 독점적이고 배타적인 사용 · 수익권의 행사 역시 제한되는 것으로 해석함이 타당하다(대법원 2009. 7. 23. 선고 2009다25890 판결 참조).

(나) 상속인의 경우

상속인은 피상속인의 일신에 전속한 것이 아닌 한 상속이 개시된 때로부터 피상속인의 재산에 관한 포괄적 권리 · 의무를 승계하므로(민법 제1005조), 피상속인이 사망 전에 그 소유 토지를 일반 공중의 이용에 제공하여 독점적 · 배타적인 사용 · 수익권을 포기한 것으로 볼 수 있고 그 토지가 상속재산에 해당하는 경우에는, 피상속인의 사망 후 그 토지에 대한 상속인의 독점적 · 배타적인 사용 · 수익권의 행사 역시 제한된다고 보아야 한다.

(다) 특정승계인의 경우

원소유자의 독점적 · 배타적인 사용 · 수익권의 행사가 제한되는 토지의 소유권을 경매, 매매, 대물변제 등에 의하여 특정승계한 자는, 특별한 사정이 없는 한 그와 같은 사용 · 수익의 제한이라는 부담이 있다는 사정을 용인하거나 적어도 그러한 사정이 있음을 알고서 그 토지의 소유권을 취득하였다고 봄이 타당하므로, 그러한 특정승계인은 그 토지부분에 대하여 독점적이고 배타적인 사용 · 수익권을 행사할 수 없다.

이때 특정승계인의 독점적 · 배타적인 사용 · 수익권의 행사를 허용할 특별한 사정이 있는지 여부는 특정승계인이 토지를 취득한 경위, 목적과 함께, 그 토지가 일반 공중의 이용에 제공되어 사용 · 수익에 제한이 있다는 사정이 이용현황과 지목 등을 통하여 외관에 어느 정도로 표시되어 있었는지, 해당 토지의 취득가액에 사용 · 수익권 행사의 제한으로 인한 재산적 가치 하락이 반영되어 있었는지, 원소유자가 그 토지를 일반 공중의 이용에 무상 제공한 것이 해당 토지를 이용하는 사람들과의 특별한 인적 관계 또는 그 토지 사용 등을 위한 관련 법령상의 허가 · 등록 등과 관계가 있었다고 한다면, 그와 같은 관련성이 특정승계인에게 어떠한 영향을 미치는지 등의 여러 사정을 종합적으로 고려하여 판단하여야 한다.

(3) 사정변경의 원칙

토지소유자의 독점적 · 배타적인 사용 · 수익권 행사의 제한은 해당 토지가 일반 공중의 이용에 제공됨으로 인한 공공의 이익을 전제로 하는 것이므로, 토지소유자가 공공의 목적을 위해 그 토지를 제공할 당시의 객관적인 토지이용현황이 유지되는 한도 내에서만 존속한다고 보아야 한다. 따라서 토지소유자가 그 소유 토지를 일반 공중의 이용에 제공함으로써 자신의 의사에 부합하는 토지이용상태가 형성되어 그에 대한 독점적 · 배타적인 사용 · 수익권의 행사가 제한된다고 하더라도, 그 후 토지이용상태에 중대한 변화가 생기는 등으로 독점적 · 배타적인 사용 · 수익권의 행사를 제한하는 기초가 된 객관적인 사정이 현저히 변경되고, 소유자가 일반 공중의 사용을 위하여 그 토지를 제공할 당시 이러한 변화를 예견할 수 없었으며, 사용 · 수익권 행사가 계속하여 제한된다고 보는 것이 당사자의 이해에 중대한 불균형을 초래하는 경우에는, 토지소유자는 그와 같은 사정변경이 있은 때부터는 다시 사용 · 수익 권능을 포함한 완전한 소유권에 기한 권리를 주장할 수 있다고 보아야 한다. 이때 그러한 사정변경이 있는지 여부는 해당 토지의 위치와 물리적 형태, 토지소유자가 그 토지를 일반 공중의 이용에 제공하게 된 동기와 경위, 해당 토지와 인근 다른 토지들과의 관계, 토지이용상태가 바뀐 경위와 종전 이용상태와의 동일성 여부 및 소유자의 권리행사를 허용함으로써 일반 공중의 신뢰가 침해될 가능성 등 전후 여러 사정을 종합적으로 고려하여 판단하여야 한다(대법원 2013. 8. 22. 선고 2012다54133 판결 참조).」(대판(전원) 2019. 1. 24, 2016다264556(토지에 우수관이 매설된 경우임). 이러한 다수의견에 대해서 대법관 각 1인의 반대의견 둘이 있음. 위 '(3)'에 관하여 같은 취지: 대판 2022. 7. 14, 2022다228544; 대판 2024. 2. 15, 2023다295442(신의성실의 원칙과 독점적 · 배타적 사용 · 수익권 제한 법리의 관련성에 비추어 보면, 독점적 · 배타적 사용 · 수익권 행사가 제한되는지를 판단할 때는 토지 소유자의 의사를 비롯하여 다음에 보는 여러 사정을 종합적으로 고찰할 때 토지 소유자나 그 승계인이 권리를 행사하는 것이 금반언이나 신뢰보호 등 신의성실의 원칙상 허용될 수 있는지가 고려되어야 한다고 함))

(ㄹ) 「토지소유자가 그 소유 토지를 도로, 수도시설의 매설 부지 등 일반 공중을 위한 용도로 제공한 경우 소유자가 토지를 공공의 사용에 제공한 경위 등 여러 사정을 종합적으로 고찰하고, 토지소유자의 소유권 보장과 공공의 이익 사이의 비교형량을 한 결과, 토지소유자가 그 소유 토지에 대한 독점적 · 배타적 사용 · 수익권을 포기한 것으로 볼 수 있다면, 토지소유자는 그 토지부분에 대하여 독점적이고 배타적인 사용 · 수익권을 행사할 수 없다. 그리고 원소유자의 독점적 · 배타적 사용 · 수익권 행사가 제한되는 토지의 소유권을 특정승계한 자는, 특별한 사정이 없는 한 그와 같은 사용 · 수익의 제한이라는 부담이 있다는 사정을 용인하거나 적어도 그러한 사정이 있음을 알고서 그 토지의 소유권을 취득하였다고 봄이 타당하므로, 그러한 특정승계인도 그 토지부분에 대하여 독점적이고 배타적인 사용 · 수익권을 행사할 수 없다(대법원 2019. 1. 24. 선고 2016다264556 전원합의체 판결 참조).

그러나 이러한 토지소유자의 독점적·배타적 사용·수익권 행사 제한의 법리는 토지가 도로, 수도시설의 매설 부지 등 일반 공중을 위한 용도로 제공된 경우에 적용되는 것이어서, 토지가 건물의 부지 등 지상 건물의 소유자들만을 위한 용도로 제공된 경우에는 적용되지 않는다. 따라서 토지소유자가 그 소유 토지를 건물의 부지로 제공하여 지상 건물소유자들이 이를 무상으로 사용하도록 허락하였다고 하더라도, 그러한 법률관계가 물권의 설정 등으로 특정승계인에게 대항할 수 있는 것이 아니라면 채권적인 것에 불과하여 특정승계인이 그러한 채권적 법률관계를 승계하였다는 등의 특별한 사정이 없는 한 특정승계인의 그 토지에 대한 소유권 행사가 제한된다고 볼 수 없다.」(대판 2019. 11. 14, 2015다211685)

(ㅁ) 「소유자가 제 3 자에 대하여 목적물의 소유권을 이전하기로 하는 매매·증여·교환 기타의 채권계약을 체결하는 것만에 의하여서는 자신의 소유권에 어떠한 물권적 제한을 받지 아니하여서, 그는 다른 특별한 사정이 없는 한 자신의 소유물을 여전히 유효하게 달리 처분할 수 있고, 또한 소유권에 기하여 소유물에 대한 방해 등을 배제할 수 있는 민법 제213조, 제214조의 물권적 청구권을 가진다고 할 것이다. 나아가 소유자는 제 3 자에게 그 물건을 제 3 자의 소유물로 처분할 수 있는 권한을 유효하게 수여할 수 있다고 할 것인데, 그와 같은 이른바 '처분수권'의 경우에도 그 수권에 기하여 행하여진 제 3 자의 처분행위(부동산의 경우에 처분행위가 유효하게 성립하려면 단지 양도 기타의 처분을 한다는 의사표시만으로는 부족하고, 처분의 상대방 앞으로 그 권리 취득에 관한 등기가 있어야 한다. 민법 제186조 참조)가 대세적으로 효력을 가지게 되고 그로 말미암아 소유자가 소유권을 상실하거나 제한받게 될 수는 있다고 하더라도, 그러한 제 3 자의 처분이 실제로 유효하게 행하여지지 아니하고 있는 동안에는 소유자는 처분수권이 제 3 자에게 행하여졌다는 것만으로 그가 원래 가지는 처분권능에 제한을 받지 아니한다. 따라서 그는, 처분권한을 수여받은 제 3 자와의 관계에서 처분수권의 원인이 된 채권적 계약관계 등에 기하여 채권적인 책임을 져야 하는 것을 별론으로 하고, 자신의 소유물을 여전히 유효하게 처분할 수 있고, 또한 소유권에 기하여 소유물에 대한 방해 등을 배제할 수 있는 민법 제213조, 제214조의 물권적 청구권을 가진다고 할 것이다.」(대판 2014. 3. 13, 2009다105215)

[103] ## 2. 소유권의 제한

(1) 사유재산권 존중의 원칙(소유권절대의 원칙)

사유재산권, 특히 소유권에 대한 절대적 지배를 인정하고 국가나 다른 개인은 이에 제한을 가하지 않는다는 원칙이 사유재산권 존중의 원칙이다. 이 원칙은 근대민법의 기본원리 가운데 하나였다. 그리고 이 원칙에 힘입어 근대초기에는 소유권에 대한 제약이 극히 적었다. 그런데 20세기에 들어와 자본주의의 폐해가 심각하게 나타나자 이 원칙 및 소유권에 대한 제약이 많이 늘어나게 되었다.

이러한 현상은 우리나라도 마찬가지이다. 즉 우리 민법에 있어서도 사유재산권 존중의 원칙은 기본원리이기는 하나, 그 원칙과 소유권에 대하여는 많은 제약이 가해지고 있다. 그러한 제약은 무엇보다도 특별법 제정의 방법으로 현실화되는 일이 많다.

(2) 소유권 제한의 모습

소유권 제한의 모습은 매우 다양하나, 여기서는 주요한 것만 들어보기로 한다.

1) 민법상의 제한

㈎ **상린관계에 의한 제한**(215조 이하)

㈏ **권리남용의 금지**(2조 2항) 이는 소유권의 행사에 관한 제한이다.

〈판 례〉

「어떤 토지가 그 개설경위를 불문하고 일반 공중의 통행에 공용되는 도로, 즉 공로가 되면 그 부지의 소유권 행사는 제약을 받게 되며, 이는 소유자가 수인하여야 하는 재산권의 사회적 제약에 해당한다. 따라서 공로 부지의 소유자가 이를 점유·관리하는 지방자치단체를 상대로 공로로 제공된 도로의 철거, 점유 이전 또는 통행금지를 청구하는 것은 법질서상 원칙적으로 허용될 수 없는 '권리남용'이라고 보아야 한다.」(대판 2021. 3. 11, 2020다229239. 같은 취지: 대판 2021. 10. 14, 2021다242154; 대판 2023. 9. 14, 2023다214108 (그 경우 특별한 사정이 없는 한 그 도로 지하 부분에 매설된 시설에 대한 철거 등 청구도 권리남용이라고 함))

2) 특별법(공법 포함)에 의한 제한

㈎ **소유의 제한** 농지는 원칙적으로 자기의 농업경영에 이용하거나 이용할 자만이 소유할 수 있으며(농지법 6조), 일정한 자는 농지를 소유할 수 있되 그 상한이 정해져 있다(농지법 7조. 자기의 농업경영에 이용하려는 자가 아니지만 농지소유상한이 없는 경우도 있음을 유의할 것(농지법 6조 2항 참조)).

㈏ **취득 또는 처분의 제한** 농지의 취득에는 농지 소재지를 관할하는 시장·구청장·읍장·면장이 발급하는 농지취득자격증명이 있어야 하고(농지법 8조), 토지거래 허가구역에 있는 토지에 관한 소유권·지상권을 이전하거나 설정하는 계약을 체결하려는 당사자는 공동으로 대통령령으로 정하는 바에 따라 시장·군수 또는 구청장의 허가를 받아야 한다(「부동산 거래신고 등에 관한 법률」 11조). 그리고 학교법인의 기본재산을 처분할 때에는 관할청의 허가를 받아야 하고(사립학교법 28조), 공익법인의 기본재산을 처분할 때에는 주무관청의 허가를 받아야 하며(공익법인법 11조 3항), 전통사찰의 재산의 처분에는 문화체육관광부 장관의 허가가 있어야 한다(「전통사찰의 보존 및 지원에 관한 법률」 9조).

㈐ **소유권의 박탈** 공용징수(수용)에 의하여 소유권을 박탈할 수 있도록

하는 특별법이 매우 많이 있다(구체적인 예는 [69] 참조).

제 2 관 부동산소유권의 범위

[104] Ⅰ. 토지소유권의 경계

어떤 토지가 「공간정보의 구축 및 관리 등에 관한 법률」에 의하여 지적공부에 1필의 토지로 등록되면 그 토지의 소재, 지번, 지목, 지적 및 경계는 이 등록으로써 특정된다. 그리하여 토지소유권의 범위는 현실의 경계와 관계없이 지적공부상의 경계에 의하여 확정된다(대판 1986. 10. 14, 84다카490; 대판 1989. 1. 24, 88다카8194; 대판 1993. 4. 13, 92다52887; 대판 1995. 4. 14, 94다57879; 대판 2006. 9. 22, 2006다24971; 대판 2016. 5. 24, 2012다87898; 대판 2016. 6. 28, 2016다1793 등). 다만, 지적도를 작성함에 있어서 기점(基點)을 잘못 선택하는 등 기술적인 착오로 말미암아 지적도상의 경계선이 진실한 경계선과 다르게 작성되었다는 등과 같은 특별한 사정이 있는 경우에는 그 토지의 경계는 실제의 경계에 의하여야 한다(대판 1993. 4. 13, 92다52887; 대판 1995. 4. 14, 94다57879; 대판 1996. 4. 23, 95다54761; 대판 1998. 6. 26, 97다42823; 대판 2000. 5. 26, 98다15446; 대판 2006. 9. 22, 2006다24971; 대판 2016. 5. 24, 2012다87898; 대판 2016. 6. 28, 2016다1793 등). 그러나 설사 그렇더라도 그 후 그 토지에 인접한 토지의 소유자 등 이해관계인들이 그 토지의 실제의 경계선을 지적공부상의 경계선에 일치시키기로 합의하였다면 적어도 그때부터는 지적공부상의 경계에 의하여 그 토지의 공간적 범위가 특정된다(대판 2006. 9. 22, 2006다24971).

토지가 매매목적물인 경우의 경계에 관하여는 채권법각론의 매매 부분에서 논의한다(채권법각론 [80] 참조).

〈판 례〉

(ㄱ) 판례에 의하면, 토지의 사정 당시 소유자를 달리하던 토지들이 분필 또는 합필되지 않은 채 사정 당시 등록된 그대로인 경우, 사정이 당연무효라는 등 특별한 사정이 없는 이상 각 토지의 경계는 사정 당시 등록된 지적공부인 지적도상의 경계에 따라야 한다(대판 2007. 1. 11, 2004다23523).

(ㄴ) 「물권의 객체인 토지 1필지의 공간적 범위를 특정하는 것은 지적도나 임야도의 경계이지 등기부의 표제부나 임야대장 · 토지대장에 등재된 면적이 아니므로, 토지등기부의 표제부에 토지의 면적이 실제와 다르게 등재되어 있다 하여도, 이러한 등기는 해당 토지를 표상하는 등기로서 유효하다.

따라서 어느 토지의 지번과 지적을 등기부의 표제부에 등재된 대로 표시하여 경매하였으나 그 토지의 임야도나 지적도의 경계에 따라 측량한 실제면적이 등기부의 표제부에 등재된 것보다 넓더라도, 집행법원이 직권으로 또는 이해관계인의 집행절차상 불복을 받아들여 별도의 재판을 하지 않은 이상, 등기부상의 지적을 넘는 면적은 경매의 목적물인 토지의 일부로서, 매각허가결정 및 그에 따른 매각대금의 납입에 따라 등기부상의 면적과 함께 매수인에게 귀속되는 것이고(대법원 1988. 4. 27. 선고 86다카2924 판결), 매각목적물인 토지와 등기된 토지 사이에 동일성이 없어 경매가 무효라거나, 매각 목적물의 등기부상 표시면적이 그 토지의 실제면적에서 차지하는 비율만큼의 지분만 경매되었다고 볼 수는 없다.」(대판 2005. 12. 23, 2004다1691. 같은 취지: 대판 2016. 6. 28, 2016다1793(양도의 경우))

(ㄷ) 「토지의 경계는 공적으로 설정 인증된 것이고, 단순히 사적관계에 있어서의 소유권의 한계선과는 그 본질을 달리하는 것으로서 경계확정소송의 대상이 되는 경계란 공적으로 설정 인증된 지번과 지번과의 경계선을 가리키는 것이고, 사적인 소유권의 경계선을 가리키는 것은 아니라 할 것이다.

반면에…건물의 경계는 공적으로 설정 인증된 것이 아니고 단순히 사적관계에 있어서의 소유권의 한계선에 불과함을 알 수 있고, 따라서 사적자치의 영역에 속하는 건물 소유권의 범위를 확정하기 위하여는 소유권확인소송에 의하여야 할 것이고, 공법상 경계를 확정하는 경계확정소송에 의할 수는 없다.」(대판 1997. 7. 8, 96다36517)

(ㄹ) 토지경계 확정의 소에 있어서 법원으로서는 원 · 피고 소유의 토지들 내의 일정한 지점을 기초점으로 선택하고 이를 기준으로 방향과 거리 등에 따라 위치를 특정하는 등의 방법으로 지적도상의 경계가 현실의 어느 부분에 해당하는지를 명확하게 표시할 필요가 있고, 당사자 쌍방이 주장하는 경계선에 기속되지 아니하고 스스로 진실하다고 인정하는 바에 따라 경계를 확정하여야 한다(대판 1993. 11. 23, 93다41792).

〈토지의 포락(浦落)에 관한 판례〉

판례에 의하면, 토지소유권 상실의 원인이 되는 포락이라 함은 토지가 바닷물이나 적용하천의 물에 개먹어 무너져 바다나 적용하천에 떨어져 그 원상복구가 불가능한 상태에 이르렀을 때를 말한다(대판 1995. 11. 7, 93다25585; 대판 2000. 12. 8, 99다11687). 그리고 원상회복의 불가능 여부는 포락 당시를 기준으로 하여 물리적으로 회복이 가능한지, 원상회복에 드는 비용, 회복되는 토지의 가치 등을 비교 검토하여 사회통념에 의하여 결정하여야 한다. 그 결과 원상복구가 불가능하다고 인정되는 때에는 포락된 토지의 소유권은 영구히 소멸되고, 그 토지가 다시 성토되어도 종전의 소유자가 소유권을 취득할 수는 없다(대판 1981. 6. 23, 80다2523; 대판 1983. 12. 27, 83다카1561; 대판 1992. 9. 25, 92다24677 등). 주의할 것은, 토지가 바닷물이나 적용하천의 유수가 아닌 사실상의 하천(보통하천)이나 준용하천의 물에 무너져 내려 사실상의 하상(河床)이 되어 그 원상복구가 어렵게 된 때까지 소유권 상실원인인 포락으로 되지는 않는다는 점이다(대판 1989. 2. 28, 88다1295, 88다카8743; 대판 1992. 4. 28, 92다3793). 포락으로 되는 사정의 존재는 사권의 소멸을 주장하는 자가 입증하여야 한다(대판 1992. 11. 24, 92다11176).

[105] Ⅱ. 토지소유권의 상하의 범위

1. 제212조

토지소유권은 정당한 이익이 있는 범위 내에서 토지의 상하에 미친다(212조). 그러므로 토지소유자는 지표뿐만 아니라 지상의 공중이나 지하도 이용할 수 있다. 그러나 공중이나 지하는 정당한 이익이 있는 범위 내에서만 이용할 수 있으며, 정당한 이익이 없는 경우에는 특별법의 규정이 없더라도 타인의 이용을 금지할 수 없다고 할 것이다(예: 항공기의 고공 운행). 그런데 타인의 이용으로 소유자에게 손해가 생긴 경우에는 이용자는 손해배상책임을 져야 한다. 그리고 이때는 무과실책임을 인정하여야 한다(같은 취지: 이영준, 442면).

2. 특수문제

(1) 광 물

토지에 부존되어 있는 광물 가운데 광업권의 객체가 되는 것은 토지의 일부분이 아니며, 토지로부터 독립된 국가소유의 물건이라고 보아야 한다(이설 있음. 민법총칙 [385] 참조).

(2) 지 하 수

지하수는 토지의 구성부분을 이루므로 거기에도 제212조가 적용된다. 따라서 자연히 솟아나는 지하수는 토지소유자가 자유로이 사용할 수 있다. 그러나 계속해서 타인의 토지에 흘러 내려가는 경우에는, 그 타인이 관습법상의 유수사용권을 취득할 수 있다. 나아가 토지소유자는 자기 토지에 있는 지하수를 개발하여 이용할 수도 있다. 그러나 그로 인하여 기존의 지하수 이용자의 생활용수에 장해가 생기는 경우에는 위법하다고 할 것이다(대판 1998. 4. 28, 97다48913). 그 경우 기존의 이용자는 방해의 제거나 예방을 청구할 수 있다(대판 1998. 4. 28, 97다48913; 대판 1998. 6. 12, 98두6180).

〈온천수에 관한 판례〉

대법원은, 온천에 관한 권리를 관습법상의 물권이라고 볼 수 없고, 온천수는 제235조 · 제236조 소정의 공용수 또는 생활상 필요한 용수에 해당하지 않는다고 한다(대판 1970. 5. 26, 69다1239).

Ⅲ. 상린관계(相隣關係) [106]

1. 의 의

서로 인접하고 있는 부동산에 있어서 그 소유자가 각기 자기의 소유권을 무한정 주장한다면 그들은 모두 부동산을 제대로 이용할 수 없게 된다. 여기서 각 소유자의 권리를 제한하여 부동산 상호간의 이용의 조절을 꾀할 필요가 있다. 그리하여 두어진 제도가 상린관계이다. 그리고 상린관계로부터 생기는 권리를 상린권이라고 한다. 상린관계는 한편으로는 소유권의 제한이면서 다른 한편으로는 소유권의 확장의 의미를 가진다.

상린관계는 지역권과 흡사하다. 그러나 상린관계는 법률상 당연히 발생하며 소유권의 내용 자체이고 독립한 권리가 아닌 데 비하여, 지역권은 계약에 의하여 발생하며 독립한 물권으로서 상린관계에 의한 이용의 조절을 더욱 확대하는 것이다.

상린관계는 본래 부동산 상호간의 이용을 조절하는 것이므로 그에 관한 규정은 지상권·전세권에도 준용된다(290조·319조). 그리고 토지의 임대차에 관하여는 명문규정이 없지만 유추적용을 인정하여야 한다(이설 없음).

상린관계에 관한 민법규정이 임의규정인가에 관하여 학설은 i) 임의규정설(이상태, 218면; 이영준, 445면), ii) 강행규정설(곽윤직, 175면; 이은영, 474면), iii) 원칙적으로는 강행규정이지만 모든 규정이 강행규정은 아니라는 절충설(고상룡, 256면; 김상용, 322면; 김용한, 239면; 김학동, 266면; 주해(5), 284면(김상용))로 나뉘어 있다. 그리고 판례는 제242조와 제244조에 관하여 강행규정이 아니라고 하면서 그와 다른 내용의 당사자 사이의 합의가 유효하다고 한다(대판 1962. 11. 1, 62다567; 대판 1982. 10. 26, 80다1634). 생각건대 상린관계에 관한 규정은 부동산 사이의 이용을 조절하는 것으로서 사회질서에 관계 있는 규정 즉 강행규정이라고 하여야 한다.

〈판 례〉

「인접하는 토지 상호간의 이용의 조절을 위한 상린관계에 관한 민법 등의 규정은 인접지 소유자에게 그 소유권에 대한 제한을 수인할 의무를 부담하게 하는 것이므로 그 적용요건을 함부로 완화하거나 유추하여 적용할 수는 없고, 상린관계 규정에 의한 수인의무의 범위를 넘는 토지이용관계의 조정은 사적자치의 원칙에 맡겨야 한다.

그러므로 어느 토지소유자가 타인의 토지를 통과하지 아니하면 필요한 전선 등을 시설할 수 없거나 과다한 비용을 요하는 경우에는 그 타인은 자기 토지를 통과하여 시설을 하는 데 대하여 수인할 의무가 있고(민법 제218조 참조), 또한 그 소유지의 물을 소통하기 위하여 이웃토지 소유자가 시설한 공작물을 사용할 수 있지만(민법 제227조), 이는 타인의 토지를 통과하지 않고는 전선 등 불가피한 시설을 할 수가 없거나 타인의 토지를 통하지 않으면 물을 소통할 수 없는 합리적 사정이 있어야만 인정되는 것이다. 인접한 타인의 토지를 통과하지 않고도 시설을 하고 물을 소통할 수 있는 경우에는 스스로 그와 같은 시설을 하는 것이 타인의 토지 등을 이용하는 것보다 비용이 더 든다는 등의 사정이 있다는 이유만으로 이웃토지 소유자에게 그 토지의 사용 또는 그가 설치·보유한 시설의 공동사용을 수인하라고 요구할 수 있는 권리는 인정될 수 없다.

따라서 위와 같은 경우에는 상고이유에서 주장하는 주위토지통행권에 관한 민법 제219조나 유수용 공작물(流水用 工作物)의 사용권에 관한 민법 제227조 또는 타인의 토지 또는 배수설비의 사용에 관하여 규정한 하수도법 제29조 등 상린관계에 관한 규정의 유추적용에 의하여, 타인의 토지나 타인이 시설한 전선 등에 대한 사용권을 갖게 된다고 볼 여지는 없다.」(대판 2012. 12. 27, 2010다103086)

[107]

2. 건물의 구분소유

(1) 의의 및 법적 규제

1동의 건물을 구분하여 그 각각의 부분을 수인이 소유하는 것을 가리켜 건물의 구분소유라고 한다. 민법은 이러한 구분소유에 관하여 제215조에서 소유자 상호간의 관계를 규율하고 있다. 그런데 그 규정은 과거에 규모가 작은 건물을 세로로 구분한 경우를 생각하여 두어진 간단한 것이다. 따라서 그것만으로는 오늘날의 중·고층의 대규모 구분소유는 합리적으로 규율할 수가 없다. 그리하여 오늘날의 구분소유를 적절하게 규제하기 위하여 특별법으로 「집합건물의 소유 및 관리에 관한 법률」(이하 '집합건물법'이라고 약칭한다)이 제정·시행되고 있다.

(2) 민법 제215조

제215조에 의하면, 건물의 공용부분(예: 공통의 벽·계단)과 건물부속물의 공용부분(예: 공통의 출입문)은 각 구분소유자 전원의 공유로 추정된다(215조 1항). 공유의 효과는 공유규정에 의하나, 그에 대하여는 예외가 있다. 각 공유자는 단독으로 분할을 청구할 수 없고(268조 3항), 공용부분의 보존에 관한 비용 기타 부담은 각자의 소유부분의 가액에 비례하여 분담한다(215조 2항)는 것이 그것이다.

(3) 집합건물법의 내용

1) **구분소유권** 집합건물법에 의하면, 구분소유권이란 1동의 건물 중 구조상 구분된 여러 개의 부분이 독립한 건물로서 사용될 수 있을 때 그 각 부분(같은 법 1조 참조) 또는 1동의 건물이 일정한 방식으로 여러 개의 건물부분으로 이용상 구분된 경우에 그 건물부분(이를 구분점포라 함. 같은 법 1조의 2)을 목적으로 하는 소유권을 말한다(같은 법 2조 1호). 따라서 구분소유권이 인정되려면 1동의 건물의 각 부분이 구조상 · 이용상 독립성을 가져야 한다(대판 1995. 6. 9, 94다40239; 대판 1999. 11. 9, 99다46096; 대결 2008. 9. 11, 2008마696). 그런데 하나의 건물이 그러한 독립성을 가지고 있다고 하여 당연히 구분건물로 되는 것은 아니다. 그때에도 소유자는 1개의 건물로 만들 수 있는 것이다. 즉 그러한 건물을 구분건물로 할 것인지 여부는 소유자의 의사에 의하여 결정된다. 따라서 하나의 건물이 구분건물로 되려면 구조상 · 이용상 독립성을 가지는 외에 소유자의 구분행위가 있어야 한다(대판 1999. 7. 27, 98다32540; 대판 1999. 7. 27, 98다35020; 대판(전원) 2013. 1. 17, 2010다71578 등). 여기의 구분행위는 건물의 물리적 형질에 변경을 가함이 없이 법률관념상 그 건물의 특정 부분을 구분하여 별개의 소유권의 객체로 하려는 일종의 법률행위로서, 그 시기나 방식에 특별한 제한이 있는 것은 아니고 처분권자의 구분의사가 객관적으로 외부에 표시되면 인정된다. 따라서 구분건물이 물리적으로 완성되기 전에도 건축허가신청이나 분양계약 등을 통하여 장래 신축되는 건물을 구분건물로 하겠다는 구분의사가 객관적으로 표시되면 구분행위의 존재를 인정할 수 있고, 이후 1동의 건물 및 그 구분행위에 상응하는 구분건물이 객관적 · 물리적으로 완성되면 아직 그 건물이 집합건축물대장에 등록되거나 구분건물로서 등기부에 등기되지 않았더라도 그 시점에서 구분소유가 성립한다(대판(전원) 2013. 1. 17, 2010다71578(이러한 다수의견에 대하여 원칙적으로 건축물대장에의 등록이 필요하다는 소수의견이 있음). 같은 취지: 대판 2016. 5. 27, 2015다77212; 대판 2018. 6. 28, 2016다219419 · 219426; 대판 2019. 10. 17, 2017다286485(이와 같이 구분소유가 성립하는 이상 구분행위에 상응하여 객관적 · 물리적으로 완성된 구분건물이 구분소유권의 객체가 되고, 구분건물에 관하여 집합건축물대장에 등록하거나 등기부에 등재하는 것은 구분소유권의 내용을 공시하는 사후적 절차일 뿐이라고 함); 대판 2022. 3. 31, 2017다9121 · 9138). 그런데 구분건물이 물리적으로 완성되기 전에 분양계약 등을 통하여 장래 신축되는 건물을 구분건물로 하겠다는 구분의사를 표시함으로써 구분행위를 한 후 소유권자가 분양계약을 전부 해지하고 1동 건물의 전체를 1개의 건물로 소유권보존등기를 마쳤다면 이는 구분폐지행위를 한 것으로서 이로 인하여 구분소유권은 소멸한다(대판 2016. 1. 14, 2013다219142). 그리고 이러한 법리는 구분폐지가 있기 전에 개개의 구분건물에 대하여 유치권이 성립한 경우에도 마찬가지이다(대판 2016. 1. 14, 2013다219142). 한편 집합건물이 아닌 일반건물로 등기된 기존의 건

물이 구분건물로 변경등기되기 전이라도, 구분된 건물부분이 구조상·이용상 독립성을 갖추고 그 건물을 구분건물로 하겠다는 처분권자의 구분의사가 객관적으로 외부에 표시되는 구분행위가 있으면 구분소유권이 성립하며, 일반건물로 등기되었던 기존의 건물에 관하여 실제로 건축물대장의 전환등록절차를 거쳐 구분건물로 변경등기까지 마쳐진 경우라면 특별한 사정이 없는 한 위 전환등록 시점에는 구분행위가 있었던 것으로 보아야 한다(대판 2016. 6. 28, 2013다70569; 대판 2016. 6. 28, 2016다1854·1861). 그러나 처분권자의 구분의사는 객관적으로 외부에 표시되어야 할 뿐만 아니라, 건축법 등은 구분소유의 대상이 되는 것을 전제로 하는 공동주택과 그 대상이 되지 않는 것을 전제로 하는 다가구주택을 비롯한 단독주택을 엄격히 구분하여 규율하고 있고(건축법 2조 2항, 「건축법 시행령」 3조의 5, 같은 시행령 [별표 1], 주택법 2조 2호 등 참조), 이에 따라 등록·등기되어 공시된 내용과 다른 법률관계를 인정할 경우 거래의 안전을 해칠 우려가 크다는 점 등에 비추어 볼 때, 단독주택 등을 주용도로 하여 일반건물로 등록·등기된 기존의 건물에 관하여 건축물대장의 전환등록절차나 구분건물로의 변경등기가 마쳐지지 않은 상태에서 구분행위의 존재를 인정하는 데에는 매우 신중해야 한다(대판 2016. 6. 28, 2016다1854·1861).

〈판 례〉

(ㄱ) 「법률상 1개의 부동산으로 등기된 기존 건물이 증축되어 증축부분이 구분소유의 객체가 될 수 있는 구조상 및 이용상의 독립성을 갖추었다고 하더라도 이로써 곧바로 그 증축부분이 법률상 기존 건물과 별개인 구분건물로 되는 것은 아니고, 구분건물이 되기 위하여는 증축부분의 소유자의 구분소유의사가 객관적으로 표시된 구분행위가 있어야 할 것인바, 이 사건과 같이 기존 건물에 관하여 증축 후의 현존 건물의 현황에 맞추어 증축으로 인한 건물표시변경등기가 경료된 경우에는 특별한 사정이 없는 한 그 소유자는 증축부분을 구분건물로 하지 않고 증축 후의 현존 건물 전체를 1개의 건물로 하려는 의사였다고 봄이 상당하다.」(대판 1999. 7. 27, 98다32540)

(ㄴ) (구분소유가 인정되기 위하여 필요한, 구분된 건물부분의: 저자 주) 「이용상 독립성이란 구분소유권의 대상이 되는 해당 건물부분이 그 자체만으로 독립하여 하나의 건물로서의 기능과 효용을 갖춘 것을 말한다. 이와 같은 의미의 이용상 독립성이 인정되는지 여부는 해당 부분의 효용가치, 외부로 직접 통행할 수 있는지 여부 등을 고려하여 판단하여야 한다. 특히 해당 건물부분이 집합건물법 제 1 조의 2의 적용을 받는 '구분점포'인 경우에는 그러한 구분점포의 특성을 고려하여야 한다.」(대판 2017. 12. 22, 2017다225398)

(ㄷ) 「집합건물 중에서 전유부분 소유자들이 함께 사용하는 것이 일반적인 건물부분의 경우에는 구분소유권의 성립 여부가 전유부분 소유자들의 권리관계나 거래의 안

전에 미치는 영향을 고려하여 구분의사의 표시행위가 있었는지 여부를 신중하게 판단하여야 한다. 다세대주택의 지하층은 구분소유자들이 공동으로 사용하는 경우가 적지 않은데, 다세대주택인 1동의 건물을 신축하면서 건축허가를 받지 않고 위법하게 지하층을 건축하였다면 처분권자의 구분의사가 명확하게 표시되지 않은 이상 공용부분으로 추정하는 것이 사회관념이나 거래관행에 부합한다.」(대판 2018. 2. 13, 2016다245289)

(ㄹ) 집합건물인 상가건물의 지하주차장이 그 건물을 신축함에 있어서 건축법규에 따른 부속주차장으로 설치되기는 하였으나, 분양계약상의 특약에 의하여 그 건물을 분양받은 구분소유자들의 동의 아래 공용부분에서 제외되어 따로 분양되었고, 그 구조상으로나 이용상으로도 상가건물의 지상 및 지하실의 점포, 기관실 등과는 독립된 것으로서, 이와 분리하여 구분소유의 대상이 될 수 있다고 한 사례(대판 1995. 12. 26, 94다44675).

(ㅁ) 「인접한 구분건물 사이에 설치된 경계벽이 일정한 사유로 제거됨으로써 각 구분건물이 구분건물로서의 구조상 및 이용상의 독립성을 상실하게 되었다고 하더라도, 각 구분건물의 위치와 면적 등을 특정할 수 있고 사회통념상 그것이 구분건물로서의 복원을 전제로 한 일시적인 것일 뿐만 아니라 그 복원이 용이한 것이라면, 각 구분건물은 구분건물로서의 실체를 상실한다고 쉽게 단정할 수는 없고, 아직도 그 등기는 구분건물을 표상하는 등기로서 유효」하다(대판 2020. 2. 27, 2018다232898. 같은 취지: 대결 1999. 6. 2, 98마1438; 대결 2022. 12. 29, 2019마5500; 대판 2023. 4. 27, 2022다273018).

(ㅂ) 「구분건물로 등기된 1동의 건물 중 일부에 해당하는 구분건물들 사이에서 구조상의 구분이 소멸되는 경우에 그 구분건물에 해당하는 일부 건물 부분은 종전 구분건물 등기명의자의 공유로 된다. 구조상의 독립성이 상실되지 아니한 나머지 구분건물들의 구분소유권은 그대로 유지됨에 따라 그 일부 건물 부분은 나머지 구분건물들과 독립되는 구조를 이룬다고 할 것이고, 또한 집합건물 중 일부 구분건물에 대한 공유도 당연히 허용되므로 그 일부 건물 부분과 나머지 구분건물들로 구성된 1동의 건물 전체는 집합건물의 소유 및 관리에 관한 법률의 적용을 받는다(대법원 2013. 3. 28. 선고 2012다4985 판결 참조).」(대판 2020. 9. 7, 2017다204810)

(ㅅ) 「1동의 건물의 일부분이 구분소유권의 객체가 될 수 있으려면 그 부분이 이용상은 물론 구조상으로도 다른 부분과 구분되는 독립성이 있어야 하고, 그 이용상황 내지 이용형태에 따라 구조상의 독립성 판단의 엄격성에 차이가 있을 수 있으나, 구조상의 독립성은 주로 소유권의 목적이 되는 객체에 대한 물적 지배의 범위를 명확히 할 필요성 때문에 요구된다고 할 것이므로, 구조상의 구분에 의하여 구분소유권의 객체 범위를 확정할 수 없는 경우에는 구조상의 독립성이 있다고 할 수 없다. 그리고 구분소유권의 객체로서 적합한 물리적 요건을 갖추지 못한 건물의 일부는 그에 관한 구분소유권이 성립할 수 없는 것이어서, 건축물관리대장상 독립한 별개의 구분건물로 등재되고 등기부상에도 구분소유권의 목적으로 등기되어 있어 이러한 등기에 기초하여 경매절차가 진행되어 매각허가를 받고 매수대금을 납부하였다 하더라도,

그 등기는 그 자체로 무효이므로 매수인은 소유권을 취득할 수 없다(대법원 2008. 9. 11.자 2008마696 결정 등 참조).」(대결 2010. 1. 14, 2009마1449. 같은 취지: 대판 2018. 3. 27, 2015다3471; 대판 2020. 2. 27, 2018다232898)

(o)「신축건물의 보존등기를 건물 완성 전에 하였다 하더라도 그 후 건물이 완성된 이상 그 등기를 무효라고 볼 수 없다(대법원 1970. 4. 14. 선고 70다260 판결 참조). 이러한 법리는 1동의 건물의 일부분이 구분소유권의 객체로서 적합한 구조상 독립성을 갖추지 못한 상태에서 구분소유권의 목적으로 등기되고 이에 기초하여 근저당권설정등기나 소유권이전등기 등이 순차로 마쳐진 다음 집합건물법 제 1 조의 2, 경계표지 및 건물번호표지 규정에 따라 경계를 명확하게 식별할 수 있는 표지가 바닥에 견고하게 설치되고 구분점포별로 부여된 건물번호 표지도 견고하게 부착되는 등으로 구분소유권의 객체가 된 경우에도 마찬가지이다.」(대판 2016. 1. 28, 2013다59876)

2) 분양자의 담보책임과 관리의무

(가) **담보책임** 집합건물을 건축하여 분양한 자(즉 분양자)와 분양자와의 계약에 따라 건물을 건축한 자로서 대통령령으로 정하는 자(즉 시공자)는 구분소유자에 대하여 담보책임을 지며, 이 경우 그 담보책임에 관하여는 민법 제667조 및 제668조를 준용한다(같은 법 9조 1항). 그런데 시공자가 분양자에게 부담하는 담보책임에 관하여 다른 법률에 특별한 규정이 있으면 시공자는 그 법률에서 정하는 담보책임의 범위에서 구분소유자에게 집합건물법 제 9 조 제 1 항의 담보책임을 진다(같은 법 9조 2항). 그리고 집합건물법 제 9 조 제 1 항과 제 2 항에 따른 시공자의 담보책임 중 민법 제667조 제 2 항에 따른 손해배상책임은 분양자에게 회생절차개시 신청, 파산 신청, 해산, 무자력 또는 그 밖에 이에 준하는 사유가 있는 경우에만 지며, 시공자가 이미 분양자에게 손해배상을 한 경우에는 그 범위에서 구분소유자에 대한 책임을 면한다(같은 법 9조 3항). 그 결과 시공자의 구분소유자에 대한 담보책임은 분양자의 무자력 등 일정한 사유가 있는 경우에만 발생하고, 시공자가 분양자에게 하자보수를 갈음하는 손해배상채무 등 분양자에 대한 손해배상채무를 이행하면 그 범위에서 시공자의 구분소유자에 대한 담보책임도 소멸한다(대판 2023. 12. 7, 2023다246600). 그러나 시공자의 구분소유자에 대한 채무와 시공자의 분양자에 대한 채무는 엄연히 별도의 채무이므로, 뒤의 채무의 소멸시효가 완성되었다고 하여 앞의 채무가 이를 이유로 당연히 소멸한다고 할 수 없다(대판 2023. 12. 7, 2023다246600). 한편 분양자의 담보책임에 관하여 이 법과 민법에 규정된 것보다 매수인에게 불리한 특약은 효력이 없다(같은 법 9조 4항). 이 담보책임을 물을 수 있는 자는 수분양자이나, 수분양자가 집합건물을 양

도한 경우에는 양도 당시 양도인이 이를 행사하기 위하여 유보하였다는 등의 특별한 사정이 없는 한 현재의 집합건물의 소유자이다(대판 2003. 2. 11, 2001다47733; 대판 2004. 1. 27, 2001다24891; 대판 2016. 7. 22, 2013다95070(종전 소유자인 갑 등이 하자담보추급권을 행사하는 소를 제기한 후 전유부분에 관하여 매매 등을 원인으로 소유권을 이전한 사안에서 갑 등이 소 제기를 통하여 하자담보추급권을 행사하였다는 사정만으로 양도 당시 하자담보추급권을 행사하기 위하여 유보하였다고 보기 어렵다고 한 사례)).

집합건물법은 위의 담보책임의 존속기간에 대하여는 민법을 준용하지 않고 별도로 자세한 규정을 두고 있다(같은 법 9조의 2 참조).

〈참 고〉

집합주택의 하자담보책임과 관련해서는 공동주택관리법에도 특별규정(같은 법 36조)이 두어져 있어서 집합건물법과의 사이에 충돌이 생길 수 있다. 그런 문제를 해결하기 위하여 집합건물법은, 하자담보책임에 관한 공동주택관리법의 특별한 규정은 집합건물법에 저촉되어 구분소유자의 기본적인 권리를 해치지 않는 범위에서 효력이 있다고 규정한다(같은 법 2조의 2).

〈판 례〉

(ㄱ) 「집합건물법 제 9 조에 의한 하자담보추급권은 집합건물의 수분양자가 집합건물을 양도한 경우 양도 당시 양도인이 이를 행사하기 위하여 유보하였다는 등의 특별한 사정이 없는 한 현재의 집합건물의 구분소유자에게 귀속한다고 보아야 할 것이다(이러한 해석이 집합건물에 관한 수분양권 또는 소유권이 양도된 경우 일반적으로 양수인이 하자담보추급권을 가지고 있다고 여기는 거래관행 및 거래현실에도 부합한다).」(대판 2003. 2. 11, 2001다47733)

(ㄴ) 「집합건물법 제 9 조는 건축업자 내지 분양자로 하여금 견고한 건물을 짓도록 유도하고 부실하게 건축된 집합건물의 소유자를 두텁게 보호하기 위하여 집합건물의 분양자의 담보책임에 관하여 민법상 수급인의 담보책임에 관한 규정을 준용하도록 함으로써 분양자의 담보책임의 내용을 명확히 하는 한편 이를 강행규정화한 것으로서(대법원 2003. 2. 11. 선고 2001다47733 판결 참조), 분양자가 부담하는 책임의 내용이 민법상 수급인의 담보책임이라는 것이지 그 책임이 분양계약에 기한 것이라거나 아니면 분양계약의 법률적 성격이 도급이라는 취지는 아니다.

한편, 통상 대단위 집합건물의 경우 분양자는 대규모 건설업체임에 비하여 수분양자는 경제적 약자로서 수분양자를 보호할 필요성이 높다는 점, 집합건물이 완공된 후 개별 분양계약이 해제되더라도 분양자가 집합건물의 부지사용권을 보유하고 있으므로 계약해제에 의하여 건물을 철거하여야 하는 문제가 발생하지 않을 뿐만 아니라 분양자는 제 3 자와 새로 분양계약을 체결함으로써 그 집합건물 건축의 목적을 충분히 달성할 수 있는 점 등에 비추어 볼 때, 집합건물법 제 9 조 제 1 항이 적용되는 집합건물의 분양계약에 있어서는 민법 제668조 단서가 준용되지 않고 따라서 수분양자는 집합건물의 완공 후에도 분양 목적물의 하자로 인하여 계약의 목적을 달성할 수 없는 때에는 분양계약을 해제할 수 있다.」(대판 2003. 11. 14, 2002다2485)

(ㄷ) 「분양전환된 임대아파트의 경우에도 구 집합건물법 제 9 조 제 1 항 및 그에 의하여 준용되는 민법 제667조 내지 제671조가 적용되고 그 하자담보책임 기간은 민법 제671조 제 1 항 단서에 의하여 최초 임차인들에게 인도된 때부터 10년간이라고 봄이 상당하다.」(대판 2012. 4. 13, 2011다72301 · 72318)(이 판결은 집합건물법에 담보책임의 존속기간에 관한 특별규정인 같은 법 9조의 2가 신설되기 전, 즉 민법 670조가 준용될 때의 것임을 주의할 것)

(ㄹ) 「주택분양보증인이 분양이행을 한 경우에는 구 집합건물법 제 9 조 제 1 항의 분양자로서 하자담보책임을 부담한다고 할 것이다. …

집합건물의 구분소유자는 그 집합건물의 사용검사일 또는 사용승인일 전에 발생한 하자뿐 아니라 그 후에 발생한 하자에 대하여도 구 집합건물법 제 9 조 제 1 항에 따라 하자담보추급권을 행사할 수 있다(대법원 2012. 7. 12. 선고 2010다108234 판결 등 참조). 이는 분양이행을 한 주택분양보증인이 구 집합건물법 제 9 조 제 1 항에 따른 분양자의 하자담보책임을 부담하는 경우에도 마찬가지이고, 주택분양보증인이 해당 집합건물에 관하여 주택법령에 따른 하자보수보증까지 하였더라도 다르지 아니하다.」(대판 2016. 6. 23, 2013다66287)

(나) **관리의무** 분양자는 집합건물법 제24조 제 3 항에 따라 선임된 관리인이 사무를 개시할 때까지 선량한 관리자의 주의로 건물과 대지 및 부속시설을 관리하여야 한다(같은 법 9조의 3 1항). 판례는, 분양자가 부담하는 집합건물에 관한 관리권한과 의무는 관리단의 위임이나 지시 혹은 그러한 내용의 약정에 의하여 비로소 발생하는 것이 아니라 집합건물법 제 9 조의 3에 따라 분양자에게 부과된 자기의 고유한 권한이자 의무라고 할 것이어서, 분양자는 집합건물을 관리하면서 선량한 관리자의 주의를 기울여야 한다는 제약을 받기는 하지만 관리단의 관여나 간섭 없이 스스로의 필요나 판단에 따라 자유로운 의사에 기하여 그 관리업무를 수행하는 방식을 선택할 수 있다고 한다(대판 2022. 8. 11, 2022다233560). 그리고 관리단의 집합건물에 대한 관리가 개시되면, 집합건물법 제 9 조의 3에 따라 집합건물을 관리하던 분양자는 그때에 관리비 징수권한을 포함한 관리권한을 상실하게 되고, 관리단이 집합건물법에서 부여받은 관리권한을 행사할 수 있게 된다고 한 뒤, 분양자의 관리권한과 의무는 관리단의 그것과는 서로 구분되는 것이므로 분양자가 집합건물을 관리하면서 형성된 관리업무에 관한 법률관계가 새롭게 관리를 개시하는 관리단에 당연히 승계되는 것도 아니고, 따라서 분양자와 관리위탁계약을 체결한 위탁관리업자는 특별한 사정이 없는 한 그러한 관리위탁계약의 효력을 관리단에게 주장할 수 없다고 한다(대판 2022. 6. 30, 2020다229192 · 229208; 대판 2022. 8. 11, 2022다233560).

3) 전유부분(專有部分)과 공용부분(共用部分) [108]

(가) **전유부분** 구분소유권의 목적인 건물부분이 전유부분이다(같은 법 2조 3호). 전유부분이 되려면 그 부분이 구조상으로나 이용상으로 다른 부분과 구분되는 독립성이 있어야 한다(대판 1993. 3. 9, 92다41214; 대판 1996. 8. 20, 94다44705 · 44712; 대판 1999. 11. 9, 99다46096). 그리고 이러한 전유부분에 성립하는 소유권이 구분소유권이다.

(나) **공용부분** 공용부분은 건물 중 전유부분 외의 건물부분(예: 지붕 · 계단 · 복도), 전유부분에 속하지 않는 건물의 부속물(예: 전기배선 · 수도 가스의 배관 · 저수탱크), 규약에 의하여 공용부분으로 된 부속의 건물(예: 창고 · 주차장)이다(같은 법 2조 4호). 이 공용부분은 원칙적으로 구분소유자 전원의 공유에 속하나, 일부의 구분소유자만이 공용하도록 제공되는 것임이 명백한 공용부분(일부 공용부분)은 그들 구분소유자의 공유에 속한다(같은 법 10조 1항). 이때 각 공유자의 지분은 그가 가지는 전유부분의 면적의 비율에 의하나(같은 법 12조 1항), 규약으로 달리 정할 수 있다(같은 법 10조 2항). 공용부분의 지분은 전유부분의 처분에 따르며, 전유부분과 분리하여 그 지분만을 처분할 수 없다(같은 법 13조).

〈판 례〉

(ㄱ) 「집합건물 중 여러 개의 전유부분으로 통하는 복도, 계단, 그 밖에 구조상 구분소유자의 전원 또는 일부의 공용에 제공되는 건물부분은 공용부분으로서 구분소유권의 목적으로 할 수 없다. 이때 건물의 어느 부분이 구분소유자의 전원 또는 일부의 공용에 제공되는지 여부는 소유자들 사이에 특단의 합의가 없는 한 그 건물의 구조에 따른 객관적인 용도에 의하여 결정된다(대법원 1995. 2. 28. 선고 94다9269 판결 등 참조).

따라서 구분건물에 관하여 구분소유가 성립될 당시 객관적인 용도가 공용부분인 건물부분을 나중에 임의로 개조하는 등으로 이용 상황을 변경하거나 집합건축물대장에 전유부분으로 등록하고 소유권보존등기를 하였다고 하더라도 그로써 공용부분이 전유부분이 되어 어느 구분소유자의 전속적인 소유권의 객체가 되지는 않는다.」(대판 2016. 5. 27, 2015다77212)

(ㄴ) 「…(위 (ㄱ)판결의 첫째 단락과 동일함: 저자 주), 구분소유가 성립될 당시 건물의 구조에 따른 객관적인 용도에 비추어 일부공용부분인 부분의 구조나 이용 상황을 그 후에 변경하더라도, 그 부분을 공유하는 일부 구분소유자 전원의 승낙을 포함한 소유자들의 특단의 합의가 없는 한, 그러한 사정만으로 일부공용부분이 전체공용부분이 되는 것은 아니다. 그리고 이러한 법리는 여러 동의 집합건물로 이루어진 단지 내의 특정 동의 건물 부분으로서 구분소유의 대상이 아닌 부분이 해당 단지 구분소유자 전원의 공유에 속하는지, 해당 동 구분소유자 등 일부의 구분소유자만이 공유하는 것인지를 판단할 때에도 마

찬가지로 적용된다(집합건물법 제52조, 제51조, 제 3 조 제 1 항 참조).」(대판 2021. 1. 14, 2019다294947)

(ㄷ) 「건물의 어느 부분이 구분소유자 전원이나 일부의 공용에 제공되는지 여부는 일부공용부분이라는 취지가 등기되어 있거나 소유자의 합의가 있다면 그에 따르고, 그렇지 않다면 건물의 구조 · 용도 · 이용 상황, 설계도면, 분양계약서나 건축물대장의 공용부분 기재 내용 등을 종합하여 구분소유가 성립될 당시 건물의 구조에 따른 객관적인 용도에 따라 판단하여야 한다.」(대판 2022. 1. 13, 2020다278156: 이 판결은 그 뒤에 (ㄴ)판결의 후단의 내용을 덧붙이고 있음)

4) **대지사용권**(垈地使用權) 구분소유자는 일종의 건물소유자로서 건물의 대지를 이용할 권리가 있어야 한다. 그 권리를 대지사용권이라고 한다(같은 법 2조 6호). 이러한 대지사용권의 성립을 위해서는 집합건물의 존재와 구분소유자가 전유부분 소유를 위하여 해당 대지를 사용할 수 있는 권리를 보유하는 것 이외에 다른 특별한 요건이 필요하지 않다(대판 2009. 6. 23, 2009다26145; 대판(전원) 2013. 1. 17, 2010다71578; 대판 2021. 11. 11, 2020다278170). 대지사용권은 토지소유권의 공유지분인 것이 보통이나, 지상권 · 임차권을 준공유할 수도 있다(등기가 되지 않는 채권적 토지사용권도 대지사용권이 될 수 있다. 그러나 사후에 효력을 상실하여 소멸한 토지사용권은 더 이상 대지사용권이 될 수 없다. 대판 2017. 12. 5, 2014다227492: 신탁계약에 기한 사용권의 경우임). 이러한 대지사용권 중 건물과 분리하여 처분할 수 없는 것을 대지권이라고 한다(부등법 40조 3항)(규약이나 공정증서로써 분리처분을 정할 수 있음. 집합건물법 20조 2항 · 4항 참조).

대지사용권과 구분소유권은 매우 밀접한 관계에 있기 때문에 집합건물법은 이들의 일체화를 도모하고 있다. 즉 구분소유자의 대지사용권은 그의 전유부분의 처분에 따르도록 하고, 전유부분과 분리하여 대지사용권만을 처분할 수 없도록 한다(같은 법 20조). 그런데 분리처분이 금지되는 대지사용권이란 구분소유자가 전유부분을 소유하기 위하여 건물의 대지에 대하여 가지는 권리이므로(같은 법 2조 6호 참조), 구분소유자 아닌 자가 집합건물의 건축 전부터 전유부분의 소유와 무관하게 집합건물의 대지로 된 토지에 대하여 가지고 있던 권리는 같은 법 제20조에 규정된 분리처분금지의 제한을 받지 않는다(대판 2010. 5. 27, 2010다6017; 대판 2013. 10. 24, 2011다12149 · 12156; 대판 2017. 9. 12, 2015다242849). 그리고 구분소유가 성립하기 전에는 집합건물의 대지에 관하여 분리처분금지 규정이 적용되지 않는다(대판 2018. 6. 28, 2016다219419 · 219426; 대판 2022. 3. 31, 2017다9121 · 9138). 또한 집합건물의 구분소유자가 애초부터 대지사용권을 보유하고 있지 않거나 대지사용권 보유의 원인이 된 계약의 종료 등에 따라 대지사용권이 소멸한 경우에는 특별한 사정이 없는 한 집합건물법 제20조가 정하는 전유부분과 대지사용권의 일체적 취급이 적용될 여지가 없다(대판 2011. 9. 8, 2011다23125; 대판 2017. 9. 12, 2015다242849). 한편 구분소유가 성립하기 전에 대지에 관하여만 근저당권이 설정되었다가 구분소유가 성립하여 대지사용권이 성립되었더라도 이미 설정된 그 근저당권 실행으로 대지가 매각됨으로써 전유부분으로부터 분리처분된 경우에는 그 전유부분을 위한 대지사용권이 소멸하게 된다(대판 2022. 3. 31, 2017다9121 · 9138).

〈판 례〉

(ㄱ) 「구분건물의 대지사용권은 전유부분 및 공용부분과 분리처분이 가능한 규약이나 공정증서가 없는 때에는 전유부분과 종속적 일체불가분성이 인정되어 전유부분에 대한 경매개시결정과 압류의 효력이 당연히 종물 내지 종된 권리인 대지사용권에도 미치며, 그와 같은 내용의 규약이나 공정증서가 있는 때에는 종속적 일체불가분성이 배제되어 전유부분에 대한 경매개시결정과 압류의 효력이 대지사용권에는 미치지 아니한다.」(대결 1997. 6. 10, 97마814)

(ㄴ) 「아파트와 같은 대규모 집합건물의 경우, 대지의 분 · 합필 및 환지절차의 지연, 각 세대당 지분비율 결정의 지연 등으로 인하여 전유부분에 대한 소유권이전등기만 수분양자를 거쳐 양수인 앞으로 경료되고, 대지지분에 대한 소유권이전등기는 상당기간 지체되는 경우가 종종 생기고 있는데, 이러한 경우 집합건물의 건축자로부터 전유부분과 대지지분을 함께 분양의 형식으로 매수하여 그 대금을 모두 지급함으로써 소유권취득의 실질적 요건은 갖추었지만 전유부분에 대한 소유권이전등기만 경료받고 대지지분에 대하여는 앞서 본 바와 같은 사정으로 아직 소유권이전등기를 경료받지 못한 자는 매매계약의 효력으로써 전유부분의 소유를 위하여 건물의 대지를 점유 · 사용할 권리가 있다고 하여야 할 것인바, 매수인의 지위에서 가지는 이러한 점유 · 사용권은 단순한 점유권과는 차원을 달리하는 본권으로서 집합건물법 제 2 조 제 6 호 소정의 구분소유자가 전유부분을 소유하기 위하여 건물의 대지에 대하여 가지는 권리인 대지사용권에 해당한다고 할 것이고, 수분양자로부터 전유부분과 대지지분을 다시 매수하거나 증여 등의 방법으로 양수받거나 전전 양수받은 자 역시 당초 수분양자가 가졌던 이러한 대지사용권을 취득한다고 할 것이다.

그리고 앞서 본 집합건물법의 규정내용과 입법취지를 종합하여 볼 때, 대지의 분 · 합필 및 환지절차의 지연, 각 세대당 지분비율 결정의 지연 등의 사정이 없었다면 당연히 전유부분의 등기와 동시에 대지지분의 등기가 이루어졌을 것으로 예상되는 경우, 전유부분에 대하여만 소유권이전등기를 경료받았으나 매수인의 지위에서 대지에 대하여 가지는 점유 · 사용권에 터잡아 대지를 점유하고 있는 수분양자는 대지지분에 대한 소유권이전등기를 받기 전에 대지에 대하여 가지는 점유 · 사용권인 대지사용권을 전유부분과 분리 처분하지 못할 뿐만 아니라, 전유부분 및 장래 취득할 대지지분을 다른 사람에게 양도한 후 그 중 전유부분에 대한 소유권이전등기를 경료해 준 다음 사후에 취득한 대지지분도 전유부분의 소유권을 취득한 양수인이 아닌 제 3 자에게 분리처분하지 못한다 할 것이고, 이를 위반한 대지지분의 처분행위는 그 효력이 없다고 봄이 상당하다.」(대판(전원) 2000. 11. 16, 98다45652 · 45669. 같은 취지: 대판 2006. 3. 10, 2004다742; 대결 2006. 3. 27, 2004마978)

(ㄷ) 「집합건물의 분양자가 지적정리 등의 지연으로 대지지분에 대한 소유권이전등기나 대지권변경등기는 지적정리 후 해 주기로 하고 우선 전유부분에 대하여만 소유권보존등기를 한 후 수분양자에게 소유권이전등기를 마쳐 주었는데, 그 후 대지지분에 대한 소유권이전등기나 대지권변경등기가 되지 아니한 상태에서 전유부분에 대한 경매절차가 진행되어 제 3 자가 전유부분을 경락받은 경우, 그 경락인은 본권으로서 집합건물의 소유 및 관리에 관한 법률 제 2 조 제 6 호 소정의 대지사용권을 취득한다고 할 것이고(대법원 2004. 7. 8. 선고 2002다40210 판결 참조), 이는 수분양자가 분양자에게 그 분양대금을 완납한 경우는 물론 그 분양대금을 완납하지 못한 경우에도 마찬가지라고 할 것이다.

따라서 그러한 경우 그 경락인은 대지사용권 취득의 효과로서 분양자와 수분양자를 상대로 분양자로부터 수분양자를 거쳐 순차로 대지지분에 대한 소유권이전등기 절차를 마쳐줄 것을 구하거나 분양자를 상대로 대지권변경등기 절차를 마쳐줄 것을 구할 수 있다고 할 것이고, 분양자는 이에 대하여 수분양자의 분양대금 미지급을 이유로 한 동시이행항변을 할 수 있을 뿐이라고 할 것이다.」(대판 2006. 9. 22, 2004다58611)

(ㄹ) 「집합건물법 제20조의 취지는 집합건물의 전유부분과 대지사용권이 분리되는 것을 최대한 억제하여 대지사용권 없는 구분소유권의 발생을 방지함으로써 집합건물에 관한 법률관계의 안정과 합리적 규율을 도모하려는 데 있으므로, 전유부분에 대한 대지사용권을 분리처분할 수 있도록 정한 규약이 존재한다는 등의 특별한 사정이 없는 한, 집합건물을 신축하였으나 그 대지 소유권을 취득하지 못한 상태에서 전유부분의 소유권을 경매로 상실한 자는 장래 취득할 대지지분을 전유부분의 소유권을 취득한 경락인이 아닌 제 3 자에게 분리처분하지 못하고, 이를 위반한 대지지분의 처분행위는 무효이다.」(대판 2008. 9. 11, 2007다45777)

(ㅁ) 「경매절차에서 전유부분을 낙찰받은 사람은 대지사용권까지 취득하는 것이고, 규약이나 공정증서로써 다르게 정하였다는 특별한 사정이 없는 한 대지사용권을 전유부분과 분리하여 처분할 수는 없으며, 이를 위반한 대지사용권의 처분은 법원의 강제경매절차에 의한 것이라 하더라도 무효라고 하여야 한다. 또한, 대지사용권은 구분소유자가 전유부분 소유를 하기 위하여 건물의 대지에 대하여 가지는 권리로서(집합건물법 제 2 조 제 6 호) 그 성립을 위해서는 집합건물의 존재와 구분소유자가 전유부분 소유를 위하여 당해 대지를 사용할 수 있는 권리를 보유하는 것 이외에는 다른 특별한 요건이 필요치 않은 사정도 고려하면, 집합건물법 제20조 제 3 항 소정의 '선의'의 제 3 자라 함은 원칙적으로 집합건물의 대지로 되어 있는 사정을 모른 채 대지사용권의 목적이 되는 토지를 취득한 제 3 자를 의미한다.」(대판 2009. 6. 23, 2009다26145)

(ㅂ) 「집합건물의 소유 및 관리에 관한 법률(이하 '집합건물법'이라고 한다) 제 8 조는 "대지 위에 구분소유권의 목적인 건물이 속하는 1동의 건물이 있을 때에는 그 대지의 공유자는 그 건물 사용에 필요한 범위의 대지에 대하여는 분할을 청구하지 못한다."라고 규정하고

있다. 위 법률 규정의 입법 취지는 1동의 건물로서 개개의 구성부분이 독립한 구분소유권의 대상이 되는 집합건물의 존립 기초를 확보하려는 데 있는바, 집합건물의 대지는 그 지상의 구분소유권과 일체성 내지 불가분성을 가지는데 일반의 공유와 같이 공유지분권에 기한 공유물 분할을 인정한다면 그 집합건물의 대지사용관계는 파탄에 이르게 되므로 집합건물의 공동생활관계의 보호를 위하여 분할청구가 금지된다(대법원 2007. 12. 27. 선고 2005다66374, 66381 판결 등 참조).

따라서 집합건물 대지의 공유자가 청구한 대지의 분할청구가 허용되는지 여부를 판단함에 있어서는 집합건물법 제 8 조의 입법 취지가 우선 고려되어야 하는바, 집합건물의 대지를 집합건물의 구분소유자인 공유자와 구분소유자가 아닌 공유자가 공유하고 있고, 당해 대지를 집합건물의 구분소유자인 공유자에게 취득시키고 구분소유자가 아닌 다른 공유자에게는 그 지분의 가격을 취득시키는 것이 공유자 간의 실질적인 공평을 해치지 않는다고 인정되는 특별한 사정이 있어 그와 같이 공유물을 분할하는 것이 허용되는 경우에는(대법원 2004. 10. 14. 선고 2004다30583 판결 등 참조), 그러한 공유물에 대한 분할청구는 집합건물법 제 8 조의 입법 취지에 비추어 허용된다고 보는 것이 타당하다.」(대판 2023. 9. 14, 2022다271753)

(ㅅ) 「집합건물의 소유 및 관리에 관한 법률 제20조 제 2 항에 의하면 구분소유자는 특별한 사정이 없는 한 대지사용권을 전유부분과 분리하여 처분할 수 없고, 이를 위반한 대지사용권의 처분은 법원의 공유물분할 경매절차에 의한 것이라 하더라도 무효라고 할 것이므로(대법원 2009. 6. 23. 선고 2009다26145 판결 참조), 구분소유의 목적물인 이 사건 건물 각 층과 분리하여 이 사건 대지만에 대하여 경매분할을 명한 확정판결에 기하여 진행되는 공유물분할 경매절차에서 이 사건 대지만을 낙찰받더라도 경락인은 원칙적으로 그 소유권을 취득할 수 없다.」(대판 2010. 5. 27, 2006다84171)

(ㅇ) 「집합건물인 1동의 건물의 구분소유자들이 그 건물의 대지를 공유하고 있는 경우 각 구분소유자는 별도의 규약이 존재하는 등의 특별한 사정이 없는 한 그 대지에 대하여 가지는 공유지분의 비율에 관계없이 그 건물의 대지 전부를 용도에 따라 사용할 수 있는 적법한 권원을 가지는바(대법원 1995. 3. 14. 선고 93다60144 판결 참조), 이때 '건물의 대지'는 달리 특별한 사정이 없는 한 집합건물이 소재하고 있는 1필의 토지 전부를 포함한다(대법원 2002. 12. 27. 선고 2002다16965 판결 참조). 그리고 집합건물의 부지 전체에 대하여 대지권이 성립한 이후에는 구분소유자의 대지사용권은 규약으로 달리 정한 경우가 아니면 전유부분과 분리하여 처분할 수 없으므로(집합건물의 소유 및 관리에 관한 법률(이하 '집합건물법'이라 한다) 제20조), 집합건물의 분양자가 전유부분의 소유권은 구분소유자들에게 모두 이전하면서도 대지는 일부 지분에 관하여만 소유권이전등기를 하고 나머지 지분을 그 명의로 남겨 둔 경우에 그 분양자 또는 그 보유지분을 양수한 양수인이 구분소유자들에 대하여 공유지분권을 주장할 수 있으려면, 전유부분과 대지사용권을 분리처분할 수 있도록 규약에서 달리 정하였다는 등 특별한 사정이 있어야 한다(대법원 2012. 10. 25. 선고 2011다12392 판결 참조).」(대판 2013. 11. 14, 2013다33577)

(ㅈ)「집합건물에서 구분소유자의 대지사용권은 규약이나 공정증서로써 달리 정하는 등의 특별한 사정이 없는 한 전유부분과 종속적 일체불가분성이 인정되므로(집합건물의 소유 및 관리에 관한 법률 제20조 제 1 항, 제 2 항), 대지소유권을 가진 집합건물의 건축자로부터 전유부분을 매수하여 그에 관한 소유권이전등기를 마친 매수인은 전유부분의 대지사용권에 해당하는 토지공유지분(이하 '대지지분'이라고 한다)에 관한 이전등기를 마치지 아니한 때에도 대지지분에 대한 소유권을 취득한다(대법원 2011. 2. 10. 선고 2010다11668 판결, 대법원 2012. 3. 29. 선고 2011다79210 판결 등 참조). 그리고 동일인의 소유에 속하는 전유부분과 대지지분 중 전유부분만에 관하여 설정된 저당권의 효력은 규약이나 공정증서로써 달리 정하는 등의 특별한 사정이 없는 한 종물 내지 종된 권리인 대지지분에까지 미치므로, 전유부분에 관하여 설정된 저당권에 기한 경매절차에서 전유부분을 매수한 매수인은 대지지분에 대한 소유권을 함께 취득하고, 그 경매절차에서 대지에 관한 저당권을 존속시켜 매수인이 인수하게 한다는 특별매각조건이 정하여져 있지 않았던 이상 설사 대지사용권의 성립 이전에 대지에 관하여 설정된 저당권이라고 하더라도 대지지분의 범위에서는 민사집행법 제91조 제 2 항이 정한 '매각부동산 위의 저당권'에 해당하여 매각으로 소멸하는 것이며, 이러한 대지지분에 대한 소유권의 취득이나 대지에 설정된 저당권의 소멸은 전유부분에 관한 경매절차에서 대지지분에 대한 평가액이 반영되지 않았다거나 대지의 저당권자가 배당받지 못하였다고 하더라도 달리 볼 것은 아니다(대법원 2001. 9. 4. 선고 2001다22604 판결, 대법원 2008. 3. 13. 선고 2005다15048 판결 등 참조).」(대판 2013. 11. 28, 2012다103325)

(ㅊ)「전유부분의 처분에 따르고 전유부분과 분리하여 처분할 수 없는 집합건물법상의 대지사용권은 집합건물법 제 2 조 제 6 호가 정의하고 있는 권리, 즉 '구분소유자가 전유부분을 소유하기 위하여 건물의 대지에 대하여 가지고 있는 권리'라고 할 것이고, 그 권리가 아닌 다른 권리를 구분소유자가 임의로 집합건물법상의 대지사용권으로 정할 수는 없다. 다만 집합건물법상의 대지사용권을 가진 구분소유자는 전유부분과 대지사용권의 분리처분을 허용하는 규약 또는 공정증서를 작성하는 방법으로(집합건물법 제20조 제 2 항, 제 4 항, 제 3 조 제 3 항), 집합건물법상의 대지사용권 일부를 자신이 유보한 채 나머지 일부만 전유부분과 함께 이전하거나 또는 대지사용권의 전부를 자신이 유보하면서 그 이외의 권리를 전유부분의 매수인이 취득하도록 할 수 있다.」(대판 2015. 10. 29, 2014다6107)

(ㅋ)「집합건물의 건축자가 그 소유인 대지 위에 집합건물을 건축하고 전유부분에 관하여 건축자 명의로 소유권보존등기를 마친 경우, 건축자의 대지소유권은 집합건물법 제 2 조 제 6 호 소정의 구분소유자가 전유부분을 소유하기 위하여 건물의 대지에 대하여 가지는 권리인 대지사용권에 해당한다. 따라서 전유부분에 대한 대지사용권을 분리처분할 수 있도록 정한 규약이 존재한다는 등의 특별한 사정이 인정되지 않는 한 전유부분과 분리하여 대지사용권을 처분할 수 없고, 이를 위반한 대지지분의 처분행위는 그 효력이 없다(대법원 2006. 3. 10. 선고 2004다742 판결 등 참조).

그러므로 구분소유권이 이미 성립한 집합건물이 증축되어 새로운 전유부분이 생긴 경우에는, 건축자의 대지소유권은 기존 전유부분을 소유하기 위한 대지사용권으로 이미 성립하여 기존 전유부분과 일체불가분성을 가지게 되었으므로 규약 또는 공정증서로써 달리 정하는 등의 특별한 사정이 없는 한 새로운 전유부분을 위한 대지사용권이 될 수 없다.」(대판 2017. 5. 31, 2014다236809)

(ㅌ) 「집합건물법 제20조 제 2 항 본문의 분리처분금지는 그 취지를 등기하지 아니하면 선의로 물권을 취득한 제 3 자에게 대항하지 못한다(집합건물법 제20조 제 3 항). 여기서 '선의'의 제 3 자라 함은 원칙적으로 집합건물의 대지로 되어 있는 사정을 모른 채 대지사용권의 목적이 되는 토지를 취득한 제 3 자를 뜻한다(대법원 2013. 1. 17. 선고 2010다71578 전원합의체 판결 등 참조). 여기에는 그 토지 위에 집합건물이 존재하는 사실은 알았으나 해당 토지나 그 지분에 관하여 공정증서 등으로 전유부분과 대지사용권을 분리하여 처분할 수 있도록 정한 것으로 믿은 제 3 자도 포함된다. 다만 집합건물의 전유부분과 대지사용권이 분리되는 것을 최대한 억제하여 대지사용권 없는 구분소유권 발생을 방지함으로써 집합건물에 관한 법률관계의 안정과 합리적 규율을 도모하려는 집합건물법 제20조의 규정취지 및 같은 조 제 3 항이 '분리처분금지의 취지를 등기하지 아니할 것' 외에 '선의로 물권을 취득할 것'을 요건으로 정하고 있는 점 등을 종합하면, 단지 집합건물 대지에 관하여 대지권등기가 되어 있지 않다거나 그 일부지분에 관해서만 대지권등기가 되었다는 사정만으로는 그 대지나 대지권등기가 되지 않은 나머지 대지지분을 취득한 자를 선의의 제 3 자로 볼 수는 없다. 그와 같은 경우 대지나 그 지분을 취득한 제 3 자가 선의인지 여부는 대지 일부에만 집합건물이 자리 잡고 있어 분양자가 나머지 대지부분을 활용할 필요가 있는 경우 등 집합건물과 대지의 현황 등에 비추어 볼 때 공정증서 등으로 분리처분이 가능하도록 정할 필요성이 있었는지 여부, 분양자에게 유보된 대지지분이 위와 같은 필요에 상응하는 것인지 여부, 제 3 자가 경매나 공매 등의 절차에서 대지지분을 매수한 경우라면 해당 절차에서 공고된 대지의 현황과 권리관계 등 제반사정까지 종합하여 판단하여야 한다.」(대판 2018. 12. 28, 2018다219727)

(ㅍ) 「구 '집합건물의 소유 및 관리에 관한 법률'(2010. 3. 31. 법률 제10204호로 개정되기 전의 것, 이하 '구 집합건물법'이라고 한다)은 복수의 구분소유자들이 제정한 규약에서 달리 정하면 전유부분과 대지사용권의 분리처분을 허용하면서(제20조 제 2 항 단서), 복수의 구분소유자들이 존재하기 전이라도 집합건물의 전유부분 전부를 소유하는 사람은 공정증서로써 전유부분과 대지사용권을 분리하여 처분할 수 있도록 허용하고 있다(제20조 제 4 항, 제 3 조 제 3 항). 여기서 구분소유자라 함은 일반적으로 구분소유권을 취득한 사람(등기부상 구분소유권자로 등기되어 있는 사람)을 지칭하는 것이나, 다만 수분양자로서 분양대금을 완납하였음에도 분양자 측의 사정으로 소유권이전등기를 마치지 못한 경우와 같은 특별한 사정이 있는 경우에는 이러한 수분양자도 구분소유자에 준하는 것으로 보아야 한다(대법원 2005. 12. 16.자 2004마515 결정 참조). 따라서 위와 같이 구분소유자에 준하는 수분양자가 있는 경우에는 구 집합건물법 제20조 제 2 항 단서에 따라 규약으로써 전유부분과 대지사용권을 분리하여 처분할 수 있도록 정하여야 하고, 구 집합건물

법 제20조 제2항 단서, 제4항에 따라 분양자 단독으로 작성한 공정증서로는 대지사용권의 분리처분이 허용되지 않는다.」(대판 2020. 6. 4, 2016다245142)

(ㅎ) 「1동의 집합건물의 구분소유자들은 그 전유부분을 구분소유하면서 건물의 대지 전체를 공동으로 점유·사용하는 것이므로(대법원 2014. 9. 4. 선고 2012다7670 판결 등 참조), 대지 소유자는 대지사용권 없이 전유부분을 소유하면서 대지를 무단 점유하는 구분소유자에 대하여 그 전유부분의 철거를 구할 수 있다(대법원 1996. 11. 29. 선고 95다40465 판결 등 참조).

집합건물은 건물 내부를 (구조상·이용상 독립성을 갖춘) 여러 개의 부분으로 구분하여 독립된 소유권의 객체로 하는 것일 뿐 1동의 건물 자체는 일체로서 건축되어 전체 건물이 존립과 유지에 있어 불가분의 일체를 이루는 것이므로, 1동의 집합건물 중 일부 전유부분만을 떼어내거나 철거하는 것은 사실상 불가능하다. 그러나 구분소유자 전체를 상대로 각 전유부분과 공용부분의 철거 판결을 받거나 동의를 얻는 등으로 집합건물 전체를 철거하는 것은 가능하고 이와 같은 철거 청구가 구분소유자 전원을 공동피고로 해야 하는 필수적 공동소송이라고 할 수 없으므로, 일부 전유부분만을 철거하는 것이 사실상 불가능하다는 사정은 집행개시의 장애요건에 불과할 뿐 철거 청구를 기각할 사유에 해당하지 않는다(대법원 2011. 9. 8. 선고 2011다23125 판결 참조).

…집합건물 대지의 소유자는 대지사용권을 갖지 아니한 구분소유자에 대하여 전유부분의 철거를 구할 수 있고, 일부 전유부분만의 철거가 사실상 불가능하다고 하더라도 이는 집행개시의 장애요건에 불과할 뿐이어서 대지 소유자의 건물 철거 청구가 권리남용에 해당한다고 볼 수 없다(대법원 2011. 9. 8. 선고 2010다18447 판결 참조).」(대판 2021. 7. 8, 2017다204247)

[109] **5) 구분소유자의 권리·의무** 구분소유권에는 일종의 상린관계라고 할 수 있는 일정한 권리·의무가 수반된다. 즉 구분소유자(전유부분을 점유하는 자 포함)는 건물의 보존에 해로운 행위나 그 밖에 건물의 관리·사용에 관하여 구분소유자 공동의 이익에 어긋나는 행위를 하지 않아야 하며(같은 법 5조 1항·2항·4항)(대판 2007. 6. 1, 2005두17201은, 같은 법 5조 1항의 취지가 집합건물인 상가건물의 구분소유자가 해당 전유부분에 대한 용도변경행위를 함에 있어 다른 구분소유자들과 함께 하여야 한다거나 그들의 동의를 얻어야 한다는 것까지 포함한다고 볼 수 없다고 한다), 이에 위반한 때에는 행위의 정지, 사용금지, 구분소유권과 대지사용권의 경매 등을 청구할 수 있도록 하였다(같은 법 43조 내지 45조). 그리고 구분소유자는 전유부분·공용부분의 보존·개량을 위하여 다른 구분소유자의 전유부분 등의 사용을 청구할 수 있다(같은 법 5조 3항).

구분소유자는 공용부분을 그 용도에 따라 사용할 수 있다(같은 법 11조. 지분비율로 사용할 수 있는 것이 아니다. 263조 참조). 공용부분의 보존행위는 각 공유자가 할 수 있으나(같은 법 16조 1항 단서), 공용부분의 변경에 관한 사항은 특별한 경우(같은 법 15조 1항 1호·2호의 경우)를 제외하고는 관리단집회에서 구분소유자 및 의결권의 각 3분의 2 이상의 결의로써 결정하여야 하고(같은 법 15조 1항. 이때 공용부분의

(변경이 다른 구분소유자에게 특별한 영향을 미칠 경우에는 그 구분소유자의 승낙을 받아야 한다. 같은 법 15조 2항), 건물의 노후화 억제 또는 기능 향상 등을 위한 것으로 구분소유권 및 대지사용권의 범위나 내용에 변동을 일으키는 공용부분의 변경에 관한 사항은 구분소유자 및 의결권의 5분의 4 이상의 결의로써 결정하여야 하며(같은 법 15조의 2 1항), 그 밖의 공용부분의 관리에 관한 사항은 통상의 집회결의로써 결정한다(같은 법 16조 1항 본문). 각 공유자는 규약에 달리 정한 바가 없으면 그 지분의 비율에 따라 공용부분의 관리비용과 그 밖의 의무를 부담하며 공용부분에서 생기는 이익을 취득한다(같은 법 17조). 그리고 공유자가 공용부분에 관하여 다른 공유자에 대하여 가지는 채권은 그 특별승계인에 대하여도 행사할 수 있다(같은 법 18조).

판례에 따르면, 집합건물의 구분소유자가 집합건물법의 관련 규정에 따라 관리단집회 결의나 다른 구분소유자의 동의 없이 공용부분의 전부 또는 일부를 독점적으로 점유·사용하고 있는 경우 다른 구분소유자는 공용부분의 보존행위로서 그 인도를 청구할 수는 없고, 특별한 사정이 없는 한 자신의 지분권에 기초하여 공용부분에 대한 방해 상태를 제거하거나 공동 점유를 방해하는 행위의 금지 등을 청구할 수 있다고 한다(대판 2020. 10. 15, 2019다245822). 이는 공유물의 소수지분권자가 다른 공유자와 협의 없이 공유물의 전부 또는 일부를 독점적으로 점유·사용하고 있는 경우에 관한 대법원 전원합의체 판결(대판(전원) 2020. 5. 21, 2018다287522. [136] (ㄱ)판결)의 법리를 집합건물에 적용한 것이다. 그리고 구분소유자 중 일부가 정당한 권원 없이 집합건물의 복도, 계단 등과 같은 공용부분을 배타적으로 점유·사용함으로써 이익을 얻고, 그로 인하여 다른 구분소유자들이 해당 공용부분을 사용할 수 없게 되었다면, 공용부분을 무단점유한 구분소유자는 특별한 사정이 없는 한 해당 공용부분을 점유·사용함으로써 얻은 이익을 부당이득으로 반환할 의무가 있다(대판(전원) 2020. 5. 21, 2017다220744)(유사한 경우로 공유자들 사이의 부당이득 반환이 있으며, 그에 관하여는 [136] 참조). 대법원은, 해당 공용부분이 구조상 이를 별개 용도로 사용하거나 다른 목적으로 임대할 수 있는 대상이 아니더라도, 무단점유로 인하여 다른 구분소유자들이 해당 공용부분을 사용·수익할 권리가 침해되었고 이는 그 자체로 민법 제741조에서 정한 손해로 볼 수 있다고 한다. 그런가 하면 판례는, 집합건물에서 전유부분 면적 비율에 상응하는 적정 대지지분을 가진 구분소유자는 그 대지 전부를 용도에 따라 사용·수익할 수 있는 적법한 권원을 가지므로, 구분소유자 아닌 대지 공유자는 그 대지 공유지분권에 기초하여 적정 대지지분을 가진 구분소유자를 상대로는 대지의 사용·수익에 따른 부당이득 반환을 청구할 수 없다고 한다(대판(전원) 2022. 8. 25, 2017다257067; 대판 2023. 9. 14, 2016다12823; 대판 2023. 10. 18, 2019다266386). 이는 일반적인 공유의 경우에 공유토지의 일부를 배타적으로 점유하면서 사용·수익하는 공유자는 그가 보유한 공유지분의 비율에 관계없이 다른 공유자에 대하여 부당이득 반환의무를 부담하는 것과 다른데, 일반 건물에서 대지를 사용·수익할 권원이 건물의 소유권과 별개로 존재하는 것과는 달리, 집합건물의 경우에는 대지사용권인 대지지분이 구분소유권의 목적인 전유부분에 종속되어 일체화되는 관계에 있으므로, 집합건물 대지의 공유관계에서는 이와 같은 민법상 공유물에 관한 일반법리가 그대로 적용될 수 없고, 그 점은 대지 공유자들 중 구분소유자 아닌 사람이 있더라도 마찬가지라고 한다. 그에 비하여 적정 대지지분보다 부족한 대지 공유지분(과소 대지지분)을 가진 구분소유자는, 과소 대지지분이 적정 대지지분에 매우 근소하게 부족하여 그에 대한 부당이득 반환청구가 신의성실의 원칙에 반한다고 볼 수 있는 경우, 구분건물의 분양 당시 분양자로부터 과소 대지지분만을 이전받으면서 건물 대지를 무상으로 사용할 수 있는 권한을 부여받았고 이러한 약정이 분양자의 대지지분을 특정승계한 사람에게 승계된 것으로 볼 수 있는 경우, 또는 과소 대지지분에 기하여 전유부분을 계속 소유·사용하는 현재의 사실상태가 장기간 묵인되어온 경우 등과 같은 특별한 사정이 없는 한, 구분소유자 아닌 대지 공유자에 대하여 적정 대지지분에서 부족한 지분의 비율에 해당하는 차임 상당의 부당이득 반환의무를 부담한다고 한다(대판 2023. 9. 14, 2016다12823; 대판 2023. 10. 18, 2019다266386). 그리고 이때 구분소유자가 적정 대지지분을 소유하였는지 여부나 과소 대지지분권자로서 구분소유자 아닌 대지공유자에 대하여 부당이득 반환의무를 부담하는지 여부 및 그 범위는 구분소유권별로 판단하여야 하고, 이는 특정 구분소유자가 복수의 구분소유권을 보유한 경우에도 마찬가지이므로 특별한 사정이 없는 한 복수의 구분소유권에 관한 전체 대지지분을 기준으로 이를 판단하여서는 안 된다고 한다(대판 2023. 10. 18, 2019다266386).

〈판 례〉

(ㄱ) 「집합건물의 소유 및 관리에 관한 법률(이하 '집합건물법'이라고 한다) 제18조에서는 공유자가 공용부분에 관하여 다른 공유자에 대하여 가지는 채권은 그 특별승계인에 대하여도 행사할 수 있다고 규정하고 있는데, 이는 집합건물의 공용부분은 전체 공유자의 이익에 공여하는 것이어서 공동으로 유지·관리되어야 하고 그에 대한 적정한 유지·관

리를 도모하기 위하여는 소요되는 경비에 대한 공유자 간의 채권은 이를 특히 보장할 필요가 있어 공유자의 특별승계인에게 그 승계의사의 유무에 관계없이 청구할 수 있도록 하기 위하여 특별규정을 둔 것이므로, 전(前) 구분소유자의 특별승계인에게 전 구분소유자의 체납관리비를 승계하도록 한 관리규약 중 공용부분 관리비에 관한 부분은 위와 같은 규정에 터 잡은 것으로 유효하다(대법원 2001. 9. 20. 선고 2001다8677 전원합의체 판결 참조). 그리고 부과된 관리비가 공용부분에 관한 관리비인지 여부는 개개의 관리비 항목의 성질 및 그 구체적 사용내역에 따라 판단되어야 할 것이나, 위와 같은 입법취지에 비추어 볼 때 여기서 말하는 공용부분 관리비에는 집합건물의 공용부분 그 자체의 직접적인 유지·관리를 위하여 지출되는 비용뿐만 아니라, 전유부분을 포함한 집합건물 전체의 유지·관리를 위해 지출되는 비용 가운데에서도 입주자 전체의 공동의 이익을 위하여 집합건물을 통일적으로 유지·관리해야 할 필요가 있어 이를 일률적으로 지출하지 않으면 안 되는 성격의 비용은 그것이 입주자 각자의 개별적인 이익을 위하여 현실적·구체적으로 귀속되는 부분에 사용되는 비용으로 명확히 구분될 수 있는 것이 아니라면, 모두 이에 포함되는 것으로 봄이 상당하다. 한편, 관리비 납부를 연체할 경우 부과되는 연체료는 위약벌의 일종이고, 전(前) 구분소유자의 특별승계인이 체납된 공용부분 관리비를 승계한다고 하여 전 구분소유자가 관리비 납부를 연체함으로 인해 이미 발생하게 된 법률효과까지 그대로 승계하는 것은 아니라 할 것이어서, 공용부분 관리비에 대한 연체료는 특별승계인에게 승계되는 공용부분 관리비에 포함되지 않는다.

그런데 기록에 의하면, 이 사건 상가건물의 관리규약상 관리비 중 일반관리비, 장부기장료, 위탁수수료, 화재보험료, 청소비, 수선유지비 등은 모두 입주자 전체의 공동의 이익을 위하여 집합건물을 통일적으로 유지·관리해야 할 필요에 의해 일률적으로 지출되지 않으면 안 되는 성격의 비용에 해당하는 것으로 인정되고, 그것이 입주자 각자의 개별적인 이익을 위하여 현실적·구체적으로 귀속되는 부분에 사용되는 비용으로 명확히 구분될 수 있는 것이라고 볼 만한 사정을 찾아볼 수 없는 이상 전(前) 구분소유자의 특별승계인인 원고에게 승계되는 공용부분 관리비로 보아야 할 것이다.

…집합건물의 관리단 등 관리주체의 위법한 단전·단수 및 엘리베이터 운행정지 조치 등 불법적인 사용방해행위로 인하여 건물의 구분소유자가 그 건물을 사용·수익하지 못하였다면, 그 구분소유자로서는 관리단에 대해 그 기간 동안 발생한 관리비채무를 부담하지 않는다고 보아야 한다.」(대판 2006. 6. 29, 2004다3598·3604)

(ㄴ) 「집합건물법상의 특별승계인은 관리규약에 따라 집합건물의 공용부분에 대한 유지·관리에 소요되는 비용의 부담의무를 승계한다는 점에서 채무인수인으로서의 지위를 갖는데, 위와 같은 집합건물법의 입법 취지와 채무인수의 법리에 비추어 보면 구분소유권이 순차로 양도된 경우 각 특별승계인들은 이전 구분소유권자들의 채

무를 중첩적으로 인수한다고 봄이 상당하므로, 현재 구분소유권을 보유하고 있는 최종 특별승계인뿐만 아니라 그 이전의 구분소유자들도 구분소유권의 보유 여부와 상관없이 공용부분에 관한 종전 구분소유자들의 체납관리비채무를 부담한다고 보아야 한다.」(대판 2008. 12. 11, 2006다50420)

〈재건축에 관한 판례〉

(ㄱ) 「1. 상고이유 제 1 점에 관하여

…재건축 결의에 따라 설립된 재건축조합은 민법상의 비법인 사단에 해당하므로(대법원 2001. 5. 29. 선고 2000다10246 판결 등 참조) 그 구성원의 의사의 합의는 총회의 결의에 의할 수밖에 없다고 할 것이나, 다만 위 의제된 합의 내용인 재건축 결의의 내용을 변경함에 있어서는 그것이 구성원인 조합원의 이해관계에 미치는 영향에 비추어 재건축 결의시의 의결정족수를 규정한 집합건물법 제47조 제 2 항을 유추적용하여 조합원 5분의 4 이상의 결의가 필요하다고 할 것이다.

이와 달리 집합건물법 제49조에 의하여 재건축에 관한 합의가 이루어진 경우, 그 의제된 합의의 내용인 재건축 결의의 내용을 변경함에 있어서는 조합원 전원의 합의가 필요하다고 한 대법원 1998. 6. 26. 선고 98다15996 판결은 이 판결의 견해와 저촉되는 한도에서 변경하기로 한다.

2. 상고이유 제 2 점에 관하여

집합건물법 제41조 제 1 항은 "이 법 또는 규약에 의하여 관리단집회에서 결의할 것으로 정한 사항에 관하여 구분소유자 및 의결권의 각 5분의 4 이상의 서면에 의한 합의가 있는 때에는 관리단집회의 결의가 있는 것으로 본다"고 규정하고 있고, 재건축의 결의는 집합건물법 제47조 제 1 항에 의하여 관리단집회에서 결의할 수 있는 사항이므로, 이러한 재건축의 결의는 집합건물법 제41조 제 1 항에 의한 서면결의가 가능하다고 할 것이고(대법원 1999. 8. 20. 선고 98다17572 판결 참조), 나아가 재건축조합은 대체로 그 조합원의 수가 많고, 재건축에 대한 관심과 참여 정도가 조합원에 따라 현격한 차이가 있으며, 재건축의 과정이 장기간에 걸쳐 복잡하게 진행될 뿐만 아니라 재건축 대상인 건물이 일단 철거된 후에는 조합원의 주거지가 여러 곳으로 분산되는 등의 사정이 있음에 비추어, 재건축 결의의 내용을 변경하는 것도 집합건물법 제41조 제 1 항을 유추적용하여 서면합의에 의할 수 있다고 할 것이다.

그리고 재건축 결의 내용의 변경에 집합건물법 제41조 제 1 항을 유추적용할 필요성에 관한 앞의 사정들과 집합건물법이 서면합의에 의한 관리단집회의 결의를 인정하면서 서면합의의 요건이나 그 절차 및 방법 등에 관하여 아무런 제한을 하고 있지 않은 점에 비추어 볼 때, 의결정족수에 영향을 미칠 우려가 있을 정도의 조합원들의 참여기회가 원천적으로 배제된 채 서면합의가 이루어지거나 조합원 5분의 4 이상의 자의에 의한 합의가 성립되었다고 인정할 수 없을 정도의 중대한 하자가 있는 등 특별한 사정이 없는 한 서면합의에 의한 재건축 결의 내용의 변경은 유효하다고 보아야 할 것이다.」(대판(전원) 2005. 4. 21, 2003다4969)

(ㄴ)「집합건물의 소유 및 관리에 관한 법률 제47조 제 2 항에 의하면 재건축의 결의는 구분소유자 및 의결권의 각 4/5 이상의 다수에 의한 결의에 의하도록 규정되어 있고, 같은 조 제 3 항, 제 4 항에 의하면 재건축의 결의를 할 때에는 건물의 철거 및 신건물의 건축에 소요되는 비용의 분담에 관한 사항과 신건물의 구분소유권의 귀속에 관한 사항을 정하여야 하며, 위와 같은 사항은 각 구분소유자 간의 형평이 유지되도록 정하지 아니하면 아니된다고 규정하고 있는바, 위 재건축 비용의 분담에 관한 사항은 구분소유자들로 하여금 상당한 비용을 부담하면서 재건축에 참가할 것인지, 아니면 시가에 의하여 구분소유권 등을 매도하고 재건축에 참가하지 않을 것인지를 선택하는 기준이 되는 것이고, 재건축 결의의 내용 중 가장 중요하고 본질적인 부분으로서, 재건축의 실행단계에서 다시 비용분담에 관한 합의를 하지 않아도 될 정도로 그 분담액 또는 산출기준을 정하여야 하고 이를 정하지 아니한 재건축 결의는 특별한 사정이 없는 한 무효이다.」(대판 2005. 4. 29, 2004다7002. 같은 취지: 대판 2006. 7. 13, 2004다7408)

(ㄷ)「재건축조합의 설립단계에서 정하여야 할 건축물의 철거 및 신축에 소요되는 비용의 개략적인 금액과 그 비용의 분담에 관한 사항은 토지 등 소유자로 하여금 상당한 비용을 부담하면서 재건축에 참가할 것인지, 아니면 시가에 의하여 구분소유권 등을 매도하고 재건축에 참가하지 않을 것인지를 선택하는 기준이 되는 것인바, 재건축 결의시 조합원의 비용분담과 관련하여 시공사로 선정된 자가 제시하는 사업계획을 재건축결의의 내용으로 채택하기로 결의한 경우에는 그 사업계획에서 제시된 건축물의 철거 및 신축에 소요되는 비용의 분담에 관한 사항이 재건축결의의 내용이 되는 것이므로, 그 후 재건축조합이 시공사와 도급계약을 정식으로 체결하면서 물가의 변동 등 건축 경기의 상황변화에 따른 통상 예상할 수 있는 범위를 초과하여 당초 재건축결의시 시공사가 제시하였던 비용의 분담에 관한 사항을 변경하는 경우에는 비용분담에 관한 재건축결의를 변경한 것으로 보아야 할 것이고, 이는 그 비용의 증가가 정부정책의 변경이나 기타 예측하지 못한 상황의 발생으로 불가피하게 발생하였다 하더라도 달라지지 아니한다고 할 것이다.」(대판 2009. 1. 30, 2007다31884)

(ㄹ)「재건축의 결의가 위와 같은 사항에 관하여 각 구분소유자 간의 형평에 현저히 반하는 경우에는 이러한 재건축결의는 특별한 사정이 없는 한 무효라고 할 것이다.」(대판 2005. 6. 9, 2005다11404)

(ㅁ)「1주택을 2인 이상이 공유지분으로 소유함으로써 공유자 전원이 1인의 조합원으로 취급되는 경우에도, 공유자 전원의 합의에 의하여 재건축사업에 따른 개발이익 등을 공유자 중 대표조합원 1인이 모두 분배받기로 하여 그러한 의사를 재건축조합에 표시하였다거나 조합규약 등에서 그 분배에 관하여 달리 정하고 있다는 등의 특별한 사정이 없는 한, 대표조합원을 비롯한 공유자들은 다른 일반조합원에 대한 관

계에서뿐 아니라 공유자들 상호간의 관계에서도 형평이 유지되도록 개발이익 등을 분배받을 권리가 있으므로, 재건축조합은 공유자들에게 개발이익 등을 분배함에 있어 다른 일반조합원에 대한 관계에서나 공유자들 상호간의 관계에서 형평이 유지되도록 하여야 하고, 대표조합원 1인에게 그 공유지분에 관한 개발이익을 초과하여 다른 공유자에게 분배되어야 할 개발이익까지 임의로 분배하는 등 형평에 현저히 반하는 권리분배를 내용으로 하는 재건축조합의 결의는 무효이다. 다만, 재건축조합이 대표조합원에게 다른 공유자들에게 분배되어야 할 개발이익까지 분배하도록 결의한 것이 공유자들의 요구에 따른 것일 때에는, 공유자들이 재건축조합을 상대로 위와 같은 결의의 무효를 주장하면서 개발이익의 분배를 요구하는 것은 허용될 수 없고, 재건축조합으로부터 개발이익을 분배받은 대표조합원을 상대로 하여 공유자들의 합의 등을 근거로 재분배 내지 정산을 구할 수 있을 따름이다.

또한, 재건축조합의 권리분배에 관한 결의가 형평에 현저히 반하여 무효인 경우, 공유자들 전체로서 1인의 조합원 지위를 갖고 있는 각 공유자는 그 결의의 무효확인 등을 소구하여 승소판결을 받은 후 새로운 조합원총회에서 공정한 내용으로 다시 결의하도록 함으로써 그 권리를 구제받을 수 있을 뿐, 새로운 조합원총회의 결의도 거치지 않은 채 종전 조합원총회의 결의가 무효라는 사정만으로 곧바로 재건축조합을 상대로 하여 스스로 공정하다고 주장하는 수분양권의 확인 등을 구할 수는 없다.」(대판 2009. 2. 12, 2006다53245)

(ㅂ)「재건축조합의 총회의 결의는 의사결정기관인 총회의 의사를 결정하는 법률행위로서, 소정의 절차에 따라 결의의 성립이 선언됨으로써 관계자에 대하여 구속력을 가지는 결의가 외형적으로 존재하게 되고, 그와 같이 결의의 존재를 인정할 수 있는 어떤 외관적인 징표가 있어야만 그 결의의 효력 유무의 확인을 구할 수 있다.」(대판 2008. 2. 14, 2007다62437)

(ㅅ)「재건축사업의 수행결과에 따라 차후에 발생하는 추가이익금의 상당한 부분에 해당하는 금액을 조합 임원들에게 인센티브로 지급하도록 하는 내용을 총회에서 결의하는 경우 조합 임원들에게 지급하기로 한 인센티브의 내용이 부당하게 과다하여 신의성실의 원칙이나 형평의 관념에 반한다고 볼 만한 특별한 사정이 있는 때에는 적당하다고 인정되는 범위를 벗어난 인센티브 지급에 대한 결의 부분은 그 효력이 없다고 보아야 한다.」(대판 2020. 9. 3, 2017다218987 · 218994)

(ㅇ)「집합건물법 제48조 제 4 항의 문언과 매도청구권의 취지 등에 비추어 보면, 집합건물법 제48조 제 4 항에서 정한 매도청구권은 위 규정에서 정하고 있는 매도청구권자 각자에게 귀속되고, 각 매도청구권자들은 이를 단독으로 행사하거나 여러 명 또는 전원이 함께 행사할 수도 있다고 보아야 한다. 따라서 반드시 매도청구권자 모두가 재건축에 참가하지 않는 구분소유자의 구분소유권 등에 관하여 공동으로 매도청구권을 행사하여야 하는 것은 아니고, 그에 따른 소유권이전등기 절차의 이행 등을

구하는 소도 매도청구권자 전원이 소를 제기하여야 하는 고유필수적 공동소송이 아니다.」(대판 2023. 7. 27, 2020다263857)

6) 관리단 · 규약　건물에 대하여 구분소유관계가 성립되면 구분소유자 전원을 구성원으로 건물 · 대지 · 부속시설의 관리를 목적으로 하는 관리단이 구성된다(같은 법 23조 1항). 이 관리단은 구분소유관계가 성립하는 건물이 있는 경우 특별한 조직행위가 없어도 당연히 성립하는 단체이며(대판 1997. 8. 29, 97다19625; 대판 2002. 12. 27, 2002다45284), 그 성격은 특별한 다른 사정이 없는 한 법인 아닌 사단이다(대판 1991. 4. 23, 91다4478은 관리단과 성격이 비슷한 공동주택의 입주자대표회의가 법인 아닌 사단이라고 한다). 그리고 구분소유자가 10인 이상일 때에는 관리단을 대표하고 관리단의 사무를 집행할 관리인을 선임하여야 한다(같은 법 24조 1항).

건물과 대지 또는 부속시설의 관리 또는 사용에 관한 구분소유자들 사이의 사항 중 집합건물법에서 규정하지 않은 사항은 규약으로써 정할 수 있다(같은 법 28조 1항). 그런가 하면 집합건물법에 규정을 두면서도 규약으로 달리 정할 수 있도록 한 것도 적지 않다(예: 같은 법 3조 2항 · 4조 1항 · 16조 3항 · 17조 · 17조의 2 · 20조 2항 · 21조 1항).

〈판　례〉

(ㄱ) 「집합건물의 소유 및 관리에 관한 법률(이하 '집합건물법'이라고 한다) 제23조 제 1 항에서는 "건물에 대하여 구분소유관계가 성립되면 구분소유자는 전원으로써 건물 및 그 대지와 부속시설의 관리에 관한 사업의 시행을 목적으로 하는 관리단을 구성한다"고 규정하고 있으므로, 관리단은 어떠한 조직행위를 거쳐야 비로소 성립되는 단체가 아니라 구분소유관계가 성립하는 건물이 있는 경우 당연히 그 구분소유자 전원을 구성원으로 하여 성립되는 단체라 할 것이므로(대법원 1995. 3. 10. 선고 94다49687, 49694 판결, 1996. 8. 23. 선고 94다27199 판결 등 참조), 집합건물의 분양이 개시되고 입주가 이루어져서 공동관리의 필요가 생긴 때에는 그 당시의 미분양된 전유부분의 구분소유자를 포함한 구분소유자 전원을 구성원으로 하는 관리단이 설립된다고 할 것이다.」(대판 2002. 12. 27, 2002다45284)

(ㄴ) 「집합건물에 있어서 공용부분이나 구분소유자의 공유에 속하는 건물의 대지 또는 부속시설을 제 3 자가 불법으로 점유하는 경우에 그 제 3 자에 대하여 방해배제와 부당이득의 반환 또는 손해배상을 청구하는 법률관계는 구분소유자에게 단체적으로 귀속되는 법률관계가 아니고 공용부분 등의 공유지분권에 기초한 것이어서 그와 같은 소송은 1차적으로 구분소유자가 각각 또는 전원의 이름으로 할 수 있고, 나아가 집합건물에 관하여 구분소유관계가 성립하면 동시에 법률상 당연하게 구분소유자의 전원으로 건물 및 그 대지와 부속시설의 관리에 관한 사항의 시행을 목적으로 하는 단체인 관리단이 구성되고, 관리단집회의 결의에서 관리인이 선임되면 관리인이 사

업집행에 관련하여 관리단을 대표하여 그와 같은 재판상 또는 재판 외의 행위를 할 수 있다.

한편, 주택건설촉진법 제38조, 공동주택관리령 제10조의 규정에 따라 성립된 입주자대표회의는 공동주택의 관리에 관한 사항을 결정하여 시행하는 등의 관리권한만을 가질 뿐으로 구분소유자에게 고유하게 귀속하는 위와 같은 권리를 재판상 행사할 수 없고, 또 집합건물의 소유 및 관리에 관한 법률 부칙 제6조에 따라서 집합주택의 관리방법과 기준에 관한 주택건설촉진법의 특별한 규정은 그것이 위 법률에 저촉하여 구분소유자의 기본적인 권리를 해하면 효력이 없으므로 공동주택관리규약에서 입주자대표회의가 공동주택의 구분소유자를 대리하여 공용부분 등의 구분소유권에 기초한 방해배제청구 등의 권리를 행사할 수 있다고 규정하고 있다고 하더라도 이러한 규약내용은 효력이 없다.」(대판 2003. 6. 24, 2003다17774)

(ㄷ)「구 주택법에 따라 자치관리로 공동주택의 관리방법을 정한 아파트에 있어서 자치관리기구 및 관리주체인 관리사무소장은 비법인사단인 입주자대표회의의 업무집행기관에 해당할 뿐 권리 · 의무의 귀속주체로 볼 수 없다. 따라서 자치관리기구의 대표자 내지 관리주체인 관리사무소장이 구 주택법령과 그에 따른 관리규약에서 정한 공동주택의 관리업무를 집행하면서 체결한 계약에 기한 권리 · 의무는 비법인사단인 입주자대표회의에게 귀속된다고 할 것이고, 그러한 계약의 당사자는 비법인사단인 입주자대표회의라고 보아야 한다.」(대판 2015. 1. 29, 2014다62657)

(ㄹ)「집합건물의 공용부분과 달리 전유부분은 구분소유자가 직접 관리하는 것이 원칙이므로 「집합건물의 소유 및 관리에 관한 법률」(이하 '집합건물법'이라고 한다)은 관리단에게 전유부분 관리비의 징수권한을 부여하고 있지 않다. 그러나 규약에서 관리단이 전유부분 관리비를 구분소유자로부터 징수할 수 있도록 정하였다면 관리단은 그 규약에 따라 구분소유자에게 전유부분의 관리비를 청구할 수 있다. …

집합건물법상 관리단은 관리비징수에 관한 유효한 규약이 있으면 그에 따라, 유효한 규약이 없더라도 구 집합건물법 제25조 제1항 등에 따라 적어도 공용부분에 대한 관리비에 대하여는 이를 그 부담의무자인 구분소유자에 대하여 청구할 수 있다. 이러한 법리는 무효인 관리인 선임 결의에 의하여 관리인으로 선임된 자가 집합건물에 관하여 사실상의 관리행위를 한 경우에도 마찬가지로 적용된다.」(대판 2021. 9. 16, 2016다260882)

(ㅁ)「집합건물의 관리단 등 관리주체가 단전조치를 하기 위해서는 법령이나 규약 등에 근거가 있어야 하고, 단전조치의 경위, 동기와 목적, 수단과 방법, 입주자가 입게 된 피해의 정도 등 여러 사정을 종합하여 사회통념상 허용될 만한 정도의 상당성이 있어야 한다.

단전조치에 관하여 법령이나 규약 등에 근거가 없거나 규약이 무효로 밝혀진 경우 단전조치는 원칙적으로 위법하다. 다만 관리주체나 구분소유자 등이 규약을 유효한 것으로 믿고 규약에 따라 집합건물을 관리하였는지, 단전조치를 하지 않으면 집합건물의 존립과 운영에 심각한 지장을 초래하는지, 구분소유자 등을 보호할 가치가 있는지 등을 종합하여 사회통념상 허용될 만한 정도의 상당성을 인정할 만한 특별한 사정이 있다면 단전조치가 위법하지 않다.」(대판 2021. 9. 16, 2018다38607)

(ㅂ) 「(1) 관리규약이나 관리단, 관리인 등이 제대로 갖춰지지 않은 집합건물의 구분소유자들이 개별적인 계약을 통해 제 3 자에게 건물관리를 위탁한 경우, 구분소유자와 제 3 자 사이의 법률관계는 당사자가 체결한 계약의 내용에 따라 정해지고, 특별한 사정이 없는 한 집합건물법상 관리단 또는 관리인에 관한 규정이 적용되지 않는다.

(2) 집합건물법 제17조는 집합건물의 구분소유자에게 전유부분의 면적 비율에 따라 공용부분에 대한 관리의무가 귀속된다는 원칙을 규정한 것일 뿐, 구분소유자가 제 3 자와 개별적인 계약을 통해 관리방식을 선택하고 그에 따른 비용부담과 정산방법 등을 구체적으로 정하는 것을 제한하는 규정이 아니다.」(대판 2021. 9. 30, 2020다295304)

(ㅅ) 「가. 정당한 권원 없는 사람이 집합건물의 공용부분이나 대지를 점유·사용함으로써 이익을 얻고, 구분소유자들이 해당 부분을 사용할 수 없게 됨에 따라 부당이득의 반환을 구하는 법률관계는 구분소유자의 공유지분권에 기초한 것이어서 그에 대한 소송은 1차적으로 구분소유자가 각각 또는 전원의 이름으로 할 수 있다. 한편 관리단은 집합건물에 대하여 구분소유 관계가 성립되면 건물과 그 대지 및 부속시설의 관리에 관한 사업의 시행을 목적으로 당연히 설립된다. 관리단은 건물의 관리 및 사용에 관한 공동이익을 위하여 필요한 구분소유자의 권리와 의무를 선량한 관리자의 주의의무로 행사하거나 이행하여야 하고, 관리인을 대표자로 하여 관리단집회의 결의 또는 규약에서 정하는 바에 따라 공용부분의 관리에 관한 사항에 관련된 재판상 또는 재판 외의 행위를 할 수 있다(집합건물의 소유 및 관리에 관한 법률 제16조, 제23조, 제23조의 2, 제25조 참조). 따라서 관리단은 관리단집회의 결의나 규약에서 정한 바에 따라 집합건물의 공용부분이나 대지를 정당한 권원 없이 점유하는 사람에 대하여 부당이득의 반환에 관한 소송을 할 수 있다.

나. … 관리단이 부당이득 반환 소송을 제기하여 판결이 확정되었다면 그 효력은 구분소유자에게도 미치고(민사소송법 제218조 제 3 항), 특별한 사정이 없는 한 구분소유자가 부당이득 반환 소송을 제기하여 판결이 확정되었다면 그 부분에 관한 효력도 관리단에게 미친다고 보아야 한다.」(대판 2022. 6. 30, 2021다239301. '가'에 관하여 같은 취지: 대판 2022. 9. 29, 2021다292425)

(ㅇ) 「집합건물의 공용부분 변경에 관한 업무는 구분소유자 전원으로 법률상 당연하게 성립하는 관리단에 귀속되고, 그 변경에 관한 사항은 관리단집회에서의 구분소유자 및 의결권의 각 3분의 2 이상의 결의(집합건물법 제15조 제 1 항) 또는 구분소유자 및 의결권의 각 5분의 4 이상의 서면이나 전자적 방법 등에 의한 합의(집합건물법 제41조 제 1 항)로써 결정하는 것이므로, 집합건물의 관리단은 위와 같은 방법에 의한 결정으로 구분소유자들의 비용 부담 아래 공용부분 변경에 관한 업무를 직접 수행할 수 있음은 물론 타인에게 위임하여 처리할 수도 있다(대법원 2017. 3. 16. 선고 2015다3570 판결 참조). 이와 같은 법리는 관리단이 집합건물

의 공용부분 관리에 관한 업무로서 공용부분이나 대지를 정당한 권원 없이 점유하는 사람에 대하여 부당이득 반환을 청구하는 경우에도 마찬가지이다. 한편 위와 같은 공용부분 변경에 관한 사항 등을 제외한 공용부분의 관리에 관한 사항은 통상의 집회결의로써 결정하므로(집합건물법 제16조 제 1 항), 관리단은 통상의 집회결의로써 타인에게 공용부분 관리에 관한 사항을 위임할 수 있다.」(대판 2022. 9. 29, 2021다292425)

[110] ### 3. 인지사용청구권(隣地使用請求權)

토지소유자는 경계나 그 근방에서 담 또는 건물을 축조하거나 수선하기 위하여 필요한 범위 내에서 이웃 토지의 사용을 청구할 수 있다(216조 1항 본문). 만일 이웃 토지의 이용자(예: 토지소유자 · 지상권자 · 전세권자 · 임차인)가 승낙하지 않으면 승낙에 갈음하는 판결(389조 2항)을 받아야 한다(통설임). 그러나 이웃 사람(이는 거주하고 있는 자를 의미함)의 주거에 들어가려면 그의 승낙을 얻어야 한다(216조 1항 단서). 이때에는 판결로써 승낙에 갈음하지 못한다(이설 없음). 그리고 이들의 경우에 이웃 사람이 손해를 받은 때에는 그는 보상(補償)을 청구할 수 있다(216조 2항).

4. 생활방해의 금지

(1) 의 의

생활방해(Immission 또는 공해라고도 함)란 매연 기타 이와 유사한 것으로 이웃 토지의 사용을 방해하거나 이웃 거주자의 생활에 고통을 주는 것을 말한다. 민법은 이러한 생활방해에 관하여 일정한 한도에서는 인용(忍容)하도록 하되, 수인(受忍)의 한도를 넘는 경우에는 이를 금지시키고 있다(217조).

(2) 생활방해 금지의 요건

1) 금지의 대상이 되는 생활방해는 매연 · 열기체 · 액체 · 음향 · 진동 기타 이와 유사한 것이다. 여기서 「기타 유사한 것」의 의미에 관하여는 i) 불가량물(不可量物)이라는 견해(김학동, 268면. 고상룡, 264면; 이영준, 451면도 같다), ii) 일정한 토지이용과 불가피적으로 결합되어 있는 간섭이라는 견해(곽윤직, 180면), iii) 불가량물이 토지이용과 불가피하게 결합됨으로써 발생하는 생활방해라는 견해(김상용, 340면; 김용한, 251면)가 대립되나, 의미의 정확성을 생각한다면 ii)설을 따라야 할 것이다. 「기타 유사한 것」의 구체적인 예로는 가스 · 증기 · 냄새 · 소음(대판 2016. 11. 25, 2014다57846) · 먼지 · 재(灰) · 광선(태양반사광을 포함함. 대판 2021. 3. 11, 2013다59142; 대판

2021. 6. 3, 2016다33202·33219)·불꽃·연기 등을 들 수 있다.

이러한 간섭은 이웃 토지(반드시 인접할 필요는 없다)나 그 위의 시설물로부터 공중 또는 대기 중에 적극적으로 발산되어야 한다. 따라서 광선·공기 등을 벽으로 막는 것과 같은 소극적인 방해는 생활방해가 아니다(같은 취지: 곽윤직, 181면; 김상용, 341면; 김학동, 268면. 반대: 이상태, 221면; 이영준, 453면). 그리고 여기의 액체는 공중에 분무되는 액체를 가리키는 것이고 지표를 흐르거나 지중에 스며드는 것은 포함되지 않는다(같은 취지: 곽윤직, 181면; 이상태, 221면. 반대: 김상용, 341면; 김용한, 252면. 김학동, 268면; 이영준, 455면은 지중에 스며드는 액체가 여기의 액체라고 한다). 그 밖에 사창가(私娼街)나 영안실과 같이 단순히 정신적·관념적으로 영향을 주는 것(소음 등이 있는 경우는 제외된다)도 생활방해가 아니다(같은 취지: 김학동, 268면. 반대: 이상태, 222면; 이영준, 453면). 주의할 것은, 생활방해에서 제외된다고 하여 피해자가 보호받을 수 없다는 의미는 아니라는 점이다. 그때에는 물권적 청구권 등에 의하여 보호될 수도 있으며, 생활방해가 됨으로써 오히려 수인(受忍)을 해야 할 의무가 생길 수가 있다.

2) 간섭(매연 등)이 이웃 토지의 사용을 방해하거나 또는 이웃 거주자의 생활에 고통을 주는 것이어야 한다.

3) 간섭(매연 등)이 토지의 통상의 용도에 적당한 정도를 넘고 있어야 한다. 그 정도에 미달한 경우에는 이웃 거주자는 이를 인용(忍容)할 의무가 있다(217조 2항). 적당한 정도를 넘고 있는지는 토지의 주위상황(예컨대 공업지역인가 주택지인가)과 평균인을 표준으로 하여 사회통념에 의하여 결정하여야 한다. 그리고 기준이 되는 토지는 제217조의 법문상 가해지라고 보아야 하다(같은 취지: 김학동, 270면; 이영준, 455면. 이은영, 479면은 피해지를 기준으로 하자고 하고, 이상태, 224면은 양쪽 토지의 사정을 고려하자고 한다).

(3) 생활방해 금지의 효과

위의 요건이 갖추어진 경우에는 토지소유자는 이웃 토지의 사용을 방해하거나 이웃 거주자의 생활에 고통을 주지 않도록 적당한 조치를 강구하여야 한다(217조 1항). 그리고 그러한 의무는 토지의 점유이용자에게도 있다고 하여야 한다. 만일 수인의 한도를 넘는 경우에는 피해자는 토지의 소유자 또는 점유자에 대하여 적당한 조처 또는 방해의 제거·예방을 청구할 수 있다. 그리고 손해가 생긴 때에는 불법행위로 인한 손해배상도 청구할 수 있다(환경정책기본법 44조에 해당하는 경우에는 무과실책임을 진다).

〈판 례〉

(ㄱ) 「건물의 소유자 또는 점유자가 인근의 소음으로 인하여 정온하고 쾌적한 일상생활을 영유할 수 있는 생활이익이 침해되고 그 침해가 사회통념상 수인한도를 넘어

서는 경우에 건물의 소유자 또는 점유자는 그 소유권 또는 점유권에 기하여 소음피해의 제거나 예방을 위한 유지청구를 할 수 있다(대법원 1999. 7. 27. 선고 98다47528 판결 참조).

…인근 고속도로에서 유입되는 소음으로 인하여 입은 환경 등 생활이익의 침해를 이유로 일정 한도를 초과하는 소음이 유입되지 않도록 하라는 내용의 유지청구 소송에서 그 침해가 사회통념상 일반적으로 수인할 정도를 넘어서는지의 여부는 피해의 성질 및 정도, 피해이익의 공공성, 가해행위의 태양, 가해행위의 공공성, 가해자의 방지조치 또는 손해회피의 가능성, 인·허가 관계 등 공법상 기준에의 적합 여부, 지역성, 토지이용의 선후관계 등 모든 사정을 종합적으로 고려하여 판단하여야 한다(대법원 1997. 7. 22. 선고 96다56153 판결, 2003. 11. 14. 선고 2003다27108 판결 등 참조).」(대판 2007. 6. 15, 2004다37904·37911)

(ㄴ)「… 이미 운영 중인 또는 운영이 예정된 고속국도에 근접하여 주거를 시작한 경우의 '참을 한도' 초과 여부는 보다 엄격히 판단하여야 할 것이다.

… 도로변 지역의 소음에 관한 환경정책기본법의 소음환경기준을 초과하는 도로소음이 있다고 하여 바로 민사상 '참을 한도'를 넘는 위법한 침해행위가 있다고 단정할 수 없다.

이른바 도로소음으로 인한 생활방해를 원인으로 제기된 사건에서 공동주택에 거주하는 사람들이 참을 한도를 넘는 생활방해를 받고 있는지는 특별한 사정이 없는 한 일상생활이 실제 주로 이루어지는 장소인 거실에서 도로 등 해당 소음원에 면한 방향의 모든 창호를 개방한 상태로 측정한 소음도가 환경정책기본법상 소음환경기준 등을 초과하는지 여부에 따라 판단하는 것이 타당하다.

나아가 도로소음으로 인한 생활방해를 원인으로 소음의 예방 또는 배제를 구하는 방지청구는 금전배상을 구하는 손해배상청구와는 내용과 요건을 서로 달리하는 것이어서 같은 사정이라도 청구의 내용에 따라 고려요소의 중요도에 차이가 생길 수 있고, 방지청구는 그것이 허용될 경우 소송당사자뿐 아니라 제 3 자의 이해관계에도 중대한 영향을 미칠 수 있어, 방지청구의 당부를 판단하는 법원으로서는 해당 청구가 허용될 경우에 방지청구를 구하는 당사자가 받게 될 이익과 상대방 및 제 3 자가 받게 될 불이익 등을 비교·교량하여야 한다.」(대판 2015. 9. 24, 2011다91784. 위 둘째 단락과 같은 취지: 대판 2016. 11. 25, 2014다57846(소음 피해지점에서 소음원 방향으로 창문·출입문 또는 건물벽 밖의 0.5~1m 떨어진 지점에서 측정된 실외 소음도를 기준으로 할 것이 아님))

(ㄷ)「철도소음·진동을 규제하는 행정법규에서 정하는 기준을 넘는 철도소음·진동이 있다고 하여 바로 참을 한도를 넘는 위법한 침해행위가 있어 민사책임이 성립한다고 단정할 수 없다. 그러나 위와 같은 행정법규는 인근 주민의 건강이나 재산, 환경을 소음·진동으로부터 보호하는 데 주요한 목적이 있기 때문에 철도소음·진동이 이 기준을 넘는지 여부는 참을 한도를 정하는 데 중요하게 고려해야 한다(대법원 2015. 9. 24. 선고 2011다91784 판결, 대법원 2016. 11. 25. 선고 2014다57846 판결 등 참조).」(대판 2017. 2. 15, 2015다23321)

「그러나 이러한 기준(소음·진동을 규제하는 행정법규가 정하는 기준: 저자 주)은 주민의 건강 등을 보호하기 위한 최소한도의 기준이므로, 그 기준을 넘어야만 참을 한도를 넘는 위법한 침해행위가 되는 것은 아니고 그 기준에 형식적으로 부합한다고 하더라도 현실적인 피해의 정도가 현저하게 커서 사회통념상 참을 한도를 넘는 경우에는 위법행위로 평가될 수 있다.」(대판 2023. 4. 13, 2022다210000)

5. 수도 등의 시설권(施設權) [111]

토지소유자는 타인의 토지를 통과하지 않으면 필요한 수도·소수관·가스관·전선 등을 시설할 수 없거나 과다한 비용을 요하는 경우에는 타인의 토지를 통과하여 이를 시설할 수 있다(218조 1항 본문). 그런데 그때에는 손해가 가장 적은 장소와 방법을 선택하여 시설하여야 하며, 타토지(시설통과지) 소유자의 청구에 의하여 손해를 보상하여야 한다(218조 1항 단서). 이러한 수도 등 시설권은 법정의 요건을 갖추면 당연히 인정되는 것이고, 그 시설권에 근거하여 수도 등 시설공사를 시행하기 위해 따로 수도 등이 통과하는 토지소유자의 동의나 승낙을 받아야 하는 것이 아니다(대판 2016. 12. 15, 2015다247325: 따라서 이러한 토지소유자의 동의나 승낙은 218조에 기초한 수도 등 시설권의 성립이나 효력 등에 어떠한 영향을 미치는 법률행위나 준법률행위라고 볼 수 없다). 한편 토지소유자에게 이러한 시설권이 인정되는 경우에 시설통과지의 소유자가 그 시설에 대하여 철거를 청구할 수 없음은 물론이다(대판 2003. 8. 19, 2002다53469).

위의 시설을 한 후 사정의 변경이 있는 때에는 시설통과지의 소유자는 그 시설의 변경을 청구할 수 있고, 시설변경의 비용은 토지소유자가 부담한다(218조 2항). 그런데 여기의 「토지소유자」(변경비용부담자)의 의미에 관하여는 다툼이 있다. 학설은 i) 시설자(시설통과권자)라는 견해(곽윤직, 182면; 김용한, 254면; 김학동, 275면; 지원림, 569면)와 ii) 통과지 소유자라는 견해(김상용, 343면; 이상태, 228면; 이영준, 460면)로 나뉘어 있고, 판례는 시설통과권자가 비용을 부담할 것이라고 하여 i)설과 같다(대판 1982. 5. 25, 81다1·2·3). 생각건대 제218조 제 2 항 제 2 문의 「토지소유자」는 같은 조 제 1 항 첫부분의 「토지소유자」와 같은 의미로 해석되는 것이 당연하며, 시설변경이 부득이한 사정변경에 따른 것인 만큼 시설통과권자에게 변경비용을 부담하게 하는 것이 부당하지도 않다. 결국 i)설 및 판례가 옳다.

〈판 례〉

「위 시설변경 청구는 당초에는 적법한 권원에 의하여 시설된 소수관 등을 사후에 발생한 시설통과지 소유자의 사정변경 때문에 시설통과권자의 비용으로 변경 시설토록 하는 것이므로 위 법조 소정의 사정변경은 시설통과지 소유자의 주관적인 의사에 따라 결정할 것이 아니고 객관적으로 시설을 변경하는 것이 타당한지의 여부에 의하

여 결정하여야 할 것이다.」(대판 1982. 5. 25, 81다1·2·3)

[112] 6. 주위토지통행권

(1) 의의와 내용

어느 토지와 공로(公路) 사이에 그 토지의 용도에 필요한 통로가 없는 경우에, 그 토지소유자는 주위의 토지를 통행하거나 또는 통로로 하지 않으면 공로에 출입할 수 없거나 과다한 비용을 요하는 때에는, 그 주위의 토지를 통행할 수 있고 필요한 경우에는 통로를 개설할 수 있다(219조 1항 본문).

이러한 주위토지통행권은 그 소유토지와 공로 사이에 그 토지의 용도에 필요한 통로가 없는 경우에 한하여 인정되는 것이므로, 이미 그 소유토지의 용도에 필요한 통로가 있는 경우에는 이 통로를 사용하는 것보다 더 편리하다는 이유만으로 다른 장소로 통행할 권리는 인정되지 않는다(대판 1982. 6. 22, 82다카102; 대판 1991. 4. 23, 90다15167; 대판 1995. 6. 13, 95다1088·1095). 토지소유자 자신이 토지와 공로 사이의 통로를 막는 건물을 축조한 경우에도 통행권은 생기지 않는다(대판 1972. 1. 31, 71다2113). 그러나 통로가 있기는 하지만 그것이 일상생활을 하기에 불편한 정도이거나(대판 1977. 9. 13, 77다792) 그 토지의 용도에 부적합하여 실제로 통로로서의 충분한 기능을 하지 못하고 있는 경우(대판 1992. 3. 31, 92다1025; 대판 1994. 6. 24, 94다14193; 대판 2003. 8. 19, 2002다53469)에는 통행권이 인정된다. 그리고 통행권은 토지를 현실적으로 이용하고 있는지 여부에 관계없이 상당한 범위 내에서 장래의 이용을 위하여서도 인정된다(대판 1988. 2. 9, 87다카1156).

주위토지통행권은 법정의 요건을 충족하면 당연히 성립하고 그 요건이 없어지게 되면 당연히 소멸한다(대판 2014. 12. 24, 2013다11669). 따라서 포위된 토지가 사정변경에 의하여 공로에 접하게 되거나 포위된 토지의 소유자가 주위의 토지를 취득함으로써 주위토지통행권을 인정할 필요성이 없어지게 된 경우에는 그 통행권은 소멸한다(대판 2014. 12. 24, 2013다11669. 토지에 접하는 공로가 개설된 경우에 관하여 같은 취지인 판례: 대판 1998. 3. 10, 97다47118).

통행권의 범위는 「토지의 용도」에 필요한 만큼이다. 어느 정도를 필요한 범위로 볼 것인가는 구체적인 사안에서 사회통념에 따라 쌍방 토지의 지형적·위치적 형상 및 이용관계, 부근의 지리상황, 상린지 이용자의 이해득실 기타 제반사정을 기초로 판단하여야 한다(대판 1985. 10. 22, 85다카129; 대판 1988. 2. 9, 87다카1156; 대판 1992. 4. 24, 91다32251; 대판 2002. 5. 31, 2002다9202; 대판 2005. 7. 14, 2003다18661; 대판 2006. 6. 2, 2005다70144; 대판 2017. 1. 12, 2016다39422 등 다수의 판결). 따라서 주거지의 경우 사람이 겨우 통행할 수 있는 범위로 제한되지 않으며 주택에 출입하여 일상생활을 영위하는 데 필요한 범위(출입과 물건운반이 가능한 범위)의 노폭까지 인정되어야 한다(대판 1988. 11. 8, 87다카2127 · 2128; 대판 1989. 7. 25, 88다카9364). 그리고 토지의 이용방법에 따라서는 자동차 등이 통과할 수 있는 통로의 개설도 허용되지만 단지 토지이용의 편의를 위해 다소 필요한 상태라고 여겨지는 정도에 그치는 경우까지 자동차의 통행을 허용할 것은 아니다(대판 1994. 10. 21, 94다16076; 대판 2006. 6. 2, 2005다70144). 한편 현재의 토지의 용법에 따른 이용의 범위에서 인정되는 것이고 장차의 이용상황까지 미리 대비하여 통행로를 정할 것은 아니다(대판 1992. 12. 22, 92다30528; 대판 1995. 2. 3, 94다50656; 대판 1996. 11. 29, 96다33433 · 33440; 대판 2006. 10. 26, 2005다30993). 그 외에, 주거는 사람의 사적인 생활공간이자 평온한 휴식처로서 인간생활에 있어서 가장 중요한 장소라고 아니할 수 없어 우리 헌법도 주거의 자유를 보장하고 있는바, 주위토지통행권을 행사함에 있어서도 이러한 주거의 자유와 평온 및 안전을 침해하여서는 아니 된다(대판 2005. 7. 14, 2003다18661; 대판 2009. 6. 11, 2008다75300 · 75317 · 75324). 그리고 주위토지통행권이 인정된다고 하더라도 그 통로를 상시적으로 개방하여 제한 없이 이용할 수 있도록 하거나 피통행지 소유자의 관리권이 배제되어야만 하는 것은 아니므로, 쌍방 토지의 용도 및 이용 상황, 통행로 이용의 목적 등에 비추어 그 토지의 용도에 적합한 범위에서 통행 시기나 횟수, 통행방법 등을 제한하여 인정할 수도 있다(대판 2017. 1. 12, 2016다39422).

주위토지통행권은 통행을 위한 지역권과는 달리 그 통행로가 항상 특정한 장소로 고정되어 있는 것은 아니고, 주위토지통행권 확인청구는 변론종결시에 있어서의 민법 제219조 소정의 요건에 해당하는 토지가 어느 토지인가를 확정하는 것이므로, 주위토지(통행지) 소유자가 그 용법에 따라 기존 통행로로 이용되던 토지의 사용방법을 바꾸었을 때(예컨대 그 지상에 건축물을 축조한 경우)에는 대지소유자(통행권자)는 그 주위토지 소유자를 위하여 보다 손해가 적은 다른 장소로 옮겨 통행할 수밖에 없는 경우도 있다(대판 1989. 5. 23, 88다카10739 · 10746; 대판 2009. 6. 11, 2008다75300 · 75317 · 75324). 따라서 통행권자가 오랫동안 특정부분을 통행로로 이용하여 왔고, 주위토지 소유자도 통행권자의 통행을 묵인하여 왔다거나, 주위토지 소유자들이 사용하는 하수관이 통행권자 소유 토지의 지하에 설치되어 있다고 하더라도, 주위토지통행권의 인정 여부를 판단함에 있어서 그러한 사정을 크게 고려할 것은 아니라고 할 것이다(대판 2009. 6. 11, 2008다75300 · 75317 · 75324).

통행권자는 통행권의 범위 내에서 그 토지를 사용할 수 있다. 그리고 통행권이 본래의 기능을 발휘하기 위하여 필요한 경우에는 당초에 적법하게 설치되었던 담장이라도 그것이 통행에 방해가 되는 한 철거되어야 한다(대판 1990. 11. 13, 90다5238, 90다카27761; 대판 2006. 6. 2, 2005다70144). 그러나 통행지에 대한 소유자의 점유를 배제할 권능은 없으므로 통행권자가 통행지를 전적으로(배타적으로) 점유하고 있는 경우에는 통행지 소유자는 통행권자에 대하여 통행지의 인도를 청구할 수 있다(대판 1977. 4. 26, 76다2823; 대판 1980. 4. 8, 79다1460; 대판 1993. 8. 24, 93다25479).

〈판 례〉

(ㄱ) 「민법 제219조 제 1 항 본문에 의하여 주위토지통행권자가 통로를 개설하는 경우 통행지 소유자는 원칙으로 통행권자의 통행을 수인할 소극적 의무를 부담할 뿐 통로개설 등 적극적인 작위의무를 부담하는 것은 아니고, 다만 통행지 소유자가 주위토지통행권에 기한 통행에 방해가 되는 담장 등 축조물을 설치한 경우에는 주위토지통행권의 본래적 기능발휘를 위하여 통행지 소유자가 그 철거의무를 부담하게 되는 것이며(대법원 1990. 11. 13. 선고 90다5238, 90다카27761 판결, 2006. 6. 2.선고 2005다70144 판결 등 참조), 나아가 주위토지통행권이 인정되는 때에도 그 통로개설이나 유지비용은 주위토지통행권자가 부담하여야 함은 물론, 그 경우에도 민법 제219조 제 1 항 후문 및 제 2 항에 따라 그 통로개설로 인한 손해가 가장 적은 장소와 방법을 선택하여야 하고 통행지 소유자의 손해를 보상하여야 하는 것이다.」(대판 2006. 10. 26, 2005다30993)

(ㄴ) 「주위토지통행권자는 필요한 경우에는 통행지상에 통로를 개설할 수 있으므로(민법 제219조), 모래를 깔거나, 돌계단을 조성하거나, 장해가 되는 나무를 제거하는 등의 방법으로 통로를 개설할 수 있으며 통행지 소유자의 이익을 해하지 않는다면 통로를 포장하는 것도 허용된다고 할 것이고, 주위토지통행권자가 통로를 개설하였다고 하더라도 그 통로에 대하여 통행지 소유자의 점유를 배제할 정도의 배타적인 점유를 하고 있지 않다면 통행지 소유자가 주위토지통행권자에 대하여 주위토지통행권이 미치는 범위 내의 통로부분의 인도를 구하거나 그 통로에 설치된 시설물의 철거를 구할 수 없다고 할 것이다.」(대판 2003. 8. 19, 2002다53469)

(ㄷ) 「통상 주위토지통행권에 관한 분쟁은 통행권자와 피통행지의 소유자 사이에 발생하나, 피통행지의 소유자 이외의 제 3 자가 일정한 지위나 이해관계에서 통행권을 부인하고 그 행사를 방해할 때에는 그 제 3 자를 상대로 통행권의 확인 및 방해금지 청구를 하는 것이 통행권자의 지위나 권리를 보전하는 데에 유효·적절한 수단이 될 수 있다.」(대판 2005. 7. 14, 2003다18661)

(ㄹ) 「주위토지통행권의 확인을 구하기 위해서는 통행의 장소와 방법을 특정하여 청구취지로써 이를 명시하여야 하고, 민법 제219조에 정한 요건을 주장·증명하여야 한다. 그러므로 주위토지통행권이 있음을 주장하여 확인을 구하는 특정의 통로부분이 민법 제219조에 정한 요건을 충족하지 못할 경우에는 다른 토지부분에 주위토지통행권이 인정된다고 할지라도 원칙적으로 그 청구를 기각할 수밖에 없다. 다만 이와 달리 통행권의 확인을 구하는 특정의 통로부분 중 일부분이 민법 제219조에 정한

요건을 충족하거나 특정의 통로부분에 대하여 일정한 시기나 횟수를 제한하여 주위토지통행권을 인정하는 것이 가능한 경우라면, 그와 같이 한정된 범위에서만 통행권의 확인을 구할 의사는 없음이 명백한 경우가 아닌 한 그 청구를 전부 기각할 것이 아니라, 그렇게 제한된 범위에서 청구를 인용함이 상당하다(대법원 2006. 6. 2. 선고 2005다70144 판결 등 참조).」(대판 2017. 1. 12, 2016다39422)

(ㅁ) 「주위토지통행권은 통행을 위한 지역권과는 달리 통행로가 항상 특정한 장소로 고정되어 있는 것은 아니고, 주위토지의 현황이나 사용방법이 달라졌을 때에는 주위토지통행권자는 주위토지 소유자를 위하여 보다 손해가 적은 다른 장소로 옮겨 통행할 수밖에 없는 경우도 있으므로(대법원 1992. 12. 22. 선고 92다30528 판결 등 참조), 일단 확정판결이나 화해조서 등에 의하여 특정의 구체적 구역이 위 요건에 맞는 통행로로 인정되었더라도 그 이후 그 전제가 되는 포위된 토지나 주위토지 등의 현황이나 구체적 이용상황에 변동이 생긴 경우에는 민법 제219조의 입법취지나 신의성실의 원칙 등에 비추어 구체적 상황에 맞게 통행로를 변경할 수 있는 것이고, 그 과정에서 포위된 토지와 주위토지의 각 소유자 간에 원만한 합의가 이루어지지 아니하는 경우 일방이 상대방에 대하여 기존의 확정판결이나 화해조서 등이 인정한 통행장소와 다른 곳을 통행로로 삼아 주위토지통행권의 확인이나 통행방해의 배제 · 예방 또는 통행금지 등을 소로써 구하더라도 그 청구가 위 확정판결이나 화해조서 등의 기판력에 저촉된다고 볼 수 없다.」(대판 2004. 5. 13, 2004다10268)

(ㅂ) 「토지소유자가 당해 토지소유권이 미치는 범위 내에서 관계 법령에 따라 적법하게 건축허가를 받고 그 건물을 건축한 행위가 그 인접에 위치하고 있는 민간 지상파 방송사업자의 방송을 위한 전파송신에 영향을 미쳤다고 하더라도 특별한 사정이 없는 한 그 사실만으로 곧 민간 지상파 방송사업자의 권리를 침해하여 불법행위가 성립한다고 볼 수 없고, 민간 지상파 방송사업자가 종전부터 무상으로 전파송신을 하여 왔다고 하여 달라지는 것이 아니며, 다만, 위와 같은 경우, 민간 지상파 방송사업자로서는 그 비용부담 하에 그 인접의 토지소유자 등의 손해가 가장 적은 장소와 방법을 선택하여 인접 토지상에 건축된 건축물에 방송송신에 필요한 시설을 설치할 수 있고, 인접 토지소유자 등은 이를 용인할 의무가 있을 뿐이라 할 것이다(민법 제219조 참조).」(대판 2003. 11. 28, 2003다43322: 인근 건축물의 건축으로 인하여 방송의 송수신 장해가 발생하는 경우에 관하여 기본적으로는 방송 및 전파법령에 대한 해석을 통하여 해결하고 거기에서 해결되지 않는 문제에 대하여는 민법상의 상린관계의 문제로 해결하려고 시도한 판결임)

(2) 토지소유자 이외의 자의 주위토지통행권 [113]

통행권은 토지소유자뿐만 아니라 지상권자 · 전세권자에게도 인정된다(290조 · 319조에 의한 219조의 준용). 그러나 임차인은 등기된 경우이든 아니든 독자적인 통행권을 갖지 않으며 소유자의 통행권을 행사하는 것으로 이해하여야 한다(반대: 고상룡, 272면; 이상태, 230면). 그 밖의 점유자도 점유권원에 기하여 판단하여야 한다(반대: 고상룡, 273면. 대판 1976. 10. 29, 76다1694는 적절하게도 불법점유자의 통행권을 부인한다). 그리고 판례는 명의신탁자에게는 주위토지통행권이 인정되지 않는다고 한다(대판 2008. 5. 8, 2007다22767).

(3) 통행 등의 방법

통행권자가 다른 토지를 통행하거나 통로를 개설할 때에는 통행지 또는 통로개설지에 손해가 가장 적은 장소와 방법을 선택하여야 한다(219조 1항 단서).

(4) 손해의 보상

통행권자는 통행지 소유자의 손해를 보상하여야 한다(219조 2항). 그러나 그 지급을 게을리하더라도 채무불이행책임만 생기며, 통행권이 소멸하지는 않는다(이설 없음). 손해보상의무는 통행권자에게 있는 것이므로 통행권자의 허락을 얻어 사실상 통행하고 있는 자는 그 의무가 없다(대판 1991. 9. 10, 91다19623은 국제상사가 통행권자인 경우에 그 대표이사에 대한 보상청구권을 부정한다).

이 경우의 손해액은 어떻게 산정해야 하는가? 그에 관하여 대법원은 다음과 같이 판시하고 있다. 타인 소유의 토지를 법률상 권원 없이 점유함으로 인하여 그 토지소유자가 입은 통상의 손해는 특별한 사정이 없는 한 그 점유토지의 임료 상당액이라고 할 것이지만(대판 1994. 6. 28, 93다51539), 주위토지통행권자가 단지 공로에 이르는 통로로서 통행지를 통행함에 그치고 통행지 소유자의 점유를 배제할 정도의 배타적인 점유를 하고 있지 않다면 통행지 소유자가 통행지를 그 본래 목적대로 사용·수익할 수 없게 되는 경우의 손해액이라 할 수 있는 임료 상당액 전부가 통행지 소유자의 손해액이 된다고 볼 수는 없으므로, 주위토지통행권자가 통행지 소유자에게 보상해야 할 손해액은 주위토지통행권이 인정되는 당시의 현실적 이용상태에 따른 통행지의 임료 상당액을 기준으로 하여, 구체적인 사안에서 사회통념에 따라 쌍방 토지의 토지소유권 취득시기와 가격, 통행지에 부과되는 재산세, 본래 용도에의 사용 가능성, 통행지를 공동으로 이용하는 사람이 있는지를 비롯하여 통행 횟수·방법 등의 이용태양, 쌍방 토지의 지형적·위치적 형상과 이용관계, 부근의 환경, 상린지 이용자의 이해득실 기타 제반 사정을 고려하여 이를 감경할 수 있고(판례는 여기까지의 법리를 주위토지통행권자가 아닌 일반적인 통행 수익자에게도 인정한다. 대판 2023. 3. 13, 2022다293999), 단지 주위토지통행권이 인정되어 통행하고 있다는 사정만으로 통행지를 도로로 평가하여 산정한 임료 상당액이 통행지 소유자의 손해액이 된다고 볼 수 없다(대판 2014. 12. 24, 2013다11669).

(5) 토지가 분할 또는 일부양도된 경우

공로에 통하고 있던 토지가 분할 또는 일부양도로 인하여 공로에 통하지 못하게 된 때에는, 그 토지소유자는 공로에 출입하기 위하여 다른 분할자 또는 양수인의 토지를 통행할 수 있고(220조 1항 1문 · 2항), 제 3 자의 토지를 통행하지는 못한다(대판 1970. 5. 12, 70다337; 대판 1993. 12. 14, 93다22906; 대판 1995. 2. 10, 94다45869 · 45876; 대판 2005. 3. 10, 2004다65589 · 65596). 그리고 이때에는 손해보상의 의무가 없다(220조 1항 2문 · 2항). 여기의 토지의 일부양도에는 1필의 토지의 일부가 양도된 경우뿐만 아니라 일단으로 되어 있던 동일인 소유의 수필의 토지 중 일부가 양도된 경우도 포함된다고 새겨야 한다(대판 1993. 12. 14, 93다22906; 대판 1995. 2. 10, 94다45869 · 45876; 대판 2005. 3. 10, 2004다65589 · 65596). 한편 판례는, 양도인이 포위된 토지의 소유자에 대하여 무상의 주위토지통행을 허용하지 않음으로써 포위된 토지의 소유자가 할 수 없이 주위의 다른 토지의 소유자와 일정기간 동안 사용료를 지급하기로 하고 그 다른 토지의 일부를 공로로 통하는 통로로 사용하였다고 하더라도 포위된 토지의 소유자가 제220조 소정의 무상의 주위토지통행권을 취득할 수 없는 것은 아니라고 한다(대판 1995. 2. 10, 94다45869 · 45876).

무상통행권을 규정한 제220조는 직접분할자 또는 일부양도의 당사자 사이에서만 적용되는가? 여기에 관하여 학설은 i) 긍정설(고상룡, 274면; 김상용, 344면; 김학동, 277면; 이영준, 467면)과 ii) 무상통행권이 현실로 행사되고 있거나 혹은 잔여지의 양수인이 통행권의 부담이 있는 것을 알고서 승계한 경우에는 잔여지의 양수인에게도 인정된다는 견해(이상태, 234면. 지원림, 573면도 후자에 관하여 같은 입장이다)로 나뉘어 있다. 그리고 대법원은 이를 긍정하면서 포위된 토지 또는 피통행지의 특정승계인에게는 적용되지 않는다고 한다(대판 1965. 12. 28, 65다950 · 951; 대판 1985. 2. 8, 84다카921 · 922; 대판 1996. 11. 29, 96다33433 · 33440; 대판 2002. 5. 31, 2002다9202 등 다수의 판결). 그런데 다른 한편으로, 토지소유자가 토지를 매수할 때 통로부분이 주위의 토지소유자들을 위해 무상으로 통행에 제공된 사실을 용인하고 그 상태에서 매수한 경우에 통행료를 청구하는 것은 신의칙에 위배되어 허용될 수 없다고 한 적이 있으며(대판 1992. 2. 11, 91다40399), 토지의 원소유자가 토지를 분할 · 매각함에 있어서 토지의 일부를 분할된 다른 토지의 통행로로 제공하여 독점적 · 배타적인 사용수익권을 포기한 뒤 그와 같은 사용수익의 제한이 있다는 사정을 알면서 그 토지의 소유권을 승계취득한 자는 다른 특별한 사정이 없는 한 원소유자와 마찬가지로 분할토지의 소유자들의 무상통행을 수인할 의무가 있다고 한다(대판 1998. 3. 10, 97다47118. 그리고 대판 1996. 4. 12, 95다3619에서는 구체적인 사안에서 위의 결과를 인정하였다). 이 둘은 모두 예외를 인정한 것인데, 그 중에 전자는 신의칙을 적용한 소극적인 것이고, 후자는 사용수익권의 포기 이론에 입각한 적극적인 것이며, 후자가 근래 대법원의 주류적인 입장인 것으로 보인다. 결국 현재 우리의 판례는 제220조가 원칙적으로는 승계인에게 적용되지 않는다고 하면서도 예외를 적극적으로 인정하는 입장이라고 하겠다. 생각건대 우선 판례의 예외적인 태도 중 앞의 것은 신의칙을 적용한 것이므로 사정에 따라 인정될 수 있다. 그러나 뒤의 것은 인정하기 어렵다. 승계인에게도 인정되는 사용수익권의 포기가 — 그것이 물권적인 것이든 채권적인 것이든 — 가능한지부터가 문제이기 때문이다. 그리고 토지소유자가 한 때 타인의 사용을 배제하지 않은 결과가 그 승계인에게도 계속해서 유지되는 것이 과연 타당한지도 의문이다. 이러한 점은 ii)설도 마찬가지이다. 요컨대 승계에 관하여 명문의 규정이 없는 한 제220조는 분할 또는 일부양도의 당사자 사이에서만 적용된다고 하여야 한다.

〈판 례〉

(ㄱ) 「동일인 소유의 토지의 일부가 양도되어 공로에 통하지 못하는 토지가 생긴 경우에 포위된 토지를 위한 주위토지통행권은 일부양도 전의 양도인 소유의 종전 토지에 대하여만 생기고 다른 사람 소유의 토지에 대하여는 인정되지 아니하며, 또 무상의 주위토지통행권이 발생하는 토지의 일부양도라 함은 1필의 토지의 일부가 양도된 경우뿐만 아니라 일단으로 되어 있던 동일인 소유의 수필의 토지 중 일부가 양도된 경우도 포함된다.」(일단의 토지를 형성하고 있던 동일인 소유의 수필의 토지 중 일부가 양도된 경우, 일부양도 전의 양도인 소유의 종전 토지에 대하여 무상의 주위토지통행권이 인정되는 이상 제 3 자 소유의 토지에 대하여는 민법 제219조에 따른 주위토지통행권을 주장할 수 없다고 한 사례)(대판 2005. 3. 10, 2004다65589 · 65596)

(ㄴ) 「분할 또는 토지의 일부양도로 인하여 공로에 통하지 못하는 토지가 생긴 경우에 분할 또는 일부양도 전의 종전 토지소유자가 그 포위된 토지를 위하여 인정한 통행사용권은 직접분할자, 일부양도의 당사자 사이에만 적용되는 것이라 할 것이므로, 포위된 토지 또는 피통행지의 특정승계인의 경우에는 주위토지통행권에 관한 일반원칙으로 돌아가 그 통행권의 범위를 따로 정하여야 한다.」(대판 1996. 11. 29, 96다33433 · 33440)

(ㄷ) 「토지의 원소유자가 토지를 분할 · 매각함에 있어서 토지의 일부를 분할된 다른 토지의 통행로로 제공하여 독점적 · 배타적인 사용수익권을 포기하고 그에 따라 다른 분할토지의 소유자들이 그 토지를 무상으로 통행하게 된 후에 그 통행로 부분에 그와 같은 사용수익의 제한이라는 부담이 있다는 사정을 알면서 그 토지의 소유권을 승계취득한 자는, 다른 특별한 사정이 없는 한 원칙적으로 그 토지에 대한 독점적 · 배타적 사용수익을 주장할 만한 정당한 이익을 갖지 않는다 할 것이어서 원소유자와

마찬가지로 분할토지의 소유자들의 무상통행을 수인하여야 할 의무를 진다 할 것이지만, 그 승계인이 자신의 정당한 목적을 위하여 그 통행로와 함께 그 통행로를 필요로 하는 인근 주민들의 주택을 모두 매수하려 하였다가 그 중 1인의 주택만을 매수하지 못하였는데, 그 매수하지 못한 나머지 1인의 주택은 반대쪽의 공로에 접하여 있어서 승계인이 취득한 통행로에 대하여 주위토지통행권을 갖지 못하고, 따라서 그 통행로가 없더라도 그 나머지 1인의 주택이 갖추어야 할 건축법 제33조 제 1 항의 접도의무가 충족되는 사정이 인정된다면, 이러한 경우 그 통행로에 대하여 유일하게 이해관계를 갖는 피신청인이 그 통행로를 이용하지 못하게 될 경우 원심 인정과 같은 불이익을 입게 된다는 사정만으로는, 병원신축을 위하여 인근 주택들을 모두 매수하고 건축허가까지 받아 통행로의 새로운 소유자가 된 신청인의 그 통행로에 대한 독점적 · 배타적인 사용수익권은 제한되지 아니한다 할 것이다.」(대판 1998. 3. 10, 97다47118)

㈃ 「공로에 통할 수 있는 자기의 공유토지를 두고 공로에의 통로라 하여 남의 토지를 통행한다는 것은 민법 제219조, 제220조에 비추어 허용될 수 없다(대법원 1982. 7. 13. 선고 81다515, 516 판결 참조). 설령 위 공유토지가 구분소유적 공유관계에 있고 공로에 접하는 공유 부분을 다른 공유자가 배타적으로 사용, 수익하고 있다고 하더라도 마찬가지이다.」(대판 2021. 9. 30, 2021다245443 · 245450)

7. 물에 관한 상린관계 [114]

(1) 자연적 배수

토지소유자는 이웃 토지로부터 자연히 흘러오는 물을 막지 못한다(221조 1항). 그리하여 그는 자연히 흘러오는 물(우수(雨水)도 포함한다. 대판 1995. 10. 13, 94다31488)을 인용(忍容)해야 할 의무 즉 승수의무(承水義務)가 있다. 토지에 가공을 함으로써 비로소 흐르는 물에 대하여는 승수의무가 없다(대판 1962. 4. 12, 61다1129). 그리고 승수의무는 소극적으로 물을 막지 못한다는 것일 뿐이고 적극적으로 물의 소통을 유지할 의무까지 포함하는 것은 아니다(대판 1977. 11. 22, 77다1588).

고지소유자는 이웃 저지에 자연히 흘러 내리는 이웃 저지에서 필요한 물을 자기의 정당한 사용범위를 넘어서 막지 못한다(221조 2항).

흐르는 물이 저지에서 폐색(閉塞. 막힘)된 때에는 고지소유자는 자비로 소통에 필요한 공사를 할 수 있다(222조). 이때 비용부담에 관하여 다른 관습이 있으면 그에 의한다(224조).

(2) 인공적 배수

인공적 배수를 위하여 원칙적으로 타인의 토지를 사용할 수 없다. 그리하여 우선 토지소유자는 처마물이 이웃에 직접 낙하하지 않도록 적당한 시설을 하여야 한다(225조). 처마가 경계를 넘으면 그것 자체가 위법한 것이나(242조 참조), 그렇지 않더라도 경사에 의하여 처마물이 이웃 토지에 낙하하지 않도록 하여야 하는 것이다. 그리고 토지소유자가 저수·배수 또는 인수하기 위하여 공작물을 설치한 경우에, 공작물의 파손 또는 폐색으로 타인의 토지에 손해를 가하거나 가할 염려가 있는 때에는, 타인은 그 공작물의 보수, 폐색의 소통 또는 예방에 필요한 청구를 할 수 있다(223조). 이때의 공사비용은 공작물 설치자가 부담하나, 비용부담에 관하여 특별한 관습이 있으면 그에 의한다(224조).

예외적으로 인공적 배수가 인정되는 때가 있다. 고지소유자는 침수지를 건조하기 위하여 또는 가용(家用)이나 농·공업용의 여수(餘水. 남은 물)를 소통하기 위하여 공로(公路)·공류(公流) 또는 하수도에 이르기까지 저지에 물을 통과하게 할 수 있다(226조 1항). 그 경우에는 저지의 손해가 가장 적은 장소와 방법을 선택하여야 하며, 손해가 있으면 보상하여야 한다(226조 2항). 그리고 토지소유자는 그 소유지의 물을 소통하기 위하여 이웃 토지소유자가 시설한 공작물을 사용할 수 있고(227조 1항), 이를 사용하는 자는 그 이익을 받는 비율로 공작물의 설치와 보존의 비용을 분담하여야 한다(227조 2항).

〈판 례〉

「민법 제226조는 고지소유자에게 여수 소통을 위하여 공로, 공류 또는 하수도에 달하기까지의 저지에 물을 소통할 권리를 인정하면서 동시에 고지소유자에게 그에 따른 저지소유자의 손해를 보상할 의무가 있음을 정하고 있는 규정이므로, 그 규정이 적용되기 위하여는 고지소유자가 여수 소통을 위하여 저지소유자의 토지를 통과하여 사용할 것이 요구된다고 할 것이다.

…민법 제227조는 토지소유자가 소유지상의 물을 소통하기 위하여 이웃 토지소유자 시설의 공작물을 사용할 수 있고 그 경우 토지소유자는 이웃 토지소유자에 대하여 그 이익을 받는 비율로 공작물의 설치보존 비용을 분담하여야 한다고 규정하고 있는바, 여기서 말하는 공작물의 시설자는 이웃 토지소유자로 한정되지는 않으나 단순히 공작물을 시설한 것만으로는 부족하고 이에 대한 정당한 권리를 갖는 자를 의미한다고 할 것이다.」(대판 2003. 4. 11, 2000다11645)

(3) 여수급여청구권(餘水給與請求權)

토지소유자는 과다한 비용이나 노력을 요하지 않고는 가용(家用)이나 토지 이용에 필요한 물을 얻기가 곤란한 때에는 이웃 토지소유자에게 보상하고 여수의 급여를 청구할 수 있다(228조).

(4) 유수에 관한 상린관계

1) 수류지가 사유인 경우 구거(溝渠. 도랑) 기타 수류지의 소유자는 대안(對岸)의 토지가 타인의 소유인 때에는 그 수로나 수류의 폭을 변경하지 못한다(229조 1항). 양안(兩岸)의 토지가 수류지 소유자의 소유인 때에는 소유자는 수로와 수류의 폭을 변경할 수 있으나(229조 2항 본문), 하류는 자연의 수로와 일치하도록 하여야 한다(229조 2항 단서). 그리고 이들에 관하여 다른 관습이 있으면 그에 의한다(229조 3항). 주의할 것은, 제229조 제 2 항 본문이 양안의 토지가 수류지 소유자의 소유인 때에는 소유자는 수로와 수류의 폭을 변경할 수 있다고 규정한 것은 대안의 수류지 소유자와의 관계에서의 수류이용권을 규정한 것으로서, 이는 위와 같은 경우 수류지 소유자는 그 수로와 수류의 폭을 변경하여 그 물을 가용 또는 농·공업용 등에 이용할 권리가 있다는 것을 의미함에 그치고, 그 수로와 수류의 폭을 임의로 변경하여 범람을 일으킴으로써 인지 소유자에게 손해를 발생시킨 경우에도 면책된다는 취지를 규정한 것이라고 볼 수 없다는 점이다(대판 2012. 4. 13, 2010다9320).

수류지의 소유자가 언(堰. 둑)을 설치할 필요가 있는 때에는 그 언을 대안에 접촉하게 할 수 있다. 그러나 이로 인하여 생긴 손해는 보상하여야 한다(230조 1항). 그리고 대안의 소유자는 수류지의 일부가 자기 소유인 때에는 그 언을 사용할 수 있다. 그러나 그 이익을 받는 비율로 언의 설치·보존의 비용을 분담하여야 한다(230조 2항).

2) 공유하천용수권(公有河川用水權)

(가) 공유하천의 연안에서 농·공업을 경영하는 자는 이에 이용하기 위하여 타인의 용수를 방해하지 않는 범위 내에서 필요한 인수(引水)를 할 수 있다(231조 1항). 그리고 그러한 인수를 하기 위하여 필요한 공작물을 설치할 수 있다(231조 2항). 이것이 공유하천용수권이다.

(나) 공유하천용수권은 특정인에게만 인정되는 것이 아니고 공유하천의 연안에서 농·공업을 경영하는 모든 자에게 인정되며, 특정인에게 우선권이 주어지는

것도 아니다. 그리하여 민법도 인수나 공작물로 인하여 하류연안의 용수권을 방해하는 때에는 그 용수권자는 방해의 제거 및 손해배상을 청구할 수 있도록 한다(232조).

(다) 그리고 농·공업의 경영에 이용하는 수로 기타 공작물의 소유자나 몽리자(蒙利者. 이익을 얻는 사람)의 특별승계인은 그 용수에 관한 전 소유자나 몽리자의 권리의무를 승계한다(233조).

(라) 한편 이상의 것에 관하여 다른 관습이 있으면 그에 의한다(234조).

(마) 공유하천용수권의 법적 성질에 관하여 학설은 i) 관습법상 인정되는 독립한 물권이라는 견해(고상룡, 260면; 이영준, 470면)와 ii) 독립한 물권으로 볼 필요는 없고 일종의 상린권이라고 하여야 한다는 견해(곽윤직, 186면; 김용한, 260면; 이상태, 237면)로 나뉘어 있다. 그리고 판례는 관습법상의 물권이라고 파악하는 듯하다. 나아가 기존의 용수권에 필요한 범위 또는 종전의 범위에서 우선권을 인정한다(대판 1968. 1. 23, 66다1995; 대판 1977. 7. 12, 76다527; 대판 1977. 11. 8, 77다1064; 대판 1983. 3. 8, 80다2658 등 참조). 생각건대 판례가 용수권에 관한 관습을 인정한 것이라면(234조 참조) 부당하지 않으나, 그렇지 않다면 그것은 옳지 않다. 즉 적어도 민법규정에 비추어 보면 용수권은 누구에게나 동등하게 인정되어야 하기 때문이다. 그리고 그때에는 용수권을 물권으로 보는 것도 적당하지 않다. 그것은 용수관계를 조절하기 위한 것에 지나지 않기 때문이다.

(5) 지하수이용권

상린자는 그 공용에 속하는 원천(源泉. 자연히 솟는 지하수)이나 수도(水道. 인공적으로 솟게 한 지하수를 끌어오는 시설)를 각 수요의 정도에 의하여 타인의 용수를 방해하지 않는 범위 내에서 각각 용수할 권리가 있다(235조). 이러한 상린자의 지하수이용권은 일종의 인역권이라고 할 수 있다(같은 취지: 곽윤직, 174면; 이상태, 237면; 이영준, 472면. 그러나 김학동, 256면은 독립한 물권이라고 한다).

필요한 용도나 수익이 있는 원천이나 수도가 타인의 건축 기타 공사로 인하여 단수·감수 기타 용도에 장해가 생긴 때에는 용수권자는 손해배상을 청구할 수 있다(236조 1항). 그리고 이러한 공사로 인하여 음료수 기타 생활상 필요한 용수에 장해가 있을 때에는 원상회복을 청구할 수 있다(236조 2항).

8. 경계에 관한 상린관계 [115]

인접하여 토지를 소유한 자는 공동비용으로 통상의 경계표나 담을 설치할 수 있다(237조 1항). 이 경우 비용은 쌍방이 반씩 부담하나, 측량비용만은 토지의 면적에 비례하여 부담한다(237조 2항). 그런데 이들과 다른 관습이 있으면 그에 의한다(237조 3항).

대법원은 제237조 제 1 항에 근거하여, 토지의 경계에 경계표나 담이 설치되어 있지 않다면 특별한 사정이 없는 한 어느 한쪽 토지의 소유자는 인접한 토지의 소유자에 대하여 공동비용으로 통상의 경계표나 담을 설치하는 데에 협력할 것을 요구할 수 있고, 인접 토지 소유자는 그에 협력할 의무가 있다고 보아야 하므로, 한쪽 토지 소유자의 요구에 대하여 인접 토지 소유자가 응하지 않는 경우에는 한쪽 토지 소유자는 민사소송으로 인접 토지 소유자에 대하여 그 협력 의무의 이행을 구할 수 있다고 한다(대판 2023. 4. 13, 2021다271725). 그리고 법원은 당해 토지들의 이용상황, 그 소재 지역의 일반적인 관행, 설치비용 등을 고려하여 새로 설치할 경계표나 담장의 위치(특별한 사정이 없는 한 원칙적으로 새로 설치할 경계표나 담장의 중심 또는 중심선이 양 토지의 경계선상에 위치하도록 해야 한다), 재질, 모양, 크기 등 필요한 사항을 심리하여 인접 토지 소유자에 대하여 협력 의무의 이행을 명할 수 있다고 한다(대판 2023. 4. 13, 2021다271725).

한편 제237조 제 1 항이 기존의 경계표나 담장이 있는 경우에까지 새로운 경계표나 담장을 설치할 수 있도록 허용하는 것인지 문제된다. 여기에 관하여 대법원은, 기존의 경계표나 담장에 대하여 어느 쪽 토지 소유자도 일방적으로 처분할 권한을 가지고 있지 않다면 한쪽 토지 소유자가 인접 토지 소유자의 동의 없이 기존의 경계표나 담장을 제거하는 것은 허용되지 않고, 한쪽 토지 소유자의 의사만으로 새로운 경계표나 담장을 설치하도록 강제할 수는 없을 것이나, 기존의 경계표나 담장에 대하여 한쪽 토지 소유자가 처분권한을 가지고 있으면서 기존의 경계표나 담장을 제거할 의사를 분명하게 나타내고 있는 경우라면 한쪽 토지 소유자는 인접 토지 소유자에 대하여 새로운 경계표나 담장의 설치에 협력할 것을 소구할 수 있다고 한다(대판 1997. 8. 26, 97다6063; 대판 2023. 4. 13, 2021다271725). 그리고 담장의 처분권한이 없는 토지 소유자가 그 처분권한이 있는 인접 토지 소유자를 상대로 기존 담장의 철거를 명하는 판결을 받아 그 담장이 적법하게 철거되어야 하는 경우에도 인접 토지 사이에 경계를 표시할 통상의 담장이 설치되지 않은 상태와 마찬가지로 볼 수 있으므로, 이와 같은 법리가 그대로 적용된다고 한다(대판 2023. 4. 13, 2021다271725).

인지소유자(隣地所有者)는 자기의 비용으로 담의 재료를 통상보다 양호한 것으로 할 수 있으며, 그 높이를 통상보다 높게 할 수 있고, 또 방화벽 기타 특수시설을 할 수 있다(238조).

경계에 설치된 경계표 · 담 · 구거(도랑) 등은 상린자의 공유로 추정한다. 그러나 그것들이 상린자 일방의 단독비용으로 설치되었거나 담이 건물의 일부인 경우에는 그렇지 않다(239조). 공유가 되는 경계표 등에는 공유의 규정이 적용되나, 공유자가 분할을 청구하지는 못한다(268조 3항).

9. 경계를 넘은 수지(樹枝) · 목근(木根)의 상린관계

인접지의 수목의 가지가 경계를 넘은 때에는 그 소유자에 대하여 가지의 제거를 청구할 수 있다(240조 1항). 상대방이 그 청구에 응하지 않는 때에는 청구자가 직접 제거할 수 있다(240조 2항). 그리고 인접지의 수목의 뿌리가 경계를 넘은 때에는 상린자가 임의로 제거할 수 있다(240조 3항). 이들 경우에 제거한 나뭇가지나 뿌리는 그것을 제거한 상린자의 소유에 속한다.

10. 토지의 심굴(深掘)에 관한 상린관계

토지소유자는 인접지의 지반이 붕괴할 정도로 자기의 토지를 심굴(깊이 팜)하지 못한다. 그러나 충분한 방어공사를 한 때에는 그렇지 않다(241조).

11. 경계선 부근의 공작물 설치에 관한 상린관계

(1) 경계선으로부터 일정한 거리를 두어야 할 의무

1) 건　　물　　건물을 축조할 때는 특별한 관습이 없으면 경계로부터 반 미터 이상의 거리를 두어야 한다(242조 1항). 제242조 제 1 항이 이렇게 규정한 것은 서로 인접한 대지에 건물을 축조하는 경우에 각 건물의 통풍이나 채광 또는 재해방지 등을 꾀하려는 데 그 취지가 있으므로, 「경계로부터 반 미터」는 경계로부터 건물의 가장 돌출된 부분(예: 지붕의 끝)까지의 거리를 말하며, 경계로부터 건물의 외벽까지의 거리를 의미하는 것이 아니다(대판 2011. 7. 28, 2010다108883).

제242조 제 1 항을 위반한 경우에는 인접지 소유자는 건물의 변경이나 철거를 청구할 수 있다. 그러나 건축에 착수한 후 1년이 경과하거나 건물이 완성된 후에는 손해배상만을 청구할 수 있다(242조 2항). 여기서 「건물의 착수」는 인접지의 소유자가 객관적으로 건축공사가 개시되었음을 인식할 수 있는 상태에 이른 것을 말하고, 「건물의 완성」은 사회통념상 독립한 건물로 인정될 수 있을 정도로 건축된 것을 말하며, 그것이 건축 관계 법령에 따른 건축허가나 착공신고 또는 사용승인 등의 적법한 절차를 거친 것인지 여부는 문제되지 않는다(대판 2011. 7. 28, 2010다108883).

2) 건물 이외의 공작물 우물을 파거나 용수(用水) · 하수(下水) 또는 오물 등을 저치(貯置)할 지하시설을 하는 때에는 경계로부터 2미터 이상의 거리를 두어야 하며, 저수지 · 구거 또는 지하실의 공사에는 그 깊이의 반 이상의 거리를 두어야 한다(244조 1항). 그리고 이러한 공사를 할 때에는 토사가 붕괴하거나 하수 또는 오액이 이웃에 흐르지 않도록 적당한 조치를 하여야 한다(244조 2항).

(2) 차면시설의무(遮面施設義務)

경계로부터 2미터 이내의 거리에서 이웃 주택의 내부를 관망할 수 있는 창이나 마루를 설치하는 경우에는 적당한 차면시설을 하여야 한다(243조).

제 3 관 소유권의 취득

Ⅰ. 개 관 [116]

민법은 제245조 이하에서 소유권의 특수한 취득원인으로 취득시효 · 선의취득 · 선점 · 습득 · 발견 · 부합 · 혼화 · 가공 등을 규정하고 있다. 이들 가운데 선의취득은 동산 물권변동에서 이미 보았으므로, 그것을 제외한 나머지를 여기서 살펴보기로 한다.

Ⅱ. 취득시효

1. 취득시효의 의의 · 존재이유

시효의 의의, 시효에 취득시효와 소멸시효가 있다는 점, 두 가지 시효의 의의, 시효제도의 존재이유에 관하여는 민법총칙 부분에서 자세히 살펴보았다(민법총칙 [261]·[262] 참조). 그래서 여기서는 취득시효의 의의와 존재이유만을 간단히 적기로 한다.

취득시효는 어떤 자가 권리자인 것처럼 권리를 행사하고 있는 사실상태가 일정한 기간 동안 계속된 경우에 그가 진실한 권리자인가를 묻지 않고서 처음부터 권리자이었던 것으로 인정하는 제도이다. 취득시효제도의 존재이유는 실질적으로 권리를 취득하였으나 이를 증명하지 못하는 권리자를 보호하려는 데 있으나, 부동산의 등기부 취득시효만은 부동산의 소유자로 등기하고서 점유하는 자의 신뢰를 보호하려는 데 그 이유가 있다(대판 2016. 10. 27, 2016다224596은 부동산 취득시효제도의 존재이유를 사견과 다르게 파악함).

2. 시효취득되는 권리

민법은 소유권(245조·246조)뿐만 아니라 그 밖의 재산권(248조)에 관하여서도 취득시효를 인정하고 있다. 그러나 소유권이 아닌 재산권 중에는 성질상 또는 법률상 취득시효가 인정되지 않는 것이 많다. 가령 점유를 수반하지 않는 물권(저당권), 가족관계를 전제로 하는 부양청구권, 법률규정에 의하여 성립하는 권리(점유권·유치권), 한 번 행사하면 소멸하는 권리(취소권·환매권·해제권 등), 계속적이 아니거나 표현되지 않는 지역권 등은 취득시효가 인정되지 않는다(같은 취지: 곽윤직, 190면). 그에 비하여 분묘기지권(대판 1995. 2. 28, 94다37912)·지상권(대판 1994. 10. 14, 94다9849: 건물을 소유하기 위하여 그 건물 부지를 평온·공연하게 20년간 점유함으로써 건물 부지에 대한 지상권을 시효취득하였다고 한 사례)·계속되고 표현된 지역권·질권 등의 물권(전세권에 대하여는 곽윤직, 190면은 긍정하나, 김학동, 147면은 반대한다)과 광업권·어업권·지식재산권과 같이 물권에 유사한 권리는 취득시효가 인정된다.

3. 부동산소유권의 취득시효

(1) 두 종류의 취득시효

민법은 제245조에서 부동산소유권의 취득시효에 관하여 두 종류를 규정하고 있다. 하나는 등기 없이 20년간 점유한 자가 일정한 요건 하에 소유권을 취득하는 것이고(245조 1항), 다른 하나는 소유자로서 등기된 자가 일정한 요건 하에 소유권을 취득하는 것이다(245조 2항). 이들 가운데 전자를 점유 취득시효(또는 일반취득시효)라고 하고, 후자를 등기부 취득시효라고 한다.

부동산소유자의 점유 취득시효는 등기를 공시방법으로 하고 성립요건주의를 취하는 법제에서는 비정상적인 것이다. 그것은 공식적인 권리의 추정을 받는 등기를 뒤엎고 단순한 점유자가 소유권을 취득하게 되는 제도이기 때문이다(그러한 점에서 그 취득시효를 일반 취득시효라고 하여 원칙적인 것처럼 표현하는 것은 부적당하다). 따라서 독일민법은 그러한 제도를 두고 있지 않다(독일민법 927조가 극히 제한적으로 비슷한 기능을 할 수 있으나, 그것은 결코 취득시효제도가 아니다). 스위스민법에는 점유 취득시효와 유사한 비정규적인 취득시효제도가 두어져 있으나(같은 법 662조), 그것은 과거의 칸톤법의 계수 결과라고 비판받고 있다. 우리나라도 장차 등기부가 정비되면 점유 취득시효는 삭제되거나 극히 제한적으로만 인정되어야 한다.

(2) 점유 취득시효 [117]

1) 요 건(245조 1항)

(가) **주 체** 권리능력을 가진 자는 모두 취득시효의 주체가 될 수 있다. 그리하여 자연인은 물론이고 사법인·공법인과 법인 아닌 사단(대판 1970. 2. 10, 69다2013: 종중에 대하여 인정)이나 재단도 주체일 수 있다.

(나) **객 체** 부동산이 객체가 된다.

그 부동산은 타인의 것이어야 할 필요는 없으며, 자기의 부동산인데도 소유권을 증명할 수 없을 때에는 취득시효를 주장할 수 있다(통설·판례도 같음. 대판 1973. 8. 31, 73다387·388; 대판 2001. 7. 13, 2001다17572). 그리고 성명불상자의 소유물에 대하여도 시효취득을 할 수 있다(대판 1992. 2. 25, 91다9312).

국유 또는 공유의 부동산은 원칙적으로 시효취득의 대상이 되지 않으나, 일반재산(구 잡종재산)만은 예외이다(국유재산법 7조 2항·6조, 「공유재산 및 물품 관리법」 6조 2항·5조). 일반재산이란 국유 또는 공유재산 가운데 행정재산이 아닌 것 모두를 가리킨다(국유재산법 6조 3항, 「공유재산 및 물품 관리법」 5조 3항). 그리고 국유재산 중 행정재산은 공용재산(국가가 직접 사무용·사업용 또는 공무원의 주거용으로 사용하거나 대통령령으로 정하는 기한까지 사용하기로 결정한 재산. 예: 정부 청사), 공공용재산(국가가 직접 공공용으로 사용하거나 대통령령으로 정하는 기한까지 사용하기로 결정한 재산. 예: 국립공원), 기업용재산(정부기업이 직접 사무용·사업용 또는 그 기업에 종사하는 직원의 주거용으로 사용하거나 대통령령으로 정하는 기한까지 사용하기로 결정한 재산), 보존용재산(법령이나 그 밖의 필요에 따라 국가가 보존하는 재산)이고(국유재산법 6조 2항), 공유재산 중 행정재산은 위의 국가 대신에 지방자치단체가 그리하는 재산이다(「공유재산 및 물품 관리법」 5조 2항). 국유재산이 시효취득의 대상이 되는 잡종재산(현행법상의 일반재산)이라는 점에 대한 증명책임은 시효의 이익을 주장하는 원고에게 있다(대판 1995. 6. 16, 94다42655). 그리고 판례에 의하면, 원래 잡종재산이던 것이 행정재산으로 된 경우 잡종재산일 당시에 취득시효가 완성되었다고 하더라도 행정재산으로 된 이상 이를 원인으로 하는 소유권이전등기를 청구할 수 없다고 한다(대판 1997. 11. 14, 96다10782).

1필의 토지의 일부도 시효취득을 할 수 있다(이설이 없으며, 판례도 같음. 대판 1965. 1. 19, 64다1254; 대판 1989. 4. 25, 88

(다카 9494 등). 다만, 1필의 토지의 일부에 대하여 시효취득을 하려면, 그 부분이 다른 부분과 구분되어 시효취득자의 점유에 속한다는 것을 인식하기에 족한 객관적인 징표가 계속하여 존재할 것이 필요하다(대판 1989. 4. 25, 88다카9494; 대판 1993. 12. 14, 93다5581).

한편 공유지분 일부에 대하여도 시효취득이 가능하다(대판 1979. 6. 26, 79다639). 그리고 판례는, 그 경우에는 특정된 토지부분의 취득을 주장하는 것이 아니므로, 객관적 증표가 계속 존재할 필요는 없다고 한다(대판 1975. 6. 24, 74다1877: 토지의 1/2지분에 대하여는 자주점유로 나머지 1/2지분에 대하여는 타주점유로 전 토지를 점유하여 왔음을 이유로 그 1/2의 지분권을 시효로 취득하였다고 주장하는 사안).

판례는, 집합건물의 공용부분은 취득시효에 의한 소유권 취득의 대상이 될 수 없다고 한다(대판 2013. 12. 12, 2011다78200). 공용부분에 대하여 취득시효의 완성을 인정하여 그 부분에 대한 소유권취득을 인정한다면 전유부분과 분리하여 공용부분의 처분을 허용하고(이는 집합건물법 13조에 어긋남) 일정 기간의 점유로 인하여 공용부분이 전유부분으로 변경되는 결과가 되어(공용부분을 전유부분으로 변경하려면 집합건물법 15조에 따른 구분소유자들의 집회결의와 구분소유자의 승낙이 필요하다고 함. 대판 1992. 4. 24, 92다3151) 집합건물법의 취지에 어긋나게 된다는 이유에서이다.

(다) 일정한 요건을 갖춘 점유 소유의 의사로 평온·공연하게 점유하여야 한다. 즉 자주점유, 평온·공연한 점유가 필요하다(여기에 관한 자세한 내용은 [89]-[91] 참조). 그에 비하여 —등기부 취득시효와 달리—점유자의 선의·무과실은 요건이 아니다. 그리고 여기의 점유는 직접점유에 한하지 않으며 간접점유라도 무방하다(대판 1991. 10. 8, 91다25116(농지를 소작을 준 사안에서 그것이 농지개혁법상 무효일지라도 인정); 대판 1998. 2. 24, 97다49053(토지를 매수하여 타인에게 무상으로 경작하게 한 사안)).

점유자의 자주점유와 평온·공연한 점유는 추정된다(197조 1항). 따라서 이 세 요건은 점유자가 증명할 필요가 없으며, 점유자의 시효취득을 막으려는 자가 그러한 점유가 아님을 증명하여야 한다(대판 1986. 2. 25, 85다카1891). 주의할 것은, 점유자의 점유가 불법이라고 주장하는 자로부터 이의를 받은 사실이 있거나 점유물의 소유권을 둘러싸고 당사자 사이에 법률상의 분쟁이 있었다고 하더라도 그러한 사실만으로 곧 그 점유의 평온·공연성이 상실되지는 않는다는 점이다(대판(전원) 1982. 9. 28, 81사9; 대판 1992. 4. 24, 92다6983; 대판 1993. 5. 25, 92다52764·52771; 대판 1994. 12. 9, 94다25025).

(라) 20년간의 점유 위와 같은 점유가 20년간 계속되어야 한다.

그런데 이 기간의 기산점이 문제된다. 그에 관하여 판례는 과거에는 시효의 기초가 되는 점유가 시작된 때이며, 시효취득을 주장하는 자가 임의로 기산점을 선택하지 못한다고 하였다(대판 1966. 2. 28, 66다108). 그 뒤 판례가 변경되어, 시효기간 중 계속해서 등기명의자가 동일한 경우에는 기산점을 어디에 두어도 무방하다고 하였다(대판 1976. 6. 22, 76다487 · 488). 그리고 시효기간 만료 후 이해관계 있는 제 3 자가 있는 경우에는 기산점을 임의로 선택할 수 없다고 하였다(대판 1977. 6. 28, 77다47). 그 후 여기에 약간 수정을 가하여, 취득시효 완성 후 등기명의가 변경되고 그 뒤에 다시 취득시효가 완성된 때에는 등기명의 변경시를 새로운 기산점으로 삼아도 무방하다고 하였다(대판(전원) 1994. 3. 22, 93다46360; 대판 1999. 2. 12, 98다40688; 대판(전원) 2009. 7. 16, 2007다15172 · 15189 등). 그리고 학설은 i) 실제로 점유를 시작한 때가 기산점이라는 견해(곽윤직, 191면; 이은영, 388면; 이영준, 503면), ii) 임의로 기산점을 선택할 수 있다는 견해(고상룡, 303면)로 나뉘어 있다. 생각건대 원래 점유기간의 기산점을 임의로 선택하는 것은 이론상 옳지 않다. 그리고 반대설이 기산점을 임의로 선택할 수 있도록 하려는 이유는 취득시효 완성자(등기 외의 취득시효의 요건을 모두 갖춘 자)로 하여금 시효취득을 쉽게 하게 하려는 데 있는데, 사견으로는 점유 취득시효의 요건이 갖추어지면 사실상 소유권취득을 인정하여야 하고 또 그리할 수 있다고 생각되므로 기산점의 임의선택 허용과 같은 조치는 필요하지 않다.

판례에 따르면, 자기 소유의 부동산을 점유하고 있는 상태에서 다른 사람 명의로 소유권이전등기가 된 경우 자기 소유 부동산을 점유하는 것은 취득시효의 기초로서의 점유라고 할 수 없고 그 소유권의 변동이 있는 경우에 비로소 취득시효의 기초로서의 점유가 개시되는 것이므로, 취득시효의 기산점은 소유권의 변동일 즉 소유권이전등기가 경료된 날이라고 한다(대판 1989. 9. 26, 88다카26574; 대판 1997. 3. 14, 96다55860. 같은 취지: 대판 2016. 10. 27, 2016다224596(부동산에 관하여 적법 · 유효한 등기를 마치고 그 소유권을 취득한 사람이 자기 소유의 부동산을 점유하는 경우에 그러한 점유는 취득시효의 기초가 되는 점유라고 할 수 없다고 함. 등기부 취득시효에 관하여 같은 취지: 대판 2016. 11. 25, 2013다206313)). 그리고 같은 맥락에서, 토지 소유자가 토지의 특정한 일부분을 타인에게 매도하면서 등기부상으로는 전체 토지의 일부 지분에 관한 소유권이전등기를 경료해 준 경우에 매도대상에서 제외된 나머지 특정부분을 계속 점유한다고 하더라도 그것은 자기 소유의 토지를 점유하는 것이어서 취득시효의 기초가 되는 점유라고 할 수 없다고 한다(대판 2001. 4. 13, 99다62036).

취득시효의 기초로 되는 점유가 승계된 경우에, 점유자는 자기의 점유만을 주장할 수도 있고, 자기의 점유와 전 점유자의 점유를 아울러 주장할 수도 있다(199조 1항). 그런데 뒤의 경우에는 전 점유자의 점유의 하자도 승계한다(199조 2항). 전 점유자가 여럿 있는 경우에 어느 자의 점유까지 주장할 것인지는 주장자가 선택할 수 있으나, 그러한 경우에도 그 점유의 개시 시기를 전 점유자의 점유기간 중의 임의시점을 택하여 주장할 수는 없다(대판 1980. 3. 11, 79다2110; 대판 1981. 4. 14, 80다2614; 대판 1992. 12. 11, 92다9968 · 9975 등)(그에 비하여 대판 1998. 5. 12, 97다8496 · 8502는 전 점유자의 점유를 승계하여 자신의 점유기간을 통산하여 20년이 경과한 경우에 있어서도 전 점유자가 점유를 개시한 이후의 임의의 시점을 그 기산점으로 삼을 수 있다고 하고, 대판 1998. 5. 12, 97다34037은, 이는 소유권에 변동이 있더라도 그 이후 계속해서 취득시효기간이 경과하도록 등기명의자가 동일하다면 그 소유권 변동 이후 전 점유자의 점유기간과 자신의 점유기간을 통산하여 20년이 경과한 경우에 있어서도 마찬가지라고 하여, 대판 1992. 12. 11, 92다9968 · 9975 등과 모순을 보인다). 그리고 이러한 법리는 소유자의 변동이 없는 경우에만 적용되는 것이 아니다(대판 1998. 4. 10, 97다56822). 한편 상속의 경우에 제199조가 적용되는지에 관하여는 논란이 있으나([92] 참조), 판례는 상속인은 새로운 권원에 의하여 자기 고유의 점유를 시작하지 않는 한 피상속인의 점유를 떠나 자기만의 점유를 주장할 수 없다고 한다(대판 1997. 12. 12, 97다40100: [92]에 인용).

〈판 례〉

(ㄱ) 「토지구획정리사업의 시행으로 환지예정지 지정이 있을 경우 종전 토지의 소유자는 환지예정지로 지정된 토지에 관하여 사용 · 수익권을 취득하게 되고, 이 사용 · 수익권은 종전 토지에 대한 소유권에 기한 것이므로, 종전 토지소유자의 환지예정지에 대한 점유는 자기 소유의 종전 토지에 대한 점유와 그 성질이 같다 할 것이어서, 종전 토지소유자가 종전 토지에 대한 환지예정지를 점유하는 것은 취득시효의 기초로서의 점유라고 볼 수 없다.」(대판 2002. 9. 4, 2002다22083 · 22090)

(ㄴ) 「환지처분이 있는 경우에는 비록 그것이 제자리환지라고 할지라도 종전 토지는 환지로 인하여 전체 토지의 지적 · 모양 및 위치에 변동이 생기는 것이므로, 종전 토지의 일부 특정부분을 점유하고 있던 중 취득시효 완성 전에 환지예정지 지정이 있고 환지가 확정된 경우, 그것이 제자리환지로서 종전 토지의 특정 점유부분이 환지예정지나 환지확정된 토지 내에 위치하게 되었다고 하더라도 특단의 사정이 없는 한 종전 토지의 특정부분의 점유자가 환지예정지 지정 이전에도 환지예정지나 환지된 토지상의 당해 특정부분을 점유하였다고 볼 수 없다.」(대판 2003. 3. 25, 2002다72781)

(ㄷ) 「환지처분이 환지예정지의 지정처분대로 이루어지는 한 환지예정지와 환지확정된 토지와의 사이에 전체 토지의 지적, 모양 및 위치에 변동이 생기지 않아 환지예정지의 특정부분을 그대로 환지확정된 토지의 특정부분으로 볼 수 있는 것이므로, 환지예정지의 특정부분을 점유하다가 그 소유권의 취득시효기간이 만료하기 전에 환지처분이 이루어지고 그 후로도 그 특정부분을 계속 점유하여 온 경우에는 점유로 인한 부동산소유권의 취득시효기간을 산정함에 있어 그 점유기간을 통산할 수 있다.」(대판 1996. 11. 29, 94다53785)

(ㄹ) 「토지를 매수 · 취득하여 점유를 개시함에 있어서 매수인이 인접 토지와의 경계선을 정확하게 확인해 보지 아니하고 착오로 인접 토지의 일부를 그가 매수 · 취득한 토지에 속하는 것으로 믿고서 점유하고 있다면 인접 토지의 일부에 대한 점유는 소유의 의사에 기한 것으로 보아야 하며(대법원 2001. 5. 29. 선고 2001다5913 판결 등 참조), 이 경우 그 인접 토지의

점유방법이 분묘를 설치 · 관리하는 것이었다고 하여 점유자의 소유 의사를 부정할 것은 아니다.」(대판 2007. 6. 14, 2006다84423)

(ㅁ) 「취득시효기간의 계산에 있어 점유기간 중에 당해 부동산의 소유권자의 변동이 있는 경우에는 취득시효를 주장하는 자가 임의로 기산점을 선택하거나 소급하여 20년 이상 점유한 사실만 내세워 시효완성을 주장할 수 없고, 이와 같은 경우에는 법원이 당사자의 주장에 구애됨이 없이 소송자료에 의하여 인정되는 바에 따라 진정한 점유의 개시시기를 인정하고, 그에 터잡아 취득시효 주장의 당부를 판단하여야 할 것이다(당원 1992. 11. 10. 선고 92다29740 판결 참조).」(대판 1995. 5. 23, 94다39987)

(ㅂ) 「취득시효기간 중 점유 부동산의 등기명의자에 대하여 구 회사정리법(2005. 3. 31. 법률 제7248호 채무자 회생 및 파산에 관한 법률 부칙 제 2 조로 폐지되기 전의 것, 이하 '구 회사정리법'이라고 한다)에 따른 정리절차가 개시되어 관리인이 선임된 사실이 있다고 하더라도 점유자가 취득시효 완성을 주장하는 시점에서 그 정리절차가 이미 종결된 상태라면 등기명의자에 대하여 정리절차상 관리인이 선임된 적이 있다는 사정은 취득시효기간 중 점유 부동산에 관하여 등기명의자가 변경된 것에 해당하지 아니하므로, 점유자는 그가 승계를 주장하는 점유를 포함한 점유기간 중 임의의 시점을 취득시효의 기산점으로 삼아 취득시효 완성을 주장할 수 있다.」(대판 2015. 9. 10, 2014다68884)

(ㅅ) 「구분소유적 공유관계에 있는 토지 중 공유자 1인의 특정 구분소유 부분에 관한 점유 취득시효가 완성된 경우 다른 공유자의 특정 구분소유 부분이 타에 양도되고 그에 따라 토지 전체에 대한 공유지분에 관한 지분이전등기가 경료되었다면 대외적인 관계에서는 점유 취득시효가 완성된 특정 구분소유 부분 중 다른 공유자 명의의 지분에 관하여는 소유명의자가 변동된 경우에 해당한다고 할 것이어서, 점유자는 취득시효의 기산점을 임의로 선택하여 주장할 수 없다고 할 것이다.」(대판 2006. 10. 12, 2006다44753)

(ㅇ) 대판 2003. 11. 13, 2002다57935([85]에 인용함)

(ㅈ) 「국유재산법 제 7 조 제 2 항은 "행정재산은 민법 제245조에도 불구하고 시효취득의 대상이 되지 아니한다"라고 규정하고 있으므로, 국유재산에 대한 취득시효가 완성되기 위해서는 그 국유재산이 취득시효기간 동안 계속하여 행정재산이 아닌 시효취득의 대상이 될 수 있는 일반재산이어야 한다(대법원 2009. 12. 10. 선고 2006다19528 판결 등 참조). 또 행정재산이 기능을 상실하여 본래의 용도에 제공되지 않는 상태에 있다 하더라도 관계 법령에 의하여 용도폐지가 되지 아니한 이상 당연히 취득시효의 대상이 되는 일반재산이 되는 것은 아니고, 공용폐지의 의사표시는 묵시적인 방법으로도 가능하나 행정재산이 본래의 용도에 제공되지 않는 상태에 있다는 사정만으로는 묵시적인 공용폐지의 의사표시가 있다고 볼 수도 없다(위 대법원 2006다11708 판결 등 참조).」(일제하 토지조사사업 당시 지적원도상 지목이 도로로 표시되어 있으나 지번이 부여되지 아니하였을 뿐만 아니라 소유권의 조사가 이루어져 토지조사부에 등재되거나 토지대장에 등록되지도 않았던 토지가 그 후 지번을 부여받고 국가 명의로 소유권보존등기가 되었다가 공용폐지된 사안

에서, 그 토지는 임야조사사업 당시는 물론 그 후 공용폐지되기 전까지는 국유의 공공용재산으로서 시효취득의 대상이 되지 않는 행정재산이었다고 본 사례)(대판 2010. 11. 25, 2010다58957)

(ㅊ) 「점유는 물건을 사실상 지배하는 것을 가리키므로, 1개의 물건 중 특정부분만을 점유할 수는 있지만, 일부 지분만을 사실상 지배하여 점유한다는 것은 상정하기 어렵다.

따라서 1동의 건물의 구분소유자들은 그 전유부분을 구분소유하면서 공용부분을 공유하므로 특별한 사정이 없는 한 그 건물의 대지 전체를 공동으로 점유한다고 할 것이다(대법원 2014. 9. 4. 선고 2012다7670 판결 참조). 이는 집합건물의 대지에 관한 점유 취득시효에서 말하는 '점유'에도 적용되므로, 20년간 소유의 의사로 평온, 공연하게 집합건물을 구분소유한 사람은 등기함으로써 그 대지의 소유권을 취득할 수 있다. 이와 같이 점유 취득시효가 완성된 경우에 집합건물의 구분소유자들이 취득하는 대지의 소유권은 전유부분을 소유하기 위한 대지사용권에 해당한다.

… 대지사용권의 비율은 원칙적으로 전유부분의 면적 비율에 따라야 한다는 것이 집합건물법의 취지라고 할 수 있다. 이러한 취지에 비추어 보면, 집합건물의 구분소유자들이 대지 전체를 공동점유하여 그에 대한 점유 취득시효가 완성된 경우에도 구분소유자들은 대지사용권으로 그 전유부분의 면적 비율에 따른 대지 지분을 보유한다고 보아야 한다.

집합건물의 대지 일부에 관한 점유 취득시효의 완성 당시 구분소유자들 중 일부만 대지권등기나 지분이전등기를 마치고 다른 일부 구분소유자들은 이러한 등기를 마치지 않았다면, 특별한 사정이 없는 한 구분소유자들은 각 전유부분의 면적 비율에 따라 대지권으로 등기되어야 할 지분에서 부족한 지분에 관하여 등기명의인을 상대로 점유 취득시효 완성을 원인으로 한 지분이전등기를 청구할 수 있다.」(대판 2017. 1. 25, 2012다72469)

[118] **2) 효 과**

(가) 서 설 본래 취득시효는 법률행위가 아닌 물권변동원인이어서 부동산의 취득시효라도 등기 없이 물권변동이 일어나는 것이 당연하다(187조 참조). 그런데 민법은 제245조 제 1 항에서 「등기함으로써」 소유권을 취득한다고 규정하고 있다. 그 때문에 통설 · 판례는 이를 제187조의 예외라고 보고, 등기를 제외한 취득시효의 요건이 갖추어졌다고 하여 부동산의 소유권을 취득하게 되지는 않으며, 취득시효 완성자는 등기청구권을 취득할 뿐이라고 한다(대판 1966. 10. 21, 66다976). 그리고 등기청구권을 행사하여 등기를 하여야 비로소 소유권을 취득하게 된다고 한다.

(나) 취득시효 완성 후 등기 전의 법률관계 취득시효가 완성된 뒤 등기가 있

기 전의 법률관계를 판례에 의하여 살펴보기로 한다.

(a) 취득시효 완성자의 등기청구권 취득 취득시효가 완성되면 취득시효 완성자는 시효기간 만료 당시의 토지소유자에 대하여 소유권이전등기 청구권을 취득한다(대판 1991. 4. 9, 89다카1305; 대판 1992. 12. 11, 92다9968 · 9975; 대판 1999. 2. 23, 98다59132). 소유권을 취득하는 것이 아니며, 그것은 미등기 부동산이라도 마찬가지이다(대판 2006. 9. 28, 2006다22074 · 22081). 취득시효 완성자가 취득시효에 의하여 부동산의 소유권을 취득하려면 그로 인하여 소유권을 상실하게 되는 시효완성 당시의 소유자를 상대로 소유권이전등기 청구를 하여야 한다(대판 1995. 5. 9, 94다39123; 대판 1997. 4. 25, 96다53420; 대판 1999. 2. 23, 98다59132). 그리하여 시효완성 당시의 소유권보존등기 또는 이전등기가 무효라면 원칙적으로 그 등기명의인은 시효취득을 원인으로 한 소유권이전등기 청구의 상대방이 될 수 없고, 그러한 경우에는 취득시효 완성자는 소유자를 대위하여 위 무효등기의 말소를 구하고 다시 위 소유자를 상대로 취득시효 완성을 이유로 한 소유권이전등기를 청구하여야 한다(대판 1986. 8. 19, 85다카2306; 대판 2005. 5. 26, 2002다43417; 대판 2007. 7. 26, 2006다64573). 다만, 토지의 사정명의인 또는 그 상속인을 찾을 수 없어 취득시효 완성을 원인으로 하는 소유권이전등기에 의하여 소유권을 취득하는 것이 사실상 불가능하게 된 때에는, 취득시효 완성자는 취득시효 완성 당시 진정한 소유자는 아니지만 소유권보존등기 명의를 가지고 있는 자에 대하여 직접 취득시효 완성을 원인으로 하는 소유권이전등기를 청구할 수 있다(대판 2005. 5. 26, 2002다43417). 한편 대법원은, 여러 명이 각기 공유지분 비율에 따라 특정부분을 독점적으로 소유하고 있는 토지 중 공유자 1인이 독점적으로 소유하고 있는 부분에 대하여 취득시효가 완성된 경우에, 공유자 사이에 그와 같은 구분소유적 공유관계가 형성되어 있다 하더라도 그로써 제 3 자인 시효취득자에게 대항할 수는 없으므로, 그 토지 부분과 무관한 다른 공유자들도 그 토지 부분에 관한 각각의 공유지분에 대하여 취득시효 완성을 원인으로 한 소유권이전등기 절차를 이행할 의무가 있다고 한다(대판 1997. 6. 13, 97다1730).

취득시효 완성자의 이 등기청구권은 채권적 청구권이나, 부동산에 대한 점유가 계속되는 한 시효로 소멸하지 않고(대판 1995. 2. 10, 94다28468: 여기의 점유에는 직접점유뿐만 아니라 간접점유도 포함된다), 그 후 점유를 상실하였다고 하더라도 이를 시효이익의 포기로 볼 수 있는 경우가 아닌 한 바로 소멸되지 않는다(대판(전원) 1995. 3. 28, 93다47745). 다만, 취득시효 완성자가 그 부동산에 대한 점유를 상실한 때로부터 10년간 이를 행사하지 않으면 소멸시효가 완성한다(대판 1995. 12. 5, 95다24241; 대판 1996. 3. 8, 95다34866 · 34873).

그리고 부동산을 취득시효기간 만료 당시의 점유자로부터 양수하여 점유를 승계한 현 점유자는 자신의 전 점유자에 대한 소유권이전등기 청구권을 보전하기 위하여 전 점유자의 소유자에 대한 등기청구권을 대위행사할 수 있을 뿐, 전 점유자의 취득시효 완성의 효과를 주장하여 직접 자기에게 소유권이전등기를 해 달라고 청구할 권원은 없다(대판(전원) 1995. 3. 28, 93다47745).

(b) 취득시효 완성자의 방해배제청구권 취득시효가 완성된 점유자는 점유권에 기하여 등기부상의 명의인을 상대로 점유방해의 배제를 청구할 수 있다(대판 2005. 3. 25, 2004다23899 · 23905).

(c) 소유명의인의 손해배상청구권 · 부당이득 반환청구권 유무 취득시효가 완성된 경우에는, 소유명의자는 소유권이전등기 절차를 이행하여 점유자로 하여금 점유를 개시한 때에 소급하여 소유권을 취득케 할 의무가 있으므로, 그 부동산의 점유로 인한 손해배상을 청구할 수 없다(대판 1966. 2. 15, 65다2189). 그리고 부동산에 대한 취득시효가 완성되면, 점유자는 소유명의자에 대하여 취득시효 완성을 원인으로 한 소유권이전등기 절차의 이행을 청구할 수 있고 소유명의자는 이에 응할 의무가 있으므로, 점유자가 그의 명의로 소유권이전등기를 경료하지 아니하여 아직 소유권을 취득하지 못하였다고 하더라도 소유명의자는 점유자에 대하여 점유로 인한 부당이득 반환청구를 할 수 없다(대판 1993. 5. 25, 92다51280).

(d) 소유명의인의 부동산 처분과 불법행위 문제 부동산에 관한 취득시효가 완성된 후 등기명의인이 부동산을 제 3 자에게 처분하더라도 불법행위가 성립하지 않으나(대판 2006. 5. 12, 2005다75910), 시효취득을 주장하는 권리자가 취득시효를 주장하거나 소유권이전등기의 청구소송을 제기한 뒤에 제 3 자에게 처분하여 소유권이전등기 의무가 이행불능으로 된 때에는 불법행위가 되며, 이때 부동산을 취득한 제 3 자가 부동산소유자의 이와 같은 불법행위에 적극 가담하였다면 이는 사회질서에 반하는 행위로서 무효이다(대판 1993. 2. 9, 92다47892; 대판 1999. 9. 3, 99다20926 등).

〈판 례〉

「부동산에 관한 점유 취득시효가 완성된 후에 그 취득시효를 주장하거나 이로 인한 소유권이전등기 청구를 하기 이전에는 그 등기명의인인 부동산소유자로서는 특단의 사정이 없는 한 그 시효취득 사실을 알 수 없는 것이므로 이를 제 3 자에게 처분하였다 하더라도 그로 인한 손해배상책임을 부담하지 않는 것이나(대법원 1974. 6. 11. 선고 73다1276 판결, 1994. 4. 12. 선고 93다60779 판결 각 참조), 등기명의인인 부동산소유자가 그 부동산의 인근에 거주하는 등으로 그 부동산의 점유·사용관계를 잘 알고 있고, 시효취득을 주장하는 권리자가 등기명의인을 상대로 취득시효 완성을 원인으로 한 소유권이전등기 청구소송을 제기하여 등기명의인이 그 소장 부본을 송달받은 경우에는 등기명의인이 그 부동산의 취득시효 완성 사실을 알았거나 알 수 있었다고 봄이 상당하므로, 그 이후 등기명의인이 그 부동산을 제 3 자에게 매도하거나 근저당권을 설정하는 등 처분하여 취득시효 완성을 원인으로 한 소유권이전등기 의무가 이행불능에 빠졌다면 그러한 등기명의인의 처분행위는 시효취득자에 대한 소유권이전등기 의무를 면탈하기 위하여 한 것으로서 위법하다고 보아야 할 것이고, 부동산을 처분한 등기명의인은 이로 인하여 시효취득자가 입은 손해를 배상할 책임이 있다.」(대판 1999. 9. 3, 99다20926)

(e) 취득시효 완성자의 손해배상청구권 및 대상청구권 문제 취득시효 완성자에게 시효취득으로 인한 소유권이전등기 청구권이 있다고 하더라도 이로 인하여 부동산소유자와 시효취득자 사이에 계약상의 채권·채무관계가 성립하는 것은 아니므로, 그 부동산을 처분한 소유자에게 채무불이행책임을 물을 수 없다(대판 1995. 7. 11, 94다4509). 이와 같이 채무불이행은 인정하지 않으면서 이행불능의 효과인 대상청구권(대상청구권에 대하여는 채권법총론에서 설명한다. 채권법총론 [79]·[80] 이하 참조)은 인정한다. 즉 부동산취득기간 만료를 원인으로 한 등기청구권이 이행불능으로 되기 전에 등기명의자에 대하여 점유로 인한 부동산소유권 취득기간이 만료되었음을 이유로 그 권리를 주장하였거나 그 취득기간 만료를 원인으로 한 등기청구권을 행사한 때에는 대상청구권을 행사할 수 있다고 한다(대판 1996. 12. 10, 94다43825).

(f) 취득시효 완성자의 명의로 등기하기 전에 제 3 자 명의로 등기된 경우 취득시효가 완성되었으나 아직 소유권이전등기를 하기 전에 제 3 자가 소유자로부터 부동산을 양수하여 등기를 한 경우에는 취득시효 완성자는 그 제 3 자에 대하여 취득시효를 주장할 수 없다(대판 1968. 5. 21, 68다472; 대판 1970. 9. 29, 70다1875; 대판 1991. 4. 9, 89다카1305; 대판 1991. 6. 25, 90다14225 등). 제 3 자에의 이전등기 원인이 취득시효 완성 전의 것이라도 같다(대판 1998. 7. 10, 97다45402). 또한 제 3 자가 취득시효 완성 사실을 알고 매수한 자이어도 상관없다(대판 1994. 4. 12, 93다50666·50673). 그러나 이는 어디까지나 그 제 3 자 명의의 등기가 적법·유효함을 전제로 하는 것이므로, 제 3 자 명의의 등기가 무효인 경우에는 점유자는 취득시효 완성 당시의 소유자를 대위하여 위 제 3 자 앞으로 경료된 원인무효인 등기의 말소를 청구

(대판 1989. 1. 31, 87다카2561; 대판 1990. 11. 27, 90다6651; 대판 2017. 12. 5, 2017다237339)하면서 아울러 위 소유자에게 취득시효 완성을 원인으로 한 소유권이전등기를 청구할 수 있다(대판 2002. 3. 15, 2001다77352 · 77369: 취득시효 완성 당시의 토지소유자 A의 상속인 B가 협의분할에 의하여 그 토지에 관하여 소유권이전등기를 한 뒤 C가 등기서류를 위조하여 소유권등기를 한 경우에 관하여, 취득시효 완성자는 B에게 등기청구권을 가지고, 또 B를 대위하여 C에 대하여 무효등기의 말소를 청구할 수 있다고 함). 이 법리에 의하면, 취득시효가 완성된 뒤 부동산 소유자가 이를 알면서 부동산을 제 3 자에게 불법적으로 처분(매매 · 증여 등)하였고 부동산을 취득한 제 3 자가 부동산의 소유자의 불법행위에 적극 가담한 경우에도(대판 1993. 2. 9, 92다47892(증여); 대판 1995. 6. 30, 94다52416(증여); 대판 1998. 4. 10, 97다56495 (증여 — 103조 위반은 부인); 대판 2002. 3. 15, 2001다77352 · 77369(무효인 행위를 추인한 경우)), 매매계약이 사회질서에 반하여 무효로 되기 때문에, 취득시효 완성자는 위에 기술한 절차에 따라 소유권을 취득할 수 있다. 한편 가등기는 그 성질상 본등기의 순위보전의 효력만이 있어 후일 본등기가 경료된 때에는 본등기의 순위가 가등기한 때로 소급하는 것뿐이지 본등기에 의한 물권변동의 효력이 가등기한 때로 소급하여 발생하는 것은 아니므로, 원고들을 위하여 토지에 관한 취득시효가 완성된 후 원고들이 그 등기를 하기 전에 피고 갑이 취득시효 완성 전에 이미 설정되어 있던 가등기에 기하여 소유권이전의 본등기를 경료하였다면 그 가등기나 본등기를 무효로 볼 수 있는 경우가 아닌 한 원고들은 시효완성 후 부동산소유권을 취득한 제 3 자인 피고 갑에 대하여 시효취득을 주장할 수 없다 할 것이고, 따라서 결국 토지소유자인 피고 을의 원고들에 대한 시효취득을 원인으로 한 소유권이전등기 의무도 특별한 사정이 없는 한 이행불능으로 된 것으로 볼 수밖에 없다고 한다(대판 1992. 9. 25, 92다21258).

취득시효 완성자가 시효취득을 주장할 수 없는 제 3 자의 대표적인 예는 취득시효 목적 부동산의 매수인이나, 시효기간 경과 후 소유자의 위탁에 의하여 소유권이전등기를 마친 신탁법상의 수탁자(대판 2003. 8. 19, 2001다47467)나 타인 소유의 토지에 관하여 구 「부동산 소유권이전등기 등에 관한 특별조치법」(1992. 11. 30. 법률 제4502호, 실효)에 따라 소유권보존등기를 마친 자(대판 2007. 6. 14, 2006다84423. 이 자는 그 보존등기에 의하여 비로소 소유자로 된다), 시효기간 경과 후에 공동상속인 중의 한 사람이 다른 상속인의 상속지분을 양수하여 소유권이전등기를 마친 경우(대판 1992. 10. 13, 92다26871; 대판 1993. 9. 28, 93다22883), 유효하게 명의신탁된 부동산에 관하여 시효가 완성된 뒤 명의신탁이 해지되어 그 등기명의가 명의수탁자로부터 명의신탁자에게로 이전된 경우의 그 명의신탁자(대판 2001. 10. 26, 2000다8861), 유효하게 명의신탁된 부동산에 관하여 시효가 완성된 뒤 명의신탁이 해지되고 새로운 명의신탁이 이루어져 그 소유 명의가 점유 취득시효 완성 당시의 명의수탁자로부터 새로운 명의수탁자에게로 이전된 경우의 새로운 명의수탁자(대판 2000. 8. 22, 2000다21987)도 그에 해당한다. 그리고 판례는, 취득시효 완성 당시 그 부동산의 등기부상 소유명의자는 취득시효 완성으로 인한 권리변동의 당사자이나 그 등기가 실체관계와 부합하지 않는 무효의 등기인 때에는 권리변동의 당사자가 될 수 없는 것이므로, 소유권이전등기가 그 경료 당시에는 실체관계와 부합하지 않아 무효의 등기였다가 취득시효 완성 후에 적법한 권리자로부터 권리를 양수하여 실체관계에 부합하게 된 것이라면, 그 등기명의자는 취득시효 완성 후에 소유권을 취득한 자에 해당하므로 그에 대하여 취득시효 완성을 주장할 수 없다고 한다(대판 1992. 3. 10, 91다43329). 그에 비하여 취득시효기간 만료 당시의 등기명의인으로부터 명의신탁을 받은 수탁자(대판 1995. 9. 5, 95다24586), 취득시효 완성 당시 미등기로 남아 있던 토지에 관하여 소유권을 가지고 있던 자가 취득시효 완성 후에 그 명의로 소유권보존등기를 마친 경우(이는 소유권의 변경에 관한 등기가 아님)나 그러한 미등기 토지에 대하여 소유자의 상속인이 그의 명의로 소유권보존등기를 마친 경우는 시효취득을 주장할 수 없는 제 3 자에 해당하지 않는다(대판 2007. 6. 14, 2006다84423). 따라서 이들의 경우에는 그 등기명의인에게 취득시효 완성을 주장할 수 있다.

그리고 제 3 자 명의로 등기되었다고 하여 등기청구권을 상실하게 되는 것은 아니고 소유자의 점유자에 대한 소유권이전등기 의무가 이행불능으로 된 것일 뿐이므로, 그 후 어떤 사유로 취득시효 완성 당시의 소유자에게로 소유권이 회복되면 그 소유자에게 시효취득을 주장할 수 있다(대판 1991. 6. 25, 90다14225; 대판 1994. 2. 8, 93다42016; 대판 1999. 2. 12, 98다40688). 그러나 점유 취득시효 완성 당시 부동산이 신탁법상 신탁계약에 따라 수탁자 명의로 소유권이전등기와 신탁등기가 되어 있었는데 등기하지 않고 있는 사이에 제 3 자에게 처분되어 제 3 자 명의로 소유권이전등기가 마쳐졌다가 다시 별개의 신탁계약에 의해 동일한 수탁자 명의로 소유권이전등기와 신탁등기가 마쳐진 경우에는, 그 수탁자는 특별한 사정이 없는 한 취득시효 완성 후의 새로운 이해관계인에 해당하므로 점유자는 그에 대하여 취득시효 완성을 주장할 수 없다(대판 2016. 2. 18, 2014다61814). 한편 판례는, 소유권이전등기 의무자가 그 부동산상에 제 3 자 명의로 가등기를 마쳐 주었다 하여도 가등기는 본등기의 순위보전의 효력을 가지는 것에 불과하고, 또한 그 소유권이전등기 의무자의 처분권한이 상실되는 것도 아니므로 그 가등기만으로는 소유권이전등기 의무가 이행불능이 된다고 할 수 없다고 한다(대판 1991. 7. 26, 91다8104; 대판 1993. 9. 14, 93다12268).

한편 취득시효기간「만료 전에」제 3 자가 등기를 취득한 경우에는 시효취득자는 시효기간 완성 당시의 등기명의자에 대하여 소유권취득을 주장할 수 있다(대판 1977. 8. 23, 77다785; 대판 1989. 4. 11, 88다카5843 · 5850). 그리고 대법원은 전원합의체 판결에서, 이러한 법리는 부동산에 대한 점유 취득시효가 완성된 후 취득시효 완성을 원인으로 한 소유권이전등기를 하지 않고 있는 사이에 그 부동산에 관하여 제 3 자 명의의 소유권이전등기가 경료된 경우에, 소유자가 변동된 시점을 기산점으로 삼아 새로이 2차의 취득시효가 개시되어 그 취득시효기간이 경과하기 전에 등기부상의 소유 명의자가 다시 변경된 때에도 마찬가지로 적용된다고 하였다(대판(전원) 2009. 7. 16, 2007다15172 · 15189). 종래 이와 달리 부동산의 취득시효가 완성된 후 토지소유자가 변동된 시점을 새로운 취득시효의 기산점으로 삼아 2차의 취득시효의 완성을 주장하려면 그 새로운 취득시효기간 중에는 등기명의자가 동일하고 소유자의 변동이 없어야만 한다는 취지로 판시한 판결들을 모두 위 판결의 견해에 배치되는 범위 내에서 이를 변경하였다. 그 결과, 현재의 판례에 의하면, 2차 취득시효기간이 경과하기 전에 등기부상 소유 명의를 취득한 자에게 시효취득을 주장할 수 있게 된다.

(g) 취득시효의 완성 후 부동산소유자가 파산선고를 받은 경우 파산선고 전에 점유 취득시효가 완성되었으나 이를 원인으로 하여 소유권이전등기를 마치지 않은 자는, 소유자에게 파산선고가 된 후에는, 파산관재인을 상대로 취득시효를 원인으로 한 소유권이전등기 절차의 이행을 청구할 수 없다(대판 2008. 2. 1, 2006다32187).

(h) 사 견 이러한 판례에 의하면, 시효기간이 경과되기 전에 부동산이 처분된 경우에는 시효취득을 할 수 있으나, 시효기간이 경과된 후에 처분된 경우에는 시효취득을 할 수가 없게 되는데, 이는 부당하다. 그리고 그에 의하면 점유기간이 길수록 등기명의인의 처분가능성이 커져서 시효취득의 가능성은 더욱 줄어드는 모순이 생긴다. 이 모든 문제는 민법이 점유 취득시효에 등기를 하도록 규정한 데서 비롯된 것이다. 그리고 초기의 판례가 그것이 가져올 파장을 예견하지 못한 채 법률문언에 충실하게 해석해 보려고 시도하여 사태가 더욱 심각해졌다. 명백히 잘못된 입법의 경우에는 무시하는 해석이 불가피하다. 그리하여 사견으로는 제245조 제 1 항의「등기」부분은 후에 등기하면 법률상 소유권이 취득된다는 형식적인 의미로 축소하여, 취득시효의 요건이 갖추어지면 언제나 등기를 할 수 있는 사실상의 소유권을 취득하는 것으로 새기는 것이 바람직하다

고 생각한다. 그때의 등기는 단지 소유권취득을 마무리하는 절차적인 의미만 갖는다고 해석하여야 한다(이때에 고려할 문제에 관하여는 송덕수, 신사례, [35]번 문제 참조).

〈판 례〉 [119]

(ㄱ)「민법 제245조 제 1 항은 '20년간 소유의 의사로 평온 · 공연하게 부동산을 점유하는 자는 등기함으로써 그 소유권을 취득한다'고 규정하고 있으므로 위 취득시효기간의 완성만으로는 소유권취득의 효력이 바로 생기는 것이 아니라, 다만 이를 원인으로 하여 소유권취득을 위한 등기청구권이 발생한다 할 것이고(대법원 1981. 9. 22. 선고 80다3121 판결 참조), 미등기 부동산의 경우라고 하여 취득시효기간의 완성만으로 등기 없이도 점유자가 소유권을 취득한다고 볼 수 없」다(대판 2006. 9. 28, 2006다22074 · 22081).

(ㄴ)「토지에 대한 점유로 인한 소유권취득시효 완성 당시 미등기로 남아 있던 그 토지에 관하여 소유권을 가지고 있던 자가 그 취득시효 완성 후 그 명의로 소유권보존등기를 마쳤다 하더라도 이는 소유권의 변경에 관한 등기가 아니므로 그러한 자를 그 취득시효 완성 후의 새로운 이해관계인으로 볼 수 없고, 설사 위 소유권보존등기가 대한민국을 상대로 한 소유권확인 청구소송에서의 확정판결에 기하여 이루어진 것이라 하여 달리 볼 바는 아니라고 할 것이다.」(대판 1995. 2. 10, 94다28468)

(ㄷ)「타인의 토지를 20년간 소유의 의사로 평온 · 공연하게 점유한 자는 등기를 함으로써 비로소 그 소유권을 취득하게 되므로 점유자가 원소유자에 대하여 점유로 인한 취득시효기간이 만료되었음을 원인으로 소유권이전등기 청구를 하는 등 그 권리행사를 하거나 원소유자가 취득시효 완성 사실을 알고 점유자의 권리취득을 방해하려고 하는 등의 특별한 사정이 없는 한 원소유자는 점유자 명의로 소유권이전등기가 마쳐지기까지는 소유자로서 그 토지에 관한 적법한 권리를 행사할 수 있다. 그와 같은 경위로 원소유자가 취득시효의 완성 이후 그 등기가 있기 전에 그 토지를 제 3 자에게 처분하거나 제한물권의 설정, 토지의 현상 변경 등 소유자로서의 권리를 행사하였다 하여 시효취득자에 대한 관계에서 불법행위가 성립하는 것이 아님은 물론 위 처분행위를 통하여 그 토지의 소유권이나 제한물권 등을 취득한 제 3 자에 대하여 취득시효의 완성 및 그 권리취득의 소급효를 들어 대항할 수도 없다 할 것이니, 이 경우 시효취득자로서는 원소유자의 적법한 권리행사로 인한 현상의 변경이나 제한물권의 설정 등이 이루어진 그 토지의 사실상 혹은 법률상 현상 그대로의 상태에서 등기에 의하여 그 소유권을 취득하게 된다. 따라서 시효취득자가 원소유자에 의하여 그 토지에 설정된 근저당권의 피담보채무를 변제하는 것은 시효취득자가 용인하여야 할 그 토지상의 부담을 제거하여 완전한 소유권을 확보하기 위한 것으로서 그 자신의 이익을 위한 행위라 할 것이니, 위 변제액 상당에 대하여 원소유자에게 대위변제를 이유로 구상권을 행사하거나 부당이득을 이유로 그 반환청구권을 행사할 수는 없다 할 것이다(대법원 1991. 2. 26. 선고 90누5375 판결, 1995. 7. 11. 선고 94다4509 판결, 1999. 7. 9. 선고 97다53632 판결 등 참조).」(대판 2006. 5. 12, 2005다75910)

(ㄹ) 「파산선고 전에 부동산에 대한 점유 취득시효가 완성되었으나 파산선고시까지 이를 원인으로 한 소유권이전등기를 마치지 아니한 자는, 그 부동산의 소유자에 대한 파산선고와 동시에 파산채권자 전체의 공동의 이익을 위하여 파산재단에 속하는 그 부동산에 관하여 이해관계를 갖는 제 3 자의 지위에 있는 파산관재인이 선임된 이상, 파산관재인을 상대로 파산선고 전의 점유 취득시효 완성을 원인으로 한 소유권이전등기 절차의 이행을 청구할 수 없을 뿐만 아니라, 그 부동산의 관리처분권을 상실한 파산자가 파산선고를 전후하여 그 부동산의 법률상 소유자로 남아 있음을 이유로 점유 취득시효의 기산점을 임의로 선택하여 파산선고 후에 점유 취득시효가 완성된 것으로 주장하여 파산관재인에게 소유권이전등기 절차의 이행을 청구할 수도 없다고 할 것이다. 이 경우 법률적 성질이 채권적 청구권인 점유 취득시효 완성을 원인으로 한 소유권이전등기 청구권은 구 파산법 제14조(현행 채무자회생법 423조에 해당: 저자 주)가 규정하는 파산자에 대하여 파산선고 전의 원인으로 생긴 재산상의 청구권으로서 파산채권에 해당하므로 파산절차에 의하여서만 그 권리를 행사할 수 있다고 할 것이다.」(대판 2008. 2. 1, 2006다32187)

(ㅁ) 「공유물분할은 공유자 상호간의 지분의 교환 또는 매매라고 할 것이므로, 2인 공유인 1필지 토지의 일부에 대한 점유 취득시효가 완성된 이후 그 1필지 토지가 공유물분할에 의하여 시효취득의 대상이 된 토지부분과 나머지 토지로 분할된 경우, 시효취득의 대상이 된 부분에 관한 공유자 1인의 공유지분은 공유물분할에 의하여 다른 공유자 1인에게 이전되었다 할 것이고, 따라서 점유자는 취득시효가 완성된 부분에 관한 공유자 1인의 공유지분에 대하여는 이를 이전받은 다른 공유자에게 시효완성으로써 대항할 수 없다(대법원 1993. 2. 9. 선고 92다29351, 29368(반소) 판결 참조).」(대판 2009. 12. 10, 2006다55784 · 55791)

[120] **(다) 점유 취득시효에 의한 등기** 점유 취득시효를 원인으로 하는 등기에 관하여는 민법이나 부동산등기법에 규정이 없다. 그런 상황에서 실무상으로는 등기의무자(명의인 또는 상속인)와 시효취득자의 공동신청에 의하여 소유권이전등기를 행하고 있다. 그리고 학설은 i) 보존등기를 하게 되면 물권변동의 공시가 도중에 중단된다는 등의 이유로 이전등기를 하여야 한다는 견해(곽윤직, 193면; 김학동, 153면; 이영준, 506면; 이은영, 397면; 주해(5), 392면(윤진수) 등)와 ii) 시효취득이 원시취득이고 그 등기는 본질적으로 보존등기이기 때문에 시효취득자가 단독으로 보존등기를 해야 한다는 견해(김상용, 365면; 김용한, 277면), iii) 각 경우(무주의 부동산 · 미등기 부동산 · 기등기 부동산에서 등기명의인의 협력을 얻지 못한 경우)에 따라 다양한 등기방법을 취해야 한다는 견해(고상룡, 310면)로 나뉘어 있다. 물론 미등기 부동산의 경우에는 보존등기를 신청하여야 한다. 문제는 소유자가 있는 경우에 관하여서이다. 생각건대 원시취득이라고 하여 반드시 보존등기를 해야 하는 것은 아니고, 또 보존등기를 하면 등기부가

이전의 권리변동 과정을 공시하지 못하게 되는 문제점이 있으므로 i)설처럼 해석하는 것이 바람직하다. 한편 토지 일부에 대한 점유 취득시효와 관련하여 판례는, 지적공부상 면적의 표시가 잘못된 등록사항 정정 대상토지의 일부를 점유함으로써 점유 취득시효가 완성된 점유자가 자신의 점유 부분에 관한 소유권이전등기를 위하여 선행절차로 토지분할을 하여야 하는 경우, 점유자는 그 소유권이전등기 청구권을 실행하기 위하여 토지소유자를 상대로 지적공부 등록사항 정정 절차의 이행을 구할 수 있다고 한다(대판 2023. 6. 15, 2022다303766).

(라) **원시취득** 취득시효에 의한 소유권취득의 성질에 관하여는 다투어진다. 학설은 i) 원시취득설(곽윤직, 194면; 김상용, 365면; 김용한, 280면; 김학동, 160면; 이상태, 253면)과 ii) 승계취득설(고상룡, 331면; 이영준, 526면; 이은영, 408면)로 나뉘어 있다. 그리고 판례는 원시취득이라고 한다(대판 1993. 4. 27, 93다5000; 대판 1993. 10. 12, 93다1886; 대판 2004. 9. 24, 2004다31463). 다만, 판례에 의하면, 취득시효의 완성 후에 원소유자가 토지의 현상을 변경하거나 제한물권의 설정 등을 한 경우에는, 시효취득자는 그 상태에서 소유권을 취득한다고 한다(대판 2006. 5. 12, 2005다75910([119]에 인용)). 이는 취득시효의 완성 후에 한 처분이 유효하다는 것과 같은 맥락에 있다. 생각건대 취득시효는 그 성질상 타인의 권리를 승계하는 법률요건일 수 없다. 무권리자가 점유 등의 요건을 갖추었다고 하여 권리자의 「권리」를 승계한다고 보는 것은 무리이기 때문이다. 결국 원시취득이라고 하여야 한다. 그 결과 전주(前主)의 권리 위에 존재하였던 모든 제한은 취득시효의 완성과 함께 소멸한다. 그리고 취득시효의 요건이 갖추어지면 사실상의 소유권을 취득하는 것으로 새기는 사견의 입장에서는 판례의 예외적인 태도를 따를 이유가 없다.

〈판 례〉

「부동산 점유 취득시효는 20년의 시효기간이 완성한 것만으로 점유자가 곧바로 소유권을 취득하는 것은 아니고 민법 제245조에 따라 점유자 명의로 등기를 함으로써 소유권을 취득하게 되며, 이는 원시취득(대법원 1991. 10. 22. 선고 90다16283 판결, 1993. 10. 12. 선고 93다1886 판결 등 참조)에 해당하므로 특별한 사정이 없는 한 원소유자의 소유권에 가하여진 각종 제한에 의하여 영향을 받지 아니하는 완전한 내용의 소유권을 취득하게 되고, 이와 같은 소유권취득의 반사적 효과로서 그 부동산에 관하여 취득시효의 기간이 진행 중에 체결되어 소유권이전등기 청구권 가등기에 의하여 보전된 매매예약상의 매수인의 지위는 소멸된다고 할 것이지만, 시효기간이 완성되었다고 하더라도 점유자 앞으로 등기를 마치지 아니한 이상 전 소유권에 붙어 있는 위와 같은 부담은 소멸되지 아니한다고 할 것이

다.」(대판 2004. 9. 24, 2004다31463)

또한 판례는 진정한 권리자가 아니었던 채무자 또는 물상보증인이 채무담보의 목적으로 채권자에게 부동산에 관하여 저당권설정등기를 경료해 준 후 그 부동산을 시효취득하는 경우에는, 채무자 또는 물상보증인은 피담보채권의 변제의무 내지 책임이 있는 사람으로서 이미 저당권의 존재를 용인하고 점유하여 온 것이므로, 저당목적물의 시효취득으로 저당권자의 권리는 소멸하지 않는다고 한다(대판 2015. 2. 26, 2014다21649). 그리고 이러한 법리는 부동산 양도담보의 경우에도 마찬가지이므로, 양도담보권 설정자가 양도담보 부동산을 20년간 소유의 의사로 평온, 공연하게 점유하였다고 하더라도 — 양도담보권자를 상대로 피담보채권의 시효소멸을 주장하면서 담보 목적으로 경료된 소유권이전등기의 말소를 구하는 것은 별론으로 하고 — 점유 취득시효를 원인으로 하여 담보 목적으로 경료된 소유권이전등기의 말소를 구할 수 없고, 이와 같은 효과가 있는 양도담보권설정자 명의로의 소유권이전등기를 구할 수도 없다고 한다(대판 2015. 2. 26, 2014다21649).

(마) 취득시효의 소급효 취득시효로 인한 소유권취득의 효과는 점유를 개시한 때에 소급한다(247조 1항).

[121] **(3) 등기부 취득시효**

1) 요 건(245조 2항)

(가) 주 체 점유 취득시효에서와 같다.

(나) 객 체 부동산이 객체로 된다. 그런데 점유 취득시효에서와 달리 1필의 토지의 일부는 객체로 될 수 없다. 왜냐하면 등기부 취득시효에 있어서는 등기가 되어 있어야 하는데, 1필의 토지의 일부에 대하여는 등기가 될 수 없기 때문이다. 다만, 1필의 토지 전부에 관하여 소유권등기가 된 뒤에 그 토지의 일부만을 점유하는 경우에 그 일부에 관하여 취득시효를 인정할 수는 있을 것이다. 판례는 부동산 전체에 관하여 공유지분등기가 되어 있는 공유자의 1인이 그 부동산의 특정부분만을 점유한 경우에 관하여 그 특정부분에 대한 공유지분의 범위 내에서 등기부 취득시효를 인정한다(대판 1986. 5. 27, 86다카280; 대판 1993. 8. 27, 93다4250).

〈판 례〉

(ㄱ)「피고가 판시 임야 9정 9무보 중 특정부분 2단보를 점유해 왔을 뿐이라면 피고

는 그 특정부분 2단보에 대한 공유지분 9정 9무보분의 2단보 범위 내에서만 민법 제245조 제 2 항에서 말하는 「부동산의 소유자로 등기한 자」와 「부동산을 점유한 때」라는 등기부 취득시효의 요건을 구비한 경우에 해당할 뿐, 그 나머지 부분에 대하여는 부동산의 점유라는 요건이 흠결된 것이므로 피고가 이 사건 임야 전체에 대한 공유지분 9정 9무보분의 2단보를 등기부 시효취득하였다고 볼 수 없을 것이고, 원심판결의 취지가 만일 특정부분 2단보에 대한 등기부 취득시효 완성을 인정한 취지라면 피고 앞으로 경유된 공유지분이전등기는 피고가 임야소유권 이전등기에 관한 특별조치법에 의하여 단독으로 경유한 것이어서 그 등기를 이 사건 임야 중 어느 특정부분 2단보에 대한 권리를 표상하는 등기로 볼 수는 없을 것이고, 결국 그 특정부분 2단보에 대하여는 피고 앞으로 9정 9무보분의 2단보라는 공유지분이전등기만 경료되어 있어 "부동산의 소유자로 등기한 자"라는 요건을 충족하지 못한다 할 것이기 때문이다.」(대판 1986. 5. 27, 86다카280)

(ㄴ) 「공유자의 1인이 공유부동산 중 특정부분만을 점유하여 왔다면 그 특정부분에 대한 공유지분의 범위 내에서만 민법 제245조 제 2 항에서 말하는 "부동산의 소유자로 등기한 자"와 "부동산을 점유한 때"라는 등기부 취득시효의 요건을 구비한 경우에 해당될 뿐이고 그 나머지 부분은 이에 해당하지 않는 것이다.」(대판 1993. 8. 27, 93다4250)

국유재산 · 공유재산이라도 일반재산은 객체가 된다(국유재산법 7조 2항 · 6조, 「공유재산 및 물품 관리법」 6조 2항 · 5조).

(다) 부동산소유자로 등기되어 있을 것

(a) 일 반 론 이 등기는 형식적 유효요건이나 실질적 유효요건을 갖추지 않아도 상관없다. 그리하여 적법 · 유효한 것일 필요가 없으며 무효의 등기라도 무방하다(대판 1988. 4. 12, 87다카1810; 대판 1994. 2. 8, 93다23367; 대판 1998. 1. 20, 96다48527). 그러나 등기는 점유하는 부분을 표상(공시)하는 것이어야 한다. 판례는, 등기부상만으로 어떤 토지 중 일부가 분할되고 그 분할된 토지에 대하여 지번과 지적이 부여되어 등기되어 있다고 하더라도 위와 같은 지적공부 소관청에 의한 지번 · 지적 · 지목 · 경계확정 등의 분필절차를 거친 바가 없다면 그 등기가 표상하는 목적물은 특정되었다고 할 수는 없다고 할 것이니, 그 등기부에 소유자로 등기된 자가 그 등기부에 기재된 면적에 해당하는 만큼의 토지를 특정하여 점유하였다고 하더라도 그 등기는 그가 점유하는 토지부분을 표상하는 등기로 볼 수 없어 그 점유자는 등기부 시효취득을 할 수는 없다고 한다(대판 1995. 6. 16, 94다4615). 그리고 상속인은 상속의 개시 즉 피상속인의 사망이라는 법률요건의 성립에 의하여 피상속인의 재산에 관한 포괄적 권리의무를 승계하고 권리의 득실변경에 등기를 요건으로 하는 경우에도 상속인은 등기를

하지 아니하고도 상속에 의하여 곧바로 그 권리를 취득하는 것이므로 부동산에 관하여 피상속인 명의로 소유권이전등기가 10년 이상 경료되어 있는 이상 상속인은 부동산등기부 시효취득의 요건인 '부동산의 소유자로 등기한 자'에 해당한다고 한다(대판 1989. 12. 26, 89다카6140: 이 경우 피상속인과 상속인의 점유기간을 합산하여 10년을 넘을 때에 등기부 취득시효기간이 완성된다고 함).

(b) 2중등기의 경우　　2중등기로서 무효인 것도 제245조 제 2 항의 등기로 될 수 있는가?

여기에 관하여는 부정설과 긍정설이 대립하고 있다. i) 부정설은 2중등기로서 무효인 등기는 제245조 제 2 항에서 말하는 등기에 해당하지 않는다고 한다(이영준, 507면; 이은영, 409면). 이 견해는 그 이유로, 그 조항에 있어서의 등기는 1부동산 1용지(등기기록)주의에 위배되지 않는 것이어야 한다는 점을 든다. ii) 긍정설은 2중등기로서 무효인 등기도 제245조 제 2 항에서 말하는 등기에 해당한다고 한다(고상룡, 326면). 이 견해는 그러한 등기명의인도 보호할 필요성이 있다는 견지에 서 있는 듯하다.

한편 판례는 과거에는 2중등기로서 무효인 제 2 등기를 제245조 제 2 항의 등기에 해당하지 않는다고 하기도 하고, 그 조항의 등기에 해당한다고도 하여 엇갈려 있었다. 그러다가 1996년의 전원합의체 판결에 의하여 뒤의 판결을 폐기하고 앞의 것으로 통일하였다(대판(전원) 1996. 10. 17, 96다12511. 같은 취지: 대판 1998. 7. 14, 97다34693). 그리하여 현재는 부정하는 입장이다.

〈판 례〉

「민법 제245조 제 2 항 … 의 '등기'는 부동산등기법 제15조가 규정한 1부동산 1용지주의에 위배되지 아니한 등기를 말하므로, 어느 부동산에 관하여 등기명의인을 달리하여 소유권보존등기가 2중으로 경료된 경우 먼저 이루어진 소유권보존등기가 원인무효가 아니어서 뒤에 된 소유권보존등기가 무효로 되는 때에는 뒤에 된 소유권보존등기나 이에 터잡은 소유권이전등기를 근거로 하여서는 등기부 취득시효의 완성을 주장할 수 없다고 보아야 할 것이다.」(대판(전원) 1996. 10. 17, 96다12511)

생각건대 등기부 취득시효는 등기가 하나만 존재하는 경우를 전제로 한 것이다. 따라서 2중등기의 경우에는 달리 보아야 한다. 즉 2중등기에 있어서는 유효한 제 1 등기에 의한 진정한 소유자 보호를 위하여 제 2 등기에 의한 등기부 취득시효는 부정하여야 한다. 만약 제 2 등기에 의한 등기부 취득시효를 인정하고 제 1 등기에 기하여서도 등기부 취득시효가 가능하다고 하면 등기에 관계없이 이제는 점유에 의하여 소유관계가 확정되는 혼란을 가져올 수도 있다. 결국 부정설이 옳다.

(라) **일정한 요건을 갖춘 점유** 자주점유와 평온 · 공연한 점유가 필요하다 ([89]-[91] 참조). [122]

(마) **10년간의 점유** 위의 점유가 10년간 계속되어야 한다. 이때에 자신이 소유자로 등기된 기간과 점유기간이 때를 같이하여 10년간 계속되어야 하는지가 문제된다. 학설은 i) 전 소유자 명의의 등기기간까지 포함해서 10년이면 충분하다는 다수설(고상룡, 322면; 곽윤직, 192면; 김용한, 276면; 김학동, 156면; 이상태, 251면; 이은영, 411면)과 ii) 자신의 명의로 등기된 기간과 점유기간이 때를 같이하여 다같이 10년이어야 한다는 소수설(김상용, 365면; 이영준, 508면)이 대립하고 있다. 판례는 과거에는 소수설과 같았으나 현재에는 제245조 제 2 항의 규정에 의하여 소유권을 취득하는 자는 10년간 반드시 그의 명의로 등기되어 있어야 하는 것은 아니고 앞 사람의 등기까지 아울러 그 기간 동안 부동산의 소유자로 등기되어 있으면 된다고 하여 다수설로 변경하였다(대판(전원) 1989. 12. 26, 87다카2176; 대판 1990. 1. 25, 88다카22763). 생각건대 소수설은 진실한 권리자를 보호하기 위하여 요건을 엄격하게 새기려고 하는데, 등기부 취득시효의 요건에는 선의 · 무과실도 있어서 이를 보완할 수 있으며, 만약 소수설처럼 해석하면 부동산거래가 잦은 경우에는 등기부 취득시효가 대단히 어려워지는 문제가 생긴다. 따라서 다수설 · 판례처럼 새기는 것이 옳다.

〈판 례〉

「등기부 취득시효에 관하여 민법 제245조 제 2 항은 "부동산의 소유자로 등기한 자가 10년간 소유의 의사로 평온, 공연하게 선의이며 과실없이 그 부동산을 점유한 때에는 소유권을 취득한다"고 규정하고 있는데 그 뜻은 위 규정에 의하여 소유권을 취득하는 자는 10년간 반드시 그의 명의로 등기되어 있어야 하는 것은 아니고 앞사람의 등기까지 아울러 그 기간 동안 부동산의 소유자로 등기되어 있으면 된다는 것으로 풀이하여야 할 것이다.

왜냐하면 등기부 취득시효에 있어서의 등기와 점유는 권리의 외관을 표상하는 방법에서 동등한 가치를 가진다 할 것이므로 등기에 관하여서도 점유의 승계에 관한 민법 제199조를 유추적용함이 타당할 뿐만 아니라 위 규정이 "부동산의 소유자로 등기한 자"라는 문언을 썼다 하여 반드시 그 앞사람의 등기를 거기에서 배제하는 것이라고는 볼 수 없기 때문이다.

더구나 구 의용민법 제162조 제 2 항의 단기취득시효에 있어서는 거기에서 규정한 10년간의 점유만으로도 바로 소유권을 취득하였던 것인데 현행 민법이 물권변동에 관하여 형식주의를 채택하는 과정에서 등기부 취득시효제도를 도입하여 점유 외에 등기를 갖추게 함으로써 그에 의한 소유권취득을 훨씬 어렵게 하는 한편, 민법 제245조 제 1 항이 규정하는 점유 취득시효의 요건인 점유에 있어서의 평온, 공연 외에 선의, 무과실을 더 추가하면서도 그 기간을 20년에서 10년으로 단축한 것이므로 이와 같은 입법의 배경이나 취지로 보아 민법 제245조 제 2 항이 규정한 "부동산의 소유자로 등기한 자"를 위와 같이 해석하는 것이 물권변동에 관하여 형식주의를 취하면서도 등기에 공신력을 주고 있지 아니한 현행법 체계 하에서 등기를 믿고 부동산을 취득한 자를 보호하려는 등기부 취득시효제도에 부합한다 할 것이다.」(대판(전원) 1989. 12. 26, 87다카2176)

(바) **점유자의 선의 · 무과실** 점유자는 선의 · 무과실이어야 한다.

여기의 선의는 선의취득에서와 달리 양도인의 등기에 관한 것이 아님은 물론 점유자 자신의 등기에 관한 것도 아니고 점유자의 점유취득에 관한 것이다(대판 1995. 2. 10, 94다22651; 대판 1997. 8. 22, 97다2665; 대판 1998. 1. 20, 96다48527. 이은영, 412면은 점유자의 등기에 관한 것으로 이해한다). 그리하여 점유를 취득함에 있어서 자기가 소유자라고 믿고 있는 것을 말한다(같은 취지: 김용한, 275면; 주해(5), 403면(윤진수)). 그리고 무과실은 점유자가 자기의 소유라고 믿은 데에 과실이 없는 것이다(대판 2005. 6. 23, 2005다12704; 대판 2016. 8. 24, 2016다220679). 판례에 따르면, 부동산을 매수하는 사람으로서는 매도인에게 그 부동산을 처분할 권한이 있는지 여부를 조사하여야 하므로, 이를 조사하였더라면 매도인에게 처분권한이 없음을 알 수 있었음에도 불구하고 그러한 조사를 하지 않고 매수하였다면 그 부동산의 점유에 대하여 과실이 있다고 한다(대판 2017. 12. 13, 2016다248424. 같은 취지: 대판 2019. 12. 13, 2019다267464 등). 그런데 매도인이 등기부상의 소유명의자와 동일인인 경우에는 일반적으로는 등기부의 기재가 유효한 것으로 믿고 매수한 사람에게 과실이 있다고 할 수 없고, 다만 등기부의 기재 또는 다른 사정에 의하여 매도인의 처분권한에 대하여 의심할 만한 사정이 있는 경우에는 예외라고 한다(대판 1992. 6. 23, 91다38266; 대판 2017. 12. 13, 2016다248424. 같은 취지: 대판 2019. 12. 13, 2019다267464 등). 그리고 이러한 법리는 매수인이 지적공부 등의 관리주체인 국가나 지방자치단체라고 하여 달리 볼 것이 아니라고 한다(대판 2019. 12. 13, 2019다267464).

점유자의 선의와 무과실 중 점유자의 선의는 추정되나(197조), 무과실은 추정되지 않는다. 그러므로 시효취득을 하는 자가 선의인 데 과실이 없었음을 증명하여야 한다(대판 1995. 2. 10, 94다22651 등).

이 선의 · 무과실은 시효기간 내내 계속되어야 할 필요는 없으며, 점유를 개시한 때 갖추고 있으면 충분하다(통설도 같음. 대판 1986. 5. 27, 86다카280; 대판 1993. 11. 23, 93다21132 등도 무과실에 관하여 같은 태도이다).

〈선의 · 무과실에 관한 판례〉

㈀ 정당한 절차에 의하지 않은 채 소유자로 등기를 하고 해당 부동산을 점유한 것이 선의 · 무과실이라고 인정하려면 그럴만한 특별한 사정이 있다는 점에 관한 납득할 만한 설시가 있어야 할 것이고 그렇지 않는 한 그 부동산을 점유함에 있어 과실이 있다(대판 1981. 6. 9, 80다1341).

㈁ 「부동산의 등기부 취득시효에는 그 요건으로서 부동산의 점유에 관하여 선의, 무과실을 필요로 하는 것이며, 그 과실에 대하여는 주장자에게 입증책임이 있음은 소론과 같으나 부동산 매매에 있어 등기부상 명의인이 제 3 자에 속하는 때에는 거래관념상 매도인의 권원에 관하여 의심할 만한 사정이 있으므로 매수인은 등기부상 소유자 명의에 관하여 진부가 확인되지 아니한 한 그 부동산을 인도받아 선의로 점유하였어도 과실 없이 부동산의 점유를 개시한 자라고 볼 수는 없는 것이나, 부동산등기부상 명의인과 매도인이 동일인인 경우에는 이를 소유자로 믿고 그 부동산을 매수한 자는 특별한 사정이 없는 한 과실 없는 점유자라 할 것」이다(대판 1982. 5. 11, 80다2881).

㈂ 대법원은, 갑이 을을 상대로 소유권이전등기의 말소등기절차 이행청구소송을 제기하여 승소판결이 확정되었으나, 병이 을로부터 부동산을 매수할 때는 위 판결에 따른 말소등기가 되어 있지 않고 예고등기까지 말소되어 있어서 중개인과 사법서사 등으로부터 위 부동산에 저당권설정등기가 된 것 외에는 아무런 하자가 없다는 설명을 듣고 이를 매수하여 그때부터 이를 점유하고 있다면, 병이 을을 진정한 소유자로 믿은 데 과실이 있다 할 수 없다고 보아 병의 등기부 시효취득을 인정한 바 있다(대판 1992. 1. 21, 91다36918).

㈃ 「부동산에 등기부상 소유자가 존재하는 등 그 부동산의 소유자가 따로 있음을 알 수 있는 경우에는 비록 그 소유자가 행방불명되어 생사 여부를 알 수 없다 하더라도 그 부동산이 바로 무주부동산에 해당하는 것은 아니므로, 이와 같이 소유자가 따로 있음을 알 수 있는 부동산에 대하여 국가가 국유재산법 제 8 조에 의한 무주부동산 공고절차를 거쳐 국유재산으로 등기를 마치고 점유를 개시하였다면, 특별한 사정이 없는 한 그 점유의 개시에 있어서 자기의 소유라고 믿은 데에 과실이 있다고 할 것이다.」(대판 2008. 10. 23, 2008다45057; 대판 2016. 8. 24, 2016다220679)

2) 효 과 위의 요건이 갖추어지면 점유자는 곧바로 부동산의 소유권을 취득한다. 목적부동산에 관하여 이미 소유자로 등기가 되어 있기 때문에 등기를 해야 하는 문제도 생기지 않는다. 그리고 등기부 취득시효가 완성되어 소유권을 취득한 뒤에는 그 부동산에 관한 점유자 명의의 등기가 말소되거나 적법한 원인 없이 다른 사람 앞으로 소유권이전등기가 되더라도 점유자가 취득시효로 취득한 소유권을 상실하는 것은 아니며(대판 2001. 1. 16, 98다20110. [52]도 참조), 따라서 그때에 점유자는

시효취득한 소유권에 기하여 현재의 등기명의자를 상대로 방해배제청구를 할 수 있을 뿐이고, 등기부 취득시효의 완성을 이유로 현재의 등기명의자를 상대로 소유권이전등기를 청구할 수는 없다(대판 1999. 12. 10, 99다25785). 한편 대법원은 구체적인 사안에서, 선등기명의자의 소유권이전등기가 원인무효라고 하더라도 그 이후의 최종 등기명의자가 등기부 시효취득의 항변을 제출하여 법원에서 그것이 받아들여진 경우에 그 전의 등기명의자들이 최종 등기명의자의 시효취득 사실을 원용하여 원소유자의 소유권 상실을 주장하고 있다면 원소유자의 소유권에 기한 등기말소청구는 배척될 수밖에 없다고 한 바 있다(대판 1995. 3. 3, 94다7348). 그런가 하면 무권리자로부터 부동산을 매수한 제 3 자나 그 후행 등기 명의인이 등기부 취득시효의 요건을 갖추면 제245조 제 2 항에 따라 바로 그 부동산에 대한 소유권을 취득하고, 이때 원소유자는 소급하여 소유권을 상실함으로써 손해를 입게 되는데, 이는 제245조 제 2 항에 따른 물권변동의 효과일 뿐 무권리자와 제 3 자가 체결한 매매계약의 효력과는 직접 관계가 없으므로, 무권리자가 제 3 자와의 매매계약에 따라 대금을 받음으로써 이익을 얻었다고 하더라도 이로 인하여 원소유자에게 손해를 가한 것이라고 볼 수 없다고 한다(대판 2022. 12. 29, 2019다272275). 그리하여 무권리자가 받은 대금이 원소유자에 대한 부당이득이 아니라고 한다.

이 소유권취득이 원시취득이고 소급효가 있다는 점은 점유 취득시효에 있어서와 같다.

[123]

4. 동산소유권의 취득시효

10년간 소유의 의사로 평온 · 공연하게 동산을 점유한 자는 그 소유권을 취득한다(246조 1항). 그리고 위의 점유가 선의이며 과실 없이 개시된 경우에는 5년이 경과한 때에 그 소유권을 취득한다(246조 2항). 여기의 소유권취득의 효과도 점유를 개시한 때에 소급한다(247조 1항).

5. 소유권 이외의 재산권의 취득시효

부동산 · 동산소유권의 취득시효에 관한 규정(245조 내지 247조)은 소유권 이외의 재산권의 취득시효에 준용된다(248조).

6. 취득시효의 중단 · 정지와 취득시효 이익의 포기 [124]

(1) 취득시효의 중단

소멸시효의 중단에 관한 규정은 취득시효에 준용된다(247조 2항 · 248조). 소멸시효의 중단에 관하여는 「민법총칙」 책에서 자세히 설명하였다(민법총칙 [278] 이하 참조). 한편 민법에는 규정이 없지만 점유자가 점유를 상실하면 당연히 취득시효가 중단된다(같은 취지: 이영준, 515면). 이를 자연중단이라고 한다. 만약 점유자가 타인에 의하여 점유를 침탈당한 때에는 점유물반환청구권을 행사하여 중단을 막을 수 있다. 그런데 그 청구권은 침탈을 당한 날부터 1년 이내에 행사하여야 한다(204조 3항).

〈판 례〉

(ㄱ) 「국가나 지방자치단체가 국, 공유 토지의 점유자에 대하여 그 사용료를 부과 고지하는 것만으로는 바로 점유자의 점유 취득시효가 중단된다고 할 수 없다.」(대판 1995. 11. 7, 95다33948)

(ㄴ) 「점유로 인한 부동산소유권의 취득에 있어 그 취득시효의 중단사유는 종래의 점유상태의 계속을 파괴하는 것으로 인정될 수 있는 사유라야 할 것인바, 취득시효 기간의 완성 전에 그 부동산등기부상의 소유명의가 변경되었다 하더라도 이로써 종래의 점유상태의 계속이 파괴되었다고는 할 수 없으므로 이는 취득시효의 중단사유가 될 수 없다.」(대판 1993. 5. 25, 92다52764 · 52771. 같은 취지: 대판 1997. 4. 25, 97다6186 등)

(ㄷ) 「취득시효의 중단사유가 되는 재판상 청구에는 시효취득의 대상인 목적물의 인도 내지는 소유권 존부 확인이나 소유권에 관한 등기청구소송은 말할 것도 없고, 소유권 침해의 경우에 그 소유권을 기초로 하는 방해배제 및 손해배상 혹은 부당이득반환청구 소송도 이에 포함」된다(대판 1997. 4. 25, 96다46484).

(ㄹ) 「권리자가 시효를 주장하는 자로부터 제소당하여 직접 응소행위로서 상대방의 청구를 적극적으로 다투면서 자신의 권리를 주장하여 그것이 받아들여진 경우에는 민법 제247조 제 2 항에 의하여 취득시효기간에 준용되는 민법 제168조 제 1 호, 제170조 제 1 항에서 시효중단사유의 하나로 규정하고 있는 재판상의 청구에 포함되는 것으로 해석함이 상당하다 할 것이나(당원 1993. 12. 21. 선고 92다47861 전원합의체 판결 참조), 이 사건과 같이 점유자가 소유자를 상대로 소유권이전등기 청구소송을 제기하면서 그 청구원인으로 '취득시효 완성'이 아닌 '매매'를 주장함에 대하여, 소유자가 이에 응소하여 원고 청구기각의 판결을 구하면서 원고의 주장 사실을 부인하는 경우에는, 이는 원고 주장의 매매 사실을 부인하여 원고에게 그 매매로 인한 소유권이전등기 청구권이 없음을 주장함에 불과한 것이고 소유자가 자신의 소유권을 적극적으로 주장한 것이라 볼 수 없으므로 시효중단사유의 하나인 재판상의 청구에 해당한다고 할 수 없다.」(대판 1997. 12. 12, 97다

30288. 전단에 관하여 같은 취지의 판결: 대판 1996. 9. 24, 96다11334; 대판 2003. 6. 13, 2003다17927 · 17934)

(ㅁ) 공유자의 한 사람이 공유물의 보존행위로서 제소한 경우라도, 동 제소로 인한 시효중단의 효력은 재판상의 청구를 한 그 공유자에 한하여 발생하고, 다른 공유자에게는 미치지 아니한다(대판 1979. 6. 26, 79다639).

(ㅂ) 「민법 제168조 제 2 호에서 정하는 '압류 또는 가압류'는 금전채권의 강제집행을 위한 수단이거나 그 보전수단에 불과하여 취득시효기간의 완성 전에 부동산에 압류 또는 가압류 조치가 이루어졌다고 하더라도 이로써 종래의 점유상태의 계속이 파괴되었다고는 할 수 없으므로 이는 취득시효의 중단사유가 될 수 없다.」(대판 2019. 4. 3, 2018다296878)

(ㅅ) 「민법 제169조가 규정한 시효의 중단은 당사자 및 그 승계인에만 효력이 있다고 하는 것은, 승계인이 중단 당시의 당사자의 점유기간을 승계하여 시효취득을 주장할 수 없다는 것을 의미할 뿐이지, 승계인 자신의 점유에 터 잡은 독자적인 시효취득을 방해하는 것은 아니」다(대판 1998. 6. 12, 96다26961).

(ㅇ) 민법 제176조에 의하면 가처분은 시효의 이익을 받은 자에 대하여 하지 아니한 때에는 이를 그에게 통지한 후가 아니면 시효중단의 효력이 없다고 되어 있어 직접점유자를 상대로 점유이전금지 가처분을 한 뜻을 간접점유자에게 통지한 바가 없다면 가처분은 간접점유자에 대하여 시효중단의 효력을 발생할 수 없다(대판 1992. 10. 27, 91다41064 · 41071).

[125] (2) 취득시효의 정지

민법은 소멸시효의 중단에 관한 규정과 달리 정지에 관한 규정은 취득시효에 준용한다는 규정을 두고 있지 않다. 그럼에도 불구하고 통설은 이를 배척할 이유가 없다고 하면서 취득시효에 유추적용할 것이라고 한다. 그러나 취득시효의 정지에 관하여 규정을 두지 않은 것은 입법자의 의사에 기초한 것으로 보인다(「민법안심의록」(상), 180면 참조). 따라서 입법자의 의사에 반하는 유추적용은 하지 않아야 한다(같은 취지: 주해(5), 415면(윤진수)).

(3) 취득시효 이익의 포기

민법은 취득시효 이익의 포기에 관한 규정을 두고 있지 않다. 그러나 취득시효의 이익은 이론상 당연히 포기할 수 있다. 다만, 취득시효가 완성하기 전에는 포기할 수 없다고 새기는 것이 좋을 것이다(184조 1항의 유추해석. 이설 없음). 판례도 취득시효 완성 후의 포기를 인정한다(대판 1998. 3.10, 97다53304; 대판 1998. 5. 22, 96다24101 등).

〈판 례〉

(ㄱ) 취득시효의 이익을 포기하였다고 판단한 예

(1) 토지에 관한 취득시효 완성 후에 토지를 실측하여 경계선을 확정하고 쌍방의 공동부담으로 부로크 담을 축조하기로 합의한 경우(대판 1961. 12. 21, 4293민상297).

(2) 소송계속 중 원고가 그 토지에 대한 피고의 소유를 인정하여 피고와 합의하여 위 소송을 취하한 경우(대판 1973. 9. 29, 73다762).

(3) 피고가 원고 소유의 계쟁토지에 대한 취득시효 완성 후 원고가 점유하던 피고 소유의 토지와 계쟁토지를 서로 교환하기로 약정하여 그 등기까지 마쳤다면 그 후 피고의 요청에 따라 위 교환계약을 합의해제하여 각 그 등기를 말소하였더라도 피고가 위 교환계약으로 그 시효이익을 포기하였다고 본 사례(대판 1991. 8. 13, 91다16976 · 16983).

(4) 국유 잡종지 점유자의 취득시효기간이 만료된 후 점유자와 대한민국이 위 토지에 관하여, 점유자는 위 토지에 관한 연고권을 주장하지 아니한다는 내용을 추가한 국유재산 대부계약을 체결하였고, 점유자가 위 대부료와 대부계약 전까지 토지를 권원 없이 점용한 데에 대한 변상금을 납부하였다면 점유자는 위와 같은 내용의 대부계약을 체결하는 방법으로 그 시효완성 이후에 취득시효 완성의 이익을 포기하는 적극적인 의사표시를 한 것으로 봄이 상당하다(대판 1993. 8. 27, 93다21330).

(5) 「국유재산을 점유하여 취득시효가 완성된 후 국가와 국유재산 대부계약을 체결하고 대부료를 납부한 사실만으로는 취득시효 완성의 이익을 포기하는 적극적인 의사표시를 한 것으로 보기 어려우나, 그러한 대부계약이 아무런 하자 없이 여러 차례에 걸쳐 체결되었다거나 단순히 대부계약의 체결에 그치지 않고 그 계약 전에 밀린 점용료를 변상금이란 명목으로 납부하는 데까지 나아갔다면 그러한 대부계약 체결이나 변상금 납부는 국가의 소유권을 인정하고 취득시효 완성의 이익을 포기한다는 적극적인 의사표시를 한 것으로 봄이 상당하다.」(대판 1994. 11. 22, 94다32511. 같은 취지의 판결도 다수 있음)

(6) 국유 잡종지의 점유자가 취득시효기간이 만료된 이후 그 부동산이 국가의 소유임을 인정함과 아울러 이를 권원 없이 무단으로 점유 · 사용하고 있음을 시인하고 관련 법규에 의하여 국가로부터 이에 대한 매수 또는 대부계약 및 변상금납부 기한유예를 받으려는 의사표시를 하였다면, 이는 단순한 매수 또는 대부계약 체결 제의와는 달리 점유자가 그 취득시효의 완성사실을 알면서 점유부동산이 국가의 소유임을 승인하고 시효완성의 이익을 받지 않겠다는 적극적인 의사를 분명히 표시한 것으로 봄이 상당하다(대판 1995. 4. 14, 95다3756).

(7) 취득시효 완성 후 관할관청에 무단점유로 인한 변상금을 이의 없이 납부하고 국유재산 대부계약을 체결한 경우, 시효이익을 포기하였다고 본 사례(대판 1995. 9. 29, 94다60301).

(8) 취득시효기간 만료 후 국가에 대하여 무단점유 사실을 확인하면서 당해 토지에 관하여 어떠한 권리도 주장하지 아니한다는 내용의 각서를 작성 · 교부하였고, 국가와 사이에 당해 토지를 대부하되 대부기간이 만료되거나 계약이 해지될 경우 지정한

기간 내에 원상으로 회복하여 반환하고 당해 토지에 관한 연고권을 주장할 수 없다는 내용의 국유재산 대부계약을 체결하였으며, 당해 토지를 권원 없이 점용한 데 대한 변상금 및 대부계약에 따른 대부료를 납부한 경우, 점유자는 취득시효완성의 이익을 포기하는 적극적인 의사표시를 하였다고 본 사례(대판 1998. 5. 22, 96다24101).

(ㄴ) 취득시효의 이익을 포기하지 않은 것으로 판단한 예

(1) 「점유자가 취득시효기간이 경과한 후에 상대방에게 토지의 매수제의를 한 일이 있다 하더라도 일반적으로 점유자는 취득시효가 완성한 후에도 소유권자와의 분쟁을 간편히 해결하기 위하여 매수를 시도하는 사례가 허다함에 비추어 이와 같은 매수제의를 하였다는 사실을 가지고 점유자가 시효의 이익을 포기한다는 의사표시로 보거나 악의의 점유로 간주된다고 할 수도 없다.」(대판 1986. 2. 25, 85다카771. 같은 취지의 판결도 다수 있음)

(2) 「취득시효 완성 후에 매도하여 줄 것을 요청한 바 있으나, 매수대금에 대한 견해차로 매수교섭이 결렬된 바 있다는 사실만으로 시효이익을 포기하였다고 볼 수 없다.」(대판 1991. 2. 22, 90다12977)

(3) 점유자가 취득시효기간 완성 후 계쟁토지에 대한 점유사실이나 토지의 존재 사실조차 모른 채 다른 토지들을 매매하는 기회에 계쟁토지에 대한 점유까지 이전하여 주었다면 취득시효 완성으로 인한 소유권이전등기 청구권의 행사를 포기하였다고 볼 수 없다고 한 사례(대판 1992. 11. 13, 92다14083).

(4) 20년간 소유의 의사로 평온 · 공연하게 군 소유의 임야를 점유한 자가 그 후 군과 사이에 임야에 관하여 대부계약을 체결하였다 하더라도 달리 적극적인 의사표시를 하지 않은 이상 취득시효 완성의 이익을 포기한 것으로 보기 어렵다고 한 사례(대판 1992. 12. 22, 92다46097).

(5) 점유자가 1965. 1. 1.부터 자주점유를 개시하였고 그 20년 경과 후 국가와의 사이에 점유토지에 관하여 대부계약을 체결하고 소정의 대부료를 지급하였다 하더라도, 점유자가 달리 시효완성에 따른 등기청구권을 포기하겠다는 등의 적극적인 의사표시를 하지 않았다면 위와 같은 사실만으로는 위 토지에 대한 점유자의 점유가 타주점유로 전환되었거나 점유자가 그 시효이익을 포기하였다고 볼 수 없다(대판 1993. 11. 26, 93다30013).

(6) 토지에 대한 취득시효기간이 완성된 이후 점유자가 그 대지상의 건물을 도시계획 시행청에게 매도하고 계속 그 건물에서 거주하다가 도로공사의 시행이 임박하여 건물을 비워달라는 시행청의 요구를 받고서야 위 토지에 대한 점유까지 이전하여 줌으로써 점유를 상실하였다면, 점유자가 위 토지에 대한 시효이익을 포기한 것이라고 볼 수는 없다(대판 1995. 2. 24, 94다18195).

(7) 국유재산의 무단점유자가 동사무소 직원의 요청에 따라 도장을 건네줌으로써 그 직원이 변상금 납부기한 유예신청서 등에 인장을 날인한 경우, 그러한 사실만 가지고 그 점유자가 국가에게 그 국유재산에 관하여 취득시효 완성 사실을 알고 그에 따른 소유권이전등기 청구권을 포기하겠다는 등의 적극적인 의사표시를 한 것으로

볼 수 없다고 한 사례(대판 1995. 12. 8, 94다16356).

(8) 점유자의 취득시효 완성 후 소유자가 토지에 대한 권리를 주장하는 소를 제기하여 승소판결을 받은 사실이 있다고 하더라도 그 판결에 의하여 시효중단의 효력이 발생할 여지는 없고, 점유자가 그 소송에서 그 토지에 대한 시효취득을 주장하지 않았다고 하여 시효이익을 포기한 것이라고도 볼 수 없다(대판 1996. 10. 29, 96다23573 · 23580).

(ㄷ) 취득시효 주장이 신의칙 위반이라고 판단한 예

(1) 「시효완성 후에 그 사실을 모르고 이 사건 토지에 관하여 어떠한 권리도 주장하지 않기로 하였다 하더라도 이에 반하여 시효주장을 하는 것은 특별한 사정이 없는 한 신의칙상 허용되지 않는다.」(대판 1998. 5. 22, 96다24101)

(2) 이미 소유권보존등기가 마쳐진 토지에 중복하여 소유권보존등기를 한 국가가 그 토지를 철도부지 등으로 관리 · 점유하여 점유취득시효가 완성되었음에도, 그 토지가 철도복선화사업의 부지로 편입되자 보상협의를 요청하는 등 취득시효를 원용하지 않을 것 같은 태도를 보여 선등기의 이전등기 명의자에게 그와 같이 신뢰하게 하고도, 그 등기명의자가 보상협의를 받아들이지 않고 후등기의 말소청구를 하자 반소로 점유 취득시효 완성을 원인으로 하여 소유권이전등기 청구를 한 사안에서, 그 반소청구가 신의칙에 반하여 권리남용으로 허용되지 않는다고 볼 여지가 있다고 한 사례(대판 2009. 6. 25, 2009다16186 · 16193).

Ⅲ. 선점 · 습득 · 발견 [126]

1. 무주물의 선점

무주(無主)의 동산을 소유의 의사로 점유한 자는 그 소유권을 취득한다(252조). 이것을 무주물의 선점이라고 한다. 무주물선점의 법적 성질은 사실행위(혼합 사실행위)이다.

(1) 요 건

1) 무주물이어야 한다. 야생동물(252조 3항), 바닷속의 물고기가 그 예이다. 야생동물이라도 사육하는 것은 그 자의 소유에 속하나, 다시 야생상태로 돌아가면 무주물로 된다(252조 3항). 광업법의 적용을 받는 미채굴의 광물은 선점의 대상이 되지 않는다(광업법 2조 · 7조).

2) 동산이어야 한다. 무주의 부동산(부동산에 등기부상 소유자가 존재하는 등 그 부동산의 소유자가 따로 있음을 알 수 있는 경우에는 비록 그 소유자가 행방불명되어 생사 여부를 알 수 없다 하더라도 그 부동산이 바로 무주부동산에 해당하는 것은 아니다. 대판 2008. 10. 23, 2008다45057)은 국유이어서(252조 2항) 선점의 대상이

아니다.

3) 소유의 의사로 점유하여야 한다(252조 1항). 점유는 점유보조자나 점유매개자를 통하여서도 할 수 있다.

(2) 효 과

위의 요건이 갖추어지면 점유자가 그 소유권을 취득한다(252조 1항). 그러나 학술·기예 또는 고고(考古)의 중요한 재료가 되는 물건에 관하여는 선점이 인정되지 않으며 국유가 된다(255조 1항). 이 경우에 선점자가 국가에 대하여 적당한 보상(報償)을 청구할 수 있는가에 관하여, 민법은 습득자·발견자에 대하여와 달리 명문의 규정을 두고 있지 않으나(255조 2항 참조), 통설은 그 규정을 유추적용하여 보상청구권을 인정한다(곽윤직, 195면 등).

2. 유실물의 습득

유실물은 법률(유실물법)에 정한 바에 의하여 공고한 후 6개월 내에 그 소유자가 권리를 주장하지 않으면 습득자가 그 소유권을 취득한다(253조). 이것을 유실물의 습득이라고 한다. 유실물습득의 법적 성질은 무주물선점과 마찬가지로 사실행위(혼합 사실행위)이다.

(1) 요 건

1) 유실물 또는 그에 준하는 물건(유실물법 11조·12조는 일정한 물건에 253조를 준용한다)이어야 한다. 유실물은 점유자의 의사에 의하지 않고서 그의 점유를 이탈한 물건으로서 도품이 아닌 것을 말한다. 표류물과 침몰품에 관하여는 「수상에서의 수색·구조 등에 관한 법률」이 따로 규율하고 있다(같은 법 35조 3항·37조).

2) 습득하였어야 한다. 습득은 유실물의 점유를 취득하는 것이다. 점유를 취득하지 않고 단순히 발견만 한 것은 습득이 아니다. 그리고 무주물선점과 달리 습득을 위하여 소유의 의사가 필요하지는 않다. 또한 습득자가 유실물임을 알고 있을 필요도 없으며, 객관적으로 유실물이면 충분하다.

3) 법률 즉 유실물법에 정한 바에 의하여 공고한 후 6개월 내에 그 소유자가 권리를 주장하지 않아야 한다.

(2) 효 과

1) 위의 요건이 갖추어지면 습득자가 그 소유권을 취득한다(253조). 그러나 여

기에 대하여는 유실물법이 예외를 규정하고 있다. 우선 습득자가 습득일부터 7일 이내에 습득물을 경찰서(또는 제주특별자치도의 자치경찰단 사무소)에 제출하지 않으면 습득물의 소유권을 취득할 권리를 상실한다(유실물법 9조). 그리고 습득자가 유실물의 소유권을 취득한 날부터 3개월 이내에 그 물건을 경찰서 또는 자치경찰단으로부터 받아가지 않을 때에는 그 소유권을 상실한다(유실물법 14조).

2) 유실물의 소유자 기타의 권리자가 나타난 경우에는 유실물은 그 자에게 반환되어야 하고, 습득자는 소유권을 취득하지 못한다. 이때 습득자와 반환받는 자 사이에는 사무관리가 성립한다. 다만, 보통의 사무관리에서와 달리 유실물법상 반환받는 자는 습득자에게 유실물 가액의 100분의 5 내지 100분의 20의 범위 내에서 보상금을 지급하여야 한다(같은 법 4조. 같은 법 9조의 보상청구권 상실도 참조). 이 보상금은, 습득자가 유실물을 관리자가 있는 선박 · 차량이나 건축물 기타 공중의 통행을 금지한 구내에서 습득한 경우에는 선박 등의 점유자(법적 습득자)와 실제의 습득자(사실상의 습득자)가 반씩 나눈다(유실물법 10조 1항-3항).

〈관리자가 있는 선박 등에서 습득한 물건의 소유권을 습득자가 취득하는 경우〉

습득자가 유실물을 관리자가 있는 선박 등에서 습득하여 민법 제253조에 따라 소유권을 취득하는 경우에는, 선박 등의 점유자와 실제의 습득자가 반씩 나누어 그 소유권을 취득한다(유실물법 10조 4항 1문). 그리고 이 경우 습득물은 선박 등의 점유자에게 인도한다(유실물법 10조 4항 2문).

습득자의 이 보상금청구권은 습득자가 습득일부터 7일 이내에 습득물을 유실자 · 소유자 등에게 반환하지도 않고 또 경찰서(또는 제주특별자치도의 자치경찰단 사무소)에 제출하지 않으면 소멸한다(유실물법 9조).

구체적인 보상금액은 유실물법의 규정상 — 100분의 5 내지 100분의 20의 범위에서 — 유실자가 자유롭게 정할 수 있다고 하겠으나, 당사자 사이에 다툼이 생기면 법원이 결정하게 된다. 보상금 산정의 기준이 되는 유실물의 가격은 반환받을 당시의 것이라고 하여야 한다. 한편 유실물이 어음 · 수표 등인 경우에는 액면가격을 기준으로 할 것이 아니고, 어음 · 수표 등이 제 3 자의 수중에 들어갔을 때 유실자가 받게 될 불이익을 기준으로 하여 가격을 결정하여야 한다(곽윤직, 197면).

습득물의 보관비 · 공고비, 그 밖에 필요한 비용은 유실물을 유실자 · 소유자 등이 반환받는 경우에는 반환받는 자가, 습득자가 유실물의 소유권을 취득하는 경우에는 소유권을 취득하여 인도받는 자가 부담하되, 경찰서장은 필요비채권의 지급확보를 위하여 유치권을 행사할 수 있다(유실물법 3조).

3) 유실물이 학술 · 기예 · 고고의 중요한 재료가 되는 물건인 때에는 습득자가 소유권을 취득하지 못하고 국유가 되며(255조 1항), 그때 습득자는 국가에 대하여 적당한 보상을 청구할 수 있다(255조 2항).

[127] 3. 매장물의 발견

매장물은 법률(유실물법)에 정한 바에 의하여 공고한 후 1년 내에 그 소유자가 권리를 주장하지 않으면 발견자가 그 소유권을 취득한다(254조). 이것을 매장물의 발견이라고 한다. 매장물발견의 법적 성질은 사실행위(순수 사실행위)이다.

(1) 요 건

1) 매장물이어야 한다. 매장물은 토지 기타의 물건(포장물)에 묻혀 외부에서 쉽게 발견할 수 없는 상태에 있고 현재 누구의 소유인지도 분명하지 않은 물건이다. 그것은 보통 동산이나, 건물과 같은 부동산일 수도 있다(통설임. 반대: 이은영, 493면). 포장물은 토지인 경우가 많으나, 건물이나 동산일 수도 있다. 가령 옛날의 의복 속에 포장되어 있는 물건은 포장물이 동산인 매장물의 예이다.

매장문화재도 매장물이나, 그에 대하여는 특별규정이 있다(「매장문화재 보호 및 조사에 관한 법률」 17조 이하. 소유자가 없으면 국가에 귀속함).

2) 발견하였어야 한다. 발견은 매장물의 존재를 인식하는 것이며, 점유를 요하지 않는다. 그리고 발견이 우연이었는가 계획적이었는가는 묻지 않는다(통설임).

어떤 자가 타인을 고용하여 토지를 파던 중 매장물이 발견된 경우에는 그 타인의 사용목적에 따라 발견자가 달라지게 된다. 만약 타인이 매장물의 발굴을 위하여 고용되었으면 고용주(사용자)가 발견자로 되나, 다른 목적으로 고용되었다면 그 타인(피용자)이 발견자로 된다. 도급계약에 기하여 수급인이 작업을 하던 중에 매장물이 발견된 경우에도, 이와 마찬가지로, 그 도급계약이 매장물의 발견을 위한 것이라면 도급인이 발견자로 되나, 건축과 같은 다른 목적을 위한 것이라면 수급인이 발견자로 된다.

3) 법률 즉 유실물법에 정한 바에 의하여 공고한 후 1년 내에 그 소유자가 권리를 주장하지 않아야 한다.

(2) 효 과

위의 요건이 갖추어지면 발견자가 매장물의 소유권을 취득한다(254조 본문). 그러나 포장물이 타인의 물건인 때에는 발견자와 포장물 소유자가 절반하여 소유권을 취득한다(254조 단서). 보상금은 유실물에서와 같다(유실물법 13조). 포장물 소유자와 매장물 발견자가 다를 경우에는 양자가 보상금을 반씩 나눌 수 있다고 하여야 한다(같은 취지: 주해(5), 489면(권오곤). 반대: 이영준, 501면. 「매장문화재 보호 및 조사에 관한 법률」 21조도 참조).

매장물이 학술 · 기예 · 고고의 중요한 재료가 되는 물건인 때에는 국유로 되며(255조 1항), 그때 발견자 및 포장물 소유자는 국가에 대하여 적당한 보상을 청구할 수 있다(255조 2항. 유실물법 13조 2항, 「매장문화재 보호 및 조사에 관한 법률」 21조도 참조).

Ⅳ. 첨부(添附) [128]

1. 서 설

(1) 의 의

첨부는 어떤 물건에 다른 물건이나(부합 · 혼화의 경우) 또는 노력이(가공의 경우) 결합하여 사회관념상 분리할 수 없는 경우를 말한다. 첨부의 경우에는 복구가 허용되지 않고 하나의 물건으로 다루어진다. 이 경우에 원상복구를 허용하는 것은 사회경제적으로 바람직하지 않기 때문이다.

첨부에는 부합 · 혼화 · 가공의 세 가지가 있다.

(2) 첨부의 일반적 효과

1) 첨부에 의하여 생기는 물건은 1개의 물건으로서 존속하고 복구는 허용되지 않는다. 그런데 구체적인 요건은 개별적으로 살펴보아야 한다.

2) 첨부에 의하여 생긴 새 물건에 대하여는 새로이 소유자가 정해진다. 누가 소유자가 되는지는 개별적으로 살펴보아야 한다. 그리고 새로이 소유자가 정해지는 만큼 구물건의 소유권은 소멸한다.

3) 첨부에 의하여 구물건(동산)의 소유권이 소멸한 때에는 구물건을 목적으로 하는 제 3 자의 권리도 소멸한다(260조 1항). 그러나 구물건의 소유자가 새로운 물건의 단독소유자가 된 때에는 제 3 자의 권리는 새 물건에 존속하고, 구물건의 소

유자가 공유자가 된 때에는 제 3 자의 권리는 그 공유지분 위에 존속한다(260조 2항).

4) 첨부로 인하여 손해를 입은 자, 가령 소유권이 소멸한 구물건의 소유자 또는 그 물건 위에 권리를 가지고 있었던 제 3 자(다만 담보물권자는 물상대위 규정에 의하여 보호받으므로 제외된다)는 부당이득에 관한 규정에 의하여 보상(補償)을 청구할 수 있다(261조). 그런데 이러한 보상청구가 인정되기 위해서는 제261조 자체의 요건뿐만 아니라 부당이득 법리에 따른 판단에 의하여 부당이득의 요건이 모두 충족되었다고 인정되어야 한다(대판 2018. 3. 15, 2017다282391; 대판 2023. 4. 27, 2022다304189).

〈판 례〉

(ㄱ) 「건물 신축의 공사가 진행되다가 독립한 부동산인 건물로서의 요건을 아직 갖추지 못한 단계에서 중지된 것을 제 3 자가 이어받아 공사를 계속 진행함으로써 별개의 부동산인 건물로 성립되어 그 소유권을 원시취득한 경우에 그로써 애초의 신축 중 건물에 대한 소유권을 상실한 사람은 민법 제261조, 제257조, 제259조를 준용하여 건물의 원시취득자에 대하여 부당이득 관련 규정에 기하여 그 소유권의 상실에 관한 보상을 청구할 수 있다.」(대판 2010. 2. 25, 2009다83933)

(ㄴ) 「매도인에게 소유권이 유보된 자재가 제 3 자와 매수인 사이에 이루어진 도급계약의 이행으로 제 3 자 소유 건물의 건축에 사용되어 부합된 경우 보상청구를 거부할 법률상 원인이 있다고 할 수 없지만, 제 3 자가 도급계약에 의하여 제공된 자재의 소유권이 유보된 사실에 관하여 과실 없이 알지 못한 경우라면 선의취득의 경우와 마찬가지로 제 3 자가 그 자재의 귀속으로 인한 이익을 보유할 수 있는 법률상 원인이 있다고 봄이 상당하므로, 매도인으로서는 그에 관한 보상청구를 할 수 없다(대법원 2009. 9. 24. 선고 2009다15602 판결 등 참조).

이러한 법리는 매도인에게 소유권이 유보된 자재가 본인에게 효력이 없는 계약에 기초하여 매도인으로부터 무권대리인에게 이전되고, 무권대리인과 본인 사이에 이루어진 도급계약의 이행으로 본인 소유 건물의 건축에 사용되어 부합된 경우에도 마찬가지로 적용된다.」(대판 2018. 3. 15, 2017다282391)

(ㄷ) 「양도담보권의 목적인 주된 동산에 다른 동산이 부합되어 부합된 동산에 관한 권리자가 그 권리를 상실하는 손해를 입은 경우 주된 동산이 담보물로서 가치가 증가된 데 따른 실질적 이익은 주된 동산에 관한 양도담보권설정자에게 귀속되는 것이므로, 이 경우 부합으로 인하여 그 권리를 상실하는 자는 그 양도담보권설정자를 상대로 민법 제261조의 규정에 따라 보상을 청구할 수 있을 뿐 양도담보권자를 상대로 그와 같은 보상을 청구할 수는 없다.」(대판 2016. 4. 28, 2012다19659)

(3) 첨부 규정의 법적 성격

첨부에 관한 민법규정이 강행규정인지 문제된다. i) 통설은 위 (2)의 1), 3)에 관한 규정은 강행규정이나, 2), 4)에 관한 규정은 임의규정이라고 한다(곽윤직, 199면; 김용한, 302면; 이영준, 543면 등). 그에 비하여 ii) 소수설은 모두가 강행규정이되, 당사자가 권리포기 약정을 하고 공시방법을 갖춘 때에는 그에 따라도 무방할 것이라고 한다(이은영, 495면). 생각건대 첨부에 관한 규정 가운데 배타적 효력이 있는 물권의 성립과 귀속에 관한 것은 당연히 강행규정이라고 하여야 한다. 다만, 가공에 관한 제259조는 임의규정이라고 할 것이다. 그것은 제 3 자에 영향을 미치지 않기 때문이다. 통설은 소유권 귀속에 관한 규정을 모두 임의규정이라고 하나, 소유권 귀속 여부에 의하여 제 3 자의 권리의 소멸 여부가 직접 영향을 받으므로 그렇게 새겨서는 안 된다. 그리고 제 3 자의 권리가 있는 한 권리포기도 자유롭게 인정될 수는 없다. 결국 가공물의 소유권 귀속에 관한 규정과 보상에 관한 규정만 임의규정이라고 할 것이다.

2. 부합(附合) [129]

(1) 의 의

부합은 소유자를 달리하는 여러 개의 물건이 결합하여 1개의 물건으로 되는 것이다. 민법은 이러한 부합을 부동산에의 부합(256조)과 동산 사이의 부합(257조)으로 나누어 규정하고 있다.

(2) 부동산에의 부합

부동산에 다른 물건이 부합하는 경우이다.

1) 요 건

㈎ 부합되는 물건(부합의 모체)은 부동산이어야 한다. 토지 · 건물 어느 것이든 상관없다. 그런데 부합하는 물건(부합물)이 동산에 한정되는가에 대하여는 다툼이 있다. 학설은 i) 동산에 한정된다는 견해(김용한, 304면; 이영준, 544면)와 ii) 부동산도 포함된다는 견해(고상룡, 342면; 김상용, 379면; 이상태, 263면; 주해(5), 494면(권오곤))로 나뉘어 있고, 판례는 ii)설과 같다(대판 1962. 1. 13, 4294민상445). 생각건대 건물과 같은 토지와는 별개의 부동산은 토지에 부합할 수 없다. 그러나 돌담 · 다리 · 도로포장과 같이 별개의 부동산으로 되지 않는 토지의 정착물은 부동산인데 토지에 부합되었다고 보아야 할 것이다(주해(5), 495면(권오곤)은 이를 「강한 부합」이라고 한다). 민

법도 이를 의식하여 「물건」이라고 표현한 것으로 이해된다. 결국 ii)설 및 판례가 타당하다.

(나) 부착·합체가 일정한 정도에 이르러야 한다. 그 정도는, 동산 사이의 부합(257조)에서와 마찬가지로, 부합되는 부동산이나 부합하는 동산을 훼손하지 않으면 분리할 수 없거나 분리에 과다한 비용이 필요하여야 한다(같은 취지: 곽윤직, 201면; 김상용, 379면; 이영준, 545면; 이은영, 497면. 그러나 고상룡, 343면; 김학동, 167면은 동산에서보다 완화되어 있다고 한다). 판례는, 건물에 다른 건물이 부합하는 경우에 부합이라고 볼 것인가에 대한 판단기준의 하나로, 과연 부속된 부분이 독립한 건물로서의 가치와 기능을 시인할 수 있는가 아니면 오로지 주건물에 부착되어 분리하여서는 독립된 건물로서의 가치가 없고 주건물의 사용편의에 제공될 뿐인가 하는 점을 들고 있다(대판 1991. 4. 12, 90다11967).

한편 부합의 원인은 인공적인 것이든 자연적인 것이든 무방하다(대판 1962. 1. 13, 4294민상445).

(다) 그 밖에 권원에 의하여 부속될 것을 요건으로 하지 않으며(256조 단서 참조), 반드시 그 부동산의 경제적 효용이나 가치 증대를 위한다는 의사를 필요로 하는 것도 아니다(대판 2009. 5. 14, 2008다49202).

2) 효 과

(가) **원 칙** 부합되는 부동산의 소유자는 원칙적으로 부합한 물건의 소유권을 취득한다(256조 본문). 부합하는 동산·부동산의 가격이 부합되는 부동산의 가격을 초과하여도 같다(같은 취지: 주해(5), 499면(권오곤). 이설: 이영준, 547면).

(나) **예 외** 부합한 물건이 타인의 권원에 의하여 부속된 때에는 부속시킨 물건은 그 타인의 소유로 된다(256조 단서). 여기서 말하는 권원은 지상권·전세권·임차권 등과 같이 타인의 부동산에 자기의 물건을 부속시켜 이용할 수 있는 권리를 가리킨다(통설·판례임. 대판 1989. 7. 11, 88다카9067; 대판 2018. 3. 15, 2015다69907). 따라서 그와 같은 권원이 없는 자가 토지소유자의 승낙을 받음이 없이 그 임차인의 승낙만을 받아 그 부동산 위에 나무를 심었다면 특별한 사정이 없는 한 토지소유자에 대하여 그 나무의 소유권을 주장할 수 없다(대판 1989. 7. 11, 88다카9067). 그리고 지상권을 설정한 토지소유자로부터 그 토지를 이용할 수 있는 권리를 취득하였다고 하더라도 지상권이 존속하는 한 이와 같은 권리는 원칙적으로 제256조 단서가 정한 「권원」에 해당하지 않는다(대판 2018. 3. 15, 2015다69907). 그런데 금융기관이 대출금 채권의 담보를 위하여 토지에 저당권과 함께 지료 없

는 지상권을 설정하면서 채무자 등의 사용 · 수익권을 배제하지 않은 경우, 그 지상권은 저당권이 실행될 때까지 제 3 자가 용익권을 취득하거나 목적 토지의 담보가치를 하락시키는 침해행위를 하는 것을 배제함으로써 저당 부동산의 담보가치를 확보하는 데에 그 목적이 있으므로(대판 2008. 1. 17, 2006다586), 토지소유자는 저당 부동산의 담보가치를 하락시킬 우려가 있는 등의 특별한 사정이 없는 한 그 토지를 사용 · 수익할 수 있다고 보아야 하며, 따라서 그러한 토지소유자로부터 그 토지를 사용 · 수익할 수 있는 권리를 취득하였다면 이러한 권리는 민법 제256조 단서가 정한 '권원'에 해당한다고 볼 수 있다(대판 2018. 3. 15, 2015다69907). 주의할 것은, 이 예외가 적용되려면 그 전제로서 부동산에 부합한 물건이 그 부동산과 일체를 이루는 부동산의 구성부분으로 되지 않고 독립성을 가져야 한다는 점이다(대판 1985. 12. 24, 84다카2428. 대판 2012. 1. 26, 2009다76546 (주유소 영업을 하는 임차인이 매설한 유류 저장조가 임차인 소유라고 한 사례)도 참조). 부동산의 구성부분으로 된 때에는 설사 권원을 가지고 있더라도 부합물은 부동산소유자의 소유에 속한다(대판 2008. 5. 8, 2007다36933 · 36940). 제256조 단서는 그러한 의미에서 「부속」이라고 표현한다(같은 취지: 이영준, 548면. 이상태, 264면은 부속은 부합과 다르다고 하나, 부속은 부합의 일부이다). 권원을 가지고 부합한 물건이 독립성을 갖지 못한 때에는, 부속시킨 자는 소유권은 갖지 못하고 비용상환청구권만 문제된다(310조 · 626조 등 참조). 그리고 독립성이 있어서 소유권을 가지는 경우에는, 부속물(지상물 포함)의 수거권 · 수거의무 및 매수청구권이 문제된다(283조 · 285조 · 316조 · 643조 · 644조 · 646조 · 647조 · 615조 · 654조 등 참조).

〈판 례〉

(ㄱ) 건물의 내부 벽에 붙인 은파석이나 그 내부 천정에 부착된 합판은 사회관념상 건물의 일부 구성부분을 이루고 있고 이들을 기존건물과 분리하여서는 경제상 독립물로서의 효용을 갖지 못한다고 볼 수밖에 없으므로 비록 이들을 건물의 임차인이 그 권원에 의하여 건물에 부속시킨 것이라 하더라도 이들은 위 부착과 동시에 건물에 부합되어 건물소유자의 소유에 귀속되었다 할 것이다(대판 1985. 4. 23, 84도1549).

(ㄴ) 「어떠한 동산이 민법 제256조에 의하여 부동산에 부합된 것으로 인정되기 위해서는 그 동산을 훼손하거나 과다한 비용을 지출하지 않고서는 분리할 수 없을 정도로 부착 · 합체되었는지 여부 및 그 물리적 구조, 용도와 기능면에서 기존 부동산과는 독립한 경제적 효용을 가지고 거래상 별개의 소유권의 객체가 될 수 있는지 여부 등을 종합하여 판단하여야 할 것이고(대법원 2003. 5. 16. 선고 2003다14959, 14966 판결 참조), 이러한 부동산에의 부합에 관한 법리는 건물의 증축의 경우(대법원 2002. 10. 25. 선고 2000다63110 판결 참조)는 물론 건물의 신축의 경우에도 그대로 적용될 수 있다.」(대판 2009. 9. 24, 2009다15602)

[130] **3) 특수문제**

(가) 건물의 증축 · 개축 건물을 증축 또는 개축한 경우에 그 증 · 개축부분은 원칙적으로 건물소유자의 소유에 속한다(256조 본문). 건물의 임차인 등이 임차한 건물에 그 권원에 기하여 증 · 개축을 하였더라도 증 · 개축한 부분이 기존 건물의 구성부분이 된 때에는, 증축된 부분에 별개의 소유권이 성립할 수 없고(대판 1981. 12. 8, 80다2821; 대판 1999. 7. 27, 99다14518) 비용상환청구권만 문제된다. 그리고 그러한 경우에 건물이 경매되면 경락인이 증축부분의 소유권을 취득한다(대판 1981. 11. 10, 80다2757 · 2758). 그에 비하여 권원에 기하여 증축된 부분이 구조상으로나 이용상으로 기존 건물과 구분되는 독립성이 있는 때에는, 구분소유권이 성립하여 증축된 부분은 독립한 소유권의 객체가 된다(대판 1999. 7. 27, 99다14518. 대판 1977. 5. 24, 76다464도 참조). 증축 당시에는 독립성이 없었지만 그 후 구조의 변경 등으로 독립성을 갖게 된 때에도 마찬가지로 보아야 한다(대판 1982. 1. 26, 81다519). 이와 같이 소유권을 가지는 경우에 수거권(수거의무) · 매수청구권이 문제됨은 앞에서 설명한 바와 같다. 증 · 개축부분이 독립성을 가지느냐 여부는 물리적 구조뿐만 아니라 용도와 기능면에서 독립성이 있는지, 그리고 증축하여 소유하는 자의 의사 등을 종합하여 판단하여야 한다(대판 1988. 2. 23, 87다카600; 대판 1994. 6. 10, 94다11606; 대판 1996. 6. 14, 94다53006. 그에 비하여 대판 1985. 11. 12, 85다카246; 대판 1989. 4. 11, 88다카8460 · 8477; 대판 1992. 10. 27, 92다33541은 소유자의 의사는 언급하지 않는다).

〈판 례〉

「건물이 증축된 경우에 증축부분의 기존 건물에 부합 여부는 증축부분이 기존 건물에 부착된 물리적 구조뿐만 아니라, 그 용도와 기능면에서 기존 건물과 독립한 경제적 효용을 가지고 거래상 별개의 소유권의 객체가 될 수 있는지 여부 및 증축하여 이를 소유하는 자의 의사 등을 종합하여 판단하여야 할 것이다.」(대판 1996. 6. 14, 94다53006)

(나) 농작물 · 수목 등의 부합 판례는 수목에 관하여는 제256조를 적용하여 권한 없이 타인의 토지에 심은 수목은 임야소유자에게 귀속하고(대판 1970. 11. 30, 68다1995; 대판 1989. 7. 11, 88다카9067; 대판 2021. 8. 19, 2020다266375. 대판 1971. 12. 28, 71다2313도 참조), 권원에 기하여 수목을 심은 경우에는 수목을 심은 자에게 그 소유권이 있다고 한다(대판 1990. 1. 23, 89다카21095; 대판 1991. 4. 12, 90다20220; 대판 1998. 4. 24, 97도3425(권원 없이 식재한 감나무에서 감을 수확한 것은 절도죄에 해당한다고 함)). 그런데 농작물에 관하여는 적법한 권원 없이 타인의 토지에서 경작하였더라도 경작한 입도의 소유권은 경작자에게 귀속한다고 한다(대판 1963. 2. 21, 62다913; 대판 1968. 3. 19, 67다2729; 대판 1979. 8. 28, 79다784 등). 농작물에 관한 이러한 판례에 대하여 학설은 i) 토지에의 부합을 인정하여야 한다는 견해(곽윤직, 202면; 김학동, 171면), ii) 부합을 인정하지 않는 판례를 지지하

는 견해(김상용, 381면; 이상태, 265면; 이영준, 549면; 이은영, 499면), iii) 무권원의 경작자가 선의인 경우에는 경작자에게 수거권을 인정하고, 부합이 된 경우에는 보상청구권을 선택적으로 행사할 수 있도록 하자는 견해(고상룡, 347면)로 나뉘어 있다. 「민법총칙」 책에서도 논의한 바와 같이(민법총칙 [388] 참조), 농작물에 관한 판례이론은 부합에 관한 제256조에 어긋날뿐더러 타당성도 없다. 그리고 iii)설은 근거가 없다. 결국 농작물의 경우에는 당연히 부합의 법리가 적용되어야 한다. 그 결과 씨앗을 뿌린 때에 농작물의 소유권은 토지소유자에게 속하게 되고, 경작자는 보상청구만 할 수 있게 된다(261조).

(3) 동산 사이의 부합

1) 요 건 동산과 동산이 부합하여 훼손하지 않으면 분리할 수 없거나 그 분리에 과다한 비용을 요하여야 한다(257조 1문).

2) 효 과 부합한 동산들 사이에 주종을 구별할 수 있는 때에는 합성물의 소유권은 주된 동산의 소유자에게 속하나(257조 1문), 주종을 구별할 수 없는 때에는 부합 당시의 가액의 비율로 합성물을 공유한다(257조 2문).

3. 혼화(混和) [131]

(1) 의 의

혼화는 동산과 동산이 서로 섞이는 것이다. 혼화에는 고체인 종류물(예: 곡물 · 금전)이 섞이는 혼합과 유동성 종류물(예: 술 · 기름)이 섞이는 융합의 두 가지가 있다. 혼화에는 동산 사이의 부합에 관한 규정이 준용된다(258조).

(2) 요 건

동산과 동산이 서로 섞여 원물을 식별할 수 없거나 원물의 분리에 과다한 비용이 들어야 한다.

(3) 효 과

동산 사이의 부합에서와 같다.

4. 가공(加工)

(1) 의 의

가공은 타인의 동산에 노력을 가하여 새로운 물건을 만드는 것이다.

(2) 효　과

가공한 물건의 소유권은 원칙적으로 원재료의 소유자에게 속한다(259조 1항 본문). 그러나 가공으로 인한 가액의 증가가 원재료의 가액보다 현저히 다액인 때에는 가공자의 소유로 된다(259조 1항 단서). 그리고 가공자가 재료의 일부를 제공하였을 때에는 그 가액은 증가액에 포함시켜 계산한다(259조 2항).

가공물의 귀속에 관한 제259조 제 1 항은 임의규정이다(통설도 같음). 따라서 그와 다르게 약정한 것도 유효하다.

공장생산물의 소유권이 사용자에게 귀속하는 근거에 관하여는 i) 고용계약에 그러한 특약이 담겨 있다는 견해(김상용, 384면; 김학동, 172면), ii) 근로자는 사용자의 단순한 기관에 지나지 않으며 가공자는 사용자 자신이라는 견해(곽윤직, 203면), iii) 노무관계에는 이 규정이 적용되지 않는다는 견해(이영준, 555면; 이은영, 502면)가 대립하고 있다. 생각건대 가공에 관한 규정은 연혁적으로 독립한 가공자(수공업자 등)와 재료소유자 사이의 관계를 규율할 목적으로 발전한 것으로서 오늘날의 자본가와 임금노동자 사이의 관계에는 적합하지 않다. 따라서 후자에는 그 적용이 없다고 하여야 할 것이다.

제 4 관　소유권에 기한 물권적 청구권

[132] Ⅰ. 서　설

소유권에 기한 물권적 청구권에는 소유물반환청구권 · 소유물방해제거청구권 · 소유물방해예방청구권의 세 가지가 있다.

Ⅱ. 소유물반환청구권

소유자가 그의 소유에 속하는 물건을 점유하는 자에 대하여 반환을 청구할 수 있는 권리이다(213조).

(1) 요　건

1) 청구권자는 점유하고 있지 않은 소유자이다. 소유자인데 현재 점유하고 있지 않으면 되고, 그가 점유를 취득하였다가 상실했을 필요는 없다. 예컨대

제 3 자가 불법으로 점유하고 있는 물건을 소유자로부터 양수한 자도 이 권리를 가질 수 있다. 주의할 것은, 방금 본 예의 경우에 양도인은 소유물반환청구권을 행사하지 못한다는 점이다(방해제거청구권에 관하여 판례도 같다. 대판(전원) 1969. 5. 27, 68다725; 대판 1980. 9. 9, 80다7 참조). 이를 인정하면 양수인의 소유권의 일부가 분리되어 양도인에게 남겨지게 되는데, 이는 허용할 수 없는 것이다. 그 결과 위의 예에서 양도가 매매계약에 기하여 이루어지는 경우에 매도인이 소유권이전등기 의무는 이행하였으나 불법으로 점유하고 있는 제 3 자로부터 점유를 취득하여 매수인에게 이전해 주지 못한 때에는, 매도인은 그의 인도의무를 이행하지 못하였을지라도 점유자에 대하여 반환청구권을 행사하지 못한다.

여기의 소유자는 법률상의 소유자이어야 한다. 따라서 부동산 매수인이 이 권리를 행사하려면 이미 소유권이전등기를 하였어야 한다(같은 취지: 대판 1969. 10. 14, 69다1485; 대판 2007. 6. 15, 2007다11347). 아직 소유권을 취득하지 못한 매수인은 매도인을 대위하여 반환청구를 할 수 있을 뿐이다(대판 1973. 7. 24, 73다114). 점유를 하고 있는지, 법률상 소유자인지는 사실심의 변론종결 당시를 표준으로 하여 결정한다. 한편 반사회질서 법률행위를 원인으로 하여 부동산에 관한 소유권이전등기를 마쳤더라도 그 등기는 원인무효로서 말소될 운명에 있으므로, 등기명의자가 소유권에 기한 물권적 청구권을 행사하는 경우에 권리 행사의 상대방은 법률행위의 무효를 항변으로서 주장할 수 있다(대판 2016. 3. 24, 2015다11281)

〈판 례〉

(ㄱ) 「건물을 신축하여 그 소유권을 원시취득한 자로부터 그 건물을 매수하였으나 아직 소유권이전등기를 갖추지 못한 자는 그 건물의 불법점거자에 대하여 직접 자신의 소유권 등에 기하여 명도를 청구할 수는 없다고 할 것이다.」(대판 2007. 6. 15, 2007다11347)

(ㄴ) 원고가 미등기 건물을 매수하였으나 소유권이전등기를 하지 못한 경우에는, 위 건물의 소유권을 원시취득한 매도인을 대위하여 불법점유자에 대하여 명도청구를 할 수 있고, 이때 원고는 불법점유자에 대하여 직접 자기에게 명도할 것을 청구할 수도 있다(대판 1980. 7. 8, 79다1928).

2) 상대방은 현재 그 물건을 전부점유하고 있는 자이다. 어떤 자가 불법으로 점유하였더라도 현재 점유하고 있지 않으면 그는 상대방으로 될 수 없으며, 그때에는 현실적으로 점유하고 있는 자가 상대방으로 된다(대판 1970. 9. 29, 70다1508; 대판 1999. 7. 9, 98다9045). 점유

하고 있는지 여부는 사실심의 변론종결 당시를 기준으로 하여 정한다.

상대방이 간접점유를 하고 있는 경우에는 소유자는 직접점유자뿐만 아니라 간접점유자에 대하여도 반환을 청구할 수 있다. 그런데 간접점유자에 대한 청구의 내용에 관하여 학설은 i) 직접점유자에 대한 반환청구권의 이전만을 청구할 수 있다는 견해(고상룡, 353면; 곽윤직, 205면; 김상용, 386면; 김용한, 310면; 이상태, 269면), ii) 간접점유자가 현실의 점유를 반환할 수 있을 때(예: 무상임치·사용대차)에는 그에 대하여 현실의 인도를 청구할 수 있으나, 그렇지 않을 때에는 반환청구권의 양도만을 청구할 수 있다는 견해(김학동, 291면), iii) 직접점유의 반환청구나 반환청구권의 양도의 청구를 선택적 병합으로 할 수 있다는 견해(이영준, 561면; 주해(5), 221면(양창수))로 나뉘어 있다. 그리고 판례는, 불법점유를 이유로 한 건물명도(인도)청구에 대하여 그 건물을 현실적으로 불법점유하고 있는 사람을 상대로 하여야 하고, 그 건물을 타인에게 임대하여 현실적으로 점유하고 있지 않은 사람을 상대로 할 것이 아니라고 한다(대판 1969. 2. 4, 68다1594). 다만, 토지임대차계약 종료 후 그 위에 설치한 가건물을 증여하기로 약정한 경우에 임대차계약의 종료를 이유로 그 계약에 따른 가건물 등의 명도를 구하는 때(대판 1983. 5. 10, 81다187)와 임대인이 임대차계약 종료로 인한 원상회복으로서 건물대지의 반환을 구하는 경우(대판 1991. 4. 23, 90다19695)에는, 직접점유하고 있지 않음을 이유로 반환을 거부할 수 없다고 한다. 생각건대 간접점유자로 하여금 어떠한 방법으로든 반환하게 하도록 하는 것이 바람직하므로 동시에 직접점유의 반환청구나 반환청구권의 양도의 청구를 모두 할 수 있다고 하여야 한다.

상대방이 점유보조자를 통하여 점유하고 있는 경우에는 점유보조자는 상대방으로 되지 않는다.

3) 상대방에게 점유할 권리가 없어야 한다(213조 단서). 점유할 권리, 즉 점유를 정당하게 하는 권리에는 지상권·전세권·질권·유치권(대판 2014. 12. 24, 2011다62618은 반환을 거부할 수 있는 점유할 권리에는 유치권도 포함되고, 유치권자로부터 유치물을 유치하기 위한 방법으로 유치물의 점유 내지 보관을 위탁받은 자는 특별한 사정이 없는 한 점유할 권리가 있음을 들어 소유자의 소유물반환청구를 거부할 수 있다고 한다)과 같은 점유를 수반하는 물권뿐만 아니라 임차권과 같은 채권과 동시이행의 항변권도 포함된다. 부동산의 매수인은 설사 등기를 하지 않았더라도 인도받은 목적물을 점유할 권리가 있으며, 따라서 매도인은 소유권에 기한 반환청구권을 행사할 수 없다. 매수인으로부터 매수한 자나 임차한 자에 대하여도 같다(판례도 같은 태도이다. 판례의 자세한 내용은 [67] 참조).

4) 상대방의 고의·과실 등의 유책사유는 묻지 않는다.

(2) 효 과

소유자는 점유자에 대하여 소유물의 반환을 청구할 수 있다. 반환은 점유의 이전 즉 인도이다(실무에서는 건물의 인도는 명도(明渡)라고 하나, 이는 순수한 일본어이어서 부적당하다). 이 반환은 원상회복은 포함하지 않는 개념이다. 그러나 예컨대 A의 토지에 B가 불법으로 건물을 지어 사용하고 있는 경우에는, A는 방해배제를 청구하여 건물을 철거하게 하면서 동시에 대지 부분의 인도를 청구할 수 있다. 그러나 이때 자기 소유의 건물을 점유하고 있는 사람(앞의 예에서 B)에 대하여 건물에서 퇴거할 것을 청구할 수는 없다(대판 1999. 7. 9, 98다57457 · 57464; 대판 2022. 6. 30, 2021다276256). 그리고 이러한 법리는 건물이 공유관계에 있는 경우에 건물의 공유자에 대해서도 마찬가지로 적용된다(대판 2022. 6. 30, 2021다276256).

〈판 례〉

(ㄱ) 「무릇 토지소유권은 그 토지에 대한 지상권설정이 있어도 이로 인하여 그 권리의 전부 또는 일부가 소멸하는 것도 아니고 단지 지상권의 범위에서 그 권리행사가 제한되는 것에 불과하며, 일단 지상권이 소멸되면 토지소유권은 다시 자동적으로 완전한 제한 없는 권리로 회복되는 법리라 할 것이므로 소유자가 그 소유토지에 대하여 지상권을 설정하여도 그 소유자는 그 토지를 불법으로 점유하는 자에게 대하여 방해배제를 구할 수 있는 물권적 청구권이 있다고 해석함이 상당하여 그 방해배제를 인용한 원판결 부분은 정당하…다. …

그러나 본건 대지에 대하여는 건물소유를 목적으로 지상권이 설정되어 그것이 존속하는 한 원고는 그 대지소유자라 하여도 그 소유권행사에 제한을 받아 그 대지를 사용 수익할 수 없는 법리라 할 것이어서 특별한 사정이 없는 한 원고는 임료 상당의 손해금을 청구할 수 없을 것임에도 불구하고 피고의 불법점거로 인하여 사용 수익하지 못한 임료 상당의 손해금을 원고는 청구할 수 있다고 판단한 원판결 판단에는 지상권에 관한 법리를 오해한 위법이 있다.」(대판 1974. 11. 12, 74다1150)

(ㄴ) 「소유권에 기하여 미등기 무허가건물의 반환을 구하는 청구취지 속에는 점유권에 기한 반환청구권을 행사한다는 취지가 당연히 포함되어 있다고 볼 수는 없고, 소유권에 기한 반환청구만을 하고 있음이 명백한 이상 법원에 점유권에 기한 반환청구도 구하는지의 여부를 석명할 의무가 있는 것은 아니다.」(대판 1996. 6. 14, 94다53006)

(ㄷ) 「건물의 '인도'는 건물에 대한 현실적 · 사실적 지배를 완전히 이전하는 것을 의미하고, 민사집행법상 인도 청구의 집행은 집행관이 채무자로부터 물건의 점유를 빼앗아 이를 채권자에게 인도하는 방법으로 한다(대법원 2020. 5. 21. 선고 2018다287522 전원합의체 판결 참조). 한편 건물에서의 '퇴거'는 건물에 대한 채무자의 점유를 해제하는 것을 의미할 뿐, 더 나아가 채권자에게 그 점유를 이전할 것까지 의미하지는 않는다는 점에서 건물의 '인도'와 구

별된다. 그러므로 채권자가 소로써 채무자가 건물에서 퇴거할 것을 구하고 있는데 법원이 채무자의 건물 인도를 명하는 것은 처분권주의에 반하여 허용되지 않는다.」(대판 2024. 6. 13, 2024다213157)

[133] ## Ⅲ. 소유물방해제거청구권

소유자가 소유권을 방해하는 자에 대하여 방해의 제거를 청구할 수 있는 권리이다(214조 전단).

(1) 요 건

1) 청구권자는 소유권의 내용 실현을 방해받고 있는 소유자이다. 과거에 소유자로서 방해를 받았더라도 소유권을 상실한 자는 방해배제청구를 할 수 없다(대판(전원) 1969. 5. 27, 68다725; 대판 1980. 9. 9, 80다7). 미등기 무허가건물의 양수인은 그 소유권이전등기를 마치지 않는 한 그 건물의 소유권을 취득할 수 없으므로 소유권에 기한 방해제거청구를 할 수 없다(대판 2016. 7. 29, 2016다214483 · 214490).

2) 상대방은 현재 방해하고 있는 자이다. 달리 표현하면, 방해하는 사정을 지배하는 지위에 있는 자이다. 따라서 과거에 방해하였더라도 현재 그 방해상태를 지배하는 지위에 있지 않으면 그는 상대방으로 되지 않는다. 예컨대 타인의 토지에 불법으로 건물을 지은 뒤 다른 자에게 양도한 경우에는 점유하고 있는 양수인이 상대방으로 된다.

〈불법건물 철거청구의 상대방에 관한 판례〉

타인의 토지에 불법으로 건축을 한 경우의 철거청구의 상대방에 관한 판례는 다음과 같다. 우선 대법원은, 건물철거는 그 소유권의 종국적 처분에 해당하는 사실행위이므로 원칙적으로는 그 소유자(민법상 원칙적으로 등기명의자)에게만 그 수거처분권이 있고, 따라서 원칙적으로 그 소유자만이 상대방이 된다는 입장에 있다(대판 1967. 2. 28, 66다2228; 대판 1969. 7. 8, 69다665 등 다수의 판결). 그런데 대법원은 여기에 예외를 인정하고 있다. 즉, 그 건물을 매수하여 점유하고 있는 자는 등기부상 아직 소유자로서의 등기명의가 없다 하더라도 그 권리의 범위 내에서는 그 점유 중인 건물에 대하여 법률상 또는 사실상 처분을 할 수 있는 지위에 있는 자이므로 대지소유자는 위와 같은 지위에 있는 건물점유자에게 그 철거를 요구할 수 있다고 한다. 그러면서 미등기 건물을 매수하여 등기를 하지 않은 자(대판 1967. 2. 28, 66다2228; 대판 1969. 7. 8, 69다665; 대판 1987. 11. 24, 87다카257 · 258; 대판 1988. 5. 10, 87다카1737; 대판 1988. 9. 27, 88다카4017), 보존등기가 된 건물을 매수하여 자기 앞으로 이전등기를 하지 않은 자(대판 1986. 12. 23, 86다카1751)를 철거청구의 상대방으로 인정하였다. 그런가 하면 매수가 아닌 방법으로 건물의 소유권을 사실상 취득한 경우에도 같은 법리를 적용하였다. 구체적으로 무허가 미등기 건물을 완공하여 그 건물의 소유권을 원시취득한 자에게 공사비 등으로 금전을 빌려준 자가 채무의 변제에 갈음하여 그 건물을 양도받은 경우에 대물변제를 받은 자(대판 1989. 2. 14, 87다카3073; 대판 1991. 6. 11, 91다11278), 갑이 건물을 신축하여 미등기인 채로 소유하여 오다가 사망 전에 장남인 을에게 증여하고 을은 그때부터 계속하여 건물의 일부는 자신이 직접점유하고 나머지 부분은 다른 사람에게 임대하는 등 단독으로 그 건물을 점유 · 관리해 온 경우의 을(대판 1993. 1. 26, 92다48963)은 모두 건물을 법률상 또는 사실상 처분할 수 있는 지위에 있는 자이어서 그에 대하여 철거를 구할 수 있다고 한다. 대법원이 이렇게 미등기 건물의 양수인 등에 대하여 철거청구를 할 수 있다고 한 이유는, 그렇게 새기지 않을 경우, 대지소유자로서는 등기명의자나 원시취득자의 현재의 주소를 조사하여야 하는 등으로 과도하게 어려움을 겪을 수 있고, 건물의 양도인은 대체로 건물의 대가를 모두 취득하여 건물철거에 그다지 이해관계가 크지 않아 소송수행을 소홀히 할 가능성이 있으며, 그 결과 건물의 철거에 현실적으로 이해관계가 큰 양수인이 소송에서 방어할 기회를 상실할 수 있기 때문이다(같은 취지: 주해 (5), 218면(양창수)). 한편 대법원은, 미등기 건물에 대한 양도담보계약상의 채권자의 지위를 승계하여 건물을 관리하고 있는 자는 건물의 소유자가 아님은 물론 건물에 대하여 법률상 또는 사실상 처분권이 있는 자라고 할 수도 없다 할 것이어서 건물철거의 상대방이 될 수 없다고 한다(대판 2003. 1. 24, 2002다61521). 양도담보권자는 일종의 담보권을 취득할 뿐 사실상 소유권을 취득한 것이 아니고, 대법원이 미등기 건물의 양수인 등을 철거청구의 상대방으로 인정한 — 전술한 — 이유에 비추어 보아도 양도담보권자를 상대방으로 인정할 이유가 없기 때문이다(문용선, "미등기건물에 대한 양도담보계약상의 채권자에 대한 건물철거청구," 대법원판례해설 44호, 640면 이하).

3) 상대방이 점유침탈 이외의 방법으로 소유권을 방해하고 있어야 한다.

방해의 예를 들면, 타인 토지의 전부 또는 일부 위에 불법으로 건축을 하고 있는 경우, 실제의 권리관계와 일치하지 않는 등기가 존재하는 경우를 들 수 있다. 판례는, 소유권에 방해가 되는 불실등기가 존재하는 경우에, 그 등기명의인이 허무인 또는 실체가 없는 단체인 때에는, 소유자는 그와 같은 허무인 또는 실체가 없는 단체 명의로 실제 등기행위를 한 자에 대하여 소유권에 기한 방해배제로서 그 등기의 말소를 구할 수 있다고 한다(대결 2008. 7. 11, 2008마615; 대판 2019. 5. 30, 2015다47105. 같은 취지: 대판 1990. 5. 8, 90다684, 90다카3307).

그런데 「방해」는 현재에도 지속되고 있는 침해를 의미하며, 법익침해가 과거에 일어나서 이미 종결된 경우에 해당하는 「손해」와는 다르다(대판 2003. 3. 28, 2003다5917). 그러므로 가령 쓰레기 매립으로 조성한 토지에 소유자가 매립에 동의하지 않은 쓰레기가 매립되어 있다 하더라도, 이는 위법한 매립공사로 인하여 생긴 결과로서 소유자가 입은 손해에 해당할 뿐, 방해라고 볼 수는 없다(대판 2003. 3. 28, 2003다5917).

〈판 례〉

(ㄱ)「원고가 피고에 대하여 피고 명의로 마쳐진 소유권보존등기의 말소를 구하려면 먼저 원고에게 그 말소를 청구할 수 있는 권원이 있음을 적극적으로 주장·입증하여야 하며, 만일 원고에게 이러한 권원이 있음이 인정되지 않는다면 설사 피고 명의의 소유권보존등기가 말소되어야 할 무효의 등기라고 하더라도 원고의 청구를 인용할 수 없다(대법원 1999. 2. 26. 선고 98다17831 판결, 대법원 2005. 9. 28. 선고 2004다50044 판결 참조). 토지의 사정을 받아 그 토지를 원시취득한 자 또는 그의 상속인이 농지개혁법 시행 이전에 그 토지를 타인에게 매도하고 농지개혁법 시행 당시 이를 자경하지 아니하였다면 그 토지가 농지인 이상 이에 대한 소유권을 상실하므로, 자경하지 않은 농지가 분배되지 않기로 확정되어 그 소유권이 원소유자에게 환원되는 등 특별한 사정이 없는 한 그 농지에 관하여 타인 명의로 마쳐진 소유권보존등기의 말소를 구할 권원이 없다. 그리고 지세명기장은 조세부과의 행정목적을 위하여 작성된 문서이고, 분배농지상환대장이나 분배농지부는 분배농지 확정 절차가 완료된 후 상환에 필요한 사항을 기재하기 위하여 작성하는 서류이므로, 각 그 기재 사실에 권리변동의 추정력을 인정할 수는 없으나, 지세명기장이나 농지분배 관련 서류들의 기재내용을 다른 사정들과 종합하여 권리변동에 관한 사실인정의 자료로 삼는 것 자체는 가능하다.」(대판 2008. 10. 9, 2008다35128)

대법원판결 중에 위 판결의 첫부분의 법리를 판시한 뒤 다음과 같이 판시한 것도 있다.「피고로부터 매매 등의 방법으로 부동산에 대한 권리가 순차적으로 이전되어 최종적으로 소유권이전등기를 마친 제 3 자가 시효취득을 원인으로 부동산에 대한 소유권을 취득함에 따라 당초 부동산의 소유자인 원고가 소유권을 상실하게 되면, 비록 피고 명의의 소유권이전등기가 원인무효라고 하더라도 원고에게 피고 명의의 소유권이전등기의 말소를 청구할 수 있는 권원이 없으므로, 원고는 피고에 대하여 소유권에 기한 등기말소청구를 할 수 없다.」(대판 2019. 7. 10, 2015다249352)

(ㄴ)「부동산의 소유권에 기한 물권적 방해배제청구권 행사의 일환으로서 그 부동산에 관하여 마쳐진 타인 명의의 소유권보존등기의 말소를 구하려면 먼저 자신에게 그 말소를 청구할 수 있는 권원이 있음을 적극적으로 주장·증명하여야 하며, 만일 그러한 권원이 있음이 인정되지 않는다면 설사 타인 명의의 소유권보존등기가 말소되어야 할 무효의 등기라고 하더라도 그 청구를 인용할 수 없다. 따라서 사정 이후에 사정명의인이 그 토지를 다른 사람에게 처분한 사실이 인정된다면 사정명의인 또는 그 상속인들에게는 소유권보존등기 명의자를 상대로 하여 그 등기의 말소를 청구할 권원이 없게 되므로 그 청구를 인용할 수 없다(대법원 2008. 12. 24. 선고 2007다79718 판결 등 참조).」(대판 2011. 5. 13, 2009다94384·94391·94407)

(ㄷ)「건물이 그 존립을 위한 토지사용권을 갖추지 못하여 토지의 소유자가 건물의

소유자에 대하여 당해 건물의 철거 및 그 대지의 인도를 청구할 수 있는 경우에라도 건물소유자가 아닌 사람이 건물을 점유하고 있다면 토지소유자는 그 건물 점유를 제거하지 아니하는 한 위의 건물철거 등을 실행할 수 없다. 따라서 그때 토지소유권은 위와 같은 점유에 의하여 그 원만한 실현을 방해당하고 있다고 할 것이므로, 토지소유자는 자신의 소유권에 기한 방해배제로서 건물점유자에 대하여 건물로부터의 퇴출을 청구할 수 있다고 할 것이다.

그리고 이는 건물점유자가 건물소유자로부터의 임차인으로서 그 건눌임자권이 이른바 대항력을 가진다고 해서 달라지지 아니한다. 건물임차권의 대항력은 기본적으로 건물에 관한 것이고 토지를 목적으로 하는 것이 아니므로 이로써 토지소유권을 제약할 수 없고, 토지에 있는 건물에 대하여 대항력 있는 임차권이 존재한다고 하여도 이를 토지소유자에 대하여 대항할 수 있는 토지사용권이라고 할 수는 없다. 바꾸어 말하면, 건물에 관한 임차권이 대항력을 갖춘 후에 그 대지의 소유권을 취득한 사람은 민법 제622조 제 1 항이나 주택임대차보호법 제 3 조 제 1 항 등에서 그 임차권의 대항을 받는 것으로 정하여진 '제 3 자'에 해당한다고 할 수 없는 것이다.」(대판 2010. 8. 19, 2010다43801)

(ㄹ) 「토지소유자가 자신 소유의 토지 위에 공작물을 설치한 행위가 인근 건물의 소유자에 대한 관계에서 권리남용에 해당하고, 그로 인하여 인근 건물 소유자의 건물 사용수익이 실질적으로 침해되는 결과를 초래하였다면, 인근 건물 소유자는 건물 소유권에 기한 방해제거청구권을 행사하여 토지소유자를 상대로 그 공작물의 철거를 구할 수 있다(대법원 1973. 8. 31. 선고 73다91 판결 참조).」(공로에 이르는 통로로 사용되는 자기 소유의 토지 위에 인근 상가의 출입구를 봉쇄하는 형태로 블록담장을 설치한 행위가 위 상가의 사용 · 수익을 방해하고 상가 소유자에게 고통이나 손해를 줄 목적으로 행한 것이어서 권리남용에 해당한다고 본 사례)(대판 2010. 12. 9, 2010다59783)

(ㅁ) 「토지 소유자가 자신 소유의 토지 위에 공작물을 설치한 행위가 인근 건물의 소유자에 대한 관계에서 권리남용에 해당하고, 그로 인하여 인근 건물 소유자의 건물 사용수익이 실질적으로 침해되는 결과를 초래하였다면, 인근 건물 소유자는 건물 소유권에 기한 방해제거청구권을 행사하여 토지 소유자를 상대로 그 공작물의 철거를 구할 수 있다.」(대판 2014. 10. 30, 2014다42967)

(ㅂ) 「항공기가 토지의 상공을 통과하여 비행하는 등으로 토지의 사용 · 수익에 대한 방해가 있음을 이유로 비행 금지 등 방해의 제거 및 예방을 청구하거나 손해배상을 청구하려면, 토지소유권이 미치는 범위 내의 상공에서 방해가 있어야 할 뿐 아니라 그 방해가 사회통념상 일반적으로 참을 한도를 넘는 것이어야 한다. …

한편 항공기의 비행으로 토지소유자의 정당한 이익이 침해된다는 이유로 그 토지 상공을 통과하는 비행의 금지 등을 구하는 방지청구와 금전배상을 구하는 손해배상 청구는 그 내용과 요건이 다르다고 할 것이므로, 참을 한도를 판단하는 데 고려할 요소와 중요도에도 차이가 있을 수 있다. 그중 특히 방지청구는 그것이 허용될 경우 소송당사자뿐 아니라 제 3 자의 이해관계에도 중대한 영향을 미칠 수 있으므로, 방해의 위법 여부를 판단할 때는 그 청구가 허용될 경우 토지소유자가 받을 이익과 상대방 및 제 3 자가 받게 될 불이익 등을 비교 · 형량해 보아야 한다(대법원 2015. 9. 24. 선고 2011다91784 판결 참조).」(대판 2016. 11. 10, 2013다71098)

4) 상대방의 고의 · 과실은 묻지 않는다.

(2) 효 과

소유자는 방해자에 대하여 방해의 제거를 청구할 수 있다. 여기서 「방해의 제거」라 함은 방해 결과의 제거가 아니고 현재 계속되고 있는 방해의 원인을 제거하는 것이다(대판 2003. 3. 28, 2003다5917). 불법건물의 철거청구나 무효인 등기의 말소청구가 그 예이다. 한편 판례는 소유자가 제214조에 기하여 방해배제 비용(또는 방해예방 비용)을 청구할 수는 없고 그것은 집행비용으로 상환받아야 할 문제라고 하는데(대판 2014. 11. 27, 2014다52612), 그에 대해서는 앞에서 설명하였다([18] 참조).

〈판 례〉

「소유자가 자신의 소유권에 기하여 실체관계에 부합하지 아니하는 등기의 명의인을 상대로 그 등기말소나 진정명의회복 등을 청구하는 경우에, 그 권리는 물권적 청구권으로서의 방해배제청구권(민법 제214조)의 성질을 가진다. 그러므로 소유자가 그 후에 소유권을 상실함으로써 이제 등기말소 등을 청구할 수 없게 되었다면, 이를 위와 같은 청구권의 실현이 객관적으로 불능이 되었다고 파악하여 등기말소 등 의무자에 대하여 그 권리의 이행불능을 이유로 민법 제390조상의 손해배상청구권을 가진다고 말할 수 없다. 위 법규정에서 정하는 채무불이행을 이유로 하는 손해배상청구권은 계약 또는 법률에 기하여 이미 성립하여 있는 채권관계에서 본래의 채권이 동일성을 유지하면서 그 내용이 확장되거나 변경된 것으로서 발생한다. 그러나 위와 같은 등기말소청구권 등의 물권적 청구권은 그 권리자인 소유자가 소유권을 상실하면 이제 그 발생의 기반이 아예 없게 되어 더 이상 그 존재 자체가 인정되지 아니하는 것이다. 이러한 법리는 이 사건 선행소송에서 이 사건 소유권보존등기의 말소등기청구가 확정되었다고 하더라도 그 청구권의 법적 성질이 채권적 청구권으로 바뀌지 아니하므로 마찬가지이다.」(국가 명의로 소유권보존등기가 경료된 토지의 일부 지분에 관하여 갑 등 명의의 소유권이전등기가 경료되었는데, 을이 등기말소를 구하는 소를 제기하여 국가는 을에게 원인무효인 등기의 말소등기절차를 이행할 의무가 있고 갑 등 명의의 소유권이전등기는 등기부취득시효 완성을 이유로 유효하다는 취지의 판결이 확정되자, 을이 국가를 상대로 손해배상을 구한 사안에서, 소유권보존등기 말소등기절차 이행의무의 이행불능으로 인한 손해배상책임을 인정한 원심판결에는 법리오해 등 위법이 있다고 한 사례)(대판(전원) 2012. 5. 17, 2010다28604. 이러한 다수의견에 대하여, 물권적 청구권인 말소등기청구권의 이행불능으로 인한 전보배상을 인정하여야 한다는 별개 의견이 있음)

Ⅳ. 소유물방해예방청구권

소유자가 소유권을 방해할 염려가 있는 행위를 하는 자에 대하여 그 예방이나 손해배상의 담보를 청구할 수 있는 권리이다(214조 후단).

(1) 요 건

1) 청구권자는 방해당할 염려가 있는 소유권을 가지고 있는 자이다.

2) 상대방은 장차 소유권을 방해할 염려가 있는 행위를 하는 자이다.

3) 상대방이 소유권을 방해할 염려가 있어야 한다. 현재 방해하고 있지는 않으나 장차 방해가 생길 상당한 개연성이 있어야 한다. 그 개연성은 객관적으로 존재하여야 하며 관념적인 가능성만으로는 불충분하다(대판 1995. 7. 14, 94다50533).

(2) 효 과

소유자는 상대방에 대하여 방해의 예방이나 손해배상의 담보를 청구할 수 있다.

제 5 관 공동소유

Ⅰ. 공동소유의 의의와 유형 [134]

1. 의 의

공동소유는 하나의 물건을 2인 이상의 다수인이 공동으로 소유하는 것이다. 민법은 공동소유의 유형으로 공유 · 합유 · 총유의 세 가지를 규정하고 있다.

2. 공동소유의 세 가지 유형

민법이 규정하고 있는 세 가지의 공동소유의 유형은 물건을 공동으로 소유하는 다수의 주체들 사이의 인적 결합관계가 물권법에 반영된 것이다.

(1) 공유(共有)

공동소유자 사이에 인적 결합관계가 없는 공동소유형태이다. 각 공유자는 지분을 가지며, 그 처분은 자유이고, 언제라도 공동소유관계를 소멸시키고 단독소유로 전환할 수 있다. 이는 개인주의적인 공동소유형태이다.

(2) 총유(總有)

법인 아닌 사단의 소유형태이다(법인 아닌 사단은 인적 결합관계가 매우 강한 단체이며, 법인격이 없는 점에서 법인과 다를 뿐이다). 총유에서는 소유권의 내용이 관리 · 처분의 권능과 사용 · 수익의 권능으로 나뉘어, 전자는 단체에 속하고 후자는 단체의 구성원에 속한다. 총유의 경우에는 지분이라는 것이 없고, 구성원의 사용 · 수익권은 단체의 구성원의 자격이 있는 동안에만 인정된다. 총유는 단체주의적인 공동소유형태이다.

(3) 합유(合有)

합유는 조합(합수적 조합)의 소유형태이다. 조합은 단체이기는 하나 단체성이 약하다. 합유에서는 합유자가 지분을 가지고 있기는 하지만, 그 처분이 제한되고, 또 조합관계가 종료할 때까지는 분할청구도 하지 못한다. 이러한 합유는 총유와 공유의 중간적인 공동소유형태라고 할 수 있다.

〈참 고〉

하나의 연구(양창수, 민법연구(6), 107면 이하)에 따르면, 공동소유에 관한 민법규정은 제정과정에서 가장 크게 변화를 겪었다고 한다. 먼저 민법안은 공동소유 규정으로 — 의용민법에 있던 — 공유 규정을 두는 것 외에 「합유」에 관한 규정을 새로 추가하였다(민법안 262조-264조. 이 규정들은 민법전편찬요강에 따른 것인데, 다만 그 요강에서는 명칭을 「총유」라고 했었으며, 그 내용은 만주민법 252조-254조(총유라고 함)와 일치함). 그런데 그 규정들은 합유에 관한 당시의 판례를 정리한 것으로서, 그에 의하면 「어느 지역의 주민 · 친족단체 기타 관습상 집합체로서 물건을 소유하는 때」에 한하여 합유가 인정되었다(민법안 262조 참조). 민법안은 공동소유관계 모두를 빠짐없이 규율하려는 태도를 취하지 않았던 것이다. 그 후 국회 본회의의 민법안 심의과정에서 민법안의 공동소유 규정을 근본적으로 수정하는 「현석호 수정안」(이것은 법학자들이 펴낸 「민법안의견서」를 바탕으로 한 것이다. 민법총칙 [23] 참조)이 받아들여져 현행민법처럼 합유와 총유 규정이 추가되었다. 이러한 현행민법의 공동소유 규정은 공동소유관계 모두를 빠짐없이 규율하려는 것이다. 그 결과 물권법의 조합 규정(272조 본문)과 조합계약상의 규정(706조 2항)이 내용상 충돌하는 일도 생기게 된다(민법안의 합유 규정은 일정한 집합체에만 적용되고 조합에는 적용되지 않기 때문에, 합유 규정과 조합 규정(706조에 해당하는 규정은 민법안에도 두어져 있었다. 698조 2항이 그것이다)이 충돌하는 일이 생길 여지가 없었다). 이 경우의 해결에 관하여는 채권법각론에서 자세히 설명한다(채권법각론 [204] 참조).

민법이 공유 외에 합유, 특히 총유를 규정한 것이 타당한가에 대하여는 학설이 몇 가지로 나뉘어 날카롭게 대립하고 있다. i) 일부는 민법의 태도에 찬성한다(김학동, 302면; 김용한, 320면; 이영준, 580면; 황적인, 251면). 현대의 다양한 수요에 적합하다는 등의 이유에서이다. 그에 비하여 ii) 다른 견해는 반대한다(강태성, 635면; 곽윤직(신정판), 364면; 김기선, 247면; 장경학, 501면). 이 견해는 특히 총유 규정에 대하여 의미가 없다고 한다. 그런가 하면 iii) 절충적인 견해로서 총유 규정이 두어져 있는 것은 타당하나 규정이 너무 간단하여 실질적인 규율에 별 도움이 되지 못한다고 한다(이상태, 273면. 김상용, 397면도 결과에서 같은 취지이다). 그 밖에 iv) 민법에 대한 평가를 명백히 드러내지 않은 채, 민법상의 합유·총유는 게르만법학자들이 중세게르만의 공동소유형태를 파악하는 과정에서 마련한 개념인데 그것이 우리에게도 선험적으로 타당한 것으로 전제되었다고 하는 견해도 있다(양창수, 민법연구(6), 150면). 생각건대 민법의 모든 규정이 다 그렇지만, 특히 공동소유 규정은 우리 사회의 단체생활에 적합하여야 하므로, 그 규정을 마련할 때에는 우리 사회에서의 현황을 철저하게 조사하고 면밀하게 분석하였어야 한다. 그러고 나서 우리의 실제생활에 적합한 모습으로 규율하였어야 한다. 그러한 점에서 볼 때 민법의 공동소유 규정은 준비에서부터 미흡하였다고 할 것이다. 그리고 규율형식이나 내용이 적절한지도 의문이다. 개인적으로는 물권편에는 공유 규정만 두고 필요한 경우에 개별적으로 합유를 규정하고, 총유 규정은 아예 두지 않았으면 한다. 총유 규정은 그 자체만으로 불충분함은 물론이고, 그러한 규율내용이 최선이라고 여겨지지도 않는다(양창수, 민법연구(6), 129면은 275조 이하의 총유 규정은 법인 규정에 표현되어 있는 사단 법리를 통하여서도 달성될 수 있다고 한다). 요컨대 우리 사회의 단체에 관하여 조사한 뒤에 공동소유 규정 전체(조합 규정 포함)를 손질하여야 한다.

Ⅱ. 공 유 [135]

1. 공유 및 지분의 의의와 성질

(1) 공유의 의의 및 법적 성질

수인이 지분(持分)에 의하여 물건을 소유하는 것이 공유이다(262조 1항). 공유의 법적 성질에 관하여 학설은 i) 1개의 소유권이 분량적으로 분할되어 수인에게 속하는 것이라는 견해(양적 분할설)가 통설이나(곽윤직, 209면; 김상용, 398면; 김용한, 322면; 윤철홍, 225면; 이영준, 582면; 이은영, 508면), ii) 수인이 1개의 물건 위에 각자 1개의 소유권을 가지고 있으나, 각 소유자는 일정비율에 따라서 서로 제한을 받으며 그 내용의 총화가 독립한 1개의 소유권의 내용과 같은 상태라고 하는 소수설(다수소유권 경합설)도 있다(고상룡, 364면). 판례는 i)설의 견지에 있는 것(대판 1964. 12. 15, 64다824; 대판 1991. 11. 12, 91다27228; 대판 2023. 6. 29, 2023다217916)과, ii)설의 견지에 있는 것(대판 1965. 11. 9, 65다1646)이 병존하고 있다. 생각건대 ii)설은 지분의 독립성이나 탄력성을 설명하기는 용이하나 일물일권주의에 반하는 문제점이 있다. 따라서 i)설을 따라야 할 것이다.

(2) 지분의 의의 및 법적 성질

양적 분할설에 의하면, 지분은 1개의 소유권의 분량적 일부분이다(다수소유권 경합설에 의하면, 지분은 다른 공유자의 소유권에 의하여 제한되는 소유권이다). 바꾸어 말하면, 지분은 각 공유자가 목적물에 대하여 가지는 소유의 비율이다(통설임. 김학동, 307면은 달리 표현한다). 그리고 이 지분에 기하여 각 공유자가 공유물에 대하여 가지는 권리를 지분권이라고 한다.

2. 공유의 성립

공유는 법률행위 또는 법률의 규정에 의하여 성립한다.

(1) 법률행위에 의한 성립

예컨대 하나의 물건을 수인이 공유하기로 합의하거나 또는 매수하는 경우에는 법률행위에 의하여 공유가 성립한다. 이때에 공유가 성립하기 위하여 법률행위에 의한 물권변동의 요건이 갖추어져야 함은 물론이다. 따라서 동산의 경우에는 공동점유가 있어야 하고, 부동산의 경우에는 등기(공유의 등기 및 지분의 등기)가 있어야 한다. 등기나 등록으로 공시되는 동산에 있어서도 등기나 등록이 필요하다.

(2) 법률규정에 의한 성립

타인의 물건 속에서 매장물을 발견한 경우(254조 단서), 동산 사이의 부합(257조 2문)과 혼화(258조)에 있어서 주종을 구별할 수 없는 경우, 건물의 구분소유에 있어서 공용부분(215조 1항), 경계에 설치된 경계표 · 담 · 구거 등(239조), 공동상속재산(1006조. 통설도 같음. 반대: 윤철홍, 227면(합유설). 친족상속법 [272] 참조)과 공동포괄수증재산(1078조) 등은 법률규정에 의하여 공유가 성립하는 주요한 예들이다.

3. 공유의 지분

(1) 지분의 비율

지분의 비율은 법률의 규정(254조 단서 · 257조 · 258조 · 1009조 이하 등) 또는 공유자의 의사표시에 의하여 정하여지나, 이들이 없는 경우에는 지분은 균등한 것으로 추정된다(262조 2항).

부동산의 공유의 경우에 공유지분의 비율에 관한 약정이 있는 때에는 이를 등기하여야 한다(부등법 48조 4항). 이를 등기하지 않으면 지분이 균등한 것으로 추정될 것은 분명하다. 그런데 실제의 비율을 가지고 제 3 자에게 대항할 수 있는가에 관하여는 i) 긍정설(주해(5), 558면(민일영))과 ii) 부정설(곽윤직, 211면; 김상용, 400면; 김용한, 326면)이 대립하고 있다. 생각건대 제 3 자 보호를 위하여 ii)설을 취하여야 할 것이다.

공유물분할청구 소송에 있어 원래의 공유자들이 각 그 지분의 일부 또는 전부를 제 3 자에게 양도하고 그 지분이전등기까지 마쳤다면, 새로운 이해관계가 형성된 그 제 3 자에 대한 관계에서는 달리 특별한 사정이 없는 한 일단 등기부상의 지분을 기준으로 할 수밖에 없을 것이나, 원래의 공유자들 사이에서는 등기부상 지분과 실제의 지분이 다르다는 사실이 인정된다면 여전히 실제의 지분을 기준으로 삼아야 할 것이고 등기부상 지분을 기준으로 하여 그 실제의 지분을 초과하거나 적게 인정할 수는 없다(대판 2001. 3. 9, 98다51169).

(2) 지분의 처분

공유자는 그의 지분을 처분할 수 있다(263조). 그리하여 그의 지분을 양도하거나 담보로 제공하거나 포기할 수 있다. 그리고 그때 다른 공유자의 동의는 필요하지 않다(대판 1972. 5. 23, 71다2760). 한편 공유지분의 포기는 상대방 있는 단독행위에 해당하고, 따라서 부동산 공유자의 공유지분 포기의 경우에는 제186조에 의하여 등기를 하여야 공유지분 포기에 따른 물권변동의 효력이 발생하며, 부동산 공유자의 공유지분 포기에 따른 등기는 해당 지분에 관하여 다른 공유자 앞으로 소유권이전등기를 하는 형태가 되어야 한다(대판 2016. 10. 27, 2015다52978. [51]도 참조).

〈판 례〉

「공유자가 다른 공유자의 동의 없이 공유물을 처분할 수는 없으나 그 지분은 단독으로 처분할 수 있으므로, 복수의 권리자가 소유권이전청구권을 보존하기 위하여 가등기를 마쳐 둔 경우 특별한 사정이 없는 한 그 권리자 중 한 사람은 자신의 지분에 관하여 단독으로 그 가등기에 기한 본등기를 청구할 수 있다. 이는 명의신탁 해지에 따라 발생한 소유권이전청구권을 보존하기 위하여 복수의 권리자 명의로 가등기를 마쳐 둔 경우에도 마찬가지이며, 이때 그 가등기 원인을 매매예약으로 하였다는 이유만으로 가등기권리자 전원이 동시에 본등기절차의 이행을 청구하여야 한다고 볼 수 없다.」(대판 2002. 7. 9, 2001다43922 · 43939)

(3) 지분의 주장

지분은 실질에 있어서 소유권과 같으므로 각 공유자는 그의 지분을 단독으로 다른 공유자 또는 제 3 자에 대하여 주장할 수 있다.

1) 공유자는 단독으로 다른 공유자 또는 제 3 자에 대하여 지분의 확인을 구할 수 있다(대판 1970. 7. 28, 70다853 · 854).

〈판 례〉

「공유자의 지분은 다른 공유자의 지분에 의하여 일정한 비율로 제한을 받는 것을 제외하고는 독립한 소유권과 같은 것으로 공유자는 그 지분을 부인하는 제 3 자에 대하여 각자 그 지분권을 주장하여 지분의 확인을 소구하여야 하는 것이고, 공유자 일부가 제 3 자를 상대로 타 공유자의 지분의 확인을 구하는 것은 타인의 권리관계의 확인을 구하는 소에 해당한다고 보아야 할 것이므로 그 타인 간의 권리관계가 자기의 권리관계에 영향을 미치는 경우에 한하여 확인의 이익이 있다고 할 것이며, 공유물 전체에 대한 소유관계 확인도 이를 다투는 제 3 자를 상대로 공유자 전원이 하여야 하는 것이지 공유자 일부만이 그 관계를 대외적으로 주장할 수 있는 것이 아니므로, 이 사건에 있어서와 같이 아무런 특별한 사정이 없이 타 공유자의 지분의 확인을 구하는 것은 확인의 이익이 없다.」(대판 1994. 11. 11, 94다35008)

2) 공유자는 자신의 지분을 다투는 다른 공유자 또는 제 3 자에 대하여 단독으로 지분의 등기를 청구할 수 있다.

3) 공유자는 자기의 지분에 관하여 단독으로 제 3 자의 취득시효를 중단할 수 있다.

[136] ### (4) 지분의 침해의 경우에 있어서 방해배제청구 · 부당이득 반환청구

1) **반환청구** 제 3 자가 공유물을 불법으로 점유하고 있는 경우에 각 공유자는 그의 지분의 비율에 따른 반환을 청구할 수 있다. 그런데 각 공유자가 그의 지분에 기하여 단독으로 공유물의 전부의 인도를 청구할 수 있는지가 문제된다. 판례는 그것이 보존행위라는 이유로 이를 긍정한다(대판 1962. 4. 12, 4294민상1242; 대판 1966. 4. 19, 66다283; 대판 1968. 9. 17, 68다1142 · 1143. 상호명의신탁의 경우에 관한 같은 취지의 판결: 대판 1994. 2. 8, 93다42986([62]에 인용)). 그리고 학설은 i) 각 공유자의 반환청구권은 그들의 지분에 기하여 당연히 생기는 것으로서 보존행위와는 관계가 없으며, 거기에는 불가분채권에 관한 규정(409조)을 유추적용하여야 한다는 견해(고상룡, 373면; 곽윤직, 213면; 김상용, 404면; 김용한, 330면; 김학동, 318면; 이은영, 517면)와 ii) 각 공유지분권자는 지분권에 기하여 단독으로 전체의 인도청구를 할 수도 있고 보존행위를 이유로 하여서도 이를 청구할 수 있다

는 견해(이영준, 588면)로 나뉘어 있다. 생각건대 불법점유한 제 3 자에 대한 반환청구는 보존행위가 될 수 없고, 따라서 판례나 ii)설은 옳지 않으며, i)설이 타당하다.

공유자 중의 1인이 공유물의 전부를 배타적 · 독점적으로 사용하는 경우에 다른 공유자는 단독으로 그 전부의 인도를 청구할 수 있는가? 여기에 관하여 종래 판례는, 이것 역시 공유물의 보존행위로서 인정된다고 한다(대판 1983. 2. 22, 80다1280 · 1281; 대판(전원) 1994. 3. 22, 93다9392 · 9408 등). 그리고 공유물의 일부를 배타적으로 독점사용하는 경우도 마찬가지로 취급한다(대결 1992. 6. 13, 92마290). 다만, 과반수의 지분권을 가진 자(2분의 1 지분권자는 이에 해당하지 않음. 대판 2003. 11. 13, 2002다57935)가 배타적으로 사용수익할 것을 정하는 것은 공유물의 관리방법(265조 참조)으로서 적법하다고 한다(대판 1991. 9. 24, 88다카33855; 대판 2001. 11. 27, 2000다33638 · 33645; 대판 2002. 5. 14, 2002다9738; 대판 2022. 11. 17, 2022다253243)(공유건물에 관하여 과반수 지분권을 가진 자가 그 공유건물의 특정된 한 부분을 배타적으로 사용 · 수익할 것을 정하는 것도 공유물의 관리방법으로서 적법하다. 대판 2014. 2. 27, 2011다42430). 따라서 그때에는 방해배제를 청구할 수 없다고 한다(과반수 지분의 공유자로부터 사용 · 수익을 허락받은 자에 대하여도 같다). 그런데 대법원은 최근에, 공유물의 소수 지분권자가 다른 공유자와 협의 없이 공유물의 전부 또는 일부를 독점적으로 점유 · 사용하고 있는 경우 다른 소수 지분권자는 공유물의 보존행위로서 그 인도를 청구할 수는 없고, 다만 자신의 지분권에 기초하여 공유물에 대한 방해상태를 제거하거나 공동점유를 방해하는 행위의 금지 등을 청구할 수 있다고 하면서, 그와 저촉되는 범위에서 판례를 변경하였다(대판(전원) 2020. 5. 21, 2018다287522. 같은 취지: 대판 2020. 9. 7, 2017다204810; 대판 2024. 6. 13, 2024다213157). 그 결과 인도청구에 관한 기존의 판례는 과반수 지분권자에 대한 것을 제외하고는 변경되었다고 보아야 한다. 한편 학설은 i) 다른 공유자는 인도를 청구할 수 없다는 견해(고상룡, 374면), ii) 보존행위를 이유로 하여서가 아니고 자신의 지분의 침해를 이유로 그의 지분비율만큼 인도를 청구할 수 있다는 견해(김학동, 316면), iii) 과거의 판례를 지지하는 견해(이영준, 589면)로 나뉘어 있다. 생각건대 이 경우의 인도청구도 보존행위라고 할 수는 없다. 그리고 이 경우는 제 3 자가 점유하는 때와는 달리 보아야 한다. 그리하여 그 전부의 인도를 청구할 수 없고, 그의 지분의 범위에서만 인도청구를 할 수 있다고 하여야 한다.

〈판 례〉

(ㄱ) 「나. 소수 지분권자가 공유물을 독점적으로 점유하는 다른 소수 지분권자를 상대로 공유물의 인도를 청구할 수 있는지 여부

공유물의 소수 지분권자인 피고가 다른 공유자와 협의하지 않고 공유물의 전부 또는 일부를 독점적으로 점유하는 경우 소수 지분권자인 원고가 피고를 상대로 공유물

의 인도를 청구할 수는 없다고 보아야 한다. 상세한 이유는 다음과 같다. …

다. 소수 지분권자가 공유물을 독점적으로 점유하는 다른 소수 지분권자를 상대로 방해배제를 청구할 수 있는지 여부

(1) … 공유자들 사이에 공유물 관리에 관한 결정이 없는 경우 공유자가 다른 공유자를 배제하고 공유물을 독점적으로 점유 · 사용하는 것은 위법하여 허용되지 않지만, 다른 공유자의 사용 · 수익권을 침해하지 않는 방법으로, 즉 비독점적인 형태로 공유물 전부를 다른 공유자와 함께 점유 · 사용하는 것은 자신의 지분권에 기초한 것으로 적법하다.

(2) 일부 공유자가 공유물의 전부나 일부를 독점적으로 점유한다면 이는 다른 공유자의 지분권에 기초한 사용 · 수익권을 침해하는 것이다. 공유자는 자신의 지분권 행사를 방해하는 행위에 대해서 민법 제214조에 따른 방해배제청구권을 행사할 수 있고, 공유물에 대한 지분권은 공유자 개개인에게 귀속되는 것이므로 공유자 각자가 행사할 수 있다. …

이와 같이 피고의 독점적 점유 상태를 제거하기 위해서 종래와 같이 피고로부터 공유물을 빼앗아 원고에게 인도하는 방법을 사용하지 않더라도, 공유지분권에 기한 방해배제 청구를 인정함으로써 원고는 피고의 위법한 독점적 점유와 방해상태를 제거하고 공유물이 그 본래의 취지에 맞게 공유자 전원의 사용 · 수익에 제공되도록 하는 적법한 상태를 달성할 수 있다.

라. 판례 변경

이와 같이 공유물의 소수 지분권자가 다른 공유자와 협의 없이 공유물의 전부 또는 일부를 독점적으로 점유 · 사용하고 있는 경우 다른 소수 지분권자는 공유물의 보존행위로서 그 인도를 청구할 수는 없고, 다만 자신의 지분권에 기초하여 공유물에 대한 방해상태를 제거하거나 공동점유를 방해하는 행위의 금지 등을 청구할 수 있다고 보아야 한다.

이와 달리 공유물의 소수 지분권자가 다른 공유자와 협의 없이 공유물의 전부 또는 일부를 독점적으로 점유하고 있는 경우 다른 소수 지분권자가 공유물에 대한 보존행위로서 그 인도를 청구할 수 있다고 판단한 … 대법원 1994. 3. 22. 선고 93다9392, 93다9408 전원합의체 판결 … 등은 이 판결의 견해에 배치되는 범위에서 이를 변경하기로 한다.」(대판(전원) 2020. 5. 21, 2018다287522. 이러한 다수의견에 대하여는 인도청구에 관한 대법관 5인의 반대의견, 방해배제청구에 관한 대법관 1인의 반대의견과, 다수의견에 대한 각 대법관 2인 및 대법관 1인의 보충의견이 있음)

(ㄴ) 「공유 지분 과반수 소유자의 공유물인도청구는 민법 제265조의 규정에 따라 공유물의 관리를 위하여 구하는 것으로서 그 상대방인 타 공유자는 민법 제263조의 공유물의 사용수익권으로 이를 거부할 수 없다.」(대판 2022. 11. 17, 2022다253243)

(ㄷ) 「공유토지에 관하여 점유 취득시효가 완성된 후 취득시효 완성 당시의 공유자들 일부로부터 과반수에 미치지 못하는 소수 지분을 양수 취득한 제 3 자는 나머지

과반수 지분에 관하여 취득시효에 의한 소유권이전등기를 경료받아 과반수 지분권자가 될 지위에 있는 시효취득자(점유자)에 대하여 지상 건물의 철거와 토지의 인도 등 점유배제를 청구할 수 없는 것이다.」(대판 2001. 11. 27, 2000다33638 · 33645)

2) **방해제거청구** 제 3 자가 공유물의 이용을 방해하고 있는 경우에 각 공유자는 그의 지분에 기하여 단독으로 공유물 전부에 대한 방해의 제거를 청구할 수 있다. 다른 공유자가 방해하고 있는 경우에는 그의 지분의 범위에서 방해의 제거를 청구할 수 있다고 할 것이다. 그런데 판례는, 공유 부동산에 관하여 제 3 자 명의로 원인무효의 소유권이전등기가 되어 있는 경우에는 「보존행위로서」 제 3 자에 대하여 그 등기 전부의 말소(또는 공유자 지분별 이전등기)를 청구할 수 있다고 하나, 공유 부동산에 관하여 공유자 중 1인이 부정한 방법으로 공유물 전부에 관한 소유권이전등기를 그의 단독명의로 행한 경우에는 방해받고 있는 공유자 중 1인은 「보존행위로서」 단독명의로 등기되어 있는 공유자에 대하여 「그 공유자의 공유지분을 제외한 나머지 공유지분 전부에 관하여」 등기말소를 청구할 수 있다고 한다(대판 1988. 2. 23, 87다카961; 대판 2005. 9. 29, 2003다40651; 대판 2006. 8. 24, 2006다32200).

〈판 례〉

(ㄱ) 「부동산의 공유자의 1인은 당해 부동산에 관하여 제 3 자 명의로 원인무효의 소유권보존등기가 경료되어 있는 경우 공유물에 관한 보존행위로서 제 3 자에 대하여 그 등기 전부의 말소를 구할 수 있다고 할 것이나, 그 제 3 자가 당해 부동산의 공유자 중의 1인인 경우에는 그 소유권보존등기는 동인의 공유지분에 관하여는 실체관계에 부합하는 등기라고 할 것이므로, 이러한 경우 공유자의 1인은 단독명의로 등기를 경료하고 있는 공유자에 대하여 그 공유자의 공유지분을 제외한 나머지 공유지분 전부에 관하여만 소유권보존등기 말소등기절차의 이행을 구할 수 있다 할 것이다(대법원 1988. 2. 23. 선고 87다카961 판결 등 참조).」(대판 2006. 8. 24, 2006다32200)

(ㄴ) 「부동산의 공유자 중 한 사람은 공유물에 대한 보존행위로서 그 공유물에 관한 원인무효의 등기 전부의 말소를 구할 수 있고, 진정명의 회복을 원인으로 한 소유권이전등기 청구권과 무효등기의 말소청구권은 어느 것이나 진정한 소유자의 등기명의를 회복하기 위한 것으로서 실질적으로 그 목적이 동일하고 두 청구권 모두 소유권에 기한 방해배제청구권으로서 그 법적 근거와 성질이 동일하므로, 공유자 중 한 사람은 공유물에 경료된 원인무효의 등기에 관하여 각 공유자에게 해당 지분별로 진정명의 회복을 원인으로 한 소유권이전등기를 이행할 것을 단독으로 청구할 수 있다.」(대판 2005. 9. 29, 2003다40651)

(ㄷ)「공유자가 다른 공유자의 지분권을 대외적으로 주장하는 것을 공유물의 멸실·훼손을 방지하고 공유물의 현상을 유지하는 사실적·법률적 행위인 공유물의 보존행위에 속한다고 할 수는 없으므로(대법원 1994. 11. 11. 선고 94다35008 판결 참조), 자신의 소유지분 범위를 초과하는 부분에 관하여 마쳐진 등기에 대하여 공유물에 관한 보존행위로서 무효라고 주장하면서 말소를 구할 수는 없다(대법원 2009. 2. 26. 선고 2006다72802 판결, 대법원 2010. 1. 14. 선고 2009다67429 판결 참조). 결국 공유물에 관한 원인무효의 등기에 대하여 모든 공유자가 항상 공유물의 보존행위로서 말소를 구할 수 있는 것은 아니고, 원인무효의 등기로 인하여 자신의 지분이 침해된 공유자에 한하여 공유물의 보존행위로서 그 등기의 말소를 구할 수 있을 뿐이므로, 원인무효의 등기가 특정 공유자의 지분에만 한정하여 마쳐진 경우에는 그로 인하여 지분을 침해받게 된 특정 공유자를 제외한 나머지 공유자들은 공유물의 보존행위로서 위 등기의 말소를 구할 수는 없다.」(대판 2023. 12. 7, 2023다273206)

3) 부당이득 반환청구 공유자의 1인이 지분 과반수의 합의가 없이 공유물의 전부 또는 일부(특정부분)를 배타적으로 사용하는 경우에 다른 공유자는 그의 지분의 비율로 부당이득의 반환을 청구할 수 있다(대판 1972. 12. 12, 72다1814; 대판 2002. 10. 11, 2000다17803; 대판 2006. 11. 14, 2006다49307·49314(공동상속인 중 1인이 전부 점유하는 경우))(구분소유의 경우는 다름. 대판(전원) 2022. 8. 25, 2017다257067; 대판 2023. 9. 14, 2016다12823[109] 참조). 배타적으로 점유·사용하는 그 특정부분의 면적이 자신들의 지분 비율에 상당하는 면적 범위 내라고 할지라도 마찬가지이다(대판 1972. 12. 12, 72다1814). 그리고 제 3 자가 공유물을 점유한 경우도 같다.

과반수 지분권자는 공유물인 토지의 관리방법으로서 특정부분을 배타적으로 사용·수익할 수 있으나, 그로 말미암아 그 부분을 전혀 사용·수익하지 못하여 손해를 입는 소수지분권자의 지분만큼 임료 상당 부당이득을 얻는 것이므로 이를 반환할 의무가 있다(대판 2021. 12. 30, 2021다252458)(과반수 지분권자가 공유물의 전부를 배타적으로 사용·수익하는 경우에도 동일함). 과반수 지분권자가 배타적으로 사용·수익하는 그 특정부분이 비록 자기의 지분비율에 상당하는 면적의 범위 내라 할지라도 같다(대판 1991. 9. 24, 88다카33855; 대판 2002. 5. 14, 2002다9738; 대판 2014. 2. 27, 2011다42430). 왜냐하면 모든 공유자는 공유물 전부를 지분의 비율로 사용·수익할 수 있기 때문이다. 그러나 그 과반수 지분의 공유자로부터 다시 그 특정부분의 사용·수익을 허락받은 제 3 자의 점유는 다수지분권자의 공유물관리권에 터잡은 적법한 점유이므로 그 제 3 자는 소수지분권자에 대하여도 그 점유로 인하여 법률상 원인 없이 이득을 얻고 있다고는 볼 수 없다(대판 2002. 5. 14, 2002다9738).

그리고 판례는, 공유자가 공유물을 제 3 자에게 임대한 경우에 부당이득 반환의 범위(또는 불법행위로 인한 손해배상의 범위)는 부동산 임대차로 인한 차임 상당액이고, 부동산의 임대차보증금 자체에 대한 다른 지분 소유자의 지분비율 상당액을 구할 수는 없다고 한다(대판 1991. 9. 24, 91다23639; 대판 2021. 4. 29, 2018다261889). 한편 공유자 또는 제 3 자가 배타적으로 지배하는 부분이 공유물의 일부인 경우에는 그 점유부분에 해당하는 차임에 대하여 지분비율로 반환해야 한다(대판 1991. 9. 24, 88다카33855도 참조).

〈판 례〉

가. 부동산의 1/7 지분 소유권자가 타 공유자의 동의없이 그 부동산을 타에 임대하여 임대차보증금을 수령하였다면, 이로 인한 수익 중 자신의 지분을 초과하는 부분에 대하여는 법률상 원인 없이 취득한 부당이득이 되어 이를 반환할 의무가 있고, 또한 위 무단임대행위는 다른 공유지분권자의 사용, 수익을 침해한 불법행위가 성립되어 그 손해를 배상할 의무가 있다.

나. 위 "가"항의 경우 반환 또는 배상해야 할 범위는 위 부동산의 임대차로 인한 차임 상당액이라 할 것으로서 타 공유자는 그 임대보증금 자체에 대한 지분비율 상당액의 반환 또는 배상을 구할 수는 없다.

다. 위 "가"항의 경우 공유물의 보존행위란 공유물의 현상을 유지하기 위하여 이를 침해하는 제 3 자에게 그 배제를 구하는 행위를 말하므로 그 행위의 전제로서 공유자가 수령한 임대차보증금 중 자신의 지분비율 상당액의 지급을 구할 수 없다(대판 1991. 9. 24, 91다23639. 이 판결의 '가', '나'항에 관하여 같은 취지: 대판 2021. 4. 29, 2018다261889).

4) **불법행위로 인한 손해배상청구** 판례는, 제 3 자가 공유물에 대하여 불법행위를 한 경우에 각 공유자는 특별한 사유가 없는 한 그 지분에 대응한 비율의 한도에서만 손해배상청구권을 행사할 수 있고 타인의 지분에 대해서는 청구권이 없다고 한다(대판 1970. 4. 14, 70다171). 이는 타당하다. 그리고 그것은 공유자 중의 1인이 불법행위를 한 경우에도 같다고 할 것이다.

(5) 지분의 탄력성

지분은 실질적으로 소유권과 성질이 같으므로, 지분의 하나가 소멸하면 나머지 지분은 그에 확장하게 된다. 이를 지분의 탄력성이라고 한다. 민법도 공유자가 그의 지분을 포기하거나 상속인 없이 사망한 때에는 그 지분은 다른 공유자에게 각 지분의 비율로 귀속한다고 하여(267조), 이를 인정하고 있다. 그러나 여기에는 예외가 있다. 즉 구분건물의 소유자가 가지는 대지사용권에 대한 지분에 관하여는 제267조의 적용이 배제되어 있다(집합건물법 22조). 이는 전유부분과 대지사용권의 일체성을 관철하기 위한 것이다(곽윤직, 213면).

[137] ## 4. 공유물의 관리 등에 관한 공유자 사이의 법률관계

(1) 공유물의 사용 · 수익

각 공유자는 공유물의 전부를 그의 지분의 비율로 사용 · 수익할 수 있다(263조).

(2) 공유물의 관리

1) 보존행위 각 공유자는 단독으로 보존행위를 할 수 있다(265조 단서). 공유물의 보존행위는 공유물의 멸실 · 훼손을 방지하고 그 현상을 유지하기 위하여 하는 사실적, 법률적 행위이다(대판 1995. 4. 7, 93다54736; 대판 2019. 9. 26, 2015다208252; 대판 2024. 3. 12, 2023다240879). 민법 제265조 단서가 이러한 공유물의 보존행위를 각 공유자가 단독으로 할 수 있도록 한 취지는 그 보존행위가 긴급을 요하는 경우가 많고 다른 공유자에게도 이익이 되는 것이 보통이기 때문이다(대판 1995. 4. 7, 93다54736; 대판 2019. 9. 26, 2015다208252; 대판 2024. 3. 12, 2023다240879). 그러므로 어느 공유자가 보존권을 행사하는 때에 그 행사의 결과가 다른 공유자의 이해와 충돌될 때에는 그 행사는 보존행위로 될 수 없다고 보아야 한다(대판 1995. 4. 7, 93다54736; 대판 2024. 3. 12, 2023다240879).

2) 이용 · 개량행위 공유물의 이용 및 개량 등 관리에 관한 사항은 공유자의 지분의 과반수로써 결정한다(265조 본문). 그리고 공유자 사이에 공유물을 사용 · 수익할 구체적인 방법을 정하는 것은 공유물의 관리에 관한 사항으로서 제265조에 따라 공유자의 지분의 과반수로써 결정하여야 할 것이고(대판 1991. 9. 24, 88다카33855; 대판 2001. 11. 27, 2000다33638 · 33645; 대판 2020. 9. 7, 2017다204810), 과반수의 지분을 가진 공유자는 다른 공유자와 사이에 미리 공유물의 관리방법에 관한 협의가 없었다 하더라도 공유물의 관리에 관한 사항을 단독으로 결정할 수 있으므로 그 공유물의 특정부분을 배타적으로 사용 · 수익하기로 정할 수 있으나, 그 사용 · 수익의 내용이 공유물의 기존의 모습에 본질적 변화를 일으켜 관리가 아니고 처분이나 변경의 정도에 이르는 것이어서는 안 되며, 그리하여 예컨대 다수 지분권자라 하여 나대지에 새로이 건물을 건축한다든지 하는 것은 관리의 범위를 넘는 것이 되어 허용되지 않는다(대판 2001. 11. 27, 2000다33638). 그리고 공유자가 공유물을 타인에게 임대하는 행위 및 그 임대차계약을 해지하는 행위는 공유물의 관리행위에 해당하므로 제265조 본문에 의하여 공유자의 지분의 과반수로써 결정하여야 하며, 「상가건물 임대차보호법」이 적용되는 상가건물의

공유자인 임대인이 같은 법 제10조 제 4 항에 의하여 임차인에게 갱신거절의 통지를 하는 행위는 실질적으로 임대차계약의 해지와 같이 공유물의 임대차를 종료시키는 것이므로, 공유물의 관리행위에 해당하고, 따라서 공유자의 지분의 과반수로써 결정하여야 한다(대판 2010. 9. 9, 2010다37905).

〈판 례〉

(ㄱ) 「공유자 간의 공유물에 대한 사용수익 · 관리에 관한 특약은 공유자의 특정승계인에 대하여도 당연히 승계된다고 할 것이나, 민법 제265조는 "공유물의 관리에 관한 사항은 공유자의 지분의 과반수로써 결정한다"라고 규정하고 있으므로, 위와 같은 특약 후에 공유자에 변경이 있고 특약을 변경할 만한 사정이 있는 경우에는 공유자의 지분의 과반수의 결정으로 기존 특약을 변경할 수 있다고 할 것이다.」(대판 2005. 5. 12, 2005다1827)

(ㄴ) 「공유물의 관리에 관한 사항은 공유자의 지분의 과반수로써 결정하고, 공유물의 사용 · 수익 · 관리에 관한 공유자 간의 특약은 그 특정승계인에 대하여도 승계된다고 할 것이나, 공유물에 관한 특약이 지분권자로서의 사용 · 수익권을 사실상 포기하는 등으로 공유지분권의 본질적 부분을 침해하는 경우에는 특정승계인이 그러한 사실을 알고도 공유지분권을 취득하였다는 등의 특별한 사정이 없는 한 특정승계인에게 당연히 승계된다고 볼 수 없다(대법원 2009. 12. 10. 선고 2009다54294 판결 참조).」(대판 2012. 5. 24, 2010다108210. 같은 취지: 대판 2013. 3. 14, 2011다58701)

(ㄷ) 「공유물을 분할한다는 공유자간의 약정이 공유와 서로 분리될 수 없는 공유자간의 권리관계라 할지라도 그것이 그 후 공유지분권의 양수 받은 특정승계인에게 당연히 승계된다고 볼 근거가 없을 뿐 아니라 공유물을 분할하지 아니한다는 약정(민법 제268조 제 1 항 단서) 역시 공유와 서로 분리될 수 없는 공유자간의 권리관계임에도 불구하고 이 경우엔 부동산등기법 제89조에 의하여 등기하도록 규정하고 있는 점을 대비하여 볼 때 다 같은 분할에 관한 약정이면서 분할특약의 경우만 특정승계인에게 당연승계된다고 볼 수 없」다(대판 1975. 11. 11, 75다82).

(3) 공유물의 처분 · 변경

공유물의 처분 · 변경에는 공유자 전원의 동의가 있어야 한다(264조). 여기의 처분에는 법률상의 처분(양도 등) 외에 사실상의 처분도 포함된다.

어떤 공유자가 다른 공유자의 동의 없이 공유물을 제 3 자에게 매도한 경우에는, 매매가 무효가 아니고 자기의 지분을 넘는 범위에서 타인의 권리매매(569조)에 해당한다고 보아야 한다(같은 취지: 고상룡, 368면; 이상태, 281면; 이영준, 592면. 그러나 김학동, 315면은 자신의 지분을 넘는 범위에서 처분은 무효라고 한다). 따라서 매도한 공유자는 다른 공유자의 지분을 취득하여 매수인에게 이전하여야 한다. 이 의무를 이행하지 못한 때에는 제 3 자는 권리를 취득하지 못한다. 다만, 그 때에도 매도한 공유자의 지분의 범위 내에서는 유효하므로, 공유한 부동산의 전부에 관하여 매수인 명의로 소유권이전등기가 되었으면 다른 공유자는 매수인에 대하여 매도한 공유자의 지분의 범위에서는 말소청구를 할 수 없다(대판 1965. 8. 24, 65다1086; 대판 1994. 12. 2, 93다1596).

(4) 공유물에 관한 부담

공유물의 관리비용 기타의 의무는 각 공유자가 지분의 비율로 부담한다(266조 1항). 그리고 공유자가 1년 이상 그러한 의무의 이행을 지체한 때에는, 다른 공유자는 상당한 가액으로 지분을 매수할 수 있다(266조 2항). 판례에 의하면, 이 매수청구권을 행사함에 있어서는 먼저 매수대상이 되는 지분 전부의 매매대금을 제공하여야 할 것이라고 한다(대판 1992. 10. 9, 92다25656).

〈판 례〉

공유토지의 과반수 지분권자는 다른 공유자와 협의 없이 단독으로 관리행위를 할 수가 있으며 그로 인한 관리비용은 공유자의 지분비율에 따라 부담할 의무가 있으나, 위와 같은 관리비용의 부담의무는 공유자의 내부관계에 있어서 부담을 정하는 것일 뿐, 제 3 자와의 관계는 당해 법률관계에 따라 결정된다고 할 것이고, 따라서 과반수 지분권자가 관리행위가 되는 정지공사를 시행함에 있어 시공회사에 대하여 공사비용은 자신이 정산하기로 약정하였다면 그 공사비를 직접 부담해야 할 사람은 과반수 지분권자만이라 할 것이고, 다만 그가 그 공사비를 지출하였다면 다른 공유자에게 그의 지분비율에 따른 공사비만을 상환청구할 수 있을 뿐이다(대판 1991. 4. 12, 90다20220).

5. 공유관계의 대외적 주장

(1) 공유관계의 확인청구 · 등기청구 등

제 3 자에게 전체로서의 공유관계를 주장해서 그 확인을 구하거나 등기를 청구하거나 시효를 중단하는 경우에는, 공유자 전원이 공동으로 하여야 한다(대판 1994. 11. 11, 94다35008).

(2) 공유관계에 기한 방해배제청구

제 3 자가 공유물을 전부점유하고 있거나 그 이용을 방해하고 있는 경우에 각 공유자는 그의 지분에 기하여 단독으로 그 반환청구 또는 방해제거청구를 할 수 있다([136] 참조). 그러나 그 외에 공유관계 자체에 기하여서도 이를 할 수 있다고 하여야 한다. 그런데 그때에는 공유자 전원이 공동으로 하여야 한다(대판 1961. 12. 7, 4293민상306).

6. 공유물의 분할 [138]

(1) 공유물 분할의 자유

1) 공유자는 공유물의 분할을 청구할 수 있다(268조 1항 본문). 공유의 경우에는 합유·총유와 달리 공유자 사이에 인적 결합관계가 없기 때문에 공유물 분할의 자유가 인정되는 것이다.

2) 공유물 분할의 자유는 계약이나 법률규정에 의하여 제한된다. 첫째로 공유자는 5년 내의 기간으로 분할하지 않을 것을 약정할 수 있으며(268조 1항 단서), 그때에는 분할은 허용되지 않는다. 이 불분할계약(不分割契約)은 갱신(나는 여기의 「更」자는 「다시 갱」이 아니고 「바꿀 경」이라고 믿으나, 너무도 일반적으로 「갱」으로 읽고 있으므로, 「갱」으로 읽기로 한다)할 수 있으나, 그 기간은 갱신한 날로부터 5년을 넘지 못한다(268조 2항). 공유자 사이의 불분할계약은 지분의 양수인에게도 승계되나, 부동산의 경우에는 등기를 하여야 한다(부등법 67조 1항. 통설도 같음. 그러나 이영준, 608면은 공시방법이 갖추어지지 않아도 승계된다고 한다). 둘째로 건물을 구분소유하는 경우의 공용부분(268조 3항·215조), 경계에 설치된 경계표·담·구거 등(268조 3항·239조), 구분소유권의 목적인 건물의 사용에 필요한 범위 내의 대지(집합건물법 8조)는 법률상 분할이 금지되어 있다.

3) 상호명의신탁([62] 참조)은 공유가 아니므로, 거기서는 공유물분할청구를 할 수 없고 명의신탁 해지를 원인으로 한 지분이전등기를 청구하여야 한다(대판 1985. 9. 24, 85다카451·452; 대판 1989. 9. 12, 88다카10517([62]에 인용); 대판 1996. 2. 23, 95다8430 등).

〈판 례〉

원고와 소외 갑이 부동산의 특정부분을 각 증여받아 공동명의로 등기를 마쳤다면 원고와 위 갑은 소유하는 특정부분에 대하여 서로 공유지분등기 명의를 신탁한 관계에 있을 뿐이므로 자기소유 부분에 대하여 지분의 명의신탁 해지를 원인으로 한 지분이전등기를 청구함은 모르되 공유물의 분할청구를 할 수는 없다(대판 1985. 9. 24, 85다카451·452).

(2) 분할청구권의 법적 성질

공유자는 분할청구권을 가지는데, 분할청구권의 성질에 관하여는 견해가 대립하고 있다. i) 통설은 분할청구라는 일방적 의사표시에 의하여 각 공유자 사이에 구체적으로 분할을 실현할 법률관계가 생기므로 일종의 형성권이라고 하나(고상룡, 376면; 곽윤직, 216면; 김상용, 408면; 김학동, 323면; 이상태, 283면; 이은영, 519면), ii) 협의 또는 재판에 의한 분할을 하기 위한 전제조건으로서 그 행사가 필요한 일종의 물권적 청구권이라는 견해(김용한, 333면), iii) 통상의 형성권과는 다르나 어떻게 보든 차이가 없으므로 논의의 실익이 없다는 견해(이영준, 607면)도 있다. 그리고 판례는 형성권이라고 한다(대판 1981. 3. 24, 80다1888 · 1889; 대판(전원) 2020. 5. 21, 2018다879). 생각건대 어떻게 이해하든 결과에서는 차이가 없으나, 분할청구가 있으면 다른 공유자의 동의 없이 분할되어야 하는 법률관계로 되므로 일종의 형성권으로 보아도 무방할 것이다.

분할청구권은 공유관계에 수반되는 형성권이므로 공유관계가 존속하는 한 그 분할청구권만이 독립하여 시효로 소멸하지는 않는다(대판 1981. 3. 24, 80다1888 · 1889).

공유물분할청구권이 채권자대위권의 목적이 될 수 있는지에 관하여, 판례는, 공유물분할청구권의 행사가 오로지 공유자의 자유로운 의사에 맡겨져 있어 공유자 본인만 행사할 수 있는 권리라고 볼 수는 없다는 이유로 이를 긍정한다(대판(전원) 2020. 5. 21, 2018다879[핵심판례 242면]. 그런데 극히 예외적인 경우가 아니라면 금전채권자는 부동산에 관한 공유물분할청구권을 대위행사할 수 없다고 함).

[139] (3) 분할의 방법

1) **협의에 의한 분할** 공유물의 분할은 1차적으로 공유자의 협의에 의하여 한다(268조 1항 · 269조 1항). 이때에는 공유자 전원이 참여하여야 한다(대판 1968. 5. 21, 68다414 · 415). 분할방법에는 제한이 없으나, 일반적으로 다음의 방법이 사용된다.

(가) **현물분할** 공유물을 양적으로 나누는 것으로서 가장 보통의 방법이다.

(나) **대금분할** 공유물을 매각하여 그 대금을 나누는 방법이다(각 공유자는 매각과 동시에 대금채권을 취득한다. 408조 참조).

(다) **가격배상** 공유자의 1인이 다른 공유자의 지분을 양수하여 그 가격을 지급하고 단독소유권을 취득하는 방법이다.

2) **재판에 의한 분할** 분할의 방법에 관하여 협의가 성립되지 않은 때에는 공유자는 법원에 그 분할을 청구할 수 있다(269조 1항).

(가) **전제조건** 공유물 분할의 소를 제기하려면 공유자 사이에 협의가 성립되지 않아야 하며, 협의가 성립된 경우에는 설사 일부 공유자가 분할에 따른 이전등기에 협조하지 않거나 분할에 관하여 다투더라도 분할의 소를 제기할 수 없다(대판 1995. 1. 12, 94다30348 · 30355).

(나) **소의 성질** 이 소는 형성의 소이다(통설 · 판례도 같음. 대판 1969. 12. 29, 68다2425; 대판 2004. 10. 14, 2004다30583; 대판 2017. 5. 31,

2017다216981(공유물을 경매에 부쳐 그 매각대금을 분배할 것을 명하는 판결은 경매를 조건으로 하는 특수한 형성판결임); 대판 2022. 9. 7, 2022다244805; 대판 2023. 6. 29, 2020다260025; 대판 2023. 6. 29, 2023다217916). 따라서 부동산이 공유물인 경우에는 분할판결이 확정된 때에 분할의 효력이 생긴다(187조 참조). 한편 판례에 따르면, 공유물 분할의 소송절차 또는 조정절차에서 공유자 사이에 공유토지에 관한 현물분할의 협의가 성립하여 그 합의사항을 조서에 기재함으로써 조정이 성립하였다고 하더라도, 그와 같은 사정만으로 재판에 의한 공유물 분할의 경우와 마찬가지로 그 즉시 공유관계가 소멸하고 각 공유자에게 그 협의에 따른 새로운 법률관계가 창설되는 것이 아니고, 공유자들이 협의한 바에 따라 토지의 분필절차를 마친 후 각 단독소유로 하기로 한 부분에 관하여 다른 공유자의 공유지분을 이전받아 등기를 마침으로써 비로소 그 부분에 대한 대세적 권리로서의 소유권을 취득하게 된다고 한다(대판(전원) 2013. 11. 21, 2011두1917).

(다) **소의 당사자** 이 소는 고유필수적 공동소송이어서 공유자 전원이 당사자로 되어야 한다(대판 1968. 5. 21, 68다414 · 415; 대판 1991. 11. 12, 91다27228; 대판 2003. 12. 12, 2003다44615 · 44622; 대판 2014. 1. 29, 2013다78556; 대판 2022. 6. 30, 2020다210686 · 210693). 그 결과 원고를 제외한 공유자 모두가 피고로 된다.

(라) **판결의 내용**(분할방법) 현물분할이 원칙이며, 현물로 분할할 수 없거나 분할로 인하여 현저히 그 가액이 감손될 염려가 있는 때에는 법원은 물건의 경매를 명할 수 있다(269조 2항). 그리고 판례는, 대금분할에 있어 「현물로 분할할 수 없다」는 요건은 이를 물리적으로 엄격하게 해석할 것은 아니고, 공유물의 성질, 위치나 면적, 이용상황, 분할 후의 사용가치 등에 비추어 보아 현물분할을 하는 것이 곤란하거나 부적당한 경우를 포함한다 할 것이고, 「현물로 분할을 하게 되면 현저히 그 가액이 감손될 염려가 있는 경우」라는 것도 공유자의 한 사람이라도 현물분할에 의하여 단독으로 소유하게 될 부분의 가액이 분할 전의 소유지분 가액보다 현저하게 감손될 염려가 있는 경우도 포함한다고 한다(대판 2002. 4. 12, 2002다4580; 대판 2023. 6. 29, 2023다217916). 그러나 이 경우에도 재판에 의한 공유물 분할은 공유자별 지분에 따른 합리적인 분할을 할 수 있는 한 현물분할을 하는 것이 원칙이므로, 원고가 바라는 방법에 따른 현물분할을 하는 것이 부적당하거나 이 방법에 따르면 그 가액이 현저히 감손될 염려가 있다고 하여 이를 이유로 곧바로 경매에 따른 대금분할을 명하여서는 안 되고(대판 1991. 11. 12, 91다27228; 대판 2023. 6. 29, 2023다217916), 불가피하게 대금분할을 할 수밖에 없는 요건에 관한 객관적 · 구체적인 심리 없이 단순히 공유자들 사이에 분할의 방법에 관하여 의사가 합치하고 있지 않다는 등의 주관적 · 추상적인 사정에 터잡아 함부

로 대금분할을 명하는 것은 허용될 수 없다고 한다(대판 2009. 9. 10, 2009다40219 · 40226; 대판 2023. 6. 29, 2020다260025; 대판 2023. 6. 29, 2023다217916). 특히 공동상속을 원인으로 하는 공유관계처럼 공유자들 사이에 긴밀한 유대관계가 있어서 이들 사이에 공유물 사용에 관한 명시적 또는 묵시적 합의가 있었고, 공유자 전부 또는 일부가 분할의 목적이 된 공유토지나 그 지상 건물에서 거주 · 생활하는 등 공유물 점유 · 사용의 형태를 보더라도 이러한 합의를 충분히 추단할 수 있는 사안에서, 그러한 공유자 일부의 지분을 경매 등으로 취득한 사람이 공유물 점유 · 사용에 관한 기존의 명시적 · 묵시적 합의를 무시하고 경매분할의 방법으로 분할할 것을 주장한다면 법원으로서는 기존 공유자들의 합의에 의한 점유 · 사용관계를 해치지 않고 공유물을 분할할 수 있는 방법을 우선적으로 강구하여야 하며, 따라서 이러한 경우 법원이 경매분할을 선택하기 위해서는 현물로 분할할 수 없거나 현물로 분할하게 되면 그 가액이 현저히 감손될 염려가 있다는 사정이 분명하게 드러나야 하고, 현물분할을 위한 금전적 조정에 어려움이 있다고 하여 경매분할을 명하는 것에는 매우 신중해야 한다고 한다(대판 2023. 6. 29, 2020다260025).

〈판 례〉

(ㄱ) 「공유물분할의 소는 형성의 소로서 공유자 상호 간의 지분의 교환 또는 매매를 통하여 공유의 객체를 단독 소유권의 대상으로 하여 그 객체에 대한 공유관계를 해소하는 것을 말하므로, 법원은 공유물분할을 청구하는 자가 구하는 방법에 구애받지 아니하고 자유로운 재량에 따라 공유관계나 그 객체인 물건의 제반 상황에 따라 공유자의 지분비율에 따른 합리적인 분할을 하면 된다. 따라서 여러 사람이 공유하는 물건을 분할하는 경우 원칙적으로는 각 공유자가 취득하는 면적이 그 공유 지분의 비율과 같도록 하여야 할 것이나, 반드시 그런 방법으로만 분할하여야 하는 것은 아니고, 분할 대상이 된 공유물의 형상이나 위치, 그 이용 상황이나 경제적 가치가 균등하지 아니할 때에는 이와 같은 여러 사정을 고려하여 경제적 가치가 지분비율에 상응되도록 분할하는 것도 허용되며, 일정한 요건이 갖추어진 경우에는 공유자 상호 간에 금전으로 경제적 가치의 과부족을 조정하여 분할을 하는 것도 현물분할의 한 방법으로 허용된다. 나아가 공유관계의 발생원인과 공유 지분의 비율 및 분할된 경우의 경제적 가치, 분할 방법에 관한 공유자의 희망 등의 여러 사정을 종합적으로 고려하여 당해 공유물을 특정한 자에게 취득시키는 것이 상당하다고 인정되고, 다른 공유자에게는 그 지분의 가격을 취득시키는 것이 공유자 간의 실질적인 공평을 해치지 않는다고 인정되는 특별한 사정이 있는 때에는 공유물을 공유자 중의 1인의 단독소유

또는 수인의 공유로 하되 현물을 소유하게 되는 공유자로 하여금 다른 공유자에 대하여 그 지분의 적정하고도 합리적인 가격을 배상시키는 방법에 의한 분할도 현물분할의 하나로 허용된다(대법원 2004. 10. 14. 선고 2004다30583 판결 등 참조). 이때 그 가격배상의 기준이 되는 '지분가격'이란 공유물분할 시점의 객관적인 교환가치에 해당하는 시장가격 또는 매수가격을 의미하는 것으로, 그 적정한 산정을 위해서는 분할 시점에 가까운 사실심 변론종결일을 기준으로 변론과정에 나타난 관련 자료를 토대로 최대한 객관적 · 합리적으로 평가하여야 하므로, 객관적 시장가격 또는 매수가격에 해당하는 시가의 변동이라는 사정을 일절 고려하지 않은 채 그러한 사정이 제대로 반영되지 아니한 감정평가액에만 의존하여서는 아니 된다(대법원 2022. 9. 7. 선고 2022다244805 판결 참조).」(대판 2023. 6. 29, 2023다217916)

(ㄴ)「여러 사람이 공유하는 물건을 현물분할하는 경우에는 분할청구자의 지분한도 안에서 현물분할을 하고 분할을 원하지 않는 나머지 공유자는 공유로 남는 방법도 허용된다고 보아야 할 것이다(대법원 1991. 11. 12. 선고 91다27228 판결, 대법원 1993. 12. 7. 선고 93다27819 판결 등 참조). 그러나 분할청구자가 상대방들을 공유로 남기는 방식의 현물분할을 청구하고 있다고 하여, 상대방들이 그들 사이만의 공유관계의 유지를 원하고 있지 아니한데도 상대방들을 여전히 공유로 남기는 방식으로 현물분할을 하여서는 아니 된다.」(대판 2015. 3. 26, 2014다233428)

(ㄷ)「공유물 분할청구의 소는 형성의 소로서 법원은 공유물 분할을 청구하는 원고가 구하는 방법에 구애받지 않고 재량에 따라 합리적 방법으로 분할을 명할 수 있으므로, 여러 사람이 공유하는 물건을 현물분할하는 경우에는 분할청구자의 지분 한도 안에서 현물분할을 하고 분할을 원하지 않는 나머지 공유자는 공유로 남게 하는 방법도 허용된다고 할 것이나, 그렇다고 하더라도 공유물 분할을 청구한 공유자의 지분한도 안에서는 공유물을 현물 또는 경매 · 분할함으로써 공유관계를 해소하고 단독소유권을 인정하여야지, 그 분할청구자 지분의 일부에 대하여만 공유물 분할을 명하고 일부 지분에 대하여는 이를 분할하지 아니한 채 공유관계를 유지하도록 하는 것은 허용될 수 없다.」(대판 2010. 2. 25, 2009다79811)

(ㄹ)「분할청구자들이 그들 사이의 공유관계의 유지를 원하고 있지 아니한데도 분할청구자들과 상대방 사이의 공유관계만 해소한 채 분할청구자들을 여전히 공유로 남기는 방식으로 현물분할을 하는 것은 허용될 수 없다.」(대판 2015. 7. 23, 2014다88888)

(ㅁ) 공유물 분할에 관한 소송계속 중 변론종결일 전에 공유자 중 1인인 갑의 공유지분의 일부가 을 및 병 주식회사 등에게 이전된 사안에서, 변론종결 시까지 민사소송법 제81조에서 정한 승계참가나 민사소송법 제82조에서 정한 소송인수 등의 방식으로 일부 지분권을 이전받은 자가 소송의 당사자가 되었어야 함에도 그렇지 못하였으므로 위 소송 전부가 부적법하게 되었다고 한 사례(대판 2014. 1. 29, 2013다78556).

(ㅂ)「공유물 분할 청구의 소는 형성의 소로서 법원은 공유물 분할을 청구하는 원고가 구하는 방법에 구애받지 않고 재량에 따라 합리적 방법으로 분할을 명할 수 있다. 그러나 법원은 등기의무자, 즉 등기부상의 형식상 그 등기에 의하여 권리를 상실하거

나 기타 불이익을 받을 자(등기명의인이거나 그 포괄승계인)가 아닌 자를 상대로 등기의 말소절차 이행을 명할 수는 없다.」(대판 2020. 8. 20, 2018다241410 · 241427)

[140] (4) 분할의 효과

1) 지분의 교환 · 매매　현물분할의 경우에는 지분의 교환이 있게 되고, 가격배상의 경우에는 지분의 매매가 있게 된다(통설 · 판례도 같음. 대판 1984. 4. 24, 83누717; 대판 1998. 3. 10, 98두229). 이와 같이 분할이 지분의 교환 또는 매매의 실질을 가지므로, 분할의 효과는 소급하지 않는다. 다만, 공동상속재산의 공유의 경우에는 분할의 소급효가 인정된다(1015조 참조).

그리고 각 공유자는 다른 공유자가 분할로 인하여 취득한 물건에 대하여 그 지분의 비율로 매도인과 동일한 담보책임이 있다(270조). 이는 분할이 지분의 교환이나 매매에 해당하기 때문에 당연한 것이다. 그 결과 제570조 이하의 규정에 의하여 일정한 요건 하에 손해배상 · 대금감액 · 해제(재분할이 이에 해당) 등의 담보책임을 물을 수 있다. 그러나 재판에 의한 분할의 경우에는 해제는 인정되지 않는다고 새겨야 한다(이설 없음). 해제에 의하여 재판의 결과를 뒤집는 것은 허용되지 않기 때문이다(같은 취지: 곽윤직, 218면; 김상용, 410면; 김용한, 336면; 김학동, 325면. 고상룡, 380면; 이영준, 618면은 해제는 계약에 관하여 인정되는 것이기 때문이라고 한다).

2) 지분상의 담보물권　공유자 1인의 지분 위에 존재하는 담보물권이 분할에 의하여 어떠한 영향을 받는지에 관하여는 명문의 규정이 없어서 해석으로 결정하여야 한다. 그런데 언제나 즉 ① 지분 위에 담보물권을 설정한 공유자가 공유물의 전부를 취득한 경우, ② 그 공유자가 공유물의 일부를 취득한 경우, ③ 그 공유자가 전혀 취득하지 않고 제 3 자나 다른 공유자가 공유물을 취득한 경우 중 어느 것에 해당하든 그 지분이 존속하고 담보물권은 그 지분 위에 존속한다고 하여야 한다(통설임. 그러나 김상용, 410면은 ②의 경우에는 취득한 물건 위에 존속한다고 한다). 판례도, 갑, 을의 공유인 부동산 중 갑의 지분 위에 설정된 근저당권 등 담보물권은 특단의 합의가 없는 한 공유물분할이 된 뒤에도 종전의 지분비율대로 공유물 전부 위에 그대로 존속하고 근저당권설정자인 갑 앞으로 분할된 부분에 당연히 집중되는 것은 아니므로, 갑과 담보권자 사이에 공유물 분할로 갑의 단독소유로 된 토지부분 중 원래의 을 지분부분을 근저당권의 목적물에 포함시키기로 합의하였다고 하여도 이런 합의가 을의 단독소유로 된 토지부분 중 갑 지분부분에 대한 피담보채권을 소멸시키기로 하는 합의까지 내포한 것이라고는 할 수 없다고 하여(대판 1989. 8. 8, 88다카24868), 이와 유사하

다. 한편 ③의 경우에는 담보물권자가 물상대위의 규정(342조·370조)에 의하여 지분권자가 받은 대금 위에 권리를 행사할 수도 있는가가 문제되는데, 그에 관하여는 i) 긍정설(고상룡, 381면; 곽윤직, 219면; 김용한, 337면; 이영준, 617면)과 ii) 부정설(김상용, 411면; 이상태, 285면; 주해(5), 600면(민일영))이 대립하고 있다. 생각건대 물상대위가 목적물의 멸실·훼손·공용징수의 경우에 한하여 인정되는 만큼(342조 참조) 지분의 매매에 해당하는 가격배상이나 대금분할에 있어서는 물상대위가 인정되지 않는다고 하여야 할 것이다(같은 취지: 주해(5), 600면(민일영)).

〈판 례〉

「대금분할을 명한 공유물 분할 확정판결의 당사자인 공유자가 공유물 분할을 위한 경매를 신청하여 진행된 경매절차에서 공유물 전부에 관하여 매수인에 대한 매각허가결정이 확정되고 매각대금이 완납된 경우, 매수인은 공유물 전부에 대한 소유권을 취득하게 되고, 이에 따라 각 공유지분을 가지고 있던 공유자들은 지분소유권을 상실하게 된다. 그리고 대금분할을 명한 공유물 분할 판결의 변론이 종결된 뒤(변론 없이 한 판결의 경우에는 판결을 선고한 뒤) 해당 공유자의 공유지분에 관하여 소유권이전청구권의 순위보전을 위한 가등기가 마쳐진 경우, 대금분할을 명한 공유물 분할 확정판결의 효력은 민사소송법 제218조 제 1 항이 정한 변론종결 후의 승계인에 해당하는 가등기권자에게 미치므로, 특별한 사정이 없는 한 위 가등기상의 권리는 매수인이 매각대금을 완납함으로써 소멸한다.」(대판 2021. 3. 11, 2020다253836)

Ⅲ. 합 유 [141]

1. 합유의 의의 및 법적 성질

합유는 수인이 조합체로서 물건을 소유하는 것이다(271조 1항 1문). 그리고 여기서 조합체라 함은 합수적(合手的) 조합, 즉 동일목적을 가지고 결합되어 있으나 아직 단일적 활동체로서 단체적 체제를 갖추지 못하고 있는 복수인의 결합체를 가리킨다.

합유에 있어서도 공유에서처럼 합유자는 지분을 가진다. 그러나 지분처분의 자유와 분할청구권이 없는 점에서 공유와 다르다.

2. 합유의 성립

합유가 성립하기 위하여서는 그 전제로서 조합체의 존재가 필요하다. 그리고 그 조합체가 어떤 물건에 대한 소유권을 취득함으로써 합유가 성립한다. 한편 조합체의 성립원인에는 계약과 법률규정의 둘이 있다(271조 1항의 「법률의 규정 또는 계약」은 합유의 성립원인이 아니고 조합체의 성립원인으로 보아야 한다). 이들 중 계약은 조합계약을 의미하며 대표적인 예는 동업계약이다(대판 2002. 6. 14, 2000다30622도 참조). 그리고 법률규정에 의하여 조합체가 성립하는 경우로는 신탁에 있어서 수탁자가 여럿인 경우(신탁법 50조는 이때의 신탁재산은 합유라고 규정한다)와 공동광업권자가 공동소유하는 경우(광업법 17조 5항 · 30조)가 있다. 조합체가 어떤 원인에 의하여 성립하든 그 소유권 취득에는 물권변동의 일반이론이 적용된다. 따라서 어떤 경우든 부동산을 합유하는 때에는 합유등기를 하여야 한다(부등법 48조 4항).

〈판 례〉

(ㄱ) 「수인이 부동산을 공동으로 매수한 경우, 매수인들 사이의 법률관계는 공유관계로서 단순한 공동매수인에 불과하여 매도인은 매수인 수인에게 그 지분에 대한 소유권이전등기 의무를 부담하는 경우도 있을 수 있고, 그 수인을 조합원으로 하는 조합체에서 매수한 것으로서 매도인이 소유권 전부의 이전의무를 그 조합체에 대하여 부담하는 경우도 있을 수 있으나, 매수인들이 상호 출자하여 공동사업을 경영할 것을 목적으로 하는 조합이 조합재산으로서 부동산의 소유권을 취득하였다면 민법 제271조 제 1 항의 규정에 의하여 당연히 그 조합체의 합유물이 되고, 다만 그 조합체가 합유등기를 하지 아니하고 그 대신 조합원 1인의 명의로 소유권이전등기를 하였다면 이는 조합체가 그 조합원에게 명의신탁한 것으로 보아야 한다.」(대판 2006. 4. 13, 2003다25256)

(ㄴ) 「조합체가 조합원에게 명의신탁한 부동산의 소유권은 위에서 본 법리(부동산실명법 4조에 의한 소유권 귀속 법리: 저자 주)에 따라 물권변동이 무효인 경우 매도인에게, 유효인 경우 명의수탁자에게 귀속된다. 이 경우 조합재산은 소유권이전등기 청구권 또는 부당이득 반환채권이고, 신탁부동산 자체는 조합재산이 될 수 없다.」(대판 2019. 6. 13, 2017다246180)

(ㄷ) 「수인이 부동산을 공동으로 매수한 경우, 매수인들 사이의 법률관계는 공유관계로서 단순한 공동매수인에 불과할 수도 있고, 그 수인을 조합원으로 하는 동업체에서 매수한 것일 수도 있는데(대법원 2002. 6. 14. 선고 2000다30622 판결, 대법원 2009. 12. 24. 선고 2009다75635, 75642 판결 등 참조), 부동산의 공동매수인들이 전매차익을 얻으려는 '공동의 목적 달성'을 위하여 상호 협력한 것에 불과하고 이를 넘어 '공동사업을 경영할 목적'이 있었다고 인정되지 않는 경우에는 이들 사이의 법률관계는 공유관계에 불과할 뿐 민법상 조합관계에 있다고 볼 수 없다(대법원 2004. 4. 9. 선고 2003다60778 판결, 대법원 2010. 2. 11. 선고 2009다79729 판결 등 참조).

공동매수의 목적이 전매차익의 획득에 있을 경우 그것이 공동사업을 위하여 동업체에서 매수한 것이 되려면, 적어도 공동매수인들 사이에서 그 매수한 토지를 공유가 아닌 동업체의 재산으로 귀속시키고 공동매수인 전원의 의사에 기하여 전원의 계산으로 처분한 후 그 이익을 분배하기로 하는 명시적 또는 묵시적 의사의 합치가 있어야만 할 것이고, 이와 달리 공동매수 후 매수인별로 토지에 관하여 공유에 기한 지분권을 가지고 각자 자유롭게 그 지분권을 처분하여 대가를 취득할 수 있도록 한 것이라면 이를 동업체에서 매수한 것으로 볼 수는 없다.」(대판 2012. 8. 30, 2010다39918)

(ㄹ) 동업 목적의 조합체가 부동산을 조합재산으로 취득하였으나 합유등기가 아닌 조합원들 명의로 공유등기를 하였다면 그 공유등기는 조합체가 조합원들에게 각 지분에 관하여 명의신탁한 것에 불과하므로 부동산실명법 제 4 조 제 2 항 본문이 적용되어 명의수탁자인 조합원들 명의의 소유권이전등기는 무효이어서 그 부동산 지분은 조합원들의 소유가 아니기 때문에 이를 일반채권자들의 공동담보에 공하여지는 책임재산이라고 볼 수 없고, 따라서 조합원들 중 1인이 조합에서 탈퇴하면서 나머지 조합원들에게 그 지분에 관한 소유권이전등기를 경료하여 주었다 하더라도 그로써 채무자인 그 해당 조합원의 책임재산에 감소를 초래한 것이라고 할 수 없으므로, 이를 들어 일반채권자를 해하는 사해행위라고 볼 수는 없으며, 그에게 사해의 의사가 있다고 볼 수도 없다고 한 사례(대판 2002. 6. 14, 2000다30622).

(ㅁ) 「민법 제271조 제 1 항은 "법률의 규정 또는 계약에 의하여 수인이 조합체로서 물건을 소유하는 때에는 합유로 한다. 합유자의 권리는 합유물 전부에 미친다"고 규정하고, 민법 제704조는 "조합원의 출자 기타 조합재산은 조합원의 합유로 한다"고 규정하고 있으므로, 동업을 목적으로 한 조합이 조합체로서 또는 조합재산으로서 부동산의 소유권을 취득하게 되었다면, 민법 제271조 제 1 항의 규정에 의하여 당연히 그 조합체의 합유물이 된다 할 것인데, 공유자들 사이에 조합관계가 성립하여 각자가 부동산을 조합재산으로 출연하였음에도 그 조합체 재산에 관한 소유권등기를 함에 있어서 이를 합유로 하지 아니하고 공유로 한 경우에는 제 3 자에 대한 관계에서는 공유관계임을 전제로 한 법률관계만이 적용될 뿐이므로 조합원들이 공유자로서 소유권행사를 할 수 있을 것임은 별론으로 하고, 조합원들 상호간 및 조합원과 조합체 상호간의 내부관계에서는 조합계약에 따른 효력으로 인하여 그 재산은 조합계약상의 공동사업을 위해 출자된 합유물인 특별재산으로 취급될 것이므로 조합원들로서는 그 지분의 회수방법으로서 조합을 탈퇴하여 조합지분 정산금을 청구하거나 일정한 경우 조합체의 해산청구를 할 수 있는 등의 특별한 사정이 없는 한 그 합유물에 대하여 곧바로 분할청구를 할 수는 없다.」(대판 2009. 12. 24, 2009다57064)

3. 합유의 법률관계

합유자의 권리, 즉 지분은 합유물의 전부에 미친다(271조 1항 2문). 합유관계의 그 밖의 내용은 계약에 의하여 정하여진다. 그런데 만약 계약이 없으면 제272조 내지 제274조에 의한다(271조 2항). 이들 규정을 보기로 한다(이들은 모두 임의규정인 셈이다).

합유물에 관한 보존행위, 가령 합유물에 관하여 경료된 소유권이전등기의 말소청구는 합유자 각자가 단독으로 할 수 있으나(대판 1997. 9. 9, 96다16896), 합유물을 처분 또는 변경하려면 합유자 전원의 동의가 있어야 한다(272조). 그리고 판례는, 민법상 조합인 공동수급체가 경쟁입찰에 참가하였다가 다른 경쟁업체가 낙찰자로 선정된 경우에 그 공동수급체의 구성원 중 1인이 그 낙찰자 선정이 무효임을 주장하며 무효확인의 소를 제기하는 것은 합유재산의 보존행위에 해당한다고 한다(대판 2013. 11. 28, 2011다80449). 나아가 판례는 합유부동산에 관하여 합유자 1인이 단독명의로 행한 소유권보존등기는 실질관계에 부합하지 않는 원인무효의 등기라고 하므로(대판 1970. 12. 29, 69다22), 그에 따르면 다른 합유자는 그 보존등기의 말소를 청구할 수 있을 것이다.

합유물에 대한 지분의 처분에도 합유자 전원의 동의가 필요하다(273조 1항). 만약 지분매매를 합유자 전원의 동의 없이 한 경우에는 효력이 없다(대판 1970. 12. 29, 69다22). 그리고 합유자는 합유물의 분할을 청구하지 못한다(273조 2항). 즉 합유재산 전체의 분할은 물론이고 개개의 합유물의 분할도 하지 못한다.

〈판 례〉

「부동산의 합유자 중 일부가 사망한 경우 합유자 사이에 특별한 약정이 없는 한 사망한 합유자의 상속인은 합유자로서의 지위를 승계하는 것이 아니므로, 해당 부동산은 잔존 합유자가 2인 이상일 경우에는 잔존 합유자의 합유로 귀속되고 잔존 합유자가 1인인 경우에는 잔존 합유자의 단독소유로 귀속된다.」(대판 1996. 12. 10, 96다23238)

4. 합유의 종료

합유관계의 종료는 합유물의 전부가 양도된 경우와 조합체가 해산된 경우에만 일어난다(274조 1항). 조합체의 해산으로 합유관계가 종료하는 때에는 합유재산의 분할이 행하여지는데, 그 분할에는 공유물 분할에 관한 규정이 준용된다(274조 2항).

[142] Ⅳ. 총 유

1. 총유의 의의 및 법적 성질

총유는 법인 아닌 사단의 사원이 집합체로서 물건을 소유하는 것이다(275조 1항). 총유에 있어서는 소유권의 내용이 관리·처분의 권능과 사용·수익의 권능으로 나뉘어, 전자는 구성원의 총체(즉 단체)에 속하고 후자는 각 구성원에게 속하게 된다.

2. 총유의 주체

총유의 주체는 법인 아닌 사단의 사원이다. 법인 아닌 사단은 매우 다양한데, 종중과 교회가 그 대표적인 예이다(그 밖의 예에 관하여는 민법총칙 [321] 참조).

〈판 례〉

대법원은, 5형제가 종산을 구입하여 부모 묘소를 쓰기로 합의하고 그 중 자력이 있는 4형제가 돈을 모아 임야를 매수하여 맏형 명의로 소유권이전등기를 경료하고 부모 등의 묘소를 설치한 경우 위 임야는 부를 중시조로 하는 종중의 종산으로 보존하기 위하여 매수한 것으로서 5형제의 총유라고 한 적이 있다(대판 1992. 10. 27, 91다11209).

총유재산이 부동산인 경우에는 등기하여야 하며, 이때 등기신청은 사단 명의로 그 대표자 또는 관리인이 한다(부등법 26조).

3. 총유의 법률관계

총유의 법률관계는 사단의 정관 기타 규약에 의하여 규율되나, 이들에 정한 것이 없으면 제276조 및 제277조에 의하게 된다(275조 2항). 이들 규정(임의규정임)의 내용은 다음과 같다.

총유물의 관리 및 처분은 사원총회의 결의에 의하여 한다(276조 1항). 그러나 총유물의 사용·수익은 각 사원이 정관 기타 규약에 좇아 이를 할 수 있다(276조 2항).

〈판 례〉

(ㄱ) 「민법 제275조, 제276조 제 1 항은 총유물의 관리 및 처분에 관하여는 정관이나 규약에 정한 바가 있으면 그에 의하되 정관이나 규약에서 정한 바가 없으면 사원총회의 결의에 의하도록 규정하고 있으므로, 이러한 절차를 거치지 아니한 총유물의 관리·처분행위는 무효라 할 것이고, 이 법리는 민법 제278조에 의하여 소유권 이외의 재산권에 대하여 준용되고 있다. 그런데 위 법조에서 말하는 총유물의 관리 및 처분이라 함은 총유물 그 자체에 관한 이용·개량행위나 법률적·사실적 처분행위를 의미하는 것이므로, 타인 간의 금전채무를 보증하는 행위는 총유물 그 자체의 관리·처분이 따르지 아니하는 단순한 채무부담행위에 불과하여 이를 총유물의 관리·처분행위라고 볼 수는 없다 할 것이다.…

원심이 적법하게 확정한 사실에 의하면 피고 조합장이 이 사건 보증을 함에 있어서 이 사건 규약에 따른 조합 임원회의 결의를 거치지 아니한 사실을 알 수 있으나, 이 사건 보증계약은 수급인인 소외 회사와 하수급인인 원고 사이의 금전채무를 보증하는 것에 불과하여 총유물의 관리·처분행위에 해당하지 아니하므로 총유물 관리·처분에 관한 법리가 적용될 수 없고, 따라서 이 사건 규약에서 정한 조합 임원회의 결의를 거치지 아니하였다거나 조합원총회 결의를 거치지 않았다고 하더라도 그것만으로 바로 이 사건 보증계약이 무효라고 할 수는 없다 할 것이다. 다만, 이와 같은 경우에 조합 임원회의 결의를 거치도록 한 이 사건 규약은 그 조합장의 대표권을 제한하는 규정에 해당하는 것이므로, 거래 상대방이 그와 같은 대표권제한 및 그 위반 사실을 알았거나 과실로 인하여 이를 알지 못한 때에는 그 거래행위가 무효로 된다고 봄이 상당하며, 이 경우 그 거래 상대방이 대표권제한 및 그 위반 사실을 알았거나 알지 못한 데에 과실이 있다는 사정은 그 거래의 무효를 주장하는 측이 이를 주장·입증하여야 할 것이다(대법원 2003. 7. 22. 선고 2002다64780 판결 참조).」(대판(전원) 2007. 4. 19, 2004다60072·60089)

(ㄴ) 「주택건설촉진법에 의하여 설립된 재건축조합은 민법상의 비법인 사단에 해당하고, 총유물의 관리 및 처분에 관하여는 정관이나 규약에 정한 바가 있으면 이에 따라야 하고, 그에 관한 정관이나 규약이 없으면 사원총회의 결의에 의하여 하는 것이므로 정관이나 규약에 정함이 없는 이상 사원총회의 결의를 거치지 않은 총유물의 관리 및 처분행위는 무효라고 할 것이나(대법원 1996. 8. 20. 선고 96다18656 판결, 2001. 5. 29. 선고 2000다10246 판결 참조), 총유물의 관리 및 처분행위라 함은 총유물 그 자체에 관한 법률적, 사실적 처분행위와 이용, 개량행위를 말하는 것으로서 피고 조합이 재건축사업의 시행을 위하여 설계용역계약을 체결하는 것은 단순한 채무부담행위에 불과하여 총유물 그 자체에 대한 관리 및 처분행위라고 볼 수 없다.」(대판 2003. 7. 22, 2002다64780. 같은 취지: 대판 2006. 1. 27, 2004다45349)

(ㄷ) 「민법 제276조 제 1 항은 "총유물의 관리 및 처분은 사원총회의 결의에 의한다," 같은 조 제 2 항은 "각 사원은 정관 기타의 규약에 좇아 총유물을 사용·수익할 수 있다"라고 규정하고 있을 뿐 공유나 합유의 경우처럼 보존행위는 그 구성원 각자가 할 수 있다는 민법 제265조 단서 또는 민법 제272조 단서와 같은 규정을 두고 있지 아니한바, 이는 법인 아닌 사단의 소유형태인 총유가 공유나 합유에 비하여 단체성이 강하고 구성원 개인들의 총유재산에 대한 지분권이 인정되지 아니하는 데에서 나온 당연한 귀결이라고 할 것이다.

따라서 총유재산에 관한 소송은 법인 아닌 사단이 그 명의로 사원총회의 결의를 거쳐 하거나 또는 그 구성원 전원이 당사자가 되어 필수적 공동소송의 형태로 할 수 있을 뿐 그 사단의 구성원은 설령 그가 사단의 대표자라거나 사원총회의 결의를 거쳤다 하더라도 그 소송의 당사자가 될 수 없고, 이러한 법리는 총유재산의 보존행위로서 소를 제기하는 경우에도 마찬가지라 할 것이다.」(대판(전원) 2005. 9. 15, 2004다44971. 같은 취지: 대판 2007. 7. 26, 2006다64573)

(ㄹ) 「주택조합이 주체가 되어 신축 완공한 건물로서 조합원 외의 일반에게 분양되

는 부분은 조합원 전원의 총유에 속하며, 총유물의 관리 및 처분에 관하여 주택조합의 정관이나 규약에 정한 바가 있으면 이에 따라야 하고 그에 관한 정관이나 규약이 없으면 조합원 총회의 결의에 의하여야 할 것이며, 그와 같은 절차를 거치지 않은 행위는 무효라고 할 것이다.」(대판 2007. 12. 13, 2005다52214)

(ㅁ) 「비법인 사단인 피고 주택조합의 대표자가 조합총회의 결의를 거쳐야 하는 조합원 총유에 속하는 재산의 처분에 관하여는 조합원 총회의 결의를 거치지 아니하고는 이를 대리하여 결정할 권한이 없다 할 것이어서 피고 주택조합의 대표자가 행한 총유물인 이 사건 건물의 처분행위에 관하여는 민법 제126조의 표현대리에 관한 규정이 준용될 여지가 없다 할 것이다(대법원 2002. 2. 8. 선고 2001다57679 판결 참조).」(대판 2003. 7. 11, 2001다73626. 교회재산 처분에 관하여 같은 취지의 판결로 대판 2009. 2. 12, 2006다23312가 있음)

(ㅂ) 재건축조합의 조합장이 특정 조합원에게 그가 출자한 대지에 관하여 다른 조합원들과는 달리 실제면적 이상의 할증보상을 하여 주겠다는 내용의 약정을 체결한 행위는 재건축조합이 가지고 있는 총유물 그 자체에 관한 관리 및 처분행위에 해당하므로 이에 관하여 별도의 정관이나 규약을 가지고 있지 않고 재건축조합의 총회 결의도 없었다면 위 약정은 무효라고 한 사례(대판 2006. 1. 27, 2004다45349).

(ㅅ) 「총유물의 처분이라 함은 '총유물을 양도하거나 그 위에 물권을 설정하는 등의 행위'를 말하므로, 그에 이르지 않은 단순히 '총유물의 사용권을 타인에게 부여하거나 임대하는 행위'는 원칙적으로 총유물의 처분이 아닌 관리행위에 해당한다고 보아야 한다(대법원 1962. 4. 4. 선고 62다1 판결, 대법원 1998. 10. 2. 선고 98다28978 판결 등 참조). 한편 민법 제619조에 의하면 처분의 능력 또는 권한 없는 사람도 석조, 석회조, 연와조 및 그와 유사한 건축물을 목적으로 한 토지의 임대차의 경우에는 10년, 그 밖의 토지의 임대차의 경우에는 5년의 범위 안에서 다른 사람에게 토지를 임대할 수 있으므로, 종중이 종중총회의 결의에 의하지 않고 타인에게 기한을 정하지 않은 채 건축물을 목적으로 하는 토지의 사용권을 부여하였다고 하더라도 이를 곧 처분행위로 단정하여 그 전체가 무효라고 볼 것이 아니라 관리권한에 기하여 사용권의 부여가 가능한 범위 내에서는 관리행위로서 유효할 여지가 있다고 봄이 상당하다.」(대판 2012. 10. 25, 2010다56586)

(ㅇ) 「총유물의 보존에 있어서는 공유물의 보존에 관한 민법 제265조의 규정이 적용될 수 없고, 민법 제276조 제 1 항의 규정에 따른 사원총회의 결의를 거치거나 정관이 정하는 바에 따른 절차를 거쳐야 하므로, 법인 아닌 사단인 교회가 그 총유재산에 대한 보존행위로서 소송을 하는 경우에도 교인 총회의 결의를 거치거나 그 정관이 정하는 바에 따른 절차를 거쳐야 한다(대법원 2007. 12. 27. 선고 2007다17062 판결 참조).」(대판 2014. 2. 13, 2012다112299 · 112305)

(ㅈ) 「비법인사단의 사원총회가 그 총유물에 관한 매매계약의 체결을 승인하는 결의를 하였다면, 통상 그러한 결의에는 그 매매계약의 체결에 따라 발생하는 채무의 부담과 이행을 승인하는 결의까지 포함되었다고 봄이 상당하므로, 비법인사단의 대표자가 그 채무에 대하여 소멸시효 중단의 효력이 있는 승인을 하거나 그 채무를 이행

할 경우에는 특별한 사정이 없는 한 별도로 그에 대한 사원총회의 결의를 거칠 필요는 없다고 보아야 한다.

또한, 민법 제275조, 제276조 제 1 항에서 말하는 총유물의 관리 및 처분이란 총유물 그 자체에 관한 이용 · 개량행위나 법률적 · 사실적 처분행위를 의미하므로(대법원 2007. 4. 19. 선고 2004다60072, 60089 전원합의체 판결 참조), 비법인사단이 총유물에 관한 매매계약을 체결하는 행위는 총유물 그 자체의 처분이 따르는 채무부담행위로서 총유물의 처분행위에 해당하나, 그 매매계약에 의하여 부담하고 있는 채무의 존재를 인식하고 있다는 뜻을 표시하는 데 불과한 소멸시효 중단사유로서의 승인은 총유물 그 자체의 관리 · 처분이 따르는 행위가 아니어서 총유물의 관리 · 처분행위라고 볼 수 없다. 따라서 피고의 대표자가 이 사건 매매계약에 따른 소유권이전등기의무에 대하여 소멸시효 중단의 효력이 있는 승인을 하는 경우에 있어 주민총회의 결의를 거치지 않았다고 하더라도 그것만으로 그 승인이 무효라고 할 수는 없다.」(대판 2009. 11. 26, 2009다64383)

㈅ 「비법인사단이 총유재산에 관한 소를 제기할 때에는 정관에 다른 정함이 있는 등의 특별한 사정이 없는 한 사원총회의 결의를 거쳐야 하지만(대법원 2011. 7. 28. 선고 2010다97044 판결 등 참조), 이는 비법인사단의 대표자가 비법인사단 명의로 총유재산에 관한 소를 제기하는 경우에 비법인사단의 의사결정과 특별수권을 위하여 필요한 내부적인 절차이다. 채권자대위권은 채무자가 스스로 자기의 권리를 행사하지 아니하는 때에 채권자가 채무자에 대한 채권을 보전하기 위하여 채무자의 의사와는 상관없이 채무자의 권리를 대위하여 행사할 수 있는 권리로서 그 권리행사에 채무자의 동의를 필요로 하는 것은 아니므로, 비법인사단이 총유재산에 관한 권리를 행사하지 아니하고 있어 비법인사단의 채권자가 채권자대위권에 기하여 비법인사단의 총유재산에 관한 권리를 대위행사하는 경우에는 사원총회의 결의 등 비법인사단의 내부적인 의사결정절차를 거칠 필요가 없다.」(대판 2014. 9. 25, 2014다211336)

4. 총유물에 관한 권리 · 의무의 취득 · 상실

총유물에 관한 사원의 권리 · 의무는 사원의 지위를 취득 · 상실함으로써 취득 · 상실된다(277조). 대법원은, 비법인 사단인 어촌계의 구성원은 비록 그가 어촌계의 계원으로 있을 당시 어촌계가 취득한 보상금이라 하더라도 그 분배 결의 당시 계원의 신분을 상실하였다면 그 결의의 효력을 다툴 법률상의 이해관계가 없다고 하며(대판 2000. 5. 12, 99다71931), 교회의 일부 교인들이 교회를 탈퇴한 경우에 그 교인들은 종전 교회의 총유 재산의 관리처분에 관한 의결에 참가할 수 있는 지위나 그 재산에 대한 사용 · 수익권을 상실하고, 교단에 소속되어 있던 지교회의 교인들의 일부가 소속 교단을 탈퇴하기로 결의한 다음 종전 교회를 나가 별도의 교회를 설립하여 별도의 대표자를 선정하고 나아가 다른 교단에 가입한 경우에 그 교회 소속 교인들은 더 이상 종전 교회의 재산에 대한 권리를 보유할 수 없게 된다고 한다(대판(전원) 2006. 4. 20, 2004다37775).

V. 준공동소유 [143]

(1) 준공동소유란 소유권 이외의 재산권이 수인에게 공동으로 귀속하는 경우를 가리킨다. 준공동소유의 형태에는 공동소유와 마찬가지로 준공유 · 준합유 · 준총유의 세 가지가 있다.

(2) 준공동소유가 인정되는 재산권의 주요한 것으로는 지상권 · 전세권 · 지역권 · 저당권(대판 2006. 2. 10, 2004다2762; 대판 2008. 3. 13, 2006다31887 참조) 등의 물권과 주식 · 광업권 · 어업권 · 저작권 · 특허권 등이 있다(통설도 같음. 이은영, 507면은 제한물권에 대한 준공동소유를 부정한다). 그런데 채권에 관하여 준공동소유가 인정되는지, 인정된다고 할 때 어떤 규정에 의하여 규율될 것인지에 관하여는 다투어진다(채권법총론 [148]도 참조).

〈판 례〉

(ㄱ) 대법원은, 택지개발예정지구 내의 이주자택지 공급대상자가 사망하여 공동상속인들이 이주자택지에 관한 공급계약을 체결할 수 있는 청약권을 공동상속한 경우에는, 공동상속인들이 그 상속지분 비율에 따라 피상속인의 청약권을 공동상속한다고 하며(대판 2003. 12. 26, 2003다11738), 상표권의 공유의 경우에는 상표법의 다른 규정이나 그 본질에 반하지 않는 범위 내에서는 민법상의 공유의 규정이 적용될 수 있다고 한다(대판 2004. 12. 9, 2002후567). 그 밖에 공동명의 예금채권에 관한 판례(대판 2004. 10. 14, 2002다55908 등)는 채권법각론의 임치 부분에서 소개한다(채권법각론 [195] 참조).

(ㄴ) 「여러 채권자가 같은 기회에 어느 부동산에 관하여 하나의 근저당권을 설정받아 이를 준공유하는 경우 그 근저당권은 준공유자들의 피담보채권액을 모두 합쳐서 채권최고액까지 담보하게 되고, 피담보채권이 확정되기 전에는 근저당권에 대한 준공유 비율을 정할 수 없으나 피담보채권액이 확정되면 각자 그 확정된 채권액의 비율에 따라 근저당권을 준공유하는 것이 되므로, 준공유자는 각기 그 채권액의 비율에 따라 변제받는 것이 원칙이라고 하겠다.

그러나 준공유자 전원의 합의로 피담보채권의 확정 전에 위와 다른 비율을 정하거나 준공유자 중 일부가 먼저 변제받기로 약정하는 것을 금할 이유가 없으므로 그와 같은 약정이 있으면 그 약정에 따라야 하며, 이와 같은 별도의 약정을 등기하게 되면 제 3 자에 대하여도 효력이 있다고 할 것이다.

그리고 근저당권의 준공유자들이 각자의 공유지분을 미리 특정하여 근저당권설정등기를 마쳤다면 그들은 처음부터 그 지분의 비율로 근저당권을 준공유하는 것이 되고, 이러한 경우 다른 특별한 사정이 없는 한 준공유자들 사이에는 각기 그 지분비율에 따라 변제받기로 하는 약정이 있었다고 봄이 상당하므로, 그 근저당권의 실행으로 인한 경매절차에서 배당을 하는 경매법원으로서는 배당시점에서의 준공유자 각자의 채권액의 비율에 따라 안분하여 배당할 것이 아니라 각자의 지분비율에 따라 안분하여 배당해야 하며, 어느 준공유자의 실제 채권액이 위 지분비율에 따른 배당액보다 적어 잔여액이 발생하게 되면 이를 다른 준공유자들에게 그 지분비율에 따라 다시 안분하는 방법으로 배당하여야 할 것이다.」(대판 2008. 3. 13, 2006다31887)

(3) 준공동소유에는 공유 · 합유 · 총유에 관한 민법규정이 준용된다. 다만, 다른 법률에 특별한 규정이 있으면 그에 의한다(278조).

제 4 장 용익물권

제 1 절 지 상 권

I. 서 설 [144]

1. 지상권의 의의와 법적 성질

지상권은 타인의 토지에서 건물 기타 공작물이나 수목을 소유하기 위하여 그 토지를 사용하는 물권이다(279조).

(1) 타인의 토지에 대한 권리

지상권은 타인의 토지에 대한 권리이다(제한물권). 따라서 지상권과 토지소유권이 동일인에게 귀속하면 그 지상권은 혼동으로 소멸한다. 지상권의 객체인 토지는 1필의 토지임이 원칙이나, 1필의 토지의 일부라도 무방하다(부등법 69조 6호, 부등규칙 126조 2항 참조). 지상권은 지표면뿐만 아니라 공중과 지하도 배타적으로 사용할 수 있는 권리이다(보통의 지상권).

〈판 례〉

대판 1978. 3. 14, 77다2379는 기존의 1층 건물의 옥상 위에 건물을 소유하기 위한 지상권설정계약도 유효하다고 한다.

그런데 민법은 토지의 지하 또는 지상의 공간을 상하의 범위를 정하여 이용할 수 있게 하는 지상권(구분지상권)도 인정하고 있다(289조의 2. [152] 이하 참조).

(2) 건물 기타 공작물이나 수목을 소유하기 위한 권리

지상권은 건물·도로·다리·광고탑 등의 지상공작물이나 지하철·터널 등의 지하공작물, 그리고 수목을 소유하기 위한 권리이다. 수목의 종류에는 제한이 없으며, 경작의 대상이 되는 모든 식물(벼·보리·과수 등)도 포함된다(통설도 같음. 과거에는 부정설이 다수설이었음).

(3) 타인의 토지를 사용하는 권리

유럽의 법제에서는 지상권은 지상물(특히 건물)을 소유할 수 있다는 데 중점이 두어져 있다. 그러나 우리 법에서는 건물이 토지와는 별개의 부동산이고 수목의 집단도 독립한 물권의 객체로 다루어질 수 있으므로, 지상권은 토지의 사용권이라는 데 중점이 두어져 있다. 그 결과 지상권은 현재 공작물이나 수목이 없더라도 성립할 수 있고, 또 이미 존재하고 있는 공작물이나 수목이 멸실하더라도 존속할 수 있다(대판 1996. 3. 22, 95다49318). 그리고 지상권은 토지를 점유할 수 있는 권리를 포함하며, 거기에는 상린관계에 관한 규정이 준용된다(290조).

(4) 물 권

지상권은 토지소유자에 대하여 일정한 행위를 청구할 수 있는 권리가 아니고 그 객체인 토지를 직접 지배할 수 있는 물권이다. 그리하여 그 권리는 당연히 양도성과 상속성을 가진다

〈판 례〉

대판 1991. 11. 8, 90다15716은 지상권은 소유자의 의사에 반하여서도 자유롭게 양도할 수 있다고 한다.

(5) 지료(地料) 여부

토지사용의 대가인 지료의 지급은 지상권의 요소가 아니다.

2. 지상권의 사회적 작용

타인의 토지에서 공작물이나 수목을 소유하기 위하여 그 토지를 사용하는 방법으로는 지상권과 임대차의 두 가지가 있다. 그런데 이 둘 가운데 임대차가 널리 이용되고 지상권은 거의 이용되지 않는다. 그 이유는 지상권은 물권이어서 채권인 임차권보다 그 효력이 강하고, 따라서 토지소유자가 지상권의 설정을 꺼리기 때문이다. 이러한 현상은 앞으로도 계속될 것이다. 다만, 현재에도 저당권자나 가등기담보권자가 목적토지의 담보가치를 유지할 목적으로 토지소유자나 기타의 자에 의한 건축을 제한하기 위하여 지상권을 설정하는 경우가 종종 있기는 하다(대판 1991. 3. 12, 90다카27570; 대결 2004. 3. 29, 2003마1753; 대판 2011. 4. 14, 2011다6342도 참조). 그러나 이는 변칙적인 이용에 해당한다. 한편 뒤에 설명하는 구분지상권([152] 참조)은 앞으로 많이 이용될 것으로 생각된다.

〈판 례〉

(ㄱ) 토지를 매수하여 그 명의로 소유권이전청구권 보전을 위한 가등기를 경료하고 그 토지상에 타인이 건물 등을 축조하여 점유 사용하는 것을 방지하기 위하여 지상권을 설정하였다면 이는 위 가등기에 기한 본등기가 이루어질 경우 그 부동산의 실질적인 이용가치를 유지 확보할 목적으로 전 소유자에 의한 이용을 제한하기 위한 것이라고 봄이 상당하다고 할 것이고 그 가등기에 기한 본등기청구권이 시효의 완성으로 소멸하였다면 그 가등기와 함께 경료된 위 지상권 또한 그 목적을 잃어 소멸되었다고 봄이 상당하다(대판 1991. 3. 12, 90다카27570).

(ㄴ) 「근저당권 등 담보권 설정의 당사자들이 그 목적이 된 토지 위에 차후 용익권이 설정되거나 건물 또는 공작물이 축조·설치되는 등으로써 그 목적물의 담보가치가 저감하는 것을 막는 것을 주요한 목적으로 하여 채권자 앞으로 아울러 지상권을 설정하였다면, 그 피담보채권이 변제 등으로 만족을 얻어 소멸한 경우는 물론이고 시효소멸한 경우에도 그 지상권은 피담보채권에 부종하여 소멸한다고 할 것이다.」(대판 2011. 4. 14, 2011다6342)

Ⅱ. 지상권의 취득 [145]

1. 법률행위에 의한 취득

법률행위에 의하여 지상권을 취득하는 경우로는 지상권을 새로이 설정받는 경우와 이미 성립한 지상권을 양수하는 경우가 있다. 그리고 전자의 예로는 지상권설정계약 또는 유언에 의한 지상권설정을 들 수 있으며, 지상권설정계약에 의한 지상권설정이 보통의 것이다. 법률행위에 의한 지상권취득은 모두 법률행위에 의한 물권변동에 해당하므로 거기에는 제186조가 적용되고, 따라서 등기를 하여야 한다.

〈지상권설정계약의 성질〉

지상권설정계약의 성질에 관하여 학설은 i) 물권계약이라는 견해, ii) 지상권설정에 관한 채권·채무를 발생케 하는 채권계약으로서 그 속에는 물권적 합의도 포함되어 있는 것이 보통이라는 견해(곽윤직, 255면), iii) 채권계약이라는 견해(이은영, 600면)로 나뉘어 있다. i)설(물권계약설)은 물권행위의 독자성을 인정하는 학자들이 취하는 견해인데(김용한, 361면; 김학동, 367면; 이상태, 309면), 독자성을 부정하면서 이를 주장하기도 한다(이영준, 666면. 이 문헌은 지상권설정계약은 지상권을 취득시키는 물권적 합의이며, 이는 등기에 의하여 완성된다고 한다). ii)설은 물권행위의 독자성을 부정하는 학자들이 대부분 취하는 견해이다. iii)설은 근래에 새롭게 주장된 것으로서, 제한물권의 설정에는 물권행위의 개념은 필요하지 않다고 한다.

생각건대 iii)설에 의하면, 물권행위 없이 제한물권의 변동이 일어나게 되어 성립요건주의를 규정하고 있는 제186조에 어긋나게 된다. 그리고 사견은 물권행위의 독자성을 부정하는 견지에 있기 때문에 ii)설을 따를 것이다.

2. 법률행위에 의하지 않는 취득

(1) 제187조의 적용

지상권은 상속 · 공용징수 · 판결 · 경매 · 기타 법률의 규정에 의하여 취득될 수 있으며, 이때에는 등기를 요하지 않는다(187조). 그 밖에 점유 취득시효에 의하여 지상권이 취득될 수도 있는데, 통설은 그 경우에는 지상권의 등기까지 있어야 한다고 하나, 다른 요건이 갖추어지면 사실상 지상권을 취득한다고 새겨야 한다([118] 참조).

(2) 법정지상권

법률이 명문규정으로 일정한 경우에 지상권이 당연히 성립하는 것으로 규정하는 경우가 있다. 이는 우리 법상 건물이 토지와는 별개의 부동산으로 다루어지는 데서 연유한 것이다.

건물은 그것이 서 있는 토지의 이용이 없이는 존립할 수 없다. 즉 건물은 토지이용권을 전제로 하는 것이다. 이 토지이용권은 건물과 토지가 동일인에게 귀속하고 있는 경우에는 문제삼을 필요가 없다. 또한 당사자의 의사에 의하여 건물이나 토지가 양도되는 경우에도 당사자가 스스로 토지이용권을 설정할 것이므로 문제가 없다. 그러나 경매 등과 같이 당사자의 의사에 기하지 않고 토지와 건물의 소유자가 다르게 된 때에는 건물을 위한 토지이용권을 설정할 기회가 없어서 문제이다. 이때 토지이용권을 인정하지 않게 되면 건물소유자는 타인의 토지를 불법으로 사용하는 것이 되고, 따라서 건물이 철거될 수밖에 없다. 이러한 결함을 시정하기 위한 제도가 법정지상권이다. 즉 건물을 위한 토지이용권을 설정할 기회가 없었던 경우에 법률상 당연히 토지이용권을 인정하여 줌으로써 건물을 유지 · 사용할 수 있게 하는 것이 법정지상권이다.

현행법상 법정지상권이 성립하는 경우로는 민법이 규정하고 있는 두 가지와 특별법이 규정하고 있는 두 가지가 있다. 그리고 이들은 어느 경우든 법률규정에 의한 지상권의 취득이므로 등기를 요하지 않는다. 구체적으로는 ① 토지와 그 지상건물이 동일한 소유자에게 속하는 경우에 건물에 대하여만 전세권을 설정한 후 토지소유자가 변경된 때(305조 1항), ② 토지와 그 지상건물이 동일인에게 귀속하는 경우에 토지와 건물 중 어느 하나 또는 둘 모두에 저당권이 설정된 후, 저당권의 실행으로 경매됨으로써 토지와 건물의 소유자가 다르게 된 때(366조), ③ 토지와 그 위의 건물이 동일한 소유자에게 속하는 경우에 그 토지나 건물에 대하여만 가등기담보권·양도담보권 또는 매도담보권이 설정된 후, 이들 담보권의 실행으로 토지와 건물의 소유자가 다르게 된 때(가등기담보법 10조), ④ 토지와 입목(立木)이 동일인에게 속하는 경우에 경매나 그 밖의 사유로 토지와 입목이 다른 소유자에게 속하게 된 때(입목법 6조 1항)에 그렇다.

(3) 관습법상의 법정지상권

그 밖에 우리 판례는 일정한 경우에 관습법에 의하여 분묘기지권과 관습법상의 법정지상권이 성립한다고 한다. 그에 관하여는 뒤에 자세히 살펴보기로 한다([155]·[156] 이하 참조).

Ⅲ. 지상권의 존속기간 [146]

1. 설정행위로 기간을 정하는 경우

지상권의 존속기간은 당사자가 설정행위에 의하여 자유롭게 정할 수 있다. 다만, 최단기간에 관하여는 제한이 있다.

(1) 최단기간

1) 당사자가 지상권의 존속기간을 정하는 경우에는 그 기간은 다음의 연한보다 단축하지 못한다(280조 1항). 이 규정은 계약에 의한 경우만을 규정하나, 단독행위에 의한 경우도 마찬가지라고 하여야 한다.

(가) 석조·석회조·연와조(煉瓦造, 즉 벽돌로 지은 것) 또는 이와 유사한 견고한 건물(무허가 또는 미등기의 건물을 포함한다. 대판 1988. 4. 12, 87다카2404)이나 수목의 소유를 목적으로 하는 때에는 30년.

판례에 의하면, 이 조항은 지상권자가 건물을 건축하거나 수목을 식재하여 토지를 이용할 목적으로 지상권을 설정한 경우에만 적용되고, 지상권설정자의 건물을 사용할 목적으로 설정한 경우에는 적용되지 않는다(대판 1996. 3. 22, 95다49318). 그리고 견고한 건물인지 여부는 그 건물이 갖고 있는 물리적·화학적 외력 또는 화재에 대한 저항력 및 건물해체의 난이도 등을 종합하여 판단할 것이라고 한다(대판 1988. 4. 12, 87다카2404; 대판 1995. 7. 28, 95다9075 · 9082; 대판 1997. 1. 21, 96다40080; 대판 2003. 10. 10, 2003다33165(기둥이 목재이지만 벽체가 벽돌 · 시멘트블록으로 되어 있고 지붕은 스레트인 경우 견고한 건물로 인정한 사례)).

(나) 그 밖의 건물의 소유를 목적으로 하는 때에는 15년.

(다) 건물 이외의 공작물의 소유를 목적으로 하는 때에는 5년.

2) 당사자가 존속기간을 위와 같은 기간보다 짧게 정한 때에는 존속기간은 위의 기간까지 연장된다(280조 2항).

(2) 최장기간

민법은 최장기간에 관하여는 규정을 두고 있지 않다. 따라서 당사자는 존속기간을 장기로 정할 수 있다. 문제는 존속기간을 영구무한으로 정할 수 있는가이다. 여기에 관하여 학설은 i) 긍정설(김상용, 448면)과 ii) 부정설(고상룡, 430면; 곽윤직, 227면; 김용한, 365면; 김학동, 370면; 이상태, 312면; 이영준, 671면)로 나뉘어 있다. 그리고 판례는 긍정하는 입장이다(대판 2001. 5. 29, 99다66410). 생각건대 이를 인정하면 지상권은 제한물권으로서 소유권을 일시적으로 제한하면서 성립한다는 제한물권 일반의 이론에 어긋나게 되고, 이를 부정하여도 지상권자에게 갱신청구권과 매수청구권이 인정되어 있으므로 지상권자가 특별히 불리하게 되지도 않는다. 따라서 존속기간을 영구무한으로 정할 수는 없다고 하여야 한다.

〈판 례〉

「민법상 지상권의 존속기간은 최단기간이 규정되어 있을 뿐 최장기에 관하여는 아무런 제한이 없으며, 존속기간이 영구(永久)인 지상권을 인정할 실제의 필요성도 있고, 이러한 지상권을 인정한다고 하더라도 지상권의 제한이 없는 토지의 소유권을 회복할 방법이 있을 뿐만 아니라, 특히 이 사건에서와 같은 구분지상권의 경우에는 존속기간이 영구라고 할지라도 대지의 소유권을 전면적으로 제한하지 아니한다는 점 등에 비추어 보면, 지상권의 존속기간을 영구로 약정하는 것도 허용된다.」(대판 2001. 5. 29, 99다66410)

2. 설정행위로 기간을 정하지 않은 경우

설정행위로 존속기간을 정하지 않은 때에는(계약 · 단독행위의 경우 포함), 지상물의 종류와 구조에 따라서 제280조가 정하는 최단존속기간이 그 존속기간으로 된다(281조 1항). 다만, 지상권설정 당시에 공작물의 종류와 구조를 정하지 않은 때에는 존속기간은 15년이다(281조 2항). 그런데 이 예외의 경우에 수목은 포함되어 있지 않으므로, 수목의 소유를 목적으로 하는 지상권의 존속기간은 언제나 30년으로 된다.

3. 계약의 갱신과 존속기간 [147]

(1) 갱신계약

지상권의 존속기간이 만료된 경우에 당사자는 계약(갱신계약)에 의하여 이전의 계약을 갱신할 수 있다(계약자유).

(2) 지상권자의 갱신청구권

당사자가 갱신계약을 체결하지 않은 경우에 지상권자는 일정한 요건 하에 계약의 갱신을 청구할 수 있다(283조).

이 권리는 지상권이 존속기간의 만료로 소멸한 경우에 건물 기타 공작물이나 수목이 현존하고 있는 때에 인정된다. 제283조 제 1 항은 단순히 「지상권이 소멸한 경우」라고 규정하고 있으나, 존속기간의 만료로 소멸한 경우라고 하여야 한다(이설이 없으며, 판례도 같음. 대판 1993. 6. 29, 93다10781(지상권자의 지료연체를 이유로 토지소유자가 그 지상권소멸청구를 하여 이에 터잡아 지상권이 소멸된 경우에는 매수청구권이 인정되지 않는다); 대판 2023. 4. 27, 2022다306642). 이 갱신청구권은 지상권이 소멸한 때, 즉 존속기간이 만료한 때에 발생하며, 발생 후 지체없이 행사하여야 한다(같은 취지: 대판 2023. 4. 27, 2022다306642).

지상권자의 갱신청구권은 형성권이 아니고 청구권이다. 따라서 갱신청구에 의하여 갱신의 효과가 생기지는 않으며, 지상권설정자가 그에 응하여 갱신계약을 체결하여야 갱신의 효과가 생긴다. 그리고 제283조 제 2 항의 규정에 비추어 볼 때 지상권설정자는 갱신청구를 거절할 수 있다. 그 경우에는 지상권자는 상당한 가액으로 공작물이나 수목의 매수를 청구할 수 있다(283조 2항). 그런데 지상권 갱신청구권의 행사는 지상권의 존속기간 만료 후 지체없이 하여야 하므로, 지상권의 존속기간 만료 후 지체없이 행사하지 않아 지상권 갱신청구권이 소멸한 경우에는 지상권자의 적법한 갱신청구권의 행사와 지상권설정자의 갱신 거절을 요건으로 하는 지상물 매수청구권은 발생하지 않는다(대판 2023. 4. 27, 2022다306642). 한편 이 매수청구권은 형성권이므로 지상권자가 이를 행사하면 매매계약이 성립하는데, 그때 매매가격의 산출은 매매계약 관계가 성립한 당시의 시가에 의한다(대판 1967. 12. 18, 67다2355).

존속기간이 만료되면 지상권은 소멸하나, 그 후 갱신청구에 의하여 갱신되거나 매수청구권의 행사에 의하여 매매가 성립할 때까지는 지상권자가 계속 토지를 사용할 수 있다고 하여야 한다(이설 없음).

(3) 계약갱신의 경우의 존속기간

당사자가 계약을 갱신하는 경우의 지상권의 존속기간은 제280조의 최단존속기간보다 짧게 정하지는 못하나, 그보다 장기의 기간을 정하는 것은 무방하다(284조). 통설은 계약을 갱신할 때 존속기간 등에 관하여 특별히 약정한 바가 없으면 이전의 계약의 것과 동일한 것으로 추정하자고 한다. 그러나 그래야 할 필요성이나 근거가 없으므로 추정은 인정되지 않아야 한다. 따라서 존속기간이 약정되지 않은 때에는 어떠한 추정도 받지 않고 곧바로 제281조가 적용된다고 할 것이다.

4. 강행규정

지상권의 존속기간 및 그 갱신에 관한 제280조 내지 제284조는 모두 강행규정이며, 그에 위반되는 약정으로 지상권자에게 불리한 것은 효력이 없다(편면적 강행규정)(289조).

[148] ## Ⅳ. 지상권의 효력

1. 지상권자의 토지사용권

(1) 토지사용권의 내용

지상권자는 설정행위에서 정한 목적(이는 등기하여야 한다. 부등법 69조 1호)으로 토지를 사용할 권리가 있다. 그 반면에 지상권설정자(토지소유자)는 토지를 스스로 사용할 수 없을 뿐만 아니라(구분지상권의 경우에는 범위 외에서는 사용할 수 있다), 지상권자의 사용을 방해하지 않아야 할 의무(인용의무)가 있다. 그러나 특약이 없는 한 토지를 사용·수익에 적합한 상태에 두어야 할 적극적인 의무는 없다(임대인의 의무에 관한 623조 참조).

(2) 상린관계에 관한 규정의 준용

지상권은 토지를 이용하는 권리이므로 상린관계에 관한 규정은 지상권과 인접토지의 이용권(소유권·지상권·전세권·임차권) 사이에 준용된다(290조).

(3) 지상권자의 점유권과 물권적 청구권

지상권은 토지를 점유할 권리를 포함한다. 그리고 점유하고 있는 지상권자의 점유가 침해당하거나 침해당할 염려가 있는 때에는 지상권자는 점유보호청구권(점유물반환청구권·점유물방해제거청구권·점유물방해예방청구권)을 행사할 수 있다(204조-206조). 또한 지상권의 내용의 실현이 방해된 때에는 물권적 청구권(반환청구권·방해제거청구권·방해예방청구권)이 생긴다(290조·213조·214조).

〈판 례〉

(ㄱ) 「토지에 관하여 저당권을 취득함과 아울러 그 저당권의 담보가치를 확보하기 위하여 지상권을 취득하는 경우, 특별한 사정이 없는 한 당해 지상권은 저당권이 실행될 때까지 제 3 자가 용익권을 취득하거나 목적토지의 담보가치를 하락시키는 침해행위를 하는 것을 배제함으로써 저당 부동산의 담보가치를 확보하는 데에 그 목적이 있다고 할 것이므로, 그와 같은 경우 제 3 자가 비록 토지소유자로부터 신축 중인 지상 건물에 관한 건축주 명의를 변경받았다 하더라도, 그 지상권자에게 대항할 수 있는 권원이 없는 한 지상권자로서는 제 3 자에 대하여 목적토지 위에 건물을 축조하는 것을 중지하도록 구할 수 있다.」(토지 위에 건물을 신축 중인 토지소유자가 토지에 관한 근저당권 및 지상권설정등기를 한 후 제 3 자에게 위 건물에 대한 건축주 명의를 변경하여 준 경우, 지상권자가 제 3 자에 대하여 목적토지 위에 건물을 축조하는 것을 중지하도록 요구할 수 있다고 한 사례)(대결 2004. 3. 29, 2003마1753)

(ㄴ) 「토지에 관하여 저당권을 취득함과 아울러 그 저당권의 담보가치를 확보하기 위하여 지상권을 취득하는 경우, … 제 3 자가 저당권의 목적인 토지 위에 건물을 신축하는 경우에는, 그 제 3 자가 지상권자에게 대항할 수 있는 권원을 가지고 있다는 등의 특별한 사정이 없는 한, 지상권자는 그 방해배제청구로서 신축 중인 건물의 철거와 대지의 인도 등을 구할 수 있다고 할 것이다(대법원 2004. 3. 29.자 2003마1753 결정 참조).

한편, 물권은 법률 또는 관습법에 의하는 외에는 임의로 창설하지 못하는 것이므로(민법 제185조), 지상권설정등기가 경료되면 그 지상권의 내용과 범위는 등기된 바에 따라서 대세적인 효력이 발생하고, 제 3 자가 지상권설정자에 대하여 해당 토지를 사용·수익할 수 있는 채권적 권리를 가지고 있다고 하더라도 이러한 사정만으로 지상권자에 대항할 수는 없다고 할 것이다.」(대판 2008. 2. 15, 2005다47205)

(ㄷ) 「금융기관이 대출금 채무의 담보를 위하여 채무자 또는 물상보증인 소유의 토지에 저당권을 취득함과 아울러 그 토지에 지료를 지급하지 아니하는 지상권을 취득하면서 채무자 등으로 하여금 그 토지를 계속하여 점유, 사용토록 하는 경우, 특별한 사정이 없는 한 당해 지상권은 저당권이 실행될 때까지 제 3 자가 용익권을 취득하거나 목적 토지의 담보가치를 하락시키는 침해행위를 하는 것을 배제함으로써 저당 부동산의 담보가치를 확보하는 데에 그 목적이 있다고 할 것이고, 그 경우 지상권의 목적 토지를 점유, 사용함으로써 임료 상당의 이익이나 기타 소득을 얻을 수 있었다고 보기 어려우므로, 그 목적 토지의 소유자 또는 제 3 자가 저당권 및 지상권의 목적 토지를 점유, 사용한다는 사정만으로는 금융기관에게 어떠한 손해가 발생하였다고 볼 수 없다.」(대판 2008. 1. 17, 2006다586. 담보가치 감소로 인한 손해배상은 인정함)

[149] ## 2. 지상권의 처분

(1) 지상권의 양도 등

지상권자는 지상권을 타인에게 양도하거나(지상물을 제외하고 지상권만을 양도할 수도 있다. 대판 2006. 6. 15, 2006다6126 · 6133) 그 권리의 존속기간 내에서 그 토지를 임대할 수 있다(282조). 이 규정도 편면적 강행규정이다(289조). 따라서 지상권 양도금지의 특약은 무효이다. 그러나 그때 당사자 사이에 채권적 효력은 있는지에 관하여는 i) 긍정설(김용한, 370면; 김학동, 375면; 이영준, 678면)과 ii) 부정설(이상태, 316면; 주해(6), 37면(박재윤))이 대립된다. 생각건대 그 경우에는 채권적 효력도 없으나, 계약이 이행되지 않을 경우에 손해배상책임을 진다는 내용의 부수적인 약정이 인정될 수 있고, 그때에는 그 약정의 효력으로 손해배상책임이 발생할 수는 있다([10]도 참조).

(2) 지상권 위에 저당권 설정

지상권자는 지상권 위에 저당권을 설정할 수 있다(371조 1항). 그런데 이를 금지하는 당사자 사이의 특약이 유효한지가 문제된다. i) 제371조에 제289조가 유추적용된다고 하면 무효라고 할 것이나(김상용, 454면; 김용한, 370면; 김학동, 375면; 이상태, 316면; 이영준, 678면이 그렇다), ii) 제289조가 유추적용되지 않는다고 하면 유효하다고 하게 될 것이다(곽윤직, 230면; 주해(6), 40면(박재윤)이 그렇다). 생각건대 어떻게 새기든 결과에서는 차이가 없다. 왜냐하면 ii)설에 의하더라도 그 특약은 등기할 방법이 없어서 채권적 효력만 가지게 되기 때문이다. 그렇지만 타당성 면에서 제371조도 강행규정이라고 새겨야 할 것이다.

이러한 지상권의 처분(지상권의 양도 · 토지의 임대 · 지상권의 담보제공 등)은 후술하는 지상권이 소멸하는 경우에 지상권자가 가지는 수거권 · 지상물매수청구권([151] 참조)과 더불어 지상권자로 하여금 투자한 자본을 회수할 수 있도록 하는 방법이다.

(3) 지상물의 양도

지상권자가 지상물의 소유자인 경우에는 그는 지상물을 타인에게 양도할 수 있다. 그때 지상권도 당연히 이전되는지 문제된다. 여기에 관하여는 i) 긍정설(고상룡, 434면)과 ii) 부정설(김상용, 454면; 김용한, 370면; 김학동, 375면; 이상태, 317면; 주해(6), 38면(박재윤))이 대립하고 있다(이영준, 679면은 긍정설 · 부정설의 대립을 지상물이전계약에 지상권이전의 합의가 당연히 포함되느냐의 문제에 불과하다고 오해한다). 판례는 지상권을 유보한 채 지상물 소유권만을 양도할 수 있다고 하므로(대판 2006. 6. 15, 2006다6126 · 6133) 원칙적으로 긍정하는 것으로 보인다(판례는, 저당권이 실행되어 경락인이 건물소유권을 취득하였다면 특별한 사정이 없는 한 건물 소유를 위한 지상권(기존의 법정지상권)도 187조에 따라 등기 없이 당연히 취득하게 되고, 위 경락인이 건물을 제 3 자에게 양도한 때에는 특별한 사정이 없는 한 100조 2항의 유추적용에 의하여 건물과 함께 종된 권리인 지상권도 양도하기로 한 것으로 봄이 상당하다고 하여, 법정지상권의 경우에는 명백히 이를 인정하고 있다(대판 1992. 7. 14, 92다527; 대판 1985. 2. 26, 84다카1578 · 1579; 대판 1996. 4. 26,

(95다 52864)). 생각건대 성립요건주의의 원칙상 지상권이전의 합의와 지상권의 이전등기가 있어야 지상권이 이전된다고 할 것이다.

〈판 례〉

「지상권자는 지상권을 유보한 채 지상물 소유권만을 양도할 수도 있고 지상물 소유권을 유보한 채 지상권만을 양도할 수도 있는 것이어서 지상권자와 그 지상물의 소유권자가 반드시 일치하여야 하는 것은 아니며, 또한 지상권설정시에 그 지상권이 미치는 토지의 범위와 그 설정 당시 매매되는 지상물의 범위를 다르게 하는 것도 가능하다고 할 것이다.」(임야 지상의 수목 중 일부만을 타인에게 양도하면서 그 토지 전부에 지상권설정 등기를 해 준 경우에 매도되지 않은 수목은 지상권자가 아니고 설정자의 소유라고 한 사례)(대판 2006. 6. 15, 2006다6126 · 6133)

3. 지료지급의무 [150]

(1) 서 설

지료(地料)의 지급은 지상권의 요소가 아니다. 그러나 당사자가 지료의 지급을 약정한 경우에는 지료지급의무가 발생한다. 당사자 사이에 지료에 관한 약정이 없으면 무상의 지상권을 설정한 것으로 인정된다(대판 1999. 9. 3, 99다24874).

지료액 및 그 지급시기에 관한 약정은 등기하여야 제 3 자에게 대항할 수 있다(부등법 69조 4호).

(2) 지상권 또는 토지소유권의 이전과 지료

지상권의 이전이 있으면 장래의 지료채무도 따라서 이전하나, 지료의 등기가 없으면 토지소유자는 신 지상권자에게 지료채권을 가지고 대항하지 못한다. 그리고 등기가 없으면 구 지상권자의 지료연체 사실을 가지고 신 지상권자에게 대항하지 못한다(대판 1996. 4. 26, 95다52864).

토지소유권의 이전등기가 있으면 지료의 등기가 없더라도 신 소유자는 구 소유자가 지상권자에 대하여 청구하던 지료를 청구할 수 있다. 이는 제 3 자에 대한 대항문제가 아니기 때문이다. 그러나 지상권자는 등기가 없는 한 그가 구 소유자와 체결한 지료인상 금지특약을 신 소유자에게 주장할 수 없다(이는 제 3 자에의 대항문제이다).

(3) 지료증감청구권

지료가 토지에 관한 조세 기타 부담의 증감이나 지가의 변동으로 인하여 상당하지 않게 된 때에는 당사자는 그 증감을 청구할 수 있다(286조).

지료증감청구권은 형성권이다. 따라서 당사자 일방의 증액 또는 감액의 청구가 있으면, 지료는 곧바로 증액 또는 감액된다. 다만, 상대방이 이를 다투는 경우에는, 법원이 결정하게 되고, 법원이 결정한 지료는 증감청구를 한 때에 소급하여 효력이 생긴다. 이 경우 지료가 결정될 때까지 종래의 지료액(설정자의 증액청구시) 또는 감액청구한 만큼의 지료액(지상권자의 감액청구시)만을 지급하더라도 지료의 체납이 되지 않는다고 하여야 한다(통설도 같음).

(4) 지료체납의 효과

지상권자가 2년 이상의 지료를 지급하지 않은 때에는 지상권설정자는 지상권의 소멸을 청구할 수 있는데(287조), 그에 관하여는 아래에서 자세히 설명한다.

(5) 강행규정

제286조 · 제287조도 편면적 강행규정이다(289조).

[151] Ⅴ. 지상권의 소멸

1. 지상권의 소멸사유

(1) 일반적 소멸사유

지상권은 토지의 멸실 · 존속기간의 만료 · 혼동 · 소멸시효 · 지상권에 우선하는 저당권의 실행 · 토지수용 등에 의하여 소멸한다. 그러나 다음과 같은 소멸원인도 있다.

(2) 지상권설정자의 소멸청구

지상권자가 2년 이상의 지료를 지급하지 않은 때에는 지상권설정자는 지상권의 소멸을 청구할 수 있다(287조). 이 소멸청구권은 통산하여 2년분의 지료를 체납하면 인정되며, 반드시 연속된 2년간 지료를 체납하였어야 하는 것은 아니다. 지료의 체납이 토지소유권 양도의 전후에 걸쳐 이루어진 경우에는 특정한 소유자에 대하여 2년분 이상의 지료를 체납한 때에만 소멸청구권을 행사할 수 있다(대판 2001. 3. 13, 99다17142). 지상권자가 2년 이상의 지료를 지급하지 않았으나 지상권설정자가 지상권의 소멸을 청구하지 않고 있는 동안에 지상권자로부터 연체된 지료의 일부를 지급받고 그것을 이의 없이 수령하여 연체된 지료가 2년 미만으로 된 경우에는 지상권설정자는 종전에 지상권자가 2년분의 지료를 연체하였다는 사유를 들어 지상권자에게 지상권의 소멸을 청구할 수 없으며, 이러한 법리는 토지소유자와 법정지상권자 사이에서도 마찬가지이다(대판 2014. 8. 28, 2012다102384). 이 지료체납은 지상권자에게 책임 있는 사유에 의한 것이어야 한다. 소멸청구권의 성질에 관하여는 i) 형성권설(판례도 같음. 대판 1993. 6. 29, 93다10781)과 ii) 채권적 청구권설이 대립되나, ii)설이 타당하다([51] 참조). 그 결과 소멸청구권을 행사하여 말소등기까지 하여야 지상권이 소멸하게 된다. 소멸청구권에 관한 제287조는 편면적 강행규정이다(289조).

지상권이 저당권의 목적인 때 또는 그 토지에 있는 건물·수목이 저당권의 목적이 된 때에는 지료연체를 이유로 하는 지상권소멸청구는 저당권자에게 통지한 후 상당한 기간이 경과함으로써 효력이 생긴다(288조). 여기서 「효력이 생긴다」고 하나, 등기까지 있어야 소멸한다고 새겨야 한다(통설도 같음. 반대: 이영준, 683면).

(3) 지상권의 포기

무상의 지상권은 지상권자가 자유롭게 포기할 수 있다. 그러나 유상의 지상권의 경우에는, 포기에 의하여 토지소유자에게 손해가 생길 때에는 손해를 배상하여야 하며(153조 2항), 지상권이 저당권의 목적인 때에는 저당권자의 동의 없이 포기하지 못한다(371조 2항). 지상권을 포기할 수 있는 때에 지상권 소멸의 효과는 말소등기까지 있어야 발생한다(186조)([51] 참조).

(4) 약정소멸사유

당사자는 지상권의 소멸사유를 약정할 수 있으나, 편면적 강행규정에 의한 제한이 있다.

2. 지상권 소멸의 효과

지상권이 소멸하면 지상권자는 토지를 반환하여야 한다. 그 밖의 법률관계로 다음의 것이 있다.

(1) 지상물수거권

지상권이 소멸한 때에는 지상권자는 건물 기타 공작물이나 수목을 수거(收去)하여 토지를 원상에 회복하여야 한다(285조 1항). 지상물의 수거와 원상회복은 지상권자의 권리인 동시에 의무이다. 이 수거권과 다음의 지상물의 매수청구권은 지상물이 독립성을 갖는 경우에 문제되고, 독립성이 없는 때에는 비용상환청구권만이 문제된다([129] 참조).

(2) 지상물매수청구권

지상권이 소멸한 때에는 지상권설정자는 상당한 가액을 제공하여 공작물이나 수목의 매수를 청구할 수 있으며, 그 경우에 지상권자는 정당한 이유 없이 이를 거절하지 못한다(285조 2항). 여기서 「상당한 가액」이라 함은 매수청구권 행사 당시의 시가 상당액을 가리킨다.

이 매수청구권은 지상권이 소멸한 모든 경우에 인정되며, 그 성질은 형성권이다(통설도 같음).

일정한 경우에는 지상권자도 지상물매수청구권을 갖는다는 점은 앞에서 설명하였다(283조 2항. [147] 참조).

(3) 유익비상환청구권

민법은 임대차에서와 달리 지상권의 경우에는 비용상환청구권을 규정하지 않고 있다(626조 참조). 그럼에도 불구하고 통설은 임차인의 유익비상환청구권 규정을 유추적용하여 지상권자에게도 유익비상환청구권을 인정한다. 생각건대 임차인의 필요비상환청구권은 임대인이 부담하는 「사용 · 수익에 필요한 상태를 유지하게 할 의무」(623조)에 대응하는 것이므로 지상권자에게는 인정될 수 없으나, 유익비상환청구권은 그것이 부당이득 반환청구권의 실질을 가지므로 지상권자에게도 유추적용하는 것이 마땅하다. 따라서 지상권자가 유익비를 지출한 경우에는, 지상권이 소멸하는 때에 토지소유자는 지출한 금액 또는 가치증가액을 상환하여야 한다(626조 2항 참조).

(4) 강행규정

지상물수거권 · 지상물매수청구권에 관한 제285조도 편면적 강행규정이다(289조).

[152] Ⅵ. 특수지상권

1. 구분지상권

(1) 의의 및 작용

구분지상권은 건물 기타 공작물을 소유하기 위하여 타인의 토지의 지상 또는 지하의 공간을 상하의 범위를 정하여 사용하는 물권이다(289조의 2 1항 1문). 구분지상권은 지상권의 일종으로서 물권이라는 점에서 보통의 지상권과 같으나, 여러 가지

점에서 차이가 있다. 우선 보통의 지상권은 토지의 상하 전부를 객체로 하는 데 비하여, 구분지상권은 지상 또는 지하의 일정한 범위(「층」이라 함)를 객체로 한다. 그 결과 보통의 지상권이 설정되면 토지소유자는 토지를 전혀 이용할 수 없으나, 구분지상권의 경우에는 그 객체인 일정범위를 제외하고는 이용할 수 있다. 그리고 구분지상권은 보통의 지상권과 달리 공작물을 소유하기 위하여서만 설정할 수 있고, 수목의 소유를 위하여서는 설정할 수 없다.

오늘날 특히 도시에서는 인구의 집중과 지가의 폭등으로 토지를 밀도 있게 이용하여야 할 필요가 있다. 그리고 토목기술의 발달로 토지를 지하와 공중도 다양하게 이용하는 것이 가능하게 되었다. 지하상가 · 지하철 · 고가도로 등이 그 예이다. 그런데 토지를 지하나 공중의 일정한 층만을 이용하는 경우에는 보통의 지상권을 설정하는 것이 부적당하다. 보통의 지상권을 설정하면 토지소유자의 토지이용이 전면적으로 배제되고, 이용권자는 그 일부만을 이용함에도 불구하고 전면적인 이용의 대가를 지급하여야 하기 때문이다. 여기서 토지의 일정한 층만을 이용하는 것을 목적으로 하는 제도가 필요하게 되었는데, 그에 응하여 인정된 제도가 바로 구분지상권이다.

(2) 설 정

구분지상권도 지상권과 마찬가지로 원칙적으로 구분지상권 설정의 합의와 등기에 의하여 성립한다(186조). 설정에 관하여 특기할 점은 다음과 같다.

1) 구분지상권의 객체는 어떤 층에 한정되므로 층의 한계 즉 상하의 범위를 정하여 등기하여야 한다. 상하의 범위는 평행하는 두 개의 수평면으로 구분하는 것이 보통이나(예: 지표의 상(上) 10미터부터 상 30미터 사이의 공간), 그 구분이 가능한 한 수평면이 아니라도 무방하다. 그리고 1필의 토지의 일부의 층을 객체로 하는 구분지상권도 설정할 수 있다.

2) 구분지상권을 설정하려고 할 때, 제 3 자가 그 토지를 사용 · 수익할 권리를 가지고 있는 경우에는, 그 권리자 및 그 권리를 목적으로 하는 권리를 가진 자 전원의 승낙이 있어야만 설정할 수 있다(289조의 2 2항 1문). 여기서 「사용 · 수익할 권리」는 지상권 · 지역권 · 전세권 · 등기된 임차권과 같이 대항력 있는 권리를 가리킨다. 그리고 하나의 구분지상권이 설정되어 있는 토지에 다른 구분지상권을 설정하려고 하는 경우에는 두 구분지상권의 객체인 층이 일부라도 중복되는 때에만 기존

의 구분지상권자의 승낙이 필요하다. 제 3 자의 승낙이 필요한 경우에 승낙이 없는 때에는 설사 설정등기가 되어 있더라도 그 등기는 무효라고 하여야 한다.

(3) 효 력

지상권에 관한 규정은 제279조를 제외하고는 모두 구분지상권에 준용된다(290조 2항). 그 밖에 특기할 점은 다음과 같다.

1) 구분지상권자는 그 객체가 되는 범위에서 토지를 사용할 권리가 있고, 나머지 부분은 토지소유자가 사용권을 가진다. 그런데 설정행위로써 구분지상권의 행사를 위하여 토지소유자의 토지사용권을 제한할 수 있다(289조의 2 1항 2문). 그리고 이 제한은 등기하면 제 3 자에게도 대항할 수 있다(부등법 69조 5호 참조).

구분지상권이 목적토지에 대한 용익권을 가지는 제 3 자의 승낙을 얻어서 설정된 경우에는, 그 제 3 자는 구분지상권의 행사를 방해하여서는 안 된다(289조의 2 2항 2문).

2) 구분지상권자와 인접토지의 이용권자(토지소유자 · 지상권자 · 전세권자 · 임차권자 등) 사이에는 상린관계에 관한 규정이 준용된다(290조 2항).

[153] 2. 분묘기지권(墳墓基地權)

(1) 의의 및 성질

분묘기지권은 타인의 토지에서 분묘를 소유하기 위하여 분묘기지 부분의 타인 토지를 사용할 수 있는 지상권 유사의 물권이다. 이는 관습법상의 물권으로서 의용민법 하에서부터 판례에 의하여 확인된 것이다.

분묘기지권은 지상권에 유사한 물권이다(판례 · 통설도 같음. 그러나 김학동, 386면은 보통의 지상권의 일종이라고 하고, 이은영, 632면은 제 4 의 용익물권이라고 한다). 그리고 그것은 관습법상 당연히 성립되는 것이다.

판례를 중심으로 하여 분묘기지권의 성립요건과 효력을 살펴보기로 한다.

(2) 성립요건

1) **분묘의 존재** 분묘기지권이 성립하려면 어떤 자가 분묘를 설치하여 그것이 존재하고 있어야 한다. 분묘란 그 내부에 사람의 유골 · 유해 · 유발 등 시신을 매장하여 사망한 자를 안장한 장소를 말하며, 장래의 묘소로서 설치하는 것과 같이 내부에 시신이 안장되어 있지 않은 것은 분묘가 아니다(대판 1976. 10. 26, 76다1359 · 1360; 대판 1991. 10. 25, 91다18040). 그리고 분묘기지권이 성립하기 위하여서는 분묘가 봉분 등 외부에서 분묘의 존재를 인식할 수 있는 형태를 갖추고 있어야 하고, 평장되어 있거나 암

장되어 있어 객관적으로 인식할 수 있는 외형을 갖추고 있지 않은 경우에는 분묘기지권이 인정되지 않는다(대판 1991. 10. 25, 91다18040; 대판 1996. 6. 14, 96다14036).

2) 다음의 세 경우 가운데 하나일 것

(가) **소유자의 승낙을 얻어 그의 소유지 안에 분묘를 설치한 때**(대판 1962. 4. 26, 61다1451; 대판 2000. 9. 26, 99다14006; 대판 2021. 9. 16, 2017다271834 · 271841 등). 이 경우에는 토지 소유자가 분묘의 수호 · 관리권자에 대하여 분묘기지권을 설정한 것으로 보아야 한다(대판 2000. 9. 26, 99다14006; 대판 2021. 9. 16, 2017다271834 · 271841).

(나) **타인 소유의 토지에 그 소유자의 승낙 없이 분묘를 설치한 후 20년간 평온 · 공연하게 분묘의 기지를 점유한 경우**(대판 1959. 11. 5, 4292민상130; 대판 1969. 1. 28, 68다1927 · 1928; 대판 1996. 6. 14, 96다14036 등). 이는 취득시효에 의하여 분묘기지권을 취득하는 경우이다. 분묘기지권은 분묘를 소유하기 위한 권리이므로 이를 소유할 수 있는 자만이 그 권리를 시효취득할 수 있고, 분묘를 소유할 수 없는 자는 그 분묘를 오랫동안 관리하였다고 하여도 시효취득을 할 수 없다(대판 1959. 4. 30, 4291민상182). 조상의 분묘에 관한 소유권은 관습상 종손에 속하고 방계자손에 속하지 않는다(대판 1959. 4. 30, 4291민상182; 대판 1959. 5. 28, 4291민상257; 대판 1979. 10. 16, 78다2117). 그러나 분묘에 안치된 선조의 자손은 종손이 아니더라도 분묘의 기지를 사용할 수 있다(앞의 대판 1979. 10. 16). 그리고 이 취득시효의 경우에 점유자는 분묘의 기지에 대하여 지상권 유사의 물권만을 취득할 뿐 분묘기지의 소유권을 취득하는 것은 아니다(대판 1969. 1. 28, 68다1927 · 1928). 분묘기지의 점유는 타주점유라고 보아야 하기 때문이다.

이 둘째 유형의 분묘기지권이 현재에도 인정되는가? 「매장 및 묘지 등에 관한 법률」이 전면 개정되어 2001. 1. 13.부터 시행된 「장사 등에 관한 법률」(장사법)은 — 시행 이래 몇 차례 개정된 현재까지도 — 분묘의 설치기간을 제한하고(현재는 30년. 같은 법 19조 1항) 토지소유자의 승낙 없이 설치된 분묘에 대하여 토지소유자가 이를 개장하는 경우에 분묘의 연고자는 당해 토지소유자에게 토지사용권을 주장할 수 없다는 내용의 규정을 두고 있다(같은 법 27조 3항). 그런데 장사법 부칙은 그 규정들은 장사법 시행(2001. 1. 13) 후 설치된 분묘에 관하여만 적용한다고 명시해오고 있다(시행 당시는 같은 법 부칙 2조, 현재는 2조 2항). 그러므로 둘째 유형의 분묘기지권은 장사법 시행일인 2001. 1. 13. 이전에 설치된 분묘에 관하여 현재까지 유지되고 있다고 보아야 한다(대판(전원) 2017. 1. 19, 2013다17292. 이 판결에 대하여는, 2001. 1. 13. 당시 아직 20년의 시효기간이 경과하지 않은 분묘의 경우에는 법적 규범의 효력을 상실한 분묘기지권의 시효취득에 관한 종전의 관습을 가지고 분묘기지권의 시효취득을 주장할 수 없다고 하는 대법관 5인의 반대의견이 있음). 그에 반하여 2001. 1. 13. 이후에 설치된 분묘의 경우에는 장사법의 규정상 둘째 유형의 분묘기지권이 인정될 수 없다.

(다) **자기 소유의 토지에 분묘를 설치한 자가 그 분묘기지에 대한 소유권을 보류하거나 또는 분묘도 함께 이전한다는 특약을 함이 없이 토지를 매매 등으로 양도한 때**(대판 1967. 10. 12, 67다1920) 이는 후술하는 관습법상의 법정지상권의 법리를 유추적용한 것이다.

3) 등기의 필요 여부 그 외에 등기는 필요하지 않다. 분묘기지권을 시효취득하는 때에도 같다(통설 · 판례도 같음. 대판 1996. 6. 14, 96다14036). 그 이유에 관하여 학설은 i) 분묘의 모양이 공시방법으로 기능하기 때문이라는 견해(곽윤직, 240면; 김상용(구판), 507면; 김용한, 389면)와 ii) 법률규정에 의한 물권변동이기 때문이라는 견해(이영준, 698면)로 나뉘어 있고, 판례는 i)설에 가까운 태도를 취하고 있다(앞의 대판 1996. 6. 14). 생각건대 분묘기지권의 취득은 제187조에 의한 물권변동이므로 등기를 요하지 않는다. 그러나 제187조에 의한 물권변동이라는 것이 계속 등기하지 않아도 되는 이유까지 되지는 못한다. 그러한 물권변동도 등기를 할 수는 있고, 특히 처분하려면 먼저 등기를 하여야 하기 때문이다. 그런데 분묘는 봉분의 모습으로 관습법상 일종의 공시를 하고 있다고 할 수 있고, 또 분묘기지권은 타인에게 양도할 수 없기 때문에 처분을 위한 등기도 필요하지 않다고 할 것이다. 그리고 봉분으로 공시하는 점만으로 외관상 분묘의 존재를 인식할 수 있기 때문에 등기가 없다고 하여 분묘기지의 매수인에게 예측하지 못한 손해가 생길 가능성은 크지 않다. 그러한 이유에서인지 실무상으로도 분묘기지권의 등기방법은 마련하고 있지 않다.

[154] **(3) 효 력**

분묘기지권은 지상권에 유사한 물권으로서 권리자는 타인의 토지를 제한된 범위에서 사용할 수 있다. 그 결과 분묘기지의 토지소유자는 소유권의 행사가 제한된다(대판 2000. 9. 26, 99다14006). 그리고 분묘기지권은 상속될 수는 있으나 타인에게 양도할 수는 없다고 하여야 한다. 분묘기지권의 효력에 관한 그 밖의 주요사항은 다음과 같다.

1) 분묘기지권은 분묘의 소유자가 취득한다(대판 1959. 4. 30, 4291민상182; 대판 2000. 9. 26, 99다14006). 그리하여 대체로 분묘를 수호 · 관리하는 종손에게 전속하게 될 것이나, 공동선조의 후손들로 구성된 종중이 선조분묘를 수호 · 관리하여 왔다면 분묘의 수호관리권 내지 분묘기지권은 종중에 귀속한다(대판 2007. 6. 28, 2005다44114).

2) 분묘기지권이 미치는 범위는 분묘를 수호하고 봉제사하는 목적을 달성하는 데 필요한 범위 내이다(대판 1997. 5. 23, 95다29086 · 29093; 대판 2001. 8. 21, 2001다28367 등). 따라서 분묘의 기지 자체(봉

분의 기저부분)뿐만 아니라 분묘의 보호 및 제사에 필요한 범위 내에서 분묘의 기지 주위의 공지를 포함한 지역에까지 미치는 것이고(대판 1997. 3. 28, 97다3651 · 3668; 대판 1997. 5. 23, 95다29086 · 29093 등), 그 확실한 범위는 각 구체적인 경우에 개별적으로 정하여야 한다(대판 1994. 8. 26, 94다28970; 대판 2007. 6. 14, 2006다84423). 한편 분묘기지권의 효력이 미치는 지역의 범위 내라고 할지라도 기존의 분묘 외에 새로운 분묘를 신설할 권능은 포함하지 않는 것이므로, 부부 일방의 기존의 분묘에 사망한 다른 일방을 단분(單墳)이나 쌍분 형태로 합장하는 것도 허용되지 않는다(대판 1997. 5. 23, 95다29086 · 29093; 대판 2001. 8. 21, 2001다28367). 또한 원래의 분묘를 같은 임야 내에서 다른 곳으로 이장할 수도 없다(대판 2007. 6. 28, 2007다16885).

분묘기지권이 침해되는 경우에는 권리자는 침해의 배제를 청구할 수 있다(대판 1962. 4. 26, 4294민상1451).

3) 분묘기지의 사용대가인 지료를 지급하여야 하는지가 문제된다.

대법원은, 승낙에 의하여 성립하는 분묘기지권의 경우(㈎의 경우) 성립 당시 토지소유자와 분묘의 수호 · 관리자가 지료 지급의무의 존부나 범위 등에 관하여 약정을 하였다면 그 약정의 효력은 분묘 기지의 승계인에 대하여도 미친다고 하였다(대판 2021. 9. 16, 271834 · 271841). 그리고 대법원은 전원합의체 판결로, 장사법 시행일 이전에 타인의 토지에 분묘를 설치한 다음 20년간 평온 · 공연하게 그 분묘의 기지를 점유함으로써 분묘기지권을 시효로 취득하였더라도(㈏의 경우), 분묘기지권자는 토지소유자가 분묘기지에 관한 지료를 청구하면 그 청구한 날부터의 지료를 지급할 의무가 있다고 하였다(대판(전원) 2021. 4. 29, 2017다228007[핵심판례 164면])(이러한 다수의견에 대하여, 분묘기지권자는 토지소유자에게 분묘를 설치하여 토지를 점유하는 기간 동안 지료를 지급할 의무가 있다는 대법관 3인의 별개의견과 토지소유자에게 지료를 지급할 의무가 없다고 하는 대법관 2인의 반대의견이 있음). 그러면서 분묘기지권자가 지료를 지급할 필요가 없다는 취지의 기존 판례(대판 1995. 2. 28, 94다37912)를 변경하였다. 대법원은, 시효로 분묘기지권을 취득한 사람이 일정한 범위에서 토지소유자에게 토지 사용의 대가를 지급할 의무를 부담한다고 보는 것이 형평에 부합하고, 취득시효형 분묘기지권이 관습법으로 인정되어 온 역사적 · 사회적 배경, 관습법상 권리로서의 분묘기지권의 특수성, 조리와 신의성실의 원칙 및 민법상 지료증감청구권 규정의 취지 등을 종합하여 볼 때, 시효로 분묘기지권을 취득한 사람은 토지소유자가 분묘기지에 관한 지료를 청구하면 그 청구한 날부터의 지료를 지급하여야 한다고 봄이 타당하다고 한다. 그런가 하면, 대법원은, 자기 소유 토지에 분묘를 설치한 사람이 그 토지를 양도하면서 분묘를 이장하겠다는 특약을 하지 않음으로써 분묘기지권을 취득한 경우(㈐의 경우), 특별한 사정이 없는 한 분묘기지권자는 분묘기지권이 성립한 때부터 토지 소유자에게 그 분묘의 기지에 대한 토지사용의 대가로서 지료를 지급할 의무가 있다고 하였다(대판 2021. 5. 27, 2020다295892; 대판 2021. 9. 16, 2017다271834 · 271841).

한편 학설은 i) 경우를 나누어 앞의 ㈎의 경우에는 지료의 약정이 없는 한 무상이고, ㈏의 경우에는 언제나 무상이며, ㈐의 경우에는 지료를 지급하여야 한다는 견해(곽윤직, 240면; 이상태, 330면. 김학동, 388면도 같은 취지라고 한다), ii) 명시적인 반대약정이 없는 한 지료지급의무가 있다는 견해(김상용(구판), 508면; 이영준, 697면; 이은영, 635면. 김용한, 390면도 같은 취지임), iii) 지료에 관한 약정이 없는 한 지료지급의무가 없다는 견해(고상룡, 448면)로 나뉘어 있다. 생각건대 분묘기지권이 취득되는 세 가지 경우들이 법리상 차이가 있고, 따라서 그 각각의 경우와 관련된 경우들(보통의 지상권 · 취득시효 · 관습법상의 법정지상권)의 규율내용을 고려하여 판단해 볼 때 i)설을 따라야 할 것이다.

관련되는 문제로서, 대법원은 ㈏의 경우 — 구체적으로는 분묘기지 사용계약을 체결하였으나 계약면적을 초과한 부분에 대하여 분묘기지권을 시효취득한 경우에 관하여 — 법률상 원인 없이 초과토지에 관한 관리비 상당의 이익을 얻고 있으므로 그 이익을 반환하여야 한다고 판단하였다(대판 2011. 11. 10, 2011다63017 · 63024)(관리비는 지료가 아니고, 소유자가 부담해야 할 비용임). 그리고 자기 소유의 토지 위에 분묘를 설치한 후 그 토지의 소유권이 경매 등에 의하여 타인에게 이전되면서 분묘기지권을 취득한 자가, 판결에 의하여 그 분묘기지권에 관한 지료의 액수가 정해졌음에도 그 판결확정 후 책임 있는 사유로 상당한 기간 동안 지료의 지급을 지체하여 지체된 지료가 판결확정 전후에 걸쳐 2년분 이상이 되는 경우에는 제287조를 유추적용하여 새로운 토지소유자는 그 분묘기지권자에 대하여 분묘기지권의 소멸을 청구할 수 있다고 보아야 하며, 분묘기지권자가 판결확정 후 지료지급 청구를 받았음에도 책임있는 사유로 상당한 기간 동안 지료의 지급을 지체한 경우에만 분묘기지권의 소멸을 청구할 수 있는 것은 아니라고 한다(대판 2015. 7. 23, 2015다206850).

4) 분묘기지권의 존속기간은 당사자 사이에 약정이 있으면 그에 의할 것이나, 약정이 없는 때에는 민법 제281조 · 제280조에 의하여 5년이라고 할 것이 아니고 권리자가 분묘의 수호와 봉사를 계속하며 그 분묘가 존속하고 있는 동안은 그 권리가 존속한다고 해석하여야 한다(이설이 없으며, 판례도 같다. 대판 1982. 1. 26, 81다1220; 대판 1994. 8. 26, 94다28970). 그리고 분묘가 멸실된 경우라도 유골이 존재하여 분묘의 원상회복이 가능하여 일시적인

멸실에 불과하다면 분묘기지권은 소멸하지 않고 존속하고 있다고 해야 한다(대판 2007. 6. 28, 2005다44114).

5) 판례에 의하면, 분묘기지권의 포기는 권리자가 의무자에 대하여 포기의 의사표시를 하면 곧바로 소멸하며, 그 의사표시 외에 점유까지도 포기하여야 하는 것은 아니라고 한다(대판 1992. 6. 23, 92다14762).

6) 종중원이 종산에 대하여 분묘를 설치하는 행위는 단순한 사용 · 수익에 불과한 것이 아니고 관습에 의한 지상권 유사의 물권을 취득하게 되는 처분행위에 해당하므로, 총유체인 종중의 결의가 필요하다(대판 1967. 7. 18, 66다1600).

(4) 문 제 점

분묘는 외형상 쉽게 인식할 수 있다고는 하나, 임야의 매수인이 자세히 조사하지 못하는 경우에는 그는 분묘기지권으로 인하여 피해를 입을 수 있다. 그리고 토지소유자의 보호나 국토의 효율적인 이용 · 관리를 생각하여도 그 권리를 존속시킬 것인지를 신중히 검토하여야 할 것이다.

3. 관습법상의 법정지상권 [155]

(1) 의 의

관습법상의 법정지상권은 동일인에게 속하였던 토지 및 건물이 매매 기타의 원인으로 소유자를 달리하게 된 때에 그 건물을 철거한다는 특약이 없으면 건물소유자가 당연히 취득하게 되는 법정지상권이다. 앞에서 본 바와 같이([145] 참조), 민법과 특별법은 법정지상권이 성립하는 네 가지 경우를 규정하고 있다. 그런데 판례는 그 외에도 위와 같은 일정한 경우에는 관습법상 법정지상권이 성립한다고 한다. 그리고 대법원은 최근에 전원합의체 판결로, 관습법상의 법정지상권에 관한 관습법은 현재에도 법적 규범으로서의 효력을 여전히 유지하고 있다고 하였다(대판(전원) 2022. 7. 21, 2017다236749. 이러한 다수의견에는 종래의 판례를 폐기해야 한다는 대법관 1인의 반대의견이 있음).

(2) 성립요건

1) 토지와 건물이 동일인의 소유에 속하고 있었을 것 토지와 그 지상건물이 동일인의 소유에 속하고 있었어야 한다. 그런데 토지와 그 지상건물이 처음부터 원시적으로 동일인의 소유에 속하였을 필요는 없고, 그 소유권이 유효하게 변동될 당시에 동일인이 토지와 그 지상건물을 소유하였던 것으로 족하다(대판(전원)

2012. 10. 18, 2010다52140; 대판 2013. 4. 11, 2009다62059. 같은 취지: 대판 1995. 7. 28, 95다9075 · 9082(이 판결은 '처분 당시'라고 함)). 소유권이 변동될 당시에 토지와 건물이 각각 소유자를 달리하고 있었을 때에는 이 권리가 성립하지 않는다. 그리고 토지 또는 그 지상건물의 소유권이 강제경매로 인하여 그 절차상의 매수인에게 이전되는 경우에는 그 매수인이 소유권을 취득하는 매각대금의 완납 시가 아니라 강제경매 개시결정으로 압류의 효력이 발생하는 때를 기준으로 토지와 지상건물이 동일인에게 속하였는지 여부에 따라 관습상 법정지상권의 성립 여부를 가려야 한다(대판(전원) 2012. 10. 18, 2010다52140; 대판 2013. 4. 11, 2009다62059). 또한 강제경매의 목적이 된 토지 또는 그 지상건물에 대하여 강제경매개시결정 이전에 가압류가 되어 있다가 그 가압류가 강제경매 개시결정으로 인하여 본압류로 이행되어 경매절차가 진행된 경우에는 처음의 가압류의 효력이 발생한 때를 기준으로 토지와 그 지상건물이 동일인에 속하였는지 여부에 따라 관습상 법정지상권의 성립 여부를 판단하여야 한다(대판(전원) 2012. 10. 18, 2010다52140; 대판 2013. 4. 11, 2009다62059). 나아가 강제경매의 목적이 된 토지 또는 그 지상건물에 관하여 강제경매를 위한 압류나 그 압류에 선행한 가압류가 있기 이전에 저당권이 설정되어 있다가 그 후 강제경매로 인해 그 저당권이 소멸하는 경우에는, 그 저당권 설정 당시를 기준으로 토지와 그 지상건물이 동일인에게 속하였는지 여부에 따라 관습상 법정지상권의 성립 여부를 판단하여야 할 것이다(대판 2013. 4. 11, 2009다62059). 그리고 대법원은, 원래 채권을 담보하기 위하여 나대지상에 가등기가 경료되었고, 그 뒤 대지소유자가 그 지상에 건물을 신축하였는데, 그 후 그 가등기에 기한 본등기가 경료되어 대지와 건물의 소유자가 달라진 경우에 관습상 법정지상권을 인정하면 애초에 대지에 채권담보를 위하여 가등기를 경료한 사람의 이익을 크게 해하게 되기 때문에 특별한 사정이 없는 한 건물을 위한 관습상 법정지상권이 성립한다고 할 수 없으며(가담법의 시행 전 사건이어서 법정지상권이 아니고 관습법상의 법정지상권을 문제삼은 듯함: 저자 주), 이 사건에서 그러한 건물에 강제경매가 개시되어 압류등기가 경료되었고, 강제경매절차가 진행 중에 그 이전에 각 대지에 관하여 설정된 채권담보를 위한 가등기에 기하여 그 본등기가 경료되었으므로 건물경락인은 각 대지에 관하여 건물을 위한 관습상 법정지상권을 취득한다고 볼 수 없다고 하였다(대판 1994. 11. 22, 94다5458).

여기의 건물은 건물로서의 요건을 갖추고 있는 이상 무허가건물이든 미등기건물이든 가리지 않는다(대판 1988. 4. 12, 87다카2404; 대판 1991. 8. 13, 91다16631). 그런데 가설건축물(컨테이너 등)은 특별한 사정이 없는 한 독립된 부동산으로서 건물의 요건을 갖추지 못하여 법정지상권이 성립하지 않는다고 보아야 한다(대판 2022. 2. 10, 2016다262635 · 262642. 366조에 의한 법정지상권에 관하여 같은 취지: 대판 2021. 10. 28, 2020다224821([221] 참조)). 이는 동일인의 소유에 속하던 토지와 건물의 소유자가 달라지게 된 시점에는 해당 건물이 독립된 부동산으로서 건물의 요건을 갖추었으나 그 후 해당 건물이 철거되고 가설건축물 등 독립된 건물이라고 볼 수 없는 지상물이 건축된 경우에도 마찬가지이다(대판 2022. 2. 10, 2016다262635 · 262642).

〈판 례〉

(ㄱ) 「민법 제366조의 법정지상권은 저당권 설정 당시에 동일인의 소유에 속하는 토지와 건물이 저당권의 실행에 의한 경매로 인하여 각기 다른 사람의 소유에 속하게 된 경우에 건물의 소유를 위하여 인정되는 것이므로, 미등기 건물을 그 대지와 함께 매수한 사람이 그 대지에 관하여만 소유권이전등기를 넘겨받고 건물에 대하여는 그 등기를 이전받지 못하고 있다가, 대지에 대하여 저당권을 설정하고 그 저당권의 실행으로 대지가 경매되어 다른 사람의 소유로 된 경우에는, 그 저당권의 설정 당시에 이미 대지와 건물이 각각 다른 사람의 소유에 속하고 있었으므로 법정지상권이 성립될 여지가 없다.

또한, 관습상의 법정지상권은 동일인의 소유이던 토지와 그 지상건물이 매매 기타 원인으로 인하여 각각 소유자를 달리하게 되었으나 그 건물을 철거한다는 등의 특약이 없으면 건물 소유자로 하여금 토지를 계속 사용하게 하려는 것이 당사자의 의사라고 보아 인정되는 것이므로 토지의 점유 · 사용에 관하여 당사자 사이에 약정이 있는 것으로 볼 수 있거나 토지소유자가 건물의 처분권까지 함께 취득한 경우에는 관습상의 법정지상권을 인정할 까닭이 없다 할 것이어서, 미등기 건물을 그 대지와 함께 매도하였다면 비록 매수인에게 그 대지에 관하여만 소유권이전등기가 경료되고 건물에 관하여는 등기가 경료되지 아니하여 형식적으로 대지와 건물이 그 소유명의자를 달리하게 되었다 하더라도 매도인에게 관습상의 법정지상권을 인정할 이유가 없다.」(대판(전원) 2002. 6. 20, 2002다9660)

(ㄴ) 「강제경매의 목적이 된 토지 또는 그 지상건물의 소유권이 강제경매로 인하여 그 절차상의 매수인에게 이전된 경우에 건물의 소유를 위한 관습상 법정지상권이 성립하는가 하는 문제에 있어서는 그 매수인이 소유권을 취득하는 매각대금의 완납시가 아니라 그 압류의 효력이 발생하는 때를 기준으로 하여 토지와 그 지상건물이 동일인에 속하였는지 여부가 판단되어야 한다. 강제경매개시결정의 기입등기가 이루어져 압류의 효력이 발생한 후에 경매목적물의 소유권을 취득한 이른바 제 3 취득자는 그의 권리를 경매절차상의 매수인에게 대항하지 못하고, 나아가 그 명의로 경료된 소유권이전등기는 매수인이 인수하지 아니하는 부동산의 부담에 관한 기입에 해당하므로(민사집행법 제144조 제 1 항 제 2 호 참조) 그 매각대금이 완납되면 직권으로 그 말소가 촉탁되어야 하는

것이어서(대법원 2002. 8. 23. 선고 2000다29295 판결 등 참조), 결국 매각대금 완납 당시 소유자가 누구인지는 이 문제맥락에서 별다른 의미를 가질 수 없다는 점 등을 고려하여 보면 더욱 그러하다.

한편 강제경매개시결정 이전에 가압류가 있는 경우에는, 그 가압류가 강제경매 개시결정으로 인하여 본압류로 이행되어 가압류집행이 본집행에 포섭됨으로써 당초부터 본집행이 있었던 것과 같은 효력이 있다(대법원 2002. 3. 15.자 2001마6620 결정 등 참조). 따라서 경매의 목적이 된 부동산에 대하여 가압류가 있고 그것이 본압류로 이행되어 경매절차가 진행된 경우에는 애초 가압류가 효력을 발생하는 때를 기준으로 토지와 그 지상건물이 동일인에 속하였는지 여부를 판단할 것이다(대법원 1990. 6. 26. 선고 89다카24094 판결 참조).

이와 달리 강제경매로 인하여 관습상 법정지상권이 성립함에는 그 매각 당시를 기준으로 토지와 그 지상건물이 동일인에게 속하여야 한다는 취지의 대법원 1970. 9. 29. 선고 70다1454 판결, 대법원 1971. 9. 28. 선고 71다1631 판결 등은 이 판결의 견해와 저촉되는 한도에서 변경하기로 한다.」(대판(전원) 2012. 10. 18, 2010다52140)

(ㄷ) 「강제경매의 목적이 된 토지 또는 그 지상건물에 관하여 강제경매를 위한 압류나 그 압류에 선행한 가압류가 있기 이전에 저당권이 설정되어 있다가 그 후 강제경매로 인해 그 저당권이 소멸하는 경우에는, 그 저당권 설정 이후의 특정 시점을 기준으로 토지와 그 지상건물이 동일인의 소유에 속하였는지 여부에 따라 관습상 법정지상권의 성립 여부를 판단하게 되면, 저당권자로서는 저당권 설정 당시를 기준으로 그 토지나 지상건물의 담보가치를 평가하였음에도 저당권 설정 이후에 토지나 그 지상건물의 소유자가 변경되었다는 외부의 우연한 사정으로 인하여 자신이 당초에 파악하고 있던 것보다 부당하게 높아지거나 떨어진 가치를 가진 담보를 취득하게 되는 예상하지 못한 이익을 얻거나 손해를 입게 되므로, 그 저당권 설정 당시를 기준으로 토지와 그 지상건물이 동일인에게 속하였는지 여부에 따라 관습상 법정지상권의 성립 여부를 판단하여야 할 것이다.」(대판 2013. 4. 11, 2009다62059)

2) 토지와 건물의 소유자가 다르게 되었을 것 토지와 건물이 매매 기타의 원인으로 소유자가 다르게 되었어야 한다. 판례에 의하면, 그 원인으로는 매매(대판 1960. 9. 29, 4292민상944; 대판 1962. 4. 18, 4294민상1103; 대판 1997. 1. 21, 96다40080(매수인의 의사에 의하여 건물만이 매도된 경우)) · 증여(대판 1963. 5. 9, 63아11) · 대물변제(대판 1992. 4. 10, 91다45356 · 45363) · 공유지 분할(대판 1974. 2. 12, 73다353) · 귀속재산처리법상의 불하처분(대판 1986. 9. 9, 84다카2275) · 국세징수법에 의한 공매(대판 1967. 11. 28, 67다1831) · 민사집행법상의 통상의 강제경매(대판 1970. 9. 29, 70다1454; 대판(전원) 2012. 10. 18, 2010다52140; 대판 2013. 4. 11, 2009다62059) 등이 있다. 그러나 건물이 철거될 것으로 예상하고 부지를 매도한 경우(대판 1974. 6. 11, 73다1766) · 토지공유자 중의 1인이 공유토지 위에 건물을 소유하고 있다가 토지지분만을 전매한 경우(대판 1988. 9. 27, 87다카140) · 환지처분의 경우(대판 1991. 4. 9, 89다카1305; 대판 1996. 3. 8, 95다44535; 대판 2001. 5. 8, 2001다4101)에는 관습법상의 법정지상권이 성립하지 않

는다. 그리고 대지와 그 지상의 건물이 매도되었으나 대지에 관하여만 소유권이전등기를 하여 건물의 소유명의가 매도인에게 남아 있는 경우에는, 대지와 건물의 점유사용 문제가 당사자 사이의 계약에 의하여 해결될 수 있으므로 이 법정지상권을 인정할 필요가 없다(대판 1993. 12. 28, 93다26687). 또한 미등기건물을 그 대지와 함께 매도하였다면 비록 매수인에게 그 대지에 관하여만 소유권이전등기가 되고 건물에 관하여는 등기가 되지 않아 형식적으로 대지와 건물이 그 소유 명의자를 달리하게 되었다 하더라도 매도인에게 관습상의 법정지상권을 인정할 이유가 없다(대판(전원) 2002. 6. 20, 2002다9660). 그런가 하면 토지와 그 지상 건물이 함께 양도되었다가 채권자취소권의 행사에 따라 그 중 건물에 관하여만 양도가 취소되고 수익자와 전득자 명의의 소유권이전등기가 말소되었다고 하더라도, 그것은 관습상 법정지상권의 성립요건인 「동일인의 소유에 속하고 있던 토지와 그 지상 건물이 매매 등으로 인하여 소유자가 다르게 된 경우」에 해당한다고 할 수 없다(대판 2014. 12. 24, 2012다73158). 채권자취소권의 행사로 인한 사해행위의 취소와 일탈재산의 원상회복은 채권자와 수익자 또는 전득자에 대한 관계에 있어서만 그 효력이 발생할 뿐이고 채무자가 직접 권리를 취득하는 것이 아니기 때문이다(대판 2000. 12. 8, 98두11458; 대판 2014. 12. 24, 2012다73158).

3) 건물철거특약이 없을 것 당사자 사이에 건물을 철거한다는 특약이 없어야 한다(대판 1999. 12. 10, 98다58467). 그래야만 토지를 계속 사용하게 하려는 묵시적 합의가 인정될 수 있기 때문이다. 한편 판례는 건물을 위하여 대지에 임대차계약을 체결한 경우에는 관습법상의 법정지상권을 포기한 것으로 본다(대판 1981. 7. 7, 80다2243; 대판 1991. 5. 14, 91다1912; 대판 1992. 10. 27, 92다3984). 그리고 대법원은, 갑이 건물을 제외한 채 그 대지와 부근의 토지들을 함께 을에게 매도하여 건물과 대지가 소유자를 달리하게 되었더라도 갑이 위 대지부분을 다시 매수하고 그 대신 을에게 위 토지와 인접한 다른 토지를 넘겨주기로 하는 특약을 맺었다면, 당사자 사이에 매수인으로 하여금 아무런 제한 없는 토지를 사용하게 하려는 의사가 있었다고 보아야 하므로, 위 특약이 매도인 측의 귀책사유로 이행불능된 이상 매도인은 위 건물을 위한 관습상의 법정지상권을 주장하지 못하고 건물을 철거하여 매수인에게 아무런 제한 없는 토지를 인도할 의무가 있다고 한 바 있다(대판 2008. 2. 15, 2005다41771).

〈판 례〉

토지와 건물의 소유자가 토지만을 타인에게 증여한 후 구 건물을 철거하되 그 지상에 자신의 이름으로 건물을 다시 신축하기로 합의한 경우, 그 건물 철거의 합의는 건물소유자가 토지의 계속 사용을 그만두고자 하는 내용의 합의로 볼 수 없어 관습상의 법정지상권의 발생을 배제하는 효력이 인정되지 않는다고 한 사례(대판 1999. 12. 10, 98다58467).

〈관습법상의 법정지상권의 성립 여부에 관한 판례〉

(ㄱ) 성립을 긍정한 예

① 공유지상에 공유자의 1인 또는 수인 소유의 건물이 있을 경우 위 공유지의 분할로 그 대지와 지상건물이 소유자를 달리하게 될 때(대판 1974. 2. 12, 73다353).

② 대지소유자가 그 지상건물을 타인과 함께 공유하면서 그 단독소유의 대지만을 건물철거의 조건 없이 타에 매도한 경우에는 건물공유자들은 각기 건물을 위하여 대지 전부에 대하여 관습에 의한 법정지상권을 취득한다(대판 1977. 7. 26, 76다388).

③ 원고와 피고가 1필지의 대지를 구분소유적으로 공유하고 피고가 자기 몫의 대지 위에 건물을 신축하여 점유하던 중 위 대지의 피고지분만을 원고가 경락 취득한 경우(대판 1990. 6. 26, 89다카24094).

(ㄴ) 성립을 부정한 예

① 대지를 양도담보한 후에 채무자가 그 대지상에 건물을 지었을 경우에는 채권자의 승낙을 얻었다 하더라도 채무자는 그 대지상에 관습에 의한 지상권이나 또는 지상권 유사의 물권을 취득한 것이라고는 볼 수 없다(대판 1966. 5. 17, 66다504).

② 피고 소유의 건물의 존립을 목적으로 하는 대지 사용을 그 대지소유자인 원고가 승낙하였다고 하여도 그 사실만으로 그 건물이 노후되어 멸실될 때까지 그 대지를 사용할 수 있는 관습상의 토지권이 설정되었다고 볼 수는 없다(대판 1971. 12. 28, 71다2124).

③ 명의신탁된 토지상에 수탁자가 건물을 신축한 후 명의신탁이 해지되어 토지소유권이 신탁자에게 환원된 경우, 수탁자는 관습상의 법정지상권을 취득하지 못한다(대판 1986. 5. 27, 86다카62).

④ 매매된 토지의 대금완불 전에 당해 토지 위에 건물의 신축을 승낙하였다가 당해 매매계약이 적법하게 해제된 경우(대판 1988. 6. 28, 87다카2895).

⑤ 공유토지 위에 건물을 소유하고 있는 토지공유자 중 1인이 그 토지지분만을 전매한 경우(대판 1988. 9. 27, 87다카140). 토지공유자의 한 사람이 다른 공유자의 지분 과반수의 동의를 얻어 건물을 건축한 후 토지와 건물의 소유자가 달라진 경우(대판 1993. 4. 13, 92다55756; 대판 2014. 9. 4, 2011다73038 · 73045. 이때 관습법상의 법정지상권이 성립되는 것으로 보게 되면 토지공유자의 1인으로 하여금 자신의 지분을 제외한 다른 공유자의 지분에 대하여서까지 지상권설정의 처분행위를 허용하는 셈이 되어 부당하다고 함). 토지 및 그 지상 건물 모두가 각 공유에 속한 경우 토지 및 건물공유자 중 1인이 그중 건물 지분만을 타에 증여하여 토지와 건물의 소유자가 달라진 경우(대판 2022. 8. 31, 2018다218601. 이 판결도 앞의 대판 1993. 4. 13, 92다55756 등과 같은 이유를 들고 있음).

⑥ 구분소유적 공유관계에 있는 자가 자신의 특정 소유가 아닌 부분에 건물을 신

축한 경우(대판 1994. 1. 28, 93다49871).

⑦ 토지의 소유자가 건물을 건축할 당시 이미 토지를 타에 매도하여 소유권을 이전하여 줄 의무를 부담하고 있었다면 토지의 매수인이 그 건축행위를 승낙하지 않는 이상 그 건물은 장차 철거되어야 하는 운명에 처하게 될 것이고 토지소유자가 이를 예상하면서도 건물을 건축하였다면 그 건물을 위한 관습상의 법정지상권은 생기지 않는다(대판 1994. 12. 22, 94다41072 · 41089).

⑧ 대지와 건물이 한 사람에게 매도되었으나 대지에 관하여서만 소유권이전등기가 경료된 경우(대판 1998. 4. 24, 98다4798).

⑨ 미등기 건물을 대지와 함께 양수한 자가 대지에 관하여서만 소유권이전등기를 경료한 상태에서 대지의 경매로 소유자가 달라지게 된 경우(대판 1998. 4. 24, 98다4798; 대판(전원) 2002. 6. 20, 2002다9660).

⑩ 원래 동일인에게의 소유권 귀속이 원인무효로 이루어졌다가 그 원인이 무효임이 밝혀져 그 등기가 말소됨으로써 건물과 토지의 소유자가 달라지게 된 경우(대판 1999. 3. 26, 98다64189).

4) 등기 문제 관습법상의 법정지상권은 관습법에 의하여 당연히 성립하는 것이므로 등기는 필요하지 않다(대판 1961. 10. 5, 4293민상259; 대판 1971. 1. 26, 70다2576; 대판 1984. 9. 11, 83다카2245; 대판 1988. 9. 27, 87다카279). 따라서 건물소유자는 이 법정지상권을 취득할 당시의 토지소유자에 대하여뿐만 아니라 토지의 전득자에게도 등기 없이 이 권리를 주장할 수 있다(대판 1967. 11. 28, 67다1831; 대판 1971. 1. 26, 70다2576; 대판 1984. 9. 11, 83다카2245; 대판 1988. 9. 27, 87다카279). [156]

그러나 이 법정지상권을 제 3 자에게 처분하려면 제187조 단서에 의하여 먼저 이에 관하여 등기하여야 한다(대판 1968. 7. 31, 67다1759; 대판 1971. 1. 26, 70다2576). 따라서 법정지상권이 붙어 있는 건물을 양수한 자가 그 법정지상권을 취득하려면 먼저 양도인이 법정지상권에 관하여 등기하고 그 후에 그것의 이전등기를 하여야 한다(대판 1965. 7. 27, 65다864). 법정지상권의 이전등기가 없는 한 그 권리는 양도인에게 남아 있게 되고 건물양수인은 그 권리를 주장할 수 없다(대판 1995. 4. 11, 94다39925). 다만, 제 3 자가 경매에 의하여 이 법정지상권이 붙은 건물을 경락받은 경우에는 등기 없이도 취득할 수 있다(대판 1991. 6. 28, 90다16214). 그리고 이러한 법리는 압류 · 가압류나 체납처분압류 등 처분제한의 등기가 된 건물에 관하여 그에 저촉되는 소유권이전등기를 마친 사람이 건물의 소유자로서 관습법상의 법정지상권을 취득한 후 경매 또는 공매절차에서 건물이 매각되는 경우에도 마찬가지로 적용된다(대판 2014. 9. 4, 2011다13463). 이는 제187조에 의한 물권변동이기 때문이다.

한편 판례에 의하면, 법정지상권을 취득한 건물소유자가 법정지상권의 설정등기를 함이 없이 건물을 양도한 경우에는 특별한 사정이 없는 한 건물과 함께 지상권도 양도하기로 하는 채권적 계약이 있었다고 할 것이므로, 법정지상권자는 지상권설정등기를 한 후에 건물양수인에게 이의 양도등기절차를 이행하여 줄 의무가 있는 것이고, 따라서 건물양수인은 건물양도인을 순차대위하여 토지소유자에 대하여 건물소유자였던 최초의 법정지상권자에의 법정지상권 설정등기 절차이행을 청구할 수 있는 것이고, 아울러 종전의 건물소유자들에 대하여도 차례로 지상권이전등기 절차이행을 구할 수 있다고 한다(대판 1988. 9. 27, 87다카279; 대판 1996. 3. 26, 95다45545 · 45552 · 45569). 그리고 법정지상권을 가진 건물소유자로부터 건물을 양수하면서 지상권까지 양도받기로 한 자에 대하여 대지소유자가 소유권에 기하여 건물철거 및 대지의 인도를 구하는 것은 지상권의 부담을 용인하고 그 설정등기절차를 이행할 의무 있는 자가 그 권리자를 상대로 한 청구라 할 것이어서 신의칙상 허용될 수 없다고 한다(대판 1985. 9. 10, 85다카607; 대판 1988. 9. 27, 87다카279; 대판 1991. 9. 24, 91다21701; 대판 1996. 3. 26, 95다45545 · 45552 · 45569). 이는 제366조의 법정지상권에 관한 판례를 관습법상의 법정지상권에도 인정한 것이다(대판(전원) 1985. 4. 9, 84다카1131 · 1132 참조).

(3) 효 력

관습법상의 법정지상권의 내용에 관하여는 특별한 사정이 없는 한 지상권에 관한 규정이 유추적용된다(대판 1968. 8. 30, 68다1029). 주의할 점은 다음과 같다.

1) 이 법정지상권의 존속기간은 지상권의 존속기간을 정하지 않은 경우에 해당하여 제280조 제 1 항 각 호의 구분에 따라 30년 · 15년 · 5년으로 된다(대판 1963. 5. 9, 63아11).

2) 이 법정지상권자의 토지사용권은 건물의 유지 및 사용에 필요한 범위에 미친다(대판 1995. 7. 28, 95다9075 · 9082). 이 법정지상권이 성립한 후에 건물을 개축하거나 증축한 경우 또는 건물의 멸실 · 철거 후에 신축한 경우에도 이 법정지상권은 성립하나, 그 법정지상권의 범위는 구건물을 기준으로 하여 그 유지 또는 사용을 위하여 일반적으로 필요한 범위 내의 대지부분에 한정된다(대판 1997. 1. 21, 96다40080)(이러한 판례는 부분적으로는 옳지 않다. [221] 참조).

3) 이 법정지상권을 양수한 자는 그에 관하여 등기를 하지 않았다고 하더라도 건물양도인의 지상권 갱신청구권을 대위행사할 수 있다(대판 1995. 4. 11, 94다39925).

4) 지료에 관하여는 제366조가 유추적용되어야 한다(대판 1996. 2. 13, 95누11023)(자세한 내용은 [225] 참조).

(4) 판례의 타당성 여부

관습법상의 법정지상권에 관한 판례의 태도에 관하여는 평가가 엇갈리고 있다. i) 타당하다는 견해(김상용, 474면)도 있기는 하나, ii) 부당하다는 견해가 지배적이다. 그리고 부당하다는 견해는 다시 (a) 전체적으로 부당하다는 견해(곽윤직, 244면; 김용한, 386면), (b) 강제경매나 공매의 경우에는 인정되어야 한다는 견해(고상룡, 459면. 이상태, 336면도 유사하다), (c) 건물소유자를 위한 토지의 용익관계를 현실화할 수 있는 기회가 있었던 경우에는 의사실현 내지 묵시적 계약에 의한 지상권설정을 인정하고, 현실화 기회가 없었던 경우에는 제366조의 경매의 개념을 확장해석하여 법정지상권에 흡수하여야 한다는 견해(이영준, 701면), (d) 법률행위에 의한 경우에는 인정할 필요가 없고, 경매 등 법률행위에 의하지 않은 경우에는 제366조를 유추적용하여야 한다는 견해(김학동, 392면)로 나뉜다. 생각건대 통상의 강제경매나 국세징수법에 의한 공매의 경우처럼 건물소유를 위한 토지의 이용권을 현실화할 수 없는 때에는 건물소유자에게 토지의 이용권이 인정되어야 하나, 건물 또는 토지만을 매매 · 증여하는 경우에는 그래야 할 이유가 없다. 뒤의 경우에 관습법상의 법정지상권과 같은 물권으로서 토지이용권을 인정하는 것은 토지소유자의 희생 하에 건물소유자를 지나치게 배려한 것이 된다. 따라서 그때에는 그 권리가 인정되지 않아야 한다. 그리고 토지이용권을 현실화할 수 없었던 경우에도, 관습법상의 법정지상권을 인정할 필요는 없고, 제366조의 확대적용에 의하여 법정지상권을 인정하여야 한다.

제 2 절 지역권(地役權)

I. 서 설 [157]

1. 지역권의 의의 및 법적 성질

지역권은 설정행위에서 정한 일정한 목적을 위하여 타인의 토지를 자기의 토지의 편익(便益)에 이용하는 물권이다(291조).

(1) 타인의 토지를 자기의 토지의 편익에 이용하는 권리

지역권은 두 토지의 존재를 전제로 하며, 그 중 편익을 받는 토지를 요역지(要役地)라 하고, 편익을 주는 토지를 승역지(承役地)라 한다. 이들 토지는 반드시 인접하고 있을 필요는 없다.

편익을 받는 것은 토지만이다. 따라서 요역지에 거주하는 자의 개인적 이익(예: 동물학자의 곤충채집)을 위해서는 지역권을 설정할 수 없다(특정인을 위하여 편익을 제공하는 권리는 인역권(人役權)이다). 물론 구체적으로 편익을 받는 자는 요역지의 소유자이나, 요역지 소유자와의 대인관계에 머물지 않고 소유자가 변경되어도 현재의 소유자(지상권자 · 전세권자 · 임차인 포함)가 편익을 받는 관계에 있는 것이다. 이를 토지가 편익을 받는다고 표현한다.

편익의 종류에는 제한이 없으며, 통행 · 인수(引水) · 전망을 위한 건축금지 등 여러 가지가 있다.

승역지 이용자는 그 승역지가 요역지의 편익에 제공되는 범위에서 의무를 부담한다. 그 의무의 내용은 지역권자의 적극적 행위를 인용하는 것일 수도 있고(예: 통행 · 인수 지역권의 경우), 승역지의 일정한 이용을 하지 않는 것일 수도 있다(예: 전망 지역권). 그러한 의무와 함께 승역지 이용자에게 적극적인 의무를 부담하게 할 수도 있다(통설도 같음).

지역권은 무상일 수도 있고 유상일 수도 있다.

(2) 요역지와 승역지 사이의 관계

지역권은 두 토지의 소유자 사이에서만 인정되는 권리가 아니다. 지역권이 설정된 후의 요역지의 지상권자 · 전세권자 · 임차인도 지역권을 행사할 수 있고, 승역지의 지상권자 · 전세권자 · 임차인도 지역권의 제한을 받는다. 그리고 지상권자 등도 그들의 권한 내에서 지역권을 설정하거나 설정받을 수 있다(통설도 같음).

요역지는 1필의 토지이어야 하나, 승역지는 1필의 토지의 일부이어도 무방하다(부등법 70조 5호, 부등규칙 127조 2항 · 126조 2항 참조).

(3) 요역지 위의 권리의 종된 권리

지역권은 요역지 소유권의 내용이 아니고 독립한 권리이다. 그러나 지역권은 요역지와 분리하여 양도하거나 다른 권리의 목적으로 하지 못한다(292조 2항). 그리고 요역지의 소유권이 이전되거나 다른 권리의 목적이 된 때, 가령 요역지에 저당권 · 지상권이 설정된 때에는 지역권도 그에 수반한다(수반성)(292조 1항 본문). 그런데 이러한 수반성은 설정행위로 배제할 수 있으며(292조 1항 단서), 그 배제약정을 등기하면 제 3 자에게도 대항할 수 있다(부등법 70조 4호 참조).

(4) 불가분성

토지공유자의 1인은 그의 지분에 관하여 그 토지를 위한 지역권 또는 그 토지가 부담한 지역권을 소멸하게 하지 못한다(293조 1항). 그리고 토지의 분할이나 그의 일부양도의 경우에는, 지역권은 요역지의 각 부분을 위하여 또는 승역지의 각 부분에 존속한다(293조 2항 본문). 다만, 지역권이 토지의 일부분만에 관한 것일 때에는 그 일부분에 관하여서만 존속한다(293조 2항 단서).

공유자의 1인이 지역권을 취득한 때에는 다른 공유자도 이를 취득한다(295조 1항). 그러므로 점유로 인한 지역권 취득시효의 중단은 지역권을 행사하는 모든 공유자에 대하여 하지 않으면 효력이 없다(295조 2항).

요역지가 수인의 공유로 되어 있는 경우에 그 1인에 의한 지역권 소멸시효의 중단 또는 정지는 다른 공유자를 위하여서 효력이 있다(296조).

〈인역권(人役權)〉

지역권은 로마법의 역권(役權. servitus)에서 유래한 제도이다. 로마법에서 타인의 물건을 이용할 수 있는 물권은 역권밖에 없었으며, 그러한 역권에는 인역권과 지역권이 있었고, 그것들은 다시 세분되었다. 그 중에 인역권은 편익을 제공받는 것이 특정인인 데 비하여, 지역권은 특정의 토지였다. 그리고 편익을 제공하는 물건은 인역권의 경우에는 부동산뿐만 아니라 동산도 가능하였으나, 지역권의 경우에는 토지에 한정되었다. 또한 인역권은 특정인만이 편익을 제공받는 권리이기 때문에, 원칙적으로 양도나 상속이 인정되지 않는다. 인역권의 예로는 특정인이 타인의 토지에서 낚시나 수렵을 할 수 있는 권리를 들 수 있다.

근대민법은 대부분 지역권뿐만 아니라 인역권도 규정하고 있다. 그런데 우리 민법은 의용민법과 마찬가지로 지역권만을 규정하고 있다. 다만, 제302조의 특수지역권은 본질에서는 인역권이라고 할 수 있다.

학자들은 입법론으로 우리 민법이 인역권을 명문으로 규정하는 것이 바람직하다고 주장한다(곽윤직(신정판), 444면; 김상용, 477면; 이영준, 714면 등). 특정의 목적을 위하여 타인의 물적 시설이나 부동산을 이용하는 일이 늘어가고 있는 점에 비추어, 그러한 타인의 물건의 이용관계에 관한 법적 수요를 만족시키기 위하여 필요하다는 것이다(곽윤직(신정판), 444면). 경청할 가치가 있는 주장이라고 하겠다.

2. 지역권의 종류 [158]

(1) 작위지역권 · 부작위지역권

지역권의 내용이 지역권자가 일정한 행위를 할 수 있는 것이 작위(적극)지역권이고(예: 통행 · 인수지역권), 승역지 이용자가 일정한 이용을 하지 않을 의무를 부담하는 것이 부작위(소극)지역권이다(예: 전망 지역권).

(2) 계속지역권 · 불계속지역권

지역권의 내용실현이 끊임없이 계속되는 것이 계속지역권이고(예: 일정한 통로를 개설한 통행지역권), 권리의 내용을 실현함에 있어서 그때 그때 권리자의 행위를 필요로 하는 것이 불계속지역권이다(예: 통로를 개설하지 않은 통행지역권).

(3) 표현지역권 · 불표현지역권

지역권의 내용의 실현이 외부에 표현되는 것이 표현지역권이고(예: 통행 지역권), 그렇지 않은 것이 불표현지역권이다(예: 전망 지역권).

3. 지역권의 사회적 작용

민법이 규정하는 지역권의 내용은 토지의 임대차계약에 의하여서도 실현될 수 있고, 또 상린관계 규정에 의하더라도 어느 정도는 달성될 수 있다. 그러나 임대차의 경우에는 임차인이 토지를 독점적으로 이용하여 임대인은 전혀 이용을 할 수 없을뿐더러 임차인은 차임의 부담이 커지게 된다. 그에 비하여 지역권의 경우에는 지역권과 양립하는 범위에서 지역권설정자가 승역지를 이용할 수 있게 된다. 그러한 점에서 지역권은 타인 토지의 단순한 이용이 아니고 실질적으로는 두 토지 사이의 이용을 합리적으로 조절하는 제도라고 할 수 있다. 한편 상린관계는 지역권과 같이 토지의 이용을 조절하는 제도이기는 하나, 그것은 법률상 당연히 발생하는 최소한의 조절이다(소유권의 내용임). 그에 비하여 지역권은 당사자의 계약에 의하여 상린관계에 의한 이용의 조절을 확대하는 기능을 가진다.

4. 지역권의 존속기간

(1) 지역권의 존속기간은 당사자가 약정할 수 있다. 그리고 그것은 등기하여야 제 3 자에 대항할 수 있다(부등법 70조는 이 약정에 관하여 규정하지 않고 있으나 등기할 수 있다고 할 것이다).

(2) 지역권의 존속기간에 관하여는 제한이 두어져 있지 않다. 여기서 존속기간을 영구무한으로 정할 수 있는지가 문제되는데, 통설은 지역권은 소유권을 제한하는 정도가 낮고 또 제한범위 내에서도 소유자의 이용을 완전히 빼앗지 않는다는 이유로 긍정한다(반대: 이은영, 645면).

Ⅱ. 지역권의 취득 [159]

1. 취득사유

지역권은 설정계약과 등기에 의하여 취득되는 것이 보통이나, 유언에 의하여 취득될 수도 있다(이때에도 186조에 따라 등기하여야 한다). 그 밖에 요역지의 소유권 또는 사용권의 양도·상속 등이 있으면 지역권도 그에 수반되므로(292조 1항), 그때에도 지역권의 취득이 있게 된다(지역권은 요역지와 분리하여 양도하지는 못한다. 292조 2항 참조).

2. 시효취득

지역권은 취득시효에 의하여 취득될 수도 있다. 그런데 민법은 지역권의 취득시효에 관하여 제248조 외에 제294조도 두고 있다. 이 제294조의 의미에 관하여 학설은 i) 제248조가 있으므로 제245조를 준용한다는 규정(294조)은 불필요한 중복이라는 견해(곽윤직, 249면), ii) 그 규정의 취지는 계속적 표현지역권에 한해서만 취득시효를 인정한다는 특별규정이기 때문에 불필요한 중복이라고 볼 수 없다는 견해(김용한, 402면), iii) 제248조는 이미 성립한 지역권을 요역지와 함께 시효취득하는 경우를 규율하고, 제294조는 전혀 새로운 지역권을 시효취득하는 경우를 규율한다는 견해(이영준, 720면; 주해(6), 133면(박재윤))로 나뉘어 있다. 생각건대 이미 성립한 지역권은 그것 자체가 시효취득될 수 있는 것이 아니고 요역지의 소유권 내지 사용권이 시효취득되면 그에 수반하여 취득된다고 할 것이다(다만, 소멸시효에 걸렸다면 예외이다). 따라서 지역권의 취득시효는 새로이 지역권이 생기는 경우에만 인정된다(294조의 법문으로 보아도 iii)설과 같은 해석은 옳지 않다. 입법자가 그런 의도를 가졌다면 달리 표현하였을 것이기 때문이다). 그런데 제294조는 그 경우에 「계속되고 표현된 것」에 한하여 취득시효를 인정하고 있는 것이다. 그 점에서 제294조는 의미가 없지 않다. 한편 지역권의 취득시효는 점유 취득시효·등기부 취득시효가 모두 가능하다(이영준, 720면은 294조의 취득시효는 점유 취득시효만 가능하고 248조의 취득시효는 등기부 취득시효도 가능하다고 한다).

판례는, 제294조에 의하여 지역권을 취득하려면, 「요역지의 소유자가」 승역지상에 「통로를 새로 설치하여」 승역지를 사용하는 상태가 제245조에 규정된 기간 동안 계속될 것을 요구한다(대판 1970. 7. 21, 70다772·773; 대판 1979. 4. 10, 78다2482; 대판 1991. 4. 23, 90다15167; 대판 1993. 5. 11, 91다46861; 대판 2001. 4. 13, 2001다8493 등). 그리고 취득시효기간을 계산할 때에 점유기간 중에 해당 부동산의 소유권자가 변동된 경우에는 취득시효를 주장하는 자가 임의로 기산점을 선택하거나 소급하여 20년 이상 점유한 사실만 내세워 시효완성을 주장할 수 없는 점, 법원이 당사자의 주장에 구애됨이 없이 소송자료에 의하여 인정되는 바에 따라 진정한 점유의 개시시기를 인정하고 그에 터 잡아 취득시효 주장의 당부를 판단하여야 한다는 점, 점유가 순차 승계된 경우에는 취득시효의 완성을 주장하는 자가 자기의 점유만을 주장하거나 또는 자기의 점유와 전 점유자의 점유를 아울러 주장할 수 있는 선택권이 있다는 점과 같은 소유권의 취득시효에 관한 법리는 지역권의 취득시효에 관한 제294조에 의하여 제245조의 규정이 준용되는 통행지역권의 취득시효에 관하여도 마찬가지로 적용된다고 한다(대판 2015. 3. 20, 2012다17479). 또한 판례는, 통행지역권의 취득시효에 관한 여러 사정들과 아울러 주위토지통행권과의 유사성 등을 종합해 볼 때, 종전의 승역지 사용이 무상으로 이루어졌다는 등의 다른 특별한 사정이 없다면 통행지역권을 취득시효한 경우에도 주위토지통행권의 경우와 마찬가지로 요역지 소유자는 승역지에 대한 도로 설치 및 사용에 의하여 승역지 소유자가 입은 손해를 보상함이 타당하다고 한다(대판 2015. 3. 20, 2012다17479).

〈판 례〉

「민법 제294조에 의하여 지역권을 취득하려면 그 지역권이 있다고 인정할 수 있는 행위가 계속되고 표현된 것에 한하여 민법 제245조의 규정이 준용된다 할 것이므로 요역지의 소유자가 타인의 토지를 20년간 통행하였다는 사실만으로서는 부족하고 요역지의 소유자가 승역지상에 통로를 개설하여 승역지를 항시 사용하고 있는 상태가 민법 제245조에 규정된 기간 계속한 사실이 있어야 할 것이다.」(대판 1970. 7. 21, 70다772 · 773)

[160] Ⅲ. 지역권의 효력

1. 지역권자의 권리

(1) 지역권자는 지역권의 내용에 따라서 승역지를 자기 토지의 편익에 이용할 수 있다. 그리고 지역권의 내용은 지역권이 설정행위에 의하여 성립하는 경우에는 설정행위에 의하여, 시효취득한 경우에는 취득시효의 기초가 되는 점유에 의하여 결정된다.

(2) 지역권은 여러 개의 토지 사이의 이용을 조절하는 제도이므로, 그 내용은 그 권리의 목적을 달성하는 데 필요할 뿐만 아니라 승역지 이용자에게 부담이

가장 적은 범위에 한정되어야 한다. 민법은 이러한 취지의 표현으로 다음과 같은 규정을 두고 있다.

용수지역권의 경우에 용수승역지의 수량이 요역지 및 승역지의 수요에 부족한 때에는 그 수요 정도에 의하여 먼저 가용(家用)에 공급하고 그 뒤에 다른 용도에 공급하여야 한다(297조 1항 본문). 그러나 설정행위에서 이와 달리 약정할 수 있다(297조 1항 단서). 그런데 이 약정은 등기하여야 제 3 자에 대항할 수 있다(부등법 70조 4호 참조).

승역지의 소유자는 지역권의 행사를 방해하지 않는 범위 내에서 지역권자가 지역권의 행사를 위하여 승역지에 설치한 공작물을 사용할 수 있다(300조 1항). 그 경우에 승역지의 소유자는 수익 정도의 비율로 공작물의 설치 · 보존의 비용을 분담하여야 한다(300조 2항).

(3) 지역권도 배타성이 있으므로 먼저 성립한 것이 후에 성립한 것에 우선한다. 민법은 용수지역권에 관하여 이를 규정하고 있다(297조 2항).

(4) 지역권이 침해되는 경우에는 물권적 청구권이 생긴다. 그러나 지역권은 승역지를 점유할 권리를 수반하지 않으므로 지역권자에게는 반환청구권은 인정되지 않고, 일정한 요건 하에 방해제거청구권과 방해예방청구권만이 인정된다(301조 · 214조).

2. 승역지 이용자의 의무

(1) 승역지 이용자는 지역권자의 행위를 인용(忍容)하고 일정한 이용을 하지 않을 부작위의무를 부담한다. 이것이 승역지 이용자의 기본적 의무이다.

(2) 당사자 사이의 계약에 의하여 승역지 소유자는 자기의 비용으로 지역권의 행사를 위하여 공작물의 설치 또는 수선의 의무를 부담할 수 있고, 그때에는 승역지 소유자의 특별승계인도 그 의무를 부담한다(298조). 그런데 이 약정을 가지고 특별승계인에게 대항하려면 등기를 하여야 한다(부등법 70조 4호 참조).

승역지 소유자의 이 의무가 지나치게 무거워 차라리 토지 이용을 포기하고서 이 의무를 면하고 싶은 경우가 있을 수 있다. 그러한 경우에는 승역지 소유자는 지역권에 필요한 부분의 토지소유권을 지역권자에게 위기(委棄)하여 그 부담을 면할 수 있다(299조). 여기의 위기는 토지소유권을 지역권자에게 이전한다는 물권적 단독행위이다. 그러므로 그것은 제186조에 따라 등기하여야 효력이 생긴다

(통설도 같음. 반대: 고상룡, 465면; 이영준, 724면). 문헌에 따라서는, 소유권이전에 등기가 필요하다고 하면서도 승역지 소유자가 의무를 면하게 되는 때는 위기(委棄)의 의사표시시라고 하나(이상태, 345면), 근거가 없는 해석이다. 한편 위기에 의하여 승역지의 소유권이 지역권자에게 이전하면 지역권은 혼동으로 소멸한다(이설 없음).

[161] Ⅳ. 지역권의 소멸

1. 소멸사유

지역권은 요역지 또는 승역지의 멸실 · 지역권의 포기 · 혼동 · 존속기간의 만료 · 승역지의 수용 · 약정소멸사유의 발생 · 승역지의 시효취득 · 지역권의 소멸시효 완성 등에 의하여 소멸한다. 이들 중 끝의 두 가지에 대하여만 부연하여 설명하기로 한다.

2. 승역지의 시효취득에 의한 소멸

승역지가 제 3 자에 의하여 시효취득되는 경우에는 지역권은 소멸한다. 다만, 승역지의 점유자가 지역권의 존재를 인정하면서 점유하였거나 취득시효가 진행되는 동안에 지역권자가 그의 권리를 행사한 때에는 지역권은 소멸하지 않는다.

3. 지역권의 시효소멸

지역권도 소멸시효에 걸리는데(162조 2항 참조), 그 기산점은 불계속지역권의 경우에는 그 권리를 최후에 행사한 때이고, 계속지역권의 경우에는 권리행사를 방해하는 사실이 생긴 때이다. 요역지가 수인의 공유로 되어 있는 경우에는 모든 공유자에 대하여 소멸시효가 완성되어야 지역권이 소멸한다(296조 참조). 한편 지역권자가 지역권의 내용의 일부만 행사하고 있는 경우, 가령 3미터의 통로를 개설할 수 있는데 2미터의 통로만 개설한 경우에는 그 불행사의 부분만이 시효로 소멸한다(이설 없음).

Ⅴ. 특수지역권

1. 의 의

민법은 「어느 지역의 주민이 집합체의 관계로 각자가 타인의 토지에서 초목(草木)·야생물 및 토사의 채취, 방목 기타의 수익을 하는 권리」를 특수지역권이라고 하면서, 그에 대하여는 관습에 의하는 외에 지역권에 관한 규정을 준용한다고 한다(302조).

그러나 위와 같은 권리에 있어서는 편익을 얻는 것이 토지(요역지)가 아니고 어느 지역의 주민 즉 사람이므로, 그 권리는 지역권이 아니고 일종의 인역권에 해당한다(통설도 같음). 따라서 특수지역권이라는 명칭은 바람직하지 않으며, 「토지수익권의 준총유」라고 하는 것이 좋다(곽윤직, 251면).

2. 사회적 작용

이 토지수익권은 과거에는 농촌주민의 생활을 유지해 주는 중요한 기초가 되었었다. 그러나 근래에는 농촌인구의 감소 및 고령화, 농촌의 일손부족이나 경제발전으로 인한 농업경영방법·낙농방법·취사방법의 변화 등으로 인하여 이러한 권리는 사라지거나 의미를 잃어가고 있다.

3. 법적 규율

민법은 토지수익권의 준총유에는 지역권에 관한 규정을 준용한다(302조). 그렇지만 토지수익권은 지역 주민이 준총유하는 것이므로 총유에 관한 규정도 준용되어야 한다(278조). 다만, 여기에 관하여 법률규정과 다른 관습이 있으면 관습이 우선해서 적용된다(302조).

제 3 절 전세권(傳貰權)

[162] Ⅰ. 서 설

1. 전세권의 의의 및 기능

(1) 의 의

전세권은 전세금을 지급하고 타인의 부동산을 점유하여 그 부동산의 용도에 좇아 사용·수익하고, 전세권이 소멸하면 목적부동산으로부터 우선변제를 받을 수 있는 물권이다(303조 1항). 이 전세권은 과거에 주로 도시에서 관행적으로 행하여져 오던 건물의 전세(일종의 임대차계약)를 물권의 일종으로 성문화한 것으로서 우리 민법만의 특유한 제도이다.

(2) 기 능

전세권은 1차적으로 타인의 부동산을 사용·수익하게 하는 기능을 한다. 그러나 그러한 기능을 하는 제도로는 전세권만 있는 것이 아니고, 지상권과 같은 다른 용익물권과 임대차·채권적 전세도 있다. 그 가운데 실제 사회에서 널리 이용되는 것은 채권적 전세이며(채권적 전세는 주택임대차보호법에 의하여 보호되고 있다), 물권적 전세권은 전세금이 고액인 경우에 다소 이용되는 정도에 머물러 있다.

다음에 전세권은 전세금의 이용의 측면에서 볼 때 담보제도로서의 기능도 한다. 전세권의 경우에는 실질적으로 전세권설정자가 부동산을 담보로 하여 고액의 전세금을 빌려 사용하는 것이 되기 때문이다. 그런데 이러한 기능 역시 채권적 전세도 가지고 있다.

2. 전세권의 법적 성질

(1) 타인의 부동산에 관한 물권

전세권은 타인의 부동산에 대한 권리이다. 그리하여 건물뿐만 아니라 토지도 전세권의 목적이 될 수 있다(303조 1항). 다만, 농경지는 예외이다(303조 2항).

전세권은 직접 객체를 지배하는 물권이다. 따라서 목적부동산의 소유자가 변경되어도 전세권에는 영향이 없다. 그리고 당연히 양도성과 상속성을 가진다.

(2) 용익물권

전세권은 목적부동산을 사용 · 수익하는 권리이다. 그 결과 전세권은 목적부동산을 점유할 수 있는 권리를 포함한다. 그리고 전세권자와 인접토지의 소유자(지상권자 · 전세권자 · 임차인 포함) 사이에는 상린관계의 규정이 준용된다(319조).

전세권이 지상권과 동일한 목적(공작물 · 수목 소유)을 위하여 설정될 수 있는가에 관하여는 견해가 대립되나, 긍정하는 것이 통설이다(반대: 김학동, 414면).

(3) 전 세 금

전세금의 지급은 전세권의 요소이다(303조 1항 참조)(통설 · 판례도 같다. 대판 1995. 2. 10, 94다18508. 반대: 김학동, 415면). 따라서 전세금을 지급하지 않거나 지급하지 않는다고 특약을 한 경우에는 전세권은 성립하지 않는다.

(4) 담보물권

전세권자는 목적부동산에 대하여 전세금의 우선변제를 받을 수가 있다(303조 1항). 그리하여 전세권은 전세금채권(전세금반환청구권)을 피담보채권으로 하는 담보물권적인 성질도 가지고 있다(통설 · 판례도 같음. 대판 1995. 2. 10, 94다18508; 대판 2005. 3. 25, 2003다35659). 즉 본질적으로는 용익물권이지만 부수적으로는 담보물권인 것이다. 그 결과 전세권은 담보물권의 통유성(通有性)인 부종성 · 수반성 · 물상대위성 · 불가분성을 가진다([175] 참조).

Ⅱ. 전세권의 취득과 존속기간 [163]

1. 전세권의 취득

(1) 취득사유

전세권은 부동산소유자(전세권설정자)와 전세권자 사이의 설정계약과 등기에 의하여 취득되는 것이 보통이나, 그 밖에 전세권의 양도나 상속에 의하여서도 취득될 수 있다.

(2) 설정계약에 의한 취득

1) 전세권설정계약에는 물권적 합의가 포함되어 있으며(독자성 부인), 그 물권적 합의와 등기에 의하여 전세권이 성립한다(186조). 전세권의 객체는 반드시 1필의 토지나 1동의 건물이어야 할 필요가 없다(대판 1962. 3. 22, 4294민상1297은 건물 1층에 국한하여 전세권설정등기를 할 수 있다고 한다. [7]도 참조). 다만, 부동산의 일부가 전세권의 목적인 경우에는 등기를 신청하는 때에 그 부분을 표시

한 지적도나 건물도면을 첨부정보로서 등기소에 제공하여야 한다(부등법 72조 1항 6호, 부등규칙 128조 2항).

〈판 례〉

(ㄱ) 「전세권은 다른 담보권과 마찬가지로 전세권자와 전세권설정자 및 제 3 자 사이에 합의가 있으면 그 전세권자의 명의를 제 3 자로 하는 것도 가능하므로, 임대차계약에 바탕을 두고 이에 기한 임차보증금 반환채권을 담보할 목적으로 임대인, 임차인 및 제 3 자 사이의 합의에 따라 제 3 자 명의로 경료된 전세권설정등기는 유효」하다(대판 2005. 5. 26, 2003다12311. 같은 취지: 대판 1998. 9. 4, 98다20981).

(ㄴ) 「전세권이 용익물권적인 성격과 담보물권적인 성격을 모두 갖추고 있는 점에 비추어 전세권 존속기간이 시작되기 전에 마친 전세권설정등기도 특별한 사정이 없는 한 유효한 것으로 추정된다. 한편 부동산등기법 제 4 조 제 1 항은 "같은 부동산에 관하여 등기한 권리의 순위는 법률에 다른 규정이 없으면 등기한 순서에 따른다."라고 정하고 있으므로, 전세권은 등기부상 기록된 전세권설정등기의 존속기간과 상관없이 등기된 순서에 따라 순위가 정해진다.」(대결 2018. 1. 25, 2017마1093)

(ㄷ) 「전세권설정계약의 당사자가 주로 채권담보 목적으로 전세권을 설정하고 설정과 동시에 목적물을 인도하지 않는다고 하더라도 장차 전세권자가 목적물을 사용·수익하는 것을 배제하지 않는다면, 전세권의 효력을 부인할 수는 없다(대법원 1995. 2. 10. 선고 94다18508 판결 참조). 그러나 전세권 설정의 동기와 경위, 전세권 설정으로 달성하려는 목적, 채권의 발생 원인과 목적물의 관계, 전세권자의 사용·수익 여부와 그 가능성, 당사자의 진정한 의사 등에 비추어 전세권설정계약의 당사자가 전세권의 핵심인 사용·수익 권능을 배제하고 채권담보만을 위해 전세권을 설정하였다면, 법률이 정하지 않은 새로운 내용의 전세권을 창설하는 것으로서 물권법정주의에 반하여 허용되지 않고 이러한 전세권설정등기는 무효라고 보아야 한다.」(대판 2021. 12. 30, 2018다40235·40242)

2) 전세권이 성립하려면 전세금의 지급이 필요한가? 여기에 관하여 학설은 대립하고 있다. i) 통설은 전세금의 지급은 전세권의 요소이므로 당사자의 물권행위와 등기 외에 약정된 전세금을 주고받은 때에 전세권이 성립한다고 한다(대표적으로 곽윤직, 258면; 이은영, 655면). 그에 비하여 ii) 다른 견해는 전세금의 지급이 전세권의 요소가 아니라고 하거나(김학동, 415면), 전세권의 성립요건이 아니라고 한다(이영준, 739면). 그리고 판례는 i)설과 같다(대판 1995. 2. 10, 94다18508; 대판 2021. 12. 30, 2018다268538). 다만, 판례는 전세금이 반드시 현실적으로 수수되어야만 하는 것은 아니고 기존의 채권으로 전세금의 지급에 갈음할 수 있다고 한다. 생각건대 전세권은 전세금과 분리하여서는 생각할 수 없는 권리이며, 제303조 제 1 항이 전세금의 지급을 요구하는 것은 그러한 취지에서 규정한 것으

로 볼 것이다. 그리고 전세금의 지급 없이 약정된 것만으로 목적부동산을 사용할 수 있다는 것은 타당하지 않다. 결국 전세금의 지급은 전세권의 성립요건이라고 보아야 한다. 그러나 그렇다고 하여 전세권설정계약을 요물계약이라고 보아서는 안 되며(반대: 김용한, 426면), 전세권 성립을 위한 별개의 요건이라고 이해하여야 한다(같은 취지: 주해(6), 184면(박병대)).

전세금은 전세권자가 설정자에게 교부하는 금전으로서, 전세권이 소멸하는 때에 다시 반환받는다. 전세금의 액은 당사자가 자유롭게 결정할 수 있다. 그런데 그 액은 등기하여야 하며(부등법 72조 1항), 그렇지 않으면 제 3 자에게 대항할 수 없다.

전세금은 그 이자가 차임을 대신하는 특수한 기능을 갖는다. 즉 차임의 특수한 지급방법인 것이다. 그런가 하면 전세금은 목적물 멸실의 경우에 전세권자가 부담하는 손해배상채무를 담보하므로(315조), 보증금으로서의 성질도 갖는다. 다만, 전세권 소멸 후에만 채무에 충당된다. 그 밖에 전세금은 부동산을 담보로 고액의 금전을 빌리는 것에 해당한다. 그리하여 문헌들은 전세권이 부동산질권의 실질을 갖는다고 한다(가령 곽윤직, 257면).

3) 전세권은 목적부동산을 점유할 권리를 포함하나, 설정자가 목적부동산을 인도하는 것은 전세권의 성립요건은 아니다(통설 · 판례도 같음. 대판 1995. 2. 10, 94다18508).

2. 전세권의 존속기간 [164]

(1) 설정행위에서 정하는 경우

1) 전세권의 존속기간은 당사자가 설정행위에서 임의로 정할 수 있으나, 최장기간과 최단기간에 관하여 일정한 제한이 있다.

전세권의 존속기간은 10년을 넘지 못하며, 당사자가 약정한 기간이 10년을 넘는 때에는 10년으로 단축된다(312조 1항). 그리고 건물에 대한 전세권의 존속기간을 1년 미만으로 정한 때에는 그 기간은 1년으로 된다(312조 2항). 이는 주택임대차보호법이 개정되기 전에 주택임차인 보호와 균형을 맞추기 위하여 신설된 것이다. 그런데 그 후에 같은 법 제 4 조가 개정되어 주택임대차의 최단존속기간은 2년으로 되었다.

전세권의 존속기간은 등기하여야 제 3 자에게 대항할 수 있다(부등법 72조 1항 3호).

2) 전세권의 존속기간이 만료되면 합의에 의하여 설정계약을 갱신할 수 있

다(312조 3항 1문). 그런데 그 기간은 갱신한 날로부터 10년을 넘지 못한다(312조 3항 2문).

전세권설정계약의 법정갱신(묵시적 갱신)은 원칙적으로 인정되지 않는다. 다만, 건물의 전세권에 관하여 하나의 예외가 인정된다. 즉 건물의 전세권설정자가 전세권의 존속기간 만료 전 6월부터 1월 사이에 전세권자에 대하여 갱신 거절의 통지 또는 조건을 변경하지 않으면 갱신하지 않는다는 뜻의 통지를 하지 않은 경우에는, 그 기간이 만료된 때에 전 전세권과 동일한 조건으로 다시 전세권을 설정한 것으로 본다. 그리고 이 경우 전세권의 존속기간은 정하지 않은 것으로 본다(312조 4항). 이때 제313조가 적용되는가? 긍정하여야 한다. 따라서 각 당사자는 언제든지 상대방에 대하여 전세권의 소멸통고를 할 수 있고, 상대방이 소멸통고를 받은 날부터 6개월이 지나면 전세권은 소멸한다. 나아가 또 문제되는 것은, 이러한 법정갱신을 가지고 제 3 자에게 대항하기 위하여 등기가 필요한가이다. 이에 관하여 학설은 i) 필요설(곽윤직, 259면; 이은영, 658면)과 ii) 불필요설(고상룡, 478면; 김상용, 509면; 김용한, 429면; 김학동, 417면; 이상태, 356면; 이영준, 740면)로 나뉘어 있다. 그리고 판례는 불필요설의 견지에 있다(대판 1989. 7. 11, 88다카21029; 대판 2010. 3. 25, 2009다35743). 생각건대 등기가 없다고 하여 제 3 자에게 대항할 수 없다고 해석하면 법정갱신을 인정하는 취지를 살릴 수 없게 된다. 따라서 등기가 없어도 제 3 자에게 대항할 수 있다고 하여야 한다. 즉 제187조에 의한 물권변동이라고 보아야 하는 것이다.

(2) 존속기간을 약정하지 않은 경우

당사자가 전세권의 존속기간을 약정하지 않은 경우에는, 각 당사자는 언제든지 상대방에 대하여 전세권의 소멸을 통고할 수 있고, 상대방이 이 통고를 받은 날로부터 6월이 경과하면 전세권이 소멸한다(313조). 이 경우에 말소등기가 없이도 전세권이 당연히 소멸하는지에 관하여 논란이 있으나, 제313조의 규정이 있는 한 말소등기 없이 전세권이 소멸한다고 새길 것이다(자세한 사항은 [51] 참조).

[165] Ⅲ. 전세권의 효력

1. 전세권자의 사용 · 수익권

(1) 전세권자는 목적부동산을 점유하여 그 부동산의 용도에 좇아 사용 · 수익할 권리가 있다(303조 1항). 구체적인 사용방법은 설정계약에 의하여 정해지나, 설정계

약에서 정하지 않은 경우에는 부동산의 성질에 의하여 결정된다(311조 참조). 전세권자가 목적부동산을 올바른 용법으로 사용·수익하지 않은 경우에는 전세권설정자는 전세권의 소멸을 청구할 수 있다(311조 1항). 그리고 그 경우에 전세권설정자는 전세권자에 대하여 원상회복 또는 손해배상을 청구할 수 있다(311조 2항).

(2) 설정계약에서 건물만을 전세권의 목적으로 하고 토지를 제외하였다고 하더라도 필요한 범위에서 토지도 사용할 수 있다고 하여야 한다. 그와 같은 취지에서 민법은 다음의 두 규정을 두고 있다.

㈎ 타인의 토지에 있는 건물에 전세권을 설정한 때에는 전세권의 효력은 그 건물의 소유를 목적으로 한 지상권 또는 임차권에 미친다(304조 1항). 이 규정의 의미에 관하여는 i) 지상권 등에 대하여도 법률상 당연히 전세권을 취득한다는 견해(김학동, 420면)와 ii) 마치 지상권자 등과 같이 사용·수익할 수 있다는 뜻으로 새겨야 한다는 견해(고상룡, 480면; 곽윤직, 260면; 김상용, 511면; 김용한, 434면; 이상태, 359면; 이영준, 742면)가 대립되는데, 전세권의 목적은 부동산에 한정되고 또 ii)설처럼 해석하여도 전세권자의 보호에 충분하므로 ii)설에 따라야 할 것이다. 주의할 것은, 제304조는 전세권을 설정하는 건물소유자가 건물의 존립에 필요한 지상권 또는 임차권과 같은 토지사용권을 가지고 있는 경우에 관한 것으로서, 그 경우에 건물전세권자로 하여금 토지소유자에 대하여 건물소유자, 즉 전세권설정자의 그러한 토지사용권을 원용할 수 있도록 함으로써 토지소유자 기타 토지에 대하여 권리를 가지는 사람에 대한 관계에서 건물전세권자를 보다 안전한 지위에 놓으려는 취지의 규정이라는 점이다. 따라서 전세권설정자가 건물의 존립을 위한 토지사용권을 가지지 못하여 그가 토지소유자의 건물철거 등 청구에 대항할 수 없는 경우에 제304조 등을 들어 전세권자 또는 대항력 있는 임차권자가 토지소유자의 권리행사에 대항할 수는 없다(대판 2010. 8. 19, 2010다43801).

한편 이와 같은 경우에 전세권설정자는 전세권자의 동의 없이 지상권 또는 임차권을 소멸하게 하는 행위를 하지 못한다(304조 2항). 이 규정은 전세권설정자가 임의로 포기나 기간을 단축하는 약정 등의 방법으로 지상권 또는 임차권을 소멸하지 못하게 하여 전세권자를 보호하려는 취지의 규정이다. 그리고 그 경우에 지상권설정자의 권리를 제한하려는 것은 아니다. 따라서 건물에 대하여 전세권 또는 대항력 있는 임차권을 설정하여 준 지상권자가 그 지료를 지급하지 않은 것을 이유로 토지소유자가 한 지상권소멸청구가 그에 대한 전세권자 또는 임차인의 동의가 없이 행하여졌다고 해도 제304조 제 2 항에 의하여 그 효과가 제한되지는 않는다(대판 2010. 8. 19, 2010다43801도 결과는 같으나, 이유를 조금 다르게 설명한다).

〈판 례〉

「토지와 건물을 함께 소유하던 토지 · 건물의 소유자가 건물에 대하여 전세권을 설정하여 주었는데 그 후 토지가 타인에게 경락되어 민법 제305조 제 1 항에 의한 법정지상권을 취득한 상태에서 다시 건물을 타인에게 양도한 경우, 그 건물을 양수하여 소유권을 취득한 자는 특별한 사정이 없는 한 법정지상권을 취득할 지위를 가지게 되고, 다른 한편으로는 전세권 관계도 이전받게 되는바, 민법 제304조 등에 비추어 건물양수인이 토지소유자와의 관계에서 전세권자의 동의 없이 법정지상권을 취득할 지위를 소멸시켰다고 하더라도, 그 건물양수인은 물론 토지소유자도 그 사유를 들어 전세권자에게 대항할 수 없다고 할 것이다.」(대판 2007. 8. 24, 2006다14684)

(나) **법정지상권** 대지와 건물이 동일한 소유자에 속한 경우에 건물에 전세권을 설정한 때에는, 그 대지소유자의 특별승계인은 전세권설정자에 대하여 지상권을 설정한 것으로 본다(305조 1항 본문). 이 규정에서 대지소유자의 특별승계인은 매매 · 증여 등에 의한 승계인과 경매 · 공매의 매수인을 포함하는데(같은 취지: 주해(6), 203면(박병대)), 뒤의 경우에는 대지소유자와 그 승계인 사이에 건물을 위한 토지의 이용관계를 현실화할 수 없었고, 앞의 경우에는 대지소유자와 승계인 사이에는 그 이용관계를 현실화할 수 있었으나 전세권자는 그럴 기회가 없었기에, 전세권자를 위하여 두 경우 모두에 법정지상권을 인정한 것이다.

여기의 법정지상권은 건물소유자(전세권설정자)가 대지소유권을 처분하면서 지상권이나 임차권과 같은 이용권을 취득한 때에는 인정되지 않는다. 그 경우에는 전세권이 당연히 그 권리에 미치기 때문이다(304조 1항). 그리고 대지가 아니고 건물이 경매됨으로 인하여 토지와 건물의 소유자가 다르게 된 경우에는, 제366조가 적용되어야 하고 제305조가 적용되지 않는다(같은 취지: 고상룡, 481면; 이상태, 361면; 이영준, 743면. 반대: 김상용, 513면; 김용한, 435면; 김학동, 421면). 그 외에 건물만의 매매 등의 경우에는 법정지상권을 부정해야 하는데(이설 있음), 법원실무는 건물만의 경매나 매매의 경우 모두 관습법상의 법정지상권을 인정할 가능성이 크다.

법정지상권이 성립하기 위하여 등기가 필요하지는 않다. 이는 제187조의 물권변동에 해당하기 때문이다. 그리고 요건이 갖추어진 경우에 법정지상권을 취득하는 것은 전세권자가 아니고 건물소유자이다. 지상권은 지상물의 소유를 위한 권리이기 때문이다. 지료는 당사자의 청구에 의하여 법원이 결정한다(305조 1항 단서). 법정지상권이 성립하는 경우에 대지소유자는 타인에게 그 대지를 임대하거나 이를 목적으로 한 지상권 또는 전세권을 설정하지 못한다(305조 2항).

(3) 전세권자는 목적물의 현상을 유지하고 그 통상의 관리에 속한 수선을 하 [166]
여야 한다(309조). 그 결과 전세권자는 임차인과 달리 필요비상환청구권을 갖지 못한다(임대차에 관한 623조 · 626조 참조).

(4) 상린관계 규정의 준용

전세권은 건물만을 목적으로 하는 것이라도 토지를 이용할 수 있는 권리이므로, 전세권자와 인지소유자(지상권자 · 전세권자 · 임차인 포함) 사이에는 상린관계에 관한 규정이 준용된다(319조).

(5) 전세금증감청구권

전세금이 목적부동산에 관한 조세 · 공과금 기타 부담의 증감이나 경제사정의 변동으로 인하여 상당하지 않게 된 때에는, 당사자는 장래에 대하여 그 증감을 청구할 수 있다(312조의 2 본문). 그러나 증액의 경우에는 대통령령이 정하는 기준에 따른 비율을 초과하지 못한다(312조의 2 단서). 이 대통령령, 즉 「민법 제312조의 2 단서의 시행에 관한 규정」에 의하면, 전세금의 증액청구의 비율은 약정한 전세금의 20분의 1을 초과하지 못하며(같은 영 2조), 증액청구는 전세권설정계약이 있은 날 또는 약정한 전세금의 증액이 있은 날로부터 1년 이내에는 하지 못한다(같은 영 3조).

이 전세금증감청구권의 성질에 관하여는 i) 형성권이라는 견해(김용한, 438면; 김학동, 424면; 이상태, 366면; 이영준, 736면)와 ii) 보통의 청구권이라는 견해(곽윤직, 262면; 이은영, 662면)가 대립하고 있다. 생각건대 이 권리는 지료증감청구권 · 차임증감청구권과 마찬가지로 형성권이라고 새겨야 할 것이다.

(6) 전세권자의 점유권 · 물권적 청구권

전세권은 목적부동산을 점유할 권리를 포함한다. 그리고 점유하고 있는 전세권자의 점유가 침해당하거나 침해당할 염려가 있는 때에는 전세권자는 점유보호청구권(점유물반환청구권 · 점유물방해제거청구권 · 점유물방해예방청구권)을 행사할 수 있다(204조-206조). 또한 전세권의 내용의 실현이 방해된 때에는 물권적 청구권의 세 가지, 즉 반환청구권 · 방해제거청구권 · 방해예방청구권이 모두 생긴다(319조 · 213조 · 214조).

[167] 2. 전세권의 처분

(1) 처분의 자유

전세권자는 전세권을 타인에게 양도하거나 담보로 제공할 수 있고 또 그 존속기간 내에서 그 목적물을 타인에게 전전세 또는 임대할 수 있다(306조 본문). 그 결과 전세권자는 전세금 및 투하자본을 회수할 수 있다. 그런데 전세권자의 처분의 자유는 당사자가 설정행위로 금지할 수 있다(306조 단서). 그러나 그 금지의 특약은 등기하여야 제 3 자에게 대항할 수 있다(부등법 72조 1항 5호 참조).

(2) 전세권의 양도 · 담보제공과 목적물의 임대

1) 전세권자는 설정자의 동의 없이 전세권을 양도할 수 있다(306조). 그 방법은 제186조에 의한다. 전세권이 양도되면 양수인은 전세권설정자에 대하여 양도인과 동일한 권리 · 의무가 있다(307조). 그리고 양도인은 아무런 권리 · 의무도 없게 된다. 전세권의 양도대금은 제한이 없다. 따라서 본래의 전세금보다 고액이거나 저액이어도 무방하다. 그러나 어느 경우든 전세권이 소멸할 때 양수인이 반환을 청구할 수 있는 전세금은 본래의 전세금에 한한다.

〈판 례〉

「전세권설정등기를 마친 민법상의 전세권은 그 성질상 용익물권적 성격과 담보물권적 성격을 겸비한 것으로서, 전세권의 존속기간이 만료되면 전세권의 용익물권적 권능은 전세권설정등기의 말소 없이도 당연히 소멸하고 단지 전세금반환채권을 담보하는 담보물권적 권능의 범위 내에서 전세금의 반환시까지 그 전세권설정등기의 효력이 존속하고 있다 할 것인데, 이와 같이 존속기간의 경과로서 본래의 용익물권적 권능이 소멸하고 담보물권적 권능만 남은 전세권에 대해서도 그 피담보채권인 전세금반환채권과 함께 제 3 자에게 이를 양도할 수 있다 할 것이지만 이 경우에는 민법 제450조 제 2 항 소정의 확정일자 있는 증서에 의한 채권양도절차를 거치지 않는 한 위 전세금반환채권의 압류 · 전부 채권자 등 제 3 자에게 위 전세보증금 반환채권의 양도사실로써 대항할 수 없다고 보아야 할 것이다.」(전세기간 만료 이후 전세권양도계약 및 전세권이전의 부기등기가 이루어진 것만으로는 전세금반환채권의 양도에 관하여 확정일자 있는 통지나 승낙이 있었다고 볼 수 없어 이로써 제 3 자인 전세금반환채권의 압류 · 전부 채권자에게 대항할 수 없다고 한 사례)(대판 2005. 3. 25, 2003다35659)

2) 전세권자는 전세권을 담보로 제공할 수 있다(306조). 이는 전세권에 저당권을 설정할 수 있다는 의미이다(371조 참조).

3) 전세권자는 전세권의 존속기간 내에서 목적물을 타인에게 임대할 수 있다(306조). 이때 전세권설정자의 동의는 필요하지 않다. 그러나 전세권자의 책임은 가중된다. 즉 그 경우에는 전세권자는 임대하지 않았으면 면할 수 있는 불가항력으로 인한 손해에 대하여도 책임을 진다(308조).

(3) 전세금반환청구권의 분리양도 문제 [168]

1) 서 설 위에서 살펴본 「전세권의 양도」는 전세금반환청구권을 포함하여 전세권을 양도하는 것을 가리킨다. 그런데 전세권과 분리하여 전세금반환청구권만을 타인에게 양도할 수 있는지가 문제된다.

2) 학 설 여기에 관하여 학설은 긍정설, 부정설, 절충설로 나뉘어 있다. i) 긍정설은 전세금반환청구권은 전세권과 분리하여 양도할 수 있다고 한다(고상룡, 486면; 김학동, 423면; 이영준, 747면). ii) 부정설은 전세권이 담보물권성을 가지는 한 전세금반환청구권만을 전세권으로부터 분리하여 양도할 수 없다고 한다(곽윤직(신정판), 468면; 김상용, 504면). 끝으로 iii) 절충설은, 전세금반환청구권의 양도는 그 채권양도에 참여한 당사자 사이에서만 채권적 효력을 가지며, 그렇지 않은 제 3 자에 대한 관계에서는 양도의 효력이 인정되지 않는다고 한다(이은영, 663면).

3) 판 례 판례는 초기에 분리양도를 부정하다가 다소 흔들리는 모습을 보였으나, 최근의 판결로 그 태도를 분명히 하였다. 그에 의하면 전세권이 존속하는 동안은 전세금반환채권만을 분리하여 확정적으로 양도하는 것은 허용되지 않는다고 한다(대판 2002. 8. 23, 2001다69122. 그 이전의 판결에 관하여는 송덕수, 신사례, 335면 참조). 그러나 판례는 전세계약의 합의해지 또는 당사자 간의 특약에 의하여 전세금반환채권의 처분에도 불구하고 전세권의 처분이 따르지 않는 경우 등의 특별한 사정이 있는 때에는 분리양도를 인정한다(대판 1997. 11. 25, 97다29790: 이때 채권양수인은 담보물권이 없는 채권을 양수한 것이 된다고 함).

〈판 례〉

「전세권은 전세금을 지급하고 타인의 부동산을 그 용도에 따라 사용 · 수익하는 권리로서 전세금의 지급이 없으면 전세권은 성립하지 아니하는 등으로 전세금은 전세권과 분리될 수 없는 요소일 뿐 아니라, 전세권에 있어서는 그 설정행위에서 금지하지 아니하는 한 전세권자는 전세권 자체를 처분하여 전세금으로 지출한 자본을 회수할 수 있도록 되어 있으므로 전세권이 존속하는 동안은 전세권을 존속시키기로 하면서 전세금반환채권만을 전세권과 분리하여 확정적으로 양도하는 것은 허용되지 않는 것이며(대법원 1966. 6. 28. 선고 66다771 판결, 1966. 7. 5. 선고 66다850 판결 등 참조), 다만 전세권의 존속 중에는 장래에 그 전세권이 소멸하는 경우에 전세금반환채권이 발생하는 것을 조건으로 그 장래의 조건부 채권을 양도할 수 있을 뿐이라 할 것이다.」(대판 2002. 8. 23, 2001다69122)

4) 사 견　　전세권은 용익물권임과 동시에 담보물권이기도 하다. 그리고 이 담보물권성에 기하여 전세권은 수반성을 가지고 있다. 그리하여 전세권은 전세금반환청구권에 수반하게 된다. 이러한 점에서 볼 때, 전세권이 존재하고 있는 상태에서 그것과 분리하여 전세금반환청구권만 양도하는 것은 허용되지 않는다고 보아야 한다. 전세금을 전세권의 요소로 보아야 하기 때문에도 그렇다. 결국 전세금반환청구권만의 양도는 전세권이 소멸하여 존재하지 않는 경우에만 가능하다고 할 것이다.

〈전세금반환채권의 일부양도에 따른 전세권 일부이전등기〉

전세권이 존속기간의 만료 등으로 소멸한 경우에 그 전세권은 전세금반환채권을 담보하는 범위에서 유효한 것이 된다. 그리고 그때에는 전세금반환채권의 일부를 양도할 수 있다고 할 것인데, 그와 같이 전세금반환채권의 일부양도가 있는 경우에는 전세권의 일부이전등기도 할 수 있도록 하여야 한다. 그리하여 부동산등기법은 전세권의 존속기간이 만료된 뒤에는 전세권의 일부이전등기를 신청할 수 있도록 하고 있다(부등법 73조 2항 본문). 다만, 존속기간이 만료되기 전이라도 해당 전세권이 소멸하였음을 증명하여 그러한 등기를 신청할 수는 있다고 한다(부등법 73조 2항 단서). 그리고 등기관이 전세금반환채권의 일부양도를 원인으로 하여 전세권 일부이전등기를 할 때에는 「양도액」을 기록한다고 규정한다(부등법 73조 1항).

[169] (4) 전전세(轉傳貰)

1) 의 의　　전전세는 전세권을 기초로 하여 전세권의 목적부동산(「전세권」이 아님을 주의)에 다시 전세권을 설정하는 것을 말한다. 이러한 전전세는 설정행위로 금지되어 있지 않는 한 전세권의 존속기간 내에서 자유롭게 할 수 있다(306조). 전전세의 요건과 효과는 전세권과 원칙적으로 같으나, 다음과 같은 점에서 다르다.

2) 요 건

(개) 당사자는 원전세권자(전전세권설정자)와 전전세권자이며, 원전세권설정자는 아니다. 그리고 전전세의 설정에 원전세권설정자의 동의는 필요하지 않다.

(내) 전전세권도 전세권이므로, 제186조가 정하는 두 가지 요건, 즉 전전세권 설정의 합의와 등기를 갖추어야 한다.

(다) 전전세권의 존속기간은 원전세권의 존속기간 내이어야 한다(306조 본문). 이를 넘는 기간으로 약정한 경우에는 원전세권의 존속기간으로 단축된다. 그리고 약정한 존속기간은 등기하여야 제 3 자에게 대항할 수 있다(부등법 72조 1항 3호 참조).

(라) 전전세에서도 반드시 전세금이 지급되어야 한다. 그런데 그 금액이 원전세금의 금액을 한도로 하는지에 관하여 다툼이 있다. i) 다수설은 이를 긍정하나(고상룡, 489면; 곽윤직, 264면; 김상용, 518면; 김용한, 443면; 이상태, 365면; 이영준, 748면; 이은영, 668면), ii) 소수설은 부정한다(김학동, 426면). 생각건대 ii)설을 취하면 전전세금이 원전세금보다 다액인 경우 전전세금이 등기되었음에도 불구하고 원전세금의 범위에서만 우선변제권을 가지게 될 것인데, 그것은 전세권의 담보물권성과 어울리지 않는다. 따라서 명문규정이 없어도 전전세금은 원전세금을 한도로 한다고 새겨야 한다.

(마) 원전세권의 일부를 목적으로 하는 전전세도 가능하다(부등법 72조 1항 6호, 부등규칙 128조 2항 참조).

3) 효　　과

(가) 전전세권이 설정되어도 원전세권은 소멸하지 않는다. 그리고 전전세권자는 그의 권리의 범위에서 목적부동산을 점유하여 사용·수익할 수 있는 등 전세권자로서의 모든 권리를 갖는다. 그러나 전질(책임전질에서 대항요건을 갖춘 경우(337조 참조), 승낙전질의 경우), 임대인의 동의를 얻어 행한 전대(630조 1항)의 경우와는 달리 직접 원전세권설정자에 대하여는 아무런 권리·의무도 없다.

(나) 전세권자는 전전세하지 않았으면 면할 수 있는 불가항력으로 인한 손해에 대하여도 책임을 진다(308조). 전세권자로 하여금 자유롭게 전전세를 할 수 있도록 하는 대신 책임을 가중한 것이다. 견해(고상룡, 490면; 이영준, 749면)에 따라서는 전세권자가 전세권설정자의 승낙을 얻어 전전세를 한 경우에는 이러한 책임가중이 되지 않는다고 한다.

(다) 전세권이 소멸하면 전전세권도 소멸한다. 전전세권은 전세권을 기초로 하는 것이기 때문이다. 그리고 전전세권이 소멸한 때에는 전전세권자는 원전세권자에 대하여 전전세금의 반환을 청구할 수 있는데(317조 참조), 원전세권자가 전전세금의 반환을 지체한 경우에는 전전세권의 목적부동산을 경매할 수 있다(318조 참조). 다만, 경매청구권을 행사하려면 ① 원전세권도 소멸하고 있고, 또 ② 원전세권설정자가 원전세권자에게 원전세금의 반환을 지체하고 있어야 한다.

[170] Ⅳ. 전세권의 소멸

1. 전세권의 소멸사유

전세권은 목적부동산의 멸실 · 존속기간의 만료 · 혼동 · 전세권에 우선하는 저당권의 실행에 의한 경매 · 토지수용 · 약정소멸사유 등으로 소멸한다(전세권은 존속기간이 10년 이하이기 때문에(312조), 20년의 소멸시효(162조 2항)로 소멸하는 일은 없다. [81] 참조). 그 밖에 특기할 만한 소멸사유로 다음의 것이 있다.

(1) 전세권설정자의 소멸청구

전세권자가 전세권설정계약 또는 그 목적물의 성질에 의하여 정하여진 용법으로 이를 사용 · 수익하지 않은 경우에는, 전세권설정자는 전세권의 소멸을 청구할 수 있다(311조 1항). 이 경우에 소멸청구의 의사표시만으로 전세권이 소멸하는지에 관하여는 논란이 있으나, 말소등기까지 하여야 소멸한다고 새기는 것이 옳다(자세한 사항은 [51] 참조).

(2) 전세권의 소멸통고

전세권의 존속기간을 약정하지 않은 때에는, 각 당사자는 언제든지 상대방에 대하여 전세권의 소멸을 통고할 수 있고, 상대방이 이 통고를 받은 날로부터 6월이 경과하면 전세권이 소멸한다(313조). 이 경우에 말소등기가 없이도 전세권이 당연히 소멸하는지에 관하여 논란이 있으나, 제313조의 규정이 있는 한 말소등기 없이 전세권이 소멸한다고 새길 수밖에 없다(자세한 사항은 [51] 참조).

(3) 목적부동산의 멸실

목적부동산이 멸실하면 전세권도 소멸하나, 멸실의 모습에 따라 그 구체적인 효과가 다르다.

1) 전부멸실의 경우 전세권의 목적부동산의 전부가 멸실한 경우에는, 그것이 불가항력으로 인한 것이든(314조 1항) 전세권자의 책임있는 사유로 인한 것이든, 전세권은 소멸한다. 이 경우에 손해배상책임은 ① 불가항력으로 인한 때에는 발생하지 않으나(전세금반환만 문제됨), ② 전세권자에게 책임있는 사유로 인한 때에는 발생한다(315조 1항. 이는 불법행위이면서 채무불이행이 된다(대판 1967. 12. 5, 67다2251)). 이 ②의 경우에는, 전세권설정자는 전세권이 소멸된 후에 전세금으로써 손해의 배상에 충당하고 잉여가 있으면 반환하여야 하며, 부족하면 부족액을 청구할 수 있다(315조 2항).

2) 일부멸실의 경우 이 경우에도 일부멸실이 어떤 사유로 생겼든 멸실된 부분의 전세권은 소멸한다(314조 1항 참조). 유책사유로 인한 경우에도 객체가 없는 전세권은 존재할 수가 없다. 그런데 남은 부분 위의 전세권과 전세금이 문제이다.

(가) **불가항력으로 인한 때** 일부멸실이 불가항력으로 발생하였고 잔존부분만으로 전세권의 목적을 달성할 수 없는 때에는, 전세권자는 설정자에 대하여 전세권 전부의 소멸을 통고하고 전세금의 반환을 청구할 수 있다(314조 2항). 여기의 소멸통고는 제313조의 소멸통고가 아니고 제311조의 소멸청구와 같다고 새겨야 한다(같은 취지: 곽윤직, 267면; 김상용, 523면; 김용한, 433면; 이상태, 370면; 이영준, 757면. 다른 견해: 김학동, 430면). 왜냐하면 전세권자의 유책사유도 없이 목적물의 일부가 멸실하여 전세권의 목적을 달성할 수 없게 되었는데 6개월의 기간을 전세권설정자에게 허락해 주는 것은 옳지 않기 때문이다(다만, 311조의 소멸청구권은 전세권자의 의무위반의 경우에 전세권설정자에게 인정되는 권리임을 유의하여야 한다).

다음에 잔존부분만으로 전세권의 목적을 달성할 수 있는 때에는, 멸실된 부분의 전세권은 소멸하나(314조 1항), 잔존부분 위의 전세권은 존속한다. 그리고 이때 전세금도 멸실된 부분에 해당하는 만큼 감액된다고 할 것이다(이설 없음).

(나) **전세권자의 유책사유로 인한 때** 일부멸실이 전세권자의 책임있는 사유로 발생하였고 잔존부분만으로 전세권의 목적을 달성할 수 없는 때에 관하여는 명문의 규정이 없으나, 통설은 이때에도 전세권자에게 제311조의 소멸청구권을 인정한다(전세권설정자에게 소멸청구권이 있음은 물론이다). 전세권을 존속시키는 것이 무의미하다는 이유에서이다. 잔존부분만으로 전세권의 목적을 달성할 수 있는 때에는, 잔존부분 위의 전세권은 존속한다(전세권설정자는 소멸청구권을 행사할 수 있다). 그리고 이때에는 전세금의 감액은 인정되지 않는다. 일부멸실의 책임이 전세권자에게 있기 때문이다.

(다) **손해배상책임** 일부멸실의 경우의 전세권자의 손해배상책임의 문제는 전부멸실에 있어서와 같다(315조 참조).

(4) 전세권의 포기

전세권자는 원칙적으로 전세권을 포기할 수 있다. 그러나 전세권이 제 3 자의 권리의 목적인 경우에는 포기할 수 없다(371조 2항 참조).

전세권자가 전세권을 포기할 수 있는 원칙적인 경우에도 전세권의 포기에는 몇 가지 문제가 있다. 전세권의 포기가 전세금반환청구권의 포기까지 포함하는 것인가, 전세권자의 자유로운 포기가 전세권설정자에게 영향을 미치지 않는가,

그리고 포기가 있으면 등기 없이 소멸하는가 등이 그것이다. 이들 가운데 마지막 문제에 대하여는 물권의 포기에 관한 일반적인 설명이 그대로 타당하므로([51] 참조), 여기서는 나머지에 대하여만 보기로 한다.

전세권을 포기하는 것이 전세금반환청구권까지 포기한 것으로 되느냐는 포기의 의사표시의 해석의 문제이다. 그러나 특별한 사정이 없으면 사용 · 수익권만 포기한 것으로 새겨야 할 것이다(통설도 같음. 반대: 김학동, 431면).

전세권과 전세금반환청구권을 모두 포기하는 경우에는 그 효과를 인정하여도 전세권설정자에게 전혀 불이익하지 않다. 따라서 그러한 포기는 자유롭게 할 수 있다고 하여야 한다. 그에 비하여 전세권만의 포기는 전세권설정자로 하여금 전세금의 반환의무를 발생시키므로, 명문의 규정이 없는 한 인정되지 않는다고 하여야 한다.

[171] ## 2. 전세권 소멸의 효과

(1) 전세금의 반환 및 목적부동산의 인도

1) 동시이행관계 전세권이 소멸하면 전세권자는 목적부동산을 인도하고 전세권등기의 말소등기에 필요한 서류를 교부하여야 하고, 전세권설정자는 전세금을 반환하여야 한다. 그리고 이 두 당사자의 의무는 동시이행관계에 있다(317조). 전세권자는 목적물의 인도와 등기서류 교부를 모두 하여야 하므로, 그가 목적물의 인도만을 한 경우에 설정자는 전세금의 반환을 거부할 수 있고, 이 경우 다른 특별한 사정이 없는 한 그가 전세금에 대한 이자 상당액의 이득을 법률상 원인 없이 얻는다고 볼 수 없다(대판 2002. 2. 5, 2001다62091).

〈판 례〉

「임대인과 임차인이 임대차계약을 체결하면서 임대차보증금을 전세금으로 하는 전세권설정등기를 경료한 경우 임대차보증금은 전세금의 성질을 겸하게 되므로, 당사자 사이에 다른 약정이 없는 한 임대차보증금 반환의무는 민법 제317조에 따라 전세권설정등기의 말소의무와도 동시이행관계에 있다.」(대판 2011. 3. 24, 2010다95062)

2) 목적부동산 양도의 경우 전세권의 목적부동산이 양도된 경우에는 양수인이 전세권설정자의 지위를 승계하는지, 그리하여 전세금반환의무를 그가 부담하는지가 문제된다. 전세권의 경우에는 주택임대차보호법 제 3 조 제 4 항에

서와 같이 승계를 인정하는 명문규정이 없기 때문에 해석으로 결정하여야 한다.

여기에 관하여 학설은 승계부정설과 승계인정설로 나뉘어 있다. i) 승계부정설은 전세권의 목적부동산에 관한 소유권 변동이 있더라도 구 소유자가 여전히 전세권설정자로서의 지위에서 책임을 진다고 한다(이상태, 민사판례연구(23), 208면 이하). 그에 비하여 ii) 승계인정설은 목적부동산에 관한 소유권 변동이 있으면 설정자의 지위는 신 소유자에게 당연승계되고 구 소유자는 원칙적으로 면책된다고 한다(주해(6), 189면(박병대)). 그리고 판례는 승계인정설의 견지에 있다(대판 2000. 6. 9, 99다15122; 대판 2006. 5. 11, 2006다6072).

생각건대 명문의 규정이 없이 승계를 인정할 수 있을지는 의문이고, 또 인정설이 실질적으로 반드시 타당하지도 않은 점에 비추어 볼 때(양수인이 무자력자이고 목적물의 교환가치로 완전한 변제를 받지 못할 경우), 승계를 인정하지 않아야 할 것이다(보다 자세한 이유는 송덕수, 신사례, 348면 참조). 그 결과 특별한 사정이 없는 한 전세금반환채무도 양수인이 아니고 양도인이 부담한다고 하여야 한다.

〈판 례〉

「전세권이 성립한 후 전세목적물의 소유권이 이전된 경우 민법이 전세권관계로부터 생기는 상환청구, 소멸청구, 갱신청구, 전세금증감청구, 원상회복, 매수청구 등의 법률관계의 당사자로 규정하고 있는 전세권설정자 또는 소유자는 모두 목적물의 소유권을 취득한 신 소유자로 새길 수밖에 없다고 할 것이므로, 전세권은 전세권자와 목적물의 소유권을 취득한 신 소유자 사이에서 계속 동일한 내용으로 존속하게 된다고 보아야 할 것이고, 따라서 목적물의 신 소유자는 구 소유자와 전세권자 사이에 성립한 전세권의 내용에 따른 권리의무의 직접적인 당사자가 되어 전세권이 소멸하는 때에 전세권자에 대하여 전세권설정자의 지위에서 전세금반환의무를 부담하게 된다고 보아야 한다(대법원 2000. 6. 9. 선고 99다15122 판결 등 참조).」(대판 2006. 5. 11, 2006다6072)

(2) 전세금의 우선변제권 [172]

전세권설정자가 전세금의 반환을 지체한 때에는 전세권자는 민사집행법이 정한 바에 의하여 목적부동산의 경매(같은 법 264조 이하의 담보권 실행경매)를 청구할 수 있고(318조), 후순위권리자 기타 채권자보다 전세금의 우선변제를 받을 수 있다(303조 1항).

1) 경매청구권

㈎ 전세권자가 경매를 청구하려면 우선 전세권설정자에 대하여 목적부동산의 인도의무 및 전세권설정등기 말소의무의 이행의 제공을 완료하여 전세권설정

자를 이행지체에 빠뜨려야 한다(대결 1977. 4. 13, 77마 90. 반대: 이은영, 665면).

(나) 전세권이 1동의 건물 또는 1필의 토지의 일부 위에 설정된 경우에도 그 건물이나 토지의 전부에 대하여 경매를 신청할 수 있는가? 여기에 관하여 학설은 i) 긍정설(김상용, 527면; 이상태, 373면; 이영준, 753면; 이은영, 665면)과 ii) 원칙적으로 전세권이 설정된 부분만 경매신청을 할 수 있다는 원칙적 부정설(김학동, 435면. 곽윤직, 269면도 이에 속한다)로 나뉘어 있다. 그리고 판례는 전세권의 목적물이 아닌 나머지 부분에 대하여는 우선변제권은 별론으로 하고(건물의 일부에 대하여 전세권이 설정되어 있는 경우 그 전세권자는 303조 1항에 의하여 그 건물 전부에 대하여 우선변제를 받을 권리가 있음) 경매신청권은 없다고 하여 부정설을 취한다(대결 1992. 3. 10, 91마256 · 257; 대결 2001. 7. 2, 2001마212). 생각건대 목적부동산 전부에 대하여 우선변제권을 인정한 이상 원칙적으로 부동산 전부의 경매청구를 인정하여야 할 것이다. 다만, 전세권의 목적부분의 경매만으로 만족을 얻을 수 있는 경우에는, 설정자는 경매개시결정에 대한 이의신청을 할 수 있다고 하여야 한다(민사집행법 86조 · 124조 참조).

(다) 동일인에게 속하는 토지와 건물 중 건물에 관하여만 전세권이 설정된 후, 그에 기한 경매로 건물과 대지의 소유자가 다르게 된 경우에는, 제366조에 의하여 건물소유자에게 법정지상권이 성립한다고 하여야 한다.

2) 전세권자의 우선적 지위

(가) 전세권자는 일반채권자에 우선한다.

(나) 전세권과 저당권이 경합하는 경우는 어느 것이 먼저 성립했는지에 따라 다르다.

전세권이 먼저 설정되고 그 후에 저당권이 설정된 때에는, 전세권자가 경매를 신청하면 두 권리는 모두 소멸하고, 배당순위는 등기의 선후에 의한다(민사집행법 145조, 민법 303조 · 356조, 부등법 4조 · 5조 참조). 그런데 이때 저당권자가 경매를 신청하면 전세권은 소멸하지 않는다(민사집행법 91조 4항 본문). 다만, 전세권자는 배당요구를 할 수 있고(민사집행법 88조 1항), 그때에는 전세권은 매각으로 소멸한다(민사집행법 91조 4항 단서)(대판 2015. 11. 17, 2014다10694). 한편 저당권이 전세권보다 먼저 설정된 경우에는, 누가 경매를 신청하든 두 권리는 모두 소멸하고(민사집행법 91조 3항) 배당순위는 등기의 선후에 의한다.

〈판 례〉

(ㄱ) 건물의 일부를 목적으로 하는 전세권은 그 목적물인 건물부분에 한하여 그 효력을 미치므로 건물 중 일부를 목적으로 한 전세권이 경락으로 인하여 소멸한다고 하더라도 그 전세권보다 나중에 설정된 전세권이 건물의 다른 부분을 목적물로 하고

있었던 경우에는 그와 같은 사정만으로는 아직 존속기간이 남아 있는 후순위의 전세권까지 경락으로 인하여 함께 소멸한다고 볼 수 없다(대판 2000. 2. 25, 98다50869).

(ㄴ) 「전세권이 존속기간의 만료나 합의해지 등으로 종료하면 전세권의 용익물권적 권능은 소멸하고 단지 전세금반환채권을 담보하는 담보물권적 권능의 범위 내에서 전세금의 반환시까지 그 전세권설정등기의 효력이 존속하므로(대법원 2005. 3. 25. 선고 2003다35659 판결 참조), 전세권이 존속기간의 만료 등으로 종료한 경우라면 최선순위 전세권자의 채권자는 그 전세권이 설정된 부동산에 대한 경매절차에서 채권자대위권에 기하거나 전세금반환채권에 대하여 압류 및 추심명령을 받은 다음 그 추심권한에 기하여 자기 이름으로 전세권에 대한 배당요구를 할 수 있다. 다만 위와 같은 경매의 매각절차에서 집행법원은 원래 전세권의 존속기간 만료 여부 등을 직접 조사하지는 아니하는 점, 또 건물에 대한 전세권이 법정갱신된 경우에는 등기된 존속기간의 경과 여부만 보고 실제 존속기간의 만료 여부를 판단할 수는 없는 점(대법원 2010. 3. 25. 선고 2009다35743 판결 참조) 및 민사집행규칙 제48조 제 2 항은 "배당요구서에는 배당요구의 자격을 소명하는 서면을 붙여야 한다."고 규정하고 있는 점 등에 비추어 보면, 최선순위 전세권자의 채권자가 위와 같이 채권자대위권이나 추심권한에 기하여 전세권에 대한 배당요구를 함에 있어서는 채권자대위권 행사의 요건을 갖추었다거나 전세금반환채권에 대하여 압류 및 추심명령을 받았다는 점과 아울러 그 전세권이 존속기간의 만료 등으로 종료하였다는 점에 관한 소명자료를 배당요구의 종기까지 제출하여야 한다.」(대판 2015. 11. 17, 2014다10694)

(다) 국세우선권과 전세권의 관계는 저당권에 있어서와 같다([214] 참조).

(라) 전세권설정자가 파산한 때에는 전세권자는 별제권(또는 준별제권)을 가진다(채무자회생법 411조·414조). 저당권설정자에 대하여 개인회생절차가 개시된 경우에도 같다(채무자회생법 586조). 그리고 저당권설정자에 대한 회생절차에서 저당권은 회생담보권으로 된다(채무자회생법 141조).

3) 일반채권자로서의 권리행사 전세권자가 우선변제권을 행사하여 배당을 받았으나 전세금을 완전히 변제받지 못한 경우에는, 그 나머지의 금액은 무담보의 채권으로 되고, 전세권자는 전세권설정자의 일반재산에 대하여 그 권리를 행사할 수 있다. 그리하여 스스로 강제집행을 하거나(이때는 집행권원이 있어야 함) 또 타인이 집행할 때에 배당에 가입할 수 있다. 그러나 전세권자가 우선변제권을 행사하지 않고 먼저 설정자의 일반재산에 대하여 일반채권자로서 집행할 수는 없다(340조의 유추적용. [191] 참조)(이설 없음).

(3) 부속물수거권 · 부속물매수청구권

전세권이 소멸한 때에는(존속기간의 만료의 경우에 한하지 않는 것으로 해석함) 전세권자는 그 목적부동산을 원상에 회복하여야 하며, 그에 부속시킨 물건은 수거(收去)할 수 있다(316조 1항 본문). 그러나 전세권설정자가 그 부속물의 매수를 청구한 때에는 전세권자는 정당한 이유 없이 거절하지 못한다(316조 1항 단서). 이 매수청구권은 형성권이다. 그리고 일정한 경우에는 전세권자에게 부속물매수청구권이 인정된다. 부속물을 전세권설정자의 동의를 얻어 부속시킨 때와 그것을 설정자로부터 매수한 때에 그렇다(316조 2항).

(4) 유익비상환청구권

전세권자는 필요비의 상환을 청구할 수 없으나(309조에 의하여 수선의무가 있으므로), 유익비는 상환청구를 할 수 있다(310조 1항 · 2항).

제 5 장 담보물권

제 1 절 서 설

I. 담보제도 [173]

1. 채권담보의 필요성

자본주의 사회에 있어서 개인이나 기업의 활동은 금전을 필요로 한다. 그런데 금전이 필요한데도 그것을 충분히 가지고 있지 못한 자가 있다. 그러한 자는 타인으로부터 금전을 빌릴 수밖에 없다. 이때에는 대차에 의하여 금전채권이 발생하게 된다. 금전채권은 그 외에 매매나 임대차 등에 의하여서도 생긴다. 그리하여 사회에서 금전채권이 발생하는 일은 대단히 흔하다. 그런가 하면 금전채권 이외의 채권에 있어서도 채무자의 채무불이행이 있는 경우에는 본래의 채권과 병존하거나 그것에 갈음하여 손해배상채권이 발생하게 되는데, 이 손해배상채권은 금전채권이다. 결국 채권의 대부분은 처음부터 금전채권이거나 후에 금전채권으로 변하는 것이라고 할 수 있다.

이러한 금전채권은 — 다른 채권과 마찬가지로 — 채권자의 청구에 의하여 채무자가 임의로 이행하면 소멸하게 된다. 그러나 채무자가 임의로 이행하지 않으면, 채권자는 소를 제기하여 금전의 지급을 명하는 판결(이행판결)을 얻은 뒤, 그에 기하여 채무자의 재산에 강제집행을 할 수 있다. 즉 채무자의 재산을 압류·매각하여 그 매각대금으로부터 변제를 받는 것이다. 그러므로 채권자가 채권을 실현하기 위하여 의지할 수 있는 최후의 객체는 채무자의 모든 재산이고, 이를 책임재산이라고 한다. 채무자의 책임재산이 많으면 많을수록 채권자는 변제를 받을 가능성이 커진다.

그런데 아무리 책임재산이 많다고 하더라도 채권자가 변제받지 못할 위험성은 여전히 있다. 채무자의 재산이 수시로 변동하기 때문이다(책임재산의 보전제도로서 채권자대위권·채권자취소권이 두

(어져 있으나, 그것만으로는 안심할 수 없다). 또한 채권자의 채권이 성립할 당시에는 없던 채권들이 무수히 성립하게 되는 때도 같다. 채권의 경우에는 채권자평등의 원칙이 인정되어 있어서 먼저 성립한 채권이 우선하지 않고 모든 채권이 평등하게 다루어지기 때문이다. 여기서 채권자가 확실하게 변제를 받으려면 이러한 금전채권의 일반적인 효력 외에 채권의 실현을 확보할 수 있는 다른 방안을 강구하여야 한다. 그러한 제도가 바로 담보이다.

2. 인적 담보 · 물적 담보

채권담보제도에는 인적 담보와 물적 담보가 있다.

(1) 인적 담보

채무자의 책임재산에 제 3 자의 책임재산을 추가하는 방법에 의한 담보제도이다. 보증채무 · 연대채무가 그에 해당한다. 이러한 인적 담보는 담보목적물이 없어도 이용할 수 있고 또 절차가 간편한 장점은 있으나, 담보하는 자의 재산상태에 의존하게 되어(인적 요소에 의존) 담보로서의 효력은 확실하지 않다.

(2) 물적 담보

채무자 또는 제 3 자의 특정한 재화(물건 · 권리)를 가지고 채권을 담보하는 제도이다. 여기서는 특정한 재화에 관하여 채권자평등의 원칙을 깨뜨려서 다른 채권자보다 우선해서 변제를 받게 한다. 민법상의 담보물권이 그 전형적인 것이다. 이러한 물적 담보는 담보하는 자의 인적 요소에 의존하지 않고 재화의 객관적 가치에 의하여 담보하게 되어 담보로서의 효력이 확실하고, 그 결과 서로 알지 못하는 자들 사이의 신용을 매개하는 기능도 한다. 그러나 그 절차가 복잡하다는 단점도 있다.

(3) 오늘날의 담보제도

인적 담보 · 물적 담보는 서로 다른 장점이 있어서 오늘날 실제 사회에서는 이 둘 모두가 이용되고 있다. 물적 담보는 담보로서의 효력이 확실하기 때문에, 그리고 인적 담보는 담보목적물이 없어도 되기 때문에 필요한 경우에 이용되고 있는 것이다.

Ⅱ. 물적 담보의 종류 [174]

물적 담보는 여러 가지 표준에 의하여 종류를 나눌 수 있으나, 여기서는 주로 법률구성상의 차이의 관점에 의하여 나누어 보기로 한다.

1. 제한물권의 법리에 의한 것

전면적인 지배권인 소유권과 대립하는 제한물권의 형식을 취한 것이 있다. 제한물권은 물건이 가지는 가치의 일부를 지배할 수 있는 물권인데, 그 가운데에는 물건이 가지는 사용가치를 지배할 수 있는 것이 있는가 하면 교환가치를 지배할 수 있는 것도 있다. 앞의 것이 용익물권이고 뒤의 것이 담보물권이다. 이들 중 담보물권이 바로 제한물권의 법리에 의한 물적 담보이다.

담보물권에는 민법상의 것, 주택임대차보호법 등 민사특별법상의 것(그 밖에 상법 등 특별사법상의 것도 있음)이 있다. 그리고 민법상의 담보물권에는 유치권 · 질권 · 저당권 · 전세권이 있다. 담보물권은 당사자의 약정에 의하여 성립하는 약정 담보물권과 법률규정에 의하여 당연히 성립하는 법정 담보물권으로 나누어질 수도 있다. 민법상의 담보물권 중 유치권은 법정 담보물권이나, 질권 · 저당권은 원칙적으로 약정 담보물권이다. 그리고 전세권은 약정 담보물권이다.

2. 소유권이전의 법리에 의한 것

소유권(또는 기타의 재산권)을 이전하는 방법으로 채권을 담보하는 것이 있다. 이 담보에서는 채권의 담보를 위하여 물건의 소유권을 채권자에게 이전하되, 채권자는 소유권을 채권담보의 목적으로만 사용하도록 제한한다. 이 방법의 경우에는 채무가 변제되면 소유권이 되돌아오게 되나, 변제되지 않으면 채권자가 소유권을 확정적으로 취득하거나 또는 목적물을 환가하여 청산하게 된다.

이에 해당하는 것으로는 양도담보 · 환매 · 재매매의 예약 · 대물변제예약 · 매매예약 · 소유권유보부 매매 등이 있으며, 그 대부분은 「가등기담보 등에 관한 법률」의 규율을 받는다.

〈전형적 담보제도와 변칙적 담보제도〉

위에서 본 바와 같이, 물적 담보에는 제한물권의 법리에 의한 것과 소유권이전의 법리에 의한 것이 있는데, 그중에 민법의 물권편에서 규율하고 있는 것은 전자에 한한다. 후자는 대체로 채권편에서 규율되고 있는 것이 거래계의 필요에 따라 담보제도로서 발전·이용되어 온 것이다. 여기서 전자는 원칙적·전형적 담보제도라고 할 수 있고, 후자는 변칙적·비전형적 담보제도라고 할 수 있다. 이 책에서는 먼저 전형적인 담보제도인 민법상의 담보물권에 관하여 보고, 그 뒤에 비전형 담보제도에 관하여 살펴보기로 한다.

[175] ## Ⅲ. 담보물권

1. 본 질

담보물권은 목적물의 교환가치의 취득을 목적으로 하는 것이어서 가치권이라고 할 수 있다(그에 비하여 용익물권은 이용권이다).

담보물권은 타인의 물건(또는 그 밖의 객체) 위에 성립하는 물권, 즉 타물권(제한물권을 타인의 객체를 대상으로 한다는 의미에서 타물권이라고도 하나, 소유자가 자기의 소유물 위에 제한물권을 가지는 경우도 있으므로, 이는 좋은 용어가 아니다)이다. 입법례에 따라서는 소유자의 부동산 위에 저당권이 성립하는 것을 인정하기도 하나(가령 독일민법 1163조·1177조의 소유자저당권), 우리 민법은 그러한 저당권을 인정하지 않는다. 그러나 우리 민법에서도 혼동의 예외로 자기의 소유물 위에 담보물권이 존재하는 수는 있다(191조 1항 단서 참조).

담보물권도 물건 또는 재산권 등의 객체(교환가치)를 직접 지배할 수 있는 권리이므로 하나의 물권이라고 하여야 한다.

2. 특성(통유성)

담보물권은 공통적으로 가지고 있는 성질이 있다. 그러나 이들이 모든 담보물권에서 똑같은 것은 아니다.

(1) 부 종 성

담보물권은 피담보채권을 전제로 하여서만 성립할 수 있는데, 이것이 담보물권의 부종성이다. 이 부종성 때문에, 피담보채권이 성립하지 않으면 담보물권도 성립하지 않고, 피담보채권이 소멸하면 담보물권도 소멸하게 된다. 부종성은 유치권 등의 법정 담보물권에서는 엄격하게 적용되나, 질권·저당권 등의 경우에는 완화된다.

(2) 수 반 성

피담보채권이 이전하면 담보물권도 따라서 이전하고, 피담보채권에 부담이 설정되면 담보물권도 그 부담에 복종하는 성질이다.

〈판 례〉

「담보권의 수반성이란 피담보채권의 처분이 있으면 언제나 담보권도 함께 처분된다는 것이 아니라 채권담보라고 하는 담보권제도의 존재 목적에 비추어 볼 때 특별한 사정이 없는 한 피담보채권의 처분에는 담보권의 처분도 당연히 포함된다고 보는 것이 합리적이라는 것일 뿐이므로, 피담보채권의 처분이 있음에도 불구하고, 담보권의 처분이 따르지 않는 특별한 사정이 있는 경우에는 채권양수인은 담보권이 없는 무담보의 채권을 양수한 것이 되고 채권의 처분에 따르지 않은 담보권은 소멸한다.」(대판 2004. 4. 28, 2003다61542)

(3) 물상대위성(物上代位性)

담보물권의 목적물의 멸실 · 훼손 · 공용징수로 인하여 그에 갈음하는 금전 기타의 물건이 목적물의 소유자에게 귀속하게 된 경우에 담보물권이 그 물건에 존속하는 성질이다(342조 · 355조 · 370조). 이 물상대위성은 유치권에는 인정되지 않는다.

(4) 불가분성

담보물권자가 피담보채권의 전부를 변제받을 때까지 목적물의 전부에 대하여 그 권리를 행사할 수 있는 성질이다. 이 불가분성은 유치권 · 질권 · 저당권 모두에 인정된다(321조 · 343조 · 370조).

제 2 절 유치권(留置權)

Ⅰ. 유치권의 의의와 법적 성질 [176]

1. 의 의

(1) 개 념

유치권은 타인의 물건 또는 유가증권을 점유한 자가 그 물건이나 유가증권에 관하여 생긴 채권이 변제기에 있는 경우에 그 채권의 변제를 받을 때까지 그 물건 또는 유가증권을 유치할 수 있는 물권이다(320조 1항). 예컨대 시계를 수선한 자는 수선료를 변제받을 때까지 그 시계를 유치하고 인도를 거절할 수 있는데, 그 이유는 시계수선자에게 유치권이 있기 때문이다.

법률이 이러한 유치권을 인정한 이유는 공평의 원칙을 실현하기 위하여서이다. 즉 타인의 물건 등을 점유하는 자가 그 물건 등에 채권을 가지는 경우에 그 채권의 변제를 받기 전에 자기만이 물건을 인도하게 하면 채권의 추심이 어렵게 되어 불공평하기 때문이다.

〈상사유치권〉

특별사법인 상법에는 상사유치권이 규정되어 있다. 상사유치권은 민법상의 유치권과 효력에 있어서 같으며 성립요건만 완화되어 있을 뿐이다. 즉 상사유치권의 경우에는 민법상의 유치권과 달리 피담보채권과 목적물 사이의 견련관계가 요구되지 않으며, 채권의 성립과 물건의 점유취득이 당사자 사이의 상행위로 생긴 것이면 된다(대결 2000. 10. 10, 2000그41 참조). 상사유치권에는 일반 상사유치권(상법 58조)과 대리상(상법 91조)·위탁매매업(상법 111조)·운송주선인(상법 120조)·운송인(상법 147조)과 같이 특별한 종류의 영업에 관하여 인정되는 특별 상사유치권이 있다.

(2) 동시이행의 항변권과의 구별

유치권과 비슷한 제도로 동시이행의 항변권이 있다. 동시이행의 항변권은 상대방이 채무를 이행하거나 이행의 제공을 할 때까지 자기 채무의 이행을 거절할 수 있는 권리로서 매매계약과 같은 쌍무계약의 당사자에게 인정된다(536조). 예컨대 매매계약에 있어서 매도인은 매수인이 대금을 지급하지 않고서 소유권이전 및 목적물의 인도를 청구하면 이를 거절할 수 있다(매수인도 그와 같은 권리가 있음). 이러한 동시이행의 항변권은 유치권과 마찬가지로 공평의 원칙에 기한 것이고 그 효력(이행거절)도 유사하다. 그러나 둘은 동일하지 않다.

동시이행의 항변권은 쌍무계약의 효력으로서 상대방의 청구에 대한 항변을 내용으로 하는 데 비하여, 유치권은 하나의 물권이다. 그 결과 전자는 특정한 계약 상대방에 대하여만 행사할 수 있지만 후자는 누구에 대하여서도 주장할 수 있다. 그리고 동시이행의 항변권에 의하여 거절할 수 있는 급부는 쌍무계약에서 발생한 것 모두이어서 제한이 없는데, 유치권에 의하여 거절할 수 있는 것은 목적물(물건이나 유가증권)의 인도에 한한다. 나아가 두 제도는 공평의 원칙에 기하여 인정된 점에서는 같지만, 구체적인 목적에서는 차이가 있다. 동시이행의 항변권은 쌍무계약의 당사자 일방이 선이행당하는 것을 피하는 것을 그 목적으로 하는 데 비하여, 유치권은 유치권자의 채권담보를 목적으로 한다. 그러나 통설·판례는 상대방의 인도청구에 대하여 동시이행의 항변권을 행사하든 유치권을 행사하든 원고패소의 판결을 할 것이 아니고 상환급부판결(원고 일부승소 판결)을 하여야 한다고 해석하므로, 이 점에서는 차이가 없다.

통설은 유치권과 동시이행의 항변권은 동시에 병존할 수 있다고 한다. 그러나 두 권리의 요건이 모두 갖추어지는 때는 동시이행의 항변권에 관한 제536조가 준용 또는 유추적용되는 경우에나 생길 수 있을 것이다. 그것도 유치권의 성립을 넓게 인정하여야 가능할 것으로 생각된다.

2. 법적 성질 [177]

(1) 물 권

1) 유치권은 단순한 인도거절권이 아니고 목적물을 점유할 수 있는 독립한 물권이다. 따라서 유치권자는 채무의 변제를 받을 때까지 목적물의 소유권이 누구에게 속하든 상관없이 누구에 대하여서도 그 권리를 행사할 수 있다. 즉 채무자에 한하지 않고, 물건의 소유자·양수인(대판 1967. 11. 28, 66다2111; 대판 1972. 1. 31, 71다2414; 대판 1975. 2. 10, 73다746)·경매에서의 매수인([181] 참조)에 대하여도 행사할 수 있다.

2) 그러나 유치권은 유치권자가 점유를 상실하면 소멸하며(328조), 따라서 추급력(追及力)도 없다.

(2) 법정물권

유치권은 일정한 요건이 갖추어진 경우에 법에 의하여 당연히 성립하는 물권이다. 따라서 유치권이 부동산이나 유가증권 위에 성립하는 때에도 등기(부등법 3조 참조)나 배서는 필요하지 않다.

(3) 담보물권

1) 유치권은 담보물권 즉 법정 담보물권이다(대판 2023. 4. 27, 2022다273018). 그리하여 그것은 채권담보를 목적으로 한다. 그러나 유치권은 질권·저당권과 같은 전형적인 약정 담보물권과 같이 담보목적물의 교환가치로부터 우선변제를 받는 것을 본체로 하는 것이 아니고, 목적물을 유치함으로써 채무자에게 심리적 압박을 가하여 변제

를 간접적으로 강제하는 것을 본체로 한다.

2) 유치권은 일종의 담보물권으로서 담보물권이 가지는 특성(통유성)을 갖는다. 그러나 질권 · 저당권과는 다소 차이가 있다. 유치권은 부종성(담보물권 중에서 가장 강함) · 수반성 · 불가분성(321조)은 가지고 있으나, 물상대위성은 없다. 유치권은 본래 목적물을 유치하는 권리이고 우선변제를 받는 권리가 아니기 때문이다.

〈판 례〉

「민법 제321조는 "유치권자는 채권 전부의 변제를 받을 때까지 유치물 전부에 대하여 그 권리를 행사할 수 있다"고 규정하고 있으므로, 유치물은 그 각 부분으로써 피담보채권의 전부를 담보한다고 할 것이며, 이와 같은 유치권의 불가분성은 그 목적물이 분할 가능하거나 수개의 물건인 경우에도 적용된다고 할 것이다.」(다세대주택의 창호 등의 공사를 완성한 하수급인이 공사대금채권 잔액을 변제받기 위하여 위 다세대주택 중 한 세대를 점유하여 유치권을 행사하는 경우, 그 유치권은 위 한 세대에 대하여 시행한 공사대금만이 아니라 다세대주택 전체에 대하여 시행한 공사대금채권의 잔액 전부를 피담보채권으로 하여 성립한다고 본 사례)(대판 2007. 9. 7, 2005다16942. 같은 취지: 대판 2022. 6. 16, 2018다301350[핵심판례 172면])

[178] Ⅱ. 유치권의 성립

유치권은 다음과 같은 요건이 갖추어지면 법률상 당연히 성립한다(320조).

1. 목 적 물

(1) 물건이나 유가증권

유치권의 목적물로 될 수 있는 것은 물건과 유가증권이다. 그리하여 부동산(대결 2008. 5. 30, 2007마98은 사회통념상 독립한 건물이라고 볼 수 없는 정착물은 토지의 부합물에 불과하여 이러한 정착물에 대하여 유치권을 행사할 수 없다고 함)도 목적물이 될 수 있다. 그리고 유치권은 법률상 당연히 성립하기 때문에 부동산이나 유가증권이 목적물인 경우에도 등기나 배서가 필요하지 않고, 또 유치권은 피담보채권의 양도와 목적물의 점유이전이 있으면 그 수반성으로 인하여 그에 따라서 양도되기 때문에 제187조의 단서에 의한 등기나 유가증권의 양도를 위한 배서도 필요하지 않다.

〈판 례〉

「건물의 신축공사를 한 수급인이 그 건물을 점유하고 있고 또 그 건물에 관하여 생긴 공사금 채권이 있다면, 수급인은 그 채권을 변제받을 때까지 건물을 유치할 권리가 있는 것이지만(대법원 1995. 9. 15. 선고 95다16202, 16219 판결 등 참조), 건물의 신축공사를 도급받은 수급인이 사회통념상 독립한 건물이라고 볼 수 없는 정착물을 토지에 설치한 상태에서 공사가 중단된 경우에 위 정착물은 토지의 부합물에 불과하여 이러한 정착물에 대하여 유치권을 행사할 수 없는 것이고, 또한 공사 중단시까지 발생한 공사금 채권은 토지에 관하여 생긴 것이 아니므로 위 공사금 채권에 기하여 토지에 대하여 유치권을 행사할 수도 없는 것이다.」(대결 2008. 5. 30, 2007마98)

(2) 타인의 소유일 것

유치권의 목적물은 유치권자의 소유이어서는 안 되고 타인의 소유이어야 한다(대판 1993. 3. 26, 91다14116은 수급인에게 건물의 소유권이 있는 경우에 유치권을 부인한다). 그 타인은 채무자인 것이 보통이겠으나, 제 3 자이어도 무방하다(예: 시계의 임차인이 수선을 맡긴 경우)(이설 없음). 유치권의 발생 후 유치물의 소유자가 변동된 경우에도 유치권은 존속한다(대판 1972. 1. 31, 71다2414; 대판 1975. 2. 10, 73다746).

2. 목적물의 점유 [179]

(1) 목적물을 점유할 것

유치권은 목적물을 점유하고 있는 경우에 그것을 유치할 수 있는 권리이기 때문에 그것이 성립하기 위하여서는 당연히 목적물의 점유가 필요하다. 그리고 그 점유는 계속되어야 하며, 유치권자가 점유를 잃으면 유치권은 소멸한다(328조). 다만, 유치권자가 물건에 대한 점유를 일시 상실하였다가 후에 다시 같은 물건을 점유하게 된 경우에는 점유 상실 당시 유치권을 포기하는 등 특별한 사정이 없는 한 그 채권을 위하여 유치권을 취득한다고 할 것이다(대판 2005. 1. 13, 2004다50853 · 50860). 점유는 직접점유이든 간접점유이든 상관없다(통설 · 판례도 같음. 대결 2002. 11. 27, 2002마3516; 대판 2019. 8. 14, 2019다205329). 다만, 유치권은 목적물을 유치함으로써 채무자의 변제를 간접적으로 강제하는 것을 본체적 효력으로 하는 권리인 점 등에 비추어, 그 직접점유자가 채무자인 경우에는 채권자의 간접점유는 유치권의 요건으로서의 점유에 해당하지 않는다고 할 것이다(대판 2008. 4. 11, 2007다27236. 같은 취지: 이상태, 392면; 이영준, 773면).

〈판 례〉

(ㄱ) 「채무자 소유의 부동산에 경매개시결정의 기입등기가 경료되어 압류의 효력이 발생한 이후에 채권자가 채무자로부터 위 부동산의 점유를 이전받고 이에 관한 공사 등을 시행함으로써 채무자에 대한 공사대금채권 및 이를 피담보채권으로 한 유치권

을 취득한 경우, 이러한 점유의 이전은 목적물의 교환가치를 감소시킬 우려가 있는 처분행위에 해당하여 민사집행법 제92조 제 1 항, 제83조 제 4 항에 따른 압류의 처분금지효에 저촉되므로, 위와 같은 경위로 부동산을 점유한 채권자로서는 위 유치권을 내세워 그 부동산에 관한 경매절차의 매수인에게 대항할 수 없고(대법원 2005. 8. 19. 선고 2005다22688 판결 참조), 이 경우 위 부동산에 경매개시결정의 기입등기가 경료되어 있음을 채권자가 알았는지 여부 또는 이를 알지 못한 것에 관하여 과실이 있는지 여부 등은 채권자가 그 유치권을 경락인에게 대항할 수 없다는 결론에 아무런 영향을 미치지 못한다.」(대판 2006. 8. 25, 2006다22050)

(ㄴ) 「부동산에 저당권이 설정되거나 가압류등기가 된 뒤에 유치권을 취득하였더라도 경매개시 결정등기가 되기 전에 민사유치권을 취득하였다면 경매절차의 매수인에게 유치권을 행사할 수 있다(대법원 2009. 1. 15. 선고 2008다70763 판결, 대법원 2011. 11. 24. 선고 2009다19246 판결 참조).

한편 부동산에 관한 민사집행절차에서는 경매개시결정과 함께 압류를 명하므로 압류가 행하여짐과 동시에 매각절차인 경매절차가 개시되는 반면, 국세징수법에 의한 체납처분절차에서는 그와 달리 체납처분에 의한 압류(이하 '체납처분 압류'라고 한다)와 동시에 매각절차인 공매절차가 개시되는 것이 아닐 뿐만 아니라, 체납처분압류가 반드시 공매절차로 이어지는 것도 아니다. 또한 체납처분절차와 민사집행절차는 서로 별개의 절차로서 공매절차와 경매절차가 별도로 진행되는 것이므로, 부동산에 관하여 체납처분압류가 되어 있다고 하여 경매절차에서 이를 그 부동산에 관하여 경매개시결정에 따른 압류가 행하여진 경우와 마찬가지로 볼 수는 없다.

따라서 체납처분압류가 되어 있는 부동산이라고 하더라도 그러한 사정만으로 경매절차가 개시되어 경매개시결정등기가 되기 전에 그 부동산에 관하여 민사유치권을 취득한 유치권자가 경매절차의 매수인에게 그 유치권을 행사할 수 없다고 볼 것은 아니다.」(대판(전원) 2014. 3. 20, 2009다60336. 다수의견에 대하여 체납처분압류의 효력이 발생한 후에 채무자로부터 점유를 이전받아 유치권을 취득한 사람은 그 유치권으로써 경매의 매수인에게 대항할 수 없다고 보아야 한다는 소수의견이 있음)

(ㄷ) 「채무자 소유의 건물에 관하여 증·개축 등 공사를 도급받은 수급인이 경매개시결정의 기입등기가 마쳐지기 전에 채무자로부터 그 건물의 점유를 이전받았다 하더라도 경매개시결정의 기입등기가 마쳐져 압류의 효력이 발생한 후에 공사를 완공하여 공사대금채권을 취득함으로써 그때 비로소 유치권이 성립한 경우에는, 수급인은 그 유치권을 내세워 경매절차의 매수인에게 대항할 수 없는 것이다.」(대판 2011. 10. 13, 2011다55214. 같은 취지: 대판 2013. 6. 27, 2011다50165)

(2) 적법한 점유일 것

점유가 불법행위에 의하여 시작되지 않았어야 한다(320조 2항). 그리하여 점유를 침탈한 경우는 물론 사기·강박에 의하여 점유하거나 적법한 권원 없이 점유한 경우(대판 1955. 10. 6, 4288민상260; 대판 1959. 11. 19, 4291민상135)에는 유치권이 없다. 권원이 없음을 알았거나 과실 없이 몰랐더라도 같다(판례는 경과실의 경우는 제외하고 중과실의 경우에 유치권을 부정함. 대판 1966. 6. 7, 66다600 · 601; 대판 2011. 12. 13, 2009다5162). 불법행위로 점유를 취득한 후 적법한 권원을 취득한 때에도 유치권은 부정되어야 한다(반대: 고상룡, 539면). 처음에는 적법하게 점유를 취득하였으나 그 후에 권원이 소멸한 경우에 유치권의 성립을 인정할 것인지가 문제된다. 여기에 관하여 학설은 i) 부정설(고상룡, 540면; 이상태, 393면), ii) 소멸을 과실 없이 알지 못한 경우에는 인정하자는 견해(이영준, 775면), iii) 소멸에 관하여 악의이거나 선의이지만 중과실이 있는 경우에는 부정하여야 한다는 견해(김학동, 459면)로 나뉘어 있다. 그리고 판례는, 유익비상환청구권을 기초로 하는 유치권의 주장을 배척하려면 적어도 그 점유가 불법행위로 인하여 개시되었거나 유익비 지출 당시 이를 점유할 권원이 없음을 알았거나 이를 알지 못함이 중대한 과실에 기인하였다고 인정할 만한 사유의 상대방 당사자의 주장 · 증명이 있어야 한다고 하여(대판 1966. 6. 7, 66다600 · 601; 대판 2011. 12. 13, 2009다5162), iii)설과 유사하다. 생각건대 단순한 이행거절권이 아니고 물권으로서의 유치권의 성립은 엄격한 요건 하에 인정하는 것이 바람직하므로, 위의 경우에는 언제나 유치권이 성립하지 않는다고 하여야 한다. 따라서 예컨대 건물의 임차인이 임대차가 소멸한 후에도 건물을 계속 점유하여 유익비를 지출한 때에는, 그는 유치권이 없다.

〈판 례〉

미등기 건물을 그 소유권의 원시취득자로부터 빚 대신 양도받아 점유 중에 있는 피고가 원시취득자인 소외인에게 그 건물에 관한 유치권이 있다 하여도 그 건물의 존재와 점유가 토지소유자인 원고에게 불법행위가 되고 있는 이 사건에 있어서는 소외인에 대한 유치권으로 원고에게 대항할 수 없다(대판 1989. 2. 14, 87다카3073).

3. 변제기가 된 채권의 존재

(1) 점유자가 채권을 가지고 있어야 한다. 채권의 발생원인은 묻지 않는다. 그리하여 계약으로부터 발생한 것뿐만 아니라 사무관리 · 부당이득 · 불법행위에 의한 것이라도 무방하다.

(2) 점유자의 채권은 변제기에 있어야 한다(320조 1항). 채권의 변제기가 되지 않은 동안에는 유치권은 생기지 않는다. 유치권이 성립하였더라도 법원이 채권(유익비상환청구권)에 관하여 상환기간을 허락한 경우(203조 3항 · 310조 2항 · 626조 2항 2문 등)에는 유치권이

소멸한다. 이와 같이 유치권에서는 채권이 변제기에 있어야 권리가 성립하는데, 이는 다른 담보물권과는 다른 점이다. 다른 담보물권의 경우에는 채권의 변제기 도래는 권리의 성립요건이 아니고 단지 실행요건에 지나지 않는다.

〈판 례〉

「수급인의 공사대금채권이 도급인의 하자보수청구권 내지 하자보수에 갈음한 손해배상채권 등과 동시이행의 관계에 있는 점 및 피담보채권의 변제기 도래를 유치권의 성립요건으로 규정한 취지 등에 비추어 보면, 건물신축 도급계약에서 수급인이 공사를 완성하였다고 하더라도, 신축된 건물에 하자가 있고 그 하자 및 손해에 상응하는 금액이 공사잔대금액 이상이어서, 도급인이 수급인에 대한 하자보수청구권 내지 하자보수에 갈음한 손해배상채권 등에 기하여 수급인의 공사잔대금 채권 전부에 대하여 동시이행의 항변을 한 때에는, 공사잔대금 채권의 변제기가 도래하지 아니한 경우와 마찬가지로 수급인은 도급인에 대하여 하자보수의무나 하자보수에 갈음한 손해배상의무 등에 관한 이행의 제공을 하지 아니한 이상 공사잔대금 채권에 기한 유치권을 행사할 수 없다고 보아야 한다.」(대판 2014. 1. 16, 2013다30653)

[180] 4. 채권과 목적물 사이의 견련관계

(1) 견련관계가 인정되는 경우

유치권이 성립하기 위해서는 채권이 유치권의 목적물에 관하여 생긴 것이어야 한다(320조 1항). 즉 채권과 목적물 사이에 견련관계가 있어야 한다.

어떠한 경우에 견련관계를 인정할 것인가에 관하여 학설은 대립하고 있다. i) 통설은 채권이 목적물 자체로부터 발생한 경우와 채권이 목적물의 반환청구권과 동일한 법률관계 또는 동일한 사실관계로부터 발생한 경우에 견련관계가 있다고 하나(이를 흔히 이원설이라고 한다)(곽윤직, 285면; 김상용, 558면; 김용한, 478면; 김학동, 460면; 이상태, 391면), ii) 위 통설의 표준에 소극적이지만 일정한 의의를 인정하면서 유형적 고찰을 추진하여야 한다는 견해(고상룡, 533면), iii) 채권의 목적물 자체로부터 발생한 경우에 한하여 견련성을 인정하고 공평의 원칙상 이에 준할 수 있는 경우를 포함시켜야 한다는 견해(이영준, 770면; 이은영, 680면)도 있다. 판례는, 유치권제도 본래의 취지인 공평의 원칙에 특별히 반하지 않는 한, 채권이 목적물 자체로부터 발생한 경우는 물론이고 채권이 목적물의 반환청구권과 동일한 법률관계나 사실관계로부터 발생한 경우도 포함한다고 하여(대판 2007. 9. 7, 2005다16942), 통설과 같다.

〈판 례〉

(ㄱ) 「민법 제320조 제 1 항은 "타인의 물건 또는 유가증권을 점유한 자는 그 물건이나 유가증권에 관하여 생긴 채권이 변제기에 있는 경우에는 변제를 받을 때까지 그 물건 또는 유가증권을 유치할 권리가 있다"라고 규정하고 있는바, 여기서 '그 물건에 관하여 생긴 채권'이라 함은, 위 유치권제도 본래의 취지인 공평의 원칙에 특별히 반하지 않는 한, 채권이 목적물 자체로부터 발생한 경우는 물론이고 채권이 목적물의 반환청구권과 동일한 법률관계나 사실관계로부터 발생한 경우도 포함한다.」(대판 2007. 9. 7, 2005다16942)

(ㄴ) 이른바 계약명의신탁에 있어서 명의신탁자가 명의수탁자에 대하여 가지는 「부당이득 반환청구권은 부동산 자체로부터 발생한 채권이 아닐 뿐만 아니라 소유권 등에 기한 부동산의 반환청구권과 동일한 법률관계나 사실관계로부터 발생한 채권이라고 보기도 어려우므로, 결국 민법 제320조 제 1 항에서 정한 유치권 성립요건으로서의 목적물과 채권 사이의 견련관계를 인정할 수 없다 할 것이다.」(대판 2009. 3. 26, 2008다34828)

(ㄷ) 「건물의 옥탑, 외벽 등에 설치된 간판의 경우 일반적으로 건물의 일부가 아니라 독립된 물건으로 남아 있으면서 과다한 비용을 들이지 않고 건물로부터 분리할 수 있는 것이 충분히 있을 수 있고, 그러한 경우에는 특별한 사정이 없는 한 간판 설치공사 대금채권을 그 건물 자체에 관하여 생긴 채권이라고 할 수 없다.」(대판 2013. 10. 24, 2011다44788)

생각건대 우리 법상 유치권은 단순한 인도거절권이 아니고 물권으로 되어 있어서 그것은 채무자 이외의 자에게 미치는 영향이 크다. 그러므로 유치권의 성립은 엄격한 요건 하에 제한적으로 인정되어야 한다. 즉 유치권의 취지와 효력을 고려하여 볼 때 유치권이 인정되어야 할 필요성이 있을 정도로 채권과 목적물 사이에 밀접성이 있을 경우에 견련관계가 있다고 할 것이다. 그리하여 동시이행의 항변권의 인정만으로 충분한 때에는 유치권의 성립을 인정하지 않아야 한다.

사견에 비추어 어떤 경우에 견련관계가 인정될 수 있는지를 살펴보기로 한다. 우선 채권이 목적물 자체로부터 발생한 경우에는 견련관계가 있다. 예컨대 물건의 점유자가 물건에 필요비 또는 유익비(대판 1959. 8. 27, 4291민상672)를 지출한 경우(비용이 각 호실의 개량을 위하여가 아니고 임차인의 주관적 이익이나 특정한 영업을 위한 목적으로 지출된 경우는 그렇지 않음. 대판 2023. 4. 27, 2022다273018 참조), 점유자가 목적물로부터 손해를 입은 경우(예: 수치인이 임치물의 하자로 인하여 손해를 입은 경우)에는, 비용상환청구권·손해배상청구권과 목적물 사이에 견련관계가 인정된다. 도급계약에 기하여 신축된 건물의 소유권이 도급인에게 속한 경우에 수급인이 공사대금 채권을 가지고 있는 때도 같다(대판 1995. 9. 15, 95다16202·16219). 그리고 채무불이행에 의한 손해배상청구권은 원채권의 연장으로 보아야 할 것이므로, 물건(가령 도급건축물)과 원채권(공사대금 채권)과 사이에 견련관계가 있는 경우에는 그 손해배상채권(공사대금의 지연손해금청구권)과 그 물건과의 사이에도 견련관계가 있다(대판 1976. 9. 28, 76다582). 그에 비하여 임차인의 임차권 · 보증금반환청구권(대판 1960. 9. 29, 4292민상229; 대판 1961. 12. 21, 4294민상127 · 128) · 권리금반환청구권(대판 1994. 10. 14, 93다62119) · 임차지상에 해놓은 시설물에 대한 매수청구권(대판 1977. 12. 13, 77다115) · 건물의 임대차에 있어서 건물시설을 아니하기 때문에 임차인에게 건물을 임차목적대로 사용하지 못한 것을 이유로 하는 손해배상청구권(대판 1976. 5. 11, 75다1305)은 목적물과의 사이에 견련관계가 없다. 그리고 갑이 건물 신축공사 수급인인 을 주식회사와 체결한 약정에 따라 공사현장에 시멘트와 모래 등의 건축자재를 공급한 사안에서, 갑의 건축자재대금채권은 매매계약에 따른 매매대금채권에 불과할 뿐 건물 자체에 관하여 생긴 채권이라고 할 수는 없다(대판 2012. 1. 26, 2011다96208). 그런가 하면 통설이 말하는 둘째의 경우 즉 채권이 목적물의 반환청구권과 동일한 법률관계 또는 동일한 사실관계로부터 발생한 경우에는 대체로 견련관계가 인정되기 어려울 것이다. 가령 물건의 매매계약이 취소되어 대금과 목적물이 반환되어야 하는 때에는 제536조를 유추적용하여 동시이행의 항변권을 인정하면 충분할 것으로 생각된다(대판 2001. 7. 10, 2001다3764는 매매계약이 취소된 경우에 당사자 쌍방의 원상회복의무는 동시이행의 관계에 있다고 한다). 그 밖에 점유하지 않은 물건에 관한 채권의 경우에 견련관계가 없음은 물론이다(대판 1955. 10. 6, 4288민상54).

한편 판례에 따르면, 근저당권자는 유치권의 전부 또는 일부(대항할 수 있는 범위를 초과한 부분)의 부존재 확인을 구할 수 있고, 유치권 부존재 확인소송에서 유치권의 요건사실인 유치권의 목적물과 견련관계 있는 채권의 존재에 대해서는 피고가 주장 · 증명해야 한다(대판 2016. 3. 10, 2013다99409).

〈판 례〉

(ㄱ) 가등기가 되어 있는 부동산소유권을 이전받은 갑이 그 부동산에 대하여 필요비나 유익비를 지출한 것은 가등기에 의한 본등기가 경유됨으로써 가등기 이후의 저촉되는 등기라 하여 직권으로 말소를 당한 소유권이전등기의 명의자 갑과 본등기 명의자인 을 내지 그 특별승계인인 병과의 법률관계는 결과적으로 타인의 물건에 대하여 갑이 그 점유기간 내에 비용을 투입한 것이 된다고 보는 것이 상당하다(대판 1976. 10. 26, 76다2079. 이 판결은 결국 유치권의 성립을 인정함).

(ㄴ) 「부동산매도인이 매매대금을 다 지급받지 아니한 상태에서 매수인에게 소유권이전등기를 경료하여 목적물의 소유권을 매수인에게 이전한 경우에는, 매도인의 목

적물인도의무에 관하여 위와 같은 동시이행의 항변권 외에 물권적 권리인 유치권까지 인정할 것은 아니다.」(대결 2012. 1. 12, 2011마2380. 그 이유는 판결 참조)

(2) 채권과 목적물의 점유 사이의 견련관계가 필요한지 여부

채권과 목적물 사이에는 견련관계가 있어야 하나, 채권과 목적물의 점유 사이에는 견련관계가 필요하지 않다(이설 없음). 즉 채권이 목적물을 점유하는 동안에 또는 점유의 시작과 함께 생겼어야 하는 것이 아니다. 따라서 목적물에 관하여 채권을 가진 자가 후에 그 물건을 점유하게 된 때에도 유치권은 성립한다(대판 1955. 12. 15, 4288민상136; 대판 1965. 3. 30, 64다1977).

5. 유치권을 배제하는 특약이 없을 것

유치권의 발생을 배제하는 특약도 유효하므로(대결 2011. 5. 13, 2010마1544; 대판 2018. 1. 24, 2016다234043(유치권 배제 특약에도 조건을 붙일 수 있다고 함)), 그러한 특약이 없어야 한다. 그리고 유치권 배제 특약이 있는 경우 그 특약에 따른 효력은 특약의 상대방뿐 아니라 그 밖의 사람도 주장할 수 있다(대결 2011. 5. 13, 2010마1544; 대판 2018. 1. 24, 2016다234043).

Ⅲ. 유치권의 효력 [181]

1. 유치권자의 권리

(1) 목적물을 유치할 권리

1) 유치의 의미 유치권자는 채권의 변제를 받을 때까지 목적물을 유치할 수 있다. 이것이 유치권의 중심적 효력이다. 여기서 「유치」한다는 것은 목적물의 점유를 계속하고 인도를 거절하는 것이다.

〈판 례〉

「유치권제도와 관련하여서는 거래당사자가 유치권을 자신의 이익을 위하여 고의적으로 작출함으로써 앞서 본 유치권의 최우선순위담보권으로서의 지위를 부당하게 이용하고 전체 담보권질서에 관한 법의 구상을 왜곡할 위험이 내재한다. 이러한 위험에 대처하여, 개별 사안의 구체적인 사정을 종합적으로 고려할 때 신의성실의 원칙에 반한다고 평가되는 유치권제도 남용의 유치권 행사는 이를 허용하여서는 안 될 것이다.

특히 채무자가 채무초과의 상태에 이미 빠졌거나 그러한 상태가 임박함으로써 채권자가 원래라면 자기 채권의 충분한 만족을 얻을 가능성이 현저히 낮아진 상태에서 이미 채무자 소유의 목적물에 저당권 기타 담보물권이 설정되어 있어서 유치권의 성립에 의하여 저당권자 등이 그 채권 만족상의 불이익을 입을 것을 잘 알면서 자기 채권의 우선적 만족을 위하여 위와 같이 취약한 재정적 지위에 있는 채무자와의 사이에 의도적으로 유치권의 성립요건을 충족하는 내용의 거래를 일으키고 그에 기하여 목적물을 점유하게 됨으로써 유치권이 성립하였다면, 유치권자가 그 유치권을 저당권자 등에 대하여 주장하는 것은 다른 특별한 사정이 없는 한 신의칙에 반하는 권리행사 또는 권리남용으로서 허용되지 아니한다. 그리고 저당권자 등은 경매절차 기타 채권실행절차에서 위와 같은 유치권을 배제하기 위하여 그 부존재의 확인 등을 소로써 청구할 수 있다고 할 것이다(대법원 2004. 9. 23. 선고 2004다32848 판결 등 참조).」(대판 2011. 12. 22, 2011다84298)

건물 또는 토지의 임차인이 그의 비용상환청구권에 관하여 유치권을 가지는 경우에 그는 종전대로 건물 또는 토지를 사용할 수 있다고 새겨야 한다(이설이 없으며, 판례도 같음). 그런데 그 근거에 관하여 학설은 i) 종전의 점유상태를 계속하는 것이 유치방법이라는 견해(곽윤직, 288면; 김상용, 562면; 김용한, 482면)와 ii) 보존에 필요한 사용이라는 견해(이영준, 785면)로 나뉘어 있다. 그리고 판례는 보존행위라고 한다(대판 1972. 1. 31, 71다2414). 생각건대 유치권자의 건물 등의 사용을 건물 등의 가치를 유지하기 위한 보존행위로 볼 수는 없다. 다만, 유치권자에게 다른 수단을 강구하도록 하는 것이 가혹하므로 사용을 하면서 유치할 수 있음을 허용하는 것으로 새겨야 할 것이다(같은 취지: 김학동, 463면). 따라서 유치권자의 사용으로 인한 이득은 부당이득이므로 반환하여야 한다(통설 · 판례도 같음. 대판 1960. 9. 15, 4292민상553; 대판 1963. 7. 11, 63다235)(보존행위의 경우에는 부당이득이 없다고 하여야 한다).

2) 유치권 행사의 상대방 유치권은 물권이기 때문에 채무자뿐만 아니라 모든 자에게 주장할 수 있다. 그 결과 유치권의 존속 중에 유치물의 소유권이 제3자에게 양도된 경우에는 유치권자는 그 제3자에 대하여도 유치권을 행사할 수 있다(대판 1972. 1. 31, 71다2414).

경매의 경우에는 어떤가? 부동산 유치권자는 목적부동산의 경매(통상의 강제경매 · 담보권 실행경매)의 경우에 매수인(경락인)에 대하여도 유치물의 인도를 거절할 수 있다(민사집행법 91조 5항 · 268조 참조). 그런데 판례에 의하면, 이 경우 유치권자가 매수인에 대하여 채권의 변제를 청구할 수는 없다고 한다(대판 1996. 8. 23, 95다8713). 한편 유치물이 동산이나 유가증권인 때에는 유치권자는 집행관에 대하여 목적물의 인도를 거절할 수 있고(민사집행법 191조), 그럼에도 불구하고 집행관이 경매를 하는 때에는 제 3 자 이의의 소를 제기하여 이를 막을 수 있다(민사집행법 48조). 또한 유치권자가 집행관에게 물건을 인도하더라도 유치권은 소멸하지 않는다고 하여야 한다. 그때 유치권자는 간접 점유를 갖는다.

3) **유치권 행사의 효과** 상대방의 목적물 인도청구의 소에 대하여 유치권자가 유치권을 행사하여 목적물의 인도를 거절한 경우에는 이론상으로는 원고 패소의 판결을 하여야 하나, 통설·판례는 상환급부판결을 할 것이라고 한다(대판 1969. 11. 25, 69다1592; 대판 2011. 12. 13, 2009다5162).

(2) 경매권과 우선변제권

1) **경 매 권** 유치권자는 채권의 변제를 받기 위하여 유치물을 경매할 수 있다(322조 1항, 민사집행법 274조).

〈판 례〉

「유치권에 의한 경매도 강제경매나 담보권 실행을 위한 경매와 마찬가지로 목적부동산 위의 부담을 소멸시키는 것을 법정매각조건으로 하여 실시되고 우선채권자뿐만 아니라 일반채권자의 배당요구도 허용되며, 유치권자는 일반채권자와 동일한 순위로 배당을 받을 수 있다고 봄이 상당하다. 다만 집행법원은 부동산 위의 이해관계를 살펴 위와 같은 법정매각조건과는 달리 매각조건 변경결정을 통하여 목적부동산 위의 부담을 소멸시키지 않고 매수인으로 하여금 인수하도록 정할 수 있다.」(대결 2011. 6. 15, 2010마1059)

2) **우선변제권** 유치권자는 원칙적으로 우선변제권이 없다(303조 1항·329조·356조 참조). 그러나 채무자 또는 제 3 자가 목적물의 인도를 받으려면 먼저 유치권자에게 변제하여야 하므로 사실상 우선변제를 받을 수 있게 된다.

유치권자에게 예외적으로 우선변제권이 인정되는 경우가 있다. 첫째로 유치권자는 정당한 이유가 있는 때에는 감정인의 평가에 의하여 유치물로 직접 변제에 충당할 것을 법원에 청구할 수 있다(322조 2항 1문). 이때 유치권자는 미리 채무자에게 통지하여야 한다(322조 2항 2문). 이를 간이변제충당이라고 한다. 간이변제충당을 허가하는 법원의 결정이 있으면 유치권자는 유치물의 소유권을 취득한다. 그 취득은 승계취득이지만 법률의 규정에 의한 것이기 때문에, 유치물이 부동산일지라도 등기가 필요하지 않다. 그리고 유치권자는 소유권취득과 동시에 평가액의 한도에서 변제를 받는 것으로 되고, 그 범위에서 채권은 소멸한다. 만약 평가액이 채권액을 초과하는 때에는 유치권자는 초과액을 이전의 소유자에게 반환하여야 한다(채무자와 유치물의 소유자가 불일치하는 경우에는 반환채권자는 소유자이다). 둘째로 유치권자는 유치물의 과실로 우선변제를 받을 수 있다(323조). 이에 관하여는 뒤에 따로 보기로 한다. 셋째로 채무자가 파산한 때에는 유치권자는 별제권을 가진다(채무자회생법 411조).

〈판 례〉

「유치물의 처분에 관하여 이해관계를 달리하는 다수의 권리자가 존재하거나 유치물의 공정한 가격을 쉽게 알 수 없는 등의 경우에는 민법 제322조 제 2 항에 의하여 유치권자에게 유치물의 간이변제충당을 허가할 정당한 이유가 있다고 할 수 없다.」(대결 2000. 10. 30, 2000마4002)

[182] (3) 과실수취권

유치권자는 유치물의 과실을 수취하여 다른 채권보다 먼저 그의 채권의 변제에 충당할 수 있다(323조 1항 본문). 여기의 과실에는 천연과실뿐만 아니라 법정과실(예: 소유자의 동의를 얻어 임대한 경우의 차임)도 포함된다.

과실은 먼저 채권의 이자에 충당하고 나머지가 있으면 원본에 충당한다(323조 2항). 그런데 과실이 금전이 아닌 때에는 그것을 경매하여야 한다(323조 1항 단서, 민사집행법 274조 1항). 그러나 당사자의 합의에 의하여 평가할 수도 있고, 경매로 지체할 경우 손해가 생길 염려가 있는 때에는 유치권자가 스스로 매각할 수 있다고 할 것이다(이설 없음).

(4) 유치물 사용권

유치권자는 원칙적으로 유치물을 사용할 수 없다. 그러나 여기에는 두 가지의 예외가 있다.

첫째로 유치권자는 채무자(정확하게는 소유자라고 하여야 함)의 승낙을 얻어 유치물을 사용할 수 있다(324조 2항 본문). 이 경우 사용으로 인한 이익은 채권의 변제에 충당된다.

둘째로 유치권자는 보존에 필요한 사용(예: 승마용 말의 정기적인 승마)은 채무자의 승낙 없이 할 수 있다(324조 2항 단서). 그런데 이 경우에는 유치권자에게 이익이 생기지 않는다고 할 것이다. 따라서 보존행위로서의 사용에 대하여는 부당이득의 반환의무가 없다. 이에 대하여 판례는, 공사대금 채권에 기하여 유치권을 행사하는 자가 스스로 유치물인 주택에 거주하며 사용하는 것은 특별한 사정이 없는 한 유치물인 주택의 보존에 도움이 되는 행위로서 유치물의 보존에 필요한 사용에 해당한다고 할 것이라고 한 뒤, 유치권자가 유치물의 보존에 필요한 사용을 한 경우에도 특별한 사정이 없는 한 차임에 상당한 이득을 소유자에게 반환할 의무가 있다고 한다(대판 2009. 9. 24, 2009다40684). 이 판결의 사안은 건물의 2·3층을 사용한 경우인데, 그것을 단순한 보존행위로 보아야 하는지는 의문이다. 그러한 경우는 단순한 가치유지를 위한 것은 아니어서 보존행위라고 하여서는 안 되고, 사용이익을 반환하여야 하는 특별한 사정이 있는 경우로 이해하여야 한다. 즉 사견으로는 — 판례와 반대로 — 보존행위의 경우에는 원칙적으로 부당이득 반환의무가 없고, 특별한 사정이 있는 때에만 예외적으로 반환의무가 있으며, 그 판례의 사안은 그러한 사정이 있는 경우로 이해하여야 한다는 입장이다. 한편 유치권자가 유치물에 대한 보존행위로서 목적물을 사용하는 것은 적법행위이므로 유치권자에게 불법점유로 인한 손해배상책임도 발생하지 않는다(대판 1972. 1. 31, 71다2414).

〈판 례〉

「유치권의 성립요건인 유치권자의 점유는 직접점유이든 간접점유이든 관계없지만, 유치권자는 채무자의 승낙이 없는 이상 그 목적물을 타에 임대할 수 있는 처분권한이 없으므로(민법 제324조 제2항 참조), 유치권자의 그러한 임대행위는 소유자의 처분권한을 침해하는 것으로서 소유자에게 그 임대의 효력을 주장할 수 없고, 따라서 소유자의 동의 없이 유치권자로부터 유치권의 목적물을 임차한 자의 점유는 구 민사소송법(2002. 1. 26. 법률 제6626호로 전문 개정되기 전의 것) 제647조 제1항 단서에서 규정하는 '경락인에게 대항할 수 있는 권원'에 기한 것이라고 볼 수 없다.」(대결 2002. 11. 27, 2002마3516)

(5) 비용상환청구권

유치권자가 유치물에 관하여 필요비 또는 유익비를 지출한 때에는 유치권자는 그 상환을 청구할 수 있다(325조 1항·2항). 상환의무자는 소유자이다. 견해에 따라서는, 법문상으로는 소유자라고 되어 있으나 그렇게 해석하면 채무자가 다른 채무를 변제한 경우 유치물을 반환하여야 하므로 비용상환청구권을 인정하는 취지에 반한다고 하면서, 「소유자 또는 채무자」가 의무자라고 한다(이상태, 399면. 이영준, 787면도 결론에서 같다). 그러나 이 비용상환청구권에 관하여 유치권자는 다시 유치권을 가지게 되고 그 권리는 채무자에게도 행사할 수 있으므로, 이 견해의 해석은 전제에서 이미 옳지 않을뿐더러, 본래 비용을 부담하여야 할 자는 소유자이므로 법문에서와 같이 소유자만이 의무자라고 하여야 한다.

2. 유치권자의 의무

(1) 유치권자는 선량한 관리자의 주의로 유치물을 점유하여야 한다(324조 1항).

(2) 유치권자는 채무자의 승낙 없이 유치물을 사용 · 대여하거나 또는 담보로 제공하지 못한다(324조 2항 본문). 민법은 사용 등의 승낙을 할 수 있는 자를 「채무자」라고 하고 있으나, 소유자가 채무자와 다른 경우에는 승낙은 소유자만이 할 수 있다고 하여야 한다.

〈판 례〉

「유치권자는 유치물 소유자의 승낙 없이 유치물을 보존에 필요한 범위를 넘어 사용할 수 없고(민법 제324조 제 2 항 본문), 유치권자가 유치물을 그와 같이 사용한 경우에는 그로 인한 이익을 부당이득으로 소유자에게 반환하여야 한다. 그 경우에 그 반환의무의 구체적인 내용은 다른 부당이득 반환청구에서와 마찬가지로 의무자가 실제로 어떠한 구체적 이익을 얻었는지에 좇아 정하여진다. 따라서 유치권자가 유치물에 관하여 제 3 자와의 사이에 전세계약을 체결하여 전세금을 수령하였다면 전세금이 종국에는 전세입자에게 반환되어야 할 것임에 비추어 다른 특별한 사정이 없는 한 그가 얻은 구체적 이익은 그가 전세금으로 수령한 금전의 이용가능성이고, 그가 이와 같이 구체적으로 얻은 이익과 관계없이 추상적으로 산정된 차임 상당액을 부당이득으로 반환하여야 한다고 할 수 없다. 그리고 이러한 이용가능성은 그 자체 현물로 반환될 수 없는 성질의 것이므로 그 '가액'을 산정하여 반환을 명하여야 할 것인바, 그 가액은 결국 전세금에 대한 법정이자 상당액이라고 할 것이다.」(대판 2009. 12. 24, 2009다32324)

(3) 유치권자가 위의 의무를 위반한 때에는, 채무자는 유치권의 소멸을 청구할 수 있다(324조 3항). 이와 관련하여 판례는, 하나의 채권을 피담보채권으로 하여 여러 필지의 토지에 대하여 유치권을 취득한 유치권자가 그중 일부 필지의 토지에 대하여 선량한 관리자의 주의의무를 위반하였다면 특별한 사정이 없는 한 위반행위가 있었던 필지의 토지에 대하여만 유치권 소멸청구가 가능하다고 한다(대판 2022. 6. 16, 2018다301350[핵심판례 172면]). 그리고 유치권자가 제324조 제 2 항을 위반하여 유치물 소유자의 승낙 없이 유치물을 임대한 경우 유치물의 소유자는 이를 이유로 제324조 제 3 항에 의하여 유치권의 소멸을 청구할 수 있으며, 제324조에서 정한 유치권 소멸청구는 유치권자의 선량한 관리자의 주의의무 위반에 대한 제재로서 채무자

또는 유치물의 소유자를 보호하기 위한 규정이므로, 특별한 사정이 없는 한 제324조 제 2 항을 위반한 임대행위가 있은 뒤에 유치물의 소유권을 취득한 제 3 자도 유치권 소멸청구를 할 수 있다고 한다(대판 2023. 8. 31, 2019다295278). 그런가 하면 제324조 제 2 항에서 말하는 대여는 임대차뿐만 아니라 사용대차도 포함되는데, 유치권자가 유치물을 다른 사람으로 하여금 사용하게 한 경우에 그것이 유치물의 보존에 필요한 사용을 넘어서는 것으로서 유치권 소멸청구의 사유가 되는 사용 또는 대여에 해당하는지 여부는 유치물의 특성과 유치권자의 점유 태양, 유치권자와 사용자 사이의 관계, 사용자의 구체적인 사용방법 및 사용의 경위, 사용행위가 유치물의 가치나 효용에 미치는 영향, 사용자가 유치권자에게 대가를 지급하였는지 여부 등을 종합적으로 고려하여 판단할 것이라고 한다(대판 2023. 7. 13, 2021다274243).

이 소멸청구권은 형성권이며, 소멸청구의 의사표시만으로 효력이 생긴다(이설 없음). 즉 부동산유치권의 경우에도 등기가 필요하지 않다(유치권은 본래 점유로 공시함을 유의하라).

Ⅳ. 유치권의 소멸 [183]

1. 일반적 소멸사유

유치권은 목적물의 멸실 · 토지수용 · 혼동 · 포기 등과 같은 물권의 일반적 소멸사유에 의하여 소멸한다. 그러나 소멸시효에 걸려서 소멸하는 일은 없다. 유치물의 점유가 유치권의 행사이기 때문이다.

유치권의 포기와 관련하여 판례는, 유치권은 법정담보물권이기는 하나 채권자의 이익보호를 위한 채권담보의 수단에 불과하므로 이를 포기하는 특약은 유효하고, 유치권을 사후에 포기한 경우 곧바로 유치권은 소멸한다고 한다. 그리고 유치권 포기로 인한 유치권의 소멸은 유치권 포기의 의사표시의 상대방뿐 아니라 그 이외의 사람도 주장할 수 있다고 한다(대결 2011. 5. 13, 2010마1544(채권자가 유치권의 소멸 후에 그 목적물을 계속하여 점유하면 무단점유가 됨); 대판 2016. 5. 12, 2014다52087).

유치권은 담보물권으로서 피담보채권의 소멸에 의하여 소멸한다. 그런데 유치권을 행사하고 있더라도 피담보채권의 소멸시효는 진행함을 주의하여야 한다(326조). 목적물의 유치가 채권의 행사는 아니기 때문이다.

2. 유치권에 특유한 소멸사유

(1) 채무자의 소멸청구

유치권자의 의무위반시 채무자는 유치권의 소멸을 청구할 수 있으며, 그 경우에 소멸청구의 의사표시만으로 유치권은 소멸한다(324조. [182] 참조).

(2) 다른 담보의 제공

채무자는 상당한 담보를 제공하고 유치권의 소멸을 청구할 수 있다(327조). 민법은 소멸청구를 할 수 있는 자로 「채무자」만 규정하고 있으나, 소유자도 포함된다고 하여야 한다(이설이 없으며, 판례도 같음. 대판 2001. 12. 11, 2001다59866; 대판 2021. 7. 29, 2019다216077). 그리고 채무자나 소유자가 제공하는 담보가 상당한지는 담보가치가 채권담보로서 상당한지, 유치물에 의한 담보력을 저하시키지 않는지를 종합하여 판단해야 하며(대판 2021. 7. 29, 2019다216077), 따라서 유치물 가액이 피담보채권액보다 많을 경우에는 피담보채권액에 해당하는 담보를 제공하면 되고(대판 2001. 12. 11, 2001다59866; 대판 2021. 7. 29, 2019다216077), 유치물 가액이 피담보채권액보다 적을 경우에는 유치물 가액에 해당하는 담보를 제공하면 된다(대판 2021. 7. 29, 2019다216077). 한편 담보는 물적 담보뿐만 아니라 인적 담보라도 무방하다.

이 경우에는 유치권은 소멸청구의 의사표시 외에 유치권자의 승낙이나 이에 갈음하는 판결이 있어야 소멸한다.

(3) 점유의 상실

유치권자가 점유를 상실하면 유치권은 소멸한다(328조). 점유를 빼앗긴 때도 같으나, 다만 점유물반환청구권에 의하여 점유를 회복하면 점유를 상실하지 않았던 것으로 되어서(192조 2항 단서) 유치권은 소멸하지 않았던 것으로 된다(대판 2012. 2. 9, 2011다72189. 그러나 점유를 회복하기 전에는 유치권이 되살아나는 것이 아니다). 유치권자가 제3자에게 점유하게 한 경우에는 설사 소유자의 승낙 없이 임대한 때에도 그것만으로 유치권이 소멸하지는 않는다(그러나 채무자의 소멸청구가 있으면 다르다).

〈판 례〉

「소외인 A가 이 사건 건물에 관하여 공사금 채권이 있어 A가 이 건물을 점유하고 있다면 A에게는 위 공사금 채권을 위하여 이 건물에 대한 유치권이 인정될 것이다. 그러나 피고들이 A로부터 그 점유를 승계한 사실이 있다고 하여 피고들이 A를 대위하여 유치권을 주장할 수는 없다. 왜냐하면 피대위자인 A는 그 점유를 상실하면서 곧 유치권을 상실한 것이기 때문이다.」(대판 1972. 5. 30, 72다548)

제 3 절 질권(質權)

제 1 관 서 설

Ⅰ. 질권의 의의 및 작용 [184]

1. 의 의

질권은 채권자가 채권의 담보로서 채무자 또는 제 3 자(물상보증인)가 제공한 동산 또는 재산권을 유치하고, 채무의 변제가 없는 때에는 그 목적물로부터 우선변제를 받는 물권이다(329조·345조). 가령 A가 B로부터 5만원을 빌리면서 그 담보로서 B에게 시계를 맡긴 경우에 B는 질권(동산질권)을 취득하게 되며, 그 경우에 B는 A가 원금 5만원과 이자를 변제할 때까지 그 시계의 반환을 거절할 수 있을 뿐만 아니라, 이행지체에 빠지면 그 시계로부터 우선변제를 받을 수 있게 된다.

2. 종 류

민법상의 질권 즉 민사질(民事質)은 여러 가지 표준에 의하여 종류를 나눌 수 있다.

(1) 동산질권 · 부동산질권 · 권리질권

질권은 그것이 성립하는 목적물(객체)에 따라 동산질권 · 부동산질권 · 권리질권으로 나눌 수 있다. 그런데 민법은 이들 중 부동산질권은 인정하지 않고, 동산질권(329조 이하)과 권리질권(345조 이하)만을 인정한다.

(2) 법정질권 · 약정질권

질권에는 법률규정에 의하여 당연히 성립하는 법정질권과 당사자의 설정계약에 의하여 성립하는 약정질권이 있다.

〈상사질(商事質)〉

문헌들은 질권을 적용법규에 의하여 민법이 적용되는 민사질과 상행위에 의하여 생긴 채권을 담보하기 위한 상사질(상법 59조 참조)로 나누기도 한다. 그러나 상사질은 특별사법인 상법의 적용대상이므로 민법상의 질권은 아니다. 상사질에 관하여 특별한 규정이 없는 사항에는 민법상의 질권에 관한 규정이 준용된다(344조).

3. 사회적 작용

(1) 서민금융수단

질권은 유치적 효력이 있어서 동산이라도 생산용품은 입질을 할 수 없다. 그러나 일상생활용품인 동산은 질권설정에 적합하다. 그리하여 일반 서민은 그러한 동산에 질권을 설정하고 금융을 얻게 된다. 질권이 서민 금융의 수단이 되는 것이다. 그러나 요즈음에는 신용대출이 증가하면서 동산질권의 기능은 미미한 정도이다.

(2) 상품소유자의 금융수단

제조업자나 상인이 소유하는 상품에 대하여는 그것을 표상하는 증권(창고증권·화물상환증·선하증권)에 의하여 상품을 입질할 수 있다. 그 경우에는 상품소유자는 상품을 입질하면서 다른 한편으로 그것을 매각·송부할 수 있기 때문에 매우 훌륭하게 금융을 얻게 된다.

(3) 금융매개수단

질권 가운데 재산권(채권·주식 등)을 목적으로 하는 질권인 권리질권은 질권의 본래의 효력인 유치적 효력을 발휘하지 못함으로써 저당권 못지않은 금융매개수단이 되고 있다.

[185] ## Ⅱ. 질권의 법적 성질

1. 제한물권

질권은 객체를 직접 지배할 수 있는 물권이다. 그리고 그 가운데에서도 타인의 동산이나 재산권을 객체로 하는 제한물권이다(혼동의 경우는 예외이다. 191조 1항 단서 참조).

2. 담보물권

(1) 약정 담보물권

질권은 객체 즉 목적물이 가지는 교환가치를 직접 그리고 배타적으로 지배할 수 있는 담보물권이다. 또한 원칙적으로 당사자의 설정계약에 의하여 성립하는 약정 담보물권이다(예외적으로 법정질권도 있다). 그리하여 질권은 금융을 매개하게 된다.

(2) 통 유 성

질권은 담보물권으로서의 공통적인 특성(통유성)을 갖는다.

1) 부종성이 있다. 그러나 약정 담보물권인 질권의 경우에는 해석상 부종성이 다소 완화된다.

2) 수반성이 있다. 그리하여 피담보채권이 승계되면 질권도 그에 수반하여 승계된다. 그러나 물상보증인이 설정한 질권은 그의 동의가 없는 한 수반하지 않는다(이설 없음). 그리고 질권을 이전할 때에는 질권의 목적물에 따라서 정하여져 있는 공시방법 내지 대항요건을 갖추어야 한다.

3) 불가분성이 있다(343조·321조).

4) 물상대위성이 있다(342조·355조).

3. 유치적 효력 · 우선변제적 효력

(1) 유치적 효력

질권에는 채권의 담보로서 채무자 또는 제 3 자로부터 받은 목적물을 점유하는 유치적 효력이 있다. 그리하여 간접적으로 채무의 변제를 강제하게 된다. 이 점에서 질권은 유치권과 같고 저당권과 다르다. 그러나 이러한 유치적 효력은 일상생활용품을 입질하는 경우인 동산질권에 있어서만 크게 기능을 발휘하며, 그 밖의 물건(상품 등)이나 권리에 대한 질권에 있어서는 거의 기능을 발휘하지 못한다.

(2) 우선변제적 효력

질권에는 목적물의 교환가치로부터 우선변제를 받을 수 있는 효력이 있다. 이 점에서 질권은 저당권과 같고 유치권과 다르다.

제 2 관 동산질권

Ⅰ. 동산질권의 성립 [186]

동산질권은 원칙적으로 당사자 사이의 질권설정계약과 목적물인 동산의 인도에 의하여 성립하나, 예외적으로 법률의 규정에 의하여 성립하는 때도 있다. 동산질권의 성립을 원칙적인 경우를 중심으로 하여 살펴보기로 한다.

1. 동산질권설정계약

(1) 당 사 자

질권설정계약의 당사자는 질권자와 질권설정자이다. 질권자는 피담보채권의 채권자에 한하나, 질권설정자는 채무자 외에 제 3 자라도 무방하다(329조 참조). 그러한 제 3 자를 물상보증인이라고 한다.

(2) 물상보증인(物上保證人)

물상보증인이란 타인의 채무를 위하여 자기의 재산 위에 물적 담보(질권 · 저당권 · 가등기담보 · 양도담보 등)를 설정하는 자이다. 물상보증인은 채권자에 대하여 채무를 부담하고 있지는 않다. 그러나 채무의 변제가 없으면 담보권의 실행에 의하여 소유권 등의 권리를 상실하게 된다. 즉 「책임」을 진다. 물상보증인이 그의 권리를 잃지 않기 위하여 채무를 변제하거나 질권의 실행으로 인하여 질물의 소유권을 잃은 때에는, 보증채무에 관한 규정에 의하여 채무자에 대하여 구상권이 있다(341조). 그 결과 채무자의 부탁을 받고서 물상보증인이 되었는지에 따라 구상의 범위가 달라진다(441조 내지 447조 참조)(제 3 자가 자신의 명의로 대출을 받게 한 경우에 물상보증인이 그에 대하여 구상할 수 있는가에 관하여는 대판 2008. 4. 24, 2007다75648; 대판 2014. 4. 30, 2013다80429 참조). 그런데 판례는 물상보증인은 사전구상권은 없다고 한다(대판 2009. 7. 23, 2009다19802 · 19819). 한편 물상보증인은 채무의 변제에 관하여 법률상 이해관계가 있는 제 3 자로서 채무자의 의사에 반하여서도 채무를 변제할 수 있으며(469조), 그때에는 당연히 채권자를 대위한다(481조). 그리고 구상권과 대위에 의한 권리는 별개의 것이어서 물상보증인은 두 권리를 선택적으로 행사할 수 있다(대판 1997. 5. 30, 97다1556).

〈판 례〉

(ㄱ) 「물상보증은 채무자 아닌 사람이 채무자를 위하여 담보물권을 설정하는 행위이고 채무자를 대신해서 채무를 이행하는 사무의 처리를 위탁받는 것이 아니므로, 물상보증인이 변제 등에 의하여 채무자를 면책시키는 것은 위임사무의 처리가 아니고 법적 의미에서는 의무 없이 채무자를 위하여 사무를 관리한 것에 유사하다. 따라서 물상보증인의 채무자에 대한 구상권은 그들 사이의 물상보증위탁계약의 법적 성질과 관계없이 민법에 의하여 인정된 별개의 독립한 권리이고, 그 소멸시효에 있어서는 민법상 일반채권에 관한 규정이 적용된다.」(대판 2001. 4. 24, 2001다6237)

(ㄴ) 「타인의 채무를 담보하기 위하여 그 소유의 부동산에 저당권을 설정한 물상보증인이 타인의 채무를 변제하거나 저당권의 실행으로 저당물의 소유권을 잃은 때에는 채무자에 대하여 구상권을 취득한다(민법 제370조, 제341조). 그런데 구상권 취득의 요건인 '채

무의 변제'라 함은 채무의 내용인 급부가 실현되고 이로써 채권이 그 목적을 달성하여 소멸하는 것을 의미하므로, 기존 채무가 동일성을 유지하면서 인수 당시의 상태로 종래의 채무자로부터 인수인에게 이전할 뿐 기존 채무를 소멸시키는 효력이 없는 면책적 채무인수는 설령 이로 인하여 기존 채무자가 채무를 면한다고 하더라도 이를 가리켜 채무가 변제된 경우에 해당한다고 할 수 없다. 따라서 채무인수의 대가로 기존 채무자가 물상보증인에게 어떤 급부를 하기로 약정하였다는 등의 사정이 없는 한 물상보증인이 기존 채무자의 채무를 면책적으로 인수하였다는 것만으로 물상보증인이 기존 채무자에 대하여 구상권 등의 권리를 가진다고 할 수 없다.」(대판 2019. 2. 14, 2017다274703)

(ㄷ) 「민법 제370조에 의하여 같은 법 제341조가 저당권에 준용되는데, 같은 법 제341조는 타인의 채무를 담보하기 위한 저당권설정자가 그 채무를 변제하거나 저당권의 실행으로 인하여 저당물의 소유권을 잃은 때에 채무자에 대하여 구상권을 취득한다고 규정하여 물상보증인의 구상권 발생요건을 보증인의 경우와 달리 규정하고 있는 점, 물상보증은 채무자 아닌 사람이 채무자를 위하여 담보물권을 설정하는 행위이고 채무자를 대신해서 채무를 이행하는 사무의 처리를 위탁받는 것이 아니므로 물상보증인은 담보물로서 물적 유한책임만을 부담할 뿐 채권자에 대하여 채무를 부담하는 것이 아닌 점, 물상보증인이 채무자에게 구상할 구상권의 범위는 특별한 사정이 없는 한 채무를 변제하거나 담보권의 실행으로 담보물의 소유권을 상실하게 된 시점에 확정된다는 점 등을 종합하면, 원칙적으로 수탁보증인의 사전구상권에 관한 민법 제442조는 물상보증인에게 적용되지 아니하고 물상보증인은 사전구상권을 행사할 수 없다고 해석하는 것이 상당하다.」(대판 2009. 7. 23, 2009다19802 · 19819)

(ㄹ) 「물상보증인이 담보권의 실행으로 타인의 채무를 담보하기 위하여 제공한 부동산의 소유권을 잃은 경우 물상보증인이 채무자에게 구상할 수 있는 범위는 특별한 사정이 없는 한 담보권의 실행으로 그 부동산의 소유권을 잃게 된 때, 즉 매수인이 매각대금을 다 낸 때의 부동산 시가를 기준으로 하여야 하고(대법원 1978. 7. 11. 선고 78다639 판결 참조), 매각대금을 기준으로 할 것이 아니다. 경매절차에서 유찰 등의 사유로 소유권 상실 당시의 시가에 비하여 낮은 가격으로 매각되는 경우가 있는데, 이 경우 소유권 상실로 인한 부동산 시가와 매각대금의 차액에 해당하는 손해는 채무자가 채무를 변제하지 못한 데 따른 담보권의 실행으로 물상보증인에게 발생한 손해이므로, 이를 채무자에게 구상할 수 있어야 하기 때문이다.」(대판 2018. 4. 10, 2017다283028)

(3) 질권설정자의 처분권한

질권설정계약은 처분행위인 물권적 합의를 포함한다. 따라서 그것이 유효하려면 질권설정자에게 처분권한이 있어야 한다. 그러나 설정자에게 처분권한이 없는 경우에도, 채권자가 설정자에게 그러한 권한이 있다고 믿고 또 그렇게 믿는

데 과실이 없이 질권설정을 받은 때에는, 선의취득 규정에 의하여 질권을 취득할 수 있다(343조·249조). 이 경우 취득자의 선의·무과실은 동산질권자가 증명하여야 한다(대판 1981. 12. 22, 80다2910).

(4) 질권설정계약의 성질

질권설정계약이 물권계약인가 아니면 채권계약과 물권계약이 한 데 합하여져 행하여진 것인가가 문제되나, 이는 물권행위의 독자성의 인정 여부에 따라 결론이 달라진다. 독자성을 부정하는 사견에서는 후자로 이해한다([145] 참조).

[187]
2. 목적동산의 인도

(1) 동산인도와 제330조

동산 물권변동에 관한 원칙규정에 의하면, 동산 물권변동이 생기려면 물권적 합의 외에 동산의 인도도 있어야 한다(188조 1항). 따라서 동산질권의 설정에도 목적동산의 인도가 필요하게 된다. 그런데 민법은 제188조 제 1 항과는 별도로 제330조에서 「질권의 설정은 질권자에게 목적물을 인도함으로써 그 효력이 생긴다」고 규정하고 있다. 이 규정과 관련하여 질권설정계약이 요물계약인지, 그리고 이 규정이 의미가 있는 것인지가 논의된다. 학설은 i) 질권설정계약이 요물계약이라는 견해(이영준, 803면)와 ii) 요물계약이 아니라는 견해(곽윤직, 299면; 김상용, 582면; 김용한, 500면; 김학동, 478면)로 나뉘고, 다른 한편으로 (a) 의미가 있다는 견해(고상룡, 572면; 이영준, 803면; 이은영, 702면)와 (b) 의미가 없다는 견해(위 ii)설의 문헌)가 대립하고 있다. 위 i)설은 입법자의 의사와 제330조의 제목을 근거로 요물계약이라고 하고, 또 (a)설은 주로 제188조 제 1 항이 「동산물권의 양도」라고만 하고 있을 뿐 「양도 또는 설정」이라고 하고 있지 않다는 이유를 든다. 생각건대 위 i)설의 근거는 충분치 않다. 그리고 그 견해에 의하면 목적동산의 인도가 없으면 물권계약 자체가 성립하지 않게 되는데, 그것은 인정할 수 없다. 당사자의 합의가 있으면 동산의 인도가 없어도 질권설정계약이 성립할 수 있다고 하여야 한다. 따라서 질권설정계약은 요물계약이 아니고 낙성계약이다. 그리고 질권설정에 있어서 인도는 동산 물권변동의 공시방법으로서 성립요건주의를 취하는 우리 민법상 물권행위 외에 법률에 의하여 요구되는 물권변동의 또 하나의 요건이다. 한편 위 (a)설은 제188조 제 1 항의 법문을 이유로 제330조가 필요한 규정이라고 한다. 그런데 그 견해에 의하면 질권의 설정에는 제330조가 적용되고,

질권의 양도에는 제188조 제 1 항이 적용되는 결과로 된다. 그리고 이 결과는 모두 인도를 요구하면서 양도를 먼저 규정하는 기이한 모습을 보인다. 여기서 입법자가 정말 그러한 의도를 가졌다면 입법방식으로서는 매우 유치한 것이라고 할 수 있고, 따라서 이 경우에는 법문에 집착하는 것이 부적당하다는 것을 알 수 있다. 결국 제330조는 충분한 이해 없이 불필요하게 두어진 규정이라고 할 것이다.

(2) 점유개정(占有改定)의 금지

질권설정계약에 필요한 인도에 관하여는 점유개정을 금지하는 제한규정을 두고 있다(332조). 그리하여 현실의 인도와 간이인도 · 목적물반환청구권의 양도에 의한 인도는 여기의 인도로 될 수 있으나, 질물을 설정자가 점유하게 되는 점유개정은 그렇지 않다. 이는 질권에 있어서는 목적물의 점유를 설정자로부터 빼앗아서 그의 사용 · 수익을 금지하는 유치적 효력을 확보하기 위한 것이다.

(3) 질권설정 후 질물을 반환한 경우

질권이 성립한 후에 질권자가 질물을 설정자에게 반환한 경우에 관하여 i) 통설은 질권이 소멸한다고 하나(고상룡, 573면; 곽윤직, 300면; 김상용, 583면; 김용한, 502면; 이상태, 411면; 이영준, 805면), ii) 질권이 양도담보권으로 전환된다고 하는 견해도 있다(이은영, 704면). 생각건대 질권 성립에 질물의 인도를 요구하는 것이 질권의 유치적 효력을 확보하게 하는 것이라고 보아야 하는 이상, 질물을 반환하는 경우에는 질권의 특질이 없는 것이 되어서 질권이 소멸한다고 보아야 한다. 그리고 ii)설에 의하면 질물 반환에 의하여 질권이라는 담보권을 가졌던 자가 동산의 소유권을 취득하는 결과로 되는데, 그것은 인정할 수 없다.

3. 동산질권의 목적물(질물) [188]

(1) 동산질권의 목적물은 동산이다. 그러나 양도할 수 없는 동산은 질권의 목적물로 될 수 없다(331조). 질권에는 우선변제적 효력이 있는데, 양도할 수 없는 물건은 환가하여 우선변제를 받을 수 없기 때문이다.

(2) 압류가 금지되는 동산은 압류금지 이유가 무엇인가에 따라 다르다. 그 이유가 양도해서는 안 되는 것이기 때문인 경우(예: 훈장(민사집행법 195조 7호) 등)에는 질권의 목적물로 되지 못하나, 단순히 채무자의 보호를 위해서 압류를 금지한 경우(예: 채무자의 의복 · 침구 등(민사집행법 195조 1호))에는 질권의 목적물로 될 수 있다.

(3) 양도할 수 있는 동산임에도 불구하고 정책적으로 권리자가 스스로 사용·수익하게 하기 위하여 질권설정을 금지하는 것이 있다. 등기한 선박(상법 789조·790조)·소형선박(「자동차 등 특정동산 저당법」 9조)·자동차(「자동차 등 특정동산 저당법」 9조)·항공기 또는 경량항공기(「자동차 등 특정동산 저당법」 9조)·일정한 건설기계(「자동차 등 특정동산 저당법」 9조) 등이 그렇다. 이러한 동산은 저당권의 객체가 된다.

4. 동산질권을 설정할 수 있는 채권(피담보채권)

(1) 일 반 론

질권을 설정하여 담보할 수 있는 채권에 관하여는 제한이 없다. 즉 발생원인이 계약인가 불법행위인가, 채권의 목적 즉 급부가 어떤 내용인가, 금전으로 가액을 산정할 수 있는가(373조 참조) 등을 묻지 않는다.

(2) 장래의 특정채권

조건부채권이나 기한부채권과 같은 장래의 특정한 채권을 위하여서도 질권을 설정할 수 있다(이설 없음). 본래 담보물권에 부종성이 있으나 그 정도는 담보물권의 종류에 따라 차이가 있으며, 약정 담보물권의 경우에는 그것이 실행될 때 채권이 존재하면 충분하다고 볼 것이기 때문이다.

(3) 근질(根質)

일정한 계속적인 거래관계로부터 장차 생기게 될 다수의 불특정채권을 담보하기 위하여 설정되는 질권을 근질이라고 하며, 그것은 근담보의 일종이다(근질·근저당·근보증을 통틀어 근담보라고 한다). 민법은 저당권에 관하여는 근저당을 인정하는 명문규정(357조)을 두고 있으나(근보증에 관하여도 428조의 3이 두어져 있음), 질권에 관하여는 규정을 두고 있지 않다. 그렇지만 학설은 모두 이를 인정한다. 근질의 경우에는 근저당에서와 달리 담보할 채권의 최고액을 정하는 것이 요건이 아니다. 최고액을 공시할 수 없기 때문이다.

〈판 례〉

「근질권의 목적이 된 금전채권에 대하여 근질권자가 아닌 제 3 자의 압류로 강제집행절차가 개시된 경우, 제 3 채무자가 그 절차의 전부명령이나 추심명령에 따라 전부금 또는 추심금을 제 3 자에게 지급하거나 채권자의 경합 등을 사유로 위 금전채권의 채권액을 법원에 공탁하게 되면 그 변제의 효과로서 위 금전채권은 소멸하고 그 결과 바로 또는 그 후의 절차진행에 따라 종국적으로 근질권도 소멸하게 되므로, 근질권자는 위 강제집행절차에 참가하거나 아니면 근질권을 실행하는 방법으로 그 권리를 행사할 것이 요구된다. 이런 까닭에 위 강제집행절차가 개시된 때로부터 위와 같이 근질권이 소멸하게 되기까지의 어느 시점에서인가는 근질권의 피담보채권도 확정된다고 하지 않을 수 없다. 그런데 금전채권에 대하여 설정된 근질권은 근저당권처럼 등기에 의하여 공시되는 것이 아니기 때문에, 통상 그러한 채권을 압류한 제 3 자는 그 압류 당시 존재하는 근질권의 피담보채권으로 인하여 예측하지 못한 손해를 입을 수밖에 없고, 나아가 근질권자가 제 3 자의 압류 사실을 알지 못한 채 채무자와 거래를 계속하여 채권을 추가로 발생시키더라도 근질권자의 선의를 보호하기 위하여 그러한 채권도 근질권의 피담보채권에 포함시킬 필요가 있으므로 그 결과 제 3 자가 입게 되는 손해 또한 불가피한 것이나, 근질권자가 제 3 자의 압류 사실을 알고서도 채무자와 거래를 계속하여 추가로 발생시킨 채권까지 근질권의 피담보채권에 포함시킨다고 하면 그로 인하여 근질권자가 얻을 수 있는 실익은 별 다른 것이 없는 반면 제 3 자가 입게 되는 손해는 위 추가된 채권액만큼 확대되고 이는 사실상 채무자의 이익으로 귀속될 개연성이 높아 부당할 뿐 아니라, 경우에 따라서는 근질권자와 채무자가 그러한 점을 남용하여 제 3 자 등 다른 채권자의 채권 회수를 의도적으로 침해할 수 있는 여지도 제공하게 된다. 따라서 이러한 여러 사정을 적정 · 공평이란 관점에 비추어 보면, 근질권이 설정된 금전채권에 대하여 제 3 자의 압류로 강제집행절차가 개시된 경우 근질권의 피담보채권은 근질권자가 위와 같은 강제집행이 개시된 사실을 알게 된 때에 확정된다고 봄이 타당하다.」(대판 2009. 10. 15, 2009다43621)

5. 법정질권 [189]

일정한 경우에는 법률상 당연히 질권이 성립한다.

(1) 법정질권이 인정되는 경우

1) **토지임대인의 법정질권** 이는 토지임대인이 임대차에 관한 채권에 의하여 임차지에 부속 또는 그 사용의 편익에 제공한 임차인의 소유 동산 및 그 토지의 과실을 압류한 때 성립한다(648조).

2) **건물 등의 임대인의 법정질권** 이는 건물 기타 공작물의 임대인이 임대차에 관한 채권에 의하여 그 건물 기타 공작물에 부속한 임차인 소유의 동산을 압류한 때에 성립한다(650조).

(2) 피담보채권

이 두 법정질권에 있어서 피담보채권은 「임대차에 관한 채권」이다. 즉 차임이나 임대차에 의하여 임대인이 가지게 되는 손해배상청구권 등이다.

(3) 압 류

위의 법정질권이 성립하려면 임차인의 채무불이행이 있을 때 임대인(채권자)이 목적물을 압류하여야 한다.

(4) 법정질권의 선의취득의 인정 여부

임차인이 타인 소유의 동산을 토지나 건물 등에 부속시킨 경우에 임대인이 이를 압류한 때에는 법정질권이 성립하는지가 문제되나, 학설은 이를 부정하는 데 일치하고 있다. 민법이 「임차인 소유의 동산」이라고 하고 있고, 또 법정질권은 예외적인 것이므로 좁게 해석되어야 하기 때문이라고 한다.

(5) 준 용

법정질권에는 동산질권에 관한 규정이 유추적용된다고 해석하여야 한다(이설 없음).

[190] ## Ⅱ. 동산질권의 효력

1. 동산질권의 효력이 미치는 범위

(1) 목적물의 범위

1) **질물 · 종물 · 과실** 동산질권의 효력이 미치는 목적물의 범위에 관하여 민법은 명문의 규정을 두고 있지 않다. 그러나 다음과 같이 새겨야 한다.

(가) **질 물** 설정계약에 의하여 목적물로 되고 인도된 질물 위에 미친다.

(나) **종 물** 설정계약에서 다른 약정이 없고 또 그 종물이 인도된 경우에는 종물에도 미친다(100조 2항 참조).

(다) **천연과실** 질권자는 질물로부터 생기는 천연과실을 수취하여 다른 채권보다 먼저 그의 채권의 변제에 충당할 수 있다(343조 · 323조).

(라) **법정과실** 질권자는 소유자의 승낙이 있으면 질물을 사용하거나 임대할 수 있는데(343조 · 324조 2항), 이 경우에 생기는 사용이익 또는 차임도 채권의 변제에 충당할 수 있다(343조 · 323조).

2) **물상대위** 담보물권은 목적물의 교환가치를 목적으로 하는 권리이므로, 그 목적물이 멸실 · 훼손되더라도 그것의 교환가치를 대표하는 것이 존재하는

때에는, 그 대표물 위에 존속하게 된다. 이를 물상대위라고 한다. 민법은 이러한 물상대위를 동산질권에 관하여 규정하고(342조), 권리질권(355조)과 저당권(370조)에 준용하고 있다.

이에 의하면, 물상대위가 인정되는 대표물은 「질물의 멸실 · 훼손 또는 공용징수로 인하여 질권설정자가 받을 금전 기타의 물건」이다(342조 1문). 그러나 금전과 같은 구체적인 물건이 아니고 그에 대한 청구권(금전 기타 대표물의 지급청구권 또는 인도청구권)이다(342조 2문 참조). 예컨대 보험금청구권 · 손해배상청구권 · 보상금청구권이 그에 해당한다. 주의할 것은, 목적물의 교환가치가 구체화된 경우라 할지라도 질권자가 질물에 추급할 수 있는 때에는 물상대위가 인정되지 않는다는 점이다(이설 없음). 가령 질물이 매각되거나 임대된 경우에는 질권자가 여전히 질물에 효력을 미치고 있기 때문에, 매각대금이나 차임에 대하여 물상대위를 하지 못한다. 그에 비하여 질권자가 질물에 추급할 수 없게 된 때에는 물리적인 멸실 · 훼손이 아닌 경우(이른바 법률적 멸실 · 훼손)에도 물상대위가 인정된다. 가령 질물이 부합 · 혼화 · 가공으로 인하여 보상청구권으로 변한 경우(261조 참조)에도 물상대위가 인정되는 것이다(같은 취지: 이영준, 812면). 한편 멸실 · 훼손의 원인은 묻지 않으며, 따라서 그것이 사람의 행위이든 사건이든 상관없으나, 질권자의 과실(過失)에 기하지 않은 것이어야 한다. 그리하여 가령 제 3 자가 질물을 파괴한 데 대하여 질권자의 선관주의의무(343조 · 324조 1항) 위반이 경합한 경우에는 손해배상금에 대하여 물상대위가 인정되지 않는다(같은 취지: 이영준, 812면).

질권자가 물상대위권을 행사하려면, 질권설정자가 금전 기타의 물건을 지급 또는 인도받기 전에 압류하여야 한다(342조 2문). 질권설정자가 지급을 받게 되면 대표물의 특정성이 상실되고, 그럼에도 불구하고 대위권을 행사하도록 하면 법률관계가 복잡해지고 다른 채권자의 이익을 해하게 되기 때문이다. 그리고 여기의 압류는 반드시 대위권을 행사하는 질권자가 하여야 할 필요는 없으며, 다른 채권자가 압류한 경우에도 대위권을 행사할 수 있다(통설 · 판례도 같다. 대판 1996. 7. 12, 96다21058(저당권에 관한 판례); 대판 1987. 5. 26, 86다카1058. 반대: 고상룡, 578면). 후자의 경우에도 특정성이 확보되기 때문이다.

(2) 질권에 의하여 담보되는 범위

1) 제334조 질권은 원본 · 이자 · 위약금(398조 4항 참조) · 질권 실행의 비용(이 비용은 매각대금으로부터 우선적으로 변제된다. 민사집행법 53조 참조) · 질물보존의 비용 · 채무불이행으로 인한 손해배상 · 질물의 하자로 인한 손해배상의 채권을 담보한다(334조 본문). 그러나 여기에 관하여는 당사자

가 다른 특약을 할 수 있다(334조 단서).

이러한 질권에 의하여 담보되는 범위는 저당권에서보다 넓다(360조 참조). 그것은 질권의 경우에는 목적물이 질권자에게 인도되어 다른 질권이 설정되거나 양도되는 일이 적고, 따라서 다른 채권자나 새로운 소유자를 해할 염려가 적기 때문이다.

2) **불가분성** 동산질권은 불가분성이 있어서 질권자는 채권 전부의 변제를 받을 때까지 질물 전부에 관하여 그 권리를 행사할 수 있다(343조·321조).

2. 유치적 효력

(1) 질권자는 피담보채권(334조에서 열거한 것) 전부의 변제를 받을 때까지 질물을 유치할 수 있다. 그러나 자기보다 우선권이 있는 채권자에게 대항하지 못한다(335조). 따라서 선순위의 질권자나 기타의 우선권자의 청구로 경매에 부쳐진 경우에는, 질권자는 배당만 받을 수 있고, 질물의 인도를 거절하지는 못한다.

(2) 질권은 유치권과 공통하는 성질이 있어서 민법은 유치권에 관한 규정 가운데 과실수취권(323조)·유치물의 관리 및 사용(324조)·비용상환청구권(325조)의 규정을 질권에 준용한다(343조). 그에 관하여는 유치권에 관한 설명을 참조하라([182] 참조).

[191]

3. 우선변제적 효력

(1) 순 위

동산질권자는 질물로부터 다른 채권자보다 먼저 자기의 채권의 우선변제를 받을 수 있다(329조). 물론 질권자에 우선하는 질권자나 우선특권자(가령 우선특권을 갖는 선박채권자(상법 788조·777조)나 일정한 국세·지방세 채권자(국세기본법 35조, 지방세기본법 71조 1항 3호))가 있는 때에는 그 범위에서 질권자의 우선변제권은 제한된다. 한편 동일한 동산에 수개의 질권이 설정된 경우에 그 순위는 설정의 선후에 의한다(333조).

〈질권이 중복하여 성립하는 경우〉

질권이 설정되려면 질물이 인도되어야 하기 때문에 동일한 동산에 복수의 질권이 설정되는 일은 매우 드물다. 그러나 그것이 불가능하지는 않다. 질권을 성립시키기 위한 인도가 현실의 인도에 한정되지 않고, 따라서 질권자는 간접점유를 하여도 무방하기 때문이다. 그리하여 예컨대 채무자(질물소유자) A가 B에 대한 채무를 담보하기 위하여 그의 동산에 질권을 설정한 뒤(현실의 인도를 함), 같은 동산에 C에 대한 채무를 담보하기 위하여 목적물반환청구권의 양도의 방법으로 다시 질권을 설정한 경우에는,

두 개의 질권이 병존하게 된다. 문헌(이영준, 817면)에 따라서는, 창고업자 갑이 보관하고 있는 동산에 소유자 을이 먼저 병을 위하여 질권을 설정하면서 반환청구권 양도에 의한 인도를 하고, 이어서 다시 정을 위하여 질권을 설정하면서 마찬가지로 반환청구권의 양도에 의한 인도를 할 경우에는, 동일한 동산에 관하여 병과 정의 질권이 설정된다고 한다. 그러나 반환청구권이 2중으로 양도된 때에는 제 3 자에 대한 대항요건의 구비 여부에 의하여 그 효력이 달라지고, 하나가 그 요건을 갖춘 때에는 다른 자는 질권을 취득하지 못하게 된다. 따라서 이 예는 부적절하다고 하겠다.

(2) 우선변제권의 행사

1) 요 건 질권자가 우선변제권을 행사할 수 있으려면 채무자가 이행지체에 빠져야 한다. 그리고 피담보채권이 금전을 목적으로 하지 않는 경우에는 그것이 금전채권으로 변하였어야 한다(예: 이행불능으로 인한 손해배상청구권으로 된 때).

2) 행사방법

(가) **경 매** 원칙적으로 민사집행법이 정하는 절차(같은 법 271조·272조)에 따라서 경매하여(338조 1항), 그 매각대금으로부터 우선변제를 받는다. 매각대금으로 채권의 전부를 변제받지 못한 경우에는 그 부족부분에 한하여 채무자의 다른 재산으로부터 변제를 받을 수 있다(340조 1항)(물론 이때에 강제집행을 하려면 집행권원이 있어야 한다). 그리고 채권을 변제받고 남은 것이 있으면 질권설정자에게 반환하여야 한다.

여기서 한 가지 문제되는 것은, 질권자가 질권을 실행하지 않고 처음부터 채무자의 일반재산에 대하여 먼저 집행할 수 있는가이다. 학설은 i) 긍정설(고상룡, 582면; 김상용, 594면; 김학동, 486면; 이상태, 417면; 이영준, 818면)과 ii) 부정설(곽윤직, 306면; 김용한, 511면; 이은영, 711면)로 나뉘어 있다. 긍정설은 제340조 제 1 항이 「질물에 의하여 변제를 받지 못한 부분의 채권에 한하여」 채무자의 다른 재산으로부터 변제를 받을 수 있다고 규정하고 있으나, 이는 일반채권자만을 보호하기 위한 것이므로 채무자는 그 규정을 근거로 일반재산에 집행하려는 질권자에게 이의를 제기할 수 없다고 한다. 그에 비하여 부정설은 위 규정은 일반채권자 외에 채무자도 보호하려는 것으로 보아야 하고, 따라서 채무자도 그것을 근거로 이의를 제기할 수 있다고 한다. 부정설에 찬성한다.

질물보다 먼저 채무자의 다른 재산에 관하여 배당을 실시하는 경우에는 제340조 제 1 항은 적용되지 않으며, 따라서 질권자는 채권 전액을 가지고 배당에 참가할 수 있다(340조 2항 본문). 그러나 다른 채권자는 질권자에게 그 배당금액의 공탁을 청구할 수 있다(340조 2항 단서).

(나) 간이변제충당(簡易辨濟充當) 질권자가 우선변제를 받는 원칙적인 방법인 경매는 절차가 복잡하고 비용이 많이 든다. 따라서 그 방법을 모든 동산에 사용하도록 하는 것은 부적절하다. 그리하여 민법은 일정한 경우에는 쉬운 환가방법을 인정하고 있다. 즉 질권자는 정당한 이유가 있는 때에는 감정인의 평가에 의하여 질물로 직접 변제에 충당할 것을 법원에 청구할 수 있다(338조 2항 1문). 이 경우에는 질권자는 미리 채무자 및 질권설정자에게 통지하여야 한다(338조 2항 2문). 이것이 간이변제충당이다. 간이변제충당의 신청이 있는 경우에는 법원은 그 허부의 결정을 하기 전에 채무자 또는 질권설정자에 대한 심문절차를 거쳐야 한다(대결 1998. 10. 14, 98그58). 간이변제충당의 효과는 유치권에 있어서와 마찬가지이다([181] 참조).

(다) 다른 채권자에 의한 환가절차 질물에 관하여 질권자가 경매를 신청하지 않고 있는 동안에 다른 채권자가 경매를 신청하거나 기타의 환가절차를 밟는 경우에는, 질권자는 그 대가로부터 순위에 따라 우선변제를 받는다(민사집행법 272조 · 217조). 그리고 질권설정자가 파산한 때에는 별제권을 갖는다(채무자회생법 411조).

(3) 유질계약(流質契約)의 금지

유질계약이란 질권설정자가 채무변제기 전의 계약으로 질권자에게 변제에 갈음하여 질물의 소유권을 취득하게 하거나 법률에 정한 방법(경매 · 간이변제충당)에 의하지 않고 질물을 처분할 것을 약정하는 것을 말한다. 이러한 유질계약은 무효이다(339조). 이는 채무자가 일시적인 곤궁으로 고가품에 질권을 설정한 뒤 유질이 되어 큰 피해를 입지 않도록 하기 위하여 규정된 것이다.

이러한 입법취지에도 불구하고 채무자가 그 금지를 위반하면서까지 금전을 빌릴 필요가 있는 경우가 많이 있다. 그리하여 양도담보라는 방법이 고안되었고, 오늘날 이 양도담보는 유효하다고 해석된다. 그 결과 유질계약의 금지는 거의 의미를 잃고 있다. 그리고 그것 자체가 금전대차를 막는 기능을 하기도 한다. 그리하여 이 제도에 관하여는 비판적인 견해가 많다.

유질계약에 의하여 무효로 되는 것은 유질에 관한 계약만이며, 질권계약 자체는 유효하다.

유질계약이 채무의 변제기 후에 체결된 경우에는 그것은 유효하다고 할 것이다(339조의 반대해석). 변제기 후에는 그 이전에 비하여 채무자가 곤궁하지 않을 것이고,

또한 변제기 후의 유질은 일종의 대물변제(466조)로 볼 수 있기 때문이다. 한편 상행위에 의하여 생긴 채권을 담보하기 위하여 설정된 질권(상사질)에는 유질계약의 금지(339조)가 적용되지 않는다(상법 59조).

4. 동산질권자의 전질권 [192]

(1) 의의 및 종류

1) 의 의 전질(轉質)이란 질권자가 질물 위에 새로이 질권을 설정하는 것을 말한다. 전질은 질권자가 자기의 타인에 대한 채무를 담보하기 위하여 행하여질 가능성이 크나, 제 3 자의 채무를 담보하기 위하여서도 행하여질 수 있다. 뒤의 경우에는 전질권설정자는 물상보증인으로 된다. 특히 앞의 경우에 전질은 질권자가 그의 자금을 회수하는 수단이 된다.

문헌에 따라서는 전질이 질권자가 「자기의 채무를 담보하기 위하여」 다시 질권을 설정하는 것이라고 한다(김학동, 488면; 이상태, 418면; 이영준, 824면). 그러나 제 3 자의 채무를 담보하기 위하여 전질을 하는 것이 금지되어 있지 않는 한, 그것도 당연히 허용된다고 새겨야 한다.

2) 종 류 민법은 제336조에서 「질권자는 그 권리의 범위 내에서 자기의 책임으로 질물을 전질할 수 있다」고 규정한다. 그런데 다른 한편으로 민법은 유치권에 관한 제324조 제 2 항(채무자의 승낙 없이 유치물을 담보로 제공하지 못한다는 내용이 포함된 규정)을 질권에 준용하고 있다(343조).

이에 대하여 i) 통설은 제324조 제 2 항은 질권자가 설정자의 승낙을 얻어서 다시 질권을 설정할 수 있도록 하는 것이고, 또 제336조는 설정자의 승낙이 없더라도 질권자의 책임 하에 다시 전질할 수 있음을 규정한 것이라고 이해한다(대표적으로 곽윤직, 308면). 질권이 질권자로 하여금 투하자본을 회수할 수 있도록 하는 것인 한 반드시 한 가지에 한정할 필요가 없고, 오히려 둘 모두를 인정하는 것이 합목적적이라고 한다. 그리고 앞의 전질을 승낙전질이라고 하고, 뒤의 전질을 책임전질이라고 한다. 그에 비하여 ii) 소수설은 민법의 해석상 책임전질만 인정되고 승낙전질은 인정되지 않는다고 한다(이은영, 719면). 승낙전질은 채무자 및 물상보증인의 이익을 부당하게 침해한다는 것이 그 주된 이유이다.

생각건대 질권에 준용되는 제324조 제 2 항은 질권설정자의 승낙이 없으면 질물을 담보로 제공하지 못한다는 것이고, 이를 반대해석하면 설정자의 승낙이 있으면 담보로 제공할 수 있다는 결과로 된다. 그런데 ii)설은 이 승낙을 단순히 제336조의 전질(책임전질)의 대항요건(337조 1항 참조)에 지나지 않는다고 한다. 그러나 그러한 해석은 법규정과 조화될 수 없다. 제336조의 전질권은 설정자의 승낙 없이 질권자의 책임으로 전질하는 경우에 관한 규정이기 때문이다. 그리고 승낙이 없는 책임전질이 인정되는 한 승낙이 있는 승낙전질도 인정됨이 마땅하고, 제324조 제 2 항의 준용은 그 근거로 될 수 있다. 요컨대 우리 민법상 책임전질과 승낙전질이 모두 인정되어야 한다.

(2) 책임전질

1) 의의 및 성질　　책임전질은 질권자가 질권설정자의 승낙 없이 자기의 책임 하에 질물 위에 다시 질권을 설정하는 것이다. 민법은 제336조 · 제337조에서 책임전질을 규정하고 있다.

책임전질의 성질에 관하여는 과거에는 질권자가 자기의 책임 아래 질물 위에 새 질권을 설정하는 것이라는 견해(질물 재입질설)도 있었으나, 현재는 피담보채권과 함께 질권이 전질권의 목적이 된다는 견해(채권 · 질권 공동입질설)만이 주장되고 있다. 생각건대 민법이 권리질권 설정에 있어서와 동일한 것을 전질의 대항요건으로 요구하는 것(337조 참조)은 전질에는 피담보채권의 입질이 포함된다는 것을 전제로 한 것으로 볼 수 있고, 또 저당권에 관하여 그것은 채권과 함께만 다른 채권의 담보로 될 수 있다고 하는 만큼(361조 참조) 저당권보다 부종성이 더 강해야 할 질권에 있어서는 당연히 채권 · 질권이 함께 질권의 목적이 된다고 하여야 한다. 즉 현재의 통설이 타당하다.

2) 성립요건

(가) 원질권자와 전질권자의 물권적 합의와 질물의 인도가 있을 것

(나) 전질권은 원질권의 범위 내에 있을 것(피담보채권 및 존속기간)

(다) 전질은 피담보채권의 입질을 포함하므로 권리질권 설정의 요건을 갖추어야 한다. 즉 질권자의 통지 또는 채무자의 승낙이 있어야 한다(337조 1항). 민법은, 질권자가 채무자에게 전질의 사실을 통지하거나 채무자가 이를 승낙하지 않으면 전질로써 채무자, 보증인, 질권설정자 및 그 승계인에 대항하지 못한다고 규정하고 있다(337조 1항).

3) 효　과

(가) 질권자(전질권설정자)는 전질을 하지 않았으면 면할 수 있었던 불가항력으로 인한 손해에 대하여도 책임을 진다(336조 2문).

(나) 질권자는 그의 질권을 소멸하게 하는 처분을 하지 못한다. 다만, 전질권을 해하지 않는 범위에서는 그러한 처분을 할 수 있다.

(다) 채무자는 전질권자의 동의 없이 질권자에게 채무를 변제하여도 이로써 전질권자에게 대항하지 못한다(337조 2항).

(라) 전질권자는 자기의 채권의 변제를 받을 때까지 질물을 유치할 수 있다(335조).

(마) 전질권자가 전질권을 실행하려면 전질권자의 채권과 원질권자의 채권이 모두 변제기가 되었어야 한다. 그리고 전질권의 실행으로 받은 매각대금은 먼저 전질권자의 채권에 충당하고, 나머지가 있으면 원질권자의 채권에 충당한다.

(바) 원질권이 소멸하면 전질권도 기초를 잃고 소멸한다.

(3) 승낙전질 [193]

1) 의의 및 성질　승낙전질은 질권자가 질권설정자(동산질권의 경우이므로 질물소유자)의 승낙을 얻어 질물에 다시 질권을 설정하는 것이다. 승낙전질은 질물 위에 새 질권을 설정하는 것으로 보아야 한다(질물 재입질설)(이설 없음).

2) 성립요건　책임전질과 다른 점만 적어 본다.

(가) 질물소유자(324조 2항 본문의 법문상은 채무자이나, 소유자로 새겨야 함)의 승낙이 있어야 하며, 승낙 없이 질물만을 재입질(전질)하면 원질권설정자는 질권의 소멸을 청구할 수 있다(343조·324조 3항).

(나) 승낙전질은 원질권의 범위에 제한을 받지 않는다. 이 전질은 원질권과는 무관한 것이기 때문이다.

(다) 채무자에 대한 통지나 채무자의 승낙도 필요하지 않다.

3) 효　과　효과에 있어서 책임전질과 다른 점은 다음과 같다.

(가) 원질권자의 책임이 가중되지 않는다.

(나) 원질권설정자는 자기의 채무를 원질권자에게 변제하여 질권을 소멸시킬 수 있다. 승낙전질은 원질권과 무관한 새로운 것이기 때문이다. 그리고 원질권이 소멸하여도 전질권은 그대로 존속한다. 다만, 원질권설정자가 채무를 변제하는데 전질권자가 동의한 경우에는 그 변제로 전질권자에게 대항할 수 있고(337조 2항 참조),

따라서 그 경우 질물소유자는 질물의 반환을 청구할 수 있다(통설임. 결과는 같으나 337조 2항의 유추적용을 반대하는 견해: 이영준, 829면).

[194] ## 5. 동산질권의 침해에 대한 효력

(1) 점유보호청구권

동산질권은 질물을 점유할 권리를 포함한다. 그리고 질권자의 점유가 침해된 경우에는 점유보호청구권을 행사할 수 있다(204조 · 205조 · 206조).

(2) 물권적 청구권의 인정 여부

민법은 소유권에 관하여 물권적 청구권을 규정하고(213조 · 214조) 이를 다른 물권에 준용하면서 질권에 관하여서만은 준용한다는 규정을 두고 있지 않다.

그러한 상황에서 학설은 i) 인정설(고상룡, 25면; 곽윤직, 310면; 김상용, 44면; 김용한, 518면; 김학동, 492면; 이상태, 422면; 이영준, 830면; 이은영, 61면)과 ii) 부정설(양창수, 민법연구(1), 263면 이하)로 나뉘어 있다. 인정설은 질권자의 보호를 생각할 때 점유보호청구권만으로 불충분하다는 점을 이유로 들고, 부정설은 입법자의 의사가 이를 인정하지 않으려고 했다는 것과 질권자는 점유보호청구권만으로 충분히 보호될 수 있다는 점을 들고 있다.

생각건대 질권에 있어서의 물권적 청구권에 관하여는 입법자가 의도적으로 소극적으로 규율한 것으로 보이고, 그렇다면 유추적용을 인정할 수 있는 규율의 틈은 없게 된다. 따라서 제213조 · 제214조는 질권에는 유추적용될 수 없다. 즉 해석론으로는 질권자의 물권적 청구권은 부정되어야 한다. 그러나 인정설이 지적하는 것처럼 질권자는 점유보호청구권만으로 충분히 보호되지 못한다. 질권자가 질물을 유실하거나 또는 제 3 자의 사기에 의하여 질물을 인도한 경우가 그 예이다. 따라서 장차에는 민법을 개정하여 질권자에게도 물권적 청구권을 인정하는 명문규정을 두어야 할 것이다.

(3) 질물이 훼손된 경우

질물이 질권설정자인 채무자에 의하여 훼손된 경우에는, 채무자는 기한의 이익을 상실하게 되므로(388조 참조), 질권자는 곧 채무의 이행을 청구할 수도 있고 또 잔존물에 대하여 질권을 실행할 수도 있다. 그 밖에 손해배상을 청구할 수도 있다. 다만, 손해배상액은 피담보채권액을 한도로 한다고 새길 것이다.

제 3 자가 질물을 훼손한 경우에는 질권자는 그에게 손해배상을 청구할 수 있다.

6. 동산질권자의 의무 [195]

(1) 보관의무 등

질권자는 유치권자와 마찬가지로 선량한 관리자의 주의를 가지고 질물을 점유하여야 하고(343조 · 324조 1항), 설정자의 승낙 없이 질물을 사용 · 대여하거나 담보로 제공하지 못한다 (343조 · 324조 2항). 그리고 질권자가 이들 의무를 위반하면 질권설정자는 질권의 소멸을 청구할 수 있다(343조 · 324조 3항). 여기의 소멸청구권의 성질에 관하여는 논의가 없으나, 사견으로는 유치권의 경우처럼 형성권이라고 할 것이 아니며 ([182] 참조), 채권적 청구권이라고 새겨야 한다. 그러지 않으면 질권의 양수인이나 전질권자가 보호되지 못하기 때문이다. 따라서 소멸청구의 의사표시만으로 질권이 소멸하지 않고, 그 의사표시 외에 질물을 반환받아야 질권이 소멸한다.

(2) 질물반환의무

질권이 소멸하면 질권자는 질물을 질권설정자에게 반환하여야 한다. 이 반환의무는 질권설정계약에 기한 것이므로 그 반환 상대방은 언제나 질권설정자이다. 즉 설정자와 소유자가 다른 때에도 설정자가 상대방이다. 다만, 설정자가 아닌 소유자는 소유권에 기한 반환청구권을 행사할 수는 있다.

이러한 질물의 반환은 채무의 변제와 동시이행관계에 있는가? 여기에 관하여 i) 통설은 채권의 변제가 있어야 비로소 질물반환청구권이 발생하고, 따라서 채권이 소멸하기 전에 설정자가 반환을 청구하면 유치권에서처럼 상환급부판결을 할 것이 아니고 원고패소판결을 할 것이라고 한다(고상룡, 596면; 곽윤직, 311면; 김상용, 603면; 김용한, 520면; 김학동, 493면; 이상태, 423면; 이영준, 832면). 그러나 ii) 소수설은 채무자가 질권자에게 동시이행을 주장하는 것이 허용되어야 한다고 주장한다(이은영, 708면). 생각건대 질권에는 우선변제적 효력이 있으므로 채무의 변제가 없는 경우 질권자는 질권을 실행하여 우선변제를 받을 수 있어야 한다. 그러려면 채무의 변제가 없는 한 질권자는 질물을 반환하지 않고 점유하고 있을 필요가 있다. 그러한 점에서 볼 때 통설이 옳다.

[196] ## Ⅲ. 동산질권의 소멸

동산질권은 물권 일반에 공통한 소멸사유(목적물의 멸실 · 몰수 · 첨부 · 취득시효 · 포기 · 혼동 등)와 담보물권에 공통한 소멸사유(피담보채권의 소멸 · 질권의 실행 · 질권에 우선하는 다른 채권자의 경매 등)에 의하여 소멸한다. 그리고 질권자가 목적물을 설정자에게 반환한 때([187] 참조)와 질권자의 의무위반을 이유로 설정자가 소멸청구를 한 때(343조 · 324조 3항)에도 소멸한다.

질권은 피담보채권으로부터 독립하여 소멸시효에 걸리지는 않는다. 그러나 질물을 유치하고 있더라도 피담보채권의 시효는 진행한다고 할 것이다. 질물의 유치를 채권의 행사라고 볼 수는 없기 때문이다. 질권에 관하여는 유치권에서와 달리 이러한 취지의 규정을 두고 있지 않으나(326조 참조), 그 점에서는 유치권과 같으므로 그 규정은 질권에 유추적용되어야 한다(이설 없음).

Ⅳ. 증권에 의하여 표상되는 동산의 입질과 화환

1. 증권에 의한 동산질권

근대법은 임치하고 있거나 운송 중에 있는 상품의 매각 · 입질을 쉽게 하기 위하여 상품을 표상하는 증권제도를 두고 있다. 화물상환증 · 선하증권 · 창고증권이 그것이다(그 중에 앞의 둘을 운송증권이라고 한다). 그리고 이들에 의하여 표상되는 상품의 입질은 그 증권에 의하여 할 수 있도록 한다.

이들 증권에 의한 상품의 입질에 관하여 상법은 특별규정을 두고 있지 않다. 그리하여 학설은 상품의 양도와 동일한 방식인 증권의 배서 · 교부에 의하여 입질할 수 있는 것으로 새긴다(상법 132조 · 133조 · 157조 · 861조). 이들 증권의 교부는 그것이 표상하는 상품의 인도와 동일한 효력이 있으므로, 여기의 질권은 상품인도청구권 위에 성립한 것이 아니고 상품 위에 성립한 것이다.

2. 화환(貨換)

화환이란 운송을 매개로 하여 행하여지는 격지자 사이의 매매에 있어서, 매도인이 대금채권을 추심하거나 또는 대금채권을 가지고 금융을 얻기 위하여 매수인 또는 그가 지정한 은행을 지급인으로 하고 매도인 자신을 수취인으로 하는 환어음을 발행하고, 매매의 목적물을 표상하는 운송증권(화물상환증·선하증권)을 그 어음채권의 담보로서 첨부한 것이다. 이러한 화환의 경우에 매도인이 은행으로부터 어음의 할인을 받으면 목적물 위에 은행을 위하여 질권이 성립한다. 이 질권도 동산질권이다.

제 3 관 권리질권

Ⅰ. 서 설 [197]

1. 권리질권의 의의 및 성질

(1) 의 의

권리질권은 재산권을 목적으로 하는 질권이다(345조 본문). 민법은 질권으로서 동산질권과 함께 권리질권도 규정하고, 권리질권에 관하여는 특칙이 없는 한 동산질권에 관한 규정을 준용한다(355조).

(2) 성 질

질권은 본래 유체물에 관하여 발달하였다. 그리하여 권리질권의 성질이 순수한 질권인가에 관하여는 독일보통법 시대에 많은 논의가 있었고, 권리질권은 질권이 아니고 권리의 양도라는 견해(권리양도설)가 주장되기도 하였다. 그러나 우리나라에서는 학설은 일치하여 권리 자체를 목적으로 하는 질권이라고 한다(권리목적설). 생각건대 질권은 담보물권으로서 목적물의 교환가치의 취득을 주된 목적으로 하는 것이므로, 그러한 목적을 달성할 수 있는 한 목적물이 유체동산인가 권리인가는 중요하지 않다. 즉 권리질권도 본질에 있어서 동산질권과 다름이 없는 하나의 질권이다.

다만, 본래 질권은 유치적 효력이 있어서 목적물의 이용을 설정자로부터 빼앗아서 채무의 변제를 간접적으로 강제하는 데 특질이 있는데, 권리질권의 경우에는 유치적 효력은 권리의 행사 또는 처분을 금지함으로써 단지 교환가치의 파악을 확보하는 수단으로 작용할 뿐이다.

2. 권리질권의 목적

권리질권의 목적으로 되는 것은 양도성이 있는 재산권이다. 이를 나누어 설명한다.

(1) 먼저 재산권이어야 한다(345조). 따라서 인격권 · 친족권 등은 권리질권의 목적이 될 수 없다.

(2) 양도할 수 있어야 한다(355조 · 331조). 양도할 수 없는 것은 환가하여 그것으로부터 우선변제를 받을 수 없기 때문이다.

(3) 부동산의 사용 · 수익을 목적으로 하는 권리가 아니어야 한다(345조 단서). 그리하여 지상권 · 전세권 · 부동산임차권 등은 목적이 될 수 없다.

(4) 그 밖에 소유권 · 지역권 · 광업권(광업법 11조) · 어업권(수산업법 16조)은 질권의 목적이 되지 못한다.

(5) 그러고 보면 권리질권의 목적이 되는 주요한 것은 채권(대판 2005. 12. 22, 2003다55059는 신탁법 42조에서 규정하고 있는 수탁자의 비용상환청구권은 권리질권의 목적이 될 수 있다고 한다) · 주식 · 지식재산권임을 알 수 있다.

3. 권리질권의 설정방법

권리질권의 설정은 법률에 다른 규정이 없으면 그 권리의 양도에 관한 방법에 의하여야 한다(346조). 민법이 이와 같이 규정한 이유는 권리질권의 목적이 되는 권리는 유체물과 달리 그것의 존재 또는 처분을 공시하는 방법이 각기 다르고, 이러한 공시방법의 특이성은 양도의 경우나 입질의 경우나 마찬가지이기 때문이다(통설도 같음. 다른 견해: 이영준, 838면).

[198] Ⅱ. 채권질권

1. 채권질권의 설정

(1) 채권질권의 목적

채권질권의 목적이 되는 것은 채권이다. 그런데 양도할 수 없는 채권은 목적이 될 수 없다(355조 · 331조).

1) 채권은 양도성을 가지는 것이 원칙이므로(449조 1항), 채권은 원칙적으로 질권

의 목적이 될 수 있다. 그러나 법률규정에 의하여 양도가 금지되는 채권이 있고(예: 부양청구권(979조) · 연금청구권(공무원연금법 32조, 군인연금법 7조) · 재해보상청구권(근로기준법 86조)), 채권의 성질상 양도가 금지되는 것이 있다(예: 특정인을 가르치거나 그의 초상을 그려주기로 하는 채권 · 부작위채권). 이러한 채권에는 질권이 설정될 수 없다.

2) 당사자 사이의 특약으로 양도가 금지되어 있는 채권도 질권의 목적이 될 수 없다(449조 2항 본문 참조). 그러나 그 특약은 선의의 제 3 자에게 대항할 수 없으므로(449조 2항 단서), 그러한 특약이 있더라도 질권자가 선의인 경우에는 질권이 유효하게 성립한다.

3) 질권자 자신에 대한 채권도 질권의 목적으로 될 수 있다(이설 없음). 예컨대 은행 또는 보험회사는 고객의 정기예금채권 또는 보험금청구권 위에 질권을 취득하고 금전을 대여해 줄 수 있다.

채무자 이외의 자가 타인을 위하여 자신의 채권 위에 권리질권을 설정할 수도 있다. 이러한 자가 물상보증인이다. 물상보증인이 채무자의 채무를 변제하거나, 질권의 실행으로 인하여 질물의 소유권을 잃은 경우에는, 제355조에 의하여 준용되는 제341조에 의하여 채무자에 대하여 구상권을 갖게 된다(대판 2007. 5. 31, 2005다28686).

(2) 채권질권을 설정할 수 있는 채권(피담보채권)

이는 동산질권에서와 같다.

(3) 설정방법 [199]

1) 민법의 태도 채권질권도 권리질권이므로 그 설정은 채권의 양도방법에 의하여야 할 것이다(346조). 그런데 민법은 다른 한편으로 「채권을 질권의 목적으로 하는 경우에 채권증서가 있는 때에는 질권의 설정은 그 증서를 교부함으로써 그 효력이 생긴다」고 규정한다(347조). 이는 민법이 채권질권의 설정에 대하여도 물권변동에 관한 성립요건주의를 관철하기 위하여 둔 규정으로 이해된다. 그러나 이들 규정이 그대로 적용되는 것은 지명채권의 경우만이다. 지시채권 · 무기명채권에 대하여는 질권의 설정방법이 별도로 규정되어 있고(350조 · 351조), 이들 규정에는 증서 교부에 관한 내용도 포함되어 있기 때문이다.

2) 개별적인 검토

(가) 지명채권 지명채권의 입질은 질권설정의 합의와 채권증서의 교부에 의하여 이루어진다.

질권설정의 합의는 그것 자체만으로 효력이 생기나, 그것을 가지고 제 3 채무자 기타의 제 3 자에게 대항하기 위하여서는, 질권설정자가 제 3 채무자에게 질권의 설정을 통지하거나 제 3 채무자가 이를 승낙하여야 하고, 특히 제 3 채무자 이외의 제 3 자에게 대항하기 위하여서는 이 통지나 승낙을 확정일자 있는 증서로써 하여야 한다(349조 1항 · 450조). 그리고 이 경우의 통지 · 승낙의 효과에 관하여는 제 451조가 준용된다(349조 2항).

〈판 례〉

(ㄱ) 은행 지점의 지점장대리가 허위의 정기예금통장을 만들어 가공의 정기예금에 대한 질권설정 승낙의뢰서에 질권설정에 대하여 아무런 이의를 유보하지 아니하고 승낙한다는 뜻을 기재하고 은행의 대리 약인을 찍은 질권설정 승낙서를 교부한 경우, 은행은 그 질권자에게 그 정기예금채권에 대한 질권설정에 이의를 유보하지 아니한 승낙을 하였으므로 그 정기예금채권의 부존재를 이유로 질권자에게 대항할 수 없다고 한 사례(대판 1997. 5. 30, 96다22648. 이 판결의 문제점에 관하여는 송덕수, 법학논집 20권 1호, 299면 이하 참조).

(ㄴ) 「지명채권의 양도통지를 한 후 그 양도계약이 해제 또는 합의해제된 경우 채권양도인이 그 해제를 이유로 다시 원래의 채무자에 대하여 양도채권으로 대항하려면 채권양수인이 채무자에게 위와 같은 해제 등 사실을 통지하여야 한다(대법원 1993. 8. 27. 선고 93다17379 판결, 대법원 2012. 11. 29. 선고 2011다17953 판결 등 참조). 이러한 법리는 지명채권을 목적으로 한 질권설정 사실을 제 3 채무자에게 통지하거나 제 3 채무자가 이를 승낙한 후 그 질권설정계약이 해제, 합의해제 또는 합의해지된 경우에도 마찬가지로 적용된다고 보아야 한다. 따라서 제 3 채무자가 질권설정 사실을 승낙한 후 그 질권설정계약이 합의해지된 경우 질권설정자가 그 해지를 이유로 제 3 채무자에게 원래의 채권으로 대항하려면 질권자가 제 3 채무자에게 해지사실을 통지하여야 하고, 만일 질권자가 제 3 채무자에게 질권설정계약의 해지사실을 통지하였다면, 설사 아직 해지가 되지 아니하였다고 하더라도 선의인 제 3 채무자는 질권설정자에게 대항할 수 있는 사유로 질권자에게 대항할 수 있다고 봄이 상당하다. 그리고 위와 같은 해지통지가 있었다면 그 해지사실은 추정되고, 그렇다면 해지통지를 믿은 제 3 채무자의 선의 또한 추정된다고 볼 것이어서 제 3 채무자가 악의라는 점은 그 선의를 다투는 질권자가 증명할 책임이 있다.

그리고 위와 같은 해지 사실의 통지는 질권자가 질권설정계약이 해제되었다는 사실을 제 3 채무자에게 알리는 이른바 관념의 통지로서, 그 통지는 제 3 채무자에게 도달됨으로써 효력이 발생하고, 통지에 특별한 방식이 필요하지는 않다.」(대판 2014. 4. 10, 2013다76192)

지명채권에 있어서 채권증서가 있으면 그 증서를 교부하여야 한다(347조). 이는 동산질권에 있어서 목적물을 인도하는 것에 해당한다. 그러나 채권증서가 없는 경우에는 증서를 교부하지 않아도 된다. 증서가 있는 때에만 교부하도록 하고 있기 때문이다. 한편 여기의 증서의 교부에 점유개정도 포함되는가에 관하여는 다투어지고 있다. i) 통설은 동산질권에 관하여 점유개정을 금지한 제332조는 여기에는 준용할 실질적인 이유가 없으므로, 지명채권의 입질에 있어서 증서의 교부에는 점유개정도 무방하고, 또한 증서를 반환하더라도 질권이 소멸하지 않는다고 하나(고상룡, 609면; 곽윤직, 317면; 김상용, 613면; 김용한, 528면; 김학동, 499면; 이상태, 429면; 이은영, 727면), ii) 소수설은 채권증서의 의미가 결코 작지 않으므로 채권증서가 있는 때에는 이를 현실적으로 교부하여야 하며, 이를 반환하면 질권이 소멸한다고 하는 것이 당사자의 의사 및 거래의 관행에도 부합한다고 주장한다(이영준, 842면). 생각건대 채권질권에 관하여는 제332조와 같은 규정이 따로 두어져 있지 않을 뿐만 아니라, 지명채권에 있어서 채권증서는 채권의 증거방법에 지나지 않으므로, 통설의 결과를 인정하는 것이 타당할 것이다.

제347조에서 말하는 「채권증서」는 채권의 존재를 증명하기 위하여 채권자에게 제공된 문서로서 특정한 이름이나 형식을 따라야 하는 것은 아니지만, 장차 변제 등으로 채권이 소멸하는 경우에는 제475조에 따라 채무자가 채권자에게 그 반환을 청구할 수 있는 것이어야 한다(대판 2013. 8. 22, 2013다32574). 그리고 그러한 점에 비추어 볼 때, 임대차계약서와 같이 계약 당사자 쌍방의 권리의무관계의 내용을 정한 서면은 그 계약에 의한 권리의 존속을 표상하기 위한 것이라고 할 수는 없으므로 위 채권증서에 해당하지 않는다(대판 2013. 8. 22, 2013다32574). 그 결과 임대차계약서를 교부하지 않았더라도 다른 요건이 갖추어진 경우에는 채권질권이 성립하게 된다.

(나) **지시채권** 질권설정의 합의와 증서의 배서 · 교부가 있어야 한다(350조).

(다) **무기명채권** 질권설정의 합의와 증서의 교부가 있어야 한다(351조).

(라) **사채**(社債) 사채에는 기명식과 무기명식이 있다(상법 480조). 그 가운데 기명사채는 지명채권의 일종이므로 그것의 입질에는 지명채권에 관한 규정이 적용된다(346조 · 347조). 다만, 상법은 입질의 대항요건에 관하여 특칙을 두고 있다(상법 479조). 그에 의하면, 기명사채의 이전은 취득자의 성명과 주소를 사채원부에 기재하고 그 성명을 채권에 기재하지 않으면 회사 기타의 제 3 자에게 대항하지 못한다(상법 479조 1항). 다음에 무기명사채는 무기명채권에 해당하므로 무기명채권에 관한 규정이 그대로 적용된다.

(마) **저당권부 채권** 저당권에 의하여 담보된 채권 위에 질권을 설정한 경

우에는 그 저당권도 질권의 목적이 된다고 하여야 한다. 담보물권에는 부종성 · 수반성이 있기 때문이다. 그런데 이 경우에 저당권에 관하여는 등기에 의하여 질권을 공시하는 것이 바람직하므로, 민법은 그 저당권등기에 질권의 부기등기를 하여야 그 효력이 저당권에 미치는 것으로 규정하고 있다(348조. 부등법 76조 1항도 참조). 부기등기가 없는 경우에는 어떻게 되는가? 여기에 관하여 i) 통설은 부기등기가 없으면 채권자는 저당권의 담보가 없는 채권에 관하여만 질권을 취득한다고 하나(고상룡, 610면; 곽윤직, 318면; 김상용, 615면; 김용한, 529면; 이상태, 430면; 이영준, 844면. 이은영, 729면은 경우를 나누어 설명하나 결과에서는 통설과 같다), ii) 소수설은 제361조가 저당권은 피담보채권과 분리하여 담보로 하지 못한다고 규정하고 있으므로, 부기등기가 없으면 피담보채권 위의 질권도 효력이 생기지 않는다고 한다(김학동, 500면). 생각건대 제361조는 채권을 제외하고 저당권만을 다른 채권의 담보로 제공하지 못하다는 의미이어서 여기의 문제와는 거리가 있다. 그리고 저당권에 질권의 부기등기가 없는 경우라 할지라도 질권설정의 합의 등 채권질권 설정의 요건이 구비되어 있다면 그 효력을 인정하는 것이 당사자의 의사에 부합할뿐더러, 또 — 보통의 부동산 물권변동에 있어서와 달리 — 제 3 자를 해하지도 않기 때문에, 저당권의 담보가 없는 채권에 질권이 성립한 것으로 새기는 것이 바람직하다.

[200] ## 2. 채권질권의 효력

(1) 효력이 미치는 목적의 범위

1) 먼저 질권이 설정된 채권 즉 입질채권에 미친다. 주의할 것은, 피담보채권액이 입질채권액보다 적은 경우에도 입질채권 전부에 미친다는 점이다(대판 1972. 12. 26, 72다1941). 이는 담보물권에 불가분성이 있기 때문이다.

2) 입질채권이 이자가 있는 경우에는 그 이자에도 미친다(100조 2항). 그리하여 질권자는 이를 직접 추심하여 우선변제에 충당할 수 있다(353조 1항 2항 · 355조 · 343조 · 323조). 그러나 증권(證券)이 있는 경우의 이자는 증권의 인도가 있어야 직접 추심할 수 있을 것이다.

3) 채권질권의 효력은 입질채권의 지연손해금과 같은 부대채권에도 미친다(대판 2005. 2. 25, 2003다40668).

4) 입질채권이 보증채무나 담보물권에 의하여 담보되어 있는 때에는, 질권의 효력은 이들 종된 권리에도 미친다. 다만, 입질채권이 저당권부 채권인 때에는

저당권의 등기에 질권의 부기등기를 하여야 저당권에 대하여 질권의 효력이 미치며, 그에 관하여는 앞에서 설명하였다([199] 참조).

5) 채권질권에도 물상대위가 인정된다(355조 · 342조).

(2) 채권질권에 의하여 담보되는 범위

동산질권에서와 같다(355조 · 334조). 그리고 판례는 이와 관련하여, 채권의 지연손해금을 별도로 등기부에 기재하지 않았더라도 근저당권부 질권의 피담보채권의 범위가 등기부에 기재된 약정이자에 한정되지 않는다고 한다(대판 2023. 1. 12, 2020다296840). 한편 불가분성이 있다는 점도 동산질권과 마찬가지이다(355조 · 343조 · 321조).

(3) 유치적 효력

1) 채권질권자는 피담보채권 전부의 변제를 받을 때까지 교부받은 채권증서 또는 증권을 유치할 수 있다(355조 · 335조). 그러나 채권은 사용가치가 대단히 적어서 채권질권의 이러한 유치적 효력은 동산질권에서와 달리 설정자에 대한 심리적인 압박감을 거의 주지 못한다.

2) 질권설정자는 질권자의 동의 없이 질권의 목적인 권리를 소멸하게 하거나(예: 추심 · 면제 · 상계) 질권자를 해하는 변경(예: 경개 · 변제기의 연장 · 이율의 인하)을 하지 못한다(352조). 이는 채권질권자의 추심권 기타의 환가권을 보호하기 위한 것이다. 제 3 채무자에 관하여는 명문의 규정이 없으나, 학설은 일치하여 제 3 채무자는 대항요건이 갖추어진 때에는 질권설정자에게 입질채권을 변제하지 못한다고 새긴다. 판례도, 질권설정자가 제 3 채무자에게 질권설정의 사실을 통지하거나 제 3 채무자가 이를 승낙한 때에는 제 3 채무자가 질권자의 동의 없이 질권의 목적인 채무를 변제하더라도 이로써 질권자에게 대항할 수 없고, 질권자는 제353조 제 2 항에 따라 여전히 제 3 채무자에 대하여 직접 채무의 변제를 청구할 수 있다고 한다(대판 2016. 4. 29, 2015도5665; 대판 2018. 12. 27, 2016다265689; 대판 2022. 3. 31, 2018다21326). 또한 제 3 채무자가 질권자의 동의 없이 질권설정자와 상계합의를 함으로써 질권의 목적인 채무를 소멸하게 한 경우에도, 마찬가지로 질권자에게 대항할 수 없고, 질권자는 여전히 제 3 채무자에 대하여 직접 채무의 변제를 청구할 수 있다고 한다(대판 2018. 12. 27, 2016다265689). 그런가 하면, 질권의 목적인 채권에 대하여 질권설정자의 일반채권자의 신청으로 압류 · 전부명령이 내려진 경우에도 그 명령이 송달된 날보다 먼저 질권자가 확정일자 있는 문서에 의해 민법 제349조 제 1 항에서 정한 대항요건을 갖추었다면, 전부채권자는 질권이 설정된 채권을

이전받을 뿐이고 제 3 채무자는 전부채권자에게 변제했음을 들어 질권자에게 대항할 수 없다고 한다(대판 2022. 3. 31, 2018다21326). 그런데 판례는, 제352조가 질권설정자는 질권자의 동의 없이 질권의 목적된 권리를 소멸하게 하거나 질권자의 이익을 해하는 변경을 할 수 없다고 규정한 것은 질권자가 질권의 목적인 채권의 교환가치에 대하여 가지는 배타적 지배권능을 보호하기 위한 것이므로, 질권설정자와 제 3 채무자가 질권의 목적된 권리를 소멸하게 하는 행위를 하였다고 하더라도 이는 질권자에 대한 관계에 있어 무효일 뿐이어서 특별한 사정이 없는 한 질권자 아닌 제 3 자가 그 무효의 주장을 할 수는 없다고 한다(대판 1997. 11. 11, 97다35375).

〈판 례〉

「질권의 목적인 채권의 양도행위는 민법 제352조 소정의 질권자의 이익을 해하는 변경에 해당되지 않으므로 질권자의 동의를 요하지 아니한다.」(대판 2005. 12. 22, 2003다55059)

[201] (4) 우선변제적 효력

1) 서 설 앞에서 본 바와 같이, 채권질권자는 입질채권의 이자를 추심하여 우선변제에 충당할 수 있다([200] 참조). 그러나 우선변제의 주된 방법은 입질채권 자체로부터 우선변제를 받는 것이다. 채권질권자가 질권을 실행하여 입질채권으로부터 우선변제를 받는 구체적인 방법은 두 가지이다. 채권의 직접청구와 민사집행법이 정하는 집행방법이 그것이다.

하나의 채권 위에 여러 개의 질권이 설정되어 있는 경우에 우선순위는 설정의 선후에 의한다(355조 · 333조).

2) 채권의 직접청구

㈎ 질권자는 질권의 목적이 된 채권을 직접 청구할 수 있다(353조 1항). 여기서 말하는 「직접 청구할 수 있다」는 것의 의미에 관하여 통설은 제 3 채무자에 대한 집행권원이나 질권설정자의 추심위임 등을 요하지 않고, 또한 질권설정자의 대리인으로서가 아니고 질권자가 자기의 이름으로 추심할 수 있다는 것이라고 한다. 그리고 그 효과는 그 채권의 채권자에게 귀속하는 것이고, 당연히 질권자의 채권에 충당되는 것이 아니라고 한다(대표적으로 곽윤직, 320면). 그러나 여기의 「직접 청구할 수 있다」는 것은 제539조에서와 마찬가지로 채권자(질권설정자)를 통하지 않고 질권자 자신이 곧바로 청구를 할 수 있다는 것이다(채권법각론 [49] 참조). 따라서 특별규정(353조 4항 참조)이

없다면 청구의 효과는 질권자에게 귀속함이 마땅하다. 이러한 사견에 의하면, 통설에 의하는 경우와 달리, 금전채권에 질권이 설정되어 있는 때에는 질권자는 그 채권을 직접 추심하여 자기채권의 변제에 충당할 수 있다. 판례도 같은 견지에 있다(대판 2005. 2. 25, 2003다40668. 아래에 인용함). 한편 질권자의 직접청구에 질권설정자의 협력행위(가령 추심위임)가 필요한가는 엄격하게는 여기의 「직접」과는 별개의 것이며, 따라서 그에 대하여 민법이 따로 협력을 요구하지 않고 있기 때문에 그 점에서는 통설처럼 새겨야 할 것이다.

(나) 채권의 목적물이 금전인 때에는 질권자는 자기 채권의 한도에서 직접 청구할 수 있다(353조 2항). 만일 금전채권인 입질채권의 변제기가 피담보채권(질권자의 채권)의 변제기보다 먼저 도래한 때에는, 질권자는 아직 직접 청구는 할 수 없으나, 제 3 채무자에 대하여 그 변제금액의 공탁을 청구할 수 있다(353조 3항 1문). 이 경우에 질권은 그 공탁금(정확하게는 입질채권의 채권자가 가지는 공탁금청구권) 위에 존재한다(353조 3항 2문).

〈판 례〉

(ㄱ) 「질권의 목적이 된 채권이 금전채권인 때에는 질권자는 자기채권의 한도에서 질권의 목적이 된 채권을 직접 청구할 수 있고(민법 제353조 제 1 항, 제 2 항), 채권질권의 효력은 질권의 목적이 된 채권의 지연손해금 등과 같은 부대채권에도 미치므로 채권질권자는 질권의 목적이 된 채권과 그에 대한 지연손해금채권을 피담보채권의 범위에 속하는 자기채권액에 대한 부분에 한하여 직접 추심하여 자기채권의 변제에 충당할 수 있는 것이다.」(대판 2005. 2. 25, 2003다40668)

(ㄴ) 「민법 제346조 제523조의 규정에 의하면 권리질권의 설정은 법률에 다른 규정이 없으면 그 권리의 양도에 관한 방법에 의하여야 하며 무기명채권은 양수인에게 그 증서를 교부함으로써 양도의 효력이 있다고 되어 있고 무기명채권에는 민법 제524조의 규정에 의하여 선의취득에 관한 같은 법 제514조의 규정이 준용되므로, 무기명채권에 관하여 권리질권을 설정하였을 경우에는, 질권의 목적이 된 채권의 실행방법에 관한 민법 제353조 제 2 항의 규정은 그 적용이 배제되고, 피담보채권의 내용과는 관계없이 그 액면금 전액을 청구할 수 있다.」(대판 1972. 12. 26, 72다1941)

(다) 질권자가 직접청구한 경우의 부당이득 문제에 관하여 근래 대법원이 두 차례 태도를 밝혔다. 그 판결 둘을 소개한다.

첫 판결의 내용은 다음과 같다(대판 2015. 5. 29, 2012다92258). 금전채권의 질권자가 제353조

제 1 항 · 제 2 항에 의하여 자기채권의 범위 내에서 직접청구권을 행사하는 경우 질권자는 질권설정자의 대리인과 같은 지위에서 입질채권을 추심하여 자기채권의 변제에 충당하고 그 한도에서 질권설정자에 의한 변제가 있었던 것으로 보므로, 그 범위 내에서는 제 3 채무자의 질권자에 대한 금전지급으로써 제 3 채무자의 질권설정자에 대한 급부가 이루어질 뿐만 아니라 질권설정자의 질권자에 대한 급부도 이루어진다고 한다. 그리고 이러한 경우 입질채권의 발생원인인 계약관계에 무효 등의 흠이 있어 입질채권이 부존재한다고 하더라도 제 3 채무자는 특별한 사정이 없는 한 상대방 계약당사자인 질권설정자에 대하여 부당이득 반환을 구할 수 있을 뿐이고 질권자를 상대로 직접 부당이득 반환을 구할 수 없다고 한다(이와 달리 제 3 채무자가 질권자를 상대로 직접 부당이득 반환청구를 할 수 있다고 보면 자기 책임 하에 체결된 계약에 따른 위험을 제 3 자인 질권자에게 전가하는 것이 되어 계약법의 원리에 반하는 결과를 초래할 뿐만 아니라 질권자가 질권설정자에 대하여 가지는 항변권 등을 침해하게 되어 부당하기 때문이라고 함. 대판 2003. 12. 26, 2001다46730; 대판 2005. 7. 22, 2005다7566 · 7573 등 참조). 그 반면에 질권자가 제 3 채무자로부터 자기채권을 초과하여 금전을 지급받은 경우 그 초과지급 부분에 관하여는 위와 같은 제 3 채무자의 질권설정자에 대한 급부와 질권설정자의 질권자에 대한 급부가 있다고 볼 수 없으므로, 제 3 채무자는 특별한 사정이 없는 한 질권자를 상대로 초과지급 부분에 관하여 부당이득 반환을 구할 수 있다고 할 것이지만, 부당이득 반환청구의 상대방이 되는 수익자는 실질적으로 그 이익이 귀속된 주체이어야 하는데, 질권자가 초과지급 부분을 질권설정자에게 그대로 반환한 경우에는 초과지급 부분에 관하여 질권설정자가 실질적 이익을 받은 것이지 질권자로서는 실질적 이익이 없다고 할 것이므로, 제 3 채무자는 질권자를 상대로 초과지급 부분에 관하여 부당이득 반환을 구할 수 없다고 한다.

다음에 두 번째 판결은 다음과 같다(대판 2024. 4. 12, 2023다315155). 먼저, 금전채권의 질권자가 자기채권의 범위 내에서 직접청구권을 행사하는 경우, 위 범위 내에서는 제 3 채무자의 질권자에 대한 금전지급으로써 제 3 채무자의 질권설정자에 대한 급부가 이루어질 뿐만 아니라 질권설정자의 질권자에 대한 급부도 이루어진다는 앞의 판결의 법리는 근저당권부 채권의 질권자가 부동산 임의경매절차에서 집행법원으로부터 배당금을 직접 수령하는 경우에도 적용된다고 한다. 그리고 경매목적물의 매각대금이 잘못 배당되어 배당받을 권리 있는 채권자가 배당받을 몫을 받지 못하고 그로 인해 권리 없는 다른 채권자가 그 몫을 배당받은 경우에는, 배당금을 수령한 다른 채권자는 배당받을 수 있었던 채권자의 권리를 침해하여 이득을 얻은 것이 되는데, 이때 부당이득 반환의무를 부담하는 「배당금을 수령한 다른 채권자」는 실체법적으로 볼 때 배당을 통하여 법률상 원인 없이 이득을 얻은 사람을 의미하고, 그가 부동산 임의경매절차에서 현실적으로 배당금을 수령한 사람과 언제나 일치하여야 하는 것은 아니라고 한다. 그리하여 질권설정자의 채무자에 대한 근저당권부 채권 범위를 초과하여 질권자의 질권설정자에 대한 피담보채권 범위 내에서 질권자에게 배당금이 직접 지급됨으로써 질권자가 피담보채권의 만족을 얻은 경우, 실체법적으로 볼 때 배당을 통하여 법률상 원인 없이 이득을 얻은 사람은 피담보채권이라는 법률상 원인에 기하여 배당금을 수령한 질권자가 아니라 근저당권부 채권이라는 법률상 원인의 범위를 초과하여 질권자에게 배당금이 지급되게 함으로써 자신의 질권자에 대한 피담보채무가 소멸하는 이익을 얻은 질권설정자라고 한다.

(라) 채권의 목적물이 금전 이외의 물건인 때에는, 질권자는 그 변제를 받은 물건에 대하여 질권을 행사할 수 있다(353조 4항). 이 경우에는 추심한 물건으로 직접 변제에 충당할 수 없기 때문에 이와 같이 규정하였다. 이 규정의 결과 채권질권은 이제는 동산질권으로 변하게 된다(민법상 부동산질권이 인정되지 않으므로, 부동산의 급부를 목적으로 하는 채권은 질권의 목적으로 될 수 없다고 하여야 한다).

(마) 채권의 목적이 물건의 인도가 아니고 「하는 급부」인 경우에 제353조가 적용되는지에 관하여는 논란이 있다. i) 통설은 이를 긍정하나(곽윤직, 321면; 김상용, 618면; 이상태, 433면; 이영준, 847면), ii) 소수설은 부정한다(김학동, 503면). 생각건대 채권의 강제집행방법에 관한 법률규정을 고려하여 볼 때 부정하는 것이 옳다.

3) 민사집행법이 정하는 집행방법 채권질권자는 위에서 설명한 입질채권의 직접청구 외에 민사집행법에 정하여진 집행방법에 의하여 질권을 실행할 수도 있다(354조). 그 방법에는 채권의 추심, 전부(轉付), 현금화(환가)의 세 가지가 있다(민사집행법 273조 1항 · 3항, 223조 내지 250조 참조). 이들은 모두 질권의 실행에 의한 것이므로 판결이나 그 밖의 집행권원을 요하지 않고 질권의 존재를 증명하는 서류만 제출되면 개시된다(민사집행법 273조 1항).

4) 유질(流質) 채권질권에 있어서도 유질계약은 금지된다(355조 · 339조). 그러나 입질채권이 금전채권인 때에는 그 채권액의 한도에서 그 채권을 변제에 갈음하여 질권자에게 귀속시키는 계약을 변제기 전에 하더라도 그 계약은 유효하다고 새겨야 한다(이설 없음). 왜냐하면 금전채권의 질권자는 그의 채권의 한도에서 직접

청구를 할 수 있는데(353조 2항), 위와 같은 계약은 실질적으로는 직접청구와 같기 때문이다.

(5) 그 밖의 효력

1) **전질(轉質)** 채권질권자도 동산질권자와 마찬가지로 전질을 할 수 있다([192]·[193] 이하 참조).

2) **채권질권의 침해에 대한 효력** 채권질권의 경우에도 동산질권에 있어서와 마찬가지로, 채권증서 또는 증권을 점유하고 있는 채권질권자의 점유가 침해된 때에는, 질권자는 점유보호청구권을 행사할 수 있다. 그러나 질권에 기한 물권적 청구권은 가지지 못한다고 할 것이다([194] 참조).

3) **채권질권자의 의무** 채권질권자는 교부받은 채권증서 또는 증권을 선량한 관리자의 주의로써 보관하고, 피담보채권이 소멸하는 때에는 이를 설정자에게 반환하여야 한다.

[202] Ⅲ. 기타의 권리질권

1. 주식 위의 질권

주식은 양도할 수 있는 재산권이므로 질권의 목적이 될 수 있다. 그리고 실제 사회에서는 주식에 질권을 설정하고 금융을 얻는 경우가 대단히 많다. 이러한 주식질권은 상법에 의하여 규율되고 있으며(같은 법 338조 내지 340조 참조), 민법에는 전혀 규정이 없다. 따라서 그에 관한 논의는 상법학에 맡기고 여기서는 하지 않기로 한다.

2. 지식재산권 위의 질권

특허권(전용실시권 및 통상실시권 포함)(특허법 121조)·실용신안권(실용신안법 28조)·디자인권(그의 전용실시권 및 통상실시권 포함)(디자인보호법 108조)·상표권(전용사용권 및 통상사용권 포함)(상표법 104조. 같은 법 93조 8항은 예외를 규정함)·저작권 중 저작재산권(저작권법 47조) 등의 지식재산권에는 질권을 설정할 수 있다.

(1) 설 정

위의 지식재산권에 질권을 설정하려면 질권설정의 합의 외에 등록이 있어야 하며(특허법 85조 1항 3호·101조, 실용신안법 28조, 디자인보호법 98조 1항 3호(디자인권·전용실시권)·104조 3항(통상실시권), 상표법 96조 1항 2호), 등록을 하지 않으면 효력이 생기지 않는다. 다만, 저작권의 경우에는 등록이 제 3 자에 대한 대항요건이다(저작권법 54조)(상표권에 설정된 전용사용권 · 통상사용권을 목적으로 하는 질권설정의 경우에도 같다. 상표법 100조 1항 2호). 한편 지식재산권에 있어서는 그것의 존재를 증명하는 증서나 증권이 없는 권리이므로, 증서 또는 물건의 인도는 요구되지 않는다. 우리 법은 지식재산권의 입질에 관하여도 원칙적으로 성립요건주의를 관철하고 있으나, 그 방법은 부동산 물권변동과 유사하게 규율하고 있는 것이다.

(2) 효 력

지식재산권을 목적으로 하는 질권에도 유치권에 관한 제323조와 제324조가 준용된다(355조 · 343조). 따라서 질권자는 설정자의 승낙이 없으면 이들 권리를 행사하여 그 수익으로 우선변제에 충당할 수 없으며, 단지 질권설정자가 받게 될 대가나 물건을 그것의 지급 또는 인도 전에 압류하여 질권을 행사할 수 있을 뿐이다(특허법 123조, 실용신안법 28조, 디자인보호법 109조, 상표법 105조, 저작권법 47조). 따라서 이 경우의 질권은 저당권과 유사하게 된다. 한편 설정자의 승낙이 있는 때에는 질권자는 그 수익으로 우선변제에 충당할 수 있다.

지식재산권 위의 질권을 실행하는 방법으로는 민사집행법이 정하는 환가방법밖에 없다(354조, 민사집행법 273조).

제 4 절 저 당 권

제 1 관 서 설

I. 저당권의 의의 및 사회적 작용 [203]

1. 저당권의 의의

저당권은 채무자 또는 제 3 자(물상보증인)가 채무의 담보로 제공한 부동산 기타의 목적물을 인도받지 않고 단지 관념상으로만 지배하다가 채무의 변제가 없는 경우에 그 목적물로부터 우선변제를 받는 물권이다(356조). 저당권은 원칙적으로 약정 담보물권으로서 우선변제적 효력이 있는 점에서 질권과 같다. 그러나 목적물의 점유는 설정자가 계속하므로 유치적 효력을 가지지 않으며, 그 점에서 질권과 다르다.

저당권은 물질적인 지배를 직접 목적으로 하는 물질권(용익물권)이 아니고, 목적물의 교환가치를 지배하는 가치권이다.

2. 사회적 작용

저당권에는 유치적 효력이 없어서 그 목적물은 소유자가 점유하여 이용하고 저당권자는 목적물의 교환가치만을 파악하게 된다. 그 때문에 저당권은 특히 기업이 그의 설비를 담보로 제공하고 금융을 얻는 수단으로 되고 있다(물론 일반인의 소비를 위한 금융수단이 되는 일도 많다). 그리고 이는 금융제공자의 입장에서 보면, 그가 이자의 형식으로 기업의 이윤의 분배에 참여함으로써 일종의 투자를 하는 것이 된다. 그리하여 저당권이 기업에 대한 투자의 매개수단이 되고 있는 것이다(그러나 우리나라에서는 투자를 위한 저당제도가 미비하여 이러한 기능이 충분히 발휘될 수가 없다).

[204] Ⅱ. 저당권의 법적 성질

1. 제한물권

저당권은 타인의 부동산이 가지는 가치 가운데 가치의 일부(교환가치)만의 지배를 목적으로 하는 제한물권이다. 그리하여 원칙적으로 타인의 부동산(또는 부동산물권) 위에 성립한다(혼동의 경우에는 예외이다. 191조 1항 단서 참조).

2. 담보물권

(1) 약정 담보물권

저당권은 목적물의 교환가치만을 지배하는 담보물권이다. 나아가 원칙적으로 당사자의 합의와 등기에 의하여 성립하는 약정 담보물권이다. 이 점에서 질권과 같고, 법정 담보물권인 유치권과 다르다.

저당권은 목적물로부터 우선변제를 받을 수 있는 권리이다. 이 점에서 저당권은 질권과 같고, 유치권과 다르다.

저당권에서는 설정자가 목적물을 저당권자에게 이전하지 않고 계속 점유·

사용한다. 즉 유치적 효력이 없다. 이 점에서 저당권은 질권 · 유치권과 근본적으로 차이가 있다.

(2) 통 유 성

저당권은 담보물권으로서의 공통적인 특성(통유성)을 갖는다.

1) 피담보채권에 부종한다. 그리하여 계약의 불성립 · 무효 또는 취소에 의하여 피담보채권이 처음부터 성립하지 않거나 소급하여 성립하지 않았던 것으로 되는 때에는 저당권도 성립하지 않거나 소급하여 무효로 되고, 피담보채권이 변제 · 포기 · 혼동 · 면제 기타의 사유로 소멸하면 저당권도 소멸한다. 피담보채권의 일부가 무효인 경우에는 채권이 유효한 범위에서 저당권이 존재한다고 할 것이다(양도담보에 관한 대판 1970. 9. 17, 70다1250 참조). 그리고 저당권은 피담보채권과 분리하여 처분하지 못한다(361조). 그러나 저당권에서의 부종성은 질권에서와 마찬가지로 다소 완화되며, 따라서 장래에 발생하는 채권을 담보하기 위하여서도 저당권이 설정될 수 있다(357조 참조).

〈판 례〉

「피담보채권이 소멸하면 저당권은 그 부종성에 의하여 당연히 소멸하게 되므로, 그 말소등기가 경료되기 전에 그 저당권부채권을 가압류하고 압류 및 전부명령을 받아 저당권 이전의 부기등기를 경료한 자라 할지라도, 그 가압류 이전에 그 저당권의 피담보채권이 소멸된 이상, 그 근저당권을 취득할 수 없고, 실체관계에 부합하지 않는 그 근저당권설정등기를 말소할 의무를 부담한다.」(대판 2002. 9. 24, 2002다27910)

2) 피담보채권에 수반한다. 그리하여 피담보채권이 상속 · 양도 등에 의하여 동일성을 잃지 않고 승계되는 때에는 저당권도 승계된다. 그러나 물상보증인이 설정한 저당권은 그의 동의가 없으면 수반하지 않는다.

〈참 고〉

채무인수(면책적 채무인수)의 경우에 제 3 자가 제공한 담보(보증 · 물상보증)가 소멸하는가? 여기에 관하여 민법은 제459조의 명문규정을 두고 있다. 그 규정에 의하면, 그 경우에는 제 3 자가 제공하는 담보는 보증이든 물상보증이든 모두 소멸하되, 다만 보증인이나 물상보증인이 채무인수에 동의한 때에는 소멸하지 않는다(459조. 채권법총론 [203] 참조).

3) 불가분성이 있다(370조 · 321조).

4) 물상대위성이 있다(370조·342조).

제 2 관 저당권의 성립

[205] Ⅰ. 개 관

저당권은 당사자 사이의 저당권설정의 합의와 등기에 의하여 성립하는 것이 원칙이나, 부동산공사 수급인의 저당권설정청구권의 행사에 의하여 성립할 수도 있고(666조), 또 일정한 경우에는 법률규정에 의하여 당연히 성립하기도 한다(649조). 아래에서 저당권의 성립을 원칙적인 경우를 중심으로 하여 살펴보기로 한다.

Ⅱ. 저당권설정계약

저당권은 약정 담보물권이므로, 원칙적으로 당사자 사이의 저당권설정의 합의와 등기에 의하여 성립한다(186조).

1. 저당권설정계약의 성질

저당권설정계약의 성질에 관하여 학설은 i) 물권계약이라는 견해(고상룡, 638면; 김학동, 518면; 이영준, 861면), ii) 저당권의 설정을 약정하는 채권계약으로서 보통 저당권설정 그 자체를 목적으로 하는 물권적 합의를 포함하고 있다는 견해(곽윤직, 328면), iii) 채권계약이라는 견해(이은영, 767면)로 나뉘어 있다. 이 문제에 대하여는 지상권설정계약에 관한 설명이 그대로 타당하다([145] 참조). 그리하여 결론만 적는다면, 물권행위의 독자성을 부정하는 사견의 견지에서 볼 때 ii)설이 옳다.

한편 이러한 저당권설정계약은 실제에 있어서는 그 저당권에 의하여 담보되는 채권(피담보채권)을 발생하게 하는 계약(예: 금전 소비대차계약)과 함께 행하여지는 것이 보통이다.

〈판 례〉

「근저당권은 그 담보할 채무의 최고액만을 정하고, 채무의 확정을 장래에 보류하여 설정하는 저당권으로서(민법 제357조 제 1 항), 계속적인 거래관계로부터 발생하는 다수의 불특정채권을 장래의 결산기에서 일정한 한도까지 담보하기 위한 목적으로 설정되는 담보권이므로, 근저당권설정행위와는 별도로 근저당권의 피담보채권을 성립시키는 법률행위가 있어야 하고, 근저당권의 성립 당시 근저당권의 피담보채권을 성립시키는 법률행위가 있었는지 여부에 대한 입증책임은 그 존재를 주장하는 측에 있다.」(대판 2009. 12. 24, 2009다72070)

2. 계약의 당사자

당사자는 저당권을 취득하는 자(저당권자)와 저당권의 객체 위에 저당권을 설정하는 부동산 소유자 기타 객체의 귀속자(저당권설정자)이다.

(1) 저당권자는 피담보채권의 채권자에 한한다(이설 없음). 저당권은 담보물권으로서 부종성이 있기 때문이다. 판례는 예전에는 통설과 같이 채권과 저당권은 그 주체를 달리할 수 없다고 하였다(대판 1963. 3. 14, 62다918; 대판 1986. 1. 21, 84다카681). 그런데 근래에는 원칙적으로는 채권자와 근저당권자가 동일인이어야 하나, 제 3 자를 저당권(근저당권)의 명의인으로 하는 데 대하여 채권자 · 채무자 · 제 3 자 사이에 합의가 있고 또 채권이 그 제 3 자에게 실질적으로 귀속되었다고 볼 수 있는 특별한 사정이 있는 경우에는 제 3 자 명의의 저당권(근저당권)설정등기도 유효하다고 한다(대판 1995. 9. 26, 94다33583; 대판 2000. 12. 12, 2000다49879; 대판(전원) 2001. 3. 15, 99다48948; 대판 2007. 1. 11, 2006다50055; 대판 2011. 1. 13, 2010다69940).

〈판 례〉

(ㄱ) 「근저당권은 채권담보를 위한 것이므로 원칙적으로 채권자와 근저당권자는 동일인이 되어야 하고, 다만 제 3 자를 근저당권 명의인으로 하는 근저당권을 설정하는 경우 그 점에 대하여 채권자와 채무자 및 제 3 자 사이에 합의가 있고, 채권양도, 제 3 자를 위한 계약, 불가분 채권관계의 형성 등 방법으로 채권이 그 제 3 자에게 실질적으로 귀속되었다고 볼 수 있는 특별한 사정이 있는 경우에는 제 3 자 명의의 근저당권설정등기도 유효하다고 보아야 할 것이다(대법원 1995. 9. 26. 선고 94다33583 판결, 2000. 1. 14. 선고 99다51265, 51272 판결, 2000. 12. 12. 선고 2000다49879 판결 등 참조). 그리고 부동산을 매수한 자가 소유권이전등기를 마치지 아니한 상태에서 매도인인 소유자의 승낙 아래 매수 부동산을 타에 담보로 제공하면서 당사자 사이의 합의로 편의상 매수인 대신 등기부상 소유자인 매도인을 채무자로 하여 마친 근저당권설정등기는 실제 채무자인 매수인의 근저당권에 대한 채무를 담보하는 것으로서 유효하다(대법원 1980. 4. 22. 선고 79다1822 판결, 1999. 6. 25. 선고 98다47085 판결 등 참조)고 함이 이 법원의 견해이다.

그리고 이러한 견해를 취하는 이상, 그 양자의 형태가 결합된 근저당권이라 하여도, 그 자체만으로는 부종성의 관점에서 근저당권이 무효라고 보아야 할 어떤 질적인 차이를 가져오는 것은 아니라고 보아야 할 것이다.」(대판(전원) 2001. 3. 15, 99다48948)

(ㄴ) 대판 2007. 1. 11, 2006다50055([56]에 인용).

(ㄷ) 「근저당권설정등기상 근저당권자가 다른 사람과 함께 채무자로부터 유효하게 채권을 변제받을 수 있고 채무자도 그들 중 누구에게든 채무를 유효하게 변제할 수 있는 관계, 가령 채권자와 근저당권자가 불가분적 채권자의 관계에 있다고 볼 수 있는 경우에는 그러한 근저당권설정등기도 유효하다고 볼 것이다.」(갑이 을에게 금원을 대여하면서 이에 대한 담보로 을의 배우자인 병 소유의 부동산에 갑의 자녀인 무 등의 명의로 근저당권설정등기를 마친 사안에서, 갑과 무 등이 불가분적 채권자의 관계에 있다고 볼 여지가 상당하다고 본 사례)(대판 2020. 7. 9, 2019다212594)

(2) 저당권설정자는 피담보채권의 채무자인 것이 보통이겠으나, 제 3 자라도 무방하다(356조 참조). 그러한 제 3 자를 물상보증인이라고 하는데, 그에 관하여는 질권에 있어서 이미 설명하였다([186] 참조).

(3) 저당권설정계약은 처분행위인 물권적 합의를 포함한다. 따라서 그것이 유효하려면 설정자에게 처분권한이 있어야 한다. 그 결과 부동산 기타 객체의 귀속권자가 아닌 자는 저당권을 설정하지 못하고, 객체의 귀속권자라도 처분권한을 제한당하고 있는 경우(예: 파산선고를 받거나 압류 · 가압류 · 처분금지 가처분을 받은 자)에는 저당권을 설정하지 못한다.

[206] Ⅲ. 저당권설정등기

(1) 저당권이 설정되려면 저당권설정의 합의라는 물권행위 외에 등기를 하여야 한다(186조). 등기사항은 채권자, 채권액, 채무자의 성명 또는 명칭과 주소 또는 사무소 소재지, 변제기, 이자 및 그 발생기 · 지급시기, 원본 또는 이자의 지급장소, 채무불이행으로 인한 손해배상에 관한 약정, 제358조 단서의 약정, 채권의 조건이다(부등법 75조 1항 본문). 다만, 변제기 이하의 사항은 등기원인에 그 약정이 있는 경우에만 기록한다(부등법 75조 1항 단서).

판례에 의하면, 근저당권의 부종성에 비추어 저당권설정계약상의 채무자와 다른 자를 채무자로 하여 행하여진 근저당권설정등기는 그 피담보채무를 달리한 것이므로 무효라고 한다(대판 1981. 9. 8, 80다1468). 그런데 부동산의 명의신탁자가 제 3 자와의 거래관계에서 발생하는 차용금채무를 담보하기 위하여 그 부동산 위에 제 3 자 명의로 근저당권을 설정함에 있어서 당사자간의 편의에 따라 명의수탁자를 채무자로 등재한 경우에 관하여, 그 근저당권이 담보하는 채무는 명의신탁자의 제 3 자에 대한 채무로 보아야 한다고 하여(대결 1999. 7. 22, 99마2870), 등기가 유효하다는 전제에 서 있다. 그런가 하면 근저당권설정계약 당시 근저당권설정자와 근저당권자 사이에 그 근저당권에 의하여 담보되는 피담보채무와 그 채무자 등을 지정함에 관하여 의사가 합치된 경우에는 비록 이로써 지정된 실제 채무자와 근저당권설정계약서상이나 등기부상의 채무자가 다르다고 하더라도 그 근저당권설정계약에 기해 경료된 근저당권설정등기는 유효하고, 그 근저당권의 피담보채무는 근저당권설정계약서나 등기부상 등재된 채무자의 채무가 아닌 실제 채무자의 그것으로 보아야 한다고 한다(대판 2010. 6. 24, 2010다17840).

그리고 판례는, 저당권설정등기의 비용은 당사자 사이에 특별한 약정이 없으면 채무자가 부담함이 거래상의 원칙이라고 한다(대판 1962. 2. 15, 4294민상291).

(2) 저당권등기가 불법으로 말소된 경우([52] 참조), 등기를 옮기면서 누락된 경우([52] 참조), 무효로 된 등기를 유용하는 문제([59] 참조)에 대하여는 앞에서 설명하였다.

Ⅳ. 저당권의 객체(목적) [207]

저당권은 객체를 인도받아 점유하는 방법으로 공시하지 않는 물권이므로 등기 또는 등록할 수 있는 것만이 그 객체로 될 수 있다.

1. 민법이 규정하는 객체

(1) 부 동 산

저당권의 객체는 원칙적으로 부동산이다(356조 참조). 즉 1필의 토지 · 1동의 건물이 저당권의 객체로 된다. 1필의 토지의 일부에는 저당권을 설정할 수 없다. 1동의 건물의 일부에도 저당권을 설정할 수 없으나, 구분소유권의 목적이 되는 것은 예외이다.

부동산의 공유지분 위에 저당권을 설정할 수 있다. 그리고 공유지분 위에 설정된 근저당권은 특단의 합의가 없는 한 공유물 분할이 된 뒤에도 종전의 지분비율대로 공유물 전부의 위에 그대로 존속하고 근저당권설정자 앞으로 분할된 부분에 당연히 집중되는 것은 아니다(대판 1989. 8. 8, 88다카24868; 대판 2012. 3. 29, 2011다74932. 대판 1993. 1. 19, 92다30603은 이러한 경우 상호보상관계가 매우 복잡해지므로 대금분할을 하는 것이 상당하다고 한다).

〈판 례〉

「저당권이 설정된 1필의 토지가 전체 집합건물에 대한 대지권의 목적인 토지가 되었을 경우에는 종전의 저당목적물에 대한 담보적 효력은 그대로 유지된다고 보아야 하므로 그 저당권은 개개의 전유부분에 대한 각 대지권 위에 분화되어 존속하고, 각 대지권은 그 저당권의 공동담보가 된다고 봄이 상당하다. 따라서 집합건물이 성립하기 전 집합건물의 대지에 대하여 저당권이 설정되었다가 집합건물이 성립한 후 어느 하나의 전유부분 건물에 대하여 경매가 이루어져 경매 대가를 먼저 배당하는 경우에는 저당권자는 매각대금 중 대지권에 해당하는 경매 대가에 대하여 우선변제받을 권리가 있고 그 경우 공동저당 중 이른바 이시배당에 관하여 규정하고 있는 민법 제368조 제 2 항의 법리에 따라 저당권의 피담보채권액 전부를 변제받을 수 있다고 보아야 한다.」(대판 2012. 3. 29, 2011다74932)

(2) 지상권 · 전세권

이들은 부동산물권이지만 예외적으로 저당권의 객체로 된다(371조).

2. 민법 이외의 법률이 규정하는 객체

(1) 입목법에 의하여 등기된 수목의 집단인 입목(입목법 3조 2항)

(2) 광업권(광업법 11조) · 어업권(수산업법 16조 2항)

(3) 공장재단(「공장 및 광업재단 저당법」 3조 이하) · 광업재단(「공장 및 광업재단 저당법」 52조 이하)

(4) 특별사법인 상법이나 민사특별법에 의하여 저당권의 설정이 인정되어 있는 특수한 동산으로서 등기된 선박(상법 787조) · 소형선박(「자동차 등 특정동산 저당법」 3조) · 자동차(「자동차 등 특정동산 저당법」 3조) · 항공기 및 경량항공기(「자동차 등 특정동산 저당법」 3조) · 건설기계(「자동차 등 특정동산 저당법」 3조)

Ⅴ. 저당권을 설정할 수 있는 채권(피담보채권)

1. 일 반 론

저당권에 의하여 담보할 수 있는 채권(피담보채권)은 소비대차에 기한 금전채권이 보통일 것이나, 그 밖의 채권이라도 무방하다. 왜냐하면 저당권의 피담보채권은 저당권을 실행할 당시에 금전채권으로 되어 있으면 충분한데, 금전채권이 아닌 채권도 채무불이행이 있으면 금전채권(손해배상청구권)으로 변하기 때문이다. 다만, 이와 같은 채권을 담보하기 위한 저당권설정등기를 할 때에는, 등기관은 그 채권의 평가액을 기록하여야 한다(부등법 77조). 이는 목적부동산에 관하여 이해관계를 가지게 되는 자(예: 후순위 저당권자 · 부동산의 양수인)를 보호하기 위한 것이다. 이 경우 채권의 실제의 가격이 등기된 가액을 넘는 때에는 채권자는 제 3 자에 대하여 등기된 가액의 한도에서만 저당권의 효력을 주장할 수 있다(대판 1964. 9. 8, 64다247; 대판 1971. 3. 23, 70다2982). 그리고 실제의 가격이 등기된 금액에 미치지 못한 때에는 실제의 가격에 의하여야 한다.

채권의 일부만을 위하여 저당권을 설정할 수도 있고, 또 복수의 채권에 관하여 1개의 저당권을 설정할 수도 있다.

2. 장래의 채권

민법은 「장래의 불특정의 채권」을 담보하는 저당권인 근저당에 관하여는 명문의 규정을 두고 있으나(357조), 「장래의 특정한 채권」을 담보하는 저당권에 관하여는 직접적인 명문규정을 두고 있지 않다. 그렇지만 이를 인정하는 데 다툼이 없으며, 판례도 같다(대판 1993. 5. 25, 93다6362). 생각건대 담보물권에는 부종성이 있으나, 약정 담보물권인 저당권에 있어서는 저당권이 실행될 당시에 채권이 존재하면 충분하다고 할 것이다. 또한 민법은 장래의 불특정한 채권의 담보를 인정하고 있을 뿐만 아니라(357조), 「장래의 채권」의 담보를 인정하는 규정을 많이 두고 있다(26조 1항 · 206조 · 443조 · 588조 · 639조 2항 · 662조 2항 · 918조 4항 · 956조 등). 이러한 점에 비추어 볼 때, 조건부 또는 기한부 기타 장래의 특정의 채권을 위하여서도 저당권이 설정될 수 있다고 하겠다. 판례도, 장래에 발생할 특정의 조건부 채권을 담보하기 위하여도 저당권을 설정할 수 있으므로 그러한 채권도 근저당권의 피담보채권으로 확정될 수 있고, 그 조건이 성취될 가능성이 없게 되었다는 등의 특별한 사정이 없는 이상 확정 당시 조건이 성취되지 않았다는 사정만으로 근저당권이 소멸하는 것은 아니라고 한다(대판 2015. 12. 24, 2015다200531). 주의할 것은, 이러한 저당권도 저당권설정의 합의와 등기가 있으면 곧바로 성립하고 장래에 비로소 성립하는 것이 아니라는 점이다. 따라서 등기한 때에 성립하여 우선순위를 가지게 된다.

Ⅵ. 부동산공사 수급인의 저당권설정청구권 [208]

도급에 있어서 도급인은 수급인이 일을 완성하면 보수를 지급하여야 한다

(665조 1항). 그리하여 수급인은 보수청구권을 가진다. 그리고 부동산공사 수급인은 이 보수청구권이라는 채권을 담보하기 위하여 그 부동산을 목적으로 하는 저당권의 설정을 청구할 수 있다(666조).

그런데 이 청구권이 행사되었다고 하여 저당권이 당연히 성립하는 것은 아니며, 도급인이 수급인의 청구에 응하여 등기를 하여야 비로소 성립한다(이설 없음). 견해에 따라서는 이 경우에는 당사자 사이의 물권적 합의가 없이 저당권이 성립하는 점에서 일종의 법정저당권이라고 한다(김학동, 524면). 그러나 수급인의 저당권설정청구권은 하나의 채권이고, 따라서 수급인의 설정청구를 받은 도급인이 저당권설정에 합의하거나 아니면 그에 갈음하는 판결을 얻어야 하며(389조 2항 참조), 그 외에 등기까지 하여야 저당권이 성립하므로(186조의 적용), 위의 견해는 옳지 않다(같은 취지: 김상용, 653면; 이상태, 467면).

Ⅶ. 법정저당권

민법은 예외적으로 일정한 요건 하에 법정저당권이 당연히 성립하는 경우를 한 가지 규정하고 있다. 「토지임대인이 변제기를 경과한 최후 2년의 차임채권에 의하여 그 지상에 있는 임차인 소유의 건물을 압류한 때」에 그렇다(649조). 이 경우에 법정저당권이 성립하는 시기는 압류등기를 한 때이다(이설 없음).

제3관 저당권의 효력

[209] ## Ⅰ. 저당권의 효력이 미치는 범위

1. 목적물의 범위

(1) 저당부동산 · 부합물 · 종물 · 과실

저당권의 효력은 저당부동산 · 부합된 물건 · 종물에 미친다(358조 본문). 그러나 법률에 특별한 규정이 있거나 설정행위에서 다른 약정을 한 때에는 다르다(358조 단서). 그리고 저당부동산으로부터 생기는 과실은 예외적으로만 효력이 미친다(359조).

1) **저당부동산** 저당권의 효력이 저당권의 객체 자체에 미침은 당연하다.

2) **부 합 물** 저당권의 효력은 저당부동산에 부합된 물건에 미친다

(358조 본문). 여기의 부합은 제256조의 그것과 동일하다([129] 이하 참조). 건물의 증축부분도 기존의 건물에 부합할 수 있으며, 그때에는 저당권의 효력이 거기에도 미친다(대결 1967. 6. 15, 67마439; 대판 1981. 11. 10, 80다2757 · 2758; 대판 1992. 12. 8, 92다26772 · 26789; 대판 2002. 5. 10, 99다24256; 대판 2002. 10. 25, 2000다63110). 그 결과 설사 증축부분에 관하여 별도로 보존등기가 되었고 또 본래의 건물에 대한 경매절차에서 경매목적물로 평가되지 않았더라도 경락인은 그 증축부분의 소유권을 취득한다. 그러나 저당건물과는 별개의 건물을 저당건물의 부합물이나 종물로 보아 경매를 하더라도 경락인은 그 건물의 소유권을 취득하지 못한다. 거기에는 저당권의 효력이 미치지 않기 때문이다(대판 1974. 2. 12, 73다298; 대판 1990. 10. 12, 90다카27969; 대판 1991. 4. 12, 90다11967; 대판 1997. 9. 26, 97다10314).

〈판 례〉

(ㄱ) 기존 건물에 관하여 증축 후의 현존 건물의 현황에 맞추어 증축으로 인한 건물표시변경등기가 경료된 경우에는 특별한 사정이 없는 한 그 소유자는 증축부분을 구분건물로 하지 않고 증축 후의 현존 건물 전체를 1개의 건물로 하려는 의사였다고 봄이 상당하고, 이 경우 증축부분이 기존 건물의 구성부분이거나 이에 부합된 것으로서 기존 건물과 증축 후의 현존 건물 사이에 동일성이 인정된다면, 위 건물표시변경등기는 증축 후의 현존 건물을 표상하는 유효한 등기라고 할 것이고, 또한 기존 건물에 대하여 이미 설정되어 있던 저당권의 효력은 법률에 특별한 규정이나 설정행위 등에 다른 약정이 없는 한 증축부분에도 미친다고 할 것이므로 기존 건물에 설정된 저당권의 효력을 증축부분에 미치게 하는 취지의 저당권변경등기를 할 수 없는 것이고, 설사 그러한 등기가 경료되었다고 하더라도 아무런 효력이 없으며, 한편 증축부분이 기존 건물의 구성부분이거나 이에 부합된 것이 아닌 별개의 건물이고 이를 구분건물로 할 의사였다면 구분건물로서 등기를 하여야 할 것이지 건물표시변경등기를 할 수는 없는 것이므로, 그 건물표시변경등기가 경료된 후 기존 건물에 설정된 저당권의 효력을 증축부분에 미치게 하는 취지의 저당권변경등기를 하였다고 하더라도 그 저당권의 효력이 별개의 건물인 증축부분에 미칠 수는 없다(대판 1999. 7. 27, 98다32540).

(ㄴ) 「경매대상 건물이 인접한 다른 건물과 합동됨으로 인하여 건물로서의 독립성을 상실하게 되었다면 경매대상 건물만을 독립하여 양도하거나 경매의 대상으로 삼을 수는 없고, 이러한 경우 경매대상 건물에 대한 채권자의 저당권은 위 합동으로 인하여 생겨난 새로운 건물 중에서 위 경매대상 건물이 차지하는 비율에 상응하는 공유지분 위에 존속하게 되므로 근저당권자인 채권자로서는 경매대상 건물 대신 위 공유지분에 관하여 경매신청을 할 수밖에 없다 할 것이고, 경매대상 건물에 관하여 생긴 위와 같은 사유는 경매한 부동산이 양도할 수 없는 것으로서 민사집행법 제268조에 의하여 준용되는 같은 법 제123조 제 2 항, 제121조 소정의 강제집행을 허가할 수 없는 때에 해당하게 될 것이므로 경매법원으로서는 직권으로 위 건물에 대한 경락을

허가하지 아니하여야 한다(대법원 1993. 11. 10.자 93마929 결정, 대법원 2010. 1. 14. 선고 2009다66150 판결 참조). 그리고 이러한 법리는 1동의 건물 중 구조상 구분된 수개의 부분이 독립한 건물로서 사용될 수 있어 그 각 부분이 각각 소유권의 목적이 된 경우로서 그 구분건물들 사이의 격벽이 제거되는 등의 방법으로 각 구분건물이 건물로서의 독립성을 상실하여 일체화되고 이러한 일체화 후의 구획을 전유부분으로 하는 1개의 건물이 되는 경우에도 마찬가지로 적용된다.」(대결 2010. 3. 22, 2009마1385)

부합의 시기가 저당권설정 전인가 후인가는 묻지 않는다(이설이 없으며, 판례도 같음. 대판 1972. 10. 10, 72다1437 참조).

저당권의 효력이 부합물에 미친다는 원칙에 대하여는 예외가 있다. 첫째로 당사자는 설정계약에 의하여 저당권의 효력이 부합물에 미치지 않는 것으로 정할 수 있다(358조 단서). 그러나 이 약정은 등기를 하여야 제 3 자에게 대항할 수 있다(부등법 75조 1항 7호). 둘째로 법률에 특별한 규정이 있는 때에도 예외이다(358조 단서). 그 대표적인 예로는 제256조 단서가 있다. 따라서 지상권자 · 전세권자 · 부동산임차인이 그들의 권원에 기하여 부속시킨 물건에는 저당권의 효력이 미치지 않는다([129] 참조). 그리고 「공장 및 광업재단 저당법」 제 9 조도 그에 해당한다.

[210] 3) 종 물 저당권의 효력은 저당부동산의 종물에도 미친다(358조 본문). 여기의 종물은 제100조가 규정하는 종물과 같다(민법총칙 [390] 이하 참조). 종물도 부합물과 마찬가지로 그것이 저당권설정 전에 종물로 되었는가 그 후에 종물로 되었는가를 묻지 않는다(대결 1971. 12. 10, 71마757). 그리고 저당권의 효력이 종물에 미친다는 원칙도 반대의 특약이나 특별규정이 있는 때에는 적용되지 않는다(358조 단서).

저당권의 효력이 저당부동산의 종된 권리에도 미치는지가 문제되나, 제358조 본문을 유추적용하여 이를 긍정하여야 한다(이설이 없으며, 판례도 같음). 그리하여 건물에 대한 저당권의 효력은 그 건물의 소유를 목적으로 하는 지상권에 미치고(대판 1992. 7. 14, 92다527; 대판 1996. 4. 26, 95다52864), 또 구분건물의 전유부분만에 관하여 설정된 저당권의 효력은 대지사용권의 분리처분을 가능하도록 규약으로 정하는 등의 특별한 사정이 없는 한 그 전유부분의 소유자가 나중에 취득한 대지사용권에도 미친다(대판 1995. 8. 22, 94다12722; 대판 2001. 2. 9, 2000다62179; 대판 2001. 9. 4, 2001다22604; 대결 2005. 11. 14, 2004그31; 대판 2008. 3. 13, 2005다15048). 그리고 건물의 소유를 목적으로 하여 토지를 임차한 자가 그 건물에 저당권을 설정한 때에는, 저당권의 효력은 그 건물의 소유를 목적으로 한 토지의 임차권에도 미친다(대판 1993. 4. 13, 92다24950).

〈판 례〉

「부동산의 종물은 주물의 처분에 따르고, 저당권은 그 목적 부동산의 종물에 대하여도 그 효력이 미치기 때문에, 저당권의 실행으로 개시된 경매절차에서 부동산을 경락받은 자와 그 승계인은 종물의 소유권을 취득하고, 그 저당권이 설정된 이후에 종물에 대하여 강제집행을 한 자는 위와 같은 경락인과 그 승계인에게 강제집행의 효력을 주장할 수 없다.」(대판 1993. 8. 13, 92다43142)

4) 과 실 저당권은 본래 목적물의 사용 · 수익을 설정자에게 남겨두는 권리이기 때문에 과실에는 그 효력이 미치지 않는다. 그러나 과실에 언제나 효력이 없다고 하면 목적물의 소유자가 경매절차를 지연시켜 과실을 취득할 가능성이 있으므로, 민법은 저당권 실행의 착수가 있다고 할 수 있는 때부터는 효력이 미치는 것으로 규정한다. 즉 저당부동산에 대한 압류가 있은 후에 저당권설정자가 목적부동산으로부터 수취한 과실 또는 수취할 수 있는 과실에는 저당권의 효력이 미친다(359조 본문). 그러나 저당권자가 그 부동산에 대한 소유권 · 지상권 또는 전세권을 취득한 제 3 자에 대하여는 압류한 사실을 통지한 후가 아니면 이로써 대항하지 못한다(359조 단서). 그리고 여기의 과실은 천연과실 · 법정과실을 모두 포함한다(이설이 없으며, 판례도 같음. 대판 2016. 7. 27, 2015다230020). 따라서 저당부동산에 대한 압류가 있으면 그 압류 이후의 저당권설정자의 저당부동산에 관한 차임채권 등에도 저당권의 효력이 미친다(대판 2016. 7. 27, 2015다230020).

5) 분리 · 반출된 부합물 · 종물 부합물이나 종물의 분리 · 반출이 정당한 권리행사에 기한 경우(예: 정원의 수목의 이식)에는 그 분리된 부합물 등에 저당권의 효력이 미치지 않는다.

문제는 산림이 벌채되거나 가옥이 붕괴된 때와 같이 정당한 권리행사라고 볼 수 없는 경우이다. 여기에 관하여 학설은 i) 분리된 동산은 목적부동산과 결합하여 공시의 작용이 미치는 한도 내에서만 저당권의 효력이 미친다는 견해(곽윤직, 335면; 김상용, 659면; 김용한, 560면; 김학동, 526면; 이상태, 470면), ii) 사회관념상 저당목적물과 하나의 물건으로 인정할 수 있는 때에는 효력이 미친다는 견해(이영준, 876면), iii) 부합물의 법리에 의하여 해결하여야 하며, 그에 의하면 이미 분리되어 일체성이 소멸하게 되면 저당권의 효력이 그 분리물에 미치지 않고, 압류 이후에만 분리 · 반출한 물건에 저당권의 효력이 미친다는 견해(이은영, 796면)로 나뉘어 있다. 이들 견해 중 i)설과 ii)설은 결과에서는 동일하고 그에 이르는 이론에서만 차이를 보인다. 그에 비하여 iii)설은 i)설, ii)설에 비하여 매우 좁은 범위에서만 분리·반출된 물건에 저당권의 효력을 인정하고 있다. 생각건대 부합에 관한 이론을 엄격하게 적용하면 분리되는 순간부터 그 분리된 물건에는 저당권의 효력이 미치지 않는다고 하게 될 것이다. 그러나 산림이 벌채되어 그 자리에 있거나 가옥이 붕괴되어 있는 경우까지도 그렇게 새기는 것은 옳지 않다. 따라서 부합물 등이 분리되어 반출된 때에는 소유권이 변동되지 않았더라도 효력이 미치지 않으나, 그 자리에 머물러 있는 때에는 효력이 미친다고 하여야 한다(그리고 저당권자는 물권적 효력에 기하여 반출을 금지할 수 있다). 그리고 그 근거를 ii)설처럼 설명하는 것은 바람직하지 않다. 그에 의하면 한계를 정하기가 어렵기 때문이다. 결국 i)설에 따라야 할 것이다.

[211] (2) 물상대위

저당권에 있어서도 질권에서와 마찬가지로 물상대위가 인정된다(370조·342조). 즉 저당권은 저당부동산의 멸실·훼손 또는 공용징수로 인하여 저당권설정자가 받을 금전 기타 물건에 대하여도 이를 행사할 수 있다. 그런데 이 경우에는 그 지급 또는 인도 전에 압류하여야 한다.

여기서 물상대위가 인정되는 대표물은 저당부동산의 멸실·훼손·공용징수로 인하여 저당권설정자가 받을 금전 기타의 물건이다(370조·342조 1문). 보험금·손해배상·수용보상금 등이 그 예이다. 그러나 금전과 같은 구체적인 물건이 아니고 그에 대한 청구권이 대위의 목적이 된다(보험금청구권이 물상대위권의 객체라는 판결: 대판 2004. 12. 24, 2004다52798). 한편 저당권자가 목적부동산에 추급할 수 있는 때에는 물상대위가 인정되지 않는다(대판 1981. 5. 26, 80다2109). 가령 저당권의 목적토지가 「공익사업을 위한 토지 등의 취득 및 보상에 관한 법률」(구 「공공용지의 취득 및 손실보상에 관한 특례법」)에 따라 협의취득된 경우에는, 그것이 사법상의 매매계약이고 공용징수가 아니므로 저당권자는 그 토지에 추급할 수 있고, 따라서 보상금청구권에 대하여 물상대위권을 행사할 수 없다(위의 판결 참조).

저당권자가 물상대위권을 행사하려면, 저당권설정자가 금전 기타의 물건을 지급 또는 인도받기 전에 압류하여야 한다(370조·342조 2문). 만약 저당권자(또는 근저당권자)가 위 금전이나 물건의 인도청구권을 압류하기 전에 토지의 소유자가 그 인도청구권에 기하여 금전 등을 수령한 경우에는 저당권자(또는 근저당권자)는 더 이상 물상대위권을 행사할 수 없다(대판 2009. 5. 14, 2008다17656; 대판 2015. 9. 10, 2013다216273). 이와 같이 압류를 요구하는 것은 대표물의 특정성을 유지하여 제 3 자에게 예측하지 못한 손해를 입히지 않도록 하기 위하여서이다. 따라서 압류는 반드시 대위권을 행사하는 저당권자가 할 필요가 없고, 다른 채권자가 압류하였어도 무방하다(대판 1996. 7. 12, 96다21058; 대판 1998. 9. 22, 98다12812; 대판 2002. 10. 11, 2002다33137). 그러나 저당권이 등기된 것만으로는 우선변제를 받을 수 없으며, 우선변제를 받기 위하여서는 민사집행법 제273조에 의하여 담보권의 존재를 증명하는 서류를 집행법원에 제출하여 채권압류 및 전부명령을 신청하거나 민사집행법 제247조 제 1 항에 의하여 배당요구를 하여야 한다(대판 1998. 9. 22, 98다12812; 대판 2002. 10. 11, 2002다33137; 대판 2022. 8. 11, 2017다256668). 그리고 이러한 물상대위권의 행사는 늦어도 민사집행법 제247조 제 1 항에서 규정하고 있는 배당요구의 종기까지 하여야 한다(대판 1999. 5. 14, 98다62688; 대판 2000. 5. 12, 2000다4272; 대판 2003. 3. 28, 2002다13539; 대판 2022. 8. 11, 2017다256668). 한편 판례에 의하면, 수용보상금 지급청구권이 물상대위권자가 압류하기 전에 양도 또는 전부명령 등에 의하여 타인에게 이전된 경우라도 보상금이 직접 지급되거나 보상금지급청구권에 관한 강제집행절차에 있어서 배당요구의 종기에 이르기 전에는 여전히 그 청구권에 대한 추급이 가능하다고 한다(대판 2000. 6. 23, 98다31899).

〈저당권자 또는 전세권저당권자의 물상대위에 관한 판례〉

(ㄱ) 「물상대위권의 행사에 나아가지 아니한 채 단지 수용대상토지에 대하여 담보물권의 등기가 된 것만으로는 그 보상금으로부터 우선변제를 받을 수 없다(대법원 1998. 9. 22. 선고 98다12812 판결 참조). 그렇다면 저당권자가 물상대위권의 행사에 나아가지 아니하여 우선변제권을 상실한 이상, 다른 채권자가 그 보상금 또는 이에 관한 변제공탁금으로부터 이득을 얻었다고 하더라도 저당권자는 이를 부당이득으로서 반환청구할 수 없다(대법원 1994. 11. 22. 선고 94다25728 판결, 대법원 2002. 10. 11. 선고 2002다33137 판결 등 참조).」(대판 2010. 10. 28, 2010다46756)

(ㄴ) 「전세권저당권이 설정된 경우에도 전세권이 기간만료로 소멸되면 전세권설정자는 전세금반환채권에 대한 제 3 자의 압류 등이 없는 한 전세권자에 대하여만 전세금반환의무를 부담한다.」(대판 1999. 9. 17, 98다31301)

(ㄷ) 「전세권에 대하여 설정된 저당권은 민사소송법 제724조 소정의 부동산 경매절차에 의하여 실행하는 것이나, 전세권의 존속기간이 만료되면 전세권의 용익물권적 권능이 소멸하기 때문에 더 이상 전세권 자체에 대하여 저당권을 실행할 수 없게 되고, 이러한 경우는 민법 제370조, 제342조 및 민사소송법 제733조에 의하여 저당권의 목적물인 전세권에 갈음하여 존속하는 것으로 볼 수 있는 전세금반환채권에 대하여 추심명령 또는 전부명령을 받거나(이 경우 저당권의 존재를 증명하는 등기부등본을 집행법원에 제출하면 되고 별도의 채무명의가 필요한 것이 아니다), 제 3 자가 위 전세금반환채권에 대하여 실시한 강제집행절차에서 배당요구하는 등의

방법으로 우선변제를 받을 수 있을 뿐이라고 할 것이다.」(대결 1995. 9. 18, 95마684)(대판 2014. 10. 27, 2013다91672는 그 방법이 물상대위권을 행사하는 것임을 명시하고 있다)

「전세권저당권자가 물상대위권을 행사하여 전세금반환채권에 대하여 압류 및 추심명령 또는 전부명령을 받고 이에 기하여 추심금 또는 전부금을 청구하는 경우 제 3 채무자인 전세권설정자는 일반적 채권집행의 법리에 따라 압류 및 추심명령 또는 전부명령이 송달된 때를 기준으로 하여 그 이전에 채무자와 사이에 발생한 모든 항변사유로 압류채권자에게 대항할 수 있다. 다만 임대차계약에 따른 임대차보증금반환채권을 담보할 목적으로 유효한 전세권설정등기가 마쳐진 경우에는 전세권저당권자가 저당권 설정 당시 그 전세권설정등기가 임대차보증금반환채권을 담보할 목적으로 마쳐진 것임을 알고 있었다면, 제 3 채무자인 전세권설정자는 전세권저당권자에게 그 전세권설정계약이 임대차계약과 양립할 수 없는 범위에서 무효임을 주장할 수 있으므로, 그 임대차계약에 따른 연체차임 등의 공제 주장으로 대항할 수 있다.」(대판 2021. 12. 30, 2018다268538)

(ㄹ) 「민법 제370조, 제342조 단서가 저당권자는 물상대위권을 행사하기 위하여 저당권설정자가 받을 금전 기타 물건의 지급 또는 인도 전에 압류하여야 한다고 규정한 것은 물상대위의 목적인 채권의 특정성을 유지하여 그 효력을 보전함과 동시에 제 3 자에게 불측의 손해를 입히지 않으려는 데 그 목적이 있으므로, 적법한 기간 내에 적법한 방법으로 물상대위권을 행사한 저당권자는 전세권자에 대한 일반채권자보다 우선변제를 받을 수 있」다(대판 2008. 3. 13, 2006다29372 · 29389).

(ㅁ) 민법 제370조, 제342조 단서가 저당권자는 물상대위권을 행사하기 위하여 저당권설정자가 받을 금전 기타 물건의 지급 또는 인도 전에 압류하여야 한다고 규정한 것은 물상대위의 목적인 채권의 특정성을 유지하여 그 효력을 보전함과 동시에 제 3 자에게 불측의 손해를 입히지 않으려는 데 그 목적이 있으므로, 적법한 기간 내에 적법한 방법으로 물상대위권을 행사한 저당권자는 전세권자에 대한 일반채권자보다 우선변제를 받을 수 있으며, 전세금은 그 성격에 비추어 민법 제315조 소정의 전세권설정자의 전세권자에 대한 손해배상채권 외 다른 채권까지 담보한다고 볼 수 없으므로, 전세권설정자가 전세권자에 대하여 위 손해배상채권 외 다른 채권을 가지고 있더라도 다른 특별한 사정이 없는 한 이를 가지고 전세금반환채권에 대하여 물상대위권을 행사한 전세권저당권자에게 상계 등으로 대항할 수 없다.」(대판 2008. 3. 13, 2006다29372 · 29389)

(ㅂ) 「전세권저당권자가 위와 같은 방법으로 전세금반환채권에 대하여 물상대위권을 행사한 경우, 종전 저당권의 효력은 물상대위의 목적이 된 전세금반환채권에 존속하여 저당권자가 그 전세금반환채권으로부터 다른 일반채권자보다 우선변제를 받을 권리가 있으므로, 설령 전세금반환채권이 압류된 때에 전세권설정자가 전세권자에 대하여 반대채권을 가지고 있고 그 반대채권과 전세금반환채권이 상계적상에 있

다고 하더라도 그러한 사정만으로 전세권설정자가 전세권저당권자에게 상계로써 대항할 수는 없다.

그러나 전세금반환채권은 전세권이 성립하였을 때부터 이미 그 발생이 예정되어 있다고 볼 수 있으므로, 전세권저당권이 설정된 때에 이미 전세권설정자가 전세권자에 대하여 반대채권을 가지고 있고 그 반대채권의 변제기가 장래 발생할 전세금반환채권의 변제기와 동시에 또는 그보다 먼저 도래하는 경우와 같이 전세권설정자에게 합리적 기대 이익을 인정할 수 있는 경우에는 특별한 사정이 없는 한 전세권설정자는 그 반대채권을 자동채권으로 하여 전세금반환채권과 상계함으로써 전세권저당권자에게 대항할 수 있다.」(대판 2014. 10. 27, 2013다91672)

(ㅅ) 「물상대위권을 갖는 채권자가 동시에 채무명의(현재의 명칭은 집행권원임: 저자 주)를 가지고 있으면서 채무명의에 의한 강제집행의 방법을 선택하여 채권의 압류 및 전부명령을 얻은 경우에는 비록 그가 물상대위권을 갖는 실체법상의 우선권자라 하더라도 원래 일반채무명의에 의한 강제집행절차와 담보권의 실행절차와는 그 개시요건이 다를 뿐만 아니라 다수의 이해관계인이 관여하는 집행절차의 안정과 평등배당을 기대한 다른 일반채권자의 신뢰를 보호할 필요가 있는 점에 비추어 압류가 경합된 상태에서 발부된 위 전부명령은 무효로 볼 수밖에 없는 것이다.」(대판 1990. 12. 26, 90다카24816)

「저당권이 설정된 전세권의 존속기간이 만료된 경우에 … 저당목적물의 변형물인 금전 기타 물건에 대하여 일반 채권자가 물상대위권을 행사하려는 저당채권자보다 단순히 먼저 압류나 가압류의 집행을 함에 지나지 않은 경우에는 저당권자는 그 전은 물론 그 후에도 목적채권에 대하여 물상대위권을 행사하여 일반채권자보다 우선변제를 받을 수가 있으며(대법원 1994. 11. 22. 선고 94다25728 판결 등 참조), 위와 같이 전세권부 근저당권자가 우선권 있는 채권에 기하여 전부명령을 받은 경우에는 형식상 압류가 경합되었다 하더라도 그 전부명령은 유효하다.」(대판 2008. 12. 24, 2008다65396)

(ㅇ) 「저당권자(질권자를 포함한다)는 저당권(질권을 포함한다)의 목적이 된 물건의 멸실, 훼손 또는 공용징수로 인하여 저당목적물의 소유자가 받을 저당목적물에 갈음하는 금전 기타 물건에 대하여 물상대위권을 행사할 수 있으나, 다만 그 지급 또는 인도 전에 이를 압류하여야 하며('민법' 제370조, 제342조), 저당권자가 위 금전 또는 물건의 인도청구권을 압류하기 전에 저당물의 소유자가 그 인도청구권에 기하여 금전 등을 수령한 경우에는 저당권자는 더 이상 물상대위권을 행사할 수 없게 된다. 이 경우 저당권자는 저당권의 채권최고액 범위 내에서 저당목적물의 교환가치를 지배하고 있다가 저당권을 상실하는 손해를 입게 되는 반면에, 저당목적물의 소유자는 저당권의 채권최고액 범위 내에서 저당권자에게 저당목적물의 교환가치를 양보하여야 할 지위에 있다가 마치 그러한 저당권의 부담이 없었던 것과 같은 상태에서의 대가를 취득하게 되는 것이므로 그 수령한 금액 가운데 저당권의 채권최고액을 한도로 하는 피담보채권액의 범위 내에서는 이득을 얻게 된다 할 것이다. 저당목적물 소유자가 얻은 위와 같은 이

익은 저당권자의 손실로 인한 것으로서 인과관계가 있을 뿐 아니라, 공평 관념에 위배되는 재산적 가치의 이동이 있는 경우 수익자로부터 그 이득을 되돌려받아 손실자와의 사이에 재산상태의 조정을 꾀하는 부당이득제도의 목적에 비추어 보면 위와 같은 이익을 소유권자에게 종국적으로 귀속시키는 것은 저당권자에 대한 관계에서 공평의 관념에 위배되어 법률상 원인이 없다고 봄이 상당하므로, 저당목적물 소유자는 저당권자에게 이를 부당이득으로서 반환할 의무가 있다고 할 것이다(대법원 1975. 4. 8. 선고 73다29 판결 참조).」(대판 2009. 5. 14, 2008다17656)

(ㅈ)「저당권자가 물상대위권을 행사하여 채권압류명령 등을 신청하면서 그 청구채권 중 이자 · 지연손해금 등 부대채권(이하 '부대채권'이라 한다)의 범위를 신청일 무렵까지의 확정금액으로 기재한 경우, 그 신청 취지와 원인 및 집행 실무 등에 비추어 저당권자가 부대채권에 관하여는 신청일까지의 액수만 배당받겠다는 의사를 명확하게 표시하였다고 볼 수 있는 등의 특별한 사정이 없는 한, 그 배당절차에서는 채권계산서를 제출하였는지 여부에 관계없이 배당기일까지의 부대채권을 포함하여 원래 우선변제권을 행사할 수 있는 범위에서 우선배당을 받을 수 있다.」(대판 2022. 8. 11, 2017다256668)

[212] 2. 저당권에 의하여 담보되는 범위

(1) 제360조

저당권은 원본 · 이자 · 위약금 · 채무불이행으로 인한 손해배상 및 저당권의 실행비용을 담보하되, 지연배상에 대하여는 저당권의 행사범위가 제한된다(360조).

〈피담보채권이라는 용어의 문제〉

민법은 제360조에서 위와 같은 내용을 규정하면서 그 제목을「피담보채권의 범위」라고 하였다. 그 때문에 문헌들은 한결같이 제360조가 규정하는 내용을 피담보채권의 범위라고 설명하고 있다. 그러다 보니「피담보채권」이라는 용어가 때로는「저당권을 설정할 수 있는 채권」의 의미로 사용되고, 여기서는「저당권에 의하여 담보되는 범위」의 의미로 사용되고 있다. 물론 이 둘은 일치하지 않는다. 그 결과 용어 사용이 올바르지 못하게 되고, 그로 인하여 혼란에 빠지기도 한다. 이러한 문제점을 피하려면「피담보채권」이라는 용어의 정확한 의미를 밝힌 뒤 의미에 맞게 사용하여야 한다. 생각건대 피담보채권은 문자 그대로「저당권에 의하여 담보되는 채권」이며, 그것은 설정계약에서 정한 원본채권을 가리킨다. 그러나 저당권에 의하여 담보되는 범위(담보되는「채권」의 범위가 아님을 주의할 것)는 원본채권에 한정되지 않는다. 그리고 그에 관하여 규정하고 있는 것이 제360조이다. 그에 의하면 원본채권 외에 이자 · 손해배상청구권 · 위약금 · 저당권 실행비용도 저당권에 의하여 담보된다. 그러고 보면 제360조가 규정하는 것은「피담보채권의 범위」가 아니고「저당권에 의하여 담보되는 범위」임을 알 수 있다. 결국 제360조의 제목은 잘못되어 있는 것이고, 따라서 그 규정을 해석하면서는 「피담보채권의 범위」라고 설명하지 않아야 한다. 이러한 점은 질권에 있어서도 마찬가지이다(334조 · 355조).

저당권에 의하여 담보되는 범위는 질권에서보다 좁다(334조 참조). 이는 저당권에 있어서는 후순위의 저당권이 설정되거나 또 목적부동산에 관하여 제 3 자가 이해관계를 갖는 경우가 적지 않은 만큼 그러한 제 3 자를 보호하기 위한 것이다.

제360조의 규정이 강행규정인가에 관하여 학설은 i) 보충규정설(이영준, 868면)과 ii) 강행규정설(이상태, 478면)로 나뉘어 있다. 생각건대 제360조는 후순위저당권자 기타 이해관계 있는 제 3 자를 보호하기 위한 것으로서 강행규정이라고 하겠다.

저당권에 의하여 담보되는 범위를 나누어 설명한다.

1) 원 본 여기의 원본은 원본채권이다. 원본채권은 저당권을 설정하여 담보하려고 한 본래의 채권이며, 그것이 곧 피담보채권이다. 그러한 채권을 이자채권과 대비하여 원본채권이라고 부르는 것이다. 하나의 채권은 그 일부가 여기의 원본채권이 될 수도 있다(그때에는 담보된 부분만이 원본채권이다. 곽윤직, 332면; 이영준, 869면 등은 이러한 경우에는 그 전체가 원본채권이라고 하나, 이는 옳지 않다. 원본채권이 「본래의 채권 전부」를 가리키는 것이 아니기 때문이다).

담보되는 원본의 금액과 변제기 · 지급장소는 등기하여야 한다(부등법 75조 1항). 그리고 피담보채권이 금전채권이 아닌 경우에는 그 채권의 평가액을 등기하여야 한다(부등법 77조. [207] 참조).

2) 이 자 이자를 발생하게 하는 특약이 있는 때에는 이자 및 그 발생기 · 지급시기 · 지급장소를 등기하여야 한다(부등법 75조 1항 4호). 민법은 저당권의 효력이 미치는 이자의 범위를 제한하지 않고 있다. 따라서 이자채권은 저당권에 의하여 무제한으로 담보된다. 다만, 변제기 이후에는 지연배상으로 되어 그에 대한 제한규정의 적용을 받게 될 것이다(같은 취지: 이영준, 869면).

3) 손해배상청구권 채무불이행으로 인한 손해배상 즉 지연배상(지연이자)도 저당권에 의하여 담보되나, 그것은 원본의 이행기일을 경과한 후의 1년분에 한한다(360조 단서). 그런데 지연배상에 대하여는 원본의 이행기일을 경과한 후의 1년분에 한하여 저당권을 행사할 수 있다고 규정하고 있는 것은 저당권자의 제 3 자에 대한 관계에서의 제한이며, 채무자나 저당권설정자가 저당권자에 대하여 대항할 수 있는 것이 아니다(대판 1992. 5. 12, 90다8855).

지연이자는 원본채무의 불이행이 있으면 법률상 당연히 발생하기 때문에, 그 등기는 필요하지 않다. 그리고 약정이자에 관하여 등기가 있으면, 그 이율에 의한 지연이자를 담보하게 된다. 그러나 약정이율의 등기가 없는 때에는 법정이율에 의한 이자를 담보한다(397조 1항).

4) **위 약 금** 위약금의 특약이 있고 그에 관하여 등기가 되어 있으면 그것도 저당권에 의하여 담보된다. 위약금이 손해배상액의 예정인지는 묻지 않는다(398조 4항 참조).

5) **저당권의 실행비용** 저당권의 실행에는 부동산 감정비용 · 경매신청 등록세 등의 비용이 든다. 그런데 저당권은 이러한 비용도 담보한다. 그리고 이 비용에 관하여는 등기가 요구되지 않는다. 민사집행법에 따르면 이 비용은 매각대금으로부터 우선적으로 변제받게 된다(민사집행법 53조 참조).

(2) 불가분성

저당권도 불가분성이 있어서 저당권자는 채권 전부의 변제를 받을 때까지 저당부동산 전부에 관하여 그 권리를 행사할 수 있다(370조 · 321조). 그리고 피담보채권이 남아 있는 한 저당권설정자는 저당권등기의 말소를 청구하지 못한다(대판 1970. 3. 24, 70다207). 다만, 공동저당의 경우에는 불가분성이 제한된다.

[213] Ⅱ. 우선변제적 효력

1. 저당권자가 변제를 받는 모습

저당권에 의하여 담보되는 채권의 변제기가 되었음에도 불구하고 채무자가 변제하지 않는 경우에는, 저당권자는 저당권의 목적물을 매각 · 현금화하여(다른 채권자에 의하여 경매된 경우도 같음) 그 대금으로부터 다른 채권자에 우선해서 변제를 받을 수 있다(356조). 그런가 하면 저당권자가 저당권과 관계없이 하나의 채권자로서 채무자의 일반재산으로부터 변제를 받을 수도 있다.

(1) 저당권에 기하여 우선변제를 받는 경우

1) 저당권자가 우선변제를 받는 방법 가운데 가장 전형적인 것은 저당권자 자신이 저당권을 실행하여 변제받는 것이다. 그 구체적인 방법은 뒤에 따로 보기로 한다([215] · [216] 이하 참조).

2) 저당권자가 직접 저당권을 실행하지 않고서도 목적물로부터 우선변제를 받는 때가 있다. 저당부동산에 대하여 일반채권자가 강제집행을 하거나 저당부동산의 전세권자가 경매를 신청하는 경우, 또는 후순위저당권자가 저당권을 실행하는 경우에 그렇다. 그러한 경우에 저당권자는 강제집행이나 경매를 막지 못하며, 그가 가지는 우선순위에 따라서 매각대금으로부터 당연히 변제를 받을 수 있을 뿐이다(민사집행법 268조 · 91조 2항 · 145조 참조).

다만, 일반채권자 또는 후순위저당권자가 신청하는 경매에 있어서는, 최저매각가격(민사집행법 97조)으로부터 그들의 채권에 우선하는 부동산의 모든 부담(선순위의 담보권 및 우선특권 등)과 절차비용을 변제하면 남을 것이 없겠다고 인정된 때에는 법원은 일정한 사유가 없는 한 그 경매절차를 취소하여야 한다(민사집행법 102조 · 268조). 그리하여 일반채권자 등은 원칙적으로 선순위저당권자 등의 채무를 변제하고 나머지가 있는 경우에만 경매를 할 수 있다.

타인에 의한 경매에 의하여 저당권자가 당연히 변제를 받게 되는 것은 특정채권의 변제의 측면에서는 문제될 것이 없다. 그러나 이는 저당권을 투자수단으로 활용하는 데 커다란 장애요인이 된다. 일반채권자나 후순위저당권자에 의한 경매청구를 제한하고 있더라도 마찬가지이다. 통설은 그 때문에도 우리의 저당권이 근대의 저당권으로서는 미흡하다고 평가한다(대표적으로 곽윤직, 337면).

(2) 단순히 채권자로서 변제를 받는 경우

1) 저당권자가 직접 청구하거나 또는 타인에 의하여 청구된 경매절차에서 저당부동산의 매각대금으로부터 배당을 받았지만 채권을 완전히 변제받지 못한 경우에는, 저당권자의 나머지의 채권은 무담보의 채권으로 존속하게 된다. 그리하여 저당권자는 이제는 그 나머지의 채권에 관하여 단순한 채권자로서 채무자의 일반재산에 대하여 강제집행을 하거나(이때는 집행권원이 필요함) 또는 타인이 집행을 하는 경우에 배당에 가입할 수 있다.

2) 저당권에 있어서도 질권에서와 마찬가지로, 저당권자가 저당목적물에 대하여 저당권을 실행하지 않고 처음부터 채무자의 일반재산에 대하여 먼저 집행할 수 있는지가 문제된다(물론 집행권원을 얻은 경우이다). 민법은 질권의 경우에서처럼 그에 대하여 제한을 가하고 있다(370조 · 340조). 그에 의하면, 저당권자는 저당부동산에 의하여 변제받지 못한 부분의 채권에 관하여서만 일반재산에 대하여 집행할 수 있으며, 그에

위반한 때에는 일반채권자는 이의를 제기할 수 있다(370조 · 340조 1항). 그러나 채무자는 이의를 제기하지 못한다(이설 없음. 그리고 질권에 관한 [191]도 참조). 한편 저당부동산보다 먼저 다른 재산에 관한 배당을 실시하는 경우에는 저당권자는 그의 채권 전액을 가지고 배당에 참가할 수 있다(370조 · 340조 2항 본문). 이때 다른 채권자는 저당권자에게 배당금액의 공탁을 청구할 수 있다(370조 · 340조 2항 단서).

[214] ## 2. 저당권자의 우선적 지위(우선순위)

(1) 일반채권자에 대한 관계

저당권자는 일반채권자에 우선한다. 다만, 주택임대차보호법상 일정한 요건을 갖춘 주택의 임차인 · 미등기 전세권자는 저당권자에 우선한다(같은 법 8조 · 12조 · 3조의 2).

〈판 례〉

「부동산에 대하여 가압류등기가 먼저 되고 나서 근저당권설정등기가 마쳐진 경우에 그 근저당권등기는 가압류에 의한 처분금지의 효력 때문에 그 집행보전의 목적을 달성하는 데 필요한 범위 안에서 가압류채권자에 대한 관계에서만 상대적으로 무효라 할 것인바, 이 경우 가압류채권자와 근저당권자 및 위 근저당권설정등기 후 강제경매신청을 한 압류채권자 사이의 배당관계에 있어서, 근저당권자는 선순위 가압류채권자에 대하여는 우선변제권을 주장할 수 없으므로 1차로 채권액에 따른 안분비례에 의하여 평등배당을 받은 다음, 후순위 경매신청압류채권자에 대하여는 우선변제권이 인정되므로 경매신청압류채권자가 받을 배당액으로부터 자기의 채권액을 만족시킬 때까지 이를 흡수하여 배당받을 수 있다 할 것이다.」(대결 1994. 11. 29, 94마417. 가등기담보의 경우에 관하여 같은 취지: 대판 1987. 6. 9, 86다카2570; 대판 1992. 3. 27, 91다44407)

(2) 전세권자에 대한 관계

이에 관하여는 전세권을 설명하면서 이미 살펴보았다([172] 참조).

(3) 유치권자에 대한 관계

유치권은 우선변제력이 없으므로 이론상으로는 저당권과의 우열의 문제가 생기지 않는다. 그러나 유치권자는 채권의 변제를 받을 때까지 목적물을 유치할 수 있어서 사실상 우선변제를 받게 된다.

(4) 다른 저당권자에 대한 관계

동일한 부동산 위에 여러 개의 저당권이 설정되어 있는 경우에 그 순위는 설정의 선후, 즉 설정등기의 선후에 의한다(370조 · 333조). 그리하여 후순위저당권자는 선순위저당권자가 변제받은 나머지에 관하여만 우선변제를 받을 수 있다. 경매가 후순위저당권자의 신청에 의하여 행하여진 때에도 같다.

한편 우리 법상 선순위의 저당권이 변제 기타의 사유로 소멸하면 후순위의 저당권은 그 순위가 승진한다. 이를 순위승진의 원칙이라고 한다. 이러한 순위승진의 원칙은 후순위자에게는 우연한 사정에 의하여 기대하지 않은 이익을 주며, 저당부동산 소유자에게는 양질의 가치부분을 활용할 수 없게 만든다. 그 결과 저당권을 투자매개수단으로 기능하지 못하게 한다. 따라서 이 원칙은 결코 합리적인 것이라고 할 수 없다.

(5) 국세우선권과의 관계

국세 · 강제징수비는 다른 공과금이나 그 밖의 채권에 우선하여 징수한다(국세기본법 35조 1항 본문). 그리하여 국세 등은 원칙적으로 저당권에 의하여 담보된 채권에도 우선한다. 다만, 저당권이 국세의 「법정기일」(과세표준과 세액의 신고에 따라 납세의무가 확정되는 국세는 그 신고일이고(국세기본법 35조 2항 1호), 과세표준과 세액을 정부가 결정 · 경정 또는 수시부과 결정을 하는 경우 고지한 해당 세액은 그 납세고지서의 발송일임(국세기본법 35조 2항 2호). 그 밖의 국세에 대해서는 국세기본법 35조 2항 3호–7호 참조) 전에 등기된 때에는 저당채권이 국세에 우선하게 된다(국세기본법 35조 1항 3호). 그런데 그 재산에 대하여 부과된 상속세 · 증여세 · 종합부동산세는 그러한 저당채권에도 우선한다(국세기본법 35조 3항). 그리고 이러한 취지의 규정은 지방세에 관하여도 두어져 있다(지방세기본법 71조 1항 3호).

〈판 례〉

(ㄱ) 「국세기본법 제35조 제 1 항 제 3 호는 공시를 수반하는 담보물권과 관련하여 거래의 안전을 보장하려는 사법적(私法的) 요청과 조세채권의 실현을 확보하려는 공익적 요청을 적절하게 조화시키려는 데 그 입법의 취지가 있으므로, 당해세가 담보물권에 의하여 담보되는 채권에 우선한다고 하더라도 이로써 담보물권의 본질적 내용까지 침해되어서는 아니 되고, 따라서 같은 법 제35조 제 1 항 제 3 호 단서에서 말하는 '그 재산에 대하여 부과된 국세'라 함은 담보물권을 취득하는 사람이 장래 그 재산에 대하여 부과될 것을 상당한 정도로 예측할 수 있는 것으로서 오로지 당해 재산을 소유하고 있는 것 자체에 담세력을 인정하여 부과되는 국세만을 의미하는 것으로 보아야 한다(대법원 1999. 3. 18. 선고 96다23184 전원합의체 판결 참조).」(부동산등기부 기재상 상속재산임이 공시되어 있지 아니한 부동산의 경우, 담보물권자가 당해 부동산에 상속세가 부과되리라는 점을 예측할 수 없었다는 이유로 상속세가 당해세에 해당하지 아니한다고 한 사례)(대판 2003. 1. 10, 2001다44376)

(ㄴ) 「국세기본법 제35조 제 1 항 제 3 호의 규정 또는 지방세법 제31조 제 2 항 제 3 호(현행 지방세기본법 99조 1항에 해당: 저자 주)의 규정에 의하여 국세나 지방세에 대하여 우선적으로 보

호되는 저당권부 채권은 당해 저당권설정 당시의 저당권자와 설정자와의 관계를 기본으로 하여 그 설정자의 납세의무를 기준으로 한 취지라고 해석되고, 이러한 국세나 지방세 등의 우선징수로부터 배제되는 저당권부 채권은 설정자가 저당부동산을 제 3 자에게 양도하고 그 양수인에게 국세나 지방세의 체납이 있었다고 하더라도 특별규정이 없는 현행법 하에서는 그 보호의 적격이 상실되는 것은 아니라고 할 것이므로, 저당부동산이 저당권설정자로부터 제 3 자에게 양도되고 위 설정자에게 저당권에 우선하여 징수당할 아무런 조세의 체납이 없었다면 양수인인 제 3 자에 대하여 부과한 국세 또는 지방세를 법정기일이 앞선다거나 당해세라 하여 우선징수할 수 없다고 할 것이고(대법원 1991. 9. 24. 선고 88다카8385 판결, 1994. 3. 22. 선고 93다49581 판결 등 참조), 이러한 법리는 저당부동산의 양도와 함께 설정자인 양도인, 양수인 및 저당권자 등 3자의 합의에 의하여 저당권자와 양도인 사이에 체결되었던 저당권설정계약상의 양도인이 가지는 계약상의 채무자 및 설정자로서의 지위를 양수인이 승계하기로 하는 내용의 계약인수가 이루어진 경우라고 하여 달리 볼 것이 아니다.」(대판 2005. 3. 10, 2004다51153)

(6) 파산채권자 · 개인회생채권자 · 회생채권자에 대한 관계

저당부동산의 소유자가 파산한 때에는, 저당권자는 별제권(또는 준별제권)을 가진다(채무자회생법 411조 · 414조). 저당권설정자에 대하여 개인회생절차가 개시된 경우에도 같다(채무자회생법 586조). 그리고 저당권설정자에 대한 회생절차에서 저당권은 회생담보권으로 된다(채무자회생법 141조).

[215] Ⅲ. 저당권의 실행

1. 서 설

저당권자가 저당권의 목적물을 매각 · 현금화하여 그로부터 그의 채권을 변제받는 것을 가리켜 저당권의 실행이라고 한다. 저당권의 실행은 원칙적으로는 민사집행법이 정하는 담보권 실행경매에 의하게 되나, 그 밖에 당사자의 약정에 의하여 행하여질 수도 있다(유저당). 아래에서 이 두 가지의 실행방법을 차례로 살펴보기로 한다.

2. 담보권 실행경매

(1) 의 의

담보권 실행경매란 유치권 · 질권 · 저당권 등의 담보권의 실행을 위한 경매를 가리킨다. 이것은 부동산에 대한 경매만을 의미하지는 않는다. 담보권 실행경매의 절차는 민사집행법이 정하고 있다(같은 법 264조 내지 275조). 이 경매의 경우에는 일반채권자에 의한 경매 즉 통상의 강제경매(민사집행법 80조 내지 162조)에서와 달리 확정판결과 같은 집행권원(민사집행법 24조 · 56조)이 필요하지 않다(민사집행법 80조 3호 · 264조).

(2) 요 건

저당권의 실행을 위한 경매를 신청하려면 저당권이 존재하고 또 채권의 이행기가 되었어야 한다.

1) 먼저 저당권이 존재하여야 한다. 따라서 경매를 신청할 때 담보권이 있다는 것을 증명하는 서류(확정판결 · 공정증서 · 등기사항증명서 등)를 제출하여야 한다(민사집행법 264조 1항 · 273조 1항). 그리고 저당권을 승계한 경우에는 승계를 증명하는 서류를 제출하여야 한다(민사집행법 264조 2항. 지상권 · 전세권을 목적으로 하는 저당권에 관하여는 규정이 없으나, 마찬가지로 해석하여야 한다).

2) 다음에 피담보채권이 존재하고 그 이행기가 되었어야 한다. 정확하게 말하면 채무자가 이행지체에 빠졌어야 한다. 만약 채무의 이행기가 되지 않은 때에 저당권자가 경매를 신청한 경우에는, 그 신청은 부적법한 것으로서 각하되어야 한다(대결 1968. 4. 14, 68마301; 대결 1968. 4. 24, 68마300). 다만, 채무의 이행기가 되기 전에 행하여진 경매신청에 의하여 경매절차가 개시된 경우에도 경락허가결정이 내려질 때까지 이행기가 도래하면 그 하자는 치유된다고 할 것이다(통설도 같음. 김학동, 543면은 구 민소 727조(민사집행법 267조에 해당)의 규정상 이는 당연하다고 한다).

(3) 절 차

담보권 실행경매의 절차는 민사집행법이 규정하고 있다. 그런데 민사집행법은 담보권 실행경매에 관하여는 몇 개의 특별규정을 두고 있을 뿐이고(저당권의 경우에는 같은 법 264조 내지 267조 · 273조), 대체로 부동산(같은 법 79조 내지 162조) 또는 재산권의 강제경매에 관한 규정(같은 법 251조)을 거기에 준용하고 있다(같은 법 268조 · 273조 3항). 그에 의하면 경매절차는 ① 경매의 신청, ② 경매개시결정, ③ 매각, ④ 대금의 납부와 배당의 순으로 진행된다.

(4) 매각의 효과(매각허가결정의 효력) [216]

1) 매수인의 권리취득 담보권 실행경매에 의하여 매수인(경락인)은 저당권의 목적이 되는 권리 즉 소유권 · 지상권 · 전세권을 취득한다. 그리고 저당부

동산에 부합된 물건과 종물의 소유권도 취득한다. 저당권은 이들 물건에도 효력이 미치기 때문이다(358조 본문). 다만, 주물 소유자가 아닌 자의 물건은 종물이 아니어서 그것의 소유권은 취득하지 못한다(대판 2008. 5. 8, 2007다36933 · 36940).

권리를 취득하는 시기는 매수인이 매각대금을 모두 지급한 때이다(민사집행법 268조 · 135조). 이들 권리의 취득은 제187조에 의한 물권변동이기 때문에 등기는 필요하지 않다.

그리고 매수인의 부동산 소유권 등의 취득은 담보권의 소멸로 영향을 받지 않는다(민사집행법 267조. 이 법은 저당권의 목적인 지상권 · 전세권의 취득에 관하여는 명문규정을 두고 있지 않으나, 마찬가지로 새겨야 한다). 그리하여 피담보채권이나 저당권의 소멸 · 무효 · 부존재와 같은 실체법상의 권리에 흠이 있더라도 채무자는 매수인의 권리취득을 다투지 못한다. 그러나 처음부터 저당권이 존재하지 않는 경우(예: 원인무효의 소유권이전등기에 기하여 저당권설정등기를 한 경우)에는 이를 다툴 수 있다고 할 것이다(같은 취지: 김학동, 545면; 이상태, 414면; 이영준, 889면). 그리고 채무자나 소유자(지상권자 · 전세권자 포함)가 경매절차의 개시를 전혀 알지 못한 경우에도 제외하여야 한다. 이때는 매각절차의 취소(민사집행법 127조) · 정지(민사집행법 266조)를 신청할 수가 없기 때문이다(같은 취지: 곽윤직, 345면). 한편 판례는, 민사집행법 제267조는 경매개시결정이 있은 뒤에 담보권이 소멸하였음에도 경매가 계속 진행되어 매각된 경우에만 적용되고, 경매개시결정이 있기 전에 담보권이 소멸한 경우에는 적용되지 않는다고 한다(대판 2012. 1. 12, 2011다68012; 대판(전원) 2022. 8. 25, 2018다205209).

2) **매각목적물 위의 다른 권리** 매각부동산 위에 설정된 저당권은 부동산의 매각으로 소멸한다(민사집행법 268조 · 91조 2항). 그리고 지상권 · 지역권 · 전세권 · 등기된 임차권은 저당권에 대항할 수 없는 경우에는 매각으로 소멸한다(민사집행법 268조 · 91조 3항). 지상권 등이 저당권에 대항할 수 있는지 여부는 그 성립시기(설정등기를 한 때)에 의하여 결정된다. 그리하여 최우선순위의 저당권보다 후에 성립한 용익권은 모두 소멸한다. 그러나 최우선순위의 저당권보다 먼저 성립한 지상권 · 지역권 · 전세권 · 등기된 임차권은 소멸하지 않으며, 이들 권리는 매수인이 인수한 것으로 된다. 다만, 전세권의 경우에 전세권자가 배당요구를 한 때에는 예외적으로 매각으로 전세권이 소멸한다(민사집행법 268조 · 91조 4항). 한편 유치권은 부동산이 매각되더라도 여전히 유치적 효력을 가지며, 따라서 매수인은 유치권자에게 변제할 책임이 있다(민사집행법 268조 · 91조 5항).

경우에 따라서는 매수인이 법정지상권을 취득하거나 또는 법정지상권의 부담을 질 수도 있는데, 그에 관하여는 뒤에 따로 설명한다([220] 이하 참조).

〈판 례〉

「제1, 2순위의 근저당권설정등기 사이에 소유권이전등기 청구권 보전의 가등기가 경료된 부동산에 대하여 위 제1순위 근저당권의 실행을 위한 경매절차에서 매각허가결정이 확정되고 매각대금이 완납된 경우 위 가등기 및 그에 기한 본등기상의 권리는 모두 소멸하고, 위 각 등기는 민사집행법 제144조 제 1 항 제 2 호에 규정된 매수인이 인수하지 아니한 부동산의 부담에 관한 기입에 해당하여 말소촉탁의 대상이 되며, 이와 같은 매각허가결정의 확정으로 인한 물권변동의 효력은 그에 관한 등기에 관계없이 이루어지는 것이다.」(대판 2007. 12. 13, 2007다57459)

3) 인도명령 경매된 부동산의 점유자가 매수인에게 그 부동산을 인도하지 않는 경우에, 법원은 매수인이 대금을 낸 뒤 6개월 이내에 신청하면 채무자 · 소유자 또는 부동산점유자에 대하여 부동산을 매수인에게 인도하도록 명할 수 있다(민사집행법 268조 · 136조 1항 본문). 그리고 만약 채무자 · 소유자 또는 점유자가 인도명령에 따르지 않을 때에는, 매수인 또는 채권자는 집행관에게 그 집행을 위임할 수 있다(민사집행법 268조 · 136조 6항). 한편 매수인은 부동산의 소유자로서 소유권에 기하여 부동산의 인도를 청구할 수도 있다.

3. 유저당(流抵當) [217]

(1) 의 의

저당권으로 담보된 채무의 변제기가 되기 전에(변제기가 된 후에 약정을 한 것은 일종의 대물변제의 합의로 될 것이다), 저당채무의 불이행이 있으면 저당부동산의 소유권(또는 저당권의 목적인 지상권 · 전세권)을 저당권자가 취득하는 것으로 하거나 또는 법률이 정하지 않은 방법(즉 담보권 실행경매 이외의 방법)으로 저당부동산을 환가 내지 현금화하기로 약정하는 것이 유저당계약이고, 그러한 방법에 의한 저당권의 실행이 유저당이다. 민법은 이러한 유저당에 관하여 명문의 규정을 두고 있지 않다(유질계약 금지에 관한 339조 참조). 그런데 유저당에 의하면 저당권자가 피담보채권 이상의 이익을 얻을 수도 있다. 따라서 그것의 유효 여부가 문제된다.

유저당계약에는 저당권의 목적물의 소유권을 저당권자에게 귀속시키는 것과 목적물을 임의의 방법으로 현금화하는 것의 두 가지가 있다. 앞의 것은 저당권을 설정하면서 대물변제의 예약을 하는 것이다. 유저당의 두 가지 방법을 차례로 보기로 한다.

(2) 대물변제예약을 하는 경우

1) 저당권을 설정하면서 당사자 사이에 채무자가 변제기에 채무를 변제하지 못하면 그 채무의 변제에 갈음하여 부동산의 소유권을 채권자에게 이전하기로 하는 이른바 대물변제의 예약을 하는 경우가 있다. 그리고 그러한 경우 가운데에는 아울러 그 대물변제의 예약을 원인으로 하는 소유권이전청구권을 보전하기 위하여 가등기를 하는 때가 있는가 하면, 가등기를 하지 않고 소유권이전등기에 필요한 서류를 교부받고 있거나 아무런 후속조치를 취하지 않고 있는 때도 있다. 이들 중 앞의 경우에는 가등기담보라는 일종의 담보권을 설정한 것으로 되어 거기에는 「가등기담보 등에 관한 법률」이 적용되며, 따라서 당연히 청산의 절차를 밟아야만 한다(같은 법 3조 이하 참조). 그에 비하여 가등기가 없는 뒤의 경우에는 가등기담보법이 적용될 수가 없으며, 민법 제607조 · 제608조에 의하여 그 유효 여부가 결정되어야 한다.

2) 이 뒤의 경우에 대물변제예약은 유효한가? 여기에 관하여 판례는 처음에는 제607조 · 제608조의 문언에 충실하게 해석하여, 부동산의 시가가 채무금액을 초과하고 그 약정의 내용이 채무자에게 불리한 것이면 계약이 무효이고, 그 결과 채권자는 부동산의 소유권을 취득하지 못한다고 하였다(대판 1962. 5. 24, 62다67; 대판 1962. 10. 11, 62다290; 대판 1962. 10. 18, 62다291). 그런데 그 뒤에 판례가 변경되어 현재는, 대물변제의 예약이 제607조 · 제608조의 적용을 받아서 그 효력이 없는 경우라도 특별한 사정이 없으면 당사자 사이에 약한 의미의 양도담보계약, 즉 소유권이 대외적으로만 이전하는 양도담보를 함께 맺은 취지로 보아야 할 것이라고 한다(대판 1967. 3. 28, 67다61; 대판 1967. 10. 4, 67다1596; 대판 1968. 6. 28, 68다762 · 763; 대판 1968. 10. 22, 68다1654; 대판 1980. 7. 22, 80다998; 대판 1999. 2. 9, 98다51220). 그리고 판례는 약한 의미의 양도담보가 약정된 경우에는 채권자가 채무의 변제기 후에 반드시 담보권실행을 위한 정산절차를 거쳐야 하는 것으로 새긴다(대판 1998. 4. 10, 97다4005).

한편 학설은 세 가지로 나뉘어 있다. i) 제 1 설은 제607조에 위반한 대물변제예약은 전면적으로 무효가 아니고 제607조에 위반하는 초과부분은 채무자에게 반환하여 청산하여야 한다는 의미라고 해석한다(곽윤직, 346면; 김용한, 565면). ii) 제 2 설은 대물변제예약은 그 전부가 무효이나 무효행위의 전환이론에 의하여 약한 의미의 양도담보로 전환되어 그 효력으로서 청산의무가 발생한다고 한다(고상룡, 674면; 이영준, 894면; 이은영, 811면). iii) 제 3 설은 어느 견해에 의하든 대물변제예약을 담보관계로 해석하는 점은 같다고 하면서, 대물변제예약에 기하여 소유권이전등기가 행하여진 경우에는 가등기담보법 제11조 단서를 유추적용하여 선의의 제 3 자만을 보호하는 것이 타당하다고 한다(이상태, 484면).

이들 견해는 모두 청산을 인정하는 점에서는 같다. 그러나 대물변제예약의 유효 여부에 관하여는 i)설은 일부만이 무효라고 하는 데 비하여, ii)설은 전부가 무효라고 하며, iii)설은 불분명하다. 그리고 저당권설정자의 청산청구권의 성실은 i)설에 의하면 부당이득 반환청구권이나, ii)설에 의하면 계약적인 청구권이라고 하게 된다. iii)설은 이 점도 불분명하다. 저당권자 명의의 소유권이전등기는 i)설, ii)설에 의하면 제 3 자에 대한 관계에서 언제나 유효하나, iii)설에 의하면 제 3 자가 선의인 경우에만 유효한 것으로 다루어진다. 생각건대 iii)설은 학설의 내용을 잘못 파악하고 있을 뿐만 아니라, 명문의 규정이 없음에도 불구하고 등기의 공신력을 인정하는 것과 같은 해석을 하여 옳지 않다. 그리고 ii)설과 판례는 단지 저당권의 실행방법만을 정하고 있는 약정을 독립한 담보권의 약정으로 인정하는 것으로 지지할 수 없다. 결국 법문에 다소 어긋나기는 하지만 i)설처럼 새기는 것이 이론상 가장 바람직하다. 청산을 인정하는 가등기담보와의 균형을 고려할 때 더욱 그렇다.

(3) 임의환가(任意換價)의 약정 [218]

유저당의 또 하나의 방법은 저당권의 목적물을 담보권 실행경매 이외의 방법으로 제 3 자에게 매각하여 변제를 받는 것이다. 대물변제예약에 의한 유저당의 유효성을 인정하는 이상, 이러한 임의환가의 유저당도 유효하다고 할 것이다(이설 없음).

목적물을 제 3 자에게 매각하는 방법에는 저당권자 명의로 소유권이전등기를 한 뒤에 제 3 자에게 처분하는 것과 저당권자 명의의 등기 없이 곧바로 처분하는 것의 두 가지가 있다(곽윤직, 346면은 전자만을 임의환가의 약정으로 설명한다). 후자에 있어서는 저당권설정자가 저당권자에게 매매계약을 체결할 수 있는 대리권을 수여한 것으로 보아야 한다(같은 취지: 이은영, 812면). 이들 두 경우 가운데 어느 것에 해당하는지는 약정의 해석에 의하여 결정된다.

임의환가의 경우에 피담보채권이 소멸하는 시기에 관하여 학설은 i) 제 3 자에게 이전등기를 한 때라는 견해(고상룡, 675면; 곽윤직, 347면; 김상용, 678면; 이상태, 485면; 이영준, 895면), ii) 저당권자가 매각대금에서 자기채권액 상당을 변제받은 때라는 견해(이은영, 812면), iii) 저당권자가 제 3 자와 법률행위를 한 때라는 견해(강태성, 1113면)로 나뉘어 있다. 생각건대 저당권자가 제 3 자와 일단 매매계약을 체결하면 그 후에는 저당권설정자는 그의 재산을 회수할 수 없다고 하여야 한다. 그러지 않으면 근거 없이 제 3 자에게 불이익을 주기 때문이다. 그렇지만 매매계약 체결만으로 채권이 소멸하였다고 할 수는 없다. 그렇게 새기면 저당권자가 불이익을 입을 수가 있기 때문이다. 매매계약이 이행되지 않을 경우에 그렇다. 따라서 저당권으로 담보된 채권은 저당권자가 채권액에 해당하는 금액을 지급받은 때에 소멸한다고 하여야 한다. 그리고 저당권설정자는 저당권자가 채권액을 넘는 금액을 지급받은 때에 청산청구권을 가지게 된다(같은 취지: 이은영, 812면). 위의 i)설은 이 청산청구권도 제 3 자 앞으로 이전등기를 한 때 생긴다고 하고, iii)설은 저당권자가 제 3 자에게 매각대금의 지급을 청구할 수 있는 때에 청산청구권이 발생한다고 한다.

[219] ## Ⅳ. 저당권과 용익관계

1. 서 설

저당권은 목적물의 교환가치만을 지배하는 권리이다. 따라서 저당권이 설정되었더라도 설정자는 목적물을 스스로 이용하거나 또는 타인에게 이용하게 할 수 있다. 그러나 저당권이 실행되면 목적부동산의 소유권(또는 저당권의 객체인 지상권·전세권)이 경락인에게 이전되므로 기존의 이용관계는 근본에서부터 흔들리게 된다. 여기서 저당권의 실행과 관련하여 목적물의 용익관계를 살펴볼 필요가 있다. 구체적으로는 ① 저당권 실행경매의 경우에 용익권이 소멸하는지 여부(저당권과 용익권의 관계), ② 법정지상권, ③ 저당권자의 토지·건물 일괄경매권, ④ 저당부동산(또는 기타의 객체)의 제 3 취득자의 지위 등이 그것이다.

2. 저당권과 용익권의 관계

저당권이 실행된 경우에 용익권(지상권·지역권·전세권·등기된 임차권 등)이 소멸하는지에 관하여는 앞에서 이미 설명하였다([216] 참조).

3. 법정지상권(제366조에 의한 법정지상권) [220]

(1) 의 의

건물을 토지와는 별개의 부동산으로 다루고 있는 우리 법제에 있어서 당사자 사이에 건물을 위한 토지이용권을 현실화할 기회가 없었던 경우에 건물을 유지 · 사용할 수 있도록 하기 위하여 인정되는 토지이용권이 법정지상권이다(자세한 점에 관하여는 [145] 참조). 우리의 현행법상 이러한 법정지상권이 성립하는 경우로는 네 가지가 있으며, 그 중의 하나가 제366조에 의한 법정지상권이다(다른 경우에 관하여는 [145] 참조).

제366조에 의한 법정지상권은 토지와 그 지상건물이 동일인에게 귀속하는 경우에 토지와 건물 중 어느 하나 또는 둘 모두에 저당권이 설정된 후 저당권의 실행으로 경매됨으로써 토지와 건물의 소유자가 다르게 된 때에 건물의 소유자에게 당연히 인정되는 지상권을 말한다. 동일인의 소유에 속하는 토지 및 그 지상건물에 대하여 공동저당권이 설정되었으나 그 중 하나에 대하여만 경매가 실행되어 소유자가 달라지게 된 경우에도 이 법정지상권이 성립할 수 있다(대판 2013. 3. 14, 2012다108634).

제366조의 적용을 배제하는 당사자 사이의 특약은 유효한가? 여기에 관하여 학설은 i) 그 규정은 가치권과 이용권의 조절을 꾀한다는 공익상의 이유로 지상권의 설정을 강제하는 강행법규이고, 따라서 그 규정의 적용을 배제하는 특약은 효력이 없다는 견해(곽윤직, 349면; 김상용, 681면; 김용한, 574면; 김학동, 533면), ii) 제366조가 강행법규이기는 하나, 포기를 불허할 정도로 강한 것이 아니라는 견해(이상태, 489면; 이영준, 898면), iii) 일률적으로 무효라고 하는 것은 옳지 않으며, 당사자 사이에서는 유효하다고 풀이할 것이라는 견해(고상룡, 679면)로 나뉘어 있다. 그리고 판례는 i)설과 같다(대판 1988. 10. 25, 87다카1564). 생각건대 제366조는 가치권과 이용권을 조절하여 일정한 경우에 건물소유자에게 법률규정에 의하여 물권을 취득시키는 강행규정이다. 따라서 그것을 배제하는 당사자 사이의 특약은 무효라고 하여야 한다. 포기약정도 마찬가지이다. 물론 건물소유자가 법정지상권을 취득한 후에 그 권리를 포기하는 것은 얼마든지 가능하다. 그렇지만 당사자의 특약에 의하여 미리 포기하지는 못한다고 할 것이다. 그것을 허용하면 저당권설정자인 건물소유자가 미리 법정지상권을 포기하는 옳지 못한 경우가 빈번하게 발생할 가능성이 있다. 따라서 ii)설은 부당하다. 그리고 iii)설에 의하면 어떤 경우에는 무효로 되고 어떤 경우에는 유효로 되는데, 그러한 해석의 근거도

문제이거니와 그 결과의 타당성에도 의문이 있다. 결국 i)설과 판례가 타당하다.

[221] (2) 성립요건

1) 저당권설정 당시에 건물이 존재할 것 제366조는 의용민법에서와 달리(같은 법 388조는 「토지 및 그 위에 존재하는 건물이 동일의 소유자에 속하는 경우에 그 토지 또는 건물만을 저당으로 한 때」라고 규정한다) 저당권의 설정 당시에 건물이 존재하고 있을 것을 명문으로 요구하지 않는다. 그렇지만 i) 통설은 저당권설정 당시부터 토지 위에 건물이 존재하는 경우에만 법정지상권의 성립을 인정한다(고상룡, 679면; 곽윤직, 350면; 김상용, 682면; 김학동, 532면; 이상태, 489면; 이영준, 899면). 건물이 없는 토지가 건물이 있는 토지보다 담보가치가 높으므로, 저당권설정 후에 세워진 건물에 관하여서도 법정지상권을 인정하면 저당권자가 피해를 입게 된다는 이유에서이다. 그러나 ii) 소수설은 저당권이 설정된 후에도 토지소유자가 건물을 자유롭게 축조할 수 있다는 점, 그같은 건축을 한 경우에 일괄경매가 인정된다는 점을 들면서, 저당권설정 후에 축조된 건물이 일괄경매에 부쳐진 결과 그 둘의 소유자가 각각 달라지게 된 때에는 법정지상권의 성립을 인정할 것이라고 한다(김용한, 574면). 그리고 판례는 통설과 같다(대판 1965. 8. 31, 65다1404; 대판 1978. 8. 22, 78다630; 대판 1993. 6. 25, 92다20330; 대결 1995. 12. 11, 95마1262). 생각건대 통설이 드는 이유가 적절하며, 따라서 그 견해가 옳다. 그리고 일괄경매는 토지와 건물이 동일인에게 경매될 것을 전제로 하는 것이다. 만약 일괄경매의 결과 토지와 건물의 소유자가 달라지게 된다면, 토지의 매각대가는 현저하게 줄어들어 일괄경매에 의하여 저당권자를 보호하기는 어렵게 되기 때문이다. 즉 그러한 경우라면 일괄경매 자체가 무의미한 것이다. 그러므로 그러한 경우를 위하여 예외를 인정하려는 소수설은 이론상으로도 옳지 않으며 바람직하지도 않다. 결국 제366조의 법정지상권이 성립하려면 저당권설정 당시에 건물이 존재하고 있었어야 한다.

〈판 례〉

「민법 제366조의 법정지상권은 저당권설정 당시부터 저당권의 목적되는 토지 위에 건물이 존재할 경우에 한하여 인정되며, 건물 없는 토지에 대하여 저당권이 설정된 후 저당권설정자가 그 위에 건물을 건축하였다가 임의경매절차에서 경매로 인하여 대지와 그 지상건물이 소유자를 달리 하였을 경우에는 위 법조 소정의 법정지상권이 인정되지 아니할 뿐만 아니라 관습상의 법정지상권도 인정되지 않는 것」이다(대판 1993. 6. 25, 92다20330).

토지 위에 여러 개의 저당권이 설정된 경우에는 가장 선순위의 저당권이 설정될 당시에 건물이 존재하였어야 한다.

그 건물은 저당권설정 당시에 실제로 존재하고 있었으면 충분하며, 반드시 보존등기가 되어 있어야 하는 것은 아니다. 그리하여 무허가 건물이나 미등기 건물이라도 법정지상권이 성립한다(이설이 없으며, 판례도 같음. 대판 1964. 9. 22, 63아62). 그리고 판례는 저당권이 설정될 당시에 건물이 건축 중이었고 그것이 사회관념상 독립된 건물로 볼 수 있는 정도에 이르지 않았더라도 건물의 규모·종류가 외형상 예상할 수 있는 정도까지 진전되어 있는 경우에는 법정지상권의 성립을 인정한다(대판 1992. 6. 12, 92다7221; 대판 2004. 2. 13, 2003다29043; 대판 2004. 6. 11, 2004다13533; 대판 2011. 1. 13, 2010다67159. 대판 2003. 5. 30, 2002다21592도 참조). 다만, 판례는 경매절차에서 매수인이 매각대금을 다 낸 때까지 최소한의 기둥과 지붕 그리고 주벽이 이루어지는 등 독립한 부동산으로서 건물의 요건을 갖추었을 것을 요구하며(대판 2004. 2. 13, 2003다29043; 대판 2011. 1. 13, 2010다67159; 대판 2014. 9. 4, 2011다73038·73045; 대판 2021. 10. 28, 2020다224821), 이 요건을 갖추는 한 그 건물이 미등기라 하더라도 법정지상권의 성립에는 아무런 지장이 없다고 한다(대판 2004. 6. 11, 2004다13533). 그런데 가설건축물(컨테이너 등)은 일시 사용을 위해 건축되는 구조물로서 설치 당시부터 일정한 존치기간이 지난 후 철거가 예정되어 있어 일반적으로 토지에 정착되어 있다고 볼 수 없고, 따라서 특별한 사정이 없는 한 독립된 부동산으로서 건물의 요건을 갖추지 못하여 법정지상권이 성립하지 않는다고 한다(대판 2021. 10. 28, 2020다224821). 그리고 이는 동일인의 소유에 속하던 토지와 건물의 소유자가 달라지게 된 시점에는 해당 건물이 독립된 부동산으로서 건물의 요건을 갖추었으나 그 후 해당 건물이 철거되고 가설건축물 등 독립된 건물이라고 볼 수 없는 지상물이 건축된 경우에도 마찬가지라고 한다(대판 2022. 2. 10, 2016다262635·262642 (관습법상의 법정지상권에 관한 사안임)). 한편 저당권이 설정될 당시 근저당권자가 토지소유자에 대하여 건물의 건축을 동의하였다고 하더라도 그러한 사정만으로는 법정지상권이 성립되지 않는다고 한다(대판 2003. 9. 5, 2003다26051).

건물이 있는 토지에 저당권을 설정한 후에 건물을 개축·증축한 경우 또는 건물이 멸실되거나 철거된 뒤 재건축한 경우에도 법정지상권이 성립하는가? 여기에 관하여 학설은 긍정하는 데 다툼이 없으나, 다만 재건축의 경우에 관하여 i) 구건물을 기준으로 하여 법정지상권을 인정하여야 한다는 견해(김용한, 574면; 김학동, 532면)와 ii) 새건물을 기준으로 하여야 한다는 견해(김상용, 683면; 이상태, 490면), iii) 법정지상권이 성립하되, 그 내용은 새건물을 기준으로 하여야 하며, 다만 그것이 저당물의 가치를 현저히 감소하게 하는 결과를 가져올 경우(362조 참조)에는 아예 법정지상권의 성립을 부정하여야 한다는 견해(양창수, 민법연구(2), 101면 이하), iv) 후술하는 최근의 전원합의체 판결과 같은 견해(이영준, 899면)로 나뉘어 있다. 그리고 판례는 종래 저당권설정 당시 건물이 존재한 이상 그 이후 건물을 개축 · 증축하는 경우는 물론이고 재건축된 경우에도 법정지상권이 성립하며, 이때 법정지상권의 내용인 존속기간 · 범위 등은 구건물을 기준으로 하여 그 이용에 일반적으로 필요한 범위 내로 제한된다고 하였다(대판 1990. 7. 10, 90다카6399; 대판 1991. 4. 26, 90다19985; 대판 1992. 6. 26, 92다9388; 대판 1993. 6. 25, 92다20330; 대판 2001. 3. 13, 2000다48517 · 48524 · 48531). 그럼에 있어서 토지와 그 위의 건물 중 어느 하나에만 저당권이 설정되었는가(토지에 대한 단독저당) 아니면 둘 모두에 설정되었는가(공동저당)는 묻지 않았다. 그리고 재건축의 경우에 새건물과 구건물 사이에 동일성이 있거나 소유자가 동일할 필요도 없다고 한다(대판 1993. 6. 25, 92다20330; 대판 2001. 3. 13, 2000다48517 · 48524 · 48531). 그런데 그 후 대법원은 전원합의체 판결에 의하여 공동저당에 관하여는 예외를 인정하였다. 그에 의하면, 동일인의 소유에 속하는 토지 및 그 지상건물에 관하여 공동저당이 설정된 후 그 지상건물이 철거되고 새로 건물이 신축된 경우에는, 토지의 저당권자에게 신축건물에 관하여 토지의 저당권과 동일한 순위의 공동저당권을 설정해 주는 등 특별한 사정이 없는 한, 그 신축건물을 위한 법정지상권이 성립하지 않는다고 한다(대판(전원) 2003. 12. 18, 98다43601. 같은 취지: 대판 2010. 1. 14, 2009다66150; 대판 2012. 3. 15, 2011다54587(그러므로 위와 같은 경우 토지와 신축건물에 대하여 365조에 의하여 일괄매각이 이루어졌다면 그 일괄매각대금 중 토지에 안분할 매각대금은 법정지상권 등의 이용 제한이 없는 상태에서의 토지로 평가하여 산정하여야 할 것이라함); 대판 2013. 3. 14, 2012다108634 ; 대판 2014. 9. 4, 2011다73038 · 73045). 그 이유는 그렇게 새기지 않으면 공동저당권자에게 불측의 손해가 생기기 때문이라고 한다. 그리고 이러한 법리는 집합건물의 전부 또는 일부 전유부분과 그 대지지분에 관하여 공동저당권이 설정된 후 그 지상 집합건물이 철거되고 새로운 집합건물이 신축된 경우에도 마찬가지로 볼 것이라고 한다(대판 2014. 9. 4, 2011다73038 · 73045). 그러나 대법원은, 토지와 함께 공동근저당권이 설정된 건물이 그대로 존속함에도 불구하고 사실과 달리 등기부에 멸실의 기재가 이루어지고 이를 이유로 등기부가 폐쇄된 경우에는, 저당권자로서는 멸실 등으로 인하여 폐쇄된 등기기록을 부활하는 절차 등을 거쳐 건물에 대한 저당권을 행사하는 것이 불가능한 것이 아닌 이상 저당권자가 이 사건 주택의 교환가치에 대하여 이를 담보로 취득할 수 없게 되는 불측의 손해가 발생한 것은 아니라고 보아야 하므로, 그 후 토지에 대하여만 경매절차가 진행된 결과 토지와 건물의 소유자가 달라지게 되었다면 그 건물을 위한 법정지상권은 성립하고, 단지 건물에 대한 등기부가 폐쇄되었다는 사정만으로 건물이 멸실된 경우와 동일하게 취급하여 법정지상권이 성립하지 않는 것은 아니라고 한다(대판 2013. 3. 14, 2012다108634).

〈판 례〉

「동일인의 소유에 속하는 토지 및 그 지상건물에 관하여 공동저당권이 설정된 후 그 지상건물이 철거되고 새로 건물이 신축된 경우에는, 그 신축건물의 소유자가 토지의 소유자와 동일하고, 토지의 저당권자에게 신축건물에 관하여 토지의 저당권과 동일한 순위의 공동저당권을 설정해 주는 등 특별한 사정이 없는 한, 저당물의 경매로 인하여 토지와 그 신축건물이 다른 소유자에 속하게 되더라도 그 신축건물을 위한 법정지상권은 성립하지 않는다고 해석함이 상당하다. 왜냐하면, 동일인의 소유에 속하는 토지 및 그 지상건물에 관하여 공동저당권이 설정된 경우에는, 처음부터 지상건물로 인하여 토지의 이용이 제한받는 것을 용인하고 토지에 대하여만 저당권을 설정하여 법정지상권의 가치만큼 감소된 토지의 교환가치를 담보로 취득한 경우와는 달리, 공동저당권자는 토지 및 건물 각각의 교환가치 전부를 담보로 취득한 것으로서, 저당권의 목적이 된 건물이 그대로 존속하는 이상은 건물을 위한 법정지상권이 성립해도 그로 인하여 토지의 교환가치에서 제외된 법정지상권의 가액상당 가치는 법정지상권이 성립하는 건물의 교환가치에서 되찾을 수 있어 궁극적으로 토지에 관하여 아무런 제한이 없는 나대지로서의 교환가치 전체를 실현시킬 수 있다고 기대하지만, 건물이 철거된 후 신축된 건물에 토지와 동순위의 공동저당권이 설정되지 아니하였는데도 그 신축건물을 위한 법정지상권이 성립한다고 해석하게 되면, 공동저당권자가 법정지상권이 성립하는 신축건물의 교환가치를 취득할 수 없게 되는 결과 법정지상권의 가액상당 가치를 되찾을 길이 막혀 위와 같이 당초 나대지로서의 토지의 교환가치 전체를 기대하여 담보를 취득한 공동저당권자에게 불측의 손해를 입게 하기 때문이다.」(대판(전원) 2003. 12. 18, 98다43601)

생각건대 동일인 소유의 토지·건물에 관하여 공동저당권이 설정된 후에 건물이 철거되고 그 뒤 신축된 건물에 토지와 동순위의 공동저당권이 설정되지 않은 때에는(법정지상권은 인정되는 경우), 공동저당권자는 건물의 교환가치를 취득하지 못함은 물론이고 토지의 교환가치도 매우 적게 취득하게 될 것이다. 그 때문에 대법원이 그 경우에 관하여만 판례를 변경하였다. 그러나 단독저당에 있어서는 저당권자에게 불이익이 생기지 않기 때문에 법정지상권을 인정하고, 공동저당에 있어서는 저당권자에게 불이익이 생기기 때문에 이를 부인하는 판례는 매우 작위적이라는 느낌을 지울 수 없다. 법정지상권은 「저당권자의 이익」을 표준으로 하여 인정 여부가 결정되는 것이 아니기 때문이다. 판례가, 건물이 멸실 또는 철거된 후 재건축된 때에는 새로운 건물은 기존의 건물이 아니므로 이론상 법정지상권이 인정되지 않아야 하는데, 그럼에도 불구하고 법정지상권이 성립한다고 하는 원칙을 세운 뒤, 다시 그에 대한 예외를 인정한 것이어서 더욱 그렇다. 그러한 점에서 볼 때 대법원은 오히려 그 문제에 관한 원칙을 기초에서부터 다시 검토하였어야 한다. 그리하여 건물을 철거한 후 재건축한 때에는 「저당권설정 당시에 건물이 존재할 것」이라는 요건이 구비되지 않았다는 이유로 일반적으로 법정지상권을 부인하였어야 한다. 그리고 증축이나 개축의 경우에도 신구건물 사이에 동일성이 없으면 마찬가지로 해석하여야 한다. 요컨대 건물을 증축 · 개축한 경우에 신구건물 사이에 동일성이 없는 때와 건물을 재건축한 경우에는 법정지상권이 성립하지 않고, 증축 · 개축하였지만 신구건물 사이에 동일성이 있는 때에는 법정지상권이 성립한다고 하여야 한다. 그리고 후자에 있어서 법정지상권의 내용은 구건물을 기준으로 하여 정하여야 한다. 저당권자는 저당권설정 당시의 건물을 기초로 하여 토지의 담보가치를 평가하게 되기 때문이다.

[222] 2) 소유자의 동일성

(가) 제366조는 「저당물의 경매로 인하여 토지와 그 지상건물이 다른 소유자에 속한 경우」에 법정지상권의 성립을 인정하고 있어, 그 법문에 의하면 토지와 지상건물의 소유권이 경매 당시에만 동일하면 되는 것처럼 보인다. 그러나 그러한 해석은 옳지 않으며, 다음과 같이 새겨야 한다.

(나) 우선 저당권이 설정될 당시에 토지와 건물이 동일한 소유자에게 속하고 있었어야 한다. 저당권이 설정될 때 토지와 건물이 각기 다른 자의 소유에 속하고 있었다면 법정지상권의 성립을 인정할 필요가 없다. 그 경우에는 그 건물을 위하여 이미 토지소유자에게 대항할 수 있는 용익권이 설정되어 있거나 용익권을 설정할 수 있었음에도 불구하고 설정하지 않았을 것이기 때문이다.

판례에 의하면 토지 또는 건물의 명의를 타인에게 신탁한 경우에 신탁자는 제 3 자에게 그 토지 또는 건물이 자기의 소유임을 주장할 수 없고, 따라서 그 건물과 부지인 토지가 동일인의 소유임을 전제로 한 법정지상권을 취득할 수 없다고 한다(대판 1991. 5. 28, 91다7200; 대판 1993. 6. 25, 92다20330; 대판 1995. 5. 23, 93다47318; 대판 2004. 2. 13, 2003다29043)(이 판례는 모두 「부동산 실권리자 명의 등기에 관한 법률」이 시행되기 전에 명의신탁이 된 경우에 관한 것이다).

(다) 토지와 건물이 저당권설정 당시에 동일인의 소유에 속하였으면 충분하며, 경매가 행하여질 때까지 그래야 할 필요는 없다(같은 취지: 곽윤직, 351면). 그리하여 저당권

설정 후에 토지와 건물 가운데 어느 하나를 제 3 자에게 양도한 경우에도 법정지상권은 성립한다고 하여야 한다(대판 1999. 11. 23, 99다52602). 그때에도 건물소유자인 제 3 자를 보호할 필요가 있고, 또 법정지상권을 인정하더라도 저당권자에게는 손해가 없기 때문이다. 그리고 이러한 결과는 토지만을 양도하면서 건물을 위하여 토지에 지상권 · 임차권을 취득하거나 아무런 권리도 취득하지 않은 경우 등에도 인정되어야 한다. 이러한 경우에는 경매가 있으면 용익권이 소멸하여 건물소유자를 보호할 필요가 있고, 그 점은 아무런 용익권이 없었던 때에도 마찬가지이며(판례에 의하면 이 경우에는 관습법상의 법정지상권이 성립하나, 그 권리 역시 선순위저당권의 경매로 소멸하게 된다), 그렇게 한다고 하여도 저당권자가 예측하지 못한 손해를 입지 않기 때문이다. 이때 법정지상권을 취득하는 자는 법률상의 소유자이다(사실상의 소유자가 아님을 주의할 것). 그리고 대법원은 저당권설정 당시에는 토지 · 건물이 동일인에게 속하였고, 그 후 건물이 타인에게 매도되었으나 그것이 미등기이어서 소유권이전등기를 하지 못하고 있던 사이에 토지에 관하여 경매가 이루어진 경우에 관하여, 그때에는 매도인에게 법정지상권이 성립한다고 한다(대판 1991. 5. 28, 91다6658).

㈑ 우리 대법원은, 미등기 건물을 그 대지와 함께 매수한 사람이 그 대지에 관하여만 소유권이전등기를 넘겨받고 건물에 대하여는 그 등기를 이전받지 못하고 있다가, 대지에 대하여 저당권을 설정하고 그 저당권의 실행으로 대지가 경매되어 다른 사람의 소유로 된 경우에는, 그 저당권의 설정 당시에 이미 대지와 건물이 각각 다른 사람의 소유에 속하고 있었으므로 법정지상권이 성립될 여지가 없다고 한다(대판 1987. 12. 8, 87다카869; 대판 1988. 9. 27, 88다카4017; 대판 1989. 2. 14, 88다카2592(관습법상의 법정지상권에 관한 사안); 대판 1991. 8. 27, 91다16730; 대판(전원) 2002. 6. 20, 2002다9660).

〈판 례〉

㈀ 공유로 등기된 토지의 소유관계가 구분소유적 공유관계에 있는 경우에는 공유자 중 1인이 소유하고 있는 건물과 그 대지는 다른 공유자와의 내부관계에 있어서는 그 공유자의 단독소유로 되었다 할 것이므로 건물을 소유하고 있는 공유자가 그 건물 또는 토지지분에 대하여 저당권을 설정하였다가 그 후 저당권의 실행으로 소유자가 달라지게 되면 건물소유자는 그 건물의 소유를 위한 법정지상권을 취득하게 되며(대법원 1990. 6. 26. 선고 89다카24094 판결, 1997. 12. 26. 선고 96다34665 판결 참조), 이는 구분소유적 공유관계에 있는 토지의 공유자들이 그 토지 위에 각자 독자적으로 별개의 건물을 소유하면서 그 토지 전체에 대하여 저당권을 설정하였다가 그 저당권의 실행으로 토지와 건물의 소유자가 달라지게 된 경우에도 마찬가지라 할 것이다.」(대판 2004. 6. 11, 2004다13533)

㈁ 종전 토지의 공유자들이 합의 하에 환지예정지를 특정하여 구분소유하고 있는

상태에서 그 중 1인인 갑이 환지예정지 중 그 소유부분을 을에게 양도하고 지분소유권이전등기를 경료하였는데, 그 당시 그 지상에는 갑이 건축 중인 건물이 외형이 모두 완성되고 일부 내부공사 등 마무리공사만 남겨 둔 상태였던 경우, 공유자들 사이의 합의에 의하여 각각 환지예정지를 구분소유하기로 한 이상 다른 공유자들은 그 내부관계에서 갑이 소유하기로 한 환지예정지에 관한 한 종전 토지의 공유지분에 기한 사용 · 수익권을 포기하고, 갑의 처분행위로 인하여 갑이나 제 3 자가 종전 토지에 관한 법정지상권에 기하여 당해 환지예정지를 사용 · 수익하는 것까지도 용인하였다고 볼 수 있으므로, 갑은 그 건물의 소유를 위하여 을 등의 공유인 종전 토지에 관하여 관습법상의 법정지상권을 갖는다(대판 1997. 12. 26, 96다34665).

(ㄷ) 「건물공유자의 1인이 그 건물의 부지인 토지를 단독으로 소유하면서 그 토지에 관하여만 저당권을 설정하였다가 위 저당권에 의한 경매로 인하여 토지의 소유자가 달라진 경우에도, 위 토지소유자는 자기뿐만 아니라 다른 건물공유자들을 위하여도 위 토지의 이용을 인정하고 있었다고 할 것인 점, 저당권자로서도 저당권 설정 당시 법정지상권의 부담을 예상할 수 있었으므로 불측의 손해를 입는 것이 아닌 점, 건물의 철거로 인한 사회경제적 손실을 방지할 공익상의 필요성도 인정되는 점 등에 비추어 위 건물공유자들은 민법 제366조에 의하여 토지 전부에 관하여 건물의 존속을 위한 법정지상권을 취득한다고 봄이 상당하다(대법원 1977. 7. 26. 선고 76다388 판결, 대법원 2011. 1. 13. 선고 2010다67159 판결 등 참조).…

토지공유자의 한 사람이 다른 공유자의 지분 과반수의 동의를 얻어 건물을 건축한 후 토지와 건물의 소유자가 달라진 경우 토지에 관하여 관습법상의 법정지상권이 성립되는 것으로 보게 되면 이는 토지공유자의 1인으로 하여금 자신의 지분을 제외한 다른 공유자의 지분에 대하여서까지 지상권설정의 처분행위를 허용하는 셈이 되어 부당하다(대법원 1993. 4. 13. 선고 92다55756 판결 등 참조). 그리고 이러한 법리는 민법 제366조의 법정지상권의 경우에도 마찬가지로 적용되고, 나아가 토지와 건물 모두가 각각 공유에 속한 경우에 토지에 관한 공유자 일부의 지분만을 목적으로 하는 근저당권이 설정되었다가 경매로 인하여 그 지분을 제 3 자가 취득하게 된 경우에도 마찬가지로 적용된다고 할 것이다.」(대판 2014. 9. 4, 2011다73038 · 73045)

[223] **3) 저당권의 설정** 토지와 건물 중 어느 하나에 또는 둘 모두에 저당권이 설정되어야 한다. 둘 가운데 어느 것에도 저당권이 설정되지 않은 때에는 판례가 인정하는 관습법상의 법정지상권이 성립할 수는 있으나, 제366조에 의한 법정지상권은 성립하지 않는다.

4) 경매로 소유자가 달라질 것 제366조에 의한 법정지상권이 성립하는 전형적인 경우는 저당권자의 신청으로 담보권 실행경매가 된 때이다. 그 외에 통

상의 강제경매가 행하여진 때도 포함되는가에 관하여는, 학설은 i) 긍정설(곽윤직, 351면; 이영준, 903면)과 ii) 부정설(이상태, 491면)이 대립하고 있다. 그리고 판례는 그때에는 관습법상의 법정지상권의 성립을 인정한다([155] 참조). 생각건대 판례가 관습법상의 법정지상권의 성립을 인정하는 경우 가운데 건물소유를 위한 토지의 이용권을 현실화할 수 없는 때인 통상의 강제경매, 국세징수법에 의한 공매 등에는 제366조가 확대적용되어야 하며, 나머지는 부인함이 옳다([156] 참조). 그러한 견지에 선다면 여기의 경매에는 — 저당권자 또는 일반채권자가 집행권원에 의하여 행하는 — 통상의 강제경매나 국세징수법에 의한 공매도 포함된다고 할 것이다.

여기의 법정지상권이 성립하려면 경매로 인하여 토지와 건물의 소유자가 달라져야 한다. 즉 토지와 건물의 소유권이 각기 다른 자에게 귀속되어야 한다. 토지와 건물에 저당권이 설정되었고, 그 둘이 모두 동일인에게 매각된 때에는 법정지상권은 인정될 필요가 없다. 토지와 건물의 소유자가 동일인이 아니면 되고, 어느 것의 소유자가 달라졌는지, 설정 당시의 소유자인지 아닌지 등은 묻지 않는다.

(3) 성립시기와 등기 [224]

1) 제366조에 의한 법정지상권이 성립하는 시기는 토지나 건물의 경매로 그 소유권이 경매의 매수인에게 이전하는 때이다. 따라서 구체적으로는 매수인이 매각대금을 모두 지급한 때에 법정지상권이 성립한다.

2) 법정지상권의 성립은 제187조에 의한 물권변동이다. 그러므로 법정지상권이 성립하기 위하여 등기가 행하여질 필요는 없다. 그리고 법정지상권을 취득한 건물소유자는 등기가 없이도 법정지상권을 취득할 당시의 토지소유자에 대하여는 물론이고 그로부터 토지소유권을 양수한 제 3 자에 대하여도 법정지상권을 주장할 수 있다(대판 1967. 6. 27, 66다987). 또한 법정지상권을 취득한 자는 토지소유자에 대하여 지상권설정등기를 청구할 수 있다. 법정지상권이 성립한 후 토지가 제 3 자에게 양도된 때에는 그 양수인에 대하여 등기청구권을 가진다.

이와 같이 법정지상권을 처음에 취득한 자는 등기 없이 토지소유자나 그 전득자에게 그 권리를 주장할 수 있으나, 그 권리를 처분하려면 제187조 단서에 의하여 먼저 자신의 명의로 지상권설정등기를 하여야 한다. 만일 법정지상권을 취득한 건물소유자가 법정지상권의 등기 없이 건물만을 타인에게 양도한 경우에 건물양수인은 법정지상권을 취득하는가? 여기에 관하여 학설은 i) 부정설과 ii) 긍정설로 나뉘어 있다. i) 부정설은 건물양수인은 법정지상권 취득의 등기가 없으면 토지소유자에 대하여 법정지상권을 주장할 수 없다고 한다(김학동, 534면; 이영준, 904면). 그에 비하여 ii) 긍정설은 건물의 존립보호라는 법정지상권제도의 취지를 살리려면 소유권이 누구에게 귀속하든 법정지상권의 공시는 당해 건물의 소유권이전등기로 갈음된다고 하면서, 해석론으로는 이러한 법정지상권은 마치 지역권의 부종성(292조)과 유사한 성질을 갖고 있어서 이를 유추적용하는 것이 적절할 것이라고 한다(고상룡, 690면). 생각건대 긍정설은 제187조에 어긋날 뿐만 아니라, 그렇게 되면 법정지상권 취득의 등기를 하지 않은 건물양수인을 지나치게 보호하는 것이 된다. 그러므로 부정설을 취하여야 할 것이다. 판례는 제366조에 의한 법정지상권은 건물소유권의 종속적인 권리가 아니라고 하면서 부정설을 취한다(대판 1965. 2. 4, 65다1418 · 1419; 대판 1980. 9. 9, 78다52; 대판 1981. 9. 8, 80다2873; 대판 1982. 10. 12, 80다2667). 즉 법정지상권의 등기가 있어야만 법정지상권을 취득하고 토지소유자에 대하여 토지의 사용수익권을 주장할 수 있다는 것이다. 다만, 판례는 법정지상권을 취득한 건물소유자가 법정지상권 설정등기를 하지 않고 건물을 양도한 경우에는, 특별한 사정이 없는 한, 건물양수인은 건물양도인을 순차 대위하여 토지소유자에 대하여 법정지상권 설정등기 절차이행을 구할 수 있다고 한다(대판 1981. 9. 8, 80다2873; 대판(전원) 1985. 4. 9, 84다카1131 · 1132; 대판 1988. 9. 27, 87다카279(관습법상의 법정지상권에 관한 사안에 대하여 판단하면서 일반화하여 표현함); 대판 1989. 5. 9, 88다카15338; 대판 1991. 5. 28, 91다6658; 대판 1996. 3. 26, 95다45545 · 45552 · 45569). 이러한 판례는 학설에 의하여도 지지되고 있으며, 타당하다고 할 수 있다. 그리고 이와 같은 결과는 저당권이 설정된 뒤에 토지나 건물이 제3자에게 양도된 경우나 저당권이 설정된 토지와 함께 건물을 모두 양수하였으나 건물이 미등기이거나 기타의 사유로 토지에만 소유권이전등기가 된 경우에도 마찬가지로 인정되어야 한다. 즉 그 경우에 건물소유자에게 법정지상권이 성립하며 그로부터 건물을 양수한 자(또는 이미 매수한 자)는 법정지상권자를 대위하여 법정지상권의 등기를 할 수 있다(대판 1991. 5. 28, 91다6658도 참조).

법정지상권자로부터 건물을 양수하는 경우와 달리 그로부터 경매에 의하여 건물의 소유권을 이전받는 경매의 매수인은 경매에 의하여 법정지상권까지 당연히 취득하게 되며, 그는 법정지상권의 등기가 없이도 토지를 전득한 자에 대하여 법정지상권을 주장할 수 있다(대판 1979. 8. 28, 79다1087; 대판 1985. 2. 26, 84다카1578 · 1579). 그리고 이는 압류 · 가압류 등 처분제한의 등기가 된 건물에 관하여 그에 저촉되는 소유권이전등기를 마친 사람이 건물의 소유자로서 법정지상권을 취득한 후 경매절차에서 건물이 매각되는 경우에도 마찬가지로 인정하여야 한다(관습법상의 법정지상권에 관하여 같은 취지: 대판 2014. 9. 4, 2011다13463). 또한 이 법리는 사해행위의 수익자 또는 전득자가 건물의 소유자로서 법정지상권을 취득한 후 채무자와 수익자 사이에 행하여진 건물의 양도에 대한 채권자취소권의 행사에 따라 수익자와 전득자 명의의 소유권이전등기가 말소된 다음 경매절차에서 그 건물이 매각되는 경우에도 마찬가지로 적용되어야 한다(대판 2014. 12. 24, 2012다73158. 그 결과 경매에서 건물의 소유권을 취득한 자는 법정지상권도 함께 취득한다).

한편 법정지상권을 취득하지 못한 건물양수인에 대하여 토지소유자가 건물의 철거를 청구할 수 있는가? 여기에 관하여 판례는 과거에는 이를 인정하였으나(대판 1982. 10. 12, 80다2667), 그 후 전원합의체 판결에 의하여 이를 허용하지 않는 쪽으로 판례를 변경하였다. 그 판결은, 미등기의 법정지상권자로부터 건물소유권 및 법정지상권을 양수한 자는 채권자대위에 의하여 전의 건물소유자들을 순차대위하여 지상권설정등기 및 이전등기를 청구할 수 있으므로, 토지소유자가 건물양수인을 상대로 건물철거를 구하는 것은 지상권의 부담을 용인하고 설정등기 절차를 이행할 의무 있는 자가 그 권리자를 상대로 청구하는 것이어서 신의성실의 원칙상 허용될 수 없다고 한다(대판(전원) 1985. 4. 9, 84다카1131 · 1132. 후속판결: 대판 1987. 5. 26, 85다카2203; 대판 1988. 9. 27, 87다카279; 대판 1988. 10. 24, 87다카1604; 대판 1989. 5. 9, 88다카15338; 대판 1991. 5. 28, 91다6658; 대판 1992. 6. 12, 92다7221; 대판 1996. 3. 26, 95다45545). 이러한 판례에 의하면, 토지소유자는 법정지상권이 붙어 있는 건물의 양수인에 대하여 건물철거를 청구할 수 없으며, 건물양수인은 점유를 잃지 않으면서 양도인을 대위하여 법정지상권의 설정등기 및 이전등기를 하여 법정지상권을 취득할 수 있게 된다.

나아가 판례에 의하면, 법정지상권 있는 건물의 양수인으로서 장차 법정지상권을 취득할 지위에 있어 대지소유자의 건물철거나 대지인도 청구를 거부할 수 있는 지위에 있는 자라고 할지라도 그 대지의 점거 사용으로 얻은 실질적 이득은 이로 인하여 대지소유자에게 손해를 끼치는 한에 있어서는 부당이득으로서 이를 대지소유자에게 반환할 의무가 있다고 한다(대판 1988. 10. 24, 87다카1604; 대판 1995. 9. 15, 94다61144; 대판 1997. 12. 26, 96다34665). 그리고 이러한 임료 상당의 부당이득의 반환청구까지도 신의성실의 원칙에 반한다고 볼 수는 없다고 한다(대판 1988. 10. 24, 87다카1604). 토지소유자와 법정지상권자의 이익의 조정이라는 측면에서 볼 때 법정지상권의 성립에 의하여 토지에 제한을 가하고 있는 건물소유자에게 부당이득 반환의무를 면해 주는 것은 균형을 잃는 일이 된다. 따라서 판례처럼 해석하여야 한다.

[225] (4) 효 력

1) 법정지상권의 범위는 해당건물의 대지에 한정되지 않으며 건물로서 이용하는 데 필요한 한도에서 대지 이외의 부분에도 미친다(이설이 없으며, 판례도 같음. 대판 1977. 7. 26, 77다921).

2) 법정지상권의 존속기간에 관하여는 견해가 대립한다. i) 다수설은 제281조의 기간을 정하지 않은 지상권으로 보아 동조 제 1 항에 의하여 제280조가 정하는 최단존속기간으로 보아야 한다고 하나(곽윤직, 352면; 김상용, 686면; 김용한, 577면; 김학동, 534면; 이상태, 493면), ii) 사회상규에 적합하게 결정되어야 하며 제280조 제 1 항의 최단기간을 엄수할 필요는 없다는 견해(이은영, 628면), iii) 당사자의 청구에 의하여 법원이 정하여야 한다는 견해(이영준, 905면)도 있다. 그리고 판례는 다수설과 같다(대판 1992. 6. 9, 92다4857). 생각건대 법정지상권의 존속기간에 관하여는 보통의 지상권에 있어서 존속기간의 약정이 없는 경우와 같이 다루어도 무리가 없을 것이다.

3) 지료는 우선 당사자의 협의에 의하여 결정하게 되나, 협의가 성립하지 않는 경우에는 당사자의 청구에 의하여 법원이 정한다(366조 단서). 그리고 법원은 지료를 정함에 있어서 법정지상권 설정 당시의 제반사정을 참작하여야 하나, 법정지상권이 설정된 건물이 건립되어 있음으로 인하여 토지의 소유권이 제한을 받는 사정은 이를 참작하여 평가하여서는 안 된다(대판 1989. 8. 8, 88다카18504; 대판 1995. 9. 15, 94다61144). 그리고 법정지상권에 관한 지료가 결정된 바 없다면, 법정지상권자가 지료를 지급하지 않았다고 하더라도 지료지급을 지체한 것으로 볼 수 없으므로, 토지소유자는 법정지상권자가 2년 이상의 지료를 지급하지 않았음을 이유로 지상권 소멸청구를 할 수 없다(대판 1994. 12. 2, 93다52297; 대판 1996. 4. 26, 95다52864; 대판 2001. 3. 13, 99다17142).

〈판 례〉

(ㄱ) 「법정지상권 또는 관습에 의한 지상권이 발생하였을 경우에 토지의 소유자가 지료를 청구함에 있어서 지료를 확정하는 재판이 있기 전에는 지료의 지급을 소구할 수 없는 것은 아니고, 법원에서 상당한 지료를 결정할 것을 전제로 하여 바로 그 급부를 구하는 청구를 할 수 있다 할 것이며, 법원도 이 경우에 판결의 이유에서 지료를 얼마로 정한다는 판단을 하면 족한 것이므로, 토지소유자와 관습에 의한 지상권자 사이의 지료급부 이행소송의 판결의 이유에서 정해진 지료에 관한 결정은 그 소송의 당사자인 토지소유자와 관습에 의한 지상권자 사이에서는 지료결정으로서의 효력이 있다고 보아야 할 것이고, 한편, 지료증감청구권에 관한 민법 제286조의 규정에

비추어 볼 때, 특정 기간에 대한 지료가 법원에 의하여 결정되었다면, 당해 당사자 사이에서는 그 후 위 민법규정에 의한 지료증감의 효과가 새로 발생하는 등의 특별한 사정이 없는 한, 그 후의 기간에 대한 지료 역시 종전 기간에 대한 지료와 같은 액수로 결정된 것이라고 봄이 상당하다.」(대판 2003. 12. 26, 2002다61934)

(ㄴ) 「법정지상권이 성립되고 지료액수가 판결에 의하여 정해진 경우 지상권자가 판결확정 후 지료의 청구를 받고도 책임 있는 사유로 상당한 기간 동안 지료의 지급을 지체한 때에는 지체된 지료가 판결확정의 전후에 걸쳐 2년분 이상일 경우에도 토지소유자는 민법 제287조에 의하여 지상권의 소멸을 청구할 수 있고, 판결확정일로부터 2년 이상 지료의 지급을 지체하여야만 지상권의 소멸을 청구할 수 있는 것은 아니라고 할 것(대법원 1993. 3. 12. 선고 92다44749 판결 참조)」이다(대판 2005. 10. 13, 2005다37208).

(ㄷ) [1] 법정지상권의 경우 당사자 사이에 지료에 관한 협의가 있었다거나 법원에 의하여 지료가 결정되었다는 아무런 입증이 없다면, 법정지상권자가 지료를 지급하지 않았다고 하더라도 지료 지급을 지체한 것으로는 볼 수 없으므로 법정지상권자가 2년 이상의 지료를 지급하지 아니하였음을 이유로 하는 토지소유자의 지상권소멸청구는 이유가 없고, 지료액 또는 그 지급시기 등 지료에 관한 약정은 이를 등기하여야만 제 3 자에게 대항할 수 있는 것이고, 법원에 의한 지료의 결정은 당사자의 지료결정청구에 의하여 형식적 형성소송인 지료결정판결로 이루어져야 제 3 자에게도 그 효력이 미친다.

[2] 지상권자가 그 권리의 목적이 된 토지의 특정한 소유자에 대하여 2년분 이상의 지료를 지불하지 아니한 경우에 그 특정의 소유자는 선택에 따라 지상권의 소멸을 청구할 수 있으나, 지상권자의 지료 지급 연체가 토지소유권의 양도 전후에 걸쳐 이루어진 경우 토지양수인에 대한 연체기간이 2년이 되지 않는다면 양수인은 지상권소멸청구를 할 수 없다(대판 2001. 3. 13, 99다17142).

4) 판례에 의하면, 법정지상권은 건물의 소유에 부속되는 종속적인 권리가 아니고 하나의 독립된 법률상의 물권이므로 건물의 소유자가 건물과 법정지상권 중 어느 하나만을 처분하는 것도 가능하다고 한다(대판 1980. 9. 9, 78다52; 대판 2001. 12. 27, 2000다1976).

5) 법정지상권이 성립한 뒤에 건물을 증축 · 개축하거나 재건축한 경우에 법정지상권이 존속하는지가 문제된다. 여기에 관하여 판례의 태도는 통일되어 있지 않다. 대법원은 한편으로는, 법정지상권을 취득한 뒤에 취득 당시의 건물이 멸실되어 다시 신축하였거나 건물의 독립성을 인정할 수 없을 정도로 훼멸된 것을 새로운 독립된 건물로 개축하여 양 건물이 동일성을 상실한 경우에는 이전의 건물 소유를 위한 법정지상권은 소멸하고 새로운 건물을 위하여는 법정지상권이

존속할 수 없으나, 증·개축 전후의 건물이 동일성을 상실할 정도가 아닌 경우에는 법정지상권은 존속한다고 한다(대판 1985. 5. 14, 85다카13). 그런가 하면 다른 한편으로,「법정지상권이 성립한 후에 건물을 개축 또는 증축하는 경우는 물론이거니와 건물이 멸실되거나 철거된 후에 신축하는 경우에도 법정지상권은 성립하나, 다만 그 법정지상권의 범위는 구건물을 기준으로 하여 그 유지 또는 사용을 위하여 일반적으로 필요한 범위 내의 대지부분에 한정된다」고 한다(대판 1997. 1. 21, 96다40080). 전자에 의하면 신구 건물 사이에 동일성이 있는 경우에만 법정지상권이 존속하게 되나, 후자에 의하면 동일성이 없어도 존속하게 된다.

이 문제는 저당권 설정 당시에 건물이 존재하였으면 그 이후에 증축·개축·재건축된 때에도 법정지상권이 성립하는가의 문제([221] 참조)와 유사하나, 동일한 것은 아니다.

생각건대 건물의 증축 등의 경우에 법정지상권이 성립하는가에 대한 이론이 여기에도 그대로 적용되어야 한다. 그리하여 신구 건물 사이에 동일성이 있으면 법정지상권이 존속하고 동일성이 없으면 그 권리가 소멸한다고 하여야 한다. 이는 대법원의 첫째 판결의 태도와 같은 것이다.

[226] 4. 일괄경매권(一括競賣權)

(1) 의의 및 취지

토지를 목적으로 저당권을 설정한 후 그 설정자가 그 토지에 건물을 축조한 때에는 저당권자는 토지와 함께 그 건물에 대하여도 경매를 청구할 수 있다(365조). 이것이 토지저당권자의 일괄경매권이다. 이러한 일괄경매권이 인정된 이유는 무엇인가?

여기에 관하여 판례는 과거에는「저당권설정자가 저당권을 설정한 후 저당목적물인 토지상에 건물을 축조함으로써 저당권의 실행이 곤란하여지거나 저당목적물의 담보가치의 하락을 방지하고자 함에 그 규정취지가 있다」고 하였으나(대판 1987. 4. 28, 86다카2856), 근래에는「저당권설정자로서는 저당권설정 후에도 그 지상에 건물을 신축할 수 있는데, 후에 그 저당권의 실행으로 토지가 제 3 자에게 경락될 경우에 건물을 철거하여야 한다면 사회경제적으로 현저한 불이익이 생기게 되어 이를 방지할 필요가 있으므로 이러한 이해관계를 조절하고, 저당권자에게도 저당토지상의 건물의 존재로 인하여 생기게 되는 경매의 어려움을 해소하여 저당권의 실행을 쉽게 할 수 있도록 한 데 있다」고 한다(대결 1994. 1. 24, 93마1736; 대결 1999. 4. 20, 99마146; 대결 2001. 6. 13, 2001마1632; 대판 2003. 4. 11, 2003다3850; 대판 2012. 3. 15, 2011다54587).

그리고 학설은 i) 건물철거의 방지에 그 이유가 있다는 견해(이영준, 906면)와 ii) 건물철거의 방지와 토지의 교환가치의 확보에 그 이유가 있다는 견해(고상룡, 691면; 곽윤직, 352면; 김상용, 686면; 김학동, 536면; 이상태, 493면)로 나뉘어 있다.

생각건대 건물의 철거를 방지하려는 데 1차적인 목적이 있었다면 저당권자로 하여금 선택하게 하지 않고 언제나 일괄경매를 하여야 하도록 규정하였을 것이다. 그러고 보면 일괄경매권은 저당권설정 후에 설정자에 의하여 건물이 신축된 경우에 경매를 쉽게 하고 담보가치를 유지하여 저당권자를 보호하려는 데 그 주된 목적이 있다고 할 것이다. 그리고 건물의 철거방지는 부수적인 효과에 지나지 않는다.

(2) 요 건

1) 일괄경매권은 토지에 저당권이 설정된 후에 건물이 축조된 경우에만 인정된다. 저당권이 설정되기 전에 건물이 축조된 때에는 법정지상권의 인정 여부만이 문제된다. 판례에 의하면, 저당권설정 당시에 건물의 존재가 예측되고 또한 당시 사회경제적 관점에서 그 가치의 유지를 도모할 정도로 건물의 축조가 진행되어 있는 경우에는 일괄경매권이 인정되지 않는다고 한다(대판 1987. 4. 28, 86다카2856).

2) 건물을 저당권설정자가 축조하여 소유하고 있어야 한다(대결 1994. 1. 24, 93마1736; 대결 1999. 4. 20, 99마146). 토지와 그 지상건물의 소유자가 이에 대하여 공동저당권을 설정한 후 건물을 철거하고 그 토지상에 새로이 건물을 축조하여 소유하고 있는 경우에는 일괄경매를 청구할 수 있다(대결 1998. 4. 28, 97마2935). 그러나 저당권설정 후 토지를 양수한 자가 건물을 축조한 때에는 일괄경매권이 없다. 그리고 저당권설정자가 건물을 축조한 뒤 그 건물을 제 3 자에게 양도한 때에도 마찬가지로 새겨야 한다(같은 취지: 이상태, 494면; 이영준, 907면; 대결 1999. 4. 20, 99마146. 김학동, 536면은 건물소유자의 동의가 있으면 이를 인정할 것이라고 한다). 제365조는 저당권설정자가 건물을 소유하고 있는 경우에 한하여 일괄경매권을 인정하는 것으로 보아야 하기 때문이다. 한편 저당권설정자로부터 저당토지에 대한 용익권을 설정받은 자가 그 토지에 건물을 축조한 경우에도 일괄경매권은 없다고 하여야 한다(같은 취지: 곽윤직, 353면; 김학동, 536면). 그런데 판례는 위와 같은 경우라도 그 후 저당권설정자가 그 건물의 소유권을 취득한 때

에는 저당권자는 토지와 함께 건물에 대하여도 경매를 청구할 수 있다고 한다(대판 2003. 4. 11, 2003다3850).

3) 일괄경매의 요건이 갖추어졌다고 하여 저당권자가 반드시 일괄경매를 신청하여야 하는 것은 아니다. 즉 일괄경매권은 저당권자의 권능이지 의무가 아니므로, 그는 특별한 사정이 없는 한 일괄경매를 신청하지 않을 수도 있다(대판 1960. 2. 15, 4292민재항226; 대판 1977. 4. 26, 77다77).

그리고 저당권의 목적인 토지만을 경매하여도 그 대금으로부터 충분히 피담보채권의 변제를 받을 수 있을 경우에도 일괄경매를 청구할 수 있다(이설이 없으며, 판례도 같음. 대판 1961. 3. 20, 4294민재항50). 즉 여기의 일괄경매에는 민사집행법 제124조의 과잉경매의 규정은 적용되지 않는다(대결 1967. 12. 22, 67마1162; 대결 1968. 9. 30, 68마890).

4) 토지의 저당권자는 토지만에 대하여 경매를 신청한 후에도 그 토지상의 건물에 대하여 토지에 관한 경매기일 공고시까지는 일괄경매의 추가신청을 할 수 있다(대결 2001. 6. 13, 2001마1632).

(3) 효 력

일괄경매를 하는 경우에도 저당권의 우선변제적 효력은 건물에는 미치지 않으므로, 저당권자는 건물의 매각대가로부터는 우선변제를 받지 못한다(365조 단서)(이와 같은 경우 토지의 저당권자가 건물의 매각대금에서 배당을 받으려면 민사집행법 268조 · 88조에 의한 적법한 배당요구를 하였거나 그 밖에 달리 배당을 받을 수 있는 채권으로서 필요한 요건을 갖추고 있어야 한다. 대판 2012. 3. 15, 2011다54587). 그런데 견해에 따라서는, 다른 저당권자나 일반채권자가 없는 경우에는 건물의 경매대금으로부터 우선변제를 받을 수 있다고 한다(이영준, 907면. 같은 취지: 김상용, 688면).

[227] 5. 제 3 취득자의 지위

(1) 서 설

저당부동산의 제 3 취득자란 저당부동산의 양수인이나 저당부동산에 대하여 지상권 · 전세권을 취득한 제 3 자를 말한다(지상권 · 전세권에 저당권이 설정된 경우의 양수인도 같이 다루어야 한다. 371조 참조). 이러한 제 3 취득자는 저당권이 설정되어 있더라도 소유권 · 지상권 · 전세권 등 권리를 취득하고 또 목적물을 용익하는 데 전혀 제한을 받지 않는다. 그리고 채무자가 저당채무를 변제하면 저당권이 소멸하여 제 3 취득자에게는 아무런 문제도 생기지 않게 된다. 그런데 채무자의 변제가 없어서 저당권이 실행되면 제 3 취득자는 자신의 권리를 송두리째 잃게 된다. 이와 같이 제 3 취득자는 불안정한 지위를 가지기 때문에 민법은 그러한 제 3 자를 보호하기 위하여 다음과 같은 특별규정을 두고 있다.

(2) 경매의 매수인

저당부동산(기타 객체)의 제 3 취득자는 저당권을 실행하는 경매에 참가하여 매수인이 될 수 있다(363조 2항). 민법은 소유권을 취득한 자만을 규정하고 있으나, 지상권·전세권을 취득한 자도 포함하여 해석하여야 한다. 그런데 제 3 취득자는 이러한 명문규정이 없어도 당연히 매수인이 될 수 있고, 따라서 매수인이 될 수 있다고 하는 민법규정은 주의적인 것이라고 할 것이다.

이 방법은 목적물의 가액이 피담보채권액에 미달하는 경우에 유용할 것이다.

(3) 제 3 취득자의 변제

저당부동산(기타 객체)의 제 3 취득자는 저당권자에게 그 부동산으로 담보된 채권을 변제하고 저당권의 소멸을 청구할 수 있다(364조).

1) 본래 채무의 변제는 원칙적으로 제 3 자도 할 수 있으며(469조 1항), 특히 저당부동산의 제 3 취득자는 변제에 이해관계 있는 제 3 자이므로 채무자의 의사에 반하여서도 변제할 수 있다(469조 2항). 그러므로 제 3 취득자의 변제를 인정하는 특별규정이 없더라도 제 3 취득자는 저당채무를 변제하여 저당권을 소멸시킬 수 있다. 그럼에도 불구하고 특별규정(364조)을 둔 이유는, 제 3 취득자의 변제의 범위를 제 360조가 정하는 범위의 금액만에 한정하려는 데 있다(통설도 같음). 그리하여 제 3 취득자는 지연배상은 단순한 제 3 자처럼 그 전부를 변제할 필요가 없고, 원본의 이행기일을 경과한 후의 1년분만을 변제하면 된다. 그 밖에 과거에는 제 3 취득자로 하여금 변제기가 되기 전에도 변제할 수 있도록 하는 데에도 그 취지가 있다고 하는 견해도 있었으나, 현재는 학설은 일치하여 제 3 취득자도 변제기가 된 후에만 변제할 수 있다고 새긴다(물론 제 3 취득자도 468조에 따라 손해를 배상하고서 변제기 전에 변제할 수는 있으나, 이는 일반의 제 3 자도 마찬가지이다. 그런데 근저당에 있어서 피담보채권이 확정되지 않은 경우에는 그것이 확정될 때까지는 이 방법도 사용할 수 없을 것이다). 판례도 같다(대판 1979. 8. 21, 79다783).

2) 변제할 수 있는 제 3 취득자는 경매신청 전 또는 경매개시결정 전에 소유권·지상권·전세권을 취득한 자에 한하지 않으며, 경매개시 후에 소유권 등을 취득한 자도 포함한다(대결 1974. 10. 26, 74마440). 그러나 근저당부동산에 대하여 후순위저당권을 취득한 자는 여기의 제 3 취득자에 해당하지 않는다(대판 2006. 1. 26, 2005다17341; 대판 2013. 2. 15, 2012다48855).

3) 제 3 취득자의 변제가 있으면 저당권은 말소등기 없이도 당연히 소멸한

다. 이는 제187조에 의한 물권변동이기 때문이다. 그러한 점에서 볼 때, 제364조의 「저당권의 소멸을 청구할 수 있다」고 하는 표현은 부정확하다. 그 규정은 「저당권을 소멸시킬 수 있다」고 하였어야 한다.

그리고 변제한 제 3 취득자는 채무자에 대하여 구상권을 가지고(물상보증의 목적물인 저당부동산의 제 3 취득자가 그 채무를 변제하거나 저당권의 실행으로 인하여 저당부동산의 소유권을 잃은 때에는, 특별한 사정이 없는 한, 물상보증인의 구상권에 관한 370조 · 341조의 규정을 유추적용하여 보증채무에 관한 규정에 의하여 채무자에 대한 구상권이 있다. 대판 1997. 7. 25, 97다8403; 대판 2014. 12. 24, 2012다49285), 또 변제에 정당한 이익을 가지는 자이므로 그가 변제를 하면 당연히 채권자를 대위하게 된다(법정대위. 481조 참조).

〈판 례〉

「물상보증인이 담보부동산을 제 3 취득자에게 매도하더라도 제 3 취득자가 담보부동산에 설정된 근저당권의 피담보채무의 이행을 인수한 경우에는, 그 이행인수는 그 매매당사자 사이의 내부적인 계약에 불과하여 이로써 물상보증인의 책임이 소멸하지 않는 것이고, 그 담보부동산에 대한 담보권이 실행된 경우에도 제 3 취득자가 아닌 원래의 물상보증인이 채무자에 대한 구상권을 취득한다」(대판 1997. 5. 30, 97다1556)

4) 제 3 취득자, 특히 부동산의 양수인이 매매계약을 할 때 피담보채무를 인수한 경우에는, 그때부터는 그는 채권자에 대한 관계에서는 채무자의 지위로 변경되므로 제364조의 규정은 거기에 적용되지 않는다(대판 2002. 5. 24, 2002다7176). 물론 이 경우에는 채무인수의 요건을 갖추어야 한다(453조 · 454조 참조). 그러므로 제 3 자가 채무자와의 계약으로 채무를 인수한 때에는 채권자의 승낙이 있어야 한다(454조). 그러한 승낙이 없이 단지 매도인이 매매대금에서 피담보채무를 공제한 잔액만을 수수한 사실만으로는 채무인수가 있었다고 할 수 없다(판례는 그러한 경우는 특별한 사정이 없는 한 이행인수로 본다. 채권법총론 [205] 참조). 따라서 이때의 매수인은 제 3 취득자로서 채무를 변제하여 저당권을 소멸시킬 수 있다(같은 취지: 대판 2002. 5. 24, 2002다7176).

[228] (4) 비용상환청구권

1) 저당물의 제 3 취득자가 그 부동산의 보존 · 개량을 위하여 필요비 또는 유익비를 지출한 때에는 그는 저당물의 매각대금에서 우선적으로 상환을 받을 수 있다(367조). 이는 저당권이 설정되어 있는 부동산의 제 3 취득자가 저당부동산에 관하여 지출한 필요비 · 유익비는 그 부동산 가치의 유지 · 증가를 위하여 지출된 일종의 공익비용이므로 저당부동산의 환가대금에서 부담하여야 할 성질의 비용이고 더욱이 제 3 취득자는 경매의 결과 그 권리를 상실하게 되므로 특별히 경매로

인한 매각대금에서 우선적으로 상환을 받도록 한 것이다(대판 2023. 7. 13, 2022다265093).

2) 여기의 제 3 취득자의 범위에 관하여 학설은 i) 제364조에서와 마찬가지로 저당부동산에 대하여 소유권 · 지상권 · 전세권을 취득한 자라고 함이 보통이나, ii) 저당목적물에 관하여 소유권을 취득한 자는 제외되고 타물권을 취득하여 비용상환청구권을 가지는 제 3 자만이 제 3 취득자라고 하는 소수설(이상태, 500면)도 있다. 그리고 판례는 저당물에 관하여 소유권을 취득한 자도 여기의 제 3 취득자에 해당한다고 한다(대판 2004. 10. 15, 2004다36604; 대판 2023. 7. 13, 2022다265093). 이를 검토해 본다. 본래 전세권자는 유익비상환청구권을 가지나(310조), 지상권에 대하여는 그에 관하여도 규정이 두어져 있지 않다(단지 학설이 유익비상환청구권을 인정할 뿐이다. [151] 참조). 그러한 상황에서 제367조가 제 3 취득자 일반에 대하여 필요비 · 유익비상환청구권을 인정하는 것은 우선 지상권자 · 전세권자에게도 필요비상환청구권을 부여하려는 것이고, 나아가 소유권을 취득한 자도 저당권의 실행으로 소유권을 잃게 되는 만큼 그가 경매대가를 높여 놓은 데 대한 것만이라도 반환받도록 하기 위한 것이다. 그러한 연유에서 그 규정은 무권리자에 관한 제203조를 준용하고 있는 것으로 보인다. 이러한 점에 비추어 볼 때, 부동산의 양수인을 여기의 제 3 취득자에서 제외하는 소수설은 부당하다. 그리고 소수설은 제367조가 없어도 필요비 · 유익비에 관하여 유치권을 행사할 수 있으므로 제367조를 특별히 둔 것은 비용의 신속한 상환을 보장하기 위한 것이라고 하나(이상태, 499면), 위에서 언급한 바와 같이 지상권자 · 전세권자도 언제나 모든 비용상환청구권을 가지는 것이 아니기 때문에 그러한 설명은 옳지 않다(367조가 203조 3항을 준용하지 않아서 유예기간이 주어지지 않기 때문에 상환을 신속히 받을 수는 있다).

견해(이영준, 911면)에 따라서는 등기된 임차권자도 여기의 제 3 취득자에 포함된다고 한다. 이는 결과에서는 인정하는 것이 타당하겠으나, 그것은 제367조의 유추적용에 의하여야 할 것이다(그리고 그에 대하여는 364조도 유추적용하는 것이 바람직하다). 그에 비하여 물상보증인을 포함하여 저당권설정자는 여기의 제 3 취득자가 아니다(대판 1959. 5. 14, 4291민상302도 참조).

3) 제367조에 의한 우선상환은 제 3 취득자가 경매절차에서 배당받는 방법으로 제203조 제 1 항 · 제 2 항에서 규정한 비용에 관하여 경매절차의 매각대금에서 우선변제받을 수 있다는 것이지, 이를 근거로 제 3 취득자가 직접 저당권설정자, 저당권자 또는 경매절차 매수인 등에 대하여 비용상환을 청구할 수 있는 권리가 인정되는 것은 아니다. 따라서 제 3 취득자는 제367조에 의한 비용상환청

구권을 피담보채권으로 주장하면서 유치권을 행사할 수 없다(대판 2023. 7. 13, 2022다265093).

[229] # V. 저당권의 침해에 대한 구제

1. 저당권침해의 특수성

저당권의 침해란 저당권의 담보를 위태롭게 하는 것을 말한다. 예컨대 저당권의 목적인 가옥을 멸실 · 훼손하여 가옥의 교환가치를 감소하게 하거나 가옥이 비가 새는데도 수리를 하지 않고 방치하는 것이 그에 해당한다. 그러나 저당권은 목적물의 교환가치만 지배할 뿐 그것을 이용할 수 있는 권리는 아니기 때문에 저당권설정자가 목적물을 제 3 자에게 용익하게 하거나 그로부터 부합물을 분리하더라도 저당권의 침해는 없다고 할 것이다. 그리고 목적물의 교환가치가 감소되더라도 그것이 피담보채권액을 넘고 있는 한 저당권자에 대한 불법행위가 되지는 않는다. 이들은 다른 물권의 침해에 있어서와는 다른 점이다.

2. 각종의 구제방법

(1) 침해행위의 제거 · 예방의 청구(물권적 청구권)

저당권의 침해가 있는 때에는 저당권자는 방해의 제거나 예방을 청구할 수 있다(370조 · 214조). 예컨대 어떤 자가 저당권의 목적인 가옥을 훼손하는 경우에는 저당권자는 그 행위의 중지를 청구할 수 있고, 이미 소멸한 선순위의 저당권에 관한 등기가 말소되지 않고 있는 경우에는 그 말소를 청구할 수 있다. 그러나 제 3 자가 목적물을 불법으로 점유하고 있다고 하여 반환청구권을 행사할 수는 없다. 저당권은 점유를 수반하지 않는 것이기 때문이다(공장저당권의 목적동산이 공장으로부터 무단으로 반출된 경우에 원래의 설치장소에 원상회복할 것을 청구할 수 있음은 물론이다. 대판 1996. 3. 22, 95다55184). 그리고 저당부동산의 부합물 · 종물 등에 대하여 일반채권자가 강제집행을 하는 경우에는, 저당권자는 민사집행법 제48조에 따라 제 3 자 이의의 소를 제기할 수 있다.

저당권자의 방해제거 또는 예방청구권은 목적물의 교환가치가 피담보채권을 모두 만족시킬 수 있는 때에도 발생한다(이설 없음). 저당권은 피담보채권이 전부 변제될 때까지 목적물 전부에 행사할 수 있기 때문이다(불가분성).

〈판 례〉

(ㄱ) 「저당권은 경매절차에 있어서 실현되는 저당부동산의 교환가치로부터 다른 채권자에 우선하여 피담보채권의 변제를 받는 것을 내용으로 하는 물권으로, 부동산의 점유를 저당권자에게 이전하지 않고 설정되고, 저당권자는 원칙적으로, 저당부동산의 소유자가 행하는 저당부동산의 사용 또는 수익에 관하여 간섭할 수 없고, 다만 저당부동산에 대한 점유가 저당부동산의 본래의 용법에 따른 사용·수익의 범위를 초과하여 그 교환가치를 감소시키거나, 점유자에게 저당권의 실현을 방해하기 위하여 점유를 개시하였다는 점이 인정되는 등, 그 점유로 인하여 정상적인 점유가 있는 경우의 경락가격과 비교하여 그 가격이 하락하거나 경매절차가 진행되지 않는 등 저당권의 실현이 곤란하게 될 사정이 있는 경우에는 저당권의 침해가 인정될 수 있을 것이다.」(점유자가 소유권을 주장하며 점유하고 있는 주택에 대하여 경매법원의 낙찰불허가결정이 내려진 경우, 이는 주택의 소유관계와 그에 기초한 저당권의 효력에 관한 법률관계를 명확하게 한 후에 경매를 진행하겠다는 경매법원의 판단에 의한 것이므로 저당권자는 저당권에 기한 방해배제 또는 소유자의 방해배제청구권을 대위하여 위 점유자에 대하여 주택에서의 퇴거를 구할 수 없다고 한 사례)(대판 2005. 4. 29, 2005다3243)

(ㄴ) 「저당권은 목적부동산의 사용·수익을 그대로 설정자에게 맡겨 두었다가 경매절차를 통하여 경매목적물을 환가하고 그 대금에서 피담보채권을 우선변제받는 것을 본질적인 내용으로 하는 담보물권으로서(민법 제356조) 저당부동산의 소유자 또는 그로부터 점유권원을 설정받은 제 3 자에 의한 점유가 전제되어 있으므로 소유자 또는 제 3 자가 저당부동산을 점유하고 통상의 용법에 따라 사용·수익하는 한 저당권을 침해한다고 할 수 없다. 그러나 저당권자는 저당권 설정 이후 환가에 이르기까지 저당물의 교환가치에 대한 지배권능을 보유하고 있으므로 저당목적물의 소유자 또는 제 3 자가 저당목적물을 물리적으로 멸실·훼손하는 경우는 물론 그 밖의 행위로 저당부동산의 교환가치가 하락할 우려가 있는 등 저당권자의 우선변제청구권의 행사가 방해되는 결과가 발생한다면 저당권자는 저당권에 기한 방해배제청구권을 행사하여 방해행위의 제거를 청구할 수 있다.

대지의 소유자가 나대지 상태에서 저당권을 설정한 다음 대지상에 건물을 신축하기 시작하였으나 피담보채무를 변제하지 못함으로써 저당권이 실행에 이르렀거나 실행이 예상되는 상황인데도 소유자 또는 제 3 자가 신축공사를 계속한다면 신축건물을 위한 법정지상권이 성립하지 않는다고 할지라도 경매절차에 의한 매수인으로서는 신축건물의 소유자로 하여금 이를 철거하게 하고 대지를 인도받기까지 별도의 비용과 시간을 들여야 하므로, 저당목적 대지상에 건물신축공사가 진행되고 있다면 이는 경매절차에서 매수희망자를 감소시키거나 매각가격을 저감시켜 결국 저당권자가 지배하는 교환가치의 실현을 방해하거나 방해할 염려가 있는 사정에 해당한다.」(대판 2006. 1. 27, 2003다58454)

이 판결의 타당성에 대하여는 긍정하는 견해가 다수설이다(이영준, 913면 · 914면; 김재형, 민법론(3), 172면; 윤진수, 민법논고(3), 728면 이하). 그러나 판례에 비판적인 소수설도 있다(양창수, 민법연구(9), 366면 이하). 소수설은, 저당목적물이 나대지인 경우에 저당권설정자가 그 위에 건물을 신축하거나 제 3 자에게 그것을 허용하는 것은 적법하고, 또 그것만을 이유로 방해배제청구를 인정한다면 저당토지 소유자의 법적 지위를 부당하게 약화시키는 것으로서 납득하기 어려우며, 나대지에 저당권을 설정받은 사람에게 그 소유자의 건물신축이라는 나대지의 가장 전형적인 이용형태가 당연히 예상되어야 한다는 점을 든다. 그리고 나대지의 이용에 간섭할 권한을 가지려는 자는 저당권 외에 지상권을 설정받는데 그러지 않은 자를 동일하게 보호하는 것이 적절하지 않다고도 한다. 생각건대 저당권의 본질을 생각해 볼 때 소수설의 지적도 일리가 있으나, 저당권이 지배하는 교환가치를 위태롭게 하지 않아야 하므로, 일정한 요건 하에 건물신축행위의 금지청구를 허용하는 것이 타당하다. 결국 판례와 다수설이 옳다.

[230] (2) 손해배상청구권

저당권의 침해에 의하여 손해가 생긴 때에는 저당권자는 침해자에 대하여 불법행위를 이유로 손해배상을 청구할 수 있다(750조). 침해자는 저당부동산의 소유자이든 제 3 자이든 차이가 없다. 다만, 부동산의 소유자가 채무자이고 저당권설정의무가 있는 때에는, 불법행위로 인한 것과 함께 채무불이행을 이유로 한 손해배상의무를 부담할 수도 있다(청구권 경합설).

저당권자의 손해배상청구권은 목적물의 침해로 저당권자가 채권의 완전한 만족을 얻을 수 없는 때에 비로소 발생한다(이설 없음). 저당권자가 완전한 만족을 얻을 수 있는 한 손해는 없다고 하여야 하기 때문이다.

이 손해배상청구권은 후술하는 즉시변제청구권과는 같이 행사할 수 있으나, 담보물보충청구권과는 같이 행사할 수 없다.

〈판 례〉

(ㄱ) 「타인의 불법행위로 인하여 근저당권이 소멸되는 경우에 있어 근저당권자로서는 근저당권이 소멸하지 아니하였더라면 그 실행으로 피담보채무의 변제를 받았을 것임에도 불구하고 근저당권의 소멸로 말미암아 이러한 변제를 받게 되는 권능을 상실하게 되는 것이므로, 그 근저당권의 소멸로 인한 근저당권자가 입게 되는 손해는 특별한 사정이 없는 한 위 부동산의 가액 범위 내에서 채권최고액을 한도로 하는 피담보채권액이라 할 것이나(대법원 1997. 11. 25. 선고 97다35771 판결 등 참조), 근저당 목적물인 부동산의 시가에서 위 소멸된 근저당권에 우선하는 선순위담보권 등의 피담보채권액을 공제한 잔액, 즉

잔존 담보가치 상당액이 채권최고액 또는 피담보채권액보다 적은 경우에는 그 잔존 담보가치 상당액을 손해로 보아야 할 것이다.」(대판 2010. 7. 29, 2008다18284 · 18291)

(ㄴ) 「등기는 물권의 효력발생요건이고 존속요건은 아니어서 등기가 원인 없이 말소된 경우에는 그 물권의 효력에 아무런 영향이 없고, 그 회복등기가 마쳐지기 전이라도 말소된 등기의 등기명의인은 적법한 권리자로 추정되며(대법원 2002. 10. 22. 선고 2000다59678 판결 등 참조), 그 회복등기 신청절차에 의하여 말소된 등기를 회복할 수 있으므로(부동산등기법 제75조), 근저당권설정등기가 불법행위로 인하여 원인 없이 말소되었다 하더라도 말소된 근저당권설정등기의 등기명의인이 곧바로 근저당권 상실의 손해를 입게 된다고 할 수는 없다.」(대판 2010. 2. 11, 2009다68408)

(3) 담보물보충청구권

저당권설정자의 책임 있는 사유로 인하여 저당물의 가액이 현저히 감소된 때에는 저당권자는 저당권설정자에 대하여 그 원상회복 또는 상당한 담보제공을 청구할 수 있다(362조). 여기서 「저당물의 가액이 현저히 감소」하였다는 것이 무슨 의미인가에 관하여 학설은 i) 교환가치의 감소로 인하여 피담보채권을 완전히 변제하지 못할 염려가 있는 상태라는 견해(김상용, 692면; 김용한, 583면; 김학동, 549면)와 ii) 저당물의 가액의 감소가 크면 되고 나머지를 가지고 피담보채권을 완전히 변제할 수 있더라도 저당물보충청구권이 생긴다는 견해(이상태, 503면; 이영준, 916면)로 나뉘어 있다. 생각건대 i)설과 같이 새겨야 할 특별한 근거가 없고, 또 저당권에는 불가분성이 있다는 점, 실제의 경매에서는 시가보다 매우 낮은 가격으로 매각된다는 점, 그 결과 피담보채권의 완전한 만족 여부는 경매가 끝난 후에야 알 수 있다는 점 등을 고려할 때, ii)설이 타당하다.

이 담보물보충청구권을 행사할 때에는 손해배상청구권이나 즉시변제청구권은 행사하지 못한다.

(4) 즉시변제청구(기한의 이익 상실)

채무자가 담보를 손상 · 감소 · 멸실하게 한 때에는(담보의 손상 등이 채무자의 고의 · 과실에 의한 것이어야 하는가에 관하여는 긍정설과 부정설이 대립되나, 부정하여야 한다), 그는 기한의 이익을 잃는다(388조 1호). 따라서 그 경우에 저당권자는 즉시변제를 청구할 수 있고, 저당권을 실행할 수 있게 된다.

제4관 저당권의 처분 및 소멸

[231] ### I. 저당권의 처분

1. 서 설

저당권자는 피담보채권의 변제기가 된 때에는 채무자로부터 변제를 받거나 저당권을 실행하여 자금을 회수할 수 있다. 그러나 피담보채권의 변제기가 되기 전에는 저당권을 처분하여야만 자금을 회수할 수 있게 된다. 그런데 민법은 저당권을 피담보채권과 분리하여 양도하거나 다른 채권의 담보로 하지 못하도록 규정하고 있다(361조). 그리하여 저당권자는 저당권을 피담보채권과 함께 양도하거나 입질하는 수밖에 없다.

제361조는 강행규정이라고 새겨야 한다. 그 결과 피담보채권은 남겨둔 채 저당권만을 양도하거나 입질하는 것은 무효이다(이설 없음). 그리고 저당권은 그대로 둔 채 피담보채권만을 양도하거나 입질하는 것도 역시 무효라고 하여야 한다(같은 취지: 고상룡, 694면; 김용한, 597면; 김학동, 550면; 장경학, 825면). 여기에 대하여 일부 견해는 이 경우에는 특별한 사정이 없는 한 저당권의 포기로 해석할 것이라고 한다(김상용, 694면; 이영준, 918면). 그러나 그러한 해석은 당사자의 의사와 거리가 먼, 무리한 것으로서 받아들이기 어렵다. 그런가 하면 저당권이나 채권만을 양도하거나 입질하는 것이 무효라고 하는 견해는 대체로, 저당권만의 양도·입질은 피담보채권의 양도·입질을 포함하는 것으로, 피담보채권만의 양도·입질은 저당권의 양도·입질을 포함하는 것으로 이해하려고 한다(고상룡, 694면; 김용한, 597면; 김학동, 551면; 장경학, 825면. 지원림, 804면은 100조 2항을 유추하여 후자의 결과를 인정한다). 그러나 이러한 견해도 받아들이기 어렵다. 우선 이 견해의 해석 결과는 당사자의 의사와 거리가 멀다. 명백히 저당권과 피담보채권 중 어느 하나만 양도하거나 입질한다는 것을 두고 두 권리 모두를 양도하거나 입질하는 것으로 새길 수는 없는 것이다(그러나 단순히 피담보채권을 양도하는 경우에 저당권의 수반성에 의하여 저당권이 승계되는 경우에는 이와 다르다). 또한 그와 같이 새기면 저당권과 피담보채권의 양도·입질 요건 가운데 어느 하나에 대하여만 요건이 갖추어진 상태에서 저당권의 목적부동산이 경매되는 경우에는 양도인·양수인은 각각 저당권과 피담보채권 중 하나만 가지고 있어서 모두 다 우선변제를 받지 못하는 문제도 생기게 된다. 결국 저당권만의 양도·입질이나, 피담보채권만의 양도·입질은 그 자체가 무효이고, 따라

서 양도·입질에도 불구하고 양도나 입질의 효력이 생기지 않는다고 하여야 한다. 다만, 당사자가 저당권과 피담보채권을 함께 양도하거나 입질하려는 경우에 저당권·피담보채권 중 어느 하나에 관하여만 양도·입질의 요건이 갖추어진 때에는, 무효가 아니다. 그에 대하여는 뒤에 다시 설명한다([232] 참조). 그리고 저당권자가 저당권을 포기하고 피담보채권만을 양도·입질하는 것이 유효함은 물론이다(이설 없음). 그런데 판례는 이 문제에 대하여 다르게 해석하고 있다. 단락을 바꾸어 살펴본다.

판례는 제361조가 저당권을 피담보채권과 분리하여 타인에게 양도하거나 다른 채권의 담보로 하지 못한다고 할 뿐 피담보채권을 저당권과 분리해서 양도하거나 다른 채권의 담보로 하지 못한다고 하고 있지 않다고 하면서, 채권담보라고 하는 저당권 제도의 목적에 비추어 특별한 사정이 없는 한 피담보채권의 처분에는 저당권의 처분도 당연히 포함된다고 볼 것이지만, 피담보채권의 처분이 있으면 언제나 저당권도 함께 처분된다고는 할 수 없다고 한다(대판 2020. 4. 29, 2016다235411). 따라서 저당권으로 담보된 채권에 질권을 설정한 경우 원칙적으로는 저당권이 피담보채권과 함께 질권의 목적이 된다고 보는 것이 합리적이지만, 질권자와 질권설정자가 피담보채권만을 질권의 목적으로 하고 저당권은 질권의 목적으로 하지 않는 것도 가능하고 이는 저당권의 부종성에 반하지 않는다고 한다(대판 2020. 4. 29, 2016다235411). 이와 마찬가지로 담보가 없는 채권에 질권을 설정한 다음 그 채권을 담보하기 위하여 저당권이 설정된 경우 원칙적으로는 저당권도 질권의 목적이 되지만, 질권자와 질권설정자가 피담보채권만을 질권의 목적으로 하였고 그 후 질권설정자가 질권자에게 제공하려는 의사 없이 저당권을 설정받는 등 특별한 사정이 있는 경우에는 저당권은 질권의 목적이 되지 않는다고 한다(대판 2020. 4. 29, 2016다235411). 그리고 이때 저당권은 저당권자인 질권설정자를 위해 존재하며, 질권자의 채권이 변제되거나 질권설정계약이 해지되는 등의 사유로 질권이 소멸한 경우 저당권자는 자신의 채권을 변제받기 위해서 저당권을 실행할 수 있다고 한다(대판 2020. 4. 29, 2016다235411).

2. 저당권부 채권의 양도 [232]

우리 민법상 저당권자는 피담보채권과 분리하여 저당권만을 양도할 수 없고 언제나 피담보채권과 함께 양도하여야 한다. 이러한 저당권부 채권의 양도는 저당권 및 채권의 양도이기 때문에, 거기에는 부동산 물권변동에 관한 규정과 채권양도에 관한 규정이 모두 적용된다.

(1) 저당권의 양도는 물권적 합의와 등기라는 요건을 갖추어야 효력이 생긴다(186조). 저당권양도의 물권적 합의는 보통 채권양도계약과 함께 행하여진다.

〈판 례〉

「저당권은 피담보채권과 분리하여 양도하지 못하는 것이어서 저당권부 채권의 양도는 언제나 저당권의 양도와 채권양도가 결합되어 행해지므로 저당권부 채권의 양도는 민법 제186조의 부동산 물권변동에 관한 규정과 민법 제449조 내지 제452조의 채권양도에 관한 규정에 의해 규율된다.

그러므로 저당권의 양도에 있어서도 물권변동의 일반원칙에 따라 저당권을 이전할 것을 목적으로 하는 물권적 합의와 등기가 있어야 저당권이 이전된다고 할 것이나, 이때의 물권적 합의는 저당권의 양도·양수받는 당사자 사이에 있으면 족하고 그 외에 그 채무자나 물상보증인 사이에까지 있어야 하는 것은 아니라 할 것이고(대법원 1994. 9. 27. 선고 94다23975 판결), 단지 채무자에게 채권양도의 통지나 이에 대한 채무자의 승낙이 있으면 채권양도를 가지고 채무자에게 대항할 수 있게 되는 것이다.」(대판 2005. 6. 10, 2002다15412·15429)

(2) 피담보채권의 양도에는 채권양도에 관한 규정(449조 내지 452조)이 적용된다. 따라서 당사자의 계약만 있으면 양도의 효력이 생기나, 채무자 기타의 제 3 자에게 대항할 수 있으려면 양도인의 통지 또는 채무자의 승낙이 있어야 한다(450조).

양도인이 채권양도의 통지를 한 때에는 채무자는 그 통지를 받은 때까지 양도인에 대하여 생긴 사유로 양수인에게 대항할 수 있다(451조 2항). 따라서 가령 통지를 받기 전에 변제 기타의 사유로 채권의 전부 또는 일부가 소멸한 경우에는 채무자는 그것을 양수인에게 주장할 수 있다. 채권의 전부가 소멸한 경우에 저당권도 소멸함은 물론이다.

채권양도에 대하여 채무자가 승낙을 한 때 가운데에는 이의를 보류하고 승낙한 경우와 이의를 보류하지 않고 승낙한 경우의 두 가지가 있다. 이들 중 앞의 승낙의 효력은 통지에 있어서와 같다. 그러나 뒤의 승낙의 경우에는 채무자는 그가 양도인에게 대항할 수 있는 사유로써 양수인에게 대항하지 못한다(451조 1항 본문). 즉 양수인이 선의인 때에는 채무자는 변제 등으로 채권이 소멸하였음을 주장할 수 없고(통설), 그 결과 양수인은 유효하게 채권을 취득하게 된다. 그런데 이때 저당권도 유효하게 존재하는 것으로 되는지 문제된다. 생각건대 우리 법상 등기의 공신력이 없기 때문에 피담보채권의 소멸에 의하여 이미 소멸한 저당권은 되살아나지 않는다고 하여야 한다(이설 없음).

〈판 례〉

(ㄱ)「피담보채권을 저당권과 함께 양수한 자는 저당권이전의 부기등기를 마치고 저당권실행의 요건을 갖추고 있는 한 채권양도의 대항요건을 갖추고 있지 아니하더라도 경매신청을 할 수 있으며, 채무자는 경매절차의 이해관계인으로서 채권양도의 대항요건을 갖추지 못하였다는 사유를 들어 경매개시결정에 대한 이의나 즉시항고절차에서 다툴 수 있고, 이 경우는 신청채권자가 대항요건을 갖추었다는 사실을 증명하여야 할 것이나, 이러한 절차를 통하여 채권 및 근저당권의 양수인의 신청에 의하여 개시된 경매절차가 실효되지 아니한 이상 그 경매절차는 적법한 것이고, 또한 그 경매신청인은 양수채권의 변제를 받을 수도 있다고 할 것이며, 이러한 법리는 양수인의 경매신청이 이중경매로서 선행경매절차가 취소되지 아니하고 종료되어 실제로 매각절차에 나아가지 못한 채 종결되었다고 하더라도 달리 볼 것이 아니다.

또한, 채권양도의 대항요건의 흠결의 경우 채권을 주장할 수 없는 채무자 이외의 제 3 자는 양도된 채권 자체에 관하여 양수인의 지위와 양립할 수 없는 법률상 지위를 취득한 자에 한하므로, 선순위의 근저당권부 채권을 양수한 채권자보다 후순위의 근저당권자는 채권양도의 대항요건을 갖추지 아니한 경우 대항할 수 없는 제 3 자에 포함되지 않는다.」(대판 2005. 6. 23, 2004다29279)

(ㄴ)「원심은 원고가 예비적으로 이 사건 각 근저당권이전의 부기등기인 판시 제 3, 4 등기의 말소를 구함에 대하여, 근저당권이전의 부기등기는 기존의 주등기인 근저당권설정등기에 종속되어 주등기와 일체를 이루는 것이어서, 근저당권설정등기가 그 피담보채무의 부존재 또는 소멸로 말소될 경우 주등기인 근저당권설정등기의 말소만 구하면 되고 그 부기등기는 별도로 말소를 구하지 않더라도 주등기의 말소에 따라 직권으로 말소되는 것이므로, 원고의 예비적 청구에 관한 소는 소의 이익이 없는 부적법한 소라고 판단하였다.

그런데 근저당권이전의 부기등기가 기존의 주등기인 근저당권설정등기에 종속되어 주등기와 일체를 이룬 경우에는 부기등기만의 말소를 따로 인정할 아무런 실익이 없지만, 근저당권의 이전원인만이 무효로 되거나 취소 또는 해제된 경우, 즉 근저당권의 주등기 자체는 유효한 것을 전제로 이와는 별도로 근저당권이전의 부기등기에 한하여 무효사유가 있다는 이유로 부기등기만의 효력을 다투는 경우에는 그 부기등기의 말소를 소구할 필요가 있으므로 예외적으로 소의 이익이 있다고 볼 것이다.」(대판 2005. 6. 10, 2002다15412 · 15429)

(3) 앞에서 설명한 바와 같이, 저당권과 피담보채권은 함께만 양도될 수 있

고, 그 경우에는 저당권의 이전등기와 피담보채권의 양도계약이 모두 행하여져야 한다. 그런데 이 두 가지가 행하여지는 시기는 차이가 있을 수밖에 없다. 여기서 저당권의 이전등기와 피담보채권의 양도 중 어느 하나만 있는 경우의 해석이 문제된다. 학설은 i) 저당권이전등기가 있는 때에 채권양도와 저당권양도가 함께 효력을 발생한다고 하는 견해(김학동, 551면; 지원림, 805면)와, ii) 「채권양도의 효력이 저당권의 등기시에 발생한다고 볼 근거가 없으므로 위 견해는 의문이고, 채권양도의 합의시에 그 양도의 효력이 발생하는 한편으로, 저당권양도의 물권적 합의도 있는 것이나 저당권의 양도의 효력은 그 등기시에 발생한다고 해석하는 것이 타당하다」는 견해(주석 물권(4), 151면(권순일))로 나뉘어 대립하고 있다. 그리고 판례는, 피담보채권과 근저당권을 함께 양도하는 경우에 채권양도는 당사자 사이의 의사표시만으로 양도의 효력이 발생하지만 근저당권이전은 이전등기를 하여야 하므로 채권양도와 근저당권이전등기 사이에 어느 정도 시차가 불가피한 이상 피담보채권이 먼저 양도되어 일시적으로 피담보채권과 근저당권의 귀속이 달라진다고 하여 근저당권이 무효로 된다고 볼 수는 없으나, 위 근저당권은 그 피담보채권의 양수인에게 이전되어야 할 것에 불과하고, 근저당권의 명의인은 피담보채권을 양도하여 결국 피담보채권을 상실한 셈이므로 집행채무자로부터 변제를 받기 위하여 배당표에 자신에게 배당하는 것으로 배당표의 경정을 구할 수 있는 지위에 있다고 볼 수 없다고 한다(대판 2003. 10. 10, 2001다77888). 이러한 판례는 근본적으로는 ii)설의 견지에 입각하고 있는 것이다. 생각건대 피담보채권의 양도계약이 있었는데 저당권의 이전등기가 없다고 하여 채권양도의 효력을 인정하지 않는 것은 적절하지 않다. 그리고 반대의 경우에도 마찬가지이다. 그런가 하면 피담보채권이 먼저 양도되어 일시적으로 저당권과 피담보채권의 귀속이 달라졌다고 하여 부종성이 없음을 이유로 저당권이 무효로 된다고 할 것도 아니다. 그것은 일시적인 현상에 지나지 않기 때문이다. 그리하여 저당권과 피담보채권의 양도는 각각의 요건이 갖추어진 때에 따로따로 발생한다고 하여야 한다. 그 결과 가령 채권양도의 요건만 갖추어진 상태에서 목적부동산이 경매되면 양수인은 저당권이 없어서, 양도인은 피담보채권이 없어서, 모두 우선변제를 받을 수 없게 될 것이다. 결국 판례 및 ii)설이 타당하다.

[233] (4) 피담보채권이 법률의 규정에 의하여 이전되는 경우에도 저당권은 그에

수반하여 이전된다. 그런데 이때에는 저당권의 이전에 등기가 필요하지 않다(187조).

(5) 피담보채권의 일부가 양도된 경우에는 채권자들이 그들의 채권액의 비율로 저당권을 준공유한다고 새겨야 한다(이설 없음)(이 경우 저당권의 이전에 등기가 필요함은 물론이다). 저당권은 불가분성이 있기 때문이다.

3. 저당권부 채권의 입질(入質)

입질도 피담보채권과 저당권을 함께 하여야 한다. 피담보채권과 저당권의 입질에는 권리질권의 설정에 관한 규정(346조)이 적용된다. 그리고 이 경우에는 저당권등기에 질권의 부기등기를 하여야 질권의 효력이 저당권에 미친다(348조). 한편 판례는, 담보가 없는 채권에 질권을 설정한 다음 그 채권을 담보하기 위해 저당권이 설정되었더라도(이 경우의 효력에 관하여 [231] 참조), 제348조가 유추적용되어 저당권설정등기에 질권의 부기등기를 하지 않으면 질권의 효력이 저당권에 미친다고 볼 수 없다고 한다(대판 2020. 4. 29, 2016다235411).

Ⅱ. 저당권의 소멸 [234]

저당권은 물권 일반에 공통하는 소멸원인 또는 담보물권 일반에 공통하는 소멸원인이 있으면 소멸하는 외에 경매 · 제 3 취득자의 변제 등에 의하여도 소멸한다. 그 밖에 다음의 것이 민법에 규정되어 있다.

1. 피담보채권의 소멸

저당권은 피담보채권에 부종하기 때문에, 피담보채권이 소멸시효 기타의 사유로 소멸하면 저당권도 소멸한다(369조)(이 경우의 저당권의 소멸은 등기 없이 발생한다(187조)). 그러나 피담보채권과 별도로 저당권만이 소멸시효에 걸리지는 않는다.

2. 지상권 · 전세권을 목적으로 하는 저당권의 경우

지상권 또는 전세권을 목적으로 하는 저당권의 경우에는, 지상권 · 전세권이 존속기간의 만료 기타의 사유로 소멸하면 저당권도 소멸한다(대판 1999. 9. 17, 98다31301)(이 때에도 저당권

(은 말소등기를 기다리지 않고서 소멸하게 된다). 따라서 지상권 · 전세권을 목적으로 하는 저당권을 설정한 자는 저당권자의 동의 없이 지상권 · 전세권을 소멸하게 하는 행위를 하지 못한다(371조 2항)(대판 2006. 2. 9, 2005다59864도 참조: 임대차보증금 반환채권을 담보하기 위하여 전세권설정등기를 경료한 후 그 전세권에 대하여 저당권이 설정된 경우에 임대차계약의 변경으로 전세권이 일부 소멸하더라도 저당권자의 동의가 없는 한 전세권설정자가 전세권의 일부소멸을 주장할 수 없다고 함).

〈판 례〉

전세권이 기간만료로 종료된 경우 전세권은 전세권설정등기의 말소등기 없이도 당연히 소멸하고, 저당권의 목적물인 전세권이 소멸하면 저당권도 당연히 소멸하는 것이므로 전세권을 목적으로 한 저당권자는 전세권의 목적물인 부동산의 소유자에게 더 이상 저당권을 주장할 수 없다(대판 1999. 9. 17, 98다31301).

제 5 관 특수저당권

[235] ### Ⅰ. 공동저당(共同抵當)

1. 의의 및 작용

공동저당이란 동일한 채권의 담보로서 복수의 부동산 위에 설정된 저당권을 말한다(368조). 예컨대 A가 B에 대하여 가지고 있는 3,000만원의 채권을 담보하기 위하여 B의 X토지(시가 4,000만원)와 그 위의 Y건물(시가 2,000만원) 위에 저당권을 취득한 경우가 그에 해당한다. 공동저당에 있어서는 복수의 부동산이 동일한 채권의 담보로 되어 있는 점에 특징이 있다. 그런데 공동저당의 경우에 저당권의 수는 하나가 아니고, 부동산의 수만큼 있는 것으로 된다. 민법은 공동저당에 관하여 1개의 규정만을 두고 있어서 그 규율이 매우 불충분하다.

공동저당제도가 인정됨으로써 채무자는 피담보채권액보다 큰 가치의 부동산이 없을지라도 적은 가치의 부동산들을 이용하여 저당권을 설정해 주고 신용을 얻을 수 있게 되고(우리나라의 경우에는 건물이 토지와 별개의 부동산으로 다루어지고 있어서 이 제도가 더욱 유용하다), 채권자는 동일한 채권을 위하여 여러 개의 부동산에 저당권을 취득하여 일부의 부동산의 담보가치가 하락하여도 다른 것으로부터 변제를 받을 수 있게 된다(위험의 분산).

2. 공동저당의 성립

공동저당은 동일한 채권을 담보하기 위하여 복수의 부동산 위에 저당권이 설정됨으로써 성립한다. 저당권이 설정되기 위하여 저당권설정의 합의와 등기가 필요함은 물론이다(186조. [205] 이하 참조).

각각의 저당권은 동시에 설정될 수도 있으나, 저당권이 일부의 부동산에 먼저 설정된 뒤에 추가로 다른 부동산에 저당권이 설정되어도 무방하다(부등법 78조 4항 참조). 그리고 각 부동산 위의 저당권의 순위가 같을 필요도 없고, 또 부동산들의 소유자가 달라도 무방하다(채무자의 부동산 · 물상보증인의 부동산). 공동저당의 목적(객체)이 되는 것은 원칙적으로 부동산이나(368조 참조), 그 외에 1개의 부동산으로 다루어지는 공장재단 · 광업재단도 가능하다고 할 것이다(이설 없음). 그러나 선박 등은 저당권의 객체가 되기는 하여도 공동저당의 객체는 될 수 없다고 하여야 한다(같은 취지: 대판 2002. 7. 12, 2001다53264. 반대: 곽윤직, 360면). 왜냐하면 부동산과 선박 등의 동산은 경매절차가 서로 달라서 경매대가가 동시에 배당될 수 없을 뿐만 아니라 후자에 대하여는 공동저당임을 공시할 수 없기 때문이다. 한편 저당권들의 피담보채권은 동일한 채권이나, 그것이 반드시 1개의 채권이어야 하는 것은 아니다.

공동저당에 관하여 특별한 공시방법이 정하여져 있지는 않으며, 각각의 부동산에 관하여 저당권의 등기를 하면 된다. 다만, 저당권의 등기를 할 때에 다른 부동산과 함께 공동담보로 되어 있다는 뜻을 기재하여야 하고(부등법 78조 1항), 공동저당 부동산이 5개 이상인 때에는 공동담보목록을 제출하게 하여 그것으로 공동저당 관계를 공시한다(부등법 78조 2항). 이 공동담보목록은 등기기록의 일부로 의제된다(부등법 78조 3항).

〈판 례〉

「부동산등기법 제149조(현행 78조 1항에 해당함: 저자 주)는 같은 법 제145조의 규정에 의한 공동담보 등기의 신청이 있는 경우 각 부동산에 관한 권리에 대하여 등기를 하는 때에는 그 부동산의 등기용지 중 해당 구 사항란에 다른 부동산에 관한 권리의 표시를 하고 그 권리가 함께 담보의 목적이라는 뜻을 기재하도록 규정하고 있지만, 이는 공동저당권의 목적물이 수개의 부동산에 관한 권리인 경우에 한하여 적용되는 등기절차에 관한 규정일 뿐만 아니라, 수개의 저당권이 피담보채권의 동일성에 의하여 서로 결속되어 있다는 취지를 공시함으로써 권리관계를 명확히 하기 위한 것에 불과하므로, 이와 같은 공동저당관계의 등기를 공동저당권의 성립요건이나 대항요건이라고 할 수 없다. 따라서 근저당권설정자와 근저당권자 사이에서 동일한 기본계약에 기하여 발생한 채권을 중첩적으로 담보하기 위하여 수개의 근저당권을 설정하기로 합의하고 이에 따라 수개의 근저당권설정등기를 마친 때에는 부동산등기법 제149조에 따라 공동근저당관계의 등기를 마쳤는지 여부와 관계없이 그 수개의 근저당권 사이에는 각 채권최고액이 동일한 범위 내에서 공동근저당관계가 성립한다.」(건물에 설정된 근저당권과 그 건물 일부분에 관한 전세권에 설정된 근저당권이 비록 부동산등기법 제149조가 규정하는 공동근저당관계의 등기가 마쳐져 있지 않지만, 피담보채권과 채권최고액이 각각 동일한 점 등 여러 사정에 비추어, 그 동일한 채권최고액의 범위 내에서 동일한 피담보채무를 중첩적으로 담보하기 위하여 설정된 공동근저당권이라고 본 원심판단이 정당하다고 한 사례)(대판 2010. 12. 23, 2008다57746)

[236] ## 3. 공동저당의 효력

공동저당에 있어서 저당권자는 원칙적으로 그의 선택에 따라 어느 부동산으로부터도 그의 채권의 전부 또는 일부를 우선변제받을 수 있다. 그러나 이 원칙을 끝까지 관철하게 되면 저당권자의 임의의 행위가 각 부동산의 소유자 · 후순위저당권자의 이해관계에 중대한 영향을 미치게 되고, 경우에 따라서는 심한 불공평을 초래하게 된다. 매각되어 그 대금으로부터 우선변제된 부동산의 소유자 · 후순위저당권자는 보호되지 못할 것이기 때문이다. 그리고 이를 시인한다면, 일단 공동저당의 목적으로 된 부동산에는 후순위저당권을 취득하려고 하지 않아 부동산의 잉여가치가 활용될 수 없게 된다. 여기서 민법은 저당권자의 자유선택권을 인정하면서 아울러 각 부동산의 소유자 · 후순위저당권자를 보호하기 위하여 일정한 조치를 취하고 있다.

〈판 례〉

「공동저당권자가 공동저당의 목적인 수개의 부동산 중 어느 것이라도 먼저 저당권을 실행하여 피담보채권의 전부나 일부를 자유롭게 우선변제받을 수 있는 것이므로, 위 수개의 부동산 중 먼저 실행된 부동산에 관한 경매절차에서 피담보채권액 중 일부만을 청구하여 이를 배당받았다고 하더라도 이로써 나머지 피담보채권액 전부 또는 민법 제368조 제 1 항의 규정에 따른 그 부동산의 책임분담액과 배당액의 차액에 해당하는 채권액에 대하여 아직 경매가 실행되지 아니한 다른 부동산에 관한 저당권을 포기한 것으로 볼 수 없다.」(대판 1997. 12. 23, 97다39780)

(1) 동시배당(同時配當)의 경우(부담의 안분(按分))

공동저당의 목적부동산 전부를 경매하여 그 경매대가를 동시에 배당하는 때에는, 각 부동산의 경매대가에 비례하여 피담보채권의 분담을 정한다(368조 1항). 예컨대 A가 B에 대한 3,000만원의 채권에 관하여 B의 X토지(시가 4,000만원)와 Y건물(시가 2,000만원)에 각각 1번저당권을 가지고, C가 X토지에 2,000만원의 채권에 관하여 2번저당권을, D가 Y건물에 1,000만원의 채권에 관하여 2번저당권을 가지고 있는 경우에, A가 X토지와 Y건물을 모두 경매하여 배당을 받는 때에는, X토지로부터 2,000만원, Y건물로부터 1,000만원을 변제받게 된다. 그리하여 C와 D는 각각 X토지와 Y건물의 경매대가로부터 2,000만원과 1,000만원을 변제받을 수 있게 된다.

이와 같은 동시배당에 있어서의 부담의 안분은 주로 후순위저당권자와의 사이에 공평을 유지하기 위한 것이다. 그렇지만 후순위저당권자가 없는 때에도 같은 결과가 인정되어야 한다. 왜냐하면 다른 담보권자 · 집행권원을 가지고 있는 배당요구자 · 가압류채권자와 물상보증인도 있을 수 있고, 그들도 후순위저당권자와 마찬가지로 보호하여야 할 필요가 있기 때문이다.

견해에 따라서는, 공동저당의 목적부동산 중 일부에 선순위저당권이 있는 경우에는, 공동저당권자는 목적부동산 모두를 일괄경매할 수 없다고 한다(고상룡, 700면; 김용한, 594면; 김학동, 562면; 이영준, 932면). 일괄경매를 하면 선순위저당권자에게 불이익을 줄 가능성이 있다는 이유에서이다. 그러나 그때에는 선순위저당권이 있는 부동산의 경매대가로부터 선순위저당권자가 먼저 우선변제를 받고 그 나머지를 가지고 안분하면 될 것이다. 따라서 일괄경매 자체를 막을 필요는 없다.

판례에 따르면, 제368조 제 1 항에서 「각 부동산의 경매대가」란 일반적으로 매각대금에서 당해 부동산이 부담할 경매비용과 선순위채권을 공제한 잔액을 말하지만(대판 2003. 9. 5, 2001다66291), 공동저당권 설정등기 전에 가압류등기가 마쳐진 경우처럼 공동저당권과 동순위로 배당받는 채권이 있는 경우에는 매각대금에서 당해 부동산이 부담할 경매비용과 선순위채권뿐만 아니라 동순위채권에 안분되어야 할 금액까지 공제한 잔액을 가리킨다고 한다(대판 2024. 6. 13, 2020다258893). 당해 부동산에서 동순위채권에 안분되는 금액은 공동저당권의 우선변제권이 미치지 아니하여 담보가치에서 제외되고 이는 선순위채권의 경우와 다를 바 없기 때문이다. 따라서 공동저당권과 동순위로 배당받는 채권이 있는 경우 동시배당을 하는 때 제368조 제 1 항에 따른 채권의 분담은, 먼저 공동저당권과 동순위로 배당받을 채권자가 존재하는 부동산의 매각대금에서 경매비용과 선순위채권을 공제한 잔여금액을 공동저당권의 피담보채권액과 동순위채권액에 비례하여 안분한 다음, 공동저당권의 피담보채권에 안분된 금액을 경매대가로 삼아 다른 부동산들과 사이에서 각 경매대가에 안분하여 채권의 분담을 정하는 방법으로 이루어지며, 이는 공동근저당의 경우에도 마찬가지라고 한다(대판 2024. 6. 13, 2020다258893).

동시배당의 경우라 할지라도 제368조 제1항을 적용하지 않아야 하는 때가 있는데, 그에 관하여는 뒤에 설명한다([238] 참조).

[237] (2) 이시배당(異時配當)의 경우(후순위저당권자의 대위)

1) 민법규정 공동저당의 목적부동산 가운데 일부만이 경매되어 그 대가를 먼저 배당하는 경우에는, 공동저당권자는 그 대가로부터 그의 채권의 전부를 변제받을 수 있다(368조 2항 1문). 그리고 이 경우에 그 경매된 부동산의 후순위저당권자는 동시에 배당하였다면 공동저당권자가 다른 부동산의 경매대가로부터 변제받을 수 있는 금액의 한도에서 공동저당권자를 대위하여 저당권을 행사할 수 있다(368조 2항 2문). 앞의 예에서 A가 X토지만을 먼저 경매하여 그 대가 4,000만원으로부터 그의 채권 3,000만원을 변제받은 때에는, C는 일단 X토지의 경매대가로부터 1,000만원을 변제받고, 또 동시에 배당을 하였다면 A는 Y건물의 경매대가로부터 1,000만원을 변제받았을 것이므로 C는 그 범위에서 A의 1번저당권을 대위하게 된다.

민법은 공동저당권자를 대위하는 자를 「차순위저당권자」라고 규정하나, 그것은 바로 다음 순위의 저당권자만을 가리키는 것이 아니고 후순위저당권자 전부를 의미한다고 새겨야 한다(이설 없음).

〈판 례〉

(ㄱ) 「채무자 소유의 수개 부동산에 관하여 공동저당권이 설정된 경우 민법 제368조 제2항 후문에 의한 후순위저당권자의 대위권은 선순위 공동저당권자가 공동저당의 목적물인 부동산 중 일부의 경매대가로부터 배당받은 금액이 그 부동산의 책임분담액을 초과하는 경우에 비로소 인정되는 것이지만, 후순위저당권자로서는 선순위 공동저당권자가 피담보채권을 변제받지 않은 상태에서도 추후 공동저당 목적 부동산 중 일부에 관한 경매절차에서 선순위 공동저당권자가 그 부동산의 책임분담액을 초과하는 경매대가를 배당받는 경우 다른 공동저당 목적 부동산에 관하여 선순위 공동저당권자를 대위하여 저당권을 행사할 수 있다는 대위의 기대를 가진다고 보아야 할

것이고, 후순위저당권자의 이와 같은 대위에 관한 정당한 기대는 보호되어야 할 것이므로, 선순위 공동저당권자가 피담보채권을 변제받기 전에 공동저당 목적 부동산 중 일부에 관한 저당권을 포기한 경우에는, 후순위저당권자가 있는 부동산에 관한 경매절차에서, 저당권을 포기하지 아니하였더라면 후순위저당권자가 대위할 수 있었던 한도에서는 후순위저당권자에 우선하여 배당을 받을 수 없다고 보아야 할 것이고, 이러한 법리는 공동근저당권의 경우에도 마찬가지로 적용된다고 보아야 할 것이다.

이와 같은 법리에 비추어 보면, 피고가 이 사건 20세대에 관한 피담보채권을 변제받지도 않은 상태에서 이 사건 20세대에 설정한 1순위 근저당권을 말소한 것은 근저당권을 포기한 것으로 볼 수 있고, 이로써 후순위 근저당권자인 원고의 대위의 기대가 침해되었다고 할 것이므로, 이 사건 경매절차에서, 피고는 근저당권을 포기하지 않았더라면 원고가 대위할 수 있었던 한도에서는 원고에 우선하여 배당을 받을 수 없다고 보아야 할 것이다.」(대판 2009. 12. 10, 2009다41151)

(ㄴ)「선순위 공동저당권자가 피담보채권을 변제받기 전에 공동저당 목적 부동산 중 일부에 관한 저당권을 포기한 경우에는, 후순위저당권자가 있는 부동산에 관한 경매절차에서, 저당권을 포기하지 아니하였더라면 후순위저당권자가 대위할 수 있었던 한도에서는 후순위저당권자에 우선하여 배당을 받을 수 없다고 보아야 할 것이고(대법원 2009. 12. 10. 선고 2009다41250 판결 참조), 이러한 법리는 동일한 채권의 담보를 위하여 공유인 부동산에 공동저당의 관계가 성립된 경우에도 마찬가지로 적용된다고 보아야 할 것이다(대법원 2006. 6. 15. 선고 2005다44091 판결 참조).

그리고 위와 같이 민법 제368조 제 2 항에 의하여 공동저당 부동산의 후순위저당권자에게 인정되는 대위를 할 수 있는 지위 내지 그와 같은 대위에 관한 정당한 기대를 보호할 필요성은 그 후 공동저당 부동산이 제 3 자에게 양도되었다는 이유로 달라지지 않는다. 즉 공동저당 부동산의 일부를 취득하는 제 3 자로서는 공동저당 부동산에 관하여 후순위저당권자 등 이해관계인들이 갖고 있는 기존의 지위를 전제로 하여 공동저당권의 부담을 인수한 것으로 보아야 하기 때문에 공동저당 부동산의 후순위저당권자의 대위에 관한 법적 지위 및 기대는 공동저당 부동산의 일부가 제 3 자에게 양도되었다는 사정에 의해 영향을 받지 않는다고 할 것이다.」(대판 2011. 10. 13, 2010다99132)

2) 대위권의 발생 및 그 시기 후순위저당권자의 이러한 대위는 공동저당권자가 채권의 전부를 변제받은 경우뿐만 아니고 일부만을 변제받은 경우에도 인정되어야 한다(통설도 같음). 만약 그렇게 해석하지 않으면, 공동저당권자가 어느 부동산의 경매대가 전부로부터 채권의 일부를 변제받은 때에는, 그 부동산의 후순위저당권자는 담보권을 상실하는 결과로 되는 반면에 다른 부동산의 후순위저당

권자는 대위 없는 배당을 받게 되어 유리하게 되는 불균형이 생기기 때문이다.

후순위저당권자의 대위권은 공동저당권자의 채권이 완전히 변제되는 때에 발생한다. 공동저당권자가 그의 채권의 일부만을 변제받은 경우에는, 공동저당권자가 다른 부동산의 경매대가로부터 채권액의 나머지를 완전히 변제받아 공동저당권이 소멸하는 때에 비로소 대위권이 생긴다. 공동저당권자가 일부변제만을 받은 경우에 관한 이러한 설명이 그 경우에도 대위가 인정된다고 한 전 단락의 설명과 모순되는 것으로 오해하게 할 여지가 있다. 그런데 이들은 모순되지 않도록 이해하여야 한다. 그리하면 전 단락의 설명처럼 일부변제의 경우에도 후순위저당권자는 공동저당권자를 대위할 수 있되, 그가 대위할 수 있는 시점은 — 공동저당권자가 일부변제를 받은 때가 아니고 — 다른 부동산의 경매대가로부터 완전히 변제받은 때라는 결과로 된다.

〈판 례〉

「차순위저당권자의 대위권은 일단 배당기일에 그 배당표에 따라 배당이 실시되어 배당기일이 종료되었을 때 발생하는 것이지 배당이의 소송의 확정 등 그 배당표가 확정되는 것을 기다려 그때에 비로소 발생하는 것은 아니라고 할 것이다.」(대판 2006. 5. 26, 2003다18401)

3) 대위의 효과 여기서 「대위」한다는 것은 공동저당권자가 가지고 있던 저당권이 후순위저당권자에게 이전한다는 의미이다(통설도 같음. 그러나 이은영, 828면은 저당권의 이전이 일어나지 않고 다만 공동저당권자의 권리를 부분적으로 대위행사하는 것일 뿐이라고 한다). 그리고 이것은 법률상 당연히 발생하는 것이므로 등기가 필요하지 않다(187조)(판례도 같은 취지임. 대판 2015. 3. 20, 2012다99341). 그런데 대위될 저당권의 등기가 말소되고 그 후에 제 3 자의 저당권설정등기가 된 경우에도 대위자가 등기 없이 대위를 주장할 수 있는지가 문제된다. 여기에 관하여 학설은 i) 그 경우에는 대위의 등기를 하여야만 새로운 저당권자에게 대항할 수 있다는 견해(고상룡, 699면; 곽윤직, 363면; 김상용, 701면)와 ii) 그 경우에도 대위의 등기 없이 대위를 주장할 수 있다는 견해(김학동, 560면; 이상태, 511면; 이영준, 931면), iii) 저당권등기가 말소되면 대위할 저당권이 존재하지 않으므로 대위가 불가능하다는 견해(이은영, 827면)로 나뉘어 있다. 그리고 판례는, 먼저 경매된 부동산의 후순위저당권자가 다른 부동산에 공동저당의 대위등기를 하지 아니하고 있는 사이에 선순위저당권자 등에 의해 그 부동산에 관한 저당권등기가 말소되고, 그와 같이 저당권등기가 말소되어 등기부상 저당권의 존재를 확인할 수 없는 상태에서 그 부

동산에 관하여 소유권이나 저당권 등 새로 이해관계를 취득한 사람에 대해서는, 후순위저당권자가 민법 제368조 제 2 항에 의한 대위를 주장할 수 없다고 하여 i)설과 같다(대판 2015. 3. 20, 2012다99341. 이 판결은 482조 2항 1호 및 5호가 변제자대위의 경우에도 대위의 부기등기를 하지 않으면 제 3 취득자에 대하여 채권자를 대위하지 못하도록 정하고 있는데, 제 3 취득자를 보호할 필요성은 후순위저당권자의 대위의 경우에도 마찬가지로 존재한다고 하며, 그 외에도 두 가지 이유를 들고 있다). 생각건대 대위가 법률규정상 당연히 일어나는 것이고, 그것은 특별규정이 없는 한 새로운 이해관계인이 나타난 경우에도 차이가 없다고 하여야 한다. 따라서 논리의 면에서 i)설은 옳지 않다. 그리고 저당권은 채권의 변제로 당연히 소멸하는 것이므로 iii)설도 부당하다. 설사 그 경우에 저당권이 소멸하지 않는다고 하여도 저당권등기의 말소에 의하여 저당권이 소멸한다고 할 수는 없다. 결국 ii)설이 타당하다(그러나 ii)설에서 드는 이유 가운데 새로운 저당권자가 대위를 예상할 수 있었다는 것은 부적절하다). 이러한 사견은 현행법상 논리적으로는 옳다고 할 것이나, 거래의 안전을 해치는 점에서 문제가 있다. 따라서 거래의 안전을 보호하는 입법조치가 강구되어야 한다(대판 1994. 5. 10, 93다25417은 물상보증인이 대위하게 될 저당권등기는 말소될 것이 아니라 물상보증인 앞으로 저당권이전의 부기등기가 되어야 할 것이라고 한다).

후순위저당권자의 대위를 위한 등기에 관하여 본다. 2011년에 부등법이 개정되기 전에는 이 등기에 대한 규정이 없었고, 그리하여 제368조 제 2 항의 저당권 대위등기를 할 수 있는지에 관하여 논란이 있었다. 그런데 지금은 부등법에 그 대위등기에 관한 명문규정이 두어져 있다(부등법 80조 참조. 그런데 이 등기도 부기등기의 형식에 의하게 됨). 그에 따르면, 등기관이 이 대위등기를 할 때에는 기본적인 등기사항(부등법 48조 참조)과 함께 매각부동산(소유권 외의 권리가 저당권의 목적일 때에는 그 권리를 말한다) · 매각대금 · 선순위저당권자가 변제받은 금액을 기록하여야 한다(부등법 80조 1항). 그리고 대위자가 갖는 채권 즉 매각부동산 위에 존재하는 차순위저당권의 피담보채권에 관한 내용도 함께 기록하여야 한다(부등법 80조 2항 · 75조).

(3) 물상보증인 또는 제 3 취득자와의 관계 [238]

공동저당의 목적부동산 중 일부가 물상보증인이나 제 3 취득자의 소유에 속하는 경우에, 그러한 부동산이 경매된 때에는, 그 소유자였던 물상보증인 등은 변제에 의한 대위규정(481조 · 482조)에 의하여 구상권을 취득하고 다른 부동산에 대하여 공동저당권자를 대위하게 된다. 그리하여 후순위저당권자의 대위와 충돌하게 된다. 예컨대 A가 B에 대한 2,000만원의 채권을 위하여 B의 X토지(시가 2,000만원)와 물상보증인 C의 Y토지(시가 2,000만원)에 각각 1번저당권을 가지고 있고, D · E가 각각 X토지 · Y토지에 1,000만원과 2,000만원의 채권을 위하여 2번저당권을 가지고 있는 경우에, A가 Y토지를 먼저 경매하여 그 경매대가 2,000만원으로부터 그의 채권 2,000만원 전부를 변제받았다고 하자. 이때 C가 2,000만원에 관하여 X토지에 대위하게 되면 C는 보호되나 D는 배당을 전혀 받을 수 없게 되고, C가 1,000만원(368조 2항의 적용 또는 유추적용으로)만에 관하여 대위를 하게 되면 D는 보호되나 C의 구상권이 부분적으로 보호되지 못하게 된다. 이 경우에 E의 지위도 문제이다.

여기에 관하여 학설은 i) 변제에 의한 대위 우선설, ii) 후순위저당권자의 대위 우선설, iii) 선등기자의 대위 우선설로 나뉘어 있다. i)설은 제368조 제 2 항은 채무자 소유의 수개의 부동산 위에 저당권이 존재하는 경우에 한하여 적용되는 것으로 보아 물상보증인을 우선시킨다(고상룡, 701면; 곽윤직, 364면; 이은영, 826면; 양창수, 민법연구(4), 311면). ii)설은 물상보증인 · 제 3 취득자 · 후순위저당권자의 실질적인 이해관계를 비교 · 교량할 때, 물상보증인이나 제 3 취득자도 부동산의 가액에 비례한 피담보채권의 안분액의 한도에서는 후순위저당권자에 우선하지 않는다고 한다(김상용, 703면; 김용한, 595면; 이상태, 513면; 이영준, 933면). iii)설은 물상보증인의 저당권설정등기 · 제 3 취득자의 소유권이전등기와 후순위저당권자의 저당권등기 가운데 어느 것이 먼저 행하여졌는가에 따라 선등기자의 대위를 우선시킬 것이라고 한다(김학동, 562면).

판례는 물상보증인의 대위를 우선시키고 있다(대판 1994. 5. 10, 93다25417; 대결 1995. 6. 13, 95마500; 대판 1996. 3. 8, 95다36596; 대판 2001. 6. 1, 2001다21854; 대판 2014. 1. 23, 2013다207996; 대판 2017. 4. 26, 2014다221777 · 221784; 대판 2018. 7. 11, 2017다292756; 대판 2021. 12. 16, 2021다247258). 그리하여 물상보증인은 그 전액에 관하여 공동저당권자를 대위하나, 채무자 소유 부동산 위의 후순위저당권자는 물상보증인의 부동산에 공동저당권을 대위할 수 없다고 한다. 그리고 이러한 법리는 채무자 소유의 부동산에 후순위저당권이 설정된 후에 물상보증인 소유의 부동산이 추가로 공동저당의 목적으로 된 경우에도 마찬가지로 적용된다고 한다(대판 2014. 1. 23, 2013다207996). 그런가 하면 물상보증인의 부동산 위의 후순위저당권자는 물상보증인이 대위취득한 1번저당권에 대하여 물상대위를 할 수 있다고 한다(대판 1994. 5. 10, 93다25417; 대판 2001. 6. 1, 2001다21854; 대판 2011. 8. 18, 2011다30666 · 30673; 대판 2017. 4. 26, 2014다221777 · 221784)(곽윤직, 364면은 이에 반대하나, 고상룡, 702면은 찬성한다). 그리고 이러한 법리는 공동근저당권의 경우에도 마찬가지로 적용된다고 한다(대판 2018. 7. 11, 2017다292756). 이러한 판례에 의하면, 앞의 예에 있어서 A가 Y토지를 경매하여 그의 채권 전부를 변제받았다면, C는 2,000만원 전부에 관하여 X토지에 대위를 하게 되어 D는 배당을 전혀 받지 못하게 되며, 그때 E는 C가 대위하는 1번저당권에 물상대위를 하여 그의 채권 2,000만원을 모두 변제받게 된다. 그런데 판례는 위의 경우에 대하여 예외를 인정하여, 같은 물상보증인이 소유하는 복수의 부동산에 공동저당이 설정되고 그중 한 부동산에 후순위저당권이 설정된 다음에 그 부동산이 채무자에게 양도됨으로써 채무자 소유의 부동산과 물상보증인 소유의 부동산에 대해 공동저당이 설정된 상태에 있게 된 경우에는, 물상보증인의 변제자대위는 후순위저당권자의 지위에 영향을 주지 않는 범위에서 성립한다고 보아야 하고, 이는 물상보증인으로부터 부동산을 양수한 제 3 취득자가 변제자대위를 하는 경우에도 마찬가지라고 한다(대판 2021. 12. 16, 2021다247258). 한편 판례는, 물상보증인 소유의 부동산 위의 후순위저당권자가 물상보증인이 대위취득한 채무자 소유 부동산 위의 선순위공동저당권에 대하여 물상대위를 하는 경우에, 채무자는 물상보증인에 대한 반대채권이 있더라도 특별한 사정이 없는 한 물상보증인의 구상금 채권과 상계함으로써 물상보증인 소유의 부동산에 대한 후순위저당권자에게 대항할 수 없다고 한다(대판 2017. 4. 26, 2014다221777 · 221784. 채무자는 선순위공동저당권자가 물상보증인 소유의 부동산에 대해 먼저 경매를 신청한 경우에 비로소 상계할 것을 기대할 수 있는데, 이처럼 우연한 사정에 의하여 좌우되는 상계에 대한 기대가 물상보증인 소유의 부동산에 대한 후순위저당권자가 가지는 법적 지위에 우선할 수 없다고 함).

〈판 례〉

(ㄱ) 채권자가 물상보증인 소유 토지와 공동담보로 주채무자 소유 토지에 1번 근저당권을 취득한 후 이와 별도로 주채무자 소유 토지에 2번 근저당권을 취득한 사안에서, 먼저 주채무자의 토지에 대하여 피담보채무의 불이행을 이유로 근저당권이 실행되어 경매대금에서 1번 근저당권의 피담보채권액을 넘는 금액이 배당된 경우에는, 변제자 대위의 법리에 비추어 볼 때 민법 제368조 제 2 항은 적용되지 않으므로 후순위(2번)저당권자인 채권자는 물상보증인 소유 토지에 대하여 자신의 1번 근저당권을 대위행사할 수 없고, 따라서 물상보증인의 근저당권설정등기는 그 피담보채무의 소멸로 인하여 말소되어야 한다(대판 1996. 3. 8, 95다36596).

(ㄴ) 「공동저당의 목적인 채무자 소유의 부동산과 물상보증인 소유의 부동산에 각각 채권자를 달리하는 후순위저당권이 설정되어 있는 경우, 물상보증인 소유의 부동산에 대하여 먼저 경매가 이루어져 그 경매대금의 교부에 의하여 1번저당권자가 변제를 받은 때에는 물상보증인은 채무자에 대하여 구상권을 취득함과 동시에 민법 제481조, 제482조의 규정에 의한 변제자대위에 의하여 채무자 소유의 부동산에 대한 1번저당권을 취득하고, 이러한 경우 물상보증인 소유의 부동산에 대한 후순위저당권자는 물상보증인에게 이전한 1번저당권으로 우선하여 변제를 받을 수 있다.

이러한 법리는 수인의 물상보증인이 제공한 부동산 중 일부에 대하여 경매가 실행된 경우에도 마찬가지로 적용되어야 하고(이 경우 물상보증인들 사이의 변제자대위의 관계는 민법 제482조 제 2 항 제 4 호, 제 3 호에 의하여 규율될 것이다), 따라서 자기 소유의 부동산이 먼저 경매되어 1번저당권자에게 대위변제를 한 물상보증인은 다른 물상보증인의 부동산에 대한 1번저당권을 대위취득하고, 그 물상보증인 소유 부동산의 후순위저당권자는 1번저당권에 대하여 물상대위를 할 수 있다.

그러므로 물상보증인이 대위취득한 선순위저당권 설정등기에 대하여는 말소등기가 경료될 것이 아니라 물상보증인 앞으로 대위에 의한 저당권이전의 부기등기가 경료되어야 하고, 아직 경매되지 아니한 공동저당물의 소유자로서는 1번저당권자에 대한 피담보채무가 소멸하였다는 사정만으로 말소등기를 청구할 수는 없다.」(대판 2001. 6. 1, 2001다21854)

(ㄷ) 「공동저당의 목적인 물상보증인 소유의 부동산에 후순위저당권이 설정되어 있는 경우에 있어서, 물상보증인 소유의 부동산에 대하여 먼저 경매가 이루어져 그 경매대금의 교부에 의하여 선순위 공동저당권자가 변제를 받은 때에는 물상보증인은 채무자에 대하여 구상권을 취득함과 동시에, 민법 제481조, 제482조의 규정에 의한 변제자대위에 의하여 채무자 소유의 부동산에 대한 선순위저당권을 대위취득하고, 그 물상보증인 소유의 부동산의 후순위저당권자는 위 선순위저당권에 대하여 물상대위를 할 수 있다 할 것이므로, 그 선순위저당권 설정등기는 말소등기가 경료될 것이 아니라 위 물상보증인 앞으로 대위에 의한 저당권이전의 부기등기가 경료되어야 할 성질의 것이며, 따라서 아직 경매되지 아니한 공동저당물의 소유자로서는 위 선순위저당권자에 대한 피담보채무가 소멸하였다는 사정만으로는 그 말소등기를 청구할 수 없다고 보아야 할 것이다(대법원 1994. 5. 10. 선고 93다25417 판결 참조). 그리고 위 후순위저당권자는 자신의 채권을 보전하기 위하여 물상보증인을 대위하여 선순위저당권자에게 그 부기등기를 할 것을 청구할 수 있다.」(대결 2009. 5. 28, 2008마109)

(ㄹ) 「공동저당이 설정된 복수의 부동산이 같은 물상보증인의 소유에 속하고 그중 하나의 부동산에 후순위저당권이 설정되어 있는 경우에, 그 부동산의 대가만이 배당되는 때에는 후순위저당권자는 민법 제368조 제 2 항에 따라 선순위 공동저당권자가 같은 조 제 1 항에 따라 공동저당이 설정된 다른 부동산으로부터 변제를 받을 수 있었던 금액에 이르기까지 선순위 공동저당권자를 대위하여 그 부동산에 대한 저당권을 행사할 수 있다.

이 경우 공동저당이 설정된 부동산이 제 3 자에게 양도되어 그 소유자가 다르게 되더라도 민법 제482조 제 2 항 제 3 호, 제 4 호에 따라 각 부동산의 소유자는 그 부동산의 가액에 비례해서만 변제자대위를 할 수 있으므로 후순위저당권자의 지위는 영향을 받지 않는다.」(대판 2021. 12. 16, 2021다247258)

사견을 정리하면 다음과 같다(과거에 취했던 iii)설이 부당한 경우가 있고 또 불필요하게 복잡하여 견해를 바꾼다). 물상보증인이나 제 3 취득자는 채무자가 아니면서 자신의 부동산을 담보로 제공한 자이다. 따라서 그러한 자는 함께 담보를 제공한 채무자보다 더욱 보호되어야 한다. 그리고 채무자의 부동산에 후순위저당권을 취득한 후순위저당권자는 채무자와 동일시되어야 한다. 채무자가 아닌 담보제공자를 보호하기 위해서이다. 이 점은 후순위저당권자가 저당권을 취득하기 전에 물상보증인의 부동산에 공동저당이 설정된 경우뿐만 아니라 저당권 취득 후에 공동저당이 설정된 경우에도 마찬가지이다. 그렇게 새기지 않으면 후자의 경우 후순위저당권자가 우연한 사정으로 기대하지 않은 부당한 이익을 얻게 되기 때문이다. 그러나 채무자의 부동산 위에 후순위저당권이 성립한 후에 공동저당의 목적부동산이 양도된 경우에는, 후순위저당권자의 대위를 우선시켜야 한다. 그리하지 않으면 후순위저당권자의 정당한 기대가 침해되기 때문이다. 그리고 그 경우에는 양수인은 이미 대위를 각오하였을 것이고, 그렇지 않더라도 대위를 하게 하더라도 부당하지 않다. 결국 원칙적으로는 물상보증인 · 제 3 취득자가 우선되나, 후순위저당권이 성립한 후에 채무자로부터 부동산을 취득한 자는 우선하지 않는다. 그리고 물상보증인 · 제 3 취득자가 우선하는 경우 그의 부동산에 후순위저당권을 취득한 자는 물상보증인 · 제 3 취득자의 대위권(1번저당권) 위에 물상대위한다고 새겨야 한다(370조 · 342조 유추). 이는 제 3 취득자에 관하여 예외가 인정되는 것을 제외하고는 판례와 동일하다.

그리고 이와 같은 결과는 이시배당의 경우뿐만 아니라 동시배당의 경우에도 관철되어야 한다. 그러지 않으면 동시배당의 경우에 불합리한 결과가 생기고, 동시배당을 할 때와 이시배당을 할 때 사이에 불균형이 생기기 때문이다. 그러기 위하여서는 이시배당을 한다면 변제에 의한 대위가 우선하게 되는 경우(즉 원칙적인 경우)에 공동저당의 목적부동산 전부를 경매하여 그 경매대가를 동시에 배당하는 때에는, 공동저당권자는 먼저 채무자 소유의 부동산의 매각대금으로부터 변제를 받고 부족한 금액에 관하여서만 물상보증인 소유 부동산의 매각대금으로부터 변제를 받아야 한다. 이때에는 동시배당에 관한 제368조 제 1 항이 적용되지 않아야 하는 것이다(같은 취지: 양창수, 민법연구(4), 316면). 판례도 이와 같은 태도이며(대판 2010. 4. 15, 2008다41475; 대판 2016. 3. 10, 2014다231965), 나아가 이러한 이치는 물상보증인이 채무자를 위한 연대보증인의 지위를 겸하고 있는 경우에도 마찬가지라고 한다(대판 2016. 3. 10, 2014다231965). 그에 비하여 후순위저당권자의 대위가 우선하게 되는 예외적인 경우에는 그 규정이 적용되어 각 부동산의 경매대가에 비례하여 피담보채권의 분담을 정한다.

〈제368조의 유추적용에 관한 판례〉

판례는 저당권 이외에 우선변제권이 있는 다른 권리가 행사되는 경우에 제368조를 유추적용한다. 판례의 구체적인 내용은 다음과 같다.

① 소액보증금 반환청구권을 가지는 주택임차인이 대지와 건물 모두로부터 배당을 받는 경우에는 마치 그 대지와 건물 전부에 대한 공동저당권자와 유사한 지위에 서게 되므로 대지와 건물이 동시에 매각되어 그 경매대가를 동시에 배당하는 때에는 제368조 제 1 항을 유추적용하여 대지와 건물의 경매대가에 비례하여 그 채권의 분담을 정할 것이라고 한다(대판 2003. 9. 5, 2001다66291).

② 사용자 소유의 수개의 부동산 중 일부가 먼저 경매되어 그 경매대가에서 임금채권자가 우선특권에 따라 우선변제받은 결과, 그 경매한 부동산의 저당권자가 제368조 제 1 항에 의하여 그 수개의 부동산으로부터 임금채권이 동시배당되는 경우보다 불이익을 받은 경우에는, 같은 조 제 2 항 후문을 유추적용하여 위와 같이 불이익을 받은 저당권자로서는 임금채권자가 위 수개의 부동산으로부터 동시에 배당받았다면 다른 부동산의 경매대가에서 변제를 받을 수 있었던 금액의 한도 안에서 선순위자인 임금채권자를 대위하여 다른 부동산의 경매절차에서 우선하여 배당받을 수 있다고 한다(대판 2002. 12. 10, 2002다48399. 이때 그 저당권자가 임금채권 우선특권이 행사됨으로써 배당받지 못한 금액을, 사용자 소유 수개의 부동산의 경매대가가 동시에 배당될 경우 각 부동산의 경매대가에 비례하여 임금채권자에게 배당될 임금채권 분담액의 비율에 따라 나눈 금액에 대해서만 임금채권 우선특권을 대위행사할 수 있다고 한다).

③ 납세의무자 소유의 수개의 부동산 중 일부가 먼저 경매되어 과세관청이 조세우선특권에 의하여 조세를 우선변제받은 결과 그 경매 부동산의 저당권자가 제368조 제 1 항에 의하여 위 수개의 부동산으로부터 조세채권이 동시 배당되는 경우보다 불이익을 받은 경우에는 같은 조 제 2 항 후문을 유추적용하여, 위 저당권자는 과세관청이 위 수개의 부동산으로부터 동시에 배당받았다면 다른 부동산의 경매대가에서 변제를 받을 수 있었던 금액의 한도 내에서 선순위자인 조세채권자를 대위하여 다른 부동산의 경매절차에서 우선하여 배당받을 수 있다고 한다(대판 2001. 11. 27, 99다22311).

[239] Ⅱ. 근저당(根抵當)

1. 근저당의 의의 및 특질

(1) 의 의

근저당(근저당권)이란 계속적 거래관계(예: 당좌대월계약 · 계속적 어음대부계약 · 계속적 상품공급계약)로부터 생기는 불특정 다수의 채권을 장래의 결산기에 일정한 한도액의 범위 안에서 담보하는 저당권이다(357조). 계속적 거래관계에 있는 당사자 사이에서는 채권이 수시로 발생하고, 그 금액도 증감변동하며, 때로는 채권액이 0이 되기도 한다. 따라서 그 경우에는 보통의 저당권으로 채권을 담보하게 할 수 없다. 보통의 저당권은 현재 또는 장래의 「특정한」 채권만을 담보할 수 있고, 또 채권액이 0이 되면 소멸하여 버리기 때문이다. 여기서 장래의 불특정한 채권을 담보할 수 있을 뿐만 아니라 저당권의 소멸에 있어서의 부종성을 완화하여 저당권과 채권의 결합관계가 요구되지 않는 저당권이 필요하게 되는데, 그러한 제도로 인정된 것이 바로 근저당이다.

(2) 특 질

근저당권은 장래의 증감 · 변동하는 불특정 · 다수의 채권을 담보하는 점에서 보통의 저당권과 다르다. 그리고 근저당권은 보통의 저당권에서와 달리 소멸에 있어서의 부종성이 요구되지 않는다(369조 참조). 그리하여 피담보채권이 확정되기 전에 그것이 일시적으로 소멸하더라도 근저당권은 소멸하지 않는다. 그 밖에 근저당권은 미리 정하여진 최고한도액의 한도 내에서 장래에 확정될 채권액을 담보한다.

2. 근저당권의 설정

근저당권은 근저당권설정의 물권적 합의와 등기에 의하여 성립한다(186조). 그리고 근저당권설정의 물권적 합의는 채권계약인 근저당권설정계약에 포함되어 행하여진다([205] 참조).

(1) 근저당권설정계약

이 계약의 당사자는 근저당권설정자와 근저당권자이다. 설정자는 채무자인 것이 보통이나, 제 3 자(물상보증인)라도 무방하다.

설정계약에는 근저당권에 의하여 담보할 채권의 최고액과 피담보채권의 범위를 결정하는 기준이 정해져 있어야 한다. 후자는 피담보채권의 발생 기초가 되는 계속적 계약관계 즉 기본계약을 명시하는 방법으로 정하게 된다. 한편 근저당권의 존속기간 내지 결산기는 반드시 정할 필요는 없다(대판 1959. 5. 14, 4291민상564).

〈판 례〉

「근저당권은 그 담보할 채무의 최고액만을 정하고, 채무의 확정을 장래에 보류하여 설정하는 저당권으로서(민법 제357조 제 1 항), 계속적인 거래관계로부터 발생하는 다수의 불특정채권을 장래의 결산기에서 일정한 한도까지 담보하기 위한 목적으로 설정되는 담보권이므로, 근저당권설정행위와는 별도로 근저당권의 피담보채권을 성립시키는 법률행위가 있어야 한다.」(근저당권설정계약만 체결하였을 뿐, 피담보채권을 성립시키는 의사표시가 있었다고 볼 만한 자료가 없어서, 근저당권은 피담보채권이 존재하지 아니하여 무효라고 볼 여지가 있다는 사례)(대판 2004. 5. 28, 2003다70041)

(2) 등 기

등기절차는 기본적으로는 보통의 저당권에서와 같다. 그러므로 여기서는 근저당권에 특유한 것만 살펴본다.

근저당권의 등기에서는 그것이 근저당권이라는 것을 반드시 등기하여야 한다. 그 기재가 없으면 보통의 저당권으로 된다. 그리고 등기원인은 근저당권설정계약으로 하되 아울러 기본계약이 구체적으로 명시되는 것이 바람직하나, 등기실무에서는 단순히 「근저당설정계약」이라고만 기재하도록 하고 있다(구 부등법 140조 2항 1문 참조).

담보할 채권의 최고액을 반드시 등기하여야 한다(부등법 75조 2항 1호). 이 최고액에는 이자도 포함되므로(357조 2항), 이자의 등기는 따로 할 수 없다.

근저당권의 존속기간 또는 거래관계의 결산에 관한 약정은 그것이 있을 경우 등기할 수 있으나, 약정이 있어도 등기하지 않을 수 있고, 그때에도 근저당권의 성립에는 영향이 없다. 존속기간이 등기된 때에는 그 시기 이후에 생긴 채권은 피담보채권으로 될 수 없다(이설 없음).

〈판 례〉

(ㄱ) 갑이 을에게 자기 소유의 부동산을 담보로 추가대출을 받아 그 일부로 종전의 연체대출금을 상환하라는 취지의 추가대출 및 담보권설정의 대리권을 수여하였는데 을이 갑의 허락 없이 자기 앞으로 소유권이전등기를 한 후 다시 병 은행에 근저당권설정등기를 하였다고 하더라도 그 대출금으로 종전의 연체대출금을 모두 변제하고 그 담보이던 저당권설정등기도 말소하였다면 갑이 을에 대하여 그 등기명의의 환원을 청구할 수 있음은 의심이 없으나 병 은행에 대한 관계에서는 자기가 처음부터 부담하고자 한 저당권을 부담하고 있을 뿐이며 위임의 취지에 위배된다고 할 수 없으므로 형식상 저당권설정자가 다르다는 이유로 근저당권설정등기의 무효를 주장할 수 없다(대판 1989. 6. 27, 88다카23490).

(ㄴ) 신축 상가건물에 대한 공사대금채권의 담보를 위하여 상가건물에 근저당권을 설정하면서 근저당권설정자와 근저당권자 사이에 분양계약자가 분양대금을 완납하는 경우 그 분양계약자가 분양받은 지분에 관한 근저당권을 말소하여 주기로 하는 약정이 있었다 하더라도, 근저당권자는 근저당권설정자 또는 분양계약자에 대하여

그 약정에 따라 분양계약자의 분양 지분에 관한 근저당권을 말소하여 줄 채권적 의무가 발생할 뿐이지 물권인 근저당권자의 근저당권 자체가 등기에 의하여 공시된 바와 달리 위 약정에 의하여 제한되는 것은 아니고, 그 근저당권의 인수인이 당연히 위 약정에 따른 근저당권자의 채무를 인수하는 것도 아니다(대판 2001. 3. 23, 2000다49015).

3. 근저당권의 효력 [240]

근저당권은 피담보채권에 포함되는 채권을 최고액의 범위 안에서 담보한다.

(1) 근저당권으로 담보되는 범위

1) 담보되는 채권 근저당권으로 담보하는 피담보채권은 설정계약에 의하여 정하여진다. 당사자는 약정에 의하여 설정계약 전의 기존채무도 담보의 목적에 포함시킬 수 있으며(대판 1958. 6. 12, 4290민상875), 설정계약 전에 발생한 채무가 설정계약에서 정한 것과 같은 거래방법에 의하여 발생한 때에는 특별한 사정이 없는 한 당사자 사이에 근저당권에 의하여 담보하기로 합의한 것으로 보아야 한다(대판 1970. 4. 28, 70다103). 그러나 설정계약에서 채무자를 지정한 경우에는 지정된 채무자가 아닌 자의 채무는 담보되지 않는다(대판 1987. 12. 8, 87다카2008). 한편 판례에 의하면, 매수인의 매도인에 대한 매매대금채무의 담보를 위하여 설정된 근저당권은 그 매매계약이 매수인의 기망에 의한 것이라 하여 취소된 경우에 매수인이 지는 손해배상채무도 담보한다(대판 1987. 4. 28, 86다카2458).

2) 채권의 최고액 근저당권은 최고액의 한도 내에서 실제로 존재하는 채권을 담보한다(대판 1969. 2. 4, 68다2329). 그리하여 근저당권자는 결산기에 확정된 채권액이 최고액을 넘고 있으면 최고액까지 우선변제를 받게 되고, 채권액이 최고액보다 적으면 구체적인 채권액에 관하여 우선변제를 받게 된다.

문제는 결산기에 확정된 채권액이 최고액을 넘는 경우에 채무자가 최고액만을 변제하고 근저당권등기의 말소를 청구할 수 있는지이다. 여기에 관하여 판례는, 근저당권에 있어서 채권의 총액이 최고액을 초과하는 경우, 적어도 근저당권자와 채무자 겸 근저당권설정자와의 관계에서는 위 채권 전액의 변제가 있을 때까지 근저당권의 효력은 채권최고액과는 관계없이 잔존채무에 여전히 미친다고 하면서, 채무자 겸 근저당권설정자는 채무의 일부인 채권최고액과 지연손해금 · 집행비용만의 변제공탁으로는 근저당권설정등기의 말소를 청구할 수 없다고 한다(대판 1981. 11. 10, 80다2712; 대판 2001. 10. 12, 2000다59081; 대판 2010. 5. 13, 2010다3681. 학설도 이에 동조하고 있음). 그에 비하여 물상보증인이나 근저당부동산의 제 3 취득자는 채권최고액과 경매비용을 변제공탁하면 근저당권의 소멸을 청구할 수 있다고 한다(대판 1971. 4. 6, 71다26; 대결 1971. 5. 15, 71마251; 대판 1974. 12. 10, 74다998. 대판 2002. 5. 24, 2002다7176은 근저당부동산의 제 3 취득자는 피담보채무가 확정된 이후에 그 확정된 피담보채무를 채권최고액의 범위 내에서 변제하고 근저당권의 소멸을 청구할 수 있다고 한다). 두 판례 중 후자는 제364조를 적용(물상보증인에게는 유추적용)한 것으로 보이며, 전자는 채무자인 근저당권설정자에 대한 특별취급이라고 생각된다. 그런데 전자의 타당성은 의심스럽다. 근저당권자는 채권의 최고액의 한도 내에서 담보권을 취득하려고 하였기 때문이다.

3) 최고액과 제360조 「저당권으로 담보되는 범위」에 관한 제360조는 근저당권에도 적용된다. 그러나 근저당권의 특수성에 비추어 그 규정의 내용대로 인정되지는 않아야 한다.

우선 원본이 최고액에 포함되고 근저당권에 의하여 담보됨은 물론이다. 이자에 관하여는 제357조 제 2 항이 「채무의 이자는 최고액 중에 산입한 것으로 본다」고 규정하고 있다. 그런데 이는 주의적인 규정이라고 할 것이다(이설이 없으며, 판례도 같음. 대결 1972. 1. 26, 71마1151). 어쨌든 이자는 최고액에 포함된다.

그리고 위약금이나 채무불이행으로 인한 손해배상도 최고액에 포함된다고 하여야 한다. 문제는 제360조 단서가 여기에도 적용될 것인가이다. 이를 긍정한다면 지연배상은 1년분만이 최고액에 포함되게 된다. 여기에 관하여 학설은 i) 긍정설과 ii) 부정설로 나뉘어 있다. i) 긍정설은 개별 피담보채권의 지연배상은 1년분에 한하지 않으나, 근저당권이 확정된 후의 지연배상은 1년분에 한한다고 한다(김상용, 710면; 이은영, 841면). 이 견해는 그 이유로 근저당권이 확정되면 그때부터는 보통의 저당권으로 전환된다거나(김상용, 710면), 제360조 단서는 물상보증인 · 후순위저당권자 등 이해관계인의 이익을 배려한 것인데 이러한 이익형량은 근저당권에서도 필요하다고 한다(이은영, 841면). 그에 비하여 ii) 부정설은 제360조 단서는 근저당권의 경우에는 적용되지 않으며, 따라서 지연배상은 1년분에 한정되지 않는다고 한다(고상룡, 707면; 곽윤직, 369면; 김용한, 586면; 김학동, 566면; 이영준, 942면). 판례는, 제360조 단서는 근저당권에 적용되지 않으므로 근저당권의 피담보채권 중 지연손해금도 근저당권의 채권최고액 한도에서 전액 담보된다고 하여(대판 2021. 10. 14, 2021다240851), ii)설과 같은 견지에 있다. 생각건대 i)설은 결산기를 일종의 변제기로 보아 그 이후의 1년분에 한정시키나, 그렇게 해석할 근거가 없다. 그리고 지연배상이 최고액에 포함되는 한 지연배상을 1년분에 한정하지 않더라도 이해관계인을 해칠 가능성은 없다. 그러므로 ii)설을 취함이 옳다.

근저당권 실행의 비용이 최고액에 포함되는지에 관하여도 논란이 있다. i) 긍정설은 최고액에 포함된다고 하나(김용한, 586면), ii) 부정설은 포함되지 않는다고 한다(고상룡, 707면; 곽윤직, 369면; 김상용, 710면; 김학동, 566면; 이상태, 516면; 이영준, 942면; 이은영, 842면). 그리고 판례는 경매비용이 최고액에 포함되지 않는 것으로 이해한다(대판 1971. 4. 6, 71다26; 대결 1971. 5. 15, 71마251). 생각건대 실행비용에 관하여 근저당에서만 저당권과 달리 새겨야 할 근거는 없다. 따라서 근저당권 실행비용은 최고액에 포함된다고 할 것이다.

4) **담보되는 채권의 확정** 　근저당권으로 담보되는 채권은 설정계약 내지 기본계약에서 정한 결산기의 도래(근저당권은 그 설정계약에서 약정한 확정시기에 있어서의 채권을 담보하는 것이며 또 그 확정시기는 당사자 간 약정에 의하여 연장할 수 있다. 대판 1961. 12. 14, 4293민상893), 근저당권의 존속기간이 정하여져 있는 경우의 그 기간의 만료, 기본계약 또는 설정계약의 해지나 해제 등으로 확정된다. 존속기간이나 결산기를 정하지 않은 경우에는(결산기의 지정은 일반적으로 근저당권 피담보채무의 확정시기와 방법을 정한 것으로서 피담보채무의 이행기에 관한 약정과는 구별된다. 대판 2017. 10. 31, 2015다65042), 근저당권설정자와 근저당권자는 언제든지 기본계약을 해지할 수 있다(대판 1965. 12. 7, 65다1617; 대판 2001. 11. 9, 2001다47528; 대판 2002. 2. 26, 2000다48265; 대판 2017. 10. 31, 2015다65042. 이들은 근저당권설정자의 해지를 인정하고 있다). 그리고 근저당부동산의 제 3 취득자가 설정계약을 해지할 수도 있다(대판 2001. 11. 9, 2001다47528; 대판 2002. 5. 24, 2002다7176; 대판 2006. 4. 28, 2005다74108). 나아가 존속기간이나 결산기가 정하여져 있다고 하더라도, 근저당권에 의하여 담보되는 채권이 모두 소멸하고 채무자가 거래를 계속할 의사가 없는 경우에는, 근저당권설정자는 계약을 해지할 수 있다(대판 1966. 3. 22, 66다68; 대판 2001. 11. 9, 2001다47528; 대판 2002. 2. 26, 2000다48265; 대판 2002. 5. 24, 2002다7176). 또한 물상보증인은 피담보채무가 현존하든 현존하지 않든, 상당기간 거래가 없어 새로운 채무의 발생이 없고 또한 앞으로도 계속적인 거래관계를 유지할 수 없는 사정이 있는 경우에는, 근저당권의 소멸을 청구할 수 있다고 하여야 한다(대판 1990. 6. 26, 89다카26915). 이는 일종의 사정변경의 원칙에 기한 해지를 인정한 것이다. 그 밖에 계속적 거래계약에 기한 채무를 담보하기 위하여 존속기간이 없는 근저당권을 설정한 경우에, 그 거래관계가 종료됨으로써 피담보채무로 예정된 원본채무가 더 이상 발생할 가능성이 없게 된 때에도, 그때까지의 잔존채무가 근저당권으로 담보되는 채무로 확정된다(대판 1993. 12. 14, 93다17959; 대판 1994. 4. 26, 93다19047; 대판 1996. 4. 26, 96다2286; 대판 1996. 10. 29, 95다2494). 그런가 하면 근저당권자 자신이 피담보채무의 불이행을 이유로 경매신청을 한 [241]

때에는 그 경매신청시에 채권은 확정된다(대판 1988. 10. 11, 87다카545; 대판 1989. 11. 28, 89다카15601; 대판 1993. 3. 12, 92다48567; 대판 1996. 3. 8, 95다36596; 대판 1997. 12. 9, 97다25521; 대판 1998. 10. 27, 97다26104; 대판 2002. 11. 26, 2001다73022; 대판 2023. 6. 29, 2022다300248). 그리고 이와 같이 경매신청을 하여 경매개시결정이 있은 후에 경매신청이 취하되었다고 하더라도 채무확정의 효과가 번복되는 것은 아니다(대판 1989. 11. 28, 89다카15601; 대판 2002. 11. 26, 2001다73022). 후순위근저당권자가 경매를 신청한 경우에도 피담보채권은 확정하나, 그 경우 선순위근저당권의 피담보채권은 그 근저당권이 소멸하는 시기 즉 경매의 매수인이 매각대금을 모두 지급한 때에 확정된다(같은 취지: 대판 1999. 9. 21, 99다26085. 곽윤직, 370면은 경매개시 결정시를 기준으로 할 것이라고 한다). 그 밖에 근저당권이 설정된 뒤 채무자 또는 근저당권설정자에 대하여 회생절차개시결정이 내려진 경우 그 근저당권의 피담보채무는 특별한 사정이 없는 한 회생절차개시결정을 기준으로 확정된다(대판 2001. 6. 1, 99다66649; 대판 2021. 1. 28, 2018다286994).

피담보채권이 확정되면 그 이후에 발생하는 채권은 그 근저당권에 의하여 담보되지 못한다(대판 1988. 10. 11, 87다카545; 대판 1989. 11. 28, 89다카15601; 대판 1991. 9. 10, 91다17979; 대판 2023. 6. 29, 2022다300248). 따라서 근저당권자가 경매를 신청하면서 경매신청서의 청구금액 등에 장래 발생될 것으로 예상되는 원금채권을 기재하였거나 그 구체적인 금액을 밝혔다는 사정만으로 경매 신청 당시에 발생하지 않은 장래의 원금채권까지 피담보채권액에 추가될 수 없을 뿐만 아니라 경매절차상 청구금액이 그와 같이 확장될 수 있는 것도 아니다(대판 2023. 6. 29, 2022다300248). 그러나 피담보채권의 확정 전에 발생한 원본채권에 관하여 확정 후에 발생하는 이자나 지연손해금 채권은 채권최고액의 범위 내에서 여전히 담보된다(대판 2007. 4. 26, 2005다38300)(근저당권의 피담보채권이 확정된 후 피담보채무의 전부 또는 일부의 이행을 명하는 판결이 선고되는 경우, 그 피담보채무 불이행으로 인한 손해배상액 중 「소송촉진 등에 관한 특례법」에서 정한 법정이율이 적용됨에 따라 증가된 지연손해금 채권도 근저당권에 의하여 담보된다. 대판 2023. 7. 27, 2023다202532). 한편 피담보채권이 확정된 때부터는 근저당권은 보통의 저당권과 마찬가지로 다루어진다(이설이 없으며, 판례도 같음. 대판 1998. 10. 27, 97다26104 · 26111; 대판 2002. 11. 26, 2001다73022).

〈판 례〉

(ㄱ) 「근저당권자가 근저당권의 피담보채무의 확정을 위하여 스스로 물상보증인을 상대로 확인의 소를 제기하는 것이 부적법하다고 볼 것은 아니며, 물상보증인이 근저당권자의 채권에 대하여 다투고 있을 경우 그 분쟁을 종국적으로 종식시키는 유일한 방법은 근저당권의 피담보채권의 존부에 관한 확인의 소라고 할 것이므로, 근저당권자인 원고가 물상보증인인 피고들을 상대로 제기한 이 사건 확인의 소는 확인의 이익이 있어 적법하다.」(대판 2004. 3. 25, 2002다20742)

(ㄴ) 「근저당부동산에 대하여 민법 제364조의 규정에 의한 권리를 취득한 제 3 자는

피담보채무가 확정된 이후에 채권최고액의 범위 내에서 그 확정된 피담보채무를 변제하고 근저당권의 소멸을 청구할 수 있으므로(대법원 2002. 5. 24. 선고 2002다7176 판결 등 참조), 타인의 불법행위로 인하여 부동산에 유효한 근저당권이 설정되는 경우 부동산소유자가 입은 손해는 부동산소유자가 근저당권자에 대하여 당해 근저당권의 소멸을 청구하는 데 드는 비용이라고 할 것이고, 한편 근저당권에 의하여 담보되는 피담보채무는 근저당권설정계약에서 근저당권의 존속기간을 정하거나 근저당권으로 담보되는 기본적인 거래계약에서 결산기를 정한 경우에는 원칙적으로 존속기간이나 결산기가 도래한 때에 확정되지만, 이 경우에도 근저당권에 의하여 담보되는 채권이 전부 소멸하고 채무자가 채권자로부터 새로이 금원을 차용하는 등 거래를 계속할 의사가 없는 경우에는, 그 존속기간 또는 결산기가 경과하기 전이라 하더라도 근저당권설정자는 계약을 해제하고 근저당권설정등기의 말소를 구할 수 있고, 존속기간이나 결산기의 정함이 없는 때에는 근저당권설정자가 근저당권자를 상대로 언제든지 해지의 의사표시를 함으로써 피담보채무를 확정시킬 수 있으며, 이러한 계약의 해제 또는 해지에 관한 권한은 근저당부동산의 소유권을 취득한 제 3 자도 원용할 수 있다고 할 것이다(위 2002다7176 판결 등 참조).」(대판 2006. 4. 28, 2005다74108)

(ㄷ) 「물상보증인이 설정한 근저당권의 채무자가 합병으로 소멸하는 경우 합병 후의 존속회사 또는 신설회사는 합병의 효과로서 채무자의 기본계약상 지위를 승계하지만 물상보증인이 존속회사 또는 신설회사를 위하여 근저당권설정계약을 존속시키는 데 동의한 경우에 한하여 합병 후에도 기본계약에 기한 근저당거래를 계속할 수 있고, 합병 후 상당한 기간이 지나도록 그러한 동의가 없는 때에는 합병 당시를 기준으로 근저당권의 피담보채무가 확정된다고 보아야 한다. 따라서 위와 같이 근저당권의 피담보채무가 확정되면, 근저당권은 그 확정된 피담보채무로서 존속회사 또는 신설회사에 승계된 채무만을 담보하게 되므로, 합병 후 기본계약에 의하여 발생한 존속회사 또는 신설회사의 채무는 근저당권에 의하여 더 이상 담보되지 아니한다. 그리고 이러한 법리는 채무자의 합병 전에 물상보증인으로부터 저당목적물의 소유권을 취득한 제 3 자가 있는 경우에도 마찬가지로 적용된다.」(대판 2010. 1. 28, 2008다12057)

(2) 근저당권의 실행

피담보채권이 확정되고 그것들의 변제기가 되면 근저당권자는 근저당권을 실행하여 우선변제를 받을 수 있다. 문헌들은 피담보채권이 확정된 때에 채권의 변제기가 된다고 하나(이상태, 517면; 이영준, 944면 등), 그것의 변제기는 개별적으로 정하여진다고 할 것이다. 보통은 각 채권이 발생하면서 변제기에 있게 될 것이다.

〈판 례〉

「원래 저당권은 원본, 이자, 위약금, 채무불이행으로 인한 손해배상 및 저당권의 실행비용을 담보하는 것이며, 채권최고액의 정함이 있는 근저당권에 있어서 이러한 채권의 총액이 그 최고액을 초과하는 경우, 적어도 근저당권자와 채무자 겸 근저당권설정자와의 관계에 있어서는 위 채권 전액의 변제가 있을 때까지 근저당권의 효력은 채권최고액과는 관계없이 잔존채무에 여전히 미친다는 점(대법원 2001. 10. 12. 선고 2000다59081 판결 등 참조)을 고려할 때, 민사집행법상 경매절차에 있어 근저당권설정자와 채무자가 동일한 경우에 근저당권의 채권최고액은 민사집행법 제148조에 따라 배당받을 채권자나 저당목적 부동산의 제 3 취득자에 대한 우선변제권의 한도로서의 의미를 갖는 것에 불과하고 그 부동산으로서는 그 최고액 범위 내의 채권에 한하여서만 변제를 받을 수 있다는 이른바 책임의 한도라고까지는 볼 수 없으므로 민사집행법 제148조에 따라 배당받을 채권자나 제 3 취득자가 없는 한 근저당권자의 채권액이 근저당권의 채권최고액을 초과하는 경우에 매각대금 중 그 최고액을 초과하는 금액이 있더라도 이는 근저당권설정자에게 반환할 것은 아니고 근저당권자의 채권최고액을 초과하는 채무의 변제에 충당하여야 할 것이다.」(대판 2009. 2. 26, 2008다4001)

[242] 4. 근저당권의 변경

(1) 채무 · 채무자의 변경

근저당권에 있어서 피담보채무가 확정되기 전에는 근저당설정자와 근저당권자의 합의로 채무의 범위나 채무자를 변경(추가 · 교체 등)할 수 있고, 그때에는 변경 후의 범위에 속하는 채권이나 채무자에 대한 채권만이 당해 근저당권에 의하여 담보되고, 변경 전의 것은 제외된다(대판 1993. 3. 12, 92다48567; 대판 1999. 5. 14, 97다15777; 대판 2021. 12. 16, 2021다255648). 피담보채무의 범위 또는 채무자를 변경할 때 후순위저당권자 등 이해관계인의 승낙을 받을 필요는 없으며(이해관계인은 근저당권의 채권최고액에 해당하는 담보가치가 근저당권에 의하여 이미 파악되어 있는 것을 알고 이해관계를 맺었기 때문임), 등기사항의 변경이 있다면 변경등기를 해야 하지만 등기사항에 속하지 않는 사항은 당사자의 합의만으로 변경의 효력이 발생한다(대판 2021. 12. 16, 2021다255648). 그리고 물상보증인이 단지 근저당권의 채무자의 채무를 면책적으로 인수하고 이를 원인으로 하여 근저당권 변경의 부기등기가 된 경우에는, 특별한 사정이 없는 한 그 근저당권은 당초 채무자가 근저당권자에 대하여 부담하고 있던 것으로서 물상보증인이 인수한 채무만을 대상으로 하는 것이고, 그 후 채무를 인수한 물상보증인이 다른 원인으로 근저당권자에 대하여 부담하게 된 새로운 채무까지 담보하지는 않는다(대판 1999. 9. 3, 98다

40657; 대판 2000. 12. 26, 2000다 56204; 대판 2002. 11. 26, 2001다73022).

(2) 채권자 · 채무자의 지위의 변경

기본계약상의 채권자의 지위나 채무자의 지위는 계약에 의하여 타인에게 이전될 수 있다. 이는 계약인수에 해당하는 것으로서 기본계약의 당사자 및 인수인의 3면계약에 의하여야 한다. 한편 채권자의 지위의 이전이 있으면 근저당권도 새로운 채권자에게 이전되나, 그러기 위해서는 근저당권의 이전등기가 갖추어져야 한다.

기본계약상의 지위의 승계는 채권자나 채무자의 사망이나 법인의 합병의 경우에도 일어난다고 할 것이다(같은 취지: 고상룡, 710면; 이상태, 518면; 이영준, 947면). 이때에는 근저당권의 이전에 등기가 필요하지 않다.

(3) 피담보채권의 양도

근저당권은 피담보채권과 함께 양도될 수 있으며, 피담보채권과 분리하여 양도할 수는 없다. 그런데 문제는 피담보채권의 일부가 양도된 때에 근저당권도 이전되는지이다. 이 문제는 피담보채권이 확정된 후에 양도된 경우와 확정되기 전에 양도된 경우로 나누어 보아야 한다.

1) 확정 후의 양도 피담보채권이 확정된 후에 일부의 채권이 양도되고 근저당권에 관하여 준공유등기를 하면, 채권자들은 근저당권을 준공유하게 된다([233] 도 참조). 물상보증인이나 근저당부동산의 제 3 취득자가 일부변제를 한 경우에는 등기 없이도 근저당권을 준공유한다(대판 2002. 7. 26, 2001다53929).

2) 확정 전의 양도 피담보채권이 확정되기 전에 일부의 채권이 양도 또는 이전된 때에도 근저당권이 이전되는가? 여기에 관하여 학설은 i) 부정설(고상룡, 710면; 곽윤직, 371면; 김상용, 712면)과 ii) 긍정설(이상태, 518면; 이영준, 949면)로 나뉘어 있다. 이들 가운데 i)설에 의하게 되면 양도된 채권은 무담보의 것으로 되는 데 비하여, ii)설을 따르면 근저당권의 일부가 이전되어 채권자들이 근저당권을 준공유하게 된다. 그리고 판례는 부정설을 취한다(대판 1996. 6. 14, 95다53812; 대판 2000. 12. 26, 2000다54451; 대판 2002. 7. 26, 2001다53929). 생각건대 피담보채권이 확정되기 전에 양도된 채권은 피담보채권의 범위에서 제외된다고 하여야 한다. 결국 i)의 부정설이 타당하다.

5. 근저당권의 소멸

피담보채권이 확정되기 전에는 설사 채무자가 그때까지 발생한 채권을 모두 변제하여도 근저당권은 소멸하지 않는다. 그렇지만 피담보채권이 확정된 후에는, 담보할 채권이 전혀 없거나 그것 모두가 변제되거나 또는 근저당권이 실행되면 근저당권이 소멸한다. 그 밖에 당사자의 해지에 의하여 근저당권을 소멸시킬 수도 있는데, 그에 관하여는 피담보채권의 확정과 관련하여 앞에서 이미 설명하였다([241] 참조).

〈판 례〉

(ㄱ) 「근저당권이 설정된 후에 그 부동산의 소유권이 제3자에게 이전된 경우에는 현재의 소유자가 자신의 소유권에 기하여 피담보채무의 소멸을 원인으로 그 근저당권설정등기의 말소를 청구할 수 있음은 물론이지만, 근저당권설정자인 종전의 소유자도 근저당권설정계약의 당사자로서 근저당권 소멸에 따른 원상회복으로 근저당권자에게 근저당권설정등기의 말소를 구할 수 있는 계약상 권리가 있으므로 이러한 계약상 권리에 터잡아 근저당권자에게 피담보채무의 소멸을 이유로 하여 그 근저당권설정등기의 말소를 청구할 수 있다고 봄이 상당하고, 목적물의 소유권을 상실하였다는 이유만으로 그러한 권리를 행사할 수 없다고 볼 것은 아니다.」(대판(전원) 1994. 1. 25, 93다16338)

(ㄴ) 「근저당권 이전의 부기등기는 기존의 주등기인 근저당권설정등기에 종속되어 주등기와 일체를 이루는 것이어서, 피담보채무가 소멸된 경우 또는 근저당권설정등기가 당초 원인무효인 경우 주등기인 근저당권설정등기의 말소만 구하면 되고 그 부기등기는 별도로 말소를 구하지 않더라도 주등기의 말소에 따라 직권으로 말소되는 것이며, 근저당권 양도의 부기등기는 기존의 근저당권설정등기에 의한 권리의 승계를 등기부상 명시하는 것뿐으로, 그 등기에 의하여 새로운 권리가 생기는 것이 아닌 만큼 근저당권설정등기의 말소등기청구는 양수인만을 상대로 하면 족하고 양도인은 그 말소등기청구에 있어서 피고 적격이 없으며(대법원 1995. 5. 26. 선고 95다7550 판결 참조), 근저당권의 이전이 전부명령 확정에 따라 이루어졌다고 하여 이와 달리 보아야 하는 것이 아니」다(대판 2000. 4. 11, 2000다5640).

[243] ## 6. 포괄근저당권의 유효 여부

포괄근저당이란 거래관계의 종류를 특정하여 그로부터 발생하는 모든 채권을 담보하거나 또는 거래관계의 종류를 특정하지 않고서 채권자가 채무자에 대하여 취득하는 모든 채권을 담보하는 모습의 근저당권을 말한다(뒤의 것만을 포괄근저당이라고 하는 문헌도 있다). 이러한 포괄근저당은 특히 은행거래에서 많이 이용되고 있다.

포괄근저당이 유효한지에 관하여는 논란이 심하다. 학설은 i) 전부유효설, ii) 제한적 유효설, iii) 채무제한설, iv) 이원설로 나뉘어 있다. i) 전부유효설은 포괄근저당은 모두 유효하다고 한다(김용한, 590면; 김학동, 569면). ii) 제한적 유효설은 피담보채권과의 부종성이 배제될 수 있는 극단적인 포괄근저당은 인정할 수 없으나, 현행의 은행거래에서 이용되고 있는 정도의 포괄근저당은 유효하다고 한다(김상용, 720면). iii) 채무제한설은 포괄근저당의 유효·무효의 문제는 피담보채권의 범위의 문제로 된다고 하면서, 거래에서 발생한 채권과 그와 밀접한 불법행위에 의한 손해배상청구권이나 부당이득 반환청구권이 피담보채권으로 된다고 한다(이상태, 521면; 이영준, 959면. 고상룡, 723면도 유사하다). iv) 이원설은 약관에 의한 포괄근저당 약정은 무효이나, 개별약정에 의한 포괄근저당 약정은 제한적으로 유효하다고 한다(이은영, 836면).

판례는 포괄근저당의 유효성을 인정하고 있다(대판 1982. 12. 14, 82다카413; 대판 1994. 9. 30, 94다20242; 대판 1997. 6. 24, 95다43327; 대판 2001. 1. 19, 2000다44911 등). 다만, 경우에 따라서는 피담보채권에 관한 포괄적 기재가 예문에 불과하여 구속력이 없다고 한다(대판 1990. 7. 10, 89다카12152; 대판 1992. 11. 27, 92다40785; 대판 1996. 4. 26, 96다2286; 대판 1996. 10. 29, 95다2494; 대판 1997. 5. 28, 96다9508; 대판 1997. 9. 26, 97다22768; 대판 2001. 9. 18, 2001다36962; 대판 2003. 3. 14, 2003다2109. 그에 비하여 대판 2020. 10. 15, 2019다222041은 해석에 의하여 담보책임의 범위를 제한함).

생각건대 민법이 근저당권을 인정하여 저당권의 부종성을 완화하고 있으나, 그것이 저당권을 실행할 때에 피담보채권이 존재하면 족하다는 취지로 해석되지는 않는다. 그보다는 오히려 적어도 피담보채권의 발생원인이 되는 기본계약은 있어야 함을 전제로 하고 있는 것으로 보인다. 그러한 점에서 볼 때, 기본계약을 명시하고 그에 기하여 발생하는 모든 채권을 담보한다는 내용의 포괄근저당은 유효하다고 하겠으나, 기본계약을 명시하지 않거나 명시하더라도 그 밖의 모든 원인에 기한 채권도 담보한다는 내용의 포괄근저당은 무효라고 하여야 한다. 그리고 포괄근저당의 약정이 보통거래약관에 의하여 행하여진 경우에는 때에 따라서 「약관의 규제에 관한 법률」에 의하여 그 조항이 무효로 될 수도 있을 것이다(특히 같은 법 6조 1항 및 2항 1호 참조). 판례가 행하는 예문해석의 문제점에 관하여는 「민법총칙」 책에서 이미 지적한 바 있다(민법총칙 [94] 참조).

[244] ## 7. 공동근저당

(1) 서 설

동일한 채권의 담보로서 복수의 부동산 위에 근저당권이 설정된 경우를 공동근저당이라 한다. A가 B은행과 어음거래약정을 하고 그로부터 발생하는 채무를 담보하기 위하여 그(A)의 주택과 대지에, 또는 그(A)의 토지와 물상보증인 C의 토지에 채권최고액을 10억원으로 하는 근저당권을 설정하는 경우가 그 예이다. 이러한 공동근저당도 유효하게 성립할 수 있다는 데 대하여는 학설의 다툼이 없으며(이영준, 950면 등 참조), 판례도 그것이 유효하다는 전제에 서 있다(대판 1996. 3. 8, 95다36596; 대판 2006. 10. 27, 2005다14502 참조).

공동근저당의 경우에 공동저당에 관한 제368조가 적용되는지가 문제된다. 여기에 관하여 학자들은 모두 긍정하고 있다(고상룡, 711면; 김상용, 722면; 이영준, 950면). 즉 확정채권액이 최고액보다 적은 때에는 그 채권액을 기준으로 하고, 많은 때에는 최고액을 기준으로 하여, 동시배당에 관하여는 제368조 제1항을 적용하고, 이시배당에 관하여는 제368조 제2항을 적용하자고 한다. 판례도 제368조 제1항 · 제2항이 공동근저당권의 경우에도 적용되고, 그것도 공동근저당권자 스스로 경매를 실행하는 경우는 물론 타인이 실행한 경매에서 우선변제를 받는 경우에도 적용된다고 한다(대판 2006. 10. 27, 2005다14502; 대판(전원) 2017. 12. 21, 2013다16992). 그리고 당사자는 최초 근저당권 설정시는 물론 그 후에도 공동근저당권임을 등기하여 공동근저당권의 저당물을 추가할 수 있는데, 이와 같이 특정 공동근저당권에 있어 공동저당물이 추가되기 전에 기존의 저당물에 관하여 후순위 근저당권이 설정된 경우에도 민법 제368조 제1항이 마찬가지로 적용된다고 한다(대판 2014. 4. 10, 2013다36040. 같은 취지: 대판 1998. 4. 24, 97다51650). 그러나 이와 같은 설명만으로는 충분하지 않다. 공동저당과 달리 공동근저당의 경우에는 채권액이 처음부터 확정되어 있지 않고 채권최고액이라는 것이 있어 공동근저당으로 담보되는 범위가 구체적으로 어떻게 정해져야 되는지가 결정되어야 하기 때문이다. 아래에서 경우를 나누어 살펴보기로 한다.

(2) 동시배당의 경우

공동근저당의 목적부동산 전부를 경매하여 그 경매대가를 동시에 배당하는 경우에는, 공동근저당권자나 다른 담보권자 중 누가 경매를 신청하였는지를 묻지 않고 목적부동산 전부에 관하여 피담보채권이 확정되어 보통의 저당권처럼 된다. 그런데 피담보채권이 확정되는 시기는, 공동근저당권자가 피담보채무의 불이행을 이유로 경매신청을 한 때에는 그 경매신청시이고(대판 1988. 10. 11, 87다카545 등 참조), 제 3 자가 경매신청을 한 때에는 경매의 매수인이 매각대금을 모두 지급한 때이다(대판 1999. 9. 21, 99다26085 참조). 따라서 이들 시기의 채권액과 채권최고액 중 적은 금액을 담보하게 된다. 그리고 그 금액에 관하여 제368조 제 1 항이 적용되어, 각 부동산의 경매대가에 비례하여 피담보채권의 분담을 정한다(같은 취지: 대판(전원) 2017. 12. 21, 2013다16992). 그 결과 공동근저당권자가 공동근저당권의 각 목적 부동산에 대하여 채권최고액만큼 반복하여, 이른바 누적적으로 배당받지 않는다(대판(전원) 2017. 12. 21, 2013다16992).

(3) 이시배당(異時配當)의 경우 [245]

공동근저당의 목적부동산 가운데 일부만이 경매되어 그 대가를 먼저 배당하는 경우, 즉 이시배당의 경우는 다시 그 일부의 경매를 공동근저당권자가 신청한 때와 제 3 자가 신청한 때로 나누어 보아야 한다.

공동근저당권자 자신이 경매를 신청한 때에는, 그 경매신청시에 목적부동산 전부에 관하여 피담보채권이 확정되고, 따라서 그 이후에 발생한 채권은 담보하지 않게 된다고 새겨야 한다. 학설(윤진수, 민법논고(3), 732면; 주해(7), 212면(조대현); 주석 물권(4), 295면(이기택))과 판례(대판 1996. 3. 8, 95다36596)도 같다. 그 결과 그 공동근저당권은 확정된 채권액과 최고액 중 적은 금액으로 채권액이 특정된 보통의 공동저당권으로 된다고 할 것이다. 그리고 거기에 제368조 제 2 항이 적용된다. 따라서 공동근저당권자가 경매된 부동산으로부터 채권 일부의 우선변제를 받으면 다른 부동산의 경매대가로부터는 그 금액을 제외한 금액에 관하여만 우선변제를 받을 수 있게 된다.

공동근저당의 목적부동산의 일부에 대하여 제 3 자가 경매를 신청한 때에는 우선 경매부동산에 관하여만 피담보채권이 확정되는지 목적부동산 전부에 관하여 피담보채권이 확정되는지 문제된다. 여기에 관하여 i) 다수설은 경매된 부동산만에 관하여 피담보채권이 확정된다는 견지에 있으나(양창수, 민법연구(8), 225면; 주해(7), 212면(조대현); 주석 물권(4), 295면 · 296면(이기택)), ii) 소수설은 일부 부동산에 관하여 근저당권 확정사유가 생기면 다른 부동산에 관하여도 확정된다고 한다(윤진수, 민법논고(3), 735면). i)의 다수설을 취하는 견해 중 일부 문헌(주해(7), 212면(조대현); 주석 물권(4), 295면 · 296면(이기택))은 그 이유로, 거래관계가 계속되는 이상 근저당관계를 유지시킬 필요가 있고, 채권자의 신청에 의한 경매절차가 아니므로 채무자로부터 임의의 변제를 받은 것과 마찬가지라고 보아도 무방하기 때문이라는 점을 든다(이에 대하여 양창수, 민법연구(8), 226면 이하는 비판적이다). 어쨌든 이 견해에 따르면, 일부 부동산의 경매 후에도 다른 부동산에 관하여는 피담보채권이 확정되지 않고, 따라서 남은 근저당권(또는 공동근저당권)은 장래에 발생하는 채권도 담보하게 된다. 그에 비하여 ii)의 소수설은 그 이유로, 공동근저당권 중 일부만이 확정되고 일부는 확정되지 않는다는 이론 자체가 자연스럽지 못할 뿐만 아니라, 민법 제368조 제 2 항과도 조화되지 않는다는 점(여기에 관하여는 윤진수, 민법논고(3), 735면 주 93 참조)을 든다. 한편 판례는, 공동근저당권자가 목적부동산 중 일부 부동산에 대하여 제 3 자가 신청한 경매절차에 소극적으로 참가하여 우선배당을 받은 경우에, 해당 부동산에 관한 근저당권의 피담보채권은 그 근저당권이 소멸하는 시기, 즉 매수인이 매각대금을 지급한 때에 확정되지만, 나머지 목적 부동산에 관한 근저당권의 피담보채권은 기본거래가 종료하거나 채무자나 물상보증인에 대하여 파산이 선고되는 등의 다른 확정사유가 발생하지 아니하는 한 확정되지 않는다고 한다(대판 2017. 9. 21, 2015다50637). 판례는 그 이유로, 공동근저당권자가 제 3 자가 신청한 경매절차에 소극적으로 참가하여 우선배당을 받았다는 사정만으로는 당연히 채권자와 채무자 사이의 기본거래가 종료된다고 볼 수 없고, 기본거래가 계속되는 동안에는 공동근저당권자가 나머지 목적 부동산에 관한 근저당권의 담보가치를 최대한 활용할 수 있도록 피담보채권의 증감 · 교체를 허용할 필요가 있으며, 위와 같이 우선배당을 받은 금액은 나머지 목적 부동산에 대한 경매절차에서 다시 공동근저당권자로서 우선변제권을 행사할 수 없어(대판 2006. 10. 27, 2005다14502; 대판 2012. 1. 12, 2011다68012 참조) 이후에 피담보채권액이 증가하더라도 나머지 목적 부동산에 관한 공동근저당권자의 우선변제권 범위는 위 우선배당액을 공제한 채권최고액으로 제한되므로 후순위 근저당권자나 기타 채권자들이 예측하지 못한 손해를 입게 된다고 볼 수 없기 때문이라는 점을 든다(대판 2017. 9. 21, 2015다50637). 생각건대 i)의 다수설과 판례에 따르면, 제 3 자의 신청에 의하여 일부 부동산의 경매가 이루어진 뒤에도 다른 부동산에 관하여는 여전히 근저당권(또는 공동근저당권)이 유효하게 존속하는 점에서 유용한 면이 있으나, 다른 부동산의 경매가 행하여진 경우의 구체적 법률관계가 복잡하여지고, 특히 이미 경매된 부동산 위의 후순위저당권자가 어떤 범위에서 선순위저당권자를 대위할 수 있는지를 확정하기 어려운 문제가 생긴다. 따라서 ii)의 소수설이 바람직하다.

다음에 제 3 자가 일부 부동산에 대하여 경매를 신청하는 경우에 공동근저당권자의 피담보채권이 확정되는 시기는 매수인이 매각대금을 모두 지급한 때라고 할 것이다(판례는 경매된 부동산에 관한 근저당권의 피담보채권만 그 시기에 확정된다고 함. 대판 1999. 9. 21, 99다26085; 대판 2017. 9. 21, 2015다50637).

한편 공동근저당의 목적부동산의 일부에 대하여 제 3 자가 경매를 신청하여 공동근저당권자가 그의 채권의 일부를 우선변제받은 경우에, 그는 다른 부동산에서 최고액 전부에 관하여 우선변제를 받을 수 있는지 문제된다. 여기에 관하여 학설은 나뉘어 있다. i) 일부 견해는 다른 부동산에 대하여는 담보한도가 줄지 않은 채 그 이후에 발생한 채권까지 담보하게 된다고 하나(주해(7), 213면(조대현); 주석 물권(4), 295면 · 296면(이기택)), ii) 채권최고액은 우선변제된 금액만큼 감소된다는 견해(양창수, 민법연구(8), 221면 이하, 특히 230면 이하; 윤진수, 민법논고(3), 734면. 다만, 뒤의 문헌은 다른 한편으로 제 3 자 경매신청의 경우 피담보채권이 전부 확정되어야 한다는 주장을 한다)도 있다. 판례는, 공동근저당권이 설정된 목적 부동산에 대하여 이시배당이 이루어지는 경우에도 동시배당의 경우와 마찬가지로 공동근저당권자가 공동근저당권 목적 부동산의 각 환가대금으로부터 채권최고액만큼 반복하여 배당받을 수는 없다고 해석하는 것이 민법 제368조 제 1 항 및 제 2 항의 취지에 부합한다고 한다(대판(전원) 2017. 12. 21, 2013다16992). 그리고 공동근저당권자가 스스로 근저당권을 실행하거나 타인에 의하여 개시된 경매 등의 환가절차를 통하여 공동담보의 목적 부동산 중 일부에 대한 환가대금 등으로부터 다른 권리자에 우선하여 피담보채권의 일부에 대하여 배당받은 경우에, 그와 같이 우선변제받은 금액에 관하여는 공동담보의 나머지 목적 부동산에 대한 경매 등의 환가절차에서 다시 공동근저당권자로서 우선변제권을 행사할 수 없다고 보아야 하며, 공동담보의 나머지 목적 부동산에 대하여 공동근저당권자로서 행사할 수 있는 우선변제권의 범위는 피담보채권의 확정 여부와 상관없이 최초의 채권최고액에서 위와 같이 우선변제받은 금액을 공제한 나머지 채권최고액으로 제한되며(대판(전원) 2017. 12. 21, 2013다16992. 같은 취지: 대판 2017. 9. 21, 2015다50637; 대판 2018. 7. 11, 2017다292756), 그러한 법리는 채권최고액을 넘는 피담보채권이 원금이 아니라 이자 · 지연손해금인 경우에도 마찬가지로 적용된다고 한다(대판(전원) 2017. 12. 21, 2013다16992. 그러면서 공동근저당권자가 선행 경매절차에서 배당받은 원본 및 이자 · 지연손해금의 합산액이 결과적으로 채권최고액으로 되어 있는 금액을 넘더라도 나머지 목적 부동산에 관한 경매 등의 환가절차에서 다시 우선변제권을 행사할 수 있다는 취지로 판단한 판결을 변경함). 한편 이미 우선변제받은 금액에 관하여는 공동담보의 나머지 목적 부동산에 대한 경매 등의 환가절차에서 다시 공동근저당권자로서 우선변제권을 행사할 수 없다는 — 전술한 — 법리는 채무자 소유의 부동산과 물상보증인 소유의 부동산에 공동근저당권이 설정된 후 공동담보의 목적 부동산 중 채무자 소유 부동산을 임의환가하여 청산하는 경우, 즉 공동담보 목적 부동산 중 채무자 소유 부동산을 제 3 자에게 매각하여 그 대가로 피담보채권의 일부를 변제하는 경우에도 적용되어, 공동근저당권자는 그와 같이 변제받은 금액에 관하여는 더 이상 물상보증인 소유 부동산에 대한 경매 등의 환가절차에서 우선변제권을 행사할 수 없다고 한다(대판 2018. 7. 11, 2017다292756). 생각건대, 사견처럼 제 3 자가 경매를 신청한 경우에도 목적부동산 전부에 관하여 피담보채권이 확정된다고 하면, 공동근저당권자가 경매를 신청한 경우처럼, 공동근저당권은 확정된 채권액과 최고액 중 적은 금액으로 채권액이 특정된 보통의 공동저당권이 된다. 그리고 거기에 제368조 제 2 항이 적용된다. 그리하여 공동근저당권자는 경매부동산의 경매대가로부터 그 채권액의 전부에 관하여 우선변제를 받을 수 있고, 그 후에 다른 부동산으로부터는 나머지 금액에 관하여만 우선변제를 받을 수 있게 된다. 그리고 먼저 경매된 부동산의 후순위(근)저당권자는 「확정된 채권액과 최고액 중 적은 금액으로 특정된 채권액」을 기준으로 하여 각 공동근저당의 목적부동산에 안분된 금액의 범위에서 선순위근저당권자를 대위할 수 있게 된다. 그런데 위의 사견과 달리, 제 3 자의 신청에 의하여 경매가 된 경우에 다른 부동산에 대하여는 피담보채권이 확정되지 않는다고 하면, ii)설처럼 최고액이 우선변제를 받은 금액만큼 줄어든다고 새겨야 한다. 그렇지 않고 i)설처럼 최고한도액이 줄어들지 않는다고 해석하면, 공동근저당권자는 최고액만큼 반복해서 우선변제를 받을 수 있고, 그 결과 경매부동산의 후순위채권자는 예측하지 못한 손해를 입게 되기 때문이다.

공동근저당의 목적 부동산 중 일부에 대한 경매절차에서, 공동근저당권자가 선순위근저당권자로서의 자신의 채권 전액을 청구하였다면, 선순위근저당권자가 그 경매대가로부터 우선하여 변제받고, 후순위근저당권자는 그 잔액으로부터 변제를 받는 것이며, 이는 선순위근저당권자와 후순위근저당권자가 동일인이라고 하여 달라지는 것은 아니다(대판 2018. 7. 11, 2017다292756).

(4) 누적적 근저당권

당사자 사이에 하나의 기본계약에서 발생하는 동일한 채권을 담보하기 위하여 여러 개의 부동산에 근저당권을 설정하면서 각각의 근저당권 채권최고액을 합한 금액을 우선변제받기 위하여 공동근저당권의 형식이 아닌 개별 근저당권의 형식을 취한 경우, 이러한 근저당권은 제368조가 적용되는 공동근저당권이 아니라 피담보채권을 누적적(累積的)으로 담보하는 근저당권에 해당한다(대판 2020. 4. 9, 2014다 51756 · 51763[핵심판례 186면]). 그리고 이와 같은 누적적 근저당권은 공동근저당권과 달리 담보의 범위가 중첩되지 않으므로, 누적적 근저당권을 설정받은 채권자는 여러 개의 근저당권을 동시에 실행할 수도 있고, 여러 개의 근저당권 중 어느 것이라도 먼저 실행하여 그 채권최고액의 범위에서 피담보채권의 전부나 일부를 우선변제받은 다음 피담보채권이 소멸할 때까지 나머지 근저당권을 실행하여 그 근저당권의 채권최고액 범위에서 반복하여 우선변제를 받을 수 있다(대판 2020. 4. 9, 2014다 51756 · 51763[핵심판례 186면]). 그리고 이러한 누적적 근저당권이 채무자 소유의 부동산과 물상보증인 소유의 부동산에 설정되었는데 물상보증인 소유의 부동산이 먼저 경매되어 매각대금에서 채권자가 변제를 받은 경우, 물상보증인은 변제자대위에 의하여 종래 채권자가 보유하던 채무자 소유 부동산에 관한 근저당권을 대위취득하여 행사할 수 있다(대판 2020. 4. 9, 2014다 51756 · 51763[핵심판례 186면]).

Ⅲ. 특별법에 의한 저당권 [246]

민사특별법 또는 특별사법인 상법에 의하여 인정된 저당권들도 있다. 그러한 저당권에는 민법의 저당권에 관한 규정이 준용된다(372조).

1. 입목저당(立木抵當)

입목저당은 입목(「입목에 관한 법률」에 의하여 소유권보존등기를 받은 수목의 집단) 위에 설정된 저당권이다(입목법 4조 참조). 입목저당권의 효력은 입목을 벌채한 경우에 그 토지로부터 분리된 수목에 대하여도 미친다(입목법 4조 1항). 그리고 그 경우 저당권자는 채권의 기한이 도래하기 전이라도 분리된 수목을 경매할 수 있다(입목법 4조 2항 본문). 그러나 그 매각대금을 공탁하여야 한다(입목법 4조 2항 단서). 이에 대하여 수목의 소유자는 상당한 담보를 공탁하고 경매의 면제를 신청할 수 있다(입목법 4조 3항).

한편 입목의 경매 기타의 사유로 인하여 토지와 그 입목이 각각 다른 소유자에게 속하게 되는 경우에는 입목소유자는 법정지상권을 취득한다(입목법 6조). 그리고 지상권자 또는 토지의 임차인에게 속하는 입목이 저당권의 목적이 되어 있는 경우에는 지상권자 또는 임차인은 저당권자의 승낙 없이 그 권리를 포기하거나 계약을 해지하지 못한다(입목법 7조).

2. 재단저당

재단저당제도는 기업경영을 위한 물적 설비(토지·건물·기계 등)와 권리(지상권·전세권·지식재산권 등)를 묶어 하나의 재단으로 한 뒤 그 위에 저당권을 설정할 수 있도록 하는 제도이다. 현재 재단저당을 인정하는 법률로 「공장 및 광업재단 저당법」이 있다.

(1) 공장저당

「공장 및 광업재단 저당법」은 공장재단저당과 함께 좁은 의미의 공장저당도 규정하고 있다.

1) 공장재단저당 이는 공장재단 위에 성립한 저당권이다(「공장 및 광업재단 저당법」 10조 1항). 공장재단은 공장에 속하는 토지·건물·그 밖의 공작물, 기계·기구·전봇대·전선·배관·레일·그 밖의 부속물, 항공기·선박·자동차 등 등기나 등록이 가능한 동산, 지상권·전세권·임대인이 동의한 경우 물건의 임차권·지식재산권의 전부 또는 일부로 구성할 수 있으며(같은 법 13조 1항), 공장재단등기부에 소유권보존등기를 함으로써 성립한다(같은 법 11조 1항). 공장재단은 1개의 부동산으로 보며(같은 법 12조 1항), 그것은 소유권과 저당권의 목적이 된다(같은 법 12조 2항). 공장재단에 속하는 것은 양도하지 못한다(같은 법 14조).

2) 좁은 의미의 공장저당 같은 법은 공장의 소유자가 공장에 속하는 토지에 설정한 저당권의 효력이 그 토지에 부합된 물건과 그 토지에 설치된 기계·기구·그 밖의 공장의 공용물에 미치도록 하고(같은 법 3조), 이를 공장의 소유자가 공장에 속하는 건물에 설정한 저당권에 준용하고 있다(같은 법 4조). 이것을 일반적으로 좁은 의미의 공장저당이라고 한다. 이 공장저당은 토지·건물의 부합물·종물 외에 기계·기구·그 밖의 공장의 공용물에까지 저당권의 효력이 미치는 점에서 민법상의 저당권과 다르다. 그런가 하면 토지 또는 건물에 저당권을 설정하는 것일 뿐 공장에 관한 재산으로 재단을 구성하여 저당권을 설정하지 않는 점에서 공장재단저당과 다르다.

(2) 광업재단저당

이는 광업재단 위에 성립한 저당권이다(같은 법 52조 참조). 그런데 광업재단은 광업권과, 그 광업에 관하여 동일 광업권자에게 속하는 토지·건물·그 밖의 공작물, 기계 · 기구 · 그 밖의 부속물, 항공기 · 선박 · 자동차 등 등기 또는 등록이 가능한 동산, 지상권이나 그 밖의 토지사용권, 임대인이 동의하는 경우 물건의 임차권, 지식재산권의 전부 또는 일부로 구성한다(같은 법 53조). 그리고 이 광업재단에 관하여는 같은 법 중 공장재단에 관한 규정이 준용된다(같은 법 54조). 한편 이 법은 좁은 의미의 공장저당과 같은 제도는 인정하지 않는다.

3. 동산저당

동산은 원칙적으로 질권의 목적이 되나, 등기 또는 등록으로 공시하는 일정한 동산에 대하여는 저당권의 설정이 인정되고 있다. 민사특별법인 「자동차 등 특정동산 저당법」(2009. 3. 25. 제정, 2009. 9. 26. 시행. 이 법이 시행되면서 건설기계저당법 · 소형선박저당법 · 자동차저당법 · 항공기저당법은 폐지되었다)에 의한 소형선박(선박등기법이 적용되지 않는 선박)저당권 · 자동차저당권 · 항공기저당권 · 건설기계저당권과 특별사법인 상법(787조)에 의한 선박저당권이 그것이다. 그리고 「자동차 등 특정동산 저당법」· 상법(789조)은 자동차 · 항공기 · 건설기계 · 등기된 선박에 대하여 질권설정을 금지하는 명문규정을 두고 있다.

제 5 절 동산담보권 · 채권담보권

I. 서 설 [247]

(1) 최근에(2010. 6. 10) 동산 · 채권 · 지식재산권을 목적으로 하는 담보권과 그 등기 등에 관한 사항을 규정한 「동산 · 채권 등의 담보에 관한 법률」(아래에서는 '동산 · 채권담보법'이라 함)이 제정되어 시행되고 있다(2012. 6. 11. 시행).

민법에 의하면 동산과 채권에 관한 전형적인 담보제도는 질권이고, 동산에 질권이 설정되려면 질물을 인도하여야 하며(188조 1항 · 330조), 채권에 질권이 설정되려면 채권이 양도되어야 한다(346조. 그리고 지명채권의 경우에는 450조에 따라 대항요건을 갖추어야 한다. 349조 참조). 그런데 이러한 동산이나 채권의 공시방법은 부동산등기에 비하여 불완전하기 때문에 동산 · 채권의 담보제도의 이용 자체를 꺼리게 하는 중요한 하나의 요인이 되어 왔다. 그 결과 종래 담보제도로서 동산 · 채권담보의 이용은 미미하고, 부동산담보가 주로 이용되어 왔다. 여기서 부동산 자산이 부족한 중소기업이나 자영업자가 동산·채권을 담보로 제공하여 자금을 쉽게 조달할 수 있도록 하기 위하여 동산·채권담보법을 제정하게 되었다.

(2) 동산·채권담보법은 동산담보권과 채권담보권 제도를 창설하여 그 각각에 대하여 자세하게 규율하고(동산담보권은 같은 법 3조 이하에서, 채권담보권은 34조 이하에서 규정한다), 이를 위한 담보등기에 관하여 규정하고 있으며(같은 법 38조-57조), 아울러 지식재산권의 담보에 관하여 특례를 정하고 있다(같은 법 58조-61조). 그 외에 보칙(같은 법 62조·63조)과 벌칙(같은 법 64조)도 두고 있다. 이 법은 새로운 담보권을 신설할 뿐 기존의 제도, 가령 질권·양도담보제도를 부정하지는 않는다. 따라서 이 법이 시행되더라도 기존의 담보제도는 그대로 효력을 가진다.

(3) 동산·채권담보법의 핵심적인 내용은 동산·채권담보를 위한 새로운 공시방법으로 담보등기제도를 도입한 데 있다. 같은 법은 담보등기를 위하여 동산담보등기부와 채권담보등기부를 두는 것으로 하고 있다(같은 법 2조 8호). 다만, 지식재산권담보권을 위하여는 따로 등기부를 두지 않고, 특허원부·저작권등록부 등 지식재산권을 등록하는 공적 장부에 담보권을 등록하는 것으로 하였다(같은 법 58조). 따라서 동일인이 동산·채권·지식재산권을 담보로 제공하는 경우에는 두 가지의 등기부와 등록원부에 각각 등기 또는 등록하여야 한다. 즉 동산·채권·지식재산권 중 둘 이상을 한꺼번에 담보로 제공하고 하나의 등기만을 하는 것은 허용되지 않는 것이다.

동산이나 채권의 담보등기부는 부동산등기부와 달리 인적 편성주의를 채택하여 담보권설정자별로 구분하여 작성한다(같은 법 47조 1항). 담보등기부에 기록할 사항은 그 법 제47조 제2항에 규정되어 있다.

담보등기사무는 법원이 관할하는 것으로 정하였다(같은 법 39조). 구체적으로는 대법원장이 지정·고시하는 지방법원, 그 지원 또는 등기소에서 취급한다(같은 법 39조 1항).

Ⅱ. 동산담보권 [248]

1. 의의 및 성립

동산담보권은 담보약정에 따라 동산(여러 개의 동산 또는 장래에 취득할 동산을 포함한다)을 목적으로 등기한 담보권을 말한다(같은 법 2조 2호). 그리고 여기의 담보약정은 양도담보 등 명목을 묻지 않고 동산·채권담보법에 따라 동산을 담보로 제공하기로 하는 약정을 가리킨다(같은 법 2조 1호). 따라서 동산담보권이 성립하려면 담보권설정자와 담보권자 사이에 동산을 담보로 제공하기로 하는 약정(담보약정)이 있고 동산·채권담보법에 따른 등기 즉 담보등기(같은 법 2조 7호)를 하여야 한다.

담보약정은 그 명칭을 묻지 않기 때문에 양도담보·소유권유보부 매매·금융리스의 경우에도 동산·채권담보법에 따라 담보등기를 할 수 있다. 그리고 그와 같이 담보등기를 하는 경우에 이 법의 적용을 받게 됨은 물론이다.

동산·채권담보법에 따르면, 동산담보권을 설정하려는 자는 담보약정을 할 때 ① 담보목적물의 소유 여부, ② 담보목적물에 관한 다른 권리의 존재 유무를 상대방에게 명시하여야 한다(같은 법 6조).

동산담보권설정자로 될 수 있는 자는 법인(상사법인, 민법법인, 특별법에 따른 법인, 외국법인을 말한다) 또는 부가가치세법에 따라 사업자등록을 한 사람(2020. 10. 20. 개정, 2022. 4. 21. 시행)으로 한정된다(같은 법 2조 5호·3조 1항).

2. 동산담보권의 목적물

동산담보권의 목적물은 하나의 동산은 물론이고, 여러 개의 동산(장래에 취득할 동산을 포함한다)이더라도 목적물의 종류, 보관장소, 수량을 정하거나 그 밖에 이와 유사한 방법으로 특정할 수 있는 경우에는 목적물로 될 수 있다(같은 법 3조 2항). 그러나 ① 선박등기법에 따라 등기된 선박, 「자동차 등 특정동산 저당법」에 따라 등록된 건설기계·자동차·항공기·소형선박, 「공장 및 광업재단 저당법」에 따라 등기된 기업재산, 그 밖에 다른 법률에 따라 등기되거나 등록된 동산, ② 화물상환증·선하증권·창고증권이 작성된 동산, ③ 무기명채권증서 등 대통령령으로 정하는 증권은 담보등기를 할 수 없다(같은 법 3조 3항).

하나의 채권을 담보하기 위하여 한 곳에 있는 동산을 집합동산담보의 형식으로 담보로 제공할 수도 있고, 또 여러 곳에 있는 복수의 집합동산들을 담보로 제공할 수도 있다(같은 법 29조 1항은 이를 전제로 하고 있음). 한편 판례는, 여러 개의 동산을 종류와 보관장소로 특정하여 집합동산에 관한 담보권, 즉 집합동산 담보권을 설정한 경우 같은 보관장소에 있는 같은 종류의 동산 전부가 동산담보권의 목적물이며, 등기기록에 종류와 보관장소 외에 중량이 기록되었다고 하더라도 당사자가 중량을 지정하여 목적물을 제한하기로 약정하였다는 등 특별한 사정이 없는 한 목적물이 그 중량으로 한정된다고 볼 수 없고 중량은 목적물을 표시하는 데 참고사항으로 기록된 것에 불과하다고 한다(대결 2021. 4. 8, 2020그872).

3. 동산담보권을 설정할 수 있는 채권(피담보채권)

동산담보권에 의하여 담보할 수 있는 채권, 즉 피담보채권에는 제한이 없다. 보통은 금전채권이겠으나, 금전채권이 아닌 채권도 피담보채권으로 될 수 있다.

4. 담보등기의 효력

동산·채권담보법은 「약정에 따른 동산담보권의 득실변경은 담보등기부에 등기를 하여야 그 효력이 생긴다」고 하여(같은 법 7조 1항), 성립요건주의(형식주의)를 채용하고 있다. 그리고 동일한 동산에 여러 개의 동산담보권이 설정된 경우에 그 순위는 등기의 순서에 따른다(같은 법 7조 2항). 동산의 양도담보의 경우에는 판례상 2중 양도담보를 하면 제 2 의 채권자는 양도담보권을 취득할 수 없는데([266] 참조), 이는 그와 다르다. 한편 이 법상 동일한 동산에 관하여 동산담보권과 함께 기존의 동산담보가 병존할 수 있고 그러한 경우에는 담보권들 사이에 순위를 정해야 하는데, 이 법은 법률에 다른 규정이 없으면 등기와 인도(간이인도·점유개정·목적물반환청구권의 양도를 포함한다)의 선후에 따라 그 순위를 정하도록 하였다(같은 법 7조 3항).

5. 동산담보권의 효력

(1) 동산담보권의 효력을 정하는 방법으로 동산질권과 유사하게 하는 방법 또는 저당권과 유사하게 하는 방법을 생각할 수 있으나, 동산·채권담보법은 동산질권과 저당권에 관한 규정 중에서 동산담보권에 맞는 내용을 추려 용어나 표현을 수정하거나 새로운 내용을 추가하는 방식으로 규정하였다.

(2) 구체적인 효력으로는 먼저 담보권자에게 우선변제권을 인정한 것을 들

수 있다. 즉 이 법은 담보권자는 채무자 또는 제 3 자가 제공한 담보목적물에 대하여 다른 채권자보다 자기채권을 우선변제받을 권리가 있다고 규정한다(같은 법 8조). 그 외에 동산담보권의 불가분성(같은 법 9조), 동산담보권의 효력의 범위(같은 법 10조), 물상대위(같은 법 14조) 등에 관한 여러 규정을 두고 있다.

(3) 동산 · 채권담보법은 동산담보권의 원칙적인 실행방법으로 경매를 규정하고(같은 법 21조 1항), 정당한 이유가 있는 경우에는 담보권자가 담보목적물로써 직접 변제에 충당하거나 담보목적물을 매각하여 그 대금을 변제에 충당할 수 있도록 한다(같은 법 21조 2항 본문). 뒤의 방법은 사적인 실행방법으로 귀속청산과 처분청산을 인정한 것인데, 그때에는 선순위권리자(담보등기부에 등기되어 있거나 담보권자가 알고 있는 경우로 한정한다)가 있는 경우에는 그의 동의를 받도록 하고 있다(같은 법 21조 2항 단서).

동산 · 채권담보법은 담보권자와 담보권설정자가 그 법에서 정한 실행절차와 다른 내용의 약정을 할 수 있도록 하고 있다(같은 법 31조 1항 본문). 이는 유질계약을 허용한 것이다. 다만, 그 법 제23조 제 1 항에 따른 통지가 없거나 통지 후 1개월이 지나지 아니한 경우에도 통지 없이 담보권자가 담보목적물을 처분하거나 직접 변제에 충당하기로 하는 약정은 효력이 없다고 한다(같은 법 31조 1항 단서).

6. 공동담보

동산담보권의 경우 저당권에서와 마찬가지로 공동담보가 허용된다(같은 법 29조). 따라서 한 곳에 있는 다수의 동산을 집합동산담보의 형태로 담보로 제공하면서 다른 장소에 있는 다수의 동산을 공동담보로 제공할 수도 있다.

동일한 채권의 담보로 여러 개의 담보목적물에 동산담보권을 설정한 경우, 즉 공동담보의 경우에, 그 담보목적물의 매각대금을 동시에 배당할 때(동시배당의 경우)에는, 각 담보목적물의 매각대금에 비례하여 그 채권의 분담을 정한다(같은 법 29조 1항). 그리고 담보목적물 중 일부의 매각대금을 먼저 배당하는 경우(이시배당의 경우)에는 그 대가에서 그 채권 전부를 변제받을 수 있고, 그 경우 경매된 동산의 후순위담보권자는 선순위담보권자가 다른 담보목적물의 동산담보권 실행으로 변제받을 수 있는 금액의 한도에서 선순위담보권자를 대위하여 담보권을 행사할 수 있다(같은 법 29조 2항). 한편 동산담보권자가 담보권을 사적으로 실행하는 경우(같은 법 21조 2항 참조)에는 위의 규정을 준용한다(같은 법 29조 3항 본문. 그 단서도 참조할 것).

7. 근담보권

동산담보권은 그 담보할 채무의 최고액만을 정하고 채무의 확정을 장래에 보류하여 설정할 수 있고, 이 경우 그 채무가 확정될 때까지 채무의 소멸 또는 이전은 이미 설정된 동산담보권에 영향을 미치지 아니한다(같은 법 5조 1항). 이는 근담보권을 인정한 것이다. 한편 근담보권의 경우 채무의 이자는 최고액 중에 포함된 것으로 본다(같은 법 5조 2항).

8. 선의취득

동산 · 채권담보법에 따라 동산담보권이 설정된 담보목적물에 대하여는 민법 제249조 내지 제251조의 선의취득 규정이 준용된다(같은 법 32조). 따라서 동산담보권이 설정된 경우에도 제3자가 목적동산의 소유권이나 질권을 취득할 수 있다. 그러나 이 법에 따라 담보등기를 하였다고 하여 이 법상의 동산담보권을 선의취득하지는 못한다.

[249] Ⅲ. 채권담보권

1. 의의 및 성립

채권담보권은 담보약정에 따라 금전의 지급을 목적으로 하는 지명채권(여러 개의 채권 또는 장래에 발생할 채권을 포함한다)을 목적으로 등기한 담보권을 말한다(같은 법 2조 3호). 그리고 여기의 담보약정은 양도담보 등 명목을 묻지 않고 동산 · 채권담보법에 따라 채권을 담보로 제공하기로 하는 약정을 가리킨다(같은 법 2조 1호). 따라서 채권담보권이 성립하려면 담보권설정자와 담보권자 사이에 채권을 담보로 제공하기로 하는 약정(담보약정)이 있고 동산 · 채권담보법에 따른 등기 즉 담보등기(같은 법 2조 7호)를 하여야 한다.

채권담보권설정자로 될 수 있는 자는 — 동산담보권에서와 마찬가지로 — 법인(상사법인, 민법법인, 특별법에 따른 법인, 외국법인을 말한다) 또는 부가가치세법에 따라 사업자등록을 한 사람(2020. 10. 20. 개정, 2022. 4. 21. 시행)으로 한정된다(같은 법 2조 5호 · 34조 1항).

2. 채권담보권의 목적

동산 · 채권담보법상 채권담보권의 목적으로 될 수 있는 채권은 지명채권에 한정된다(같은 법 3조 3호 · 34조 1항). 그 채권은 하나일 수도 있으나, 여러 개의 채권(채무자가 특정되었는지 여부를 묻지 않고 장래에 발생할 채권을 포함한다)이더라도 채권의 종류, 발생원인, 발생 연월일을 정하거나 그 밖에 이와 유사한 방법으로 특정할 수 있는 경우에는 이를 목적으로 하여 담보등기를 할 수 있다(같은 법 34조 2항). 그런데 채권의 당사자 사이에 양도금지특약이 있는 경우에는 민법 제449조 제 2 항에 의하여(동산 · 채권담보법에 이 규정을 배제하는 규정을 두지 않았기 때문에) 채권담보권의 담보로 제공될 수 없다.

3. 담보등기의 효력

동산 · 채권담보법은 「약정에 따른 채권담보권의 득실변경은 담보등기부에 등기한 때에 지명채권의 채무자(이하 "제 3 채무자"라 한다) 외의 제 3 자에게 대항할 수 있다」고 하여(같은 법 35조 1항), 담보등기를 제 3 자에 대한 대항요건으로 하고 있다. 그런데 제 3 채무자에 대한 대항요건은 담보등기로 갈음하지 않고 민법(349조 · 450조)과 마찬가지로 제 3 채무자에 대한 통지나 제 3 채무자의 승낙으로 규정하였다. 즉 담보권자 또는 담보권설정자(채권담보권 양도의 경우에는 그 양도인 또는 양수인을 말한다)는 제 3 채무자에게 동산 · 채권담보법 제52조의 등기사항증명서를 건네주는 방법으로 그 사실을 통지하거나 제 3 채무자가 이를 승낙하지 않으면 제 3 채무자에게 대항하지 못한다고 한다(같은 법 35조 2항). 그리고 동일한 채권에 관하여 담보등기부의 등기와 민법 제349조 또는 제450조 제 2 항에 따른 통지 또는 승낙이 있는 경우에 담보권자 또는 담보의 목적인 채권의 양수인은 법률에 다른 규정이 없으면 제 3 채무자 외의 제 3 자에게 등기와 그 통지의 도달 또는 승낙의 선후에 따라 그 권리를 주장할 수 있다고 규정한다(같은 법 35조 3항).

한편 판례는 위의 규정들을 바탕으로 하여, 동산 · 채권담보법에 의한 채권담보권자가 담보등기를 마친 후에서야 동일한 채권에 관한 채권양도가 이루어지고 확정일자 있는 증서에 의한 채권양도의 통지가 제 3 채무자에게 도달하였으나, 동산 · 채권담보법 제35조 제 2 항에 따른 담보권설정의 통지는 제 3 채무자에게 도달하지 않은 상태에서는, 제 3 채무자에 대한 관계에서 채권양수인만이 대항요건을 갖추었으므로 제 3 채무자로서는 채권양수인에게 유효하게 채무를 변제할 수 있고 이로써 채권담보권자에 대하여도 면책되고, 다만 채권양수인은 채권담보권자에 대한 관계에서는 후순위로서, 채권담보권자의 우선변제적 지위를 침해하여 이익을 받은 것이 되므로, 채권담보권자는 채권양수인에게 부당이득으로서 그 변제받은 것의 반환을 청구할 수 있다고 한다(대판 2016. 7. 14, 2015다71856 · 71863). 그러나 그 후 동산 · 채권담보법 제35조 제 2 항에 따른 담보권설정의 통지가 제 3 채무자에게 도달한 경우에는, 그 통지가 채권양도의 통지보다 늦게 제 3 채무자에게 도달하였더라도, 채권양수인에게 우선하는 채권담보권자가 제 3 채무자에 대한 대항요건까지 갖추었으므로 제 3 채무자로서는 채권담보권자에게 채무를 변제하여야 하고, 채권양수인에게 변제하였다면 특별한 사정이 없는 한 이로써 채권담보권자에게 대항할 수 없다고 한다(대판 2016. 7. 14, 2015다71856 · 71863).

4. 채권담보권의 실행

채권담보권자는 피담보채권의 한도에서 채권담보권의 목적이 된 채권을 직접 청구할 수 있다(같은 법 36조 1항). 그리고 채권담보권의 목적이 된 채권이 피담보채권보다 먼저 변제기에 이른 경우에는 담보권자는 제 3 채무자에게 그 변제금액의 공탁을 청구할 수 있고, 이 경우 제 3 채무자가 변제금액을 공탁한 후에는 채권담보권은 그 공탁금에 존재한다(같은 법 36조 2항). 그런가 하면 담보권자는 이 제 1 항 및 제 2 항에 따른 채권담보권의 실행방법 외에 민사집행법에서 정한 집행방법으로 채권담보권을 실행할 수 있다(같은 법 36조 3항).

5. 기 타

채권담보권에 관하여는 그 성질에 반하지 않는 범위에서 동산담보권에 관한 제 2 장과 민법 제348조 및 제352조를 준용한다. 따라서 담보권자에게 우선변제권이 인정됨은 물론이다(같은 법 8조 참조). 그리고 공동담보 · 근담보권제도도 허용된다(같은 법 29조 · 5조 참조). 그러나 채권의 성질상 점유를 전제로 하는 담보목적물 반환청구권(같은 법 19조), 담보목적물의 점유(같은 법 25조), 담보목적물의 선의취득(같은 법 32조)에 관한 규정은 준용되지 않을 것이다.

Ⅳ. 지식재산권에 대한 특례 [250]

동산 · 채권담보법은 지식재산권에 관하여는 특례규정만을 두었다. 그 이유는 지식재산권에 관하여는 개별 법률에 별도의 등록제도가 두어져 있어 이 법에도 규정을 하면 혼란이 생길 가능성이 있기 때문이다. 특례규정의 내용은 다음과 같다.

우선 지식재산권담보권의 경우에는 담보권설정자가 법인과 사업자등록을 한 자에 한정되지 않는다(같은 법 2조 5호). 그 이유는 지식재산권의 경우에는 그 권리자만이 담보권을 설정할 수 있어서 동산담보권 등과 달리 굳이 제한을 둘 필요가 없기 때문이다.

지식재산권자가 약정에 따라 동일한 채권을 담보하기 위하여 2개 이상의 지식재산권을 담보로 제공하는 경우에는 특허원부 · 저작권등록부 등 그 지식재산권을 등록하는 공적 장부(이하 '등록부'라 한다)에 동산 · 채권담보법에 따른 담보권을 등록할 수 있다(같은 법 58조 1항). 그런데 제 1 항의 경우에 담보의 목적이 되는 지식재산권은 그 등록부를 관장하는 기관이 동일하여야 하고, 지식재산권의 종류와 대상을 정하거나 그 밖에 이와 유사한 방법으로 특정할 수 있어야 한다(같은 법 58조 2항).

약정에 따른 지식재산권담보권의 득실변경은 그 등록을 한 때에 그 지식재산권에 대한 질권의 득실변경을 등록한 것과 동일한 효력이 생긴다(같은 법 59조 1항). 이는 개별 법률에서 정하고 있는 등록의 효력과 충돌을 피하기 위한 것이다. 그 결과 특허권의 경우에는 등록이 효력발생요건이 되나(특허법 101조), 저작권의 경우에는 제 3 자에 대한 대항요건이 된다(저작권법 54조). 그리고 동일한 지식재산권에 관하여 동산 · 채권담보법에 따른 담보권 등록과 그 지식재산권을 규율하는 개별 법률에 따른 질권 등록이 이루어진 경우에 그 순위는 법률에 다른 규정이 없으면 그 선후에 따른다(같은 법 59조 2항).

지식재산권담보권자는 지식재산권을 규율하는 개별 법률에 따라 담보권을 행사할 수 있다(같은 법 60조). 한편 지식재산권담보권에 관하여는 그 성질에 반하지 않는 범위에서 동산담보권에 관한 제 2 장과 민법 제352조를 준용한다(같은 법 61조 본문). 다만, 사적 실행에 관한 동산 · 채권담보법 제21조 제 2 항과 지식재산권에 관하여 규율하는 개별 법률에서 다르게 정한 경우에는 준용하지 않는다(같은 법 61조 단서).

제6절 비전형담보

제1관 서 설

[251] ### Ⅰ. 비전형담보의 의의 및 작용

민법이 규정하는 담보물권(유치권 · 질권 · 저당권)이 아니면서 실제의 거래계에서 채권담보의 기능을 수행하고 있는 여러 가지 제도를 통틀어서 비전형담보(변칙담보)라 한다.

이러한 비전형담보가 이용되는 이유에는 여러 가지가 있겠으나, 중요한 것으로 다음의 세 가지를 들 수 있다. 첫째로 기업용 동산(기계 · 원료 등)이나 상품만을 가지고 있는 자가 금전을 빌리려면 질권을 설정할 수밖에 없는데, 질권을 설정하게 되면 목적물의 점유를 이전하여야 하므로 그 동산을 이용하지 못하게 된다. 여기서 동산을 점유하여 이용하면서 담보로 제공할 수 있는 방법(양도담보 중 양도저당 등)이 필요하게 되었다. 둘째로 전형담보인 질권 · 저당권은 원칙적으로 경매에 의하여 실행하여야 하는데, 그러한 경매는 절차가 매우 복잡할 뿐만 아니라 충분한 대가를 확보하기도 어렵다. 그리하여 절차가 간편하고 충분한 대가를 확보할 수 있는 방법이 필요하였다. 셋째로 전형담보에 있어서는 담보목적물의 가치가 융자액(채무액)을 넘고 있더라도 채권자가 그 초과분을 취득할 수가 없다. 여기서 무엇보다도 고리대금업을 하는 채권자들은 그 초과분까지도 취득하여 큰 이득을 얻고자 하였으며, 그러한 목적으로 변칙적인 방법을 개발하게 되었다.

Ⅱ. 비전형담보의 모습

비전형담보에는 여러 가지 모습의 것이 있는데, 그것들은 자금의 획득방법과 소유권의 이전시기에 따라 다음과 같이 나눌 수 있다.

1. 자금을 매매에 의하여 얻는 것

자금이 필요한 자가 그의 물건(부동산 등)을 파는 형식을 취하여 자금을 얻고 후에 그가 그 물건을 되사오기로 하는 방법이다. 환매와 재매매의 예약이 그에 해당한다(정확하게는 환매특약부 매매, 재매매의 예약부 매매라고 하여야 한다). 이들은 학문적으로 매도담보라고 한다. 그리고 이 매도담보는 넓은 의미의 양도담보에 포함된다.

2. 자금을 소비대차에 의하여 얻는 것

이는 필요한 자금을 금전소비대차의 형식으로 얻고 그것을 담보하기 위하여 소유권을 이전하거나 또는 장차 소유권을 이전하기로 하는 방법이다. 이들 가운데에는 계약체결과 동시에 목적물의 소유권을 채권자에게 이전하는 경우가 있는가 하면, 장차 채무불이행이 있을 때 목적물의 소유권을 채권자에게 이전하기로 미리 약속을 하는 경우(대물변제예약을 한 경우)도 있다. 그리고 뒤의 경우에는 대물변제예약을 원인으로 한 소유권이전청구권 보전의 가등기를 하는 것이 보통이다. 그리하여 그 경우를 가등기담보라고 한다. 그에 비하여 앞의 경우는 좁은 의미의 양도담보라고 한다. 좁은 의미의 양도담보는 매도담보와 함께 넓은 의미의 양도담보를 이룬다.

Ⅲ. 비전형담보에 대한 규제 [252]

매도담보 · 양도담보 · 가등기담보와 같은 비전형담보는 의용민법 시대에도 이미 이용되고 있었다. 그런데 의용민법 시대에는 이들을 규제하는 법률규정이 민법뿐만 아니라 특별법에도 전혀 없었다. 그리고 이들 비전형담보는 모두 소유권이전의 형식을 취하는 것인데, 당시의 학설 · 판례는 그 형식대로 소유권이전의 효력을 인정하였다. 그 결과 비전형담보를 이용하는 채권자는 담보목적물의 가치가 채권액을 초과하는 경우에도 그것의 소유권을 취득하여 폭리를 취할 수 있었다. 그때 채무자를 보호하는 조치는 목적물의 가치와 채권액 사이에 현저한 불균형이 있는 경우에 담보계약을 폭리행위라고 하여 무효로 하는 것이 고작이었다(대판 1956. 7. 5, 4289민상104).

그런데 그 뒤에 제정된 현행 민법은 의용민법에는 없던 제607조 · 제608조를 신설하였다. 이들 규정은, 소비대차의 당사자가 차용액 및 이에 붙인 이자의 합산액을 넘는 물건에 관하여 담보의 목적으로 대물변제예약을 한 경우에는, 그 예약은 무효라고 규정한다. 그리하여 판례도 초기에는 이들 규정에 충실하게 해석하여 그와 같은 경우에는 대물변제예약이 무효이고, 따라서 채권자는 담보물의 소유권을 취득하지 못한다고 하였다([217] 참조). 그러다가 판례가 변경되어, 그러한 경우에는 대물변제예약은 무효일지라도 당사자 사이에 정산절차를 밟아야 하는 「약한 의미의 양도담보계약」을 함께 맺은 취지로 보아야 할 것이라고 하였다([217] 참조). 한편 판례는 초기에는 제607조 · 제608조가 양도담보에는 적용되지 않는다고 하였으나(대판 1962. 2. 22, 61다943), 후에는 그 법리를 양도담보에도 적용하여 정산의무를 인정하였다(대판 1965. 12. 21, 65다2027). 그 결과 모든 비전형담보에 있어서 정산이 필요하게 되었다.

이와 같은 판례에 의하여 정산이 요구됨으로써 채무자가 보호되고 채권자가 폭리를 취할 수 없게 되자 거래계에는 폭리를 취할 수 있는 새로운 수단이 등장하였다. 그것은 가등기담보를 하면서 미리 제소전 화해(민소 385조 이하)조서를 작성하여 두고 변제기가 되면 채권자가 이를 이용하여 즉시 가등기에 기한 본등기를 하는 방법이다. 제소전 화해는 확정판결과 동일한 효력이 있고(민소 220조), 판례가 제소전 화해의 내용이 제607조 · 제608조에 위반된다고 하더라도 그 제소전 화해가 재심에 의하여 취소되지 않은 이상 이를 무효라고 할 수 없다고 하였기 때문에(대판 1969. 12. 9, 69다1565), 위와 같은 경우 채무자는 정산은 요구할 수 있어도 담보목적물을 되찾아올 수는 없게 되었다. 그리고 채권자는 그것을 이용하여 폭리를 취하고 있었다. 그러한 연유로 일부에서 비전형담보 특히 가등기담보를 규제하는 특별법의 제정을 주장하였다.

이러한 주장의 결과로 비전형담보를 규제하는 특별법인 「가등기담보 등에 관한 법률」(1983. 12. 30. 법률 제3681호)(이하에서는 '가담법'이라고 한다)이 제정 · 시행되었다. 이 법은 가등기담보뿐만 아니라 양도담보 · 매도담보에도 적용되도록 하고 있다(그 점에서 1973년에 제정된 일본의 「가등기담보계약에 관한 법률」과 다르다). 그리고 이 법은 비전형담보를 매우 엄격하게 규제하고 있고, 아울러 그 후 민사소송법의 개정으로 제소전 화해의 절차가 매우 까다로워져서(민소 385조 참조), 과거처럼 비전형담보를 이용하여 폭리를 취하기는 대단히 어렵게 되었다(그러나 완전히 봉쇄되지는 않았다). 그 때문에 비전형담보의 이용은 예전에 비하여 현저하게 줄어들었다. 그런데 이것은 반드시 바람직한 것이라고 단정하기는 어렵다. 오히려 꼭 필요한 규제를 하면서 다소의 편리함을 유지할 수 있도록 하지 않으면 다른 변칙적인 담보방법을 찾거나 또다른 투기수단을 찾게 되기 때문이다. 한편 이 법은 법규정상의 표현이 매우 부적절할 뿐만 아니라 체계적인 면에서도 비난의 여지가 크다. 이 법은 소비대차에 기하지 않은 채권을 담보하기 위하여 재산권을 이전하는 경우에는 적용되지 않고, 또한 소비대차에 기한 채권을 담보하기 위한 것일지라도 재산권의 가액이 채권액(차용액 및 이자의 합산액)에 미달하는 경우에는 적용되지 않고, 나아가 재산권의 가액이 채권액을 초과할지라도 재산권이 등기 또는 등록에 의하여 공시되지 않는 경우에는 적용되지 않으며, 재산권이 등기 등에 의하여 공시되는 것일지라도 가등기 또는 소유권이전등기가 되어 있지 않는 경우에는 적용되지 않도록 되어 있기 때문이다(가담법 1조 · 18조 참조). 그 결과 위와 같은 여러 경우에는 종래의 판례이론이 그대로 적용될 수밖에 없어 유사한 경우가 합리적인 이유 없이 차이를 보이게 된다. 이는 입법을 함에 있어서는 매우 세심하여야 함을 일깨워주는 좋은 예라고 할 것이다.

제 2 관 가등기담보

Ⅰ. 가등기담보의 의의 및 성질 [253]

1. 의 의

가등기담보는 채권(특히 금전채권)을 담보할 목적으로 채권자와 채무자(또는 제 3 자) 사이에서 채무자(또는 제 3 자) 소유의 부동산을 목적물로 하는 대물변제예약 또는 매매예약을 하고, 아울러 채권자가 장차 가질 수 있는 소유권이전청구권을 보전하기 위한 가등기를 하는 방법으로 채권을 담보하는 경우를 말한다. 예를 들면 A가 B로부터 1,000만원을 이자 월 3푼으로 3개월간 빌리면서, A가 3개월 후에 원리금 1,090만원을 갚지 않으면 A가 소유하고 있는 시가 2,000만원인 X토지의 소유권을 이전하기로 미리 약속하고(대물변제예약), 이 예약에 기하여 채권자 B가 장차 가질 수 있는 X토지의 소유권이전청구권을 보전하기 위하여 가등기를 한 경우가 그에 해당한다.

2. 성 질

(1) 가등기담보의 성질에 관하여는 i) 담보물권설과 ii) 신탁적 소유권이전설의 두 견해가 대립하고 있다.

i) 담보물권설은, 가등기담보권자에게 경매청구권 · 우선변제권 · 별제권이 인정될 뿐만 아니라 많은 경우에 가등기담보권을 저당권으로 보는 점에 비추어 볼 때 가등기담보권은 일종의 담보물권인 특수한 저당권이라고 한다(고상룡, 745면; 곽윤직, 386면; 김상용, 758면; 김학동, 581면; 이상태, 530면; 이은영, 867면. 김용한, 647면은 특수한 저당권이라고 하는 점을 비판하고 변칙적인 담보물권이라고 한다). 그리고 ii) 신탁적 소유권이전설은, 가등기담보는 근본적으로 소유권이전형의 담보방법에 속하는 것이므로, 소유권이전형인 양도담보의 본질을 신탁적 소유권이전으로 보아야 하는 이상 가등기담보도 그렇게 볼 수밖에 없는 것이며, 단지 그것이 정지조건의 성취 또는 예약완결권의 행사라고 하는 조건부로 행하여지는 것에 불과하다고 한다(이영준, 985면).

생각건대 ii)설은 양도담보의 경우에 적어도 대외적으로는 소유권이 채권자에게 이전되어 있다는 전제에 서 있다. 그러나 가담법이 제정 · 시행되기 전에는 그랬으나, 그 법이 시행된 현재는 그 법상 양도담보의 경우에 채권자에게 소유권이 이전되지 않는다(같은 법 4조 2항). 따라서 ii)설은 전제에서부터 옳지 않다. 그리고 가등기담보의 경우에 채권자는 그의 담보권을 실행하여 우선변제를 받을 수 있도록 되어 있다. 다만, 그 방법이 전형적인 담보물권과 다를 뿐이다. 이러한 점으로 볼 때, 가등기담보권은 일종의 특수한 담보물권이라고 하여야 한다. 그러나 그 권리를 저당권과 유사한 것이라고 함은 적절하지 않다.

(2) 가등기담보를 일종의 담보물권으로 파악하는 한, 거기에도 담보물권의 통유성(부종성 · 수반성 · 불가분성 · 물상대위성)이 인정된다고 할 것이다.

[254] Ⅱ. 가등기담보권의 설정 및 이전

1. 가등기담보권의 설정

가등기담보권은 가등기담보권 설정에 관한 물권적 합의와 가등기에 의하여 성립한다. 그리고 가등기담보권 설정에 관한 물권적 합의는 가등기담보계약에 포함되어 행하여지며, 가등기담보계약은 보통 담보목적의 대물변제예약 또는 매매예약과 함께 행하여진다(가담법 2조 1호 참조).

(1) 가등기담보계약

1) **당 사 자** 가등기담보계약의 당사자는 일반적으로 채권자와 채무자이겠으나, 재산권이전을 약속하는 당사자(가등기담보권설정자)는 채무자 외에 제 3 자(물상보증인)이어도 무방하다.

2) **계약의 요건**

(가) **피담보채권의 발생원인** 가등기담보권에 의하여 담보되는 채권이 소비대차에 기한 것에 한정되는가?

여기에 관하여 학설은 i) 긍정설과 ii) 부정설로 나뉘어 있다. i) 긍정설은 가담법이 이를 명시하고 있다는 점(같은 법 1조 · 2조 1호), 나머지의 경우 중에는 채권자를 보호해야 할 때도 있다는 점(불법행위 등의 경우) 등을 들어 소비대차에 의한 채권만이 피담보채권이 될 수 있다고 한다(김용한, 649면). 그에 비하여 ii) 부정설은 이를 긍정하면 그 외의 경우는 가담법이 제정되기 전처럼 해결하여야 되는 점에서 부당하고 또한 탈법행위를 할 위험이 있다는 이유로 소비대차에 의하지 않은 채권도 피담보채권으로 인정한다(고상룡, 747면; 곽윤직, 388면; 김상용, 761면; 김학동, 583면; 이상태, 532면; 이영준, 991면; 이은영, 870면).

한편 판례는 긍정하는 견지에 있다. 그리하여 토지 매매대금채권(대판 1990. 6. 26, 88다카20392(그 밖에 불이행시의 제재 내지 보상도 담보함); 대판 1991. 9. 24, 90다13765; 대판 2001. 1. 5, 2000다47682; 대판 2002. 12. 24, 2002다50484; 대판 2007. 12. 13, 2005다52214(매매잔대금의 지급과 관련하여 다른 재산권을 이전하기로 예약한 경우); 대판 2016. 10. 27, 2015다63138 · 63145), 물품대금 선급금의 반환채권(대판 1992. 10. 27, 92다22879), 공사대금채권(대판 1992. 4. 10, 91다45356 · 45363), 불하대금채권(대판 1995. 4. 21, 94다26080), 매매계약 해제에 의한 대금반환채권(대판 1996. 11. 29, 96다31895), 낙찰자로서의 권리를 포기하는 대가로 채무자가 지급하기로 한 금전(대판 1998. 6. 23, 97다1495)을 담보하기 위하여 가등기를 한 때에는 가담법이 적용되지 않는다고 한다.

생각건대 부정설이 드는 이유는 경청할 만하다. 그러나 가담법이 너무도 명백하게 소비대차에 기한 채권을 담보하는 경우에 한정하기 때문에(특히 같은 법 1조 · 2조 1호 참조), 소비대차 이외의 원인에 의한 채권에 대하여는 가담법을 적용 또는 유추적용하지 않아야 할 것이다(가담법은 대물변제예약이 608조에 위반하여 무효인 경우의 절차를 따로 규율하고 있는 특별법이다).

〈판 례〉

「가등기담보 등에 관한 법률은 차용물의 반환에 관하여 다른 재산권을 이전할 것을 예약한 경우에 적용되므로 금전소비대차나 준소비대차에 기한 차용금반환채무 이외의 채무를 담보하기 위하여 경료된 가등기나 양도담보에는 위 법이 적용되지 아니하나(대법원 2001. 3. 23. 선고 2000다29356, 29363 판결 등 참조), 금전소비대차나 준소비대차에 기한 차용금반환채무와 그 외의 원인으로 발생한 채무를 동시에 담보할 목적으로 경료된 가등기나 소유권이전등기라도 그 후 후자의 채무가 변제 기타의 사유로 소멸하고 금전소비대차나 준소비대차에 기한 차용금반환채무의 전부 또는 일부만이 남게 된 경우에는 그 가등기담보나 양도담보에 가등기담보 등에 관한 법률이 적용된다.」(대판 2004. 4. 27, 2003다29968)

㈏ **피담보채권액** 가등기담보에 의하여 담보되는 채권의 범위는 당사자의 약정에 의하여 정하여지며(판례에 의하면, 가등기 이후에 발생할 채무를 피담보채무의 범위에 포함시키기로 한 약정도 유효하다고 한다. 대판 1993. 4. 13, 92다12070), 가등기의 원인증서인 매매예약서상의 매매대금은 가등기절차의 편의상 기재하는 것에 불과하고 피담보채권이 그 한도로 제한되는 것은 아니다(대판 1996. 12. 23, 96다39387).

〈판 례〉

「채권자와 채무자가 가등기담보권 설정계약을 체결하면서 가등기 이후에 발생할 채권도 후순위권리자에 대하여 우선변제권을 가지는 가등기담보권의 피담보채권에 포함시키기로 약정할 수 있고(대법원 1993. 4. 13. 선고 92다12070 판결 참조), 가등기담보권을 설정한 후에 채권자와 채무자의 약정으로 새로 발생한 채권을 기존 가등기담보권의 피담보채권에 추가할 수도 있으나(대법원 1985. 12. 24. 선고 85다카1362 판결, 대법원 1989. 4. 11. 선고 87다카992 판결 참조), 가등기담보권 설정 후에 후순위권리자나 제 3 취득자 등 이해관계 있는 제 3 자가 생긴 상태에서 새로운 약정으로 기존 가등기담보권에 피담보채권을 추가하거나 피담보채권의 내용을 변경, 확장하는 경우에는 이해관계 있는 제 3 자의 이익을 침해하게 되므로, 이러한 경우에는 피담보채권으로 추가, 확장한 부분은 이해관계 있는 제 3 자에 대한 관계에서는 우선변제권 있는 피담보채권에 포함되지 않는다고 보아야 한다.」(채무자 갑이 채권자 을 명의로 차용금과 약정 이익금을 피담보채권으로 하는 가등기를 설정해 주었는데, 가등기를 설정한 토지에 관하여 경매절차가 개시될 무렵 갑이 가등기권자인 을과 위 차용금과 약정 이익금의 합계액을 원금으로 하고 그에 대하여 이자 또는 지연손해금을 지급하기로 하는 내용의 차용증을 가등기 이전으로 소급하여 작성한 사안에서, 가등기 당시에 갑과 을이 차용금과 약정 이익금 외에 장래 발생할 채무도 가등기의 피담보채권에 포함시키기로 약정하였다거나 차용금과 약정 이익금을 원본으로 하여 별도의 이자 약정을 하였다는 사정을 인정할 수 없으므로, 가등기 설정 후에 위 토지 중 일부 지분에 관하여 소유권을 취득하거나 지분을 가압류함으로써 가등기에 관하여 이해관계를 가지게 된 자 또는 지분에 관한 가압류채권자에 대한 관계에서 위와 같이 가등기의 피담보채권으로 추가, 확장된 부분은 우선변제권 있는 피담보채권에 포함되지 않는다고 한 사례)(대판 2011. 7. 14, 2011다28090)

(다) **담보의 목적으로 체결되었을 것** 가담법은 담보의 목적으로 대물변제예약이 체결되었을 것을 요구한다(같은 법 1조·2조 1호). 그러나 담보의 목적으로 체결되었으면 충분하고, 반드시 대물변제예약에 한정할 필요는 없다. 따라서 매매예약도 담보의 목적으로 체결된 경우에는 가등기담보를 성립시킬 수 있다(같은 취지: 곽윤직, 388면). 판례도 같은 취지이다(대판 1992. 2. 11, 91다36932. 곽윤직, 388면은 판례가 반대라고 하나, 이는 옳지 않다).

(라) **부동산 가액이 차용액 및 이자의 합산액을 초과할 것** 가담법은 채무불이행이 생긴 때에 이전하기로 한 부동산의 가액(예약 당시의 시가)이 차용액과 그에 붙인 이자의 합산액을 넘는 경우에 관하여 그 법을 적용하고 있다(같은 법 1조). 따라서 부동산의 가액이 차용액 및 이자의 합산액에 미치지 못하는 때에는 가담법이 적용되지 않는다(대결 1990. 1. 23, 89다카21125·21132; 대판 1991. 11. 22, 91다30019; 대판 1993. 10. 26, 93다27611). 그 결과 그때에는 청산금평가액의 통지, 청산금지급 등의 절차를 이행할 필요가 없다.

〈판 례〉

(ㄱ) 「가등기담보 등에 관한 법률은 재산권 이전의 예약에 의한 가등기담보에 있어서 그 재산의 예약 당시의 가액이 차용액 및 이에 붙인 이자의 합산액을 초과하는 경우에 그 적용이 있는 것인바, 여기에서 말하는 재산의 가액은 원칙적으로 '통상적인 시장에서 충분한 기간 거래된 후 그 대상재산의 내용에 정통한 거래당사자 간에 성립한다고 인정되는 적정가격'이고, 그와 같은 적정가격을 확인하기 어려울 때에는 객관적이고 합리적인 방법으로 평가한 가액이라고 할 것이므로, 대상재산이 토지로서 법정지상권의 성립가능성이 있는 등 토지이용상 제한을 받는지 여부가 불분명한 경우에는 법정지상권의 성립에 관한 사정을 객관적이고 합리적으로 평가하여 그 성립 여부를 판단한 다음 그에 따라 평가한 토지의 가격을 가액으로 봄이 상당하다.」(대판 2007. 6. 15, 2006다5611)

(ㄴ) 「가등기담보법은 재산권 이전의 예약에 의한 가등기담보에 있어서 그 재산의 예약 당시의 가액이 차용액 및 이에 붙인 이자의 합산액을 초과하는 경우에 그 적용이 있는 것이지만, 재산권 이전의 예약 당시 그 재산에 대하여 선순위 근저당권이 설정되어 있는 경우에는 그 재산의 가액에서 그 피담보채무액을 공제한 나머지 가액이 차용액 및 이에 붙인 이자의 합산액을 초과하는 경우에만 그 적용이 있다고 봄이 상당하다(대법원 1991. 2. 26. 선고 90다카24526 판결, 2005. 6. 10. 선고 2005다53 판결 등 참조).

…가등기담보법이 적용되지 않는 경우에도 이 사건과 같이 채권자가 채권담보의 목적으로 부동산에 가등기를 경료하였다가 그 후 변제기까지 변제를 받지 못하게 되어 위 가등기에 기한 소유권이전의 본등기를 경료한 경우에는, 당사자들 사이에 채무자가 변제기에 피담보채무를 변제하지 아니하면 채권채무관계는 소멸하고 부동산

의 소유권이 확정적으로 채권자에게 귀속된다는 명시의 특약이 없는 한, 그 본등기도 채권담보의 목적으로 경료된 것으로서 정산절차를 예정하고 있는 이른바 '약한 의미의 양도담보'가 된 것으로 보아야 하고(대법원 1995. 2. 17. 선고 94다38113 판결, 2005. 7. 15. 선고 2003다46963 판결 등 참조), 이와 같이 약한 의미의 양도담보가 된 경우에는 채무의 변제기가 도과된 후라고 하더라도 채권자가 담보권을 실행하여 정산절차를 마치기 전에는 채무자는 언제든지 채무를 변제하고 채권자에게 위 가등기 및 그 가등기에 기한 본등기의 말소를 청구할 수 있다고 할 것」이다(대판 2006. 8. 24, 2005다61140).

(마) 이전하기로 한 재산이 가등기(또는 가등록)를 할 수 있는 것일 것 가담법은 담보의 목적으로 가등기(또는 소유권이전등기)가 된 경우에만 적용 또는 준용된다(같은 법 1조 · 18조). 다만, 권리질권 · 저당권 · 전세권은 제외된다. 그리고 「동산 · 채권 등의 담보에 관한 법률」에 따라 담보등기를 마친 경우도 제외된다(같은 법 18조 단서). 따라서 부동산의 소유권 · 지상권 · 지역권 · 임차권과 입목 · 자동차 · 항공기 · 건설기계 · 선박의 소유권 등이 예약의 객체가 될 것이다.

[255] (2) 가등기(또는 가등록)

가등기담보권이 성립하려면 가등기 또는 가등록이 있어야 한다. 이 가등기를 가담법은 담보가등기라고 한다(같은 법 2조 3호). 그리고 현재의 등기실무상 등기부에 「담보가등기」라고 기재하고 등기원인은 「대물반환의 예약」이라고 적는다. 따라서 「소유권이전청구권 가등기」라고 기재하는 본래의 가등기와 외형상으로도 구별된다. 그런데 그 등기에서 채권에 관한 기재는 하지 않는다.

〈판 례〉

「채권자가 채무자와 담보계약을 체결하였지만, 담보목적 부동산에 관하여 가등기나 소유권이전등기를 마치지 아니한 경우에는 '담보권'을 취득하였다고 할 수 없으므로, 이러한 경우에는 가등기담보법 제 3 조, 제 4 조는 원칙적으로 적용될 수 없다(대법원 1996. 11. 15. 선고 96다31116 판결, 대법원 1999. 2. 9. 선고 98다51220 판결 등 참조). 따라서 채권자와 채무자가 담보계약을 체결하였지만, 담보목적 부동산에 관하여 가등기나 소유권이전등기를 마치지 아니한 상태에서 채권자로 하여금 귀속정산 절차에 의하지 않고 담보목적 부동산을 타에 처분하여 채권을 회수할 수 있도록 약정하였다 하더라도, 그러한 약정이 가등기담보법의 규제를 잠탈하기 위한 탈법행위에 해당한다는 등의 특별한 사정이 없는 한 가등기담보법을 위반한 것으로 보아 무효라고 할 수는 없다.」(대판 2013. 9. 27, 2011다106778)

가등기담보권자는 채권자이어야 한다. 그리하여 채권담보의 목적으로 가등기를 하는 경우에는 채권자와 가등기명의인이 동일인이어야 한다. 그런데 판례는, 저당권에 있어서와 유사하게([205] 참조), 채권자 아닌 제 3 자의 명의로 가등기를 하는 데 대하여 채권자 · 채무자 · 제 3 자 사이에 합의가 있었고, 나아가 제 3 자에게 그 채권이 실질적으로 귀속되었다고 볼 수 있는 특별한 사정이 있거나, 거래경위에 비추어 제 3 자의 가등기가 한낱 명목에 그치는 것이 아니라 그 제 3 자도 채무자로부터 유효하게 채권을 변제받을 수 있고 채무자도 채권자나 가등기명의자인 제 3 자 중 누구에게든 채무를 유효하게 변제할 수 있는 관계, 즉 채권자와 제 3 자가 불가분적 채권자의 관계에 있다고 볼 수 있는 경우에는, 그 제 3 자 명의의 가등기도 유효하다고 볼 것이고, 이와 같이 제 3 자 명의의 가등기를 유효하게 볼 수 있는 경우에는 제 3 자 명의의 가등기를 부동산실명법이 금지하고 있는 실권리자 아닌 자 명의의 등기라고 할 수는 없다고 한다(대판 2002. 12. 24, 2002다50484).

가등기가 없는 경우에는 대물변제예약이 있어도 가담법이 적용되지 않는다.

일반적으로 가등기에는 순위보전의 효력만 있다고 하나(사견은 다름. [47] 이하 참조), 담보가등기에는 실체법적 효력이 인정된다. 가등기담보권자는 가등기인 채로 우선변제권을 행사할 수 있기 때문이다(가담법 13조).

2. 가등기담보권의 이전

가등기담보권은 일종의 담보물권으로서 양도성을 가진다고 하여야 한다. 그리고 가등기담보권의 양도에는 저당권에 관한 제361조가 적용되는 것이 마땅하므로, 그것도 피담보채권과 분리하여 양도할 수 없다고 할 것이다. 양도방법은 저당권에서와 같다([232] 참조).

Ⅲ. 가등기담보권의 효력 [256]

1. 일반적 효력

(1) 효력이 미치는 범위

1) **목적물의 범위** 가등기담보권의 효력이 미치는 목적물의 범위는 가등기담보계약에서 정하겠으나, 달리 규정한 바가 없으면 담보목적의 부동산 · 부합물 · 종물에 미친다(358조).

가등기담보권도 일종의 담보물권이므로 저당권에서와 마찬가지로([211] 참조) 물상대위가 인정된다고 하여야 한다(370조 · 342조 참조).

2) **담보되는 범위** 가등기담보권으로 담보되는 범위에 대하여는 저당권에 관한 제360조가 적용된다(가담법 3조 · 4조 · 12조 · 13조 참조). 그리하여 원본 · 이자 · 위약금 · 채무불이행으로 인한 손해배상 및 실행비용을 담보하되, 지연배상은 원본의 이행기를 경과한 1년분에 한정된다([212] 이하 참조)(다만, 채무자나 가등기담보설정자는 지연배상의 1년분 한정으로 가등기담보권자에게 대항하지 못한다. 대판 1992. 5. 12, 90다8855 참조).

〈판 례〉

「가등기담보 채권자가 가등기담보권을 실행하기 이전에 그의 계약상의 권리를 보전하기 위하여 가등기담보 채무자의 제 3 자에 대한 선순위 가등기담보채무를 대위변제하여 구상권이 발생하였다면 특별한 사정이 없는 한 이 구상권도 가등기담보계약에 의하여 담보된다고 보는 것이 상당하다.」(대판 2002. 6. 11, 99다41657. 양도담보에 관한 같은 취지의 판결: 대판 1976. 10. 26, 76다2169)

(2) 대내적 효력

가등기담보권이 설정되어도 목적물의 소유권(또는 기타의 권리)은 여전히 설정자에게 있고, 따라서 설정자는 그 권리를 자유롭게 행사할 수 있다.

(3) 대외적 효력

1) **담보권자의 처분** 채권자는 가등기담보권을 제 3 자에게 양도할 수 있다([255] 참조).

2) **국세우선권과의 관계** 가등기담보권은 국세기본법 · 국세징수법 · 지방세기본법 등의 적용에 있어서는 저당권으로 본다(가담법 17조 3항).

3) **설정자의 파산 · 회생절차 · 개인회생절차** 설정자가 파산한 경우 가등기담보권자는 별제권(또는 준별제권)을 가진다(가담법 17조 1항 · 2항, 채무자회생법 411조 · 414조). 설정자에 대하여 개인회생절차(채무자회생법 579조 이하 참조)가 개시된 경우에도 같다(채무자회생법 586조). 그리고 설정자에 대한 회생절차(채무자회생법 34조 이하 참조)에서는 가등기담보권은 회생담보권으로 된다(채무자회생법 141조). 그 밖에 일반적으로 「채무자회생 및 파산에 관한 법률」의 적용에 있어서는 가등기담보권은 저당권으로 본다(가담법 17조 3항).

[257] 2. 가등기담보권의 실행

가담법은 가등기담보권자가 가등기담보권을 실행하여 우선변제를 받는 방법으로 두 가지를 인정하고 그 중 어느 것이든 자유롭게 선택할 수 있도록 하고 있다(같은 법 12조 1항 1문). 그 하나는 가등기담보권자가 목적부동산의 소유권을 취득하는 방법이고(권리취득에 의한 실행), 다른 하나는 가등기담보권자가 경매를 신청하여 그 대가로부터 변제를 받는 방법이다(경매에 의한 실행). 이 둘을 차례로 살펴보기로 한다.

(1) 권리취득에 의한 실행

이는 가등기담보권자가 목적부동산의 소유권을 취득하는 방법에 의한 실행이다. 그런데 이에 의하여 가등기담보권자가 소유권을 취득하려면 실행통지, 청산기간의 경과, 청산, 소유권취득의 절차를 밟아야 한다.

〈판 례〉

「공동명의로 담보가등기를 마친 수인의 채권자가 각자의 지분별로 별개의 독립적인 매매예약완결권을 가지는 경우, 채권자 중 1인은 단독으로 자신의 지분에 관하여 가등기담보 등에 관한 법률이 정한 청산절차를 이행한 후 소유권이전의 본등기절차 이행청구를 할 수 있다고 할 것이다.」(대판(전원) 2012. 2. 16, 2010다82530)

1) 실행통지 가등기담보권자가 소유권을 취득하려면 먼저 실행의 통지를 하여야 한다(가담법 3조).

㈎ 통지사항은 청산금의 평가액이다(가담법 3조 1항 1문). 구체적으로는 「통지 당시」(예약당시가 아님)의 목적부동산의 평가액(이 평가액은 채권자가 주관적으로 평가한 것이면 족하며, 그 금액이 객관적인 평가액에 미치지 못하더라도 통지는 유효하다. 대판 1992. 9. 1, 92다10043·10050; 대판 1996. 7. 30, 96다6974)과 민법 제360조에 규정된 채권액(원본·이자·위약금·채무불이행에 의한 손해배상·실행비용)을 밝혀야 한다(가담법 3조 2항 1문). 이 경우 부동산이 둘 이상인 때에는 각 부동산의 소유권이전에 의하여 소멸시키려고 하는 채권과 그 비용을 밝혀야 한다(가담법 3조 2항 2문).

여기서 말하는 청산금의 평가액은 통지 당시의 담보목적부동산의 가액에서 그 당시의 피담보채권액(원본, 이자, 위약금, 지연배상금, 실행비용)을 뺀 금액을 의미하므로, 가등기담보권자가 담보권 실행을 통해 우선변제받게 되는 이자나 지연배상금 등 피담보채권의 범위는 위 통지 당시를 기준으로 확정된다(대판 2016. 6. 23, 2015다13171). 그리고 채권자는 주관적으로 평가한 청산금의 평가액을 통지하면 족하고, 채권자가 이와 같이 주관적으로 평가한 청산금의 액수가 정당하게 평가된 청산금의 액수에 미치지 못한다고 하더라도 담보권 실행의 통지로서의 효력에는 아무런 영향이 없다(대판 2016. 6. 23, 2015다13171).

목적부동산의 평가액이 채권액에 미달하여 청산금이 없다고 인정되는 때에는 그 뜻을 통지하여야 한다(가담법 3조 1항 2문). 「예약 당시」의 부동산의 가액이 채권액에 미달하는 경우에는, 가담법이 적용되지 않으므로 청산의 통지를 할 필요가 없으며, 그에 관하여는 앞에서 설명하였다([254] 참조).

(나) 통지의 상대방은 채무자 · 물상보증인 · 담보가등기 후에 소유권을 취득한 제 3 자(제 3 취득자)이다(가담법 3조 1항 1문 · 2조 2호). 가담법은 이들을 「채무자 등」이라고 표현한다. 통지는 이들 모두에 대하여 하여야 하며, 그 전부 또는 일부에 대하여 통지를 하지 않으면 청산기간이 진행할 수 없게 되고, 따라서 가등기담보권자는 그 후 청산금을 지급하였더라도 가등기에 기한 본등기를 청구할 수 없으며, 설령 편법으로 본등기를 마쳤다고 하더라도 소유권을 취득할 수 없다(대판 1995. 4. 28, 94다36162; 대판 2002. 4. 23, 2001다81856).

(다) 통지시기는 피담보채권의 변제기가 된 후이다(가담법 3조 1항 1문).

(라) 통지방법에는 제한이 없으며, 서면으로 하든 구두로 하든 어느 것이라도 무방하다. 판례는 귀속정산의 통지방법에 관하여 같은 입장에 있다(대판 2001. 8. 24, 2000다15661).

(마) 일단 통지를 한 후에는 채권자는 그가 통지한 청산금의 금액에 관하여 다툴 수 없다(가담법 9조).

[258] **2) 청산기간의 경과** 실행통지가 채무자 등에게 도달한 날부터 2개월(청산기간)이 지나야 한다(가담법 3조 1항 1문).

3) 청 산

(가) **청산의무** 목적부동산의 가액이 채권액(여기의 채권액에 포함된 이자는 이자제한법상의 제한 내의 것에 한정됨)을 넘는 경우에는 가등기담보권자는 그 차액을 청산금으로서 채무자 등에게 지급하여야 한다(가담법 4조 1항 1문). 여기의 채권액을 계산함에 있어서 선순위담보권이 있는 때에는 그것에 의하여 담보된 채권액도 합산하여야 한다(가담법 4조 1항 2문). 그 밖에 담보가등기가 있기 전에 대항력 있는 임차권이나 채권적 전세권이 성립한 때에는 그 보증금이나 전세금도 채권액에 포함시켜야 할 것이다. 그리고 청산금 산정에 있어서 목적부동산의 가액은 객관적 가액을 말하며, 채권자가 실행통지에서 표시한 주관적인 평가액이 아니다.

청산의무에 관한 가담법 제 4 조 제 1 항에 위반하는 특약으로서 채무자 등에게 불리한 것은 무효이다(가담법 4조 4항 본문). 예컨대 청산금을 지급하지 않기로 한 특약은 무효이다. 다만, 청산기간 경과 후에 행하여진 특약으로서 제 3 자의 권리를 침해하지 않는 것은 예외이다(가담법 4조 4항 단서).

청산의무의 발생시기는 청산기간(실행통지가 채무자 등에게 도달한 날부터 2개월)이 만료한 때이다(가담법 3조 1항 1문). 채권자가 그 이전에 청산금을 지급한 경우에는 후순위권리자에게 대항하지 못한다(가담법 7조 2항).

(나) **청산방법** 가담법이 있기 전에는 청산방법으로 귀속청산과 처분청산의 두 가지가 인정되었다. 귀속청산은 담보권자가 목적물의 소유권을 취득하면서 청산금을 지급하는 방법이고, 처분청산은 담보권자가 먼저 목적물의 소유권을 취득한 뒤(따라서 등기도 마쳐야 함) 그것을 제 3 자에게 처분하여 그 대금으로부터 변제를 받고 나머지를 청산금으로 지급하는 방법이다. 이들 두 청산방법이 현재에도 인정되는가?

여기에 관하여 학설은 i) 가담법상 처분청산은 부정되고 귀속청산만 인정된다는 견해(곽윤직, 393면; 김상용, 769면; 이상태, 536면)와 ii) 귀속청산이 원칙이나 처분청산의 약정도 유효하다는 견해(이은영, 873면)로 나뉘어 있다. 그리고 판례는 처음에는, 귀속청산을 한 경우에 대하여 판단하면서, 특단의 약정이 없는 한 처분청산이나 귀속청산 중 채권자가 선택하는 방법에 의할 수 있다고 하였으나(대판 1988. 12. 20, 87다카2685), 그 후에는 처분청산방법은 가등기담보법상 허용될 수 없다고 한다(대판 2002. 4. 23, 2001다81856; 대판 2002. 12. 10, 2002다42001).

〈판 례〉

「가등기담보법이 제 3 조와 제 4 조에서 가등기담보권의 사적 실행방법으로 귀속정산의 원칙을 규정함과 동시에 제12조와 제13조에서 그 공적 실행방법으로 경매의 청구 및 우선변제청구권 등 처분정산을 별도로 규정하고 있는 점, 위 제 4 조가 제 1 항 내지 제 3 항에서 채권자의 청산금지급의무, 청산기간 경과와 본등기청구, 청산금의 지급의무와 부동산의 소유권이전등기 및 인도채무의 동시이행관계 등을 순차로 규정한 다음, 제 4 항에서 제 1 항 내지 제 3 항에 반하는 특약으로서 채무자 등에게 불리한 것은 그 효력이 없다(다만, 청산기간 경과 후에 행하여진 특약으로서 제 3 자의 권리를 해하지 아니하는 경우는 제외된다)고 규정하고 있는 점, 나아가 제11조는 채무자 등이 청산금채권을 변제받을 때까지 그 채무액을 채권자에게 지급하고 그 채권담보의 목적으로 경료된 소유권이전등기의 말소를 청구할 수 있다고 규정하고 있는 점 등을 종합하여 보면, 가등기담보권의 사적 실행에 있어서 채권자가 청산금의 지급 이전에 본등기와 담보목적물의 인도를 받을 수 있다거나 청산기간이나 동시이행관계를 인정하지 아니하는 '처분정산'형의 담보권실행은 가등기담보법상 허용되지 아니한다고 할 것이다.」(대판 2002. 4. 23, 2001다81856)

생각건대 가담법이 채권자의 청산금지급의무와 가등기에 의한 본등기청구 · 목적물인도청구 사이에 동시이행의 관계가 있다고 하고(가담법 4조 3항), 그것에 반하는 특약으로서 채무자 등에게 불리한 것은 무효라고 하고 있는 점에 비추어 볼 때, 이를 배제하는 처분청산방법은 허용되지 않는다고 하여야 한다.

[259] (다) **청산금청구권자** 본래의 청산금청구권자는 채무자 · 물상보증인 · 목적부동산의 제 3 취득자이다(가담법 4조 1항 1문 · 2조 2호). 그런데 가담법은 담보가등기 후에 등기된 저당권자 · 전세권자 · 가등기담보권자(이를 후순위 권리자라 함)도 청산금청구권을 행사할 수 있도록 한다(같은 법 5조 1항 · 2조 5호). 그러나 선순위담보권자는 청구권자에서 제외되어 있다. 그 이유는 가등기담보권자가 권리를 실행하여 소유권을 취득하여도 선순위의 담보권은 소멸하지 않기 때문이다. 그 밖에 담보가등기 후에 대항력 있는 임차권을 취득한 자도 청산금의 범위 내에서 보증금의 반환을 청구할 수 있다(가담법 5조 5항).

한편 가담법은 위와 같은 청산금청구권자 가운데에서 후순위권리자와 대항력 있는 임차권자에 관하여는 그들의 권리행사를 보전하기 위하여 몇 가지 제도를 두고 있다. ① 실행통지가 채무자 등에게 도달하면 채권자는 지체없이 후순위권리자에게 그 통지의 사실과 내용 및 도달일을 통지하여야 하며(가담법 6조 1항), 담보가등기 후에 등기한 제 3 자(제 1 항에 따라 통지를 받을 자를 제외하고, 대항력 있는 임차권자를 포함한다)가 있으면 그 제 3 자에게 가담법 제 3 조 제 1 항에 따른 통지를 한 사실과 그 채권액을 통지하여야 한다(가담법 6조 2항). ② 채무자가 청산기간이 지나기 전에 한 청산금에 관한 권리의 양도나 그 밖의 처분(예: 입질 · 면제 · 포기 · 상계)은 이로써 후순위권리자에게 대항하지 못한다(가담법 7조 1항). ③ 채권자가 청산기간이 지나기 전에 청산금을 지급한 경우 또는 가담법 제 6 조 제 1 항에 따른 통지를 하지 않고 청산금을 지급한 경우에도 후순위권리자에게 대항하지 못한다(가담법 7조 2항). 그런데 이러한 채권자의 변제 제한의 효력은 후순위권리자에게만 적용되는 상대적인 것이므로, 후순위권리자는 청산금채권이 아직 소멸하지 않은 것으로 보고 채권자에게 직접 권리를 행사할 수 있고 후순위권리자가 채권자에게 청산금을 지급하여 줄 것을 청구하게 되면 채권자로서는 청산금의 이중지급의 책임을 면할 수 없다는 취지일 뿐이지, 후순위권리자가 존재한다는 사유만으로 채무자에게 담보권의 실행을 거부할 권원을 부여하는 것은 아니다(대판 1996. 7. 12, 96다17776; 대판 2002. 12. 10, 2002다42001). ④ 후순위권리자는 그의 순위에 따라 채무자 등이 지급받을 청산금에 대하여 가담법 제 3 조 제 1 항에 따라 통지된 평가액의 범위에서 청산금이 지급될 때까지 그 권리를 행사할 수 있고, 채권자는 후순위권리자의 요구가 있는 경우에는 청산금을 지급하여야 한다(가담법 5조 1항). 그리고 후순위권리자가 그의 권리를 행사할 때에는 그 피담보채권의 범위에서 그 채권의 명세와 증서를 채권자에게 교부하여야 하며(가담법 5조 2항), 채권자가 그 채권의 명세와 증서를 받고 후순위권리자에게 청산금을 지급한 때에는 그 범위에서 청산금채무는 소멸한다(가담법 5조 3항). 한편 후순위권리자의 권리행사를 막으려는 자는 청산금을 압류하거나 가압류하여야 한다(가담법 5조 4항).

㈑ **청산금의 공탁** 청산금채권이 압류되거나 가압류된 때에는 채권자는 청산기간이 지난 후 청산금을 법원에 공탁하여 그 범위에서 채무를 면할 수 있다(가담법 8조 1항). 그리고 이러한 공탁이 있는 경우에는 채무자 등의 공탁금출급청구권이 압류되거나 가압류된 것으로 본다(가담법 8조 2항). 이는 압류채권자 등을 보호하기 위한 것이다. 한편 채권자가 공탁을 한 때에는 채무자 등과 압류채권자 또는 가압류채권자에게 지체없이 공탁의 통지를 하여야 한다 (가담법 8조 4항).

4) **소유권취득** 실행통지, 청산기간의 경과, 청산금의 지급이 있으면 가등기담보권자는 가등기에 기하여 본등기를 함으로써 소유권을 취득하게 된다. [260]

목적부동산의 가액이 채권액에 미달하여 청산금이 없는 경우에는, 가등기담보권자는 청산기간이 지난 후에 곧바로 가등기에 기한 본등기를 청구할 수 있다(가담법 4조 2항). 그에 비하여 청산금이 있는 경우에는, 가등기담보권자는 청산기간이 지난 후 청산금을 지급하거나 청산금을 공탁하여야 본등기를 청구할 수 있다(가담법 4조 2항·8조). 이때 가등기담보권자의 본등기청구권·목적물인도청구권과 채무자(또는 물상보증인)의 청산금지급청구권은 동시이행관계에 있다(가담법 4조 3항). 그리고 이들에 반하는 특약으로서 채무자나 물상보증인에게 불리한 것은 무효이다(가담법 4조 4항 본문).

판례에 의하면, 가담법 제 3 조·제 4 조에 위반하여, 예컨대 실행통지가 없이, 청산기간이 경과하기 전에, 또는 청산금의 지급 없이 담보가등기에 기하여 본등기가 이루어진 경우에는, 그 본등기는 무효라고 할 것이고(대판 1994. 1. 25, 92다20132; 대판 2021. 10. 28, 2016다248325 등 다수), 설사 그 본등기가 가등기담보권자와 채무자 사이의 특약에 기한 것이라도 만일 그 특약이 채무자에게 불리한 것으로서 무효라고 한다면 그 본등기는 여전히 무효일 뿐, 이른바 약한 의미의 양도담보로서 담보의 목적 내에서 유효하다고 할 것이 아니라고 한다(대판 1994. 1. 25, 92다20132; 대판 2002. 6. 11, 99다41657; 대판 2002. 12. 10, 2002다42001; 대판 2016. 6. 23, 2015다13171; 대판

2017. 5. 17, 2017다202296; 대판 2019. 6. 13, 2018다300661. 대판 1993. 6. 22, 93다7334는 약한 의미의 양도담보라고 보았다). 다만, 가담법 제 3 조 · 제 4 조가 정한 절차에 따라 청산금의 평가액을 채무자 등에게 통지한 후 채무자에게 정당한 청산금을 지급하거나, 지급할 청산금이 없는 경우에는 채무자가 통지를 받은 날로부터 2월의 청산기간이 경과하면 무효였던 본등기는 실체적 법률관계에 부합하는 유효한 등기가 될 수 있다고 한다(대판 2002. 6. 11, 99다41657; 대판 2002. 12. 10, 2002다42001; 대판 2010. 8. 19, 2009다90160 · 90177; 대판 2017. 5. 17, 2017다202296; 대판 2017. 8. 18, 2016다30296; 대판 2019. 6. 13, 2018다300661). 한편 가담법의 규정을 위반하여 무효인 본등기가 마쳐진 후 가등기에 기한 본등기를 이행한다는 내용의 화해권고결정이 확정되었다고 하더라도, 그러한 화해권고결정의 내용이 가담법 제 3 조, 제 4 조가 정한 청산절차를 갈음하는 것으로 채무자 등에게 불리하지 않다고 볼 만한 특별한 사정이 없는 한, 위와 같이 확정된 화해권고결정이 있다는 사정만으로는 무효인 본등기가 실체관계에 부합하는 유효한 등기라고 주장할 수 없으며, 나아가 그러한 화해권고결정에 기하여 다시 본등기를 마친다고 하더라도 그 본등기는 가담법의 위 각 규정을 위반하여 이루어진 것이어서 여전히 무효라고 한다(대판 2017. 8. 18, 2016다30296).

가등기담보권의 목적부동산은 가등기담보권이 설정된 후에도 설정자인 소유자가 사용 · 수익권을 가지나, 그 권리는 소유권이전과 함께 채권자에게 속하게 된다. 그리고 청산금을 지급할 여지가 없는 때에는 2월의 청산기간이 지난 때에 사용 · 수익권이 채권자에게 넘어간다고 할 것이다(대판 2001. 2. 27, 2000다20465).

판례는, 담보가등기에 기하여 마쳐진 본등기가 무효인 경우, 담보목적 부동산에 대한 소유권은 담보가등기 설정자인 채무자 등에게 있고 소유권의 권능 중 하나인 사용수익권도 당연히 담보가등기 설정자가 보유한다고 하며, 따라서 채무자가 자신이 소유하는 담보목적 부동산에 관하여 채권자와 임대차계약을 체결하고 채권자에게 차임을 지급하거나 채무자가 자신과 임대차계약을 체결하고 있는 임차인으로 하여금 채권자에게 차임을 지급하도록 하여 채권자가 차임을 수령하였다면, 채권자와 채무자 사이에 위 차임을 피담보채무의 변제와는 무관한 별개의 것으로 취급하기로 약정하였거나 달리 차임이 피담보채무의 변제에 충당되었다고 보기 어려운 특별한 사정이 없는 한 위 차임은 피담보채무의 변제에 충당된 것으로 볼 것이라고 한다(대판 2019. 6. 13, 2018다300661).

한편 대법원은, 가담법 제 3 조 · 제 4 조에서 정한 귀속정산 절차에 따른 가등기담보권자의 본등기청구는 가담법 제 2 조 제 1 호가 정하고 있는 담보계약에 따른 담보권을 실행하는 것에 해당한다고 한 뒤, 당해 판결 사안에서 가등기의 등기원인이 매매예약으로 기재되어 있으나 그것은 통상의 매매예약이 아니라 장래의 담보권실행을 위한 수단으로서의 등기형식에 불과하므로 제척기간의 적용대상이 아니라고 하였다(대판 2024. 1. 11, 2021다210799).

5) 법정지상권 토지와 그 위의 건물이 동일한 소유자에게 속하는 경우에 그 토지나 건물에 대하여 가등기담보권이 설정되어 그것이 실행된 때에는, 건물소유자는 법정지상권을 취득한다(가담법 10조 1문). 이 경우 그 존속기간과 지료는 당사자의 청구에 의하여 법원이 정한다(가담법 10조 2문).

6) 채무자 등의 가등기말소청구권 가담법은 제11조에서 양도담보의 경우에 채무자 등이 일정시기까지 채무를 변제하고 소유권이전등기의 말소를 청구할 수 있다고 규정한다. 그러나 가등기담보에 관하여는 규정하는 바가 없다. 그렇지만 가등기담보의 경우에도 마땅히 그와 같은 권리가 인정되어야 한다. 그런데 명문규정이 없어서 그 해석이 문제이다. 양도담보에 관한 가담법 제11조는 원칙적으로 가등기담보에 유추적용되어야 할 것이다. [261]

그 결과 채무자나 물상보증인은 청산금을 지급받을 때까지 채권액(변제할 때까지의 이자와 지연배상을 포함한다)을 채권자에게 지급하고 가등기의 말소를 청구할 수 있다고 하여야 한다(가담법 11조 본문의 유추적용). 청산기간이 지난 후에도 같다. 여기에 관하여는 학설이 일치하고 있으며(대표적으로 곽윤직, 397면), 판례도 같다(대판 1994. 6. 28, 94다3087 · 3094; 대판 2021. 10. 28, 2016다248325(적법한 청산절차를 거치지 않은 채 담보가등기에 기한 본등기가 이루어진 경우); 대판 2024. 1. 11, 2021다210805). 물론 청산금은 정당한 것이어야 한다. 따라서 채권자가 주관적으로 평가하여 통지한 액수가 객관적인 부동산 가액에 미달한 때에는 후자를 기준으로 하여 계산한 청산금을 지급받아야 하며, 그때까지는 가등기말소를 청구할 수 있다(대판 1992. 9. 1, 92다10043 · 10050; 대판 1996. 7. 30, 96다6974).

청산금이 없는 경우에는 채권자가 본등기를 할 때까지는 역시 채무를 변제하고 가등기를 말소할 수 있다고 하여야 한다.

문제는 「그 채무의 변제기가 지난 때부터 10년이 지나거나 선의의 제 3 자가 소유권을 취득한 경우」에는 소유권이전등기의 말소를 청구할 수 없다는 가담법 제11조 단서도 유추적용할 것인가이다. 여기에 관하여 학설은 i) 그 단서 전부의 유추적용을 인정하는 견해(고상룡, 757면; 곽윤직, 398면; 김용한, 656면; 김학동, 591면; 이영준, 1003면; 이은영, 877면)와 ii) 변제기가 경과한 때로부터 10년이 경과한 경우에 대하여는 유추적용을 부인하고 선의의 제 3 자가 소유권을 취득한 때에 관한 것만 유추적용을 인정하는 견해(김상용, 775면; 이상태, 539면)로 나뉘어 있다. 생각건대 가담법 제11조 단서는 그야말로 양도담보에 관한 것으로서 가등기담보에는 적절하지 않은 것이다. 왜냐하면 담보가등기는 소유권등기와 달리 종국적인 권리의 공시방법이 아니기 때문에 가령 거래의 안전을 위하여 그것의 말소청구를 부인하거나 할 이유가 없고, 또한 가등기권리자는 별도의 조치가 없는 한 부동산소유권을 제 3 자에게 취득시킬 수 없기 때문이다. 따라서 그 규정이 가등기담보에 유추적용되려면 적어도 가등기에 기하여 소유권이전의 본등기가 되었어야 하고(이는 소유권이전등기에 필요한 서류를 미리 받았거나 제소전 화해를 한 경우일 것이다), 그 경우에 소유권이전등기의 말소청구가 논의되어야 한다. 그런데 이때 소유권이전등기의 말소청구는 양도담보에 있어서와 유사하게 제한되어야 한다. 그때는 양도담보에서와 이익상황이 같고, 그리하여 거래의 안전을 보호하여야 할 필요가 있기 때문이다. 결국 가담법 제11조 단서도 이 경우에 유추적용되어야 한다. 다만, 「그 채무의 변제기가 지난 때부터 10년이 지난 경우」는 가등기담보에 있어서는 「소유권이전등기를 한 때부터 10년이 지난 경우」라고 새기는 것이 적절할 것이다. 한편 「선의의 제 3 자가 소유권을 취득한 경우」에도 양도담보와의 균형상, 그리고 거래의 안전을 보호하기 위하여 소유권이전등기의 말소를 청구할 수 없다고 하여야 한다. 그런데 이에 의하면, 가담법의 실효성은 크게 줄어든다. 왜냐하면 가등기담보권자가 미리 제소전 화해를 해 두고 그것을 이용하여 소유권이전등기를 한 뒤 부동산을 전매하면 가등기담보설정자는 그의 부동산을 찾아올 수 없기 때문이다. 그리고 그것은 등기에 공신력을 인정하는 것이 되어 법체계상으로도 문제이다(자세한 점에 관하여는 [269] 참조).

가등기담보의 채무자의 변제의무와 가등기말소절차의 이행이 동시이행관계에 있는가? 이를 긍정하는 견해가 있다(이은영, 877면). 그러나 판례는 채무의 변제의무가 가등기의 말소의무보다 선행되는 것이라고 한다(대판 1982. 12. 14, 82다카1321 · 1322; 대판 1991. 4. 12, 90다9872). 생각건대 긍정하는 위의 학설은 변제와 채권증서의 반환 및 영수증의 교부가 동시이행관계에 있다고 해석되는 것을 참고로 하는 듯하다. 그러나 채권의 증거로서의 채권증서 등과 공시방법으로서의 가등기는 그 실질이 다르므로 그것은 참고될 것이 아니다. 그리고 채권의 변제가 있으면 가등기가 말소되지 않아도 가등기담보권은 소멸하고, 따라서 가등기도 무효로 되므로, 변제의무를 선이행의무로 해석하여도 채무자에게 불이익하지 않다(물론 그 때에도 채권증서의 반환은 동시이행관계가 인정될 수 있다). 결국 판례가 타당하다고 할 것이다.

〈판 례〉

「가. '가등기담보 등에 관한 법률'(이하 '가등기담보법'이라고 한다) 제 3 조, 제 4 조를 위반하여 적법한 청산절차를 거치지 아니한 채 담보가등기에 기한 본등기가 이루어진 경우 그 본등기는 무효이다(대법원 1994. 1. 25. 선고 92다20132 판결 등 참조). 이때 가등기담보법 제 2 조 제 2 호에서 정한 채무자 등(이하 '채무자 등'이라고 한다)은 청산금채권을 변제받을 때까지는 여전히 가등기담보계약의 존속을 주장하여 그때까지의 이자와 손해금을 포함한 피담보채무액 전부를 변제하고 무효인 위 본등기의 말소를 청구할 수 있다(제11조 본문). 그러나 선의의 제 3 자가 소유권을 취득한 경우에는 그러하지 아니하다(제11조 단서 후문). 여기서 '선의의 제 3 자'라 함은 채권자가 적법한 청산절차를 거치지 않고 담보목적 부동산에 관하여 본등기를 마쳤다는 사실을 모르고 그 본등기에 터 잡아 소유권이전등기를 마친 자를 뜻한다. 제 3 자가 악의라는 사실에 관한 주장 · 증명책임은 무효를 주장하는 사람에게 있다.

나. 이와 같이 가등기담보법 제 3 조, 제 4 조의 청산절차를 위반하여 이루어진 담보가등기에 기한 본등기가 무효라고 하더라도 선의의 제 3 자가 그 본등기에 터 잡아 소유권이전등기를 마치는 등으로 담보목적 부동산의 소유권을 취득하면, 채무자 등은 더 이상 가등기담보법 제11조 본문에 따라 채권자를 상대로 그 본등기의 말소를 청구할 수 없게 된다. 이 경우 그 반사적 효과로서 무효인 채권자 명의의 본등기는 그 등기를 마친 시점으로 소급하여 확정적으로 유효하게 되고, 이에 따라 담보목적 부동산에 관한 채권자의 가등기담보권은 소멸하며, 청산절차를 거치지 않아 무효였던 채권자의 위 본등기에 터 잡아 이루어진 등기 역시 소급하여 유효하게 된다고 보아야 한다. 다만 이 경우에도 채무자 등과 채권자 사이의 청산금 지급을 둘러싼 채권 · 채무 관계까지 모두 소멸하는 것은 아니고, 채무자 등은 채권자에게 청산금의 지급을 청구할 수 있다.

이러한 법리는 경매의 법적 성질이 사법상 매매인 점에 비추어 보면 무효인 본등기가 마쳐진 담보목적 부동산에 관하여 진행된 경매절차에서 경락인이 본등기가 무효인 사실을 알지 못한 채 담보목적 부동산을 매수한 경우에도 마찬가지로 적용된다.」(대판 2021. 10. 28, 2016다248325)

(2) 경매에 의한 실행

가등기담보권자는 권리취득에 의한 실행을 하지 않고 경매(즉 담보권실행경매)를 청구하여 그 매각대금으로부터 우선변제를 받을 수도 있다(가담법 12조 1항 1문). 그 경우 경매에 관하여는 가등기담보권을 저당권으로 본다(가담법 12조 1항 2문). 그리하여 담보가등기가 된 때에 저당권의 설정등기가 있었던 것처럼 다루어진다. 한편 판례는, 가등기담보권자가 담보목적 부동산의 경매를 청구하는 방법을 선택하여 그 경매절차가 진행 중인 때에는 특별한 사정이 없는 한 가담법 제 3 조에 따른 담보권을 실행할 수 없으므로 그 가등기에 따른 본등기를 청구할 수 없다고 한다(대판 2022. 11. 30, 2017다232167 · 232174). 이는 가담법 제 3 조 · 제13조 · 제14조의 규정과 담보목적 부동산에 대한 경매절차가 개시된 경우 그 경매절차에 참가할 수 있을 것이라는 후순위권리자 등의 기대를 보호할 필요가 있는 점 등을 고려한 해석이다.

[262] ### 3. 가등기담보권자의 배당참가

가등기담보의 목적물이 저당권자 · 전세권자에 의하여 담보권 실행경매가 신청되거나 설정자의 일반채권자에 의하여 통상의 강제경매가 신청되는 경우에는, 가등기담보권자는 다른 채권자보다 자기 채권의 우선변제를 받을 권리가 있다(가담법 13조 1문). 이 경우 그 순위에 관하여는 그 가등기담보권을 저당권으로 보고, 그 담보가등기가 된 때에 그 저당권의 설정등기가 행하여진 것으로 본다(가담법 13조 2문).

후순위권리자는 청산기간 내에 한하여 그 피담보채권의 변제기가 되기 전이라도 목적부동산의 경매를 청구할 수 있다(가담법 12조 2항).

담보가등기가 되어 있는 부동산에 대하여 경매(강제경매 · 담보권 실행경매)의 개시결정이 있는 경우에 그 경매의 신청이 청산금을 지급하기 전에 행하여진 때(청산금이 없는 경우에는 청산기간의 경과 전)에는 가등기담보권자는 가등기에 기한 본등기를 청구할 수 없다(가담법 14조. 대판 1992. 2. 11, 91다36932). 그리고 담보가등기가 되어 있는 부동산에 대하여 경매가 행하여진 때에는 가등기담보권은 그 부동산의 매각에 의하여 소멸한다(가담법 15조). 따라서 경매의 경우에 가등기담보권자는 오직 배당에 참가하여 변제받을 수 있을 뿐이다. 또한 경매의 경우 가등기담보권이 소멸하므로 경매가 있은 후에 가등기에 기하여 행하여진 본등기는 무효의 등기이며, 설사 그 본등기가 종전 소유자와의 대물변제의 합의에 기하여 이루어진 것이라고 하여도 이는 소유권을 경락인이 취득한 후에 무효인 가등기를 유용하는 것에 해당하여 역시 무효이다(대판 1994. 4. 12, 93다52853).

법원은 소유권의 이전에 관한 가등기가 되어 있는 부동산에 대한 강제경매 등의 개시결정이 있는 경우에는 가등기권리자에게 일정한 사항(해당 가등기가 담보가등기인 경우에는, 그 내용과 채권(이자나 그 밖의 부수채권을 포함함)의 존부 · 원인 및 금액, 해당 가등기가 담보가등기가 아닌 경우에는 해당 내용)을 법원에 신고하도록 적당한 기간을 정하여 최고하여야 한다(가담법 16조 1항). 그리고 압류등기 전에 이루어진 가등기담보권이 매각에 의하여 소멸되면 위의 채권신고를 한 경우에만 그 채권자는 매각대금을 배당받거나 변제금을 받을 수 있다(가담법 16조 2항). 따라서 신고하여야 하는 가등기담보권자가 집행법원이 정한 기간 안에 채권신고를 하지 아니하면 그는 매각대금의 배당을 받을 권리를 상실한다(대판 2008. 9. 11, 2007다25278). 한편 소유권의 이전에 관한 가등기권리자는 강제경매 등 절차의 이해관계인으로 본다(가담법 16조 3항).

Ⅳ. 가등기담보권의 소멸

가등기담보권은 목적물의 멸실과 같은 물권 일반에 공통하는 소멸원인이 있으면 소멸한다. 그리고 채무의 변제 · 소멸시효 기타의 사유로 피담보채권이 소멸하면 부종성 때문에 가등기담보권도 소멸한다. 그런가 하면 가등기담보권자가 가담법에 의하여 소유권을 취득한 경우(가담법 4조), 목적부동산에 경매가 행하여진 경우(가담법 15조), 소유권이전등기가 된 뒤 10년이 지나거나 선의의 제 3 자가 부동산의 소유권을 취득한 경우(가담법 11조 단서의 유추적용)에도 가등기담보권은 소멸한다.

〈판 례〉

(ㄱ) 「담보가등기를 경료한 토지를 인도받아 점유할 경우 담보가등기의 피담보채권의 소멸시효가 중단된다는 피고의 주장은 독자적인 견해로서 받아들일 수 없다. 한편, 담보가등기에 기한 소유권이전등기 청구권의 소멸시효가 완성되기 전에 그 대상토지를 인도받아 점유함으로써 소유권이전등기 청구권의 소멸시효가 중단된다 하더라도 위 담보가등기의 피담보채권이 시효로 소멸한 이상 위 담보가등기 및 그에 기한 소유권이전등기는 결국 말소되어야 할 운명의 것」이다(대판 2007. 3. 15, 2006다12701).

(ㄴ) 「부동산의 강제경매절차에서 경매 목적부동산이 낙찰된 때에도 소유권이전등기 청구권의 순위보전을 위한 가등기는 그보다 선순위의 담보권이나 가압류가 없는 이상 담보목적의 가등기와는 달리 말소되지 아니한 채 낙찰인에게 인수되는 것인바, 권리신고가 되지 않아 담보가등기인지 순위보전의 가등기인지 알 수 없는 경우에도 그 가등기가 등기부상 최선순위이면 집행법원으로서는 일단 이를 순위보전을 위한 가등기로 보아 낙찰인에게 그 부담이 인수될 수 있다는 취지를 입찰물건명세서에 기재한 후 그에 기하여 경매절차를 진행하면 족한 것이지, 반드시 그 가등기가 담보가등기인지 순위보전의 가등기인지 밝혀질 때까지 경매절차를 중지하여야 하는 것은 아니다.」(대결 2003. 10. 6, 2003마1438)

제3관 양도담보(讓渡擔保)

[263] # Ⅰ. 서 설

1. 양도담보의 의의 · 종류 · 작용

(1) 의 의

널리 양도담보라고 하면 물건의 소유권(또는 기타의 재산권)을 채권자에게 이전하는 방법에 의하여 채권을 담보하는 경우를 가리킨다. 이 양도담보에 있어서는 채무자가 채무를 이행하면 목적물을 반환하지만 채무자의 이행이 없으면 채권자는 그 목적물로부터 우선변제를 받게 된다.

양도담보는 과거에서부터 다른 나라에서도 행하여진 제도이다. 그런데 근대 민법은 담보물권만 규정할 뿐 양도담보에 관하여는 명문의 규정을 두고 있지 않다. 그러한 점은 우리 민법도 마찬가지이다. 그리하여 우리 민법상 양도담보는 규정되어 있지 않으나, 의용민법 시대 이래 많이 행하여졌고, 그것의 유효성은 판례에 의하여 인정되어 왔다.

(2) 종 류

1) **매도담보(賣渡擔保)와 좁은 의미의 양도담보** 넓은 의미의 양도담보는 두 가지의 모습이 있다. 하나는 신용의 수수를 소비대차가 아닌 매매의 형식으로 행하고 외견상 당사자 사이에 채권 · 채무관계를 남기지 않는 것이다. 그리고 나머지 하나는 신용의 수수를 소비대차의 형식으로 행하여 당사자 사이에 채권 · 채무관계를 남겨 두는 것이다. 이들 중 앞의 것을 매도담보라고 하고, 뒤의 것을 좁은 의미의 양도담보라고 한다. 예를 들어본다. A가 B로부터 금전을 빌리면서 담보의 목적물인 X토지를 그 금액에 매각하는 것으로 하고 일정한 기간 안에 A가 B에게 매매대금(빌린 금액)을 반환하여 그 토지를 되찾아올 수 있도록 약정하는 수가 있다. 이 경우에는 실질적으로는 금전을 빌리면서 신용의 수수를 소비대차가 아닌 매매의 형식으로 하고, 그리하여 당사자 사이에 채권 · 채무관계가 남지 않는다. 이것이 매도담보이다. 그에 비하여 C가 D로부터 금전을 빌리면서 소비대차계약을 하고 C가 그 소비대차에서 생긴 채권을 담보할 목적으로 자신의 Y토지의 소유권을 이전해 두는 수가 있다. 이 경우에는 신용의 수수를 소비대차의

형식으로 하고, 그 결과 당사자 사이에 채권 · 채무관계가 남아 있게 된다. 이것이 좁은 의미의 양도담보이다.

이와 같이 넓은 의미의 양도담보를 매도담보와 좁은 의미의 양도담보로 나누는 것이 종래의 일반적인 견해였으나, 요즈음에는 i) 구별설(곽윤직, 402면; 김상용, 781면; 김학동, 594면)과 ii) 비구별설(고상룡, 766면; 이상태, 543면; 이영준, 975면)이 나뉘어 대립하고 있다. 비구별설은 매도담보는 실질에 있어서 좁은 의미의 양도담보와 같다거나 또는 좁은 의미의 양도담보로서만 효력이 인정된다는 이유를 든다. 생각건대 뒤에 보는 바와 같이 가담법은 매도담보의 경우를 좁은 의미의 양도담보와 똑같이 규율하고 있다. 그러한 점에서 볼 때 현재에는 그 둘을 구별할 실익이 적다고 하겠다. 그러나 그 둘의 법률관계가 모든 점에서 같지는 않음을 유의하여야 한다(둘은 특히 우선변제적 효력에서 동일하게 다루어진다).

2) 부동산 양도담보와 동산 양도담보 양도담보는 목적물이 부동산인가 동산인가에 따라 부동산 양도담보와 동산 양도담보로 나누어진다(물론 물건 이외의 권리를 객체로 하는 양도담보도 있다). 이들 중 부동산 양도담보(및 등기 · 등록으로 공시되는 재산권을 목적으로 하는 양도담보)는 가담법의 규율을 받는다(다른 요건도 갖추고 있는 경우).

3) 양도저당(讓渡抵當)과 양도질(讓渡質) 좁은 의미의 양도담보는 누가 목적물을 점유하느냐에 따라 양도저당과 양도질로 나누어진다(통설도 같음. 그러나 이영준, 975면은 민법상 부동산질권이 폐지되었다는 이유로 양도질은 허용되지 않는다고 한다). 양도저당은 저당권에 있어서처럼 목적물의 점유를 설정자에게 남겨두는 것이고, 양도질은 질권에 있어서처럼 점유를 채권자에게 이전하는 것이다.

〈양도담보의 그 밖의 유형〉

종래 특히 판례에 의하여 구별되어 온 양도담보의 유형을 살펴보기로 한다. 먼저 판례는 외부적 이전형과 대내외적 이전형을 구별한다. 전자는 목적물의 소유권이 제 3 자에 대한 관계 즉 외부관계에서만 채권자에게 이전하는 것이고, 후자는 대내관계 · 대외관계 모두에서 이전하는 것이다. 다음에 약한 양도담보와 강한 양도담보가 있다. 이는 외부적 이전형 · 대내외적 이전형이라는 용어가 부적당하다고 하여 그것 대신 사용하는 개념이다. 그 밖에 유담보형(流擔保型)과 정산형(精算型)이 있다. 이 가운데 유담보형은 채무불이행이 있는 경우에 목적물을 그대로 원리금에 충당되는 것으로 하여 정산할 필요가 없도록 한 것이고, 정산형은 목적물의 가액에서 채무액을 공제한 나머지를 반환하여 정산하여야 하는 것이다. 주의할 것은, 유담보형 · 정산형은 약한 양도담보 · 강한 양도담보와는 별개의 것이라는 점이다. 약한 양도담보에 대하여도 유담보의 특약을 할 수 있는 것이다. 우리 판례는 초기에는 민법 제607조 · 제608조가 양도담보에는 적용되지 않는다고 하였으나(대판 1962. 2. 22, 4292민상943), 그 후 그 규정들이 양도담보에도 적용된다고 하였으며, 그 결과 양도담보는 유담보형은 허용되지 않고 정산형만이 유효하게 되었다(대판 1966. 9. 20, 66다1114; 대판 1967. 3. 28, 67다61 등).

(3) 작 용

양도담보는 동산 특히 기업용 동산을 점유하여 사용하면서 그것을 담보로 제공하여 신용을 얻을 수 있게 한다(동산의 양도저당의 경우). 그리고 질권 · 저당권의 경우에는 그것을 실행하는 경우 담보권 실행경매에 의하게 되어 절차가 번거롭고 비용이 많이 드나, 양도담보에 의하게 되면 절차가 단순하고 또 비용지출이 줄어들게 된다. 나아가 질권 · 저당권을 실행하는 경우에는 경매의 매각대금이 시가에 비하여 현저하게 낮게 되어 채권자가 만족을 얻기가 어렵고, 그 때문에 설정자는 그 담보가치를 충분히 활용할 수 없으나, 양도담보에 의하게 되면 목적물의 가치가 높이 평가되어 그 담보가치를 충분히 활용할 수 있게 된다. 이러한 이점 때문에 1960년대에 양도담보가 널리 이용되었다.

양도담보는 위와 같은 장점이 있는가 하면, 그 반면에 위험성도 지니고 있다. 즉 채권담보의 목적으로 소유권(또는 기타의 재산권)을 이전하기 때문에, 채권자가 배신하여 목적물을 처분할 경우 되찾아오기 어려운 문제점이 생기는 것이다.

[264] 2. 양도담보에 대한 법적 규제

앞에서 언급한 바와 같이, 민법은 양도담보에 관하여 아무런 규정도 두고 있지 않다. 그러한 상태에서 양도담보는 과거에 판례에 의하여 규율되어 왔으며, 판례는 양도담보에 대하여 체계적인 이론을 세워놓고 있었다. 그런데 가담법이 제정되고 그 법이 양도담보 가운데 일부(특히 부동산 양도담보)까지 규율대상으로 삼게 되면서 양도담보에 관한 이론은 크게 영향을 받지 않을 수 없게 되었다. 즉 가담법이 종래의 판례이론과 부합되지 않는 규정을 두게 됨에 따라 적어도 그 법의 적용을 받는 경우에는 달리 이론구성을 하여야만 하게 된 것이다.

문제는 가담법의 규율대상이 아닌 양도담보는 어떻게 할 것인가이다. 여기에 관하여는 양도담보 이론의 이원화가 불합리하다는 이유로 그러한 양도담보(특히 동산 양도담보)도 부동산 양도담보와 같이 이론구성하여야 한다는 견해만이 나타나 있다(고상룡, 774면; 곽윤직, 409면; 김상용, 781면; 이상태, 548면). 그러나 판례는 동산 양도담보를 종래의 이론에 의하여 판단하고 있다(대판 1994. 8. 26, 93다44739; 대판 1999. 9. 7, 98다47283). 생각건대 가담법의 규율을 받는 양도담보는 부동산(또는 기타 등기 · 등록으로 공시되는 재산권)의 양도담보 가운데 부동산의 가액이 채권액을 초과하는 경우만이다(같은 법 1조 · 18조 참조). 따라서 부동산의 양도담보라도 소비대차에 기한 채권을 담보하기 위한 것이 아니거나 부동산의 가액이 채권액에 미달하는 경우 또는 동산의 양도담보에는 가담법이 적용되지 않는다. 그리고 이는 가담법에 분명히 표현되어 있는 것으로서 다소 불합리하다고 하여 바꿀 수 있는 것이 아니다. 나아가 설사 동산 양도담보 등에 가담법을 유추적용한다고 하더라도 구체적으로 어떤 결과를 인정할지 문제이다. 결국 가담법이 규율대상으로 삼고 있지 않는 경우에는 종래의 이론에 의하여 규율하는 것이 타당하다(여기서 가담법의 개폐를 신중히 고려하여야 한다).

3. 양도담보의 법적 성질

양도담보의 법적 성질은 가담법이 적용되는 경우와 가담법이 적용되지 않는 경우를 나누어 살펴보아야 한다.

(1) 가담법의 적용을 받는 경우

가담법은 가등기담보뿐만 아니라 일정한 경우의 양도담보에도 적용된다. 즉 부동산 양도담보 가운데 그것이 소비대차에 기한 채권을 담보하기 위한 것이고 또한 부동산의 가액이 차용액과 이자의 합산액을 초과하는 때에는 가담법의 적용을 받는다(가담법 1조 참조). 그럼에 있어서 그 양도담보가 좁은 의미의 양도담보인가 매도담보인가는 묻지 않는다(가담법 2조 1호 참조).

이와 같이 가담법의 적용을 받는 양도담보는 법적으로 어떤 성질을 갖는가? 여기에 관하여 학설은 i) 담보물권설과 ii) 신탁적 소유권이전설로 나뉘어 있다. i) 담보물권설은 가담법상 양도담보의 경우 소유권이전등기까지 되어 있다고 하더라도 소유권은 이전하지 않기 때문에 채권자는 양도담보권이라는 일종의 담보권을 가지는 데 불과하다고 한다(고상룡, 774면; 곽윤직, 408면; 김상용, 785면; 김용한, 632면; 김학동, 598면; 이상태, 547면; 이은영, 888면). 그에 비하여 ii) 신탁적 소유권이전설은 가담법이 판례의 신탁적 소유권이전설을 입법화한 것이라는 이유로 양도담보는 담보목적으로 소유권을 신탁적으로 이전한 것이라고 한다(이영준, 983면). 한편 판례는 가담법 제정 후에는 소유권이 이전되지 않은 것을 전제로 한 점에서 담보물권설의 태도를 취한 것도 있고(대판 1991. 11. 8, 91다21770), 또 신탁적으로 소유권이 이전되었다고 한 것도 있어(대판 1995. 7. 25, 94다46428), 일관되어 있지 않다(양도담보에 관한 판례 중 가담법의 적용대상이 되는 것 자체가 많지 않다). 생각건대 가담법이 종래의 판례를 바탕으로 하여 그것을 구체화한 것이기는 하나, 본질적으로 달라진 부분이 적지 않다. 우선 가담법에 의하면 양도담보의 경우 소유권이전등기가 되어 있을지라도 청산금을 지급하여야만 비로소 채권자가 소유권을 취득하게 되며(같은 법 4조 2항 전단), 그러한 취지는 제11조에 의하여도 드러난다. 그러한 점에 비추어 볼 때, 가담법의 규율을 받는 양도담보는 더 이상 신탁적 소유권이전설로는 설명할 수가 없다. 결국 그 양도담보는 일종의 담보물권이라고 하여야 한다.

(2) 가담법의 적용을 받지 않는 경우

양도담보가 모두 가담법의 적용을 받는 것은 아니다. 동산 양도담보는 물론이고 부동산 양도담보라도 소비대차에 기한 채권을 담보하기 위한 것이 아니거나 부동산 가액이 차용액 및 이자의 합산액에 미달하는 경우에는 가담법이 적용되지 않는다. 판례도 같다(대판 1996. 11.15, 96다31116(공사대금의 지급을 담보한 경우); 대판 2001. 1. 5, 2000다47682(매매대금의 지급을 담보한 경우) 등).

이처럼 가담법의 적용을 받지 않는 경우에는, 양도담보는 일종의 신탁행위이고, 그에 의하여 소유권은 채권자에게 이전하되 채권자는 그 권리를 채권담보의 목적을 넘어서 행사할 수는 없는 관계가 성립한다고 하여야 한다. 이는 가담법이 제정되기 전에 통설 · 판례가 취하고 있던 신탁적 소유권이전설의 입장이다. 판례는 동산 양도담보에 관하여는 현재에도 그와 같은 태도를 취하고 있으며(대판 1994. 8. 26, 93다44739; 대판 1999. 9. 7, 98다47283), 그러한 판례는 타당하다(양창수, 민법연구(6), 268면도 같은 의견이다). 그런데 판례가 아직도 제 3 자에 대한 관계에서만 소유권이 채권자에게 이전한다고 하는 것은 옳지 않다. 우리 민법에 있어서는 소유권의 귀속이 대내외관계에서 서로 다를 수 없기 때문이다. 그리고 이렇게 이해하면 매도담보도 똑같이 다룰 수 있게 된다.

4. 기술순서

양도담보에 여러 가지가 있고 그 가운데 일부는 가담법의 규율을 받지 않기 때문에 양도담보에 대하여 체계적으로 기술하기가 쉽지 않다. 그리하여 여기서는 양도담보 가운데 가장 중요한 「가담법의 규율을 받는 부동산의 양도담보」(그 가운데에서도 좁은 의미의 양도담보)를 중심으로 하여 논의하되, 필요한 때에는 경우를 나누어 살펴보기로 한다.

Ⅱ. 양도담보권의 설정 [265]

양도담보권은 양도담보권설정에 관한 물권적 합의와 목적재산권의 이전에 필요한 공시방법을 갖춤으로써 성립한다. 그 물권적 합의는 양도담보계약에 포함되어 행하여진다.

1. 양도담보계약

이는 채권담보의 목적으로 채무자(또는 제 3 자)의 특정의 재산권을 채권자에게 양도하고 채무자의 채무불이행이 있는 경우에는 그 재산권으로부터 채권을 변제받기로 하는 계약이다. 판례는 채무자가 채무와 관련하여 채권자에게 채무자 소유의 재산을 양도하기로 약정한 경우에, 그것이 종전 채무의 변제에 갈음하여 대물변제 조로 양도하기로 한 것인지 아니면 종전 채무의 담보를 위하여 추후 청산절차를 유보하고 양도하기로 한 것인지는 그 약정 당시의 당사자 의사해석에 관한 문제이며, 그에 관하여 명확한 증명이 없는 경우에는, 약정에 이르게 된 경위 및 당시의 상황, 양도 당시의 채무액과 양도목적물의 가액, 양도 후의 이자 등 채무 변제 내용, 양도 후의 양도목적물의 지배 및 처분관계 등 여러 사정을 종합하여 그것이 담보 목적인지 여부를 가릴 것이라고 한다(대판 1993. 6. 8, 92다19880; 대판 2013. 1. 16, 2012다11648; 대판 2015. 8. 27, 2013다28247).

(1) 계약의 성질

양도담보계약은 일반적으로 채권계약과 물권계약의 성질을 함께 가지고 있다. 그리고 그것은 보통 피담보채권을 발생시키는 계약(예: 금전소비대차계약)에 포함되어 행하여진다.

매도담보의 경우에는 담보계약이 환매특약부 매매 또는 재매매예약부 매매에 포함되어 행하여진다.

(2) 당 사 자

양도담보권자와 양도담보권설정자가 당사자이다. 이 중 양도담보권자는 채권자가 되며, 설정자는 보통은 채무자이나 제 3 자(물상보증인)이어도 무방하다.

양도담보를 설정하려면 양도담보설정자에게 목적물에 대한 소유권이나 처분권 등 양도담보를 설정할 권한이 있어야 하며, 양도담보설정자에게 이러한 권한이 없는데도 양도담보설정계약을 체결한 경우에는 특별한 사정이 없는 한 양도담보가 유효하게 성립할 수 없다(대판 2022. 1. 27, 2019다295568).

(3) 목 적 물

재산적 가치가 있는 것으로서 양도성이 있는 것은 모두 목적물이 될 수 있다. 따라서 동산 · 부동산은 물론 채권 · 주식 · 지식재산권도 목적물이 될 수 있다.

회사의 상품 · 원자재 등과 같은 여러 동산이 집합물로서 양도담보의 목적이 될 수 있는가? 여기에 관하여 판례는 그 목적동산을 종류 · 장소 또는 수량지정에 의하여 특정할 수만 있다면 그 집합물 전체를 하나의 재산권으로 하는 담보권의 설정이 가능하다고 한다(대판 1988. 10. 25, 85누941(원자재); 대판 1988. 12. 27, 87누1043(원자재); 대판 1990. 12. 26, 88다카20224(양어장 내의 뱀장어들); 대판 1999. 9. 7, 98다47283(의류들); 대판 2003. 3. 14, 2002다72385(농장 내의 돼지들); 대판 2004. 11. 12, 2004다22858(돈사에서 대량으로 사육되는 돼지들))(대판 2016. 7. 14, 2014다233268은 집합채권의 양도담보도 인정함). 그리고 학설도 대체로 이에 찬성한다(고상룡, 798면; 김학동, 599면; 이영준, 1008면).

〈이른바 집합동산양도담보의 문제〉

위에서 본 바와 같이, 우리 판례는 집단을 형성하고 있는 여러 동산에 관하여 양도담보의 성립을 인정하고 있는데, 그러한 양도담보를 집합동산양도담보라고 한다.

집합동산양도담보의 목적물이 되는 집합동산은 보통 확정집합동산, 유동집합동산, 변질집합동산으로 나누어진다. 확정집합동산은 집합동산을 구성하는 개개의 동산에 변동이 없는 경우이다. 그에 비하여 유동집합동산은 구성동산(예: 상점 내의 전자제품, 양돈장 내의 돼지)이 계속 반입 · 반출되어 전체 동산이 변동되는 경우이다. 마지막으로 변질집합동산은 구성동산이 원재료로부터 반제품 · 완제품으로 변형 · 변질되는 경우이다. 이들 중 유동집합동산 · 변질집합동산은 기존의 양도담보이론으로 설명하기가 어려워 그에 관하여 학자들 사이에 논의가 많이 행해지고 있다.

우리 판례는 유동집합동산(대판 1990. 12. 26, 88다카20224; 대판 1999. 9. 7, 98다47283; 대판 2003. 3. 14, 2002다72385; 대판 2004. 11. 12, 2004다22858)과 변질집합동산(대판 1988. 12. 27, 87누1043)의 양도담보에 관하여, 양도담보의 목적물인 집합동산 전체를 「집합물」이라고 하면서, 그러한 집합물에 대한 양도담보권설정계약이 이루어지면 그 집합물을 구성하는 개개의 물건이 변동되거나 변형되더라도 한 개의 물건으로서의 동일성을 잃지 않은 채 양도담보권의 효력은 항상 현재의 집합물 위에 미친다고 한다. 이는 이른바 집합물설의 입장인데, 우리의 다수설도 같은 입장이다(고상룡, 798면; 이영준, 1008면. 김상용, 806면은 집합물설을 취하되 내용적으로 그 견해를 약간 수정하고 있다). 그에 대하여 우리 민법상 하나의 물건으로서 집합물이라는 개념은 인정되지 않으며, 그러한 개념을 인정하지 않더라도 양도담보 당사자의 법률행위의 해석에 의하여 문제를 해결할 수 있다는 견해도 주장되고 있다(양창수, 민법연구 (5), 418면 이하; 강동욱, "집합적 동산의 담보 — 유동집합동산의 양도담보를 중심으로 —," 민사판례연구 26집, 731면 이하). 사견으로는 후자에 찬성한다.

집합동산양도담보는 앞으로는 그 대부분이 최근에 제정된 동산·채권담보법의 규율을 받을 것으로 생각된다([247]·[248] 참조). 그러한 양도담보를 할 때에는 위 법이 정하는 요건을 갖출 가능성이 크기 때문이다. 그렇게 되면 그에 관한 판례는 큰 의미를 가지지 못할 것이다. 그러나 판례가 무의미하지는 않다. 위 법은 종래의 판례를 부정하지 않고 있어서, 집합동산양도담보 가운데 그 법이 정한 요건을 갖추지 못한 경우에는 여전히 전술한 판례가 그대로 적용되기 때문이다.

〈판 례〉

「채무자가 자신의 채무를 담보하기 위하여 현재 보유하고 있거나 장래에 보유하게 될 채권을 일괄하여 채권자에게 양도하기로 하는 예약은 이른바 집합채권의 양도예약에 해당한다. 집합채권의 양도예약은 당사자의 계약 내용이 장차 선택권과 예약완결권의 행사로 채권양도의 효력이 발생하는 경우에 그 채권이 다른 채무의 변제를 위한 담보로 양도될 것을 예정하고 있는지 아니면 다른 채무의 변제에 갈음하여 양도될 것을 예정하고 있는지에 따라 집합채권의 양도담보의 예약 또는 대물변제의 예약으로서의 성질을 가질 수 있고, 그 계약 내용이 명백하지 아니한 경우에는 일반적인 채권양도에서와 마찬가지로 특별한 사정이 없는 한 채무변제를 위한 담보로 양도되는 것을 예정하고 있는 양도담보의 예약으로 추정된다(대법원 2003. 9. 5. 선고 2002다40456 판결 참조).」(대판 2016. 7. 14, 2014다233268)

2. 공시방법 [266]

양도담보는 권리이전의 형식을 이용한 채권담보방법이기 때문에, 양도담보가 성립하려면 권리이전에 필요한 요건이 모두 갖추어져야 한다. 그리하여 권리이전에 공시방법이 필요한 경우에는 공시방법도 갖추어야 한다. 권리의 이전형식을 구비하지 않고 단지 채무불이행이 있으면 권리를 이전한다는 계약은 대물변제의 예약에 지나지 않으며, 양도담보가 아니다.

〈부동산에 관하여 양도담보계약만 체결하고 소유권이전등기는 하지 않은 경우〉

판례는 이 경우에 관하여, 「양도담보는 그 담보계약에 따라 소유권이전등기를 경료함으로써 비로소 담보권이 발생하는 것이므로 채권자는 가등기담보법상의 청산절차를 밟기 전에 우선 담보계약에 따른 소유권이전등기 절차의 이행을 구하여 소유권이전등기를 밟은 다음 같은 법에 따른 청산절차를 밟으면 되고, 따라서 채무자는 같은 법 소정의 청산절차가 없었음을 이유로 그 소유권이전등기 절차이행을 거절할 수 없다」고 한다(대판 1996. 11. 15, 96다31116). 그런가 하면 「민법 제607조, 제608조에 위반된 대물변제의 약정은 대물변제의 예약으로서는 무효가 되지만 약한 의미의 양도담보를 설정하기로 하는 약정으로서는 유효하되, 다만 그에 기한 소유권이전등기를 미처 경료하지 아니한 경우에는 아직 양도담보가 설정되기 이전의 단계이므로 가등기담보 등에 관한 법률 제 3 조 소정의 담보권 실행에 관한 규정이 적용될 여지가 없는 한편, 채권자는 양도담보의 약정을 원인으로 하여 담보목적물에 관하여 소유권이전등기 절차의 이행을 청구할 수 있다」고 한다(대판 1999. 2. 9, 98다51220).

이러한 판례에 의하면, 양도담보약정만 있는 경우에는 채권자는 청산절차를 거치지 않고 소유권이전등기를 청구할 수 있으며, 그런 다음에 청산절차를 밟아 소유권을 취득해야 한다. 판례의 이와 같은 태도에 대하여는 다음과 같은 비판이 제기되고 있다(양창수, 민법연구(6), 264면). 여기서 문제되는 경우를 담보가등기가 이미 행해진 경우와 차이를 둘 이유가 없고, 위 판결과 같은 태도를 취하면 채무자가 청산금을 실제로 지급받을 기회를 잃을 가능성이 있어 가등기담보법의 취지를 살릴 수 없으며, 채권자가 소유권이전등기를 하였어도 다시 청산절차를 밟아야 하므로 2중의 절차가 요구된다고 한다. 그런데 이 견해는 궁극적인 해결책은 제시하지 않고 있다.

생각건대 이 견해의 지적은 일리가 있다. 그런데 그 해결책으로 양도담보약정만 있는 경우에 가등기담보법을 적용하여 청산절차를 거쳐야만 소유권이전등기를 할 수 있다고 새겨서는 안 된다. 그것은, 소유권이전등기가 되지 않은 때에는 가등기담보법이 적용되지 않는다고 하는 판례의 기본입장에 배치되기 때문이다. 그렇다고 하여 청산을 전혀 하지 않고 소유권을 취득한다고 하여서도 안 된다. 그렇게 해석하면 등기를 하지 않은 채권자가 등기한 자보다 더 우대되는 불합리가 생기기 때문이다. 사견을 적어본다. 위에서 기술한 바와 같이, 부동산에 관하여 소유권이전등기가 없는 경우는 결코 양도담보가 아니고, 따라서 가등기담보법이 적용되지 않는다. 그리고 그 경우에는 단순한 대물변제의 예약으로서 그에 관한 기존의 판례([217] 참조)가 적용되어야 한다. 그에 의하면, 채권자는 청산절차를 거쳐야 소유권이전등기를 할 수 있고, 그 등기를 하면 소유권을 취득하게 된다. 그리고 이러한 이론은 가등기담보약정만 하고 그에 기한 가등기는 하지 않은 경우에도 똑같이 인정된다고 해야 한다.

(1) 동 산

양도담보를 성립시키기 위하여서는 동산의 인도가 있어야 한다(통설 · 판례도 같음. 대판 1997. 7. 25, 97다19656). 그리고 여기의 인도는 점유개정이라도 무방하다(이설이 없으며, 판례도 같다. 위의 집합물의 양도담보에 관한 판결 및 대판 1994. 8. 26, 93다44739; 대판 2000. 6. 23, 99다65066 등 참조. 이영준, 1009면은 현실의 인도 · 간이인도는 허용되지 않는다고 한다). 다만, 금전채무를 담보하기 위하여 채무자가 그 소유의 동산을 채권자에게 양도하되 점유개정의 방법으로 인도하고 채무자가 다시 다른 채권자와 사이에 양도담보설정계약을 체결하고 점유개정의 방법으로 인도를 하더라도 양도담보권을 취득할 수 없다(대판 2004. 6. 25, 2004도1751; 대판

(2004. 10. 28, 2003다30463; 대판 2004. 12. 24, 2004다45943; 대판 2005. 2. 18, 2004다37430). 제2의 채권자가 양도담보권을 취득하려면 선의취득을 하여야 하는데, 점유개정으로는 선의취득이 인정되지 않기 때문이다([73]·[77] 참조). 판례에 의하면, 동산에 대하여 점유개정의 방법으로 양도담보를 설정한 후에는 양도담보권자나 설정자가 그 동산에 대한 점유를 상실하였다고 하더라도 그 양도담보의 효력에는 아무런 영향도 없다고 한다(대판 2000. 6. 23, 99다65066).

(2) 부 동 산

부동산이 목적물인 경우에는 이전등기를 한다. 그리고 그때에 등기원인은 등기실무상 「양도담보」로 기재한다. 한편 부동산의 양도담보의 경우에 등기비용·취득세·소개료·대서료 등 담보권자로서 부동산을 담보물로 취득하기 위하여 지출한 비용은 채무자가 부담하기로 하는 특약이 없는 한 담보권자가 부담하여야 한다(대판 1981. 7. 28, 81다257).

(3) 기타의 재산권

기타의 재산권이 양도담보의 목적인 경우 각각의 권리이전에 필요한 공시방법을 갖추어야 한다.

Ⅲ. 양도담보권의 대내적 효력 [267]

1. 효력이 미치는 범위

(1) 목적물의 범위

양도담보권의 효력이 미치는 범위는 양도담보계약에서 정하여지나, 특별히 정한 것이 없으면 부합물·종물에도 미친다(358조 참조).

양도담보권의 효력이 과실에도 미치는가? 양도담보, 특히 양도저당의 경우에는 목적물의 사용·수익이 양도담보권설정자에게 맡겨져 있는 점에서 저당권의 경우와 같다. 따라서 과실에 관하여는 저당권에 관한 규정(359조)이 유추적용되어야 한다. 결국 양도담보권은 목적물의 과실에는 원칙적으로 효력이 미치지 않으며, 목적물에 대한 압류가 있은 후에 양도담보권설정자가 목적물로부터 수취한 과실 또는 수취할 수 있는 과실에는 효력이 미친다고 하여야 한다(359조 본문 참조. 그 규정의 단서의 예외가 있음을 주의할 것)(같은 취지: 이영준, 995면. 분명하지는 않으나 양창수, 민법연구(5), 407면도 같은 결과를 인정하려는 것으로 보인다). 판례도 같은 취지인 것으로 생각된다(대판 1996. 9. 10, 96다25463).

〈집합동산양도담보에 있어서 과실(果實) 문제〉

집합동산양도담보의 경우에 그 효력이 과실에게 미치는가? 가령 양돈장 내의 돼지에 관하여 양도담보권이 설정된 경우에 그 돼지의 새끼들에게도 그 효력이 미치는지 문제되는 것이다. 여기에 대하여는 양도담보 일반의 이론이 그대로 적용된다. 따라서 양도담보권의 효력이 원칙적으로 과실에는 미치지 않는다. 그러나 위의 예에서 돼지 새끼들이 본래 집합동산양도담보의 목적물에 해당한다면, 양도담보의 목적물이라는 점에 기하여 돼지새끼에게도 양도담보권의 효력이 미치게 된다. 농장에서 사육하고 있는 (증감변동되는) 돼지 전부를 목적물로 삼은 경우에 그렇다. 우리 판례도 같은 입장이다(대판 1990. 12. 26, 88다카20224; 대판 2004. 11. 12, 2004다22858). 주의할 점은, 대판 1996. 9. 10, 96다25463은 그 사안에서 양도담보의 목적물을 계약서에 열거된 돼지의 종류와 수에 한정된 것으로 이해하고, 그 후에 원물인 돼지가 출산한 새끼돼지는 목적물이 아니라는 관점에서 과실에 양도담보권의 효력이 미치는지를 판단하였다는 것이다(양창수, 민법연구(5), 424면 이하는 이 판결 사안의 양도담보계약상 새끼돼지를 당연히 목적물에 포함시켰어야 할 것이라고 한다. 만약 그렇게 해석된다면, 그 새끼돼지는 양도담보의 목적물이기 때문에 당연히 양도담보권의 효력을 받게 될 것이다).

〈판 례〉

(ㄱ) 돼지를 양도담보의 목적물로 하여 소유권을 양도하되 점유개정의 방법으로 양도담보설정자가 계속하여 점유·관리하면서 무상으로 사용·수익하기로 약정한 경우, 「양도담보목적물로서 원물인 돼지가 출산한 새끼 돼지는 천연과실에 해당하고 그 천연과실의 수취권은 원물인 돼지의 사용수익권을 가지는 양도담보설정자인 위 송○○에게 귀속되는 것이므로, 달리 원·피고 사이에 특별한 약정이 없는 한 천연과실인 위 새끼 돼지에 대하여는 양도담보의 효력이 미치는 것이라고 할 수 없다.」(대판 1996. 9. 10, 96다25463)

(ㄴ) 「재고상품, 제품, 원자재 등과 같은 집합물을 하나의 물건으로 보아 이를 일정기간 계속하여 채권담보의 목적으로 삼으려는 이른바 집합물에 대한 양도담보권설정계약에 있어서는 담보목적인 집합물을 종류, 장소 또는 수량지정 등의 방법에 의하여 특정할 수 있으면 집합물 전체를 하나의 재산권 객체로 하는 담보권의 설정이 가능하므로, 그에 대한 양도담보권설정계약이 이루어지면 집합물을 구성하는 개개의 물건이 변동되거나 변형되더라도 한 개의 물건으로서의 동일성을 잃지 아니한 채 양도담보권의 효력은 항상 현재의 집합물 위에 미치고, 따라서 그러한 경우에 양도담보권자가 점유개정의 방법으로 양도담보권설정계약 당시 존재하는 집합물의 점유를 취득하면 그 후 양도담보권설정자가 집합물을 이루는 개개의 물건을 반입하였다 하더라도 별도의 양도담보권설정계약을 맺거나 점유개정의 표시를 하지 않더라도 양도담보권의 효력이 나중에 반입된 물건에도 미친다(대법원 1988. 12. 27. 선고 87누1043 판결, 대법원 1999. 9. 7. 선고 98다47283 판결 등 참조). 다만 양도담보권설정자가 양도담보권설정계약에서 정한 종류·수량에 포함되는 물건을 그 계약에서 정한 장소에 반입하였다고 하더라도 그 물건이 제 3 자의 소유라면

담보목적인 집합물의 구성부분이 될 수 없고 따라서 그 물건에는 양도담보권의 효력이 미치지 않는다고 보아야 한다.」(대판 2016. 4. 28, 2012다19659)

(ㄷ) 대법원은, 양도담보계약서 중 양도물건 목록에 소재지, 보관창고명과 목적물이 양만장 내 뱀장어, 수량 약 백만 마리라고 기재되어 있을 뿐이고 특별히 위 양만장 내의 뱀장어 중 1,000,000마리로 그 수량을 지정하여 담보의 범위를 제한한 사실이 인정되지 않는다면 위 양도담보계약서에 기재된 수량은 단순히 위 계약 당시 위 양만장 내에 보관하고 있던 뱀장어 등의 수를 개략적으로 표시한 것에 불과하고 당사자는 위 양만장 내의 뱀장어 등 어류 전부를 그 목적으로 하였다고 봄이 당사자의 의사에 합치된다고 한다(대판 1990. 12. 26, 88다카20224).

(ㄹ) 「일단의 증감 변동하는 동산을 하나의 물건으로 보아 이를 채권담보의 목적으로 삼는 이른바 유동집합물에 대한 양도담보설정계약의 경우에, 양도담보의 효력이 미치는 범위를 명시하여 제 3 자에게 불측의 손해를 입지 않도록 하고 권리관계를 미리 명확히 하여 집행절차가 부당히 지연되지 않도록 하기 위하여 그 목적물을 특정할 필요가 있으므로, 담보목적물은 담보설정자의 다른 물건과 구별될 수 있도록 그 종류, 소재하는 장소 또는 수량의 지정 등의 방법에 의하여 외부적·객관적으로 특정되어 있어야 하고(대법원 1990. 12. 26. 선고 88다카20224 판결 등 참조), 목적물의 특정 여부 및 목적물의 범위는 목적물의 종류, 장소, 수량 등에 관한 계약의 전체적 내용, 계약 당사자의 의사, 목적물 자체가 가지는 유기적 결합의 정도, 목적물의 성질, 담보물 관리와 이용방법 등 여러 가지 사정을 종합하여 구체적으로 판단하여야 할 것이다.」(대판 2003. 3. 14, 2002다72385)

(ㅁ) 「기록에 비추어 살피건대, 원심이 원고 조합과 박○○이 체결한 이 사건 양도담보계약이 '유동집합물에 대한 양도담보계약'에 해당하는 것으로 보고 이 사건과 같이 돈사에서 대량으로 사육하는 돼지를 집합물에 대한 양도담보의 목적물로 삼은 경우에 그 돼지는 번식, 사망, 판매, 구입 등의 요인에 의하여 증감 변동하게 마련인데, 원고 조합이 그때마다 별도의 양도담보권설정계약을 맺거나 점유개정의 표시를 하지 아니하였더라도 하나의 집합물로서 동일성을 잃지 아니한 채 양도담보권의 효력은 항상 현재의 집합물 위에 미치게 되며, 피고가 선의취득의 요건을 갖추지 못한 채 이러한 양도담보의 목적물인 돼지를 양수한 이상 그 양도담보권의 부담을 그대로 인수하는 것이라고 판단한 부분 역시 정당한 것으로 수긍할 수 있고, 거기에 상고이유의 주장과 같은 법리오해의 위법이 있다고 할 수 없다.

그러나 이 사건 양도담보권의 효력은 피고가 애초에 양수한 ○○농장 내에 있던 돼지들 및 통상적인 양돈방식에 따라 그 돼지들을 사육·관리하면서 돼지를 출하하여 얻은 수익으로 새로 구입하거나 그 돼지와 교환한 돼지 또는 그 돼지로부터 출산시켜 얻은 새끼돼지에 한하여 미치는 것이지 피고가 별도의 자금을 투입하여 반입한 돼지가 있다면 그 돼지에는 미치지 않는다고 보아야 한다. …

다만, 이 사건에서와 같이 유동집합물에 대한 양도담보계약의 목적물을 피고가 선의취득하지 못한 상태에서 그 양도담보의 효력이 미치는 목적물에다 자기 소유인 동종의 물건을 섞어 관리함으로써 당초의 양도담보의 효력이 미치는 목적물의 범위를 불명확하게 한 경우에는 피고로 하여금 그 양도담보의 효력이 미치지 아니하는 물건의 존재와 범위를 입증하도록 하는 것이 공평의 원칙에 부합할 것이다.」(대판 2004. 11. 12, 2004다22858)

(ㅂ) 「여러 개의 동산을 일괄하여 양도담보의 목적으로 하는 양도담보설정계약을 체결하면서 향후 일정 장소에 편입되는 동산에 대해서도 양도담보의 효력을 받는 것으로 약정한 경우에, 이를 특정된 동산들을 목적물로 한 양도담보로 볼 것인지, 일단의 증감 변동하는 동산을 하나의 물건으로 보아 이를 목적물로 한 이른바 유동집합동산 양도담보로 볼 것인지는 양도담보설정계약의 해석의 문제이다. 양도담보설정계약이 기계기구 또는 영업설비 등 내구연수가 장기간이고 가공 과정이나 유통 과정 중에 있지 아니한 여러 개의 동산을 목적으로 하고 있으며, 담보목적물마다 명칭, 성능, 규격, 제작자, 제작번호 등으로 특정하고 있는 경우에는, 원칙적으로 특정된 동산들을 일괄하여 양도담보의 목적물로 한 계약이라고 보아야 하므로 향후 편입되는 동산을 양도담보 목적으로 하기 위해서는 편입 시점에 제 3 자가 그 동산을 다른 동산과 구별할 수 있을 정도로 구체적으로 특정되어야 한다.」(대판 2016. 4. 28, 2015다221286)

양도담보권도 일종의 담보물권이므로 물상대위가 인정된다(370조 · 342조 참조).

(2) 담보되는 범위

양도담보권에 의하여 담보되는 범위에 대하여도 가등기담보에 있어서처럼 저당권에 관한 제360조가 적용된다(가담법 3조 2항). 그리하여 원본 · 이자 · 위약금 · 채무불이행으로 인한 손해배상 및 실행비용을 담보한다. 그리고 지연배상은 원본의 이행기를 경과한 1년분에 한정된다(대판 1992. 5. 12, 90다8855. 그런데 이는 양도담보권자의 제 3 자에 대한 제한이므로 채무자가 양도담보권자에게 이 제한을 주장할 수는 없다).

[268] 2. 목적물의 이용관계

목적물을 누가 점유 · 이용하는가는 당사자의 합의에 의하여 정하여진다. 그런데 그에 관한 특약이 없으면 설정자가 목적물의 사용 · 수익권을 가진다고 하여야 한다(이설이 없으며, 판례도 같음. 대판 1988. 11. 22, 87다카2555; 대판 1996. 9. 10, 96다25463; 대판 2001. 12. 11, 2001다40213; 대판 2008. 2. 28, 2007다37394 · 37400). 양도담보는 그것의 사회적 작용에 비추어 볼 때 양도질보다는 양도저당이 합목적적이기 때문이다. 따라서 목적부동산의 임대권한도 설정자가 갖는다(대판 1988. 11. 22, 87다카2555; 대판 2001. 12. 11, 2001다40213).

〈판 례〉

(ㄱ) 「일반적으로 부동산을 채권담보의 목적으로 양도한 경우 특별한 사정이 없는

한 목적부동산에 대한 사용수익권은 채무자인 양도담보설정자에게 있는 것이므로, 양도담보권자는 사용수익할 수 있는 정당한 권한이 있는 채무자나 채무자로부터 그 사용수익할 수 있는 권한을 승계한 자에 대하여는 사용수익을 하지 못한 것을 이유로 임료 상당의 손해배상이나 부당이득 반환청구를 할 수 없다.」(대판 2008. 2. 28, 2007다37394 · 37400)

(ㄴ) 「양도담보권자는 담보권의 실행으로 담보채무자가 아닌 제 3 자에 대하여도 담보물의 인도를 구할 수 있고, 인도를 거부하는 경우에는 담보권실행이 방해된 것을 이유로 하는 손해배상을 구할 수는 있으나, 그러한 경우에도 양도담보권자에게는 목적부동산에 대한 사용수익권이 없으므로 임료 상당의 손해배상을 구할 수는 없다.」(대판 1991. 10. 8, 90다9780. 같은 취지: 대판 1979. 10. 30, 79다1545)

(ㄷ) 「양도담보설정자가 채권을 담보하기 위하여 그 소유의 동산을 채권자에게 양도한 경우 담보목적물을 누가 사용 · 수익할 수 있는지는 당사자의 합의로 정할 수 있지만 반대의 특약이 없는 한 양도담보설정자가 그 동산에 대한 사용 · 수익권을 가진다(대법원 2009. 11. 26. 선고 2006다37106 판결 등 참조). 따라서 그 동산이 일정한 토지 위에 설치되어 있어 그 토지의 점유 · 사용이 문제 된 경우에는 특별한 사정이 없는 한 양도담보설정자가 그 토지를 점유 · 사용하고 있는 것으로 보아야 한다.」(대판 2018. 5. 30, 2018다201429)

(ㄹ) 「채무를 담보하기 위하여 채무자가 자기의 비용과 노력으로 신축하는 건물의 신축허가 명의를 채권자 명의로 한 경우 이는 완성될 건물을 양도담보로 제공하기로 하는 담보권 설정의 합의가 있다고 볼 수 있다(대법원 2002. 1. 11. 선고 2001다48347 판결 등 참조). 이때 완성된 건물의 소유권은 이를 건축한 채무자가 원시적으로 취득하고, 채권자가 그 명의로 소유권보존등기를 함으로써 건물에 대한 양도담보가 설정된 것으로 보아야 한다. 이러한 양도담보가 가등기담보법의 적용 대상이 되는 경우에는 양도담보권자가 청산절차 등을 거쳐 담보목적 부동산의 소유권을 취득하기 전까지 특별한 사정이 없는 한 양도담보설정자가 건물의 소유자로서 이를 현실적으로 점유하면서 사용 · 수익하고 있다고 볼 수 있으므로 채권자가 건물에 대한 양도담보권을 취득했다고 해서 그 대지 소유자에게 부당이득 반환의무를 부담하는 것은 아니다.」(대판 2022. 4. 14, 2021다263519)

이러한 양도저당의 경우에 목적물의 이용관계를 법적으로 어떻게 설명할 것인가에 관하여는 i) 임대차(원본이 무이자인 때) 또는 사용대차(원본이 이자부인 때)라는 견해(곽윤직, 412면; 김용한, 638면; 김학동, 602면)와 ii) 소유자로서 이용하는 것이라는 견해(고상룡, 777면; 김상용, 792면; 이상태, 552면; 이영준, 1010면; 이은영, 893면)가 대립하고 있다. ii)설은 양도담보의 경우에 소유권이 설정자에게 남아 있다는 점을 근거로 한다. 생각건대 가담법의 적용을 받는 양도담보에 있어서는 양도담보권자는 담보권만 취득하고 소유권은 여전히 설정자에게 있으므로 ii)설처럼 해석하여야 한다. 그러나 가담법이 적용되지 않는 양도담보의 경우에는 i)설처럼 새겨야 한다.

3. 당사자의 의무

양도담보권자와 설정자는 목적물을 처분하는 등의 행위로 상대방의 권리를 소멸시켜서는 안 될 의무를 부담한다. 당사자 가운데 하나가 그 의무를 위반하여 상대방의 권리를 소멸시킨 경우에는 채무불이행을 이유로 손해배상을 하여야 한다.

[269] Ⅳ. 양도담보권의 대외적 효력

1. 변제기가 되기 전의 처분의 효력

(1) 양도담보권자가 처분한 경우

1) 가담법의 규율을 받는 부동산 양도담보에 있어서 채권자는 양도담보권이라는 일종의 담보권만을 가지므로, 그는 그의 피담보채권과 함께 양도담보권을 처분할 수 있다. 그리고 그때에는 양도담보권 양도를 위한 물권적 합의와 이전등기를 하여야 하고, 채권양도에 관한 요건을 갖추어야 한다.

가담법의 규율을 받지 않는 양도담보의 경우에는 담보권이 아니고 소유권 등의 권리 자체를 가지기 때문에 담보권의 양도는 문제되지 않는다.

2) 양도담보권자가 목적물을 자기의 소유물로서 처분한 경우에는 어떻게 되는가?

가담법의 규율을 받는 양도담보에 있어서는 양도담보권자가 설정자에게 청산금을 지급할 때까지는 소유권을 취득하지 못한다(가담법 4조 2항 전단). 그러므로 양도담보권자는 소유권자로서 처분할 수는 없다. 그렇지만 외형상 소유자로 등기되어 있기 때문에 그렇게 할 가능성이 있다. 그런데 그와 같은 때에 양수인은 소유권을 취득할 수가 없다. 양도인에게 소유권이 없고, 또 우리 법상 등기의 공신력이 인정되지 않기 때문이다. 다만, 가담법 제11조 단서가 예외를 규정하고 있어서 그에 의하여 소유권을 취득할 수는 있다. 즉 그에 의하면, 「선의의 제3자가 소유권을 취득한 경우」에는 양도담보설정자가 소유권이전등기의 말소를 청구하지 못하게 된다. 그 결과 양수인이 선의인 때에는 소유권을 취득하게 된다. 이 규정의 의미에 관하여는 i) 결과적으로 등기에 공신력을 인정하는 것으로서 문제가 있는 규정이라는 견해(곽윤직, 398면 · 414면; 김학동, 592면; 김상용, 794면), ii) 선의의 제3자를 보호하기 위한 규정이라는 견해(김용한, 641면. 고상룡, 756면도 유사하다), iii) 선의의 제 3 자를 보호하기 위한 규정이 아니고 악의의 제 3 자를 보호하지 않기 위한 규정이라는 견해(이영준, 1003면), iv) 일부무효부분의 선의취득이라는 견해(이은영, 880면) 등이 주장되고 있다. 생각건대 iii)설은 양도담보가 신탁적 소유권이전이라고 한 뒤, 그에 의하면 악의의 제 3 자도 소유권을 취득한다고 하여야 하나, 그것은 구체적 타당성이 없으므로 악의의 자의 말소등기청구권을 배제하기 위하여 그러한 규정을 두었다고 한다. 그러나 가담법 제 4 조 제 2 항의 규정상 양도담보의 경우에 소유권이전은 없다고 해석되어야 하고, 또 악의의 제 3 자를 배제하려는 취지였다면 양수인의 소유권취득을 규정한 뒤 악의의 제 3 자를 배제하는 예외규정을 두었을 것이다. ii)설은 비진의표시 · 허위표시 등의 제 3 자 보호규정과 다르지 않다고 한다. 그러나 그러한 경우는 실체관계와 일치하지 않는 「등기」를 믿은 자를 보호하는 것이 아니어서 여기의 것과 다르다. 그리고 iv)설은 지나치게 기교적이다. 결국 이 규정은 소유권이전등기를 믿고 거래한 자를 보호하는 것으로서 결과적으로 한정된 범위에서 등기에 공신력을 인정한 것이 된다. 그런데 그러한 결과는 우리 민법이 전체적으로 등기의 공신력을 인정하지 않는 것에 어긋나는 것이어서 바람직하지 않다.

〈판 례〉

「채권자가 구 가등기담보법에 정해진 청산절차를 밟지 아니하여 담보목적 부동산의 소유권을 취득하지 못하였음에도 그 담보목적 부동산을 처분하여 선의의 제삼자가 소유권을 취득하고 그로 인하여 구 가등기담보법 제11조 단서에 의하여 채무자가 더는 채무액을 채권자에게 지급하고 그 채권담보의 목적으로 마친 소유권이전등기의 말소를 청구할 수 없게 되었다면, 채권자는 위법한 담보목적 부동산 처분으로 인하여 채무자가 입은 손해를 배상할 책임이 있다고 할 것이다. 이때 채무자가 입은 손해는 다른 특별한 사정이 없는 한 채무자가 더는 그 소유권이전등기의 말소를 청구할 수 없게 된 때의 담보목적 부동산의 가액에서 그때까지의 채무액을 공제한 금액이라고 봄이 상당하다. 그리고 구 가등기담보법이 사적 실행방법으로서 '처분정산'형의 담보권실행을 허용하지 않고 이에 위반한 담보권실행의 효력을 부정하는 것은 기본적으로 경제적 약자인 채무자의 보호를 위한 것이라는 점, 그런데도 채권자가 담보목적 부동산을 처분함으로 인하여 손해배상책임을 지게 된 점, 채권자로서는 담보목적 부동산 처분에 이르기까지 약정이자 및 지연손해금을 담보목적 부동산의 가액에서 공제받음으로써 여전히 약정이익을 누리는 점 등을 종합하면, 채무자가 약정이자 지급을 연체하였다든지 채무자가 그 채무액을 채권자에게 지급하고 그 채권담보의 목적으로 마친 소유권이전등기의 말소를 청구할 수 있었다는 사정이나 채권자가 담보목적 부동산을 처분하여 얻은 이익의 크고 작음 등과 같은 사정은 위법한 담보목적 부동산 처분으로 인한 손해배상책임을 제한할 수 있는 사유가 될 수 없다고 할 것이다.」(대판 2010. 8. 26, 2010다27458)

가담법이 적용되지 않는 양도담보의 경우, 특히 동산의 양도담보에 있어서는 소유권이 양도담보권자에게 이전되므로, 그로부터 소유권을 양수한 자는 유효하게 소유권을 취득하게 된다(판례도 같다. 대판 1992. 12. 8, 92다35066은 가담법상의 청산절차를 이행하지 않은 때에도 매수인이 소유권을 확정적으로 취득한다고 하는데, 이 판결의 사안은 가담법이 적용될 수 없는 경우이다. 그에 비하여 곽윤직, 414면은 선의취득의 법리를 적용한다). 이때 양수인이 선의인지 악의인지는 묻지 않는다(대판 1959. 11. 5, 4292민상367; 대판 1969. 10. 23, 69다1338).

(2) 양도담보권설정자가 처분한 경우

가담법이 적용되는 양도담보에 있어서는 부동산 소유권이 설정자에게 있으므로 이론상 그는 소유권을 제3자에게 처분할 수 있다. 그러나 실제로는 가능하지 않다. 왜냐하면 담보권자 명의로 등기가 되어 있기 때문이다.

가담법이 적용되지 않는 양도담보의 경우에는 소유권이 양도담보권자에게 이전되므로 이론상 설정자는 처분을 할 수 없다. 그러나 동산 양도담보에 있어서 설정자가 목적물을 점유하고 있는 때(양도저당)에는 처분이 행하여질 수 있다. 그러한 경우에는 양수인이 선의취득의 요건을 구비하여야만 소유권을 취득할 수 있다.

〈판 례〉

「당초에는 유효하게 성립할 수 있었던 동산 양도담보를 신뢰하여 금원을 대출하였다가 후에 양도담보를 설정한 동산을 타인에게 인도당하게 됨으로써 양도담보권자가 입은 통상의 손해는, 위 동산 양도담보가 유효하여 담보권을 취득할 수 있는 것으로 믿고 출연한 금액 즉 양도담보물의 가액 범위 내에서 채무자에게 대출한 금원 상당이며, 위에서 말하는 양도담보물의 가액은 동산 양도담보가 유효하였더라면 그 실행이 예상되는 시기 또는 손해배상 청구소송의 사실심 변론종결시를 기준으로 하여야 한다(대법원 1999. 4. 9. 선고 98다27623, 27630 판결 등 참조).」(대판 2010. 9. 30, 2010다41386)

[270] 2. 일반채권자와의 관계

(1) 양도담보권자의 일반채권자와 설정자의 관계

1) 가담법이 적용되는 경우 이 경우에 양도담보권자의 일반채권자가

목적물을 압류한 때에는, 설정자는 소유자로서 제 3 자 이의의 소를 제기할 수 있다고 하여야 한다. 그리고 양도담보권자가 파산하면 설정자는 환취권을 가진다고 할 것이다(채무자회생법 407조 참조. 이는 담보물권설의 입장임. 구 파산법 80조는 가담법이 제정되기 전에 신탁적 소유권이전설에 기초하여 양도담보설정자의 환취권을 부정하였으나, 채무자회생법에는 그러한 규정을 두지 않았다). 양도담보권자에 대하여 개인회생절차가 개시된 때에도 똑같이 새겨야 한다(채무자회생법 585조 참조).

2) **가담법이 적용되지 않는 경우** 이 경우에는 소유권이 양도담보권자에게 있으므로, 양도담보권자의 일반채권자가 목적물을 압류한 때에 설정자는 제 3 자 이의의 소를 제기할 수 없다. 그리고 양도담보권자가 파산한 때에 설정자는 환취권도 가지지 못한다(구 파산법 80조 참조).

(2) 설정자의 일반채권자와 양도담보권자의 관계

1) **가담법이 적용되는 경우** 이 경우에 설정자의 일반채권자가 목적물을 압류한 때에는 양도담보권자는 제 3 자 이의의 소를 제기할 수 없다.

양도담보설정자가 파산하거나 그에 대하여 개인회생절차가 개시된 경우에는 양도담보권자는 환취권은 없고 별제권(또는 준별제권)을 가진다(채무자회생법 411조 · 414조 참조. 담보물권설의 입장). 그리고 양도담보설정자에 대한 회생절차에서는 양도담보권은 회생담보권으로 된다(채무자회생법 141조).

2) **가담법이 적용되지 않는 경우** 이 경우에는 소유권이 양도담보권자에게 있으므로, 설정자의 일반채권자가 목적물을 압류한 때에는 양도담보권자는 소유자로서 제 3 자 이의의 소를 제기할 수 있다. 그리고 설정자가 파산하였다면 양도담보권자는 환취권을 가진다(채무자회생법 407조 참조).

3. 제 3 자에 의한 침해

(1) 물권적 청구권

1) **가담법이 적용되는 경우** 이 경우에 제 3 자가 양도담보의 목적물을 불법으로 점유하거나 그 밖의 방법으로 방해하는 때에는, 양도담보권자는 담보물권자로서, 그리고 설정자는 소유자로서 물권적 청구권을 갖는다. 그리고 목적물을 점유하는 당사자는 점유보호청구권도 가진다.

2) **가담법이 적용되지 않는 경우** 이 경우에 제 3 자가 불법으로 점유하고 있으면, 양도담보권자는 소유자로서 물권적 청구권을 가진다(대판 1986. 8. 19, 86다카315). 그

리고 설정자는 점유를 가지고 있는 때에만 점유보호청구권을 행사할 수 있다.

(2) 손해배상청구권

1) **가담법이 적용되는 경우** 이 경우에 제 3 자가 목적물을 멸실 · 훼손한 때에는, 양도담보권자는 저당권 침해에 준하여 피담보채권을 한도로 손해배상을 청구할 수 있고, 설정자는 소유권 침해를 이유로 손해배상을 청구할 수 있다(양도담보권자가 배상을 받은 때에는 그 금액을 공제한 나머지만 청구할 수 있다).

2) **가담법이 적용되지 않는 경우** 이 경우에 제 3 자의 불법행위가 있으면, 양도담보권자는 소유권 침해를 이유로 손해배상을 청구할 수 있다. 그러나 설정자는 소유권 침해를 이유로 한 손해배상청구권이 없다(다만, 양도저당의 경우 임대차 또는 사용대차([268] 참조)에 기한 사용권 침해를 이유로 손해배상청구를 할 수는 있다. 제 3 자에 의한 채권침해가 되기 때문이다).

[271] Ⅴ. 우선변제적 효력

우선변제적 효력은 양도담보가 가담법의 적용을 받는 경우인지 아닌지에 따라 크게 다르다.

1. 가담법의 적용을 받는 경우

이에 대하여는 담보권 실행에 관한 가담법의 규정(2조 내지 11조)이 적용 또는 유추적용된다. 그 결과 양도담보권의 실행은 「권리취득에 의한 실행」에 의하고, 그 절차는 가등기담보권에 있어서와 마찬가지로 실행통지, 청산기간의 경과, 청산, 소유권취득의 순서로 진행된다.

〈양도담보의 경우 「경매에 의한 실행」의 인정 여부〉

양도담보의 경우에는 채권자가 담보목적물의 소유권 등을 취득할 때 구비하여야 할 요건이 모두 갖추어져 있다. 그럼에도 불구하고 가등기담보법상 채권자는 아직 담보목적물의 소유권 등을 취득하지 못하고 담보권만 가지는 것으로 인정되는 것이다. 그리고 이와 같이 양도담보를 하는 이유는 만약 채무자가 채무의 변제를 하지 못할 때에는 채권자가 직접 담보목적물의 소유권 등을 취득하려는 데 있다. 즉 채권자가 목적물의 소유권 등을 취득하는 방법으로 우선변제를 받으려는 것이다. 그에 비하여 양도담보권자가 목적물을 경매하여 그 대가로부터 우선변제를 받는 것은 양도담보와 어울리지 않는다. 그래서 위에서 양도담보의 경우에 경매청구를 인정하는 것이 합목적적이 아니라고 기술하였다. 우리의 학자들은 이유를 들고 있지 않지만 대다수가 이러한 견해를 취하고 있다(이상태, 557면; 이영준, 1005면; 지원림, 858면. 곽윤직, 418면; 김상용, 798면도「경매에 의한 실행」을 기술하지 않고「권리취득에 의한 실행」만 기술한다). 그런데 판례는「경매에 의한 실행」을 인정하는 견지에서 양도담보권자가 담보계약에 의하여 취득한 부동산의 처분권을 행사하기 위한 환가절차의 일환으로서, 즉 담보권의 실행으로서 채무자에 대하여(제 3 자가 채무자로부터 적법하게 목적부동산의 점유를 이전받은 경우에는 그 제 3 자에 대하여) 그 목적부동산의 인도청구를 할 수 있다고 한다(대판 2007. 5. 11, 2006다6836. 그러나 직접 소유권에 기하여 그 인도를 구할 수는 없다고 함).

(1) 실행통지

양도담보권자는 먼저 가담법 제 3 조가 정하는 바에 의하여 실행의 통지를 하여야 한다. 그 자세한 내용은 가등기담보에 있어서와 같다([257] 참조).

(2) 청산기간의 경과

실행통지가 채무자 등에게 도달한 날부터 2개월의 청산기간이 지나야 한다(가담법 3조 1항 1문).

(3) 청 산

목적부동산의 가액이 채권액을 넘는 경우에는 그 차액을 청산금으로 채무자 등에게 지급하여야 한다(가담법 4조 1항 1문). 청산방법은 귀속청산만 인정된다고 할 것이다(같은 취지: 곽윤직, 419면; 이상태, 557면. 그러나 고상룡, 787면; 이은영, 899면은 처분청산도 가능하다고 한다). 자세한 내용은 가등기담보에 관한 설명을 참조할 것([258]·[259] 참조).

(4) 소유권취득

위의 절차가 끝나면 양도담보권자는 소유권을 취득한다(가등기담보법이 적용되는 경우에는 채권자가 담보목적 부동산에 관하여 소유자로 등기되어 있다고 하더라도 청산절차 등 법에 정한 요건을 충족해야만 비로소 담보목적 부동산의 소유권을 취득할 수 있다. 대판 2022. 4. 14, 2021다263519). 등기는 이미 되어 있기 때문에 가등기담보에서와 달리 따로 등기를 할 필요는 없다.

부동산의 가액이 채권액에 미달하여 청산금이 없는 때(양도담보 당시에는 부동산의 가액이 차용액 및 그 이자의 합산액을 초과하였으나(그래야 가담법이 적용되므로), 실행통지시에는 미달하게 된 경우임)에는, 청산기간이 종료하는 때에 소유권을 취득하게 된다(가담법 4조 2항). 그에 비하여 부동산의 가액이 채권액을 넘고 있는 때에는, 청산기간이 지난 후 청산금이 지급되거나 청산금이 공탁된 때에 소유권을 취득한다(가담법 4조 2항·8조). 그리고 이들에 위반하는 특약으로 채무자 등에게 불리한 계약은 효력이 없다(가담법 4조 4항 본문). 그러나 청산기간이 지난 후에 행하여진 특약으로서 제 3 자의 권리를 침해하지 않는 것은 유효하다(가담법 4조 4항 단서).

(5) 법정지상권

토지와 그 위의 건물이 동일한 소유자에게 속하는 경우에 그 토지나 건물에 대하여 양도담보권이 설정되어 그것이 실행된 때에는, 건물소유자는 법정지상권을 취득한다(가담법 10조 1문). 이 경우 그 존속기간과 지료는 당사자의 청구에 의하여 법원이 정한다(가담법 10조 2문).

[272] ## 2. 가담법의 적용을 받지 않는 경우

가담법의 적용을 받지 않는 양도담보의 경우에는 가담법에 의한 실행은 요구되지 않는다. 그러나 반드시 정산은 하여야 한다. 정산의 방법에는 귀속정산과 처분정산이 있다. 귀속정산은 담보부동산의 가액에서 채권의 원리금을 공제한 나머지를 채무자에게 반환하고서 담보부동산의 소유권을 취득하는 방법이고, 처분정산은 담보부동산을 제 3 자에게 처분하여 그 매각대금에서 채권원리금의 변제에 충당하고 나머지를 채무자에게 반환하는 방법이다. 채권자는 이러한 정산방법 중 어느 것이든 자유롭게 선택할 수 있다고 할 것이다(대판 1994. 5. 24, 93다44975; 대판 2001. 8. 24, 2000다15661). 그리고 정산은 부동산의 시가가 채권의 원리금에 미달하여도 행하여져야 한다(대판 1998. 4. 10, 97다4005). 그 경우 귀속정산을 하려면 부동산의 평가액이 채권액에 미달한다는 뜻의 통지를 하는 등의 정산절차를 거쳐야 하는데, 그때에는 청산금이 없으므로 부동산의 평가액 및 채권액을 구체적으로 언급할 필요 없이 그 미달을 이유로 담보권의 실행으로 그 부동산을 확정적으로 채권자의 소유로 귀속시킨다는 뜻을 채무자에게 알리는 것으로 충분하다(대판 2001. 8. 24, 2000다15661).

〈판 례〉

(ㄱ) 「채권담보를 위하여 소유권이전등기를 경료한 양도담보권자는 채무자가 변제기를 도과하여 피담보채무의 이행지체에 빠졌을 때에는 담보계약에 의하여 취득한 목적부동산의 처분권을 행사하기 위한 환가절차의 일환으로서 즉, 담보권의 실행으로서 채무자에 대하여 그 목적부동산의 인도를 구할 수 있고 제 3 자가 채무자로부터 적법하게 목적부동산의 점유를 이전받은 경우 역시 그 목적부동산의 인도청구를 할 수 있다고 할 것이나, 직접 소유권에 기하여 그 인도를 구할 수는 없다(대법원 1991. 11. 8. 선고 91다21770 판결 등 참조).

한편, 위와 같은 경우에 채권자와 채무자 사이에 채무자가 양도담보의 목적부동산을 분양하는 등으로 처분하여 그 분양대금을 채무변제에 충당하기로 약정하였고 그 약정에 기하여 채무자가 제 3 자에게 목적부동산을 분양하거나 임대한 경우에는, 그 분양이나 임대는 채권자의 의사에 따른 것으로 볼 것이므로 그 목적부동산에 관한 채권자의 담보권은 이미 실행되어 소멸되었거나 채권자가 그 부분에 대한 담보권 주장을 포기한 것으로 볼 것이고, 따라서 이와 같은 경우에는 채권자가 제 3 자에게 담보권 실행을 위하여 그 목적부동산의 인도를 청구할 수도 없다고 할 것이다(대법원 1992. 12. 8. 선고 92다21395 판결 등 참조).」(대판 2007. 5. 11, 2006다6836. 이 판결의 사안은 토지대금 채무를 담보하기 위하여 채권자 명의로 소유권보존등기를 한 경우로서 판례상 가담법의 적용대상이 아닌 것으로 보임)

(ㄴ)「채무의 담보를 위하여 채무자가 자기의 비용과 노력으로 신축하는 건물의 건축허가 명의를 채권자 명의로 하였다면 이는 완성될 건물을 양도담보로 제공하기로 하는 담보권 설정의 합의로서(대법원 1997. 5. 30. 선고 97다8601 판결, 2001. 3. 13. 선고 2000다48517, 48524, 48531 판결 등 참조), 완성된 건물에 관하여 자신의 명의로 소유권보존등기를 마친 채권자는 채무자가 이행지체에 빠졌을 때에는 담보계약에 의하여 취득한 목적부동산의 처분권을 행사하기 위한 환가절차의 일환으로서 즉, 담보권의 실행으로서 채무자 또는 채무자로부터 적법하게 건물의 점유를 이전받은 주택임차인 등 제 3 자에 대하여 명도청구를 할 수 있고(대법원 1991. 11. 8. 선고 91다21770 판결, 2001. 1. 5. 선고 2000다47682 판결 등 참조), 한편, 위와 같은 담보권 설정 합의시 채무자가 신축건물을 타에 처분하여 그 대금으로 채무변제에 충당하기로 약정한 바 있고, 그 약정에 기하여 신축건물의 처분행위가 이루어졌다면, 신축건물에 관한 채권자의 담보권은 이미 실행되어 소멸된 것으로 보거나 담보권 주장을 포기한 것으로 볼 여지가 있어 채권자는 채무자 또는 제 3 자를 상대로 명도청구를 할 수 없다 하겠으나(대법원 1999. 12. 24. 선고 98다14818, 14825 판결, 2000. 6. 19. 선고 99다28968 판결, 2001. 1. 5. 선고 2000다47682 판결 등 참조), 그 약정이 신축건물의 처분 이전에 실효되거나 해제되었다면 채권자가 명도청구를 할 수 있음은 당연하다.」(대판 2002. 1. 11, 2001다48347)

(ㄷ) 토지매도인과 매수인이 매매대금의 지급을 담보하기 위하여 매도인 명의로 건축허가를 받아 건물을 신축하고 그 건물을 타에 처분하여 그 대금으로 토지 매매대금에 충당하기로 약정한 후 그 약정에 기하여 매수인이 그 신축건물을 제 3 자에게 임대한 경우, 그 건물에 대한 토지매도인의 담보권은 이미 실행되어 소멸된 것으로 보거나 매도인이 그 부분에 한하여 담보권 주장을 포기한 것으로 볼 수 있다(대판 2001. 1. 5, 2000다47682).

(ㄹ)「대지소유자가 건축업자에게 대지를 매도하고 건축업자는 대지소유자 명의로 건축허가를 받았다면 이는 완성될 건물을 대지 매매대금의 담보로 제공키로 하는 합의로서 법률행위에 의한 담보물권의 설정에 다름 아니어서, 완성된 건물의 소유권은 일단 이를 건축한 채무자가 원시적으로 취득한 후 대지소유자 명의로 소유권보존등기를 마침으로써 담보목적의 범위 내에서 대지소유자에게 그 소유권이 이전된다고 할 것이므로, 그 경우 건축업자가 건물을 타에 분양하였다 할지라도 그 후 대지소유자 명의로 건물에 대한 소유권보존등기가 경료된 경우에는, 건축업자가 담보물인 위 건물을 타에 분양하고 그 분양대금 중 일부로 매매대금을 대지소유자에게 지급하기로 약정하는 등 건축업자가 건물을 타에 분양하는 것을 대지소유자가 허용한 경우가

아닌 한, 건축업자의 분양 등 처분행위는 대지소유자의 담보권에 반한다 할 것이고, 따라서 건축업자로부터 건물을 분양받고 소유권이전등기를 경료받지 못한 자는 그보다 앞서 건물에 관하여 담보목적으로 소유권보존등기를 경료한 대지소유자에 대하여 분양을 이유로 한 소유권이전등기를 구할 수 없다.」(대판 2002. 7. 12, 2002다19254)

(ㅁ) 「양도담보설정자의 정산금청구는 처분정산의 경우에는 담보부동산이 환가되어야 비로소 그 권리행사가 가능한 것이므로(당원 1991. 7. 26. 선고 90다15488 판결 참조), 그 정산금청구권은 담보부동산의 환가시를 그 시점으로 하여 소멸시효가 진행된다고 보아야 할 것이다.」(대판 1994. 5. 24, 93다44975. 이 판결은 가담법이 시행되기 전의 사건에 관한 것이므로, 그 법이 적용되지 않는 양도담보에 관하여만 의미가 있다)

(ㅂ) 양도담보에 있어서 채권자의 담보권실행은 당사자의 약정에 따라 환가처분을 하거나 평가하여 정산을 하는 것인바, 채권자가 담보부동산 위에 건물을 신축하였다거나 담보부동산에 관하여 제 3 자에게 근저당권을 설정해 주었다는 등 사정은 특별한 사정이 없는 한 자기의 담보권의 이용 내지 활용에 불과할 뿐 담보권의 실행으로서의 환가처분으로는 볼 수 없다(대판 1993. 9. 28, 92다32814).

(ㅅ) 동산을 목적으로 하는 유동 집합물 양도담보설정계약을 체결함과 동시에 채무불이행시 강제집행을 수락하는 공정증서를 작성한 경우, 양도담보권자로서는 그 집행증서에 기하지 아니하고 양도담보계약내용에 따라 이를 사적으로 타에 처분하거나 스스로 취득한 후 정산하는 방법으로 현금화할 수도 있지만, 집행증서에 기하여 담보목적물을 압류하고 강제경매를 실시하는 방법으로 현금화할 수도 있는데, 만약 후자의 방식에 의하여 강제경매를 실시하는 경우, 이러한 방법에 의한 경매절차는 형식상은 강제집행이지만, 그 실질은 일반 강제집행절차가 아니라 동산양도담보권의 실행을 위한 환가절차로서 그 압류절차에 압류를 경합한 양도담보설정자의 다른 채권자는 양도담보권자에 대한 관계에서 압류경합권자나 배당요구권자로 인정될 수 없고, 따라서 환가로 인한 매득금에서 환가비용을 공제한 잔액은 양도담보권자의 채권변제에 우선적으로 충당하여야 한다(대판 2005. 2. 18, 2004다37430).

(ㅇ) 「당사자 사이에 매매대금 채무를 담보하기 위하여 부동산에 관하여 가등기를 마치고 위 채무를 변제하지 아니하면 그 가등기에 기한 본등기를 마치기로 약정한 경우에, 변제기에 위 채무를 변제하지 아니하면 채권채무관계가 소멸하고 부동산의 소유권이 확정적으로 채권자에게 귀속된다는 명시의 특약이 없는 이상 대물변제의 약정이 있었다고 인정할 수 없고, 단지 위 채무에 대한 담보권 실행을 위한 방편으로 소유권이전등기를 하는 약정, 이른바 정산절차를 예정하고 있는 '약한 의미의 양도담보' 계약이라고 봄이 타당하다(대법원 1984. 12. 11. 선고 84다카933 판결 등 참조).

그리고 위와 같이 '약한 의미의 양도담보'가 이루어진 경우에, 채권자는 채무의 변제기가 지나면 부동산의 가액에서 채권원리금 등을 공제한 나머지 금액을 채무자에게 반환하고 부동산의 소유권을 취득하거나(귀속정산), 부동산을 처분하여 그 매각대금에서 채권원리금 등의 변제에 충당하고 나머지 금액을 채무자에게 반환할 수도 있다

(처분 정산). 그렇지만 채무자가 채권자에게 적극적으로 위와 같은 정산을 요구할 청구권을 가지지는 아니하며, 다만 채무자는 채무의 변제기가 지난 후에도 채권자가 그 담보권을 실행하여 정산절차를 마치기 전에는 언제든지 채무를 변제하고 채권자에게 위 가등기 및 그 가등기에 기한 본등기의 말소를 청구할 수 있다(대법원 1994. 5. 24. 선고 93다44975 판결, 대법원 2006. 8. 24. 선고 2005다61140 판결 등 참조).」(대판 2016. 10. 27, 2015다63138 · 63145)

Ⅵ. 양도담보권의 소멸 [273]

1. 피담보채권의 소멸

(1) 채무의 변제

1) **가담법의 적용을 받는 경우** 채무가 변제되면 피담보채권이 소멸하고, 그 결과 양도담보권도 소멸한다. 그리고 그때에는 등기말소청구권을 행사할 수 있으며, 양도담보권자가 목적물을 점유하고 있는 경우에는 그것의 인도를 청구할 수 있다. 문제는 언제까지 변제할 수 있는가이다. 이는 경우에 따라 다르다.

청산금이 있는 때에는 청산기간이 지난 후 청산금이 지급될 때까지 변제할 수 있다(가담법 11조 본문). 청산금이 없는 때에는 청산기간 내에 변제할 수 있다. 그러나 채무의 변제기가 지난 때부터 10년이 경과하거나 선의의 제 3 자가 소유권을 취득한 경우에는 변제를 하고서 소유권이전등기의 말소를 청구할 수 없다(가담법 11조 단서). 가담법 제11조에 대하여 좀 더 설명하기로 한다(아래의 내용은 가담법 11조가 유추적용되는 가등기담보의 경우에도 그대로 인정되어야 함). 채무자 등이 가담법 제11조 본문에 따라 채권담보의 목적으로 마친 소유권이전등기의 말소를 구하기 위해서는 그 때까지의 이자와 손해금을 포함한 피담보채무액을 전부 지급하여 그 요건을 갖추어야 한다(대판 2014. 8. 20, 2012다47074; 대판 2018. 6. 15, 2018다215947). 그리고 그 단서에 규정된 10년의 기간은 제척기간으로서 그 기간의 경과 자체만으로 곧 권리를 소멸시킨다. 이러한 점들에 비추어 볼 때, 채무자 등이 10년의 제척기간이 경과하기 전에 피담보채무를 변제하지 아니한 채 또는 그 변제를 조건으로 담보목적으로 마친 소유권이전등기의 말소를 청구하더라도 그것을 제척기간 준수에 필요한 권리의 행사에 해당한다고 볼 수 없으므로, 채무자 등의 말소청구권은 이 제척기간의 경과로 확정적으로 소멸한다고 새겨야 한다(대판 2014. 8. 20, 2012다47074; 대판 2018. 6. 15, 2018다215947). 그리고 이러한 법리는 채무자 등이 피담보채무를 변제하지 아니한 채 또는 그 변제를 조건으로 소유권이전등기의 말소등기를 청구하는 소를 제기한 경우에도 마찬가지로 적용된다고 할 것이다(대판 2014. 8. 20, 2012다47074; 대판 2018. 6. 15, 2018다215947). 한편 가담법 제11조 단서에 정한 제척기간이 경과함으로써 채무자 등의 말소청구권이 소멸하고 이로써 채권자가 담보목적 부동산의 소유권을 확정적으로 취득한 때에는 채권자는 가담법 제 4 조에 따라 산정한 청산금을 채무자 등에게 지급할 의무가 있고, 채무자 등은 채권자에게 그 지급을 청구할 수 있다고 보아야 한다(대판 2018. 6. 15, 2018다215947).

2) 가담법의 적용을 받지 않는 경우 가담법의 적용을 받지 않는 양도담보에 있어서는, 채권자가 담보권을 실행하여 정산을 하거나 제 3 자에게 매도하기 전까지는, 채무자는 변제기가 지난 후라도 언제든지 채무를 변제하고 소유권이전등기의 말소를 청구할 수 있다(대판 1987. 6. 9, 86다카2435; 대판 1996. 7. 30, 95다11900). 그리고 이는 양도담보 약정 당시 부동산의 시가가 채권의 원리금에 미달하는 경우에도 마찬가지이다(대판 1998. 4. 10, 97다4005).

〈매도담보의 경우의 특수한 문제〉

매도담보의 경우에는 채무자가 환매대금(환매특약부 매매의 경우)이나 예약된 재매매대금(재매매 예약부 매매의 경우)을 제공하여 양도담보권(매도담보권)을 소멸시킬 수 있다. 그리고 자기에게 소유권을 이전할 것을 청구하게 된다. 이를 환매 또는 재매매의 예약의 실행이라고 한다. 민법은 환매의 실행에 관하여서만 제593조 내지 제595조의 특별규정을 두고 있다.

(2) 소멸시효의 완성

피담보채권이 시효로 소멸하면 양도담보권도 당연히 소멸한다.

2. 목적물의 멸실 · 훼손

양도담보의 목적물이 멸실 · 훼손하면 그 범위에서 양도담보권도 소멸한다. 그러나 피담보채권에는 영향이 없다.

[별지 제1호 양식] 토지등기기록

[토지] 0000시 00구 00동 00　　　　고유번호 0000－0000－000000

[표 제 부]　(토지의 표시)

표시번호	접 수	소재지번	지목	면적	등기원인 및 기타사항

[갑 구]　(소유권에 관한 사항)

순위번호	등기목적	접 수	등기원인	권리자 및 기타사항

[을 구]　(소유권 외의 권리에 관한 사항)

순위번호	등기목적	접 수	등기원인	권리자 및 기타사항

[별지 제2호 양식] 건물등기기록

[건물] 0000시 00구 00동 00 고유번호 0000-0000-000000

[표 제 부] (건물의 표시)				
표시번호	접 수	소재지번 및 건물번호	건물내역	등기원인 및 기타사항

[갑 구] (소유권에 관한 사항)				
순위번호	등기목적	접 수	등기원인	권리자 및 기타사항

[을 구] (소유권 외의 권리에 관한 사항)				
순위번호	등기목적	접 수	등기원인	권리자 및 기타사항

[별지 제3호 양식] 구분건물등기기록

[구분건물] 0000시 00구 00동 00 제0층 제0호　　고유번호 0000－0000－000000

[표 제 부]	(1동의 건물의 표시)			
표시번호	접 수	소재지번, 건물명칭 및 번호	건물내역	등기원인 및 기타사항

(대지권의 목적인 토지의 표시)				
표시번호	소재지번	지목	면적	등기원인 및 기타사항

[표 제 부]	(전유부분의 건물의 표시)			
표시번호	접 수	건물번호	건물내역	등기원인 및 기타사항

(대지권의 표시)			
표시번호	대지권종류	대지권비율	등기원인 및 기타사항

[갑 구]	(소유권에 관한 사항)			
순위번호	등기목적	접 수	등기원인	권리자 및 기타사항

[을 구]	(소유권 외의 권리에 관한 사항)			
순위번호	등기목적	접 수	등기원인	권리자 및 기타사항

민법규정 색인

(왼쪽의 숫자는 민법규정이고, 오른쪽의 숫자는 본문 옆에 붙인 일련번호 즉 옆번호임)

판례(대법원 · 헌법재판소) 색인

(오른쪽의 숫자는 옆번호임)

사항 색인

(오른쪽의 숫자는 옆번호임)

[ㅅ]

[ㅇ]

[ㅈ]

저자약력

서서울대학교 법과대학, 동 대학원 졸업
법학박사(서울대)
경찰대학교 전임강사, 조교수
이화여자대학교 법과대학/법학전문대학원 조교수, 부교수, 교수
Santa Clara University, School of Law의 Visiting Scholar
사법시험 · 행정고시 · 외무고시 · 입법고시 · 감정평가사시험 · 변리사시험 위원
현재: 이화여자대학교 법학전문대학원 명예교수

주요저서

錯誤論
民法注解[Ⅱ], [Ⅷ], [Ⅸ], [XIII](초판)(각권 공저)
註釋民法 債權各則(7)(제 3 판)(공저)
법학입문(공저)
法律行爲와 契約에 관한 基本問題 硏究
代償請求權에 관한 理論 및 判例硏究
不動産 占有取得時效와 自主占有
法律行爲에 있어서의 錯誤에 관한 判例硏究
契約締結에 있어서 他人 名義를 사용한 경우의 法律效果
흠있는 意思表示 硏究
民法改正案意見書(공저)
제 3 자를 위한 契約 硏究
民法事例演習
民法講義(上)
民法講義(下)
債權의 目的 硏究
不法原因給與에 관한 理論 및 判例 硏究
法官의 職務上 잘못에 대한 法的 責任 硏究
시민생활과 법(공저)
신민법강의
기본민법
신민법사례연습
신민법입문
민법 핵심판례240선(공저)
민법총칙
물권법
채권법총론
채권법각론
친족상속법
민법전의 용어와 문장구조
나의 민법 이야기

제 7 판
물권법

초판발행 2012년 1월 25일
제 7 판발행 2025년 1월 5일

지은이 송덕수
펴낸이 안종만 · 안상준

편 집 김선민
기획/마케팅 조성호
표지디자인 이수빈
제 작 고철민 · 김원표

펴낸곳 (주) 박영사
서울특별시 금천구 가산디지털2로 53, 210호(가산동, 한라시그마밸리)
등록 1959. 3. 11. 제300-1959-1호(倫)
전 화 02)733-6771
f a x 02)736-4818
e-mail pys@pybook.co.kr
homepage www.pybook.co.kr
ISBN 979-11-303-4841-4 93360

copyright©송덕수, 2025, Printed in Korea

* 파본은 구입한 곳에서 교환해 드립니다. 본서의 무단복제행위를 금합니다.

정 가 38,000원